MIP/L&H
BUSINESS
DICTIONARY
ENGLISH-RUSSIAN

АНГЛО-РУССКИЙ
БИЗНЕС
СЛОВАРЬ

Moscow International Publishers
in cooperation with
L&H Publishing Co., Copenhagen

Business Dictionary
English-Russian

Prepared by the editorial board of Moscow International Publishers on the basis of lexicographic data supplied and edited by the editorial board of L&H Publishing Co

Published by Moscow International Publishers in cooperation with
L&H Publishing Co., Copenhagen, Denmark
General Editor Jorgen Hoedt
Printed in Norway by Aktietrykkeriet i Trondhjem.

Worldwide copyright:
L&H Publishing Co., Copenhagen, Denmark, and
Jorgen Hoedt, 1994
ISBN 5-900628-03-5 (in CIS and the Baltic States)
ISBN 87-7845-006-3 (outside CIS and the Baltic States)

Introduction

Increased commerce and communication with Russian-speaking populations call for adequate and up-to-date dictionaries comprising subjects such as accounting, administration, advertising, airlines, auditing, banking, business economics, companies, computers, currencies, economics, finance, insurance, international law, management, marketing, law, politics, public administration, securities, shipping, social services, stock exchange, taxation and transport.

A primary target group for the Business Dictionary, English-Russian, is business people at all levels who are familiar with the above description, and who need a precise understanding of professional data.

As is the case with all other L&H Dictionaries, the source material originates from L&H's large database compiled by professional translators and expert linguists, comprising millions of terms and expressions from a large number of sectors.

This universal dictionary of the international business community is an indispensable reference book for any office or library.

A number of colleagues and other experts have contributed to the Business Dictionary. Editorial contributors and external consultants have all made an invaluable and enthusiastic effort.

Jorgen Hoedt
General Editor, L&H Publishing Co.,
Copenhagen, Denmark
1994

Предисловие

Выходом "Англо-русского бизнес словаря" российское издательство "М.И.П. - Москоу Интернэшнл Паблишерз" открывает серию специализированных словарей, не имеющих аналогов с точки зрения насыщенности терминологией, точности формулировок и удобства использования. Одновременно с "Бизнес словарем" выходят также "Англо-русский словарь по строительству и архитектуре" и "Англо-русский словарь компьютерных терминов".

Данная продукция - результат сотрудничества "М.И.П." с датским издательством "L&H Publishing Co.", выпустившим десятки наименований популярных в Европе словарей терминов. После тщательного изучения западного рынка специализированных словарей эксперты "М.И.П." пришли к выводу о том, что оригинальная концепция и уникальная база данных "L&H Publishing Co." смогут найти массового пользователя среди всех тех, кто профессионально занимается русскими переводами.

Все эти книги не появились бы на свет без громадного труда переводчиков, редакторов и консультантов "М.И.П." и "L&H Publishing Co.", которые проявили завидное упорство и новаторский подход.

Сергей Серебряков,
главный редактор "М.И.П.- Москоу Интернэшнл Паблишерз"
Москва,
1994

"М.И.П.- Москоу Интернэшнл Паблишерз"
Россия, Москва 117802
Научный проезд 12,
тел. 7 095 120 25 36
факс 7 095 120 84 39

M.I.P. - Moscow International Publishers
Nauchnyi proezd 12,
117802 Moscow, Russia
Phone: 7 095 120 25 36
Fax: 7 095 120 84 39

Abbreviations and designations

Where it has been found appropriate, the dictionary makes use of the following abbreviations and designations to describe the primary field of application of the relevant entries:

adv.=advertising
air tr.=air transport
aud.=auditing
aut.right=copyright
bank.=banking
bankr.leg.=bankruptcy legislation
bill.=bills
book-keep.=book-keeping
bus.organ.=business organization
calc.=calculation
com.mark.=commodity market
comm.=commerce
comp.=computer
cust.=customs
dipl.=diplomacy
doc.=documentation
ec.=economics
empl.=employment
exc.=exchange
fin.=finance
ind.ec.=industrial economy
ins.=insurance
law nat.=law of nations
law.dom.=law of domestic relations
leg.pun.=criminal law
legal
manag.=management
mar.ins.=marine insurance
mark.=marketing
mat.=mathematics
media=mass media
mil.=military
monet.trans.=monetary transactions
nav.=navigation
pack.=packaging
parl.=parliament
pat.=patenting
pers.manag.=personnel management
plan.=planning
pol.=policy
pol.ec.=political economics
post = mail
print.=printing
prod.=production

r.e.=real estate
rail.=railways
sl.=slang
soc.=social studies
stat.=statistics
stock
suc.=succession
syst.ed.=system of education
tax.=taxation
telecom.=telecommunications
trans.=transportation and shipping
wareh.=warehouse

Word classes:

adj. = adjective
vb. = verb

Practical Comments

English words are spelled in accordance with acknowledged British-English standards, except in cases where the word is obviously of American extraction.
Composite words have been included where it has been found relevant to illustrate the use of the word.
(US) and (UK) mark American and British-English usage, respectively.

AA (always afloat) *всегда на плаву*

AAA (American Accounting Association) *Американская ассоциация ревизоров*

AAA (American Arbitration Association) *Американская арбитражная ассоциация*

AAAA spot contract *кассовая сделка Американской ассоциации рекламных агентств;* [adv.] *договор на реальный товар Американской ассоциации рекламных агентств*

AAA rating *высший рейтинг агентства 'Стандард энд Мур' для облигаций и привилегированных акций*

AAR (against all risks) *против всех рисков*

ABA (American Bankers' Association) [bank.] *Американская ассоциация банкиров*

abandon (vb.) *закрывать, консервировать, отказываться, покидать, покинуть, получать разрешение на закрытие;* [legal] *абандонировать, отказываться от имущества в пользу страховщика*

abandoned luggage [trans.] *оставленный багаж*

abandoned property *бесхозная собственность;* [trans.] *оставленное имущество*

abandonment *абандон, оставление детей, оставление жены, оставление имущества в пользу страховщиков, отказ от права, отказ от притязания;* [legal] *оставление имущества в пользу страховщика;* [nav.] *отказ от иска*

abandonment clause [legal] *оговорка об отказе от права*

abandonment of action [legal] *отказ от иска*

abandonment of claim [legal] *отказ от иска*

abandonment of count [leg.pun.] *отказ от пункта обвинительного акта*

abandonment of criminal proceedings [leg.pun.] *прекращение уголовного судебного разбирательства*

abate (vb.) *делать скидку, ослаблять, снижать, уменьшать, умерять;* [legal] *аннулировать, незаконно завладеть недвижимым наследственным имуществом до вступления наследника в свои права, отменять, прекращать*

abatement *аннулирование, незаконное завладение недвижимым наследственным имуществом до вступления законного наследника в свои права, ослабление, отмена, прекращение, смягчение;* [comm.] *скидка, снижение;* [ec.] *уменьшение*

abatement of legacies [suc.] *завещательный отказ от наследства, отказ от наследства*

abatement of purchase price *скидка с продажной цены*

abatement of tax [tax.] *снижение налога*

abbreviate (vb.) *сокращать*

abbreviation *сокращение;* [print.] *аббревиатура*

abeyance, in *без владельца, в отсутствие владельца, временно отмененный, в состоянии неизвестности, в состоянии неопределенности, при неурегулированных отношениях*

abide (vb.) *выполнять условия, придерживаться, принимать во внимание, следовать, соблюдать, соблюдать требования закона, считаться*

abide by award (vb.) *ожидать вынесения решения*

ability *квалификация, компетенция, платежеспособность, правоспособность, способность, умение*

ability, according to *по способности*

ability to meet payments *платежеспособность*

ability-to-pay principle of taxation [tax.] *принцип платежеспособности при налогообложении*

ability to save up *способность обеспечить экономию*

ability to supply   *способность обеспечить поставку*

able (adj.)   *квалифицированный, компетентный, платежеспособный, правоспособный, способный*

able seaman   [nav.]   *матрос первого класса*

able to supply (adj.)   *способный обеспечить поставку*

abnormal depreciation   *ускоренное начисление износа, ускоренное списание стоимости объекта основного капитала на износ, ускоренное списывание стоимости объекта основного капитала на износ;* [calc.] *ускоренная амортизация*

abnormal risk   [ins.]   *чрезвычайный страховой риск*

abnormal termination   [comp.]   *аварийное окончание*

abnormal working hours   *сверхурочное рабочее время*

abode   *жилище, местопребывание, пребывание, проживание;* [legal] *местожительство*

abolish (vb.)   *отменять, уничтожать;* [legal] *аннулировать, прекращать, упразднять*

abolish an act (vb.)   [legal]   *отменять закон*

abolished, be (vb.)   *быть отмененным, быть упраздненным*

abolishment   *аннулирование, упразднение;* [legal] *отмена, уничтожение*

abolishment of an arrangement   *отказ от договоренности*

abolishment of arrangement   *отказ от договоренности*

abolishment of a scheme   *отмена плана*

abolishment of scheme   *отмена плана*

abolish restrictions (vb.)   *отменять ограничения*

abolition   *отмена, уничтожение, упразднение;* [legal] *аннулирование, прекращение уголовного преследования*

abolition of act   [legal]   *отмена закона*

abolition of an act   [legal]   *отмена закона*

abolition of an Act   [legal]   *отмена закона*

abolition of an office   *закрытие учреждения*

abolition of office   *закрытие учреждения*

abolition of unfair competition   *устранение несправедливой конкуренции*

abort   [comp.]   *прекращение программы*

abort (vb.)   [comp.]   *прекращать, прерывать*

abortion   *аварийное прекращение, неудача*

abortion law   *закон об абортах*

abortive (adj.)   *несостоявшийся, прекращенный, прерванный, сорванный*

abortive attempt   *неудачная попытка*

about   *около, поблизости, почти, приблизительно*

about (adj.)   *находящийся в обращении, существующий*

about-face   *внезапное и полное изменение*

about-turn   [pol.]   *внезапное и полное изменение*

above-mentioned (adj.)   *вышеупомянутый, упомянутый выше*

above par   *выше номинала*

abreast of   *держась на должном уровне, не отставая*

abridged document   *сокращенный вариант документа*

abridged version   *конспект, краткое изложение, сокращенный вариант*

abridgement   *конспект, краткое изложение, сокращение, сокращенное издание, сокращенный вариант, сокращенный текст*

abridgement of time   [legal]   *уменьшение срока*

abroad   *заграница, за границей, за границу, повсюду, широко*

abrogate (vb.)   [legal]   *аннулировать, отказываться, отменять, отрекаться*

abrogation   [legal]   *аннулирование, отмена, упразднение*

abrupt (adj.)   *внезапный, резкий*

abrupt stop   *внезапная остановка*

absence *недостаток, неимение;* [legal] *отлучка, отсутствие*

absence of, in the *за недостатком, за неимением*

absence of a quorum *отсутствие кворума*

absence of quorum *отсутствие кворума*

absence on journey *в отъезде*

absence on sick leave [empl.] *отсутствие по болезни*

absence thereof, in the *по причине отсутствия*

absence without leave [empl.] *неявка на работу, самовольная отлучка*

absent *в отсутствие*

absent (vb.) *отсутствовать*

absent (adj.) *несуществующий, отсутствующий*

absent, be (vb.) *не происходить, отсутствовать, пропускать*

absent due to illness (adj.) *отсутствующий по болезни*

absentee *прогульщик*

absentee (adj.) *не участвующий, отсутствующий, уклоняющийся*

absenteeism *отсутствие собственника;* [empl.] *абсентеизм, невыход на работу, прогулы, уклонение от посещения, уклонение от участия*

absentee landlord *владелец дома, живущий в другом месте, землевладелец, живущий вне своего имения*

absent on sick leave (adj.) *отсутствующий по болезни*

absolute (adj.) *абсолютный, безусловный, беспримесный, неограниченный, полный, совершенный, чистый*

absolute contraband *абсолютная контрабанда*

absolute discharge [leg.pun.] *освобождение лица от уголовной ответственности, освобождение от дальнейшего отбывания наказания*

absolute liability [leg.pun.] *безусловная ответственность*

absolutely [legal] *безусловно, независимо, самостоятельно, совершенно*

absolutely necessary (adj.) *абсолютно необходимый*

absolute majority *абсолютное большинство*

absolute necessity *полная необходимость*

absolute offence [leg.pun.] *безусловное правонарушение*

absolute ownership [legal] *безусловное право собственности, прижизненное владение*

absolute property [legal] *полное имущественное право*

absolute requirement *неопровержимое требование*

absolute right of veto *абсолютное право вето*

absolute title [r.e.] *безусловное право собственности*

absolutism *абсолютизм*

absolve (vb.) [leg.pun.] *выносить оправдательный приговор, оправдывать*

absorb (vb.) *брать на себя расходы, оплачивать, поглощать, принимать, присоединять*

absorption account [calc.] *поглощающий счет*

absorption costing [ind.ec.] *калькуляция себестоимости с полным распределением затрат между изделиями, отнесение всех накладных расходов на готовую продукцию*

absorption costing principle [ind.ec.] *принцип простого отражения затрат, принцип простого списания затрат*

absorption of deficit *потребление дефицита*

absorption of excess liquidity [pol.ec.] *поглощение избыточной ликвидности*

absorption of purchasing power [pol.ec.] *поглощение покупательной способности*

absorption pay [empl.] *плата за освоение профессии*

abstain (vb.) [parl.,bus.organ.] *воздерживаться при голосовании, не принимать участия в выборах, не принимать участия в голосовании*

abstain from *воздерживаться от*

abstention   [parl.,bus.organ.] *воздержание при голосовании, неучастие в голосовании*

abstract   *абстракция, выдержка, документ о правовом титуле, конспект, краткий обзор, краткое описание документов и фактов, отвлеченное понятие, резюме, реферат, сводка;* [legal] *выписка;* [pat.] *краткое изложение содержания*

abstract (vb.)   *извлекать, отнимать*

abstract (legal) transaction   [legal] *документированная (законная) сделка*

abstract bulletin   *реферативный бюллетень*

abstract journal   *реферативный журнал*

abstract of land charges register   [r.e.] *выписка из книги учета платежей за землю*

abstract of legal transaction   [legal] *документ о законной сделке*

abstract of minutes   *выписка из протокола*

abstract of profit and loss account   [calc.] *выписка из результативного счета, выписка из счета прибылей и убытков*

abstract of the land charges register   [r.e.] *выписка из книги учета платежей за землю*

abstract of title   [legal] *справка о правовом титуле*

abstractor   *референт, составитель рефератов*

abstract promise to perform   [legal] *выписка из договорной обязанности, касающейся будущей деятельности*

abundance   *богатство, достаток, избыток, изобилие, распространенность*

abundant   *богатый, изобилующий, изобильный, имеющийся в изобилии, обильный, распространенный*

abundant (adj.)   *богатый, изобильный, обильный*

abuse   *злоупотребление, неправильное использование, неправильное употребление, оскорбление*

abuse (vb.)   *вводить в заблуждение, злоупотреблять*

abuse of a dominant position   *злоупотребление господствующим положением*

abuse of authority   *злоупотребление властью, превышение власти*

abuse of dominant position   *злоупотребление господствующим положением*

abuse of information   [comp.] *неправильное использование информации*

abuse of office   *должностное злоупотребление*

abuse of power   *злоупотребление властью, превышение власти*

abuse of privilege   *злоупотребление привилегией*

abuse of process   [legal] *использование судебной процедуры в незаконных целях*

abuse of regulation   *нарушение инструкции*

abuse of regulations   *нарушение правил*

abusive (adj.)   *вводящий в заблуждение, злоупотребляющий*

abusive language   [legal] *брань, оскорбительные выражения*

abut on (vb.)   *граничить, примыкать*

abutting (adj.)   *примыкающий, соседний*

abutting owner   *соседний собственник*

abutting property   *соседняя земельная собственность*

A/C (account current)   *контокоррент;* [bank.] *открытый счет, текущий банковский счет*

academic   *научный сотрудник высшего учебного заведения, преподаватель*

academic institution   [syst.ed.] *высшее учебное заведение*

ACAS (Advisory, Conciliation and Arbitration Service) (UK)
   [empl.] *консультативная, согласительная и арбитражная служба (США)*

ACC COP (according to the custom of the port)   [trans.] *согласно портовому обычаю*

accede to (vb.)   *вступать в должность, соглашаться;* [law nat.] *примыкать, присоединяться*

accede to a request (vb.) *присоединяться к просьбе*

accelerate (vb.) *обучать ускоренным методом, разгонять, ускорять, форсировать*

accelerated depreciation *ускоренное списание стоимости объекта основного капитала на износ;* [calc.] *ускоренная амортизация, ускоренное начисление износа, ускоренное списывание стоимости объекта основного капитала на износ*

accelerated depreciation allowance [calc.] *налоговая скидка на ускоренную амортизацию основного капитала*

accelerated payments *ускоренные платежи*

acceleration *акселерация, ускорение*

acceleration clause [legal] *пункт о сокращении срока исполнения обязательства*

acceleration of procedure [legal] *ускорение судопроизводства*

acceleration of the procedure [legal] *ускорение судопроизводства*

accent (mark) [print.] *знак ударения*

accent mark [print.] *знак ударения*

accept (vb.) *брать, допускать, одобрять, признавать, принимать, соглашаться, считать приемлемым;* [bill.] *акцептовать вексель;* [comm.] *подходить, соответствовать*

acceptable (adj.) *допустимый, могущий быть акцептованным, подходящий, приемлемый, терпимый*

acceptable condition *приемлемое условие*

acceptable damage *допустимый ущерб*

acceptable quality level (AQL) *приемлемый уровень качества*

acceptable results *приемлемые результаты*

accept a delivery (vb.) *одобрять поставку*

accept an agency (vb.) *регистрировать агентство*

acceptance *акцептованный вексель, одобрение, прием, приемка, приемлемость, признание, принятие, согласие на оплату денежных и товарных документов;* [bill.] *акцепт, акцептование, акцептованная тратта;* [comm.] *оправдательная надпись, принятие предложения*

acceptance account [bill.] *акцептный счет*

acceptance by intervention [bill.] *акцептование путем интервенции*

acceptance certificate [prod.] *акт приемки*

acceptance credit [bill.] *акцептный кредит, краткосрочный кредит*

acceptance for honour [bill.] *акцепт векселя для спасения кредита векселедателя, акцепт векселя после его опротестования, оплата векселя после его опротестования*

acceptance for honour supra protest [bill.] *акцепт векселя для спасения кредита векселедателя, акцепт векселя после его опротестования, оплата векселя после его опротестования*

acceptance for payment [bill.] *принятие векселя к оплате*

acceptance in blank [bill.] *бланковый акцепт*

acceptance letter of credit [bill.] *подтверждение аккредитива*

acceptance of an inheritance [suc.] *принятие права наследования*

acceptance of an offer [comm.] *принятие предложения*

acceptance of inheritance [suc.] *подтверждение права наследования*

acceptance of lump-sum settlement [ins.] *подтверждение расчетов путем единовременной выплаты*

acceptance of offer [comm.] *принятие предложения*

acceptance of proposal [ins.] *принятие предложения*

acceptance of service *получение судебного документа;* [legal] *согласие на получение судебного документа*

acceptance sampling *отбор изделий для приемочного контроля, приемочный статистический контроль;* [prod.] *выборочный контроль при приемке*

acceptance slip [ins.] *бланк для акцепта*

acceptance supra protest [bill.] *акцепт векселя после его опротестования, акцептование векселя для спасения кредита векселедателя, оплата векселя после его опротестования*

acceptance test   *приемочные испытания*

acceptance trial   [prod.] *приемочные испытания*

accept an election (vb.)   *признавать результаты выборов*

accept an inheritance with assets and liabilities (vb.)   [suc.] *принимать в наследство имущество и обязательства*

accept an insurance policy (vb.)   [ins.] *принимать страховой полис*

accept an offer (vb.)   [comm.] *принять предложение*

accept a reduction in pay (vb.)   *соглашаться на уменьшение заработной платы*

accept a sentence (vb.)   [leg.pun.] *принимать приговор*

accept a tender (vb.)   *принимать предложение о покупке ценных бумаг*

accept delivery (vb.)   *принять поставку*

accepted (adj.)   *акцептованный, одобренный, признанный, принятый*

accepted auditing practice   *общепринятый метод ревизии*

accepted bill   [bill.] *акцептованный вексель*

accepted patent specification open to public inspection   [pat.] *описание патента к акцептованной заявке с открытым доступом*

accepted patent specification published for opposition purposes   [pat.] *описание патента к акцептованной заявке, опубликованное для внесения возражений*

accept election (vb.)   [parl.] *признавать результаты выборов*

accept for honour (vb.)   [bill.] *акцептовать вексель для спасения кредита векселедателя*

accept for honour supra protest   *акцептовать опротестованный вексель для спасения кредита векселедателя*

accept for honour supra protest (vb.)   [bill.] *акцептовать вексель после его опротестования*

accept guarantorship (vb.)   *обеспечивать гарантии, обеспечивать поручительство*

accepting bank   *банк-акцептант*

accepting house   [bank.] *акцептный дом (Великобритания), торговый банк, специализирующийся на финансировании внешней торговли и операциях на финансовых рынках*

accept judgment (vb.)   [legal] *одобрять приговор*

acceptor   [bill.] *акцептант*

acceptor for honour   [bill.] *акцептант, спасающий кредит векселедателя*

acceptor for honour supra protest   [bill.] *акцептант векселя после его опротестования*

acceptor of a bill   [bill.] *акцептант векселя*

acceptor of bill   [bill.] *акцептант векселя*

accept service (of writs)   *соглашаться на получение судебного документа*

accept service of writs (vb.)   [legal] *вручать исковые заявления, вручать судебные повестки*

accept suretyship (vb.)   *обеспечивать гарантии, обеспечивать поручительство*

accept system   [exc.] *система акцептования*

accept the challenge (vb.)   *принимать вызов*

accept the directors' report and accounts (vb.)   *одобрить отчет правления и финансовую отчетность*

accept the Directors' report and accounts (vb.)   [bus.organ.] *одобрить отчет правления и финансовую отчетность*

access   *добавление, доступ, подход;* [comp.] *выборка из базы данных, обращение к памяти*

access (conditions)   [r.e.] *условия доступа*

access arm   [comp.] *рычаг выборки*

access code   [comp.] *код вызова, код доступа*

access conditions   [r.e.] *условия доступа*

accessible (adj.)   *достижимый, доступный*

accessible to public (adj.)   *общедоступный*

14

accessible to the public   *общедоступный*

accession   *вступление в должность, присоединение;* [doc.] *пополнение, прибавление, прирост;* [law nat.] *приращение собственности, присоединение к договору;* [legal] *вступление в права*

accession equalization amount   [EEC] *дополнительный (уравнительный) взнос при вступлении*

accession negotiations   [law nat.] *переговоры о присоединении к договору*

accession order   [doc.] *распоряжение о новых приобретениях*

access lock   [comp.] *блокировка доступа*

access mechanism   [comp.] *механизм доступа*

accessor   [parl.] *выдвинутый кандидат*

accessorial liability   [leg.pun.] *дополнительная ответственность*

accessories   *вспомогательные приборы, принадлежности;* [comp.] *вспомогательное оборудование*

accessory   [leg.pun.] *соучастник преступления*

accessory (adj.)   *акцессорный, дополнительный;* [leg.pun.] *совиновный*

accessory (after the fact)   *недоноситель, соучастник (после события преступления), укрыватель*

accessory (before the fact)   *подстрекатель, пособник, соучастник (до события преступления)*

accessory after the fact   *недоноситель, укрыватель;* [leg.pun.] *соучастник после события преступления*

accessory before the fact   *подстрекатель, пособник;* [leg.pun.] *соучастник до события преступления*

accessory contract   [legal] *акцессорный договор*

accessory to crime   *сообщник;* [leg.pun.] *соучастник преступления*

accessory to the crime   *сообщник;* [leg.pun.] *соучастник преступления*

access path   [comp.] *путь выборки, путь доступа*

access road   *подъездной путь*

access time   [comp.] *время выборки, время доступа, время прохода*

access to borrowing   *возможность получения займа*

access to buying   *возможность закупки*

access to carry on commerce   *возможность заниматься коммерческой деятельностью*

access to documents   *доступ к документам*

access to drawing facilities   [bank.] *возможность получения денежных средств*

access to purchase   *возможность покупки*

access to rediscounting of deposits   *возможность переучета депозитов*

access to sea   *выход к морю*

access to the sea   *выход к морю*

accident   *авария, катастрофа, несчастный случай, побочное обстоятельство, случайное свойство;* [legal] *случай, случайность*

accidental criminal   [leg.pun.] *случайный преступник*

accident at work   [ins.] *производственная травма*

accident insurance   [ins.] *страхование от несчастного случая*

accident insurance contribution   [ins.] *взнос на страхование от несчастного случая*

accident on the way to or from work   [ins.] *несчастный случай по пути на работу или с работы*

accident on way to or from work   [ins.] *несчастный случай по пути на работу или с работы*

accident prevention   [ins.] *мероприятия по предупреждению несчастных случаев, техника безопасности*

accident risk   [ins.] *вероятность наступления несчастного случая*

accident to conveyance   [ins.] *несчастный случай на транспорте*

accommodate (vb.)   *выдавать ссуду, обеспечивать, оказывать услугу, предоставлять, примирять, приспосабливать, размещать, расквартировывать, снабжать, согласовывать точки зрения, улаживать разногласия*

accommodating (adj.) *вмещающий, приспосабливающийся,
сглаживающий*

accommodating capital movements *согласование движения капитала*

accommodating transactions *уравновешивающие деловые операции*

accommodation *жилье, квартира, помещение, примирение,
приспособление, разрешение спора, согласование, соглашение,
удобства;* [bank.] *кредит, ссуда;* [nav.] *расположение кают;*
[r.c.] *стол и ночлег*

accommodation address *адрес на абонементный ящик;* [post] *адрес до
востребования, адрес приема корреспонденции*

accommodation bill (of exchange) [bill.] *дружеский переводный вексель*

accommodation bill of exchange [bill.] *дружеский переводный вексель*

accommodation discount [comm.] *скидка за услуги*

accommodation loan *ссуда на квартиру*

accommodation payment [ins.] *плата за жилье*

accompany (vb.) *сопровождать, сопутствовать*

accompanying (adj.) *сопровождающий, сопутствующий*

accompanying document *приложенный документ, сопроводительное
письмо*

accompanying document for customs purposes [cust.] *сопроводительный
документ для таможни*

accompanying for customs purposes *сопровождение для таможни*

accompanying letter *сопроводительное письмо*

accompanying note [trans.] *сопроводительная накладная*

accompanying notes *сопроводительные документы*

accompany with *сопровождаться*

accomplice [leg.pun.] *сообщник, соучастник преступления*

accomplish (vb.) *выполнять, доводить до конца, завершать,
совершенствовать*

accomplishment *выполнение, достижение, завершение, исполнение,
реализация*

accord *договор, договоренность, единство, согласие, соглашение*

accord (vb.) *предоставлять, согласовывать, соответствовать;*
[ec.] *соглашаться, улаживать*

accordance *предоставление, согласие, соответствие*

accordance with, in *в соответствии с*

accordance with the contract, in [legal] *согласно контракту*

accordance with the regulations, in *в соответствии с техническими
условиями*

accord and satisfaction [legal] *мировое соглашение, соглашение о
замене исполнения*

accordant with (adj.) *согласный, соответственный*

accord equal status (vb.) *соблюдать равноправие*

according to *в зависимости от, в соответствии с, на основании
высказывания, по словам, согласно заявлению*

according to ability *в соответствии с квалификацией*

according to agreement *согласно соглашению*

according to articles of association *в соответствии с уставом
ассоциации*

according to contract [legal] *в соответствии с договором*

according to law *в соответствии с законом, согласно закону*

according to letter *согласно письму*

according to need *в соответствии с потребностью*

according to plan *согласно плану*

according to private law [legal] *согласно частному праву*

according to rules *согласно правилам*

according to sample *по образцу*

according to tariff *согласно тарифу*

according to the articles of association [bus.organ.] *в соответствии с
уставом ассоциации*

according to the law [legal] *в соответствии с законом, согласно
закону*

according to the rules *согласно правилам*

according to the tariff *согласно тарифу*

according with (vb.) *в соответствии с, согласно*

accord with (vb.) *соответствовать*

account *расчет по биржевым сделкам, регистр, счетная формула, учетная статья в бухгалтерской книге, финансовый отчет;* [adv.] *заказчик рекламного агентства, клиент рекламного агентства, рекламодатель, сообщение;* [bank.] *доклад, отчет;* [book-keep.] *запись финансовой операции, отчет об исполнении государственного бюджета (Великобритания), подсчет;* [ec.] *отзыв;* [exc.] *операционный период на Лондонской фондовой бирже, оценка;* [legal] *выгода, иск с требованием отчетности*

account, on *в счет причитающейся суммы, в частичное погашение причитающейся суммы*

account, on joint *на общем счете*

account, place to *перечислять*

account, place to (vb.) [book-keep.] *записывать на счет*

account, take into (vb.) *принимать во внимание*

account, turn to (vb.) *использовать в своих интересах, обращать в свою пользу*

accountability *возможность учета, отчетность, учет;* [book-keep.] *ответственность, подотчетность*

accountability to shareholders [calc.] *отчетность, представленная акционерам*

accountable (adj.) *имеющий обязательства по расчетам, ответственный, подотчетный*

accountable capital deposit [bus.organ.] *подотчетный ссудный капитал*

accountable for *ответственный, подотчетный*

accountable for, be (vb.) *нести ответственность*

account administration charge [bank.] *плата за ведение счетов*

accountancy [aud.] *бухгалтерское дело;* [book-keep.] *бухгалтерия, бухгалтерский учет, счетоводство*

accountancy bodies *органы бухгалтерского учета*

accountancy body *орган бухгалтерского учета*

accountancy requirement [calc.] *правило бухгалтерского учета*

accountancy requirements [calc.] *требования бухгалтерского учета*

accountant [aud.] *квалифицированный бухгалтер, контролер;* [pers.manag.] *бухгалтер с управленческими функциями, ревизор, эксперт по анализу балансов и финансовой отчетности*

accountants' indemnity insurance [ins.] *страхование для компенсации убытков бухгалтерии*

account balance [bank.] *остаток на счете, остаток при расчете*

account book [book-keep.] *журнал бухгалтерского учета;* [exc.] *бухгалтерская книга*

account card *перечень счетов;* [book-keep.] *план счетов*

account category [bank.] *категория счета*

account conflict [adv.] *конфликт между рекламодателями*

account current (A/C) [bank.] *контокоррент, открытый счет, текущий банковский счет*

account day [exc.] *расчетный день на Лондонской фондовой бирже*

account detail [bank.,book-keep.] *подробные данные о банковском счете*

account entry [book-keep.] *бухгалтерская запись, проводка, строка бухгалтерской отчетности*

account executive *делопроизводитель, ведущий счета клиентов;* [adv.] *консультант рекламного бюро, уполномоченный по контактам с рекламодателями*

account for (vb.) *объяснять, отчитываться;* [calc.] *давать отчет, нести ответственность, отвечать, являться причиной*

account for current operations [book-keep.] *отчет по текущим операциям*

account form [calc.] *документ бухгалтерского учета*

account for new buildings   [book-keep.] *счет к оплате за новые здания*

account for the accumulation of payments   [book-keep.] *счет к оплате накопленных платежей*

account for various payments   [book-keep.] *счет к оплате различных платежей*

account heading   [book-keep.] *заголовок счета*

account held as collateral   [bank.] *счет, выставленный в качестве залога*

account held in foreign exchange   [monet.trans.] *счет в иностранной валюте*

account holder   [bank.] *владелец счета*

accounting   *бухгалтерский учет, бухгалтерское дело;* [book-keep.] *анализ хозяйственной деятельности, ведение бухгалтерских книг, предоставление официальной отчетности, счетоводство;* [calc.] *калькуляция*

accounting basis   [calc.] *основа бухгалтерского учета*

accounting consultant   *консультант по вопросам бухгалтерского учета*

accounting costs   *затраты на ведение бухгалтерского учета*

accounting day   [book-keep.] *учетный день;* [calc.] *день урегулирования платежей, последний день расчетного периода, расчетный день на Лондонской фондовой бирже*

accounting department   *бухгалтерия, главная бухгалтерия компании*

accounting entity   [calc.] *учетное подразделение, находящееся на самостоятельном балансе*

accounting error   [book-keep.] *ошибка бухгалтерского учета*

accounting estimate   [calc.] *предварительный учет*

accounting figures   [calc.] *данные бухгалтерского учета*

accounting income   [calc.] *доход за отчетный период*

accounting institute   [bank.] *орган бухгалтерского учета*

accounting loss   [calc.] *расчетные убытки*

accounting machine   *бухгалтерская машина, счетная машина, счетно-аналитическая машина, фактурная машина*

accounting method   [book-keep.] *метод бухгалтерской отчетности;* [calc.] *метод бухгалтерского учета*

accounting par value   [calc.] *учет по номинальной стоимости*

accounting period   *расчетный период;* [book-keep.] *учетный период;* [calc.] *отчетный период, период бухгалтерской отчетности*

accounting policy   [calc.] *общие принципы отражения хозяйственных операций в учете, учетная политика*

accounting practice   *практика отчетности*

accounting practices   [calc.] *практика отчетности*

accounting principle   [calc.] *принцип бухгалтерского учета*

accounting principles   [calc.] *принципы бухгалтерского учета*

accounting procedure   [book-keep.] *процедура анализа хозяйственной деятельности;* [calc.] *метод учета деятельности компании, процедура отчетности*

accounting procedures   *процедуры отчетности*

accounting profit   [calc.] *учетная прибыль*

accounting profit and loss   [calc.] *учет прибылей и убытков*

accounting profit or loss   *учет прибылей или убытков*

accounting ratio   [calc.] *учетный показатель*

accounting record   [book-keep.] *бухгалтерская книга*

accounting records   [book-keep.] *бухгалтерские счета*

accounting report   [calc.] *бухгалтерский отчет*

accounting staff   [pers.manag.] *бухгалтерия, персонал службы бухгалтерского учета*

accounting standard   [calc.] *норматив бухгалтерского учета*

accounting statement   [calc.] *бухгалтерский отчет*

accounting system   *система счетов;* [book-keep.] *система бухгалтерского учета*

accounting treatment   [calc.] *обработка бухгалтерских счетов*

accounting unit   *единица выбытия основного капитала, заменяющая единица основного капитала, счет, отражающий себестоимость объекта;* [calc.] *единица учета реального основного капитала*

accounting year   [calc.] *отчетный год;* [manag.] *финансовый год*

account ledger   *бухгалтерский регистр;* [book-keep.] *бухгалтерская книга*

account management   [bank.,book-keep.] *ведение счетов*

account manager   [adv.] *заведующий отделом рекламы*

account number   [bank.,book-keep.] *номер счета*

account of, on   *за счет, на счете*

account of a third party   *депозитный счет, допускающий платежи в пользу третьих лиц*

account of charges   *счет издержек, счет накладных расходов*

account of commission   *счет комиссионных платежей*

account of estate   *счет за имущество*

account of goods purchased   *счет на закупленные товары*

account of heating expenses   [calc.] *счет затрат на отопление*

account of recourse   *счет с правом регресса*

account of the estate   [suc.,bank.] *счет за имущество*

account of third party   *депозитный счет, допускающий платежи в пользу третьих лиц*

account only check   *кроссированный чек*

account-only cheque   [bank.] *чек только для безналичных расчетов*

account payable   [book-keep.] *кредиторская задолженность*

account payee cheque   [bank.] *чек на счет получателя*

account receivable   *дебитор по расчету, дебиторская задолженность;* [book-keep.] *сумма, причитающяя лицу по контокорренту;* [calc.] *дебиторская задолженность*

account rendered, as per   *согласно представленному счету*

account representative   [adv.] *консультант по связям с рекламодателями*

accounts   [calc.] *деловые книги, отчетность, расчеты, торговые книги*

accounts, keep (vb.)   [book-keep.] *вести счета, осуществлять бухгалтерские проводки по счетам*

account sales (a.s., A/S)   [comm.] *отчет о продаже товара*

accounts analysis   [fin.] *анализ статей баланса*

accounts current ledger   [book-keep.] *книга текущих счетов*

accounts department   *бюро отчетности, отдел расчетов, отдел финансовых отчетов*

accounts division   *бухгалтерия*

account sheet   [book-keep.] *бланк счета*

accounts of budgetary expenditure and revenue   *отчетность по бюджетным доходам и расходам*

accounts of group   *счета объединения*

accounts of parent company   *счета материнской компании*

accounts of the group   [calc.] *счета объединения*

accounts of the parent company   [calc.] *счета материнской компании*

account solicitation agency   *бюро рассмотрения ходатайств о предоставлении кредитов*

account solicitation service   *бюро рассмотрения ходатайств о предоставлении кредитов*

accounts payable   [calc.] *кредиторская задолженность, кредиторы по расчетам, счета кредиторов в балансе*

accounts presentation   [calc.] *представление финансового отчета*

accounts receivable   [book-keep.] *счет дебиторов в балансе;* [calc.] *дебиторская задолженность, дебиторы по расчетам, ожидаемые поступления*

accounts receivable department   *отдел дебиторской задолженности, отдел учета дебиторской задолженности*

accounts statement [bank.] *отчет о состоянии счетов*

account stated *подведенный баланс, сальдо счета*

account statement [bank.] *выписка с банковского лицевого счета клиента*

account subject to notice [bank.] *счет с уведомлением*

account supervisor [adv.] *руководитель группы по связям с рекламодателями*

accounts with banks [ec.] *счета в банках*

account terms [bank.] *условия оплаты счета*

account title [bank.] *название счета*

account-to-account transfer [bank.] *перевод денег с одного счета на другой*

account with correspondent bank [bank.] *счет в банке-корреспонденте*

account with correspondent bank abroad [bank.] *счет в банке-корреспонденте за рубежом*

account with overdraft facility [bank.] *счет, по которому допущен овердрафт, счет с превышением кредитного лимита*

account with the Treasury [ec.] *счет в министерстве финансов*

accredit (vb.) [dipl.] *кредитовать;* [media] *выдавать аккредитив, относить на счет, уполномочивать*

accredited (adj.) *аккредитованный, гарантированного качества, зарегистрированный официально, общепринятый, признанный соответствующим существующим нормам*

accredited journalist *аккредитованный журналист*

accrediting [dipl.] *аккредитация*

accreditor *лицо, выставляющее аккредитив*

accretion *приращение собственности, увеличение доли наследника;* [doc.] *дополнение, прирост*

accrual *нарастание, приумножение, увеличение доли наследника;* [calc.] *накапливание*

accrual of income [calc.] *накопление дохода*

accrual of interest *приращение процентов;* [calc.] *накопление процентов*

accruals [calc.] *размер долга, сумма издержек*

accruals concept [calc.] *метод исчисления дохода или расхода, принцип наращивания*

accruals principle [calc.] *принцип наращивания*

accrue (vb.) *накапливаться, приобретать право;* [calc.] *нарастать*

accrued (adj.) *накопленный, наросший, начисленный, начисленный к оплате*

accrued assets [calc.] *накопленные активы*

accrued charges *начисленные проценты;* [calc.] *наросшие проценты*

accrued expenditure *задолженность;* [calc.] *аккумулированные непогашенные затраты*

accrued expense [calc.] *задолженность, начисленный расход, понесенный, но не оплаченный расход*

accrued expenses *начисленные к оплате издержки;* [calc.] *аккумулированные непогашенные затраты, задолженность*

accrued expenses and deferred income [calc.] *аккумулированные непогашенные затраты и доходы будущего периода*

accrued income [calc.] *накопленный доход*

accrued income and deferred expenses [calc.] *накопленные доходы и расходы будущего периода*

accrued interest *накопленные проценты, наросшие проценты;* [stock] *начисленные проценты*

accrued liabilities [calc.] *накопившиеся обязательства, промежуточный пассив*

accrued revenues [calc.] *накопленные доходы*

accrued tax [tax.] *накопившаяся задолженность по выплате налогов*

accrue interest (vb.) *накапливать проценты*

accrue reserves (vb.) [calc.] *наращивать резервные фонды*

accrue to (vb.) *выпадать на долю, доставаться*
accrue to the Treasury (vb.) *предназначаться министерству финансов*
accruing interest *накапливающиеся проценты, нарастающий процентный доход*
accumulate (vb.) *аккумулировать, накапливать, нарастать, собирать, собирать данные*
accumulate (savings) *накапливать (сбережения)*
accumulated (adj.) *накопившийся, наросший*
accumulated accounts [calc.] *отчетность фирмы*
accumulated debt [calc.] *накопившийся долг*
accumulated deficit [calc.] *накопившийся дефицит*
accumulated depreciation [calc.] *аккумулированные амортизационные отчисления, амортизационный резерв*
accumulated dividend *накопленный дивиденд*
accumulated dividends [bus.organ.] *накопленные дивиденды, по которым не наступил срок платежа*
accumulated earnings [calc.] *накопленная прибыль*
accumulated income [calc.] *накопленный доход*
accumulated interest *накопленные проценты*
accumulated losses brought forward [calc.] *аккумулированные убытки, перенесенные на последующий период*
accumulated losses carried forward to next year [calc.,tax.] *аккумулированные убытки, перенесенные на следующий год*
accumulated profit [calc.] *накопленная прибыль*
accumulated reserves *накопленные резервы*
accumulated savings *накопленные сбережения*
accumulate savings (vb.) *накапливать сбережения*
accumulating *накопление*
accumulation *аккумулирование, аккумуляция, накапливание, сбор данных;* [fin.] *накопление*
accumulation (of savings) *накопление (сбережений)*
accumulation account for dead accounts *кумулятивный счет для недействующих счетов*
accumulation of capital *накопление капитала*
accumulation of risks [ins.] *кумуляция рисков*
accumulation of savings *накапливание сбережений*
accumulation risk [ins.] *кумулирующийся риск*
accumulation trust *накопительный траст*
accuracy *достоверность, правильность, точность*
accuracy of measurement *точность измерения*
accurate (adj.) *правильный, точный, тщательный*
accusation *обвинение, обвинительный акт;* [leg.pun.] *обвинительное заключение*
accusatorial procedure [legal] *процедура вынесения обвинения*
accuse (vb.) *уличать;* [leg.pun.] *обвинять, предъявлять обвинение*
accused *обвиняемый, подсудимый*
accused, the [leg.pun.] *обвиняемый, подсудимый*
accused of, be (vb.) [leg.pun.] *быть обвиняемым*
achievable (adj.) *достижимый*
achieve (vb.) *добиваться, достигать, успешно выполнять*
achieve a tax saving (vb.) *добиваться экономии за счет уменьшения налоговых платежей*
achievement *выполнение, достижение, успех*
acid test ratio [ind.ec.] *коэффициент критической оценки (отношение ликвидности фирмы к сумме долговых обязательств)*
acknowledge (vb.) *допускать, опознавать, подтверждать, признавать, удостоверять, узнавать*
acknowledge a debt (vb.) *признавать долг*
acknowledge a right (vb.) *признавать право*
acknowledge character (ACK) [comp.] *знак подтверждения приема*
acknowledge justice of claim (vb.) *подтверждать справедливость иска*

acknowledgement *официальное заявление, подтверждение, признание, уведомление о получении;* |comm.| *подтверждение приема сообщения;* |ec.| *квитирование*

acknowledgement of a debt |legal| *признание долга*

acknowledgement of debt *признание долга*

acknowledgement of order |ind.ec.| *подтверждение заказа*

acknowledgement of receipt *подтверждение получения, приоритетная справка*

acknowledgement of service |legal| *подтверждение вручения, расписка о вручении*

acknowledge receipt (vb.) *подтверждать получение, подтверждать прием*

acknowledge the justice of the claim (vb.) |legal| *подтверждать справедливость иска*

ACP (African, Caribbean and Pacific countries) *АКТ (страны Африки, бассейна Карибского моря и Тихого океана)*

ACP countries (African, Caribbean and Pacific countries) *страны АКТ (Африки, бассейна Карибского моря и Тихого океана)*

acquaintance *знакомство, знание, осведомленность*

acquainted with *знакомый с*

acquainted with, be (vb.) *быть знакомым с, ознакомиться с*

acquiesce (vb.) *молча соглашаться, неохотно соглашаться*

acquiescence *молчаливое согласие, неохотное согласие*

acquire (vb.) *достигать, овладевать, покупать, получать, приобретать*

acquire a fortune (vb.) *добиваться успеха*

acquire a right (vb.) *получать право*

acquire by adverse possession (vb.) |legal| *приобретать на основе правового титула вопреки притязаниям другого лица*

acquire by prescription (vb.) |legal| *приобретать по праву давности, приобретать по предписанию*

acquired company |bus.organ.| *приобретенная компания*

acquired right |legal| *полученное право, приобретенное право*

acquired rights |legal| *полученные права*

acquire for valuable consideration (vb.) |legal| *добиваться достаточного встречного удовлетворения*

acquirement *овладение, приобретение*

acquirer *покупатель, приобретатель*

acquire under advantageous conditions (vb.) *приобретать на благоприятных условиях*

acquiring company |bus.organ.| *компания, приобретающая активы другой компании*

acquisition *овладение, покупка, сбор данных;* |calc.| *вступление во владение;* |comm.| *приобретение*

acquisition agent |ins.| *агент по заключению новых договоров страхования*

acquisition amount *сумма покупки, сумма приобретения*

acquisition audit |aud.| *ревизия приобретения*

acquisition commission |ins.| *комиссионные за заключение новых договоров страхования*

acquisition cost |ind.ec.| *первоначальная стоимость, стоимость приобретения*

acquisition costs |calc.| *расходы на привлечение новых страхователей*

acquisition expense |calc.| *расходы на приобретение*

acquisition for value |legal| *приобретение по стоимости*

acquisition in market overt |legal| *покупка на открытом рынке*

acquisition of a right |legal| *приобретение права*

acquisition of equity capital |ind.ec.| *приобретение капитала в форме акций, приобретение собственного капитала*

acquisition of financial fixed assets |calc.| *приобретение фиксированных финансовых активов*

acquisition of goods   *приобретение товаров*

acquisition of income   *получение дохода*

acquisition of intangible fixed assets   [calc.] *приобретение нематериальных фиксированных активов*

acquisition of right   *приобретение права*

acquisition of subsidiary   *приобретение дочерней компании*

acquisition of tangible fixed assets   [calc.] *приобретение материальных фиксированных активов*

acquisition of title by extinguishing title of another   *получение правового титула вследствие ликвидации прежнего титула*

acquisition price   [ind.ec.] *цена приобретения*

acquisition value   *стоимость покупки, цена покупки*

acquit (vb.)   [ec.] *расплачиваться;* [leg.pun.] *выносить оправдательный приговор, оправдывать, платить долг*

acquittal   [leg.pun.] *оправдание, оправдательный приговор, освобождение от обязательства*

acquittance   *расписка;* [book-keep.] *освобождение от обязательства;* [ec.] *погашение долга*

acreage   *площадь земли в акрах*

acronym   *акроним*

across-the-board   *движение цен на фондовом рынке, затрагивающее все акции*

across-the-board cut   *фиксированный момент движения цен на фондовой бирже, затрагивающего все акции*

across-the-board time   [adv.] *фиксированный момент движения цен на фондовой бирже, затрагивающего все акции*

act   *дело;* [FEC] *акт;* [legal] *действие, деяние, документ, закон, постановление*

act (vb.)   *выполнять функции, действовать, исполнять обязанности, поступать, функционировать;* [pers.manag.] *работать*

ACT (advance corporation tax)   [tax.] *авансовый налог с доходов корпорации*

act, in the   [leg.pun.] *на месте преступления*

act as (vb.)   *работать в качестве;* [pers.manag.] *действовать в качестве*

act as guarantor (vb.)   *выступать гарантом*

act as mediator (vb.)   *выполнять функции посредника*

act for (vb.)   *исполнять обязанности;* [legal] *выполнять функции другого лица, замещать, представлять другое лицо*

act for someone (vb.)   [legal] *действовать от имени другого лица*

acting (adj.)   *временный, действующий, исполняющий обязанности*

act in good faith (vb.)   [legal] *поступать честно*

act in law   [legal] *юридическое действие*

act in law for avoidance purposes   [legal] *юридическое действие для лишения юридической силы*

action   *влияние, воздействие, выступление, действие, работа;* [ins.] *исковое требование;* [legal] *акция, иск, поведение, поступок, судебное дело, судебное преследование, судебный процесс*

actionable (adj.)   *дающий основания для судебного преследования*

action area plan   [plan.] *план мероприятий*

action at law   [legal] *судебный иск*

action for breach of contract   [legal] *иск о нарушении договора*

action for damages   [legal] *иск о взыскании убытков*

action for declaration   [legal] *исковое заявление*

action for levying execution   [legal] *иск о взыскании налога*

action for recovery of payment   [legal] *иск о взыскании платежа*

action for recovery of property   [legal] *иск о получении обратно собственности*

action in conversion   [legal] *иск об обращении вверенного имущества в свою пользу*

action in personam   [legal] *обязательственный иск*

action in tort   [legal] *иск о возмещении вреда, иск по гражданскому правонарушению*

action of debt   [legal] *иск о взыскании долга*

action of detinue   [legal] *иск о возвращении удерживаемого движимого имущества, иск о противоправном удержании чужого движимого имущества*

action of recourse   [legal] *иск о праве регресса*

action on a bill of exchange   [legal] *иск по переводному векселю, иск по тратте*

action on bill of exchange   *иск по переводному векселю, иск по тратте*

action programme   *программа действий*

actions for breach of contract   [legal] *иск о нарушении договора*

action to avoid settlement in bankruptcy   [bankr.leg.] *иск об аннулировании акта установления банкротства*

action to recover control of a child   [legal] *иск об установлении надзора за ребенком*

action to recover control of child   *иск об установлении надзора за ребенком*

action to recover personalty   [legal] *иск о возвращении движимого имущества*

action to set aside a decision   [legal] *иск об аннулировании решения*

action to set aside decision   *иск об аннулировании решения*

activate (vb.)   *активизировать, приводить в действие*

activation   *приведение в действие*

active (adj.)   *активный, действительный, действующий, настоящий, находящийся в активе, оживленный, практический, самодеятельный (о населении), энергичный, эффективный*

active balance   *активный платежный баланс, благоприятный платежный баланс*

active bond   [stock] *облигация с большим объемом продаж*

active duty, on   *на действительной военной службе*

active employment, in   [empl.] *при полной занятости*

active market   *оживленный рынок*

active note circulation   *активное денежное обращение, активное обращение векселей*

active on labour market   [empl.] *действующий на рынке труда*

active on the labour market   [empl.] *действующий на рынке труда*

active page   [comp.] *активная страница*

active partner   *активный партнер, активный член товарищества, главный партнер с неограниченной имущественной ответственностью*

active program   [comp.] *активная программа, действующая программа*

active reinsurance   [ins.] *эффективное перестрахование*

active search   [adv.] *активный поиск*

active season   *сезон высокой активности*

active securities   [exc.] *активные ценные бумаги*

active stock   *расходный запас*

active stocks   [exc.] *активные акции, акции, являющиеся объектом ежедневных сделок, и по которым публикуются ежедневные котировки*

active worker   [empl.] *активный работник*

activities budget   *смета затрат по видам работ*

activities in field of research and development   *деятельность в области научных исследований и разработок*

activities in public interest   *деятельность в интересах общества*

activities in the field of research and development   *деятельность в области научных исследований и разработок*

activities in the public interest   *деятельность в интересах общества*

activity   *активность, операция, организация, производство, работа, учреждение, хозяйственная деятельность, экономическая деятельность*

activity network   [comp.] *сетевой график*

activity rate   [empl.] *степень активности*

activity ratio   [ind.ec.] *показатель экономической активности*

act of accession   [EEC] *акт присоединения*

act of bankruptcy   [bankr.leg.] *действие, дающее основания для возбуждения дела о банкротстве*

act of compounding   [fin.] *дисконтирование*

act of court   [legal] *юридический акт*

act of God   [ins.] *действия сил природы, стихийное бедствие, стихийные явления, форс-мажорные обстоятельства;* [ins.,legal] *форс-мажор;* [legal] *непреодолимая сила*

act of grace   *амнистия, парламентский акт об амнистии, помилование*

act of killing   [leg.pun.] *совершение убийства*

act of necessity   [leg.pun.] *действие в силу необходимости*

act of pardon   *амнистия, парламентский акт об амнистии, помилование*

act of restriction   *ограничивающее постановление*

act of sabotage   *акт саботажа*

act of security   *закон о страховании*

act of the court   *постановление суда, решение суда*

act of union   *акт объединения*

act of violence   [leg.pun.] *акт насилия, насильственное действие*

act of volition   [legal] *волевой акт*

act of will   *акт завещания*

act of wills   [legal] *закон о завещаниях*

act on behalf of (vb.)   [legal] *действовать от имени другого лица*

act on behalf of another (vb.)   [legal] *действовать от имени другого лица*

act on legal capacity   *закон о юридической правоспособности*

Act on Mortgage Credit Institutions   *закон об учреждениях ипотечного кредита*

act outside the scope of one's authority (vb.)   [legal] *выходить за пределы своей компетенции, выходить за пределы своих полномочий*

actual   *наличный товар, реальный товар*

actual (adj.)   *действительный, действующий, наличный, подлинный, реальный, текущий, фактический, фактически существующий*

actual amount available   *имеющееся в данное время количество*

actual balance   *реальный остаток, фактическая сумма;* [book-keep.] *фактический остаток*

actual cost   *фактическая себестоимость;* [ind.ec.] *реальная стоимость*

actual costs   [ind.ec.] *фактические издержки*

actual deaths   [ins.] *происшедшие смертные случаи, фактическая смертность*

actual earning   *реальный доход, текущий доход*

actual earnings   *реальная валовая выручка, реальная заработная плата, реальный заработок, текущие поступления*

actual expenditure   *фактические затраты, фактические расходы*

actual expenses   *фактические расходы;* [calc.] *фактические затраты*

actual hourly wage   [empl.] *реальная почасовая заработная плата*

actual interest rate   [bank.] *реальная процентная ставка*

actual knowledge   [leg.pun.] *фактическое знание обстоятельств дела*

actual loss   [ins.] *действительная гибель, фактический страховой убыток*

actual notice   [legal] *фактическое уведомление*

actual output   [prod.] *фактическая выработка, фактический объем производства*

actual rate   *фактическая ставка*

actual rate of return   *фактическая норма прибыли;* [fin.] *фактический коэффициент окупаемости капиталовложений*

actual reason   *истинная причина*

actual receipts [calc.] *фактические денежные поступления*

actuals [exc.,comm.] *наличный товар, реальный товар*

actual stock [warch.] *наличный запас, фактический запас*

actual time (used) [ind.ec.] *фактически затраченное время, эффективное время*

actual time used [ind.ec.] *фактически затраченное время, эффективное время*

actual total loss [ins.] *действительная полная гибель, фактический полный страховой убыток*

actual value *действительная стоимость, реализованная стоимость, реальная ценность, фактический показатель*

actual weight *фактическая масса*

actual yield [fin.] *фактический доход*

actuarial (adj.) *актуарный, относящийся к страховому делу*

actuarial assumption [ins.] *страховая предпосылка, страховое допущение*

actuarial equivalent [ins.] *эквивалент страхового возмещения*

actuarial expectation [ins.] *математическое ожидание выплаты страхового возмещения*

actuarial mathematics [ins.] *математические расчеты страховых возмещений*

actuarial method [ins.] *актуарный метод*

actuarial reserve [ins.] *резерв на выплату страховых возмещений*

actuarial valuation [ins.] *оценка страховых возмещений*

actuary [ins.] *актуарий, клерк, регистратор, секретарь, эксперт-статистик страхового учреждения*

act ultra vires (vb.) [bus.organ.] *выходить за пределы своей компетенции, выходить за пределы своих полномочий*

actus reus [leg.pun.] *виновное действие, состав преступления*

ACU (Asian currency unit) *Азиатский валютный отдел (Сингапур)*

ad [adv.] *объявление, рекламное объявление*

AD (art director) [adv.] *руководитель отдела художественного оформления рекламы*

ad agency [adv.] *рекламное агентство*

adapt (vb.) *адаптировать, переделывать, приспосабливать;* [doc.] *перерабатывать*

adaptation *адаптация, приспособление;* [doc.] *переделка, переработка*

adaptation to future requirements *приведение в соответствие с будущими потребностями*

adapted for future requirements *приведенный в соответствие с будущими потребностями*

adaptive expectation [pol.ec.] *адаптивное ожидание*

ADB (Asian Development Bank) *Азиатский банк развития*

ad budget [mark.] *смета расходов на рекламу*

add (vb.) *добавлять, придавать, присоединять;* [mat.] *находить сумму, прибавлять, складывать, суммировать*

added interest burden *бремя дополнительной процентной ставки*

added value *добавленная стоимость, стоимость, добавленная обработкой*

addendum *дополнение;* [print.] *приложение*

addendum to letter of invitation to tender *приложение к письменному приглашению на торги*

addict *наркоман, поклонник*

addition *дополнение, дополнительная выплата, новое приобретение, пополнение, прибавление, пристройка к зданию;* [mat.] *складывание, сложение, суммирование*

additional (adj.) *добавочный, дополнительный*

additional assessment [tax.] *дополнительное налогообложение*

additional benefit [soc.] *дополнительная выгода*

additional borrowing *дополнительный заем*

additional capital [ind.ec.] *дополнительный капитал*

additional charge   *доплата, надбавка*

additional clause   [legal] *дополнительное условие*

additional collateral   [ec.] *дополнительное обеспечение, дополнительный залог*

additional condition   [legal] *дополнительная оговорка, дополнительное условие*

additional consumption   *дополнительное потребление*

additional delivery   [comm.] *дополнительная поставка*

additional duty   [tax.] *дополнительный сбор*

additional earnings   *дополнительный заработок*

additional evidence   [legal] *новые свидетельские показания*

additional expenditure   [ind.ec.] *дополнительные затраты*

additional expense insurance   [ins.] *страхование дополнительных расходов*

additional income   *дополнительная прибыль, дополнительный доход*

additional income tax   [tax.] *дополнительный подоходный налог*

additional information   *дополнительная информация*

additional job   [empl.] *дополнительная работа, дополнительная специальность*

additional levy   [tax.] *дополнительный налог, дополнительный сбор*

additional loan   *дополнительная ссуда, дополнительный заем*

additional management charge   *дополнительные затраты на содержание управленческого аппарата*

additional maturity period   [stock] *пролонгированный срок долгового обязательства*

additional order   *дополнительный заказ*

additional paid-in capital   [bus.organ.] *оплаченная часть дополнительного акционерного капитала*

additional payment   *дополнительный платеж, последующий платеж*

additional period of time   *дополнительный промежуток времени*

additional postage   [post] *дополнительный почтовый сбор*

additional premium   [ins.] *дополнительная страховая премия*

additional premium for short-term cover   [ins.] *дополнительная страховая премия за краткосрочное покрытие рисков*

additional price   *цена с надбавкой*

additional proceeds   [ind.ec.] *дополнительные поступления от продажи ценных бумаг*

additional punishment   [leg.pun.] *дополнительное наказание*

additional rent   [r.e.] *дополнительная арендная плата*

additional revenue   [ind.ec.] *дополнительный доход, дополнительный источник дохода*

additional security   [ec.] *дополнительная гарантия, дополнительное обеспечение*

additional sources of revenue   *дополнительные источники дохода*

additional supply   [comm.] *дополнительная поставка*

additional survivorship annuity   [ins.] *дополнительный страховой ежегодный доход при дожитии до определенного возраста*

additional tax   [tax.] *дополнительный налог*

additional value   *дополнительная стоимость*

additional value for tax purposes   [calc.] *добавленная стоимость для налогообложения*

additional work   [pers.manag.] *дополнительная работа*

addition of interest   *накопление процентов, прирост процентов*

addition of value   *увеличение стоимости*

additions   *прирост основных средств;* [ind.ec.] *прирост основного капитала*

addition to age   [ins.] *надбавка к тарифной ставке, обусловленная повышением застрахованного возраста*

add-on rate   [stock] *дополнительная ставка*

add-on sale   [mark.] *дополнительный объем продаж, прирост продаж*

address   *выступление, обращение, часть искового заявления, содержащая наименование суда, в который подается иск;* [comp.] *адрес*

address (vb.) *адресовать, выступать, направлять, обращаться*

Address [parl.] *речь главы государства, речь при открытии сессии парламента, тронная речь*

address a request to (vb.) *обращаться с просьбой*

Address debate [parl.] *дискуссия при открытии сессии парламента*

addressee [post] *адресат;* [trans.] *получатель*

address for service [legal] *наименование суда для подачи искового заявления*

address modification [comp.] *изменение адреса*

address register *адресная книга;* [comp.] *регистр адреса*

address space [comp.] *адресное пространство, диапазон адресов*

add to (vb.) *накидывать, начислять*

add up (vb.) *быть понятным, иметь смысл;* [mat.] *находить сумму, подытоживать, складывать, суммировать*

add up to (vb.) *сводиться к*

ademption [suc.] *лишение, отмена дарения, отмена завещания*

adequacy *адекватность, достаточность, компетентность, пригодность, соответствие*

adequate (adj.) *адекватный, достаточный, компетентный, отвечающий требованиям, соответствующий, удовлетворительный*

adequate, be (vb.) *быть достаточным, отвечать требованиям*

adequate measure *соответствующая мера*

adequate safety measures *надлежащие меры безопасности*

adequate sample [mark.] *образец, соответствующий требованиям*

adequate security *достаточное обеспечение, надлежащая безопасность*

ADF (Asian Development Fund) *Азиатский фонд развития*

adherence *верность, приверженность, точное выполнение;* [law nat.] *строгое соблюдение*

adherence to *верность, приверженность, строгое следование (правилам), точное соблюдение (правил)*

adherence to maximum rate *соблюдение максимальной ставки*

adherence to the maximum rate *соблюдение максимальной ставки*

adhere to (vb.) *быть сторонником, присоединяться, соблюдать, твердо держаться;* [law nat.] *придерживаться*

adhesion [law nat.] *верность, преданность, частичное присоединение*

adhesion contract [legal] *договор присоединения*

adhesive label *наклейка*

ad hoc (adj.) *специальный*

ad hoc act [legal] *специальный закон*

ad hoc committee *специальный комитет*

ad hoc legislation [legal] *особое законодательство*

adjacent (adj.) *прилежащий, примыкающий, смежный, соседний*

adjacent building *соседнее здание*

adjective law [legal] *процессуальное право*

adjoining (adj.) *граничащий, примыкающий, соседний*

adjoining house *соседний дом*

adjoining land [r.e.] *примыкающая земля*

adjoining property *соседняя земельная собственность*

adjourn (vb.) *откладывать, отсрочивать;* [legal] *прерывать заседание;* [parl.] *закрывать заседание, переносить заседание*

adjourn a case (vb.) [legal] *откладывать слушание дела*

adjourn a meeting (vb.) *закрывать заседание, откладывать заседание, отсрочивать заседание, переносить заседание*

adjournment *перерыв;* [legal] *отсрочка, перерыв в заседании*

adjournment of a meeting *отсрочка заседания*

adjourn the meeting (vb.) *объявлять перерыв в заседании*

adjudge (vb.) *признавать;* [legal] *выносить приговор, выносить решение, издавать приказ, рассматривать в суде, устанавливать*

adjudged bankrupt [bankr.leg.] *лицо, объявленное по суду банкротом*

adjudicate (vb.) *рассматривать спор;* [legal] *выносить арбитражное решение, выносить приговор, выносить судебное решение, объявлять в судебном порядке, разрешать дело*

adjudicate bankrupt (vb.) [bankr.leg.] *объявлять банкротом, объявлять неплатежеспособным, объявлять несостоятельным должником*

adjudicated bankrupt [bankr.leg.] *объявленный банкротом, объявленный судом банкрот*

adjudicated bankrupt, be (vb.) [bankr.leg.] *быть объявленным банкротом*

adjudication [bankr.leg.] *объявление несостоятельным должником;* [EEC] *разрешение дела, рассмотрение спора;* [legal] *вынесение арбитражного решения, судебное решение, судебный приговор;* [tax.] *вынесение судебного решения*

adjudication of bankruptcy [bankr.leg.] *объявление несостоятельным должником*

adjudication order [bankr.leg.] *судебное решение о признании банкротом, судебное решение о признании неплатежеспособным, судебное решение о признании несостоятельным должником*

adjudicator [legal] *третейский судья*

adjunct *дополнение, приложение;* [pers.manag.] *помощник*

adjuncts *принадлежности*

adjust (vb.) *исправлять, корректировать, приводить в порядок, приводить в соответствие, приспосабливать, разрешать споры, регулировать, улаживать, уточнять;* [book-keep.] *устанавливать сумму, выплачиваемую по страховому полису;* [mat.] *согласовывать;* [prod.] *настраивать*

adjustable interest rate loan *ссуда с регулируемой процентной ставкой*

adjustable system of remuneration [empl.] *регулируемая система вознаграждения*

adjust according to an index (vb.) *индексировать*

adjust according to cost-of-living index (vb.) *регулировать в соответствии с индексом прожиточного минимума*

adjust according to index (vb.) *индексировать*

adjust according to the cost-of-living index (vb.) [ec.] *регулировать в соответствии с индексом прожиточного минимума*

adjusted expenditure *скорректированные затраты*

adjusted for (adj.) *приведенный в соответствие, скорректированный*

adjusted gross income [tax.] *скорректированный валовый доход*

adjusted gross yield [ind.ec.] *скорректированный валовый доход*

adjusted in accordance with *скорректированный в соответствии с*

adjusted index *скорректированный индекс*

adjusted loss [mar.ins.] *уточненный размер ущерба*

adjusted premium [ins.] *окончательный размер страхового взноса*

adjusted reserves *пересчитанные резервы*

adjusted revenue *скорректированный размер дохода*

adjusted share of labour in national income *скорректированная доля труда в национальном доходе*

adjuster *диспашер;* [ins.] *оценщик, таксатор*

adjust in accordance with (vb.) *приводить в соответствие с*

adjusting entry [book-keep.] *корректирующая запись*

adjusting factor *корректирующий коэффициент*

adjusting journal entry (AJE) [book-keep.] *корректирующая запись в журнале*

adjustment *выравнивание, корректировка, поправка, приведение в соответствие, пригонка, разрешение спора, регулирование, согласование, установление равновесия, уточнение, экономическое приспособление;* [book-keep.] *исправление;* [ec.] *исправление записи, приспособительная реакция к меняющимся условиям;* [ins.] *составление диспаши;* [mar.ins.] *расчет убытков по общей аварии;* [mat.] *вычисление методом наименьших квадратов, подгонка расчета;* [prod.] *уценка*

adjustment at year end [calc.] *корректировка на конец года*
adjustment clause [ins.] *оговорка об урегулировании*
adjustment costs *издержки регулирования*
adjustment for inflation [pol.ec.] *поправка на инфляцию*
adjustment form *схема регулирования*
adjustment for seasonal fluctuation *поправка на сезонные колебания*
adjustment for seasonal trends *поправка на сезонные колебания*
adjustment for trends [pol.ec.] *поправка на тенденции изменения*
adjustment fund *фонд регулирования*
adjustment index *индекс выравнивания*
adjustment item [book-keep.] *скорректированная запись, уточненная
    проводка*
adjustment of average [mar.ins.] *составление диспаши*
adjustment of benefits [soc.] *регулирование выгод*
adjustment of current prices *корректировка существующих цен,
    регулирование существующих цен*
adjustment of economy *экономическое приспособление*
adjustment of figures *корректировка количественных показателей*
adjustment of rates [ec.] *регулирование ставок*
adjustment of stocks [warch.] *корректировка величины запасов*
adjustment of sum insured [ins.] *корректировка застрахованной суммы*
adjustment premium [ins.] *окончательный размер страхового взноса*
adjustment process *процесс установления экономического равновесия*
adjustments bureau *бюро регулирования*
adjustment to cost-of-living index [ec.] *регулирование в соответствии с
    индексом прожиточного минимума*
adjust salaries (vb.) *регулировать ставки заработной платы*
adjust wages (vb.) *регулировать ставки заработной платы*
ad man [adv.] *рекламный агент, специалист по рекламе*
administer (vb.) *вести хозяйственные дела, контролировать,
    осуществлять руководство, отправлять правосудие,
    применять нормы права, регулировать, руководить, управлять*
administer an estate (vb.) [bankr.leg.] *слушать дело о наследовании
    имущества;* [suc.] *управлять имуществом;* [suc.,bankr.leg.] *вести
    дело, касающееся собственности*
administer an oath (vb.) [legal] *приводить к присяге, принимать присягу*
administer a rebuke (vb.) *делать выговор, делать замечание*
administration *министерство, орган управления, отправление
    правосудия, правительство, применение наказания, срок
    президентских полномочий, управление и распоряжение
    наследством;* [bankr.leg.] *регулирование;* [manag.] *руководство,
    снабжение, управление делами;* [suc.] *администрация,
    ведение дела;* [suc.,bankr.leg.] *ведомство*
administration, the *администрация (США), правительство (США)*
Administration, the *администрация (США), правительство (США)*
administration bond [suc.] *правительственная облигация*
administration building *административное здание*
administration by an executor [suc.] *управление и распоряжение
    наследством через судебного исполнителя*
administration by court [suc.] *управление и распоряжение наследством
    через суд*
administration by executor [suc.] *управление и распоряжение
    наследством через судебного исполнителя*
administration by the court [suc.] *управление через суд*
administration costs *административные расходы*
administration expenses *административные расходы*
administration fee *административный взнос*
administration of accounts [book-keep.] *ведение счетов*
administration of an estate [suc.] *пользование земельной
    собственностью на условиях аренды, управление имуществом*
administration of assets *управление активами по поручению их
    владельца*

administration of estate   *пользование земельной собственностью на условиях аренды, управление имуществом*

administration of estates   *управление состояниями*

Administration of Estates Act (UK)   [legal] *Закон об управлении имуществом (Великобритания)*

administration of guarantees   *предоставление гарантий*

administration of justice   [legal] *отправление правосудия, применение норм права*

administration of loans   *предоставление кредитов*

administration of oath   *принятие присяги;* [legal] *приведение к присяге*

administration of property   *управление земельной собственностью, управление собственностью;* [r.e.] *управление имуществом*

administration of securities   [bank.] *управление ценными бумагами*

administration order   [bankr.leg.] *административное предписание*

administration rooms   *административные помещения*

administrative (adj.)   *административно-хозяйственный, административный, исполнительный, правительственный, управленческий*

administrative act of qualification   [manag.] *сертификат о квалификации*

administrative adjustment   *административная реорганизация*

administrative approval   [manag.] *административное санкционирование*

administrative assignments   *административные назначения*

administrative audit   [aud.] *внутренняя проверка хозяйственной деятельности*

administrative authority   *административный орган*

administrative authorization   [manag.] *утверждение ассигнований администрацией*

administrative board   *административный совет*

administrative body   *административный орган*

administrative change   *административная реорганизация*

administrative charge   [ins.] *административные расходы*

administrative costs   *административные расходы*

administrative data processing   *обработка данных для административного управления;* [comp.] *обработка административных данных*

administrative decree   *распоряжение администрации*

administrative detention   [legal] *административное задержание*

administrative employee   [pers.manag.] *конторский служащий, работник администрации*

administrative endorsement   [manag.] *распорядительный индоссамент*

administrative expenses   *административные расходы*

administrative function   *управленческая функция*

administrative law   [legal] *административное право*

administrative manager   [pers.manag.] *директор-распорядитель*

administrative order   *административное предписание*

administrative ordinance   [legal] *административное предписание*

administrative overheads   [ind.ec.] *административные накладные расходы*

administrative personnel   [pers.manag.] *административный персонал, администрация*

administrative procedures   *порядок управления делами*

administrative punishment   *административное взыскание*

administrative receiver   [bankr.leg.] *управляющий конкурсной массой*

administrative reform   *административная реорганизация*

administrative regulation   [EEC] *административное постановление*

administrative review   *внутренняя проверка;* [aud.] *внутренний контроль*

administrative system   *административная система*

administrative task   *задача административного управления*

administrative tribunal   [legal] *административный трибунал*

administrative work   *конторская работа*

administrator [bankr.leg.] *администратор наследства, директор,*
управляющий хозяйством; [bus.organ.] *душеприказчик;*
[bus.organ.,bankr.leg.] *административное лицо;* [legal] *опекун;*
[suc.] *администратор, должностное лицо, исполнитель завещания,*
управляющий делами

administrator of an estate [bankr.leg.] *администратор наследства;*
[suc.] *исполнитель суда по вопросам раздела наследства,*
распорядитель имущества

administrator of estate *администратор наследства, исполнитель*
суда по вопросам раздела наследства, распорядитель
имущества

Administrator of General Services *министр общественных работ*
(США)

administrators of an estate *опекуны имущества*

administrators' fees [legal] *вознаграждение опекунов*

administrator's fee *вознаграждение управляющего делами*

Admiralty case [legal] *дело, рассматриваемое в морском суде*

Admiralty Court [legal] *адмиралтейский суд, морской суд*

admiralty law *военно-морское право;* [legal] *морское право*

Admiralty trial [legal] *судопроизводство по морским делам*

admission *вход, допуск, доступ, прием, признание факта;*
[legal] *признание действительным;* [leg.pun.] *допущение, передача на*
поруки; [syst.ed.] *прием в члены*

admission (price) *плата за вход*

admission condition [syst.ed.] *условие приема*

admission examination *приемный экзамен;* [syst.ed.] *вступительный*
экзамен

admission fee *вступительный взнос*

admission of claim [ins.] *признание справедливости претензии*

admission of debt [legal,ec.] *признание долга*

admission of guilt [leg.pun.] *признание вины*

admission of liability [legal] *признание ответственности*

admission of light and air [legal] *доступ света и воздуха*

admission of proof [bankr.leg.] *признание доказательства*

admission price *плата за вход, цена входного билета*

admission to bar *прием в члены коллегии адвокатов*

admission to hospital *госпитализация*

admission to official listing [exc.] *допуск ценной бумаги к официальной*
торговле на фондовой бирже

admission to practice [legal] *допуск к практической деятельности*

admission to the Bar [legal] *прием в члены коллегии адвокатов*

admit (vb.) *давать допуск, допускать, предоставлять право на*
должность, признавать, признаваться, сознаваться;
[legal] *принимать в члены;* [syst.ed.] *вмещать, впускать*

admit guilt (vb.) [leg.pun.] *признавать вину*

admit one's guilt *признавать вину*

admittance *вход, доступ, прием в члены, разрешение на вход*

admittance card *пропуск*

admittance of case [legal] *доступ к делу*

admittance of the case [legal] *доступ к делу*

admitted as a solicitor, be (vb.) [legal] *быть допущенным в качестве*
солиситора

admitted to official listing (adj.) *допущенный к официальной торговле*
на фондовой бирже

admitted to the Bar, be (vb.) [legal] *быть принятым в члены коллегии*
адвокатов, получить право адвокатской практики в суде

admit to official listing (vb.) [exc.] *допускать ценную бумагу к*
официальной торговле на фондовой бирже

admonish (vb.) *предостерегать, предупреждать*

admonition *замечание, наставление, предостережение,*
предупреждение, совет

adopt (vb.) *выбирать, выдвинуть в качестве кандидата на выборах, перенимать, удочерять, усваивать, усыновлять;* [bus.organ.] *заимствовать, принимать;* [calc.] *утверждать;* [law.dom.] *подтверждать*

adopt a policy (vb.) *проводить политику*

adopt a proposal (vb.) [bus.organ.] *принимать предложение*

adopt a resolution (vb.) [bus.organ.] *принимать резолюцию*

adopt directors' report and accounts (vb.) *одобрять отчет правления и финансовую отчетность*

adopted child [law.dom.] *приемный ребенок*

adopted heir [law.dom.] *приемный наследник*

adopted town *город-побратим*

adopter *приемная мать, приемный отец;* [law.dom.] *усыновитель*

adoption *признание;* [calc.] *принятие;* [law.dom.] *усыновление;* [parl.] *утверждение*

adoption law [law.dom.] *закон об усыновлении и удочерении*

adoption of an action [legal] *признание иска*

adoption of annual accounts *утверждение годового финансового отчета*

adoption of budget *утверждение бюджета*

adoption of the annual accounts [calc.] *утверждение годового финансового отчета*

adoption of the budget *утверждение бюджета*

adoption order [law.dom.] *распоряжение суда об усыновлении*

adoption proceedings [law.dom.] *рассмотрение в суде дела об усыновлении*

adoptive parents [law.dom.] *приемные родители*

adoptive state [FEC] *страна пребывания*

adopt the Directors' report and accounts (vb.) [bus.organ.] *одобрять отчет правления и финансовую отчетность*

adopt the report (and/or accounts) (vb.) [bus.organ.] *одобрять отчет (и финансовую отчетность)*

adopt the report and accounts (vb.) [bus.organ.] *одобрять отчет и финансовую отчетность*

ADR (American Depository Receipt) [stock] *свободно обращающаяся расписка на иностранные акции, депонированная в банке США*

adult (adj.) *взрослый, совершеннолетний*

adult education *обучение взрослых*

adulterant *примесь*

adulterate (vb.) *фальсифицировать*

adulteration *подмешивание, фальсификация, фальцифицированный продукт*

adulteration of foodstuffs *фальсификация продуктов питания*

adulterator *фальсификатор*

adulterer [law.dom.] *мужчина, совершающий адюльтер, участник прелюбодеяния*

adulteress [law.dom.] *женщина, совершающая адюльтер, участница прелюбодеяния*

adulterous [law.dom.] *виновный в нарушении супружеской верности*

adultery [law.dom.] *адюльтер, нарушение супружеской верности*

ad valorem [cust.] *в соответствии со стоимостью, с объявленной цены*

ad valorem duty [cust.] *пошлина, пропорциональная стоимости товара*

ad valorem rate [cust.] *фрахтовая ставка со стоимости товара*

ad valorem tariff [cust.] *пошлина, пропорциональная стоимости товара, стоимостный тариф*

ad valorem tax [cust.] *налог на стоимость*

advance *аванс, движение вперед, заем, прогресс, продвижение, рост, ссуда, увеличение, улучшение;* [ec.] *повышение цен, продвижение по службе*

advance (vb.) *авансировать, давать ссуду, делать успехи,
повышать цену, предоставлять заем, продвигаться,
развиваться, ссужать, ускорять;* [bank.] *платить авансом;*
[ec.] *возрастать, идти вперед;* [pers.manag.] *выдвигать, повышать по
службе, приближать, способствовать*

advance, in *авансом, досрочно, заблаговременно, заранее*

advance a claim (vb.) [legal] *заявлять претензию, предъявлять иск*

advance allocation [calc.] *досрочное ассигнование, досрочное
распределение*

advance an opinion (vb.) *высказывать мнение*

advance approval [tax.] *предварительное одобрение*

advance call *предварительная премия, предварительный вызов*

advance clearance *предварительное урегулирование претензий*

advance commitment *срочное обязательство;* [bank.] *обязательство
на последующий срок*

advance copy [print.] *сигнальный экземпляр*

advance corporation tax (ACT) (UK) [tax.] *авансовый налог с
корпорации*

advance cover *авансовое покрытие*

advanced (adj.) *возросший, выдвинутый вперед, основанный на
последних достижениях науки и техники, передовой,
прогрессивный, самый современный*

advanced code [comp.] *совершенный код*

advance deduction [tax.] *предварительное удержание*

advance depreciation [calc.] *предварительное начисление износа*

advance depreciation percentage [calc.] *предварительный процент
снижения стоимости*

advance distribution of dividends [bus.organ.] *предварительное
распределение дивидендов*

advanced payments from customers [calc.] *досрочные платежи от
клиентов*

advanced refunding *досрочное рефинансирования*

advanced training [empl.] *повышение квалификации*

advanced vocational training [empl.] *повышение квалификации*

advance establishment *предварительное постановление*

advance freight [trans.] *аванс фрахта*

advance guarantee *предварительная гарантия*

advance in current account [bank.] *аванс на текущем банковском
счете*

advance loan *авансовая ссуда*

advancement *прогресс;* [pers.manag.] *продвижение по службе;*
[suc.] *продвижение, успех*

advancement (of inheritance) [suc.] *имущественное предоставление в
порядке антиципации наследственной доли*

advancement of inheritance [suc.] *имущественное предоставление в
порядке антиципации наследственной доли*

advance mortgage [r.e.] *предварительный залог*

advance mortgaging [r.e.] *получение аванса под недвижимость*

advance notice *предварительное уведомление*

advance on current account [bank.] *контокоррентный кредит, ссуда по
текущему счету*

advance on current account system [bank.] *система контокоррентного
кредита*

advance on receivables *аванс под дебиторскую задолженность,
аванс под счета дебиторов*

advance on securities [bank.] *аванс под ценные бумаги*

advance payment *внесение аванса, досрочный платеж*

advance payment guarantee *гарантия досрочного платежа*

advance payment of maintenance [law.dom.] *удержание алиментов*

advance payment of salary [pers.manag.] *досрочная выдача заработной
платы*

advance provision   [calc.] *оговорка о выплате аванса*

advance redemption   *досрочный выкуп*

advance registration   [tax.] *предварительная регистрация*

advances   *авансы, подготовительные мероприятия, предварительная подготовка, ссуды*

advance sale   [comm.] *предварительная продажа*

advance transfer   [calc.] *перевод аванса*

advancing   *подготовительный, предварительный*

advancing market   [exc.] *растущий рынок*

advancing mortgage   *предварительный залог*

advantage   *выгода, выигрыш, польза, превосходство, преимущество*

advantage factor   *благоприятный фактор*

advantage of, to the   *в пользу другого лица*

advantage of large-scale operations   [ind.ec.] *преимущество крупномасштабных операций*

advantageous (adj.)   *благоприятный, выгодный, полезный*

advantageous offer   *выгодное предложение*

advantageous sale   *выгодная продажа*

advantages and disadvantages   *преимущества и недостатки*

adversary   *оппонент, противная сторона, соперник*

adversary proceedings   [legal] *судопроизводство по спору между сторонами*

adverse (adj.)   *враждебный, вредный, неблагоприятный, противоположный, противоречащий интересам*

adverse balance   *неблагоприятный торговый баланс, пассивный платежный баланс, пассивный торговый баланс;*
[ec.] *неблагоприятный платежный баланс*

adverse balance of payments   *неблагоприятный платежный баланс, пассивный платежный баланс*

adverse balance of trade   *неблагоприятный торговый баланс, пассивный торговый баланс*

adverse cash balance   [book-keep.] *пассивный баланс кассовой наличности*

adverse conditions   *неблагоприятные условия*

adverse conjuncture   [ec.] *неблагоприятная конъюнктура*

adverse development   *неблагоприятное развитие*

adverse economic trend   [pol.ec.] *неблагоприятная тенденция экономического развития*

adverse economic trends   *неблагоприятные экономические тенденции*

adverse fortune   *неудача*

adverse market conditions   *неблагоприятное состояние рынка*

adverse opinion   [aud.] *противоположное мнение*

adverse possession   [legal] *владение, основанное на утверждении правого титула вопреки притязаниям другого лица*

adverse rights   [legal] *права вопреки притязанию другого лица*

adverse trading conditions   [pol.ec.] *неблагоприятные условия торговли*

adverse witness   [legal] *свидетель, предубежденный против выставившей его стороны*

adversity   *неблагоприятная обстановка, неблагоприятный фактор*

advert   [adv.] *реклама, рекламное объявление*

advertent negligence   [leg.pun.] *преднамеренная небрежность*

advertise (vb.)   *выделять, помещать объявление;* [adv.] *помещать рекламу, привлекать внимание, рекламировать;*
[mark.] *афишировать, извещать, информировать, уведомлять*

advertise an article (vb.)   [adv.] *рекламировать товар*

advertise a post (vb.)   [pers.manag.] *давать объявление о вакансии*

advertise for bids (vb.)   *объявлять о торгах*

advertise for creditors (vb.)   [bankr.leg.] *давать объявление о кредиторах*

advertise for sale (vb.)   [ec.] *давать объявление о продаже, предлагать для продажи*

advertise for the owner (vb.)   [legal] *давать объявление о владельце*

advertisement   *извещение, реклама;* [adv.] *анонс, объявление,*
оповещение
advertisement canvasser   [media] *рекламный агент*
advertisement copy   [adv.] *текст рекламного объявления*
advertisement panel   [adv.] *рекламная вывеска*
advertisement positioning   [adv.] *размещение рекламы*
advertiser   *рекламное приложение;* [media] *газета с рекламными*
объявлениями, рекламодатель
advertise the finding of (vb.)   [legal] *объявлять о находке*
advertising   *публикация объявлений;* [adv.] *публикация рекламных*
объявлений, реклама, рекламирование, рекламное дело;
[mark.] *оплаченное объявление, рекламный анонс*
advertising (adj.)   *рекламный*
advertising account   [mark.] *счет за рекламу*
advertising activities   [adv.] *рекламная деятельность*
advertising agency   [adv.] *рекламное агентство*
advertising and publicity   [adv.] *реклама и пропаганда*
advertising article   [mark.] *предмет рекламы*
advertising budget   [mark.] *смета на рекламу*
advertising campaign   [mark.] *рекламная кампания*
advertising consultant   [adv.] *консультант по рекламе*
advertising contract   [legal] *контракт на рекламу*
advertising costs   [mark.] *затраты на рекламу*
advertising department   [adv.] *отдел рекламы*
advertising effect   [adv.] *воздействие рекламы, эффект рекламы*
advertising effectiveness   [mark.] *эффективность рекламы*
advertising effort   [mark.] *рекламная деятельность*
advertising expenses   [mark.] *затраты на рекламу*
advertising expert   [adv.] *специалист по рекламе*
advertising film   [mark.] *рекламный фильм*
advertising industry   [adv.] *рекламное дело*
advertising literature   [mark.] *рекламные издания, рекламные*
проспекты
advertising malpractice   [adv.] *злоупотребления в области рекламы,*
незаконные действия, связанные с рекламой
advertising manager   [mark.] *руководитель рекламного агентства*
advertising medium   [adv.] *носитель рекламы, средство рекламы*
advertising noise   [adv.] *шум от рекламы*
advertising price   [mark.] *цена рекламы*
advertising profit   [media] *прибыль от рекламы*
advertising rate   [adv.] *цена рекламы*
advertising revenue   [media] *доход от рекламы*
advertising space   [adv.] *место для рекламы*
advertising spot   [media] *рекламная вставка телевизионной или*
радиопередачи, рекламная пауза во время телевизионной или
радиопередачи
advertising standards   [adv.] *стандарты в области рекламы*
advertising standards authority   [adv.] *орган по стандартизации в*
области рекламы
advertising value   [adv.] *стоимость рекламы*
advertising weight   [adv.] *эффект рекламы*
advice   *авизо, извещение, информация, консультация, совет,*
сообщение, уведомление
advice note   [trans.] *уведомление*
advice of adjustment   *извещение о платеже*
advice of arrival   *сообщение о приезде;* [trans.] *извещение о прибытии*
груза
advice of balance   [bank.] *информация о сальдо*
advice of dishonour   *уведомление об отказе от платежа;*
[bill.] *уведомление об отказе от акцепта*
advice of dispatch   [trans.] *извещение об отправке груза*

advice of excess parcels [trans.] *уведомление о дополнительной партии товара*

advice of payment *сообщение о получении денег;* [ec.] *извещение о платеже, уведомление о погашении долга*

advice of receipt *уведомление о получении груза*

advise (vb.) *извещать, информировать, консультировать, рекомендовать, советовать, сообщать, уведомлять*

advise a claim (vb.) [ins.] *сообщать об иске*

advised rate [bank.] *ставка, о которой клиент официально уведомлен*

adviser *консультант, референт, советник, эксперт*

advising *инструктаж*

advising bank *банк-консультант*

advisory *доклад, информационное сообщение, информационный бюллетень, письменная консультация*

advisory (adj.) *консультативный, совещательный*

Advisory, Conciliation and Arbitration Service (ACAS) [empl.] *консультативная, согласительная и арбитражная служба (США)*

advisory body *совещательный орган*

advisory committee *консультативный комитет*

advisory council *консультативный совет*

advisory services *консультативная служба, консультативные услуги*

advocacy advertising [adv.] *рекламно-пропагандистская кампания*

advocate *адвокат*

advocate-general [EEC] *генеральный адвокат*

AED (United Arab Emirates dirham) [monet.trans.] *дирхам - денежная единица Объединенных Арабских Эмиратов*

aerial advertisement [adv.] *авиационная реклама*

aeroplane [air tr.] *самолет*

AfDB (African Development Bank) *Африканский банк развития*

AFDB (Association of Futures Brokers and Dealers) [exc.] *Ассоциация брокеров и дилеров по фьючерсным операциям (Великобритания)*

AFDF (African Development Fund) *Африканский фонд развития*

affair *дело, занятие, предприятие*

affect (vb.) *влиять, воздействовать, вредить, наносить ущерб*

affected by adverse conjuncture (adj.) *испытывающий влияние неблагоприятной конъюнктуры*

affidavit [legal] *аффидевит, письменное показание под присягой, показания присяжного*

affidavit, give an (vb.) [legal] *давать письменное показание под присягой*

affidavit by a litigant [legal] *аффидевит тяжущейся стороны*

affidavit of service [legal] *аффидевит, подтверждающий вручение документа*

affiliate *дочернее общество, коллега, компания-филиал, компаньон, отделение, партнер, помощник, филиал*

affiliate (vb.) *объединять, присоединять, сливать, устанавливать авторство, устанавливать отцовство;* [bus.organ.] *включать в систему в качестве филиала*

affiliated companies *дочерние компании, филиалы*

affiliated company [bus.organ.] *дочерняя компания, компания-участница, компания-филиал, подконтрольная компания*

affiliated undertaking *дочернее предприятие*

affiliated union *филиал профсоюза;* [empl.] *присоединившийся (к объединению) профсоюз*

affiliate with (vb.) *присоединяться*

affiliation *переход под контроль другой компании, переход под контроль компании-держателя, присоединение, прослеживание истоков, установление связи;* [bus.organ.] *принятие в члены, членство;* [legal] *установление авторства, установление отцовства*

affiliation agreement   *соглашение о переходе под контроль другой компании*

affiliation case   [law.dom.] *дело об установлении авторства, дело об установлении отцовства*

affiliation certificate   [law.dom.] *свидетельство об установлении отцовства*

affiliation order   [law.dom.] *постановление суда об установлении отцовства*

affiliation proceedings   [law.dom.] *производство по делу об установлении отцовства*

affinity   *родство по жене, родство по мужу, свойство, структурная близость, сходство*

affirm (vb.)   *подтверждать, утверждать;* [legal] *делать заявление, скреплять печатью, скреплять подписью, торжественно заявлять, утверждать решение суда низшей инстанции*

affirm a judgment (vb.)   [legal] *утверждать приговор*

affirmation   *заверение, заявление, подтверждение;* [legal] *торжественное заявление, утверждение*

affirmation of a contract   [legal] *утверждение контракта*

affirmation of contract   [legal] *утверждение контракта*

affirmation of voidable promise   [legal] *заявление об оспоримой договорной обязанности*

affirmative (adj.)   *утвердительный*

affirmative, in the   *положительно, утвердительно*

affirmative easement   [r.e.] *позитивный сервитут*

affirmative reply   *положительный ответ, утвердительный ответ*

affix (vb.)   *добавлять, поставить подпись, прибавлять, приложить печать, приписывать, присоединять*

affix a label (vb.)   *прикреплять ярлык*

affix a seal (vb.)   *приложить печать, скрепить печатью*

affix a signature (vb.)   *подписывать, поставить подпись*

affix one's signature (vb.)   *подписать, поставить свою подпись*

affix one's signature to   *поставить свою подпись под*

affluence   *богатство, изобилие*

affluent (adj.)   *богатый, изобильный, обильный*

affluent society   *общество изобилия*

afford (vb.)   *быть в состоянии, давать, иметь возможность, позволять себе, предоставлять*

affreightment   [nav.] *фрахтование судна*

aforesaid (adj.)   *вышесказанный, вышеупомянутый*

African, Caribbean and Pacific countries (ACP countries)   *страны Африки, бассейнов Карибского моря и Тихого океана (страны АКТ)*

African Development Bank (AfDB)   *Африканский банк развития*

African Development Fund (AFDF)   *Африканский фонд развития*

after acquired property   [bankr.leg.] *собственность, приобретенная после подписания соглашения*

after all   *в конце концов, несмотря на, после всего*

after date bill   [bill.] *вексель с указанным сроком оплаты*

after deducting   *после удержания*

after deduction of   *за вычетом*

after hours   *после закрытия биржи*

after hours market   [exc.] *сделки, заключенные после официального закрытия биржи*

after market   [exc.] *внебиржевой рынок ценных бумаг*

aftersale products   *продукция для дополнительной продажи*

aftersales   *дополнительная продажа*

aftersales commitment   [comm.] *гарантийное обязательство*

after seasonal adjustment   *с учетом поправки на сезонные колебания*

after sight (a.s., A/S)   *после предъявления*

aftersight bill   [bill.] *вексель, подлежащий оплате через определенное время после предъявления для акцепта, предъявительский вексель*

after tax   [tax.] *после удержания налога*

after tax payment   *платеж за вычетом налога, платеж после уплаты налога*

after tax real rate of return   *реальная норма прибыли после уплаты налогов*

after working hours   *сверхурочная работа*

against   *в зависимости от, вопреки, по сравнению с, против*

against, be (vb.)   *быть несогласным, выступать против*

against all risks   [ins.] *против всех рисков, против любого риска*

against cash payment   *в счет уплаты наличными*

against identification   *после установления подлинности*

against identification and application   *после установления подлинности и ходатайства*

against identification and application in person   *после установления подлинности и персонального обращения*

against invoice   *после предъявления счета-фактуры*

against payment   *после оплаты, после получения денег*

against receipt   *под расписку*

age   *возраст, период, срок службы*

age, of   [legal] *совершеннолетний*

age, under   [legal] *несовершеннолетний*

age at entry   [ins.] *возраст на момент страхования*

age at expiry   *возраст на момент истечения срока страхования*

age at expiry of policy   [ins.] *возраст на момент истечения срока страхования*

age class   *возрастная группа*

age composition   *возрастной состав*

age distribution   *распределение по возрасту*

aged trial balance   *просроченный предварительный баланс*

age group   *возрастная группа*

age limit   *возрастной предел, ограничение по возрасту*

age limit for retirement   *возрастной предел для ухода на пенсию*

age limit increase   [ins.] *увеличение возрастного предела*

agencies   [stock] *ценные бумаги федеральных агентств США*

agency   *агентские услуги, агентский договор, агентство, деятельность, купля-продажа финансовых инструментов по поручению клиента, посредничество, представительство, учреждение;* [comm.] *орган, организация, сила;* [legal] *бюро, поручение, средство;* [manag.] *взаимоотношения между доверителем и агентом, действие, содействие, фактор*

agency abroad   *зарубежное представительство*

agency agreement   [comm.] *договор о посредничестве, соглашение об агентских услугах*

agency bank   *банк-посредник*

agency by estoppel   [legal] *представительство в силу неопровержимой правовой презумпции*

agency by necessity   *подразумеваемое представительство;* [legal] *представительство в силу необходимости*

agency commission   [adv.] *комиссионное вознаграждение посреднику, комиссионное вознаграждение рекламному агентству*

agency contract   [legal] *агентский договор*

agency dealer   [exc.] *биржевой маклер*

agency fee   *комиссионное вознаграждение посреднику*

agenda   *повестка дня, программа*

agenda book   *памятная книга*

agenda item   *пункт повестки дня*

agenda stands adopted, the   *повестка находится в процессе принятия*

agent   *агент, действующая сила, доверенное лицо, поверенный, посредник, представитель, сотрудник государственного учреждения, фактор, хозяйственная единица;* [comm.] *средство*

agent bank   *банк-агент*

agent of a company, be an (vb.) [legal] *быть представителем компании*

agents [pat.] *агентство*

age of admission [syst.ed.] *возраст для поступления*

age of admission to school [syst.ed.] *возраст для поступления в школу*

age of consent [law.dom.] *брачный возраст;* [leg.pun.] *возраст для вступления в брак*

age of criminal responsibility [leg.pun.] *возраст для привлечения к уголовной ответственности*

age of majority [legal] *совершеннолетие*

age of retirement *пенсионный возраст*

age range *возрастная группа*

age relief *пособие по старости;* [tax.] *возраст для получения льготы*

age-specific (adj.) *возрастной, зависящий от возраста*

age structure *возрастной состав*

aggravate (vb.) *отягчать вину, усиливать, ухудшать*

aggravated assault [leg.pun.] *словесное оскорбление и угроза физическим насилием при отягчающих обстоятельствах*

aggravated attempt [leg.pun.] *покушение на совершение преступления при отягчающих обстоятельствах*

aggravated burglary [leg.pun.] *ночная кража со взломом при отягчающих обстоятельствах*

aggravated theft [leg.pun.] *кража при отягчающих обстоятельствах*

aggravating circumstances [legal] *отягчающие обстоятельства*

aggravating factor *усугубляющий фактор*

aggravation *квалифицированный случай преступления, отягчающее обстоятельство, отягчение вины, усугубление, ухудшение*

aggregate *совокупность, суммарное количество;* [ins.] *сводный показатель, целое*

aggregate (vb.) *давать в совокупности, собирать в одно целое, составлять в общем*

aggregate (adj.) *собранный в одно целое, совокупный*

aggregate, in the *в совокупности, в целом*

aggregate amount *общее количество, общий итог, совокупная сумма, суммарное количество*

aggregate amounts *общее количество*

aggregate assets *совокупная величина активов*

aggregate demand [pol.ec.] *совокупный спрос*

aggregate expenditure *суммарные затраты*

aggregate expenses [ind.ec.] *суммарные затраты*

aggregate family income [pol.ec.] *совокупный доход семьи*

aggregate household income [pol.ec.] *совокупный доход домашнего хозяйства*

aggregate income [pol.ec.] *совокупный доход*

aggregate liability index [ins.] *совокупный показатель риска*

aggregate premiums [ins.] *суммарные страховые взносы*

aggregate result *итоговый результат*

aggregates [calc.] *агрегированные показатели*

aggregate supply [pol.ec.] *суммарная поставка*

aggregate value *совокупная стоимость*

aggregation *агрегирование, объединение*

aggressive (adj.) *активный, энергичный*

aggressive advertising [adv.] *активное рекламирование*

aggressive selling [mark.] *интенсивная распродажа*

aggrieved (adj.) *пострадавший, потерпевший ущерб*

aggrieved, the *оскорбленный, пострадавший, потерпевший ущерб, ущемленный;* [ins.,legal] *пострадавший, потерпевший ущерб*

aggrieved party [legal] *потерпевшая сторона*

agio [monet.trans.] *лаж, премия;* [stock] *ажио*

agitator [parl.] *агитатор;* [pol.] *пропагандист*

agree (vb.) *гармонировать, давать согласие, договариваться, одобрять, согласовывать, соглашаться, соответствовать, сходиться во мнениях, условливаться, утверждать*

agreed maturity   *согласованный срок платежа*

agreed maturity for loan   *согласованный срок погашения ссуды*

agreed maximum rate of interest   [bank.] *согласованная максимальная процентная ставка*

agreed minutes   *согласованный текст протокола*

agreed pay   [empl.] *согласованная ставка заработной платы, тарифная ставка заработной платы, установленная ставка заработной платы*

agreed penalty   [legal] *установленный (по обоюдному согласию) размер штрафа*

agreed price   [comm.] *обусловленная цена, установленная цена;* [legal] *согласованная цена*

agreed value   *согласованная стоимость*

agreed wages   [empl.] *согласованная шкала заработной платы, тарифная сетка заработной платы, установленный фонд заработной платы*

agreed wages and salaries   [empl.] *установленный фонд заработной платы и окладов*

agreement   *договор, договоренность, контракт, согласие, соглашение, соответствие*

agreement, according to   *согласно соглашению*

agreement for exchange of goods   [comm.] *соглашение об обмене товарами*

agreement for the exchange of goods   [comm.] *соглашение об обмене товарами*

agreement including a penalty clause   [legal] *договор, содержащий пункт о штрафе*

agreement including penalty clause   [legal] *договор, содержащий пункт о штрафе*

agreement in principle   *принципиальная договоренность, принципиальное согласие*

agreement in writing   [legal] *письменная договоренность*

agreement of purchase and sale   [legal] *договор купли-продажи*

agreement on budget   *соглашение о бюджете*

agreement on European economic cooperation   [EEC] *договор о европейском экономическом сотрудничестве*

agreement on European economic space   *договор о европейском экономическом пространстве*

agreement on scope of authority   [legal] *договор об объеме полномочий*

agreement on tax reform   [parl.] *соглашение о налоговой реформе*

agreement on the budget   *соглашение о бюджете*

agreement on the European Economic Space   [EEC] *договор о европейском экономическом пространстве*

agreement on transfer of ownership   [legal] *договор о передаче собственности*

agreement on venue   [legal] *согласие о месте рассмотрения дела*

agreement to be fined summarily   [leg.pun.] *согласие на наложение штрафа в упрощенном порядке*

agreement to sell   [legal] *соглашение о продаже*

agreement with, in   *в соответствии с*

agree on (vb.)   *договариваться, достигнуть соглашения*

agree to (vb.)   *соглашаться*

agree to a (specific) venue (vb.)   [legal] *соглашаться на конкретное место рассмотрения дела*

agree to a specific venue (vb.)   [legal] *соглашаться на конкретное место рассмотрения дела*

agree to be fined summarily (vb.)   [leg.pun.] *соглашаться на наложение штрафа в упрощенном порядке*

agricultural (adj.)   *земледельческий, сельскохозяйственный*

agricultural adviser   *консультант по сельскому хозяйству*

agricultural advisory service   *сельскохозяйственная консультативная служба*

agricultural area площадь сельскохозяйственных угодий, сельскохозяйственная территория, сельскохозяйственный район

agricultural attaché [dipl.] атташе по сельскому хозяйству

agricultural bookkeeping сельскохозяйственная бухгалтерия

agricultural commission комиссия по сельскому хозяйству

agricultural commodities сельскохозяйственные продукты, сельскохозяйственные товары

agricultural community сельская община, сельскохозяйственные круги, фермеры

agricultural community, the сельскохозяйственная община

agricultural credit сельскохозяйственный кредит

agricultural credit association ассоциация сельскохозяйственного кредита

agricultural crisis аграрный кризис

agricultural district сельскохозяйственный район

agricultural economist экономист по сельскому хозяйству

agricultural enterprise сельскохозяйственное предприятие

agricultural expert специалист в области сельского хозяйства

agricultural export экспорт сельскохозяйственной продукции

agricultural exports экспортная продукция сельского хозяйства

agricultural extension service служба пропаганды сельскохозяйственных знаний и внедрения достижений

agricultural goods сельскохозяйственная продукция, сельскохозяйственные товары

agricultural holding сельскохозяйственное угодье, участок земли

agricultural import импорт сельскохозяйственной продукции

agricultural imports импортная продукция сельского хозяйства

agricultural industry сельское хозяйство, сельскохозяйственное производство

agricultural insurance [ins.] сельскохозяйственное страхование

agricultural labourer [empl.] сельскохозяйственный рабочий

agricultural land пахотная земля, пашня, сельскохозяйственное угодье

agricultural lease [r.e.] аренда участка земли для занятий сельским хозяйством

agricultural legislation законодательство по вопросам сельского хозяйства, сельскохозяйственное законодательство

agricultural levy [FEC] таможенный сбор, взимаемый при импорте сельскохозяйственной продукции

Agricultural Mortgage Bank Банк сельскохозяйственного ипотечного кредита

Agricultural Mortgage Corporation Корпорация сельскохозяйственного ипотечного кредита (Великобритания)

Agricultural Mortgage Corporation Ltd. Корпорация сельскохозяйственного ипотечного кредита (Великобритания)

agricultural occupation занятие сельским хозяйством

agricultural organization сельскохозяйственная организация

agricultural policy аграрная политика

agricultural population население, занятое сельским хозяйством, сельское население

agricultural prices цены на сельскохозяйственную продукцию

agricultural primary products первичная сельскохозяйственная продукция

agricultural produce сельскохозяйственная продукция

agricultural products сельскохозяйственная продукция

agricultural products and fisheries сельскохозяйственная продукция и продукты рыболовства

agricultural property земельная собственность, земельный участок

agricultural region сельскохозяйственный район

agricultural scheme структура сельского хозяйства

agricultural sector *агропромышленный комплекс, сельское хозяйство*

agricultural sector, the *аграрный сектор*

agricultural subsidies *субсидии на развитие сельского хозяйства*

agricultural support scheme *программа финансирования сельского хозяйства*

agricultural surplus *излишки сельскохозяйственной продукции*

agricultural tenancy *сельскохозяйственное владение*

agricultural work *сельскохозяйственные работы*

agricultural worker [empl.] *сельскохозяйственный рабочий*

agricultural workers' union [empl.] *профсоюз сельскохозяйственных рабочих*

agricultural zone *сельскохозяйственная зона, сельскохозяйственный район*

agriculture *агрономия, земледелие, сельское хозяйство*

agriculture and fishing *сельское хозяйство и рыболовство*

agriculturist *агроном, земледелец, фермер*

agri-food(stuffs) industry *промышленность переработки сельскохозяйственной продукции*

agri-foodstuffs industry *промышленность переработки сельскохозяйственной продукции*

agroforestry *агролесомелиорация*

agroindustry *агропромышленность*

agronomics *агрономия*

AIBD (Association of International Bond Dealers) *Ассоциация дилеров по международным облигациям*

AICPA (American Institute of Certified Public Accountants) *Американский институт дипломированных присяжных бухгалтеров*

aid *поддержка, помощь, содействие*

aid (vb.) *облегчать, оказывать поддержку, оказывать помощь, оказывать содействие, помогать, содействовать прогрессу, способствовать развитию, ускорять*

aid cooperation *помощь в совместной работе*

aide *консультант, ответственный работник, помощник, референт*

aided brand awareness [adv.] *информированность о торговой марке благодаря средствам рекламы*

aided recall [adv.] *напоминание средствами рекламы*

aider and abettor [leg.pun.] *пособник и подстрекатель*

aid fund *касса взаимопомощи, фонд помощи*

aiding and abetting [leg.pun.] *пособничество и подстрекательство*

aiding and abetting suicide [leg.pun.] *помощь и подстрекательство к самоубийству*

aid in kind *помощь натурой*

aid mission *миссия помощи*

aid to developing countries *помощь развивающимся странам*

ailing (adj.) *больной, находящийся в плохом состоянии*

ailing business *предприятие, испытывающее финансовые трудности*

ailing company *компания, испытывающая финансовые трудности*

ailing economy *больная экономика*

aim *замысел, намерение, стремление, цель*

aim at (vb.) *добиваться, домогаться, направлять, нацеливать, ставить своей целью, стремиться*

aim of the law [legal] *цель закона*

air(line) passenger *авиапассажир, пассажир авиалинии*

air company [trans.] *авиакомпания, авиационное коммерческое предприятие*

air consignment note [air tr.] *авиагрузовая накладная*

aircraft *вертолет;* [air tr.] *воздушное судно, летательный аппарат, самолет*

Aircraft and Charges Register *регистр летательных аппаратов и сборов за обслуживание*

aircraft handover   [air tr.] *передача управления самолетом*

aircraft hull insurance   [ins.] *страхование фюзеляжа воздушного судна*

aircraft passenger insurance   [ins.] *страхование авиапассажиров*

air date   [media] *дата выхода в эфир*

airfield   *посадочная площадка;* [air tr.] *аэродром, летное поле*

air freight   [air tr.] *груз, перевозимый авиатранспортом*

air freight packaging   [air tr.] *упаковка груза, перевозимого авиатранспортом*

air hostess   [air tr.] *стюардесса*

airlift   [air tr.] *грузоподъемность, массовые воздушные перевозки*

airline   *авиалиния, авиатрасса, воздушная трасса;*
[trans.] *авиакомпания, авиационное коммерческое предприятие, воздушная линия*

airline passenger   [air tr.] *авиапассажир*

airliner   [air tr.] *авиалайнер, воздушный лайнер*

airmail   [post] *авиапочта, авиационная почта*

airmail (vb.)   [post] *посылать авиапочтой*

airmail letter   [post] *письмо, отправленное авиапочтой*

airmail parcel   [post] *посылка, отправленная авиапочтой*

airmail postage   [post] *авиапочтовый тариф*

airplane   [air tr.] *летательный аппарат, самолет*

airport   [air tr.] *аэропорт*

airport of destination   *аэропорт назначения*

airport of origin   *аэропорт отправления*

airport tax   [tax.] *налог с пассажиров, отбывающих за границу из данного аэропорта*

air route   [air tr.] *авиалиния, воздушная трасса, маршрут полета*

air space   *воздушное пространство*

airstrip   [air tr.] *взлетно-посадочная полоса*

air taxi   *воздушное такси*

air time   [media] *время выхода в эфир*

air traffic   *воздушные перевозки;* [air tr.] *воздушное движение, воздушное сообщение, воздушный транспорт*

air traffic controller   *авиадиспетчер*

air transport   [air tr.] *авиация, воздушное сообщение, воздушные перевозки, воздушный транспорт*

air transport insurance   [ins.] *страхование воздушных перевозок*

air travel   [air tr.] *воздушное путешествие*

airway   *авиалиния, воздушная линия;* [trans.] *авиатрасса, воздушная трасса*

air waybill (AWB)   [air tr.] *авиагрузовая накладная*

AJE (adjusting journal entry)   [book-keep.] *корректирующая запись в журнале*

alarm   *предупреждение об опасности, сигнал опасности, тревога*

alarm (vb.)   *предупреждать об опасности*

alarming (adj.)   *тревожный*

alarm signal   *сигнал опасности*

alarm system   *система сигнализации*

alcohol excise duty   [tax.] *акцизный сбор за продажу алкогольных напитков*

alderman   *старший советник муниципалитета (Лондон), член совета графства (Великобритания)*

aleatory contract   *алеаторный договор;* [legal] *рисковый договор*

alert   [mil.] *состояние боевой готовности*

algebraic expression   [comp.] *алгебраическое выражение*

Algerian dinar (DZD)   [monet.trans.] *алжирский динар*

algorithm   [comp.] *алгоритм*

algorithmic language   [comp.] *алгоритмический язык*

alias   *известный под именем, прозвище;* [legal] *вымышленное имя, кличка*

alibi   [leg.pun.] *алиби*

alien   *иноземец, чужестранец;* [legal] *иностранец*

alien (adj.)   *иностранный, чужой*

alienate (vb.)   [legal] *отдалять, отчуждать*

alienation   *психическое заболевание;* [legal] *отчуждение*

alienator   [legal] *лицо, отчуждающее имущество*

alienee   [legal] *лицо, в пользу которого отчуждается имущество*

aliens act   *закон об иностранцах*

aliens authority   *управление по делам иностранцев*

alien's passport   *иностранный паспорт*

align (vb.)   *вступать в союз, выравнивать, объединяться,*
располагать по одной линии

alignment   *группировка, образование союза;* [comp.] *выравнивание*

alimony   [law.dom.] *алименты, содержание, суммы, выплачиваемые*
бывшей жене после развода, суммы, выплачиваемые жене при
раздельном жительстве супругов

all, after   *в конце концов*

all, in   *всего*

all-day conference   *конференция, рассчитанная на целый день*

all due care, with   *с должным вниманием*

allegation   *заявление, обвинение, оправдание, утверждение;*
[legal] *довод, предлог*

allege (vb.)   *заявлять, приводить в доказательство, утверждать*

alleged (adj.)   *не внушающий доверия, утверждаемый*

alleged damage   *инкриминируемый ущерб*

alleged infringement of the treaty   *инкриминируемое нарушение*
договора

alleviate (vb.)   *облегчать, ослаблять, смягчать*

alleviating circumstances   *смягчающие обстоятельства*

alleviation   *облегчение, ослабление, смягчение*

alliance   *интеграция, объединение, связь, слияние, союз*

allied (adj.)   *ассоциированный, присоединенный, родственный,*
союзный

allied company   *дочерняя компания, компания-участница;*
[bus.organ.] *подконтрольная компания*

allied peril   [ins.] *непредвиденный риск*

all-in (adj.)   *включающий все, комплексный, учитывающий все*

all in all   *в итоге, в общем, всего, в целом, полностью, целиком*

all-inclusive (adj.)   *включающий все, комплексный, учитывающий все*

all-inclusive bill   *объединенный счет*

all-inclusive concept   *общий принцип*

all-inclusive invoice   *объединенный счет-фактура*

all-inclusive payment   *оплата всех услуг*

all-inclusive price   *полная цена*

all-inclusive sense   *широкий смысл*

all-in cost   [bank.] *высокий процент для дебитора*

all-in insurance   [ins.] *страхование на все случаи жизни*

all-in policy   [ins.] *универсальный страховой полис*

all-in time   [prod.] *стандартный срок*

allocate (vb.)   *отводить, отчислять, предназначать, размещать,*
распределять; [calc.] *ассигновывать;* [ind.ec.] *назначать*

allocate costs (vb.)   [ind.ec.] *распределять затраты*

allocated quota   [comm.] *выделенная квота*

allocate funds (vb.)   *распределять фонды*

allocate quotas (vb.)   [comm.] *распределять квоты*

allocate responsibility (vb.)   *распределять ответственность*

allocate to net income (vb.)   [book-keep.] *отчислять чистый доход*

allocate to operating result (vb.)   [book-keep.] *распределять прибыль по*
результатам финансовой деятельности

allocation   *ассигнование, выделение, классификация, передача*
фьючерсного контракта биржевым брокером третьему лицу,
размещение, распределение, распределение ценных бумаг в
полном или частичном объеме заявок; [calc.] *аллокация,*
отчисление

allocation for depreciation [calc.] *амортизационные отчисления*

allocation for renewal [calc.] *отчисления на обновление основного капитала*

allocation of bonus [ins.] *распределение добавочного дивиденда*

allocation of costs [ind.ec.] *распределение затрат*

allocation of overhead [ind.ec.] *распределение накладных расходов*

allocation of profit [calc.] *распределение прибыли*

allocation of quotas [comm.] *распределение квот*

allocation of resources [pol.ec.] *распределение ресурсов*

allocation to renewal [calc.] *отчисления на обновление основного капитала*

allocation to reserve *отчисления в резерв*

allocation to reserve fund *отчисления в резервный фонд*

allocation to reserves [calc.] *отчисления в резервы*

allocation to the reserve fund [calc.] *отчисления в резервный фонд*

allocative efficiency [pol.ec.] *эффективность, связанная с распределением ресурсов*

allodial estate [r.e.] *аллодиальное имущество*

allonge *аллонж, дополнительный протокол*

allot (vb.) *выделять, назначать, отводить, предназначать;* [ind.ec.] *раздавать, распределять;* [suc.] *наделять*

all other things constant *при прочих равных условиях*

all other things equal *при прочих равных условиях*

allotment *ассигнования из бюджета, выделение, доля, передача фьючерсного контракта биржевым брокером третьему лицу, распределение ценных бумаг в полном или частичном объеме заявок;* [ind.ec.] *выделение акций пайщику;* [r.e.] *распределение, участок земли, сдаваемый в аренду, часть*

allotment garden [r.e.] *часть сада, сдаваемая в аренду*

allotment letter [bus.organ.] *уведомление подписчика о числе выделенных ему ценных бумаг и необходимости их оплатить*

allotment money *денежный аттестат;* [nav.] *документ о передаче моряком части своего жалования семье*

allotment note *денежный аттестат;* [nav.] *документ о передаче моряком части своего жалования семье*

allotment of bonus [ins.] *выделение премии, распределение дополнительных выплат*

allotment of material *доля материала, количество материала, часть материала*

allotment of materials [prod.] *распределение материалов*

allotment of shares [bus.organ.] *распределение акций*

allot shares (vb.) [bus.organ.] *распределять акции*

allottee [exc.] *мелкий арендатор, получатель земельного надела, получатель ценных бумаг по подписке*

allow (vb.) *выдавать пособие, давать разрешение, допускать, позволять, предоставлять скидку, признавать, разрешать*

allowable (adj.) *допустимый, законный, приемлемый*

allowable deduction [tax.] *законная льгота, разрешенная скидка*

allowance *денежное содержание, карманные деньги, квота, налоговая скидка, норма отпуска, порция, рацион;* [calc.] *разница между массой товаров брутто и нетто;* [comm.] *деньги на мелкие расходы, допущение, разрешение;* [cust.] *поправка;* [ec.] *допустимое отклонение, принятие во внимание;* [pers.manag.] *денежное пособие, принятие в расчет;* [soc.] *денежная помощь, необлагаемый налогом минимум пособия на детей и иждивенцев;* [trans.] *скидка с оценки груза*

allowance against tax [tax.] *налоговая льгота*

allowance for, make (vb.) *вводить поправку на, делать скидку на*

allowance for bad debts [calc.] *надбавка на безнадежные долги*

allowance for damage [trans.] *компенсация за убыток, компенсация за ущерб*

allowance for inferior quality [comm.] *компенсация за низкое качество*

allowance for maintenance of liquidity *надбавка на обслуживание ликвидности*

allowance for married couples [tax.] *скидка для супружеских пар*

allowance for night work [pers.manag.] *надбавка за ночную работу*

allowance for office expenses [tax.] *надбавка на конторские расходы, скидка на конторские расходы*

allowance for the maintenance of liquidity *надбавка на обслуживание ликвидности*

allowance for travelling expenses [pers.manag.] *компенсация транспортных расходов*

allowance for waste *компенсация потерь*

allowance for work abroad [pers.manag.] *надбавка за работу за рубежом*

allowance in kind *плата натурой;* [pers.manag.] *пособие натурой*

allowance on price *скидка с цены*

allowance on the price [comm.] *скидка с цены*

allow appeal (vb.) [legal] *удовлетворять апелляцию*

allowed (adj.) *допустимый, разрешенный*

allowed time [prod.] *допустимое время*

allowed to, be (vb.) *иметь разрешение на*

allow for (vb.) *предусматривать, принимать во внимание, учитывать*

allow the appeal *решить дело в пользу аппелянта, удовлетворять аппеляцию*

all-purpose (adj.) *универсальный* *

all rights reserved *все права сохраняются*

all risks, against [ins.] *от всех рисков*

all risks cover [ins.] *покрытие всех рисков*

all risks insurance [ins.] *страхование на все случаи жизни, страхование от всех рисков*

all-round (adj.) *всесторонний, многосторонний, разносторонний*

all-round price *полная цена*

all-round training [empl.] *разносторонняя подготовка*

all things considered *с учетом всех обстоятельств*

all-time high *небывало высокий уровень, рекордно высокий уровень*

all-time low *небывало низкий уровень, рекордно низкий уровень*

all trade [exc.] *операции с любыми ценными бумагами*

all trade price [exc.] *общий торговый курс*

allude to (vb.) *ссылаться на*

ally *помощник, союзник*

ally (vb.) *вступать в союз, объединяться*

all-year (adj.) *круглогодичный*

all-year residence *постоянное место жительства*

alongside date [nav.] *дата подачи грузов к борту*

alphabet *алфавит*

alphabetical order *алфавитный порядок*

alphabetic character [comp.] *буквенный символ*

alphabetic character set [comp.] *набор буквенных символов*

alphabetic key [comp.] *буквенная клавиша*

alphabetic string [comp.] *буквенная строка*

alphameric (adj.) [comp.] *буквенно-цифровой*

alphanumeric (adj.) [comp.] *буквенно-цифровой*

alphanumeric character set [comp.] *набор буквенно-цифровых символов*

alphanumeric data [comp.] *буквенно-цифровые данные*

alphanumeric keyboard [comp.] *буквенно-цифровая клавиатура*

alter (vb.) *вносить изменения, изменять, менять, переделывать*

alter a decision (vb.) *изменять решение*

alteration *изменение, изменение условий договора, исправление, переделка, перестройка*

alteration, subject to *в соответствии с изменениями*

alteration in rates [monet.trans.] *изменение курсов*

alteration in the interest rate structure *изменение структуры процентных ставок*

alteration loan [r.e.] *ссуда на переделку*

alteration of articles of association [bus.organ.] *внесение изменений в устав ассоциации*

altering the sense *изменение смысла*

alternate (vb.) *альтернат, альтернатива, вариант, заместитель, чередование*

alternate (vb.) *сменять друг друга, сменяться, чередоваться*

alternate (adj.) *взаимный, замещающий, запасный, поочередный, чередующийся*

alternate director [bus.organ.] *заместитель директора*

alternating (adj.) *сменяющийся, чередующийся*

alternating custody [legal] *поочередная опека*

alternation *чередование*

alternative *альтернатива, вариант, выбор альтернативы*

alternative (adj.) *альтернативный, взаимоисключающий*

alternative, in the [legal] *в качестве альтернативы*

alternative claim [legal] *альтернативная претензия*

alternative cost [ind.ec.] *альтернативные издержки производства, оптимальные издержки*

alternative economy *альтернативная экономика*

alternative hypothesis *альтернативная гипотеза*

alternative income *оптимальный доход*

alternatively [legal] *в качестве альтернативы*

alternative minimum tax [tax.] *минимальный альтернативный налог*

alternative minimum tax (AMT) *минимальный альтернативный налог*

alternative of, with the [leg.pun.] *при наличии другой возможности*

alternative pleading [legal] *альтернативное возражение по иску*

alternative rate of return *альтернативная процентная ставка*

alternative relief [legal] *альтернативное средство судебной защиты*

alternative sentence [leg.pun.] *альтернативное наказание*

alternative source *альтернативный источник*

alternative to bankruptcy [bankr.leg.] *альтернатива банкротству*

alternative to custody [leg.pun.] *альтернатива содержанию под стражей*

altogether *в общем, в целом*

amalgamate (vb.) *объединять, сливать, соединять, укрупнять*

amalgamated companies *объединенные компании, укрупненные компании*

amalgamated company *объединенная компания*

amalgamated municipality *укрупненный муниципалитет*

amalgamation *амальгамация, объединение, слияние, смешение, соединение, союз*

amalgamation of local government *объединение местного самоуправления*

amalgamation of municipalities *слияние муниципалитетов*

amass (vb.) *накапливать, собирать*

amateurish (adj.) *непрофессиональный*

ambassador [dipl.] *посол, постоянный представитель*

ambitious (adj.) *честолюбивый*

ameliorate (vb.) *повышать качество, улучшать*

ameliorating waste *мелиорируемая пустошь*

amelioration *исправление, улучшение*

amenable (adj.) *ответственный*

amenable to *ответственный перед чем-л., кем-л.*

amenable to punishment (adj.) [leg.pun.] *подлежащий наказанию*

amend (vb.) *вносить изменения, вносить исправления, вносить поправки, исправлять, улучшать*

amend a letter of credit (vb.) *вносить изменение в аккредитив*

amend an act (vb.) [legal] *вносить поправки в закон*

amended act [legal] *закон с внесенными поправками*

amended budget *бюджет с внесенными поправками*

amended plan   *исправленный план*

amended scheme   *усовершенствованная программа*

amending act   *закон, находящийся в процессе доработки*

amending budget   *бюджет, находящийся в процессе доработки*

amendment   *дополнение, изменение, поправка, улучшение, устранение недостатков;* [legal] *исправление*

amendment of act   [legal] *поправка к закону*

amendment of an act   [legal] *поправка к закону*

amendment of articles of association   [bus.organ.] *поправка к уставу ассоциации*

amendment of boundary   [legal] *уточнение границы*

amendment of legislation   [legal] *поправка к законопроекту*

amendment of substance   *поправка по существу вопроса*

amendment on a point of form   *редакционная поправка*

amendment on point of form   *редакционная поправка*

amendment to act   [legal] *поправка к закону*

amendment to an act   [legal] *поправка к закону*

amendment to constitution   [legal] *поправка к конституции*

amendment to the constitution   [legal] *поправка к конституции*

amends   *возмещение причиненного ущерба, вознаграждение, компенсация*

amenities   *коммунальные удобства, комфорт, необходимые предметы быта*

American Accounting Association (AAA)   *Американская ассоциация ревизоров*

American Arbitration Association (AAA)   *Американская арбитражная ассоциация*

American Bankers' Association (ABA)   *Американская банковская ассоциация*

American depository receipt (ADR)   [stock] *свободнообращающаяся расписка на иностранные акции, депонированная в банке США*

American Express (AMEX)   *кредитная карточка 'Америкен экспресс'*

American Institute of Certified Public Accountants (AICPA)   *Американский институт дипломированных присяжных бухгалтеров*

American National Standards Institute (ANSI)   *Американский национальный институт стандартов*

American option   [exc.] *опцион, который может быть исполнен в любой момент в течение оговоренного срока*

American Stock Exchange (AMEX)   [exc.] *Американская фондовая биржа*

amicable settlement   [legal] *дружественное урегулирование, мировая сделка, миролюбивое урегулирование спора, полюбовное решение, решение вопроса мирным путем*

amicably   *дружески, мирным путем, миролюбиво*

amicus curiae   *консультант, советник в судебном процессе*

amnesty   *амнистия*

among other factors   *наряду с другими факторами*

among other things   *между прочим*

amortizable (adj.)   *аннулируемый, выплачиваемый, погашаемый*

amortization   *амортизационные отчисления, амортизационный фонд, отчуждение недвижимости в пользу корпорации;* [calc.] *амортизационное списание, погашение долга в рассрочку;* [stock] *амортизация, постепенное создание фонда*

amortization instalment   *погашение долга в рассрочку*

amortization loan   *частичная уплата в счет займа;* [ec.] *долгосрочная ссуда, погашаемая в рассрочку*

amortization of a debt   *погашение долга в рассрочку*

amortization of goodwill   [calc.] *амортизация неосязаемого основного капитала*

amortization period   *срок погашения долга в рассрочку*

amortization rate   [calc.] *норма амортизационного списания*

amortization rate of interest   *процентная ставка при погашении долга в рассрочку*

amortization scheme   *план погашения долга в рассрочку*

amortization table   *таблица амортизационного списания*

amortize (vb.)   *амортизировать, отчуждать недвижимость в пользу корпорации, производить амортизационные отчисления;* [calc.] *погашать долг в рассрочку;* [stock] *списывать*

amortize a loan (vb.)   *передавать недвижимость юридическому лицу без права ее дальнейшего отчуждения*

amortized book value   [calc.] *остаточная стоимость списанного имущества*

amortizing swap   [exc.] *амортизационный своп*

amount   *величина, итог, количество, объем, основная сумма и проценты с нее, сумма*

amount (vb.)   [ec.] *быть равным, достигать, равняться, составлять сумму*

amount at disposal   *сумма, имеющаяся в распоряжении*

amount available   *наличная сумма, сумма, имеющаяся в распоряжении*

amount brought forward   [calc.] *сумма, перенесенная на последующий период*

amount brought forward from previous years   [calc.] *сумма, перенесенная на последующий период с предыдущих лет*

amount carried forward   [calc.,tax.] *сумма, перенесенная на последующий период*

amount carried forward to next year   [calc.] *сумма, перенесенная на следующий год*

amount drawn   [bank.] *сумма, снятая со счета*

amount due   *причитающаяся сумма, сумма долга*

amount expressed in words   *сумма, выраженная словами*

amount for distribution   *сумма к распределению*

amount in arrears   *задолженная сумма*

amount in damages   [legal] *сумма компенсации ущерба*

amount in dispute   [legal] *спорная сумма*

amount in notes   *сумма, указанная на банкнотах*

amount involved   [legal] *рассматриваемая сумма*

amount in words   *сумма, выраженная словами*

amount made available   *сумма, имеющаяся в распоряжении*

amount mentioned   *упомянутая сумма*

amount of a bill   *сумма векселя;* [bill.] *сумма счета к оплате*

amount of advance   *сумма аванса*

amount of appropriation   [calc.] *сумма ассигнований*

amount of bill   *сумма векселя, сумма счета к оплате*

amount of contract   [legal] *сумма контракта*

amount of cumulative value adjustments   *полная сумма переоценок актива баланса в соответствии с его текущей стоимостью*

amount of damage   [ins.] *сумма ущерба*

amount of depreciation   [calc.] *сумма амортизационных отчислений*

amount of difference   *величина разницы*

amount of dividends   [bus.organ.] *сумма дивидендов*

amount of donation   *сумма пожертвования*

amount of dues   [tax.] *сумма сборов*

amount of dues payable   [tax.] *подлежащая оплате сумма сборов*

amount of exemption   [cust.] *сумма вычетов при расчете налогов*

amount of fine   *сумма штрафа*

amount of fixed assets   [calc.] *сумма основного капитала*

amount of grant   [legal] *сумма субсидии*

amount of guarantee   *сумма залога*

amount of income   [tax.] *сумма дохода*

amount of increase   *сумма прироста*

amount of inheritance   [suc.] *стоимость наследства*

amount of loan   [bank.] *сумма займа, сумма кредита*

amount of loans floated   [ind.ec.] *сумма размещенных займов*

amount of loans raised   [ind.ec.] *сумма полученных займов*

amount of loss   [ins.] *сумма убытка*

amount of maintenance   *сумма обеспечения*

amount of money   *денежная сумма*

amount of premium   *премиальная сумма*

amount of provision   [calc.] *сумма резерва*

amount of quota   *сумма квоты*

amount of reduction   *сумма сокращения расходов*

amount of refund   [EEC] *сумма рефинансирования*

amount of repayment   *сумма погашения долга*

amount of sale   *сумма продаж*

amount of savings   *сумма накоплений*

amount of tax   [tax.] *сумма налога*

amount of tax payable   [tax.] *подлежащая уплате сумма налога*

amount of the cumulative value adjustments   [calc.] *полная сумма переоценок актива баланса в соответствии с его текущей стоимостью*

amount of the difference   *величина разницы*

amount of the guarantee   *сумма залога*

amount of the premium   [ins.] *премиальная сумма*

amount of the quota   [comm.] *сумма квоты*

amount of transfer   *сумма перевода*

amount on deposit   *сумма депозита;* [bank.] *сумма вклада*

amount owed   *сумма долга*

amount owed by the transferor   [calc.] *сумма, задолженная индоссантом*

amount owed by transferor   *сумма, задолженная индоссантом*

amount owing   [book-keep.] *задолженная сумма*

amount payable at maturity   *сумма, выплачиваемая при наступлении срока*

amount payable on settlement   [ins.] *сумма, выплачиваемая при расчете*

amount realized   *реализованная сумма*

amount received   *полученная сумма*

amount repaid   *возвращенная сумма*

amount repayable at maturity   *сумма, подлежащая уплате при наступлении срока*

amount running into double figures   *двузначная сумма*

amount running into triple figures   *трехзначная сумма*

amounts due   *причитающаяся сумма, сумма к получению*

amounts owed by subsidiaries   [calc.] *суммы, задолженные дочерними компаниями*

amounts owed to credit institutions   [calc.] *суммы, задолженные кредитным учреждениям*

amounts owed to customers   [bank.] *суммы, задолженные заказчикам*

amounts owed to subsidiaries   [calc.] *суммы, задолженные дочерним предприятиям*

amounts written back   [calc.] *списанные суммы*

amount tendered   *предложенная сумма*

amount to (vb.)   *достигать, означать, равняться, составлять сумму;* [ec.] *доходить до*

amount to be deducted   *сумма, подлежащая удержанию*

amount to be paid   *сумма к оплате*

ample (adj.)   *богатый, вместительный, обильный, просторный*

ample funds   [ind.ec.] *достаточные запасы;* [ec.] *достаточные резервы*

ample means   *достаточные средства*

amplification   *амплификация, распространение, расширение, увеличение, усиление*

amplify (vb.)   *подробно описывать, преувеличивать, расширять, увеличивать, усиливать*

AMT (Alternative Minimum Tax) [tax.] *минимальный альтернативный налог*

amusement *развлечение*

amusement palace *увеселительное заведение*

amusement tax [tax.] *налог на развлечения*

analog computer [comp.] *аналоговая вычислительная машина*

analog data transmission [comp.] *передача аналоговых данных*

analogous (adj.) *аналогичный*

analogy *аналогия*

analysis *анализ, исследование, подробное рассмотрение*

analysis of accounts *ревизия счетов*

analysis of balance sheet [calc.] *анализ балансового отчета*

analysis of economic trends [pol.ec.] *анализ экономических тенденций*

analysis of profitability [ind.ec.] *анализ прибыльности*

analysis of the accounts [fin.] *ревизия счетов*

analysis of variance [stat.] *дисперсионный анализ*

analyst *аналитик, комментатор, консультант*

analytical accounts *аналитические счета*

analyze (vb.) *анализировать, исследовать, подробно разбирать*

analyze accounts (vb.) [calc.] *анализировать счета*

analyzer [comp.] *анализатор*

anarchic (adj.) *беззаконный, беспорядочный, неупорядоченный*

anarchist *анархист*

anarchy *беспорядок, неупорядоченность, отсутствие правопорядка;* [legal] *беззаконие*

ancestor *предшественник, предшествующий владелец*

anchorage [nav.] *якорная стоянка, якорный сбор*

anchoring [nav.] *постановка на якорь*

ancillary (adj.) *вспомогательный, дополнительный, подсобный, подчиненный*

ancillary obligation [legal] *акцессорное обязательство, вытекающее из основного иска, дополнительное обязательство*

ancillary power [legal] *акцессорное право*

ancillary probate [suc.] *дополнительное утверждение завещания*

ancillary relief [legal] *дополнительное средство судебной защиты*

and others *и прочие*

and so forth *и так далее, и тому подобное*

and so on *и так далее*

and the like *и тому подобное*

annex [legal] *приложение, пристройка;* [print.] *дополнение*

annex (vb.) *аннексировать, включать в состав, присовокуплять, присоединять;* [legal] *прилагать*

annex(e) [legal] *приложение, пристройка;* [print.] *дополнение*

annexation (of a territory) *аннексия*

annexation (of land) *аннексия*

annexation of land [law nat.] *аннексия территории*

annexation of territory [law nat.] *аннексия территории*

annexed (adj.) *приложенный*

anniversary *годовщина*

anniversary foundation *юбилейный фонд*

anniversary fund *юбилейный фонд*

annotate (vb.) *аннотировать, комментировать;* [doc.] *снабжать примечаниями*

annotation *аннотация, аннотирование, вызов лица, безвестно отсутствующего, примечания;* [doc.] *комментарий*

announce (vb.) *анонсировать, возвещать, давать знать, докладывать о приходе, заявлять, извещать, объявлять, объявлять о приходе, оповещать*

announce judgment (vb.) [legal] *объявлять приговор*

announcement *анонс, доклад о приходе, извещение, объявление, сообщение*

announcer [media] *диктор*

announcer spot [media] *рекламное сообщение, читаемое диктором*

announcer voiceover [media] *дикторский текст за кадром*

annoy (vb.) *раздражать*

annual *ежегодник*

annual (adj.) *годичный, годовой, ежегодный*

Annual Abstract of Statistics [stat.] *статистический реферативный ежегодник*

annual account *годовой расчет;* [bus.organ.] *годовая выписка со счета*

annual accounts [calc.] *годовой отчет*

annual accounts book [calc.] *ежегодная бухгалтерская книга*

annual accounts figures [calc.] *статистические данные годового отчета*

annual adjustment *годовое регулирование баланса*

annual amortization *годовое амортизационное списание*

annual average *среднегодовой показатель*

annual balance sheet [calc.] *годовой баланс*

annual basis *годичная основа, годовое исчисление*

annual bonus [pers.manag.] *годовая премия*

annual budget *годовой бюджет*

annual current value [calc.] *годовая текущая стоимость*

annual depreciation charge [calc.] *годовая сумма начисленного износа*

annual dividend [bus.organ.] *годовой дивиденд*

annual duty-free import quota [cust.] *годовая беспошлинная импортная квота*

annual earnings [ind.ec.] *годовой заработок;* [tax.] *годовой доход*

annual event *ежегодное мероприятие*

annual expenditure *годовые затраты, годовые расходы*

annual fee [pat.] *годовое вознаграждение*

annual figures [calc.] *годовые показатели*

annual general meeting [bus.organ.] *ежегодное общее собрание*

annual income [tax.] *годовой доход*

annual income-tax return [tax.] *налоговая декларация о доходах за год*

annual increment *годовой прирост*

annual instalment *очередной годовой взнос при рассрочке*

annual interest *годовой процент*

annualize (vb.) [tax.] *пересчитывать в годовое исчисление*

annualized rate *процентная ставка в годовом исчислении*

annually recurrent (adj.) *ежегодно повторяющийся*

annual meeting *ежегодное собрание*

annual payment *ежегодный платеж*

annual percentage rate (APR) [bank.] *годовая процентная ставка*

annual picnic *ежегодный фирменный праздник*

annual premium [ins.] *годичный страховой взнос*

annual price appreciation [exc.] *годовое повышение курса*

annual programme *годичная программа*

annual rate of growth *годовые темпы роста*

annual reassessment [r.e.] *ежегодная переоценка*

annual receipts [ind.ec.] *годовая выручка*

annual repayment *годовая сумма погашения долга, ежегодная выплата обратно*

annual report [calc.] *годовой отчет*

annual return [bus.organ.] *итоги операций за год, отчетные данные за год;* [tax.] *поступления за год*

annual revenue [ind.ec.] *годовой доход*

annual salary [empl.] *годовой оклад*

annual settlement [tax.] *годовая сумма расчета*

annual subscription *годовая подписка*

annual turnover [ind.ec.] *годовой оборот*

annual wages [empl.] *годовой фонд заработной платы*

annuitant *лицо, получающее ежегодную ренту*

annuity   *аннуитет, ежегодная рента, ежегодный доход,*
   периодически уплачиваемый взнос; [ins.] *иск о взыскании*
   аннуитета, страхование пенсии, страхование ренты;
   [pat.] *ежегодная выплата*

annuity amount   [ins.] *сумма страхования ренты*

annuity assurance   [ins.] *страхование ренты*

annuity contract   [ins.] *договор страхования ренты*

annuity customer   [ins.] *лицо, получающее пожизненную ренту*

annuity insurance   [ins.] *страхование ренты*

annuity insurance policy   [ins.] *договор страхования ренты*

annuity loan   *ссуда на аннуитет*

annuity payment   *выплата аннуитета, ежегодная выплата*

annuity premium   [ins.] *регулярная страховая премия*

annuity reserve   *резервный фонд страхования ренты*

annul (vb.)   *аннулировать, отменять;* [legal] *нейтрализовать,*
   уничтожать

annul a contract (vb.)   [legal] *аннулировать контракт*

annul a marriage (vb.)   [law.dom.] *расторгать брак*

annul a will (vb.)   [legal] *аннулировать завещание*

annulment   *отпадение, роспуск;* [FEC.legal] *аннулирование;*
   [legal] *отмена, расторжение, судебное постановление о признании*
   брака недействительным, увольнение, уничтожение

annulment of a contract   [legal] *аннулирование контракта*

annulment of contract   *аннулирование контракта*

annulment of marriage   [law.dom.] *расторжение брака*

annulment of order   *отмена распоряжения*

annulment petition   [legal] *ходатайство об аннулировании*

anonymous (adj.)   *анонимный, безымянный, неизвестный*

ANSI (American National Standards Institute)   *Американский*
   национальный институт стандартов

answer   *возражение, объяснение, ответ, ответное действие,*
   письменные объяснения ответчика по делу; [comp.] *реакция;*
   [mat.] *решение*

answer (vb.)   *отвечать, реагировать, соответствовать;* [legal] *быть*
   ответственным

answer (to petition)   *удовлетворять (ходатайство)*

answerable (adj.)   *несущий ответственность*

answer an advertisement (vb.)   *реагировать на рекламное объявление*

answering machine   [telecom.] *телефонный автоответчик*

answer in the affirmative   *положительный ответ*

answer in the negative   *отрицательный ответ*

answer to a claim (vb.)   [legal] *удовлетворять иск*

answer to petition   [law.dom.] *ответ на ходатайство*

antecedent (adj.)   *априорный, доопытный, предшествующий,*
   предыдущий

antecedents   [leg.pun.] *досье, прошлая жизнь, прошлое*

antedate (vb.)   *датировать задним числом, предвосхищать,*
   предшествовать

antedating   *датирование задним числом, предшествование*

antenuptial (adj.)   *добрачный*

antenuptial agreement   [law.dom.] *добрачный договор*

antenuptial contract   [law.dom.] *добрачный договор*

antenuptial settlement   [law.dom.] *добрачный договор*

ante up (vb.)   [fin.,sl.] *делать взнос*

anticipate (vb.)   *антиципировать, делать раньше времени, ожидать,*
   опережать, порочить новизну изобретения, предвидеть,
   прогнозировать, рассчитывать

anticipated payment   *досрочный платеж*

anticipated profit   *ожидаемая прибыль*

anticipated redemption   *досрочное погашение, досрочный выкуп*

anticipation   *антиципация, ожидание, порочение новизны*
   изобретения, предвидение, прогноз

anticipation discount   [comm.] *досрочная скидка*

anticipatory (adj.) *досрочный, предварительный, преждевременный*

anticipatory breach   [legal] *нарушение договора до наступления срока исполнения*

anticipatory item   [calc.] *преждевременная проводка*

anticompetitive collaboration *антиконкурентное сотрудничество*

antidouble tax treaty   [tax.] *договор о защите от двойного налогообложения*

antidumping duty   [cust.] *антидемпинговая пошлина*

antidumping levy   [cust.] *антидемпинговый налог*

antiinflationary policy   [pol.ec.] *антиинфляционная политика*

antiinflation guarantee   [ec.] *антиинфляционная гарантия*

antipollution regulation *законоположения по охране окружающей среды*

antiquated (adj.) *вышедший из употребления, устарелый*

antiselection   [ins.] *отказ от отбора рисков*

antisocial *антисоциальный*

antisocial (adj.) *антиобщественный*

antisocial behaviour *антиобщественное поведение*

antitrust (adj.) *антимонопольный, антитрестовский*

antitrust law *антитрестовский закон*

antitrust legislation *антитрестовское законодательство*

anxiety *беспокойство*

any other business *и другие виды деятельности, любой другой вид деятельности*

any time, at *в любое время*

any work   [empl.] *любая работа*

AONB (area of outstanding natural beauty)   [plan.] *заповедная зона*

apartment *квартира, комната, многоквартирное жилое здание;* [r.e.] *многоквартирный дом*

apartment building *многоквартирное жилое здание;* [r.e.] *многоквартирный дом*

apartment house *многоквартирное жилое здание, многоквартирный дом*

apex *вершина, высшая точка*

apiece *за штуку*

APL (a programming language)   [comp.] *алгоритмический язык, язык программирования*

apologize (vb.) *извиняться, приносить извинения*

apology *извинение, оправдание*

appanage *привилегии*

apparatus *аппарат, прибор*

apparatus claim *пункт формулы изобретения на устройство, формула изобретения на устройство;* [pat.] *патентное притязание на устройство*

apparent (adj.) *видимый, заметный, кажущийся, несомненный, очевидный, явный*

apparent defect   [legal] *явный недостаток*

apparent easement   [r.e.] *видимый сервитут*

apparent values *разумные фрахтовые ставки*

appeal *просьба;* [adv.] *привлекательность, притягательность;* [legal] *апелляционная жалоба, апелляция, воззвание, обжалование, право апелляции;* [manag.] *обращение, призыв*

appeal (vb.) *просить;* [legal] *апеллировать, обжаловать, подавать апелляционную жалобу*

appeal (against) (vb.)   [legal] *обжаловать, опротестовать*

appeal a decision (vb.)   [legal] *обжаловать решение суда*

appeal against (vb.)   [legal] *обжаловать, опротестовать*

appeal against conviction (vb.) *обжаловать обвинительный приговор*

appeal against sentence (vb.) *обжаловать обвинительный приговор*

appeal allowed   [legal] *удовлетворенная апелляция*

appeal an interlocutory decision (vb.) [legal] *обжаловать промежуточное решение суда*

appeal case [legal] *апелляционная жалоба*

appeal dismissed [legal] *отклоненная апелляция*

appeal from a judgment (vb.) [legal] *обжаловать приговор, обжаловать судебное решение*

appeal lies to (vb.) [legal] *апелляция может быть подана*

appeal on a point of fact (vb.) *апеллировать к фактам*

appeal to (vb.) *ссылаться, ссылаться на*

appeal to the commissioners *протест против обложения налогом*

appeal tribunal [legal] *апелляционный суд*

appear (vb.) *быть доказанным, выступать, издаваться, появляться, представать перед судом, фигурировать, являться в суд, явствовать;* [legal] *выступать в суде*

appearance *вероятность, видимость, внешний вид, наружность, правдоподобие, регистрация явки в суд;* [legal] *выступление в суде, формальное подчинение юрисдикции суда, явка в суд*

appearance, enter an (vb.) [legal] *регистрировать явку*

appear before the court (vb.) [legal] *выступать в суде, представать перед судом*

appear by proxy (vb.) *являться по доверенности*

appear from (vb.) *вытекать из, следовать из, явствовать*

appellant *лицо, подающее апелляцию;* [legal] *апеллянт, истец по апелляции, подающий апелляцию*

appellant (adj.) *апелляционный*

appellant in cassation [EEC] *истец, подающий апелляцию в кассацию*

appellate court [legal] *апелляционный суд*

appellate instance [legal] *апелляционная инстанция*

appellation *название, наименование, обозначение*

append (vb.) *добавлять, прибавлять, прикладывать печать, прилагать, ставить подпись*

appendant *дополнительное право, субсидиарное право*

appendix *добавление, дополнение;* [print.] *приложение*

appendix of tables [print.] *приложение в виде таблиц*

append one's signature (vb.) *ставить свою подпись*

appertain to (vb.) *принадлежать*

appliance [prod.] *приспособление, устройство*

appliances *электрические бытовые приборы*

applicability *пригодность, применимость*

applicable (adj.) *подходящий, пригодный, применимый, соответствующий*

applicable tax expense [tax.] *затраты на действующий налог*

applicant *проситель;* [ins.] *заявитель;* [pat.] *податель заявления;* [pers.manag.] *кандидат, претендент*

applicant for asylum *проситель убежища*

applicant for patent [pat.] *лицо, испрашивающее патент*

application *жалоба, обращение за кредитом, обращение за открытием счета, обращение за признанием в качестве банка, прилежание, просьба, рвение, употребление, ходатайство;* [calc.] *отнесение платежа к определенному долгу;* [com.mark.] *обращение за признанием в качестве брокера, приложение;* [comp.] *прикладная программа, применение;* [EEC] *обращение;* [exc.] *заявка на приобретение вновь выпускаемых ценных бумаг;* [legal] *заявление;* [pat.] *заявка;* [pers.manag.] *использование*

application, against identification and *после установления личности и подачи заявления*

application by letter *письменное заявление*

application fee [pat.] *заявочная пошлина*

application for a declaration *просьба о таможенной декларации, требование о таможенной декларации;* [EEC] *ходатайство о декларации*

application for admission   [syst.ed.] *заявление о приеме*
application for admission to official listing   [exc.] *заявка на допуск
    ценной бумаги к официальной торговле на фондовой бирже*
application for a documentary credit   *заявка на получение
    документарного аккредитива*
application for adoption   [law.dom.] *заявление об усыновлении*
application for a licence   *заявление с просьбой о предоставлении
    лицензии, лицензионная заявка*
application for a loan   [bank.] *заявление с просьбой выдать заем,
    просьба о предоставлении займа*
application for asylum   *просьба о предоставлении убежища*
application for cancellation   [legal] *прсьба об аннулировании*
application for credit (facilities)   *заявка на выделение ссуды;*
    [bank.] *заявка на получение кредитов*
application for credit facilities   *заявка на выделение ссуды;*
    [bank.] *заявка на получение кредитов*
application for declaration   *ходатайство о декларации*
application for documentary credit   *заявка на получение
    документарного аккредитива*
application for invalidation of an election   *заявление о признании
    выборов недействительными*
application for licence   *заявление с просьбой о предоставлении
    лицензии, лицензионная заявка*
application for loan   *заявление с просьбой выдать заем, просьба о
    предоставлении займа*
application form   *бланк заявления, бланк подписки на заем;*
    [exc.] *бланк заявки на приобретение акций;* [pat.,comm.mark.] *бланк
    заявки, заявочный бланк*
application for membership   *заявление о приеме в члены*
application for patent   [pat.] *патентная заявка*
application for postponement   [r.e.] *просьба об отсрочке*
application for probate   [suc.] *заявление об утверждении завещания*
application for registration   *заявление о регистрации*
application for registration of a limited company   *заявление о
    регистрации компании с ограниченной ответственностью*
application for registration of a trade mark   [com.mark.] *заявление о
    регистрации торговой марки*
application for registration of limited company   *заявление о регистрации
    компании с ограниченной ответственностью*
application for registration of trade mark   *заявление о регистрации
    торговой марки*
application for shares   [bus.organ.] *заявка на приобретение вновь
    выпускаемых акций*
application in person   [pers.manag.] *личное заявление*
application money   [exc.] *денежная сумма, сопровождающая заявку
    на приобретение ценных бумаг*
application number   [pat.] *номер заявки*
application of, on the   *согласно заявлению*
application of capital   [fin.] *использование капитала*
application of funds   [ind.ec.] *использование денежных средств*
application of law   *применение закона*
application of profits   [ind.ec.] *использование прибылей*
application of the law   [legal] *применение закона*
application program   [comp.] *прикладная программа*
application software   [comp.] *прикладное программное обеспечение*
applications planning   [ind.ec.] *планирование ресурсов*
applied (adj.)   *прикладной*
applied capital   *применяемый капитал;* [ind.ec.] *используемый капитал*
applied cost   [ind.ec.] *понесенные расходы*
applied mathematics   [mat.] *прикладная математика*
applied research   *прикладные исследования*

applied statistics   *прикладная статистика*

apply (vb.)   *использовать, относить, подавать заявление, применять, просить, употреблять, ходатайствовать;* [legal] *заявлять, обращаться с просьбой*

apply a label (vb.)   *приклеивать этикетку*

apply for (vb.)   *обращаться с просьбой, подавать заявление;* [exc.] *просить*

apply for a job (vb.)   [empl.] *подавать заявление о приеме на работу*

apply for a patent (vb.)   *подавать заявку на патент*

apply for a post (vb.)   [empl.] *подавать заявление о занятии должности*

apply for legal assistance (vb.)   *обращаться за юридической помощью;* [legal] *обращаться за юридической помощи*

apply for registration in commercial register (vb.)   *подавать заявление о включении в торговый регистр*

apply for registration in the commercial register (vb.)   *подавать заявление о включении в торговый регистр*

apply for registration of a trade mark (vb.)   [com.mark.] *подавать заявление о регистрации торговой марки*

apply for registration of trade mark (vb.)   *подавать заявление о регистрации торговой марки*

apply for shares (vb.)   [exc.] *подавать заявку на приобретение акций*

apply to (vb.)   *использовать, применять*

appoint (vb.)   *договариваться, определять, создавать;* [legal] *условливаться;* [pers.manag.] *назначать на пост, утверждать в должности*

appoint a committee (vb.)   *учреждать комитет*

appoint a date (vb.)   *назначать дату*

appoint a guardian (vb.)   [legal] *назначать опекуна*

appoint an auditor (vb.)   [bus.organ.] *назначать ревизора*

appointed agent   *уполномоченный посредник, уполномоченный торговый агент*

appointed assistant   *назначенный помощник*

appointed day   [legal] *назначенный день*

appointed on a group contract basis   [pers.manag.] *назначеный на основе коллективного договора*

appointed on group contract basis   *назначеный на основе коллективного договора*

appointed temporarily, be (vb.)   [pers.manag.] *быть назначенным временно*

appointed to the management, be (vb.)   *быть назначенным на должность руководителя*

appointed under Royal Warrant   *назначенный королевским разрешением*

appointee   [suc.] *бенефициарий, бенефициарный, назначаемое лицо*

appointment   *ассигнование денег для определенной цели, встреча, деловое свидание, договоренность о встрече, место;* [legal] *назначение на должность, определение на должность, распределение наследственного имущества по доверенности;* [pers.manag.] *должность, пост*

appointment, take up an (vb.)   [pers.manag.] *получить должность*

appointment ad interim   [pers.manag.] *временное исполнение обязанностей*

appointment as liquidator   [bus.organ.,bankr.leg.] *назначение ликвидатором*

appointment as trustee in bankruptcy   [bankr.leg.] *назначение управляющим конкурсной массой*

appointment of a beneficiary   [suc.] *назначение бенефициаром*

appointment of a committee   *учреждение комитета*

appointment of a guardian   [legal] *назначение опекуна*

appointment of an heir   [legal] *утверждение наследника*

appointment of auditor   [bus.organ.] *назначение ревизора*

appointment of beneficiary   [suc.] *назначение бенефициаром*

appointment of committee   *учреждение комитета*

appointment of guardian   *назначение опекуна*

appointment of heir   *утверждение наследника*

appointment of lay judge   [leg.pun.] *назначение судебным асессором*

appointments   [nav.] *оборудование дома;* [r.e.] *обстановка*

appointments committee   [pers.manag.] *комиссия по назначениям*

appointment to a post   [pers.manag.] *назначение на должность*

appointment with limited tenure   [pers.manag.] *назначение на ограниченный срок*

appoint temporarily (vb.)   [pers.manag.] *назначать временно*

appoint to a post (vb.)   [pers.manag.] *назначать на пост*

apportion (vb.)   *наделять, пропорционально делить, соразмерно распределять, устанавливать норму представительства;* [calc.] *делить, распределять;* [ind.ec.] *выделять*

apportionment   *выделение ценных бумаг подписчику в случае, когда заявок больше суммы предложения, постатейное распределение ассигнований, пропорциональное распределение, процесс расчетов между сторонами на Лондонской фондовой бирже, соответствующее распределение;* [ind.ec.] *установление нормы представительства*

apportionment of dividend   [bus.organ.] *распределение дивиденда*

apportionment of dividends   [bus.organ.] *распределение дивидендов*

apportionment of losses   [ins.] *распределение убытков*

apportionment of risk   [ins.] *распределение риска*

apportionment of tax   [manag.] *пропорциональное распределение налога*

appraisal   *апробация, бонитировка, деловая характеристика работника, оценка, оценочный документ, таксация, экспертиза;* [legal] *оценочная ведомость;* [tax.] *аттестация, оценка стоимости имущества*

appraisal increase   [calc.] *увеличение оцениваемой стоимости*

appraisal of damage   [ins.] *оценка ущерба*

appraisal of results   [pers.manag.] *оценка результатов*

appraise (vb.)   *давать оценку, определять качество, определять стоимость, оценивать;* [tax.] *таксировать*

appraised value   *оценочная стоимость, стоимость по оценке*

appraisement   *оценка стоимости имущества, экспертиза;* [legal] *оценка;* [tax.] *таксация*

appraiser   *таксатор, эксперт;* [legal] *оценщик;* [tax.] *оценочная фирма*

appreciable (adj.)   *заметный, могущий быть оцененным, ощутимый, поддающийся оценке*

appreciable financial implications   *поддающиеся оценке финансовые последствия*

appreciate (vb.)   *высоко ценить, дорожать, оценивать по достоинству, понимать значение;* [monet.trans.] *повышаться в цене, повышать цену*

appreciated value   [monet.trans.] *высокая ценность*

appreciate in value (vb.)   *повышаться в цене*

appreciation   *высокая оценка, повышение ценности, правильное понимание, признательность;* [ec.] *завышение оценочной стоимости, повышение цены;* [ind.ec.] *повышение стоимости актива;* [monet.trans.] *вздорожание, повышение курса валюты*

appreciation gain   [monet.trans.] *прибыль за счет повышения курса валюты*

appreciation of currency   [monet.trans.] *повышение курса валюты, ревальвация валюты*

apprehend (vb.)   [leg.pun.] *арестовывать, задерживать*

apprehension   [leg.pun.] *арест, задержание*

apprentice   [empl.] *подмастерье, ученик*

apprenticeship   [empl.] *обучение, период обучения, срок обучения, ученичество*

apprenticeship with employer   [empl.] *обучение у работодателя*

approach *метод, подход, приближение, теория*
approach (vb.) *вступать в переговоры, обращаться, приближаться*
approach a market (vb.) *выход на рынок*
approach each other (vb.) *сближаться друг с другом*
approach to an issue (vb.) *приступать к эмиссии*
approbate (vb.) *одобрять, санкционировать, утверждать*
approbation *одобрение, санкция, утверждение*
appropriate (vb.) *обращать в свою собственность, отводить средства;* [ec.] *ассигновывать, относить платеж в погашение долга, присваивать;* [leg.pun.] *конфисковывать, приобретать*
appropriate (adj.) *надлежащий, подходящий, присущий, свойственный, соответствующий, уместный*
appropriate authority *надлежащие полномочия*
appropriate body *надлежащий орган*
appropriated surplus [calc.] *удержанная часть чистой прибыли*
appropriate funds (vb.) *выделять денежные средства*
appropriate measure *надлежащая мера*
appropriate to the reserve fund (vb.) [calc.] *выделять денежные средства в резервный фонд*
appropriation [bus.organ.] *выделение средств для специальных целей;* [calc.] *фонд;* [ec.] *ассигнование, выделение средств;* [ind.ec.] *приобретение;* [leg.pun.] *обращение в свою собственность;* [suc.] *ассигнованные средства, присвоение собственности*
appropriation account [book-keep.] *счет ассигнований*
appropriation accounts *счета ассигнований*
appropriation act [parl.] *законопроект об ассигнованиях, финансовый законопроект*
appropriation bill [parl.] *законопроект об ассигнованиях, финансовый законопроект*
appropriation case [manag.] *дело об ассигнованиях*
appropriation control [manag.] *контроль за ассигнованиями*
appropriation for bonus [calc.] *выделение средств для премирования*
appropriation for limited use [leg.pun.] *выделение средств для ограниченного использования*
appropriation for renewal *ассигнования для модернизации и замены основного капитала*
appropriation for renewal fund [calc.] *ассигнования в фонд модернизации и замены основного капитала*
appropriation for taxation [calc.] *ассигнования для налогообложения*
appropriation fund [calc.] *фонд ассигнований*
appropriation ledger [manag.] *книга учета ассигнований*
appropriation of profits [ind.ec.] *присвоение прибылей*
appropriation of the national product [pol.ec.] *присвоение национального продукта*
appropriation released [calc.] *выделенные ассигнования*
appropriation rule [manag.] *правило выделения ассигнований*
appropriations made available [manag.] *выделенные ассигнования*
appropriation to cover losses [calc.] *ассигнования на покрытие убытков*
appropriation to reserve [calc.] *выделение средств в резерв*
appropriation to the reserve fund [calc.] *выделение средств в резервный фонд*
approval *визирование, одобрение, рассмотрение, санкция;* [aud.] *утверждение;* [legal] *санкционирование*
approval, on [comm.] *для одобрения, на визирование, на согласование, на утверждение*
approval by the authorities [manag.] *санкционирование органами власти*
approval of a building [r.e.] *приемка здания*
approve (vb.) *одобрять, подтверждать, принимать, санкционировать, считать правильным, устанавливать подлинность, утверждать*

approved (adj.) *апробированный, испытанный, одобренный, пригодный,*
принятый, санкционированный, согласованный, утвержденный

approved person *утвержденное лицо*

approved text *согласованный текст*

approved unemployment insurance fund [empl.] *утвержденный фонд*
страхования от безработицы

approx. (approximately) *приближенно, приблизительно*

approximate (adj.) *приближенный, приблизительно точный,*
приблизительный

approximately *около, приближенно, приблизительно*

approximately (approx.) *приближенно, приблизительно*

approximate price *примерная цена*

approximation *адекватность, приблизительное соответствие;*
[ec.] *приближение;* [stat.] *аппроксимация*

approximation of laws *сближение законодательств, соответствие*
законов

appurtenance [r.e.] *преимущественное право, связанное с владением*
имущества, принадлежность главной вещи

appurtenances [r.e.] *аксессуары, необходимая принадлежность*

appurtenant (adj.) *акцессорный, владеющий по праву собственности,*
относящийся, приложенный, принадлежащий

appurtenant rights [r.e.] *права владения имуществом*

APR (annual percentage rate) [bank.] *годовая процентная ставка*

aptitude *пригодность, склонность, соответствие, способность,*
уместность

aptitude test [empl.] *проверка способности*

AQL (acceptable quality level) *приемлемый уровень качества*

aquatic environment plan *план размещения окружающих водоемов*

ARA (Argentinian austral) *аргентинский аустраль*

Arabic numeral *арабская цифра*

arable land *пахотная земля, пашня*

arbiter *верховный судья;* [legal] *арбитр, третейский судья*

arbitrage [monet.trans.] *арбитраж, арбитражные операции,*
третейский суд

arbitrage for profit [exc.] *арбитражные операции для получения*
прибыли от разницы курсов на разных рынках

arbitrage in bills of exchange [bill.] *арбитражные операции с*
переводными векселями

arbitrage market [monet.trans.] *арбитражный рынок*

arbitrage operations [monet.trans.] *арбитражные операции*

arbitrage to provide foreign exchange cover [exc.] *арбитражные*
операции для обеспечения покрытия в иностранной валюте

arbitrage transaction [monet.trans.] *арбитражная операция*

arbitrageur *лицо, занимающееся арбитражными операциями;*
[monet.trans.] *арбитражер*

arbitral (adj.) *арбитражный, третейский*

arbitral award [legal] *арбитражное решение*

arbitral clause [legal] *статья об арбитраже, условие арбитража*

arbitral tribunal [legal] *арбитраж*

arbitrament [legal] *решение арбитража, решение третейского суда*

arbitrariness *произвол, самоуправство*

arbitrary (adj.) *дискреционный, произвольный, случайный*

arbitrary factor *случайный фактор*

arbitrary factors *случайные факторы*

arbitrary percentage *произвольный процент*

arbitrary reserves *условные резервы*

arbitrary value *условная стоимость*

arbitrate (vb.) [empl.] *выносить третейское решение, действовать в*
качестве третейского судьи, передавать в арбитраж,
рассудить спорящих, составлять третейскую запись;
[legal] *быть третейским судьей, осуществлять арбитражное*
разбирательство, передавать вопрос на разрешение
третейского суда, решать в арбитражном порядке

arbitrate between (vb.) [legal] *быть посредником*

arbitration [compl.] *разбор спора арбитражем, разбор спора третейским судом;* [law nat.] *соглашение сторон о передаче их спора на разрешение третейского суда;* [legal] *арбитраж, арбитражное разбирательство, консультация, третейский суд, экспертиза*

arbitration agreement [legal] *арбитражное соглашение*

arbitration award [legal] *арбитражное решение*

arbitration board [legal] *арбитражная комиссия*

arbitration case [legal] *арбитражное дело*

arbitration clause [legal] *арбитражная оговорка, условие о передаче в арбитраж возникающих из договора споров*

arbitration commission *арбитражная комиссия*

arbitration proceedings [legal] *арбитражное судопроизводство*

arbitration tribunal *арбитражная инстанция;* [legal] *арбитраж, третейский суд*

arbitrator [legal] *арбитр, верховный судья, мировой посредник, третейский судья*

arc elasticity *эластичность в зависимости от кривизны изоквант;* [pol.ec.] *дуговая эластичность*

architect *архитектор, зодчий*

architect's liability *ответственность архитектора*

archive file [comp.] *архивный файл*

archives *архив, хранилище;* [r.e.] *здание архива*

archives department [manag.] *архивный отдел*

archiving *архивное хранение*

archivist *архивариус*

ardent supporter *горячий сторонник, ревностный последователь*

area *зона, область, охват, площадь, район, сфера деятельности, участок;* [plan.] *область исследования*

area code [telecom.] *трехзначный междугородный телефонный код*

area data *зональные данные*

area of heaviest deficit [EEC] *район острейшего дефицита*

area of heaviest deficit/surplus *район острейшего дефицита/чрезмерных излишков*

area of heaviest surplus [EEC] *район чрезмерных излишков*

area of outstanding natural beauty (AONB) [plan.] *заповедная зона*

area of responsibility *сфера ответственности*

area of sale [mark.] *площадь торгового зала, торговый зал*

area of special planning control [plan.] *заповедная зона*

Argentinian austral (ARA) *аргентинский аустраль*

arguable (adj.) *спорный, требующий доказательства*

argue (vb.) *аргументировать, обсуждать;* [legal] *доказывать, приводить доводы, свидетельствовать, утверждать*

argue about (vb.) *спорить*

argue a case (vb.) [legal] *аргументировать судебный прецедент*

argument *аргумент, дискуссия, довод, доказательство, спор*

argumentation *аргументация*

arise (vb.) *появляться*

arithmetic expression [comp.] *арифметическое выражение*

arithmetic mean [stat.] *среднее арифметическое*

arithmetic unit [comp.] *арифметический блок, арифметическое устройство*

armament industry *военная промышленность, оборонная промышленность*

armed forces [mil.] *вооруженные силы*

armed forces, the *вооруженные силы*

armed robber [leg.pun.] *вооруженный грабитель*

armed robbery *вооруженный грабитель*

armoured van *бронированный автомобиль*

arms [mil.] *вооружения, оружие*

arms control [mil.] *контроль над вооружениями*

arms dealer *торговец оружием*

arms industry *военная промышленность, оборонная промышленность*

arms length *почтительное расстояние*

arms length, at [legal] *на почтительном расстоянии, на расстоянии вытянутой руки*

arms trade *торговля оружием*

A road *магистральная автомобильная дорога*

arraign (vb.) [leg.pun.] *обвинять, предъявлять обвинение, привлекать к суду, призывать к ответу*

arraignment [leg.pun.] *осуждение, предъявление обвинения, привлечение к суду, резкая критика*

arrange (vb.) *давать распоряжения, договариваться, закреплять, классифицировать, переделывать, принимать меры, приспосабливать, приходить к соглашению, располагать в определенном порядке, систематизировать, улаживать, урегулировать, условливаться*

arrange a loan (vb.) [bank.] *давать распоряжение о предоставлении ссуды*

arrange alphabetically (vb.) *располагать в алфавитном порядке*

arranged overdraft [bank.] *согласованное превышение кредита в банке*

arrange for payment (vb.) *осуществлять платеж*

arrangement *договоренность, договоренность между должником и кредиторами по льготам по обязательствам на основании компромиссного соглашения, классификация, организация, приведение в порядок, разрешение спора, расположение в определенном порядке, распоряжение, систематизация, урегулирование, устройство;* [legal] *соглашение*

arrangement fee [bank.] *организационный взнос*

arrangement of loan *соглашение о предоставлении ссуды*

arrangement of visits *соглашение о визитах*

arrangement proposal *предложение о заключении соглашения*

array *расположение элементов выборки;* [comp.] *массив;* [leg.pun.] *совокупность, список присяжных заседателей;* [mat.] *множество, статистический ряд, упорядоченная последовательность;* [print.] *матрица, набор*

arrear(s) *долги, неуплаченные суммы по счетам, отставание, просроченные суммы по счетам, просрочка платежа*

arrearage *задолженность*

arrears *долги, задолженность, просроченные суммы по счетам, просрочка платежа*

arrears, be in (vb.) *иметь задолженность, просрочить платеж*

arrears, in *отстающий, просроченный*

arrears of dividends [bus.organ.] *задолженность по дивидендам*

arrears of dues [empl.] *задолженность по взносам*

arrears of premium [ins.] *задолженность по страховой премии*

arrears percentage *просроченные проценты*

arrest *арест, наложение ареста;* [leg.pun.] *задержание, приостановление*

arrest (vb.) [legal] *арестовывать;* [leg.pun.] *брать под стражу, задерживать, накладывать арест на имущество, останавливать, приостанавливать*

arrest, under [leg.pun.] *под арестом, под стражей*

arrestable offence [leg.pun.] *преступление, за которое грозит арест, преступление, за которое грозит взятие под стражу*

arrest by warrant [leg.pun.] *арест по приказу*

arrest of property [legal] *наложение ареста на имущество*

arrest warrant [leg.pun.] *ордер на арест*

arrest with a warrant [leg.pun.] *арест по приказу*

arrest without a warrant [leg.pun.] *незаконное задержание*

arrest without warrant   [leg.pun.] *незаконное задержание*
arrest with warrant   [leg.pun.] *арест по приказу*
arrival   [trans.] *поступление, прибытие*
arrival hall   [rail.] *зал прибытия*
arrival note   [trans.] *извещение о прибытии груза*
arrivals book   [trans.] *книга записи поступающих товаров*
arrive (vb.)   *прибывать;* [nav.] *достигать*
arrive at   *приходить к*
arrive at a decision   *приходить к решению*
arrive at agreement (vb.)   *достигать соглашения, приходить к соглашению*
arrive at an agreement   *достигать соглашения, приходить к соглашению*
arrive at decision (vb.)   *принять решение*
arriving (adj.)   *прибывающий*
arrow key   [comp.] *клавиша управления курсором*
arson   [leg.pun.] *поджог*
arsonist   [leg.pun.] *поджигатель*
art collection   *коллекция произведений искусства*
art director (AD)   [adv.] *руководитель отдела художественного оформления рекламы*
article   *изделие;* [comm.] *вещь, предмет торговли, пункт, товар;* [EEC] *параграф, статья договора;* [media] *статья (в печатном издании)*
article claim   [pat.] *предмет заявки*
articled clerk   [legal] *юрист-практик*
articled to, be (vb.)   [empl.] *быть принятым на работу в качестве стажера*
article of movable property   *объект движимого имущества*
article of value   *ценный товар*
articles   *договор, закон, регламент, система правил, соглашение, статут, условия договора;* [legal] *исковое заявление, устав*
articles, under   *в соответствии с договором, по условиям договора*
articles of apprenticeship   [empl.] *договор о взятии в ученики, договор о поступлении в обучение*
articles of association   [bus.organ.] *устав акционерного общества*
articles of incorporation   [bus.organ.] *свидетельство о регистрации корпорации*
articles of partnership   *письменный договор об образовании товарищества, свидетельство о регистрации товарищества, устав товарищества*
article sold on commission   [comm.] *товар, проданный на комиссионных товарах*
articulate (vb.)   *координировать, ясно формулировать*
articulate (adj.)   *отчетливый*
artificial (adj.)   *искусственный, поддельный, созданный правом*
artificial intelligence   [comp.] *искусственный интеллект*
artificial language   [comp.] *искусственный язык*
artificial person   [legal] *юридическое лицо*
artisan   *ремесленник*
artist   *художник*
artistic property   [aut.right] *художественная собственность*
artist's right   *право на художественную собственность*
art property and jewellery insurance   [ins.] *страхование предметов искусства и драгоценностей*
artwork   [print.] *произведения искусства*
artworker   [print.] *работник искусства*
a.s. (account sales)   [comm.] *отчет о продаже товара*
A/S (account sales)   [comm.] *отчет о продаже товара*
a.s. (after sight)   *после предъявления*
A/S (after sight)   [bill.] *после предъявления*

as a delaying tactic   *в качестве тактики затягивания времени*

as a gesture   *в качестве жеста*

a.s.a.p. (as soon as possible)   *с максимально возможной скоростью*

ASAP (as soon as possible)   *как можно быстрее*

as a provisional measure   *в качестве временной меры*

as a service   *в качестве услуги*

as a whole   *в целом*

ascend (vb.)   *подниматься*

ascendant   *власть, влияние, преобладание*

ascendant (adj.)   *господствующий, преобладающий*

ascending (adj.)   *восходящий*

ascending order   *возрастающий порядок;* [comp.] *упорядочение по возрастанию*

ascending scale   *возрастающая шкала*

ascertain (vb.)   *выяснять, убеждаться, удостоверяться, устанавливать*

ascertain damage (vb.)   [ins.] *устанавливать размер ущерба*

ascertained goods   [legal] *индивидуализированный товар*

ascertainment   *удостоверение, установление*

ascertainment of assets of estate in bankruptcy   *определение стоимости имущества несостоятельного должника*

ascertainment of the assets of an estate in bankruptcy
   [bankr.leg.] *определение стоимости имущества несостоятельного должника*

ASCII (American Standard Code for Information Interchange)
   [comp.] *Американский стандартный код для обмена информацией*

ascribable to, be (vb.)   *могущий быть приписанным, отнесенный на счет*

ascribe (vb.)   *относить за счет*

ascribe to (vb.)   *относить за счет, приписывать*

ASEAN (Association of South East Asian Nations)   *АСЕАН (Ассоциация государств Юго-Восточной Азии)*

ASEAN countries   *страны - члены АСЕАН (Ассоциации государств Юго-Восточной Азии)*

as far as at all practicable   *насколько это вообще целесообразно*

as far as possible   *как можно быстрее, как можно дальше, насколько возможно*

as from   *после*

as from now   *с этого числа*

as from that day   *с этого числа*

as from then   *с того времени*

A share   [stock] *акция, не дающая владельцу права голоса, 'безголосая' акция*

Asian currency unit (ACU)   *Азиатский валютный отдел (Сингапур)*

Asian Development Bank (ADB)   *Азиатский банк развития*

Asian Development Fund (ADF)   *Азиатский фонд развития*

ask (vb.)   *запрашивать, назначать цену, приглашать, просить, спрашивать, требовать*

ask and bid price   [exc.] *цена продавца и цена покупателя*

asked (price)   *запрашиваемая (цена)*

ask for (vb.)   *спрашивать, требовать*

ask for payment (vb.)   *требовать оплату*

asking price   *запрашиваемая цена, курс, предлагаемый продавцом, цена продавца*

ask price   [exc.] *запрашиваемая цена, курс, предлагаемый продавцом, цена продавца*

as laid down by   [legal] *как изложено*

as of   *что касается*

as of today   *с завтрашнего дня*

as on   *в соответствии с*

as opposed to   *в противоположность*

aspect   *аспект, сторона, точка зрения*

aspects   *перспективы*

as per   *в соответствии, согласно*

as per account rendered   *согласно представленному счету*

as per invoice   *согласно счету-фактуре*

as per the central government's accounts   *согласно правительственным счетам*

as provided by   [legal] *в соответствии с*

as publication goes to press   [media] *после сдачи публикации в печать*

as required   *по требованию*

as required by prudence   *из соображений осторожности*

assassin   [leg.pun.] *наемный убийца*

assassinate (vb.)   [leg.pun.] *совершать убийство по идейным мотивам, совершать убийство по политическим мотивам, убивать вероломным путем*

assassination   [leg.pun.] *вероломное убийство, убийство по идейным мотивам, убийство по политическим мотивам*

assault   *резкие выступления;* [leg.pun.] *атака, нападение, нападки, словесное оскорбление и угроза физическим насилием*

assault (vb.)   *грозить физическим насилием, критиковать;* [leg.pun.] *нападать*

assault and battery   [leg.pun.] *нападение и избиение, оскорбление действием*

assaulter   *лицо, угрожающее физическим насилием;* [leg.pun.] *лицо, оскорбившее действием*

assault on an official in the act of duty   [leg.pun.] *оскорбление лица, находящегося при исполнении служебных обязанностей*

assault on official in act of duty   *оскорбление лица, находящегося при исполнении служебных обязанностей*

assay   *испытание, проба металла, проверка*

assay office   *пробирная палата*

assemble (vb.)   *созывать, составлять;* [prod.] *монтировать, собирать*

assembly   *ассамблея, общество, собрание;* [parl.] *законодательное собрание;* [prod.] *комплект, монтаж, сборка*

assembly hall   *зал заседаний*

assembly line   [prod.] *линия сборки*

assembly line worker   [prod.] *рабочий на конвейере*

Assembly of the Western European Union   *ассамблея Западноевропейского союза*

assembly plant   [prod.] *сборочный цех*

assembly room   *зал для собраний, конференц-зал, сборочный цех*

assent   *одобрение, разрешение, санкция, согласие, утверждение*

assent (vb.)   *соглашаться*

assent of executor   [suc.] *санкция судебного исполнителя*

assent to (vb.)   *разрешать, санкционировать, соглашаться, уступать*

assert (vb.)   *заявлять;* [legal] *доказывать права, отстаивать права, предъявлять претензию*

assert a claim (vb.)   [legal] *предъявлять претензию*

assertion   *защита, заявление, отстаивание, притязание, утверждение*

assertive (adj.)   *положительный, утвердительный, чрезмерно настойчивый*

assess (vb.)   *давать оценку, определять размер штрафа;* [ins.] *определять размер ущерба;* [tax.] *облагать налогом, оценивать, оценивать имущество для обложения налогом, штрафовать*

assessable (adj.)   *подлежащий обложению налогом*

assess at market value (vb.)   *оценивать по рыночной стоимости*

assessed cash value   [r.e.] *денежная стоимость по оценке, оценочная стоимость в наличных деньгах*

assessed site value   [tax.] *оценка участка для застройки*

assessed value   [tax.] *оценка стоимости, оценочная стоимость, стоимость по оценке*

assessed value of real estate   [tax.] *оценка стоимости недвижимости*

assessed value of real property   [tax.] *оцененная стоимость недвижимости*

assess for tax purposes (vb.)   [tax.] *оценивать для целей налогообложения*

assessment   *мнение, определение размера налога, суждение;* [cc.] *сумма обложения;* [ins.] *взимание страхового взноса, распределение убытков по общей аварии;* [tax.] *налог, обложение налогом, оценка, оценка имущества для взимания налогов, размер налога, сбор, требование об уплате взноса за акции*

assessment and licensing   *оценка и лицензирование*

assessment basis   [tax.] *база налогообложения*

assessment committee   [tax.] *налоговое управление*

assessment control   [tax.] *контроль налогообложения*

assessment district   [tax.] *налоговый округ*

assessment fee   *комиссионный сбор за оценку*

assessment guidelines   [tax.] *нормы и правила налогообложения*

assessment of damages   [legal] *оценка ущерба*

assessment of property in connection with a loan   [r.e.] *оценка стоимости имущества в связи с получением ссуды*

assessment of property in connection with loan   [r.e.] *оценка стоимости имущества в связи с получением ссуды*

assessment of real estate   *оценка недвижимого имущества*

assessment of real property   *оценка недвижимого имущества*

assessment principle   *принцип оценки*

assessment value   [tax.] *оценочная стоимость*

assessment work   [tax.] *работа по оценке недвижимого имущества*

assessment year   [tax.] *год налогообложения*

assessor   *юридический советник судьи;* [ins.] *оценщик страховых убытков;* [legal] *эксперт-консультант суда;* [nav.] *эксперт-заседатель в суде;* [tax.] *налоговый чиновник, эксперт по оценке недвижимого имущества*

assess separately (vb.)   [tax.] *облагать раздельным налогом*

asset   *имущество, собственность юридического или физического лица, статья закона;* [book-keep.] *авуар, актив*

asset account   [book-keep.] *счет актива*

asset-backed security   [stock] *залог, обеспеченный активами*

asset backing   [calc.] *обеспечение активами*

asset formation   *образование активов*

asset item   [calc.] *проводка актива баланса*

asset-liability management   [fin.] *регулирование актива и пассива*

asset/liability management   [fin.] *регулирование актива и пассива*

asset management   *управление активами*

asset price risk   [stock] *курсовой риск активов*

asset quality rating system   [ind.ec.] *система квалификации активов*

asset revaluation reserve   [calc.] *резервный фонд для переоценки стоимости активов*

assets   *авуары, наследственная имущественная масса, фонды;* [calc.] *достояние;* [ec.] *актив баланса, активы, средства;* [ind.ec.] *имущество, капитал;* [legal] *имущество несостоятельного должника*

assets acquisition   [bus.organ.] *приобретение активов*

asset sales   *продажа активов*

assets and liabilities   [calc.] *актив и пассив баланса*

assets available for distribution   [bus.organ.,bankr.leg.] *свободные активы для распределения*

assets held   *капитал, вложенный в банк*

assets held in post giro account   *активы на счете почтовых жиросчетов*

assets not in use   [ind.ec.] *неиспользуемые активы*

assets of a company   [legal] *капитал компании*

assets of an estate   [legal] *наследственная имущественная масса*

assets of an estate under administration   [suc.,bank.] *раздел имущества под контролем администрации*

assets of company   *капитал компании*

assets of estate   *наследственная имущественная масса*

assets pledged as security   [calc.] *заложенная недвижимость*

asset stripping   *освобождение от активов, поглощение компании, чьи акции котируются ниже стоимости активов*

asset swap   [exc.] *обмен активами*

asset turnover   [fin.] *оборачиваемость активов*

assign   *правопреемник, цессионарий*

assign (vb.)   *вменять в обязанность, давать, отводить, отмечать, переуступать, поручать, распределять, указывать, цедировать;* [ec.] *ассигновать;* [ins.] *возлагать обязанности;* [legal] *вменять в вину, определять, отчуждать, передавать, устанавливать срок;* [pat.] *предназначать;* [suc.] *назначать на должность*

assignable (adj.)   *подлежащий переуступке*

assign absolutely (vb.)   [legal] *передавать во владение*

assign a day for hearing (vb.)   [legal] *назначать дату слушания дела*

assign a day for the hearing (vb.)   [legal] *назначать дату слушания дела*

assign a day for trial (vb.)   [leg.pun.] *назначать дату судебного разбирательства*

assign a job (vb.)   *назначать на должность*

assign costs (vb.)   [ind.ec.] *распределять затраты*

assign counsel (vb.)   [leg.pun.] *назначать адвоката*

assign counsel to defendant (vb.)   *назначать адвоката подсудимому*

assign counsel to the defendant (vb.)   [leg.pun.] *назначать адвоката подсудимому*

assigned counsel   [leg.pun.] *назначенный адвокат*

assigned to (adj.)   *переуступленный*

assignee   [bankr.leg.] *представитель;* [legal] *агент, патентовладелец, правопреемник, уполномоченный, цессионарий*

assignee (of task)   *лицо, выполняющее поручение*

assignee of task   *лицо, выполняющее поручение*

assignment   *отчуждение, передача, переуступка, поручение, уступка;* [ec.] *распределение;* [ins.] *передача права;* [legal] *ассигнование, выделение, перевод долга, цессия;* [pat.] *документ о передаче права;* [pers.manag.] *возложение обязанностей, задание, назначение на должность*

assignment endorsement   [legal] *индоссамент на передачу груза*

assignment endorsement fee   [legal] *сбор за индоссамент на передачу груза*

assignment endorsement tax   [legal] *сбор за индоссамент на передачу груза*

assignment for security   [ec.] *передача права собственности на ценные бумаги*

assignment of claim   [legal] *переуступка претензии*

assignment of copyright   [aut.right] *передача авторского права*

assignment of debt   [legal] *переуступка долга*

assignment of income   *переуступка дохода*

assignment of lease   [legal] *передача аренды*

assignment of rights   [legal] *передача прав, переуступка прав*

assignment of shares   [bus.organ.] *переуступка акций*

assignment of title   [legal] *передача права собственности*

assignment of work   [empl.] *распределение работы*

assignor   [legal] *лицо, совершающее передачу имущества, лицо, совершающее передачу права, цедент*

assignor (of task)   *цедент*

assign shares (vb.)   [bus.organ.] *выделять акции*

assign to (vb.)   *приписывать*

assign to another position (vb.)   [pers.manag.] *назначать на другую должность*

assimilated products   *освоенная продукция*

assist (vb.)   *оказывать поддержку, оказывать помощь, помогать, содействовать*

assistance   *вспомоществование, поддержка, помощь, пособие, содействие*

assistant   *ассистент, вспомогательное средство;*
[pers.manag.] *помощник, референт*

assistant (adj.)   *замещающий, помогающий*

assistant art director   [adv.] *заместитель руководителя отдела художественного оформления рекламы*

assistant attorney   [legal] *помощник адвоката*

assistant chief constable   *помощник начальника полиции (Великобритания)*

assistant chief of section   [manag.] *заместитель начальника отдела*

assistant commissioner of police   *заместитель комиссара полиции*

assistant editor   *заместитель редактора*

assistant general manager   *заместитель генерального директора*

assistant governor   *заместитель управляющего*

assistant head of department   [pers.manag.] *заместитель начальника отдела*

assistant judge   [legal] *младший судья, помощник судьи*

assistant manager   [pers.manag.] *заместитель директора, заместитель заведующего, помощник руководителя*

assistant public prosecutor   [leg.pun.] *помощник государственного обвинителя*

assistant registrar   [EEC] *помощник судебного распорядителя*

assistant secretary   *заместитель секретаря сената (США);*
[manag.] *помощник министра (Великобритания)*

assisted person   [legal] *лицо, получающее консультацию адвоката*

assisting an offender   [leg.pun.] *соучастник преступления*

assisting spouse   *супруг-помощник*

assisting wife   *жена-помощница*

associate   *кандидат в члены, партнер, пособник, член организации, имеющий ограниченные права, член товарищества;*
[bus.organ.] *коллега, компаньон;* [legal] *сообщник, соучастник*

associate (vb.)   *ассоциировать, объединять, объединяться, присоединять, соединять*

associated (adj.)   *ассоциированный, объединенный, присоединенный*

associated capital   *ассоциированный капитал*

associated companies   *дочерние компании*

associated company   [bus.organ.] *ассоциированная компания, дочерняя компания, материнская компания, подконтрольная компания*

associated company payables   [calc.] *кредиторы дочерней компании*

associated company receivables   [calc.] *дебиторы дочерней компании*

associate director   [pers.manag.] *заместитель директора*

associated undertaking   *ассоциированное предприятие;*
[EEC] *совместное предприятие*

associate judge   [legal] *заместитель судьи*

associate member   *кандидат в члены*

associate membership   *статус кандидата в члены*

associate oneself with (vb.)   *присоединяться к мнению, солидаризироваться*

associate professor   [syst.ed.] *адъюнкт-профессор*

associate with (vb.)   *общаться*

association   *ассоциация, общество, объединение, связь, соавторство, совместная работа, сотрудничество*

association agreement   *договор о сотрудничестве*

association capital   *ассоциированный капитал*

Association for International Cooperation   *Ассоциация по международному сотрудничеству*

association of banks   *ассоциация банков*

Association of Futures Brokers and Dealers (AFDB) *Ассоциация брокеров и дилеров по фьючерсным операциям (Великобритания)*

association of houseowners *ассоциация домовладельцев*

Association of International Bond Dealers (AIBD) *Ассоциация дилеров по международным облигациям*

association of local authorities *ассоциация местных органов самоуправления*

association of municipal corporations *ассоциация муниципальных корпораций*

association of shareholders *ассоциация акционеров*

Association of South East Asian Nations (ASEAN) *Ассоциация государств Юго-Восточной Азии*

association of undertakings *ассоциация предприятий*

as soon as possible (a.s.a.p., ASAP) *с максимально возможной скоростью*

assort (vb.) *группировать, классифицировать, подбирать, сортировать*

assorted (adj.) [comm.] *классифицированный, относящийся к различным категориям, продаваемый в наборе, сортированный*

assortment *набор;* [comm.] *ассортимент, выбор, сортамент, сортировка*

assortment of goods *ассортимент товаров*

assortment of samples *набор образцов*

assume (vb.) *брать на себя, допускать, предполагать, предпринимать, принимать, присваивать*

assume a liability (vb.) *брать на себя ответственность, принимать обязательство*

assume a risk (vb.) *брать на себя риск*

assume control over (vb.) *брать на себя контроль над*

assumed (adj.) *вымышленный, допущенный, предполагаемый, присвоенный*

assumed name *вымышленное имя, псевдоним, фиктивное имя*

assumed that *при допущении, что, при предположении, что*

assume liability for the debt (vb.) *брать на себя ответственность по долгам*

assume responsibility (vb.) *брать на себя ответственность*

assuming that *допуская, что, полагая, что*

assumption *допущение, захват, исходное положение, предположение, принятие на себя обязательства, принятие на себя ответственности по обязательствам другой стороны, присвоение*

assumption, on the *допуская, что, полагая, что*

assumption of control *принятие на себя управления*

assumption of estate liability [suc.] *принятие на себя имущественного долга, принятие на себя имущественного обязательства*

assumption of risk [ins.] *принятие на себя риска*

assurance *документ о передаче прав на недвижимость, передача имущества по договору, передача имущественных прав по договору, уверение, уверенность;* [ins.] *гарантия, заверение, страхование*

assurance level *степень безопасности*

assurance scheme *система гарантий*

assure (vb.) *заверять, убеждать, уверять;* [ins.] *гарантировать, обеспечивать, страховать*

assured [ins.] *застрахованный, страхователь*

assured, the [ins.] *застрахованный, страхователь*

assured tenancy *застрахованное арендованное имущество*

assure oneself (vb.) *убеждаться*

assurer [ins.] *страховая компания, страховщик*

asterisk [print.] *звездочка, знак сноски*

as the publication goes to press   [media] *после сдачи публикации в печать*

asucceed (vb.)   *наследовать*

as witness of the authenticity   *в засвидетельствование подлинности;* [legal] *в качестве очевидца происходящего*

asylum   *защита, убежище*

asylum right   *право убежища*

asynchronous operation   [comp.] *асинхронная работа, асинхронное выполнение операций*

at a deficit   [ec.] *с дефицитом*

at a discount   *ниже номинала, ниже номинального курса;* [exc.] *со скидкой*

at a guaranteed rate   [monet.trans.] *по гарантированному курсу*

at a loss   [comm.] *в убыток*

at any time   *в любое время*

at a premium   *выше номинала, выше паритета, очень модный, пользующийся большим спросом;* [stock] *с премией*

at a profit   [ec.] *с выгодой, с пользой, с прибылью*

at best   *в лучшем случае, рыночный приказ*

at call   *в распоряжении, деньги до востребования, к услугам, наготове;* [bill.] *по требованию*

at college   [syst.ed.] *в колледже*

at Community level   [EEC] *в рамках Европейского сообщества*

at constant prices   *по неизменным ценам*

at current prices   *по существующим ценам*

at discretion   *по усмотрению, приказ клиента брокеру заключить сделку по цене на его усмотрение*

at factor cost   *при факторных издержках*

at factor costs   *при факторных издержках*

at first instance   [legal] *в первой инстанции*

at fluctuating prices   *по колеблющимся курсам*

at his option   *по его усмотрению*

at home   *дома*

atlas   *атлас*

at least   *по крайней мере*

at length   *в длину*

ATM (automated teller machine)   [bank.] *автоматическая кассовая машина*

at no charge   *бесплатно*

at notice   *при уведомлении*

atomistic economy   [pol.ec.] *атомистическая экономика*

atomized organization   *организация с разветвленной сетью мелких организаций*

atone for (vb.)   *возмещать, компенсировать*

at one's own risk   *на собственный риск*

at option   *по усмотрению*

at par   *по паритету;* [exc.] *по номинальной стоимости*

at par (value)   *по номинальной стоимости, по паритету*

at par value   *по номинальной стоимости, по паритету*

ATS (Austrian schilling)   [monet.trans.] *австрийский шиллинг*

at short notice   *краткосрочный, незамедлительно, по первому требованию, тотчас же*

at sight   *по первому требованию, по предъявлении*

attach   [dipl.] *атташе*

attach (vb.)   *арестовывать, быть действительным, задерживать, описывать имущество, прикладывать, прикреплять, присоединять, скреплять печатью;* [legal] *вступать в законную силу, накладывать арест*

attach (person and/or property)   *арестовывать (лицо и/ли имущество)*

attachcase   *плоский чемоданчик*

attached (adj.)   *арестованный, взятый под стражу*

attached capital   [legal] *арестованный капитал*

attach importance to (vb.)   *придавать значение*

attachment   *вступление в силу, задержание, наступление ответственности, приказ об аресте лица, приказ о наложении ареста на имущество;* [legal] *выемка документов, изъятие имущества, наложение ареста на имущество, скрепление печатью*

attachment, make an (vb.)   [legal] *производить изъятие имущества*

attachment (of person or property)   *приказ об аресте лица или наложении ареста на имущество*

attachment of debts   [legal] *наложение ареста на долги*

attachment of earnings   [legal] *наложение ареста на валовую выручку, наложение ареста на доходы*

attachment of property   [legal] *наложение ареста на земельную собственность, наложение ареста на имущество*

attachment order   [legal] *ордер на арест, распоряжение о наложении ареста на имущество*

attachment proceedings   [legal] *производство по делу о наложении ареста, процедура наложения ареста*

attachments   *крепления*

attack   *нападение, нападки, наступление*

attack (vb.)   *критиковать, нападать*

attain (vb.)   *приступать, энергично браться за работу*

attainable (adj.)   *достижимый*

attained age   *достигнутый возраст*

attainment   *достижение, приобретение*

attainment by stages   *поэтапная подготовка*

attainments   *знания, квалификация, навыки*

attain years of discretion (vb.)   *достичь возраста юридической ответственности за свои поступки*

attempt   *попытка;* [leg.pun.] *покушение, проба*

attempt (vb.)   *делать попытку, пытаться*

attempted bank robbery   *попытка ограбления банка*

attempted breakthrough   *попытка прорыва*

attempted call   [telecom.] *пробный вызов*

attempted coup   *попытка переворота*

attempted homicide   [leg.pun.] *покушение на убийство*

attempted murder   [leg.pun.] *покушение на убийство*

attempted rape   [leg.pun.] *попытка изнасилования*

attempted suicide   *попытка самоубийства*

attempt to conciliate   *попытка примирения*

attempt to mediate   *попытка выступать в качестве посредника*

attend (vb.)   *заботиться, посещать, присутствовать, следить, сопровождать, уделять внимание*

attendance   *аудитория, обслуживание, посещаемость, присутствие, публика, уход*

attendance allowance   [soc.] *надбавка за обслуживание*

attendance and directors' fees   [calc.] *плата за услуги и вознаграждение членам правления*

attendance at meetings   *посещаемость собраний*

attendance fee   *плата за услуги*

attendance on customers   *обслуживание клиентов*

attendant   *дежурный оператор, лицо, присутствующее на собрании, обслуживающее лицо, сопровождающее лицо, сопутствующее обстоятельство*

attendant (adj.)   *обслуживающий, сопровождающий, сопутствующий*

attendant circumstances   *сопутствующие обстоятельства*

attending to customers   [mark.] *обслуживание клиентов*

attend to   *быть внимательным, заботиться, следить, уделять внимание*

attend to customers (vb.)   *обслуживать покупателей*

attend to one's work (vb.) [empl.] *относиться с вниманием к своей работе*

attention *внимание, внимательность, забота, уход*

attention factor [adv.] *фактор привлечения внимания*

attention to, pay (vb.) *уделять внимание*

attentiveness *внимательность*

attenuation *ослабление*

attest (vb.) *заверять, подтверждать, удостоверять;* [legal] *давать свидетельские показания, свидетельствовать*

attestant *лицо, удостоверяющее подписью*

attestant (adj.) *свидетельствующий*

attestation *дача свидетельского показания, подтверждение, приведение к присяге, формальное подтверждение;* [legal] *засвидетельствование, свидетельское показание, удостоверение*

attestation of poverty [soc.] *свидетельство бедности*

attestation of signature [legal] *подтверждение подписи*

attested copy [legal] *заверенная копия*

attesting witness [suc.] *свидетель*

attestor *свидетель*

at the beginning of *в начале*

at the disposal of *в распоряжении*

at the end of *в конце*

at the instance of *по просьбе*

at their peril *на их риск*

at-the-money option [exc.] *опцион, в основе которого цена финансового инструмента примерно равна цене исполнения*

at the outset *вначале*

at the request of *по запросу, по требованию*

at the turn of the month *в конце месяца*

at the turn of the year *в конце года*

attitude *взгляд, отношение, позиция, положение*

attitude question [mark.] *вопрос об отношении потребителя*

attitude survey [adv.] *изучение отношения потребителей, обследование мнений*

attitude to a question *отношение к вопросу*

attitude variable [mark.] *показатель отношения потребителей*

attorn (vb.) *давать согласие новому владельцу на продление аренды, передавать права, поручать*

attorney [legal] *адвокат, поверенный, прокурор, чиновник органов юстиции, юрист;* [pat.] *атторней*

attorney-at-law *поверенный в суде;* [legal] *адвокат*

attorney-general *главный прокурор штата (США)*

Attorney-General *министр юстиции (США);* [legal] *генеральный прокурор (Великобритания)*

attorney-in-fact [legal] *лицо, действующее по доверенности*

attorney to the treasury [legal] *прокурор, ведущий дела, относящиеся к государственным финансам*

attract (vb.) *привлекать*

attract customers (vb.) *привлекать покупателей*

attract income tax (vb.) [tax.] *взимать подоходный налог*

attraction *привлечение*

attractive (adj.) *привлекательный, притягательный*

attractive investment *привлекательные капиталовложения*

attractive offer *заманчивое предложение*

attractive price *привлекательная цена*

attractive rate [exc.] *привлекательная ставка*

attractive terms, on *на заманчивых условиях*

attributable profit *объясненная прибыль*

attributable to, be (vb.) · *быть приписанным*

attribute *качество, отличительная черта;* [comp.] *атрибут*

attribute (vb.) *относить, приписывать;* [calc.] *объяснять*

attribute to *объяснять, приписывать, считать неотъемлемым свойством*

attribute value [comp.] *значение атрибута*

attribution *отнесение, приписывание, ссылка на источник, установление подлинности*

attrition *изнурение, истощение*

at university [syst.ed.] *в университете*

at variance with *в противоречии с*

at worst *в самом худшем случае*

at year-end *в конце года*

at your option *на ваше усмотрение*

at your own risk *на ваш собственный риск*

auction *аукцион, торги*

auction by agreement *добровольные торги*

auctioneer *аукционист*

auctioneer commission *комиссионное вознаграждение аукциониста*

auctioneer's commission *комиссионное вознаграждение аукциониста*

auction expenses *аукционные издержки*

auction house *здание, где происходит аукцион*

auction off (vb.) *продавать с аукциона*

auction price *аукционная цена*

AUD (Australian dollar) [monet.trans.] *австралийский доллар*

audible alarm *слышимый сигнал*

audience *аудитория, публика*

audience accumulation [media] *расширение аудитории*

audience duplication [media] *двукратное увеличение аудитории*

audience profile [adv.] *характер аудитории*

audit *опрос потребителей;* [aud.] *анализ хозяйственной деятельности, аудит, проверка, ревизия*

audit (vb.) [aud.] *проверять отчетность, проводить ревизию*

audit accounts [aud.] *ревизорские счета*

audit and account charges [calc.] *затраты на ревизию и проверку счетов*

audit approach [aud.] *метод проведения ревизии*

audit area [aud.] *область ревизии*

audit coverage [aud.] *область ревизии*

audit department [aud.] *ревизионный отдел*

audit difference [aud.] *расхождения в ревизионной отчетности*

audited accounts [aud.] *проверенные счета*

audited annual accounts [aud.] *проверенная годовая отчетность*

audit endorsement [aud.] *подпись под ревизионным отчетом*

audit engagement [aud.] *участие в ревизии*

audit evidence [aud.] *материалы ревизии*

audit guide [aud.] *руководство по проведению ревизии*

auditing [aud.] *проведение проверки, проведение ревизии*

auditing costs [book-keep.] *затраты на проведение ревизии*

auditing expenditure [book-keep.] *затраты на проведение ревизии*

auditing expenses [book-keep.] *затраты на проведение ревизии*

auditing manual [aud.] *руководство по проведению ревизии, справочник по проведению ревизии*

auditing of public accounts *проверка счетов государственных учреждений*

auditing practice [aud.] *порядок проведения ревизии*

auditing principle [aud.] *принцип проведения ревизии*

auditing procedure [aud.] *методика проведения ревизии, процедура проведения ревизии*

auditing provision [aud.] *условие проведения ревизии*

auditing standard [aud.] *ревизионный норматив*

audit letter [aud.] *уведомление о ревизии*

audit of annual accounts [aud.] *проверка годовой отчетности, ревизия годовой отчетности*

audit office *ревизионное управление*

audit of financial records [aud.] *проверка финансовой отчетности*

audit of security deposit holdings [bank.] *проверка хранения ценностей в банке*

audit opinion [aud.] *заключение по ревизии*

auditor *контролер отчетности;* [aud.] *аудитор, бухгалтер-ревизор, ревизор*

auditor certificate [aud.] *заключение аудитора, заключение ревизора*

auditor comment [aud.] *замечания ревизора*

auditor disclaimer [aud.] *отказ ревизора от ответственности*

auditor fee [aud.] *гонорар ревизора*

auditor general *генеральный ревизор*

auditor opinion [aud.] *заключение ревизора*

auditor report [aud.] *отчет аудитора, отчет ревизора*

auditor's certificate *заключение аудитора, заключение ревизора*

auditor's comment *замечания ревизора*

auditor's disclaimer *отказ ревизора от ответственности*

auditor's fee *гонорар ревизора*

auditor's opinion *заключение ревизора*

auditor's report *отчет аудитора, отчет ревизора*

audit package [comp.aud.] *пакет программ ревизии*

audit plan [aud.] *план ревизии*

audit planning [aud.] *планирование ревизии*

audit procedure [aud.] *методика проведения ревизии, процедура ревизии*

audit programme [aud.] *план проведения ревизии*

audit report [aud.] *отчет о результатах ревизии, протокол ревизии*

audit report comments [aud.] *замечания к протоколу ревизии*

audit report review [aud.] *анализ отчета о ревизии*

audit risk [ins.] *страховой риск ревизии*

audit sampling [aud.] *выборочная ревизия*

audit scheme [aud.] *порядок ревизии*

audit scope [aud.] *область ревизии*

audit the accounts (vb.) [aud.] *проверять отчетность, проводить ревизию отчетности*

audit trail [aud.] *след ревизии*

augment (vb.) *прибавлять, увеличивать*

augmentation *приращение, прирост, увеличение*

augmentation of capital *прирост капитала*

augmentation of share capital [bus.organ.] *прирост акционерного капитала*

augmented capital *наращенный капитал*

augment the capital (vb.) *наращивать капитал*

auspices *покровительство, содействие*

Aussie bond [stock] *еврооблигация в австралийских долларах*

austere (adj.) *строгий, суровый*

austerity *отсутствие роскоши, строгая экономия, строгость, суровость*

austerity measures *меры жесткой финансовой политики, меры строгой экономии*

austerity package *простая упаковка*

austerity policy [pol.ec.] *политика строгой экономии*

austerity programme *программа строгой экономии*

Australian dollar (AUD) [monet.trans.] *австралийский доллар*

Austrian schilling (ATS) [monet.trans.] *австрийский шиллинг*

autarkic (adj.) [pol.ec.] *автаркистский*

autarky [pol.ec.] *автаркия*

authentic (adj.) *аутентичный, действительный, документально доказанный, достоверный, имеющий законную силу, имеющий силу оригинала, подлинный*

authenticate (vb.) *удостоверять;* [legal] *свидетельствовать, скреплять печатью, устанавливать подлинность*

authenticate a duplicate copy (vb.) [legal] *заверять подлинность копии*

authenticated copy [legal] *заверенная копия*

authentication [legal] *заверка подписи, засвидетельствование подлинности, удостоверение подлинности*

authentication by public act [legal] *нотариальное засвидетельствование подлинности*

authentication procedure *процедура засвидетельствования подлинности*

authentic copy *аутентичная копия*

authentic instrument [legal] *подлиный документ*

authenticity *аутентичность, достоверность, подлинность*

author *создатель, творец;* [aut.right] *писатель;* [legal] *автор*

authoritative precedent [legal] *авторитетный прецедент, заслуживающий доверия прецедент*

authorities *администрация, власти*

authorities, the *администрация, власти, органы власти*

authority *авторитет, авторитетность, авторитетный источник, влияние, документ, компетенция, крупный специалист, орган власти, орган управления, основание, разрешение, управление;* [legal] *доверенность, доказательство, источник права, полномочие, право, судебное решение;* [manag.] *власть, сфера компетенции*

authority, by *по полномочию*

authority controlling securities markets [exc.] *орган, контролирующий фондовые биржи*

authority for payment *разрешение на оплату*

authority in charge of minors and incapacitated persons [legal] *орган попечения несовершеннолетних и недееспособных лиц*

authority in law [legal] *правомочие по закону*

authority laid down in statutory instrument [legal] *полномочия, основанные на законодательном инструменте*

authority responsible for regional policy *орган, ответственный за региональную политику*

authority to bind company *право налагать обязательства на компанию*

authority to bind the company [legal] *право налагать обязательства на компанию*

authority to collect debts *право взыскивать долги*

authority to dispose [legal] *право распоряжаться имуществом*

authority to issue instructions *право издавать инструкции*

authority to purchase [legal] *право купли*

authority to sell [legal] *право продажи*

authority to sign for firm *право подписи за фирму*

authority to sign for the firm [legal] *право подписи за фирму*

authorization *выдача лицензии, наделение правами, разрешение, решение об осуществлении затрат, санкционирование, уполномочивание, утверждение ассигнований;* [legal] *санкция*

authorization of payment [ec.] *разрешение произвести платеж*

authorization of payment of wages and salaries *разрешение на выплату заработной платы*

authorization to discharge *разрешение на разгрузку*

authorize (vb.) *давать разрешение, объяснять, оправдывать, разрешать, санкционировать, уполномочивать, утверждать*

authorized (adj.) *официально признанный, разрешенный, санкционированный, уполномоченный*

authorized by law (adj.) *управомоченный по закону*

authorized capital stock [bus.organ.] *уставный капитал*

authorized consignor [trans.] *санкционированный грузоотправитель*

authorized dealer *уполномоченный дилер, уполномоченный посредник*

authorized dissemination [aut.right] *разрешенное распространение*

authorized foreign exchange dealer *дилер, имеющий право совершать операции с иностранной валютой*

authorized investments [legal] *разрешенные инвестиции*

authorized person *лицо, наделенное правами, уполномоченное лицо*

authorized personnel only *только для персонала, имеющего разрешение*

authorized representative *уполномоченный представитель*

authorized share capital [bus.organ.] *уставный акционерный капитал*

authorized signature *образец подписи*

authorized to bind a firm [legal] *право налагать обязательства на фирму*

authorized to bind firm (adj.) *имеющий право налагать обязательства на фирму*

authorized to sign (adj.) *имеющий полномочия ставить подпись*

authorized to sign for a firm [legal] *имеющий полномочия ставить подпись за фирму*

authorized to sign for firm (adj.) *имеющий полномочия ставить подпись за фирму*

authorized translation *авторизованный перевод*

authorized translator *официальный переводчик*

author's copy [print.] *авторский экземпляр*

author's rights [aut.right] *авторские права*

autofinancing [ind.ec.] *самофинансирование*

automate (vb.) *автоматизировать*

automated factory *автоматизированное предприятие*

automated office *автоматизированное бюро*

automated quotation [exc.] *автоматизированная котировка*

automated teller machine (ATM) [bank.] *автоматическая кассовая машина*

automatic (adj.) *автоматизированный, автоматический*

automatic answering [telecom.] *автоматический ответ*

automatic answering machine [telecom.] *телефонный автоответчик*

automatic call distributor [telecom.] *автоматический распределитель вызовов*

automatic calling [telecom.] *автоматический вызов*

automatic carriage return [comp.] *автоматический возврат каретки*

automatic check [comp.] *автоматический контроль*

automatic debit transfer [bank.] *автоматический перенос дебета*

automatic line feed [comp.] *автоматический перевод строки*

automatic multifrequency pushbutton sender [telecom.] *автоматический многочастотный кнопочный передатчик*

automatic payment-debiting system *автоматизированная система дебетования*

automatic restart [comp.] *автоматический повторный запуск*

automatic right of appeal [manag.] *автоматическое право апелляции*

automatic transfer system [bank.] *система автоматического перевода средств со сберегательного на текущий счет*

automatic translation [comp.] *автоматизированный перевод*

automatic typewriter *автоматическая пишущая машина*

automatic vending *торговля с помощью автоматов*

automation [prod.] *автоматизация*

automobile *автомобиль*

automobile dealer *агент по продаже автомобилей*

automobile identification number *регистрационный номер автомобиля*

automobile industry *автомобильная промышленность*

automobile insurance [ins.] *страхование автомобиля*

automobile third party liability insurance [ins.] *страхование ответственности владельца автомобиля перед третьими лицами*

autonomous (adj.) *автономный, независимый, самостоятельный, самоуправляющийся*

autonomous expenditure [pol.ec.] *независимые расходы*

autonomous power *самоуправление*

autonomous transactions   *автономные сделки*

autonomous work   *автономная работа*

autonomy   *автономия, независимость, самоуправление*

autopsy   [legal] *аутопсия, вскрытие трупа*

autorepeat   [comp.] *автоматический повтор*

autumn session   [parl.] *осенняя сессия*

auxiliary (adj.)   *вспомогательный, добавочный, дополнительный*

auxiliary facility   *дополнительная возможность*

auxiliary income   *дополнительный доход*

auxiliary memory   *вспомогательное запоминающее устройство;*
   [comp.] *вспомогательная память*

avail (vb.)   *быть выгодным, быть полезным*

availability   *доступность, наличие, полезность, пригодность;*
   [ec.] *соответствие требованиям*

availability allowance   [pers.manag.] *надбавка за соответствие*
   требованиям

availability and terms of credit   [bank.] *доступность и условия кредита*

availability of credit   *доступность кредита*

availability pay   [pers.manag.] *заработная плата за проработанное*
   время

available (adj.)   *годный, действительный, доступный, имеющий силу,*
   имеющийся в продаже, имеющийся в распоряжении, могущий
   быть использованным, наличный, находящийся в
   эксплуатационной готовности, отвечающий требованиям,
   полезный, пригодный

available, be (vb.)   *иметься в наличии*

available, make (vb.)   *делать доступным, предоставлять*

available assets   *легко реализуемые активы, свободные активы;*
   [calc.] *незаложенные активы*

available facts   *имеющиеся факты*

available for sale (adj.)   *имеющийся для продажи*

available funds   *наличные денежные средства*

available rolling stock   [rail.] *наличный подвижной состав*

available time   *полезное время*

available to public (adj.)   [pat.] *годный для опубликования*

available to the public   [pat.] *годный для опубликования*

avail oneself of (vb.)   *воспользоваться, использовать, предоставлять*

aval   [bill.] *авал, поручительство в платеже*

aver (vb.)   *утверждать;* [legal] *доказывать*

average   *индекс курсов, курс ценных бумаг, среднее арифметическое,*
   убыток от аварии судна; [mar.ins.] *авария, взаимный зачет*
   дней, положенных для погрузки и выгрузки судна,
   распределение убытков от аварии судна; [stat.] *среднее значение,*
   среднее число, средний результат, средняя величина

average (vb.)   *вычислять среднее, последовательно скупать акции*
   данного выпуска, распределять убыток между акционерами,
   составлять в среднем, усреднять; [mar.ins.] *последовательно*
   продавать акции данного выпуска

average (adj.)   *нормальный, обыкновенный, обычный, посредственный,*
   средний

average adjuster   [mar.ins.] *диспашер*

average adjustment   [mar.ins.] *диспаша, расчет убытков по общей*
   аварии

average agent   [mar.ins.] *диспашер*

average bond   [mar.ins.] *аварийная гарантия, аварийная подписка,*
   аварийный бонд

average bond yield   [fin.] *средняя доходность облигации*

average certificate   [mar.ins.] *аварийный сертификат*

average claim   [ins.] *иск об убытках от аварии*

average clause   [ins.] *оговорка об авариях;* [mar.ins.] *пункт о*
   пропорциональном распределении страховой ответственности

average collection period   [ind.ec.] *средний срок взыскания долгов*

average contribution   *аварийный взнос;* [mar.ins.] *долевой взнос по аварии*

average cost of claims   [ins.] *средняя стоимость исков*

average costs   [ind.ec.] *средние издержки*

average deviation   [stat.] *среднее отклонение*

average duration of life   [ins.] *средняя продолжительность жизни*

average earnings   [ind.ec.] *средний доход, средняя валовая выручка*

average exchange rate   [monet.trans.] *средний валютный курс, средний вексельный курс, средний обменный курс*

average expectation of life   [ins.] *ожидаемая средняя продолжительность жизни*

average fixed costs   [ind.ec.] *средние постоянные издержки*

average free-at-frontier price   *средняя цена франко-граница*

average frequency   [mark.] *средняя периодичность*

average gain   [ind.ec.] *средний выигрыш*

average income   [pol.ec.] *средний доход*

average income group   [pol.ec.] *группа со средним доходом*

average life   *средний срок амортизации;* [ins.] *средняя продолжительность жизни;* [prod.] *средний срок службы;* [stock] *средневзвешенный срок непогашенной части кредита*

average life expectancy   [ins.] *ожидаемая средняя продолжительность жизни*

average loss   [mar.ins.] *средний убыток*

average offering price   *средний курс предложения ценных бумаг, средняя запрашиваемая цена*

average opportunity to see (average OTS)   [adv.] *средняя возможность наблюдать рекламу*

average out (vb.)   *вычислять среднюю величину, усреднять*

average output   [prod.] *средняя производительность*

average overnight money market rate   *среднесуточная ставка денежного рынка*

average overnight money market rates   *средние ночные ставки денежного рынка*

average population   *средняя численность населения*

average portfolio   [stock] *средний объем портфеля ценных бумаг*

average premium   [ins.] *средний страховой взнос*

average price   *средняя цена*

average producer price   [EEC] *средняя цена производителя*

average product   *усредненный продукт*

average production costs   [ind.ec.] *средние издержки производства*

average productivity   *средняя производительность*

average propensity to consume   [pol.ec.] *средняя доля потребления в доходе, средняя склонность к потреблению*

average propensity to save   [pol.ec.] *средняя доля сбережений в доходе, средняя склонность к сбережению*

average quality   *среднее качество*

average rate   [ins.] *средняя ставка*

average rate of interest   *средняя процентная ставка*

average remaining maturity   *средний срок погашения остатка займа*

average statement   [mar.ins.] *диспаша*

average tax rate   [tax.] *средняя ставка налога*

average total costs   [ind.ec.] *средние валовые затраты*

average turnover   [ind.ec.] *средний оборот*

average variable costs   [ind.ec.] *средние переменные затраты, средние переменные издержки*

average wage   *средняя ставка заработной платы*

averaging yield   *средний доход, средняя выручка, средняя прибыль*

averaging expenses   [mar.ins.] *затраты на составление диспаши*

averment   *представление доказательства, утверждение;* [legal] *доказательство, удостоверение факта*

averse (adj.) *нерасположенный*

aversion *антипатия*

avert (vb.) *отражать, предотвращать*

avert a crisis (vb.) *предотвращать кризис, устранять кризис*

aviation [air tr.] *авиация*

aviation insurance [ins.] *авиационное страхование*

aviation risk [ins.] *авиационный страховой риск*

avocation [empl.] *любимое занятие, призвание, профессия*

avoid (vb.) *избегать, отменять, расторгать;* [bankr.leg.] *оспаривать;* [legal] *делать недействительным, уклоняться;* [tax.] *аннулировать, прекращать*

avoidable (adj.) *не неизбежный, устранимый*

avoidable cost *расход, которого можно избежать*

avoidable costs [ind.ec.] *устранимые издержки*

avoidance *аннулирование, избежание, лишение юридической силы, отмена, расторжение, уклонение;* [bankr.leg.] *оспаривание*

avoidance measure *маневр уклонения*

avoidance of (debtor's) transactions by creditor [bankr.leg.] *аннулирование кредитором сделок (должника)*

avoidance of debtor's transactions by creditor [bankr.leg.] *аннулирование кредитором сделок должника*

avoidance of tax rules *уклонение от правил налогообложения*

avoirdupois *английская система единиц массы и веса*

avouch (vb.) *доказывать, подтверждать, утверждать*

avow (vb.) *декларировать, оправдывать действие, подтверждать факт, признавать действие*

avowal *открытое признание*

avulsion [legal] *авульсия*

await (vb.) *ждать, ожидать, предстоять*

await orders (vb.) *ожидать заказы*

award *вознаграждение, государственный заказ, предоставление государственного заказа частной фирме, присуждение награды, присужденная награда;* [comm.] *выдача заказа, премия;* [legal] *арбитражное решение, вынесенное наказание, решение арбитража, решение суда*

award (vb.) *награждать, предоставлять частной фирме заказ на поставку, присуждать;* [legal] *выносить решение*

award a contract (vb.) *заключать договор;* [legal] *заключать контракт*

award a prize (vb.) *присуждать премию*

award costs (vb.) [legal] *присуждать судебные издержки*

award damages (vb.) *выносить решение о возмещении убытков;* [legal] *возмещать убытки*

award sentence (vb.) [leg.pun.] *выносить приговор*

awareness *информированность, осведомленность*

awareness of liability [legal] *осознание ответственности*

awareness of responsibility *осознание ответственности*

aware of (adj.) *осознающий*

aware of, be (vb.) *отдавать себе отчет, сознавать*

away (adj.) *отсутствующий*

away funds *в отсутствии фондов*

AWB (air waybill) [air tr.] *авианакладная*

awkward (adj.) *громоздкий, затруднительный*

awkwardly shaped (adj.) *громоздкий, имеющий неудобную форму*

awkward-to-handle (adj.) *громоздкий*

axe *сокращение*

axe, the *резкое сокращение*

axiom *аксиома*

aye *голос 'за' при голосовании, положительный ответ*

ayes have it *большинство 'за'*

ayes have it, the *большинство 'за'*

B

B (Bachelor) *бакалавр*

baby boomers *лица, родившиеся в период резкого увеличения рождаемости;* [adv.] *родившиеся в период резкого увеличения рождаемости*

BAC (bunker adjustment charge) [nav.] *плата за заправку судна топливом*

bachelor *бакалавр, холостяк*

Bachelor of Commerce (BCom.; B.Com.)   *бакалавр в области коммерции*

Bachelor of Commercial Language *дипломированный специалист в области коммерческой терминологии*

back (vb.) *поддерживать, подкреплять, подписывать, скреплять подписью, утверждать;* [legal] *индоссировать;* [print.] *гарантировать, давать поручительство по векселю, субсидировать, финансировать*

backbencher *рядовой член парламента (Великобритания)*

back bond [stock] *облигация с присоединенным варрантом*

back contract [exc.] *фьючерсный контракт с наибольшим сроком*

backdate (vb.) *проводить задним числом*

backdated pay rise [pers.manag.] *повышение зарплаты задним числом*

back down (vb.) *отказываться, отступать*

back duty [tax.] *дополнительный сбор*

backed note [nav.] *наряд грузоотправителя на получение груза, скрепленный подписью судовладельца*

backer *авалист, индоссант, поручитель*

back freight [nav.] *обратный фрахт*

background *квалификация, образование, подготовка, предпосылка*

background paper [doc.] *основополагающая статья*

background processing [comp.] *выполнение работ с низким приоритетом*

background storage [comp.] *поддерживающее запоминающее устройство*

background variable [adv.] *основная переменная*

backing *авал, гарантия, индоссамент, индоссирование, одобрение, поддержка, подкрепление, покрытие, поручительство по векселю, субсидирование, финансирование*

backing of notes issued *обеспечение выпущенных банкнот*

backing storage [comp.] *поддерживающее запоминающее устройство*

back interest *невзысканный процент, недоимка по процентам*

back issue [print.] *предыдущий выпуск, старый выпуск*

backlash *ответный удар, отрицательная реакция*

back letter [nav.] *гарантийное письмо*

backlog *задолженность, невыполненная работа, невыполненные заказы;* [ind.ec.] *запасы материальных средств, портфель заказов*

backlog of orders [ind.ec.] *задолженные заказы, накопившиеся заказы, невыполненные заказы, объем имеющихся заказов, объем предстоящей работы, портфель заказов*

back number [doc.] *старый номер*

back order [comm.] *обратный порядок;* [ind.ec.] *задолженный заказ, невыполненный заказ*

back out (vb.) *отступать, отступать от, уклоняться, уклоняться от*

back pay [pers.manag.] *задержанная выплата, заработная плата за проработанное время*

back rent *задолженная квартирная плата*

backspace (vb.) [comp.] *возвращать на одну позицию*

backspace key [comp.] *клавиша возврата на одну позицию*

backstop facility [bank.] *согласие предоставить помощь*

back taxes [tax.] *задолженность по выплате налогов*

back-to-back borrowing [bank.] *компенсационный кредит*

back-to-back letter of credit *компенсационный аккредитив*

back-to-back loan [bank.] *компенсационный заем*

backup *дублирование, запасной вариант;* [comp.] *резервирование*

backup computer [comp.] *резервная вычислительная машина*

backup copy [comp.] *дублирующая копия, резервная копия*

backup file [comp.] *резервный файл*

backup system [comp.] *дублирующая система;* [prod.] *резервная система*

backward (adj.) *обратный, отсталый, поздний*

backwardation [exc.] *депорт, скидка за согласие на перенос расчетов по срочной сделке, скидка по сравнению с котировкой товара на более близкие сроки, скидка с цены за поставку товара в более близкие сроки*

BACS (Bankers' Automated Clearing Services) *Банковская автоматическая клиринговая система (Великобритания);* [bank.] *Банкирская автоматическая клиринговая система*

bad *дефицит, плохой*

bad (adj.) *испорченный, неблагоприятный, недоброкачественный, ненадлежащий, неправильный, юридически необоснованный*

had, to the *в дефиците*

bad and doubtful debts [calc.] *безнадежные и сомнительные долги*

bad cheque [bank.] *поддельный чек*

bad cheque artist [leg.pun.] *изготовитель фальшивых чеков*

bad debt [book-keep.] *безнадежный долг, просроченная ссуда*

bad debt recovered *взысканная просроченная ссуда*

bad debts *безнадежные долги, просроченные ссуды*

bad debts recovered [calc.] *взысканная просроченная ссуда*

bad faith [legal] *недобросовестность*

bad faith, in [legal] *недобросовестно*

bad harvest *неурожай*

bad investment *неудовлетворительное инвестирование*

badly damaged goods *сильно поврежденный товар*

bad management *неквалифицированное управление*

bad payer *неисправный плательщик*

bad publicity *неудовлетворительные деловые связи, плохая репутация*

bad quality *низкое качество*

bad weather allowance [pers.manag.] *надбавка за плохие погодные условия*

badwill [book-keep.] *дурное намерение*

BAF (bunker adjustment factor) [nav.] *плата за заправку судна топливом*

baggage *багаж*

baggage car *багажный вагон*

baggage check-in [trans.] *регистрация багажа*

baggage registration office *служба регистрации багажа*

bag the profits (vb.) [sl.] *присваивать прибыли*

bail [leg.pun.] *временное освобождение арестованного под залог, залог, поручитель, поручительство*

bail (vb.) *передавать имущество на хранение;* [legal] *брать на поруки;* [leg.pun.] *вносить залог, давать поручительство, передавать на поруки*

bail bond [leg.pun.] *обязательство, выдаваемое лицом, берущим кого-либо на поруки, поручительство за явку ответной стороны в суд*

bailed (adj.) *отданный в зависимое держание, переданный и подлежащий возврату*

bailee *арендатор, залогополучатель, ответственный хранитель имущества;* [legal] *депозитарий*

bail granter [leg.pun.] *поручитель*

bailiff   *бейлиф, судебный исполнитель, управляющий хозяйством;* [legal] *заместитель шерифа, судебный пристав*

bailing out   *выпутывание из неприятной ситуации*

bailment   *внесение залога, дача поручительства, залог, освобождение на поруки, передача имущества в зависимое держание, поручительство;* [legal] *освобождение под залог;* [leg.pun.] *взятие на поруки, депонирование*

bailor   *арендодатель, ссудодатель;* [legal] *депонент*

bail out (vb.)   [leg.pun.] *выпутаться*

bailsman   [leg.pun.] *поручитель*

bait   [comm.] *искушение, приманка, соблазн*

balance   *пропорциональность, решающий фактор, состояние счета;* [bank.] *равновесие, сальдо;* [book-keep.] *баланс, остаток*

balance (vb.)   *балансировать, нейтрализовать, подводить баланс, подводить итог, подсчитывать, приводить в равновесие, сальдировать, удовлетворять потребность в товаре, уравнивать, уравновешивать;* [book-keep.] *компенсировать, погашать;* [calc.] *закрывать счета*

balance, in   *в равновесии*

balance, off   *неустойчивый*

balance, on   *в итоге, в конечном счете, после подведения баланса*

balance, the   *баланс*

balance account   *балансовый счет*

balance an account (vb.)   [book-keep.] *закрывать счет*

balance an equation (vb.)   *уравнивать*

balance brought forward   [book-keep.] *сальдо к переносу на следующую страницу, сальдо с переноса с предыдущей страницы*

balance carried forward   [book-keep.] *сальдо к переносу на следующую страницу, сальдо с переноса с предыдущей страницы*

balanced (adj.)   *сбалансированный, уравновешенный*

balanced budget   *сбалансированный бюджет*

balanced distribution   *сбалансированное распределение*

balanced growth   [pol.ec.] *сбалансированный рост*

balance due   [book-keep.] *дебетовое сальдо*

balance due from   [book-keep.] *дебетовое сальдо от*

balance figure   [calc.] *статья баланса*

balance figures   *баланс*

balance from the previous year   [book-keep.] *сальдо с предыдущего года*

balance held by the Treasury   *баланс, подведенный министерством финансов*

balance in our favour   [book-keep.] *остаток в нашу пользу*

balance of an account   [bank.] *остаток на счете, сальдо счета;* [bank.,book-keep.] *остаток при расчете*

balance of cash in hand   *кассовая наличность, остаток по кассе*

balance of current transactions   [calc.] *сальдо по текущим сделкам*

balance of EC payments   *сальдо по платежам странам - членам Европейского экономического сообщества*

balance of freight   [trans.] *сальдо фрахта*

balance of goods and services   [calc.] *баланс товаров и услуг*

balance of order   [comm.] *остаток заказа*

balance of payments   [calc.] *платежный баланс*

balance of payments deficit   [calc.] *дефицит платежного баланса*

balance of payments disequilibrium   [calc.] *неравновесие платежного баланса*

balance of payments equilibrium   [calc.] *равновесие платежного баланса*

balance of payments figure   [calc.] *статья платежного баланса*

balance of payments figures   [calc.] *итог платежного баланса*

balance of payments gap   [calc.] *дефицит платежного баланса*

balance of payments statistics   [calc.] *статистические данные платежного баланса*

balance of payments surplus   [calc.] *активное сальдо платежного баланса*

balance of power   *равновесие сил, соотношение сил*

balance of services   [calc.] *баланс услуг*

balance of the purchase price   *остаток покупной цены*

balance of trade   [calc.] *торговый баланс*

balance of trade deficit   [calc.] *дефицит торгового баланса*

balance of trade improvement   [calc.] *улучшение торгового баланса*

balance of trade surplus   [calc.] *активное сальдо торгового баланса*

balance of unclassifiable transactions   [calc.] *остаток от неклассифицируемых операций*

balance on current account   [bank.] *остаток на текущем счете*

balance on giro account   [calc.] *остаток на жиросчете*

balance on investment income   *сальдо доходов от инвестирования*

balance on long-term capital account   [calc.] *остаток на долгосрочном счете движения капитала*

balance on short-term capital account   [calc.] *остаток на краткосрочном счете движения капитала*

balance on transfer account   [calc.] *остаток на жиросчете*

balance sheet   [calc.] *баланс, балансовый отчет*

balance sheet account   [calc.] *статья бухгалтерского баланса*

balance sheet amount   [calc.] *итоговая сумма балансового отчета*

balance sheet analysis   [fin.] *анализ балансового отчета*

balance sheet audit   [aud.] *ревизия балансового отчета*

balance sheet continuity   [calc.] *непрерывность балансового отчета*

balance sheet contraction   *сокращенный баланс;* [calc.] *сжатый баланс*

balance sheet date   [calc.] *дата представления балансового отчета, срок представления финансового отчета*

balance sheet deficit   [calc.] *дефицит баланса*

balance sheet expansion   [calc.] *расширенный балансовый отчет*

balance sheet figures   [calc.] *данные балансового отчета*

balance sheet for winding up purposes   *балансовый отчет для ликвидации фирмы*

balance sheet growth   [calc.] *прирост баланса*

balance sheet in account form   [calc.] *балансовый отчет в виде счета*

balance sheet inflation   [calc.] *инфляция, отраженная в балансовом отчете*

balance sheet in narrative form   [calc.] *балансовый отчет в виде изложения фактов*

balance sheet item   [calc.] *статья баланса, статья балансового отчета*

balance sheet layout   [calc.] *структура балансового отчета*

balance sheet offence   [legal] *искажение балансового отчета в преступных целях*

balance sheet offences   [legal] *искажения балансового отчета в преступных целях*

balance sheet profit   [calc.] *балансовая прибыль*

balance sheet rate of exchange   [calc.] *балансовый валютный курс*

balance sheet structure   [calc.] *структура балансового отчета*

balance sheet total   [calc.] *итог балансового отчета*

balances held by the Treasury   *счета государственного казначейства*

balance the accounts (vb.)   [calc.] *выводить сальдо счетов, закрывать счета, определять остаток на счетах*

balance the books (vb.)   [book-keep.] *закрывать бухгалтерские книги*

balance the cash (vb.)   *подсчитывать кассовую наличность*

balance to be carried forward   [book-keep.] *сальдо к переносу на следующую страницу*

balancing   *заключение счетов, сальдирование, уравновешивание;* [book-keep.] *балансирование, компенсация*

balancing allowance   [tax.] *компенсационная налоговая скидка*

balancing charge   [tax.] *компенсационный налоговый сбор*

balancing item [book-keep.] *компенсирующая статья баланса, статья баланса*

balancing items *балансовые статьи*

balancing of accounts [book-keep.] *заключение счетов, сальдирование счетов*

balancing of portfolio *балансирование портфеля заказов;* [ins.] *балансирование совокупности рисков, сбалансирование портфеля*

balancing of subsidiary records *сальдирование финансовых документов дочерней компании;* [book-keep.] *заключение счетов по отчетности дочерней компании*

balancing of the national accounts [calc.] *заключение национальных счетов*

balancing period *период сальдирования*

Balcanization [pol.] *балканизация*

bale *кипа товара, связка, узел*

bale (vb.) *вязать в узлы, увязывать в кипы, укладывать в тюки*

ball *тюк, шар*

ball-grip lever [comp.] *шаровой рычаг*

balloon (vb.) *вздувать курсы акций*

balloon payment *погашение кредита один раз полной суммой, последний платеж в погашение кредита, который значительно больше предыдущих*

ballot *баллотировка, баллотировочный шар, жеребьевка, результаты голосования, список кандидатов для голосования, тайное голосование;* [bus.organ.] *количество поданных голосов;* [parl.] *избирательный бюллетень*

ballot (vb.) *баллотировать, проводить тайное голосование, тянуть жребий*

ballot box *тайное голосование;* [parl.] *избирательная урна*

ballot paper *избирательный бюллетень*

ballot rigging [parl.] *подтасовка результатов выборов, фальсификация результатов выборов*

ball-point pen *шариковая авторучка*

Baltic Council *Балтийский совет*

Baltic nations *страны Балтики*

Baltic Sea *Балтийское море*

ban *взыскание, запрет, запрещение, объявление вне закона, штраф*

ban (vb.) *запрещать, налагать запрет*

ban a party (vb.) *запрещать партию*

banish (vb.) *подвергать изгнанию*

banishment [legal] *высылка, изгнание*

bank *банкирский дом, кредитное учреждение;* [bank.] *банк, запас, касса, фонд*

bank (vb.) *владеть банком, вносить деньги в банк, заниматься банковским делом;* [bank.] *быть банкиром, держать деньги в банке*

bank acceptance *акцептованный банком вексель;* [bill.] *банковский акцепт*

bank account *банковский счет, счет в банке*

bank advance *банковская ссуда*

bank advances [calc.] *банковские ссудные счета*

bank and cash balances [calc.] *остаток наличности на банковском счете*

bank auditor *ревизор банка*

bank balance [calc.] *баланс банка, остаток на банковском счете, сальдо банковского счета*

bank bill *акцептованный банком вексель, банкнот, банкнота, банковский билет, тратта, выставленная банком, тратта, выставленная на банк;* [bill.] *банковский акцепт*

bank bond [stock] *банковская облигация*

bankbook   *банковская книжка, лицевой счет, сберегательная книжка*

bank borrowing   [bank.] *банковский заем*

bank borrowing limit   [pol.ec.] *лимит банковского займа*

bank branch   *филиал банка*

bank certificate   *сертификат банка*

bank certified cheque   [bank.] *чек, удостоверенный банком*

bank charge   *банковский комиссионный платеж, банковский сбор*

bank clearing   *банковский клиринг, безналичные расчеты между банками, зачет взаимных требований между банками*

bank clerk   [bank.] *банковский клерк;* [pers.manag.] *служащий банка*

bank confirmation   *банковское подтверждение платежа*

bank crash   *банкротство банка*

bank credit   *банковский кредит*

bank credit transfer   *банковский кредитный перевод*

bank debt   *задолженность по банковской ссуде;* [calc.] *долг банку*

bank department   [bank.] *отделение банка*

bank deposit   [calc.] *банковский депозит, вклад в банке*

bank deposit confirmation   *подтверждение наличия вклада в банке*

bank deposit rate   [bank.] *банковская ставка по депозитам*

bank deposits   *банковские депозиты*

bank directors   *правление банка*

bank discount rate   *банковская учетная ставка*

bank draft   *банковская тратта, банковский переводный вексель, тратта, выставленная в банк на другой банк*

bank employee   [pers.manag.] *банковский служащий, работник банка*

banker   *банкир, банковский работник, служащий банка*

banker acceptance   [bill.] *акцептованный банком вексель, банковский акцепт*

banker advance   *банковская ссуда*

banker bill   *акцептованный банком вексель, банкнот, банковский акцепт, банковский билет, тратта, выставленная банком;* [bill.] *тратта, выставленная на банк*

banker books   *банковская отчетность*

banker card   *банковская кредитная карточка*

banker cheque   *тратта, выставленная банком на другой банк, чек, выписанный на банк*

banker confirmed credit   *аккредитив, подтвержденный банком*

banker credit   *банковский кредит*

banker credit payable at sight   *банковский кредит, оплачиваемый по предъявлению*

banker draft   [bill.] *тратта, выставленная банком на другой банк*

banker guarantee   *авал, банковская гарантия, поручительство банка*

banker loan   *банковская ссуда*

banker order   *платежное поручение банка;* [bank.] *приказ банка о платеже*

banker policy   [ins.] *банковский страховой полис*

banker references   [ind.ec.] *банковские референции*

bankers' association   *ассоциация банкиров*

Bankers' Automated Clearing Services (BACS)   *Банковская автоматическая клиринговая система (Великобритания)*

Bankers' Automated Clearing Services (BACS) (UK)   [bank.] *Банкирская автоматическая клиринговая система*

banker transfer   *банковский перевод*

banker's acceptance   *банковский акцепт, переуступаемая срочная тратта, выставленная на банк и им акцептованная*

banker's advance   *банковский аванс*

banker's bill   *банкнота, банковский билет, тратта, выставленная на банк или банком*

banker's books   *банковские отчеты*

banker's card   *банковская карточка*

banker's cheque   *банковский чек*

banker's confirmed credit   *банковский подтвержденный аккредитив*

banker's credit   *банковский кредит*

banker's credit payable at sight   *банковский кредит, оплачиваемый по предъявлению, банковский кредит, подлежащий оплате по предъявлению*

banker's draft   *банковская тратта, банковский переводный вексель, тратта, выставленная банком, тратта, выставленная на банк*

banker's guarantee   *банковская гарантия*

banker's loan   *банковская ссуда, банковский заем, банковский кредит*

banker's order   *платежное поручение банка, приказ банка о платеже*

banker's policy   *политика банка*

banker's reference   *банковская референция*

banker's transfer   *банковский перевод*

bank examiner   *ревизор банка*

bank executive   *управляющий банка*

bank failure   *банкротство банка*

bank fee   *комиссионные за проведение банковских операций, комиссия за осуществление банковских операций*

bank foreign exchange position   *остаток средств банка в иностранной валюте*

bank foreign exchange reserve   *запасы иностранной валюты в банке*

Bank for International Settlements (BIS)   *Банк международных расчетов (Базель, Швейцария), Банк международных расчетов (США)*

bank giro   *банковский кредитный перевод, безналичные расчеты между банками, зачет взаимных требований между банками*

bank giro credit   *банковский безналичный кредит*

bank guarantee   *аваль, банковская гарантия, поручительство банка*

bank guarantee for a tender   *банковская гарантия для торгов*

bank guarantee for tender   *банковская гарантия для торгов*

bank holding company   *банковская холдинг-компания*

bank holiday   [empl.] *банковский праздник, неприсутственный день в банке*

banking   *банковские операции, банковский оборот, банковское дело*

Banking, Insurance and Securities Supervisory Authority   *Управление надзора за банковскими операциями, страхованием и ценными бумагами*

banking activities   *виды банковских операций*

banking association   *ассоциация банков*

banking business   *банковские операции, банковское дело*

banking commission   *банковская комиссия, комиссионные платежи за услуги банка*

banking connection   *банковская связь*

banking connections   *банковские связи*

banking credit   *банковский кредит*

banking establishment   [bank.] *банковское учреждение*

banking group   *банковская группа, группа банков*

banking hours   *часы работы банка*

banking house   *банк, банкирский дом*

banking industry   *банковское дело*

banking institution   [bank.] *банковское учреждение*

banking interests   *банковские круги*

banking law   *банковский закон;* [legal] *законодательство о банках*

banking market   *банковский рынок*

banking organization   *организационная структура банковского дела*

banking organizations   *банковские организации, организационные структуры банковского дела*

banking policy   *политика банка*

banking product   *результат банковских операций;* |bank.| *продукция банка*

banking secrecy   *банковская тайна, тайна банковских операций*

banking sector   *банковский сектор*

banking services   *банковские услуги*

banking syndicate   *банковский консорциум*

banking system   *банковская система*

banking system organization   *организационная структура банковской системы*

banking system's organizations   *организации банковской системы, организационные структуры банковской системы*

banking transaction   *банковская сделка*

Banking World   *'Банковский мир' (журнал, издаваемый в Великобритании)*

banking year   *отчетный год банка*

bank interest   *банковский процент*

bank investment department   *отдел банковских инвестиций*

bank lending   *банковский заем;* [pol.ec.] *банковская ссуда, банковское кредитование*

bank letter   [aud.] *банковский документ*

bank line   [bank.] *кредитная линия*

bank liquidity   [pol.ec.] *банковская ликвидность, ликвидность банка*

bank loan   *банковская ссуда*

bank loans and overdrafts   [calc.] *банковский кредит и овердрафт*

bank management   *управление банком*

bank manager   [bank.] *управляющий банком*

bank messenger   [pers.manag.] *посыльный в банке*

bank money   [bank.] *банковские депозиты, деньги банковского оборота, деньги безналичных расчетов*

bank mortgage   *закладная, гарантируемая банком*

bank net external spot position   *чистая позиция по зарубежным срочным сделкам банка*

bank net foreign exchange position   *чистый остаток средств банка в иностранной валюте*

bank note   *банкнот, банкнота, банковский билет*

bank note paper   *банкноты, ценные бумаги банков*

bank notes   *банкноты, бумажные деньги, выпускаемые банком*

Bank of England (BOE)   [bank.] *Банк Англии*

Bank of England Composite Index (BOECI)   [stock] *составной индекс Банка Англии*

bank officer   *должностное лицо банка;* [pers.manag.] *банковский служащий*

bank official   *должностное лицо банка;* [pers.manag.] *банковский служащий*

bank of issue   [bank.] *эмиссионный банк*

bank overdraft   *задолженность в банке;* [bank.] *превышение кредита в банке;* [calc.] *банковский овердрафт*

bank passbook   *банковская расчетная книжка*

bank premises   *банковские здания, стоимость зданий на балансе банка*

bank rate   *учетная ставка банка*

bank reconciliation   [book-keep.] *выверка банковских счетов, согласование разночтений между банковским счетом и бухгалтерскими записями компании*

bank-related activities   *операции, связанные с банками*

bank return   *баланс банка, банковский баланс, банковский отчет*

Bank Return   *еженедельный отчет о состоянии баланса Банка Англии*

bank robbery   *ограбление банка*

bankroll   *денежные средства, капитал, пачка банкнот, состояние, финансовые ресурсы, финансовые средства*

bankroll (vb.) *субсидировать, финансировать*

bankrupt [bankr.leg.] *банкрот, несостоятельный должник*

bankrupt (adj.) *неплатежеспособный*

bankrupt, be adjudicated (vb.) [bankr.leg.] *быть объявленным банкротом в судебном порядке*

bankrupt, go (vb.) [bankr.leg.] *обанкротиться*

bankrupt assets [bankr.leg.] *имущество несостоятельного должника, конкурсная масса, недвижимость банкрота*

bankruptcy [bankr.leg.] *банкротство, несостоятельность*

bankruptcy, go into (vb.) [bankr.leg.] *стать несостоятельным должником*

bankruptcy act [legal] *закон о банкротстве*

bankruptcy costs *расходы, связанные с делами о банкротстве*

bankruptcy court [bankr.leg.] *суд по делам о несостоятельности*

bankruptcy notice [bankr.leg.] *заявление о признании банкротом*

bankruptcy of the estate of a deceased person *банкротство имущества умершего лица;* [bankr.leg.] *конкурсная масса умершего лица*

bankruptcy order [bankr.leg.] *распоряжение о банкротстве*

bankruptcy petition [bankr.leg.] *возбуждение дела о несостоятельности*

bankruptcy proceedings *производство о делах о банкротстве, производство по делу о банкротстве;* [bankr.leg.] *конкурсное производство*

bankruptcy schedule *список банкротств;* [bankr.leg.] *реестр задолженности банкрота*

bankrupt estate *конкурсная масса;* [bankr.leg.] *имущество несостоятельного должника*

bankrupt shareholder [bankr.leg.] *неплатежеспособный акционер*

bankrupt's assets *активы несостоятельного должника*

bankrupt's estate *имущество несостоятельного должника, конкурсная масса*

bank safe *банковский сейф*

banks and savings banks *банки и сберегательные кассы*

bank staff [pers.manag.] *персонал банка*

bank statement [bank.] *баланс банка, баланс банка на определенную дату, перечень счетов банка, публикация о состоянии счетов банка*

banks' balances *остатки счетов в банке*

banks' balances at *баланс банка на (определенную дату)*

banks' borrowing limits *предельные размеры банковских кредитов*

banks' foreign exchange position *валютное положение банков*

banks' foreign exchange reserves *валютные резервы банков*

banks' net external spot position *нетто-позиция по зарубежным срочным сделкам банков, чистая позиция по зарубежным срочным сделкам банков*

banks' net foreign exchange position *нетто-позиция по валютным срочным сделкам банков, чистая позиция по валютным срочным сделкам банков*

bank teller *банковский служащий*

bank transaction *банковская сделка*

bank transfer *банковский перевод*

bank transfer service *банковские переводы*

bank trust department *отдел доверительных операций банка, трастовый отдел банка*

bank with (vb.) [bank.] *вести дела с банком, держать деньги в банке, класть деньги в банк*

bank's own resources *собственные денежные средства банка*

banned from driving, be (vb.) *быть лишенным водительских прав*

ban on advertising [adv.] *запрет на рекламу*

ban on building *запрет на строительство*

ban on exports *запрещение экспорта*

ban on imports   *запрещение импорта*

ban on sales   *запрещение сбыта*

banqueting room   *банкетный зал*

baptism   *введение, внедрение, крещение, первое ранение*

baptismal certificate   *свидетельство о крещении*

bar   *адвокатура, коллегия адвокатов, преграда, препятствие, стойка*

bar (vb.)   *запрещать, преграждать, препятствовать*

bar, be called to the (vb.)   [legal] *быть принятым в адвокатское сословие*

bar, the   [legal] *адвокатура, коллегия адвокатов*

bar association   [legal] *ассоциация адвокатов*

bar chart   [print.] *столбиковая диаграмма*

bar code   *штриховой код*

bar code label   *этикетка со штриховым кодом*

Bar Council   [legal] *Совет адвокатов (Великобритания)*

bar diagram   [print.] *столбиковая диаграмма*

bareboat charter   [nav.] *чартер на судно, зафрахтованное без экипажа*

barely steady market   [exc.] *устойчивый рынок с тенденцией к понижению*

bare owner   *мелкий владелец*

bare proprietor   *мелкий собственник*

bare trust   [legal] *траст, по которому доверенное лицо не имеет активных обязанностей*

bare trustee   [legal] *доверенное лицо без активных обязанностей*

bargain   *биржевая сделка, выгодная покупка, договоренность, небольшой земельный участок, ситуация временного снижения цен, выгодная для приобретения товара;* [exc.] *торговая сделка;* [ind.ec.] *договор о покупке*

bargain (vb.)   *договариваться, заключить сделку, торговаться, уславливаться, условиться;* [legal] *вести переговоры*

bargain and sale   [comm.] *договор купли-продажи*

bargainer   *участник сделки*

bargaining   *ведение переговоров, заключение сделки*

bargaining agent   [comm.] *торговый агент*

bargaining leverage   *переговоры как средство воздействия*

bargaining organization   [empl.] *организация, ведущая торги*

bargaining position   *рыночная позиция*

bargaining power   *рыночная позиция*

bargaining record   [empl.] *протокол переговоров*

bargaining right   [empl.] *право ведения переговоров*

bargaining table   *стол переговоров*

bargaining unit   *участник переговоров*

bargain item   [comm.] *предмет сделки*

bargain offer   [comm.] *предложение о заключении сделки, предложение о продаже*

bargain on (vb.)   *надеяться, рассчитывать*

bargain price   [comm.] *покупная цена*

bargain purchase   [comm.] *покупка по предложению*

bargains   [comm.] *товары по сниженным ценам*

bargain sale   [comm.] *распродажа*

barge   [nav.] *баржа, баркас*

bar graph   [print.] *столбиковая диаграмма*

bar none   *без всяких исключений, все без исключения*

barratry   *баратрия, взяточничество, вынесения приговора подкупленным судьей, дача взятки, кляузничество;* [leg.pun.] *сутяжничество*

barred (adj.)   *запретный, запрещенный*

barrel   *баррель, бочка*

barren (adj.)   *бесплодный*

barrier   *барьер, граница, ограждение, помеха, препятствие, рубеж*
barriers to establishment   *помехи закону*
barring   *за исключением*
barring the entail   [legal] *запрещение учреждения заповедного имущества*
barrister-at-law   [legal] *адвокат, имеющий право выступать в суде, барристер*
barter   [comm.] *бартер, бартерный обмен, мена, меновая торговля, товар для обмена, товарообменная сделка*
barter (vb.)   *менять, обменивать;* [comm.] *вести меновую торговлю, вести натуральный обмен, давать взамен*
barter agreement   [comm.] *соглашение о товарообмене*
barter deal   [comm.] *товарообменная сделка*
barter economy   [pol.ec.] *бартерная экономика*
barter house   *торговый дом*
bartering company   [comm.] *компания, заключающая бартерные сделки*
bartering firm   [comm.] *фирма, заключающая бартерные сделки*
barter trade   [comm.] *бартерная торговля, меновая торговля, непосредственный обмен товарами*
barter transaction   [comm.] *бартерная сделка*
barter value   [comm.] *стоимость бартерного обмена*
bar the entail (vb.)   [legal] *запрещать учреждение заповедного имущества*
base   *база, базис, основа*
base (vb.)   *основывать*
base a claim on (vb.)   *обосновывать претензию*
base capital   [ind.ec.] *базовый капитал*
base lending rate   *основная ставка ссудного процента*
baseless assertion   *необоснованное утверждение*
base metal   *неблагородный металл*
base pay   *тарифная ставка;* [pers.manag.] *тарифная заработная плата*
base period   *базисный период*
base port   [nav.] *базовый порт*
base rate   *основная ставка;* [bank.] *базовая ссудная ставка банков (Великобритания);* [nav.] *базисная ставка;* [pers.manag.] *тарифная ставка*
base rate for deposit increase   [bank.] *базисная ставка для увеличения вкладов*
base rate of increase   *основной темп прироста*
base rate of interest   *основная процентная ставка*
base stock   [wareh.] *базовый запас*
base stock formula   [ind.ec.] *формула базового запаса*
base stock valuation   [ind.ec.] *стоимость базового запаса*
base year   *базисный год*
basic (adj.)   *базисный, исходный, номинальный, основной, первичный, самый существенный, табельный*
basic agreement   *основное соглашение*
basic allowance   [tax.] *основная скидка*
basic amount   *исходное количество*
basic application   [pat.] *основная заявка*
basic budget   [ind.ec.] *исходный бюджет*
basic capital   *исходный капитал, основной капитал*
basic deduction   [tax.] *основной вычет*
basic duty   [cust.] *основной сбор*
basic industrial chemical industry   *базовые отрасли химической промышленности*
basic industry   *основная отрасль, тяжелая промышленность*
basic interest   *базисный ссудный процент*
basic interest rate   *основная ставка процента*
basic monthly salary   [empl.] *основная месячная ставка заработной платы*

basic number *базисная величина*

basic object price [EEC] *базисная целевая цена*

basic opinion *базисная оценка*

basic premium [ins.] *страховой взнос, исчисленный по основной тарифной ставке*

basic price *базисная цена, первичная цена*

basic principle *основной принцип*

basic quota [EEC] *базисная квота*

basic rate *базисная ставка, основная ставка*

basic rate income tax [tax.] *базисная ставка подоходного налога*

basic rate of tax [tax.] *базисная налоговая ставка*

basic rental period *основной срок аренды*

basic research *фундаментальные исследования*

basic risk [ins.] *базисный риск*

basic salary [pers.manag.] *основной оклад*

basic software [comp.] *основное программное обеспечение*

basic target price [EEC] *базисная целевая цена*

basic training [empl.] *начальная подготовка, основной курс обучения*

basic viewpoint *основная точка зрения*

basic vocational education *начальное профессиональное образование, основной курс профессионального образования*

basic vocational education system *система начального профессионального образования*

basic vocational training [empl.] *начальное профессиональное обучение*

basic wage [pers.manag.] *основная заработная плата*

basis *база, базис, базисный сорт, основа, основание;* [stock] *разница между ценой по сделке на наличный товар и ценой по сделке на срок*

basis for business activities *основа для деловой активности*

basis for charges [tax.] *основание для платежей*

basis for conversion *основание для пересчета*

basis for deduction of tax [tax.] *основание для удержания налога*

basis for depreciation [calc.] *основание для начисления износа*

basis for distribution *основание для распределения*

basis for execution [legal] *основание для выполнения решения суда, основание для приведения в исполнение*

basis for preliminary assessment [tax.] *основание для предварительной оценки*

basis for taxation [tax.] *основание для налогообложения*

basis for tendering and settlement of accounts *основа для участия в торгах и оплаты счетов, основание для участия в торгах и погашения счетов*

basis for trade and industry *база для торговли и промышленности*

basis of, on the *исходя из этого, на этом основании*

basis of accounts [calc.] *базис счетов*

basis of allocation *основа распределения*

basis of assessment [tax.] *база налогового обложения*

basis of calculation [ind.ec.] *основа расчетов*

basis of computation *база вычислений*

basis of contribution *долевой взнос*

basis of figures [calc.] *базис цифровых показателей*

basis of income [tax.] *источник дохода*

basis of insurance [ins.] *основа страхования*

basis of mediation *основа посредничества*

basis of premium calculation [ins.] *основа для расчета страховой премии*

basis of saving *источник экономии*

basis of tariffs *тарифная база*

basis point *исходная точка*

basis price [stock] *основная цена*

basis risk [stock] *основной риск*

basis swap [exc.] *базисный своп*

basis year *базисный год*

basket [monet.trans.] *комплект, набор валют*

basket of currencies [monet.trans.] *набор валют*

basket purchase sum *стоимость покупательской корзины*

bastard [law.dom.] *внебрачный ребенок*

bastard title [print.] *шмуцтитул*

batch *партия товара;* [comm.] *партия товаров;* [comp.] *пакет данных;* [prod.] *группа, кучка, пачка, серия*

batch job [comp.] *пакетное задание*

batch manufacturing [prod.] *серийное производство*

batch processing [comp.] *пакетная обработка данных*

batch production [prod.] *серийное производство*

batch total [comp.] *контрольная сумма пакета*

battered wife *избитая жена*

battery [leg.pun.] *избиение, нанесение побоев, оскорбление действием*

battlefield nuclear arms [mil.] *тактическое ядерное оружие*

baud [comp.] *бод (единица скорости передачи информации)*

b.b. (best buy) *покупка по наиболее выгодной цене*

BB (best buy) *покупка по наиболее выгодной цене*

BBA (British Bankers' Association) [bank.] *Британская ассоциация банкиров*

BCom. (Bachelor of Commerce) *бакалавр в области коммерции*

B.Com. (Bachelor of Commerce) *бакалавр в области коммерции*

B/E (bill of exchange) [bill.] *переводный вексель, тратта*

be abolished (vb.) *быть отмененным, быть упраздненным*

be absent (vb.) *отсутствовать*

be accountable for (vb.) *быть ответственным за*

be accused of (vb.) [leg.pun.] *быть обвиняемым*

be acquainted with (vb.) *быть знакомым с*

be adequate (vb.) *соответствовать*

be adjudicated bankrupt (vb.) [bankr.leg.] *быть объявленным банкротом по суду*

be admitted as a solicitor (vb.) *получить право адвокатской практики в суде*

be admitted to the bar (vb.) *получить право адвокатской практики в суде*

be admitted to the Bar *получить право адвокатской практики в суде*

be admitted to the Bar (attorney) *получить право адвокатской практики в суде*

be against (vb.) *возражать*

be allowed to (vb.) *быть допущенным к, получить доступ к*

be an agent of a company (vb.) [legal] *быть представителем компании*

be an agent of company (vb.) *быть представителем компании*

be a party to (vb.) *принимать участие*

be appointed temporarily (vb.) [pers.manag.] *временно исполнять обязанности*

be appointed to management (vb.) *быть назначенным на должность руководителя*

be appointed to the management (vb.) *быть назначенным в правление*

bear [exc.] *спекулянт, играющий на понижение*

bear (vb.) *переносить, приносить;* [exc.] *играть на понижение, перевозить*

bear-bull bond [stock] *облигация с защитой от колебаний биржевой конъюнктуры*

bear deal [exc.] *сделка на понижение*

bearer *владелец, держатель, податель, предъявитель*

bearer bond [stock] *неименная облигация, облигация на предъявителя*

bearer cheque *чек на предъявителя*

bearer clause [legal] *пункт о предъявителе*

bearer paper [stock] *документ на предъявителя*

bearer scrip   [stock] *временная расписка о принятии вклада на предъявителя, временный сертификат на владение акциями на предъявителя*

bearer security   [stock] *ценная бумага на предъявителя*

bearer security traded internationally   [stock] *международная ценная бумага на предъявителя*

bearer share   [stock] *акция на предъявителя*

bearer share certificate   [stock] *акционерный сертификат на предъявителя*

bearer stock   [stock] *акция на предъявителя*

bearer unit   [stock] *партия ценных бумаг на предъявителя*

bear evidence (vb.)   *давать показания*

bearing   *отношение, плодоношение*

bearing a fixed rate of interest   *с фиксированной процентной ставкой*

bear interest (vb.)   *приносить прибыль, приносить процент*

bearish market   *рынок, на котором наблюдается тенденция к снижению курсов;* [exc.] *рынок с понижением фондовой конъюнктуры*

bearish tendency   [exc.] *тенденция к понижению*

bear market   [exc.] *рынок, на котором наблюдается тенденция к снижению курсов, рынок с понижением фондовой конъюнктуры*

bear market CD (bear market certificate of deposit)   [stock] *депозитный сертификат на рынке с понижением фондовой конъюнктуры*

bear market certificate of deposit   [stock] *депозитный сертификат на рынке с понижением фондовой конъюнктуры*

bear market floating rate note   [stock] *облигация с плавающей ставкой на рынке с понижением фондовой конъюнктуры*

bear market FRN (bear market floating rate note)   [stock] *облигация с плавающей ставкой на рынке с понижением фондовой конъюнктуры*

bear movement   [exc.] *снижение курса*

bear operation   [exc.] *игра на понижение*

bear raid   [exc.] *активная продажа ценных бумаг с целью последующей покупки их на более выгодных условиях*

bear slide   [exc.] *снижение курса*

bear spread   [exc.] *опционная стратегия для использования падения конъюнктуры*

bear squeeze   [exc.] *ликвидация с убытком позиций спекулянтов, играющих на понижение*

bear testimony (vb.)   [legal] *давать показания под присягой*

be articled to (vb.)   [empl.] *быть принятым на работу в качестве стажера*

bear transaction   [exc.] *игра на понижение*

be ascribable to (vb.)   *относить за счет, приписывать*

beating about the bush   *уловка*

be at law (vb.)   [legal] *соблюдать закон*

be at liberty to (vb.)   *иметь возможность, получить право*

be at liberty to make other arrangements (vb.)   *иметь возможность принимать другие меры*

beat-the-tax buying   [sl.] *покупка, скрытая от налогообложения*

be attributable to   *быть отнесенным*

be attributable to (vb.)   *быть приписываемым*

be available (vb.)   *иметься в наличии*

be aware of (vb.)   *быть знакомым, быть осведомленным, знать, осознавать, отдавать себе отчет*

be banned from driving (vb.)   *быть лишенным водительских прав*

be beneficial to (vb.)   *быть полезным*

be brief (vb.)   *быть кратким*

BEC (Belgian franc)   [monet.trans.] *бельгийский франк*

be called to the bar (vb.)   [legal] *получить право адвокатской практики в суде*

be called to the Bar (barrister) [legal] *получить право адвокатской практики в суде*

be cancelled (vb.) *быть аннулированным*

be charged with (vb.) [leg.pun.] *брать ответственность, быть обвиненным*

be claimable (vb.) *могущий быть взысканным, подлежать взысканию*

be closed (vb.) *быть закрытым*

become a party to (vb.) [legal] *принимать участие*

become effective (vb.) [legal] *вступать в силу*

become established (vb.) *установиться*

become inoperative (vb.) *перестать действовать;* [legal] *утратить силу*

become liable to punishment (vb.) *подлежать наказанию;* [leg.pun.] *быть подвергнутым наказанию*

become naturalized (vb.) *натурализоваться*

become operative (vb.) [legal] *входить в силу*

become valid (vb.) *вступать в силу;* [legal] *стать действительным*

become void (vb.) *лишить юридической силы, стать недействительным*

be commensurate with (vb.) *быть соразмерным, соответствовать*

be composed of (vb.) *состоять из*

be conducive to (vb.) *вести к*

be consumed (vb.) [prod.] *потребляться*

bed-and-breakfast [exc., sl.] *краткосрочная купля-продажа акций в налоговых целях*

be deducted (vb.) [calc.] *быть удержанным*

be deposited in account (vb.) *быть депонированным на счет*

be deposited in an account (vb.) *быть депонированным на счет*

bednight *ночлег*

be due to (vb.) *быть должным*

be effective (vb.) *иметь силу*

be eligible (vb.) *иметь право быть избранным*

be employed (vb.) *быть принятым на работу*

be entitled to (vb.) *быть уполномоченным, иметь полномочия, иметь право*

be entitled to dispose absolutely (vb.) *иметь полное право распоряжаться*

be entitled to dividends (vb.) [bus.organ.] *иметь право на дивиденды*

be entitled to plead (vb.) [legal] *иметь право отвечать на обвинение, иметь право подавать возражение по иску*

be entitled to sign for a firm (vb.) [legal] *иметь полномочия ставить подпись за фирму, иметь право подписи от лица фирмы*

be entitled to sign for firm (vb.) [legal] *иметь полномочия ставить подпись за фирму, иметь право подписи от лица фирмы*

be equivalent to (vb.) *быть равноценным*

be exacting (vb.) *быть требовательным, настоятельно добиваться*

be familiar with (vb.) *освоить, хорошо знать*

before *прежде, раньше;* [legal] *в присутствии*

be furnished with (vb.) *быть укомплектованным*

begging *выпрашивание, нищенство*

begin (vb.) *начинать, начинаться, основывать, приступать, создавать*

beginning *источник, исходная точка, происхождение;* [comm.] *начало*

beginning (adj.) *начинающий*

beginning of, at the [comm.] *в начале*

beginning of a month *начало месяца*

beginning of a slump [pol.ec.] *начало резкого экономического спада*

beginning of financial year [calc.] *начало финансового года*

beginning of month *начало месяца*

beginning of slump [pol.ec.] *начало резкого экономического спада*

beginning of the financial year   [calc.] *начало финансового года*

beginning of the year   *начало года*

beginning of year   *начало года*

be granted a loan (vb.)   [bank.]   *получить ссуду*

be guilty of (vb.)   *быть виновным*

behalf, on   *от имени*

behalf, on his   *от его лица*

behalf of third parties, on   [calc.] *от имени третьей стороны*

be hard up (vb.)   *испытывать финансовые затруднения*

behaviour   *обращение, отношение, поведение, поступки, режим работы*

behavioural equation   *уравнение поведения;* [pol.ec.] *бихевиористское уравнение*

be held liable (vb.)   *нести ответственность*

be held liable for damages (vb.)   [legal] *нести ответственность за ущерб*

be held on trust (vb.)   *управлять по доверенности*

behindhand (adj.)   *имеющий задолженность, опоздавший, отстающий*

beige book   *сборник отчетов коммерческого предприятия*

be important (vb.)   *иметь важное значение*

be in a meeting (vb.)   *присутствовать на собрании*

be in arrears (vb.)   *иметь задолженность*

be in charge of (vb.)   *быть на попечении, иметь на попечении, иметь на хранении, находиться на хранении, отвечать за*

be included in accounts (vb.)   [calc.] *быть включенным в финансовый отчет*

be included in the accounts (vb.)   [calc.] *быть включенным в финансовый отчет*

be in conflict with (vb.)   *противоречить*

be incumbent on (vb.)   *иметь обязанность*

be in debt (vb.)   *быть в долгу, иметь долг*

be in deficit (vb.)   *иметь дефицит*

be inexperienced (vb.)   *быть неопытным*

be in financial difficulties (vb.)   *испытывать финансовые затруднения*

be in force (vb.)   [legal] *действовать, оставаться в силе*

being built (adj.)   *застраиваемый, строящийся*

be injured (vb.)   [ins.]   *быть испорченным, быть поврежденным*

be in meeting (vb.)   *присутствовать на собрании*

be in receipt of (vb.)   *получать*

be in suspense (vb.)   *находиться в неопределенности*

be interested (vb.)   *быть заинтересованным;* [bus.organ.] *интересоваться*

be in the chair (vb.)   *вести собрание, председательствовать*

be in the red (vb.)   *быть в долгу, иметь задолженность;* [calc.] *быть убыточным, работать с убытком*

be involved in (vb.)   *быть вовлеченным*

be involved in industrial dispute (vb.)   [empl.] *быть вовлеченным в трудовой конфликт*

be jointly and severally liable (vb.)   [legal] *нести солидарную ответственность*

belated (adj.)   *задержавшийся, запоздалый*

belated claim   *задержанный иск;* [ins.] *иск, поступивший с опозданием*

Belgian franc (BEC)   [monet.trans.] *бельгийский франк*

be liable (vb.)   *быть обязанным, нести ответственность*

be liable for (vb.)   *нести ответственность за*

be licensed (vb.)   *получить лицензию, получить разрешение*

be licensed to carry on trade (vb.)   *получить лицензию на ведение торговли, получить разрешение на ведение торговли*

belief   *доверие*

believe (vb.)   *верить, доверять*

believing that   *полагая, что*

be lineally descended (vb.)   *быть прямым наследником*

bell   *звонок, колокол*

bellboy   *коридорный, посыльный в гостинице*

bellhop   *коридорный, посыльный в гостинице*

bells and whistles   [stock, sl.] *сигнал, подаваемый при открытии и закрытии биржи*

bellwether bond   [stock] *облигация, относящаяся к ценным бумагам, которые определяют движение биржевой конъюнктуры*

bellwether bonds   [stock] *облигации, определяющие движение биржевой конъюнктуры*

bellwether security   [stock] *ценные бумаги, определяющие движение биржевой конъюнктуры*

belong absolutely to (vb.)   *принадлежать полностью*

belongings   *пожитки*

belong to (vb.)   *быть собственностью, принадлежать*

belong under (vb.)   *иметь отношение, относиться*

below   *внизу, ниже*

below mentioned (adj.)   *нижеупомянутый*

below par   *ниже номинала*

below the line   [calc.] *капитальные операции в платежном балансе, операции временного характера в бюджете (Великобритания)*

below the line expenditure   [calc.] *расходы по капитальным операциям в платежном балансе*

below the line expenditures   [calc.] *расходы по капитальным операциям в платежном балансе*

below the line item   [calc.] *статья расходов по капитальным операциям в платежном балансе*

belt route   *кольцевой маршрут*

be made out in the name of (vb.)   [stock] *быть выписанным на имя*

bench   *судейская коллегия, судейское место;* [legal] *место в парламенте, состав арбитража, состав суда, суд, судебное присутствие, судьи*

bench, the   *отрасль;* [legal] *суд, судейская коллегия, судьи*

benchmark   *исходные данные для сравнительной оценки, лимитная цена, начало отсчета, отметка уровня, справочная цена*

benchmark rate   [stock] *исходная ставка*

bench warrant   [leg.pun.] *предписание суда, распоряжение суда*

bend the law (vb.)   *подчиняться закону*

benefaction   *благотворительность, пожертвование на благотворительные нужды*

benefactor   *благотворитель, благотворительная организация*

benefactress   *благотворительница*

beneficial (adj.)   *благотворный, выгодный, полезный, пользующийся собственностью для извлечения личной выгоды*

beneficial duty treatment   [cust.] *льготный налоговый режим*

beneficial effect   *благоприятное воздействие*

beneficial interest   *выгодный процент, договорная выгода;* [legal] *выгода, получаемая собственником-бенефициарием*

beneficial owner   [legal] *подлинный владелец ценной бумаги, зарегистрированной на другое имя, собственник-бенефициарий*

beneficial ownership   [legal] *собственность бенефициария*

beneficial price   *выгодная цена, льготная цена*

beneficial right   [legal] *право получения доходов с доверительной собственности, право пользования собственностью для извлечения выгоды*

beneficial share   *льготная акция*

beneficial to, be (vb.)   *идти на пользу*

beneficiary   *выгодоприобретатель, лицо, получающее экономическую выгоду, получатель денег по страховому полису;* [ins.] *бенефициарий;* [legal] *лицо, в пользу которого учреждена доверительная собственность, лицо, получающее доходы с доверительной собственности, обладатель льготы, обладатель привилегии, получатель денег по аккредитиву*

beneficiary clause [legal] *пункт, определяющий бенефициария*

beneficiary country [cust.] *страна проживания бенефициария*

beneficiary entitled to statutory portion [suc.] *бенефициарий, получающий свою долю по закону*

beneficiary member *представитель бенефициария*

beneficiary of deceased [suc.] *наследник умершего*

beneficiary of the deceased [suc.] *наследник умершего*

beneficiary other than spouse or issue [suc.] *наследник, не являющийся супругом или потомком*

beneficiary under a will [suc.] *наследник по завещанию*

beneficiary under will [suc.] *наследник по завещанию*

beneficiary with a life interest [legal] *бенефициарий с пожизненным правом*

beneficiary with life interest [legal] *бенефициарий с пожизненным правом*

benefit *благодеяние, пенсия, побочная выгода, попутная выгода, пособие;* [ins.] *преимущество;* [soc.] *благо, польза, привилегия*

benefit (vb.) *оказывать благоприятное воздействие, получать выгоду, помогать, приносить пользу, приносить прибыль*

benefit (to insured) *страховое пособие*

benefit clause [legal] *статья о привилегии*

benefit from (vb.) *извлекать выгоду, извлекать пользу*

benefit in cash [soc.] *пособие наличными деньгами*

benefit in kind *пособие в натуре*

benefit of execution [legal] *право приведения в исполнение*

benefit principle [legal] *принцип полезности*

benefits from/of large-scale production [ind.ec.] *выгоды (от) крупномасштабного производства*

benefits of large-scale production [ind.ec.] *выгоды крупномасштабного производства*

benefit to insured [ins.] *страховое пособие*

benevolence *благожелательность, благотворительность*

benevolent (adj.) *благожелательный, благотворительный, доброжелательный*

benevolent foundation *благотворительный фонд*

benevolent fund *благотворительный фонд*

benevolent society *благотворительное общество*

be of the opinion (vb.) *полагать*

be omitted (vb.) *быть пропущенным*

be on payroll (vb.) *быть в списочном составе*

be on the payroll (vb.) *быть в списочном составе*

be on welfare *быть на попечении системы государственного социального обеспечения*

be opposed to (vb.) *быть против, возражать*

be overcome (vb.) *быть охваченным*

be paid in (vb.) *быть оплаченным*

be part of (vb.) *быть частью*

be payable to the Treasury (vb.) *подлежать уплате министерству финансов*

be pending (vb.) *находиться на рассмотрении, ожидать решения*

be permitted to (vb.) *получать возможность, получать разрешение*

be personally liable (vb.) [legal] *нести персональную ответственность*

be pertinent to (vb.) *быть относящимся к делу, быть уместным*

be per under receivership *иметь статус лица, управляющего имуществом несостоятельного должника или имуществом, являющимся предметом судебного спора*

be pledged to secrecy (vb.) *быть связанным обещанием хранить тайну*

be present (vb.) *иметься в наличии, присутствовать*

be prevalent (vb.) *преобладать*

be privy to (vb.) *участвовать;* [leg.pun.] *быть причастным*

be profitable (vb.) *быть выгодным*

be promoted (vb.) *получать поощрение;* [pers.manag.] *получить поощрение*

be prosperous (vb.) *иметь успех, преуспевать, процветать*

be punishable (vb.) [leg.pun.] *заслуживать наказания, понести наказание*

bequeath (vb.) [suc.] *завещать*

bequeather [suc.] *завещатель*

bequeath in settlement (vb.) [legal] *завещать по акту распоряжения имуществом*

bequest [suc.] *завещательный дар, завещательный отказ недвижимости, наследство*

be ready and willing (vb.) [legal] *быть готовым и не возражать*

be rebuked (vb.) *получать выговор, получать замечание*

be reflected (vb.) *отражаться*

be registered (vb.) [stock] *быть зарегистрированным*

be registered in name of (vb.) [stock] *быть зарегистрированным на имя*

be registered in the name of (vb.) [stock] *быть зарегистрированным на имя*

be reinstated (vb.) [empl.] *быть восстановленным в прежней должности*

be reluctant (vb.) *быть вынужденным*

be removed (vb.) *быть удаленным, быть устраненным*

be repealed (vb.) *быть аннулированным, быть отмененным*

be reprimanded (vb.) *получить выговор, получить замечание*

be responsible for (vb.) *быть ответственным за*

be risky (vb.) *подвергаться риску*

berth [nav.] *каюта, койка на пароходе, место стоянки, пристань, причал*

berth, on the [nav.] *у причала*

berthage [nav.] *причал, причальная линия, причальный сбор*

be running (vb.) *быть действительным, иметь силу*

be self-employed (vb.) *заниматься собственным бизнесомм*

be self-financing (vb.) *обеспечивать самофинансирование*

be self-supporting (vb.) *быть экономически самостоятельным*

be shipwrecked (vb.) *потерпеть неудачу, разориться;* [nav.] *потерпеть кораблекрушение*

be short of money (vb.) *испытывать нехватку денежных средств*

be significant (vb.) *быть существенным, иметь важное значение*

be similar (vb.) *быть похожим*

best, at *в лучшем случае*

best bid [exc.] *наиболее выгодное предложение, оптимальное предложение*

best buy (b.b., BB) *покупка по наиболее выгодной цене*

best effort basis *основа оптимальной программы работ*

best efforts clause [legal] *статья о наилучших условиях*

best offer [exc.] *наилучшее предложение, предложение наиболее выгодной цены*

best of his knowledge, to the *насколько ему известно*

bestow (vb.) *дарить, жаловать, присуждать*

bestowal *награда, награждение*

best quality [comm.] *высшее качество*

best quality (adj.) *высшего качества*

be struck out (vb.) [print.] *быть вычеркнутым*

bestseller *бестселлер, сенсационная книга*

be subordinated to (vb.) [r.e.] *подчиняться*

be successful in an action (vb.) [legal] *выиграть судебный процесс*

be sworn in (vb.) [legal] *быть приведенным к присяге*

bet *пари, ставка*

bet (vb.) *держать пари*

be the cause of (vb.) *быть причиной*

bet on (vb.) *держать пари*

betray (vb.) *изменять, совершать предательство, становиться предателем*

betrayal *измена, предательство*

betrayer *изменник*

be tried (vb.) [legal] *быть привлеченным к судебной ответственности, быть судимым*

betterment *совершенствование, увеличение состояния, улучшение*

betterment costs [r.e.] *затраты на повышение ценности собственности*

betterment levy [r.e.] *налог на повышение ценности собственности*

better off (adj.) *богатый, состоятельный*

betting *заклад, заключение пари, пари*

betting duty *тотализаторный налог*

betting shop *ломбард*

be unsuccessful (vb.) *не иметь успеха*

be up for election (vb.) *быть выдвинутым кандидатом на выборах*

be upheld by court (vb.) [legal] *быть защищенным судом*

be upheld by the court (vb.) [legal] *быть защищенным судом, быть подтвержденным судом*

be upheld by the courts *находиться под защитой судебной системы*

be urgent (vb.) *быть срочным*

be used (vb.) [prod.] *использоваться*

be valid (vb.) [legal] *иметь силу*

beverages and tobacco *напитки и табачные изделия*

beverage tax [tax.] *налог на продажу напитков*

be wrong (vb.) *быть неправым, ошибаться*

beyond the law [legal] *вне закона*

B/F (brought forward) (adj.) *перенесенный на другой счет, перенесенный на следующую страницу*

BGL (Bulgarian leva) [monet.trans.] *болгарский лев*

biannual (adj.) *двухлетний, происходящий два раза в год, происходящий раз в два года*

biannually *два раза в год, раз в два года*

biannual surplus *полугодовое активное сальдо*

biannual turnover *полугодовой оборот*

bias *отклонение, предвзятость, систематическая ошибка, склонность, смещение, тенденция;* [adv.] *пристрастие;* [stat.] *предубеждение, пристрастное отношение*

bias (vb.) *оказывать влияние*

biased (adj.) *несимметричный, отклоненный, пристрастный, смещенный;* [stat.] *имеющий систематическую ошибку*

biased sample [stat.] *необъективная выборка, пристрастная выборка, смещенная выборка*

biased sampling *необъективный выбор, пристрастный выбор*

biased view *необъективная оценка*

bicameral system [parl.] *двухпалатная система*

bicycle theft insurance [ins.] *страхование от кражи велосипеда*

bid *надбавка к цене, предложение о заключении контракта, предложение цены, предложенная покупателем цена, торги;* [exc.] *заявка на торгах*

bid (vb.) *набавлять цену, предлагать цену*

bid-and-ask price [exc.] *разница между курсами продавца и покупателя*

bid bond [legal] *гарантия предложения*

bidder *лицо, предлагающее цену, претендент, участник торгов, фирма, ведущая переговоры о заключении подряда на поставки*

bidding *надбавка к цене, предложение о заключении контракта, предложение цены, торги*

bidirectional (adj.) *двунаправленный*

bidirectional list [stat.] *двусторонний опросный лист, двусторонний статистический формуляр*

bid price   *курс, предлагаемый покупателем, цена покупателя;* [exc.] *цена, предлагаемая покупателем*
bid proposal   *предложение цены покупателем*
bid quotation   [exc.] *курс покупателей*
bid schedule   *перечень предложенных цен, прейскурант торгов*
biennial   *событие, происходящее раз в два года*
biennial (adj.)   *двулетний, происходящий раз в два года*
biennially   *раз в два года*
biennial wage agreement   [empl.] *двухгодичное соглашение о заработной плате*
biennium   *двухлетний период*
big (adj.)   *большой*
bigamy   [law.dom.] *бигамия, двубрачие*
Big Bang   [exc.] *реорганизация Лондонской фондовой биржи в 1986 г.*
Big Board   [exc.] *Нью-Йоркская фондовая биржа*
big business   *большой бизнес, крупное предприятие, монополистический капитал*
big financier   *крупный финансист*
big seller   *крупный коммерсант*
bilateral   *двусторонние переговоры*
bilateral (adj.)   *двусторонний*
bilateral agreement   *двусторонний договор*
bilateral aid   *взаимная помощь*
bilateral commercial sale   *коммерческая распродажа двумя сторонами*
bilateral credit   *кредит, предоставляемый на двусторонней основе*
bilateral legal transaction   [legal] *законная двусторонняя сделка*
bilateral negotiations   *двусторонние переговоры*
bilateral par values   [monet.trans.] *двусторонний паритет*
bilateral trade agreement   *двустороннее торговое соглашение*
bilingual secretary   [pers.manag.] *секретарь, владеющий двумя языками*
bilk (vb.)   *обманывать, уклоняться от уплаты*
bill   *афиша, банкнота, декларация, казначейский билет, опись товаров, перечисление сумм, подлежащих выплате, свидетельство, список;* [adv.] *рекламное объявление в афише;* [bill.] *банкнот, накладная, переводный вексель;* [book-keep.] *вексель, счет, тратта, фактура;* [legal] *иск, исковое заявление, торговый контракт;* [parl.] *законопроект;* [stock] *долговое обязательство*
bill (vb.)   [book-keep.] *выписывать накладную, выписывать счет, выставлять счет*
bill accepted   [book-keep.] *акцептованный вексель*
bill account   [bill.] *счет векселей*
bill and hold sales   [comm.] *выписывание накладных на последующую поставку*
bill at usance   [bill.] *вексель на срок, установленный торговым обычаем*
billboard   [adv.] *доска для афиш и объявлений*
bill book   [bill.] *книга векселей*
bill broker   [bill.] *вексельный маклер, учетный дом*
bill brokerage   *комиссионные брокеру за совершение сделки;* [bank.] *брокерская комиссия за совершение сделки;* [bill.] *брокерские операции, куртаж*
bill broking   [bill.] *брокерская торговля векселями*
bill charges   [bill.] *комиссионные платежи за операции с векселями*
bill collection   *инкассация векселей*
bill collector   *инкассатор*
bill creditor   [bill.] *кредитор по векселю*
bill debt   [calc.] *долг по векселю*
bill deposited as collateral security   [bill.] *вексель, депонированный как имущественное обеспечение*

bill discounting   [bill.] *дисконтирование векселей*
bill due at a fixed date   [bill.] *вексель к оплате на определенную дату*
bill due at fixed date   *вексель к оплате на определенную дату*
bill eligible for refinancing   *счет, подлежащий рефинансированию*
bill endorsement   [bill.] *вексельный индоссамент*
billeting   *расквартирование*
billfold   *небольшой бумажник*
bill for collection   *вексель для инкассирования, вексель на инкассо*
bill forgery   [leg.pun.] *подделка векселя, фальшивый вексель*
bill form   [bill.] *бланк векселя, вексельный формуляр*
bill guarantee   [bill.] *вексельный залог, гарантия векселя*
bill holdings   [calc.] *портфель векселей*
bill in a set   [bill.] *дубликат векселя*
bill in distress   [bill.] *вексель, подлежащий срочной оплате*
billing   [adv.] *реклама в афишах;* [book-keep.] *выписывание счета, составление транспортной накладной, фактурирование*
billing clerk   [ind.ec.] *лицо, выписывающее счет*
billing date   *дата выписки счета*
billing department   *отдел выписки счетов*
billing machine   *фактурная машина*
billing period   *расчетный период, расчетный срок*
billing point   *пункт выписки счетов*
billing stuffer   [adv.] *составитель рекламы*
bill in set   *дубликат векселя*
billion   *миллиард (США), триллион (Великобритания)*
billionaire   *миллиардер*
bill of attainder   *закон о лишении гражданских и имущественных прав за государственную измену*
bill of carriage   [trans.] *счет за перевозку груза*
bill of clearance   [cust.] *счет таможенной очистки*
bill of commission   *счет за комиссию*
bill of costs   [legal] *ведомость издержек по делу, счет адвокатских расходов*
bill of discharge   [cust.] *свидетельство об освобождении от пошлин*
bill of divorce   [law.dom.] *свидетельство о разводе*
bill of entry   [cust.] *ввозная таможенная декларация, таможенная декларация по приходу*
bill of exchange (B/E)   [bill.] *переводный вексель, тратта*
bill of exchange payable   [calc.] *переводный вексель к уплате*
bill of health   *карантинное свидетельство, карантинное удостоверение;* [nav.] *санитарный патент*
bill of indictment   [leg.pun.] *обвинительный акт*
bill of lading (B/L)   [nav.] *коносамент, транспортная накладная*
bill of lading guarantee   [nav.] *гарантированный коносамент*
bill of lading in blank   [nav.] *коносамент с бланковой передаточной надписью*
bill of lading made out to order   [nav.] *ордерный коносамент*
bill of lading port terminal   [nav.] *порт назначения, указанный в коносаменте*
bill of lading to bearer   [nav.] *коносамент на предъявителя*
bill of lading to order   [nav.] *ордерный коносамент*
bill of materials   [prod.] *накладная на предметы материально-технического обеспечения, спецификация материалов*
bill of parcels   *фактура;* [nav.] *накладная*
bill of particulars   *детальное изложение возражений ответчика;* [legal] *детальное изложение исковых требований*
bill of quantities (BOQ)   *перечень предложений цены*
bill of sale   *чек на проданный товар;* [legal] *закладная, купчая;* [nav.] *корабельная крепость*
bill of short currency   [bill.] *краткосрочный вексель*

bill of sufferance   [cust.] *разрешение на перевозку неочищенных от пошлины грузов из одного порта в другой*

bill of tonnage   [nav.] *мерительное свидетельство*

bill on deposit   [bill.] *депонированный вексель*

bill payable   [bill.] *акцепт к уплате*

bill payable at sight   [bill.] *вексель к уплате по предъявлении*

bill posting   *проводка векселя, расклеивание афиш, расклеивание рекламных плакатов*

bill rate   [bank.] *процент по государственным облигациям, ставка по казначейским векселям*

bill receivable   [book-keep.] *акцепт к получению, вексель к получению, дебиторская задолженность, счет к получению*

bills accepted   *акцептованные векселя*

bills and short term bonds   [calc.] *векселя и краткосрочные государственные облигации*

bills held in portfolio   [calc.] *портфель векселей*

bills in hand   [calc.] *векселя в обращении*

Bills of Exchange Act   [legal] *Закон о переводных векселях (Дания)*

bills of exchange payable   *переводные векселя к оплате, тратты к оплате*

bills payable   *векселя к платежу*

bills payable account   *счет векселей к уплате*

bills payable book   [bill.] *книга векселей к уплате*

bills receivable   [calc.] *векселя и акцепты к получению, дебиторская задолженность, счета к получению*

bills receivable book   [book-keep.] *книга векселей к получению*

bill stamp   [bill.] *вексельный сбор*

bill sticking   *расклеивание афиш, расклеивание рекламных плакатов*

bill to order   [stock] *ордерный коносамент*

bill with attached documents   [bill.] *тратта с приложенными документами*

bill without charges   [bill.] *вексель без издержек*

bimester   *период продолжительностью два месяца*

bimonthly   *журнал, выходящий раз в два месяца*

bimonthly (adj.)   *выходящий два раза в месяц, выходящий раз в два месяца, происходящий два раза в месяц, происходящий раз в два месяца*

binary (adj.)   *двоичный*

binary digit   *двоичный знак;* [comp.] *двоичная цифра, двоичный разряд*

bin card   [wareh.] *складская карточка*

bind (vb.)   *связывать, скреплять;* [legal] *обязывать, подтверждать*

bind a company (vb.)   [legal] *связывать компанию обязательством*

bind a firm (vb.)   [legal] *связывать фирму обязательством*

bind an association (vb.)   *связывать ассоциацию обязательством;* [legal] *связывать ассоциацию обязательствами*

binder   *переплетчик*

binding   *обязательство;* [print.] *переплет*

binding (adj.)   *обязательный, обязывающий*

binding advance approval   [tax.] *обязательное предварительное утверждение*

binding agreement   [legal] *обязывающий договор*

binding consultation   [manag.] *обязательная консультация*

binding effect   [legal] *обязательное действие*

binding force   [legal] *обязательная сила*

binding hearing   [manag.] *обязательное слушание дела*

binding obligation   [legal] *связывающее обязательство*

binding offer   [comm.] *обязывающее предложение*

binding of interest rates   *обязательство по процентным ставкам*

binding of liquidity   *обязательство по ликвидности*

binding precedent   [legal] *обязывающий прецедент*

binding promise   [legal] *обязывающее обещание*

binding protocol   *обязательный протокол*

binding sanction   *санкция, имеющая обязательную силу*

binding signature   *подпись, имеющая обязательную силу*

bind oneself (vb.)   *принимать на себя обязательство*

bind oneself by contract (vb.)   *связывать себя контрактом*

bind over (vb.)   [leg.pun.] *обязывать, приговаривать к условной мере наказания*

biographical data   *биографические данные*

biotechnology   *биотехнология*

bipartite system   [parl.] *двухпартийная система*

birth certificate   *свидетельство о рождении*

birth control   *регулирование рождаемости*

birth control measure   *меры по регулированию рождаемости*

birth notification   *свидетельство о рождении*

birth rate   [pol.ec.] *коэффициент рождаемости, рождаемость*

BIS (Bank for International Settlements)   *Банк международных расчетов (Базель, Швейцария)*

bishop   *епископ*

bit   *бит;* [comp.] *двоичный разряд*

bit map graphics   [comp.] *графика с побитовым отображением*

bit rate   [comp.] *скорость передачи данных в битах*

biweekly   *два раза в неделю, периодическое издание, выходящее два раза в неделю, периодическое издание, выходящее раз в две недели, раз в две недели*

biweekly (adj.)   *выходящий два раза в неделю, выходящий раз в две недели*

biyearly   *два раза в год, раз в два года*

biyearly (adj.)   *происходящий два раза в год, происходящий раз в два года*

B/L (bill of lading)   *транспортная накладная;* [nav.] *коносамент*

black, in the   [calc.] *с положительным сальдо, с прибылью*

black economy   *теневая экономика*

black-ink operation   *грязная сделка*

blackleg   [empl.] *штрейкбрехер*

blackleg (vb.)   *быть штрейкбрехером*

blacklist (vb.)   *вносить в черный список*

blackmail   [leg.pun.] *вымогательство, шантаж*

blackmail (vb.)   [leg.pun.] *шантажировать*

black market   *черный рынок*

black market child minder   *детская воспитательница, работающая без официального разрешения*

black marketeer   *лицо, торгующее на черном рынке*

black market trade   *торговля на черном рынке*

Black Monday (19.10.1987)   [exc.] *'черный понедельник' (19 октября 1987 г., когда произошло резкое падение фондовой конъюнктуры, ознаменовавшее биржевой крах)*

black print   *штриховой оттиск;* [print.] *черный оттиск*

black trading   *нелегальная торговля*

Black Tuesday (29.10.1929)   [exc.] *'черный вторник' (29 октября 1929 г.)*

blame   *порицание;* [ins.] *вина, ответственность*

blameless (adj.)   *безупречный*

blamelessness   *безупречность*

blank   *бланк, пробел, свободное место*

blank (adj.)   *незаполненный, чистый*

blank back bill of lading   [nav.] *оборотная сторона бланка коносамента*

blank ballot paper   *чистый избирательный бюллетень*

blank bill of exchange   [bill.] *бланковый переводный вексель*

blank bill of lading   [nav.] *бланковый коносамент*

blank character   [comp.] *знак пробела*

blank cheque   *незаполненный чек, чек на предъявителя*

blank endorsement   *бланковая надпись без указания лица, которому уступается документ, бланковая передаточная надпись, бланковый индоссамент*

blanket   *без оговорок*

blanket (adj.)   *всеобъемлющий, общий, полный*

blanket cover   [ins.] *общее страхование, полный перечень рисков, охватываемых страховым полисом*

blanket permission   *всеобъемлющее разрешение*

blanket policy   [ins.] *генеральный полис, полис, покрывающий все страховые случаи*

blanket power   [legal] *полные полномочия*

blank line   [comp.] *пустая строка*

blank medium   *незаполненный носитель;* [comp.] *пустой носитель*

blank transfer   [legal] *бланковый трансферт*

bleak prospects   *мрачные перспективы*

bleed (vb.)   *вымогать деньги, подвергаться вымогательству*

blend   *смешивание*

blended (adj.)   *смешанный*

blind advertisement   *'слепая' реклама*

blind auction   *продажа с молотка имущества, принадлежащего нескольким лицам и не подлежащего дроблению*

blind entry   [book-keep.] *скрытая проводка*

blind headline   [print.] *слепо напечатанный заголовок*

blind product test   [mark.] *скрытая проверка изделия*

block   *пакет ценных бумаг, партия облигаций, переписной участок;* [print.] *клише;* [r.e.] *жилищный массив, квартал;* [stock] *партия акций*

block (vb.)   *блокировать, преграждать*

blockade   *блокада, затор движения*

block an account (vb.)   [bank.] *замораживать счет*

block an agreement (vb.)   *прекращать действие договора*

block bond emission   [exc.] *эмиссия партии облигаций*

block deal   [exc.] *блокированная сделка*

block diagram   *блок-схема*

blocked account   [bank.] *блокированный счет, замороженный счет*

block exemption   [EEC] *изъятие из блока законов, освобождение от блока обязательств*

block grant   *пакет субсидий*

blocking   *блокировка*

blocking minority   [bus.organ.] *блокирующее меньшинство*

blocking stake   [bus.organ.] *блокирующая доля*

block of bonds   [stock] *пакет облигаций*

block of commercials   [media] *рекламный ролик*

block of flats   *квартирный комплекс, многоквартирный дом*

block of shares   *пакет акций*

block policy   [ins.] *постоянный полис*

block pull   [print.] *пробный оттиск клише*

block sampling   *групповой выбор*

block voucher test   [aud.] *проверка блока оправдательных документов*

blood relation   *кровный родственник*

blotter   *первичная запись сделки с ценными бумагами;* [book-keep.] *торговая книга*

blotting pad   *блокнот с промокательной бумагой*

blotting paper   *промокательная бумага*

blow   *удар*

blowup   [print.] *увеличенное изображение*

blow up (vb.)   *разрушать*

blue bag   [legal] *портфель адвокатских процессов*

bluebook   *список лиц, занимающих государственные должности (США);* [sl.] *Синяя книга (сборник официальных документов)*

blue chip   [stock] *первоклассная промышленная акция*

blue chip (adj.) *первоклассный*

blue chip investment [stock] *инвестиции в виде первоклассных ценных бумаг, первоклассные инвестиции*

blue chips *наиболее популярные акции, имеющие высокий курс*

blue chip stock [stock] *акции, дающие высокие дивиденды*

blue-collar neighborhood *рабочий квартал*

blue-collar worker [pers.manag.] *рабочий*

Blue Cross [ins.] *медицинское страховое общество*

blue law [legal] *закон, регулирующий режим воскресного дня (США)*

blueprint *план, проект;* [print.] *светокопия*

blueprint stage *этап программы*

blue-sky (adj.) *регламентирующий выпуск и продажу акций и ценных бумаг*

blue-sky law *закон, регулирующий выпуск и продажу акций и ценных бумаг (США)*

bluff package *упаковка, вводящая в заблуждение*

blurb [print.] *краткая аннотация, рекламное объявление на книгу*

BNR (booked not reported) (adj.) *проведенный по книгам, но не отраженный в отчетности*

board *департамент, доска;* [bus.organ.] *правление;* [manag.] *министерство, орган управления, совет, управление;* [print.] *крышка переплета, плотный картон*

board allowance *пособие на питание*

board and lodging *пансион, стол и квартира*

board and management [bus.organ.] *правление и руководители*

board decision [bus.organ.] *решение правления*

board meeting [bus.organ.] *заседание правления*

board of administrators *дирекция*

board of appeal [legal] *апелляционный совет*

board of arbitration [legal] *арбитражная комиссия*

board of assessment [tax.] *комитет по налогообложению*

board of directors *правление;* [bus.organ.] *совет директоров*

board of examiners *экзаменационная комиссия*

board of governors *совет управляющих*

Board of Inland Revenue [tax.] *Управление налоговых сборов (Великобритания)*

board of management *правление;* [bus.organ.] *совет директоров*

board of representatives *совет представителей*

board of supervision *орган надзора*

board of trade *торговая палата*

Board of Trade *министерство торговли, министерство торговли (Великобритания)*

board of trustees *опекунский совет, совет доверенных лиц*

boardroom *зал заседаний совета директоров, помещение в маклерской конторе с телетайпом для приема последних биржевых новостей;* [bus.organ.] *помещение для заседаний совета директоров компании*

boardroom coup [bus.organ.] *вступление в должность члена правления*

boards advertising [adv.] *щитовая реклама*

board wages [pers.manag.] *пособие на питание*

boat people *команда судна*

bodily harm [leg.pun.] *телесное повреждение*

bodily injury [ins.] *телесное повреждение, физическая травма, физическое увечье*

body *комплекс, предмет, совокупность, субъект права, юридическое лицо;* [doc.] *основная часть, основное содержание;* [manag.] *ассоциация, лига, общество, орган*

body copy [adv.] *основной текст рекламы*

body corporate *корпорация;* [legal] *юридическое лицо*

body of electors [parl.] *избиратели*

body of laws [legal] *сборник законов, совокупность правовых норм*

body of specification   [pat.] *главная часть описания изобретения*

body of the specification   [pat.] *главная часть описания изобретения*

body of undertakings   *комплекс предприятий*

body politic   *государственная корпорация, муниципальная корпорация, политическая корпорация, политическое образование*

body search   [leg.pun.] *обыск тела*

body text   [adv.] *основной текст рекламы*

body type   [print.] *шрифт основного текста*

BOE (Bank of England)   *Банк Англии;* [bank.] *Английский банк*

BOECI (Bank of England Composite Index)   [stock] *составной индекс Английского банка*

bogus (adj.)   *поддельный, фальшивый, фиктивный*

bogus firm   *фиктивная фирма*

bogus transaction   *фиктивная сделка*

boilerplate   [print.] *газетный материал*

bold   *жирный (шрифт), смелый (план)*

bold face   *выделительный шрифт;* [print.] *жирный шрифт*

boldfaced type   [print.] *выделительный шрифт, жирный шрифт*

bold text   [print.] *четкий текст*

BOLO (borrower option - lender option)   [exc.] *'опцион заемщика - опцион кредитора'*

BOLO (borrower's option - lender's option)   [exc.] *'опцион заемщика - опцион кредитора'*

bona fide (adj.)   *добросовестный, настоящий, честный*

bona fide acquirer   [legal] *добросовестный покупатель*

bona fide agreement   [legal] *справедливое соглашение*

bona fide assignee   [legal] *добросовестный правопреемник*

bona fide holder   *добросовестный держатель;* [legal] *добросовестный владелец*

bona fide purchaser   *добросовестный приобретатель;* [legal] *добросовестный покупатель*

bona fide purchaser for value   [legal] *добросовестный покупатель на возмездных началах, добросовестный покупатель при встречном удовлетворении*

bona fide residence   *настоящее место жительства*

bona fide transferee   [legal] *добросовестный правопреемник*

bona vacantia   [legal] *бесхозное наследство, брошенное имущество;* [suc.] *бесхозное имущество, ничейный капитал*

bond   *денежное обязательство, обеспечение, обязательство государственного займа, связь, узы;* [bus.organ.] *бона;* [cust.] *гарантия, поручительство;* [ins.] *обязательство;* [legal] *долговая расписка, долговое обязательство, закладная, залог, ипотека, таможенная закладная;* [stock] *договор, облигация, поручитель*

bond (vb.)   *выпускать боны, обеспечивать обязательством, оставлять товары на таможне до уплаты пошлины, оформлять ипотеку;* [cust.] *выпускать облигации, закладывать имущество;* [legal] *подписывать долговое обязательство*

bond(ed) loan   *облигационный заем*

bond, in   [cust.] *не оплаченный пошлиной, сложенный на таможенном складе*

bond anticipation note   [bus.organ.] *краткосрочный долговой инструмент, выпускаемый местными органами власти до эмиссии займа*

bond certificate   [stock] *сертификат облигации*

bond coupon   [stock] *купон облигации*

bond creditor   *кредитор по денежному обязательству, кредитор по долговому обязательству*

bond debt   *долг по облигации*

bond debtor   *заемщик по облигационному займу*

bond denominated in foreign currency   [stock] *облигация в иностранной валюте*

bond depot   [bank.] *хранилище облигаций*

bond discount   [stock] *процент скидки*

bond drawn (for early redemption)   [stock] *облигация с фиксированной ставкой (для быстрой выплаты)*

bond drawn for early redemption   [stock] *облигация с фиксированной ставкой для быстрой выплаты*

bonded (adj.)   *имеющий форму облигаций, консолидированный, находящийся в залоге на таможенном складе, обеспеченный облигациями*

bonded goods   [cust.] *грузы на приписном складе таможни, товары на таможенном складе, не оплаченные пошлиной*

bonded indebtedness   *обязательство по облигационному займу*

bonded loan   *облигационный заем*

bonded port   [cust.] *гавань с таможенным складом*

bonded warehouse   *приписной таможенный склад;* [cust.] *приписной таможенный склад, склад для хранения неоплаченных грузов, таможенный склад для хранения товаров, не оплаченных пошлиной*

bond from bulk issue   [stock] *облигация массового выпуска*

bond holder   [stock] *владелец облигаций, держатель облигаций*

bond holding   [stock] *владение облигациями, хранилище облигаций*

bond holding(s)   *хранилище облигаций*

bonding   [cust.] *хранение товаров на таможне до уплаты пошлины*

bonding company   [ins.] *компания по страхованию поручительного обязательства*

bonding of imported goods   [cust.] *хранение на складе таможни импортируемых товаров*

bonding premium   [ins.] *страховая премия*

bond interest   [stock] *облигационный процент*

bond issue   *заем;* [exc.] *выпуск облигаций*

bond issued at par   [stock] *облигация по номиналу*

bond issuing institution   *учреждение - эмитент облигаций*

bond-like paper   [stock] *ценная бумага, аналогичная облигации*

bond market   [exc.] *рынок облигаций с фиксированной ставкой*

bond market convention (of interest calculation)   [exc.] *соглашение об исчислении процента на рынке облигаций*

bond market convention of interest calculation   [exc.] *соглашение об исчислении процента на рынке облигаций*

bond note   [cust.] *разрешение таможни на вывоз товара из таможенного склада*

bond of matrimony   [law.dom.] *узы брака*

bond of restricted negotiability   [stock] *облигация ограниченной обращаемости*

bond premium   [stock] *ревальвация курса*

bond price   [bank.] *курс государственных процентных бумаг, фондовый курс;* [exc.] *биржевый курс;* [stock] *курс облигаций*

bond price, in   [exc.] *по биржевому курсу*

bond price index   [exc.] *курсовой индекс облигаций*

bond purchase   [stock] *покупка облигаций*

bond quotation   [exc.] *курс облигаций*

bond redeemed at a premium   [stock] *облигация, погашенная выше номинала*

bond redeemed at premium   [stock] *облигация, погашенная выше номинала*

bond redemption   [stock] *погашение облигации*

bond register   [stock] *журнал регистрации сделок с облигациями*

bond repurchase scheme   [stock] *система повторной покупки облигаций*

bonds   [leg.pun.] *неволя, тюрьма*

bonds and shares   [stock] *облигации и акции*

bond series   [stock] *серия облигации*

bond series number [exc.] *номер серии облигации*

bonds in circulation *облигации в обращении*

bondsman *поручитель*

bond sold on tap [stock] *облигация, находящаяся в непрерывной продаже, облигация открытой серии*

bonds ranking pari passu [stock] *облигации, эквивалентные имеющимся*

bonds redeemable by installments [stock] *облигации с правом досрочного погашения путем частичной выплаты*

bond subscription [exc.] *подписка на облигации*

bond warrant [cust.] *облигационный варрант*

bond washing [exc.] *биржевая спекуляция на дивидендах, продажа ценных бумаг до выплаты дивидендов и процентов по ним с последующей их покупкой*

bond with stock subscription right [stock] *облигация с правом подписки на акции*

bond with warrant [stock] *облигация с варрантом*

bond yield [stock] *доход по облигациям*

bonus [ind.ec.] *тантьема;* [ins.] *вознаграждение, добавочный дивиденд, дополнительная скидка;* [pers.manag.] *бонус, денежная премия, добавочное вознаграждение, достоинство, преимущество, премия*

BONUS (borrower's option for notes or underwritten standby) [exc.] *глобальная среднесрочная кредитная программа*

BONUS (borrower's option for notes or underwritten stand-by) [exc.] *глобальная среднесрочная кредитная программа*

bonus account [book-keep.] *счет тантьемы*

bonus accumulation [calc.] *создание премиального фонда*

bonus adjustment fund [calc.] *фонд премиального поощрения*

bonus allotment [ins.] *распределение премии*

bonus distribution [ins.] *распределение премии*

bonus entitlement [ins., pers.manag.] *право на добавочное вознаграждение*

bonus equalization provision [ins., calc.] *условие равномерного распределения добавочного дивиденда*

bonus for night work [pers.manag.] *надбавка за работу в ночное время*

bonus for salesmanship [mark.] *дополнительный дивиденд за занятие торговлей*

bonus fund [calc.] *поощрительный фонд, премиальный фонд*

bonus interest [bank.] *процент дополнительного дивиденда*

bonus issue [bus.organ.] *выпуск акций для бесплатного пропорционального распределения между акционерами*

bonus level *размер премии*

bonus on sales [mark.] *дополнительное вознаграждение за продажу товара*

bonus pack [adv.] *премия в виде скидки с цены*

bonus payment *выплата премии*

bonus plan [pers.manag.] *система премирования*

bonus rate *ставка дополнительного дивиденда*

bonus reserve [calc.] [ins.] *премиальный фонд; резерв для предоставления льгот по уплате страховых взносов*

bonus right [bus.organ.] *право на получение льгот*

bonus scheme [pers.manag.] *порядок получения надбавок к заработной плате, система участия в прибылях*

bonus share issue [bus.organ.] *выпуск акций для бесплатного распределения между акционерами*

bonus shares *акции для бесплатного распределения между акционерами;* [bus.organ.] *бесплатные акции*

bonus stock *бесплатные акции, неоплачиваемые акции, учредительские акции*

bonus supplement [pers.manag.] *дополнительные выплаты*

bonus system [pers.manag.] *премиальная система*

bonus tariff *шкала премиальных ставок*

bonus to employee [pers.manag.] *надбавка к заработной плате служащего*

bonus unit *премиальный фонд*

book *книга;* [book-keep.] *бухгалтерская книга, счетная книга*

book (vb.) *заказывать;* [book-keep.] *заносить в книгу, регистрировать;* [calc.] *размещать заказы;* [trans.] *бронировать*

book an item (vb.) [book-keep.] *делать проводку в бухгалтерской книге*

book an order (vb.) *подавать заказ*

book a seat (vb.) *зарезервировать место, резервировать место*

book as expenditure (vb.) [book-keep.] *записывать в расход*

book as income (vb.) [book-keep.] *записывать в актив;* [calc.] *записывать в доход*

book canvasser *продавец книг*

book cooking *фальсификация отчетности*

book debts [book-keep.] *долг, числящийся по книгам*

booked (adj.) *заказанный, зарегистрированный, обвиняемый в правонарушении, установленный, учтенный*

booked not reported (BNR) (adj.) *проведенный по книгам, но не отраженный в отчетности*

booked orders *зарегистрированный заказ*

booked value [calc.] *нетто-капитал*

book entry security [stock] *ценная бумага, существующая только в форме бухгалтерской записи*

book income [calc.] *доход по бухгалтерским книгам*

book in conformity (vb.) [book-keep.] *вести единообразный бухгалтерский учет*

booking *резервирование;* [book-keep.] *занесение заказа в книгу;* [trans.] *бронирование, продажа билетов*

booking clerk *кассир багажной кассы, кассир билетной кассы, кассир театральной кассы*

booking office *билетная касса*

booking office window *окно билетной кассы*

book jacket [print.] *суперобложка книги*

bookkeeper *счетовод;* [pers.manag.] *бухгалтер*

bookkeeping [book-keep.] *бухгалтерия, бухгалтерский учет, ведение бухгалтерских книг, счетоводство*

book-keeping book *бухгалтерская книга*

bookkeeping by double entry [book-keep.] *бухгалтерский учет по методу двойной записи*

bookkeeping by single entry *бухгалтерский учет по системе одинарных записей, итальянская бухгалтерия, простая бухгалтерия;* [book-keep.] *двойная бухгалтерия*

bookkeeping costs [ind.ec.] *затраты на бухгалтерский учет*

bookkeeping department *бухгалтерия*

bookkeeping impact [calc.] *воздействие на бухгалтерский учет*

bookkeeping material [book-keep.] *материалы бухгалтерского учета*

bookkeeping practices [book-keep.] *методы бухгалтерского учета*

bookkeeping routines [book-keep.] *методы бухгалтерского учета*

bookless accounting [book-keep.] *учет без ведения бухгалтерских книг*

booklet *буклет, рекламный проспект;* [doc.] *брошюра*

book loss [calc.] *убыток, образовавшийся при переоценке активов или пассивов*

book loss on realization [calc.] *балансовые убытки при реализации*

bookmaker *букмекер*

book money [bank.] *наличные деньги*

book number [doc.] *учетный номер книги*

book of account [book-keep.] *журнал бухгалтерского учета*

book of original entry [book-keep.] *главная бухгалтерская книга*

book of record *книга учета*

book on an accrual basis (vb.) [calc.] *отчитываться по мере накопления счетов*

book profit [calc.] *нереализованная прибыль, прибыль, образовавшаяся при переоценке активов или пассивов*

book profit on realization [calc.] *балансовая прибыль при реализации*

bookrunner [exc.] *посыльный банка*

books [book-keep.] *бухгалтерия, бухгалтерские книги*

books of record [book-keep.] *книги бухгалтерского учета*

book value [calc.] *балансовая стоимость активов, нетто–активы, нетто–капитал, остаточная стоимость основного капитала, полная стоимость капитала, стоимость чистых активов компании в расчете на одну акцию*

book value of gold *чистая стоимость золота*

book value of mortgaged assets [calc.] *остаточная стоимость заложенного имущества*

book value of participating interest [calc.] *остаточная стоимость доли участия*

book value per share [fin.] *нетто–капитал на одну акцию*

Boolean expression [comp.] *булево выражение*

Boolean function *булева функция*

boom *процветание*; [pol.ec.] *ажиотаж, бум, быстрый подъем деловой активности, рост курса биржевых акций, шумиха, шумная реклама*; [stock] *быстрый экономический подъем*

boom (vb.) *рекламировать, создавать сенсацию, создавать шумиху*

booming (adj.) *быстро повышающийся, преуспевающий, процветающий, растущий, расширяющийся*

boom in prices *быстрый рост цен*

boomlet [pol.ec.] *улучшение конъюнктуры*

boom or bust point *точка резкого подъема или спада*

boom profit [ind.ec.] *прибыль от конъюнктуры*

boost *рекламирование, рост товарооборота, создание популярности, стимулирование*; [mark.] *повышение, поддержка*

boost (vb.) *активно поддерживать, повышать, рекламировать*; [mark.] *способствовать росту популярности*

boost an article (vb.) [adv.] *рекламировать товар*; [mark.] *способствовать росту популярности товара*

booster *рекламщик, стимулятор*

boosting [adv.] *рекламирование*; [mark.] *стимулирование*

boosting the demand [pol.ec.] *стимулирование спроса*

boot (vb.) [comp.] *выполнять начальную загрузку*

booth *ларек*; [comm.] *киоск, палатка*

bootstrap program [comp.] *программа начальной загрузки системы*

BOQ (bill of quantities) *перечень предложений цены*

border [cust.] *граница*; [print.] *бордюр*

border control [cust.] *пограничный контроль*

bordereau [trans.] *опись*

borderline bid *сомнительное предложение*

borderline case *пограничный инцидент*

border on (vb.) *быть похожим*

border trade *пограничная торговля*

born out of wedlock (adj.) [law.dom.] *внебрачный*

borough *городское поселение, небольшой город, один из пяти районов Нью-Йорка*

borough road *муниципальная дорога*

borrow (vb.) *занимать деньги, получать заем*; [bank.] *брать взаймы*

borrow against securities (vb.) *получать заем под залог ценных бумаг*

borrow against security (vb.) *брать взаймы под гарантию, занимать деньги под обеспечение, получать заем под гарантию*

borrowed capital [ind.ec.] *заемный капитал*

borrowed funds [ind.ec.] *заемные средства, заемный капитал*

borrowed money *заем*; [bank.] *ссуда*

borrower *получатель ссуды;* [bank.] *заемщик*
borrower option - lender option (BOLO) [exc.] *'опцион заемщика -*
опцион кредитора'
borrower's note [legal] *долговое обязательство*
borrower's option for notes or underwritten standby (BONUS)
[exc.] *глобальная среднесрочная кредитная программа*
borrower's option - lender's option (BOLO) *выбор заемщика - выбор*
кредитора
borrowing [bank.] *заем, заимствование, кредит, одалживание*
borrowing abroad *заграничный заем*
borrowing against securities [bank.] *заимствование под залог ценных*
бумаг
borrowing against security *кредит под гарантию, кредит под*
обеспечение
borrowing and deposit facilities [bank.] *предоставление займа и*
депонирование
borrowing and deposit limits [bank.] *пределы займа и вклада*
borrowing at national bank *получение кредита в национальном банке*
borrowing at the national bank *получение кредита в национальном*
банке
borrowing base [bank.] *база кредитования*
borrowing capacity [bank.] *возможность получения займа*
borrowing costs [bank.] *расходы по займам;* [r.e.] *проценты по займам*
borrowing country [calc.] *страна, пользующаяся займом*
borrowing currency *валюта займа*
borrowing demand [bank.] *спрос на банковский кредит*
borrowing facility [bank.] *возможность получения займа,*
возможность получения кредита
borrowing facility at national bank [bank.] *возможность получения*
займа в национальном банке
borrowing facility at the national bank [bank.] *возможность получения*
займа в национальном банке
borrowing for consumption purposes [bank.] *заимствование на цели*
потребления
borrowing from [bank.] *заимствование у*
borrowing limit [bank.] *предельный размер кредита*
borrowing limits *предельные размеры кредита*
borrowing on certificate of deposit *заем на депозитный сертификат*
borrowing on certificates of deposit *заем на депозитные сертификаты*
borrowing operation [bank.] *операция по заимствованию*
borrowing operations [bank.] *операции по заимствованию*
borrowing opportunity *возможность получения кредита;*
[bank.] *возможность получения займа*
borrowing percentage [bank.] *ставка процента на заемный капитал*
borrowing policy [bank.] *кредитная политика*
borrowing rate (of interest) [bank.] *заемный процент, ссудный процент,*
ставка процента на заемный капитал
borrowing rate of interest [bank.] *заемный процент, ссудный процент,*
ставка процента на заемный капитал
borrowing requirement *потребность в заемном капитале,*
потребность в кредите; [bank.] *потребность в заимствованиях*
borrow money (vb.) *занимать деньги*
borrow money on (vb.) *занимать деньги под*
borrow on a mortgage (vb.) [r.e.] *брать взаймы под закладную*
borrow-pledge security loan [stock] *ссуда под залог ценных бумаг*
boss *начальник, управляющий;* [empl.] *мастер, предприниматель,*
руководитель предприятия
bottle deposit *бутылочный залог*
bottleneck *препятствие, узкое место*
bottleneck problem *проблема узких мест*
bottom *низшая точка, самый низкий уровень, цена поддержки в*
техническом анализе

bottom limit *нижний предел*

bottom line *итог, практический результат;* [calc.] *основной момент*

bottom-line *заинтересованный только в прибылях*

bottom margin [comp.] *нижнее поле*

bottom-of-the-line *итоговая строка счета прибылей и убытков в годовом отчете*

bottom-of-the-range *чистая прибыль или убыток компании за определенный период*

bottomry *бодмерея*

bottomry (vb.) [nav.] *закладывать груз судна, закладывать судно*

bottomry (bond) *бодмерея, ссуда под залог судна или судна и груза*

bottomry bond [nav.] *бодмерейный договор*

bought commitment [exc.] *контракт купли-продажи, предусматривающий финансовую ответственность за выполнение обязательств*

bought day book [book-keep.] *бухгалтерская книга регистрации покупок*

bought deal [exc.] *сделка на покупку через посредника всех ценных бумаг с последующей продажей*

bought invoice book [book-keep.] *книга учета счетов на покупку*

bought note [exc.] *брокерская записка о сделке, посылаемая покупателю, брокерское уведомление о совершении покупки*

bought out stocks [bus.organ.] *выкупленные акции*

bounce a cheque (vb.) *возвращать чек ремитенту, выписывать чек на сумму, отсутствующую на текущем счете вкладчика*

bounced cheque [bank.] *возвращенный чек*

bound *граница, предел*

bound (adj.) *вынужденный, обязательный*

bound, in honour *связанный честью*

boundary *край, предел;* [cust.] *граница*

boundary dispute [legal] *пограничный спор*

bound to data secrecy (adj.) *связанный с секретностью информации*

bound to professional secrecy (adj.) *связанный с профессиональной тайной*

bounty *поощрительная премия, субсидия, экспортная премия*

box *графа анкеты;* [pack.] *графа вопросника, коробка, ящик*

boycott *бойкот*

boy worker *посыльный*

bracket *группировка, категория;* [mat.] *скобка;* [pers.manag.] *группа, рубрика;* [tax.] *интервал значений, разряд*

bracket (vb.) [pers.manag.] *классифицировать*

bracket of tax [tax.] *ступень налоговой шкалы в прогрессивном налогообложении*

brainstorming *метод мозговой атаки, сеанс поиска творческих идей*

BRAIRS terms [exc.] *условия процентных свапов, рекомендованные Британской ассоциацией банкиров*

brake *тормоз*

brake (vb.) *тормозить*

brake on lending (vb.) *сдерживать кредитование*

branch *ответвление, отделение, отрасль, филиал;* [bank.] *банковская контора с ограниченной самостоятельностью*

branch (of industry) *отрасль (промышленности)*

branch (out) *начать дело, разветвляться, расширить дело*

branch capital *филиальный капитал*

branching out *расширение дела*

branch instruction [comp.] *команда ветвления*

branch manager *руководитель отделения;* [bank.] *руководитель филиала*

branch network *сеть филиалов*

branch of a central bank *филиал центрального банка*

branch of central bank *филиал центрального банка*

branch of commerce *отрасль торговли*

branch of economic activity *область экономической деятельности*

branch office *отделение;* [bank.] *филиал*

branch of industry *отрасль промышленности*

branch of jurisprudence *сфера юриспруденции;* [legal] *отрасль права*

branch out (vb.) *открывать отделение, открывать филиал, расширять дело*

branch post office [post] *местное почтовое отделение, филиал почтового отделения*

branch venue [legal] *судебный округ, в котором слушается дело*

brand *торговый знак;* [adv.] *товарный знак;* [comm.] *качество, фабричная марка;* [mark.] *клеймо, сорт, торговая марка, фабричное клеймо, фирменный знак*

brand attitude [mark.] *отношение к торговой марке*

brand awareness [mark.] *осведомленность о торговой марке*

brand category [mark.] *сорт изделия*

branded article [mark.] *товар с торговым знаком*

branded goods [mark.] *товар с торговым знаком*

brand franchise [adv.] *привилегия для торговли определенными товарами;* [comm.] *лицензия на право деятельности в определенном районе*

brand identification [adv.] *идентификация торговой марки*

brand image [adv.] *образ торговой марки, престиж торговой марки;* [mark.] *репутация торговой марки*

brand loyalty [adv.] *приверженность торговой марке*

brand manager [adv.] *ответственный за рекламирование торговой марки*

brand name *название марки изделия, фабричная марка;* [mark.] *название торговой марки*

brand name article [mark.] *товар с торговым знаком*

brand name manufacturer *производитель товара с торговым знаком*

brand preference [adv.] *предпочтение к товарной марке*

brand repertory [mark.] *набор товарных марок, перечень товарных знаков*

brass [sl.] *медные деньги, мелочь*

brass plate company *адрес компании с указанием номера абонементного ящика*

Brazilian cruzeiro (BRE) [monet.trans.] *бразильский крузейро*

Brazilian new cruzeiro (BRE) [monet.trans.] *бразильский новый крузейро*

BRE (Brazilian cruzeiro) [monet.trans.] *бразильский крузейро*

BRE (Brazilian new cruzeiro) [monet.trans.] *бразильский новый крузейро*

breach [legal] *нарушение закона, оскорбление, разрыв отношений, часть искового заявления, излагающая нарушение обязательства ответчиком*

breach of a condition [legal] *невыполнение условия*

breach of agreement [empl.] *нарушение соглашения*

breach of a treaty *нарушение договора*

breach of condition [legal] *невыполнение условия*

breach of confidence *злоупотребление доверием*

breach of contract [legal] *нарушение договора, невыполнение контракта*

breach of credit terms [legal] *нарушение условий кредита*

breach of duty *невыполнение обязанностей*

breach of expectations [legal] *крушение надежд*

breach of faith [legal] *нарушение доверия*

breach of law [legal] *нарушение закона;* [leg.pun.] *правонарушение*

breach of order [leg.pun.] *нарушение регламента*

breach of peace [legal] *нарушение общественного порядка*

breach of police regulations [leg.pun.] *нарушение правил использования страхового полиса*

breach of promise [legal] *нарушение обещания*

breach of regulations *нарушение предписаний*

breach of the law *нарушение закона*

breach of the peace *нарушение общественного порядка*

breach of trust [legal] [leg.pun.] *нарушение доверия;* *нарушение доверительным собственником своих обязанностей, обманные действия доверительного собственника*

breach of warranty [legal] *нарушение поручительства, невыполнение гарантии*

breach of warranty of authority *нарушение гарантии администрации*

breadwinner *занятие, источник существования, кормилец семьи, ремесло*

breadwinner principle *принцип кормильца*

breadwinning *содержание семьи*

break *быстрое падение цен, внезапная перемена;* [pers.manag.] *перерыв в работе;* [trans.] *поломка*

break (vb.) *ломаться, приводить в негодность;* [legal] *нарушать, разрывать отношения*

break a contract (vb.) [legal] *разрывать контракт*

breakage *авария, поломка, убыток, причиненный поломкой;* [ins.] *возмещение за поломку*

breakage clause [ins.] *пункт о возмещении убытка за поломку*

breakage of glass risk [ins.] *компенсация за риск повреждения изделий из стекла*

break an appointment (vb.) *не являться в назначенное время*

break an oath (vb.) [leg.pun.] *нарушать клятву*

break a promise (vb.) [legal] *нарушать обещание*

break a rule (vb.) [legal] *нарушать правило*

break away (vb.) [pol.] *отделяться*

break bulk agent [trans.] *агент по загрузке товаров навалом*

break clause [legal] *пункт об условиях прекращении контракта, пункт о снижении цены в случае покупки определенного количества товара*

breakdown *авария, выход из строя, классификация, отказ, подразделение, поломка, разбиение, развал, разрушение, распад, упадок сил;* [prod.] *разбивка на мелкие группы, разборка на части*

break down (vb.) *выйти из строя, потерпеть аварию, потерпеть неудачу, провалиться, разбивать на классы, разрушить, разрушиться, сломать, сломаться, ухудшаться*

breakdown by currency *распределение по видам валют*

breakdown by denomination *распределение по достоинству купюр*

breakdown by grade and service *распределение по сортам и видам услуг*

breakdown of costs [ind.ec.] *распределение расходов по статьям баланса, структура затрат*

breakdown of negotiations *прекращение переговоров, срыв переговоров*

breakdown of remaining lifetime *анализ этапов оставшегося срока службы*

break even (vb.) [ind.ec.] *достигать уровня безубыточности, работать рентабельно*

breakeven analysis [ind.ec.] *анализ безубыточности*

breakeven basis *основа рентабельности*

breakeven chart [ind.ec.] *график безубыточности, график определения точки критического объема производства, график рентабельности*

breakeven cost [ind.ec.] *издержки при критическом объеме производства*

breakeven level [ind.ec.] *безубыточный уровень, объем реализации на уровне самоокупаемости*

breakeven point [ind.ec.] *точка безубыточности, точка критического объема производства, точка самоокупаемости*

breakeven result [ind.ec.] *безубыточность*

breakeven turnover [ind.ec.] *безубыточный товарооборот*

breaking and entering [leg.pun.] *взлом и проникновение*

breaking-in cost [prod.] *стоимость освоения изделия*

breaking of a seal *нарушение печати*

breaking of seal *нарушение печати*

break of bulk [trans.] *прекращение погрузки товара навалом*

break of journey [trans.] *прекращение поездки*

break out (vb.) *выламывать*

breakpoint [comp.] *контрольная точка*

break the law (vb.) [leg.pun.] *нарушать закон*

breakthrough *достижение;* [ind.ec.] *прорыв*

break up (vb.) *расформировывать, расходиться;* [r.e.] *закрываться на каникулы*

break-up *распад;* [calc.] *разделение;* [pol.] *роспуск парламента;* [r.e.] *прекращение занятий*

break up a meeting (vb.) *уходить с собрания*

break-up value *разница между активами и текущими обязательствами, разница между заемным капиталом и привилегированными акциями;* [bus.organ.] *капитал компании*

brevity *краткость*

bribe *взятка, подкуп*

bribe (vb.) *предлагать взятку*

bribery *взяточничество*

bridge (vb.) *перекрывать, преодолевать препятствия*

bridge financing [bank.] *промежуточное финансирование*

bridge loan *краткосрочный кредит до выпуска акций;* [bank.] *краткосрочный кредит до основного финансирования*

bridge toll *мостовой сбор*

bridging loan [bank.] *краткосрочный кредит до выпуска акций, краткосрочный кредит до основного финансирования, промежуточное финансирование, ссуда на покупку нового дома до момента продажи заемщиком старого дома*

brief *краткое письменное изложение дела, резюме;* [legal] *краткое изложение, предложение суда ответчику удовлетворить предъявленный ему иск*

brief (vb.) *давать инструкции адвокату, кратко излагать, подробно осведомлять, поручать ведение дела, резюмировать*

brief (adj.) *краткий, лаконичный, сжатый*

brief, be (vb.) *быть кратким*

brief, in *вкратце*

brief account *краткое изложение*

brief calculation *краткий расчет*

briefcase *портфель*

briefing *брифинг, инструктаж, инструкция, указания*

briefing conference *инструктивное заседание*

briefing item *пункт об инструктировании*

briefing session *инструктивное заседание*

briefless (adj.) *не имеющий клиентов, не имеющий практики*

brief version *краткое изложение содержания, резюме*

bright (adj.) *яркий*

brightness [comp.] *яркость*

brightness control [comp.] *регулирование яркости изображения*

bring (vb.) *приносить*

bring about (vb.) *влечь за собой, служить причиной*

bring about a contact (vb.) *осуществлять контакт*

bring a case before a court (vb.) [legal] *возбуждать уголовное дело, подавать в суд, предъявлять иск в суд*

bring a charge against (vb.) [leg.pun.] *предъявлять обвинение*

bring an action (vb.) [legal] *возбуждать судебное дело, выдвигать обвинение, предъявлять иск*

bring an action against [legal] *возбудить дело против кого-л.*

bring an action before court (vb.) [legal] *возбуждать уголовное дело в суде*

bring an action before the court (vb.) [legal] *возбуждать уголовное дело в суде*

bring an appeal (vb.) [legal] *подавать апелляцию*

bring a suit (vb.) [legal] *возбуждать тяжбу*

bring a trust to an end (vb.) [legal] *прекращать управление имуществом по доверенности*

bring before a court (vb.) [leg.-pun.] *возбуждать судебное дело, обращаться в суд, предавать суду*

bring before a judge (vb.) [leg.-pun.] *предъявлять судье для рассмотрения*

bring before the court (vb.) [leg.-pun.] *обращаться в суд, предавать суду*

bring down (vb.) *сломать, снижать цены*

bring forward (vb.) [calc.] *делать перенос сальдо на другой счет, делать перенос счета на следующую страницу*

bring forward a witness (vb.) [legal] *выставлять свидетеля*

bring in (vb.) *арестовывать, вносить на рассмотрение, выносить приговор, выносить решение, задерживать, импортировать*

bring in a verdict (vb.) [leg.-pun.] *вносить на рассмотрение*

bringing into hotchpot [suc.] *возврат наследником полученного ранее имущества для включения его в общую наследственную массу, объединение имущества с целью его равного раздела, сличение имущественной массы, предназначенной к разделу*

bringing together *примирение*

bring into agreement (vb.) *приводить в действие соглашение*

bring into agreement with (vb.) *приводить в действие соглашение с*

bring into contractual relations (vb.) [legal] *устанавливать договорные отношения*

bring into court (vb.) [legal] *представлять в суд*

bring into hotchpot any advancements made *включать в общую наследственную массу любое имущество, полученное наследниками в порядке антиципации*

bring pressure to bear on (vb.) *заставлять двигаться в заданном направлении*

bring the surplus to account (vb.) [calc.] *записывать излишки на счет*

bring to the notice of court (vb.) [legal] *уведомлять о явке в суд*

bring to the notice of the court (vb.) [legal] *уведомлять о явке в суд*

bring up to date (vb.) *дополнять в соответствие с новыми данными, изменять в соответствии с новыми данными, модернизировать, приводить в ажур расчеты*

bring your own (BYO) (vb.) *приносить свои продукты питания и питье*

brisk (adj.) *оживленный*

brisk demand *оживленный спрос*

brisk trade [exc.] *оживленная торговля*

Britain *Великобритания, Соединенное Королевство Великобритании и Северной Ирландии*

British Bankers' Association (BBA) [bank.] *Британская ассоциация банкиров*

British Bankers' Association Interest Rate Swaps terms [exc.] *условия процентных свапов, рекомендованные Британской ассоциацией банкиров*

British Standards Institution (BSI) *Британский институт стандартов*

British subject *подданный Великобритании*

broad (adj.) *широкий*

broadband network [telecom.] *широкополосная сеть*

broad-based (adj.) *всеобъемлющий, универсальный*

broadcast [media] *радиовещание, радиопередача, радиопрограмма, телевидение*

broadcast (vb.) [media] *передавать по радио, передавать по телевидению*

broadcasting *радиовещание, телевидение;* [media] *трансляция*

broadcasting activities [media] *радиовещание и телевидение*

Broadcasting Authority, the *Управление радиовещания*

broadcasting corporation [bus.organ.] *радиовещательная корпорация*

broadcasting organization [media] *организация радиовещания*

broadcasting rights [media] *права на трансляцию*

broadcasting time [media] *время трансляции*

broadcast videography [media] *вещательная видеография*

broadcast videotext [media] *передача видеотекста*

broad classification *широкая классификация*

broad cooperation *широкое сотрудничество*

broad majority [pol.] *явное большинство*

broadside [print.] *разворот книги*

brochure *рекламный проспект;* [doc.] *брошюра;* [mark.] *рекламный буклет*

brochures *рекламные буклеты;* [doc.] *брошюры*

broke (adj.) *разоренный, разорившийся*

broken date [fin.] *нестандартный срок валютной или депозитной операции*

broken family *разбитая семья*

broken line [print.] *пунктирная линия*

broken-period interest *процентные платежи за неполный период*

broken stowage [nav.] *мелкие грузовые места для заполнения свободного пространства в трюме*

broker *лицо, производящее продажу описанного имущества;* [bill.] *посредник в операциях с ценными бумагами;* [comm.] *оценщик описанного имущества;* [exc.] *брокер, маклер, посредник;* [ins.] *биржевой агент;* [trans.] *торговый агент*

brokerage *брокерские операции, комиссия, взимаемая биржевым брокером за выполнение поручения клиента, куртаж, маклерство;* [exc.] *брокерская комиссия за совершение сделки, комиссионное вознаграждение брокеру;* [stock] *брокераж*

brokerage business [comm.] *посредническая контора*

brokerage commission *комиссия, взимаемая биржевым брокером за выполнение поручения клиента;* [exc.] *комиссионное вознаграждение брокеру, куртаж брокера*

brokerage costs [exc.] *затраты на куртаж*

brokerage fee [exc.] *куртаж брокера*

broker commission [exc.] *комиссионное вознаграждение брокеру*

broker contract note *уведомление брокером клиента о заключенной сделке;* [exc.] *маклерская записка*

broker dealer [exc.] *брокер-дилер*

broker loan *брокерская ссуда*

broker loan rate [bank.] *процентная ставка банков по ссудам до востребования фондовым брокерам*

broker note [exc.] *маклерская записка, уведомление брокером клиента о заключенной сделке*

broker-to-broker trade [exc.] *операции брокеров с брокерами*

broker's commission *комиссионное вознаграждение брокеру*

broker's contract note *договорная записка брокера*

broker's dealer *брокер-дилер*

broker's loan *брокерская ссуда*

broker's loan rate *процентная ставка банков по ссудам до востребования фондовым брокерам*

broker's note *маклерская записка, уведомление брокером клиента о заключенной сделке*

broking *брокерское дело*

brothers and sisters *братья и сестры*

brothers and sisters of the whole blood *братья и сестры*

brought forward (B/F) (adj.) *перенесенный на следующий год, перенесенный на следующую страницу*

brought forward to next year (adj.) *перенесенный на следующий год*

brought forward to next year's account (adj.) *перенесенный на счет следующего года*

BSc. (Bachelor of Science) *бакалавр наук*

B.Sc. (Econ.) (Bachelor of Science (Economics)) *бакалавр в области экономики*

BSI (British Standards Institution) *Британский институт стандартов*

bubble *искусственное раздувание экономического подъема, фиктивное предприятие*

bubble economy [pol.ec.] *экономика 'мыльного пузыря'*

bubble memory [comp.] *память на цилиндрических магнитных доменах*

budget *бюджет, запас, уровень, финансовая смета*

budget (vb.) *ассигновать, ассигновывать, планировать, предусматривать в бюджете*

budget(ary) control *сметный метод контроля*

budget account *семейный счет;* [bank.] *бюджетный счет, счет потребительского кредита*

budgetary (adj.) *бюджетный, предусмотренный бюджетом*

budgetary control *контроль исполнения сметы, контроль методом сличения со сметой, сметный метод контроля*

budgetary deficit *бюджетный дефицит*

budgetary discussion *обсуждение бюджета*

budgetary equilibrium *бюджетное равновесие*

budgetary innovation *новая статья бюджета*

budgetary management *администрация, финансируемая из бюджета, бюджетное регулирование*

budgetary matters *бюджетные вопросы*

budgetary nomenclature [EEC] *структура бюджета*

budgetary procedure *процедура согласования бюджета*

budgetary year [calc.] *бюджетный год*

budget assumption *бюджетная предпосылка*

budget ceiling *максимальный размер бюджета*

budget constraint *бюджетное ограничение, ограничение на величину капиталовложений*

budget contribution *отчисления в бюджет*

budget costs [ind.ec.] *бюджетные затраты*

budget cutback *сокращение бюджета*

budget deficit [manag.] *дефицит бюджета, превышение правительственных расходов над доходами*

budget department *бюджетный отдел*

budget development *освоение бюджета*

budget division *бюджетный отдел*

budgeted current standard costs [ind.ec.] *сметные текущие нормативные издержки*

budgeted deficit [ind.ec.] *дефицит, заложенный в бюджет*

budgeted investment [fin.] *бюджетное инвестирование, инвестирование из бюджета*

budgeted target costs [ind.ec.] *плановые сметные издержки*

budgeted value [ind.ec.] *сметная стоимость*

budgeter *разработчик сметы*

budget estimate *оценка бюджета*

budget estimates *бюджетные предположения*

budget evaluation *вычисление бюджета*

budgeting *составление бюджета, составление сметы, финансовое планирование*

budget line *строка бюджета*

budget management *контроль и регулирование бюджета*

budget manager   *руководитель бюджетного отдела*
budget of authorizations   *бюджетные ассигнования*
budget of profit and loss   *смета доходов и расходов*
budget on accruals basis   *бюджет на основе накоплений*
budget proposal   *бюджетное предложение*
budget simulation   [comp.] *моделирование бюджета*
budget statement   *проект бюджета*
budget surplus   *бюджетный избыток, превышение доходов над расходами;* [manag.] *актив бюджета*
buffer   *буферный запас, резервный запас;* [comp.] *буфер, буферная память, буферное запоминающее устройство*
buffer function   [bank.] *функция буферного запаса*
buffer memory   [comp.] *буферная память, буферное запоминающее устройство*
buffer state   *буферное государство*
buffer stock   [wareh.] *буферный запас, задел полуфабрикатов, резервный запас*
buffer storage   [comp.] *буфер, буферная память, буферное запоминающее устройство*
buffer store   [comp.] *буферная память, буферное запоминающее устройство*
buffer zone   *буферная зона*
bug   [comp.] *дефект, ошибка, сбой*
build (vb.)   *создавать, строить;* [r.e.] *основывать*
builder   *подрядчик, строитель, строительный рабочий*
builder's estimate   *оценка подрядчика*
building   *здание, сооружение, строительство;* [r.e.] *компоновка*
building (activity)   *сооружение, строительство*
building act   *закон о строительстве*
building activity   *сооружение, строительство*
building and construction industry   *строительная промышленность*
building and construction sector   *сектор строительства*
building and construction work   *строительство*
building and construction works   *строительные работы*
building and loan association   *кредитно-строительное общество (США)*
building and mortgage loans   *ссуды на строительство и под недвижимость*
building association   *строительное общество*
building ban   *запрещение строительства*
building berth   *достроечная набережная;* [nav.] *стапель*
building bylaw   *строительный устав*
building code   *строительные нормы и правила*
building contractor   *строительный подрядчик*
building cooperative   *строительный кооператив*
building corporation   *строительная акционерная компания*
building cost index   *индекс стоимости строительных работ*
building costs   *затраты на строительство*
building damages   *убытки от строительства*
building documents   *строительная документация*
building estate   *строительное имущество*
building expenses   *затраты на строительство*
building expert   *эксперт по строительству*
building export   *строительные работы на экспорт*
Building Export Council   *строительный экспортный совет*
building freeze   *замораживание строительства*
building industry   *строительная промышленность*
Building Industry Development Board   *Совет по развитию строительной промышленности*
building inspection   *строительная инспекция*
building inspector   *государственный строительный инспектор;* [r.e.] *представитель государственного надзора за строительством*

building interest rate   *строительная процентная ставка*

building lease [r.e.] *аренда участка для застройки*

building licence *лицензия на строительство*

building line *линия застройки*

building line certificate *сертификат на линию застройки*

building loan *кредит на строительство, ссуда на строительство*

building loan agreement *контракт на получение ссуды на строительство*

building loan contract *контракт на получение ссуды на строительство*

building loan interest *процентная ставка ссуды на строительство*

building lot *участок для застройки*

building maintenance *материально-техническое обеспечение строительства*

building maintenance costs *затраты на материально-техническое обеспечение строительства*

building of stocks [wareh.] *строительство складов*

building owner *владелец здания*

building permit *разрешение на строительство*

building plot *строительная площадка, участок для застройки*

building regulations *строительные нормы и правила*

Building Research Institute *научно-исследовательский строительный институт*

building site *строительная площадка, территория строительства, участок для застройки*

building society *жилищно-строительный кооператив, строительное общество (Великобритания)*

building society account *счет жилищно-строительного кооператива*

building society deposit *депозит жилищно-строительного кооператива*

building society loan *ссуда жилищно-строительному кооперативу*

building trade *строительная промышленность*

building up *реклама*

building works *строительные работы*

build on (vb.) *основываться*

build up (vb.) *популяризировать, рекламировать, создавать рекламу*

build-up *накопление;* [adv.] *создание репутации*

build up a stock (vb.) *создавать запас*

built-in *встроенный*

built-in function *стандартная функция;* [comp.] *встроенная функция*

built-up area [plan.] *застроенная площадь, зона застройки, площадь застройки*

Bulgarian leva (BGL) [monet.trans.] *болгарский лев*

bulge [stat.] *внезапное повышение, временное увеличение*

bulk *большая часть, большое количество, масса, объем, основная часть;* [nav.] *вместимость;* [trans.] *крупная нерассортированная партия груза*

bulk (vb.) *устанавливать вес груза на таможне, устанавливать массу груза на таможне*

bulk (adj.) *навалочный*

bulk, in *без упаковки, в массе, наливом, целиком;* [nav.] *внавалку, насыпью*

bulk(y) goods *громоздкий груз*

bulk article *насыпной товар*

bulk bond [stock] *облигация массового выпуска*

bulk buying *закупка большого количества, массовая закупка, централизованная закупка*

bulk cargo *груз навалом, груз наливом;* [nav.] *массовый груз, навалочный груз, наливной груз, насыпной груз*

bulk cargo ship *балкер, судно для перевозки навалочных грузов, судно для перевозки наливных грузов, судно для перевозки насыпных грузов;* [nav.] *судно для перевозки массовых грузов*

bulk carrier   *балкер;* [nav.] *судно для перевозки массовых грузов, судно для перевозки навалочных грузов, судно для перевозки наливных грузов, судно для перевозки насыпных грузов*

bulk commodity   *массовый груз, навалочный груз, наливной груз;* [trans.] *насыпной груз*

bulked cargo   *навалочный груз, наливной груз;* [nav.] *насыпной груз*

bulker   *балкер, судно для перевозки навалочных грузов;* [nav.] *судно для перевозки массовых грузов*

bulk freight   [nav.] *наливной груз;* [trans.] *массовый груз, навалочный груз, насыпной груз*

bulk freighter   *балкер;* [nav.] *судно для перевозки массовых грузов*

bulk goods   *наливной груз, насыпной груз;* [nav.] *навалочный груз;* [trans.] *массовый груз*

bulk goods carrier   [nav.] *балкер, судно для перевозки массовых грузов*

bulk-issue bond   [stock] *облигация массового выпуска*

bulk liquids   [trans.] *наливные грузы*

bulk market   [trans.] *рынок транспортных услуг для массовых грузов*

bulk marketing   *массовая продажа*

bulk material   [trans.] *массовый груз*

bulk order   *заказ на большую партию товара, крупный заказ*

bulk posting   [mark.] *массовая расклейка рекламных объявлений*

bulk price   [comm.] *стоимость партии*

bulk production   [prod.] *массовое производство*

bulk purchase   *государственная закупка, закупка всего производства, закупка всего товарного запаса, централизованная закупка;* [comm.] *закупка большого количества, массовая закупка*

bulk purchaser   [comm.] *оптовый покупатель*

bulk rate   [trans.] *фрахтовая ставка для перевозки большой партии груза*

bulk sale   *массовая продажа, продажа большого количества, продажа всего товарного запаса, продажа груза целиком*

bulk sales law   [legal] *закон о массовых продажах*

bulk solids   *насыпной груз;* [trans.] *навалочный груз*

bulk storage   *хранение насыпного груза;* [trans.] *хранение навалочного груза*

bulk stowage   *погрузка без упаковки, погрузка вразвалку, погрузка наливом;* [nav.] *погрузка насыпью*

bulk terminal   [trans.] *склад для массовых грузов*

bulky (adj.)   *громоздкий, объемистый*

bulky goods   *громоздкий груз*

bull   [exc.] *спекулянт, играющий на повышение курса*

bull (vb.)   [exc.] *играть на повышение, иметь перспективы роста*

bull-bear bond   [stock] *индексированные облигации, выпускаемые двумя равными траншами*

bulldog bond   [stock] *облигация 'Бульдог' (Великобритания)*

bulletin board   *доска для афиш;* [adv.] *доска объявлений*

bullet issue   [exc.] *заем с единовременным погашением*

bullet loan   [bank.] *заем с единовременным погашением*

bullion   *золотые монеты, продаваемые на вес, серебряные монеты, продаваемые на вес, слиток золота, слиток серебра*

bullish market   [exc.] *рынок спекулянтов, играющих на повышение*

bull market   [exc.] *рынок спекулянтов, играющих на повышение*

bull operation   [exc.] *сделка на повышение биржевых курсов, спекуляция на повышение*

bull squeeze   [exc.] *ситуация, когда спекулянты, играющие на повышение, вынуждены продавать акции по низкому курсу*

bull the market (vb.)   [exc.] *играть на повышение на рынке ценных бумаг*

bull transaction   [exc.] *сделка на повышение биржевых курсов, спекуляция на повышение*

bunching of maturities   *группировка сроков наступления платежей*

bungalow   [r.e.] *одноэтажная дача с верандой*

bunker adjustment charge (BAC)   [nav.] *плата за заправку судна топливом*

bunker adjustment factor (BAF)   [nav.] *плата за заправку судна топливом*

bunkering   *заправка судна топливом;* [trans.] *бункеровка*

bunker price   [nav.] *цена бункерного топлива*

buoyancy   *повышательная тенденция на бирже;* [pol.ec.] *оживление на рынке*

buoyant (adj.)   *оживленный, повышательный*

burden   *вес партии материала, груз, грузоподъемность, косвенные издержки производства, масса партии материала, накладные расходы, общие-производственные затраты, регистровый тоннаж;* [legal] *бремя*

burden (vb.)   *нагружать, обременять;* [legal] *обязывать*

burdened with (adj.)   *обремененный*

burden of debt   *бремя долга*

burden of going forward   *обязанность доказывания;* [legal] *бремя доказывания*

burden of interest   *бремя процента*

burden of loss   [ins.] *бремя убытков*

burden of proof   *обязанность доказывания;* [legal] *бремя доказывания*

burden of proof lies with   *обязанность доказывания лежит на*

burden of proof lies with (vb.)   [legal] *бремя доказывания лежит на*

burden of proof lies with, the   *бремя доказывания в процессе лежит на, обязанность доказывания в процессе лежит на*

burden of taxation   [tax.] *бремя налогового обложения*

burden rate   [ind.ec.] *отношение накладных расходов к затратам на оплату труда*

burdensome (adj.)   *обременительный*

burden to community   *налагать бремя на общество*

burden to the community   *налагать бремя на общество*

bureau   *бюро, отдел, управление;* [EEC] *комитет*

bureaucracy   *бюрократия, государственные чиновники*

bureaucrat   *государственный чиновник;* [sl.] *бюрократ*

bureaucratize (vb.)   *бюрократизировать, проявлять бюрократизм*

bureaucratizing   *проявление бюрократии*

Bureau of Standards   *Бюро стандартов (США)*

burgeoning business   *процветающая фирма*

burglar alarm   *опасность грабежа*

burglary   [leg.pun.] *ночная кража со взломом*

burlap   [pack.] *джутовая тара*

bursary   *канцелярия казначея в колледже, стипендия*

bus   *автобус*

bus boy   *помощник официанта*

business   *бизнес, величина оборота, деловая жизнь, деловые круги, заказ, занятие, клиентура, компания, объем производства, покупатели, поступление заказов, предпринимательство, публика, торговая операция, торгово-промышленная деятельность, хозяйственная деятельность;* [empl.] *дело;* [ind.ec.] *коммерческая деятельность, коммерческая сделка, коммерческое предприятие, торговое дело, фирма;* [manag.] *профессия;* [pol.ec.] *торговая деятельность*

business, do (vb.)   *быть коммерсантом, заниматься коммерцией*

business ability   *способность к коммерческой деятельности*

business account   [bank.] *счет предприятий*

business acquaintance   *деловое знакомство*

business activities   *виды деловой активности*

business activity   *деловая активность, торгово-промышленная деятельность, хозяйственная деятельность;* [pol.ec.] *экономическая деятельность*

business acumen   *деловая хватка*

business address   *служебный адрес*

business agent   *торговый агент*

business and industrial financing institution   *учреждение финансирования торгово-промышленных предприятий*

business and industry   *торгово-промышленная деятельность*

business and innovation centre   *деловой и инновационный центр*

business approach   *деловой подход*

business area   *область торгово-промышленной деятельности*

business broker   *профессиональный брокер*

business canvasser   *торговый агент*

business car   *автомобиль для деловых поездок, личный вагон для деловых поездок*

business card   *визитная карточка*

business circles   *деловые круги*

business class   [air tr.] *бизнес-класс*

business closure insurance   [ins.] *страхование компании на случай прекращения деятельности*

business college   *коммерческий колледж*

business combination   *объединение компаний, слияние компаний*

business community   *деловые круги*

business concept   *концепция деловой деятельности*

business concern   *торгово-промышленная фирма*

business conditions   *деловая коньюнктура, хозяйственная коньюнктура*

business conduct   *ведение дела*

business connection   *деловая связь*

business connections   *деловые связи*

business contact   *деловой контакт*

business contacts   *деловые связи*

business costs   [ind.ec.] *эксплуатационные расходы*

business credit   [bank.] *кредит на торгово-промышленную деятельность*

business customer   *компания-заказчик*

business cycle   [pol.ec.] *деловой цикл, цикл деловой активности, экономический цикл*

business cycle expansion   [pol.ec.] *фаза подъема в экономическом цикле, циклический экономический подъем*

business cycle indicator   [pol.ec.] *индикатор экономического цикла*

business cycle recovery   [pol.ec.] *подъем деловой активности*

business data processing   [comp.] *обработка коммерческой информации*

business day   [bank.] *время работы банка;* [empl.] *рабочий день;* [exc.] *время работы биржи*

business development loan   [bank.] *ссуда на развитие предприятия*

business district   *деловой район, торговый район, торговый центр*

business economics   [ind.ec.] *экономика предприятий*

business education   *коммерческое образование*

business enterprise   *торговая фирма;* [ind.ec.] *торгово-промышленное предприятие*

business envelope   *конверт для документов*

business environment   *экономическая ситуация*

business equipment   [ind.ec.] *производственное оборудование*

business establishment   *деловое предприятие, деловые круги, торгово-промышленное предприятие*

business establishment savings account   [bank.] *сберегательный счет делового предприятия*

business ethics   *деловая этика*

business expansion   *экономический подъем*

business expenses   *расходы предпринимателей;* [book-keep.] *торговые расходы*

business factor   *экономический фактор*

business financing   *финансирование предприятий*
business firm   *торговая фирма;* [ind.ec.] *торговый дом*
business fortune   *удача в деловой деятельности*
business-friendly (adj.)   *деловой, связанный с деловой деятельностью*
business game   *деловая игра*
business hours   *часы работы предприятия, часы торговли;* [exc.] *часы работы биржи;* [manag.] *рабочие часы*
business house   [exc.] *торговый дом*
business in futures   [exc.] *фьючерсные сделки*
business instinct   *деловое чутье*
business integrity   *честность в деловой деятельности*
business intelligence   *промышленный шпионаж*
business interruption insurance   [ins.] *страхование компании от убытков в случае остановки производства*
business investment   *капиталовложения предприятий*
business law   [legal] *право, регулирующее область деловых отношений, торговое право*
business leader   *руководитель промышленного предприятия*
business life   *деловая жизнь*
businesslike (adj.)   *деловитый, деловой, исполнительный, практичный, точный*
businesslike approach   *практический подход*
business loan   [bank.] *ссуда деловому предприятию*
business machine   *счетная машина для решения экономических задач;* [comp.] *счетная машина для решения коммерческих задач*
businessman   *бизнесмен, делец, деловой человек, коммерсант*
business management   *управление торгово-промышленным предприятием*
business manager   *коммерческий директор*
businessmen   *деловые люди*
business merger   *слияние компаний;* [ind.ec.] *слияние предприятий*
business method   *метод деловой деятельности*
business name   [legal] *название торгово-промышленного предприятия, название фирмы*
business office   *торговая контора*
business of one's own   *собственное дело, собственное предприятие*
business of the day   *повестка дня*
business opportunities   *возможности деловой деятельности*
business outlook   [pol.ec.] *будущая экономическая конъюнктура, перспективы деловой деятельности*
business partner   *деловой партнер, торговый партнер;* [bus.organ.] *компаньон*
business practice   *практика деловых отношений*
business premises   *здание предприятия с прилегающими постройками и участком, здания фирмы*
business press   [media] *деловая пресса, коммерческая пресса*
business principle   *деловой принцип*
business procedure   *метод деловой деятельности*
business profits   *прибыли предприятия*
business property   *собственность предприятия, собственность фирмы*
business publication   [media] *коммерческое издание, фирменное издание*
business purpose   *цель деловой деятельности*
business quarter   *деловой квартал*
business receipts   [tax.] *доходы от деловой деятельности*
business-related (adj.)   *деловой, связанный с деловой деятельностью*
business-related group   *торгово-промышленное объединение*
business relation   *деловая связь*
business relations   *деловые отношения, торговые связи*
business reply card   *карточка для делового ответа*

business representative   *торговый представитель*
business revival   [pol.ec.] *оживление хозяйственной конъюнктуры,*
   оживление экономической конъюнктуры
business school   *школа бизнеса*
business secret   *производственный секрет*
business sector   *деловой сектор, производственный сектор, сектор*
   торгово-промышленной деятельности
business sector credit facilities   [bank.] *источники кредитования*
   производственного сектора
business start-up expenses   *затраты на создание нового предприятия;*
   [calc.] *издержки, связанные с пуском предприятия*
business start-up loan   [bank.] *ссуда на создание нового предприятия*
business strategy   *стратегия предприятия*
business support   *поддержка предприятия*
business tax   [tax.] *налог на предпринимателя, налог на предприятие*
business taxation   [tax.] *налогообложение предпринимателя*
business tax form   [tax.] *бланк налоговой декларации для*
   предпринимателя
business tax package   [tax.] *комплекс мер по налогообложению*
   предпринимателя
business tenant   [r.e.] *арендатор предприятия*
business terms   *условия деловой деятельности*
business-to-business advertising   [adv.] *реклама для предпринимателей*
business-to-business sales   *валовой оборот фирмы, объем продаж*
   торгово-промышленных предприятий
business training   *обучение торгово-промышленной деятельности*
business trends   [pol.ec.] *тенденции в области деловой деятельности*
business trip   *деловая поездка*
business turnover   [ind.ec.] *торговый оборот фирмы*
business undertaking   *торгово-промышленное предприятие*
business venue   [legal] *место рассмотрения иска фирмы*
business volume   *торговый оборот;* [ind.ec.] *объем деловых операций*
business week   *рабочая неделя*
businesswoman   *деловая женщина*
business world   *деловой мир*
business year   [calc.] *бюджетный год, отчетный год,*
   хозяйственный год
bus service   [trans.] *автобусное сообщение*
bus station   [trans.] *автобусная станция*
bust   *падение, спад, срыв;* [pol.ec.] *банкротство*
bust, go (vb.)   [bankr.leg.] *обанкротиться, разориться*
bus terminal   [trans.] *автовокзал*
busy (adj.)   *деловой, деятельный, занятой, трудолюбивый*
busy period   *период занятости*
busy tone   [telecom.] *сигнал 'занято'*
butterfly spread   [exc.] *спред 'бабочка' для опциона 'колл'*
buy (vb.)   *давать взятку, купить, подкупать, покупать,*
   приобретать
buy a firm (vb.)   *приобретать фирму*
buy against the seller (vb.)   [legal] *покупать за счет продавца*
buy a spread (vb.)   [exc.] *купить маржу, купить спред, покупать*
   маржу, покупать спред
buy a ticket (vb.)   *покупать билет*
buy back (vb.)   *выкупать, покупать ценные бумаги для закрытия*
   сделки
buy-back   *обратная покупка;* [comm.] *выкуп корпорацией*
   собственных облигаций, скупка корпорацией собственных
   акций, соглашение о продаже и обратной покупке
buy-back price   *выкупная цена*
buy-British campaign   *кампания 'Покупайте британские товары'*
buy campaign   *закупочная компания*

buy currency spot (vb.) *покупать наличную валюту*

buyer *работник универмага, работник управления фирменных магазинов, скупщик;* [comm.] *заведующий отделом магазина, заведующий секцией магазина, закупщик товаров, покупатель*

buyer category *категория покупателя*

buyer credit [book-keep.] *кредит покупателя, потребительский кредит*

buyer market *конъюнктура рынка, выгодная для покупателя*

buyer monopoly [pol.ec.] *монополия покупателя*

buyer mortgage to seller [r.e.] *залог покупателя, оставленный продавцу*

buyer's credit *кредит покупателя, потребительский кредит*

buyer's market *конъюнктура рынка, выгодная для покупателя*

buyer's monopoly *монополия покупателя*

buyer's mortgage to seller *залог покупателя, оставленный продавцом*

buy for account (vb.) [exc.] *покупать на срок*

buy for a rise (vb.) [exc.] *играть на повышение*

buy for cash (vb.) *покупать за наличные*

buy for the account [exc.] *покупать на срок*

buy forward (vb.) [exc.] *покупать на срок*

buy from (vb.) *выкупать*

buy in (vb.) *закрыть сделку, закупать;* [exc.] *покупать участие в капитале компании, снять свой товар с продажи на аукционе;* [legal] *выкупать*

buy-in *покупка участия в капитале компании, снятие своего товара с продажи на аукционе;* [exc.] *закрытие сделки*

buying *закупка, покупка*

buying behaviour [mark.] *покупательское поведение*

buying hedge *страхование покупателя от потерь;* [exc.] *покупательский хедж*

buying-in *покупка участия в капитале компании;* [exc.] *закрытие сделки, снятие товара с продажи на аукционе*

buying incentive [mark.] *стимул для покупателя*

buying-in price [EEC] *скупочная цена*

buying intention [mark.] *намерение совершить покупку*

buying note *долговая расписка покупателя*

buying order *приказ клиента брокеру о покупке*

buying price *цена покупателя;* [exc.] *курс покупателя*

buying rate [monet.trans.] *курс покупателя*

buying source *источник снабжения, поставщик*

buying-up [exc.] *скупка*

buy off (vb.) *откупаться*

buy on one's own account (vb.) *покупать за собственный счет*

buy on own account (vb.) *покупать за собственный счет*

buy on the instalment plan (vb.) *покупать в рассрочку*

buy on tick (vb.) *покупать в кредит*

buy out (vb.) *выкупать*

buy-out *выкуп, закупка всей партии товара*

buy outright (vb.) *покупать с немедленной уплатой наличными*

buy out someone *уплатить кому-л. за отказ от должности, уплатить кому-л. за отказ от права на имущество*

buy over (vb.) *давать взятку, подкупать*

buy spot (vb.) [exc.] *покупать за наличные, покупать реальный товар*

buy time (vb.) *покупать время рекламной передачи;* [media] *покупать с условием немедленной поставки*

buy unseen (vb.) *покупать без предварительного осмотра*

buy up (vb.) [exc.] *скупать*

buy up the issue (vb.) [exc.] *скупать заем*

buy wholesale (vb.) *покупать оптом*

buzzer *будильник*

by and large *в общем, вообще говоря*

by authority   *по полномочию, с разрешения*
by distraint   [legal] *путем наложения ареста на имущество в обеспечение долга*
by-election   [parl.] *дополнительные выборы*
by false pretences   [legal] *путем обмана*
by fax   [telecom.] *по телефаксу*
by hand   *от руки*
by implication   *косвенно, подразумеваемым образом*
by instalments   *в рассрочку, по частям*
by judicial means   [legal] *судебными средствами*
bylaw   *подзаконный акт, постановление органа местной власти;*   [legal] *правила внутреннего распорядка, уставные нормы*
by law   [legal] *по закону*
bylaws   *устав корпорации;* [legal] *инструкция, регламент*
by lots   *партиями*
by misrepresentation   [legal] *путем введения в заблуждение*
byname   *прозвище*
by name   *по имени*
by name or to the bearer   *по имени или на предъявителя*
by negotiation   *путем переговоров*
BYO (bring your own) (vb.) *приносить свои продукты питания и питье*
by operation of law   [legal] *в силу закона*
by order   *по заказу, по приказу*
bypass   *обход*
bypass (vb.) *идти обходным путем*
bypass (road)   *объездной путь*
bypass road   *объезд, объездной путь*
by-product   *побочный продукт, промежуточный продукт, промежуточный результат*
by return (of post)   *обратной почтой*
by return of post   *обратной почтой*
byroad   *объезд, объездной путь, проселочная дорога*
by sea   *морским путем*
by series   *сериями*
bystander   [ins.] *безучастный наблюдатель, свидетель*
byte   [comp.] *байт*
by telefax   [telecom.] *по телефаксу*
by that fact   [legal] *в силу самого факта*
by the quarter   *поквартально*
by the weight   *на вес*
by verbal communication   *путем устного сообщения*
by virtue of one's office   *в силу занимаемой должности*
by water   *водным путем*
byway   *проселочная дорога*
by way   *кстати, между прочим*
by way of   *через*
by way of trade   *путем торговли*
by word of mouth   *устно*

CA (chartered accountant) [aud.] *дипломированный бухгалтер высшей квалификации*

cabin [air tr.] *кабина;* [nav.] *каюта, рубка*

cabin crew [air tr.] *экипаж самолета*

Cabinet *кабинет министров;* [pol.] *правительство*

Cabinet, the *кабинет министров*

Cabinet crisis *правительственный кризис*

Cabinet in office [parl.] *правительство, находящееся у власти*

Cabinet level *правительственный уровень*

Cabinet member *член правительства*

Cabinet minister *министр - член кабинета, член кабинета министров*

Cabinet office *секретариат кабинета министров*

Cabinet reshuffle *перемещения в правительстве, перестановки в кабинете министров;* [parl.] *перестановки в правительстве*

Cabinet responsibility *ответственность правительства;* [parl.] *ответственность кабинета министров*

cable [comp.] *каблограмма;* [telecom.] *телеграмма*

cable (vb.) [telecom.] *телеграфировать*

cable address *адрес для телеграмм, телеграфный адрес*

cable television [media] *кабельное телевидение*

cabotage *внутренний воздушный транспорт;* [nav.] *прибрежное плавание;* [trans.] *каботаж, каботажное плавание*

cache memory [comp.] *быстродействующая буферная память большой емкости, кэш*

CAD (Canadian dollar) [monet.trans.] *канадский доллар*

CAD (cash against documents) *наличие против документов, получение платежа после предъявления документов*

CAD (computer-aided design) [comp.] *автоматизированное проектирование*

cadaster [r.e.] *кадастр, кадастровые книги, поземельные книги*

cadastral designation [r.e.] *кадастровое обозначение*

cadastral map [r.e.] *кадастровая карта*

cadastral plan [r.e.] *кадастровый план*

cadastral register [r.e.] *земельная регистрация, кадастр, опись и оценка землевладений*

cadastral revision [r.e.] *ревизия кадастров*

cadastral survey [r.e.] *кадастровая съемка, межевая съемка*

cadastre *кадастр*

CAF (currency adjustment factor) [trans.] *коэффициент корректировки валютного курса*

CAI (computer-aided instruction) [comp.] *автоматизированное обучение*

CAI (current annual increment) *текущая годовая надбавка к заработной плате, текущая ежегодная надбавка к заработной плате*

CAL (computer-aided learning) [comp.] *автоматизированное обучение*

calculate (vb.) *вычислять, калькулировать, подсчитывать, составлять калькуляцию*

calculate as residual amount (vb.) *вычислять как остаток суммы*

calculate costs (vb.) [ind.ec.] *вычислять издержки*

calculated amount *вычисленная сумма*

calculated costs [ind.ec.] *вычисленные издержки*

calculated income *вычисленный доход*

calculated income tax [calc.] *вычисленный подоходный налог*

calculated price [ind.ec.] *расчетная цена*

calculate in advance (vb.) *вычислять с опережением*

calculate in arrears (vb.) *вычислять с отставанием*

calculate residually (vb.) *вычислять остаток*

calculating (adj.) *счетный*

calculation *исчисление, подсчет, предположение, прогноз;*
[ind.ec.] *калькуляция, смета;* [mat.] *вычисление, расчет*

calculation basis *основа расчета*

calculation of a benefit *расчет прибыли*

calculation of a loan [bank.] *расчет ссуды*

calculation of an estimate *нахождение предварительной оценки*

calculation of an invoice [book-keep.] *расчет счета-фактуры*

calculation of annuities *расчет аннуитетов*

calculation of benefit *расчет прибыли*

calculation of estimate *нахождение предварительной оценки*

calculation of interest *вычисление процентной ставки*

calculation of invoice [book-keep.] *расчет счета-фактуры*

calculation of loan [bank.] *расчет ссуды*

calculation of percentages *расчет процентов*

calculation of premium [ins.] *расчет страховой премии*

calculation of prices [ind.ec.] *калькуляция цен*

calculation of probability [mat.] *вычисление вероятности*

calculation of profits [ind.ec.] *расчет прибылей*

calculation of wages *расчет заработной платы*

calculation principle *принцип вычислений, принцип расчета*

calculation threshold *расчетное пороговое значение*

calculator *вычислительная машина, вычислительное устройство,
вычислительный прибор, калькулятор, счетная машина*

calculatory depreciation [calc.] *расчетная амортизация*

calculatory task *расчетная задача*

calculus *исчисление, калькуляция*

calculus of probability [mat.] *теория вероятностей*

calculus of variations *вариационное исчисление*

calendar *календарь, список дел, назначенных к слушанию,
табель-календарь;* [exc.] *календарь эмиссий, повестка дня*

calendar month *календарный месяц*

calendar spread [exc.] *календарный спред*

calendar year *календарный год*

call *взнос в оплату новых акций, вызов в суд, опцион 'колл',
письменное обязательство акционера, право эмитента
досрочно погасить ценные бумаги, требование, требование
банка к заемщику о досрочном погашении кредита в связи с
нарушением его условий;* [bus.organ.] *сделка с премией;*
[telecom.] *вызов, телефонный вызов, телефонный звонок*

call (vb.) *называть, посещать, приглашать, распространять,
требовать уплаты;* [exc.] *объявлять;* [stock] *требовать;*
[telecom.] *вызывать, звонить по телефону*

call, at *в распоряжении, под рукой;* [bill.] *наготове*

call (up)on (vb.) *апеллировать, обращаться, призывать*

callable (adj.) *могущий быть выкупленным, подлежащий взысканию*

callable before maturity (adj.) *подлежащий взысканию до наступления
срока платежа*

callable bond [stock] *облигация с правом досрочного погашения*

call accepted [telecom.] *принятый телефонный вызов*

call an early election (vb.) [parl.] *назначать досрочные выборы*

call an election (vb.) [parl.] *назначать выборы*

call a strike (vb.) *объявлять забастовку*

call at a port (vb.) *заходить в порт*

call at port (vb.) [nav.] *заходить в порт*

call a witness (vb.) *вызывать свидетеля*

call-back *вызов на работу после локаута;* [mark.] *возврат, вызов на
сверхурочную работу, обращение к потребителю в целях
завершения сделки*

call date [stock] *дата отказа от договора*

call deposit [bank.] *вклад до востребования*

call early election (vb.) [parl.] *назначать досрочные выборы*

called bonds [stock] *досрочно погашенная облигация*

called to the bar (adj.) *получивший звание барристера, получивший право адвокатской практики, принятый в адвокатуру*

called to the bar (barrister) *получивший звание барристера*

called to the bar, be (vb.) *получить звание барристера, получить право адвокатской практики;* [legal] *быть принятым в адвокатуру*

called-up share capital [bus.organ.] *востребованный акционерный капитал, предложенный акционерный капитал*

call election (vb.) [parl.] *назначать выборы*

call entry [mar.ins.] *декларация по приходе*

call for (vb.) *обязывать, предусматривать, требовать*

call for a vote (vb.) *ставить на голосование*

call for payment (vb.) *требовать оплаты*

call for redemption of a loan (vb.) *требовать погашения ссуды*

call for redemption of loan (vb.) *требовать погашения ссуды*

call for repayment (vb.) *требовать погашения*

call for tenders *требование продажи с торгов*

call for tenders (vb.) *требовать продажи с торгов*

call for vote (vb.) *ставить на голосование*

call forwarding [telecom.] *прохождение вызова*

call in (vb.) *аннулировать, вызывать, изымать из обращения, инкассировать, приглашать, требовать возврата, требовать уплаты;* [stock] *выкупать*

call in aid (vb.) [legal] *обращаться за помощью*

calling *вызов истца на судебное заседание, занятие, призвание, профессия, ремесло*

calling card *визитная карточка*

calling in *приглашение*

calling of a shareholders meeting *созыв собрания акционеров*

calling of a shareholder's meeting *созыв собрания акционеров*

calling together *сбор, созыв*

call in preference shares (vb.) [bus.organ.] *изымать из обращения привилегированные акции*

call in preferred stocks (vb.) [bus.organ.] *изымать из обращения привилегированные акции*

call instruction [comp.] *команда вызова, команда обращения*

call it a day (vb.) *назначать день, прекращать дело*

call letter [bus.organ.] *требование очередного взноса*

call loan [bank.] *онкольная ссуда, ссуда до востребования*

call metering [telecom.] *подсчет числа вызовов*

call money [bank.] *онколь, онкольная ссуда, ссуда до востребования*

call money rate [bank.] *ставка процента по онкольной ссуде*

call number [doc.] *вызываемый номер, размещение обозначения*

call off (vb.) *отвлекать, отзывать, отменять*

call off a deal (vb.) *отменять торговую сделку*

call-off contract [legal] *рамочный контракт*

call off deal (vb.) *отменять торговую сделку*

call-off purchase agreement [legal] *соглашение о покупке с последующей поставкой*

call on (vb.) *апеллировать, обращаться, обращаться к, предоставлять слово, призывать*

call on a case (vb.) [legal] *затребовать дело*

call on shares *требование об уплате взноса за акции*

call option [exc.] *опцион покупателя, сделка с предварительной премией;* [stock] *опцион 'колл'*

call out (vb.) *вызывать*

call premium [exc.] *предварительная премия;* [stock] *премия, уплачиваемая в сделке с опционом*

call price [stock] *цена облигации при досрочном выкупе*

call procedure [comp.] *процедура вызова*

call provision   [stock] *оговорка о досрочном выкупе облигаций*

call purchase   *покупка с доставкой*

call rate   *процентная ставка по ссудам до востребования;*
   [bank.] *онкольная ставка*

calls in arrears   [bus.organ.] *неуплаченные взносы*

call slip   *читательский абонемент*

call statement   [comp.] *оператор вызова*

call strike (vb.)   [empl.] *объявлять забастовку*

call the share capital   *востребовать акционерный капитал,*
   предложить акционерный капитал

call to account (vb.)   *привлекать к ответственности*

call to the bar   *предоставление права адвокатской практики, прием*
   в адвокатуру; [legal] *присвоение звания барристера*

call to the Bar (barrister)   *предоставление права адвокатской*
   практики, прием в адвокатуру; [legal] *присвоение звания*
   барристера

call up (vb.)   *вызывать по телефону;* [mil.] *призывать на военную*
   службу

call upon (vb.)   *апеллировать, обращаться, предоставлять слово,*
   призывать, чувствовать потребность

call warrant   [exc.] *гарантия опциона*

call witness (vb.)   [legal] *вызывать свидетеля*

calm   *спокойствие*

calm the market (vb.)   *устанавливать спокойствие на рынке,*
   устранять колебания рыночной конъюнктуры

CAM (computer-aided manufacturing)   [comp.] *автоматизированное*
   производство

camouflage   *маскировка, очковтирательство, хитрость*

camouflage (vb.)   *заниматься очковтирательством, маскировать,*
   прибегать к уловкам, скрывать истинные намерения

camouflaged advertising   [adv.] *скрытая реклама*

campaign   [mark.] *борьба, кампания;* [mil.] *операция*

campaign planning   [mark.] *планирование кампании*

Canadian dollar (CAD)   [monet.trans.] *канадский доллар*

canal   [nav.] *канал*

can be applied to (vb.)   *может быть применено к*

cancel (vb.)   *вычеркивать, отзывать, отменять;* [comp.] *отменять*
   команду, стирать информацию; [legal] *аннулировать,*
   вымарывать, делать недействительным, зачеркивать,
   объявлять недействительным, погашать, считать
   недействительным

cancel a booking (vb.)   *отменять заказ*

cancel a commitment (vb.)   *аннулировать обязательство*

cancel a contract (vb.)   *расторгать контракт*

cancel a correction (vb.)   *отменять правку*

cancel a debt (vb.)   *аннулировать долг*

cancel agency agreement (vb.)   [legal] *расторгать агентское соглашение*

cancel agreement (vb.)   [legal] *аннулировать соглашение*

cancel a loan (vb.)   *аннулировать заем, отказываться от ссуды*

cancel a mortgage deed (vb.)   *объявлять недействительным залоговый*
   сертификат, объявлять недействительным ипотечное
   свидетельство

cancel an agency agreement (vb.)   *расторгать агентское соглашение*

cancel an agreement (vb.)   *аннулировать соглашение*

cancel an appointment (vb.)   *отменять деловое свидание, отменять*
   назначение

cancel an engagement (vb.)   *аннулировать обязательство, отменять*
   договоренность о встрече, отменять принятое приглашение

cancel an entry (vb.)   *аннулировать запись в бухгалтерской книге*

cancel an insurance (vb.)   *аннулировать страхование*

cancel an order (vb.)   *отменять приказ*

cancel appointment (vb.) *отменять деловое свидание, отменять назначение*

cancel a reservation (vb.) *аннулировать бронирование, отменять предварительный заказ*

cancel a subscription (vb.) *аннулировать подписку*

cancel booking (vb.) *отменять заказ*

cancel commitment (vb.) *аннулировать обязательство*

cancel contract (vb.) [legal] *расторгать контракт*

cancel correction (vb.) *отменять правку*

cancel debt (vb.) *аннулировать долг*

cancel engagement (vb.) *аннулировать обязательство, отменять договоренность о встрече, отменять принятое приглашение*

cancel entry (vb.) [book-keep.] *аннулировать запись в бухгалтерской книге*

cancel insurance (vb.) [ins.] *аннулировать страхование*

cancellable (adj.) *аннулируемый, отменяемый*

cancellation *вымаривание, вычеркивание, окончательная оплата;* [legal] *аннулирование, отмена, погашение, прекращение, признание недействительным, уничтожение;* [mat.] *сокращение*

cancellation clause [legal] *оговорка об аннулировании, оговорка об отмене*

cancellation insurance [ins.] *страхование от аннулирования*

cancellation of a bankbook [legal] *аннулирование сберегательной книжки*

cancellation of a contract [legal] *аннулирование контракта*

cancellation of a firm *ликвидация фирмы*

cancellation of a lease [r.e.] *отказ от аренды, расторжение договора об аренде*

cancellation of an application *отзыв заявления*

cancellation of an arrangement *отказ от договоренности*

cancellation of an authorization *аннулирование разрешения*

cancellation of an order *аннулирование заказа, отмена заказа*

cancellation of application *отзыв заявления*

cancellation of arrangement *отказ от договоренности*

cancellation of authorization *аннулирование разрешения*

cancellation of bankbook [legal] *аннулирование сберегательной книжки*

cancellation of contract [legal] *аннулирование контракта*

cancellation of debt *аннулирование долга*

cancellation of firm *ликвидация фирмы*

cancellation of lease [r.e.] *отказ от аренды, расторжение договора об аренде*

cancellation of order *аннулирование заказа, отмена заказа*

cancellation of premium [ins.] *аннулирование страховой премии*

cancellation of sale [legal] *аннулирование торговой сделки, отказ от распродажи*

cancelled (adj.) *отмененный;* [legal] *аннулированный, погашенный*

cancelled, be (vb.) *быть недействительным*

cancelled appropriation [manag.] *аннулированные ассигнования*

cancelled cheque *аннулированный чек*

cancelled debt *списанный долг*

cancelling *аннулирование, отмена, погашение*

cancel loan (vb.) *аннулировать заем, отказываться от ссуды*

cancel mortgage deed (vb.) *объявлять недействительным залоговый сертификат;* [legal] *объявлять недействительным ипотечное свидетельство*

cancel order (vb.) *отменять приказ*

cancel out (vb.) *нейтрализовать;* [mat.] *уравновешивать*

cancel reservation (vb.) *аннулировать бронирование, отменять предварительный заказ*

cancel subscription (vb.) *не возобновлять подписку*

C and D (collection and delivery) [trans.] *инкассо и доставка*

C and F (cost and freight) *стоимость и фрахт*

C and I (cost and insurance) [trans.] *стоимость и страхование*

candidate [pol.] *кандидат*

candidate for election [parl.] *кандидат на выборах*

candidate site [plan.] *потенциальная строительная площадка*

canned meat and milk *консервированные мясные и молочные продукты*

canned scheme *закрытая схема*

canonical (adj.) *канонический*

canon law *каноническое право*

cant *жаргон*

canteen *столовая*

canvass *анализ, выявление общественного мнения путем выборочного опроса, детальное обсуждение, опрос населения, официальный подсчет голосов, предвыборная агитация, разбор, собирание голосов*

canvass (vb.) *выявлять число сторонников путем опроса, проводить опрос, проводить официальный подсчет голосов, разбирать, собирать статистические сведения;* [parl.] *анализировать, детально обсуждать, собирать голоса*

canvasser *агент страхового общества, коммивояжер, лицо, выявляющее мнение о кандидате путем опроса, сборщик пожертвований;* [comm.] *представитель фирмы, торговый агент;* [parl.] *агитатор, кандидат на выборах, счетчик голосов*

canvassing [comm.] *официальный подсчет голосов, сбор статистических сведений;* [media] *проведение опроса населения*

cap [bank.] *фиксированный максимум процентной ставки в облигационном займе*

CAP (common agricultural policy) [EEC] *общая сельскохозяйственная политика (ЕЭС)*

capability *способность*

capable (adj.) *способный*

capable of (adj.) *допускающий, поддающийся*

capable of paying (adj.) *платежеспособный*

capacitate (vb.) *делать способным, предоставлять полномочия*

capacity *выработка, допустимая нагрузка машины, емкость, компетенция, номинальная мощность, паспортная мощность, производственная мощность, пропускная способность, техническая мощность;* [legal] *дееспособность, правоспособность, способность;* [prod.] *производительность;* [wareh.] *вместимость*

capacity, to *на полную мощность*

capacity costs [ind.ec.] *издержки производства при полном использовании производственных возможностей*

capacity of, in *в должности, в качестве*

capacity of cargo spaces [nav.] *вместимость грузовых помещений судна*

capacity ratio *коэффициент использования производственных мощностей*

capacity requirement *требуемая производительность*

capacity to be sued [legal] *способность отвечать по иску*

capacity to contract [legal] *способность заключать договор*

capacity to sue [legal] *способность выступать в качестве истца*

capacity to sue and be sued [legal] *правоспособность выступать в качестве истца и отвечать по иску, способность искать и отвечать*

capacity to work [empl.] *работоспособность*

capacity utilization *использование производственных мощностей, коэффициент использования производственных мощностей*

capacity utilization rate *коэффициент использования производственных мощностей*

capital *акционерный капитал, капитал, основной капитал, преимущество, столица;* [bus.organ.] *выгода;* [ec.] *основная сумма*

capital (adj.) *караемый смертью;* [bus.organ.] *столичный;* [ec.] *главный, капитальный, основной;* [ind.ec.] *самый важный*

capital account *баланс движения капиталов, счет основного капитала*

capital account of the balance of payments *счет движения капитала в платежном балансе, счет основного капитала в платежном балансе*

capital accumulation [pol.ec.] *накопление капитала*

capital additions [calc.] *прирост основного капитала*

capital adequacy *достаточность основного капитала*

capital aid *денежная помощь*

capital allowance *налоговая скидка при покупке средств производства*

capital allowances [calc.] *амортизационные отчисления, вычеты из налоговых обязательств, связанные с затратами капитальных активов фирмы*

capital and interest repayment mortgage [r.e.] *закладная под основной капитал и платежи процентов*

capital and reserves [calc.] *основной капитал и резервы*

capital and running costs of ancillary facilities [pol.ec.] *капитальные и эксплуатационные затраты для вспомогательного оборудования*

capital and start-up expenses [ind.ec.] *основной капитал и издержки подготовки производства*

capital appreciation *оценка капитала, увеличение стоимости капитала*

capital asset *основной капитал*

capital assets *недвижимость, неликвидные активы, основной капитал, основные средства, основные фонды, труднореализуемые активы*

capital assistance *финансовая помощь*

capital assurance [ins.] *страхование капитала*

capital assured [ins.] *застрахованный капитал*

capital augmentation [ind.ec.] *прирост капитала*

capital balance *баланс движения капитала*

capital balance sheet *баланс движения капитала*

capital base [ind.ec.] *капитальная база, первичный капитал, собственные средства банка*

capital bonus *фондовые акции;* [bus.organ.] *премиальный фонд*

capital budget *периодический отчет о состоянии основного капитала, смета вложений в основной капитал, смета капиталовложений*

capital certificate [stock] *свидетельство о капитале*

capital charge *амортизационное начисление*

capital charges [calc.] *начисления на счет процентов, выплаченных на капитал, и сумм погашения долга;* [ind.ec.] *амортизационные отчисления*

capital circulation *обращение капитала, перемещение капитала*

capital clause [bus.organ.] *оговорка об основном капитале*

capital commitment *обязательство инвестиционного характера*

capital contribution *участие в капиталовложениях*

capital contribution in kind [bus.organ.] *капиталовложения натурой*

capital contribution policy [ins.] *полис страхования капиталов*

capital deficit [ind.ec.] *дефицит капитала*

capital deposit *депозит капитала*

capital deposit insurance [ins.] *страхование депозитов капитала*

capital duty [tax.] *налог на капитал*

capital employed [ind.ec.] *используемый капитал, применяемый капитал*

capital equipment   *оборудование с длительным сроком службы;*
   [pol.ec.] *капитальное оборудование, основное оборудование*

capital expenditure   *инвестиции, капиталовложения;*
   [calc.] *капитальные затраты*

capital expenditure register   *книга учета капиталовложений;*
   [book-keep.] *книга учета кпитаоловложений*

capital exporter   *экспортер капитала*

capital exports   *вывоз капитала*

capital flight   *бегство капитала*

capital flow   *движение капитала, перелив капитала, приток
   капитала*

capital formation   *капиталовложения, накопление капитала,
   образование капитала;* [pol.ec.] *инвестиции, накопление
   реального капитала*

capital formation in public sector   *образование капитала в
   государственном секторе*

capital formation in the public sector   *образование капитала в
   государственном секторе*

capital fund   *основной фонд;* [ind.ec.] *фонд основного капитала*

capital funds   *капитальные средства*

capital gain   *выигрыш от продажи капитального имущества,
   выручка от продажи капитального имущества, доход от
   продажи капитала, курсовая выручка, рост стоимости
   капитального имущества*

capital gain dividends   [bus.organ.] *дивиденды от прироста капитала*

capital gain on bonds   [stock] *прирост капитала от облигаций*

capital gain on drawn bond   [stock] *прирост капитала от облигации с
   фиксированной ставкой, которая по жребию предназначена к
   погашению*

capital gain on shares   [stock] *прирост капитала от акций*

capital gains   *доходы от прироста капитала*

capital gains and losses account   [calc.] *счет доходов от прироста
   капитала и убытков*

capital gains tax   [tax.] *налог на доход от прироста капитала, налог
   на увеличение рыночной стоимости капитала*

capital gains taxation   [tax.] *обложение налогом прироста капитала*

capital gains tax on shares   [tax.] *налог на доход от прироста
   капитала от акций*

capital gearing   [ind.ec.] *соотношение между собственным и заемным
   капиталом*

capital good   *капитальный товар*

capital goods   [ind.ec.] *вещественный капитал, средства производства;*
   [pol.ec.] *инвестиционные товары, капитальные товары, основной
   капитал, товары производственного назначения*

capital grant   *инвестиционная субсидия;* [manag.] *основная дотация*

capital importer   *импортер капитала*

capital imports   *ввоз капитала, вывоз капитала*

capital income   *доход от капитала*

capital increase   *прирост капитала*

capital inflow   *приток капитала*

capital influx   *приток капитала*

capital injection   *вложение капитала*

capital insurance policy   [ins.] *полис страхования капитала*

capital-intensive (adj.)   *капиталоемкий*

capital-intensive investment   *капиталоемкие инвестиции*

capital invested in trade   *капитал, вложенный в торговлю*

capital investment   [fin.] *вложения в капитальные активы,
   инвестиции, капиталовложения;* [pol.ec.] *вложения в
   неликвидные ценные бумаги*

capital investment organization   *инвестиционная организация*

capital investment project   [fin.] *инвестиционный проект*

capital investments   [ind.ec.] *капиталовложения*

capitalism   *капитализм*

capital issue   [stock] *эмиссия ценных бумаг*

capitalist   *капиталист*

capitalist (adj.)   *капиталистический*

capital item   *капитальный товар;* [calc.] *единица капитального оборудования*

capital items   *статьи движения капитала в платежном балансе*

capitalization   *капитализация;* [fin.] *превращение в капитал*

capitalization factor   *коэффициент капитализации*

capitalization issue   [bus.organ.] *бонусная эмиссия акций, выпуск акций для бесплатного пропорционального распределения между акционерами*

capitalization of reserves   [bus.organ.] *финансирование резервных фондов*

capitalization rate   [bank.] *норма капитализации*

capitalization ratio   [ind.ec.] *процентное соотношение элементов структуры капитала компании*

capitalize (vb.)   *извлекать выгоду, наживать капитал, печатать прописными буквами;* [calc.] *финансировать;*
   [fin.] *капитализировать, превращать в капитал*

capitalized cost   [calc.] *стоимость реального основного капитала*

capitalized earnings value   *дисконтированная стоимость доходов*

capitalized income value   *дисконтированная стоимость доходов*

capitalized value   *дисконтированная стоимость*

capitalized value of potential earnings   [fin.] *дисконтированная стоимость потенциальных доходов*

capitalize on (vb.)   *извлекать выгоду из*

capital letters   [print.] *заглавные буквы, прописные буквы*

capital leverage   *соотношение между собственными и заемными средствами компании;* [ind.ec.] *обеспечение дополнительных доходов путем привлечения заемных средств*

capital levy   [tax.] *налог на капитал*

capital liabilities   *счета капитала;* [calc.] *обязательства по основному капиталу*

capital liberalization   *либерализация капитала*

capital loss   *капитальный убыток, курсовые потери, потери от понижения рыночной стоимости активов, потери при продаже капитального имущества;* [stock] *потери капитала вследствие колебаний нормы процента*

capital management   *контроль и регулирование капитала*

capital market   *рынок долгосрочного ссудного капитала, рынок капиталов*

capital movement   *движение капитала*

capital of bank   *капитал банка*

capital operation   *сделка с капиталом*

capital outflow   *утечка капитала*

capital outlay   *инвестиции, инвестиционные затраты, капиталовложения*

capital-output ratio   [pol.ec.] *капиталоемкость*

capital owner   *владелец капитала*

capital participation   *доля выпуска акций, распределяемая участником синдиката на рынке*

capital payment   *выплата по инвестициям, платеж капитала*

capital pension   *основная пенсия*

capital pension fund   *основной пенсионный фонд*

capital pension savings account   *сберегательный счет пенсионного капитала*

capital procurement   *приобретение капитала*

capital provision   *обеспечение капиталом, резерв капитала, создание капитала, увеличение капитала*

capital punishment   [leg.pun.] *высшая мера наказания, смертная казнь*

capital rating   [ind.ec.] *оценка стоимости капитала*

capital receipt   *доход от капитала, поступление капитала*

capital reconciliation statement   [calc.] *отчет о выверке счетов капитала*

capital recovery   *восстановление капитала*

capital redemption reserve fund   [bus.organ.] *резервный фонд для погашения акций*

capital reorganization   [ind.ec.] *изменение структуры капитала*

capital repayment holiday   *период возврата капитала акционерам*

capital requirement   *потребность в капитале, требуемый объем капитала*

capital requirement rule   [bank.] *правило оценки инвестиций в основной и оборотный капитал*

capital requirements   *оценка инвестиций в основной и оборотный капитал, постоянное финансирование, необходимое для нормального функционирования компании, требования к уровню собственных средств компании*

capital reserve   *капитальный резерв*

capital reserve arising on consolidation   *стоимость компании, определяемая при создании концерна;* [calc.] *капитальный резерв, создаваемый при консолидации*

capital resources   [fin.] *капитал компании, чистая стоимость капитала*

capital revenue   *доход от капитала*

capitals   *заглавные буквы, столицы*

capital saving   *сбережение капитала*

capital share   *доля капитала в национальном доходе*

capital shares   [stock] *капитальные акции*

capital source   *источник капитала*

capital spending project   [fin.] *инвестиционный проект*

capital still outstanding   *неуплаченный капитал*

capital stock   [bus.organ.] *акционерный капитал, основной капитал;* [pol.ec.] *акция*

capital stock register   *книга записи акций*

capital subject to a life interest   *капитал, приносящий пожизненный процентный доход*

capital subject to an interest in the income   [legal] *капитал, приносящий процентный доход*

capital subject to interest in income   *капитал, приносящий процентный доход*

capital subject to successive life interests   *капитал, приносящий наследуемый пожизненный процентный доход*

capital subscribed in kind   [bus.organ.] *выпущенный по подписке акционерный капитал*

capital sum   *сумма капитала*

capital summary   *сводка движения капитала*

capital supplies   *запас капитала*

capital surplus   [bus.organ.] *избыточный капитал;* [ind.ec.] *избыток капитала*

capital tax   [tax.] *налог на капитал*

capital-to-assets ratio   [calc.] *отношение суммы капиталовложений к стоимости активов*

capital town   *столица*

capital transacting firm   [fin.] *фирма, ведущая операции с капиталом*

capital transaction   *операция с капиталом*

capital transfer   *движение капитала, перевод капитала, перемещение капитала*

capital transfer tax   [tax.] *налог на перевод капитала*

capital transfer towards current expenses   [ind.ec.] *перевод капитала на текущие расходы*

capital turnover   [fin.] *оборачиваемость капитала, оборот капитала*

capital value   *дисконтированная стоимость, приведенная стоимость, стоимость основного капитала, стоимость реального основного капитала*

capital works   *основные работы*

capital yield   [fin.] *доход от капитала*

capital yields tax   [tax.] *налог на доход от капитала*

capitation   *поголовная перепись, поголовное исчисление, поголовный подсчет;* [tax.] *плата, взимаемая из расчета на одного человека, подушная подать, подушный налог*

capitation fee   [soc.] *гонорар в расчете на одного человека*

capitation grant   *дотация в расчете на одного человека*

capitulate (vb.)   [mil.] *капитулировать*

capitulation   [mil.] *капитуляция*

captain   [nav.] *капитан, шкипер*

captain's protest   [legal] *морской протест*

caption   *арест по постановлению суда, заголовок судебного документа;* [print.] *заголовок статьи, надпись под иллюстрацией*

captious question   [legal] *коварный вопрос*

captive fund   *капитал, вложенный в новое предприятие, связанное с риском*

captive insurance company   *дочерняя страховая компания*

captive market   *рынок, защищенный от конкуренции, рынок, нейтрализующий конкуренцию*

capture   *завоевание, призовое судно*

capture (vb.)   *завоевывать;* [nav.] *захватывать*

capture market share (vb.)   *захватывать долю рынка*

capture market shares   *завоевать часть рынка, захватить часть рынка*

car   *вагон трамвая, железнодорожный вагон, машина;* [trans.] *легковой автомобиль*

car allowance   [calc.] *компенсация за использование личного автомобиля в служебных целях*

carat   *карат, мера веса драгоценных камней, стандарт содержания золота в сплаве*

car benefit   [calc.] *компенсация за использование личного автомобиля в служебных целях*

carbon copy (c.c.)   *машинописная копия, машинописный экземпляр, полученный через копировальную бумагу*

carbon copy (CC)   *машинописная копия, машинописный экземпляр, полученный через копировальную бумагу*

carbon copy paper   *копировальная бумага*

carbon dioxide tax   [tax.] *налог на выбросы в атмосферу диоксида углерода*

carbonless paper   *бумага с безугольным копировальным слоем*

carbon paper   *копировальная бумага*

card   *билет, диаграмма, карта, перфокарта, перфорационная карта, формуляр, ярлык;* [print.] *карточка*

cardboard   [print.] *картон*

cardboard box   *картонная коробка*

cardboard industry   *производство картона*

card-carrying member   [pol.] *член партии*

card catalogue   *картотека*

card charge   [bank.] *оплата по карточке*

car dealer   *агент по продаже автомобилей*

card holder   [bank.] *владелец карточки*

cardinal number   *количественное числительное;* [mat.] *кардинальное число*

card index   *картотека*

card punch   [comp.] *карточный перфоратор*

card reader   *устройство ввода с перфокарт;* [comp.] *устройство для считывания с перфокарт*

card vote   *голосование карточками*

care   *внимательность, наблюдение, обслуживание, осторожность, тщательность;* [soc.] *забота, попечение*

care, with all due   *со всей надлежащей тщательностью*

career   *занятие, профессия*

career guidance   [empl.] *профессиональная ориентация*

careerist   [pers.manag.] *карьерист*

career military personnel   [mil.] *кадровый военный персонал*

career prospects   [pers.manag.] *перспективы служебного роста*

careers counselling   [empl.] *консультации по вопросам профессиональной деятельности*

care for (vb.)   [soc.] *интересоваться*

careful (adj.)   *аккуратный, внимательный, заботливый, осторожный, старательный, тщательный*

careless (adj.)   *беззаботный, беспечный, неаккуратный, небрежный, невнимательный, неточный*

careless mistake   *ошибка из-за невнимательности*

carelessness   *неаккуратность, небрежность, невнимательность, неточность*

care of disabled   [soc.] *забота об инвалидах*

care of mentally deficient   *забота об умственно отсталых*

care of the disabled   [soc.] *забота об инвалидах*

care of the mentally deficient   [soc.] *забота об умственно отсталых*

care requirement   [soc.] *потребность в уходе*

caretaker   *смотритель, сторож, уборщица*

caretaker government   [parl.] *правительство, временно исполняющее обязанности до всеобщих выборов*

car financing   *получение ссуды на приобретение автомобиля, финансирование покупки автомобиля*

cargo   [nav.] *груз корабля, карго, полный однородный груз;* [trans.] *перевозимый груз*

cargo book   [nav.] *грузовая книга*

cargo capacity   [nav.] *грузовместимость, грузоподъемность*

cargo carrying capacity   [nav.] *грузовместимость, грузоподъемность*

cargo compartment   [air tr.] *грузовой отсек*

cargo contract   [nav.] *договор о перевозке груза*

cargo damage   [mar.ins.] *повреждение груза*

cargo deadweight   [nav.] *чистая грузоподъемность*

cargo hold   [nav.] *грузовой трюм*

cargo hold sweat   [nav.] *влажность в грузовом трюме*

cargo insurance   [mar.ins.] *страхование грузов*

cargo liability   [mar.ins.] *ответственность за груз*

cargo lien   [nav.] *право удержания груза*

cargo liner   *грузовой лайнер;* [nav.] *грузовое рейсовое судно*

cargo manifest   *грузовой манифест;* [nav.] *декларация судового груза*

cargo offering   [nav.] *предложение перевозки груза*

cargo policy   [mar.ins.] *фрахтовый полис*

cargo port   [nav.] *грузовой порт*

cargo registration office   [nav.] *бюро регистрации грузов*

cargo space   [nav.] *грузовое помещение, грузовой трюм*

cargo superintendent   [nav.] *инспектор грузов*

cargo tank   [nav.] *грузовой танк*

cargo tracer   *запрос о выдаче груза, запрос о местонахождении груза, запрос о ходе перевозки груза;* [trans.] *запрос об отправке груза*

car hire   *прокат автомобиля*

car hire charge   [trans.] *плата за прокат автомобиля*

car hire charges   *затраты на наем автомобиля*

car hire service   *служба проката автомобилей*

car industry   *автомобильная промышленность*

car insurance   [ins.] *страхование автомобиля*

carload goods [trans.] *вагонная партия товаров*

carload rate [trans.] *повагонная тарифная ставка, тариф для повагонных грузов*

car loan *ссуда на покупку автомобиля*

car owner *владелец автомобиля*

car ownership *автомобильная собственность*

car park *автомобильная стоянка, парк автомобилей*

car park attendant *охранник автомобильной стоянки*

car pooling [trans.] *совместное использование автомобилей*

car registration *регистрация автомобиля*

car rent *плата за прокат автомобиля*

car reservation [trans.] *предварительный заказ автомобиля*

carriage [trans.] *вагонетка, затраты на перевозку, пассажирский вагон, сбор за проезд, стоимость перевозки, транспорт, транспортировка*

carriage (costs) [trans.] *транспортные расходы*

carriage and insurance paid [trans.] *стоимость перевозки и страхование оплачены*

carriage by rail [rail.] *железнодорожные перевозки*

carriage by sea [nav.] *морские перевозки*

carriage charge [trans.] *плата за перевозку*

carriage costs [trans.] *транспортные расходы*

carriage forward *стоимость перевозки подлежит уплате получателем;* [trans.] *за перевозку не уплачено*

carriage of baggage [trans.] *перевозка багажа*

carriage of dangerous goods [trans.] *перевозка опасных грузов*

carriage of goods [trans.] *перевозка товаров*

carriage of goods by air [trans.] *перевозка грузов воздушным транспортом*

carriage of goods by rail [rail.] *перевозка грузов по железной дороге*

carriage of goods by sea [nav.] *морская перевозка грузов*

carriage of luggage [trans.] *перевозка багажа*

carriage of passengers [trans.] *пассажирские перевозки*

carriage paid [trans.] *за перевозку уплачено, провоз оплачен*

carriage return *обратный ход каретки;* [comp.] *возврат каретки*

carriage voucher [trans.] *квитанция о доставке груза*

carried (adj.) [parl.] *перенесенный*

carried-figure *перенесенная цифра*

carried forward (C/F) [book-keep.] *к переносу;* [calc.] *перенесено*

carried forward (C/F) (adj.) *перенесенный на другой счет;* [calc.] *перенесенный на будущий период, перенесенный на другую страницу;* [tax.] *пролонгированный*

carried interest *валовая прибыль как доля выручки*

carried over (adj.) *перенесенный на другой счет, перенесенный на другую страницу, пролонгированный;* [tax.] *перенесенный на будущий период*

carried share *перенесенная доля*

carried unanimously (adj.) *принятый единогласно*

carrier *контейнер, транспортер, трубопровод;* [nav.] *транспортное судно;* [trans.] *носильщик, транспортная контора, транспортная линия, транспортное агентство, транспортное общество, транспортное предприятие*

carriers' port terminal [nav.] *порт перевозчика*

carrier's haulage [trans.] *перевозка транспортным агентством*

carrier's liability [ins.] *ответственность транспортного агентства*

carrier's undertaking [trans.] *транспортное предприятие*

carry [comp.] *импульс переноса, перенос, сигнал переноса, цифра переноса;* [nav.] *перевозка*

carry (vb.) *иметь в продаже, удерживать товар до уплаты покупателем его стоимости, утверждать;* [book-keep.] *хранить;* [comp.] *переносить;* [nav.] *подтверждать;* [parl.] *одерживать победу;* [trans.] *везти, выигрывать, перевозить, приносить доход;* [wareh.] *поддерживать*

carry a balance forward (vb.) [book-keep.] *делать перенос сальдо на другой счет*

carry a motion (vb.) [parl.] *принимать предложение*

carry a risk (vb.) *рисковать*

carry arms (vb.) *носить оружие*

carry back (vb.) [calc.] *производить зачет потерь при уплате налога за прошлый период*

carry-back [calc.] *зачет потерь при уплате налога за прошлый период, покрытие убытков за счет прибыли в прошлом периоде*

carry-back period [calc.] *период покрытия убытков компании за счет прибыли за прошлое время*

carry down a balance (vb.) [book-keep.] *делать перенос сальдо*

carry forward (vb.) [calc.] *делать перенос на будущий период, делать перенос на другую строку, делать перенос сальдо на другой счет, пролонгировать;* [tax.] *переносить на другую страницу*

carry-forward [calc.] *перенос;* [tax.] *покрытие убытков компании за счет будущей прибыли, пролонгация*

carry-forward into subsequent period [book-keep.] *перенос на следующий период*

carry forward to new account (vb.) [book-keep.] *переносить на новый счет*

carry forward to next year's account (vb.) [book-keep.] *переносить на счет следующего года*

carry further (vb.) *делать проводку*

carrying [trans.] *перевозка, переноска, провоз*

carrying amount [calc.] *балансовый показатель*

carrying capacity [nav.] *грузоподъемность, пропускная способность*

carrying charge [bank.] *процент, взимаемый брокерами за ссуду под ценные бумаги;* [comm.] *стоимость хранения наличного товара, стоимость хранения товара во фьючерсной торговле, сумма, которую клиент платит брокеру при покупке ценных бумаг в кредит;* [fin.] *стоимость кредита при продаже товара в рассрочку, эксплуатационные расходы;* [ind.ec.] *текущие расходы*

carrying figure *переносимая цифра*

carrying into effect *ввод в действие, вступление в силу*

carrying out *выполнение, доведение до конца, завершение*

carrying out of an instruction *выполнение инструкции*

carrying out of instruction *выполнение инструкции*

carrying-over day [exc.] *день отсрочки сделки, день репорта*

carrying-over rate [exc.] *курс репорта*

carrying value *нетто-активы, остаточная стоимость основного капитала, чистый капитал;* [calc.] *балансовая стоимость активов*

carry interest (vb.) *приносить процентный доход*

carry into effect (vb.) *приводить в действие*

carry off (vb.) *выдерживать, уносить*

carry on (vb.) *заниматься, продолжать*

carry on a trade (vb.) *заниматься торговлей*

carry on business (vb.) *вести дело, заниматься предпринимательской деятельностью*

carry on business under firm of (vb.) *заключать сделки от имени фирмы*

carry on business under the firm of (vb.) *заключать сделки от имени фирмы*

carry on trade (vb.) *заниматься торговлей*

carry out (vb.) *выполнять, доводить до конца, завершать*

carry out an instruction (vb.) *выполнять инструкцию*

carry out a plan (vb.) *выполнять план*

carry out a sentence (vb.) [leg.pun.] *приводить приговор в исполнение*

carry out a task (vb.) *выполнять задание*

carry out banking activities (vb.) [bank.] *выполнять банковские операции*

carry out business for purposes of profit (vb.) *вести дело с целью получения прибыли*

carry out instruction (vb.) *выполнять инструкцию*

carry out plan (vb.) *выполнять план*

carry out research (vb.) *проводить научные исследования*

carry out sentence (vb.) [leg.pun.] *приводить приговор в исполнение*

carry out task (vb.) *выполнять задание*

carry over (vb.) *делать перенос сальдо на другой счет, переносить в качестве запаса, переносить на будущий период;* [exc.] *переносить на другую страницу;* [tax.] *отсрочивать, пролонгировать*

carry-over *перенос, стоимость предстоящих работ;* [exc.] *отсрочка сделки, переходящий запас, пролонгация;* [tax.] *переходящий остаток, репорт*

carry-over payment [EEC] *отсроченный платеж*

carry stock (vb.) *хранить запасы*

carry through (vb.) *осуществлять, поддерживать, помогать*

CARS (Certificates for Automobile Receivables) [stock] *сертификаты кредитов на покупку автомобилей*

cartage [trans.] *автотранспортная перевозка, стоимость автотранспортной перевозки, стоимость гужевой перевозки*

cartage department *отдел перевозок*

car tax [tax.] *налог на автомобиль*

carte blanche *карт-бланш, свобода действий*

cartel [ec.] *картель*

cartel agreement [comm.] *картельное соглашение*

car telephone [telecom.] *автомобильный телефон*

cartel formation *образование картеля*

carter [trans.] *водитель транспортного средства, возчик*

carton [pack.] *картонка, картонная коробка, тонкий картон*

cartridge *кассета*

CAS (currency adjustment surcharge) [trans.] *надбавка за счет пересмотра валютных паритетов*

case *обстоятельство;* [legal] *изложение фактических обстоятельств, правовой вопрос, случай, случай в судебной практике, судебное дело, судебный прецедент;* [pack.] *прецедент, ящик;* [print.] *наборная касса, переплетная крышка, судебное решение*

case, in that *в таком случае*

case administration *ведение дела*

casebook *журнал записи посетителей;* [legal] *журнал записи судебных дел*

case conference *совещание по судебному прецеденту*

case dismissed [legal] *прекращенное дело*

case documents [legal] *документы дела*

case files *архив суда*

case in point *рассматриваемое дело*

case law [legal] *прецедентное право*

case list [legal] *перечень судебных дел*

case management *управление делами*

case of doubt *сомнительный случай*

case officer [soc.] *должностное лицо, рассматривающее иск*

case of mistaken identity *случай ошибочного опознания*

case on the cause list [legal] *дело из списка дел к слушанию*

case sheet *больничный лист*

case stated [legal] *письменное соглашение между истцом и ответчиком о фактах, лежащих в основе спора*

case story *наглядный пример*

case-study method *метод анализа конкретных ситуаций*

case submitted [legal] *дело, представленное на рассмотрение*

case to answer [leg.pun.] *основание для предъявления иска*

case to counsel   [legal] *представление дела адвокату*

casework   *изучение условий жизни неблагополучных семей*

caseworker   [soc.] *лицо, изучающее условия жизни неблагополучных семей*

cash   *кассовая наличность, монеты и бумажные деньги, наличная сделка, наличные деньги, наличный расчет, статья баланса, отражающая наличность*

cash (vb.)   *получать наличность, превращать в наличные, продавать, реализовывать*

cash (adj.)   *наличный;* [bank.] *кассовый*

cash, for   *за наличные*

cash (in hand)   *остаток наличности в кассе;* [bank.] *кассовая наличность;* [ec.] *денежная наличность в кассе*

cashable cheque   *обналичиваемый чек*

cash account   [bank.] *счет кассы;* [book-keep.] *кассовый счет*

cash a cheque (vb.)   *получать деньги по чеку*

cash against documents (CAD)   *наличные против документов, получение платежа после предъявления документов*

cash a loan (vb.)   *получать ссуду*

cash amount   *сумма наличными*

cash-and-carry   [comm.] *продажа за наличный расчет без доставки товара*

cash-and-carry wholesale trade   [comm.] *оптовая торговля за наличный расчет без доставки товара*

cash and deposits   [bank.] *наличные деньги и депозиты*

cash assets   *денежные активы, имущество в денежной форме*

cash at bank and in hand   [calc.] *банковская и кассовая наличность*

cash audit   [aud.] *ревизия кассовых остатков*

cash balance   *запас наличных денег, кассовый остаток;* [book-keep.] *кассовая наличность*

cash basis of accounting   [book-keep.] *кассовые операции как база бухгалтерского учета*

cash before delivery   *оплата наличными до доставки товара*

cash benefit   [soc.] *денежное пособие*

cash bonus   [ins.] *дополнительная выплата наличными*

cash book   [book-keep.] *журнал кассовых операций, кассовая книга*

cash box   *сейф для хранения наличности*

cash budget   [ind.ec.] *кассовый бюджет*

cash cheque (vb.)   *получать деньги по чеку*

cash claim   [ins.] *денежное требование*

cash commodities   *товары, продаваемые за наличные;* [exc.] *реальные товары, товары, готовые к поставке*

cash commodity   [comm.] *товар, продаваемый за наличные;* [exc.] *реальный товар, товар, готовый к поставке*

cash contribution   *взнос наличными, денежное пожертвование;* [bus.organ.] *отчисления наличными*

cash count   [book-keep.] *подсчет наличности*

cash cow   *бизнес, дающий непрерывный приток наличных денег, доходная компания*

cash credit   *овердрафт;* [ec.] *кредит в наличной форме*

cash crop   *товарная культура*

cash deal   *сделка за наличные деньги*

cash deficiency   [book-keep.] *дефицит наличности, нехватка наличности, отсутствие наличности*

cash deficit   [book-keep.] *кассовый дефицит, нехватка наличных денег*

cash department   *касса в банке, кассово-контрольный пункт, кассовый отдел*

cash deposit   *депозит, образованный путем внесения наличных денег*

cash deposits   *депозиты, образованные путем внесения наличных денег*

cash deposit scheme   *система депозитов, образованных путем внесения наличных денег*

cash desk   *касса*

cash difference   [book-keep.] *различия в кассовой наличности*

cash disbursement   *денежные расходы*

cash discount   [comm.] *скидка при продаже за наличный расчет*

cash dispenser   *раздатчик наличных;* [bank.] *автомат в банке для выдачи денег со счетов клиентов*

cash dividend   [bus.organ.] *дивиденд, выплаченный наличными*

cash down   *за наличный расчет*

cash earnings   *доход наличными*

cash earnings per share (CEPS)   [fin.] *доход наличными в расчете на акцию*

cashed dividend   *обналиченный дивиденд*

cash equivalent   *эквивалент наличности*

cash expenditure   *денежные затраты, денежные расходы*

cash flow   *движение денежной наличности, движение ликвидности*

cash flow analysis   [calc.] *анализ движения денежной наличности, анализ движения ликвидности*

cash flow forecast   *прогноз движения ликвидности;* [ind.ec.] *прогноз движения денежной наличности*

cash flow impact   *влияние движения денежной наличности, влияние движения ликвидности*

cash flow projection   *прогноз движения денежной наличности;* [ind.ec.] *прогноз движения ликвидности*

cash flow statement   [calc.] *анализ движения денежной наличности, отчет о движении денежной наличности, отчет о движении ликвидности*

cash forecast   [ind.ec.] *прогноз наличности*

cash funds   *наличные средства;* [calc.] *фонды денежной наличности*

cash generation   [fin.] *движение денежной наличности для инвестирования*

cash holdings   *денежная наличность, денежные авуары*

cashier   [bank.] *кассир*

cashier function   *должность кассира*

cashier functions   *обязанности кассира*

cashier's check   *кассирский чек*

cashier's draft   *кассирский чек*

cashier's office   *касса, помещение кассы*

cashier's staff   *персонал кассы*

cash in (vb.)   *превращать в наличные, реализовать ценные бумаги;* [bank.] *производить окончательный расчет*

cash in advance (CIA)   *оплата авансом*

cash in banks   *банковская наличность*

cashing   *инкассирование, платеж наличными, получение денег, размен*

cashing of coupons   [stock] *оплата купонов*

cash in hand   *остаток наличности в кассе;* [bank.] *кассовая наличность;* [ec.] *денежная наличность в кассе*

cash injection   *вложение капитала*

cash in on (vb.)   *обращать в свою пользу;* [ec.] *наживаться*

cash in transit   *деньги в пути, отправленные деньги*

cashless (adj.)   *безналичный*

cashless shopping   [comm.] *покупка по безналичному расчету*

cashless society   *общество без наличных денег*

cash letter of credit   *аккредитив наличными*

cash limit   [bank.] *предельный размер кредита*

cash loan   *ссуда, выданная наличными*

cash loan (vb.)   *получать ссуду*

cash loan mortgage deed   *залоговый сертификат под ссуду, выданную наличными*

cash loan scheme   *порядок получения ссуды наличными*

cash machine   [bank.] *кассовый автомат*

cash management *контроль и регулирование денежных операций, управление наличностью*

cash market [exc.] *наличный рынок, рынок реальных финансовых инструментов*

cash messenger insurance [ins.] *страхование инкассатора*

cash office *касса, помещение кассы*

cash on delivery (COD) *наложенный платеж;* [post] *уплата при доставке*

cash on delivery amount [post] *сумма, взимаемая за доставку*

cash on delivery charge [post] *сбор за доставку наложенным платежом*

cash on delivery collection fee [post] *сбор за доставку наложенным платежом, сумма, взимаемая за доставку*

cash on delivery consignment *партия товара, продаваемая с доставкой;* [post] *партия товара, отправляемая наложенным платежом*

cash on delivery sale *продажа товара наложенным платежом, продажа товара с доставкой*

cash on receipt of invoice *оплата наличными при получении счета-фактуры*

cash on shipment (COS) *оплата наличными при отгрузке*

cash order [bank.] *предъявительская тратта*

cash or liquid assets [calc.] *денежные или ликвидные активы, денежные или текущие активы*

cash outlay *денежные расходы*

cash payment *уплата наличными*

cash payment, against *против уплаты наличными*

cash plant costs [ind.ec.] *производственные затраты наличными*

cashpoint card [bank.] *карточка для банковского автомата*

cash pool [bank.] *общий фонд наличности*

cash position *кассовая позиция, остаток кассы*

cash price *котировка, полученная на наличном рынке, наличная цена;* [comm.] *курс по сделкам за наличные, курс ценных бумаг по кассовым сделкам;* [exc.] *цена при продаже за наличные*

cash proceeds *выручка наличными*

cash proceeds from a bond loan *выручка наличными от облигационного займа*

cash proceeds from bond loan *выручка наличными от облигационного займа*

cash profit *наличная прибыль*

cash property value [r.e.] *стоимость имущества в наличных деньгах*

cash purchase *кассовая сделка, покупка за наличные*

cash ratio [bank.] *коэффициент ликвидности, коэффициент наличных средств, норма кассовых резервов*

cash rebate [comm.] *скидка при покупке за наличные*

cash receipt *поступление наличных денег*

cash receipts basis of accounting [calc.] *основа учета поступлений наличных денег*

cash redemption *изъятие из обращения наличных денег*

cash refund offer [adv.] *предложение возврата наличных денег*

cash register *кассовый аппарат, кассовый журнал*

cash register tape *бумажная лента кассового аппарата*

cash reimbursement *возврат наличных денег*

cash reserve [bank.] *кассовый резерв, резерв денежной наличности*

cash reserves *резервы денежной наличности;* [bank.] *кассовый резерв*

cash resources [calc.] *сумма наличных денег*

cash revenue *денежный доход, доход в денежном выражении*

cash sale *продажа за наличные*

cash sale voucher [book-keep.] *расписка в получении денег при продаже за наличные*

cash security [stock] *денежное обеспечение*

cash security loan [stock] *ссуда, обеспеченная наличными деньгами*

cash shortage [book-keep.] *кассовый дефицит, нехватка наличных денег*

cash shortage and overage [book-keep.] *нехватка и излишек наличных денег*

cash shortage clause [legal] *оговорка о нехватке денежной наличности*

cash statement *кассовый отчет*

cash subscription [bus.organ.] *взнос по подписке наличными, подписка за наличные деньги*

cash surplus [book-keep.] *кассовый излишек*

cash surrender value [ins.] *выкупная стоимость*

cash trade *торговля за наличные деньги*

cash transaction *сделка за наличный расчет*

cash turnover *кругооборот наличных денег, наличноденежное обращение*

cash up (vb.) [book-keep.] *снимать кассовую наличность*

cash value *денежная стоимость, стоимость в наличных деньгах*

cash voucher *расписка в получении денег*

cash with order [comm.] *наличный расчет при выдаче заказа*

cassette *кассета*

cassette tape *кассета с магнитной лентой, кассетная лента*

cast (vb.) *бросать, подводить итог, подсчитывать, присуждать к уплате убытков, сбрасывать*

cast a sidelong glance (vb.) *бросать косой взгляд*

cast a sidelong glance at (vb.) *бросать косой взгляд на*

cast a vote (vb.) *голосовать, участвовать в голосовании*

casting vote *голос, дающий перевес, решающий голос*

cast up (vb.) *выбрасывать, подводить итог, подсчитывать*

cast vote (vb.) *голосовать, участвовать в голосовании*

casual (adj.) *внеплановый, временный, случайный;* [empl.] *нерегулярный*

casual customer [mark.] *случайный клиент, случайный покупатель*

casual labour *внеплановая работа, нерегулярная работа;* [pers.manag.] *временная работа, случайная работа*

casualty *авария, несчастный случай;* [ins.] *катастрофа*

casualty insurance [ins.] *страхование от несчастных случаев*

casualty insurance proceeds [ins.] *поступления от страхования от несчастных случаев*

casualty loss [ins.] *убытки от несчастного случая*

casual user *временный пользователь*

casual work [empl.] *внеплановая работа, временная работа, нерегулярная работа, случайная работа*

casual worker [pers.manag.] *временный рабочий*

casus belli [ins.] *казус белли, повод к войне*

CAT (computer-aided translation) [comp.] *автоматизированный перевод*

cataclysm *крутой поворот, перелом, решительный поворот;* [ins.] *катаклизм*

catalog (US) *каталог*

catalogue *ежегодник, каталог, прейскурант, реестр, справочник;* [doc.] *список*

catalogue (vb.) *включать в каталог, включать в реестр, включать в список, каталогизировать, регистрировать*

catalogue buyer [mark.] *покупатель товаров по каталогу*

catalogue card *каталожная карточка*

catalogue-listed goods *товары, указанные в каталоге*

catalogue number *каталожный номер*

catalogue offer *предложение товара по каталогу*

catalogue of ideas *набор идей*

catalogue price *номинальная цена*

catalogue room *помещение для хранения каталогов*

catastrophe   *беда, бедствие, гибель, крутой перелом, несчастье, переворот, трагический исход;* [ins.] *катастрофа*

catastrophe loss   [ins.] *ущерб, вызванный катастрофой*

catastrophe reserve   *резерв на случай катастрофы*

catastrophe risk   [ins.] *риск катастрофы*

catastrophic (adj.)   *катастрофический*

catastrophic loss   [ins.] *ущерб, вызванный катастрофой*

catch   *выигрыш, удачная операция*

catch (vb.)   *поймать*

catching up   *наверстывание*

catch it (vb.)   *получать выговор*

catchment area   [manag.] *район охвата обслуживанием*

catch up (vb.)   *догонять*

catchword   [doc.] *колонтитул*

catchword catalogue   [doc.] *каталог с описаниями под характерным словом*

catchword index   [doc.] *указатель с описаниями под характерным словом*

categorization   *классификация*

categorize (vb.)   *классифицировать, распределять по категориям*

category   *группа, категория, разряд;* [suc.] *класс*

category of account   [bank.] *категория счета*

category of construction   [ins.] *категория строительства*

category of construction type   *категория строительного образца*

category of deposit   [bank.] *категория депозита*

category of excise duty   [tax.] *вид акцизного сбора*

category of loan   [bank.] *вид ссуды*

cathode ray tube display   *экранное устройство отображения;* [comp.] *экранный дисплей*

cats and dogs   *сомнительные ценные бумаги, не могущие служить обеспечением ссуды;* [stock] *спекулятивные акции*

caucus   *партийное собрание, фракционное совещание;* [parl.] *закрытое собрание одной из фракций конгресса*

caught up by events (adj.)   *находящийся в гуще событий*

causal (adj.)   *выражающий причинную обусловленность, выражающий связь причины и следствия, являющийся причиной*

causal connection   *причинная связь*

causal criterion   [tax.] *критерий причины*

causal factor   *причинный фактор*

causality   *причинная обусловленность, причинная связь, причинность*

causal relation   *причинная связь*

causation   *причинение, причинная обусловленность, причинность*

cause   *дело, мотив, основание, причина, судебное дело*

cause (vb.)   *быть причиной, вызывать, заставлять, побуждать, причинять*

cause a loss (vb.)   *вызывать ущерб*

cause before the High Court   [legal] *дело, рассматриваемое в Высоком суде (Великобритания)*

cause book   [legal] *журнал судебных дел, регистр дел*

cause damage (vb.)   *вызывать повреждение, приносить убыток;* [ins.] *причинять ущерб*

cause destruction (vb.)   *вызывать разрушение*

cause difficulties (vb.)   *создавать трудности*

causeless (adj.)   *беспричинный, не имеющий основания, необоснованный*

cause list   [legal] *перечень судебных заседаний, список дел к слушанию*

cause of, be the (vb.)   *быть причиной*

cause of action   [legal] *мотив действия, причина действия*

cause of cancellation   [ins.] *причина аннулирования*

cause of damage   [ins.] *причина ущерба*

cause of death   *причина смерти*

cause of loss [ins.] *причина ущерба*

causes of deficiency [ec.] *причины недостачи*

cause to rise (vb.) [ec.] *вызывать рост, добиваться увеличения*

causing an insured loss [ins.] *причинение застрахованных потерь*

causing an insured loss deliberately [ins.] *преднамеренное причинение застрахованных потерь*

caution *залог, обеспечение, поручительство, предосторожность, предупреждение, предусмотрительность;*
  [legal] *осмотрительность, осторожность;* [leg.pun.] *предостережение*

caution (vb.) *предостерегать;* [legal] *предупреждать;* [leg.pun.] *делать предупреждение*

caution label *этикетка с предостережением*

cautious (adj.) *осмотрительный, осторожный, предусмотрительный*

caveat *предостережение, предупреждение, ходатайство о невыдаче патента другому лицу;* [legal] *ходатайство о приостановке судебного производства*

caveat emptor [legal] *качество на риске покупателя*

CBA (cost-benefit analysis) [ind.ec.] *анализ затрат и результатов, межотраслевой анализ*

CBI (Confederation of British Industry) *Конфедерация британской промышленности*

CBOE (Chicago Board of Options Exchange) [exc.] *Чикагская опционная биржа*

CBOT (Chicago Board of Trade) [exc.] *Чикагская срочная торговая биржа*

CBT (Chicago Board of Trade) [exc.] *Чикагская срочная торговая биржа*

c.c. (carbon copy) *машинописная копия*

CC (carbon copy) *машинописная копия*

CCA (current cost accounting) [book-keep.] *бухгалтерский учет в текущих ценах, калькуляция текущих затрат*

CCFF (Compensatory and Contingency Financing Facility) *система компенсационного финансирования на случай непредвиденных обстоятельств*

CCT (common customs tariff) [cust.] *общий таможенный тариф*

CD (certificate of deposit) *вкладной сертификат;* [bank.] *депозитный сертификат*

cease (vb.) *останавливать, прекращать, приостанавливать*

cease and desist order [legal] *приказ о запрещении продолжения противоправного действия*

cease-fire *прекращение огня*

cease to be effective (vb.) *прекращать действие;* [legal] *терять силу*

cease to exist (vb.) *прекращать существование*

cease work (vb.) [empl.] *прекращать работу*

ceasing *прекращение*

cede (vb.) *передавать, уступать в споре;* [legal] *поступаться, признавать правоту*

ceder [legal] *поручитель*

ceding company [ins.] *компания, передающая риск и перестрахование*

ceiling *верхнее значение, максимальная цена, максимальный уровень, максимум, ограничение сверху, потолок, предел повышения, предельная сумма*

ceiling price *максимальная цена, наивысший курс ценных бумаг*

ceiling rate [ec.] *предельная норма процента*

cellarage [wareh.] *складские помещения*

cell-phone [telecom.] *переносной телефон*

cellular telephone [telecom.] *переносной телефон*

CEMR (Council of European Municipalities and Regions) *Совет европейских муниципалитетов и регионов*

censor (vb.) *подвергать цензуре*

censorship *цензура*

census *перепись, ценз*

centenary *столетие, столетний юбилей, столетняя годовщина*

centenary (adj.) *столетний*

centennial (adj.) *столетний*

centesimal *сотая часть*

central (adj.) *центральный*

central accounting system of the Treasury *централизованная система бухгалтерского учета министерства финансов (Великобритания)*

central administration *центральная администрация, центральная власть*

central authorities *центральная власть*

central authority *центральная власть*

central bank *центральный банк*

central bank governor *управляющий центральным банком*

central bank lending rate [bank.] *ставка ссудного процента центрального банка*

central board *центральное правление*

central board of a party [pol.] *центральный орган партии*

central board of party [pol.] *центральный орган партии*

central customs administration department *отдел управления центральной таможни*

Central Customs and Tax Administration [cust.] *Центральное таможенное и налоговое управление*

Central Europe *Центральная Европа*

central government *центральное правительство*

central government approval *утверждение центральным правительством*

central government budget *государственный бюджет*

central government budget deficit [manag.] *дефицит государственного бюджета*

central government debt [manag.] *государственный долг*

central government drawing on central bank *снятие денег с правительственного счета в центральном банке*

central government drawing on the central bank *снятие денег с правительственного счета в центральном банке*

central government employee [pers.manag.] *государственный служащий*

central government expenditure [manag.] *правительственные расходы*

central government finance [manag.] *государственные финансы*

central government financing [manag.] *правительственное финансирование*

central government fund *правительственный финансовый фонд*

central government security [stock] *государственная ценная бумага*

central government's account *правительственный счет*

central government's accounts *правительственные счета*

central government's gross cash deficit [manag.] *государственный валовой кассовый дефицит*

central government's gross financing requirement [manag.] *общая потребность центрального правительства в финансировании*

central government's net borrowing requirement [manag.] *чистая потребность центрального правительства в кредитах*

centrality *центральное положение*

centralization *централизация*

centralize (vb.) *концентрировать, сосредоточивать, централизовать*

centralized economy *централизованная экономика*

central library *центральная библиотека*

centrally-controlled planned economy *централизованно планируемая экономика*

central management *главная дирекция, центральная администрация*

central office *главная контора*

central organ *центральный орган*

central organization [empl.] *центральная организация*

central pay system of the Treasury *государственная централизованная кредитная система министерства финансов*

central position *центральное положение*

central processing unit (CPU) [comp.] *центральный процессор*

central processor [comp.] *центральный процессор*

central profit-sharing [ind.ec.] *централизованное распределение прибыли*

central rate [monet.trans.] *центральный курс*

central reference rate *центральный контрольный курс*

central station [rail.] *узловая станция*

central storage [comp.] *центральная память, центральное запоминающее устройство*

central unit [comp.] *центральный блок*

centre *пункт, середина, средняя точка, средоточие, учреждение, центр, центральная точка;* [г.е.] *бюро*

centre (vb.) *концентрировать, сосредоточивать*

centre party [pol.] *партия центра, центристская партия*

centre spread [print.] *объявление, отпечатанное на развороте издания*

cents-off coupon [comm.] *купон, дающий право на скидку*

centuplicate (vb.) *увеличивать в сто раз*

century *век, столетие*

CEO (chief executive officer) *директор-распорядитель*

CEPS (cash earnings per share) [fin.] *денежный доход в расчете на акцию*

cereals *зерновые хлеба*

cereals-exporting country *страна-экспортер зерна*

cereals-importing country *страна-импортер зерна*

ceremonial functions *формальности*

ceremonial head *официальный руководитель*

certain (adj.) *известный, определенный, постоянный*

certainty *достоверность, несомненный факт*

certificate *акт, аттестат, диплом, сертификат, справка;* [legal] *удостоверение;* [syst.ed.] *свидетельство, школьный аттестат*

certificate (vb.) *аттестовывать продукцию, выдавать свидетельство, выдавать удостоверение, письменно заверять, письменно подтверждать, свидетельствовать, удостоверять*

certificate holder *владелец сертификата*

certificate issued by authorities *свидетельство, выданное органом власти*

certificate issued by the authorities *свидетельство, выданное органом власти*

certificate of agricultural education *свидетельство о сельскохозяйственном образовании*

certificate of a land charge [г.е.] *свидетельство об оплате земельной собственности*

certificate of baptism *свидетельство о крещении*

certificate of beneficial interest [stock] *свидетельство о договорной выгоде*

certificate of change of address *свидетельство об изменении адреса*

certificate of change of name *свидетельство о переименовании*

certificate of charges [г.е.] *справка об уплате*

certificate of damage [ins.] *свидетельство о повреждении товара*

certificate of deposit [bank.] *депозитный сертификат*

certificate of deposit (CD) [bank.] *вкладной сертификат*

certificate-of-deposit account [bank.] *счет депозитного сертификата*

certificate-of-deposit market [bank.] *рынок депозитных сертификатов*

certificate-of-deposit rate [bank.] *ставка депозитного сертификата*

certificate of discharge *свидетельство об увольнении*

certificate of existence [ins.] *справка о том, что застрахованный жив*

certificate of export   *лицензия на экспорт*

certificate of general conduct   *свидетельство о поведении*

certificate of incapacity for work   [empl.] *свидетельство о нетрудоспособности*

certificate of incorporation   [bus.organ.] *разрешение на создание корпорации, свидетельство о регистрации компании*

certificate of indebtedness   [legal] *краткосрочный вексель, сертификат задолженности*

certificate of insurance   [ins.] *страховое свидетельство*

certificate of judgment   [legal] *справка о судебном решении*

certificate of land charge   *свидетельство об оплате земельной собственности*

certificate of land registration   [r.e.] *свидетельство о регистрации земельной собственности*

certificate of legitimacy   [law.dom.] *свидетельство о законнорожденности*

certificate of measurement   *метрологический аттестат*

certificate of nationality   *свидетельство о национальности*

certificate of naturalization   [legal] *свидетельство о натурализации*

certificate of origin   *свидетельство о происхождении груза*

certificate of pay and tax deducted   [tax.] *справка о заработной плате и удержанном налоге*

certificate of posting   [post] *квитанция о почтовом отправлении*

certificate of proprietorship   *свидетельство о праве собственности*

certificate of quality   *сертификат качества*

certificate of registration   [stock] *свидетельство о регистрации*

certificate of registry   [nav.] *судовой патент*

certificate of release   [leg.pun.] *справка об освобождении*

certificate of retrocession   [ins.] *свидетельство о ретроцессии*

certificate of share ownership   *свидетельство о владении акцией*

certificate of subscription right   *свидетельство о праве подписки*

certificate of subscription rights   [stock] *свидетельство о правах на подписку*

certificate of transfer of share ownership   *свидетельство о передаче права на владение акциями;* [exc.] *свидетельство о передаче доли собственности*

certificate of unfitness for work   [empl.] *свидетельство о нетрудоспособности*

certificate of vaccination   *справка о вакцинации*

certificate of wage tax deduction   [tax.] *справка об удержании налога из заработной платы*

Certificates for Automobile Receivables (CARS)   [stock] *сертификаты на покупку автомобилей (США)*

certification   *акт засвидетельствования, аттестация, выдача свидетельства, выдача удостоверения, засвидетельствование документа, свидетельство, сертификация, удостоверение;* [legal] *засвидетельствование факта, легализация*

certification mark   *знак сертификации*

certification of authenticity   *засвидетельствование подлинности*

certification of cheque   [bank.] *засвидетельствование подлинности чека*

certification of conformity   *сертификат соответствия*

certification of periods of insurance   [ins.] *свидетельство о периоде действия договора страхования*

certification scheme   *порядок сертификации*

certification system   *система сертификации*

certified (adj.)   *гарантированный, дипломированный, заверенный, имеющий соответствующие права, кондиционный, официально назначенный, официально одобренный, признанный недееспособным, проверенный, прошедший проверку и получивший сертификат, разрешенный, уполномоченный*

certified accountant [aud.] *дипломированный бухгалтер, присяжный бухгалтер*

certified by a notary (adj.) [legal] *заверенный нотариально*

certified by notary (adj.) [legal] *заверенный нотариально*

certified cheque [bank.] *чек клиента, гарантированный его банком*

certified copy [legal] *заверенная копия, засвидетельствованная копия*

certified order of payment [bank.] *заверенное платежное требование*

certified public accountant (CPA) [aud.] *дипломированный государственный бухгалтер-ревизор*

certified signature *заверенная подпись*

certified translation [legal] *заверенный перевод*

certified translator *дипломированный переводчик*

certified voucher [aud.] *заверенный денежный документ*

certify (vb.) *аттестовывать, выдавать аттестат, выдавать диплом, гарантировать, подтверждать, разрешать;* [bank.] *удостоверять;* [legal] *выдавать свидетельство, заверять, утверждать*

certify a cheque (vb.) [bank.] *заверять чек*

certifying officer *сотрудник, заверяющий документы*

certitude *несомненность, уверенность*

cessation *остановка, перерыв, приостановка;* [legal] *прекращение*

cessation of community of property [legal] *прекращение общности владения имуществом*

cessation of employment [pers.manag.] *прекращение найма*

cessation of interest [ins.] *утрата объекта страхования*

cessation of payment of premiums [ins.] *приостановка выплаты страховых премий*

cesser [legal] *прекращение ответственности фрахтователя*

cession *передача, уступка;* [legal] *уступка требования, цессия*

cessionary [legal] *правопреемник, цессионарий*

cession of a right [legal] *уступка права*

cession of land *передача земли, уступка земельной собственности*

cession of portfolio [fin.] *передача портфеля*

cession of property *переуступка собственности*

cession of right [legal] *уступка права*

cession of tax liability [tax.] *уступка задолженности по налоговым платежам*

cession of territory *передача территории, уступка территории*

cestui que trust [legal] *бенефициарий*

ceteris paribus *при прочих равных условиях*

C/F (carried forward) [book-keep.] *к переносу;* [calc.] *перенесено*

cf. (confer) *сравните*

CFF (Compensatory Financing Facility) *система компенсационного финансирования*

CFO (chief financial officer) *финансовый директор*

CFR (cost and freight) [trans.] *стоимость и фрахт*

CFS (container freight station) [trans.] *склад контейнерных грузов*

chain *последовательность, цепь*

chained search *цепной поиск;* [comp.] *связный поиск*

chain housing *ряд однотипных домов*

chain of command *цепь инстанций, возникающая в результате делегирования прав и ответственности на более низкие уровни организации*

chain of commands *последовательность команд*

chain of retail stores *цепь розничных магазинов*

chain reaction *цепная реакция*

chain store *однотипные розничные магазины одной фирмы*

chair *должность мэра, кафедра, судейство;* [syst.ed.] *председательство*

chair, be in the (vb.) *председательствовать*

chair, take the (vb.) *открывать собрание, председательствовать, становиться председателем собрания*

chair a meeting (vb.) *быть председателем собрания, вести собрание*
chairman *председатель*
chairman (vb.) *быть председателем, председательствовать*
chairman (of a meeting) *председатель собрания*
chairman has the casting vote, the *председатель имеет решающий голос*
chairman of a committee *председатель комитета*
chairman of a company *председатель правления компании*
chairman of a union [empl.] *председатель профсоюзной организации*
chairman of board of directors [bus.organ.] *председатель правления, председатель совета директоров*
chairman of board of management *председатель совета директоров*
chairman of board of the management *председатель совета директоров*
chairman of committee *председатель комитета*
chairman of company [bus.organ.] *председатель правления компании*
chairman of constituency [parl.] *председатель избирательного округа*
chairman of county council *председатель совета округа*
Chairman of Justices [legal] *председатель суда*
chairman of meeting *председатель собрания*
chairman of the board (of directors) [bus.organ.] *председатель правления, председатель совета директоров*
chairman of the constituency [parl.] *председатель избирательного округа*
chairman of union [empl.] *председатель профсоюзной организации*
chairmanship *должность председателя, обязанности председателя, председательство, председательствование*
chairman's report *отчет председателя*
chairman's review *годовой отчет председателя*
chairman's statement *отчет председателя*
chairperson *председатель*
chair the meeting (vb.) *быть председателем собрания, вести собрание*
chairwoman *женщина-председатель*
chalk up (vb.) *брать на заметку*
challenge *вызов, недопущение избирателя к голосованию, постановка под вопрос, претензия, притязание, сомнение, требование об аннулировании избирательного бюллетеня, требование об аннулировании результатов голосования, требование признать недействительным избирательный бюллетень, требование признать недействительными результаты голосования;* [legal] *возражения в ходе процесса, отвод присяжного заседателя*
challenge (vb.) *бросать вызов, вызывать, давать отвод, оспаривать, отрицать, подвергать критике, подвергать сомнению, сомневаться, ставить задачу, требовать;* [legal] *возражать, отводить присяжного заседателя*
challenge a cheque (vb.) *оспаривать чек*
challenge a juror (vb.) [leg.pun.] *заявлять об отводе присяжного заседателя, отводить присяжного заседателя*
challenge a witness (vb.) [legal] *давать отвод свидетелю*
challenge for cause [leg.pun.] *отвод присяжного заседателя по конкретному основанию*
challenge of a juror [leg.pun.] *отвод присяжного заседателя*
challenge of juror *отвод присяжного заседателя*
challenge to jury [leg.pun.] *отвод состава суда*
challenging (adj.) *многообещающий, побуждающий, стимулирующий*
chamber *казна, казначейство;* [FEC] *палата, приемная;* [legal] *камера мирового судьи, коллегия судей, палата мирового судьи;* [parl.] *палата парламента*
chamber of commerce (and industry) *торговая (и промышленная) палата*
chamber of commerce and industry *торгово-промышленная палата*

chamber of trade *торговая палата*

chambers, in *в кабинете судьи, в конторе адвоката*

champerty *финансирование чужого процесса;* [leg.pun.] *незаконная покупка*

chance *вероятность, возможность, риск, случайность, удобный случай*

chance (adj.) *случайный*

chance customer [mark.] *возможный покупатель, случайный клиент*

chancellery *канцелярия*

chancellor *председатель суда, ректор университета, судья*

Chancellor of the Exchequer *министр финансов (Великобритания)*

chancellorship *звание канцлера*

Chancery Division (of the High Court) [legal] *канцлерское отделение (Высокого суда правосудия) (Великобритания)*

change *замена, изменение, мелкие деньги, перемена, пересадка, подмена, разменная монета, разнообразие;* [ec.] *мелочь, размен денег, сдача;* [exc.] *биржа*

change (vb.) *делать пересадку, изменять, менять, менять деньги, переделывать;* [ec.] *обменивать*

changeability *заменяемость, изменчивость*

changeable (adj.) *гибкий, заменяемый, изменчивый, подвижный, сменный*

change for reasons of consistency *изменение из соображений совместимости*

change hands (vb.) *переходить в другие руки*

change in behaviour *изменение поведения*

change in cash value *изменение стоимости в денежном выражении;* [stock] *изменение денежной стоимости*

change in currency exchange rate *изменение обменного курса;* [monet.trans.] *изменение валютного курса*

change in cyclical trend [pol.ec.] *изменение периодического тренда*

change in definition *изменение формулировки*

change in direction [pol.] *перемена курса*

change in exchange rates [monet.trans.] *изменение валютных курсов*

change in foreign reserves *изменение валютных запасов*

change in interest rates *изменение процентных ставок*

change in inventories [wareh.] *изменение уровней запасов*

change in net foreign reserves *изменение чистой суммы валютных резервов*

change in net forward sales [exc.] *изменение объема нетто-продаж на срок*

change in order of priorities *изменения порядка очередности*

change in practice *изменение процедуры*

change in presentation of accounts [calc.] *изменение порядка представления отчетности*

change in price *изменение цен*

change in statistical recording [stat.] *изменение статистической отчетности*

change in stock [wareh.] *изменение уровня запасов*

change in stockbuilding [wareh.] *изменение порядка создания запасов*

change in the currency exchange rate *изменение обменного курса;* [monet.trans.] *изменение валютного курса*

change in the order of priorities *изменения порядка очередности*

change in the presentation of accounts [calc.] *изменение порядка представления отчетности*

change in timing [calc.] *изменение чередования периодов*

change in work in progress *изменение выполняемой работы*

changemaker *разменный автомат*

change of address *изменение адреса, модификация адреса, переадресование*

change of attitude *изменение отношения*

change of course   [nav.] *перемена курса*
change of government   *смена правительства*
change of level   *изменение уровня*
change of managers   *смена руководителей*
change of name   *изменение названия*
change of ownership   *раздел собственности*
change-of-ownership fee   [r.e.] *взнос за раздел собственности*
change-of-ownership instalment   [r.e.] *очередной взнос за раздел собственности*
change-of-ownership loan   [r.e.] *ссуда на раздел собственности*
change-of-ownership mortgage deed   [r.e.] *залоговый сертификат на раздел собственности, ипотечное свидетельство о разделе собственности*
change of parties   [legal] *замена сторон*
change of policy-orientation   [pol.] *изменение политической ориентации*
change of profession   *смена профессии*
change of supplier   *смена поставщика*
change of system   *изменение системы*
change of trade   *смена профессии*
change one's address (vb.)   *изменять свой адрес*
change one's attitude (vb.)   *изменять свое отношение*
change one's opinion (vb.)   *изменять свое мнение*
changeover   *изменение, перестройка, переход;* [comp.] *переключение*
change-over system   *перестраивающаяся система*
changeover time   [prod.] *время перехода к выпуску новой продукции*
change sides (vb.)   *изменять точку зрения*
changes in post-giro accounts   [calc.] *изменения в системе почтовых жиросчетов*
change the order of priorities (vb.)   *менять порядок очередности*
changing   *замена, изменение*
changing (adj.)   *заменяющий;* [monet.trans.] *изменяющий*
changing prices   *меняющиеся цены*
channel   *источник, путь;* [media] *канал*
channel of distribution   *средство распределения;* [mark.] *канал распределения*
channel of sales   [mark.] *канал сбыта*
channels of distribution   [mark.] *торгово-распределительная сеть*
chaos   *полный беспорядок, хаос*
chaotic (adj.)   *хаотический, хаотичный*
chaplain-in-ordinary   *священник, исполняющий обязанности судьи*
Chaplain-in-Ordinary   *священник, исполняющий обязанности судьи*
CHAPS (Clearing House Automated Payment System)   [bank.] *автоматическая система клиринговых расчетов (Великобритания)*
chapter   *глава, раздел*
character   *аттестация, буква, клеймо, опознавательный знак, отличительный признак, письменная рекомендация, признак, репутация, свойство, характеристика, характерная особенность, цифра;* [comp.] *знак, символ*
characteristic   *особенность, параметр, признак, свойство, характеристика, характерная черта*
characteristic (adj.)   *типичный, характерный*
characteristics   *характеристика*
characterization   *определение параметров, снятие характеристик, составление спецификации*
characterize (vb.)   *изображать, описывать, служить отличительным признаком, характеризовать*
characterized in that (adj.)   [pat.] *характеризующийся тем, что*
characterizing part of claim (adj.)   [pat.] *описывающий часть формулы изобретения*
character position   [comp.] *расположение знака*

character printer [comp.] *буквенно-цифровое печатающее устройство, позначно-печатающее устройство, посимвольно-печатающее устройство*

character reader [comp.] *устройство для считывания знаков, устройство распознавания знаков*

character set *алфавит;* [comp.] *набор знаков*

characters per inch (cpi) [comp.] *число знаков на дюйм*

characters per second (cps) [comp.] *число знаков в секунду*

character subset *подалфавит;* [comp.] *подмножество знаков*

character width [comp.] *ширина символа*

charge *заведывание, лицо, находящееся на попечении, обращение взыскания, поручение, руководство;* [book-keep.] *дебет, пункт обвинения, расход, сбор;* [comm.] *нанесение, плата, тариф, требование;* [legal] *аргументация в исковом заявлении в опровержение предполагаемых доводов ответчика, заключительное обращение судьи к присяжным заседателям, залоговое право, обвинение, обязанность, письменная детализация требований стороны по делу, предписание;* [r.e.] *долговое обязательство, обременение вещи, цена;* [trans.] *ответственность*

charge (vb.) *взыскивать, вменять в обязанность, загружать, нагружать, начислять сбор, предлагать;* [book-keep.] *записывать на дебет, относить на счет;* [comm.] *назначать цену, требовать оплату, требовать цену;* [legal] *обвинять;* [leg.pun.] *возлагать ответственность, возлагать расход, выдвигать обвинение, записывать в долг, начислять издержки, предписывать, предъявлять обвинение;* [r.e.] *запрашивать цену;* [tax.] *обязывать*

charge *попечение*

charge, at no *бесплатно*

chargeable (adj.) *заслуживающий обвинения, ответственный;* [book-keep.] *подлежащий оплате;* [tax.] *подлежащий обложению налогом*

chargeable capital [ind.ec.] *капитал, облагаемый налогом*

chargeable distance [trans.] *таксируемое расстояние*

chargeable gain [tax.] *доход, облагаемый налогом*

chargeable weight [trans.] *оплачиваемая масса груза*

charge account *кредит по открытому счету, счет покупателя в магазине*

charge account selling *продажа в кредит по открытому счету*

charge a jury (vb.) *напутствовать присяжных*

charge-and-discharge statement [legal] *отчет об обвинениях и оправданиях*

charge-back [book-keep.] *отозванная проводка*

charge buyer *покупатель, приобретающий товар в кредит*

charge card *платежная карточка*

charge collect (vb.) *получать деньги по долговому обязательству;* [trans.] *взимать плату при доставке в кредит на дом*

charged with, be (vb.) [leg.pun.] *быть обвиненным*

charge d'affaires [dipl.] *поверенный в делах*

charge for (vb.) *платить за*

charge for a call [telecom.] *плата за телефонный разговор*

charge for call [telecom.] *плата за телефонный разговор*

charge for checking *плата за проверку*

charge form *форма платежа*

charge jury (vb.) [leg.pun.] *напутствовать присяжных*

charge of, be in (vb.) *быть на попечении, ведать, возглавлять, заведовать, иметь на попечении, иметь на хранении, находиться на хранении, отвечать за, руководить*

charge-off [calc.] *амортизация, вычет, сокращение, списание со счета*

charge of fraud [leg.pun.] *обвинение в мошенничестве*

charge on assets established by court order [legal] *плата за фонды, установленная постановлением суда*

charge ranking pari passu *ранжирование платы наравне и одновременно*

charges *затраты, издержки*

charges account *счет расходов*

charges certificate [r.e.] *свидетельство о регистрации*

charges for delivery *затраты на доставку*

charges forward [trans.] *расходы подлежат оплате грузополучателем*

charge sheet [leg.pun.] *полицейский протокол*

charges prepaid [trans.] *расходы оплачены заранее*

charges register *журнал учета долговых обязательств; [r.e.] книга записей удержания имущества*

charges relating to the issue operation [exc.] *затраты, связанные с выпуском ценных бумаг*

charge tax (vb.) [tax.] *облагать налогом*

charge to account (vb.) *относить на счет*

charge to a jury [leg.pun.] *напутствие присяжных*

charge to jury [leg.pun.] *напутствие присяжных*

charge to one's account *отнести на чей-л. счет*

charge to own capital (vb.) [calc.] *относить на собственный капитал*

charge with a crime (vb.) [leg.pun.] *обвинять в совершении преступления*

charge with costs (vb.) *взыскивать издержки*

charge with crime (vb.) [leg.pun.] *обвинять в совершении преступления*

charge with expenses (vb.) *взыскивать расходы*

charge with the costs (vb.) *взыскивать издержки*

charging *занесение на счет, расходование*

charging order [legal] *приказ об обращении взыскания на долю должника в товариществе*

chargé d'affaires *поверенный в делах*

charitable (adj.) *благотворительный, филантропический*

charitable contribution *взнос на благотворительные цели*

charitable donation *пожертвование на благотворительные цели*

charitable institution *благотворительная организация*

charitable organization *благотворительная организация*

charitable purpose *благотворительная цель*

charitable trust *благотворительный фонд*

charity *благотворительность, филантропия*

charity foundation *благотворительный фонд*

charity work *благотворительная деятельность*

chart *номограмма; [nav.] карта; [print.] график, диаграмма, план, схема, таблица*

chart (vb.) *планировать, составлять график, составлять диаграмму, составлять карту, составлять план, составлять схему, составлять таблицу*

charter *льгота, преимущественное право; [bus.organ.] устав; [law nat.] чартер; [legal] грамота, договор фрахтования судна, документ, содержащий согласие государственного органа на создание корпорации, привилегия, хартия, чартер-партия; [nav.] сдача напрокат; [trans.] прокат*

charter (vb.) *давать внаем, даровать привилегию; [bus.organ.] выдавать разрешение на учреждение корпорации; [legal] давать льготу; [nav.] сдавать внаем, сдавать внаем судно по чартеру; [trans.] предоставлять в пользование по заказу, фрахтовать*

charterage [nav.] *фрахтование судна, фрахтовое дело*

chartered (adj.) [nav.] *зафрахтованный*

chartered accountant [aud.] *дипломированный бухгалтер, присяжный бухгалтер*

chartered bank *банк, созданный на основе королевского декрета (Великобритания); [bank.] банк, созданный на основе Закона о банках (Канада)*

chartered company *компания, созданная на основе королевского декрета (Великобритания)*

chartered corporation *корпорация, созданная на основе королевского декрета (Великобритания)*

chartered surveyor *дипломированный инспектор, дипломированный оценщик, дипломированный таксатор;* [plan.] *дипломированный землемер*

charterer [nav.] *фрахтователь*

charter flight *чартерный рейс*

chartering [nav.] *фрахтование*

chartering broker [nav.] *агент по фрахтованию*

chartering by rotation [nav.] *очередность фрахтования*

chartering commission [nav.] *комиссионные за фрахтование*

chartering conditions [nav.] *условия фрахтования*

chartering for general cargo *фрахтование на перевозку сборного груза;* [nav.] *фрахтование на перевозку смешанного груза*

chartering in full [nav.] *фрахтование всего судна*

charter member *учредитель, член-основатель*

charter objective *цель чартера*

charter out (vb.) [nav.] *сдавать внаем по чартеру*

charter party [nav.] *договор о фрахтовании судна, чартер-партия*

charter party bill of lading (CP B/L) [nav.] *коносамент чартер-партии*

charter plane *заказной самолет*

charter tax *чартерный налог*

chart of accounts *схема группировки и кодирования счетов;* [calc.] *план бухгалтерских счетов*

charts [print.] *списки наиболее популярных книг*

chastisement *телесное наказание;* [legal] *наказание*

chattel [legal] *движимое имущество*

chattel loan [bank.] *ссуда под залог движимого имущества*

chattel mortgage [legal] *залог движимого имущества*

chattels *имущество;* [legal] *движимое имущество*

chattels personal [legal] *движимое имущество, личная собственность, личные вещи*

chattels real [r.e.] *недвижимое имущество, недвижимость*

chauffeur-driven hire car *арендованный автомобиль с водителем*

cheap [comm.] *выгодная покупка*

cheap (adj.) *обесцененный;* [comm.] *дешевый, имеющий низкую покупательную силу (о валюте), недорогой*

cheap credit [bank.] *кредит под низкий процент*

cheap loan [bank.] *ссуда под низкий процент*

cheap money policy [pol.ec.] *политика низких процентных ставок*

cheat *жулик, жульничество, мошенник, мошенничество, обман, обманщик, плут, самозванец, шулер*

cheat (vb.) *мошенничать, обманывать*

check *багажная квитанция, задержка, контрамарка, контроль, остановка, отметка в документе, препятствие;* [bank.] *корешок билета, переводной вексель, оплачиваемый по предъявлении, чек;* [cust.] *проверка;* [ec.] *отметка о проверке*

check (vb.) *делать выговор, контролировать, останавливать, отмечать галочкой, препятствовать, принимать на хранение, расследовать, ревизовать, сдерживать, сличать;* [cust.] *проверять;* [ec.] *обуздывать*

check (off) *отбросить, отвергнуть, отмести, отмечать галочкой, удерживать из заработной платы*

check accounts (vb.) *проверять отчетность*

check bit *проверочный разряд;* [comp.] *контрольный разряд*

checkbook [bank.] *чековая книжка;* [trans.] *контрольная книга*

checkbook money *деньги безналичных расчетов;* [bank.] *деньги банковского оборота*

check cash (vb.) [aud.] *проверять кассовую наличность*

check character [comp.] *контрольный знак*

check digit [comp.] *контрольная цифра, контрольный разряд*

check in (vb.) *отмечаться при приходе на работу, регистрировать, сдавать на хранение, сдавать под расписку*

check-in *запись в книге прихода и ухода, отметка о прибытии;* [trans.] *регистрация*

check-in counter [trans.] *стойка регистрации*

checking *контроль, профилактический контроль, сличение;* [calc.] *проверка*

checking (adj.) *контрольный, проверочный*

checking account [bank.] *текущий счет, чековый счет*

checking program *контролирующая программа;* [comp.] *программа контроля*

check key [comp.] *клавиша контрольного рестарта программы*

check kiting *подделка суммы чека;* [leg.pun.] *использование фиктивного чека*

checklist *ведомость результатов проверки, ведомость технического контроля, контрольная таблица, контрольный перечень, контрольный список, перечень комплекта поставки, технологическая карта*

check off (vb.) *удерживать из заработной платы;* [calc.] *отмечать галочкой*

checkout *касса в магазине самообслуживания, контроль, контрольно-кассовый пункт, подсчет стоимости сделанных покупок, проверка*

check out (vb.) *отмечаться при уходе с работы, оформлять выдачу, оформлять получение, подсчитывать стоимость покупок и выбивать чек*

checkout counter *касса*

checkpoint *контрольно-пропускной пункт;* [comp.] *контрольная точка*

check rate [monet.trans.] *чековый курс*

check register *контрольный регистр*

check row [comp.] *контрольная строка*

check sum *контрольная сумма*

check symbol *контрольный знак;* [comp.] *контрольный символ*

check test *контрольные испытания, проверочные испытания*

check the accounts (vb.) *проверять отчетность*

check the cash (vb.) *проверять кассовую наличность*

checkup *контроль, проверка, проверка состояния, ревизия, технический осмотр*

chef de protocol [manag.] *начальник протокола*

chemical industry *химическая промышленность*

chemical product *химический продукт*

chemical weapons [mil.] *химическое оружие*

chemist's shop *аптека*

cheque *чек;* [bank.] *банковский чек, дорожный чек*

cheque (guarantee) card [bank.] *чековая (гарантийная) карточка*

cheque abuse [leg.pun.] *подделка чека*

cheque abuse register *регистр поддельных чеков*

cheque account [bank.] *чековый счет*

cheque book [bank.] *чековая книжка*

cheque clearing [bank.] *клиринг чеков*

cheque collection [bank.] *инкассирование чека*

cheque counterfeiting [leg.pun.] *подделка чека*

cheque forger [leg.pun.] *подделыватель чеков*

cheque form [bank.] *бланк чека*

cheque guarantee card [bank.] *чековая гарантийная карточка*

cheque in blank *незаполненный чек*

cheque in dollar *чек в долларах*

cheque in foreign currency *чек в иностранной валюте*

cheque made out to cash   *чек для оплаты наличными*

cheque not to order   [bank.] *чек без права перехода из рук в руки путем индоссамента*

cheque only for account   *чек только для безналичных расчетов*

cheque payee   *получатель денег по чеку*

cheque processing   [bank.] *обработка чеков*

cheque protector   [bank.] *гарант чека*

cheque rate   [monet.trans.] *курс покупки чеков*

cheque referred to drawer   [bank.] *чек с отсылкой к чекодателю*

cheque stop-payment   [bank.] *приостановка платежа по чеку*

cheque transactions   [bank.] *чековые сделки*

cheque without sufficient funds   [bank.] *чек без достаточного покрытия*

cheque writer   [bank.] *лицо, выписавшее чек*

cherry picking   *сбор вишни, сбор черешни*

CHF (Swiss franc)   [monet.trans.] *швейцарский франк*

Chicago Board of Options Exchange (CBOE)   [exc.] *Чикагская опционная биржа*

Chicago Board of Trade (CBOT, CBT)   [exc.] *Чикагская срочная товарная биржа*

Chicago Mercantile Exchange (CME)   [exc.] *Чикагская товарная биржа*

chief   *глава, директор, заведующий;* [pers.manag.] *начальник, руководитель*

chief (adj.)   *важнейший, главный, основной, руководящий, старший*

chief accountant   [pers.manag.] *главный бухгалтер, старший бухгалтер*

chief actuary   [ins.] *ответственный актуарий*

chief buyer   [pers.manag.] *начальник отдела закупок*

chief cashier   [pers.manag.] *главный кассир*

chief city engineer   *главный инженер - проектировщик города*

chief clerk   [legal] *главный клерк;* [pers.manag.] *руководитель отдела*

chief competitor   *главный конкурент*

Chief Conservation Board   *Главный совет по охране природы*

chief constable   *начальник полиции*

Chief Constable   *начальник полиции*

Chief Crown Prosecutor   [leg.pun.] *главный прокурор (Великобритания)*

chief engineer   [pers.manag.] *главный инженер*

chief executive   *глава исполнительной власти, главный администратор, директор, президент компании, руководящий представитель исполнительной власти*

chief executive officer (CEO)   *директор предприятия, управляющий делами*

chief financial executive   *директор по финансовым вопросам*

chief financial officer (CFO)   *директор по финансовым вопросам*

chief general manager   *генеральный управляющий, главный управляющий, директор предприятия*

chief goal   *главная цель*

chief inwards clerk   [wareh.] *начальник отдела приемки грузов*

chief justice   [legal] *председатель суда*

chiefly   *больше всего, в основном, главным образом, особенно, прежде всего, преимущественно*

chief negotiator   *главный посредник*

chief of communications   *руководитель отдела по связям*

chief of department   *начальник отдела*

chief of police   *начальник полиции*

chief of section   [manag.] *начальник сектора*

chief public prosecutor   *главный общественный обвинитель*

chief steward   *старший стюард*

chief stewardess   *старшая стюардесса*

chief storekeeper   [pers.manag.] *заведующий складом*

chief superintendent engineer   *главный инженер-смотритель, начальник производственного отдела*

chief tribunal officer   [mil.] *председатель трибунала*

child   *ребенок;* [legal] *несовершеннолетний*
child abuse   *жестокое обращение с детьми*
child allowance   [law.dom.] *пособие на содержание ребенка*
child benefit   [soc.] *пособие на содержание ребенка*
childbirth figures   [pol.ec.] *показатели рождаемости*
child born in wedlock   [law.dom.] *законнорожденный ребенок*
child care   [soc.] *социальное обеспечение ребенка*
child cheque   [soc.] *детский чек*
child day-care centre   [soc.] *детский сад*
child destruction   [leg.pun.] *детоубийство*
child in care   *приемный ребенок*
childless (adj.)   *бездетный*
childless couple   *бездетная супружеская пара*
child maintenance   *денежное пособие на содержание ребенка;*
   [law.dom.] *алименты на ребенка*
child maintenance payment   [law.dom.] *плата на содержание ребенка*
child-minder   *воспитательница детского сада, няня в яслях,*
   приходящая няня
child-minding   *присмотр за детьми*
child of a former marriage   [law.dom.] *ребенок от предыдущего брака*
child of another bed   [law.dom.] *сводный ребенок*
child of first marriage   [law.dom.] *ребенок от первого брака*
child of former marriage   [law.dom.] *ребенок от предыдущего брака*
child of the first marriage   [law.dom.] *ребенок от первого брака*
children   *дети*
children born out of wedlock   [law.dom.] *внебрачные дети*
children of different beds   [law.dom.] *дети от разных браков*
childrens' officer   [leg.pun.] *инспектор по делам несовершеннолетних*
children's court   [legal] *суд для несовершеннолетних*
children's endowment assurance   [ins.] *страхование-вклад на детей*
children's home   *детский дом*
child savings account   [bank.] *детский сберегательный счет*
child support   [law.dom.] *пособие на ребенка*
child welfare committee   *комитет по охране детства;* [soc.] *комитет*
   по охране младенчества
child's deferred assurance   [ins.] *отсроченное страхование детей*
child's deferred insurance   [ins.] *отсроченное страхование детей,*
   страхование детей до конфирмации
child's insurance   [ins.] *детское страхование*
Chilean peso (CLP)   [monet.trans.] *чилийское песо*
chimney sweeping   *чистка дымоходов*
China syndrome   *китайский синдром*
Chinese wall   [bank.] *разделение функций банка во избежание*
   злоупотреблений
Chinese yuan (CNY)   [monet.trans.] *китайский юань*
chip   *кристалл, элементарная посылка, элементарный сигнал;*
   [comp.] *микросхема*
CHIPS (Clearing House Interbank Payment System)   [bank.] *электронная*
   система межбанковских клиринговых расчетов (США)
choice   *альтернатива, возможность выбора;* [comm.] *ассортимент,*
   выбор, отбор
choice (adj.)   *изощренный, изысканный;* [comm.] *лучший, отборный*
choice-of-law rule   [law nat.] *правило выбора правовых норм*
choice quality   *высокое качество*
choose (vb.)   *выбирать, избирать, отбирать, подбирать,*
   предпочитать, решать, считать необходимым
chose   *движимое имущество, любое имущество за исключением*
   денежной собственности
chose in action   [legal] *имущество в требованиях, нематериальное*
   имущество, на которое может быть заявлена претензия,
   право, могущее быть основанием для иска, право требования

chose in possession *имущество в требованиях, право требования;* [legal] *абсолютное право, право, непосредственно уполномочивающее на владение вещью*

chosen (adj.) *выбранный;* [legal] *избранный*

choses in action *имущество в требованиях*

choses in possession *вещи во владении*

CHP (cogeneration of heating and power) [legal] *комбинированное производство тепловой и электрической энергии*

CHP (combined heat and power station) *ТЭС (теплоэлектростанция)*

christening *крещение*

Christian name *имя, данное при крещении*

Christmas bonus *рождественская премия*

Christmas box [pol.] *коробка с рождественскими подарками*

Christmas holidays *рождественские каникулы*

Christmas shopping *рождественская торговля, рождественские покупки*

chronological (adj.) *хронологический*

church *храм, церковь*

church (adj.) *церковный*

church guild *церковный союз*

church law *церковное право*

church property *церковная собственность*

church rate *церковный налог*

church register *церковная регистрационная книга*

church tax *церковный налог*

church wedding *венчание, церковный свадебный обряд*

churning [exc.] *сомнительная практика проведения брокером сделок за счет средств клиента*

CIA (cash in advance) *плата наличными вперед*

CIBOR (Copenhagen interbank offered rate) [bank.] *межбанковская ставка предложения на рынке депозитов в Копенгагене*

CID (Criminal Investigation Department) [leg.pun.] *департамент расследования преступлений*

cief constable *начальник полиции*

CIF (cost, insurance, freight) [trans.] *сиф (стоимость, страхование, фрахт)*

CIF forward delivery price *цена сиф будущей поставки*

CIF price *цена сиф*

CIM (computer input microfilm) [comp.] *машинный микрофильм*

CIM (computer-integrated manufacturing) *автоматизированное производство*

cinema *кинематография, кино, кинотеатр*

cinema advertising [media] *кинореклама*

cipher *код, нуль, символ, цифра, шифр*

cipher (vb.) *кодировать, шифровать*

ciphering *шифрование*

circa *около, примерно*

circle *группа, круг, круговорот, кружок, область, сфера, цикл*

circle (vb.) *циркулировать*

circle of members *круг членов*

circle of owners *круг владельцев*

circuit *круг, область, окружность, пределы деятельности, сфера;* [comp.] *контур, схема, цепь, цикл;* [legal] *выездная сессия суда, судебный округ*

circuit judge [leg.pun.] *окружной судья, судья верховного суда, приписанный к определенному округу*

circular *рекламное объявление, циркуляр;* [mark.] *рекламный проспект, циркулярное письмо*

circular (adj.) *круглый, круговой, повторяющийся, циркулярный*

circular boulevard *бульварное кольцо*

circular chart [print.] *круговая диаграмма*

circular flow [pol.ec.] *круговорот*

circularize (vb.) *рассылать рекламные проспекты*

circular letter *циркуляр, циркулярное письмо*

circular tour [trans.] *круговой рейс*

circulate (vb.) *быть в обращении, обращаться, передавать, распространяться, рассылать, циркулировать*

circulating (adj.) *находящийся в обращении, обращающийся, циркулирующий*

circulating assets [ind.ec.] *легкореализуемые активы, оборотные активы, оборотный капитал, текущие активы*

circulating bonds *легкореализуемые облигации;* [stock] *облигации, находящиеся в обращении*

circulating capital [pol.ec.] *оборотный капитал*

circulating decimal [mat.] *периодическая десятичная дробь*

circulating medium *средство обращения;* [ec.] *обращающиеся деньги*

circulating storage *запоминающее устройство динамического типа;* [comp.] *динамическое запоминающее устройство*

circulation *распространение, циркуляция;* [ec.] *кругооборот капитала, обращение;* [media] *передача информации, тираж*

circulation, in *в обращении*

circulation analysis [media] *анализ распространения информации*

circulation audit [media] *проверка распространения информации*

circulation manager [media] *агент по распространению информации*

circulation of bills [bill.] *обращение векселей*

circulation of coins [pol.ec.] *обращение монет*

circulation of money [pol.ec.] *денежное обращение*

circulation period [ec.] *период обращения*

circulator [mat.] *периодическая дробь*

circumlocution *многословие*

circumscribed budget *ограниченная смета, ограниченный бюджет*

circumspect (adj.) *действующий с оглядкой, осмотрительный, осторожный, продуманный*

circumspection *бдительность, осмотрительность, осторожность*

circumstance *деталь, подробность, частность*

circumstances *материальное положение, положение дел, финансовое положение;* [leg.pun.] *обстоятельства, условия*

circumstances outside one's control [legal] *обстоятельства непреодолимой силы*

circumstantial (adj.) *зависящий от обстоятельств, обстоятельный, подробный, случайный*

circumstantial evidence [legal] *косвенные доказательства, косвенные улики*

circumstantiate (vb.) *детализировать, уточнять*

circumstantiation *детализация, уточнение*

circumvent (vb.) *вводить в заблуждение, заманивать в ловушку, перехитрить, расстраивать планы*

circumvention *введение в заблуждение, обман, уловка, хитрость*

circus swap (combined interest rate and cross currency swap) [exc.] *простой процентный своп, заключающийся в обмене процентными платежами в разных валютах*

CIS (Commonwealth of Independent States) *СНГ (Содружество независимых государств)*

citation *цитирование;* [doc.] *перечисление фактов, цитата;* [law.dom.] *ссылка на закон;* [legal] *вызов ответчика в суд, ссылка на прецедент;* [pat.] *список противопоставленных материалов, ссылка;* [suc.] *предостережение*

cite (vb.) *излагать обстоятельства, приводить, ссылаться, цитировать;* [legal] *вызывать в суд, предавать суду, ссылаться на прецедент;* [pat.] *привлекать к судебной ответственности*

cited reference [pat.] *материал, использованный при экспертизе заявки*

citee [suc.] *лицо, вызываемое в суд*

CITES (The Convention for International Trade with Endangered Species)
Конвенция о международной торговле исчезающими видами животных

citizen *городской житель, гражданин*

citizenry *население*

citizens *население*

citizenship *гражданственность, гражданство, права и обязанности гражданина*

citizenship, obtain (vb.) *получать гражданство*

citizenship paper [legal] *документ о натурализации (США), документ о принятии в гражданство (США)*

citizenship papers [legal] *документ о натурализации (США), документ о принятии в гражданство (США)*

citizen's arrest [leg.pun.] *арест гражданского лица*

city *большой город (Великобритания), город, город, имеющий муниципалитет (США)*

City, the (UK) *Сити (деловая часть Лондона)*

city centre *центр города*

city core *центр города*

city council *городской совет, муниципалитет, муниципальный совет*

city councillor *член городского совета, член муниципалитета, член муниципального совета*

city court [leg.pun.] *городской суд*

city executive *магистрат, мировой судья*

city government *муниципальный орган, муниципальный совет*

city ordinance [legal] *постановление муниципального органа*

city plan [plan.] *план города*

city planner [plan.] *градостроитель*

city planning [plan.] *планировка города*

city surveyor *городской инспектор*

city tax [tax.] *муниципальный налог*

city taxation [tax.] *обложение муниципальным налогом*

city treasurer *городской казначей*

city treasurer's department *департамент городского казначея*

civic centre *городской административный центр, зал для собраний*

civic duty *гражданский долг*

civic right *гражданское право*

civic rights *гражданские права*

civil (adj.) *гражданский, невоенный, цивильный;* [legal] *штатский*

civil action [legal] *гражданский иск*

civil administration of justice [legal] *судопроизводство по гражданским делам*

civil commotion [ins.] *общественные беспорядки*

civil court [legal] *гражданский суд*

civil defence *гражданская оборона*

Civil Defence *гражданская оборона*

Civil Defence and Emergency Planning Agency *управление гражданской обороны и планирования на случай чрезвычайных обстоятельств*

Civil Defence and Emergency Planning Agency, the *агентство гражданской обороны и чрезвычайных мероприятий*

civil disobedience *гражданское неповиновение*

civil engineer *инженер-строитель*

civil engineering *гражданское строительство*

civil engineering (firm) *строительная фирма*

civil engineering contractor *строительный подрядчик*

civil engineering firm *строительная фирма*

civil engineering works *строительные работы*

civilian *гражданское лицо, специалист по гражданскому праву*

civilian (adj.) *гражданский*

civil law [legal] *внутригосударственное право, гражданское право*

civil liability [legal] *гражданская ответственность*

civil list *цивильный лист*

civil list annuity *цивильный лист*

civil marriage *гражданский брак*

civil procedure [legal] *гражданский процесс, гражданское процессуальное право*

civil proceedings [legal] *гражданский иск, гражданское судебное разбирательство*

civil rights *гражданские права*

civil servant [pers.manag.] *государственный служащий, должностное лицо, чиновник*

civil servant level *уровень государственного служащего в организационной иерархии*

civil servants act *закон о государственных служащих*

civil service *государственная служба, гражданская служба*

civil service retirement payment *выходное пособие государственного служащего*

civil service retirement payments *выплата выходного пособия государственному служащему*

civil unrest [ins.] *общественные беспорядки*

civil war *гражданская война*

civism *сознание гражданского долга*

claim *заявление, патентные притязания, право требования, претензия, требование, утверждение, участок, отведенный под разработку недр;* [ins.] *иск о возмещении ущерба, патентная формула;* [legal] *иск, пункт патентной заявки, рекламация*

claim (vb.) *добиваться, заявлять права, требовать;* [legal] *заявлять, заявлять право, предъявлять иск, предъявлять претензию, предъявлять притязание, предъявлять рекламацию, предъявлять требование, претендовать, утверждать*

claimable (adj.) *способный быть предметом формулы изобретения;* [ins.] *способный быть предметом притязания*

claimable, be (vb.) *быть предъявленным*

claim adjuster [ins.] *оценщик, таксатор*

claim advice [ins.] *заявление об ущербе*

claim against a bankrupt estate [bankr.leg.] *иск на имущество несостоятельного должника, иск против конкурсной массы*

claimant *лицо, предъявляющее требование, претендент;* [ins.] *заявитель, сторона, заявляющая претензию;* [legal] *истец, лицо, заявляющее о своем праве, претендент на патент*

claimant's default [legal] *неявка истца в суд*

claim back (vb.) [legal] *отзывать иск, отказываться от претензии*

claim based on a bill [legal] *иск на основании векселя*

claim based on a defect [legal] *иск на основании дефекта*

claim based on bill [legal] *иск на основании векселя*

claim based on defect [legal] *иск на основании дефекта*

claim corrective payment (vb.) *требовать изменения платежа*

claim damages (vb.) [legal] *взыскивать убытки, требовать возмещения убытков, требовать компенсации*

claim dismissal of the action (vb.) [legal] *требовать прекращения дела*

claim for a reduction *просьба о возврате долга*

claim for a refund *требование возврата денег*

claim for compensation [ins.] *требование компенсации*

claim for damages [legal] *требование о возмещении ущерба*

claim for dismissal [legal] *требование об отклонении иска*

claim for indemnification [ins.] *требование о возмещении ущерба*

claim form [ins.] *бланк заявления о выплате страхового возмещения*

claim for nonperformance of activity [legal] *иск на неисполнение действия*

claim for non-performance of an activity   [legal] *иск на неисполнение действия*

claim for payment   *иск на оплату*

claim for reduction   *просьба о возврате долга*

claim for refund   *требование возврата денег*

claim for relief   *требование снижения суммы платежа*

claim for restitution of property [legal] *требование восстановления первоначального права собственности*

claim-free [ins.] *без претензий*

claiming of benefits [soc.] *требование привилегий*

claim inheritance (vb.) [suc.] *предъявлять претензию на наследство*

claim not settled [ins.] *неурегулированная претензия*

claim of indemnity [legal] *требование возмещения убытков*

claim of recourse [legal] *требование права регресса*

claim one's inheritance   *требовать своего наследства*

claim over against (vb.) [legal] *возбуждать иск против*

claim paid [ins.] *оплаченная претензия*

claim payments [ins.] *платежи по заявлению о выплате страхового возмещения*

claim priority (vb.) [pat.] *притязать на приоритет*

claims adjustment   [ins.] *урегулирование претензий;*
[mar.ins.] *удовлетворение исков*

claims department [ins.] *отдел рекламаций;* [mar.ins.] *отдел претензий*

claim secured by a maritime lien [legal] *претензия, обеспеченная морским залоговым правом*

claim settlement [ins.] *урегулирование претензии*

claims expenditure [ins.] *затраты на выплату страховых возмещений*

claims expenses [ins.] *затраты на выплату страховых возмещений*

claims experience [ins.] *практика выплаты страховых возмещений*

claims form   *форма требований*

claim sheet   *ведомость выплаты страховых возмещений;*
[ins.] *ведомость выплат страхового возмещения*

claimsman [ins.] *таксатор*

claims maturing at a certain future date   *иски, подлежащие оплате к определенной дате в будущее*

claims maturing at certain future date   *иски, подлежащие оплате к определенной дате в будущем*

claims on customers [calc.] *предъявление исков заказчикам*

claims on government and central bank [bank.] *претензии к правительству и центральному банку*

claims paid and outstanding [ins.] *выплаченные и просроченные страховые возмещения*

claims prevention [ins.] *предотвращение претензий*

claims representative [ins.] *оценщик ущерба*

claims reserve [ins.] *резерв на выплату страховых возмещений*

claims settlement fund [ins.] *фонд для урегулирования претензий*

claim statement [ins.] *расчет страхового возмещения*

claim sustained [legal] *поддержанная претензия*

claim that the defendant be ordered to (vb.) [legal] *требовать явки ответчика в суд*

claim to, have a (vb.)   *иметь претензии к*

claim to personal property [legal] *предъявление иска на личную собственность*

clandestine (adj.)   *подпольный, скрытый, тайный;* [legal] *нелегальный*

clarification   *выяснение, очищение, пояснение*

clarify (vb.)   *вносить ясность, очищать, пояснять, разъяснять*

clarity   *прозрачность, чистота*

clash   *конфликт, разногласие, столкновение*

clash of jurisdictions [legal] *столкновение компетенций*

class   *вид, группа, категория, качество, курс обучения, разряд;*
[syst.ed.] *занятие, класс, сорт*

class (vb.) *классифицировать, сортировать*

class action suit   [legal] *коллективный иск*

class B letter   [post] *письмо класса B*

class B mail   [post] *почтовое отправление класса B*

class B post   [post] *почтовое отправление класса B*

classification   *группировка, каталогизация, классификация, определение степени секретности, систематизация, сортировка;* [doc.] *определение категории*

classification and rate book   [trans.] *перечень тарифов на перевозки грузов различной категории*

classification of accounts   [calc.] *классификация счетов*

classification of goods   [com.mark.] *классификация товаров*

classification of risks   [ins.] *определение категории риска*

classification of services   [com.mark.] *классификация услуг*

classification scheme   *система классификации*

classification society   [nav.] *классификационное общество*

classified (adj.)   *имеющий гриф секретности, классифицированный, рассортированный, систематизированный, систематический;* [doc.] *засекреченный, отнесенный к определенной категории, секретный*

classified (advertisements)   *устные рекламные объявления*

classified advertisement   [adv.] *устная реклама, устное объявление*

classified business directory   [telecom.] *систематизированный деловой справочник, систематизированный фирменный справочник, систематизированный фирменный указатель*

classified catalogue   [doc.] *систематизированный каталог*

classified index   [doc.] *систематизированный указатель*

classified stock   [bus.organ.] *акции, различающиеся по статусу*

classified subject catalogue   *систематизированный предметный каталог;* [doc.] *систематический предметный каталог*

classified telephone directory   [telecom.] *систематизированный телефонный справочник*

classified trial balance   [calc.] *систематизированный предварительный баланс с группировкой статей по форме финансового отчета*

classify (vb.)   *засекречивать, классифицировать, распределять по категориям, распределять по сериям, распределять по сортам, сортировать*

class of creditor in bankruptcy   [bankr.leg.] *категория неплатежеспособности кредитора*

class of goods   *категория товара;* [trans.] *сорт товара*

class of heir   [suc.] *категория наследника*

class of insurance   [ins.] *тип страхования*

class of risk   [ins.] *степень риска*

class of risks   [ins.] *степень риска*

class of shares   *класс акций*

class struggle   *классовая борьба*

clause   [legal] *клаузула, оговорка, параграф, пункт, статья, условие*

clause concerning legal procedure   [legal] *оговорка, касающаяся правовой процедуры*

clause exempting issue from arbitration   [legal] *оговорка об освобождении от арбитража*

clause incorporating (standard) terms into a contract   [legal] *статья, вводящая (стандартные) условия в контракт*

clause incorporating standard terms into a contract   [legal] *статья, вводящая стандартные условия в контракт*

clause limiting liability   [legal] *оговорка об ограничении ответственности*

clause of denunciation   [law nat.] *пункт о денонсации*

clause related to real income   [pers.manag.] *оговорка, касающаяся реального дохода*

claw-back clause   [exc.] *оговорка о возмещении затрат на увеличение государственных пособий путем соответственного увеличения налогов*

clean (adj.) *не бывший в употреблении, не содержащий исправлений, чистый*

clean bill of lading [nav.] *бланк коносамента, бланк транспортной накладной*

clean copy *рукопись, не содержащая исправлений*

clean opinion [aud.] *беспристрастное заключение, непредвзятое мнение*

clean out (vb.) *вычищать, опорожнять, опустошать, очищать, снимать все деньги со счета;* [sl.] *обворовывать*

clean price [stock] *чистая цена*

clean profit *чистая прибыль*

clean receipt *чистый доход*

clean registration of title [r.e.] *регистрация права собственности без оговорок*

clean report [aud.] *беспристрастный отчет*

clear (vb.) *гасить, объяснять, осуществлять клиринг векселей, осуществлять клиринг чеков, разъяснять, устранять препятствия;* [comm.] *получать чистую прибыль, распродавать товары по сниженным ценам;* [comp.] *очищать, устанавливать в исходное состояние;* [cust.] *очищать от пошлин, производить расчет, уплачивать пошлины*

clear (adj.) *очевидный, понятный, пустой, сброшенный, свободный, чистый, явный, ясный*

clear (of suspicion) (vb.) *оправдывать*

clearance *допуск к секретной работе, клиринг векселей, клиринг чеков, очистка от пошлин, производство расчетов через расчетную палату, распродажа товаров по сниженным ценам, сертификат очистки от пошлин, холостой ход;* [cust.] *очистка от таможенных пошлин, таможенная очистка, таможенный сертификат, разрешающий выход судна;* [nav.] *оплата долга;* [r.e.] *урегулирование претензий*

clearance costs [ins.] *затраты на урегулирование претензий*

clearance fee [cust.] *сбор за очистку от таможенных пошлин*

clearance invoice [cust.] *таможенная фактура*

clearance inwards *таможенный сертификат на грузы, оставшиеся на судне после разгрузки;* [cust.] *таможенная очистка по приходу судна*

clearance note [cust.] *документ об оплате таможенной пошлины*

clearance office *расчетное учреждение;* [cust.] *расчетная палата*

clearance outwards [cust.] *таможенная очистка по отходу судна*

clearance permit [cust.] *сертификат очистки от пошлин*

clearance price [comm.] *цена реализации*

clearance sale [comm.] *распродажа товара по сниженным ценам*

clearance value *стоимость реализации*

cleared balance [bank.] *окончательное сальдо*

cleared out (adj.) *выброшенный, очищенный;* [wareh.] *вычищенный*

clearing *безналичные расчеты между банками, зачет взаимных банковских требований через расчетную палату, очистка, распродажа по сниженным ценам, распродажа товаров по сниженным ценам, расчистка;* [bank.] *клиринг, клиринговое соглашение;* [cust.] *очистка от пошлин;* [exc.] *расчеты по биржевым сделкам*

clearing (adj.) *клиринговый*

clearing account *клиринговый счет*

clearing agent [cust.] *таможенный инспектор*

clearing agreement *двусторонний клиринг, соглашение о расчетах*

clearing association *ассоциация банков - членов расчетной палаты*

clearing bank *банк - член расчетной палаты*

clearing day *день взаимных расчетов*

clearing house *депозитарно-распределительный документационный центр, клиринговая палата, центр анализа и синтеза информации;* [bank.] *банковская расчетная палата*

Clearing House Automated Payment System (CHAPS)
[bank.] *автоматическая система клиринговых расчетов (Великобритания)*

Clearing House Interbank Payment System (CHIPS) [bank.] *электронная система межбанковских клиринговых расчетов (США)*

clearing member *банк - член расчетной палаты*

clearing office *расчетная палата, расчетное учреждение*

clear of suspicion (vb.) *отводить подозрения*

clear oneself (vb.) *оправдываться*

clear out (vb.) *вычищать*

clear out stocks (vb.) *освобождать склады*

clear profit *чистая прибыль*

clear sum *итоговая сумма*

clear the court (vb.) [legal] *освобождать здание суда от публики*

clear title [legal] *свободный правовой титул;* [r.e.] *необремененный правовой титул*

clear up (vb.) *выяснять, приводить в порядок, раскрывать*

cleavage *раскол;* [pol.] *расхождение*

clergy *духовенство, духовное лицо*

clergyman *священник*

clerical *духовное лицо, конторский служащий*

clerical (adj.) *духовный, канцелярский*

clerical error *опечатка;* [book-keep.] *описка*

clerical staff [pers.manag.] *конторский персонал*

clerical worker [pers.manag.] *канцелярский работник*

clerk *солиситор-практикант;* [manag.] *клерк, работник магазина, секретарь;* [pers.manag.] *канцелярский работник, конторский служащий, продавец, продавщица, экспедитор*

clerk in holy orders [legal] *священнослужитель*

clerk of (the) court [legal] *секретарь суда*

clerk of (the) works *производитель работ*

clerk to county council *секретарь окружного совета*

clerk to justices [legal] *секретарь суда*

clerk to the county council *секретарь окружного совета*

clerk to the justices [legal] *секретарь суда*

clever (adj.) *ловкий, талантливый, умелый, умный*

cliché *клише*

client *зависимое государство, клиент, лицо, живущее на пособие, постоянный заказчик, постоянный покупатель;* [fin.] *комитент*

client base *сфера деятельности клиента*

clientele *клиентура, получатели информации, пользователи информации;* [comm.] *постоянные покупатели, постоянные посетители*

client's account *счет клиента*

cliffhanger firm [bankr.leg.] *конкурирующая фирма*

cliffhanging (adj.) [bankr.leg.] *конкурирующий*

climate improvement tax [tax.] *налог на выбросы в атмосферу диоксида углерода*

climax *высшая или низшая точка движения цен, кульминация*

climb down (vb.) *сдавать позиции, сдаваться, уступать*

clinic *клиника, курсы усовершенствования, лечебница, поликлиника, семинар специалистов, частная больница, частная лечебница*

clip coupons (vb.) [stock] *отрезать купоны*

clipping bureau *бюро газетных вырезок*

cloakroom *гардероб, раздевалка*

cloakroom ticket *гардеробный номерок*

cloakroom token *гардеробный номерок*

clock *генератор синхронизирующих импульсов, задающий генератор, синхронизатор, синхронизация, синхронизирующие импульсы, схема синхронизации, тактирование, тактовые импульсы, часы;* [comp.] *генератор тактовых импульсов;* [empl.] *контрольные часы*

clock (vb.) *включать в работу, засекать время прихода на работу и ухода с работы, подавать тактовые импульсы, показывать время, синхронизировать, хронометрировать*

clock card   [empl.] *карточка табельного учета*

clock in (vb.) [empl.] *отмечать время прихода на работу*

clocking-in card   [empl.] *карточка табельного учета*

clock out (vb.) [empl.] *отмечать время ухода с работы*

clock pulse *синхроимпульс, синхронизирующий импульс;*
[comp.] *тактовый импульс*

clone *двойник, клон, человек, действующий механически*

close *завершение, завершение кредитного соглашения, заключение, закрытие, закрытие бухгалтерских книг в конце учетного периода, конец, окончание работы, прекращение;*
[exc.] *завершение сделки, закрытие биржи*

close (vb.) *договариваться, завершать, заканчивать, закрывать, закрываться, иметь определенный курс на момент закрытия биржи;* [calc.] *кончать;* [exc.] *заключать*

close (adj.) *близкий, закрытый, замкнутый, компактный, ограниченный, плотный, подробный, почти равный, строго охраняемый, тайный, точный, тщательный, хорошо пригнанный*

close a book (vb.) [calc.] *закрывать бухгалтерскую книгу в конце отчетного периода*

close a case (vb.) [legal] *прекращать судебное преследование*

close account (vb.) [book-keep.] *закрыть счет*

close accounts (vb.) [calc.] *составить отчет*

close a file (vb.) [comp.] *закрывать файл*

close an account (vb.) *заключить бухгалтерские книги, закрыть счет*

close a position (vb.) [exc.] *заключить ликвидационную сделку, закрыть позицию, продать ценные бумаги*

close book (vb.) [calc.] *закрывать бухгалтерскую книгу в конце отчетного периода*

close case (vb.) [legal] *прекращать судебное преследование*

close classification   [doc.] *детальная классификация, детальная систематизация*

close company   [bus.organ.] *компания закрытого типа*

close conformity *близкое соответствие*

close consultation *подробная консультация*

close cooperation *тесное сотрудничество*

close copy *точная копия*

closed (adj.) *законченный, закрытый, замкнутый*

closed, be (vb.) *быть закрытым*

closed book   [bank.] *закрытая бухгалтерская книга*

closed conference   [nav.] *закрытое совещание*

closed corporation   [bus.organ.] *корпорация закрытого типа*

closed-door *при закрытых дверях*

closed-door meeting *совещание при закрытых дверях*

closed economy   [pol.ec.] *закрытая экономика, изолированная экономика*

closed-end investment company *инвестиционная компания закрытого типа*

closed institution *закрытое учреждение*

closed loop *замкнутая петля, замкнутый контур;* [comp.] *закрытый цикл*

closedown *прекращение работы*

close down (vb.) *закрывать, ликвидировать предприятие, подавлять, прекращать работу*

close down a factory (vb.) *закрывать фабрику*

close down an enterprise (vb.) *ликвидировать предприятие*

close down enterprise (vb.) *ликвидировать предприятие*

close down factory (vb.) *закрывать фабрику*

closed series *закрытые серии*

closed shop [empl.] *закрытое предприятие, предприятия с ограничениями при приеме на работу*

closed shop (with a closed union) [empl.] *предприятие, принимающее на работу только членов определенного профсоюза*

closed-shop agreement [empl.] *соглашение о приеме на работу только членов определенного профсоюза*

closed society *закрытое общество*

close examination *точная экспертиза, тщательный осмотр*

close file (vb.) [comp.] *закрывать файл*

close ledger (vb.) [book-keep.] *закрывать главную бухгалтерскую книгу в конце отчетного периода*

closely calculated (adj.) *точно вычисленный*

closely packed (adj.) [trans.] *плотно упакованный*

closely related (to) (adj.) *тесно связанный*

close of financial year [calc.] *конец финансового года*

close of pleadings [legal] *прекращение обмена состязательными бумагами*

close of polling *прекращение процедуры голосования*

close of the financial year [calc.] *конец финансового года*

close of the year *конец года*

close of year *конец года*

close out (vb.) *закрывать свое предприятие, исключать, продавать;* [exc.] *ликвидировать, реализовывать ценные бумаги*

close position (vb.) [exc.] *ликвидировать позицию*

close price *минимальный разрыв между ценами покупателя и продавца по ценной бумаге, окончательная цена*

close the accounts (vb.) [calc.] *составить отчет*

close the books *закрывать счета, закрыть бухгалтерские книги*

close the case (vb.) [legal] *прекращать судебное преследование*

close the ledger (vb.) *закрывать главную бухгалтерскую книгу в конце отчетного периода*

closeup *тщательный осмотр;* [media] *крупный план, тщательное рассмотрение*

closing *заключение, закрытие, конец;* [legal] *запирание*

closing (adj.) [legal] *заключительный*

closing address *заключительный адрес*

closing agreement [tax.] *соглашение о взимании налогов*

closing balance sheet for preceding financial year [calc.] *итоговый балансовый отчет за предыдущий финансовый год*

closing balance sheet of a company in the process of winding up [bus.organ.] *итоговый балансовый отчет компании в процессе ликвидации*

closing balance sheet of company in process of winding up *итоговый балансовый отчет компании в процессе ликвидации*

closing bid *окончательная цена*

closing costs *затраты на аннулирование контракта*

closing date *дата закрытия позиции;* [calc.] *последний день отчетного периода;* [exc.] *заключительная дата;* [r.e.] *дата закрытия бухгалтерской книги*

closing date for subscription lists *последний день подписки на ценные бумаги*

closing date for the subscription lists [exc.] *последний день подписки на ценные бумаги*

closing down of business *ликвидация предприятия*

closing-down sale [comm.] *распродажа в связи с закрытием предприятия*

closing entry *выведение остатка;* [book-keep.] *закрытие счета, определение сальдо;* [calc.] *заключительная запись в бухгалтерской книге*

closing of accounts [calc.] *составление итогового отчета*

closing of accounts form   [calc.] *форма итогового отчета*
closing offer   *окончательное предложение*
closing of issue   [exc.] *прекращение эмиссии*
closing of the issue   *прекращение эмиссии*
closing price   [exc.] *курс на момент закрытия биржи*
closing procedures   [book-keep.] *методика составления итогового отчета*
closing provision   *заключительный резерв*
closing provisions   *заключительные поставки*
closing quote   [exc.] *котировка на момент закрытия биржи*
closing rate   [monet.trans.] *курс на момент закрытия биржи*
closing rate of exchange   [calc.] *валютный курс на момент закрытия сальдо*
closing remark   *заключительное замечание*
closing speech   [legal] *заключительная речь, последнее слово*
closing statement   [book-keep.] *окончательный баланс;* [calc.] *итоговый отчет*
closing stock   [calc.] *запас в конце отчетного периода*
closing time   *время закрытия;* [empl.] *время окончания работы*
closure   *закрытие*
closure of a work place   *ликвидация рабочего места*
closure of work place   *ликвидация рабочего места*
closure of work places   *ликвидация рабочих мест*
cloud on title   [legal] *порок правового титула*
CLP (Chilean peso)   [monet.trans.] *чилийское песо*
club   *блок, группировка, клуб, коммерческая организация, предоставляющая льготы своим клиентам*
club committee   *совет клуба*
club house   *помещение клуба*
club member   *член клуба*
cluster   *блок, пакет, пачка;* [comp.] *кластер*
cluster analysis   *группирование, классификация;* [stat.] *кластерный анализ*
clustering   *группирование, кучность, разбивка на группы, скопление;* [stat.] *сосредоточение*
cluster sample   [stat.] *групповой выбор*
cluster sampling   [stat.] *групповая выборка*
CME (Chicago Mercantile Exchange)   [exc.] *Чикагская товарная биржа*
CMO (collateralized mortgage obligation)   [stock] *облигация, обеспеченная пулом ипотек*
CMO (Common Market Organization)   [EEC] *Общий рынок*
CNY (Chinese yuan)   [monet.trans.] *китайский юань*
c/o (care of)   *для передачи*
coach   *жилой трейлер, закрытый автомобиль, пассажирский вагон с сидячими местами, пассажирский купированный вагон, почтовый вагон, преподаватель, туристический междугородный автобус, учитель;* [air tr.] *второй класс пассажирских авиаперевозок, туристический класс*
coaching   *тренировка*
coach owner   *владелец жилого трейлера*
coach terminal   [trans.] *вокзал для рейсовых автобусов*
coagent   *сопосредник*
coal-fired power plant   *электростанция, работающая на угле*
coal iron and steel industry   *металлургическая промышленность*
coalition   *коалиция, объединение, союз*
coalition agreement   *соглашение о коалиции*
coalition cabinet   [parl.] *коалиционное правительство*
coalition government   [parl.] *коалиционное правительство*
coalition list   [parl.] *список членов коалиции*
coalition parties   [parl.] *партии коалиции*
coalition policy   [pol.] *политика сотрудничества*

coal mine   *угольная шахта*

coapplicant   [pers.manag.] *созаявитель*

coarse (adj.)   *грубый, необделанный, сырой*

coastal fishing   *прибрежное рыболовство*

coastal protection   *укрепление берегов*

coastal traffic   *каботажная торговля, каботажное судоходство, каботажные перевозки*

coaster   *житель прибрежного района, судно каботажного плавания, судно малого плавания;* [nav.] *каботажное судно*

coast guard   *укрепление берегов*

coast guard vessel   *судно береговой охраны*

coasting vessel   *каботажное судно, судно каботажного плавания, судно прибрежного плавания*

coauditor   [aud.] *член группы ревизоров*

coauthor   *соавтор*

cobeneficiary   [suc.] *сонаследник*

cobweb theorem   [pol.ec.] *теорема 'паутины'*

cock date   [fin.] *нестандартный срок валютной или депозитной операции*

COD (cash on delivery)   *наложенный платеж, уплата при доставке*

C.O.D. (cash on delivery)   *наложенный платеж*

COD (collect on delivery)   *наложенный платеж, уплата при доставке*

C.O.D. (collect on delivery)   [post] *почтовый сбор за доставку*

COD charge   *сбор за отправление наложенным платежом*

C.O.D. charge   [post] *сбор за отправление наложенным платежом*

COD collection fee   *сбор за отправление наложенным платежом*

C.O.D. collection fee   [post] *сбор за отправление наложенным платежом*

COD consignment   *партия товара, доставленная наложенным платежом*

C.O.D. consignment   [post] *партия товара, доставленная наложенным платежом*

code   *индекс, код, маркировка, машинная программа, машинное слово, нормы, правила, стандарт, шифр;* [comm.] *система кодирования;* [legal] *законы, кодекс, принципы, свод законов*

code (vb.)   *кодифицировать, маркировать, присваивать шифр, программировать, проставлять шифр;* [comp.] *кодировать*

codebtor   *содолжник*

co-debtors   *содолжники*

code conversion   [comp.] *преобразование кода*

codefendant   [leg.pun.] *соответчик*

code list   [nav.] *сигнальный регистр*

code message   *кодированное сообщение, шифрованное сообщение*

code of accounts   [calc.] *план отчета*

code of civil procedure   [legal] *гражданский процессуальный кодекс*

code of conduct   *кодекс поведения*

code of fair information practice   [comp.] *правила честной информационной практики*

code of liberalization of capital movements   *правила снятия ограничений на движение капитала*

coder   *кодер, кодировщик, кодирующее устройство, преобразователь в цифровую форму, шифратор, шифровальщик*

co-determination   *совместное определение*

code word   *кодированное слово*

codicil   [legal] *кодицилл;* [suc.] *дополнительное распоряжение к завещанию*

codicil to a will   [suc.] *дополнительное распоряжение к завещанию*

codicil to will   [suc.] *дополнительное распоряжение к завещанию*

codification   [legal] *кодификация*

codified (adj.)   [legal] *зашифрованный*

codify (vb.)   *систематизировать;* [legal] *классифицировать, кодифицировать*

codifying statute   [legal] *кодифицированный законодательный акт*
coding   *кодирование, шифрование*
coefficient   *коэффициент*
coefficient of determination   [stat.] *коэффициент смешанной корреляции*
coefficient of utilization   *коэффициент использования*
coerce (vb.)   *добиваться путем принуждения, сдерживать,*
   удерживать
coercion   *обуздание, принуждение;* [legal] *использование силы для*
   подавления беспорядков, сдерживание силой
coercive measure   *метод принуждения, принудительная мера*
coexecutor   [suc.] *соисполнитель завещания*
coexist (vb.)   *сосуществовать*
coexistence   *сосуществование*
coffee break   *короткий перерыв во время работы*
cofinance (vb.)   *участвовать в финансировании*
cofounder   [bus.organ.] *соучредитель*
cogeneration of heating and power (CHP)   *комбинированное*
   производство тепловой и электрической энергии
cogeneration plant   *теплоэлектростанция*
co-generation power plant   *когенерация тепла и электричества,*
   совместное производство тепла и электричества
cogent (adj.)   *неоспоримый, непреодолимый, убедительный*
cogent reason   *убедительная причина*
cognate   [legal] *кровный родственник*
cognizance   *внимание, знание, осуществление юрисдикции,*
   подсудность; [legal] *компетенция, судебное рассмотрение*
cognizance item   *предмет судебного рассмотрения*
cohabit (vb.)   *сосуществовать;* [law.dom.] *сожительствовать*
cohabitant   [law.dom.] *сожитель, сожительница*
cohabitation   [law.dom.] *сожительство*
cohabitee   [law.dom.] *сожитель, сожительница*
cohabiting (adj.)   [law.dom.] *совместно проживающий*
cohabitor   [law.dom.] *сожитель, сожительница*
coheir   [suc.] *сонаследник*
coherence   *последовательность, связность, связь*
coherent (adj.)   *логически последовательный, понятный, связанный,*
   сцепленный
cohesion   *связь, согласие, сплоченность*
coin   *монета*
coin (vb.)   [monet.trans.] *чеканить монету*
coinage   *звонкая монета, металлические деньги, монетная система,*
   чеканка монет
coinage act   *закон о чеканке монет*
coinage bronze   *бронза для чеканки монет*
coinage system   *монетная система*
coin box   *телефон-автомат, телефонная будка*
coin box set   *система телефонов-автоматов*
coincide (vb.)   *быть одинаковым, равняться, совпадать,*
   соответствовать
coincidence   *гармония, полное согласие, случайное стечение*
   обстоятельств, совпадение
coin circulation   *обращение монет*
coin-collecting box   *копилка, монетосборник*
coin-counting machine   *автомат для размена монет*
coiner   [leg.pun.] *фальшивомонетчик*
coining   *чеканка монет*
coin machine   *монетный автомат*
coin machine insurance   [ins.] *страхование монетного автомата*
coin-minting press   *пресс для чеканки монет*
coins   [ec.] *разменная монета*
coins in circulation   *монеты, находящиеся в обращении*

coin-sorting machine   *автомат для сортировки монет*

coinsurance   [ins.] *совместное страхование*

coinsurance clause   [ins.] *оговорка о совместном страховании*

coinsure (vb.)   [ins.] *производить совместное страхование*

coinsured (adj.)   [ins.] *совместно застрахованный*

coinsurer   [ins.] *состраховщик*

coin-vended size   [mark.] *размер монеты, пригодный для торгового автомата*

coin vending machine   *монетный автомат*

COLA (cost-of-living adjustment)   *надбавка на дороговизну, прибавка к заработной плате в связи с ростом прожиточного минимума*

cold call   [mark.] *предложение сделки без предварительного представления продукции*

cold composition   *фотонабор;* [print.] *машинописный набор*

cold shoulder   *неприязненное отношение, холодный прием*

cold store   [wareh.] *склад-холодильник*

cold type   *машинописный набор;* [print.] *фотонабор*

colead manager   [exc.] *один из банков - организаторов займа*

colegislator   [parl.] *соавтор законопроекта*

colessee   [r.e.] *соарендатор*

collaborate (vb.)   *работать совместно, сотрудничать, сотрудничать с врагом*

collaboration   *коллаборационизм, сотрудничество, сотрудничество с врагом*

collaborator   *коллаборационист, сотрудник*

collapse   *выход из строя, крах, крушение, провал, развал, разорение;* [bankr.leg.] *банкротство*

collapse (vb.)   *выходить из строя, потерпеть неудачу, рушиться;* [bankr.leg.] *потерпеть крах*

collapse of negotiations   *провал переговоров*

collar   [bank.] *фиксированный максимум и минимум процентной ставки в облигационном займе*

collate (vb.)   *сличать, сопоставлять, сравнивать*

collateral   *обеспечение кредита, побочный, родственник по боковой линии, родство по боковой линии;* [ec.] *дополнительное обеспечение, залог, обеспечение*

collateral (adj.)   *боковой;* [bank.] *гарантированный;* [ec.] *второстепенный, косвенный, параллельный;* [legal] *дополнительный*

collateral acceptance   *аваль, акцептование опротестованной тратты третьим лицом для спасения кредита лица, выдавшего тратту;* [bill.] *гарантийный акцепт*

collateral advantage   *побочная выгода*

collateral bond   [stock] *обеспеченная облигация*

collateral branch   [suc.] *боковая линия родства*

collateral contract   [legal] *дополнительный контракт*

collateral contract of warranty   *предварительный контракт о гарантии*

collateral damage   [ins.] *дополнительный ущерб*

collateral effect   *побочный эффект;* [legal] *побочное воздействие*

collateral guarantee   *дополнительная гарантия*

collateral guarantor   *косвенный гарант*

collateral item   [ec.] *статья обеспечения*

collateralize (vb.)   [ec.] *предоставлять обеспечение*

collateralized mortgage obligation (CMO)   [stock] *облигация, обеспеченная пулом ипотек*

collateral joint liability   [legal] *дополнительное совокупное обязательство*

collateral limit   *максимальная сумма обеспечения*

collateral loan   [bank.] *ломбардная ссуда, ломбардный кредит, ссуда под обеспечение*

collateral mortgage liabilities   [legal] *дополнительные обязательства по ипотеке*

collateral performance   [legal] *дополнительная работа*

collateral potential   *максимальная сумма обеспечения*

collateral relationship   *боковая линия родства*

collateral securities   [ec.] *ценные бумаги, служащие обеспечением*

collateral security   *дополнительное обеспечение, побочное обеспечение;* [ec.] *имущественное обеспечение*

collaterals for guarantees   *гарантийное обеспечение*

collation   *возврат наследником ранее полученного имущества для включения его в общую наследственную массу, имущественная масса, предназначенная к разделу, обработка данных наблюдения, сверка, сличение текста, сопоставление, сравнение, статистическая сводка*

colleague   *коллега;* [pers.manag.] *сослуживец*

collect   *наложенным платежом, с оплатой получателем*

collect (vb.)   *взыскивать, забирать, получать, собирать;* [tax.] *взимать налоги, инкассировать*

collect a card of admission (vb.)   *получать пригласительный билет*

collect a debt (vb.)   *инкассировать долг*

collect call   [telecom.] *оплаченный вызов, оплаченный телефонный звонок*

collect card of admission (vb.)   *получать пригласительный билет*

collect data (vb.)   *собирать данные*

collect debt (vb.)   *инкассировать долг*

collect debts   *инкассировать долги, получать деньги в погашение долга*

collected works   *собрание сочинений*

collecting commission   [ins.] *комиссионное вознаграждение за сбор страховых взносов*

collection   *взыскание, инкассирование, инкассо, конверсия причитающихся сумм в наличность, сбор, система, скопление, собирание, собрание, совокупность;* [comm.] *ассортимент товаров, коллекция;* [tax.] *денежные пожертвования, денежный сбор, получение денег*

collection, for   *на инкассо*

collection agreement   *соглашение об инкассировании*

collection and delivery (C and D)   [trans.] *инкассо и поставка*

collection assistance   *помощь при инкассировании*

collection charge   *затраты на сбор страховых взносов*

collection charges   *надбавки к нетто-ставке, предназначенные для компенсации расходов по сбору страховых взносов, расходы по инкассированию, расходы по инкассо*

collection commission   *комиссионные за инкассирование*

collection costs   *затраты на инкассирование очередных взносов за покупку товара в рассрочку или в кредит, расходы на сбор очередных страховых взносов*

collection fee   *затраты на сбор страховых взносов, сбор за инкассирование*

collection letter   [ec.] *инкассовое поручение*

collection of bills   [bill.] *инкассирование векселей*

collection of claims outstanding   [ind.ec.] *инкассирование неоплаченных исков*

collection of contributions   *сбор взносов*

collection of duties   [cust.] *взимание пошлин*

collection of goods   *ассортимент товаров*

collection of premiums   [ins.] *инкассирование страховых взносов*

collection of rent   *сбор квартирной платы*

collection of tax   [tax.] *взимание налога*

collection-only cheque   *кроссированный чек*

collection risk   [comm.] *риск при инкассировании*

collection unit [stat.] *статистическая единица*

collective *коллектив*

collective (adj.) *коллективный, общий, совместный, совокупный*

collective (enterprise) *коллективное хозяйство*

collective accident insurance [ins.] *коллективное страхование от несчастного случая*

collective agreement [empl.] *коллективный договор*

collective bargaining [empl.] *переговоры о заключении коллективного договора*

collective bargaining contract [empl.] *коллективный договор*

collective bargaining policy [empl.] *правила ведения переговоров о заключении коллективного договора*

collective consumption [pol.ec.] *общественное потребление, совокупное потребление*

collective crime [leg.pun.] *групповое преступление*

collective dismissal [pers.manag.] *коллективное увольнение*

collective energy supply installation *установка коллективного энергоснабжения*

collective enterprise *коллективное хозяйство*

collective farm *коллективное хозяйство*

collective insurance [ins.] *коллективное страхование*

collective labour agreement [empl.] *коллективное трудовое соглашение*

collective mark [com.mark.] *общая торговая марка*

collective operation *совместная операция*

collective ownership *коллективная собственность*

collective piecework agreement *коллективный договор о сдельной работе*

collective property *коллективная собственность*

collective recognition [legal] *коллективное признание*

collective representation [legal] *коллективное заявление*

collective resignation [pers.manag.] *массовое увольнение*

collective security *коллективная безопасность*

collective ticket [trans.] *групповой билет*

collective tour *групповой рейс*

collective use *совместное потребление*

collective wage agreement [empl.] *коллективное соглашение о заработной плате*

collectivism [pol.ec.] *коллективизм*

collectivity *агрегат, коллектив, общность, совместное владение, совокупность*

collectivization *коллективизация*

collect material (vb.) *собирать материал*

collect money for (vb.) *копить деньги на*

collect on delivery (vb.) *получать деньги при доставке*

collect on delivery (COD) [post] *наложенный платеж, уплата при доставке*

collect on delivery (C.O.D.) [post] *наложенным платежом*

collector *инкассатор, кассир, сборщик налогов*

college *институт, коллегия, корпорация, специальное высшее учебное заведение, университет (США), университетский колледж (Великобритания), училище, факультет университета (США), частная средняя школа;* [syst.ed.] *колледж*

college debt [syst.ed.] *учебная задолженность*

collegiate court [legal] *коллегиальный суд*

collision *коллизия, противоречие;* [nav.] *столкновение*

collision case [legal] *дело о столкновении*

collision course *острые разногласия*

collision damage [ins.] *ущерб при столкновении*

collision of interests *столкновение интересов*

collocate (vb.) *располагать, расставлять*

collotype [print.] *фототипия*

collude (vb.) *тайно сговариваться;* [leg.pun.] *действовать в сговоре*

collusion [leg.pun.] *тайный сговор, тайный сговор между истцом и ответчиком*

collusive (adj.) *обусловленный сговором, обусловленный тайным соглашением;* [legal] *участвующий в сговоре*

collusive bidding *предложение о заключения контракта на основе тайного сговора*

collusive tendering *участие в торгах, обусловленное тайным сговором*

coload [trans.] *совместная погрузка*

colony *колония*

colour display *дисплей с цветным изображением;* [comp.] *цветной дисплей*

colour graphics *цветная графика, цветные графические устройства*

colour screen [comp.] *цветной экран*

Co. Ltd. (private limited liability company) *частная компания с ограниченной ответственностью*

column *графа, колонка, отдел, раздел, рубрика;* [print.] *столбец*

columnar bookkeeping [book-keep.] *ведение бухгалтерского учета по колонкам*

columnar book-keeping [book-keep.] *ведение бухгалтерского учета по графам*

column of figures [print.] *колонка цифр*

column rule [print.] *строкоразрядная линейка*

column system [book-keep.] *система бухгалтерского учета по колонкам*

comanagement [ind.ec.] *совместное руководство, совместное управление*

comanager *один из управляющих компании;* [exc.] *один из банков, входящих в группу организаторов займа*

combat (vb.) *бороться*

combination *комбинация, комбинирование, соединение, сочетание, союз;* [ec.] *монополистическое объединение*

combination of *соединение*

combination sale [mark.] *перекрестная продажа*

combinatory (adj.) *комбинированный*

combine [bus.organ.] *картель, синдикат;* [ind.ec.] *комбинат, объединение*

combine (vb.) *комбинировать, объединять, смешивать, соединять, сочетание, сочетать*

combine an item (vb.) [book-keep.] *объединять бухгалтерскую проводку*

combined (adj.) *комбинированный, объединенный*

combined action *совместное действие*

combined effect *совместный эффект*

combined head [comp.] *комбинированная головка*

combined heat and power station (CHP) *теплоэлектростанция (ТЭС)*

combined premium [ins.] *комбинированная страховая премия*

combined road-rail transport [trans.] *комбинированная автомобильно-железнодорожная перевозка*

combined service [trans.] *смешанные перевозки*

combined shop insurance [ins.] *комбинированное страхование магазинов*

combined transport [trans.] *комбинированная перевозка*

combined transport bill of lading (CT B/L) [trans.] *коносамент на смешанные перевозки*

combined transport operator (CTO) [trans.] *владелец предприятия, ведущего смешанные перевозки*

combined transports [trans.] *смешанные перевозки*

combined with *в сочетании с*

combine forces (vb.) *объединять усилия*

COMECON (Council for Mutual Economic Aid) *СЭВ (Совет экономической взаимопомощи)*

COMECON (Council for Mutual Economic Assistance) *СЭВ (Совет экономической взаимопомощи)*
come into an inheritance (vb.) [suc.] *вступать в право наследования*
come into force (vb.) [legal] *вступать в силу*
come into operation (vb.) [legal] *вступать в силу, вступать в строй, начинать действовать*
come of age (vb.) *достигать совершеннолетия*
come out (vb.) *выходить из печати, иметь тот или иной результат, обнаруживаться, объявить забастовку, получаться, становиться известным*
come out (on strike) *забастовать*
come out on strike (vb.) [empl.] *объявлять забастовку*
come to (vb.) *равняться, составлять; [ec.] приходить*
come to a decision (vb.) *приходить к решению*
come to a halt (vb.) *останавливаться*
come to an end (vb.) *заканчивать*
come to a standstill (vb.) *оказываться в тупике*
come to decision (vb.) *приходить к решению*
come to end (vb.) *заканчивать*
come to halt (vb.) *останавливаться*
come to prevail (vb.) [legal] *приобретать по праву давности*
come to rescue (vb.) *приходить на помощь*
come to terms (vb.) *договариваться, приходить к соглашению*
come to the rescue (vb.) *приходить на помощь*
come up for hearing (vb.) [legal] *представать перед судом в ожидании решения*
come within (vb.) [legal] *подпадать под*
comfort letter *письмо с выражением поддержки*
coming *прибытие*
coming into effect *вступление в действие, вступление в силу*
coming into force *вступление в действие, вступление в силу*
coming into force retroactively *вступление в действие с обратной силой*
coming into operation *вступление в силу, вступление в строй, приведение в действие*
coming out price *курс подписки; [exc.] курс эмиссии*
comings in [calc.] *доходы*
coming to an end of a trust [legal] *прекращение распоряжения имуществом на началах доверительной собственности*
coming to an end of trust *прекращение распоряжения имуществом на началах доверительной собственности*
comity *общество, организация, сообщество; [law nat.] вежливость*
command *власть, господство, команда, контроль, приказ; [comm.] заказ; [legal] предписание*
command (vb.) *иметь в своем распоряжении, контролировать, приказывать, продаваться, располагать, стоить*
command economy *нерыночная экономика, централизованно управляемая экономика; [pol.ec.] контролируемая экономика*
command language [comp.] *командный язык*
commence (vb.) *начинать, начинаться, получать ученую степень в университете*
commence a lawsuit (vb.) [legal] *начинать судебное дело*
commence lawsuit (vb.) [legal] *начинать судебное дело*
commence legal proceedings (vb.) [legal] *возбуждать дело, возбуждать судебное преследование, возбуждать судебный иск, начинать судебное разбирательство*
commencement *актовый день (в учебных заведениях США), вступление в действие, вступление в силу, начало*
commencement balance [calc.] *баланс на начало периода*
commencement date *дата вступления в силу*
commencement of operation [prod.] *начало эксплуатации*

commencement provisions   *условия вступления в силу*

commencement regulations   *инструкция о вступлении в силу*

commence winding up procedures (vb.)   [bus.organ.] *начинать процедуру ликвидации*

commend (vb.)   *одобрять, привлекать, хвалить*

commendable (adj.)   *достойный одобрения*

commensurate with, be (vb.)   *быть соразмерным, соответствовать*

comment   *комментарий, комментирование, критическое замечание, пояснительное замечание*

comment (vb.)   *высказываться, делать критические замечания, комментировать, объяснять, толковать*

commentary   *комментарии*

commentation   *комментирование, толкование*

commerce   *коммерция, общение;* [pol.ec.] *торговля*

Commerce and Companies Agency   *управление торговли и по делам компаний*

commercial   *коммерческое телевидение, передача, оплаченная фирмой в рекламных целях, рекламный ролик;* [media] *коммерческая передача, коммерческое радио, реклама и объявления, рекламная передача*

commercial (adj.)   *коммерческий, промышленного значения, рентабельный, серийный, торговый;* [media] *прибыльный*

commercial activities   *торговая деятельность*

commercial adviser   *консультант по торговле, торговый советник*

commercial agency   *торговое представительство*

commercial agent   *торговый агент*

commercial arithmetics   *торговые расчеты*

commercial art   *искусство рекламы*

commercial artist   [adv.] *художник по рекламе*

commercial assessment   *оценка торговой сделки*

commercial attaché   [dipl.] *торговый атташе*

commercial audience   [media] *коммерческая реклама*

commercial bank   [bank.] *коммерческий банк*

commercial bank act   *закон о коммерческих банках*

Commercial Banks and Savings Banks Act   *закон о сберегательных кассах и коммерческих банках*

commercial bill   [bill.] *коммерческий вексель, торговый вексель*

commercial branch   [bank.] *филиал коммерческого банка*

commercial broadcasting station   *коммерческая телевизионная станция;* [media] *коммерческая радиотрансляционная станция*

commercial business   *сфера торгового предпринимательства, торговля, торговое предпринимательство*

commercial carrier   [trans.] *грузовое судно*

commercial centre   *торговый центр*

commercial claim   *торговая претензия*

commercial clerk   [pers.manag.] *торговый работник*

commercial code   [legal] *свод законов о торговле*

commercial college   [syst.ed.] *коммерческий колледж*

commercial compensation transaction   [comm.] *компенсационная коммерческая сделка*

commercial concession   [comm.] *торговая концессия*

commercial condition   *коммерческое условие*

commercial connection   *торговая связь*

commercial consul   *торговый советник*

commercial consulate   *торговое представительство*

commercial consultant   *торговый советник*

commercial contract   *торговый договор*

commercial court   [legal] *коммерческий суд, суд по торговым делам*

commercial credit   *коммерческий кредит*

commercial custom   *торговый обычай*

commercial customer   *торговый клиент*

commercial degree *ученая степень в области коммерции*

commercial department *коммерческий отдел*

commercial designer [adv.] *дизайнер рекламы*

commercial diplomatic officer *торговый дипломатический представитель*

Commercial Diplomatic Officer [dipl.] *торговый дипломатический представитель*

commercial directory *коммерческий справочник*

commercial district *торговый район*

commercial employee *торговый работник*

commercial enterprise *торговое предприятие*

commercial enterprise subject to value-added tax *торговое предприятие, облагаемое налогом на добавленную стоимость*

commercial establishment *торговые круги*

commercial expert [comm.] *специалист по вопросам торговли*

commercial factor *коммерческий фактор*

Commercial Farmers' Association *коммерческая ассоциация фермерских хозяйств*

commercial firm *торговая компания*

commercial geography *география коммерческих сделок*

commercial goods *товары для торговли*

commercial harbour [nav.] *торговый порт*

commercial house *коммерческий дом*

commercial insurance [ins.] *торговое страхование*

commercial insurance broker [ins.] *агент торгового страхования*

commercial intercourse *торговые связи*

commercial invoice *торговый счет-фактура*

commercialism *коммерческий подход, меркантильность*

commercialize (vb.) *запускать в серийное производство, извлекать коммерческую выгоду;* [ec.] *извлекать прибыль, превращать в источник дохода*

commercial judge [legal] *судья по торговым делам*

commercial law [legal] *торговое право*

commercial leasing *долгосрочная аренда, относящаяся к сфере обслуживания*

commercial letter of credit *товарный аккредитив*

commercial liability insurance [ins.] *страхование коммерческой ответственности*

commercial loan [bank.] *коммерческая ссуда, подтоварная ссуда*

commercial loans and credits [calc.] *коммерческие ссуды и кредиты*

commercial mortgage [r.e.] *коммерческая ссуда под залог недвижимого имущества*

commercial officer [dipl.] *торговый представитель*

commercial organization *торговая организация*

commercial paper [stock] *краткосрочный коммерческий вексель, торговый документ*

commercial papers [stock] *коммерческие бумаги*

commercial premises *торговое здание с прилегающими постройками и участками*

commercial profit *торговая прибыль*

commercial property *имущество торгового предприятия, собственность торгового предприятия*

commercial purpose *коммерческая цель*

commercial quarter *торговый квартал*

commercial radio station [media] *коммерческая радиостанция*

commercial register *регистр коммерческих фирм*

commercial register number *номер коммерческой фирмы в регистре*

commercial register number (for tax and VAT collection purposes) *номер коммерческой фирмы в регистре для налогообложения и сбора налога на добавленную стоимость*

commercial relation *торговая зависимость*

commercial relations *торговые отношения, торговые связи*
commercial risk [ins.] *коммерческий риск*
commercial sale *торговая сделка*
commercial sales [legal] *объем продаж коммерческого сектора*
commercial sample - not for sale *образец товара - не для продажи*
commercial secretary [dipl.] *торговый атташе*
commercial syndicate *торговый синдикат*
commercial tariff *торговый тариф*
commercial television [media] *коммерческое телевидение*
commercial transaction *коммерческая сделка*
commercial transport [trans.] *коммерческие перевозки*
commercial transport of goods and passengers [trans.] *коммерческие перевозки грузов и пассажиров*
commercial traveller [comm.] *коммивояжер*
commercial undertaking *коммерческое предприятие, торговое предприятие*
commercial value *продажная цена, рыночная стоимость;* [comm.] *стоимость по продажным ценам*
commercial value of a farm *рыночная стоимость фермы*
commercial value of farm *рыночная стоимость фермы*
commercial vehicle [trans.] *автомобиль для коммерческих перевозок, автомобиль неиндивидуального пользования*
commercial viability [ind.ec.] *рентабельность*
commission *доверенность, комиссия, комитет, патент, выдаваемый мировому судье при назначении его на должность, полномочие, совершение проступка, уполномочивать;* [comm.] *заказ, комиссионные, комиссионный сбор, поручать, поручение;* [legal] *комиссионное вознаграждение;* [mil.] *офицерское звание, присвоение офицерского звания;* [pers.manag.] *назначение на должность*
commission (vb.) [comm.] *заказывать;* [mil.] *укомплектовывать корабль личным составом;* [nav.] *передавать корабль под командование, подготавливать корабль к плаванию;* [pers.manag.] *назначать на должность*
commission (on profit) [ind.ec.] *тантьема*
commission account *счет комиссионных платежей*
commission agent [comm.] *комиссионер*
commission basis [comm.] *комиссионная основа*
commission business [comm.] *комиссионная торговля, посредническая контора, предпринимательство на комиссионной основе*
commissioner [EEC] *специальный уполномоченный;* [manag.] *мировой судья (США), представитель, член комиссии*
commissioner for oaths [legal] *инспектор, подводящий к присяге*
commissioner of police *комиссар полиции*
Commissioners of Customs and Excise [cust.] *комиссия таможенного и акцизного управления (Великобритания)*
Commissioners of Inland Revenue [tax.] *комиссия налогового управления (Великобритания)*
commission for administration of securities [calc.] *комиссионное вознаграждение за управление ценными бумагами*
commission for brokerage services [exc.] *комиссионное вознаграждение за брокерские услуги*
commission goods [comm.] *комиссионные товары*
commissioning [prod.] *ввод в действие, ввод в эксплуатацию, пуск предприятия*
commission merchant [comm.] *комиссионер*
commission of inquiry [legal] *комиссия по расследованию*
Commission of the European Communities [EEC] *комиссия Европейских Сообществ*
commission on a bought deal [exc.] *комиссионные за покупку*
commission on account *комиссионный платеж на счет*

commission on bought deal [exc.] *комиссионные за покупку*
commission on guarantees *комиссионный платеж за гарантии*
commission on profit [ind.ec.] *тантьема*
commission on sales *комиссионные за продажу*
commission paid in advance *комиссионные, уплаченные заранее*
commission rate *ставка комиссионного вознаграждения*
commission sales [comm.] *комиссионная распродажа*
commissions for securities transactions [exc.] *комиссионные за сделки
    по ценным бумагам*
commissions payable [calc.] *комиссионные к оплате*
commissions receivable [calc.] *комиссионные к получению*
commission system *система комиссионных вознаграждений*
commit (vb.) *подвергать, поручать, совершать;* [fin.] *вкладывать
    капитал, втягивать, налагать обязательство, принимать на
    себя обязательство, финансировать;* [parl.] *помещать;*
    [parl.] *передавать на рассмотрение;* [soc.] *вверять*
commit a crime (vb.) *вовлекать в преступление, совершать
    преступление*
commit a criminal offence (vb.) *совершать уголовное преступление*
commit adultery (vb.) [law.dom.] *нарушать супружескую верность,
    совершать прелюбодеяние*
commit an irregularity (vb.) *допускать нарушение порядка*
commit an offence (vb.) *совершать преступление, совершать
    проступок*
commit crime (vb.) [leg.pun.] *вовлекать в преступление, совершать
    преступление*
commit criminal offence (vb.) [leg.pun.] *совершать уголовное
    преступление*
commit forgery (vb.) [leg.pun.] *совершать подлог документа*
commit for trial (vb.) [leg.pun.] *предавать суду, привлекать к судебной
    ответственности*
commit for trial in the Crown Court (vb.) [leg.pun.] *привлекать к судебной
    ответственности в коронном суде (Великобритания)*
commit irregularity (vb.) *допускать нарушение порядка*
commitment *вовлечение, вручение, втягивание, заказы, подлежащие
    выполнению, контракт, предусматривающий финансовую
    ответственность за выполнение операций, невыполненные
    заказы, обязательства, возникшие в связи с приобретением
    ценных бумаг, обязательство поставить товар,
    обязательство предоставить кредит на определенную сумму,
    передача, передача законопроекта в комиссию, портфель
    ценных бумаг, приверженность, совершение действия,
    убежденность;* [bank.] *вложение капитала, обязательство;*
    [ec.] *затраты, намеченные финансовые ассигнования;* [legal] *арест,
    заключение под стражу, ордер на арест;*
    [pers.manag.] *препоручение;* [soc.] *передача на рассмотрение*
commitment appropriation *ассигнованные средства*
commitment commission [bank.] *комиссионные за учреждение*
commitment fee [bank.] *комиссионные за обязательство
    предоставить кредит*
commitment letter *письменное обязательство*
commitment of support [legal] *обязательство оказать поддержку*
commitment to liberalize capital movements *обязательство снять
    ограничения на перемещение капитала*
commit offence (vb.) [leg.pun.] *совершать преступление, совершать
    проступок*
commit oneself (vb.) *принимать на себя обязательство, связывать
    себя обязательством*
commit perjury (vb.) [leg.pun.] *лжесвидетельствовать, совершать
    лжесвидетельство*
committal *арест, заключение под стражу, передача на
    рассмотрение, приверженность, совершение действия;*
    [leg.pun.] *поддержка*

committal order   [leg.pun.] *ордер на арест*
committal proceedings   [leg.pun.] *предание суду*
committal warrant   [leg.pun.] *ордер на арест*
committed facilities   [bank.] *вложенные средства*
committed funding   [ec.] *бессрочное финансирование*
committee   [manag.] *комиссия, комитет, опекун, попечитель*
committee case   [manag.] *опекунское дело*
committee chairman   *председатель комитета*
committee for preparation of legal opinions   *комитет по подготовке юридических заключений*
committee for the preparation of legal opinions   *комитет по подготовке юридических заключений*
committee for trade and industry   *комиссия по торговле и промышленности*
committee meeting   *заседание комитета*
committee member   *член комитета*
Committee of Central Bank Governors   [EEC] *Комитет управляющих Центральных банков (ЕС)*
committee of civil servants   *комитет государственных служащих*
committee of delegates   *комитет представителей*
committee of directors   *совет директоров*
Committee of Foreign Affairs   [parl.] *Комитет по иностранным делам*
committee of government officials   *комитет правительственных чиновников*
committee of inquiry   *следственный комитет*
committee of inspection   [bankr.leg.] *контрольная комиссия*
committee of representatives   *комитет представителей*
committee of shareholders   [bus.organ.] *комитет держателей акций*
committee of the whole   *комитет полного состава*
committee on agriculture and fisheries   *комитет по сельскому хозяйству и рыболовству*
committee on economic affairs   *комитет по экономическим вопросам*
committee on local government   *комитет по местному самоуправлению*
committee with equal representation of parties   *комитет с равным представительством партий*
committee work   *работа комиссии*
commit to prison (vb.)   [leg.pun.] *заключать в тюрьму*
commodate   [legal] *вещная ссуда*
commodities   *предметы потребления, товары, товары широкого потребления*
commodities broker   [exc.] *товарный брокер*
commodities exchange   [exc.] *товарная биржа*
commodity   *промышленное изделие;* [comm.] *предмет торговли, товар, товар для продажи;* [prod.] *продукт*
commodity agreement   *товарное соглашение*
commodity composition   *структура товаров*
commodity dictionary   *товарный словарь*
commodity exchange   [exc.] *товарная биржа*
commodity flow   *поток товаров*
commodity goods   [comm.] *промышленные товары*
commodity group   *товарная группа*
commodity imports   *импорт товаров*
commodity in short supply   *дефицит товаров*
commodity loan   *подтоварная ссуда*
commodity market   *рынок товаров, товарная биржа*
commodity not subject to VAT   [tax.] *товар, не облагаемый налогом на добавленную стоимость*
commodity price   *цена товара*
commodity quotation   [exc.] *товарная котировка*
commodity rate   [trans.] *специальный тариф на перевозку массовых грузов*

commodity restriction scheme   *система ограничений на продажу товаров*

commodity sales finance undertaking   *предприятие, финансирующее сбыт товаров*

commodity subsidy   *субсидия на товар*

commodity trade   [comm.] *торговля товарами*

commodity transaction   [comm.] *товарная сделка*

commodity weight   *масса товара*

commodity weights   *масса товара*

common (adj.)   *общеизвестный, общепринятый, общественный, общий, обыкновенный, простой, публичный, совместный, широко распространенный*

common agricultural policy (CAP)   [EEC] *единая сельскохозяйственная политика*

common assault   [leg.pun.] *простое нападение*

common benefit   *общая прибыль*

common capital stock   *обыкновенная акция;* [bus.organ.] *обычная акция*

common carrier   *компания регулярного судоходства, транспортная организация общего пользования;* [trans.] *общественный перевозчик*

Common Court of Arbitration, the   *арбитражный суд, третейский суд*

common customs tarif (CCT)   [cust.] *единый таможенный тариф*

common denominator   [mat.] *общий знаменатель*

common effort   *совместные усилия*

common efforts   *общие усилия*

common equity   *обыкновенная акция;* [bus.organ.] *обычная акция*

common financial reporting period   *общий период финансовой отчетности*

common financial responsibility   [EEC] *общая финансовая ответственность*

common fisheries policy   [EEC] *общая политика в области рыболовства*

common good   *общее благо, общественная польза*

common good, the   *общее благо*

common home   *общий дом*

common law   [legal] *общее право*

common law, under   [legal] *в соответствии с нормами общего права*

common-law husband   *гражданский муж, неофициальный муж;* [law.dom.] *сожитель*

common-law lien   [legal] *общее право удержания*

common-law marriage   [law.dom.] *незарегистрированный брак*

common-law wife   *гражданская жена, неофициальная жена;* [law.dom.] *сожительница*

Common Market   [EEC] *Общий рынок, Общий рынок Европейского экономического сообщества*

Common Market, the   *Общий рынок;* [EEC] *Общий рынок, Общий рынок Европейского экономического сообщества*

Common Market association   [EEC] *ассоциация Общего рынка*

Common Market committee   [EEC] *комитет Общего рынка*

Common Market Organization (CMO)   *Организация Общего рынка*

common method of calculation   *общий метод расчета*

common method of valuation   [cust.] *общий метод оценки*

common ownership   [legal] *общая собственность, общее имущество*

common peril for ship and cargo   [mar.ins.] *общая опасность для судна и груза*

common plea   [legal] *гражданский иск*

common practice   *обычай*

common prices   [EEC] *единые цены*

common price system   *система единых цен*

common property   *общая собственность*

common reduced rate   [cust.] *единый льготный тариф*

common road   [legal] *общая дорога*

common rule   *постановление суда, принятое без ходатайства стороны*

common rules   *общие правила*

common rules for exports   *общие правила экспорта*

common sense   *здравый смысл, практический ум*

common sergeant   [leg.pun.] *помощник рекордера*

common shareholder equity   *обыкновенная акция;* [bus.organ.] *обычная акция*

common stock   [stock] *обыкновенная акция, обычная акция*

common stockholder   *владелец обыкновенных акций, владелец обычных акций*

common target price   [EEC] *единая плановая цена*

commonwealth   *государство, народ, население страны, содружество, союз, союз лиц, объединенных общими интересами, страна, федерация*

Commonwealth, the   *Содружество (государственное объединение Великобритании и большинства ее бывших доминионов, колоний и зависимых государств)*

Commonwealth of Independent States (CIS)   *Содружество независимых государств (СНГ)*

commotion   *волнения;* [ins.] *беспорядки*

communal (adj.)   *коммунальный, общественный, общинный*

communal ownership   [pol.ec.] *общинная собственность*

communal ownership of land   *общинная земельная собственность*

communicate (vb.)   *передавать, понимать друг друга, сообщать*

communicate with (vb.)   *общаться, поддерживать связь*

communication   *информация, коммуникация, общение, передача, связь, сообщение;* [trans.] *соединение*

communication(s)   *контакт(ы)*

communication effect   [adv.] *эффект взаимопонимания*

communication gap   *взаимное непонимание, некоммуникабельность*

communication line   *канал связи, линия связи*

communication link   *канал связи, линия связи*

communication map   [trans.] *маршрутная карта*

communication of experience   *обмен опытом*

communication of information   *передача информации*

communications   [trans.] *коммуникации, связь, система связи*

communications network   *сеть передачи данных;* [telecom.] *коммуникационная сеть, сеть связи*

communications satellite   [telecom.] *спутник связи*

communications security   [telecom.] *безопасность связи, надежность связи, скрытность связи*

communication value   [adv.] *стоимость передачи рекламы*

communicator   [adv.] *специалист по распространению информации*

communism   *коммунизм*

communist   *коммунист*

communist party   [pol.] *коммунистическая партия*

community   *группа населения, общество, община, общность, объединение, содружество, сообщество*

Community, in the   [EEC] *в Европейском сообществе, в Сообществе*

Community Act   [EEC] *Закон о Европейском Сообществе*

community aid   *коллективная помощь*

community antenna television   *кабельное телевидение с приемом на коллективную антенну*

Community arrangement for relief from duty   [EEC] *соглашение о таможенных льготах для стран Сообщества*

Community budget   [EEC] *бюджет Сообщества*

community centre   *городской культурно-спортивный центр, общественный центр, районный культурно-спортивный центр*

community charge   [tax.] *местный налог*

community council   *коммунальный совет*

community development   *общественное развитие*

Community driving licence   [EEC] *водительские права Сообщества*

Community electoral law   [EEC] *избирательное право Сообщества*

Community exchange rate system   [monet.trans.] *система валютных курсов стран-членов Сообщества*

community facilities   *средства коллективного пользования*

Community fishing zone   [EEC] *рыболовная зона Сообщества*

community governed by law   [legal] *общность, устанавливаемая законом*

community group   *общественная группа*

community home   [leg.pun.] *государственная исправительная школа для малолетних правонарушителей*

Community institution   [EEC] *учреждение Сообщества*

Community labour market policy   [EEC] *политика на рынке труда стран-членов Сообщества*

Community law   [EEC] *закон Сообщества*

Community level   [EEC] *уровень Сообщества*

Community level, at   [EEC] *на уровне Сообщества*

Community loan facility   [EEC] *источники кредитования стран-членов Сообщества*

community of estate   [law.dom.] *общность владения имуществом*

community of goods   [legal] *общность владения имуществом*

community of goods in marriage   [law.dom.] *общность владения имуществом в браке*

community of interest   *общность интересов*

community of property   [law.dom.] *общность владения имуществом*

community of property by agreement   [legal] *общность владения имуществом по соглашению*

Community origin   [EEC] *имеющий происхождение из Сообщества, происходящий из Сообщества, рожденный Сообществом*

Community patent   [EEC] *патент Сообщества*

community planning   *общественное планирование*

community property   *коммунальная собственность*

Community resources   [EEC] *ресурсы Сообщества*

Community rules   [EEC] *постановления Сообщества*

Community scheme   [EEC] *структура Сообщества*

community sense   *общественное значение*

community service   [leg.pun.] *социальное обеспечение*

community services   *общественные услуги*

community spirit   *гражданская доблесть, патриотизм, чувство общности*

Community system for duty relief   [EEC] *система таможенных льгот Сообщества*

Community tariff quota   [EEC] *квота таможенных тарифов для стран-членов Сообщества*

community tax   [tax.] *местный налог*

Community tax   [EEC] *налог Сообщества*

Community transit   [EEC] *транзитные перевозки в Сообществе*

commutable (adj.)   *заменяемый*

commutation   *ежедневные поездки из пригорода на работу и обратно, замена одного вида оплаты другим, маятниковая миграция;* [leg.pun.] *смягчение наказания*

commutation of a sentence   [leg.pun.] *смягчение приговора*

commutation of easement   [r.e.] *замена сервитута*

commutation of fiscal duty   [EEC] *замена финансового сбора*

commutation of obligation   [legal] *замена обязательства*

commutation of sentence   [leg.pun.] *смягчение приговора*

commutation sum   *сумма, подлежащая замене*

commutation ticket   *льготный билет;* [trans.] *сезонный билет*

commutative contract   *синаллагматическая сделка;* [legal] *двусторонняя сделка*

commute   *ежедневная поездка из пригорода на работу и обратно*

commute (vb.)   *заменять один вид оплаты другим;* [empl.] *ездить ежедневно на работу из пригорода и обратно;* [leg.pun.] *смягчать наказание*

commute a sentence (vb.)   [leg.pun.] *смягчать наказание*

commuter   *самолет местной авиалинии;* [empl.] *пассажир, пользующийся сезонным билетом*

commuter frontier worker   *рабочий 'пригородного пояса', ежедневно ездящий в город на работу*

commuter traffic   [empl.] *пригородные пассажирские перевозки*

commute sentence (vb.)   [leg.pun.] *смягчать наказание*

commuting   [empl.] *ежедневные поездки на работу из пригорода и обратно*

commuting accident   [ins.] *авария во время поездки на работу или обратно*

commuting expenses   [empl.] *транспортные расходы, транспортные расходы работника;* [pers.manag.] *расходы на проезд к месту работы и обратно, расходы на сезонный билет*

companies act   *закон о компаниях*

Companies Act   *закон о компаниях*

companies registry   *регистр компаний*

Companies Registry, the   *регистр компаний*

companion   *компаньон*

company   [bus.organ.] *акционерное общество, компания, корпорация, общество, товарищество*

company account   [bank.] *счет компании*

company acquisition   *приобретение компании*

company agreement   [pers.manag.] *договор с компанией*

company amalgamation   *слияние компаний*

company amendment   [bus.organ.] *расширение компании*

company assets   [bus.organ.] *активы компании, имущество компании*

company auditor   [bus.organ.] *ревизор компании*

company capital   [bus.organ.] *капитал компании*

company capital not paid up   [bus.organ.] *невыплаченный капитал компании*

company car   *автомобиль, принадлежащий компании*

company debt   [ind.ec.] *долг компании*

company director   [bus.organ.] *директор компании*

company earnings   [ind.ec.] *доходы фирмы*

company emblem   [adv.] *эмблема компании*

company executive   *руководитель компании*

company expected future development   *перспективы развития компании*

company file   *картотека компании*

company files   *архивы компании*

company flotation   [bus.organ.] *размещение займов компании*

company health insurance scheme   *система страхования работников компании от болезней*

company in distress   *компания, испытывающая финансовые трудности*

company in financial difficulties   *компания, испытывающая финансовые трудности*

company in general meeting   [bus.organ.] *общее собрание представителей компании*

company in general meeting, the   *общее собрание акционеров;* [bus.organ.] *общее собрание представителей компании*

company in process of winding up   [bus.organ.] *компания в процессе ликвидации*

company in the process of winding up   [bus.organ.] *компания в процессе ликвидации*

company law   [legal] *закон о компаниях*

company legislation [legal] *законодательство о компаниях*
company listed on a stock exchange [exc.] *компания, зарегистрированная на фондовой бирже*
company listed on stock exchange [exc.] *компания, зарегистрированная на фондовой бирже*
company loan *заем, выпущенный компанией*
company merger [bus.organ.] *поглощение компании;* [ind.ec.] *слияние компаний*
company name [bus.organ.] *название компании*
company newsletter *информационный бюллетень компании, рекламный проспект компании*
company note [bus.organ.] *уведомление акционеров компании*
company ordinary activities [calc.] *обычная деятельность компании*
company outing *коллективная экскурсия, пикник, экскурсия компанией*
company owner *владелец компании*
company pension fund [ins.] *пенсионный фонд компании*
company picnic *пикник работников компании*
company profile *профиль деятельности компании*
company profit [ind.ec.] *прибыль компании*
company promoter [bus.organ.] *учредитель компании*
company reconstruction [bus.organ.] *перестройка компании*
company registration office *бюро регистрации компаний*
company reorganization [bus.organ.] *реорганизация компании*
company rules *устав предприятия*
company secretary *секретарь компании*
company seniority [pers.manag.] *трудовой стаж в данной компании*
company strategy *стратегия компании*
company takeover *взятие компании под контроль и управление, поглощение компании, присоединение компании;* [bus.organ.] *слияние компаний*
company tax [tax.] *налог с доходов компании*
company taxation [tax.] *налогообложение компании*
company taxation act [tax.] *закон о налогообложении компаний*
Company Taxation Act [tax.] *закон о налогообложении компаний*
company to be dissolved *ликвидируемая компания*
company under foreign ownership *компания, являющаяся иностранной собственностью*
company union [empl.] *профсоюз, созданный в компании*
company venue [legal] *судебный округ, в котором находится компания*
company with share capital [bus.organ.] *компания с акционерным капиталом*
company's expected future development [bus.organ.] *перспективы развития компании*
company's ordinary activities [calc.] *обычная деятельность компании*
comparability *сопоставимость, сравнимость*
comparable (adj.) *соизмеримый, сопоставимый, сравнимый*
comparative (adj.) *относительный, сравнительный*
comparative advantage *сравнительное преимущество*
comparative external analysis *сравнительное наружное обследование*
comparative figures *относительные показатели*
comparative law [legal] *сравнительное право*
comparative tendering *продажа с молотка имущества, принадлежащего нескольким лицам и не подлежащего дроблению*
compare (vb.) *проводить параллель, сличать, сравнивать;* [calc.] *уподоблять*
compare notes (vb.) *обмениваться мнениями*
comparison *аналогия, сопоставление, уподобление;* [calc.] *сравнение*
compassionate leave *отпуск по семейным обстоятельствам*

compatibility   *совместимость, сочетаемость*
compatible (adj.)   *совместимый, сочетаемый*
compatible peripherals   [comp.] *совместимое периферийное оборудование*
compatible software   [comp.] *совместимое программное обеспечение*
compel (vb.)   *добиваться, заставлять, подчинять, принуждать*
compelling reason   *неопровержимый довод*
compendium   *компендиум, конспект, полный перечень, резюме;* [doc.] *краткое руководство*
compensable (adj.)   [ins.] *компенсируемый*
compensate (vb.)   [ec.] *расплачиваться;* [legal] *возмещать, вознаграждать за работу, компенсировать*
compensate for (vb.)   *возмещать убыток*
compensating error   *компенсирующая ошибка*
compensating partner   *компенсирующий партнер*
compensation   *пособие по несчастному случаю, уравновешивание;* [ec.] *доход;* [ins.] *балансирование, жалованье, платеж за услуги, покрытие расходов;* [legal] *возмещение, вознаграждение, компенсация*
compensation agreement   [legal] *компенсационное соглашение*
compensation claim   [legal] *иск о компенсации ущерба*
compensation expenditure   [ins.] *компенсационные издержки*
compensation for absence   *компенсация за отсутствие*
compensation for damage   [ins.] *компенсация за ущерб*
compensation for disablement   [ins.] *компенсация за нетрудоспособность*
compensation for expropriation   [legal] *компенсация за конфискацию*
compensation for inconvenience   [legal] *компенсация за неудобства*
compensation for loss of earnings   [ins.] *компенсация за потерю дохода*
compensation for loss of income   [ins.] *компенсация за потерю дохода*
compensation for loss of office   [pers.manag.] *компенсация при увольнении*
compensation for loss of use   [legal] *компенсация за лишение использования*
compensation for loss or damage   [ins.] *компенсация за ущерб или повреждение*
compensation for travelling expenses   *компенсация транспортных расходов*
compensation for value-added tax   *компенсация налога на добавочную стоимость*
compensation in money   [legal] *денежная компенсация*
compensation insurance   [ins.] *страхование компенсации*
compensation of employees from the rest of the world   *компенсационные платежи работникам из внешнего источника*
compensation of nonresident employees   *компенсация работникам, не проживающим по месту службы*
compensation order   *распоряжение о компенсации*
compensation product   *компенсирующий продукт*
compensation ruling   [legal] *постановление о компенсации*
compensation time   *время компенсации*
compensation transaction   [comm.] *компенсационная сделка*
compensatory (adj.)   *компенсационный*
compensatory allowance   *надбавка для компенсации убытков*
compensatory amount   *сумма компенсации*
Compensatory and Contingency Financing Facility (CCFF)   *система компенсационного финансирования на случай непредвиденных обстоятельств*
compensatory damages   *реальные убытки, фактические убытки;* [legal] *компенсаторные убытки*
compensatory duty   [EEC] *компенсационная пошлина*
compensatory financing   [fin.] *компенсационное финансирование*
Compensatory Financing Facility (CFF)   *система компенсационного финансирования*

compensatory fiscal policy [pol.ec.] *компенсационная финансовая политика, компенсационная фискальная политика*

compensatory payment [EEC] *компенсационный платеж*

compensatory time *компенсирующее время*

competence *достаток, квалификация, круг ведения, умение;* [legal] *компетенция, правомочность, правоспособность, соответствие требованиям права, юрисдикция;* [manag.] *компетентность, способность*

competence of public authorities *компетенция органов государственной власти*

competence requirements [legal] *правомочность исков, требования к компетенции*

competent (adj.) *авторитетный, достаточный, знающий, компетентный, надлежащий, отвечающий требованиям права, полноправный, правомочный, разрешенный*

competent authority *компетентный орган*

competent court [legal] *компетентный суд*

competent person *компетентное лицо*

competent to transact business (adj.) *правомочный вести дела*

compete on price (vb.) *участвовать в ценовой конкуренции*

compete with (vb.) *конкурировать с, соревноваться с*

competing (adj.) *конкурирующий*

competing country *конкурирующая страна*

competition *конкуренция, конкурс, конкурсный экзамен, соперничество, соревнование, состязание*

competition act *закон о конкуренции*

Competition Act *закон о конкуренции*

competition clause [legal] *пункт о конкуренции*

competition council *совет по конкуренции*

Competition Council *совет по конкуренции*

competition in efficiency *конкуренция за производительность, конкуренция за эффективность*

competition on quality *конкуренция за качество*

competition values *конкуренция стоимостей*

competitive (adj.) *конкурентный, конкурентоспособный, конкурирующий, конкурсный, соперничающий, соревнующийся*

competitive advantage *конкурентоспособность*

competitive advertising [adv.] *конкурентоспособная реклама*

competitive brand *конкурирующая торговая марка*

competitive depreciation *конкурентное обесценение*

competitive edge *конкурентоспособность*

competitive environment *условия конкуренции*

competitive equilibrium [pol.ec.] *равновесие в условиях конкуренции*

competitiveness *дух соперничества, конкурентоспособность*

competitiveness of industry *конкурентоспособность промышленности*

competitive position [mark.] *конкурентоспособность*

competitive power *конкурентоспособность*

competitive price [mark.] *конкурентоспособная цена*

competitive situation *состояние конкуренции*

competitive strategy [mark.] *стратегия конкуренции*

competitive strength *конкурентоспособность*

competitive tendering *конкурсное участие в торгах*

competitor *конкурент, соперник*

compilation *компилирование, подбор, сбор статистических даных, собирание фактов, составление;* [comp.] *компиляция*

compilation of balance of payments *составление платежного баланса*

compile (vb.) *собирать, собирать статистические данные, собирать факты, составлять;* [comp.] *компилировать*

compile a list (vb.) *составлять перечень*

compiled on the basis of *составленный на основе*

compile list (vb.) *составлять перечень*

compile phase   *этап компиляции;* [comp.] *фаза компиляции*

compiler   *составитель;* [comp.] *компилирующая программа, компилятор*

complain (vb.)   *выражать недовольство, жаловаться, подавать иск, подавать претензию, подавать рекламацию;* [legal] *возбуждать уголовное дело, подавать жалобу*

complain about   *возбуждать уголовное дело против, выражать недовольство по поводу, жаловаться на, подавать жалобу на, подавать иск по поводу, подавать рекламацию на качество продукции*

complainant   *жалобщик, предъявитель рекламации;* [legal] *истец*

complain of (vb.)   *быть недовольным, жаловаться на*

complaint   *жалоба, недовольство, причина недовольства, рекламация;* [legal] *возбуждение уголовного дела, иск, официальное обвинение, пункт обвинения*

complaints commission   *комиссия по жалобам*

complaints department   *отдел рекламаций*

complaints manager   *начальник отдела рекламаций*

complaints office   *бюро рекламаций*

complement   *личный состав части, норма, полный комплект, штатное количество;* [nav.] *личный состав корабля*

complement (vb.)   *дополнять, укомплектовывать*

complemental (adj.)   *добавочный, дополнительный, неконкурирующий*

complementary (adj.)   *добавочный, дополнительный, неконкурирующий*

complementary goods   [pol.ec.] *дополняющие товары*

complementary product   *побочный продукт*

complements   [pol.ec.] *дополняющие товары*

complete (vb.)   *завершать, заканчивать, укомплектовывать*

complete (adj.)   *абсолютный, законченный, комплектный, полный, совершенный, укомплектованный, целый*

complete a form (vb.)   *заполнять бланк*

complete a sale (vb.)   [legal] *осуществлять торговую сделку*

complete audit   [aud.] *полная ревизия*

completed offence   [leg.pun.] *совершенное преступление*

completely constituted trust   [legal] *полностью оформленная доверительная собственность*

completeness   *завершенность, полнота*

complete overview   *полный обзор*

complete specification   [pat.] *полное описание изобретения*

completion   *завершение, завершенность, окончание, окончательное оформление;* [r.e.] *комплект*

completion memorandum   [r.e.] *извещение об окончании работ*

completion of a period of insurance   [ins.] *окончание срока страхования*

completion of a quarter   *конец квартала*

completion of period of insurance   [ins.] *окончание срока страхования*

completion of quarter   *конец квартала*

completion rate   *процент выполненных работ*

completion statement   [r.e.] *отчет об объеме выполненных работ, отчет о выполненных работах*

complex   *группа, комплекс, совокупность*

complex (adj.)   *запутанный, комплексный, сложный, составной, трудный*

complex terms   [legal] *совокупность условий*

compliance   *податливость, согласие, угодливость, уступчивость*

compliance test   [aud.] *проверка соответствия*

compliance with   *согласие с*

compliance with, in   *согласно*

complicated (adj.)   *осложненный, сложный, трудный для понимания*

complicity   [leg.pun.] *запутанность, сложность, соучастие*

complicity after the fact   [leg.pun.] *последующее соучастие*

complicity before the fact   [leg.pun.] *предыдущее соучастие*

complimentary (adj.) *дарственный, приветственный;* [ec.] *бесплатный, поздравительный*

complimentary copy [doc.] *бесплатный экземпляр*

complimentary limousine pick-up at airport *бесплатная доставка в аэропорт на автомобиле*

complimentary limousine service *бесплатное обслуживание автомобильным транспортом*

complimentary product [adv.] *подарок фирмы*

comply (vb.) *соглашаться, уступать*

comply with (vb.) *исполнять, повиноваться, подчиняться, удовлетворять*

comply with a decision (vb.) [legal] *подчиняться решению*

comply with decision (vb.) [legal] *подчиняться решению*

comply with something (vb.) *действовать в соответствии с*

component *ингредиент, составная часть, узел, часть целого, элемент;* [prod.] *деталь, компонент*

component damage [ins.] *частичное повреждение*

component part *составная часть*

comportment *манеры, осанка, поведение*

compose (vb.) *составлять, улаживать, урегулировать*

composed of (adj.) *состоящий из*

composed of, be (vb.) *состоять из*

composite (adj.) *комбинированный, сложный, составной*

composite currency [monet.trans.] *составная валюта*

composite entry *сложная запись;* [book-keep.] *сложная проводка*

composite interest *сложный процент*

composite operator [comp.] *составной оператор*

composite volume *сборник нескольких ранее опубликованных работ*

composite whole *составное целое*

composition *агрегат, соглашение о перемирии, соединение, составление, строение;* [legal] *компромиссное соглашение должника с кредитором;* [print.] *построение*

composition association [legal] *ассоциация кредиторов*

composition in bankruptcy [bankr.leg.] *признание банкротства, соглашение о несостоятельности*

composition of balances [calc.] *структура баланса*

composition of costs [ind.ec.] *структура затрат*

composition of lots [comm.] *состав партий товара*

composition of portfolio [fin.] *состав портфеля заказов*

composition proceedings (in court) [bankr.leg.] *состав суда*

composition proceedings in court [bankr.leg.] *состав суда*

composition with creditors [legal] *компромиссное соглашение должника с кредитором*

compound *смесь, состав*

compound (vb.) *выкупать, вычислять сложные проценты, начислять сложные проценты, осложнять положение, отказываться от возбуждения иска, отказываться от жалобы, погашать повременные платежи, приходить к компромиссному соглашению, смешивать, соединять, составлять, усугублять трудности*

compound (adj.) *сложный, составной*

compound condition [comp.] *объединенное условие*

compounder [legal] *соглашатель*

compounding *смесь*

compound interest *сложные проценты*

compound with one's creditors (vb.) *приходить к компромиссному соглашению с кредиторами*

comprehend (vb.) *включать, охватывать, понимать, содержать в себе*

comprehension *включение, охват, понимание, постижение*

comprehensive (adj.) *всеобъемлющий, всесторонний, детальный, исчерпывающий, обширный, подробный, полный, тщательный*

comprehensive building insurance   [ins.] *страхование нескольких строений по одному договору*

comprehensive development area map   [plan.] *подробная карта застройки района*

comprehensive household policy   [ins.] *полис комбинированного страхования квартиры и имущества*

comprehensive insurance   [ins.] *комбинированное страхование, страхование нескольких видов имущества по одному договору*

comprehensive plan   *комплексный план*

comprehensive policy   [ins.] *полис комбинированного страхования*

comprise (vb.)   *включать, входить в состав, охватывать, составлять, состоять из*

comprised by (adj.)   *составленный*

comprising   *охват*

compromise   *компрометация, компромисс, мировая сделка, третейская запись;* [legal] *соглашение сторон*

compromise (vb.)   *заключать мировую сделку, идти на компромисс, идти на соглашение, подвергать риску, пойти на компромисс, пойти на соглашение;* [legal] *компрометировать*

compromise (adj.)   *компрометирующий, компромиссный*

compromise a witness (vb.)   [legal] *компрометировать свидетеля*

compromise proposal   *компромиссное предложение*

compromise solution   *компромиссное решение*

compromise witness (vb.)   [legal] *компрометировать свидетеля*

comptroller   *главный бухгалтер-контролер, инспектор, контролер, руководитель, руководитель контрольно-ревизионного и бухгалтерского отделов банка;* [aud.] *ревизор*

Comptroller and Auditor-General   *государственный бухгалтер-ревизор (Великобритания)*

compulsion   [legal] *насилие, принуждение*

compulsive (adj.)   *настоятельный, непреодолимый, обязательный, принудительный, связанный с принуждением*

compulsorily insured (adj.)   [ins.] *застрахованный по решению суда, принудительно застрахованный*

compulsory (adj.)   *принудительный, связанный с принуждением;* [legal] *обязательный*

compulsory acquisition (of property)   [legal] *принудительное отчуждение собственности*

compulsory acquisition of property   [legal] *принудительное отчуждение собственности*

compulsory arbitration   [legal] *принудительное арбитражное разбирательство*

compulsory community of property   [legal] *принудительная общность имущества*

compulsory delivery   [comm.] *обязательная поставка*

compulsory deposit rule   [bank.] *правило обязательного депонирования*

compulsory education   [syst.ed.] *обязательное образование*

compulsory hearing   [manag.] *обязательное слушание*

compulsory industrial injuries insurance   [ins.] *обязательное страхование от производственных травм*

compulsory insurance   [ins.] *обязательное страхование, принудительное страхование*

compulsory insurance scheme   [ins.] *порядок обязательного страхования*

compulsory licence   [pat.] *принудительная лицензия*

compulsory minimum price   *обязательная минимальная цена*

compulsory old-age insurance   [ins.] *обязательное страхование по старости*

compulsory pilotage   [nav.] *обязательная проводка лоцманом*

compulsory purchase (of property)   [legal] *принудительное отчуждение земли*

compulsory purchase of land [legal] *принудительное отчуждение земли*

compulsory purchase of property [legal] *принудительное отчуждение собственности*

compulsory purchase order [legal] *распоряжение о принудительном отчуждении*

compulsory purchase value *стоимость конфискованной собственности*

compulsory reserve deposit [bank.] *обязательный резервный депозит*

compulsory sale *принудительное отчуждение;* [legal] *принудительная продажа с торгов, продажа с молотка*

compulsory savings *вынужденные сбережения, принудительные сбережения*

compulsory third party insurance [ins.] *обязательное страхование третьей стороны*

compulsory use [pat.] *обязательное использование*

compulsory visa system *система обязательных виз*

compulsory voting *принудительное голосование*

compulsory winding up [bankr.leg.] *принудительная ликвидация*

compurgator [legal] *свидетель, показывающий под присягой, что подсудимый невиновен*

computable (adj.) *вычислимый, исчислимый*

computation *вычисление, подсчет, смета, счет;* [ind.ec.] *выкладка, расчет;* [mat.] *исчисление*

computational stability [comp.] *устойчивость результатов вычислений*

computation of dues [tax.] *подсчет пошлин*

computation of interest *подсчет процентов*

computation of profit *расчет прибыли*

computation of quantity *вычисление количества*

computation of taxes [tax.] *исчисление налогов*

computation of time *расчет времени*

compute (vb.) *вычислять, делать выкладки, исчислять, рассчитывать, считать;* [mat.] *подсчитывать*

compute mode [comp.] *режим счета*

computer *расчетчик;* [comp.] *вычислитель, вычислительная машина, вычислительное устройство, компьютер, счетчик*

computer (adj.) *компьютерный, машинный*

computer(ized) typesetting *автоматизированный набор*

computer abuse [comp.] *неправильное обращение с вычислительной машиной, эксплуатация вычислительной машины с нарушением установленных режимов*

computer-aided design (CAD) [comp.] *автоматизированное проектирование*

computer-aided instruction (CAI) [comp.] *автоматизированное обучение*

computer-aided learning (CAL) [comp.] *автоматизированное обучение*

computer-aided manufacturing (CAM) *автоматизированное изготовление;* [comp.] *автоматизированное производство*

computer-aided planning [comp.] *автоматизированное планирование*

computer-aided translation (CAT) [comp.] *автоматизированный перевод*

computer architecture [comp.] *архитектура вычислительной системы*

computer crime *злоумышленное использование вычислительной машины, использование вычислительной машины в преступных целях;* [comp.] *компьютерное преступление, преступление, совершенное с применением вычислительной машины*

computer crime insurance [ins.] *страхование от использования вычислительной машины в преступных целях*

computer file [comp.] *машинный файл*

computer fraud *злоумышленное использование вычислительной машины;* [comp.] *компьютерное мошенничество, мошенничество с применением вычислительной машины*

computer-independent (adj.) [comp.] *машинно-независимый*

computer input microfilm (CIM)   [comp.] *устройство ввода в вычислительную машину с микрофильма*

computer instruction code   *набор машинных команд, система машинных команд, состав машинных команд;* [comp.] *код машинной команды*

computer-integrated manufacturing (CIM)   [comp.] *комплексное автоматизированное производство*

computerization   *внедрение вычислительной техники, применение вычислительной машины;* [comp.] *компьютеризация*

computerize (vb.)   *автоматизировать обработку данных, вводить задачу в вычислительную машину, применять вычислительную технику, применять машинные методы вычислений, проводить компьютеризацию;* [comp.] *автоматизировать вычисления*

computerized bookkeeping   [book-keep.] *автоматизированный бухгалтерский учет*

computerized typesetting   *автоматизированный набор, набор с помощью вычислительной машины*

computer marketing   [comp.] *организация сбыта баз данных*

computer network   *сеть вычислительных машин;* [comp.] *вычислительная сеть*

computer operator   [comp.] *оператор вычислительной машины*

computer performance   [comp.] *производительность вычислительной машины*

computer power   *вычислительный ресурс;* [comp.] *вычислительная мощность*

computer printout   *вывод данных на печатающее устройство вычислительной машины, табуляграмма выходных данных вычислительной машины;* [comp.] *машинная распечатка*

computer program   *программа для вычислительной машины;* [comp.] *машинная программа*

computer-related crime   [comp.] *злоупотребление вычислительной машиной, преступление, связанное с применением вычислительной машины*

computer science   [comp.] *вычислительная техника, теория вычислительных машин и систем*

computer shares   [stock] *акции, продажа которых ведется с помощью вычислительной машины*

computer system   *вычислительный комплекс, система вычислительных машин;* [comp.] *вычислительная система*

computer terminal   *терминал вычислительной машины;* [comp.] *оконечное устройство вычислительной машины*

computer time   [comp.] *машинное время*

con   *голос против, довод против, обман;* [sl.] *мошенничество*

con (vb.)   [sl.] *вовлекать обманом, мошенничать*

concatenation   [comp.] *взаимная связь*

conceal (vb.)   *прятать, скрывать, укрывать;* [ins.] *утаивать*

concealed (adj.)   *скрытый*

concealed assets   *скрытое имущество, скрытые активы*

concealed damage   *скрытый ущерб*

concealed defect   *скрытый дефект*

concealed dividend   [bus.organ.] *скрытый дивиденд*

concealer   [leg.pun.] *укрыватель*

concealment   *сокрытие, умышленное сокрытие одной из сторон известных ей фактов;* [ins.] *утаивание;* [leg.pun.] *укрывательство*

concealment system   *система маскировки*

concede (vb.)   *признавать свое поражение, уступать;* [ec.] *допускать*

conceivable (adj.)   *возможный, мыслимый, понятный*

conceive (vb.)   *воображать, думать, задумывать, замышлять, полагать, понимать, постигать, представлять*

conceived in marriage (adj.)   [law.dom.] *зачатый в браке*

concentrate (vb.)   *концентрировать, собирать, сосредоточивать*

concentrate on (vb.) *сосредоточиваться на, устремляться на*

concentration *концентрация, сосредоточение*

concentration of power *концентрация власти*

concept *идея, общее представление, понятие, представление;* [adv.] *концепция*

conception *концепция, понимание, понятие, представление*

conception of law [legal] *концепция права*

concept of justice [legal] *принцип справедливости*

concept of money supply *представление о количестве денег в обращении*

concept test [adv.] *проверка концепции изделия*

concern *беспокойство, важность, дело, забота, значение, касательство, отношение, тревога, участие, участие в предприятии;* [ind.ec.] *предприятие, фирма*

concern (vb.) *затрагивать, иметь касательство, иметь отношение, касаться*

concerned (adj.) *заинтересованный, занятый, обеспокоенный, озабоченный, связанный*

concerning *касательно, относительно*

concern oneself with (vb.) *заниматься, интересоваться*

concertation *координация*

concerted action *согласованные действия*

concerted practices *согласованная практика*

concession *сдача внаем части помещения;* [comm.] *скидка в цене, уступка;* [legal] *концессионный договор, концессия, предоставление*

concessionary *концессионер, получатель концессии*

concessionary (adj.) *концессионный*

concessionary company *концессионная компания*

concessionary scheme *концессионная политика*

concessioner *концессионер*

concessioning round *согласительный раунд переговоров*

concessions, make (vb.) *идти на уступки*

concession supervisory authority *орган надзора над концессией*

concierge *консьерж, консьержка*

conciliate (vb.) *проводить примирительную процедуру, умиротворять, успокаивать;* [empl.] *примирять;* [law.dom.] *согласовывать*

conciliation *арбитражная процедура;* [empl.] *арбитражное примирение, примирение;* [law.dom.] *примирительная процедура, умиротворение;* [legal] *согласительная процедура*

conciliation agreement *соглашение о примирении*

conciliation board [empl.] *согласительный совет*

conciliation certificate [law.dom.] *свидетельство о примирении*

conciliation commission *согласительная комиссия*

conciliation procedure [empl.] *процедура примирения*

conciliation process *процесс согласования*

conciliator [empl.] *примиритель;* [legal] *мировой посредник*

conciliatory (adj.) *примирительный*

concise (adj.) *выразительный, краткий, сжатый, сокращенный, суммарный, четкий*

conciseness *выразительность, краткость*

conclude (vb.) *делать вывод, завершать, заканчивать, заключать, прийти к заключению, принимать решение, приходить к заключению, решать*

conclude a contract (vb.) [legal] *заключать договор*

conclude agreement (vb.) *заключать соглашение*

conclude a loan agreement (vb.) *заключать договор о ссуде, заключать контракт о получении кредита*

conclude an agreement (vb.) *заключать соглашение*

conclude a sale (vb.) *заканчивать продажу*

conclude contract (vb.) [legal] *заключать договор*

concluded agreement [legal] *заключенное соглашение*

conclude loan agreement (vb.) *заключать договор о ссуде, заключать контракт о получении кредита*

conclude sale (vb.) *заканчивать продажу*

conclusion *вывод, завершение, заключение, окончание, результат*

conclusion by analogy *вывод по аналогии*

conclusion of a contract [legal] *заключение контракта*

conclusion of contract [legal] *заключение контракта*

conclusive (adj.) *заключительный, окончательный, решающий, убедительный*

conclusive evidence [legal] *неопровержимое доказательство*

conclusive presumption [legal] *неопровержимая презумпция*

concomitant *сопутствующее обстоятельство*

concomitant (adj.) *сопутствующий*

concord *договор, конвенция, согласие, соглашение*

concordant (adj.) *гармоничный, согласный, согласующийся*

concordat *договор между отдельными лицами, конкордат*

concrete (adj.) *конкретный*

concretize (vb.) *конкретизировать*

concubinage [law.dom.] *внебрачное сожительство*

concur (vb.) *выражать согласие, действовать сообща, совпадать, соглашаться, сходиться во мнениях*

concur in *приступать к*

concur in a report (vb.) *приступать к докладу*

concur in report (vb.) *приступать к докладу*

concurrence *совпадение, согласованность, соревнование*

concurrent *сопутствующее обстоятельство*

concurrent (adj.) *действующий одновременно, параллельный, совпадающий, согласованный*

concurrent access [comp.] *одновременная выборка*

concurrent causes *одновременно действующие причины*

concurrent factor *сопутствующий фактор*

concurrent jurisdiction [legal] *параллельная юрисдикция*

concurrently with *одновременно с*

concurrent sentences [leg.pun.] *параллельные приговоры*

concurrent working [comp.] *одновременная работа*

concurrent writ [legal] *судебный приказ в нескольких экземплярах*

condemn (vb.) *браковать, осуждать, отчуждать в принудительном порядке, приговаривать, признавать непригодным для употребления;* [legal] *конфисковать;* [leg.pun.] *налагать арест;* [r.e.] *отчуждать, признавать виновным*

condemnable (adj.) *бракуемый;* [r.e.] *осуждаемый*

condemnation *объявление призом, осуждение, отказ в иске, порицание, признание виновным, признание негодным, признание некондиционным, признание опасным для использования, убытки, присуждаемые с проигравшей стороны;* [legal] *конфискация;* [nav.] *наложение ареста;* [r.e.] *принудительное отчуждение*

condemn a vessel (vb.) [nav.] *конфисковать судно*

condemned property [r.e.] *конфискованная собственность, отчужденния собственность*

condensation *конденсация*

condense (vb.) *конденсировать, сжато выражать мысль*

condensed version *краткое изложение, сокращенный вариант*

condition *кондиция, общественное положение, состояние;* [legal] *клаузула, оговорка, положение, существенное условие с правом расторжения договора, условие*

condition (vb.) *кондиционировать, обусловливать, определять, приводить в надлежащее состояние, регулировать*

condition, in good *в хорошем состоянии*

conditional (adj.) *обусловленный, условный*

conditional acceptance [legal] *условный акцепт*

conditional bond *условная облигация*

conditional buyer *покупатель, обладающий условными правами на купленный товар*

conditional discharge [leg.pun.] *условное освобождение от ответственности*

conditional distribution *условное распределение*

conditional expected value *условное математическое ожидание*

conditional parole [leg.pun.] *условное освобождение под честное слово*

conditional probability *условная вероятность*

conditional release [leg.pun.] *условное освобождение*

conditional sale *условная продажа*

conditional sale agreement [legal] *соглашение об условной продаже*

conditional sale amount *сумма условной продажи*

conditional sale contract [legal] *контракт об условной продаже*

conditional sale firm *фирма, ведущая условную продажу*

conditional sale plan *план условной продажи*

conditional sales act *закон об условных продажах*

conditional sale scheme *порядок условной продажи*

conditional title deed [r.e.] *документ, подтверждающий условное право собственности*

condition cartel [comm.] *условный картель*

condition code [comp.] *код условия*

conditioned by state of market *обусловленный состоянием рынка*

conditioned by the state of the market [pol.ec.] *обусловленный состоянием рынка*

condition of marriage *семейное положение*

condition precedent [legal] *предварительное условие*

conditions *обстоятельства, условия*

conditions for subscription [exc.] *условия подписки*

conditions of a tender *условия тендера, условия торгов*

conditions of carriage [trans.] *условия перевозки*

conditions of delivery [legal] *условия поставки*

conditions of employment [pers.manag.] *условия занятости*

conditions of issue *условия выпуска ценных бумаг*

conditions of production *условия производства*

conditions of tender *условия торгов*

condition subsequent [legal] *отменительное условие, последующее условие, резолютивное условие*

condition that, on *при условии, что*

condition usually implied [legal] *обычно налагаемое условие*

conditio sine qua non *непременное условие;* [legal] *обязательное условие*

condominium *дом-совладение, кооперативная квартира, совладение, совместное владение;* [legal] *кондоминиум*

condominium interest [r.e.] *преимущество совместного владения*

condonable (adj.) [legal] *простительный*

condonation *попустительство, потворство;* [legal] *оправдание преступления*

condone (vb.) *попустительствовать, предавать забвению;* [legal] *потворствовать*

conduct *ведение, поведение, руководство*

conduct (vb.) *вести, проводить, руководить, сопровождать*

conduct a business (vb.) *руководить делом*

conduct a campaign (vb.) [mark.] *вести кампанию*

conduct business (vb.) *руководить делом*

conduct campaign (vb.) [mark.] *вести кампанию*

conduct crime [leg.pun.] *ведение уголовного дела*

conducted party *попутчики, спутники*

conducted tour *туристическая поездка*

conduct money [legal] *возмещение свидетелю расходов по явке в суд, деньги за доставку свидетеля в суд*

conduct of a case [legal] *ведение судебного дела*
conduct of case [legal] *ведение судебного дела*
conduct of life *образ жизни*
conduct of proceedings [legal] *ведение судебного заседания*
conduct of the case [legal] *ведение судебного дела*
confederacy *конфедерация*
confederate *сообщник, соучастник, союзник, член конфедерации*
confederate (adj.) *конфедеративный, союзный*
confederation *конфедерация;* [empl.] *союз*
Confederation of British Industry (CBI) *Конфедерация британской промышленности*
Confederation of Danish Industry *Конфедерация датской промышленности*
confer (vb.) *вести переговоры, даровать, жаловать, совещаться*
confer (cf.) *сравните*
confer a power of procuration (vb.) *давать полномочия на ведение дел по доверенности*
confer a right on (vb.) *давать право на*
conference *конференция, обмен мнениями, присуждение ученой степени, совещание;* [legal] *консультация;* [nav.] *картельное соглашение между судовладельцами*
conference agreement [nav.] *картельное соглашение судовладельцев*
conference call [telecom.] *циркулярный вызов*
conference line [nav.] *картельное соглашение судоходной компании*
Conference on Security and Cooperation in Europe (CSCE) *Совещание по безопасности и сотрудничеству в Европе (СБСЕ)*
conference room *конференц-зал*
conference terms (CT) [nav.] *условия картельного соглашения судовладельцев*
confer power of procuration (vb.) *давать полномочия на ведение дел по доверенности*
confer responsibility (vb.) *возлагать ответственность*
confer right on (vb.) *давать право на*
confer with (vb.) *советоваться с*
confess (vb.) *признавать, признаваться;* [leg.pun.] *сознаваться*
confession *сознание;* [leg.pun.] *признание*
confession and avoidance [leg.pun.] *признание с последующим опровержением*
confession of faith *символ веры*
confidence *доверие, достоверность, злоупотребление доверием, конфиденциальное сообщение, мошенничество, самоуверенность, секрет, степень достоверности, уверенность*
confidence-building *создание атмосферы доверия, укрепление доверия, установление доверия*
confidence-building measures *меры укрепления доверия*
confidence coefficient *доверительная вероятность, доверительный уровень*
confidence level *доверительный уровень*
confidence region [stat.] *доверительная область*
confidence trick *злоупотребление доверием, мошенничество*
confidence trickster *мошенник*
confident (adj.) *уверенный*
confidential (adj.) *доверительный, конфиденциальный, пользующийся доверием;* [doc.] *секретный*
confidential clerk [pers.manag.] *доверенное лицо, личный секретарь*
confidential communication *закрытая связь*
confidential information *конфиденциальная информация*
confidentiality *конфиденциальность, секретность*
confident market [exc.] *устойчивый рынок*
confide to (vb.) *вверять, поручать*

configuration   *форма;* [comp.] *конфигурация*
confine   *граница, предел, рубеж*
confine (vb.)   *заключать в тюрьму, лишать свободы, ограничивать*
confinement   *ограничение, тюремное заключение;* [leg.pun.] *лишение свободы*
confine oneself to (vb.)   *ограничиваться*
confirm (vb.)   *поддерживать, подкреплять, ратифицировать, утверждать;* [comm.] *оформлять сделку;* [legal] *подтверждать, санкционировать*
confirm an appointment (vb.)   *утверждать назначения*
confirm a nomination (vb.)   *утверждать выдвижение кандидата*
confirm appointment (vb.)   *утверждать назначения*
confirm a remand order (vb.)   [legal] *подтверждать распоряжение о возвращении под стражу*
confirm a sentence (vb.)   [leg.pun.] *утверждать приговор*
confirmation   *конфирмация, ратификация;* [comm.] *подтверждение, санкционирование;* [legal] *доказательство, утверждение*
confirmation, subject to (adj.)   *требующий подтверждения*
confirmation fee   *сбор за удостоверение*
confirmation of conveyance   [r.e.] *подтверждение передачи прав*
confirmation of delivery   *подтверждение поставки*
confirmation of engagement   [pers.manag.] *подтверждение назначения на должность*
confirmation of loan undertaking   [bank.] *подтверждение кредитной гарантии*
confirmation of order   [ind.ec.] *подтверждение заказа*
confirmation of payment   *подтверждение платежа*
confirmation of receipt   *подтверждение получения*
confirmation of receivables   [book-keep.] *подтверждение дебиторской задолженности*
confirmation of sale   *подтверждение продажи*
confirmatory decision   [legal] *подтверждающее решение*
confirmatory suit   [legal] *санкционированный судебный процесс*
confirmed letter of credit   *подтвержденный аккредитив*
confirmed suspicion   [leg.pun.] *подтвержденное подозрение*
confirming house   *дом для конфирмации*
confirm nomination (vb.)   *утверждать выдвижение кандидата*
confirm remand order (vb.)   [legal] *подтверждать распоряжение о возвращении под стражу*
confirm sentence (vb.)   [leg.pun.] *утверждать приговор*
confiscate (vb.)   *реквизировать;* [leg.pun.] *конфисковать*
confiscate (adj.)   *конфискованный, реквизированный*
confiscation   [leg.pun.] *конфискация*
confiscation of illegal gains   [tax.] *конфискация незаконных доходов*
conflagration   *большой пожар*
conflagration area   [ins.] *зона, охваченная пожаром*
conflict   *борьба, борьба мнений, борьба принципов, вооруженный конфликт, конфликт, противоречие, столкновение*
conflict (vb.)   *вступать в конфликт, конфликтовать, противоречить*
conflicting (adj.)   *противоречивый*
conflicting lines of authority   *разногласия в органе власти*
conflict of authority   *столкновение полномочий*
conflict of interests   *столкновение интересов*
conflict of laws   *коллизионное право;* [legal] *коллизия правовых норм, конфликт правовых норм*
conflict on labour market   [empl.] *конфликт на рынке труда*
conflict on the labour market   [empl.] *конфликт на рынке труда*
conflict resolution   *разрешение конфликта*
conflict with (vb.)   *противоречить*
conflict with, be in (vb.)   *находиться в противоречии с*
conflict with, in   *в противоречии с*

conform (vb.) *согласовывать, соответствовать*

conformation *подчинение, приспособление, структура, устройство, форма, формирование*

conformity *конформизм, подчинение, согласованность, соответствие*

conformity with, in *в соответствии с*

conformity with the law, in [legal] *в соответствии с законом*

conform to (vb.) *подчиняться, приспосабливаться*

confront (vb.) *делать очную ставку, конфронтировать, предъявлять, противостоять, сличать, сопоставлять, сравнивать, сталкивать, столкнуться*

confrontation *конфронтация, очная ставка, противоборство, сопоставление, сравнение, столкновение*

confusing similarity [com.mark.] *нечеткое сходство*

confusion *беспорядок, волнения, замешательство, недоразумение, путаница;* [legal] *общественные беспорядки*

confute (vb.) *доказывать неправоту, доказывать ошибочность, опровергать*

congestion *перенаселенность;* [trans.] *дорожная пробка, затор уличного движения, скученность*

congestion surcharge [nav.] *штраф за чрезмерное скопление судов*

conglomerate *диверсифицированная корпорация, многопрофильная корпорация, промышленный конгломерат*

conglomerate (adj.) *многоотраслевой, собранный, соединенный*

conglomerate merger *конгломератное слияние предприятий*

conglomerate stocks [stock] *акционерный капитал промышленного конгломерата*

conglomeration of property [legal] *объединение собственности*

congregate (vb.) *собирать*

congregate (adj.) *коллективный, собранный, соединенный*

congregation *собрание*

congress *конгресс, съезд*

Congress, the *конгресс США*

congruence *согласованность, соответствие*

conjoin (vb.) *соединяться, сочетать*

conjoint (adj.) *общий, объединенный, совместный, соединенный*

conjugal (adj.) *брачный;* [law.dom.] *супружеский*

conjugal rights [law.dom.] *права супругов, вытекающие из их брачных отношений*

conjunction *связь, совпадение событий, соединение, стечение обстоятельств*

conjuncture *конъюнктура, кризис, критическое положение, стечение обстоятельств*

conman [sl.] *аферист, мошенник*

connect (vb.) *ассоциировать, иметь родственные связи, соединять;* [r.e.] *связывать*

connected (adj.) *имеющий родственные связи, связанный, соединенный*

connected claims [legal] *взаимосвязанные иски*

connected to (adj.) *относящийся к*

connected with (adj.) *связанный с, соединенный с*

connecting link *соединительное звено*

connection *пересадка, подключение, присоединение, родственник, родство, свойственник, свойство, связь, соединение, средство связи;* [comm.] *клиентура, покупатели;* [trans.] *согласованность расписания, средство сообщения*

connection fee [r.e.] *сбор за присоединение собственности*

connection with, in *в связи с*

connector *логический блок объединения, соединительное звено, соединительный знак, штепсельный разъем;* [comp.] *соединитель*

connexity *связанность;* [legal] *связь*

connivance *попустительство, потворство;* [leg.pun.] *молчаливое согласие*

conniver [leg.pun.] *потворщик*

conquer (vb.) *завоёвывать, побеждать, превозмогать, преодолевать*

conquest *завоевание, покорение*

consanguinity *близость, духовное родство, кровное родство*

conscience *совесть, сознание*

conscience clause [legal] *оговорка о возможности несоблюдения закона по религиозным принципам*

conscience money *анонимное погашение долга, сумма налога, анонимно присылаемая налогоплательщиком, первоначально уклонившимся от его уплаты;* [tax.] *анонимное возмещение ущерба*

conscientious (adj.) *добросовестно относящийся к делу, добросовестный, сознательный, честный*

conscientiousness *добросовестность*

conscientious objection [mil.] *отказ от несения военной службы по религиозным соображениям*

conscientious objector [mil.] *лицо, отказывающееся от несения военной службы по религиозным соображениям*

consciousness *осознание, понимание, самосознание, сознание, сознательность*

conscript [mil.] *новобранец*

conscript (vb.) [mil.] *призывать на военную службу*

conscript (adj.) [mil.] *призванный на военную службу*

consecutive (adj.) *последовательный, последующий*

consecutively numbered cheques *последовательно пронумерованные чеки*

consecutive sentences [leg.pun.] *последовательно применяемые наказания*

consensus *единодушие, консенсус, согласие;* [legal] *согласованность*

consensus ad idem [legal] *совпадение воль сторон*

consensus rate [bank.] *согласованная процентная ставка*

consent *разрешение, согласие;* [legal] *совпадение воль*

consent decree [legal] *решение суда в соответствии с заключенным сторонами соглашением*

consentient (adj.) *единодушный, согласный, согласующийся*

consent to (vb.) *давать разрешение, давать согласие, разрешать, соглашаться*

consent to a trust (vb.) [legal] *разрешать распоряжаться имуществом на началах доверительной собственности*

consent to mercy killing [legal] *согласие на помилование за убийство*

consent to trust (vb.) [legal] *разрешать распоряжаться имуществом на началах доверительной собственности*

consequence *важность, влиятельное положение, вывод, высокий пост, заключение, значение, последствие, результат, следствие*

consequent *последствие, результат*

consequent (adj.) *логически последовательный, логичный, последовательный, следующий за, являющийся результатом*

consequent action *последствия поступка*

consequent effect *последствие*

consequential damage [ins.] *косвенный ущерб*

consequential loss [ins.] *косвенный ущерб*

consequential loss insurance [ins.] *страхование от косвенного ущерба*

consequential measure *логически вытекающая мера*

consequential right *право, вытекающее из другого права*

consequently *в результате, следовательно*

conservation *заповедник, консервирование, охрана окружающей среды, охрана памятников старины, охрана природы, рациональное природопользование, служба охраны природы, сохранение, экономия, экономное использование ресурсов*

conservation agreement   *договор об охране природы*

conservation and maintenance works   *природоохранные и реставрационные работы*

conservation area   *заповедник*

conservation of buildings   *охрана зданий*

conservation of portfolio   [ins.] *сохранение портфеля ценных бумаг*

conservatism   *консерватизм, устойчивость свойств*

conservative (adj.)   *охранительный, с большим запасом прочности, традиционный;* [pol.] *консервативный*

conservative association chairman   [pol.] *председатель местной организации консерваторов (Великобритании)*

conservative estimate   *осторожная оценка, оценка с запасом*

conservative estimate, on a   *по осторожной оценке*

Conservative Party   [pol.] *Консервативная партия (Великобритания)*

conserve (vb.)   *сохранять*

consider (vb.)   *обдумывать, обсуждать, полагать, предполагать, принимать во внимание, проявлять уважение, рассматривать, судить по совокупности, считать, считаться, учитывать*

considerable (adj.)   *большой, важный, видный, значительный*

considerable increase   *значительный рост*

consider a claim (vb.)   [ins.] *рассматривать претензию*

consideration   *внимание, предупредительность, соображение;* [ec.] *возмещение, вознаграждение, денежное выражение фондовой сделки, компенсация;* [legal] *встречное удовлетворение, рассмотрение*

consideration, take into (vb.)   *принимать во внимание*

consideration, under   *на рассмотрении*

consideration of implications   *учет последствий*

consideration of judgment   [legal] *вынесение приговора*

consider claim (vb.)   [ins.] *рассматривать претензию*

considered opinion   *твердое убеждение*

consider one's decision (vb.)   *принимать решение*

consign (vb.)   *передавать;* [comm.] *отправлять товары, посылать на консигнацию;* [trans.] *вверять, поручать, предназначать*

consigned goods   [comm.] *товар, отправленный на консигнацию*

consignee   [comm.] *консигнатор;* [trans.] *адресат груза, грузополучатель*

consignment   [comm.] *груз, консигнация, партия груза, партия товаров;* [trans.] *отправка, посылка грузов*

consignment agreement   [comm.] *договор о поставке товара*

consignment by carload   [trans.] *поставка вагонной партии груза*

consignment by lorry load   [trans.] *поставка груза на один грузовой автомобиль*

consignment commission   [comm.] *комиссионные за поставку партии груза*

consignment delivered to door   [trans.] *партия товара, доставленная к месту назначения*

consignment document   *накладная на груз;* [trans.] *транспортная накладная*

consignment invoice   [comm.] *счет-фактура на партию груза*

consignment note   [rail.] *накладная на груз;* [trans.] *транспортная накладная*

consignment sale   [comm.] *продажа со склада комиссионера*

consignment stock   [comm.] *партия товаров*

consignment transaction   [comm.] *сделка с коносаментом*

consignor   [comm.] *комитент, консигнант;* [nav.] *грузоотправитель*

consistency   *логичность, последовательность, постоянство, согласованность*

consistency checking   *проверка последовательности*

consistent (adj.)   *последовательный, совместимый, согласующийся, сообразный, твердый, учредительный, учреждающий*

consist of (vb.)   *состоять*

consolidate (vb.) *объединять, объединяться, сливаться, укреплять;*
    [calc.] *суммировать;* [ec.] *консолидировать, сводить, усиливать*
consolidate a market (vb.) *укреплять рынок*
consolidated (tax) return *сводный налоговый отчет*
consolidated accounts [calc.] *сводный баланс, сводный финансовый
    отчет*
consolidated act [legal] *объединенный закон*
consolidated annual report [calc.] *сводный годовой отчет*
consolidated annuities [stock] *консолидированная рента*
consolidated balance [calc.] *сводный баланс*
consolidated balance sheet [calc.] *сводный баланс, сводный
    финансовый отчет*
consolidated balance sheet date [calc.] *дата представления сводного
    финансового отчета*
consolidated companies [bus.organ.] *объединенные компании*
consolidated debt *консолидированный долг*
consolidated financial statement [calc.] *сводный финансовый отчет*
consolidated fund *консолидированный фонд*
Consolidated Fund Act [parl.] *Закон о консолидированном фонде
    (Великобритания)*
consolidated funds flow statement [calc.] *отчет о финансовой
    деятельности*
consolidated funds statement [calc.] *отчет о финансовой
    деятельности*
consolidated income [calc.] *объединенный доход*
consolidated income statement [calc.] *сводный финансовый отчет*
consolidated laws [legal] *свод действующего законодательства*
consolidated profit and loss account *сводный отчет о результатах
    хозяйственной деятельности;* [calc.] *сводный отчет о прибылях
    и убытках*
consolidated rate *полная почасовая ставка*
consolidated report *сводный отчет*
consolidated return [bus.organ.] *сводный отчет*
consolidated sales [ind.ec.] *общий объем продаж*
consolidated statement of operations *сводный отчет о результатах
    финансовой деятельности;* [calc.] *сводный отчет о прибылях и
    убытках*
consolidated statement of source and application of funds *сводный отчет
    об источниках финансовых средств и их использовании
    (Великобританич)*
consolidated statement of source and application of funds (UK)
    [calc.] *сводный отчет об источниках финансовых средств и их
    использовании*
consolidated statutes [legal] *свод действующего законодательства*
consolidated subsidiary [bus.organ.] *консолидированная дочерняя
    компания*
consolidated taxable income [bus.organ.] *суммарный налогооблагаемый
    доход*
consolidated tax return *годовая сумма налога с корпорации,
    консолидированная годовая сумма налога;*
    [tax.] *консолидированная налоговая декларация*
consolidated undertaking [calc.] *объединенное предприятие*
consolidate market (vb.) *укреплять рынок*
consolidate short-term debt (vb.) *консолидировать краткосрочный долг*
consolidating entry [book-keep.] *объединяющая бухгалтерская проводка*
consolidating statute [legal] *объединяющий законодательный акт*
consolidation *сведение воедино балансов компаний группы,
    твердение, уплотнение;* [ec.] *конверсия краткосрочной
    задолженности в долгосрочную, консолидация, укрепление;*
    [ind.ec.] *объединение, слияние;* [legal] *укрупнение;* [mark.] *укрепление
    рыночной конъюнктуры*

consolidation (of capital) *слияние капитала*
consolidation account [calc.] *объединенный счет*
consolidation accounts [calc.] *сводный финансовый отчет*
consolidation allowance [tax.] *объединенная налоговая скидка*
consolidation excess *сводный излишек;* [calc.] *консолидационный излишек*
consolidation of actions [legal] *объединение исков*
consolidation of capital *слияние капитала*
consolidation of mortgages [r.e.] *консолидация закладных*
consolidation of share capital [ind.ec.] *слияние акционерного капитала*
consolidation order [legal] *порядок слияния*
consolidation policy *политика слияния*
consolidation profit *прибыль от слияния*
consolidator *консолидатор, объединитель, отвердитель, уплотнитель*
consols [stock] *консолидированная рента*
consortium *брачный союз, консорциум, соглашение, союз, супружеская общность*
consortium agreement *соглашения о консорциуме*
consortium bank *консорциальный банк*
consortium with joint and several liability *консорциум с совокупной и раздельной ответственностью*
conspicious consumption [pol.ec.] *престижное потребление, престижные расходы, расходование средств в целях повышения своего статуса*
conspiracy *тайный сговор;* [leg.pun.] *заговор, преступный сговор*
conspirator *участник преступного сговора*
constable *констебль, полицейский*
constant *константа, постоянная величина*
constant (adj.) *верный, неизменный, непрерывный, постоянный, устойчивый*
constantly *непрерывно, постоянно*
constant price [comm.] *постоянная цена*
constant prices *постоянные цены*
constant prices, at *по неизменным ценам*
constant rate depreciation [calc.] *обесценение с постоянным темпом*
constant risk [ins.] *постоянный риск*
constant value *постоянная стоимость*
constituency [parl.] *избиратели, избирательный округ, клиентура*
constituency election committee [parl.] *избирательная комиссия*
constituency organization [pol.] *объединение избирателей*
constituency seat in parliament [parl.] *места для избирателей в парламенте*
constituency seat in the parliament [parl.] *места для избирателей в парламенте*
constituent *составная часть, элемент;* [parl.] *избиратель*
constituent (adj.) *избирающий;* [parl.] *законодательный, имеющий право голоса, правомочный вырабатывать конституцию*
constituent companies *дочерние компании*
constituent company *дочерняя компания, компания-участница, подконтрольная компания, филиал*
constituent corporation *дочерняя корпорация, подконтрольная корпорация*
constituent state *гражданское состояние, позволяющее иметь право голос, страна-учредитель, штат-учредитель*
constitute (vb.) *вводить в силу, основывать, составлять, учреждать;* [legal] *назначать;* [pers.manag.] *устанавливать*
constitute a part of (vb.) *составлять часть*
constitute part of (vb.) *составлять часть*
constitution *состав, строение, учреждение;* [legal] *конституция, основной закон, устав;* [pers.manag.] *устройство*

constitutional (adj.) [legal] *конституционный, соответствующий требованиям конституции*

constitutionality *конституционность, соответствие с конституцией*

constitutional law [legal] *конституционное право*

constitutional monarchy *конституционная монархия*

constitutional right [legal] *конституционное право*

constitutional society [legal] *конституционное общество*

constitutional state [legal] *конституционное государство*

constitution of trust [legal] *учреждение доверительного фонда*

constrain (vb.) *вынуждать, заключать в тюрьму, принуждать, сдерживать*

constraint *принуждение, скованность, стеснение, тюремное заключение*

construct (vb.) *конструировать, создавать, сооружать, строить*

construction *здание, конструирование, конструкция, сооружение, строительство, стройка;* [legal] *истолкование, объяснение;* [r.e.] *постройка*

construction, in the course of *в ходе строительства*

construction activity *строительство*

construction and operating costs [calc.] *затраты на строительство и эксплуатацию*

construction contract *строительный подряд*

construction cost index *индекс стоимости строительства*

construction costs *затраты на строительство*

construction credit *строительный кредит*

construction expenses *затраты на строительство*

construction firm *строительная компания*

construction grant [manag.] *субсидия на строительство*

construction industry *строительная промышленность*

construction in single units [prod.] *блочное строительство*

construction involving branches *отрасли, связанные со строительством*

construction licence *лицензия на строительство*

construction loan *строительный кредит*

construction loan interest *процентная ставка строительного кредита*

construction manager *руководитель строительных работ*

construction of law [legal] *толкование закона*

construction of public utility housing *строительство коммунальных сооружений*

construction of single-family housing [r.e.] *строительство односемейных домов*

construction overheads *накладные расходы в строительстве*

construction period [r.e.] *период строительства*

construction permit *разрешение на строительство*

construction permit application *заявка на получение разрешения на строительство*

construction sector *строительный сектор*

construction site *строительная площадка*

constructions rate [trans.] *темпы строительных работ*

construction work *строительные работы*

constructive knowledge [leg.pun.] *предполагаемая осведомленность, 'конструктивная', предполагаемая правом, осведомленность*

constructive manslaughter [leg.pun.] *юридически предполагаемое простое убийство*

constructive notice [legal] *предполагаемое уведомление*

constructive possession [legal] *косвенное владение*

constructive talks *конструктивные переговоры*

constructive total loss [legal] *конструктивная полная гибель*

constructive trust *подразумеваемая доверительная собственность;* [legal] *доверительная собственность в силу закона*

construe (vb.) *делать вывод, интерпретировать, истолковывать,*
  объяснять, подразумевать
consul *консул*
consular (adj.) *консульский*
consular authority *консульские должностные лица, консульские*
  представители
consular invoice *консульская фактура*
consular officer *консульский работник*
consulate *консульское звание, консульство*
consulate-general *генеральное консульство*
consul-general *генеральный консул*
consult (vb.) *принимать во внимание, советоваться, совещаться,*
  справляться
consultancy *дача консультаций, должность консультанта,*
  консультативная деятельность, консультирование
consultant *консультант, советник*
consultant's contract [legal] *договор о консультировании*
consultant's fees *гонорар консультанта*
consultant's report *доклад советника*
consultation *консультация, совещание*
consultation phase *этап консультаций*
consultation with, in *по консультации с*
consultative body *консультативный орган, совещательный орган*
consultative committee *консультативный комитет*
consultative service *консультативная служба*
consulting (adj.) *консультирующий*
consulting engineer *инженер-консультант*
consulting hours *приемные часы*
consumable commodities *потребительские товары*
consumables [calc.] *потребительские товары*
consumable supplies [calc.] *расходуемые сырье и материалы*
consume (vb.) *потреблять, расходовать, тратить*
consumed, be (vb.) [prod.] *быть охваченным*
consumer *абонент, клиент, покупатель, потребитель;*
  [pol.ec.] *заказчик*
consumer advertising [adv.] *потребительская реклама*
consumer agreement [legal] *договор с потребителем*
consumer business *сделка с клиентом*
consumer choice *потребительский выбор*
consumer commodities *потребительские товары*
consumer confidence *доверие покупателя*
consumer confidence index *индекс уверенности потребителя*
consumer cooperative *потребительский кооператив*
consumer council *совет потребителей*
Consumer Council *совет потребителей*
consumer credit [bank.] *потребительский кредит*
consumer credit loan *ссуда на потребительский кредит*
consumer credit loans *ссуды на потребительский кредит*
consumer demand *потребительский спрос*
consumer durables *потребительские товары длительного*
  пользования
consumer expectation survey *обследование намерений потребителей*
consumer goods *потребительские товары*
consumer instalment credit *потребительский кредит с погашением в*
  рассрочку
consumer interests *интересы потребителя*
consumerism *защита интересов потребителя, стимулирование*
  потребительского интереса, теория экономической
  выгодности развития потребительского общества
consumer lending [bank.] *кредитование потребителей*
consumer loan [bank.] *потребительская ссуда*

consumer loan duty   [tax.] *налог на потребительскую ссуду*

consumer loan interest duty   *налог на проценты потребительской ссуды*

consumer loyalty   *приверженность потребителя*

consumer market   *потребительский рынок*

consumer needs   *потребительский спрос*

consumer ombudsman   *посредник по жалобам потребителей*

consumer package   [mark.] *розничная упаковка*

consumer policy   *политика в области защиты потребителей*

consumer price   *розничная цена*

consumer price index   *индекс розничных цен*

consumer products   *потребительские товары*

consumer products company   *компания по производству потребительских товаров*

consumer protection   *защита потребителя*

consumer purchase   *преимущество покупателя*

consumer research   [adv.] *изучение потребителя*

consumer response   [adv.] *реакция потребителя*

consumer sales   *продажа потребительских товаров*

consumer service   [legal] *обслуживание потребителей*

consumer spending   *потребительские расходы, расходование средств потребителями, стоимость закупок потребительских товаров*

consumer spokesman   *представитель потребителей*

consumer surplus   *дополнительная выгода для потребителя, излишек для потребителя*

consumers' association   *ассоциация потребителей*

consumers' attitude   *позиция потребителей*

consumers' behaviour   *поведение потребителей*

consumers' complaints board   *бюро претензий потребителей*

consumers' price   *цена для конечных потребителей*

consumer taste   [adv.] *потребительский вкус*

consumer taxation   [tax.] *налогообложение потребителя*

consumer venue   [legal] *место рассмотрения иска потребителя*

consumer's milk   *питьевое молоко*

consummation of marriage   *консуммация брака, осуществление брачных отношений*

consumption   *расход;* [pol.ec.] *потребление*

consumption expansion   [pol.ec.] *рост потребления*

consumption financed on credit   *потребление, финансируемое в кредит*

consumption function   *функция потребления*

consumption goods   *потребительские товары*

consumption of goods   *потребление товаров*

consumption of materials   [ind.ec.] *расход материалов*

consumption potential   *потенциал потребления*

consumption priorities   *потребительские приоритеты*

consumption purpose   *цель потребления*

consumption ratio   [pol.ec.] *относительный показатель потребления*

consumption stage   *этап потребления*

consumption tax   [tax.] *налог на потребление*

consumption trend   *тенденция потребления*

contact   *контакт, соприкосновение, столкновение*

contact (vb.)   *вступать в контакт, устанавливать связь*

contact (man)   *посредник, представитель*

contact committee   *комитет по связям*

contact damage   *разрушение контактов;* [ins.] *повреждение контактов*

contact group   *группа по связям*

contact man   *посредник, представитель*

contact meeting   *совещание для установления контактов*

contact price   [adv.] *цена установления контакта*

contain (vb.)   *вмещать, содержать*

container *резервуар;* [trans.] *контейнер, тара*

container allowance [trans.] *разрешение на контейнерные перевозки*

container berth *причал для перегрузки контейнеров*

container freight station (CFS) [trans.] *пункт обработки грузовых контейнеров*

container hire [trans.] *прокат контейнеров*

container ship (CTS) [nav.] *контейнерное судно, контейнеровоз*

container transport [trans.] *контейнерные перевозки*

container wagon [rail.] *вагон для перевозки контейнеров*

container wharf [nav.] *причал для перегрузки контейнеров*

container yard *контейнерный склад*

containing (adj.) *содержащий*

contamination *загрязнение, порча;* [ins.] *заражение*

contango [exc.] *контанго, репорт*

contango business [exc.] *сделка с отсрочкой расчета*

contango day [exc.] *день контанго, первый день расчета на Лондонской фондовой бирже*

contango transaction [exc.] *сделка с отсрочкой расчета*

contemplate (vb.) *намереваться, обдумывать, ожидать, предполагать, размышлять, рассматривать, рассчитывать*

contemplation *намерение, ожидание, перспектива, предположение, размышление*

contemporaneous performance [legal] *одновременное исполнение*

contemporary *современник*

contemporary (adj.) *одновременный, современный*

contempt *нарушение норм права, невыполнение распоряжений суда, неуважение, оскорбление*

contempt of court *неуважение к суду;* [legal] *оскорбление суда*

contend (vb.) *бороться, заявлять, настаивать, соперничать, состязаться, спорить, сражаться, утверждать;* [legal] *оспаривать*

contending (adj.) *противоборствующий, сталкивающийся*

contending parties *спорящие стороны*

content *вместимость, доля, емкость, объем, основное содержание, суть, удовлетворение*

content (vb.) *удовлетворять*

content (adj.) *довольный, удовлетворенный*

content(s) *содержание*

contention *разногласие, соревнование, состязание, спор, точка зрения, утверждение в споре*

contention upheld [legal] *отстаиваемая точка зрения*

contentious (adj.) *спорный*

contentious issue [legal] *спорный вопрос*

contents *содержание, содержимое*

contents list [doc.] *содержание*

contest *борьба, конкурс, соревнование, состязание, спор, столкновение*

contest (vb.) *бороться, бороться за место в парламенте, выставлять кандидатов, оспаривать, отвергать, соперничать, соревноваться, спорить, ставить под вопрос правильность, участвовать в соревновании;* [legal] *опротестовывать*

contestable (adj.) [legal] *спорный*

contestant parties [legal] *спорящие стороны*

contestant party [legal] *спорящая сторона*

contest a seat (vb.) [parl.] *бороться за место в парламенте*

contestation *предмет спора;* [legal] *спорный вопрос*

contest a will (vb.) *оспаривать завещание*

contested election *выборы, на которых выступает несколько кандидатов;* [parl.] *выборы, правильность которых оспаривается*

contested takeover *слияние компаний, правомочность которого оспаривается*

contesting (adj.) *оспаривающий*

contest liability (vb.) *оспаривать ответственность*

contest promotion [adv.] *конкурсная реклама*

contest seat (vb.) [parl.] *бороться за место в парламенте*

contest will (vb.) *оспаривать завещание*

context *контекст, окружение, ситуация, среда*

continent *континент, материк*

contingency *вероятность, возможность, непредвиденное обстоятельство, случай, случайность;* [calc.] *сопряженность признаков*

contingency fee *непредвиденный взнос, непредвиденный гонорар*

contingency fund *счет резерва для непредвиденных расходов;* [ins.] *резерв для непредвиденных расходов, резерв для покрытия чрезвычайных убытков*

contingency measure *чрезвычайная мера*

contingency plan *план действий в чрезвычайных обстоятельствах*

contingency planning *планирование на случай чрезвычайных обстоятельств*

contingency preparedness *готовность к непредвиденным обстоятельствам*

contingency procedure *процедура исключительности*

contingency reserve *резерв для непредвиденных расходов, резерв для покрытия чрезвычайных убытков;* [calc.] *резерв на покрытие непредвиденных потерь, резерв предусмотрительности*

contingency reserve fund [calc.] *фонд резерва для покрытия чрезвычайных убытков;* [ins.] *фонд резерва для непредвиденных расходов*

contingency reserves *средства на покрытие непредвиденных потерь*

contingency table [stat.] *таблица сопряженности признаков*

contingent *доля, контингент, личный состав, причитающееся количество, пропорциональное количество*

contingent (adj.) *зависящий от обстоятельств, непредвиденный, случайный;* [ec.] *возможный, условный*

contingent asset *условное преимущество*

contingent assets [calc.] *активы, право владения которыми вытекает из совершенных операций, активы, право владения которыми зависит от наступления определенного события*

contingent gain [calc.] *непредвиденный доход*

contingent liabilities *обязательства, появляющиеся в результате совершенных операций*

contingent liability *условная обязанность;* [calc.] *условное обязательство*

contingent loss [calc.] *непредвиденные потери*

contingent obligation *условная обязанность;* [legal] *условное обязательство*

contingent order *связанное указание, условный приказ*

contingent rate of exchange [monet.trans.] *валютный курс, зависящий от обстоятельств*

contingent rental [calc.] *условная арендная плата*

contingent tax [tax.] *скрытый налог*

contingent tax liability [tax.] *скрытое налогообложение*

continual (adj.) *непрерывный, постоянный, почти не прекращающийся*

continual trading *непрерывная торговля*

continuance *длительность, длительный период, отложение дела слушанием, отсрочка разбора судебного дела, продолжение, продолжительность*

continuation *возобновление, контанго;* [exc.] *отсрочка расчета по фондовой сделке;* [ins.] *продолжение*

continuation clause [ins.] *оговорка о пролонгации*

continuation day [exc.] *день контанго, первый день расчетного периода на Лондонской фондовой бирже*

continuation line *продолжение строки, строка продолжения;* [comp.] *строка-продолжение*

continuation school *школа для взрослых*

continuation sheet *дополнительная ведомость*

continue (vb.) *возобновлять, делать перерыв, длиться, оставлять, оставлять в должности, откладывать дело слушанием, продолжать, простираться, служить продолжением, тянуться;* [ins.] *продолжаться;* [legal] *объявлять перерыв*

continued (adj.) *длительный, продолжающийся, продолжительный*

continued (cont'd) *продолжение следует*

continued contractual relationship [legal] *отношения, основанные на долгосрочном договоре*

continued operation *непрерывная работа*

continued pay during illness [empl.] *платеж по больничному листу*

continued pay in case of sickness [empl.] *платеж по больничному листу*

continuing (adj.) *текущий*

continuing basis, on a *на непрерывной основе*

continuing company [bus.organ.] *действующая компания*

continuing contract [legal] *действующий контракт*

continuing issue [exc.] *действующий заем*

continuing partner *действующий партнер*

continuity *непрерывность, преемственность*

continuity concept [calc.] *принцип непрерывности*

continuity of balance sheet presentation [calc.] *непрерывность представления финансовых отчетов*

continuous (adj.) *длительный, непрекращающийся, непрерывного действия, непрерывный, продолжительный*

continuous audit [aud.] *непрерывная ревизия*

continuous billing [ind.ec.] *непрерывное фактурирование*

continuous demand [ind.ec.] *непрерывный спрос*

continuous education [empl.] *непрерывное образование*

continuous forms [comp.] *бесконечные конторские формуляры*

continuous inventory [wareh.] *непрерывная инвентаризация*

continuous issue [exc.] *непрерывная эмиссия*

continuous operation [prod.] *непрерывная эксплуатация, работа в непрерывном режиме*

continuous pagination *непрерывная нумерация*

continuous process *непрерывный процесс*

continuous process manufacture [prod.] *непрерывный процесс производства*

continuous purchase contract [legal] *непрерывно действующий договор купли-продажи*

continuous shift work *непрерывная сменная работа;* [empl.] *непрерывная трехсменная работа*

continuous three-shift working [empl.] *непрерывная трехсменная работа*

contra account [book-keep.] *контрсчет*

contraband [legal] *контрабанда*

contraband goods *контрабандные товары*

contraband trade *торговля контрабандными товарами*

contra bonos mores [legal] *против добрых обычаев и традиций*

contract *единица торговли на срочных биржах, подряд;* [ins.] *контракт;* [legal] *брачный контракт, договор;* [pers.manag.] *определение на службу*

contract (vb.) *заключать договор, заключать соглашение, сокращать;* [legal] *заключать контракт, заключать сделку, принимать на себя обязательства, снижаться, сокращаться*

contract, according to [legal] *в соответствии с контрактом*

contract a loan (vb.) [bank.] *делать заем*

contract a marriage (vb.) [law.dom.] *заключать брачный договор*

contract an obligation (vb.) [legal] *принимать на себя обязательство*

contract awarded on a trade-by-trade basis *контракт, разделенный на партии по отраслям*

contract awarded on trade-by-trade basis *контракт, разделенный на партии по отраслям*

contract basis *на контрактной основе*

contract between part owners [legal] *контракт между совладельцами*

contract bond [legal] *контрактная гарантия*

contract business [ins.] *контрактная сделка*

contract costing [ind.ec.] *калькуляция стоимости контракта*

contract creating reciprocal obligations [legal] *контракт, порождающий взаимные обязательства*

contract date *срок, оговоренный контрактом*

contract debt (vb.) *брать в долг, принимать на себя долг*

contract divided into lots by trade *контракт, разделенный на партии по отраслям*

contract documents [legal] *документы контракта*

contract drawings *получение кредита по контракту*

contract for carriage of passengers [legal] *контракт на перевозку пассажиров*

contract for the carriage of passengers [legal] *контракт на перевозку пассажиров*

contract guarantee *гарантия контракта*

contracting (adj.) [legal] *договаривающийся, подрядный*

contracting carrier *трамповое судно;* [trans.] *зафрахтованное судно*

contracting charges *расходы, оговоренные договором*

contracting company *компания-подрядчик*

contracting for one's own account [legal] *заключение сделки за собственный счет*

contracting for own account [legal] *заключение сделки за собственный счет*

contracting of loan [bank.] *получение займа*

contracting of loans [bank.] *получение займов*

contracting-out clause [legal] *оговорка об аннулировании контракта*

contracting party [legal] *договаривающаяся сторона, участник договора*

contracting state [legal] *договаривающееся государство*

contract in restraint of trade [legal] *договор об ограничении конкуренции*

contract in writing [legal] *договор в письменном виде*

contraction *ограничение, снижение деловой активности;* [ec.] *заключение брачного контракта;* [pol.ec.] *сокращение*

contractionary fiscal policy [pol.ec.] *жесткая финансово-кредитная политика, жесткая фискальная политика*

contraction of debt *приобретение долга*

contraction of marriage [law.dom.] *заключение брачного контракта*

contract loan (vb.) [bank.] *делать заем*

contract manager *руководитель отдела контрактов*

contract marriage (vb.) [law.dom.] *заключать брачный договор*

contract note [exc.] *договорная записка, маклерская расчетная записка, уведомление, посылаемое брокером клиенту о совершении сделки;* [legal] *контрактное уведомление*

contract obligation (vb.) [legal] *принимать на себя обязательство*

contract of adhesion *договор на основе типовых условий;* [legal] *договор присоединения*

contract of affreightment [nav.] *договор о морской перевозке*

contract of apprenticeship [empl.] *договор на обучение*

contract of carriage [trans.] *контракт на перевозку*

contract of delivery [legal] *контракт на поставку*

contract of employment [legal] *договор о работе по найму*

contract of guarantee *договор о поручительстве*

contract of hire [legal] *договор о найме, контракт о прокате*

contract of limited duration   [legal] *договор с ограниченным сроком действия*

contract of mutual insurance   [ins.] *договор о взаимном страховании*

contract of partnership   *договор о партнерстве*

contract of purchase   [legal] *договор купли-продажи*

contract of record   [legal] *договор, облеченный в публичный акт*

contract of sale   [legal] *договор купли-продажи*

contract of service   [legal] *договор о сроках и условиях работы служащего*

contractor   *подрядчик, поставщик, разработчик;* [legal] *контрагент, сторона в договоре, фирма-исполнитель*

contractor loan   *кредит строительному подрядчику*

contractor of a loan   *разработчик кредита*

Contractors' Association   *ассоциация подрядчиков*

contractor's all risks insurance   [ins.] *комбинированное страхование подрядчика, страхование подрядчика от всех рисков*

contract out of (vb.)   *освобождаться от обязательств*

contract penalty   [legal] *штраф за невыполнение договора*

contract price   *сумма подряда;* [r.e.] *договорная цена*

contract proposal   [legal] *предложение о заключении контракта*

contract research   *изучение условий контракта*

contracts of employment act   [legal] *закон о работе по контрактам*

Contracts of Employment Act   [legal] *закон о работе по контрактам*

Contracts of Insurance Act   *закон о договорах страхования*

contract stamp   [exc.] *биржевая печать*

contract stamp duty   [exc.] *сбор за биржевую печать*

contract terms   [legal] *условия контракта*

contract time schedule   *календарные сроки, оговоренные в контракте*

contract to deliver goods   [legal] *контракт на поставку товаров*

contract to pay by instalments (vb.)   *принимать на себя обязательство платить в рассрочку*

contract to sell   [legal] *соглашение о продаже*

contractual (adj.)   *договорный;* [empl.] *договорной;* [legal] *основанный на договоре*

contractual agreement   [legal] *соглашение, основанное на договоре*

contractual capacity   [legal] *контрактная правоспособность*

contractual commitment   [legal] *договорное обязательство*

contractual interest   [legal] *договорная доля*

contractual joint venture   *договорное совместное предприятие*

contractual licence   [legal] *договорная лицензия*

contractually employed (adj.)   [pers.manag.] *работающий по контракту*

contractual margin of preference   [legal] *договорная степень предпочтения*

contractual obligation   [legal] *договорное обязательство*

contractual partner   [ins.] *партнер по договору*

contractual penalty   [legal] *штраф, предусмотренный договором*

contractual penalty clause   [legal] *оговорка о неустойке за невыполнение договора*

contractual premium   [ins.] *страховая премия, предусмотренная договором*

contractual rate of interest   [legal] *договорная процентная ставка*

contractual relationship   [legal] *договорные отношения*

contractual restriction   [legal] *контрактное ограничение*

contractual right   [legal] *право, вытекающее из контракта*

contract under seal   [legal] *договор за печатью*

contract unit   [exc.] *партия ценных бумаг, реализуемая по единой цене*

contract wages and salaries   [empl.] *договорные ставки заработной платы и окладов*

contract where time is of the essence   *контракт, для которого время является существенно важным*

contract with (vb.)   *заключать контракт*

contract work   *работа, выполняемая по заказу;* [empl.] *подрядная работа, работа по договору*

contradict (vb.)   *возражать, опровергать, отрицать, противоречить*

contradiction   *возражение, несогласие, несоответствие, опровержение, расхождение;* [manag.] *противоречие*

contradiction checking   *проверка несоответствия*

contradictory (adj.)   *несовместимый, несоответствующий, противоречивый*

contrary (adj.)   *неблагоприятный, обратный, противоположного направления, противоположный*

contrary to   *вопреки, против*

contrary to a contract   *в нарушение контракта*

contrary to agreement   *в нарушение соглашения*

contrary to articles of association   [bus.organ.] *в нарушение устава ассоциации*

contrary to contract   *в нарушение контракта*

contrary to law   [legal] *в нарушение закона*

contrary to the agreement   *в нарушение соглашения*

contrary to the articles of association   [bus.organ.] *в нарушение устава ассоциации*

contrary to the law   [legal] *в нарушение закона*

contrast   *контраст, противоположность, противопоставление, различие, сопоставление*

contrast (vb.)   *контрастировать, противопоставлять, противоречить, расходиться, сопоставлять, сравнивать*

contrast control   *регулятор контраста;* [comp.] *регулировка контраста*

contravene (vb.)   *возражать, идти вразрез, оспаривать, преступать, противоречить;* [legal] *нарушать*

contravention   *конфликт, несогласие;* [legal] *нарушение, противоречие*

contravention of, in   *в нарушение*

contribute (vb.)   *вносить вклад, жертвовать деньги, сотрудничать, способствовать*

contributed capital   [fin.] *вложенный капитал, внесенный капитал*

contributed stock   [bus.organ.] *акционерный капитал*

contribute in proportion (vb.)   *делать пропорциональный взнос*

contribute proportionally (vb.)   *делать пропорциональный взнос*

contribute pro rata (vb.)   *делать пропорциональный взнос*

contribute to   *вносить вклад в*

contribute to estate (vb.)   [legal] *вносить вклад в имущество*

contribute to the estate (vb.)   [legal] *вносить вклад в имущество*

contribute towards expenses (vb.)   *принимать участие в расходах*

contribution   *валовая прибыль, выручка, контрибуция, отчисления, пожертвование, превышение продажной цены над себестоимостью продукта, сбор, содействие, сотрудничество, статья для журнала;* [fin.] *взнос, вклад;* [legal] *возмещение доли ответственности*

contribution at a meeting   *выступление на совещании*

contribution at meeting   *выступление на совещании*

contribution costing   [ind.ec.] *оценка вклада*

contribution in newspaper   [media] *статья в газете*

contribution in the newspaper   [media] *статья в газете*

contribution margin   [ind.ec.] *предельный размер взноса*

contribution margin ratio   [ind.ec.] *коэффициент выручки*

contribution method   [ind.ec.] *способ уплаты взносов*

contribution of assets   [ind.ec.] *вложение капитала*

contribution of liquid funds   [ind.ec.] *взнос ликвидных средств*

contribution of nonliquid assets   [bus.organ.] *взнос неликвидных активов*

contribution other than cash   [bus.organ.] *взнос по безналичному расчету*

contribution rate   *размер взноса*

contributions to social security [ind.ec.] *взнос в фонд социального обеспечения*

contribution to charities *взнос на благотворительные цели*

contribution to partnership capital *взнос в капитал товарищества*

contribution to pension scheme *взнос в пенсионный фонд*

contribution to reserve fund *взнос в резервный фонд*

contribution to the reserve fund *взнос в резервный фонд*

contribution towards *участие в*

contribution towards current expenses [ind.ec.] *участие в текущих расходах*

contribution towards operative expenses [ind.ec.] *участие в эксплуатационных затратах*

contributor *автор статей, вкладчик, докладчик на конференции, жертвователь, сотрудник газеты;* [fin.] *участник погашения доли убытков*

contributory (adj.) *делающий долевой взнос, делающий пожертвование, облагаемый налогом, складывающийся из разных источников, сотрудничающий, способствующий*

contributory influence *содействие*

contributory insurance [ins.] *страхование с частичными взносами*

contributory negligence [ins.] *вина потерпевшего, встречная вина, неосторожность пострадавшего, приведшая к несчастному случаю, сокращение пособия по несчастному случаю из-за небрежности потерпевшего;* [legal] *небрежность истца*

contributory pension account *счет взносов в пенсионный фонд*

contributory pension scheme [pers.manag.] *программа пенсионного обеспечения за счет взносов*

contributory scheme *система взносов*

contributory sickness fund [ins.] *больничная касса*

contributory values [mar.ins.] *контрибуционная стоимость*

con trick *обман;* [sl.] *мошенничество*

contrivance [prod.] *выдумка, изобретательность*

control *борьба с отрицательными явлениями, государственное регулирование, контроль, контрольный орган, надзор, ограничение, проверка, регулировка, руководство, сдержанность, управление*

control (vb.) *владеть, распоряжаться, регулировать, руководить, сдерживать, управлять;* [aud.] *контролировать;* [ec.] *проверять*

control (adj.) [aud.] *контрольный*

control, get under (vb.) *находиться под контролем*

control account [book-keep.] *контрольный счет*

control agreement *соглашение о контроле*

control authority *контрольный орган*

control board *орган надзора;* [prod.] *контрольный орган*

control command *команда управления;* [comp.] *управляющая команда*

control experiment *контрольный эксперимент*

control law [legal] *закон о надзоре*

controlled access *контролируемый доступ* .

controlled company *дочерняя компания, компания-участница, подконтрольная компания*

controlled depreciation [monet.trans.] *контролируемое обесценивание*

controlled economy *нерыночная экономика, централизованно управляемая экономика;* [pol.ec.] *контролируемая экономика*

controlled market *регулируемый рынок*

controlled press *контролируемая пресса*

controlled rate of exchange [monet.trans.] *регулируемый валютный курс*

controller *глава учетного аппарата корпорации, главный бухгалтер-аналитик, главный бухгалтер-контролер, инспектор, контролер, оператор, ревизор, регулятор, руководитель финансовой службы компании, управляющее устройство, устройство управления, финансист-контролер;* [aud.] *заместитель председателя правления по учетно-финансовым и экономическим вопросам;* [comp.] *контроллер*

controlling body   *контрольный орган*

controlling company   *компания-держатель;* [bus.organ.] *материнская компания, холдинг-компания*

controlling interest   [bus.organ.] *контрольный пакет акций*

controlling mechanism   *механизм управления*

controlling shareholder   [bus.organ.] *держатель контрольного пакета акций*

controlling shareholding   *обладание контрольным пакетом акций*

control measure   *мера контроля*

control of access   *контроль доступа*

control of foreign exchange transactions   [monet.trans.] *контроль валютных операций*

control of line limits   [ins.] *контроль по максимуму*

control of overdrafts   [bank.] *контроль превышения кредита*

control of posting   [book-keep.] *контроль бухгалтерских проводок*

control stamp   *контрольный штамп*

control system   [comp.] *система управления*

control the market (vb.)   *контролировать рынок*

control transfer   *команда передачи управления;* [comp.] *передача управления*

control unit   *блок управления;* [comp.] *устройство управления*

controversial (adj.)   *дискуссионный, спорный*

controversial issue   *спорный вопрос*

controversial point   *спорный пункт*

controversy   *дискуссия, полемика, расхождение во мнениях, спор, ссора, трудовой конфликт;* [legal] *гражданский процесс, правовой спор*

controvert (vb.)   *опровергать, оспаривать, отрицать, полемизировать, спорить*

cont'd (continued)   *продолжение следует*

conurbation   *большой город с пригородами, городская агломерация, конурбация*

convene (vb.)   *вызывать в суд, заседать, собирать, созывать*

convene a meeting (vb.)   *созывать заседание*

convene meeting (vb.)   *созывать заседание*

convenience   *выгода, преимущество, удобство*

convenience chain   *цепь удобств*

convenience food   *пищевые полуфабрикаты для быстрого приготовления*

convenience goods   *товары повседневного пользования, продаваемые дешево и с удобствами для покупателей*

convenience shop   *магазин, находящийся поблизости, магазин, работающий допоздна*

convenience store   *магазинчик, работающий допоздна*

convenient (adj.)   *находящийся поблизости, подходящий, удобный*

convening   *созыв;* [legal] *вызов в суд*

convening of meeting   *созыв заседания, созыв собрания*

convenor   *руководитель симпозиума;* [empl.] *руководитель конференции*

convention   *обычай, принятое правило, собрание, соглашение;* [law nat.] *конвенция;* [pol.] *партийное собрание для выдвижения кандидатов на выборные должности, съезд*

conventional (adj.)   *договоренный, находящийся в соответствии с договором, нормальный, обусловленный, общепринятый, обычный, оговоренный, привычный, схематический, традиционный, условный;* [ec.] *отвечающий техническим условиям, упрощенный*

conventional tariff   *договорная пошлина, конвенционный тариф*

conventional trainload goods   [trans.] *обычные товары, перевозимые по железной дороге*

convention application   [pat.] *конвенционная заявка*

convention document [pat.] *приоритетный документ*

Convention for International Trade with Endangered Species (CITES) *Конвенция о международной торговле исчезающими видами животных*

convention refugee *лицо, получившее убежище в соответствии с конвенцией*

convention year [pat.] *конвенционный год*

convergence *сходимость*

convergent (adj.) *сходящийся*

conversation *неофициальные переговоры, разговор*

conversational language *язык диалога;* [comp.] *диалоговый язык*

conversely *наоборот, обратно, противоположно*

conversion *обращение, перевод единиц, переход на выпуск новой продукции;* [ec.] *обмен облигаций на акции эмитента;* [leg.pun.] *изменение юридического характера собственности, конверсия, присвоение имущества;* [monet.trans.] *изменение, конверсия займа;* [r.e.] *обращение вверенного имущества в свою пользу;* [stock] *валютная конверсия, пересчет*

conversion condition [stock] *условие конверсии*

conversion costs [ind.ec.] *затраты, связанные с переходом на выпуск новой продукции*

conversion difference *разница при пересчете*

conversion factor *коэффициент пересчета, переводной коэффициент*

conversion fluctuation *разница при пересчете*

conversion into a limited liability company *реорганизация в компанию с ограниченной ответственностью*

conversion into cash *обмен на наличные*

conversion loan [ind.ec.] *конверсионный заем*

conversion of a firm *реорганизация фирмы*

conversion of debt [ec.] *перевод долга*

conversion of firm *реорганизация фирмы*

conversion of foreign currency [monet.trans.] *конвертирование иностранной валюты*

conversion of money *превращение денег в капитал*

conversion of notes *выпуск банкнот для замены существующих*

conversion of policy [ins.] *изменение страхового полиса*

conversion of posts [pers.manag.] *перемена должности*

conversion of shares [stock] *обмен акций*

conversion policy [ins.] *полис, предусматривающий возможность изменения страховой ответственности*

conversion premium [stock] *конверсионная премия, конвертирование выше курса*

conversion price [stock] *курс конвертируемой облигации*

conversion privilege [stock] *конверсионная льгота*

conversion profit [ind.ec.] *прибыль при конверсии*

conversion prospectus [stock] *объявление о конверсии*

conversion rate [mat.] *коэффициент пересчета, скорость преобразования*

conversion ratio [stock] *коэффициент пересчета*

conversion right [stock] *право конверсии*

conversion risk [stock] *риск конверсии*

conversion risk on bond investment [stock] *риск конверсии облигационного займа*

conversion scheme [stock] *порядок конверсии*

conversion table [monet.trans.] *таблица пересчета*

conversion time period [stock] *период конверсии*

conversion to company capital [stock] *превращение в акционерный капитал*

conversion value [stock] *конверсионная стоимость, стоимость, созданная путем превращения одной формы собственности в другую*

conversion wage   [pers.manag.] *пособие при увольнении*

convert (vb.)   *обращать, обращать вверенное имущество в свою пользу, превращать, присваивать движимость, реконструировать;* [monet.trans.] *конвертировать, обменивать;* [r.e.] *изменять юридический характер собственности;* [stock] *перестраивать*

converted into full-time employment (adj.)   [empl.] *переведенный на работу в течение полного рабочего дня*

converter   *устройство передачи данных с преобразованием;* [comp.] *преобразователь*

convertibility   [mat.] *обратимость валюты;* [monet.trans.] *конвертируемость, свободный обмен*

convertibility into gold   *обратимость в золото*

convertibility of note issue   *обратимость банкнотной эмиссии*

convertibility of the note issue   *обратимость банкнотной эмиссии*

convertible (adj.)   [mat.] *двойного назначения;* [monet.trans.] *конвертируемый, превращаемый;* [stock] *обратимый*

convertible bond   [stock] *конвертируемая облигация, облигация, конвертируемая в акцию*

convertible capital   *конвертируемый капитал*

convertible currency   [monet.trans.] *конвертируемая валюта*

convertible debenture   [stock] *конвертируемое долговое обязательство*

convertible loan   *конвертируемая ссуда*

convertible loan stock   [stock] *облигации, конвертируемые в акции*

convertible preferred stock   [stock] *привилегированные акции с возможностью обмена на обыкновенные акции*

convertible security   [stock] *ценная бумага, которая может быть обменена на другую*

convert into (vb.)   *превращать*

convert into a limited company (vb.)   [bus.organ.] *превращать в компанию с ограниченной ответственностью*

convert into capital (vb.)   *превращать в капитал*

convert to own use (vb.)   [leg.pun.] *обращать в свою пользу*

convexity   *выпуклость*

convey (vb.)   *передавать правовой титул, сообщать;* [r.e.] *передавать имущество, передавать права;* [trans.] *выражать, доставлять, перевозить, транспортировать*

conveyance   [r.e.] *документ о передаче имущества, документ о передаче прав, передача имущества, передача прав;* [trans.] *доставка, перевозка, перевозочное средство, передача, транспортировка, транспортное средство*

conveyance endorsement   [r.e.] *передаточная надпись*

conveyance of a firm   *передача фирмы*

conveyance of firm   *передача фирмы*

conveyance of passengers   [trans.] *перевозка пассажиров*

conveyance of property   *передача собственности*

conveyance of real property   [r.e.] *передача недвижимости*

conveyancer   *нотариус по операциям с недвижимостью;* [r.e.] *юрист, занимающийся операциями по передаче недвижимости*

conveyancing   [r.e.] *составление документов по оформлению перехода права на недвижимость*

convey and transfer (vb.)   [r.e.] *перевозить и передавать*

conveyor   *лицо, передающее недвижимость, перевозчик, разносчик;* [prod.] *транспортер*

conveyor   *конвейер*

conveyor belt   *конвейерная лента, ленточный конвейер;* [prod.] *лента конвейера*

convey real property (vb.)   [r.e.] *передавать недвижимость*

convict   [leg.pun.] *заключенный, осудить, осужденный, предназначенный для преступников, преступник, отбывающий наказание*

convict (vb.) *убеждать;* [leg.pun.] *вынести приговор, заставить осознать вину, признать виновным*

convict (adj.) *пенитенциарный*

convicted person [leg.pun.] *лицо, признанное виновным, осужденный*

convictible offence [leg.pun.] *наказуемое правонарушение*

conviction *убеждение, убежденность, уверенность;* [leg.pun.] *осуждение, признание подсудимого виновным*

convictions *взгляды, убеждения*

convince (vb.) *убеждать*

convincing (adj.) *убедительный*

convocation *собрание, созыв*

convoke (vb.) *собирать, созывать*

cool down (vb.) *охлаждать*

cooled and refrigerated cargo [trans.] *охлажденный груз*

cooling-off period [legal] *период обдумывания и переговоров*

cooling-off provision [legal] *положение о раскаянии*

cooling period *период охлаждения*

cooling time *время охлаждения*

cooltainer [trans.] *охлаждаемый контейнер*

coop *кооператив, кооперативное общество*

co-op *кооператив*

coop(erative store) *кооперативный магазин*

coop advertising [adv.] *совместная реклама производителя и оптового торговца*

cooperate (vb.) *взаимодействовать, кооперироваться, объединяться, содействовать, сотрудничать, способствовать*

cooperation *взаимодействие, кооперация, совместные действия, совместные усилия, содействие, сотрудничество*

cooperation agreement *соглашение о сотрудничестве*

cooperation cartel [comm.] *кооперативный картель*

cooperation concerning developing countries *сотрудничество с развивающимися странами*

cooperation within the EC [EEC] *сотрудничество в рамках Европейского сообщества*

cooperative *квартира в кооперативном доме, коллективное хозяйство, кооператив, кооперативная квартира, кооперативное общество, кооперативный дом, кооперативный магазин, кооператор, сельскохозяйственный кооператив, член кооперативного общества*

cooperative (adj.) *кооперативный, объединенный, совместный, согласованно действующий, сотрудничающий, участвующий в совместной работе*

cooperative advertising [adv.] *совместная реклама производителя и розничного торговца*

cooperative apartment *кооперативная квартира*

cooperative bank *кооперативный банк*

cooperative building society *кооперативное строительное общество*

cooperative credit bank *кооперативный кредитный банк*

cooperative credit institute *кооперативное кредитное учреждение*

cooperative dairy *кооперативная молочная ферма*

cooperative dwelling *кооперативная квартира*

cooperative enterprise *кооперативное предприятие*

cooperative farm *кооперативная ферма*

cooperative flat *кооперативная квартира*

cooperative fund *кооперативный фонд*

cooperative housing *кооперативное жилищное строительство*

cooperative housing (estate) *район застройки кооперативными домами*

cooperative housing association *ассоциация кооперативного жилищного строительства*

cooperative housing estate *район застройки кооперативными домами*

cooperative housing society   *общество кооперативного жилищного строительства*

cooperative insurance society   [ins.] *кооперативное страховое общество*

cooperative interest   [r.e.] *доля в недвижимости*

cooperatively owned (adj.)   *находящийся в кооперативной собственности*

cooperative movement   *кооперативное движение*

cooperativeness   *совместные действия*

cooperative problems   *совместные проблемы*

cooperative purchasing association   *кооперативная закупочная ассоциация*

cooperative savings bank   *кооперативный сберегательный банк*

cooperative share capital   *капитал пайщиков кооператива*

cooperative shareholder   *пайщик кооператива*

cooperative slaughterhouse   *кооперативная бойня*

cooperative society   *кооперативное общество*

cooperative society with limited liability   *кооперативное общество с ограниченной ответственностью*

cooperative store   *кооперативный магазин*

cooperative store manager   *директор кооперативного магазина*

cooperative taxation   [tax.] *совместное налогообложение*

cooperative undertaking   *кооперативное предприятие*

cooperator   *кооператор, сотрудник*

cooptation   *кооптация*

cooptation system   *система кооптации*

cooptative (adj.)   *кооптированный*

coopted (adj.)   *кооптированный*

coopting   *кооптация*

coordinate (vb.)   *действовать согласованно, координировать, приводить в соответствие, согласовывать, устанавливать правильное соотношение*

coordinate (adj.)   *координированный, согласованный*

coordinated action   *согласованное действие*

coordinating directive   [legal] *координирующая директива*

coordination   *координация, координирование, согласование*

coordination of legislation   [legal] *координация законодательства*

coowned joint venture   *совместное предприятие с уставным капиталом в равных долях*

coowner   [legal] *совладелец*

coownership   *совместное владение*

coownership of specified property   [law.dom.] *совместное владение установленной собственностью*

COP (custom of port)   *таможня порта*

coparcener   *совместно владеющий наследственным имуществом;* [suc.] *сонаследник*

coparcenery   *неразделенное наследство, совместное право на наследство;* [suc.] *совместное право на наследование*

coparceny   *совместное наследование в равных долях*

copartner   *соучастник преступления, член товарищества;* [bus.organ.] *участник в прибылях*

copartnership   *партнерство, причастность к преступлению, соучастие в преступлении, товарищество, участие в прибылях*

cope (vb.)   *совладать, справляться*

Copenhagen and suburbs   *Копенгаген и окрестности*

Copenhagen Business School   *Копенгагенская школа бизнеса*

Copenhagen City and Regional Transport   *городской и междугородный транспорт Копенгагена*

Copenhagen interbank offered rates (CIBOR)   *межбанковская ставка предложения на рынке депозитов в Копенгагене*

Copenhagen Inter-Bank Offered Rates (CIBOR)   *межбанковская ставка предложения на рынке депозитов в Копенгагене*

Copenhagen Stock Exchange *Копенгагенская фондовая биржа*

copier *копировальное устройство, копировально-множительная машина, копировально-множительное устройство, копировальный аппарат, программа копирования*

coplaintiff [legal] *соистец*

coprocessor [comp.] *сопроцессор*

coproperty [legal] *совместная собственность, совместное имущество*

copy *дубликат, ксерокопия, отпечаток, оттиск, экземпляр;* [adv.] *микроксерокопия, текст рекламного объявления;* [doc.] *копия;* [print.] *рукопись*

copy (vb.) *воспроизводить, копировать, переписывать, размножать, следовать образцу, снимать копию*

copy check *проверка копии;* [comp.] *контроль дублированием*

copyhold [legal] *арендные права*

copying *изготовление копий, копирование, печатание, размножение, снятие копий, фоторепродуцирование*

copying machine *копировальное устройство, копировально-множительная машина, копировальный аппарат*

copy of a bill [bill.] *дубликат векселя*

copy of bill [bill.] *дубликат векселя*

copy of consignment note [rail.] *копия накладной на груз, копия транспортной накладной*

copy of invoice *копия счета-фактуры*

copy of judgment [legal] *выписка судебного решения*

copy of minutes *копия протокола*

copy of the judgment [legal] *выписка судебного решения*

copy of the minutes *копия протокола*

copy-protect entry *защищенный вход*

copy research [adv.] *анализ текста рекламного сообщения*

copyright [aut.right] *авторское право, издательское право*

copyright (vb.) [aut.right] *обеспечивать авторское право*

copyright (adj.) [aut.right] *относящийся к охране авторских прав, охраняемый авторским правом*

copyright act [aut.right] *закон об авторском праве*

copyright deposit [doc.] *депонирование с охраной авторского права*

copyright deposit library [doc.] *библиотека-депозитарий с охраной авторского права*

copyright design [legal] *промышленный образец с авторским правом*

copyright library [doc.] *библиотека-депозитарий с охраной авторского права*

copyright notice [aut.right] *уведомление об авторском праве*

copyright protection [aut.right] *охрана авторского права*

copyright reserved (vb.) [aut.right] *авторское право охраняется*

copyright work [aut.right] *произведение, охраняемое авторским правом*

copy testing [adv.] *проверка текста рекламного сообщения*

copywriter [adv.] *автор рекламных текстов, составитель рекламных объявлений*

core *суть, сущность*

core (adj.) *ведущий, основной, профилирующий, центральный*

core capital [ind.ec.] *основная часть собственных средств банка*

coregistration *совместная регистрация*

core reader *основной читатель рекламы*

corespondent [law.dom.] *совместный иск, соответчик*

coresponsibility levy *сбор, взимаемый с обеих сторон (ЕЭС);* [EEC] *сбор, взимаемый с обеих сторон*

core storage *запоминающее устройство на магнитных сердечниках, оперативное запоминающее устройство*

cork charge *плата за откупоривание принесенных посетителями бутылок*

corn *зерно, зерновые хлеба, зерно злаков, кукуруза, маис, овес, пшеница, рожь*

corner *корнер (спекулятивная скупка акций), монополия, поворот, преимущественное право, скупка ценных бумаг на вторичном рынке с целью поднять цены и получить спекулятивную прибыль, угол*

corner (vb.) [exc.] *скупать товар со спекулятивными целями, создавать корнер*

cornering [exc.] *скупка товара по спекулятивным ценам, спекулятивная скупка*

corn exchange *хлебная биржа*

corn-growing country *страна, производящая зерно*

coroner *коронер, следователь, расследующий случай насильственной или скоропостижной смерти*

coroner's inquest [legal] *следствие, проводимое коронером*

corporal punishment [leg.pun.] *телесное наказание*

corporate (adj.) [bus.organ.] *акционерный, корпоративный, корпорационный, относящийся к корпорациям*

corporate advertising [adv.] *реклама, создающая имидж компании*

corporate attorney [pers.manag.] *поверенный корпорации*

corporate body [legal] *корпорация, правосубъектная организация, юридическое лицо*

corporate bond [stock] *корпорационная облигация, промышленная облигация*

corporate brochure *фирменная брошюра*

corporate capital [bus.organ.] *капитал компании*

corporate charter [bus.organ.] *устав корпорации*

corporate client *клиент корпорации*

corporate contribution *вклад корпорации*

corporate culture *культура производства*

corporate earnings [ind.ec.] *доходы компании*

corporate finance *корпоративное финансирование, финансы компании*

corporate fund *фонд корпорации*

corporate giant *крупная корпорация*

corporate identity [mark.] *фирменный стиль*

corporate image [mark.] *образ фирмы в глазах потребителей*

corporate income [tax.] *доход компании*

corporate income tax [tax.] *налог с доходов корпорации, подоходный налог корпорации*

corporate lending [bank.] *промышленное кредитование*

corporate liability [leg.pun.] *коллективная ответственность*

corporate life *продолжительность существования корпорации*

corporate manager *руководитель корпорации*

corporate material *информационный материал корпорации*

corporate philosophy *принципы деятельности корпорации*

corporate president *президент корпорации*

corporate profits tax [tax.] *налог на прибыли корпорации*

corporate raider [exc.] *скупщик акций компании с целью получения контрольного пакета*

corporate record book [bus.organ.] *протокол компании*

corporate restructuring [bus.organ.] *реорганизация компании*

corporate stocks *коммунальные облигации;* [stock] *акции, выпущенные корпорациями*

corporate subscription *подписка на ценные бумаги корпорации*

corporate tax [tax.] *налог с доходов корпорации*

corporate taxation [tax.] *налогообложение корпорации*

corporate tax verification [tax.] *проверка правильности уплаты налога с доходов компании*

corporate world *деловой мир*

corporation *муниципалитет;* [bus.organ.] *акционерная компания, акционерное общество, объединение;* [legal] *корпорация, общество, юридическое лицо*

corporation advertising [adv.] *реклама корпорации*

corporation aggregate [legal] *корпорация, являющаяся*
совокупностью лиц

corporation bill [stock] *облигация, выпущенная муниципалитетом*

corporation charter [bus.organ.] *устав корпорации*

corporation law [legal] *закон о корпорациях*

corporation sole [legal] *единоличная корпорация*

corporation tax [tax.] *налог на корпорацию*

corporation tax year [bus.organ.] *налоговый год корпорации*

corporation venue [legal] *территориальная подсудность корпорации*

corporative (adj.) [bus.organ.] *корпоративный*

corporeal object [legal] *материальная вещь*

corporeal right [legal] *вещное право*

corporeal thing [legal] *материальная вещь*

corps *корпус*

corpse *труп*

corpus *капитал, свод документов, совокупность;* [legal] *массив,*
основной фонд, собрание

correct (vb.) *делать замечание, исправлять, корректировать,*
наказывать, поправлять, править, устранять вредное влияние

correct (adj.) *верный, корректный, подходящий, правильный, точный*

corrected (adj.) *скорректированный с учетом*

corrected for exchange rate changes [monet.trans.] *валютный курс,*
скорректированный с учетом изменений

corrected probability *скорректированная вероятность*

correct errors (vb.) *исправлять ошибки*

correction *выговор, замечание, исправление, коррекция, поправка*

correction factor *поправочный коэффициент*

correction of budget deficit *коррекция бюджетного дефицита*

correction of error *исправление ошибки*

corrective maintenance *внеплановое техническое обслуживание,*
техническое обслуживание с устранением неисправностей

corrective payment *дополнительный платеж*

correctness *исправность, правильность, точность*

correlate (vb.) *коррелировать, находиться в определенном*
соотношении, устанавливать соотношение

correlate programmes (vb.) *согласовывать программы*

correlation *взаимосвязь, корреляция;* [stat.] *соотношение*

correlation coefficient *коэффициент корреляции*

correlation of registers *соответствие регистров*

correlation table *корреляционная таблица*

correspond (vb.) *переписываться, состоять в переписке*

correspondence *аналогия, корреспонденция, переписка,*
соответствие, соотношение

correspondence clerk [pers.manag.] *служащий, ведущий переписку*

correspondence course *курсы заочного обучения*

correspondence department *отдел корреспонденции*

correspondent *банк-корреспондент, лицо, с которым ведется*
переписка; [bank.] *служащий, ведущий переписку;*
[media] *корреспондент*

correspondent bank [bank.] *банк-корреспондент*

corresponding (adj.) *аналогичный, ведущий переписку, подобный,*
подходящий, соответственный, соответствующий

corresponding figures *соответствующие показатели*

correspond to (vb.) *представлять собой, равняться, согласовываться,*
соответствовать

corrigenda [print.] *список опечаток*

corroborate (vb.) *подкреплять, подкреплять одно доказательство*
другим, подтверждать

corroboration *подтверждение*

corroborative (adj.) *подкрепляющий, подтверждающий*

corrosion damage   [ins.] *ущерб от коррозии*

corrupt (vb.)   *давать взятку, подкупать, портить*

corrupt (adj.)   *искаженный, испорченный, коррумпированный, недостоверный, продажный*

corruption   *гниение, порча, продажность;* [leg.pun.] *коррупция*

corruptive (adj.)   *портящий*

corruptive payment   *взятка*

COS (cash on shipment)   *оплата наличными при отгрузке*

cosign (vb.)   *совместно подписывать*

cosignatory   *государство, подписывающее соглашение вместе с другими государствами, лицо, подписывающее соглашение вместе с другими лицами*

cosigner   *государство, подписывающее соглашение вместе с другими государствами, лицо, подписывающее соглашение вместе с другими лицами*

cosmopolitan   *космополит*

cost   [book-keep.] *стоимость;* [ind.ec.] *расплата, цена*

cost (vb.)   *стоить;* [ind.ec.] *назначать цену, оценивать товар*

cost, insurance, freight (CIF)   [trans.] *стоимость, страхование, фрахт*

cost accountant   [book-keep.] *бухгалтер по учету издержек производства;* [ind.ec.] *бухгалтер-калькулятор*

cost accounting   [book-keep.] *производственная бухгалтерия, производственный учет;* [ind.ec.] *калькуляция затрат*

cost allocation   [ind.ec.] *распределение затрат*

cost allocation base   *основа распределения затрат*

cost analysis   [ind.ec.] *анализ затрат*

cost and freight (C and F)   *стоимость и фрахт*

cost and freight (CFR)   *стоимость и фрахт*

cost and freight (C & F)   [trans.] *стоимость и фрахт*

cost and insurance (C and I)   [trans.] *стоимость и страхование*

cost and price difference   *разность между себестоимостью и ценой*

cost apportionment   [ind.ec.] *постатейное распределение затрат*

cost apportionment statement   [ind.ec.] *отчет о постатейном распределении затрат*

cost-attenuating (adj.)   *снижающий издержки*

cost awareness   *осведомленность о затратах*

cost-benefit analysis (CBA)   [ind.ec.] *анализ затрат и результатов, межотраслевой анализ*

cost burden   *бремя расходов*

cost calculation   [ind.ec.] *калькуляция затрат*

cost centre   *калькуляционный отдел, структурное подразделение, результаты деятельности которого оцениваются полученной прибылью;* [ind.ec.] *учетно-калькуляционное подразделение*

cost-centre accounting   *производственный учет;* [book-keep.] *производственная бухгалтерия*

cost-centre variance   [ind.ec.] *отклонение от нормативных затрат*

cost classification   [ind.ec.] *классификация затрат*

cost clerk   [ind.ec.] *учетчик затрат*

cost conscious (adj.)   *имеющий представление о структуре затрат*

cost consciousness   *понимание структуры затрат*

cost-consuming (adj.)   *требующий больших затрат*

cost containment   [ind.ec.] *сдерживание затрат*

cost control   [ind.ec.] *контроль за уровнем затрат*

cost control account   [book-keep.] *контрольный счет затрат, субсчет затрат*

cost curve   *кривая затрат;* [ind.ec.] *кривая стоимости*

cost depletion   [ind.ec.] *налоговая скидка на истощение природных ресурсов*

cost determined (adj.)   *определяемый затратами*

cost determined rent   [r.e.] *арендная плата, определяемая затратами*

cost development   *рост себестоимости*

cost distribution   [ind.ec.] *распределение затрат*
cost effectiveness   *экономическая эффективность;*
  [ind.ec.] *эффективность затрат*
cost effectiveness study   *изучение экономической эффективности;*
  [ind.ec.] *изучение эффективности затрат*
cost efficiency   [ind.ec.] *экономическая эффективность*
cost element   [ind.ec.] *составляющая стоимости*
cost escalation   *рост издержек*
cost escalation cover   *покрытие роста издержек*
cost estimating   [ind.ec.] *оценка издержек, оценка стоимости*
cost factor   [ind.ec.] *фактор стоимости*
cost formula   [calc.] *формула вычисления затрат*
cost free   *бесплатно*
cost improvement   [ind.ec.] *повышение цен*
cost increase   *рост стоимости, увеличение стоимости*
costing   [ind.ec.] *исчисление, калькуляция издержек производства,*
  калькуляция себестоимости
costing account   [ind.ec.] *счет издержек*
costing formula   [ind.ec.] *формула расчета себестоимости*
costing scheme   [ind.ec.] *порядок калькуляции себестоимости*
costing system   [ind.ec.] *система калькуляции себестоимости*
costly (adj.)   *дорогой, дорогостоящий, ценный*
costly to operate (adj.)   [ind.ec.] *дорогостоящий в эксплуатации*
cost method   [calc.] *метод калькуляции*
cost minimization   [ind.ec.] *минимизация издержек производства,*
  минимизация себестоимости
cost of acquisition   [ind.ec.] *стоимость покупки, стоимость*
  приобретения
cost of capital   [ind.ec.] *стоимость капитала*
cost of clearance of debris   [ins.] *стоимость очистки от*
  строительного мусора
cost of demolition   *стоимость разборки*
cost of dismantling   *стоимость демонтажа*
cost of goods sold   [ind.ec.] *стоимость проданных товаров*
cost of heating   *стоимость отопления*
cost of issue   [exc.] *стоимость издания, стоимость эмиссии*
cost of labour   [ind.ec.] *стоимость рабочей силы*
cost of legal proceedings   [legal] *стоимость судебного разбирательства*
cost of living   [pol.ec.] *прожиточный минимум*
cost-of-living adjustment (COLA)   [empl.] *надбавка на дороговизну,*
  прибавка к заработной плате в связи с повышением
  прожиточного минимума
cost-of-living allowance   [empl.] *прибавка к заработной плате в связи с*
  повышением прожиточного минимума
cost-of-living bonus   [empl.] *прибавка к заработной плате в связи с*
  повышением прожиточного минимума
cost-of-living clause   [empl.] *оговорка об индексации заработной платы*
cost-of-living index   *индекс прожиточного минимума, индекс*
  стоимости жизни
cost of materials   [ind.ec.] *стоимость материалов*
cost of office and workshop space   [ind.ec.] *стоимость конторских и*
  производственных помещений
cost of production   [ind.ec.] *издержки производства, себестоимость*
cost of repairs   *стоимость ремонта*
cost of replacement   [ins.] *стоимость замены*
cost of sales   [comm.] *себестоимость реализованной продукции*
cost-of-sales accounting format   [calc.] *форма учета себестоимости*
  реализованной продукции
cost of transportation   [trans.] *транспортные расходы*
cost of treatment insurance   [ins.] *страхование стоимости лечения*
cost of upkeep   *стоимость содержания в исправности*

cost-performance objective *запланированный уровень издержек*

cost per thousand [adv.] *цена за тысячу единиц продукции*

cost-plus [ind.ec.] *'издержки плюс фиксированная прибыль' (метод назначения цены)*

cost-plus basis, on a *по методу 'издержки плюс фиксированная прибыль'*

cost-plus-incentive-fee contract *контракт с оплатой издержек плюс поощрительное вознаграждение*

cost price [ind.ec.] *цена, принимаемая при калькуляции издержек производства, цена производства*

cost price calculation [ind.ec.] *калькуляция цены производства*

cost price estimate [ind.ec.] *оценка цены производства*

cost-push inflation [pol.ec.] *инфляция, вызванная ростом издержек производства*

cost recovery [ind.ec.] *возмещение издержек производства*

cost reduction [ind.ec.] *снижение издержек производства, снижение себестоимости*

cost-related rent [r.e.] *арендная плата, зависящая от затрат*

costs *издержки;* [book-keep.] *расходы;* [legal] *судебные издержки, судебные расходы*

costs, charges and expenses of winding up *все виды расходов, связанных с ликвидацией фирмы*

costs, with [legal] *с возложением судебных издержек на сторону, проигравшую дело*

cost saving *снижение издержек*

costs estimate [ind.ec.] *оценка затрат*

costs estimates *намеченные затраты*

cost-sharing contract [legal] *контракт с разделением затрат*

costs in a criminal case [leg.pun.] *издержки ведения уголовного дела*

costs in criminal case [leg.pun.] *издержки ведения уголовного дела*

costs in full [legal] *полные издержки*

costs of bankruptcy [bankr.leg.] *издержки банкротства*

costs of completion [ind.ec.] *затраты на выполнение работы*

costs of discharge [nav.] *затраты на разгрузку*

costs of forward cover [exc.] *затраты на срочное покрытие*

costs of litigation [legal] *издержки гражданского судебного спора*

costs of management *административные расходы*

costs of recourse [legal] *затраты на регресс*

costs of research and development *затраты на научно-исследовательские и опытно-конструкторские работы*

costs of the bankruptcy [bankr.leg.] *издержки банкротства*

cost structure *структура себестоимости;* [ind.ec.] *структура издержек*

cost structure statistics [ind.ec.] *статистика структуры затрат*

cost supplement [ec.] *увеличение себестоимости*

cost to borrower [bank.] *стоимость кредита*

cost type [ind.ec.] *вид издержек*

cost type accounting [ind.ec.] *учет по видам издержек*

cost unit [ind.ec.] *единица стоимости*

cost value *величина издержек, первоначальная стоимость, себестоимость, стоимость издержек*

cost variance [ind.ec.] *отклонения от нормативных затрат*

cosurety [legal] *сопоручитель, сопоручительство*

cosuretyship *сопоручительство*

cotenant [r.e.] *соарендатор*

cottage *загородный дом, коттедж, небольшой дом*

cottage industry *надомный промысел;* [empl.] *надомное производство*

cottage letter *арендодатель коттеджа*

cottage letting *сдача внаем коттеджа*

cottage work [empl.] *надомная работа, надомный промысел*

cottage worker [empl.] *работающий на дому*

council *совещание;* [manag.] *совет*

council election *муниципальные выборы*

council flat *муниципальная квартира*

Council for Mutual Economic Aid (COMECON) *Совет экономической взаимопомощи (СЭВ)*

Council for Mutual Economic Assistance (COMECON) *Совет экономической взаимопомощи (СЭВ)*

council house *муниципальный дом*

council housing [r.e.] *муниципальное жилищное строительство*

councillor *советник, член совета*

councilman *член муниципального совета*

council of economic advisers *совет экономических консультантов*

Council of Economic Advisers *совет экономических консультантов*

Council of Europe *Совет Европы*

Council of European Municipalities and Regions (CEMR) *Совет европейских муниципалитетов и регионов*

council of foreign ministers [EEC] *совет министров иностранных дел*

Council of Foreign Ministers [EEC] *Совет министров иностранных дел*

council of ministers *совет министров*

Council of Ministers of Finance and Economic Affairs (ECOFIN) [EEC] *Совет министров финансов и экономики*

council of state *государственный совет*

Council of Technology, the *совет по технологии*

Council of the European Communities [EEC] *Совет Европейских Сообществ*

counsel *намерение, обсуждение, представитель обвинения, решение, совет, совещание;* [legal] *адвокат, представитель защиты, юрисконсульт*

counsel (vb.) *давать совет, давать юридическое заключение, рекомендовать, советовать*

counsel-at-law [legal] *адвокат*

counsel for accused [leg.pun.] *защитник обвиняемого*

counsel for defence *адвокат защиты, адвокат ответчика;* [legal] *защитник обвиняемого*

counsel for defendant *адвокат защиты, адвокат ответчика;* [legal] *защитник обвиняемого*

counsel for plaintiff [legal] *адвокат истца*

counsel for prosecution [leg.pun.] *прокурор*

counsel for the accused [leg.pun.] *защитник обвиняемого*

counsel for the defence *адвокат защиты, адвокат ответчика*

counsel for the defendant *адвокат ответчика*

counsel for the plaintiff [legal] *адвокат истца*

counsel for the prosecution [leg.pun.] *прокурор*

counselling *консультирование*

counselling centre *консультационный центр*

counsellor *консультант;* [dipl.] *советник*

counsellor-at-law [legal] *адвокат*

counsel's opinion [legal] *письменное заключение адвоката*

count *итог;* [leg.pun.] *изложение дела, пункт искового заявления, пункт обвинения, пункт обвинительного акта;* [stat.] *подсчет*

count (vb.) *выступать с изложением дела, излагать дело, пересчитывать, подсчитывать, считать*

count as (vb.) *считать*

countenance *самообладание, спокойствие*

countenance (vb.) *допускать, морально поддерживать, поощрять, разрешать*

counter *в противоположном направлении, касса, конторка, напротив, обратно, прилавок, против, рабочий стол, стойка;* [comp.] *счетчик*

counter (vb.) *противиться, противодействовать, противопоставлять, противостоять*

counter (adj.) *встречный, обратный, противоположный*

counter, over the *в ручной продаже*

counteraccusation *контробвинение;* [legal] *встречное обвинение*

counteract (vb.) *нейтрализовать, препятствовать, противодействовать*

counter a proposal (vb.) *отклонять предложение*

counterbalance *уравновешивание, уравновешивающее действие*

counterbalance (vb.) *возмещать, нейтрализовать действие, служить противовесом, уравновешивать*

counterbalance effect (vb.) *нейтрализовать действие*

counterbalance overtime (vb.) [pers.manag.] *компенсировать сверхурочную работу*

counterbalance the effect (vb.) *нейтрализовать действие*

counterbalance the effect of *нейтрализовать действие*

counterbalancing *уравновешивание*

counterbid *встречная заявка на торгах*

counterbond *взаимное обязательство, встречное обязательство*

countercharge [legal] *встречная жалоба, подавать встречную жалобу*

counterclaim [ec.] *встречный иск;* [legal] *встречная претензия, встречное требование*

counterclaim (vb.) [ec.] *предъявлять встречное требование, предъявлять встречную претензию;* [legal] *предъявлять встречный иск*

counterclaimant [legal] *податель встречного иска*

counter clerk [pers.manag.] *продавец*

counterconcession *встречная скидка в цене*

counterdeclaration [legal] *встречное заявление*

counterdeed [legal] *встречное действие*

counterdelivery *встречная поставка*

counterespionage *контрразведка*

counterevidence [legal] *встречное доказательство*

counterfeit *обманщик, подделка, подложный документ, подставное лицо, фальшивая монета*

counterfeit (vb.) *напоминать, походить;* [leg.pun.] *обманывать, подделывать, притворяться*

counterfeit (adj.) [leg.pun.] *поддельный, подложный, фальшивый*

counterfeit card *фальшивая карточка*

counterfeit currency [leg.pun.] *фальшивая валюта*

counterfeiter *обманщик, подделыватель;* [leg.pun.] *подставное лицо, фальшивомонетчик*

counterfeiting [leg.pun.] *контрафакция, незаконное использование фирменных знаков, подделка, подделка монет*

counterfeit money *фальшивые деньги*

counterfoil *корешок билета, корешок квитанции, корешок чека, талон*

counterfoil book *книжка талонов*

countering *противодействие*

counter issue [exc.] *встречная эмиссия*

counter item [book-keep.] *денежный документ, передаваемый банку через кассовое окно*

countermand *контрприказ, отмена заказа, отмена распоряжения, приказ в отмену прежнего приказа, приостановка платежа*

countermand (vb.) *отзывать, отменять заказ, отменять инструкцию, отменять приказ, отменять распоряжение*

countermeasure *контрмера, противодействие*

counter motion *встречное предложение, контрпредложение*

counteroffer *контрпредложение;* [legal] *встречное предложение*

counterorder *встречное распоряжение*

counterpart *аналог, двойник, дубликат, коллега, неотъемлемая часть, противник в процессе, эквивалент;* [legal] *копия, противная сторона*

counterplea   [legal] *встречный иск по суду*

counterpoise metropolis   *нейтрализовать метрополис*

counterpromise   [legal] *встречная договорная обязанность*

counterproof   [legal] *контрдоказательство*

counterproposal   *контрпредложение*

counter proposal (vb.)   *отклонять предложение*

counterproposition   *контрпредложение*

counterpurchase   [comm.] *товарообменная операция на базе двух контрактов*

counterpurchase deal   [comm.] *товарообменная операция на базе двух контрактов*

counterquestion   *встречный вопрос*

counter sample   *конкурирующий образец*

countersecurity   *встречное поручительство*

counter selection   [ins.] *отбор рисков, повышающий вероятность наступления страхового случая*

countersign   *контрассигнация, контрольное клеймо, пароль, пропуск*

countersign (vb.)   *скреплять подписью, ставить вторую подпись на документе*

countersignature   *подпись, удостоверяющая другую подпись*

countersigning bookkeeper   *бухгалтер, ставящий вторую подпись*

countersurety   [legal] *встречная гарантия, встречное поручительство*

countertrade   [comm.] *встречная торговля*

countertrade transaction   [comm.] *товарообменная сделка*

countervail (vb.)   *компенсировать, противодействовать, уравновешивать*

countervailing duty   [cust.] *компенсационная таможенная пошлина*

countervalue   *встречная цена*

counties and municipalities   *графства и муниципалитеты (Великобритания), округа и муниципалитеты (США)*

counting   *вычисление, отсчет, подсчет, счет*

counting of votes   *подсчет голосов*

count on (vb.)   *рассчитывать*

count out (vb.)   *исключать, откладывать совещание из-за отсутствия кворума*

count over (vb.)   *пересчитывать*

country   *жюри присяжных заседателей, избиратели, местность, население, область, отечество, присяжные заседатели, страна, сфера, территория*

country (adj.)   *деревенский, сельский*

country district   *сельский округ*

country exposure   *суммарный объем кредитов за вычетом гарантий и обеспечения, предоставленных заемщикам одной страны*

country of consignment   [trans.] *страна отправления*

country of departure   [trans.] *страна отправления*

country of destination   [cust.] *страна назначения*

country of domicile   [tax.] *страна постоянного проживания*

country of domicile for tax purposes   [tax.] *страна проживания для налогообложения*

country of incorporation   [bus.organ.] *страна регистрации*

country of issue   *страна эмиссии*

country of last residence   *страна последнего пребывания*

country of marketing   [comm.] *страна сбыта*

country of origin   [cust.] *страна происхождения;* [trans.] *страна отправления*

country of provenance   [cust.] *страна происхождения*

country of residence   *страна пребывания*

country of residence for tax purposes   [tax.] *страна пребывания для целей налогообложения*

country of source   [tax.] *страна происхождения*

country of the last residence   *страна последнего пребывания*

country of warehousing   [warch.] *страна складирования, страна хранения товара*

country risk   *риск при ведении дел с данным государством*

country road   *проселочная дорога*

county   *графство (Великобритания), округ (США)*

county board of appeal   *окружной апелляционный совет*

county borough   *город-графство (Великобритания)*

county constituency   *избирательный округ*

county council   *совет округа*

county council election   *выборы в совет округа*

county council vice-chairman   *заместитель председателя совета округа*

county court   [legal] *окружной суд (США), суд графства (Великобритания)*

county governor   *руководитель округа*

county governor's office   *оффис руководителя округа, служебное помещение руководителя округа*

county hall   *зал заседаний окружного совета*

county mayor   *мэр округа*

county medical officer   *медицинский инспектор округа*

county politician   *местный политик*

county revenue   [tax.] *доходы округа*

county revenue office   [tax.] *налоговая инспекция округа*

county revenue officer   *налоговый инспектор округа*

county tax   [tax.] *муниципальный налог*

county town   *главный город графства (Великобритания), главный город округа (США)*

county treasury   *казначейство округа*

coup   *удача в делах, удачный ход*

coup de grace   *завершающий удар, решающий удар*

coup d'état   *государственный переворот*

couple together (vb.)   *соединять*

coupling (together)   *соединение*

coupling together   *соединение*

coupon   *премиальный купон; [stock] бланк заказа, купон, отрывной талон*

coupon owner   [stock] *владелец купона*

coupon rate (of interest)   [stock] *процентная ставка купона*

coupon rate of interest   [stock] *процентная ставка купона*

coupon sheet   [stock] *купонный лист*

coupon tax   [tax.] *купонный налог*

coupon washing   *продажа купонной облигации до выплаты процентов и их покупка после выплаты с целью выигрыша на налогах*

courier   *курьер, посыльный*

courier dispatch   *почтовое отправление нарочным*

courier service   *услуги курьера*

course   *линия поведения, течение, ход; [nav.] курс; [syst.ed.] направление*

course of action   *образ действия*

course of construction, in the   [r.e.] *в ходе строительства*

course of events   *ход событий*

course of justice   [legal] *отправление правосудия*

course of the proceedings   *исполнение процессуального действия*

course of the year, in the   *в течение года*

court   [legal] *законодательное собрание, зал суда, здание суда, суд, судебное заседание, судебное присутствие, судья*

court, out of   [legal] *без права слушания дела в суде, неподсудное дело*

court approval   [legal] *одобрение судом*

court below   [legal] *нижестоящий суд*

court case   [legal] *судебный прецедент*

court competence [legal] *юрисдикция*

court day [legal] *день судебного присутствия*

court decision [legal] *решение суда*

court decree [legal] *судебное постановление*

courtesy copy [print.] *авторский экземпляр*

court expert [legal] *судебный эксперт*

court expert's report [legal] *заключение судебного эксперта*

court fee [legal] *судебный сбор*

court fees *сбор, взимаемый за судебные издержки*

court finds, the *суд выносит приговор, суд выносит решение, суд приходит к заключению, суд устанавливает фактические обстоятельства по делу*

courthouse [legal] *дом правосудия, здание суда, помещение суда*

court is in session (vb.) *суд заседает*

court is in session, the *идет заседание суда*

court is in session, the (vb.) [legal] *суд заседает*

court is opened (vb.) [legal] *заседание начинается*

court is opened, the *судебное заседание открыто*

court is opened, the (vb.) [legal] *заседание начинается*

court martial [legal] *военно-полевой суд*

court-martial (vb.) [legal] *судить военно-полевым судом*

court of admiralty [legal] *морской суд*

court of appeal [legal] *апелляционный суд*

court of arbitration [legal] *третейский суд*

Court of Arbitration for Building and Construction Work
  [legal] *третейский суд по строительным работам*

court of auditors [EEC] *суд аудиторов*

court of bankruptcy [bankr.leg.] *суд по делам несостоятельных должников*

court of cassation [legal] *кассационный суд*

court of first instance [legal] *суд первой инстанции*

Court of Impeachment *комиссия по импичменту*

court of inquiry [legal] *комиссия по расследованию, следственная комиссия*

court of justice *суд;* [legal] *судебный орган*

Court of Justice of the European Communities [EEC] *суд первой инстанции с юрисдикцией на территории стран-членов Европейского сообщества*

court of last resort [legal] *суд последней инстанции*

court of law [legal] *суд, действующий по нормам общего права*

court of petty sessions *суд упрощенной юрисдикции по некоторым категориям дел без допуска публики и присяжных;* [legal] *суд малых сессий*

court of summary prosecution [leg.pun.] *суд суммарного обвинения*

court order [legal] *распоряжение суда, судебный приказ*

court practice [legal] *судебная практика*

court records [legal] *протоколы суда*

court registrar [legal] *регистратор суда*

court registry [legal] *судебная канцелярия*

courtroom [legal] *зал суда, зал судебных заседаний*

court settlement [legal] *судебное урегулирование*

court usher [legal] *судебный пристав*

court with lay judges [leg.pun.] *суд с непрофессиональными судьями*

court's compulsive measures against unwilling witnesses
  [legal] *принудительные меры суда против свидетелей, не желающих давать показания*

covariance [stat.] *ковариация*

covenant [bank.] *обязательство;* [legal] *договор, договор за печатью, иск из нарушения договора за печатью, контракт, соглашение, статья договора, условие договора*

covenant (vb.) *брать на себя обязательства по договору;* [legal] *заключать договор, заключать соглашение, заключать торговую сделку*

covenant concerning succession to property [suc.] *договор о наследовании собственности*

covenant for title [legal] *обязательство передачи титула*

covenant in restraint of trade [legal] *соглашение об ограничении торговли*

covenant not to compete [legal] *обязательство не участвовать в конкуренции*

covenant of warranty [r.e.] *обязательство о гарантии*

cover *перечень рисков, охватываемых страховым полисом;* [bank.] *покрытие;* [ec.] *гарантийный фонд;* [exc.] *обеспечение, покупка ценных бумаг при сделках на срок;* [ins.] *страхование;* [print.] *конверт, обложка, переплет*

cover (vb.) *обеспечивать покрытие, страховать;* [ec.] *гарантировать, покрывать;* [ins.] *охватывать;* [media] *распространяться*

cover against inflation [pol.ec.] *гарантия от инфляции*

cover against stranding [ins.] *страхование от кораблекрушения*

coverage *зона обследования, зона переписи, обеспечение, покрытие, степень покрытия;* [adv.] *охват;* [ins.] *общая сумма риска, покрытая договором страхования;* [media] *зона действия*

coverage upon death [ins.] *общая сумма договора страхованию от смертельного исхода*

cover a loss (vb.) *возмещать ущерб, покрывать убытки*

cover amount [ins.] *сумма покрытия*

cover a requirement (vb.) *удовлетворять потребность*

covered (adj.) [ins.] *обеспеченный*

covered against exchange risks [monet.trans.] *с защитой от рисков колебания валютных курсов*

covered area *закрытая зона*

covered by *обеспеченный, покрытый*

covered by licences (adj.) *защищенный лицензиями*

covered foreign exchange forward contract [exc.] *защищенная срочная сделка с иностранной валютой*

covered forward contract [exc.] *защищенная срочная сделка*

covered warrant [exc.] *обеспеченная гарантия*

cover expenses (vb.) *покрывать расходы*

cover for losses [ins.] *покрытие убытков*

covering [exc.] *покупка для покрытия обязательств по срочным сделкам*

covering deed *основное долговое обязательство по срочным сделкам*

covering entry [calc.] *фиктивная бухгалтерская проводка*

covering letter *сопроводительное письмо*

covering note [ins.] *временное свидетельство о страховании*

covering of risk [stock] *покрытие риска*

covering operation [exc.] *операция покрытия*

cover letter *сопроводительное письмо*

cover loss (vb.) *возмещать ущерб, покрывать убытки*

cover losses *покрыть убытки*

cover note [ins.] *временное свидетельство о страховании, страховой сертификат*

cover of loss *покрытие ущерба;* [ec.] *покрытие убытков*

cover of losses [ec.] *покрытие убытков*

cover on death [ins.] *сумма страхового возмещения при смертельном исходе*

cover requirement (vb.) *удовлетворять потребность*

cover sum [ins.] *сумма страхового возмещения*

cover title *издательское заглавие;* [print.] *заглавие на переплетной крышке*

coverture *убежище, укрытие;* [legal] *статус замужней женщины*

cover up (vb.) *прятать*

coworker *товарищ по работе;* [pers.manag.] *коллега*

CPA (certified public accountant) [aud.] *дипломированный государственный бухгалтер-ревизор*

C/P B/L (charter party bill of lading) [nav.] *коносамент чартер-партии*

cpi (characters per inch) [comp.] *число знаков на дюйм*

cps (characters per second) [comp.] *число знаков в секунду*

CPS (Crown Prosecution Service) [leg.pun.] *уголовный суд (Великобритания)*

CPU (central processing unit) [comp.] *центральный процессор*

cradle-to-grave audit [prod.] *непрерывная ревизия*

craft *ловкость, мастерство, профессия, ремесло, умение*

craftsman's business *ремесленное предприятие*

craftsman's enterprise *ремесленное предприятие*

crash *банкротство, катастрофа;* [air tr.] *авария;* [bankr.leg.] *крах, крушение;* [comp.] *аварийная ситуация, аварийный отказ*

crash (vb.) *обанкротиться, потерпеть аварию, потерпеть крах, потерпеть неудачу, разориться*

crash (adj.) *аварийный, интенсивный, неотложный, срочный*

crate [pack.] *решетчатая тара, решетчатый ящик*

create (vb.) *вызывать, производить, творить;* [comp.] *создавать*

create a foundation (vb.) [legal] *закладывать основу*

create a job (vb.) [empl.] *создавать рабочее место*

create a lease (vb.) [r.e.] *сдавать внаем*

create a mortgage (vb.) [r.e.] *получать ссуду под недвижимость*

create an easement (vb.) [r.e.] *выдавать сервитут*

create a nuisance (vb.) [legal] *создавать помехи*

create a right (vb.) [legal] *создавать право*

create a trust for (vb.) [legal] *создавать траст, учреждать траст*

created by law (adj.) [legal] *учрежденный на законном основании*

create easement (vb.) [r.e.] *выдавать сервитут*

create foundation (vb.) [legal] *закладывать основу*

create job (vb.) [empl.] *создавать рабочее место*

create lease (vb.) [r.e.] *сдавать внаем*

create mortgage (vb.) [r.e.] *получать ссуду под недвижимость*

create nuisance (vb.) [legal] *создавать помехи*

create right (vb.) [legal] *создавать право*

create trust for (vb.) [legal] *создавать траст, учреждать траст*

creating an easement *выдача сервитута*

creating a right *формирование права*

creation *возникновение, воплощение, создание*

creation of a charge *взыскание платежа*

creation of a money [pol.ec.] *выпуск денег*

creation of a mortgage [r.e.] *получение ссуды под недвижимость*

creation of a mortgage liability [r.e.] *появление залоговой ответственности*

creation of an indebtedness *появление задолженности*

creation of a right [legal] *возникновение права*

creation of charge *взыскание платежа*

creation of indebtedness *появление задолженности*

creation of money [pol.ec.] *выпуск денег*

creation of mortgage [r.e.] *получение ссуды под недвижимость*

creation of mortgage liability [r.e.] *появление залоговой ответственности*

creation of public opinion [mark.] *создание общественного мнения*

creation of right [legal] *возникновение права*

creation of trust [legal] *создание траста, учреждение траста*

creation of value *создание стоимости*

creative (adj.) *созидательный, творческий*

creative accounting *гибкая система бухгалтерского учета*

creative director [adv.] *художественный руководитель*

creative financing *гибкое финансирование*

creative strategy [mark.] *творческая стратегия*

creative thinking   *творческое мышление*
creator   *автор;* [aut.right] *создатель;* [legal] *творец*
creator of design   *разработчик конструкции*
credence   *вера, доверие*
credential   *диплом о высшем образовании, мандат, удостоверение*
   личности
credentials   [dipl.] *верительные грамоты*
credibility   *вероятность, надежность, правдоподобие*
credibility check   *проверка правдоподобия*
credible (adj.)   *вероятный, заслуживающий доверия, надежный,*
   правдоподобный
credible policy   *политика, заслуживающая доверия*
credit   *вера, влияние, зачет, репутация;* [bank.] *доверие;*
   [book-keep.] *аккредитив, кредит, правая сторона счета, сумма,*
   записанная на приход; [tax.] *льгота, скидка*
credit (vb.)   [book-keep.] *выделять кредит, кредитовать;* [calc.] *доверять*
credit, on   *в кредит*
credit, to our   *на кредит нашего счета*
credit, to your   *на кредит вашего счета*
creditable (adj.)   *делающий честь, надежный, приписываемый;*
   [tax.] *похвальный*
credit abuse   *злоупотребление кредитом*
credit account   [bank.] *счет с кредитным сальдо;* [book-keep.] *счет*
   пассива баланса
credit activities   *кредитование*
credit advice   *кредитовое авизо*
credit against pledge of chattels   [bank.] *ссуда под залог движимого*
   имущества
credit agency   *бюро информации о кредитах*
credit agreement   *соглашение о кредитовании*
credit an account with an amount (vb.)   [book-keep.] *записывать сумму на*
   кредит счета
credit an amount to an account (vb.)   *записывать сумму на кредит счета*
credit and guarantee sector   *сектор кредитов и гарантий*
credit application   *заявка о предоставлении кредита*
credit approval   [bank.] *согласие выдать кредит*
credit at a reduced rate of interest   [bank.] *кредит по сниженной*
   процентной ставке
credit at reduced rate of interest   [bank.] *кредит по сниженной*
   процентной ставке
credit balance   *кредитовый баланс, отрицательное сальдо;*
   [book-keep.] *остаток кредита;* [calc.] *кредитовое сальдо*
credit bank   [bank.] *кредитный банк*
credit business   *предоставление кредита*
credit buyer   *покупатель товаров в кредит*
credit buying   *покупка в кредит*
credit card   *кредитная карточка*
credit card company   *компания, продающая товары по кредитным*
   карточкам
credit ceiling   [bank.] *потолок на банковские кредиты, предельный*
   размер кредита
credit conditions   *условия кредитования*
credit consignation   [comm.] *кредитная консигнация*
credit constraint   *ограничение кредита*
credit control   *кредитная политика;* [pol.ec.] *кредитный контроль*
credit-drawing facility   [bank.] *возможность получения кредита*
credit entry   [book-keep.] *запись на кредит счета, кредитовая*
   проводка
credit establishment   *кредитное учреждение*
credit evaluation   [ind.ec.] *оценка кредита*
credit evaluation company   *компания по оценке кредита*

credit expansion   *кредитная экспансия*
credit extended to a customer   *кредит, предоставленный покупателю*
credit extended to customer   *кредит, предоставленный покупателю*
credit extension   *предоставление кредита*
credit facilities to business sector   [bank.] *источники кредитования*
предпринимательского сектора
credit facilities to the business sector   [bank.] *источники кредитования*
предпринимательского сектора
credit facility   [bank.] *возможность получения кредита, источник*
кредитования
credit facility against invoice   *кредит против счета-фактуры*
credit facility against invoices   *кредит против счетов-фактуры*
credit fee   *комиссионные за кредит*
credit finance   [ind.ec.] *финансирование кредита*
credit financed bond investment   [bank.] *облигационное инвестирование*
путем кредитного финансирования
credit financed consumption   *потребление, финансируемое за счет*
кредита
credit financing   *кредитное финансирование*
credit for, take the (vb.)   *брать кредит для*
credit for an unlimited period   *кредит на неограниченный срок*
credit for construction   *кредит на строительство*
credit for unlimited period   *кредит на неограниченный срок*
credit fund   *кредитная касса*
credit granted by supplier   [book-keep.] *кредит, предоставляемый*
поставщиком
credit granting   *предоставление кредита*
credit granting activities   *предоставление кредита*
credit granting system   *система кредитования*
credit guarantee   *кредитное поручительство*
credit information   *информация о кредитоспособности*
credit infusion   [ind.ec.] *предоставление кредита*
crediting   [book-keep.] *кредитование*
crediting of interest   *кредитование процентов*
crediting to account   [book-keep.] *запись на кредит счета*
crediting to an account   [book-keep.] *запись на кредит счета*
credit injection   [ind.ec.] *предоставление кредита*
credit institution   [bank.] *кредитное учреждение*
Credit Institution for Local Authorities   *кредитное общество для*
местных органов власти
Credit Institution for Local Authorities, the   *институт кредитования*
местных органов власти
credit instruments   [bank.] *кредитные обязательства*
credit insurance   [ins.] *страхование кредитов, страхование от*
неуплаты долга
credit insurance scheme   [ins.] *порядок страхования кредитов*
credit insurance system   [ins.] *система страхования кредитов*
credit interest   [bank.] *процентная ставка кредита*
credit intermediation   *мобилизация капиталов через*
кредитно-финансовую систему
credit in the profit and loss account (vb.)   [calc.] *записывать на кредит*
счета прибылей и убытков
credit investigation   *изучение кредитоспособности*
credit item   *кредитовая проводка;* [book-keep.] *кредитовая запись*
credit journal   *журнал учета кредитов*
credit length   *срок кредита*
credit limit   *кредитный лимит;* [bank.] *предельная сумма кредита*
credit line   [bank.] *договоренность о предоставлении кредита на*
определенную сумму, кредитная линия, обязательство банка
кредитовать клиента до определенного максимума,
предельная сумма кредита

credit line management [bank.] *регулирование кредитной линии*
credit market *рынок кредита*
credit maximum *предельная сумма кредита*
credit measures *методы кредитования*
credit note *кредитовое авизо*
credit of, to the [book-keep.] *на кредит счета*
credit on security of personal property *кредит под гарантию индивидуальной собственности*
credit on the security of personal property [bank.] *кредит под гарантию индивидуальной собственности*
credit operations *кредитные операции*
creditor *кредитор, магазин, торгующий в кредит;* [calc.] *правая сторона бухгалтерской книги;* [legal] *фирма, предоставляющая коммерческий кредит*
creditor country *страна-кредитор*
creditor in a bankrupt estate *обанкротившийся кредитор*
creditor in the estate of a deceased person *умерший кредитор*
creditor nation *страна-кредитор*
creditors *кредиторы*
creditors' meeting [bankr.leg.] *собрание кредиторов*
credit period *срок кредита*
credit policy *кредитная политика*
credit policy measure *мера в рамках кредитной политики*
credit purchase *покупка в кредит*
credit purchase legislation [legal] *законодательство о покупке в кредит*
credit rating [ind.ec.] *оценка кредитоспособности*
credit rating agency *агентство кредитной информации*
credit rationing *рационирование кредита*
credit receiver *получатель кредита*
credit reference *сведения о выполнении заемщиком обязательств по кредитам, справка о кредитоспособности;* [bank.] *досье заемщика, информация о кредитоспособности*
credit reference agency *агентство кредитной информации*
credit report [ind.ec.] *отчет о кредитных операциях*
credit requirement [bank.] *потребность в кредите*
credit restriction *ограничение кредита*
credit risk *риск неплатежа по кредиту*
credit risk premium *премия за риск неплатежа по кредиту*
credit sale *продажа в кредит*
credit sale act *закон о продаже в кредит*
Credit Sale Act *закон о продаже в кредит*
credit sale agreement [legal] *соглашение о продаже в кредит*
credit sanctioning authority [bank.] *полномочия предоставлять кредиты*
credit scarcity *нехватка кредита*
credit scoring *рейтинг кредитоспособности*
credit secured on real property [r.e.] *кредит, обеспеченный недвижимостью*
credit slip *кредитный билет*
credit society *кредитное товарищество*
credit squeeze *кредитная рестрикция, ограничение кредита*
credit standing [ind.ec.] *кредитоспособность*
credit status investigation *изучение кредитоспособности*
credit stop *прекращение кредита*
credit stringency *нехватка кредита, стесненный кредит*
credit supply [ec.] *поставка в кредит*
credit surveillance [ind.ec.] *оценка кредитоспособности*
credit system *кредитная система*
credit terms *условия кредита*
credit to account (vb.) [book-keep.] *записывать на кредит счета*

credit to an account [book-keep.] *записывать на кредит счета*

credit to finance production *кредит для финансирования производства*

credit token *кредитная карточка*

credit trade *торговля в кредит*

credit transaction *сделка в кредит*

credit transfer [bank.] *кредитный перевод*

credit undertaking [bank.] *кредитная сделка*

credit union *кредитный союз (Великобритания), общество взаимного кредита*

creditworthiness [ind.ec.] *платежеспособность*

credulity *доверчивость*

creed *вероисповедание, кредо, убеждения*

creeping inflation [ec.] *ползучая инфляция*

cremation expenses insurance [ins.] *страхование расходов на кремацию*

crew [air tr.] *артель, бригада, личный состав;* [nav.] *команда, судовая команда, экипаж*

crew expenses [air tr.] *расходы на содержание экипажа*

crime [leg.pun.] *неправильное поведение, преступление, преступность*

criminal [leg.pun.] *лицо, виновное в совершении преступления, преступник*

criminal (adj.) *криминальный;* [leg.pun.] *преступный*

criminal abortion [leg.pun.] *криминальный аборт*

criminal act *преступное действие;* [leg.pun.] *преступное деяние*

criminal administration system [leg.pun.] *система уголовного правосудия*

criminal attempt [leg.pun.] *преступная попытка*

criminal behaviour [leg.pun.] *преступное поведение*

criminal case [leg.pun.] *уголовное дело*

criminal code [leg.pun.] *уголовный кодекс*

Criminal Code [leg.pun.] *уголовный кодекс*

criminal corporate liability [leg.pun.] *уголовная ответственность юридического лица*

criminal court *уголовный суд*

criminal court judge *судья по уголовным делам*

criminal damage [leg.pun.] *преступное причинение ущерба*

Criminal Injuries Compensation Board [legal] *Комиссия по компенсациям жертвам насилия (Великобритания)*

criminal intent [leg.pun.] *преступное намерение*

Criminal Investigation Department (CID) [leg.pun.] *департамент уголовного розыска (Великобритания)*

criminalization *вовлечение в преступную деятельность, криминализация, объявление определенной деятельности противозаконной, превращение в преступников*

criminal law *уголовное законодательство;* [leg.pun.] *уголовное право*

criminal law of procedure [leg.pun.] *судопроизводство по уголовным делам, уголовное судопроизводство*

criminal leanings [leg.pun.] *преступные наклонности*

criminal liability [leg.pun.] *уголовная ответственность*

criminal offence [leg.pun.] *уголовное преступление*

criminal policy [leg.pun.] *уголовная полиция*

criminal procedure [leg.pun.] *уголовный процесс*

criminal proceedings [leg.pun.] *уголовное расследование*

criminal prosecution [leg.pun.] *уголовное преследование*

criminal record [leg.pun.] *досье преступника*

criminal records office [leg.pun.] *учреждение, ведущее регистрацию преступлений*

criminal reestablishment system [leg.pun.] *система восстановления личности преступника*

criminal responsibility [leg.pun.] *уголовная ответственность*

criminal statistics [leg.pun.] *уголовная статистика*
criminologist [leg.pun.] *криминолог*
criminology [leg.pun.] *криминология*
crippled (adj.) *поврежденный, покалеченный*
crisis *перелом, решительный момент;* [pol.ec.] *кризис, критический момент*
crisis act *кризисное мероприятие*
crisis alert (system) *система предупреждения о кризисе*
crisis alert system *система предупреждения о кризисе*
crisis maximization *максимизация кризиса*
crisis measure *меры выхода из кризиса*
crisis of indebtedness *критическая задолженность*
crisis plan *план выхода из кризиса*
crisis preparedness *готовность к кризису*
crisis-ridden (adj.) *охваченный кризисом, пораженный кризисом*
crisis standby [bank.] *резерв на случай кризисной ситуации*
criterion *критерий, признак, условие*
critical (adj.) *важный, граничный, дефицитный, крайне необходимый, критический, нормируемый, опасный, ценный*
critical data [comp.] *критические данные*
critical situation *критическая ситуация*
critical time *предельное время*
critical variable [stat.] *критический фактор*
criticism *критика*
criticize (vb.) *давать отрицательную оценку, критиковать, осуждать, порицать*
crook *изгиб, поворот*
crop *выход, масса, обилие, пополнение, прибавление, приплод, сельскохозяйственная культура, урожай, хлеб на корню*
crop (vb.) *давать урожай, собирать урожай*
crop accounts *отчет об урожайности*
crop hail insurance [ins.] *страхование сельскохозяйственных культур от повреждения градом*
crop mortgage [legal] *закладная под урожай*
crop mortgage deed *залоговый сертификат под урожай*
cropping capacity *продуктивность культуры, урожайность культуры*
crop yield *урожайность*
cross *черта*
cross (vb.) *зачеркивать, кроссировать, перечеркивать, препятствовать, противодействовать, противоречить*
cross (adj.) *взаимный, неблагоприятный, обоюдный, перекрестный, пересекающийся, поперечный, противоположный*
cross-action [legal] *встречная жалоба, встречный иск*
cross-appeal [legal] *встречная апелляция*
cross-appeal (vb.) [legal] *подавать встречную апелляцию*
cross-border market *международный рынок*
cross casting [aud.] *перекрестное суммирование*
crosscheck *двойная проверка, перекрестный контроль;* [aud.] *перекрестная проверка*
crosscheck (vb.) *проверять по разным источникам;* [aud.] *проверять с использованием разных методов*
cross-claim *встречная жалоба;* [legal] *встречный иск*
cross currency and interest rate hedge *валютно-процентный хедж;* [exc.] *обмен обязательств по плавающей ставке в одной валюте на обязательства по плавающей ставке в другой валюте*
cross currency and interest rate swap *валютно-процентный своп;* [exc.] *обмен обязательств по плавающей ставке в одной валюте на обязательства по плавающей ставке в другой валюте*
cross default *невыполнение одного кредитного соглашения, автоматически ведущее к невыполнению другого;* [legal] *перекрестное невыполнение обязательств*

cross demand   [ec.] *встречное требование*

crossed cheque   [bank.] *кроссированный чек*

cross elasticity of demand   [pol.ec.] *перекрестная эластичность спроса*

cross-entry   [book-keep.] *перекрестная проводка*

cross-examination   [legal] *перекрестный допрос*

cross-examine (vb.)   [legal] *подвергать перекрестному допросу*

cross-frontier operation   *внешнеторговая сделка*

cross-frontier operations   *внешнеторговые операции*

cross-frontier trade   *внешнеторговая сделка*

crossholding   *взаимное владение акциями*

crossing   *кроссирование чека, перекресток, пересечение;*
   [nav.] *зачеркивание, перечеркивание*

crossing offers   [legal] *встречные предложения*

crossing out   *вычеркивание, зачеркивание*

cross liability   [ins.] *взаимная ответственность*

cross offer   [legal] *встречное предложение*

cross out (vb.)   *вычеркивать*

crossover discount rate   *перекрестная учетная ставка*

cross ownership   *совместное владение*

cross-question (vb.)   [legal] *подвергать перекрестному допросу*

cross-questioning   [legal] *перекрестный допрос*

cross-rate   [monet.trans.] *кросс-курс*

cross-reference   [doc.] *перекрестная ссылка*

cross-section   *поперечный разрез*

cross-section analysis   [stat.] *структурный анализ*

cross tabulation   *комбинационная таблица*

crowded (adj.)   *переполненный*

crowding-out effect   [pol.ec.] *эффект вытеснения*

crown   *крона*

Crown   *верховная власть, государство*

Crown, the   *государство;* [leg.pun.] *верховная власть, государство*

crown court   [leg.pun.] *уголовный суд присяжных (Великобритания)*

crown lands   *государственные земли (Великобритания)*

crown lands administration   *администрация государственных земель
   (Великобритания)*

Crown Prosecution Service (CPS)   [leg.pun.] *уголовный суд
   (Великобритания)*

crown prosecutor   [leg.pun.] *государственный прокурор*

crucial (adj.)   *ключевой, критический, решающий*

crucial point   *переломный момент*

crude (adj.)   *необработанный, неочищенный, непродуманный,
   неразработанный, общий, предварительный, примерный,
   сделанный из расчета на 1000 человек, сырой*

crude (oil)   *сырая нефть*

crude oil   *сырая нефть*

cruelty   *безжалостность, бессердечность, жестокий поступок,
   жестокость, суровость*

cruise   *крейсерский полет, морское путешествие, плавание*

cruise (vb.)   *плавать по определенному маршруту, совершать
   крейсерский полет*

cruise vessel   [nav.] *судно крейсерского класса*

crumbling share prices   [exc.] *резко снижающиеся курсы акций*

crying (adj.)   *возмутительный, кричащий, неотложный*

crèche   *воспитательный дом, приют;* [soc.] *детские ясли*

CSCE (Conference on Security and Cooperation in Europe)   *СБСЕ
   (Совещание по безопасности и сотрудничеству в Европе)*

CSK (Czechoslovakian koruna)   [monet.trans.] *чехословацкая крона*

CT (conference terms)   [nav.] *условия картельного соглашения
   судовладельцев*

CT B/L (combined transport bill of lading)   [trans.] *коносамент на
   смешанные перевозки*

CTO (combined transport operator)   [trans.] *владелец предприятия, ведущего смешанные перевозки*

CTS (container ship)   [nav.] *контейнерное судно, контейнеровоз*

cubic   *кубический*

cubic measure   *мера объема*

cubic metre   *кубический метр*

cubic ton   *кубическая тонна*

cubic unit   *единица объема*

culminate (vb.)   *достигать вершины, достигать высшей точки, завершаться*

culminating point   *кульминационный пункт, наивысшая точка*

culmination   *кульминационный пункт, кульминация, наивысшая точка*

culpa   [legal] *вина*

culpability   [legal] *виновность*

culpable (adj.)   [legal] *виновный, заслуживающий осуждения;* [leg.pun.] *заслуживающий порицания*

culprit   *подсудимый;* [leg.pun.] *преступник*

culprit (adj.)   *виновный, обвиняемый*

cultivate (vb.)   *возделывать, выращивать, культивировать, обрабатывать, развивать, разводить, совершенствовать, улучшать*

cultivate a market (vb.)   *развивать рынок*

cultivate market (vb.)   *развивать рынок*

cultivation   *возделывание, выращивание, культивация, культивирование, разведение, развитие*

cultural (adj.)   *культурный, обрабатываемый*

cultural heritage   *культурное наследие*

cumbersome (adj.)   *громоздкий, обременительный*

cum dividend   [stock] *с дивидендом*

cum drawing   [stock] *с правом на выгоду от розыгрыша очередности погашения долга*

cum new   [stock] *с правом на бесплатное получение акций, выпускаемых в порядке капитализации резервов, с правом покупателя на приобретение акций новых выпусков той же компании*

cum rights   [stock] *с правом на покупку новых акций, предназначенных для продажи существующим акционерам*

cumulate (vb.)   *добавлять, накапливать, соединять*

cumulation   *кумуляция, накопление, скопление, соединение нескольких исков*

cumulative (adj.)   *кумулятивный, накопленный, совокупный*

cumulative amount of additional value adjustments   *кумулятивная сумма корректировок добавленной стоимости*

cumulative audience   [media] *совокупная аудитория*

cumulative distribution function   [stat.] *интегральная функция распределения*

cumulative dividend   [bus.organ.] *кумулятивный дивиденд*

cumulative evidence   [legal] *совокупность доказательств*

cumulative imposition   [tax.] *совокупное обложение налогом*

cumulative preference share   [stock] *кумулятивная привилегированная акция*

cumulative preferred dividend   [stock] *кумулятивный дивиденд по привилегированным акциям*

cumulative preferred stock   [stock] *кумулятивная привилегированная акция*

cumulative share   *кумулятивная акция*

cumulative taking over of a debt   [legal] *совокупное принятие долга*

cumulative taking over of debt   [legal] *совокупное принятие долга*

cumulative taxation   [tax.] *совокупное налогообложение*

cumulative value adjustments   [calc.] *регулирование прибавочной стоимости*

curate *викарий, второй священник прихода*

curb (vb.) *обуздывать, ограничивать, сдерживать*

currency *денежное обращение, распространенность, употребительность;* [ec.] *срок действия;* [legal] *продолжительность;* [monet.trans.] *валюта, деньги*

currency adjustment factor (CAF) [trans.] *коэффициент корректировки валютного курса*

currency adjustment surcharge (CAS) *надбавка за счет пересмотра валютных паритетов;* [trans.] *дополнительный сбор за корректировку валютного курса*

currency area [monet.trans.] *валютная зона*

currency band [monet.trans.] *пределы колебаний валютного курса*

currency barrier [monet.trans.] *валютный барьер*

currency basket [monet.trans.] *валютная корзина*

currency bloc [ec.] *валютный блок*

currency broker [monet.trans.] *валютный маклер*

currency circulation [pol.ec.] *денежное обращение*

currency clause [legal] *валютная оговорка*

currency code *валютный код*

currency contract [monet.trans.] *валютный контракт*

currency convertibility [monet.trans.] *конвертируемость валюты*

currency convertible in fact [monet.trans.] *фактически конвертируемая валюта*

currency council *валютный совет*

currency dealing [monet.trans.] *валютная сделка*

currency depreciation [monet.trans.] *обесценение валюты*

currency devaluation [monet.trans.] *девальвация валюты*

currency diversification [monet.trans.] *диверсификация валюты*

currency exchange receipt [monet.trans.] *квитанция об обмене валюты*

currency exposure [monet.trans.] *риск потенциальных убытков при изменении валютного курса*

currency expressed in gold *валюта, обеспеченная золотом*

currency future *валютный фьючерс;* [monet.trans.] *валютная срочная биржевая сделка*

currency hedging [monet.trans.] *страхование валютного курса, хеджирование валютного курса*

currency in circulation *бумажные деньги и монеты в обращении, денежная масса в обращении*

currency in opposition [monet.trans.] *валюта в оппозиции*

currency market [exc.] *валютный рынок*

currency movement [monet.trans.] *колебания курсов валюты*

currency of borrowing [ec.] *валютный заем*

currency of payment [ec.] *валюта платежа*

currency option [exc.] *валютный опцион*

currency option transaction [exc.] *сделка валютного опциона*

currency parity [monet.trans.] *валютный паритет*

currency policy [monet.trans.] *валютная политика*

currency purchase [monet.trans.] *покупка валюты*

currency ration [monet.trans.] *квота обмена валюты*

currency realignment [monet.trans.] *выравнивание валютных курсов*

currency reform [monet.trans.] *денежная реформа*

currency regime [monet.trans.] *валютная система*

currency reserves *запасы валюты*

currency restriction [monet.trans.] *валютное ограничение*

currency risk [monet.trans.] *валютный риск*

currency shortage [monet.trans.] *нехватка валюты*

currency smuggling [leg.pun.] *контрабандный провоз валюты*

currency speculation [monet.trans.] *валютная спекуляция*

currency statistics [stat.] *статистика денежного обращения*

currency stipulated by contract [legal] *валюта, оговоренная контрактом*

currency swap   [exc.] *валютный своп*

currency transaction   [monet.trans.] *валютная сделка*

currency unit   *денежная единица*

currency unrest   [monet.trans.] *валютный дисбаланс*

currency usance   [bill.] *установленный обычаем срок векселя в иностранной валюте*

currency used for payment   *валюта, используемая для платежа*

currency used in a contract   [legal] *валюта, используемая согласно контракту*

current   *поток, течение;* [ec.] *ход*

current (adj.)   *находящийся в обращении, обращающийся, современный, текущий, ходячий;* [ec.] *циркулирующий;* [legal] *действующий, нынешний*

current account   *текущий платежный баланс;* [bank.] *контокоррент, открытый счет, текущий счет*

current account (balance)   *текущий платежный баланс*

current account, on   *на текущий счет*

current account advance   [bank.] *кредит по открытому счету*

current account balance   *текущий платежный баланс*

current account bearing interest   [bank.] *текущий счет, приносящий проценты*

current account credit   [bank.] *кредит по открытому счету*

current account deficit   *дефицит текущих статей платежного баланса*

current account deposit   [bank.] *вклад на текущий счет*

current account drawing   [bank.] *снятие денег с текущего счета*

current account interest   [bank.] *ставка процента на текущем счете*

current account of balance of payments   *открытый счет платежного баланса, текущий счет платежного баланса*

current account of the balance of payments   *открытый счет платежного баланса, текущий счет платежного баланса*

current account position   [book-keep.] *сальдо текущего счета*

current account rate   [bank.] *ставка процента на текущем счете*

current account surplus   *активное сальдо по текущим расчетам*

current administrative expenditure   *текущие общефирменные расходы, текущие расходы на административные нужды, текущие управленческие расходы*

current and investment budget   [ind.ec.] *текущие статьи доходов и расходов и смета капиталовложений*

current and investment expenditure   [ind.ec.] *текущие расходы и капиталовложения*

current annual increment (CAI)   *текущая годовая надбавка к заработной плате*

current assets   [calc.] *легкореализуемые активы, ликвидные активы, оборотный капитал, текущие активы*

current balance   *сальдо по контокорренту*

current balance of payments   *текущий платежный баланс*

current bank notes   *банкноты, находящиеся в обращении*

current budget   [ind.ec.] *текущие статьи доходов и расходов бюджета*

current capital operations   *текущие операции с оборотным капиталом*

current commitment   [calc.] *действующее обязательство*

current consumer   *существующий потребитель*

current cost   [ind.ec.] *стоимость в текущих ценах*

current cost accounting (CCA)   [book-keep.] *калькуляция текущих затрат, текущий производственный учет*

current costs   [ind.ec.] *текущие издержки*

current coupon rate   [stock] *текущий уровень процентных ставок купона*

current debt   [ind.ec.] *текущий долг*

current deficit   [ind.ec.] *дефицит текущих статей платежного баланса*

current exchange rate   *текущий обменный курс;* [calc.] *текущий валютный курс*

current exit value   *текущее значение на выходе*

current expenditure   [book-keep.] *текущие расходы*

current expenses   [book-keep.] *текущие расходы*

current external balance   *текущее состояние внешних расчетов*

current insurance   [ins.] *действующий договор страхования*

current interest   [bank.] *текущая ставка процента*

current investments   [ind.ec.] *текущие капиталовложения*

current issue   [doc.] *исходящий номер;* [stock] *находящийся в обращении выпуск облигаций*

current legislation   [legal] *действующее законодательство*

current liabilities   [calc.] *краткосрочные обязательства*

currently adjust (vb.)   *изменять в соответствии с новыми данными*

current management of debt   *текущее регулирование долговых отношений*

current market value   [stock] *текущая курсовая стоимость, текущая рыночная стоимость*

current maturity   [stock] *текущий срок долгового обязательства*

current month   *текущий месяц*

current month plus 30 days   [comm.] *текущий месяц плюс 30 дней*

current operating performance   [ind.ec.] *текущая эксплуатационная характеристика*

current operating performance concept   *понятие текущей эксплуатационной характеристики*

current outgoings   [book-keep.] *текущие платежи*

current outlays   [ind.ec.] *текущие расходы*

current payment of premium   [ins.] *текущий платеж страхового взноса*

current payment of premiums   [ins.] *текущие платежи страховых взносов*

current price   *существующая цена*

current prices   *текущие цены*

current prices, at   *по существующим ценам*

current purchasing power accounting   [book-keep.] *учет текущей покупательной способности*

current question   *актуальный вопрос*

current rate   *текущий курс;* [monet.trans.] *курс дня*

current rate (of exchange)   [monet.trans.] *текущий валютный курс, текущий обменный курс*

current rate of exchange   [monet.trans.] *текущий валютный курс, текущий обменный курс*

current ratio   [ind.ec.] *отношение оборотного капитала к долгосрочным обязательствам, отношение текущих активов к текущим пассивам компании*

current receipts   [ind.ec.] *текущие денежные поступления*

current record   [comp.] *текущий учет*

current regulation   *действующее положение;* [legal] *действующее постановление*

current revenue   [ind.ec.] *текущий доход*

current risk   *происходящий страховой случай*

current risks   [ins.] *происходящие страховые случаи*

current surplus   [pol.ec.] *активное сальдо по текущим расчетам*

current taxation   [calc.] *действующее налогообложение*

current tax on wealth   [tax.] *действующий налог на имущество*

current timing difference   [calc.] *отклонение от текущего распределения по срокам*

current transactions   *текущая операция, текущие расчеты*

current transfer   *текущий перевод*

current value *приведенная стоимость, существующая цена, текущая стоимость*

current value of net assets [calc.] *текущая стоимость нетто-активов*

current year *текущий год*

current year earnings *доходы за текущий год*

current yield *текущая доходность;* [fin.] *текущий доход*

curriculum *расписание;* [syst.ed.] *курс обучения, учебный план*

curriculum vitae (CV) [pers.manag.] *биография, жизненный путь, краткое жизнеописание*

cursor *движок, курсор, стрелка;* [comp.] *указатель*

cursor control key [comp.] *клавиша управления курсором*

cursor movement [comp.] *перемещение курсора*

curtail (vb.) *ограничивать, сокращать, укорачивать, урезывать;* [ec.] *уменьшать*

curtailment *ограничение, уменьшение, урезывание;* [ec.] *сокращение*

curtailment of borrowing facilities *урезывание заемных средств*

curtilage [r.e.] *огороженный участок, прилегающий к дому*

curtilage of a building *огороженный участок, прилегающий к дому*

curtilage of building *огороженный участок, прилегающий к дому*

curve *график, изгиб, поворот;* [print.] *кривая*

curve (vb.) *строить кривую*

curve generator [comp.] *генератор кривых*

cushion *деньги, отложенные на черный день*

cushion (vb.) *смягчать удар*

custodial sentence [leg.pun.] *приговор о содержании под стражей*

custodian *хранитель;* [legal] *опекун, сторож*

custodian functions [calc.] *функции опекуна по управлению активами несовершеннолетнего*

custodianship *безопасное хранение ценностей клиента в банке*

custodianship order [legal] *распоряжение о безопасном хранении ценностей клиента в банке*

custodian trustee *опекун, управляющий активами несовершеннолетнего*

custody *надзор, попечение;* [law.dom.] *охрана;* [legal] *опека;* [leg.pun.] *арест, взятие под стражу, тюремное заключение, хранение;* [stock] *задержание*

custody, take into (vb.) *брать под стражу*

custody bill of lading [nav.] *коносамент на груз, принятый для погрузки на судно, еще не прибывшее в порт*

custody business [bank.] *безопасное хранение ценностей клиентов в банке*

custom *клиентура, обыкновение, обычай, привычка, таможенная пошлина;* [comm.] *заказы в одном магазине, покупатели;* [legal] *обычное право*

custom (adj.) *делающий на заказ, изготовленный на заказ, подлежащий таможенному обложению, производящий на заказ, сделанный на заказ*

customarily *обычно*

customary (adj.) *обычный, основанный на обычае, основанный на обычном праве, привычный*

customary business practices *деловая практика, основанная на обычае*

customary charges *обычные расходы*

customary law [legal] *обычное право*

customary mode of payment *обычный способ платежа*

customary practice *обычная практика*

custom-built (adj.) *заказной, изготовленный по техническим условиям заказчика, построенный по специальному заказу, сделанный на заказ;* [prod.] *изготовленный на заказ, специально сконструированный*

customer *заказчик, клиент, покупатель, покупательская задолженность (статья баланса), потребитель*

customer (account) number *номер счета клиента*
customer accounting [book-keep.] *учет клиентов*
customer account number *номер счета клиента*
customer advice *авизо клиента*
customer attention [mark.] *внимание к клиенту*
customer courtesy [mark.] *вежливое обращение с клиентом*
customer file *картотека клиентов*
customer forward transaction *форвардная сделка с клиентом;*
    [bank.] *сделка с клиентом на срок, срочная сделка с клиентом*
customer guarantee liabilities [bank.] *гарантийные обязательства*
    клиента
customer guidance *ориентация клиента, ориентация покупателя*
customer listening [mark.] *выслушивание клиента*
customer order *заказ клиента*
customer orientation *ориентация клиента;* [mark.] *ориентация*
    покупателя
customer-oriented [mark.] *ориентированный на клиента,*
    ориентированный на покупателя
customer perception [mark.] *понимание запросов клиента*
customer profile [mark.] *характеристика клиента*
customer profitability *выгодность клиента*
customer relations *контакты с клиентами;* [mark.] *отношения с*
    клиентами
customer relationship *взаимоотношения с клиентами*
customers *заказчики, клиенты, покупатели*
customer service *предоставление услуг покупателю;*
    [mark.] *обслуживание покупателя*
customer structure *структура и состав покупателей*
customer support *обслуживание клиента*
customer transaction *сделка с клиентом*
customer's account *счет клиента, счет покупателя*
customer's deposit [bank.] *депозит клиента*
custom-house [cust.] *здание таможни, таможня*
customization *изготовление на заказ, обеспечение соответствия*
    требованиям заказчика, оборудование в соответствии с
    требованиями заказчика, ориентирование на потребителя,
    оформление в соответствии с требованиями заказчика;
    [prod.] *изготовление по индивидуальному заказу*
customize (vb.) *изготавливать на заказ, изготавливать по*
    индивидуальному заказу, обеспечивать соответствие
    требованиям заказчика, оборудовать в соответствии с
    требованиями заказчика, оформлять в соответствии с
    требованиями заказчика, подгонять в соответствии с
    требованиями заказчика, приспосабливать
custom-made (adj.) *заказной, изготовленный на заказ, изготовленный*
    по техническим условиям заказчика, сделанный на заказ,
    специально сконструированный; [prod.] *построенный по*
    специальному заказу
custom of port (COP) *портовый обычай*
custom of trade *торговая практика;* [legal] *торговый обычай*
customs *таможенный досмотр;* [cust.] *таможенные пошлины*
customs act [legal] *закон о таможенных пошлинах*
customs agent *таможенный контролер*
customs and excise authorities [cust.] *таможенное ведомство*
customs authority [cust.] *таможенное управление*
customs bond [cust.] *таможенная закладная*
customs-bonded warehouse *таможенный склад для товаров в залоге*
customs broker [cust.] *агент по таможенной очистке импортных*
    грузов, таможенный маклер
customs charges paid [cust.] *таможенные сборы оплачены*
customs check [cust.] *таможенный досмотр, таможенный контроль*

customs clearance   [cust.] *очистка от пошлин, очистка от таможенных формальностей, таможенная очистка*

customs clearance charge   [cust.] *уплата таможенной пошлины*

customs clearance documents   [cust.] *документы об уплате таможенной пошлины*

customs clearance office   [cust.] *пункт сбора таможенной пошлины*

customs convention   [cust.] *таможенная конвенция*

customs debt   [cust.] *таможенный долг*

customs declaration   [cust.] *таможенная декларация*

customs declaration form   [cust.] *бланк таможенной декларации*

customs document   [cust.] *таможенная декларация*

customs drawback   [cust.] *возврат пошлины*

customs duty   [cust.] *таможенная пошлина, таможенный сбор*

customs entry   [cust.] *таможенная декларация*

customs examination   [cust.] *таможенный досмотр*

customs form   [cust.] *таможенный формуляр*

customs formalities   [cust.] *таможенные формальности*

customs formality charge   [cust.] *таможенная пошлина*

customs fraud   [leg.pun.] *уклонение от уплаты таможенной пошлины*

customs frontier   [cust.] *таможенная граница*

customs inward and outward   [cust.] *таможенная очистка по приходу и отходу судна, таможенная очистка при въезде и выезде*

customs label   [cust.] *таможенная этикетка*

customs legislation   [legal] *таможенное законодательство*

customs office   [cust.] *таможня*

customs office at point of exit   [cust.] *таможня в пункте отправления*

customs office of departure   [cust.] *таможня в пункте отправления*

customs office of destination   [cust.] *таможня в пункте назначения*

customs office outward   [cust.] *таможня в пункте отправления*

customs officer   [cust.] *служащий таможни, таможенник, таможенный инспектор*

customs official   *таможенный инспектор;* [cust.] *служащий таможни, таможенник*

customs penalty   [cust.] *штраф за неуплату таможенного сбора*

customs port   [cust.] *порт с таможней*

customs receipt   [cust.] *квитанция таможни об уплате пошлины*

customs regulation   [cust.] *таможенный контроль*

customs revenue   [cust.] *доход таможни*

customs seal   [cust.] *печать таможни, таможенная пломба*

customs storage warehouse   [cust.] *таможенный склад*

customs supervision   [cust.] *таможенный контроль*

customs surcharge   [cust.] *дополнительный таможенный сбор*

customs tare   [cust.] *масса тары, установленная таможенными правилами*

customs tariff   [cust.] *таможенный тариф*

customs territory   [cust.] *таможенная территория*

customs union   [cust.] *таможенный союз*

customs valuation method   *метод определения таможней ценности ввозимых товаров;* [cust.] *метод таможенной оценки*

customs value   [cust.] *ценность ввозимых товаров, определенная таможней*

customs warehouse   [cust.] *таможенный склад*

cut   *абрис, выпад, контур, насмешка, оскорбление, отключение нагрузки, отрезок, профиль, снижение, сокращение, удар, уменьшение;* [ec.] *очертание*

cut (vb.)   *вырезать, вычеркивать кандидатуру, голосовать против, лишать политической поддержки, отключать, отрезать, отсоединять, разрезать, резать, снижать, сокращать, срезать, уменьшать, урезывать*

cut (adj.)   *разбавленный, разведенный, разрезанный, скроенный, сниженный, уменьшенный, уцененный*

cutback   *понижение, снижение, уменьшение;* [ec.] *сокращение*

cut down (vb.)   *выторговывать, снижать, сокращать потребление, убедить снизить цену;* [ec.] *сокращать*

cut in (vb.)   *включать, вмешиваться, предоставлять слово, прерывать, присоединять*

cut in public investment   [ec.] *сокращение государственных ассигнований*

cut into capital (vb.)   *присоединять капитал*

cut into one's capital (vb.)   *присоединять капитал*

cutoff   *выключение, конец, кратчайший путь, обход, отрезок, отсечение, прекращение, сокращение пути;* [calc.] *ограничение*

cut off (vb.)   *выключать, кончать, лишать наследства, отрезать, отсекать, перерезать, прерывать, приводить к концу, разъединять*

cutoff accounting   [calc.] *упрощенный бухгалтерский учет*

cutoff clause   [legal] *оговорка об ограничении*

cutoff date   [calc.] *дата прекращения*

cutoff time   [bank.] *время прекращения*

cut out (vb.)   *выключаться, вырабатывать, вырезать, вытеснять, готовить, отключать, отключаться, оттеснять, переставать делать, планировать, прекращать*

cut price   [comm.] *низкая цена, сниженная цена*

cut price (vb.)   [comm.] *снижать цену*

cut-price article   *уцененный товар;* [mark.] *товар по сниженной цене*

cut-price goods   *товар по сниженной цене;* [mark.] *уцененный товар*

cut rate   [comm.] *сниженный курс*

cut-rate article   *уцененный товар;* [mark.] *товар по сниженной цене*

cut-rate marketing   [mark.] *реализация по сниженным ценам*

cut-rate price   *низкая цена;* [mark.] *сниженная цена*

cut the price (vb.)   *снижать цену*

cut-throat competition   *конкуренция на удушение, ожесточенная конкуренция*

cutting   *резание, снижение, уменьшение*

cutting down   *снижение, сокращение*

cutting-off principle   [calc.] *принцип периодизации*

CV (curriculum vitae)   *жизненный путь;* [pers.manag.] *биография, краткое жизнеописание*

cycle   *круговорот, период, последовательность, продолжительный период времени, экономический цикл*

cycle (vb.)   *повторяться циклически, проходить цикл развития*

cycle flow audit   [aud.] *периодическая ревизия движения денег*

cycle-induced (adj.)   *обусловленный экономическим циклом*

cyclical (adj.)   *периодический, циклический*

cyclical developments   [pol.ec.] *периодические изменения конъюнктуры*

cyclical disturbances   *периодические возмущающие воздействия;* [pol.ec.] *периодические возмущения*

cyclical downswing   *циклический спад деловой активности;* [pol.ec.] *циклический спад производства*

cyclical downturn   [pol.ec.] *циклический спад деловой активности, циклический спад производства*

cyclical fluctuation   [pol.ec.] *циклические колебания*

cyclically adjusted   [pol.ec.] *скорректированный с учетом экономического цикла*

cyclically induced   [pol.ec.] *обусловленный экономическим циклом*

cyclical pattern   [pol.ec.] *схема периодической изменчивости*

cyclical position   [pol.ec.] *фаза экономического цикла*

cyclical reversal   [pol.ec.] *циклическое обратное движение*

cyclical slowdown   [pol.ec.] *циклический спад*

cyclical trend   [pol.ec.] *периодический тренд*

cyclical turnaround   [pol.ec.] *полный производственный цикл*

cyclical unemployment   [empl.] *циклическая безработица*

cyclical upswing   [pol.ec.] *циклический подъем*
cyclical upturn   [pol.ec.] *циклический подъем*
cyclical variation   [pol.ec.] *периодические изменения*
cyclic storage   *динамическое запоминающее устройство;*
     [comp.] *запоминающее устройство динамического типа;* [wareh.] *склад с периодическим пополнением запасов*
Cyprus pound (CYP)   [monet.trans.] *кипрский фунт*
Czechoslovakian koruna (CSK)   [monet.trans.] *чехословацкая крона*
C & F (cost and freight)   [trans.] *стоимость и фрахт*

DA (district attorney) [leg.pun.] *окружной прокурор (США)*

DA (District Attorney) [leg.pun.] *окружной прокурор (США)*

DAC (Development Aid Committee) *Комитет помощи в целях развития*

DAD (draft addendum) *проект приложения*

DAF (delivered at frontier) [trans.] *доставленный к границе*

daily [media] *ежедневная газета*

daily (adj.) *ежедневный, повседневный, суточный*

daily allowance [soc.] *суточное пособие*

daily balance interest calculation [bank.] *ежедневное начисление процентов*

daily benefit [empl.] *суточные*

daily case list [legal] *ежедневный перечень судебных дел*

daily figures [bank.] *ежедневные показатели*

daily fixing of exchange rates [exc.] *ежедневная регистрация валютного курса*

daily management *повседневное руководство*

daily newspaper [media] *ежедневная газета*

daily press [media] *ежедневная пресса*

daily production *дневная выработка, дневная производительность*

daily quotation [exc.] *курс дня*

daily subsistence allowance [EEC] *суточная надбавка, обеспечивающая прожиточный минимум*

daily wagon-hire charge [trans.] *суточная плата за аренду вагона*

Daimyo bond [stock] *облигация 'Дайме' (Япония)*

dairy *маслобойня, маслодельня, молочная ферма, молочное хозяйство, сыроварня*

dairy industry *молочная промышленность*

dairy plant *молочный завод*

daisywheel *лепестковый литероноситель, лепестковый шрифтоноситель, сменный печатающий диск, 'ромашка'*

DAM (draft amendment) *проект поправки*

damage *урон;* [ins.] *вред, повреждение, поломка, порча, ущерб;* [legal] *убыток;* [mar.ins.] *авария, ущерб от аварии*

damage (vb.) *наносить урон, наносить ущерб, повреждать, портить, терпеть аварию*

damage by damp [ins.] *повреждение сыростью*

damage by falling stones [ins.] *повреждение падающими камнями*

damage by fire [ins.] *повреждение огнем, повреждение пожаром*

damage by insects *повреждение насекомыми*

damage by water [ins.] *повреждение водой*

damage caused by delayed performance [legal] *повреждение, вызванное отсрочкой эксплуатации*

damage caused in extinguishing fire [ins.] *повреждение, вызванное тушением пожара*

damaged (adj.) *испорченный, поврежденный*

damaged cargo [mar.ins.] *испорченный груз, поврежденный груз*

damaged goods *испорченные товары, поврежденные товары*

damage of an earlier date [ins.] *повреждение более раннего периода*

damage of earlier date [ins.] *повреждение более раннего периода*

damages [ins.] *возмещение ущерба, денежное возмещение;* [legal] *компенсация за убытки, убытки*

damages, award (vb.) *присуждать возмещение убытков*

damages for breach of contract [legal] *возмещение ущерба вследствие нарушения договора, компенсация за нарушение договора*

damages for costs incurred in connection with a void contract [legal] *возмещение ущерба вследствие нарушения договора*

damages for costs incurred in connection with void contract [legal] *возмещение ущерба вследствие нарушения договора*

damages for fire loss   [ins.] *возмещение ущерба вследствие пожара*

damages for pain and suffering   [legal] *компенсация за боль и страдания*

damage to cargo   [mar.ins.] *повреждение груза, порча груза*

damage to goods in custody   [ins.] *повреждение товара, находящегося под охраной*

damage to health   [ins.] *ущерб здоровью*

damage to hull   *повреждение корпуса судна*

damage to machinery   [ins.] *повреждение оборудования*

damage to person   [ins.] *ущерб личности*

damage to property   [ins.] *материальный ущерб, повреждение имущества*

damage to property of others   *ущерб, причиненный чужой собственности*

damage to rented property   [ins.] *повреждение арендуемого имущества*

damage to the hull   [mar.ins.] *повреждение корпуса судна*

damage to the property of others   [ins.] *ущерб, причиненный чужой собственности*

damage whilst loading and unloading   [ins.] *повреждение при погрузке и разгрузке*

damaging (adj.)   *дискредитирующий, наносящий ущерб, подрывающий*

damaging event   [ins.] *причинение ущерба*

damnify (vb.)   *причинять ущерб;* [legal] *наносить обиду, причинять вред*

dampen (vb.)   *останавливать, приводить к застою*

dampened expectations   [ec.] *несбывшиеся намерения*

dampened growth   *замедленный рост*

dampened market   *вялый рынок, неактивный рынок*

dampening   *ослабление*

dampening down   [ec.] *снижение*

dampening of economic activity   [pol.ec.] *снижение экономической активности*

dampening of exports   *ограничение экспорта, сдерживание экспорта*

damping of demand   *снижение спроса*

Dancard   [bank.] *система электронных расчетов 'Данкард'*

Dane resident abroad   *датчанин, проживающий за рубежом*

danger   *опасность, риск, угроза*

danger class   [trans.] *категория риска*

danger label   [trans.] *этикетка с обозначением категории риска*

danger money   [empl.] *деньги за опасную работу, деньги за работу, связанную с риском*

danger number   [trans.] *категория риска*

danger of collusion   [leg.pun.] *опасность столкновения*

danger of nonpayment, in   [ec.] *с риском неплатежа*

dangerous cargo   [nav.] *опасный груз*

dangerous chemicals   *опасные химические вещества*

dangerous driving   *управление автомобилем в опасных условиях*

dangerous goods   [trans.] *опасные товары*

dangerous refuse   *опасные отходы*

dangerous waste   *опасные отходы*

danger sign   *знак опасности*

danger signal   *сигнал опасности*

Danish krone (DKK)   [monet.trans.] *датская крона*

Danmarks Nationalbank (Central Bank of Denmark)   *Национальный банк Дании*

Danmarks Skibskreditfond (Ship Credit Fund of Denmark)   *Датский фонд кредитования судоходства*

Danmarks Statistik (Central Bureau of Statistics)   *Центральное статистическое бюро Дании*

DAS (delivered alongside ship)   [trans.] *с доставкой к борту судна*

dashed line   [print.] *пунктирная линия*

data *данные, информация, сведения, факты*
data abuse [comp.] *неправильное использование данных*
data access arrangement [comp.] *средства доступа к данным*
data acquisition *сбор данных*
data administration [comp.] *организация прохождения данных*
data amount [comp.] *количество информации, объем данных*
data bank [comp.] *банк данных, информационный банк, хранилище данных*
data bank management [comp.] *управление банком данных*
database [comp.] *база данных*
database creation [comp.] *формирование базы данных*
database design [comp.] *проектирование базы данных*
database management [comp.] *управление базой данных*
database search [comp.] *поиск в базе данных*
data capture *накопление данных;* [comp.] *сбор данных*
data carrier [comp.] *носитель информации*
data centre [comp.] *центр сбора данных*
data circuit [telecom.] *канал передачи данных*
data code [comp.] *кодовый набор*
data collection *накопление данных, сбор данных*
data communication [comp.] *передача данных*
data control [comp.] *управление данными*
data controller [comp.] *блок управления данными*
data conversion [comp.] *преобразование данных*
data converter [comp.] *преобразователь данных*
data description [comp.] *описание данных*
data display *вывод данных на устройство отображения, информационное табло, отображение данных, отображение информации;* [comp.] *вывод данных на дисплей, индикатор данных, информационный дисплей*
data encoding [comp.] *кодирование данных*
data entry [comp.] *информационный вход*
data field [comp.] *поле данных*
data file [comp.] *картотека данных, файл данных*
data handling [comp.] *манипулирование данными, обработка данных*
data input [comp.] *ввод данных, входные данные, информационный вход*
data input/output controller [comp.] *устройство управления вводом и выводом данных*
data input station [comp.] *терминал ввода данных*
data item [comp.] *элемент данных*
data link [telecom.] *канал передачи данных*
data maintenance [comp.] *ведение данных*
data management [comp.] *управление данными*
data management system [comp.] *система управления данными*
data manager [comp.] *руководитель отдела обработки данных*
data manipulation [comp.] *манипулирование данными*
datamatics [comp.] *автоматическая обработка данных*
data medium [comp.] *носитель данных, среда для записи данных*
data network [comp.] *сеть передачи данных*
data organization [comp.] *организация данных*
data performance [comp.] *эффективность данных*
data power [comp.] *эффективность данных*
data processing [comp.] *обработка данных*
data processing centre [comp.] *центр обработки данных*
data processing equipment [comp.] *оборудование для обработки данных*
data processing machine [comp.] *процессор*
data processing manager [comp.] *руководитель отдела обработки данных*
data processing personnel [comp.] *персонал, ведущий обработку данных*
data processing station [comp.] *блок обработки данных, пункт обработки данных*

data processor [comp.] *блок обработки данных, процессор для обработки данных*

data protection [comp.] *защита данных*

Data Protection Agency *Агенство защиты данных (Дания)*

data recording *регистрация данных;* [comp.] *запись данных*

data recovery [comp.] *восстановление данных*

data register [comp.] *регистр данных*

data retrieval [comp.] *извлечение данных, поиск данных*

data safety *сохранность данных;* [comp.] *защита данных*

data screen [comp.] *изображение данных на экране*

data secrecy [comp.] *секретность данных, секретность информации*

data security *безопасность хранения данных, надежность хранения данных, секретность данных;* [comp.] *защита данных, сохранность данных*

data selection [comp.] *выбор данных*

data service bureau [comp.] *центр обработки данных*

data set [comp.] *комплект данных, набор данных, файл данных*

data sheet *бланк для записи данных*

data signalling rate [comp.] *суммарная скорость передачи данных по параллельным каналам*

data source [comp.] *источник данных*

data station [comp.] *пункт сбора и обработки данных*

data store *память, хранилище данных;* [comp.] *запоминающее устройство*

data terminal equipment [comp.] *оконечное оборудование, терминал для сбора и подготовки данных, терминальное оборудование*

data transfer rate [comp.] *скорость передачи данных*

data transformation [comp.] *преобразование данных*

data transmission [comp.] *передача данных*

data trespass [comp.] *несанкционированный доступ к данным*

data validation [comp.] *подтверждение правильности данных, проверка достоверности данных*

date *дата, срок*

date (vb.) *датировать, проставлять дату*

date, out of (adj.) *вышедший из моды, несовременный, просроченный, с истекшим сроком годности, старомодный, устаревший*

date, to (adj.) *современный*

date forward (vb.) *назначать ранний срок*

date from (vb.) *исчислять с*

date from which interest first becomes payable [bank.] *дата, с которой начинается выплата процентов*

date from which interest is computed [bank.] *дата, с которой начисляются проценты*

date of accounts [calc.] *срок представления отчетности*

date of acquisition *дата приобретения*

date of allotment [exc.] *дата распределения*

date of birth *дата рождения*

date of commencement *дата начала*

date of completion *срок совершения сделки;* [exc.] *срок завершения операции;* [r.e.] *срок завершения сделки*

date of consumption *срок годности, срок использования*

date of conveyance [r.e.] *срок доставки*

date of dealing [exc.] *дата заключения сделки*

date of delivery *срок доставки*

date of deposit in warehouse *срок хранения на складе*

date of disbursement [bank.] *срок выплаты*

date of earning *день выдачи заработной платы*

date of expiry *истечение срока, конечный срок действия*

date of first entitlement to dividends [bus.organ.] *дата появления права на дивиденды*

date of first entitlement to interest payments [bank.] *дата появления права на выплату процентов*

date of inception of risk   [ins.] *дата наступления страхового риска*

date of inception of the risk   [ins.] *дата наступления страхового риска*

date of invoice   *дата выдачи счета-фактуры*

date of issue   *дата эмиссии;* [exc.] *дата выпуска займа*

date of leaving hospital   *дата выписки из больницы*

date of maturity   [bill.] *срок платежа, срок погашения ценной бумаги*

date of maturity of coupon   [stock] *срок погашения купона*

date of maturity of the coupon   [stock] *срок погашения купона*

date of merger   *дата слияния компаний*

date of patent   *дата выдачи патента, дата издания описания к патенту, дата начала действия патента*

date of payment   *срок платежа*

date of performance   [legal] *срок исполнения*

date of possession   *срок владения*

date of presentation   *срок представления, срок предъявления*

date of ratification (DOR)   [law nat.] *дата ратификации*

date of sailing   [nav.] *дата выхода судна в море, дата отплытия*

date of sale   *дата продажи*

date of settlement   *дата заключения сделки, дата заключения соглашения*

date of term   [exc.] *срок окончания*

date of the patent   *дата издания описания к патенту;* [pat.] *дата выдачи патента, дата начала действия патента*

date of transaction   [bank.] *дата заключения сделки*

date of transfer   *дата перевода денег, дата перечисления денег;* [legal] *дата передачи права*

date on which loans and advances or liabilities arise   *дата, на которую взяты займы и авансы или обязательства*

date sold   *дата продажи*

date specified   *назначенная дата, установленная дата*

dating machine   *машина, проставляющая дату*

DAX (German Stock Index)   [exc.] *индекс Немецкой фондовой биржи*

day   *день, сутки*

day-after recall   [adv.] *право отзыва через сутки*

day-and-night care   [soc.] *круглосуточный уход*

day before   *вчерашний день, накануне*

day before, the   *вчерашний день*

daybook   [book-keep.] *журнал учета*

day care   [soc.] *дневная медицинская помощь, дневной уход*

day-care institution   [soc.] *учреждение, оказывающее дневную медицинскую помощь*

day centre   [soc.] *дневной центр*

day duty   [empl.] *повседневные обязанности*

day fine   [leg.pun.] *суточная пеня*

day labourer   *поденщик, случайный рабочий*

daylight saving time   *летнее время, светлое время суток*

day lost through illness   [empl.] *день отсутствия на работе по болезни*

day of absence   [empl.] *день отсутствия, неприсутственный день*

day of credit   [ind.ec.] *день кредитования*

day off   [empl.] *выходной день*

day of grace   *день отсрочки, льготный срок*

day of illness   [empl.] *день отсутствия на работе по болезни*

day of maturity   [ec.] *день наступления срока платежа*

day of payment   *день платежа*

day of sale   *день продажи*

day of settlement   *день заключения сделки, день заключения соглашения*

day of the month   *день месяца*

day of transaction   *день заключения сделки*

day of validation   [bank.] *день оценки*

day shift   [empl.] *дневная смена*

days of grace [bill.] *льготные дни, период отсрочки платежа;* [legal] *период отсрочки приведения приговора в исполнение*

days of inventories [ind.ec.] *период инвентаризации*

day-to-day (adj.) *повседневный*

day-to-day interest [bank.] *процентный доход до востребования*

day-to-day loan *онкольная ссуда;* [bank.] *ссуда, возвращаемая по требованию, ссуда до востребования*

day-to-day monitoring of operations *повседневный контроль операций*

day-to-day operations *повседневная работа, повседневные операции*

day tourism *однодневный туризм*

day work [empl.] *дневная работа*

day's rate earned *суточный заработок*

DBS satellite (direct broadcasting satellite) [media] *спутник непосредственного вещания*

DDP (delivered duty paid) (adj.) [trans.] *доставленный с оплаченной пошлиной*

deactivate (vb.) *дезактивировать*

dead (adj.) *вышедший из употребления, застойный, лишенный прав, мертвый, недействующий, непригодный, пораженный в правах, потерявший силу, устаревший, утративший основное свойство, утративший основную функцию*

dead account [book-keep.] *заблокированный счет*

dead freight [trans.] *мертвый фрахт*

dead letter *не применяющееся, но не отмененное постановление, не применяющийся, но не отмененный закон;* [post] *письмо, не востребованное адресатом, письмо, не доставленное адресату*

deadline *крайний срок, неисправное состояние, оборудование, ожидающее ремонта, оборудование, сдаваемое в ремонт, последний срок, постановка на ремонт, предельный срок*

deadline (vb.) *сдавать в ремонт*

deadline for delivery *предельный срок доставки*

dead loan *безнадежный долг*

deadlock *безвыходное положение, застой, полное прекращение действий, тупик;* [comp.] *критическая ситуация, тупиковая ситуация*

deadlock (vb.) *завести в тупик, зайти в тупик*

dead loss *чистая потеря, чистый убыток*

dead stock *акции, не пользующиеся спросом, замороженные материальные средства, запас товаров, не пользующихся спросом, мертвый инвентарь, неходовые акции;* [wareh.] *неиспользуемый запас*

dead time *время задержки, время запаздывания, время простоя*

dead weight cargo capacity (DWCC) [nav.] *валовая грузоподъемность, дедвейт, полная грузоподъемность*

dead weight ton (DWT) [nav.] *тонна дедвейт*

dead weight tonnage *дедвейт, полная грузоподъемность;* [nav.] *валовая грузоподъемность*

deal *некоторое количество, сделка, соглашение;* [ind.ec.] *экономическая политика*

deal (vb.) *выдавать, отпускать, распределять, торговать;* [exc.] *быть клиентом, заниматься торговлей*

deal currency spot (vb.) [exc.] *совершать валютную сделку с расчетом на второй рабочий день*

dealer *торговый агент;* [comm.] *агент по продаже, оптовый покупатель товаров, посредник;* [exc.] *биржевой торговец, дилер;* [monet.trans.] *торговец*

dealer cartel *торговый картель*

dealer in foreign exchange [monet.trans.] *продавец иностранной валюты*

dealer loan [bank.] *дилерский кредит*

dealer network [comm.] *торговая сеть*

dealers room [bank.] *дилерская комната*

dealers' association   *ассоциация торговых посредников*

dealers' room   [bank.] *дилерская комната*

dealers' room, the   [bank.] *дилерский зал;* [bank.] *дилерская комната*

dealer's discount   [comm.] *скидка торговому посреднику*

deal in (vb.)   [comm.] *заниматься, торговать*

deal in a line of goods (vb.)   [comm.] *предлагать ассортимент товаров*

dealing after hours   [exc.] *совершение сделок в нерабочее время*

dealing for the account   [exc.] *сделки на срок*

dealing in bonds   [exc.] *сделки с облигациями*

dealing in foreign exchange   [monet.trans.] *сделки в иностранной валюте*

dealing in stocks   [exc.] *сделки с акциями*

dealings   *деловые отношения, коммерческие сделки, торговые связи*

dealing service   [bank.] *обслуживание биржевых операций*

deal with (vb.)   *быть клиентом, вести процесс, заниматься,
иметь дело, иметь дело с, обращаться с, справляться с,
сталкиваться с*

dean   *глава компании, глава объединения, декан факультета,
председатель*

deanery   *деканат*

dear (adj.)   *дорогой, дорогостоящий, с высокими ценами*

dear money   *деньги с высокой покупательной силой, ограниченный
кредит с высокой процентной ставкой*

dear-money policy   [pol.ec.] *ограничение кредита путем повышения
процентных ставок*

death   *гибель, поломка;* [ins.] *выход из строя, смерть*

death action   [legal] *покушение на убийство*

death benefit   [ins.] *страховое пособие в связи со смертью
застрахованного*

deathblow   *смертельный удар*

death certificate   [legal] *свидетельство о смерти*

death duties   *наследственные пошлины;* [tax.] *налоги на наследство*

death grant   [ins.] *пособие в связи со смертью*

death penalty   [leg.pun.] *смертный приговор*

death rate   [ins.] *смертность*

death risk   [ins.] *риск смерти*

death row   [leg.pun.] *ссора со смертельным исходом*

death sentence   [leg.pun.] *смертный приговор*

death tax   [tax.] *налог на наследство*

death wish   [legal] *завещание*

debase (vb.)   *девальвировать, обесценивать, понижать качество,
снижать ценность*

debate   *дискуссия, полемика, спор*

debate (vb.)   *взвешивать, дебатировать, обдумывать, обсуждать,
размышлять*

debateable (adj.)   *дискуссионный, оспариваемый, спорный*

debate on an issue   [parl.] *дискуссия по данному вопросу*

debate on a question   [parl.] *дискуссия по данному вопросу*

debate on the Address   [parl.] *прения по докладу*

debate the factual aspects of (vb.)   [parl.] *обсуждать фактическую
сторону вопроса*

debenture   [stock] *дебентура, долговая расписка, облигация
акционерного общества, облигация компании, сертификат
таможни на возврат пошлин, ссуда, обеспеченная активами
компании;* [stock,bus.organ.] *долговое обязательство,
необеспеченное долговое обязательство, обращающаяся ценная
бумага*

debenture bond   [stock] *сертификат таможни для обратного
получения импортной пошлины;* [stock,bus.organ.] *облигация без
специального обеспечения*

debenture holder   [stock] *владелец долгового обязательства*

debenture holding   [stock] *владение долговыми обязательствами*

debenture holding(s)   *владение долговыми обязательствами, владение облигациями*

debenture interest   [stock] *процент по долговым обязательствам*

debenture loan   *ссуда под долговую расписку;* [exc.] *ссуда под долговое обязательство*

debenture market   [exc.] *рынок долговых обязательств*

debenture price   [exc.] *цена долгового обязательства*

debentures   *облигации*

debenture series   [stock] *серия облигаций компании*

debenture stock   [ind.ec.] *обращающаяся ценная бумага;* [stock] *акции, дающие привилегии владельцу по сравнению с другими акциями;* [stock.bus.organ.] *акции, не имеющие специального обеспечения*

debenture subscription   [exc.] *подписка на облигации компании*

debenture with warrant   [stock] *долговое обязательство с обеспечением*

debit   [book-keep.] *дебет*

debit (vb.)   [book-keep.] *дебетовать, относить на дебет счета*

debit, to your   *на дебет вашего счета*

debit account   *счет актива баланса, счет с дебетовым сальдо*

debit advice   [book-keep.] *дебетовое авизо*

debit amount   [book-keep.] *дебетовая сумма, дебетовый итог*

debit an account (vb.)   [book-keep.] *относить на дебет счета*

debit and credit   *дебет и кредит, расход и приход*

debit balance   *дебетовое сальдо, дебетовый баланс, положительное сальдо*

debit column   [book-keep.] *дебетовая колонка*

debit-credit operation   [book-keep.] *операция учета прихода и расхода*

debit entry   [book-keep.] *дебетовая проводка, запись в дебет счета*

debit interest   [book-keep.] *дебетовый процент*

debit journal   [book-keep.] *дебетовый журнал*

debit note   [book-keep.] *дебетовое авизо*

debit side   *левая сторона баланса;* [book-keep.] *дебет счета, левая сторона счета*

debit slip   [bank.] *дебетовая карточка, платежная карточка*

deblock (vb.)   [bank.] *разблокировать, размораживать;* [monet.trans.] *снимать запрет*

debt   [book-keep.] *долг;* [calc.] *задолженность, обязательство;* [ec.] *долговое обязательство, долговой инструмент*

debt, be in (vb.)   *быть в долгу, иметь долг*

debt(s)   *долг(и)*

debt alleviation   *частичное погашение задолженности*

debt and borrowing   *заем и кредит*

debt and guarantee commitments   [calc.] *долг и гарантийные обязательства*

debt burden   *бремя задолженности*

debt capital   [ind.ec.] *привлеченный капитал*

debt certificate   [legal] *долговой сертификат*

debt claim   *иск о взыскании долга*

debt collecting   *взыскание долга, инкассирование долга*

debt collecting business   *инкассаторская служба*

debt commitment   *долговое обязательство*

debt conversion   [ec.] *перевод долга*

debt crisis   *кризис задолженности*

debt discount   [stock] *скидка с задолженности*

debt-equity ratio   *соотношение собственных и заемных средств банка;* [ind.ec.] *отношение задолженности к собственному капиталу*

debt-equity swap   [exc.] *долговой своп*

debt evidenced by certificates   *долг, подтвержденный сертификатами*

debt extinction   *погашение долга*

debt financing   *погашение долга путем займа*

debt forgiveness   *прощение долга, списание задолженности*

debt funding   *консолидирование долга, превращение краткосрочной задолженности в долгосрочную*

debt instalment   *погашение долга частями*

debt liability   *долговое обязательство*

debt load   *бремя задолженности*

debt management   *управление долгом;* [managg.] *контроль и регулирование долговых отношений*

debt of honour   *долг чести, карточный долг*

debt of record   [legal] *долг, установленный в судебном порядке*

debtor   *дебетовая сторона счета, дебетовая страница, приход;* [legal] *дебет, дебитор, должник, левая сторона счета*

debtor country   *страна-дебитор, страна-должник*

debtor-creditor relation   [legal] *отношения между кредитором и дебитором*

debtor nation   *страна-дебитор, страна-должник*

debtor quota   [bank.] *дебиторская квота*

debtors   *—дебиторы*

debtors jointly and severally liable   *дебиторы, несущие ответственность совместно и порознь, дебиторы, несущие солидарную ответственность*

debtors' turnover   [ind.ec.] *оборачиваемость дебиторов*

debtor's default   *невыполнение обязательств дебитором, невыполнение обязательств должником*

debtor's delay   *задержка платежей дебитором, задержка платежей должником, отсрочка в погашении долга*

debt outstanding   *непогашенный долг*

debt overload   [ind.ec.] *бремя чрезмерной задолженности*

debt payable   [book-keep.] *долг, подлежащий оплате*

debt portion   *долговая часть*

debt receivable   [calc.] *долг, подлежащий получению*

debt recovery proceeding   [legal] *судебное дело по взысканию долга*

debt recovery proceeding against debtor's total estate   [legal] *судебное дело по взысканию долга за счет всего имущества*

debt recovery proceeding concerning a single object   [legal] *судебное дело по взысканию долга за счет одной вещи*

debt recovery proceedings   *судебное дело по взысканию долга*

debt recovery proceedings against debtor's total estate   *судебное дело по взысканию долга за счет всего имущества*

debt recovery proceedings concerning a single object   [legal] *судебные дела по взысканию долга за счет одной вещи*

debt recovery proceedings concerning single object   [legal] *судебные дела по взысканию долга за счет одной вещи*

debt recycling   *пролонгация долга*

debt repudiation   [suc.] *отказ от уплаты долга*

debt rescheduling   *пересмотр сроков кредитов, реструктуризация долга*

debt rescheduling loan   *ссуда для реструктуризации долга*

debt rescheduling scheme   *программа реструктуризации долга*

debt restructuring   *пересмотр сроков кредитов, реструктуризация долга*

debt restructuring arrangement   *соглашение о реструктуризации долга*

debt-ridden   *обремененный долгами*

debt securities in issue   [calc.] *выпуск ценных бумаг в качестве долговых обязательств*

debt security   [stock] *ценная бумага, представляющая собой долговое свидетельство*

debt service   *обслуживание долга*

debt servicing   *обслуживание долга*

debt servicing borrowing requirement   [managg.] *потребность в кредитах для обслуживания долга*

debt servicing capacity   *способность обслуживания долга*

debt servicing obligation   *обязательство по обслуживанию долга*

debt to banks   [calc.] *задолженность банкам*

debt to be collected at the debtor's residence   [legal] *долг, подлежащий взысканию по месту жительства должника*

debt to be paid at the creditor's residence   [legal] *долг, подлежащий взысканию по месту жительства кредитора*

debt to the government   [manag.] *задолженность правительству*

debt warrant   [stock] *долговая расписка, долговой варрант*

debugger   [comp.] *отладочная программа, отладчик, программа отладки*

debugging   [comp.] *наладка машины, отладка программы, устранение неисправностей, устранение неполадок*

debureaucratization   *преодоление бюрократизма*

debureaucratize (vb.)   *преодолевать бюрократизм*

decade   *декада, десятилетие*

decayed (adj.)   *испортившийся, испорченный, обветшалый, пришедший в негодность*

deceased   *покойник, покойники, умершие*

deceased (adj.)   *покойный, скончавшийся, умерший*

deceased, the   *покойник, покойный, скончавшийся, умерший;* [legal] *покойники, покойные, умершие*

deceased person's property   [suc.] *собственность покойного*

decedent (adj.)   [legal] *покойный, скончавшийся, умерший*

decedent estate   [legal] *имущество покойного*

deceit   [leg.pun.] *мошенническая проделка, обман, трюк, уловка, хитрость*

deceitful (adj.)   *вероломный, обманный, обманчивый, предательский;* [leg.pun.] *вводящий в заблуждение, лживый*

deceit test   *проверка на детекторе лжи*

deceive (vb.)   *вводить в заблуждение, обманывать, сбивать с толку*

deceleration of economic activity   *спад экономической активности*

decentralization   *децентрализация*

decentralized (adj.)   *децентрализованный*

decentralized data processing   [comp.] *децентрализованная обработка данных*

decentralized trading   *децентрализованная торговля*

deception   *введение в заблуждение, ложь, мошеннический трюк, хитрость;* [leg.pun.] *жульничество*

deception of data   *подделка данных*

deceptive (adj.)   *вводящий в заблуждение, обманчивый*

deceptive advertising   [adv.] *мошенническая реклама, реклама недоброкачественных товаров*

deceptive mark   *поддельное клеймо*

deceptive package   *поддельная упаковка*

decide (vb.)   *решать;* [legal] *принимать решение*

decide about (vb.)   *принимать решение относительно*

decided case   [legal] *судебное дело, по которому принято решение*

decide the issue (vb.)   *решать вопрос*

deciding ballot   *окончательное голосование*

decimal   *десятичная дробь*

decimal currency   [monet.trans.] *десятичная денежная система*

decimalization   *переход к десятичной системе*

decimal number   *десятичное число*

decimal point   *десятичная запятая, запятая в десятичном числе*

decimal system   *десятичная система, десятичная система счисления*

decipher (vb.)   *декодировать, дешифрировать, дешифровать, расшифровывать*

deciphering   *декодирование, дешифрирование, дешифрование, расшифровывание*

decision   *выбор;* [legal] *определение суда, решение арбитража, решение суда;* [manag.] *решение*

decision, make a (vb.) *принимать решение*

decision, take a (vb.) *принимать решение*

decision as to costs [legal] *определение суда в отношении издержек*

decision as to principle *решение в принципе*

decision establishing amending or terminating a legal relationship
  [legal] *решение, устанавливающее внесение изменений в правоотношения или их прекращение*

decision in principle *решение в принципе*

decision instruction [comp.] *команда ветвления, команда выбора решения*

decision item *пункт решения*

decision-maker *лицо, принимающее решение*

decision-making *принятие решений, принятие решения*

decision-making process [pol.] *процесс принятия решений*

decision-making stage *этап принятия решений*

decision on, make a (vb.) *принимать решение*

decision on, take a (vb.) *принимать решение*

decision on a point of fact [legal] *решение на основе факта*

decision on a point of substance [legal] *решение по существу вопроса*

decision on point of fact *решение на основе фактов*

decision on point of substance *решение по существу вопроса*

decision to refer a question to the European Court [legal] *решение о передаче вопроса в Европейский суд*

decision to refer question to the European Court [legal] *решение о передаче вопроса в Европейский суд*

decisive (adj.) *бесспорный, несомненный, окончательный, определенный, очевидный, решающий, решительный, убедительный*

decisive influence *решающее влияние*

deck cargo [nav.] *палубный груз*

declarant [cust.] *заявитель, податель заявления*

declaration *высказывание, декларация, заявление, исковое заявление, мотивировочная часть судебного решения, торжественное заявление свидетеля;* [cust.] *таможенная декларация*

declaration for customs transit [cust.] *таможенная декларация*

declaration in support *заявление в поддержку*

declaration of an expert witness [legal] *заключение экспертизы, свидетельские показания экспертизы*

declaration of assent *подтверждение согласия*

declaration of association *заявление о создании ассоциации*

declaration of commerciality *заявление об извлечении коммерческой прибыли*

declaration of conformity *заявление о соответствии*

declaration of contents *заявление о содержании*

declaration of dividend [bus.organ.] *объявление о выплате дивидендов*

declaration of dutiable goods [cust.] *декларация о товарах, облагаемых пошлиной*

declaration of exemption [legal] *заявление об освобождении от платежа*

declaration of expert witness *заключение экспертизы, свидетельские показания экспертизы*

declaration of goods [trans.] *декларация о товарах*

declaration of inability to pay debts [legal] *заявление о неплатежеспособности*

declaration of incapacity [legal] *заявление о нетрудоспособности, объявление о дееспособности*

declaration of incapacity to manage own affairs [legal] *объявление о неспособности управлять своими делами*

Declaration of Independence *Декларация независимости (США, 1776 г.)*

declaration of intent *заявление о намерениях*

declaration of intention   *заявление о приеме в гражданство США*

declaration of legitimacy   [law.dom.] *заявление о законности*

declaration of lien   *заявление о праве удержания имущества*

declaration of mortgage   [r.e.] *декларация о залоге*

declaration of pledge   *декларация о залоге*

declaration of policy   [pol.] *декларация о политическом курсе*

declaration of readiness to pay a debt   *заявление о готовности уплатить долг*

declaration of safe stowage   [trans.] *декларация о безопасном размещении груза*

declaration of solvency   *заявление о платежеспособности*

declaration on oath   [legal] *заявление под присягой*

declaration policy   [ins.] *генеральный страховой полис*

declaratory judgment   [legal] *деклараторное решение, решение по установительному иску*

declaratory precedent   [legal] *деклараторный прецедент*

declaratory statute   [legal] *закон, формулирующий существующее общее право*

declare (vb.)   *выражать отношение, высказываться, давать ответы при переписи, делать исковое заявление, заявлять, объявлять, подавать иск, предъявлять вещи, облагаемые таможенной пошлиной;* [cust.] *заполнять переписной лист, излагать основание иска;* [pol.] *провозглашать;* [tax.] *обнародовать*

declare a lockout (vb.)   [empl.] *объявлять о локауте*

declare a motion carried (vb.)   [parl.,bus.organ.] *объявлять о внесенном предложении*

declare a reversion (vb.)   [legal] *объявлять об обратном переходе имущественных прав к первоначальному собственнику или его наследнику*

declare dividends (vb.)   [bus.organ.] *объявлять о выплате дивидендов*

declared reserves   [calc.] *объявленные резервы*

declared value   *объявленная ценность*

declare null and void (vb.)   [legal] *объявлять об аннулировании, объявлять об отсутствии законной силы, объявлять об утрате законной силы, объявлять о признании недействительным*

declare solemnly and sincerely (vb.)   [legal] *торжественно и искренне заявлять*

declare the meeting to be opened (vb.)   *объявлять собрание открытым*

declassify (vb.)   *дисквалифицировать*

decline   *падение, понижение, снижение, снижение жизненного уровня, спад, убыль населения*

decline (vb.)   *идти на убыль, ослабевать, отвергать, отводить, отклонять, понижаться, приходить в расстройство, приходить в упадок, снижаться, ухудшаться;* падать

declined loan application   *отклоненная заявка на получение ссуды*

decline in business activity   [pol.ec.] *спад деловой активности*

decline in consumption   *спад потребления*

decline in employment   [empl.] *снижение занятости*

decline in population   *снижение прироста населения, убыль населения*

decline in production   [prod.] *снижение производительности, сокращение производства, спад производства*

decline in real wages   *снижение реальной заработной платы*

decline in sales   *снижение объема сбыта, снижение уровня продаж*

decline in trade   *спад в торговле*

decline in turnover   [ind.ec.] *снижение оборота*

decline in unemployment   [empl.] *снижение уровня безработицы*

decline in value   *снижение ценности*

decline in value (vb.)   *снижение стоимости*

declining (adj.)   *клонящийся к упадку, ослабевающий, снижающийся, уменьшающийся*

declining-balance depreciation   [calc.] *начисление износа методом убывающего остатка*

declining-balance method of depreciation   [calc.] *начисление износа методом убывающего остатка*

declining demand   *снижающийся спрос*

declining market   [exc.] *сужающийся рынок*

declining rate   [monet.trans.] *снижающийся курс*

declining trend   [exc.] *убывающий тренд*

decode (vb.)   [comp.] *декодировать, дешифровать*

decoder   [comp.] *декодер, декодирующее устройство, дешифратор*

decoding   [comp.] *декодирование, расшифровка*

deconcentration   *децентрализация*

decontrol prices (vb.)   *освобождать цены от государственного контроля*

decrease   *ослабление, снижение, сокращение, убывание, уменьшение, ухудшение*

decrease (vb.)   *сокращать, сокращаться, убавлять, убывать, уменьшать*

decrease in assets   *сокращение активов*

decrease in deposits   [bank.] *уменьшение вкладов*

decrease in exports   *сокращение экспорта*

decrease in population   *уменьшение численности населения*

decrease in remaining maturity   [stock] *сокращение оставшегося срока погашения*

decrease in value   *снижение ценности*

decrease in value (vb.)   *снижение стоимости*

decrease of earning capacity   *снижение потенциальных личных доходов*

decrease of pay   [pers.manag.] *уменьшение платежа*

decrease of risk   [ins.] *снижение риска*

decrease of working capital   *уменьшение оборотного капитала*

decreasing (adj.)   *снижающийся, сокращающийся, убывающий, уменьшающийся*

decreasing output   [prod.] *снижающийся объем производства*

decreasing returns   *уменьшающиеся доходы*

decree   [legal] *декрет, определение, постановление, распоряжение, судебное решение, указ*

decree (vb.)   [law.dom.] *отдавать приказ;* [legal] *выносить определение, выносить постановление, выносить судебное решение, декретировать, издавать декрет, издавать указ, отдавать распоряжение, постановлять, предписывать*

decree absolute   [law.dom.] *решение суда, окончательно и безусловно вступившее в силу*

decree nisi   [law.dom.] *условно-окончательное решение суда*

decree of nullity   [legal] *судебное решение о недействительности*

decumulation   [warch.] *снижение, сокращение*

dedicated system   [comp.] *специализированная система*

dedication   [print.] *надпись в книге, посвящение*

deduct (vb.)   *вычитать, производить вычет, сбрасывать, удерживать;* [tax.] *сбавлять*

deduct costs (vb.)   *удерживать затраты*

deducted, be (vb.)   [calc.] *быть удержанным*

deductible   [ins.] *франшиза (освобождение страховщика от убытков, не превышающих определенного процента от страховой оценки)*

deductible (adj.)   [ins.] *подлежащий удержанию;* [tax.] *подлежащий вычету*

deductible clause   [ins.] *пункт о франшизе*

deductible proportion   *доля, подлежащая вычету*

deducting, after   *после удержания*

deduction   *дедукция, скидка, следствие, удержание, умозаключение, уступка;* [exc.] *вывод;* [tax.] *вычет, вычитание*

deduction beforehand   [tax.] *предварительное удержание*

deduction for assessment purposes   [tax.] *удержание в целях налогообложения*

deduction for social security   [EEC] *удержание в целях социального обеспечения*

deduction from salary   [legal] *вычет из заработной платы, удержание из заработной платы*

deduction from wages   *вычет из заработной платы;* [legal] *удержание из заработной платы*

deduction of, after   *после удержания*

deduction of expenditure   [tax.] *удержание расходов*

deduction of interest on premature withdrawal   [bank.] *удержание процентов при преждевременном снятии вклада*

deduction percentage   [tax.] *процент удержания*

deduct tax (vb.)   [tax.] *удерживать налог*

deduct tax from an employee's pay (vb.)   [tax.] *удерживать налоги из заработной платы работника*

deduct tax from employee's pay (vb.)   [tax.] *удерживать налоги из заработной платы работника*

deed   *действительность, дело, поступок;* [legal] *действие, договор, документ за печатью, факт*

deed box   *сейф для документов, ящик для документов*

deed of arrangement   [legal] *соглашение с кредиторами*

deed of assignment   [legal] *акт о передаче несостоятельным должником своего имущества в пользу кредитора*

deed of conveyance   *акт о передаче правового титула;* [r.e.] *акт передачи, купчая*

deed of exchange   [r.e.] *акт об обмене*

deed of foundation   [legal] *акт об учреждении, учредительный акт*

deed of gift   [legal] *дарственная*

deed of inventory   [legal] *акт инвентаризации*

deed of ownership   [r.e.] *документ о праве собственности, купчая*

deed of partnership   *договор о партнерстве*

deed of pledge   *закладная, расписка о залоге*

deed of release   [legal] *документ об освобождении*

deed of separation   [law.dom.] *документ о раздельном жительстве супругов*

deed of settlement   [legal] *акт о распоряжении имуществом*

deed of title   [r.e.] *документ о праве собственности*

deed of transfer   [r.e.] *документ о передаче права собственности, трансферт*

deed-poll   [legal] *односторонний документ за печатью*

deeds register   [r.e.] *журнал учета документов*

deem (vb.)   *думать, полагать, считать*

deep-sea fishing   *морское рыболовство*

de facto   *де-факто, на деле, фактически*

de facto (adj.)   *действительный, фактический*

de facto change   *фактическое изменение*

de facto company   *фактически действующая компания*

de facto marriage   [law.dom.] *гражданский брак, фактический брак*

de facto refugee   *нелегальный беженец, нелегальный эмигрант, эмигрант без права на жительство*

defalcate (vb.)   [leg.pun.] *растрачивать, расхищать, совершать растрату*

defalcation   [leg.pun.] *присвоение чужих денег, растрата*

defamation (of character)   [legal] *дискредитация, диффамация, поношение*

defamation by action   [legal] *оскорбление действием*

defamation of character   [legal] *дискредитация, диффамация, поношение*

defamatory (adj.)   [legal] *бесчестящий, дискредитирующий, клеветнический, оскорбляющий достоинство, позорящий*

defamatory statement   [legal] *клеветническое утверждение*

defame (vb.)   [legal] *бесчестить, клеветать, позорить, поносить, порочить*

defamer   [legal] *клеветник*

default   *невыполнение в срок процессуальных действий, неявка в суд;*
[comp.] *значение, присваиваемое по умолчанию, оператор умолчания, умолчание;* [ec.] *бездействие, нарушение договора, невыполнение обязательств, неисполнение договора, неуплата;*
[legal] *недосмотр, неисполнение, неисправность должника, неплатеж, пассивность, халатность*

default (vb.)   [legal] *выносить заочное решение в пользу истца, не выполнять своих обязательств, не являться по вызову суда, регистрировать неявку в суд, решать дело заочно, уклоняться от явки в суд*

default, in   [legal] *в случае неявки в суд*

default action   [legal] *судебное дело об отказе от уплаты долга, судебное дело о неплатеже*

default answer   [comp.] *ответ по умолчанию*

defaulted bond   [legal] *не погашенная в срок облигация*

defaulted debenture   [legal] *невыполненное долговое обязательство*

defaulter   *банкрот, неплательщик, растратчик, сторона, не выполняющая обязательства;* [legal] *сторона, уклоняющаяся от явки в суд*

default in acceptance   *отказ от акцептования векселя*

default in delivery   *непоставка*

default in payment   *неплатеж*

default interest   [bank.] *процентная ставка по просроченному долгу*

default judgment   [legal] *заочное решение суда*

default of, in   *в случае невыполнения обязательств*

default of payment   *недоимка, неплатеж, просрочка платежа*

default of payment, in   *в случае неуплаты*

default on (vb.)   [ec.] *не выполнять обязательство;* [legal] *не выполнять договор, не являться по вызову суда*

default on an obligation (vb.)   [ec.] *не погашать задолженность;* [legal] *не выполнять обязательство*

default option   [comp.] *выбор по умолчанию, стандартный выбор*

default risk   *риск невыполнения обязательств*

default summons   [legal] *повторный вызов в суд*

default value   [comp.] *значение по умолчанию*

defeasance   [legal] *аннулирование, отмена, уничтожение*

defeat   *отмена, поражение;* [parl.] *аннулирование*

defeat (vb.)   *расстраивать планы, срывать замыслы;* [legal] *отменять, уничтожать;* [parl.] *аннулировать, наносить поражение, разрушать планы*

defeat a bill (vb.)   [parl.] *отклонять законопроект, провалить законопроект*

defeat a creditor (vb.)   [bankr.leg.] *подрывать положение кредитора*

defeat at polls   [parl.] *поражение на выборах*

defeat at the polls   [parl.] *поражение на выборах*

defeat in an election   [parl.] *поражение на выборах*

defeat in election   [parl.] *поражение на выборах*

defeat of a bill   [parl.] *отклонение законопроекта*

defeat of bill   [parl.] *отклонение законопроекта*

defeat someone (vb.)   *нанести поражение кому-либо, разгромить кого-либо*

defect   *дефект, изъян, недостаток, недостающее количество, неисправность, несовершенство, нехватка, порок*

defect in quality   [prod.] *нарушение качества*

defect in title   [legal] *порок титула*

defection   *дезертирство, неудача, отступничество, провал*

defective (adj.)   *дефектный, недостаточный, неисправный, неполноценный, неполный, несовершенный, поврежденный, с изъяном*

defective condition   [comm.] *неисправное состояние*

defective delivery   [legal] *недопоставка*

defectiveness   *дефектность, неисправность*

defective packaging   *дефектная упаковка, поврежденная упаковка*

defective packing   *дефектная упаковка, поврежденная упаковка*

defective title   [legal] *юридически порочный титул*

defector   *дезертир, отступник, перебежчик*

defects in legal proceedings   *нарушения судебной процедуры*

defence   [legal] *аргументация ответчика, возражение по иску;*
    [legal,mil.] *речь защитника;* [leg.pun.] *адвокат, защита, защита в суде,*
    письменное возражение ответчика против иска; [mil.] *оборона*

defence budget   *ассигнования на оборону, военный бюджет*

defence committee   *комитет по вопросам обороны*

defence counsel   [legal] *защита, защитник в суде*

defence industry   *оборонная промышленность*

defence of nonpayment   [legal] *оправдание неплатежа*

defence witness   [legal] *свидетель защиты*

defend (vb.)   *защищать, защищать на суде, защищаться, оборонять,*
    оспаривать права жалобщика, оспаривать права истца,
    отрицать, отрицать свою виновность, отрицать свою
    причастность к преступлению; [legal] *выступать в качестве*
    защитника

defend an action (vb.)   [legal] *выступать в качестве защитника,*
    защищать на суде, отстаивать иск

defendant   [legal] *обвиняемый, ответчик, подсудимый*

defendant, the   *обвиняемый, ответчик, подзащитный, подсудимый,*
    [legal] *обвиняемый, ответчик;* [leg.pun.] *подсудимый*

defendant in person   [legal] *обвиняемый, ведущий самостоятельно*
    свою защиту

defendant party   [legal] *сторона обвиняемого, сторона ответчика*

defending barrister   [leg.pun.] *адвокат защиты*

defense   *мероприятия военного характера, мероприятия оборонного*
    характера, общая сумма ассигнований на военные нужды,
    общий объем военных заказов; [leg.pun.] *защита в суде;*
    [mil.] *оборона*

defensive alliance   *оборонительный союз*

defer (vb.)   *откладывать, отсрочивать, перемещать,*
    переносить срок, подвергать, сдвигать; [calc.] *задерживать,*
    отсортировывать

deferment of amortization   *отсрочка амортизационных отчислений*

deferment of sentence   [leg.pun.] *отсрочка приведения в исполнение*
    решения суда

deferral   *откладывание;* [calc.] *отсрочка*

deferral method   *способ отсрочки;* [calc.] *порядок отсрочки*

deferral of repayment   *отсрочка оплаты, отсрочка погашения долга,*
    отсрочка уплаты

deferred (adj.)   *отбракованный, отложенный, отсроченный,*
    перенесенный на более поздний срок

deferred account   *счет с отсроченным получением сумм*

deferred annuity   [ins.] *отсроченная рента*

deferred annuity assurance   [ins.] *страхование отсроченной ренты*

deferred annuity contract   [ins.] *договор об отсроченной ренте*

deferred charges   [calc.] *отсроченные расходы, расходы бюджета,*
    отложенные на будущий период

deferred compensation arrangement   *соглашение об отсроченной*
    коменсации

deferred credit   [calc.] *зачисление денег на текущий счет с*
    отсрочкой

deferred creditor   [bankr.leg.] *кредитор по отсроченному*
    обязательству, лицо, предоставляющее долгосрочный кредит

deferred debt   [bankr.leg.] *отсроченный долг*

deferred dividend   [bus.organ.] *отсроченный дивиденд*

deferred entry into force   [legal] *отсроченное вступление в силу*

deferred expense   [book-keep.] *выплаты авансом, отсроченные расходы;*
   [calc.] *авансированные средства, расходы, произведенные авансом,*
   расходы будущего периода

deferred income   [calc.] *доход будущего периода*

deferred income tax   [tax.] *налог на доход будущего периода*

deferred insurance   [ins.] *отсроченное страхование*

deferred interest bond   [stock] *облигация, по которой отсрочена*
   выплата процентов

deferred life assurance   [ins.] *отсроченное страхование жизни*

deferred maintenance   *отсроченное техническое обслуживание*

deferred payment   [ind.ec.] *отсроченный платеж*

deferred payment of salary increases   [empl.] *прибавка к заработной*
   плате с осрочкой выплаты

deferred rebate   [nav.] *отсроченная скидка*

deferred revenue   [calc.] *доход будущего периода*

deferred salary increase   [empl.] *отсроченное увеличение заработной*
   платы

deferred share   [stock] *акция с отсроченным дивидендом*

deferred shares   [stock] *акции с отсроченным дивидендом*

deferred stock   [stock] *акция с отсроченным дивидендом*

deferred succession   [suc.] *отложенное наследование*

deferred swap   [exc.] *замедленный своп*

deferred tax   [tax.] *отсроченный налог*

deferred tax account   [calc.] *счет отсроченного налога*

deferred taxation   [tax.] *отсроченная уплата налогов, отсроченное*
   налогообложение

deferred tax liability   [tax.] *отсроченные обязательства по налоговым*
   платежам

deferred terms, on   *в рассрочку*

deferred updating   [comp.] *отложенная корректировка*

deferred wage increase   [empl.] *отсроченное увеличение заработной*
   платы

defer to   *откладывать до*

deficiency   *дефект, недостаток, порок;* [comm.] *отсутствие;*
   [ec.] *дефицит, некомплект, неполноценность, нехватка*

deficiency account   [bankr.leg.] *дефицитный счет*

deficiency in form   *дефект формы*

deficiency in quantity   *недостача, нехватка*

deficiency payment   *покрытие дефицита*

deficiency report   *претензия, рекламация*

deficiency statement   [ec.] *недостаточно обоснованное заявление*

deficient (adj.)   *дефицитный, недостаточный, недостающий,*
   неполный, несовершенный

deficient-demand unemployment   [empl.] *безработица вследствие*
   недостаточного спроса

deficit   *недочет;* [calc.] *недостача, нехватка;* [ec.] *дефицит,*
   недостающая сумма

deficit, at a   [ec.] *с дефицитом, с недостачей, с отрицательным*
   балансом

deficit, be in (vb.)   *быть в дефиците*

deficit, show a (vb.)   [calc.] *обнаруживать дефицит, показывать*
   недостачу

deficit company   *компания с отрицательным платежным балансом*

deficit financing   [fin.] *дефицитное финансирование*

deficit in external payments   *дефицит внешних расчетов*

deficit on current account of balance of payments   *дефицит на текущем*
   счете платежного баланса

deficit on foreign exchange position   *дефицит средств в иностранной*
   валюте

deficit on the current account of the balance of payments *дефицит на текущем счете платежного баланса*

deficit on the foreign exchange position *дефицит средств в иностранной валюте*

deficit spending *дефицитное расходование, превышение расходов над доходами*

define (vb.) *давать определение, определять, очерчивать, устанавливать границы, характеризовать*

defined benefit plan *система установленных льгот*

defined contribution plan *система установленных взносов в пенсионный фонд*

define the framework of (vb.) *определять рамки*

definition *дефиниция, определение, определенность, толкование, четкость, ясность*

definition of items *определение подробностей*

definition of limits [ins.] *определение пределов*

deflate (vb.) *проводить политику дефляции;* [pol.ec.] *выражать в постоянных ценах, дефлировать, дефлятировать, снижать цены*

deflation [pol.ec.] *выражение в постоянных ценах, дефлирование, дефлятирование, дефляция, снижение цен*

deflationary (adj.) [pol.ec.] *дефляционный*

deflationary effect [pol.ec.] *дефляционный эффект*

deflationary gap [pol.ec.] *дефляционный разрыв*

deflationary period [pol.ec.] *дефляционный период*

defraud (vb.) [leg.pun.] *выманивать, обманывать, отнимать путем обмана*

defray (vb.) [ec.] *нести расходы, оплачивать, покрывать издержки*

defrayal [ec.] *оплата, платеж, уплата*

defray costs (vb.) *нести расходы, покрывать издержки*

defray expenses (vb.) *нести расходы, покрывать издержки*

defunct (adj.) *вымерший, исчезнувший, несущественный, покойный, скончавшийся, усопший*

defunct company [bus.organ.] *расформированная компания*

defy (vb.) *игнорировать, не поддаваться, открыто не повиноваться, представлять непреодолимые трудности, пренебрегать*

degree *градус, звание, разряд, степень преступности, ступень, тяжесть преступления, ученая степень;* [bankr.leg.] *категория, степень, степень родства;* [syst.ed.] *положение, ранг*

degree certificate [syst.ed.] *диплом, свидетельство об образовании*

degree in commerce *ученое звание в области коммерции*

degree in economics [syst.ed.] *ученое звание в области экономики*

degree of damage [ins.] *процент убыточности*

degree of disablement *группа инвалидности*

degree of probability *вероятность*

degree of security *степень безопасности*

degree of self-financing [ind.ec.] *возможность самофинансирования*

degree of self-sufficiency *степень самообеспеченности, степень самоокупаемости, степень самостоятельности*

degree of solvency *степень кредитоспособности;* [ind.ec.] *степень платежеспособности*

degree of variation *степень изменчивости*

degressive costs [ind.ec.] *пропорционально уменьшающиеся затраты, пропорционально уменьшающиеся расходы*

dehire (vb.) [pers.manag.] *снимать с должности, увольнять*

dehiring [pers.manag.] *снятие с должности, увольнение*

de jure *юридически;* [legal] *де-юре*

de jure (adj.) *номинальный;* [legal] *юридический*

de jure population [pol.ec.] *юридическое население*

delay *время задержки, задержка, замедление, откладывание, отсрочка, приостановка, промедление;* [comp.] *выдержка времени, запаздывание*

delay (vb.) *задерживать, задерживаться, медлить, откладывать, отсрочивать, переносить*

delay, without *без задержки, без промедления*

delay a case (vb.) *откладывать рассмотрение дела в суде*

delay a creditor (vb.) [bankr.leg.] *задерживать платеж кредитору*

delay delivery (vb.) *задерживать поставку*

delay dispatch (vb.) *задерживать отправку*

delayed claim [ins.] *задержанная претензия, задержанное требование, задержанный иск*

delayed delivery penalty [exc.] *штраф за просроченную поставку*

delayed start swap [exc.] *замедленный своп*

delayed updating [comp.] *задержанная корректировка*

delay in delivery *задержка поставки*

delay in discharge [nav.] *задержка разгрузки*

delaying effect *задерживающий эффект, замедляющее воздействие*

delaying tactic *тактика проволочек*

delay in payment *задержка платежа*

delay of creditor [bankr.leg.] *задержка платежа кредитору*

delay of creditors [bankr.leg.] *задержка платежа кредиторам*

delay penalty [ins.] *штраф за задержку платежа;* [tax.] *пеня за задержку платежа*

delay period *период задержки, период запаздывания*

delay time *время задержки, время запаздывания, выдержка времени*

del credere [comm.] *делькредере (поручительство комиссионера за выполнение покупателем финансовых обязательств)*

del credere commission [comm.] *комиссионное вознаграждение за делькредере*

delegate *делегат, посланник, представитель*

delegate (vb.) *делегировать, передавать кредитору свои долговые требования в покрытие долга, передавать полномочия, посылать*

delegated legislation [legal] *делегированное законодательство*

delegate responsibility (vb.) *передавать полномочия*

delegation *делегация, делегирование, депутация, наказ депутату, направление делегации, передача кредитору своих долговых требований в покрытие долга*

delegation of power of decision *делегирование права принятия решений*

delegation of powers *делегирование полномочий, передача полномочий*

delegation of the power of decision *делегирование права принятия решений*

delete (vb.) *вымарывать, вычеркивать;* [comp.] *ликвидировать, удалять, уничтожать;* [print.] *стирать*

deleterious (adj.) *вредный, вредоносный, ядовитый*

deletion *вымарывание, вычеркнутый абзац, исключение;* [comp.] *вычеркнутая строка, ликвидация, уничтожение;* [print.] *вымарка, вычеркивание*

deliberate (vb.) *взвешивать, колебаться, размышлять*

deliberate (adj.) *взвешенный, обдуманный, осмотрительный, осторожный, преднамеренный, умышленный*

deliberate data modification *преднамеренная модификация данных*

deliberately *нарочно, обдуманно, осмотрительно, осторожно, преднамеренно, сознательно, умышленно*

deliberation *взвешивание, неторопливость, обдумывание, обсуждение, размышление;* [EEC] *дискуссия, осмотрительность, осторожность*

delicate (adj.) *изысканный, изящный, искусный, тонкий, утонченный*

delict [legal] *деликт, нарушение закона, правонарушение*

delimit *устанавливать предельные значения*

delimit (vb.) *определять границы, размежевывать*

delimitation *определение границ, отмежевание, разграничение*

delimiter [comp.] *ограничитель, разграничитель, разделитель*

delineate (vb.) *вычерчивать, изображать, набрасывать, обрисовывать, описывать, очерчивать*

delinquency *нарушение договора, нарушение закона;* [ec.] *неоплата счета, непогашение в срок, преступление, просрочка платежа;* [legal] *невыполнение обязанностей, правонарушение, проступок*

delinquency charge *пеня за задержку платежа;* [ins.] *взимание просроченного платежа*

delinquency risk [comm.] *риск просрочки платежа*

delinquent [leg.pun.] *виновник, правонарушитель, преступник*

delinquent (adj.) *виновный, нарушивший право, не выполнивший обязанностей, провинившийся;* [leg.pun.] *неуплаченный, просроченный*

delinquent behaviour [leg.pun.] *противоправное поведение*

delinquent tax *неуплаченный налог*

deliver (vb.) *вводить во владение, вручать, выносить решение, официально передавать, передавать, производить, разносить, формально высказывать;* [trans.] *доставлять, поставлять, снабжать*

deliver additionally (vb.) [comm.] *подавать дополнительно*

deliver a judgment (vb.) [legal] *выносить приговор, выносить решение*

deliver a report (vb.) *представлять отчет*

deliver a sentence (vb.) [leg.pun.] *выносить приговор*

delivered (adj.) [trans.] *доставленный, переданный, поставленный*

delivered alongside ship (DAS) (adj.) [trans.] *доставленный к борту судна*

delivered at frontier (DAF) (adj.) [trans.] *доставленный к границе*

delivered by hand (adj.) *переданный из рук в руки*

delivered duty paid (DDP) (adj.) [trans.] *доставленный с оплатой таможенной пошлины*

delivered free of charge (adj.) [trans.] *доставленный бесплатно*

delivered free to destination (adj.) [trans.] *доставленный бесплатно к месту назначения*

delivered home (adj.) [trans.] *доставленный на дом*

delivering judgment *вынесение приговора;* [legal] *вынесение судебного решения*

deliver subsequently (vb.) [comm.] *подавать с задержкой*

deliver to (vb.) *поставлять в*

delivery *передача, размер поставки, снабжение, формальное высказывание мнения;* [comm.] *поставка;* [legal] *вынесение решения;* [trans.] *вынесение приговора, доставка, разноска*

delivery against payment *доставка за плату*

delivery agreement [legal] *соглашение о доставке*

delivery charge *плата за доставку*

delivery charges *издержки по доставке*

delivery contract [legal] *договор на поставку, контракт на поставку*

delivery cost [comm.] *стоимость поставки*

delivery costs *затраты на поставку*

delivery date *дата доставки*

delivery fee *комиссионный сбор за доставку*

delivery free [trans.] *с бесплатной доставкой*

delivery home [trans.] *доставка на дом, с доставкой на дом*

delivery in instalments *поставка партиями, поставка по частям*

delivery in part *частичная поставка*

delivery in replacement [legal] *поставка для замены*

delivery item *поставляемое изделие*

delivery man [trans.] *курьер, разносчик, рассыльный, экспедитор*

delivery month [exc.] *месяц поставки*

delivery note [trans.] *уведомление о поставке*

delivery of goods *доставка товаров, поставка товаров*

delivery of mail [post] *доставка почтой*

delivery of order on time *своевременная доставка заказа*

delivery of pleading [legal] *выступление адвоката в суде*

delivery of pleadings *представление состязательных бумаг*

delivery order *распоряжение о выдаче товара со склада;*
[comm.] *заказ на поставку;* [trans.] *распоряжение о выдаче части груза по коносаменту*

delivery period *срок доставки*

delivery post office [post] *почтовое отделение доставки*

delivery price *цена с доставкой*

delivery time *срок поставки*

delivery to consignee [trans.] *доставка грузополучателю*

delivery to domicile [trans.] *доставка к постоянному месту жительства*

delivery van [trans.] *развозной автофургон*

delta [stock] *показатель отношения цены опциона к цене финансового инструмента, лежащего в его основе*

delude (vb.) *вводить в заблуждение, обманывать, сбивать с толку*

DEM (deutschemark) [monet.trans.] *немецкая марка*

demand *потребность, предъявление требования, спрос;* [comm.] *законное притязание, запрос, заявка, иск, нужда, претензия*

demand (vb.) *вызывать в суд, настоятельно просить, нуждаться, предъявлять официальную претензию на недвижимое имущество, предъявлять претензию, предъявлять требование, призывать, требовать*

demand, in (adj.) *пользующийся спросом*

demand, on *по предъявлении;* [bill.] *по запросу, по требованию*

demand a poll (vb.) *требовать голосования*

demand bill [bill.] *предъявительский вексель*

demand charge [trans.] *платеж по требованию*

demand curve [pol.ec.] *кривая спроса*

demand deposit *депозитный счет;* [bank.] *срочный вклад*

demand deposit account [bank.] *депозитный счет*

demand determinant [ind.ec.] *показатель спроса*

demand draft [bill.] *предъявительский вексель*

demand for *потребность в, спрос на*

demand for bonds [exc.] *спрос на облигации*

demand for capital *спрос на капитал*

demand for money [pol.ec.] *спрос на деньги*

demand for payment *требование платежа*

demand for payment on account *требование платежа по счету*

demand for reciprocity *требование взаимности*

demand fund [bank.] *фонд платежей до востребования*

demanding (adj.) *взыскательный, требовательный*

demand line of credit [bank.] *кредитная линия до востребования*

demand loan [bank.] *ссуда, выдаваемая по запросу*

demand management [pol.ec.] *контроль и регулирование спроса*

demand note [bill.] *предъявительский вексель*

demand pull *интенсивность спроса*

demand-pull inflation [pol.ec.] *инфляция, вызванная высоким спросом*

demand-shift inflation [pol.ec.] *инфляция, вызванная изменением спроса*

demarcate (vb.) *разграничивать, разделять, устанавливать границы*

demarcation *ограничение, разграничение, установление границ*

demarcation dispute *пограничный спор*

demented state *слабоумие*

demerger *разделение слившихся ранее предприятий*

demerit *выговор;* [pers.manag.] *дисциплинарное взыскание, недостаток*

demise [legal] *кончина, сдача имущества в аренду, смерть;* [r.e.] *передача недвижимости по завещанию, сдача недвижимости в аренду*

demise (vb.) *завещать имущество, передавать имущество по наследству, переходить к наследнику;* [r.e.] *сдавать в аренду*

demise charter [nav.] *димайз-чартер (договор фрахтования судна без экипажа)*

demo   *массовый митинг;* [mark.] *выставочный образец, показ товара;* [media] *демонстрация*

demobilization   [mil.] *демобилизация*

demobilize (vb.)   [mil.] *демобилизовать*

democracy   *демократия*

democratization   *демократизация*

democratization of work   [empl.] *демократизация отношений в процессе труда*

demographic increase   *демографический рост*

demographics   *демографическая статистика, демографические данные*

demographic statistics   *демографическая статистика*

demography   *демография, народоописание*

demolish (vb.)   *опровергать, разбивать, разрушать, сносить, уничтожать*

demolition   *разрушение, снос, уничтожение, упразднение*

demolition allowance   [tax.] *компенсация за понесенный ущерб*

demolition area   [r.e.] *зона разрушения*

demolition costs   [ins.] *затраты на снос здания*

demonetization of gold   *изъятие золота из обращения*

demonstrable (adj.)   *доказуемый*

demonstrate (vb.)   *демонстрировать, доказывать, иллюстрировать, показывать, участвовать в демонстрации*

demonstration   *аргументация, демонстрация, доказательство, иллюстрация, иллюстрирование, наглядный показ, обнаружение, проявление, свидетельство*

demonstration of goodwill   *проявление благожелательности, проявление доброжелательности*

demonstrative evidence   [legal] *вещественное доказательство*

demonstrative legacy   [suc.] *завещательный отказ недвижимости*

demurrage   [nav.] *демередж, контрсталия, плата за простой судна, плата за хранение грузов сверх срока, простой судна, штраф за простой судна;* [trans.] *контрсталийные деньги*

demurrage day   *день простоя*

demurrage day(s)   *дни простоя*

demurrage days   [nav.] *контрсталийные дни*

demurrer   [leg.pun.] *процессуальный отвод*

denial   *возражение, несогласие, опровержение, отвод, отказ, отречение, отрицание, самоограничение, самоотречение;* [legal] *отрицание виновности, отрицание причастности к преступлению*

denial of justice   [legal] *отказ в правосудии*

denizen   *давать иностранцу права гражданства, натурализовавшийся иностранец*

denominate (vb.)   *выражать, называть, обозначать*

denominated (adj.)   *выраженный*

denominated in (adj.)   [stock] *выраженный в*

denominated in foreign exchange (adj.)   [stock] *выраженный в иностранной валюте*

denomination   *имя, категория, класс, название, наименование, обозначение, тип;* [ec.] *достоинство, ценность;* [stock] *деноминация, купюра, номинал*

denominator   [mat.] *знаменатель*

denote (vb.)   *выражать, обозначать, показывать, указывать*

denounce (vb.)   *денонсировать, доносить, обвинять, осведомлять, осуждать, разоблачать, расторгать*

denouncement   *денонсация, денонсирование, донос, обвинение, осуждение, разоблачение, расторжение договора*

denouncer   *доносчик, осведомитель*

denounce to the police (vb.)   [legal] *сообщать в полицию*

densely packed (adj.)   [trans.] *плотно упакованный*

density of population   *плотность населения*

denunciation   *денонсирование, осуждение, разоблачение;* [legal] *донос, расторжение договора;* [leg.pun.] *денонсация, обвинение, обличение*

denunciation clause   [law nat.] *пункт о денонсации*

deny (vb.)   *брать назад, мешать, не допускать, отвергать, отказывать, отказываться, отклонять, отрицать, препятствовать*

deny approval (vb.)   *отрицать признание*

deny the charge (vb.)   [leg.pun.] *отрицать обвинение*

depart (vb.)   *отступать;* [trans.] *отбывать, отклоняться, отправляться, отходить, уходить*

depart from (vb.)   *отклоняться от*

department   *ведомство, кафедра, магазин, министерство, отрасль, факультет, цех;* [manag.] *департамент, отдел, отделение, служба, управление*

departmental account   *ведомственный счет*

departmental accounts   *счета ведомства*

departmental costing   [book-keep.] *ведомственная калькуляция затрат*

departmental engineer   *инженер отдела*

departmental manager   *заведующий отделом*

department manager   [pers.manag.] *заведующий отделом*

department of head office   *отдел главной конторы*

Department of Pay and Pensions   *управление заработной платы и пенсионного обеспечения*

Department of Private Law (under the Ministry of Justice)   *отдел гражданского права министерства юстиции*

department of the head office   *отдел главной конторы*

department of trade and industry (DTI)   *министерство торговли и промышленности (Великобритания)*

departments of the head office   *отделы главной конторы*

department store   [comm.] *универсальный магазин*

departure   *отказ стороны в процессе от приведенных ею ранее доводов и приведение новых, отклонение, отправная точка, отступление, расхождение во взглядах, уклонение;* [trans.] *выезд, новое направление, отлет, отплытие, отправление, отъезд, убытие*

departure from usual practice   *отступление от обычной практики*

dependability   *коэффициент готовности без учета профилактического обслуживания, надежность*

dependable (adj.)   *заслуживающий доверия, надежный*

dependence   *доверие, зависимость, надежность, нахождение на рассмотрении, несамостоятельность, обусловленность, подчиненность*

dependency exemption   [tax.] *освобождение иждивенцев от подоходного налога*

dependent   *иждивенец*

dependent (adj.)   *зависимый, зависящий, насамостоятельный, находящийся на иждивении, находящийся на рассмотрении, неразрешенный, обусловленный, ожидающий решения, подчиненный, получающий помощь*

dependent child   *ребенок, находящийся на иждивении*

dependent child allowance   [soc.] *пособие на ребенка, находящегося на иждивении*

dependent claim   [pat.] *дополнительный пункт формулы изобретения, зависимый пункт формулы изобретения*

dependent entry   [book-keep.] *дополнительная бухгалтерская запись*

dependent heading   [book-keep.] *дополнительная рубрика*

dependent on (adj.)   *зависящий от*

dependent proceedings   [legal] *дополнительное судебное разбирательство*

dependent relative allowance [tax.] *пособие на иждивенца*

dependent undertaking *зависимое предприятие*

dependent variable [stat.] *зависимая переменная*

depend on (vb.) *зависеть от, надеяться на, находиться на иждивении, полагаться на, получать помощь от, рассчитывать на*

depict (vb.) [print.] *изображать, описывать, рисовать*

deplacement *смещение*

deplete (vb.) *истощать, исчерпывать, опустошать*

depletion *истощение, исчерпывание, опустошение, резерв на истощение недр, стоимость извлеченного полезного ископаемого, уменьшение стоимости невосстанавливаемого ресурса, хищническая эксплуатация*

depletion allowance [calc.] *налоговая скидка на доход от разработки истощенного месторождения*

depletion of capital *истощение капитала*

depletion of resources *истощение ресурсов, исчерпание ресурсов*

deployment *размещение; [mil.] базирование, дислокация, развертывание*

deponent [legal] *лицо, дающее письменные показания, свидетель, дающий показания под присягой*

deport (vb.) [manag.] *высылать, депортировать, ссылать*

deportation *изгнание, ссылка; [legal] высылка, депортация*

depose [legal] *вносить задаток, предоставлять обеспечение*

deposit *депонирование, задаток, хранилище; [bank.] взнос, вклад в банке, вложение, депозит; [comm.] доверие, залог, месторождение, порука, превышение своего кредита в банке, ручательство, склад*

deposit (vb.) *вносить деньги в сберегательную кассу, депонировать, сдавать на хранение; [bank.] вносить деньги в банк, делать взнос*

deposit (pass)book *сберегательная книжка*

deposit account [bank.] *депозитный счет, срочный вклад*

deposit agreement [bank.] *соглашение об открытии счета в банке*

depositary *депозитарий; [bank.] банк-депозитарий, банк-хранитель, доверенное лицо; [comm.] депо, склад, хранилище*

depositary government *управление депозитарием*

depositary receipt *депозитное свидетельство, охранная расписка, расписка в приеме на хранение*

depositary's charge [bank.] *плата за хранение в депозитарии*

deposit at notice [bank.] *вклад с уведомлением*

deposit book *депозитная книжка, сберегательная книжка*

deposit commitment [bank.] *вклад на депозит*

deposited (adj.) *вложенный в банк, вложенный в сберегательную кассу, депонированный*

depositee *лицо, которому вверены депозиты; [bank.] депозитарий, доверенное лицо*

deposit facilities [bank.] *депозитные средства*

deposit fee [stock] *сбор за открытие счета*

deposit form [bank.] *депозитный бланк*

deposit guarantee fund [bank.] *гарантийный фонд обеспечения вкладов, фонд страхования депозитов*

deposit guarantee scheme [bank.] *программа обеспечения вкладов*

deposit guarantee system [bank.] *система обеспечения вкладов*

depositing [bank.] *вложение денег на счет, депонирование*

deposit insurance [ins.] *страхование депозитов*

deposit insurance fund [bank.] *фонд страхования депозитов*

deposit insurance scheme [bank.] *программа страхования депозитов*

deposit interest (rate) [bank.] *ставка процента по вкладу*

deposit interest rate [bank.] *ставка процента по вкладу*

deposition *вклад, внесение денег на счет, депонирование; [legal] взнос, письменное показание, показание под присягой, снятие показания под присягой*

deposit limit [bank.] *предельная сумма вклада*

deposit limits *предельные суммы вкладов*

deposit money *депонированные денежные средства;* [bank.] *деньги на депозите*

deposit money in the bank (vb.) *класть деньги на банковский счет*

deposit monitoring system [bank.] *система контроля за депозитами*

deposit on current account [bank.] *вклад на текущем счете*

depositor *депонент;* [bank.] *вкладчик, владелец банковского счета, депозитор*

depositor protection [bank.] *защита интересов вкладчика*

depositors' guarantee fund [bank.] *фонд обеспечения интересов вкладчиков*

depositors' guarantee scheme [bank.] *программа обеспечения защиты вкладов*

depository *банк-депозитарий, банк-хранитель, депо, депозитарий, склад, хранилище;* [bank.] *банковский сейф с приемным устройством*

depository institution [bank.] *депозитное учреждение*

deposit passbook *депозитная книжка, сберегательная книжка*

deposit percentage [bank.] *процент по вкладам*

deposit premium [ins.] *страховой взнос с депозита*

deposit rate [bank.] *ставка по депозитам*

deposit receipt [bank.] *депозитная расписка, депозитное свидетельство*

deposit registered to holder [bank.] *вклад, зарегистрированный на владельца*

deposit registered to the holder [bank.] *вклад, зарегистрированный на владельца*

deposit repayable on demand [bank.] *вклад, выплачиваемый по требованию, депозит, погашаемый по требованию*

deposits *депозиты*

deposits and borrowed funds [bank.] *депозиты и заимствованные средства*

deposit slip [bank.] *бланк о взносе депозита*

deposits of a mixed character [bank.] *депозиты смешанного характера*

deposit subject to notice of withdrawal [bank.] *депозит с уведомлением об изъятии*

deposit-taking [bank.] *изъятие вклада*

deposit-taking business [bank.] *депозитное учреждение*

deposit to account (vb.) [bank.] *вносить деньги на счет*

deposit to a current account (vb.) [bank.] *вносить деньги на текущий счет*

deposit to an account (vb.) [bank.] *вносить деньги на счет*

deposit to current account (vb.) [bank.] *вносить деньги на текущий счет*

deposit to night safe [bank.] *помещение денег в ночной сейф*

deposit withdrawable on demand [bank.] *депозит до востребования, срочный вклад*

depot [wareh.] *автовокзал, база, депо, железнодорожная станция, склад, складские помещения, хранилище*

depot owner [wareh.] *владелец склада*

depot under cover [wareh.] *хранилище под крышей*

depreciable (adj.) [calc.] *амортизируемый, изнашиваемый, обесцениваемый*

depreciable asset [calc.] *изнашиваемое имущество, обесцениваемый актив*

depreciable property [calc.] *изнашиваемое имущество*

depreciate (vb.) *обесценивать, падать в цене, умалять;* [calc.] *уменьшать ценность;* [monet.trans.] *недооценивать, обесцениваться, приуменьшать, снашиваться*

depreciate on a straight-line basis (vb.) [calc.] *равномерно начислять износ*

depreciation   *амортизационные отчисления, обесценивание, скидка на порчу товара, снашивание, умаление, физический износ;* [calc.] *амортизация, начисление износа;* [monet.trans.] *моральный износ, обесценение, снижение стоимости*

depreciation act   *акт о списании имущества*

depreciation allowance   [calc.] *налоговая скидка на амортизацию*

depreciation and amortization   [calc.] *начисление износа и амортизационные отчисления*

depreciation-costing estimate   [calc.] *оценка амортизационных отчислений*

depreciation-costing estimates   *сметные предположения по амортизационным отчислениям*

depreciation for tax purposes   [calc.] *списание на налоговые цели*

depreciation fund   [calc.] *амортизационный фонд*

depreciation method   [calc.] *метод начисления износа*

depreciation of a currency   [monet.trans.] *обесценение валюты*

depreciation of a investment   *обесценение инвестиций*

depreciation of capital goods   [calc.] *обесценение основного капитала*

depreciation of currency   [monet.trans.] *обесценение валюты*

depreciation of investment   *обесценение инвестиций*

depreciation on fixed assets   [calc.] *амортизация основного капитала*

depreciation on operating (plant and) equipment   *амортизация действующих машин и оборудования, снашивание действующих машин и оборудования*

depreciation on operating equipment   [calc.] *амортизация производственного оборудования*

depreciation on reducing balance basis   [calc.] *начисление износа на основе снижения остатка*

depreciation on shares   [calc.] *обесценение акций*

depreciation principle   [calc.] *принцип начисления износа*

depreciation provision   [calc.] *порядок начисления износа*

depreciation rate   [calc.] *норма амортизации;* [monet.trans.] *степень обесценивания*

depreciation reserve   *резерв на амортизацию;* [calc.] *амортизационный резерв, резерв на износ основного капитала*

depreciation sinking fund method   [calc.] *метод фонда погашения амортизационных отчислений*

depreciatory (adj.)   *обесценивающий, умаляющий, унизительный*

depress (vb.)   [ec.] *ослаблять, подавлять, понижать*

depressed area   *район, испытывающий экономический спад, район острой хронической безработицы*

depressed market   [exc.] *вялый рынок, неактивный рынок*

depressed tone   [exc.] *угнетенное состояние*

depression   [pol.ec.] *депрессия, застой, спад деловой активности, упадок, экономический кризис*

depress the market (vb.)   *ослаблять рынок, расстраивать рынок*

deprival of control over one's estate   [legal] *лишение права управления собственным имуществом*

deprival of control over one's person   [legal] *лишение права персональной опеки*

deprivation   *лишение, потеря, снятие с должности, утрата*

deprivation of eligibility for election   *лишение права на избрание*

deprivation of liberty   *лишение свободы*

deprivation of property   *конфискация имущества*

deprivation of right of disposal   *лишение избирательного права;* [legal] *лишение права распоряжаться собственностью*

deprivation of the right of disposal   [legal] *лишение права распоряжаться собственностью*

deprivation of the right to vote   *лишение избирательного права*

deprive (vb.)   *лишать, не допускать, отбирать, отнимать*

deprived of control (adj.)   [legal] *лишенный права распоряжаться*

depth interview [adv.] *углубленное интервью, углубленный опрос*

deputize (vb.) *выбирать депутатом, выступать в качестве представителя, назначать представителем, представлять*

deputizing for president *выставление кандидатуры на пост президента*

deputizing for the president *выставление кандидатуры на пост президента*

deputy *помощник, представитель;* [legal] *депутат;* [pers.manag.] *дублер, заместитель*

deputy burgomaster *заместитель бургомистра*

deputy chairman *заместитель председателя*

deputy chief constable *заместитель начальника полиции*

deputy chief of police *заместитель начальника полиции*

deputy director [bus.organ.] *заместитель руководителя, заместитель управляющего;* [pers.manag.] *заместитель директора*

deputy governor *заместитель губернатора*

deputy judge [legal] *помощник судьи*

deputy manager *заместитель директора;* [pers.manag.] *заместитель управляющего*

deputy managing director *заместитель директора-распорядителя*

deputy mayor *заместитель мэра*

deputy prime minister *заместитель премьер-министра*

deregulate (vb.) *ослаблять контроль государства за экономикой, отменять государственное регулирование, сокращать объем вмешательства государства в экономику*

deregulated (adj.) *с ослабленным государственным регулированием*

deregulate lending (vb.) [bank.] *ослаблять контроль государства за кредитованием*

deregulation *дерегулирование, сокращение вмешательства государства в экономику, сокращение государственного регулирования экономики, уменьшение государственного регулирования кредитной системы финансовых рынков*

derelict farm *заброшенная ферма*

dereliction *дереликция, оплошность, служебный проступок, халатность;* [ins.] *нарушение долга, упущение*

dereliction of duty *нарушение служебного долга*

derestrict (vb.) *ослаблять контроль, снимать ограничения*

derestricted agency *независимый орган*

derestricted municipality *город, имеющий самоуправление*

derestriction *ослабление контроля, снятие ограничений*

derivative acquisition [legal] *производное приобретение*

derivative ownership [legal] *производное право собственности*

derive (vb.) *заимствовать, наследовать, получать, устанавливать*

derived demand [pol.ec.] *производный спрос*

derived intervention price [EEC] *производная интервенционная цена*

derive from (vb.) *возникать, возникать из, выводить, выводить из, вытекать, вытекать из, извлекать, получать, получать из, происходить, происходить от, унаследовать, унаследовать от*

derogate (vb.) [legal] *частично отменять закон*

derogate from (vb.) *умалять достоинство*

derogation *ослабление, умаление достоинства, ущемление, частичная отмена закона*

derogation agreement [legal] *соглашение о частичной отмене закона*

derogation procedure [EEC] *порядок частичной отмены закона*

derogatory (adj.) *ослабляющий, подрывающий, умаляющий, унижающий*

descend (vb.) *идти вниз, падать, передаваться по наследству, переходить по наследству, понижаться, спускаться, убывать*

descendant *нисходящий, потомок, происходящий, спускающийся*

descendants *потомки*

descending line [suc.] *линия потомства*

descending order   [comp.] *убывающий порядок, упорядоченность по убыванию*

descent   *наследование, передача имущества по наследству, поколение, происхождение, родословная;* [suc.,г.e.] *источник, переход имущества по наследству*

describe (vb.)   *вычерчивать, изображать, описывать, характеризовать*

described as (adj.)   *представленный как*

description   *вид, изображение, очерчивание, характеристика;* [comm.] *описание;* [legal] *род*

description of goods   [legal] *описание товара;* [trans.] *наименование товара*

description of operational risk   [ins.] *определение производственного риска*

description of patent   [pat.] *описание изобретения к патенту*

description of risk   [ins.] *определение риска, точное определение страховой ответственности*

descriptive survey   *описательное обследование*

desert (vb.)   *бросать, оставлять, покидать;* [mil.] *дезертировать*

deserted (adj.)   *безлюдный, заброшенный, оставленный, покинутый, пустынный*

deserted farm   *заброшенная ферма*

desertion   *заброшенность, запустение, невыполнение обязательств, переход к политическому противнику;* [mil.] *дезертирство, оставление*

deserve (vb.)   *быть достойным, заслуживать*

deserving (adj.)   [pers.manag.] *достойный, заслуживающий*

desiderata   [doc.] *дезидераты, книги, предметы*

desideratum   *что-либо желаемое, что-либо недостающее*

design   *дизайн, замысел, композиция, конструкция, модель, намерение, образец, план, проект, рисунок, чертеж, эскиз;* [legal] *проектирование, расчет, умысел*

design (vb.)   *задумывать, замышлять, исполнять, конструировать, намереваться, планировать, проектировать, составлять план, чертить*

design and construction of industrial buildings   *проектирование и строительство промышленных зданий*

designate (vb.)   *назначать, называть, обозначать, означать, определять, предвещать, указывать, устанавливать;* [pat.] *давать название*

designated depository   [exc.] *уполномоченный законом банк-депозитарий*

designation   *знак, имя, маркировка, назначение на должность, наименование, обозначение, определение, указание при фамилии профессии и адреса;* [pat.] *заглавие описания изобретения, название*

Design Centre   *центр проектирования*

Design Centre, the   *центр проектирования*

designed for the elderly (adj.)   *предназначенный для людей старшего возраста*

designed to reduce tax (adj.)   [tax.] *рассчитанный на сокращение налогов*

designer   *заговорщик, конструктор, модельер, проектировщик, разработчик, расчетчик;* [adv.] *дизайнер, чертежник*

design flaw   *конструктивный дефект, конструктивный недостаток*

design protection   [legal] *охрана промышленного образца*

design registration   [legal] *регистрация промышленного образца*

desirable (adj.)   *желанный, желательный, подходящий, приятный*

desire   *желание, пожелание, просьба*

desire (vb.)   *желать, просить, требовать*

desired expenditure   *предусмотренные расходы;* [pol.ec.] *плановые расходы, требуемые затраты*

desired result *желательный результат*

desist from (vb.) *воздерживаться от*

desk *письменный стол, пульт, рабочий стол, стенд, щит*

desk clerk [pers.manag.] *клерк, конторский служащий, регистратор гостиницы*

desk pad *настольная подкладка*

desperate debt [book-keep.] *безнадежный долг*

despite *вопреки, несмотря на*

destination [trans.] *место назначения, порт назначения, пункт назначения*

destitute *бедняк*

destitute (adj.) [legal] *нуждающийся*

destocking [wareh.] *пользование запасами, снижение уровня запасов, сокращение запасов*

destroy (vb.) *истреблять, ломать, портить, разбивать, разрушать, расстраивать, убивать, уничтожать*

destruction *гибель, крах, причина гибели, причина краха;* [ins.] *крушение, причина разорения, разорение, разрушение, уничтожение;* [legal] *умерщвление*

destruction schedule [doc.] *план уничтожения документов*

detached house *вилла, дача, особняк, отдельный дом*

detachment *беспристрастность, независимость, непредубежденность, отделение, оторванность, отчужденность*

detail *деталь, подробность, частность, элемент;* [prod.] *часть*

detail account [book-keep.] *подробный отчет*

detailed (adj.) *детальный, обстоятельный, подробный, пространный*

detailed audit [aud.] *детальная ревизия, полная ревизия*

detailed description [pat.] *подробное описание*

detailed instructions *подробные инструкции, подробные указания*

detailed prescription *подробное предписание*

detailed revision [aud.] *детальная проверка, подробная проверка, полная ревизия*

detailed sales material [r.e.] *подробные данные о продаже*

detailed statement [calc.] *подробный отчет*

detain (vb.) *арестовывать, задерживать, удерживать;* [legal] *брать под стражу, содержать под стражей;* [leg.pun.] *незаконно удерживать*

detainee [leg.pun.] *задержанный, лицо, содержащееся под стражей*

detainee, the *лицо, содержащееся под стражей;* [leg.pun.] *задержанный, лицо, содержащееся под стражей*

detain in custody (vb.) [legal] *арестовывать, брать под стражу*

detect (vb.) *выявлять, замечать, находить, обнаруживать, открывать, расследовать преступление*

detective constable *агент сыскной полиции, детектив, сыщик*

detective inspector *инспектор сыскной полиции*

detective sergeant *сержант сыскной полиции*

detention *возмещение за простой судна сверх контрсталии, задержка, задержка судна, оставление сверх срока, простой судна сверх контрсталии;* [legal] *арест;* [leg.pun.] *вынужденная задержка, задержание, заключение под стражу, содержание под стражей*

detention centre [leg.pun.] *исправительное учреждение, место заключения, тюрьма*

detention charge [trans.] *возмещение за простой судна сверх контрсталии*

deter (vb.) *останавливать, отпугивать, удерживать*

deteriorate (vb.) *ветшать, портиться, разрушаться, срабатываться, ухудшать качество, ухудшаться*

deterioration *изнашивание, износ, истирание, порча, разрушение, срабатывание, ухудшение качества*

deterioration in real wages   *снижение реальной заработной платы*

deterioration in the terms of trade   *ухудшение условий торговли*

deterioration in value   *обесценение, снижение стоимости*

deterioration of employment   [empl.] *ухудшение занятости*

deterioration of quality   *ухудшение качества*

deterioration of the balance of payments   *ухудшение платежного баланса*

deterioration of the competitivity   *снижение конкурентоспособности*

determinant   [stat.] *определяющий фактор, решающий фактор*

determination   *измерение, направление, определение суда, постановление суда, разрешение спора, решение, решимость, решительность, тенденция, установление;* [legal] *прекращение действия;* [stat.] *определение, экспериментальное определение*

determination of a contact   [legal] *прекращение действия договора*

determination of contract   [legal] *прекращение действия договора*

determination of income   *оценка дохода;* [tax.] *определение дохода*

determination of income by comparative data   [tax.] *оценка дохода на основании сравнительных данных*

determination of price   [exc.] *установление курса;* [stock] *установление цены*

determination of prices   [stock] *установление цен*

determination of profit   *оценка прибыли;* [ind.ec.] *определение прибыли*

determination of trust   [legal] *прекращение опеки*

determinative   *решающий фактор*

determinative (adj.)   *определяющий, решающий, устанавливающий*

determine (vb.)   *вычислять, делать выбор, детерминировать, заканчивать, измерять, обусловливать, принимать решение, разрешать, решать, устанавливать;* [legal] *заставлять, истекать, оканчивать, побуждать, прекращать действие*

determine a contract (vb.)   [legal] *прекращать действие договора, расторгнуть договор*

deterrence   *отпугивание, сдерживание, средство устрашения, удержание, устрашение*

deterrent   *средство устрашения*

deterrent force   [mil.] *войска сдерживания, войска устрашения*

deterrent sentence   [legal] *суровый приговор*

detinue   *противоправное удержание чужого движимого имущества;* [legal] *иск о возвращении незаконно захваченного движимого имущества, незаконное владение чужим движимым имуществом*

detract from (vb.)   *отнимать, приуменьшать, умалять*

detrimental (adj.)   *вредный, пагубный, причиняющий вред, причиняющий ущерб, убыточный*

detrimental consequences   *пагубные последствия*

detrimental to   *причиняющий вред, причиняющий ущерб*

detriment of, to the   *во вред, в ущерб*

Deutschemark (DEM)   [monet.trans.] *немецкая марка*

devaluate (vb.)   [monet.trans.] *девальвировать, проводить девальвацию*

devaluated currency   [monet.trans.] *девальвированная валюта*

devaluation   [monet.trans.] *девальвация*

devaluation of a currency   [monet.trans.] *девальвация валюты, обесценение валюты*

devaluation of currency   [monet.trans.] *девальвация валюты, обесценение валюты*

devalue (vb.)   [monet.trans.] *девальвировать, проводить девальвацию*

devalue a currency (vb.)   *проводить девальвацию валюты;* [monet.trans.] *девальвировать валюту*

devanning   [trans.] *разгрузка автофургона*

devastate (vb.)   *опустошать, разорять, расхищать наследственное имущество*

develop (vb.)   *застраивать, конструировать, протекать, развиваться, разрабатывать, расширяться, совершенствовать, создавать;* [r.e.] *делить, использовать, расчленять, эксплуатировать*

develop a market (vb.) *осваивать рынок, развивать рынок*
developed land [plan.] *застроенный участок, район застройки*
developing countries *развивающиеся страны*
developing country *развивающаяся страна*
developing world *развивающиеся страны*
development *застройка, изложение, изменение, обрабатываемый участок земли, опытно-конструкторская работа, подготовительные работы, подготовка к эксплуатации, предприятие, производство, развитие, разработка, раскрытие, результат развития, рост, совершенствование, создание, стройка, тенденция, ход событий, хозяйственное освоение;* [r.e.] *строительство*
development aid *помощь в целях развития, помощь развивающимся странам*
Development Aid Committee (DAC) *Комитет помощи в целях развития*
development aid market *рынок помощи в целях развития*
development area *развивающийся район, район, нуждающийся в экономическом развитии, район комплексного жилищного строительства*
development bank *банк развития*
development contract *договор на разработку, контракт на строительство*
development cooperation *сотрудничество в целях развития*
development corporation *строительная корпорация*
development cost *стоимость разработки;* [ind.ec.] *стоимость опытно-конструкторских работ*
development costs *затраты на строительство;* [plan.] *затраты на освоение*
development finance and policy *финансовые средства и политика в сфере развития*
development fund *фонд развития*
development guarantee [ind.ec.] *гарантия развития*
development in consumption *совершенствование потребления*
development in portfolio investment *расширение инвестиций в ценные бумаги;* [fin.] *расширение портфельных инвестиций*
development in terms of trade *улучшение условий торговли*
development in the terms of trade *улучшение условий торговли*
development job *задача развития*
development loan [ind.ec.] *ссуда на проектно-конструкторскую работу, ссуда на разработку*
development of inflation [pol.ec.] *рост инфляции*
development of productivity *рост производительности*
development plan *план развития;* [plan.] *план застройки, план разработки*
developments *обстоятельства, события*
development strategy *стратегия развития*
development tax [plan.] *налог на строительство*
development trend *тенденция развития*
deviate (vb.) *отклоняться, отступать, отходить, уклоняться*
deviate from (vb.) *отклоняться от, уклоняться от*
deviating provision [legal] *условие, отклоняющееся от нормы*
deviation *отклонение, отступление*
deviation from budget *отступление от сметы*
deviation permit *разрешение на отступление от нормы*
device *план, прием, проект, способ, схема;* [comp.] *компонент, элемент;* [prod.] *аппарат, метод, механизм, прибор, приспособление, устройство*
device independent (adj.) [comp.] *машинно-независимый, машинонезависимый*
device mark [com.mark.] *фирменный знак устройства, эмблема*

device name   *номер устройства;* [comp.] *имя устройства*

device queue   [comp.] *очередь запросов к устройству*

device type   [comp.] *тип устройства*

devil (vb.) *исполнять черновую работу*

devise   [suc.,r.e.] *завещание, завещанная недвижимость, завещанное имущество, завещательный отказ недвижимости*

devise (vb.) *придумывать, разрабатывать;* [suc.,r.e.] *завещать недвижимость, изобретать*

devisee   [suc.,r.e.] *наследник недвижимости по завещанию*

devise to trustees (vb.)   [legal] *завещать имущество доверителю*

devisor   [suc.,r.e.] *завещатель недвижимости*

devolution   *передача должности, переход должности другому лицу, переход имущества, переход обязанности другому лицу, переход правового титула другому лицу;* [bankr.leg.] *передача обязанности;* [legal] *переход права другому лицу;* [suc.] *передача права, передача правового титула*

devolution of property   *передача права собственности;* [suc.] *передача собственности*

devolve (vb.)   [bankr.leg.] *передавать обязанности;* [suc.] *передавать по наследству, переходить по наследству*

devolved estate   [suc.] *собственность, перешедшая по наследству*

devolve on (vb.)   *передавать полномочия*

DG (directorate-general)   *канцелярия генерального директора*

diagnostic program   [comp.] *диагностическая программа, программа обнаружения неисправностей, программа обнаружения ошибок*

diagram   *графическое представление;* [print.] *график, диаграмма, схема*

diagram (vb.)   *изображать графически, изображать схематически, составлять диаграмму, составлять схему*

dial   [telecom.] *наборный диск, номеронабиратель*

dial tone   [telecom.] *тональный сигнал готовности линии*

dial-up terminal   [comp.] *терминал с номеронабирателем*

diary   *дневник, календарь*

diary technique   [adv.] *реклама в программе телевизионных передач*

dictate   *предписание*

dictate (vb.)   *диктовать, предписывать*

dictionary   *словарь, справочник, построенный по алфавитному принципу*

dictum   *авторитетное заявление, авторитетное мнение, авторитетное суждение;* [legal] *мнение судьи*

die intestate (vb.)   [legal] *умереть без завещания*

differ (vb.)   *отличаться, различаться, расходиться во мнениях*

difference   *несходство, отличие, различие, разногласие, разность, спор, ссора;* [exc.] *разница*

difference-in-conditions insurance   [ins.] *страхование с разницей в условиях*

difference in inflation   [pol.ec.] *разница в инфляции*

difference in interest rates   *разница в процентных ставках*

difference in limits insurance   [ins.] *страхование разницы в пределах*

difference in rate of exchange   [monet.trans.] *разница в валютных курсах*

difference in the cash position   *разница в кассовых остатках*

difference in value insurance   [ins.] *страхование разницы в стоимости*

difference of opinion   *расхождение в мнениях, расхождение во взглядах*

different (adj.)   *другой, иной, несходный, особый, отличный, различный, разный*

differential   *дифференциал, дифференциальный тариф, разница в оплате труда*

differential (adj.)   *дифференциальный, дифференцированный, отличительный, разностный, характерный*

differential amount   *дифференциальная сумма*

differential analysis *дифференциальный анализ*

differential cost *дифференцированная цена, разница в цене*

differential costs [ind.ec.] *дополнительные издержки, приростные издержки, удельные переменные издержки*

differential duty [cust.] *дифференциальная пошлина*

differential treatment *дифференцированная обработка*

differentiate (vb.) *дифференцировать, отличать, проводить различие, разграничивать, различать, устанавливать различие*

differentiated oligopoly [pol.ec.] *дифференцированная олигополия*

differentiated products *специализированные изделия*

differentiation *дифференциация, дифференцирование, разграничение, разделение, различение, специализация, установление различий*

differentiation strategy [adv.] *стратегия дифференцирования*

differing view *особое мнение*

difficult (adj.) *затруднительный, неприятный, неуживчивый, трудный, тяжелый, упрямый*

difficult market [comm.] *трудный рынок*

difficult of access (adj.) *труднодоступный*

difficult task *трудная задача*

difficulty *затруднение, помеха, препятствие, трудность*

diffusion right [aut.right] *право распространения*

diffusion service [aut.right] *служба распространения*

digest *выборка, кодекс законов, компендиум, краткое изложение, резюме, сборник, сжатое изложение, справочник;* [legal] *сборник судебных решений, свод законов, систематический сборник законов*

digest (vb.) *излагать сжато и систематично, приводить в систему*

digit *однозначное число, разряд, цифра;* [comp.] *знак, одноразрядное число, символ*

digital computer [comp.] *цифровая вычислительная машина*

digitalize [comp.] *вводить графическую информацию*

digitalize (vb.) [comp.] *оцифровывать, преобразовывать в цифровую форму*

digitizer [comp.] *устройство ввода аналоговой информации с преобразованием ее в числовую форму, устройство ввода графической информации, цифратор, цифровой преобразователь*

digitizer (tablet) [comp.] *кодирующий планшет*

digitizer tablet [comp.] *кодирующий планшет*

dilapidation [r.e.] *ветхость, ветшание, обветшалость, обветшание, полуразрушенное состояние*

dilapidations *нанесение ущерба недвижимой собственности*

dilatory plea [legal] *отлагательное возражение*

diligence *внимательное отношение, заботливость, прилежание, старание, старательность, усердие*

diligent (adj.) *кропотливый, неустанный, прилежный, старательный, усердный*

dimension *измерение, размер*

dimensioned drawing *чертеж с нанесенными размерами*

dimensions *величина, габариты, объем, протяженность, размеры*

diminish (vb.) *ослаблять, преуменьшать значение, снижать, сокращать, убавлять, умалять, уменьшать*

diminished responsibility [leg.pun.] *ограниченная ответственность*

diminishing (adj.) *слабеющий, снижающийся, убывающий, уменьшающийся*

diminishing balance depreciation [calc.] *метод убывающего остатка при начислении износа*

diminishing marginal product *убывающий приростный продукт;* [ind.ec.] *убывающий предельный продукт*

diminishing marginal utility *убывающая предельная полезность;* [ind.ec.] *убывающая маржинальная полезность*

diminishing returns *сокращающийся доход*

diminishing yield   *сокращающийся доход*

diminution   *понижение, снижение, сокращение, убавление, уменьшение*

dinar   [monet.trans.] *динар*

diocesan authorities   *администрация епархии, епархиальное управление*

diocese   *епархия*

diploma   [syst.ed.] *аттестат, диплом, официальный документ*

diplomat   *дипломат*

diplomatic (adj.)   *дипломатический*

diplomatic career   *дипломатическая карьера*

diplomatic corps   *дипломатический корпус*

diplomatic corps, the   *дипломатический корпус*

diplomatic immunity   *дипломатическая неприкосновенность, дипломатический иммунитет*

diplomatic mission   *дипломатическая миссия, дипломатическое представительство*

diplomatic passport   *дипломатический паспорт*

diplomatic privilege   *дипломатическая привилегия*

diplomatic representation   *дипломатическое представительство*

diplomatic representative   [dipl.] *дипломатический представитель*

direct (vb.)   *давать распоряжения, давать советы, инструктировать, контролировать, направлять, наставлять, обращать, предназначать, предписывать, руководить, устремлять, учить;* [legal] *направлять деятельность;* [manag.] *давать указания, посылать*

direct (adj.)   *недвусмысленный, непосредственный, открытый, правдивый, прямой, ясный*

direct access   [comp.] *прямой доступ*

direct access storage   [comp.] *запоминающее устройство с прямым доступом*

direct and indirect taxes   [tax.] *прямые и косвенные налоги*

direct and indirect tax policy   [pol.ec.] *политика в области прямого и косвенного налогообложения*

direct broadcasting satellite (DBS satellite)   [media] *спутник непосредственного вещания*

direct business   *прямая сделка, торговая сделка без посредников*

direct commitment   [exc.] *прямое обязательство*

direct control   *прямое регулирование, прямое управление*

direct correlation   *положительная корреляция*

direct costing   *прямое отнесение накладных расходов на продукт;* [ind.ec.] *калькуляция прямых издержек производства, отнесение постоянных производственных расходов непосредственно на счет прибылей и убытков*

direct costs   *переменные затраты;* [ind.ec.] *переменные издержки, прямые затраты, прямые издержки*

direct debit   [bank.] *прямой дебет*

direct debiting service   [bank.] *банковские услуги по оформлению безналичных платежей*

direct debit system   [bank.] *система прямого дебета*

direct depreciation   [calc.] *прямое начисление износа, прямые амортизационные отчисления*

direct dialing   [telecom.] *автоматический вызов, телефонная связь с прямым набором*

direct distance calling   [telecom.] *набор номера по автоматической междугородной телефонной линии*

directed economy   *нерыночная экономика, централизованно управляемая экономика;* [pol.ec.] *контролируемая экономика*

direct evidence   [legal] *прямая улика, прямое свидетельское показание*

direct execution   [legal] *непосредственное приведение приговора в исполнение*

direct from factory   *непосредственно с предприятия*

direct inquiries to (vb.)   *наводить справки, направлять запросы*

direct instruction   [comp.] *команда с прямой адресацией*

direct insurance   [ins.] *прямое страхование*

direct insurer   [ins.] *непосредственный страховщик*

direct intention   [leg.pun.] *прямой умысел*

direct investment   *прямое инвестирование, прямые капиталовложения*

direct investment income   [calc.] *доход от прямых капиталовложений*

direction   *дирекция, линия, направление, область, правление, руководство, указание, управление;* [leg.pun.] *наставление;* [suc.] *распоряжение*

directional system   *система управления*

directions   *директивы, инструкция*

directions for use   *инструкция по эксплуатации*

directions to a jury   [leg.pun.] *напутствия присяжным*

directions to jury   [leg.pun.] *напутствия присяжным*

directive   *предписание, указание, установка;* [EEC] *директива*

directive proposal   [EEC] *директивное предложение*

direct labour   *живой труд, непосредственно затраченный на производство продукта, основная работа;* [ind.ec.] *живой труд, труд производственных рабочих*

direct leasing   *прямой лизинг*

direct liability   [legal] *безусловная ответственность, непосредственная ответственность*

directly applicable (adj.)   *непосредственно применимый*

directly linked (adj.)   *непосредственно связанный*

direct mail   [mark.] *прямая почтовая реклама, рассылка рекламы прямой почтой*

direct mail advertising   [mark.] *прямая почтовая реклама, рассылка рекламы прямой почтой*

direct mail agency   [mark.] *агенство, рассылающее рекламу прямой почтой*

direct mailing   [mark.] *прямая почтовая реклама, рассылка рекламы прямой почтой*

direct mail selling   *продажа товара прямой почтой*

direct marketing   [mark.] *прямой маркетинг, сбыт без посредников*

direct material   *основной производственный материал*

direct materials   [ind.ec.] *основное производственное сырье, основные производственные материалы*

director   *начальник, руководитель;* [bus.organ.] *член правления;* [manag.] *директор*

directorate   [manag.] *директорат, правление*

Directorate for Regional Development   *управление регионального развития*

Directorate for Regional Development, the   *директорат по вопросам регионального развития*

directorate-general (DG)   *канцелярия генерального директора*

Directorate of Social Affairs   [soc.] *управление социального обеспечения*

Director-General   [manag.] *генеральный директор, председатель правления или совета директоров*

Director-General of Fair Trading (UK)   *генеральный директор ярмарки (Великобритания)*

Director of Public Prosecutions (DPP)   [leg.pun.] *генеральный прокурор (Великобритания)*

directorship   *дирекция;* [bus.organ.] *руководство*

directors' emoluments   [ind.ec.] *вознаграждение директоров, вознаграждение членов правления*

directors' fee   *вознаграждение директоров, вознаграждение членов правления*

directors' fees   *вознаграждение директоров;* [bus.organ.] *вознаграждение членов правления*

directors' interest *проценты, выплачиваемые директорам;*
[bus.organ.] *проценты, выплачиваемые членам правления*

directors' interests *проценты, выплачиваемые директорам;*
[bus.organ.] *проценты, выплачиваемые членам правления*

directors' liability *ответственность директоров;*
[bus.organ.] *ответственность членов правления*

directors' negligence *халатность директоров;* [bus.organ.] *халатность членов правления*

directors' report *отчет правления*

directory *адресная книга, адресный справочник, руководство, справочник, указатель;* [comp.] *директория, каталог*

directory (adj.) *содержащий указания;* [legal] *директивный, содержащий рекомендации*

direct paper [stock] *коммерческая бумага, продаваемая эмитентом непосредственно инвесторам*

direct party [legal] *выставившая сторона*

direct pension payment *непосредственная выплата пенсии*

direct placement [exc.] *прямое размещение*

direct publicity [mark.] *прямая реклама*

direct ratio to, in *прямо пропорционально*

direct receipts [ind.ec.] *прямой доход, прямые денежные поступления*

direct response [mark.] *прямой ответ*

direct-response advertiser [mark.] *рекламодатель, предполагающий прямой ответ адресата*

direct response advertising [mark.] *реклама, предполагающая прямой ответ адресата*

direct selling [comm.] *продажа без посредника, продажа непосредственно потребителю, прямая продажа*

direct system *целевая система*

direct tax [tax.] *прямой налог*

direct taxation [tax.] *прямое налогообложение*

direct taxes [tax.] *прямые налоги*

direct underwriting [exc.] *прямое гарантирование размещения ценных бумаг*

dire need *крайняя нужда*

dirham [monet.trans.] *дирхам*

dirt money *надбавка за возможный ущерб, надбавка за понесенный ущерб;* [pers.manag.] *надбавка за вредность, незаконные доходы*

dirty float [monet.trans.] *управляемый плавающий курс*

dirty price [stock] *цена облигации с учетом надбавки*

disability *ограничение в праве, ограничение дееспособности, поражение в правах;* [empl.] *инвалидность, нетрудоспособность;* [legal] *недееспособность, неправоспособность*

disability amount *пособие по инвалидности*

disability annuity *пенсия по инвалидности*

disability benefit *пенсия по инвалидности*

disability insurance [ins.] *страхование по нетрудоспособности*

disability pension *пенсия по инвалидности*

disability percentage table [ins.] *таблица для определения процента утраты трудоспособности*

disability to sue and be sued [legal] *неспособность искать и отвечать*

disable (vb.) *делать неправоспособным, делать непригодным, делать неспособным, лишать права;* [comp.] *блокировать, выводить из строя, выключать из работы, запирать*

disabled (adj.) *выведенный из строя, искалеченный, нетрудоспособный, поврежденный, потерявший управление;* [empl.] *непригодный к использованию*

disabled person *инвалид, нетрудоспособный*

disablement *инвалидность, состояние негодности;* [empl.] *выведение из строя, лишение способности, нетрудоспособность, приведение в негодность, профессиональная непригодность*

disablement annuity   *страхование пенсии на случай утраты трудоспособности*

disablement benefit   [soc.] *пособие по нетрудоспособности*

disablement compensation   [ins.] *компенсация за потерю трудоспособности*

disablement pension   *пенсия по инвалидности, пособие по инвалидности*

disablement pensioner   *лицо, получающее пенсию по инвалидности, пенсионер по инвалидности*

disablement table   [ins.] *таблица групп инвалидности*

disadvantage   *вред, неблагоприятное положение, невыгодное положение, убыток, ущерб*

disadvantage (vb.)   *причинять вред, причинять ущерб, ставить в невыгодное положение*

disadvantageous (adj.)   *неблагоприятный, невыгодный*

disadvantageous conditions   *неблагоприятные условия, невыгодные условия*

disagio   [monet.trans.] *дизажио (отрицательная разница между рыночной ценой и номиналом)*

disagree (vb.)   *быть вредным, быть противопоказанным, не давать согласия, не соглашаться, не соответствовать, оказывать плохое действие, противоречить, расходиться, расходиться во мнениях, спорить*

disagreement   *несогласие, несоответствие, полемика, противоречие, различие, расхождение, расхождение во мнениях, спор*

disallow (vb.)   *аннулировать, отвергать, отрицать;* [legal] *запрещать, не разрешать, отказывать, отклонять*

disallowance   *запрещение, отвержение, отказ, отклонение*

disallowed deduction   [tax.] *аннулированная скидка, аннулированное удержание, аннулированный вычет, запрещенная скидка, запрещенная уступка, запрещенный вычет*

disallowed deductions   *запрещенные удержания*

disapproval   *неблагоприятное мнение, неодобрение*

disapprove (vb.)   *не одобрять, осуждать, отвергать, отклонять*

disapprove of   *порицать*

disapprove of (vb.)   *выражать осуждение, выражать порицание, относиться неодобрительно*

disarmament   [mil.] *разоружение*

disarmament conference   [mil.] *конференция по разоружению*

disassemble (vb.)   *демонтировать, разбирать*

disaster   *авария, бедствие, катастрофа, несчастье*

disaster aid   *помощь при бедствии*

disaster area   *зона бедствия*

disaster dump   [comp.] *аварийная разгрузка, аварийная распечатка, аварийный дамп*

disaster fund   *аварийный фонд, фонд помощи при бедствиях*

disaster zone   *аварийная зона, зона бедствия, район катастрофы*

disbar (vb.)   [legal] *лишать звания адвоката, лишать права адвокатской практики*

disbarment   [legal] *лишение звания адвоката, лишение права адвокатской практики*

disburse (vb.)   *платить, тратить;* [ec.] *оплачивать*

disbursement   *выплата*

disbursement in instalments   *выплата в рассрочку*

disbursement of a loan   [bank.] *выплата кредита, выплата ссуды*

disbursement of loan   *выплата кредита, выплата ссуды*

disbursements   [trans.] *издержки, расходы*

disbursement terms   *сроки платежа, условия платежа*

disbursement voucher   [book-keep.] *денежный оправдательный документ, расходный ордер, свидетельство платежа*

discard   *бракованная деталь;* [prod.] *брак*

discard (vb.) *браковать, выбрасывать за ненадобностью, отбраковывать, отбрасывать, отвергать, отказывать от места, списывать в утиль, списывать за негодностью, увольнять*

discard a campaign (vb.) [mark.] *отказываться от проведения кампании*

discards *бракованный товар, бросовый товар*

discern (vb.) *заметить, отличать, разглядеть, различать, увидеть*

discerning (adj.) *проницательный, способный различать, способный распознавать*

discerning purchaser *разборчивый покупатель*

discharge *восстановление в правах, освобождение из заключения, отмена решения суда, отправление обязанностей, разгрузка, реабилитация, увольнение;* [bankr.leg.] *оправдание подсудимого, освобождена от выполнения, освобождение от уплаты долга, уплата;* [bill.] *квитанция;* [bus.organ.] *ходатайство о зачете требований;* [empl.] *расписка, рекомендация уволенному;* [legal] *прекращение уголовного дела;* [leg.pun.] *освобождение от ответственности;* [pers.manag.] *выполнение обязательств, освобождение от выполнения обязательств, освобождение от обязанностей, удостоверение об увольнении*

discharge (vb.) *выгружать, выполнять, исполнять, оправдывать подсудимого, платить, погашать, прекращать уголовное преследование;* [bankr.leg.] *выполнять долговые обязательства;* [empl.] *освобождать от обязанностей, снимать с работы, увольнять;* [legal] *освобождать из заключения, отменять решение суда;* [leg.pun.] *аннулировать решение суда, освобождать от ответственности;* [mil.] *увольнять из армии;* [nav.] *отправлять, разгружать;* [pers.manag.] *увольнять с работы;* [soc.] *выписывать больного*

discharge, give (vb.) *давать подтверждение, расписываться в получении*

discharge, with effect of *с освобождающим действием*

discharge a debt (vb.) *погашать долг, уплатить долг*

discharge a mortgage (vb.) [r.e.] *выкупить закладную*

discharge an employee (vb.) [pers.manag.] *уволить работника*

discharge an obligation (vb.) *исполнить обязательство*

discharge a task (vb.) *выполнить задание, выполнить норму*

discharge book [nav.] *расчетная книжка*

discharge certificate [mil.] *свидетельство об увольнении с военной службы*

discharge in bankruptcy [bankr.leg.] *освобождение от долговых обязательств при банкротстве, освобождение от уплаты долгов при банкротстве*

discharge of management obligation [bus.organ.] *освобождение от управленческих обязательств*

discharge of tax [tax.] *уплата налога*

discharging [nav.] *выгрузка, разгрузка*

discharging clause [nav.] *оговорка о разгрузке, пункт о разгрузке*

discharging day [nav.] *день разгрузки*

discharging dues [nav.] *плата за разгрузку*

discharging expenses [nav.] *расходы на разгрузку*

Disciplinary Board of the Bar and Law Society [legal] *дисциплинарный комитет коллегии адвокатов*

disciplinary inquiry [manag.] *дисциплинарное расследование*

disciplinary matter *дисциплинарный вопрос*

disciplinary proceedings [manag.] *дисциплинарное разбирательство*

disciplinary punishment [manag.] *дисциплинарное наказание*

disciplinary tribunal [manag.] *дисциплинарный суд*

disclaim (vb.) *не признавать, отводить, отказываться, отклонять, отрекаться, отрицать*

disclaimer   *дискламация, непризнание иска, опровержение, отвод, отказ от права;* [legal] *отклонение, отрицание;* [pat.] *письменный отказ от формулы изобретения;* [suc.] *отречение, письменный отказ от пункта формулы изобретения*

disclaimer by deed concerning succession to property   [suc.] *письменный отказ от наследования имущества*

disclaimer in bankruptcy   [bankr.leg.] *отказ от признания банкротства*

disclaimer of estate liability   [suc.] *отказ от имущественной ответственности*

disclaimer of inheritance   [suc.] *отказ от наследства*

disclaimer of liability   [suc.] *отказ от обязательства*

disclaimer of opinion   [aud.] *отказ от заключения*

disclaim liability (vb.)   [suc.] *отказываться от обязательства*

disclaim liability to pay compensation (vb.)   [legal] *отказываться от обязанности возмещать ущерб*

disclaim responsibility (vb.)   [legal] *отказываться от ответственности*

disclose (vb.)   *выявлять, находить, обнаруживать, открывать, показывать, разглашать, разоблачать, раскрывать*

disclosed assignment   *открытая передача права, открытая уступка требования;* [legal] *открытая цессия*

disclosed factoring   *открытые факторные операции*

disclosed reserves   [calc.] *выявленные резервы*

disclosed separately   *показанный отдельно, указанный отдельно*

disclose in the notes (vb.)   [calc.] *находить в записях, обнаруживать в записях*

disclosure   *выдача сведений, обнаружение, разглашение, разоблачение, раскрытие, сообщение данных, не подлежащих разглашению;* [pat.] *раскрытие предмета изобретения*

disclosure of annual accounts   *представление годового отчета*

disclosure of information   *разглашение информации*

disclosure of the annual accounts   *представление годового отчета*

discontinuance   *перерыв, прекращение, прекращение производства дела, приостановка, приостановление производства дела*

discontinuance analysis   [ind.ec.] *анализ причин прекращения производства*

discontinuance of a business   *прекращение торговой деятельности*

discontinuance of business   *прекращение торговой деятельности*

discontinuation   *перерыв, прекращение, приостановка, приостановление производства дела;* [ec.] *прекращение производства дела*

discontinuation (of activities)   *прекращение деятельности*

discontinuation of activities   *прекращение деятельности*

discontinuation of a scheme   *прекращение программы*

discontinuation of listing   [exc.] *прекращение допуска к котировке*

discontinuation of scheme   *прекращение программы*

discontinue (vb.)   *оставлять судебное дело без движения, останавливать, прекращать, прекращать судебное дело, прерывать, приостанавливать, снимать с продажи, снимать с производства*

discontinue a factory (vb.)   *приостанавливать работу предприятия*

discontinue an action (vb.)   [legal] *оставлять судебное дело без движения, прекращать иск*

discontinue an operation (vb.)   *прекращать работу*

discontinued (adj.)   [prod.] *остановленный, прерванный*

discontinue operations (vb.)   *прекращать операции*

discontinuing company   *компания, прекращающая свою деятельность*

discord between spouses   *разлад между супругами*

discount   *скидка с цены товара;* [comm.] *зачет требований, процент скидки, процент учета, сбавка, скидка, ставка учета;* [ec.] *дисконт, компенсация за ожидание;* [exc.] *учет векселей*

discount (vb.) *игнорировать, не принимать в расчет;* [bill.] *учитывать векселя;* [comm.] *дисконтировать, не принимать во внимание, снижать;* [ec.] *снижать учетный процент при досрочной оплате векселя, ссужать под векселя при условии выплаты процентов вперед;* [exc.] *сбавлять*

discount, at a [comm.] *со скидкой;* [exc.] *ниже номинала*

discount, grant a (vb.) [comm.] *предоставлять скидку*

discount a bill (vb.) [bill.] *дисконтировать вексель, учитывать вексель*

discount allowed *допустимая скидка*

discount back *возврат скидка*

discount bond [stock] *облигация, текущая стоимость которой ниже номинала или стоимости при погашении*

discount broker [bill.] *дисконтный брокер*

discount credit [bill.] *учетный кредит*

discounted bill of exchange [bill.] *учтенный переводный вексель*

discounted cash flow *дисконтированные поступления наличности;* [calc.] *будущие поступления наличными, приведенные к оценке настоящего времени*

discounted cash flow method [calc.] *метод дисконтированных поступлений наличности*

discounted cash flow rate [calc.] *оборот дисконтированных поступлений наличности*

discounted interest rates *учетные процентные ставки*

discounted price [comm.] *цена со скидкой*

discountenance (vb.) *мешать осуществлению, не одобрять, порицать*

discount for cash [comm.] *скидка при продаже за наличный расчет*

discount for large quantities [comm.] *скидка при оптовой продаже, скидка при продаже большого количества*

discount house [bank.] *розничный магазин, торгующий по сниженным ценам, учетный банк;* [bill.] *вексельная контора*

discounting back *возвращение скидки*

discounting costs [bill.] *издержки дисконтирования*

discounting fee [bank.] *плата за дисконтирование*

discounting of a bill of exchange [bill.] *учет переводного векселя*

discounting of bill of exchange [bill.] *учет переводного векселя*

discounting of invoices *дисконтирование счета-фактуры*

discount on new issue [exc.] *скидка на новый выпуск*

discount paper [stock] *дисконтная ценная бумага*

discount rate [bank.] *учетная ставка, учетный процент;* [bill.] *ставка дисконта*

discount rate policy *политика регулирования учетных ставок*

discount scheme [comm.] *система учетных ставок*

discount security [stock] *дисконтная ценная бумага*

discount shop *магазин, торгующий по сниженным ценам, магазин уцененных товаров*

discount store *магазин, торгующий по сниженным ценам, магазин уцененных товаров*

discount ticket [comm.] *льготный билет, льготный купон*

discount voucher [comm.] *льготный контрольный талон*

discount without recourse [bill.] *дисконт без регресса*

discourage (vb.) *мешать, обескураживать, отговаривать, препятствовать*

discover (vb.) *делать открытие, находить, обнаруживать, открывать*

discovert [legal] *вдова, незамужняя женщина*

discovery *обнаружение, открытие, раскрытие;* [legal] *представление документов суду, разоблачение*

discovery limitation clause [legal] *пункт, ограничивающий разглашение документов*

discovery of document [legal] *разглашение документов, раскрытие документов*

discredit   *дискредитация, компрометация, лишение коммерческого кредита, недоверие, сомнение*

discredit (vb.)   *дискредитировать, компрометировать, лишать доверия, подвергать сомнению, ставить под сомнение*

discrepancy   *несогласие, несоответствие, различие, расхождение*

discrepancy list   *перечень разногласий*

discrepancy report   *протокол разногласий*

discretion   *благоразумие, дискреционное право, осмотрительность, осторожность, полномочия, право свободно выбирать, право свободно решать, свобода действий, усмотрение*

discretion, at   *по усмотрению*

discretionary (adj.)   *дискреционный, предоставленный на усмотрение*

discretionary earnings   *доход от побочного занятия, побочный доход*

discretionary fiscal policy   *дискреционная финансовая политика*

discretionary power   [legal] *дискреционные полномочия*

discriminant analysis   [adv.] *дискриминантный анализ*

discriminate (vb.)   *дискриминировать, проводить дискриминацию, проявлять пристрастие*

discriminating (adj.)   *дискриминационный*

discriminating monopoly   *дискриминационная монополия*

discrimination   *дискриминация, неправомерное ограничение в правах, ограничение в правах, пристрастие, проявление неодинакового отношения, различение, способность различать, установление различия*

discuss (vb.)   *дискутировать, обсуждать*

discussion   *дебаты, дискуссия, обмен мнениями, обсуждение, прения, разбирательство*

discussion paper   *документ, представленный на обсуждение*

disease   *болезнь, заболевание, неисправность*

disease of modern life   *болезнь современной жизни*

diseconomies of scale   [ind.ec.] *отрицательный экономический эффект, связанный с увеличением масштабов производства*

disembarkation   *выгрузка с судна, высадка с судна*

disemploy (vb.)   [pers.manag.] *увольнять*

disentangle (vb.)   *выпутывать, высвобождать, распутывать*

disentitle (vb.)   *лишать права, лишать титула*

disequilibrium   *нарушение равновесия*

disequilibrium in market   *неустойчивое положение на рынке*

disequilibrium in the market   *неустойчивое положение на рынке*

disequilibrium of economy   [pol.ec.] *неустойчивое положение экономики*

disequilibrium of the economy   [pol.ec.] *неустойчивое положение экономики*

disfavour   *невыгода, немилость, неодобрение, опала, осуждение*

disfigure permanently (vb.)   [legal] *обезображивать на всю жизнь, уродовать*

disfranchise (vb.)   *лишать гражданских прав, лишать избирательных прав, лишать привилегий*

disfranchisement   *лишение гражданских прав, лишение избирательных прав, лишение привилегий*

disgrace   *бесчестье, немилость, опала, позор, позорный поступок*

disgrace (vb.)   *бесчестить, лишать расположения, позорить, пятнать*

disgrace, fall into (vb.)   *впасть в немилость*

disguise (vb.)   *искажать, маскировать, не показывать, представлять в ложном свете, скрывать*

disguised dividend   [bus.organ.] *скрытый дивиденд*

disguised unemployment   [pol.ec.] *скрытая безработица*

disgust with politicians   *отвращение к политикам*

dishonest (adj.)   *бессовестный, мошеннический, небрежный, недобросовестный, непорядочный, нечестный*

dishonest advertising [adv.] *нечестная реклама*

dishonest gain *нечестный выигрыш*

dishonest profit [ec.] *прибыль, полученная нечестным путем*

dishonesty *недобросовестность, непорядочность, нечестность*

dishonour *бесчестье, оскорбление, позор, унижение достоинства*

dishonour (vb.) *осквернять, оскорблять, позорить, унижать достоинство;* [bill.] *отказывать в акцепте векселя, отказывать в платеже по векселю*

dishonour a bill (vb.) [bill.] *отказывать в акцепте векселя, отказывать в платеже по векселю*

dishonourable (adj.) *бесчестный, бесчестящий, позорный, позорящий, постыдный*

dishonour by nonacceptance [bill.] *отказ в акцепте векселя*

dishonoured (adj.) [bill.] *неакцептованный, опротестованный*

dishonoured bill of exchange [bill.] *опротестованный переводный вексель*

dishonoured cheque *чек, не принятый к оплате банком*

dishonour fee [bill.] *сбор за уведомление об отказе в акцепте векселя*

dishonouring [bill.] *опротестование, отказ от акцепта*

disincentive *мешающий фактор, отталкивающий фактор, снижение побуждений, снижение стремления*

disinherit (vb.) [suc.] *лишать наследства*

disinherited (adj.) [suc.] *лишенный наследства*

disintegrate (vb.) *дезинтегрировать, измельчать, раздроблять, распадаться*

disintegration *дезинтеграция, измельчение, раздробление, разложение на составные части, разрушение, распадение*

disintermediation *отказ от посредничества*

disinvestment *сокращение капиталовложений*

disk *запоминающее устройство на дисках;* [comp.] *диск*

disk drive [comp.] *дисковод, накопитель на дисках*

diskette [comp.] *дискет*

disk storage *накопитель на дисках;* [comp.] *запоминающее устройство на дисках*

dismantle (vb.) *демонтировать, ликвидировать, разбирать, свертывать*

dismantling *демонтаж, ликвидация, разборка, свертывание, снятие*

dismantling of customs barriers *снятие таможенных ограничений*

dismiss (vb.) *освобождать от работы, отклонять иск, подводить итог, прекращать дело;* [legal] *отвергать;* [pers.manag.] *освобождать из заключения, отбрасывать, увольнять*

dismiss a case (vb.) [legal] *отказывать в иске, отклонять иск*

dismiss a claim (vb.) *отклонять претензию*

dismissal *отклонение иска;* [pers.manag.] *освобождение от должности, отставка, отстранение от работы, предложение уйти, предупреждение об увольнении, прекращение дела, роспуск, увольнение, увольнение со службы*

dismissal compensation [pers.manag.] *выходное пособие*

dismissal of a case [legal] *отказ в иске, отклонение иска*

dismissal of an indictment [leg.pun.] *отклонение обвинительного акта*

dismissal of appeal [legal] *отклонение апелляции*

dismissal of auditor *увольнение ревизора*

dismissal of case *отказ в иске, отклонение иска*

dismissal of indictment *отклонение обвинительного акта*

dismissal on merits [legal] *отклонение конкретных обстоятельств дела*

dismissal on the merits [legal] *отклонение конкретных обстоятельств дела*

dismissal pay *расчет*

dismissal wage [pers.manag.] *выходное пособие*

dismissal without a valid reason [empl.] *незаконное увольнение, необоснованное увольнение*

dismissal without notice   [empl.] *увольнение без предварительного уведомления*

dismissal without prejudice   [legal] *отклонение судом иска с сохранением за истцом права на предъявление в дальнейшем иска по тому же основанию*

dismissal without valid reason   [empl.] *незаконное увольнение, необоснованное увольнение*

dismissal with prejudice   *отклонение иска без сохранения за истцом права возбуждения иска по тому же основанию*

dismiss a motion (vb.)   [legal] *отклонять ходатайство*

dismiss an appeal (vb.)   [legal] *отклонять апелляционную жалобу, отклонять апелляцию*

dismiss an employee (vb.)   [pers.manag.] *увольнять работника*

dismissed (adj.)   [pers.manag.] *уволенный*

dismiss the charge (vb.)   [leg.pun.] *отклонять обвинение*

dismount (vb.)   *демонтировать, разбирать, сбрасывать, снимать, убирать*

disobedience   *неповиновение, непокорность, непослушание*

disorderly conduct   [legal] *поведение, нарушающее общественный порядок, противозаконное поведение*

disparate (adj.)   *в корне отличный, неодинаковый, несоизмеримый, несравнимый*

disparate treatment   *различная трактовка*

disparity   *диспропорция, неодинаковость, неравенство, несоответствие, несоразмерность, отсутствие паритета*

disparity in pay   [empl.] *разница в заработной плате*

dispatch   [trans.] *агентство по доставке товаров, депеша, диспач, отправка, отсылка, официальное сообщение, посылка, урегулирование вопроса*

dispatch (vb.)   [trans.] *выдавать заказ на изготовление продукции, отправлять, получать сообщение о завершении производства, посылать*

dispatch (money)   *диспач*

dispatch an order (vb.)   *отправлять приказ с курьером*

dispatch charge   *плата за отправку*

dispatch department   [trans.] *отдел отправки, экспедиция*

dispatcher   *отправитель, экспедитор;* [air tr.] *диспетчер*

dispatch goods   [trans.] *товары, подлежащие отправке*

dispatch money   [nav.] *вознаграждение за экономию времени при погрузке или выгрузке, диспач;* [trans.] *плата за отправку*

dispatch note   [trans.] *сопроводительная накладная*

dispatch office   [trans.] *экспедиционная контора*

dispatch of goods   [trans.] *отправка товаров*

dispensable (adj.)   *необязательный, несущественный, подлежащий выдаче*

dispense (vb.)   *освобождать, раздавать, распределять*

dispense from (vb.)   *освобождать от*

dispersed demand   *рассредоточенный спрос*

dispersion   *распространение;* [stat.] *дисперсия, разброс, рассеивание*

displace (vb.)   *вытеснять, заменять, перекладывать, перемещать, переставлять, снимать с должности*

displaced (adj.)   *перемещенный*

displacement   *замена, замещение, перемещение, перестановка, смещение, снятие с должности;* [nav.] *водоизмещение*

displacement tonnage   [nav.] *весовое водоизмещение, тоннаж по весовому водоизмещению*

display   *выставка, демонстрация, показ, экспонат;* [comp.] *дисплей, изображение, индикатор, индикация, отображение данных, устройство индикации, устройство отображения, электронное табло*

display (vb.)   *выдавать, выставлять напоказ, демонстрировать, обнаруживать, показывать;* [comp.] *выводить данные на экран, индицировать, отображать данные*

display case   *витрина, выставочный стенд*

display device   [comp.] *дисплей, индикатор, устройство индикации, устройство отображения*

display goods (vb.)   *выставлять товары;* [comm.] *показывать товары*

display image   [comp.] *визуальное отображение*

display of force   *демонстрация силы*

display of price   *указание цены*

display of prices   *указание цен*

display package   [pack.] *пакет с прозрачным окошком, упаковка с прозрачным окошком*

display screen   [comp.] *визуальный индикатор, устройство отображения, экран дисплея, электронное табло*

display station   [comp.] *дисплейный терминал*

display surface   [comp.] *экран дисплея*

display unit   [comp.] *дисплей, устройство отображения*

display window   *окно на экране дисплея*

disposable (adj.)   *доступный, одноразового использования, свободный*

disposable container   *контейнер одноразового использования*

disposable gross national product   *располагаемый валовой национальный продукт*

disposable income   *располагаемый доход;* [pol.ec.] *доход после уплаты налогов*

disposable interest   *располагаемый процентный доход*

disposable real income   [pol.ec.] *реальный доход после уплаты налогов*

disposable storage space   [warch.] *свободная складская площадь*

disposal   *вручение, избавление, использование, контроль, передача, право распоряжаться, продажа, размещение, разрешение спора, расположение, расстановка, реализация, управление, урегулирование, устранение, устройство;* [legal] *отчуждение имущества, распоряжение имуществом, рассмотрение дела*

disposal of, at the   *в распоряжении*

disposal of corporate profits   [ind.ec.] *использование прибыли корпорации*

disposal of goods   *продажа товара;* [mark.] *реализация товара*

disposal of retained earnings   [ind.ec.] *реализация нераспределенной прибыли*

disposal of subsidiary   *ликвидация дочерней компании*

dispose (vb.)   *дарить, завершать, заканчивать, использовать, отдавать, передавать, приводить в порядок, продавать, размещать, располагать*

disposed (adj.)   *настроенный, размещенный, расположенный, расставленный, склонный*

dispose of (vb.)   *опровергать аргумент, отчуждать, покончить, разделываться, разрешать спор, распоряжаться имуществом, расправляться, рассматривать дело, убирать, удалять, урегулировать, устранять*

dispose of by lottery (vb.)   *разыгрывать в лотерею*

disposition mortis causa   [legal] *отчуждение имущества по случаю смерти*

dispossess (vb.)   *лишать права владения, лишать собственности;* [r.e.] *выселять*

dispossession   *лишение права владения;* [r.e.] *выселение, лишение собственности, незаконное владение имуществом*

disproportion   *диспропорция, непропорциональность, несоразмерность*

disproportionate (adj.)   *непропорциональный, несоразмерный*

disproportionate distribution   [legal] *непропорциональное распределение имущества между наследниками*

disproportionate expenses   *несоразмерные расходы*

disproportionment   [legal] *непропорциональное распределение имущества между наследниками*

disprove (vb.)   *доказывать ложность, опровергать*

disputable (adj.) *сомнительный, спорный*

dispute *дебаты, дискуссия, диспут, обсуждение, прения, спор, спорный вопрос*

dispute (vb.) *дискутировать, обсуждать, оспаривать, сомневаться, спорить, ставить под сомнение*

dispute, in *в споре, на обсуждении*

disputed (adj.) *обсужденный, оспоренный, поставленный под сомнение*

disputed boundary *спорная граница*

disputing (adj.) *дискуссионный, спорный*

disqualification *негодность, недостаток, порок, препятствие;* [legal] *дисквалификация, лишение права, неправоспособность*

disqualification of directors [bus.organ.] *неправоспособность правления компании*

disqualified (adj.) *дисквалифицированный, неправоспособный*

disqualify (vb.) *делать негодным, делать неспособным, дисквалифицировать, лишать возможности, лишать права, поражать в правах*

disregard *игнорирование, невнимание, невыполнение, неуважение, пренебрежение, равнодушие*

disregard (vb.) *игнорировать, нарушать закон, не выполнять закон, не обращать внимания, не принимать во внимание, не соблюдать, пренебрегать*

disregard a deadline (vb.) *нарушать установленный срок*

disregard of a provision *невыполнение условий договора*

disregard of law *нарушение закона, несоблюдение закона*

disregard of provision *невыполнение условий договора*

disregard of the law *нарушение закона;* [legal] *несоблюдение закона*

disrepute *дурная слава, сомнительная репутация*

disrepute, fall into (vb.) *приобрести дурную славу*

dissaving [pol.ec.] *превышение расходов над доходами, уменьшение сбережений*

disseisin [r.e.] *незаконное лишение права владения недвижимостью, незаконное нарушение права владения недвижимостью*

disseminate (vb.) *разбрасывать, разносить, распространять, рассеивать, рассыпать*

dissemination *разбрасывание, распыление, рассеивание;* [aut.right] *передача, распространение, рассылка*

dissent *инакомыслие, разногласие, расхождение во взглядах*

dissent (vb.) *возражать, не соглашаться, расходиться во взглядах*

dissenting opinion [legal] *особое мнение*

dissertation *трактат;* [syst.ed.] *диссертация*

dissident [pol.] *диссидент, инакомыслящий*

dissident (adj.) *несогласный, расходящийся с другими во мнениях*

dissimilar conditions *неодинаковые условия*

dissipation *разложение, разматывание, рассеивание, растрачивание*

dissipation of resources *проматывание средств, растрачивание средств*

dissociate (vb.) *отделять, отделяться, отмежевываться, разобщать, разъединять*

dissociate oneself from (vb.) *отмежеваться от, подчеркнуть свое несогласие с*

dissociation *отделение, отмежевание, размежевание, разъединение*

dissolution *крушение, окончание, расторжение;* [bus.organ.] *закрытие, ликвидация, расформирование, роспуск*

dissolution of a company [bus.organ.] *ликвидация компании*

dissolution of a partnership *ликвидация товарищества*

dissolution of company *ликвидация компании*

dissolution of marriage [law.dom.] *аннулирование брачного контракта, расторжение брака*

dissolution of partnership *ликвидация товарищества*

dissolve (vb.) *аннулировать, ликвидировать, прекращать, прекращать деятельность, распадаться, распускать, расторгать, расформировывать*

dissolve a marriage (vb.) [law.dom.] *расторгать брак*

dissolve a partnership (vb.) *ликвидировать товарищество*

distance *дистанция, интервал, отрезок, период, промежуток, расстояние*

distance education [syst.ed.] *заочное обучение*

distance freight [trans.] *дистанционный фрахт, фрахт, взимаемый за расстояние*

distance learning [syst.ed.] *заочное изучение*

distant (adj.) *давний, далекий, далеко отстоящий, дальний, отдаленный, прошлый, удаленный*

distinction *безупречность, известность, индивидуальность, исключительность, награда, особенность, отличие, отличительный признак, почесть, почет, различение, различие, разница, характерная черта;* [legal] *оригинальность, разграничение, распознавание*

distinctive feature *отличительный признак, характерная черта*

distinctiveness *отличительный признак, характерная черта;* [com.mark.] *отчетливость, ясность*

distinguish (vb.) *отделять, отказываться считать прецедентом, отличать, разделять, различать, распознавать, характеризовать;* [legal] *доказывать неприменимость в качестве прецедента, устанавливать различие по существу*

distinguished (adj.) *важный, выдающийся, высокопоставленный, знатный, известный, изысканный, необычный, характерный*

distort (vb.) *деформировать, извращать, искажать, искривлять, коробить, перекашивать*

distorted (adj.) *деформированный, извращенный, искаженный, искривленный*

distorting (adj.) *деформирующий, извращающий, искажающий, искривляющий*

distortion *деформация, извращение, искривление, коробление, кривизна, неправильная форма, перекашивание;* [stat.] *искажение*

distortion of competition *нарушение правил конкуренции*

distrain (vb.) [legal] *завладевать имуществом в обеспечение выполнения обязательства, конфисковывать имущество в обеспечение долга, описывать имущество в обеспечение долга, производить опись имущества*

distrainee [legal] *лицо, у которого описано имущество в обеспечение выполнения обязательства*

distrainor [legal] *лицо, завладевшее имуществом в обеспечение выполнения обязательства*

distraint [legal] *завладение имуществом в обеспечение выполнения обязательства, наложение ареста на имущество в обеспечение долга*

distraint, by [legal] *путем наложения ареста на имущество*

distraint on the person [legal] *наложение ареста на имущество физического лица*

distress *бедственное положение, нищета, нужда;* [legal] *бедствие, завладение имуществом в обеспечение выполнения обязательства, имущество, взятое в обеспечение выполнения обязательства, наложение ареста на имущество в обеспечение долга, опись имущества судебным исполнителем, причина страданий*

distress, in [ec.] *в бедственном положении, терпящий бедствие*

distressed (adj.) *бедствующий, находящийся в бедственном положении, потерпевший аварию, терпящий бедствие*

distressed area *район массовой безработицы, район стихийного бедствия*

distressed enterprise   *предприятие, находящееся в бедственном положении*

distressed goods   *товар, на который наложен арест*

distressed loan   *ссуда, на которую наложен арест*

distress for nonpayment of taxes   [legal] *наложение ареста на имущество за неуплату налогов*

distress without a court order   [legal] *наложение ареста на имущество без судебного приказа*

distress without court order   [legal] *наложение ареста на имущество без судебного приказа*

distributable profit   [calc.] *прибыль, подлежащая распределению*

distributable reserve   [ind.ec.] *резерв, подлежащий распределению*

distribute (vb.)   *классифицировать, отправлять правосудие, раздавать, разносить, распределять, распространять, рассредоточивать;* [ind.ec.] *рассылать*

distribute a dividend (vb.)   [bus.organ.] *распределять дивиденд*

distribute an estate (vb.)   [suc.] *распределять имущество*

distribute costs (vb.)   [ind.ec.] *распределять затраты*

distributed data processing   [comp.] *распределенная обработка данных*

distributed profit   *распределенная прибыль*

distributee   [suc.] *сонаследник*

distribute money (vb.)   *распределять денежные средства*

distribute payment over time (vb.)   *распределять платежи во времени*

distribute payment over x years   *распределять платежи по X годам*

distribute the risk (vb.)   *распределять риск*

distributing organization   [mark.] *распределительная организация, распределительная структура*

distribution   *бонусная эмиссия акций, доставка товаров, классификация, продажа большой партии ценных бумаг без негативного воздействия на цены, размещение, размещение промышленности, размещение ценных бумаг на рынке, расположение, распределение национального дохода, распределение части дохода компании между акционерами, распространение, спекулятивная распродажа акций в предвидении падения курса, сфера обращения, транспортировка товаров;* [bus.organ.] *разделение;* [ind.ec.] *раздача, распределение доходов;* [mark.] *распределение;* [suc.] *распределение имущества между наследниками по закону, распределение имущества среди наследников*

distribution account   *разделенный счет*

distributional value   *распределенная стоимость*

distribution basis   *основа распределения*

distribution by currency   *распределение по валюте*

distribution by denomination   *распределение по нарицательной стоимости*

distribution by sector   *распределение по секторам*

distribution centre   [mark.] *центр распределения*

distribution channel   [mark.] *канал распределения*

distribution conditions   [ec.] *условия распределения*

distribution/contribution principle   *принцип распределения и отчисления*

distribution costs   *издержки сбыта продукции;* [mark.] *издержки обращения, издержки торговых предприятий*

distribution key   *код распределения*

distribution method   *способ распределения, способ распространения*

distribution network   [mark.] *распределительная сеть*

distribution of a dividend   [bus.organ.] *распределение дивиденда*

distribution of an estate   [suc.] *раздел имущества*

distribution of bonus units   *распределение премиальных процентов*

distribution of costs   [ind.ec.] *распределение затрат*

distribution of costs between state and local authorities   *распределение расходов между властями штата и местными органами власти*

distribution of dividend   [bus.organ.] *распределение дивиденда*

distribution of estate   [suc.] *раздел имущества, распределение имущества между наследниками по закону*

distribution of goods   [comm.] *распределение товаров, рассылка товаров*

distribution of incomes   [pol.ec.] *распределение доходов*

distribution of losses   [ins.] *распределение убытков*

distribution of occupations   [pol.ec.] *распределение профессий*

distribution of profits   [calc.] *распределение прибылей*

distribution of responsibility and authority   *распределение ответственности и полномочий*

distribution of risk   [ins.] *распределение риска*

distribution of shares   [bus.organ.] *распределение акций*

distribution of surplus   [pers.manag.] *распределение прибыли*

distribution of tasks   *распределение заданий*

distribution of trust fund   [legal] *распределение капитала, переданного в доверительное управление*

distribution of work   *распределение работы*

distribution on countries   *распределение по странам*

distribution per stirpes   [suc.] *распределение наследуемого имущества в порядке представления*

distribution plan   *план распределения*

distribution ratio   *коэффициент распределения*

distributions   [bus.organ.] *распределяемая прибыль*

distribution scheme   *система распределения*

distribution stage   [comm.] *стадия распределения*

distribution system   [mark.] *система распределения*

distribution trade   *оптовая торговля, сфера распределения*

distribution trades   *торговые рейсы*

distribution trades, the   *распределительная торговля, торговые рейсы*

distribution undertaking   *снабженческое предприятие*

distributive share of inheritance   [suc.] *доля наследства, получаемая при его распределении*

distributive system   [mark.] *распределительная система*

distributor   *брокер, размещающий ценные бумаги среди клиентуры;* — [comm.] *агент по продаже, оптовая фирма, оптовый торговец, распределительная организация*

distributor discount   [comm.] *скидка оптового торговца*

district   *административный округ, военный округ, дистрикт, избирательный участок, местность, округ, район, судебный округ, участок;* [plan.] *область, территория*

district (vb.) *делить на районы, районировать;* [legal] *делить на округа*

district attorney (DA)   [leg.pun.] *прокурор округа (США)*

District Attorney (DA)   [leg.pun.] *прокурор округа (США)*

district bank   [bank.] *окружной банк, районный банк*

district board   *окружной совет*

district court   *федеральный суд первой инстанции (США);* [legal] *местный суд, окружной суд*

district heating plant   *районная отопительная котельная*

district manager   *управляющий сбытовым районом компании*

district office   *окружная контора, районное отделение*

district plan   [plan.] *план округа, план района*

district registry   [legal] *местная судебная канцелярия (Великобритания)*

distrust   *недоверие, подозрение, сомнение*

distrust (vb.) *не доверять, подозревать, сомневаться*

distrustful (adj.) *недоверчивый, подозрительный, сомневающийся*

disturb (vb.) *мешать беспрепятственному использованию, нарушать, портить, приводить в беспорядок, причинять беспокойство*

disturbance   *волнение, воспрепятствование использованию права, нарушение общественного порядка, нарушение пользования правом, нарушение равновесия, неисправность;* [prod.] *беспокойство, нарушение, повреждение*

disturbance of market conditions *колебания рыночной конъюнктуры, неустойчивое состояние рынка*

disturbance of mind *расстройство рассудка*

disturbances [legal] *беспорядки, волнения, потрясения*

disused (adj.) *вышедший из употребления, заброшенный, неупотребительный*

disutility *вред;* [pol.ec.] *бесполезность, вредность, неудобство, пагубность*

diverge (vb.) *отклоняться, отличаться, разниться, расходиться*

divergence *дивергенция, несогласие, отклонение, отклонение от нормы, отход, расхождение*

diverse (adj.) *несходный, различный, разнообразный, разный*

diversification *многообразие, разнообразие, разностороннее развитие, расхождение, расширение ассортимента;* [fin.] *вложение капитала в различные виды ценных бумаг, диверсификация*

diversification merger *объединение разнопрофильных предприятий*

diversification of investments [fin.] *диверсификация инвестиций*

diversification of portfolio [fin.] *распределение инвестиционного портфеля между разными финансовыми инструментами*

diversification of risk *диверсификация риска*

diversified company *диверсифицированная компания, многоотраслевая компания*

diversified group *объединение разнопрофильных предприятий;* [bus.organ.] *многоотраслевое объединение компаний*

diversify (vb.) *варьировать, диверсифицировать, производить многономенклатурную продукцию, разнообразить;* [fin.] *вкладывать капитал в различные предприятия*

diversion *отвлечение, отвод, отклонение, отход, переключение;* [trans.] *изменение маршрута*

diversion of foreign exchange [monet.trans.] *перемещение иностранной валюты*

diversity *многообразие, несходство, отличие, различие, разновидность, разнообразие, своеобразие*

divert (vb.) [trans.] *изменять маршрут, направлять по другому пути, переадресовывать*

divest (vb.) *лишать, лишать полномочий, лишать права собственности, отбрасывать, отделываться, отказываться, отнимать*

divestiture *изъятие капиталовложений, лишение прав, отделение, отказ от владения, отказ от участия, отторжение, реализация актива путем продажи*

divestment *изъятие капиталовложений, лишение прав, отделение, отказ от владения, отказ от участия, отторжение, реализация актива путем продажи*

divide (vb.) *вызывать разногласия, вызывать расхождения во мнениях, голосовать, делить, классифицировать, отделять, подразделять, проводить голосование, распределять, рассредотачивать, рассредоточивать внимание, расходиться во мнениях, ставить на голосование*

divide an estate (vb.) [suc.] *производить раздел имущества*

divide an estate with children (vb.) [suc.] *производить раздел имущества с детьми*

divide an estate with the children (vb.) [suc.] *производить раздел имущества с детьми*

divide into halves (vb.) *делить пополам*

divide into lots (vb.) [r.e.] *разбивать на делянки, разбивать на участки*

dividend [bankr.leg.] *дивиденд;* [bus.organ.] *доля, квота, часть;* [ind.ec.] *прибыль*

dividend announcement [bus.organ.] *объявление о выплате дивиденда*

dividend ceiling [bus.organ.] *максимальный размер дивиденда*

dividend cheque [bus.organ.] *чек на выплату дивиденда*

dividend coupon [bus.organ.] *купон на получение дивиденда*
dividend disbursement [bus.organ.] *выплата дивидендов*
dividend distribution [bus.organ.] *выплата дивидендов, распределение прибыли*
dividend equalization fund [calc.,bus.organ.] *фонд регулирования дивидендов, фонд стабилизации дивидендов*
dividend for financial year *дивиденд за финансовый год*
dividend for the financial year [calc.] *дивиденд за финансовый год*
dividend in arrears [bus.organ.] *задолженность по дивидендам*
dividend in bankruptcy [bankr.leg.] *дивиденд, полученный при банкротстве*
dividend included [stock] *включая дивиденд*
dividend in composition [bankr.leg.] *дивиденд по компромиссному соглашению*
dividend in specie [bus.organ.] *дивиденд, выплаченный наличными*
dividend limitation [bus.organ.] *максимальный размер дивиденда*
dividend mandate [bus.organ.] *поручение о выплате дивиденда*
dividend on account [bus.organ.] *предварительный дивиденд*
dividend on preferred stock [bus.organ.] *дивиденд на привилегированную акцию*
dividend on preferred stock (US) [bus.organ.] *дивиденд на привилегированную акцию*
dividend paid in arrears [bus.organ.] *дивиденд, выплаченный с задержкой*
dividend payable *дивиденд к оплате*
dividend-paying [bus.organ.] *приносящий дивиденды*
dividend-paying unit trust *общий инвестиционный траст-фонд, выплачивающий дивиденды*
dividend payment [bankr.leg.] *выплата дивидендов;* [bus.organ.] *дивиденд к оплате*
dividend payout [bus.organ.] *выплата дивидендов*
dividend payout ratio [fin.] *норма выплачиваемого дивиденда*
dividend policy [bus.organ.] *дивидендная политика*
dividend/price ratio (D/P ratio) [stock] *отношение стоимости дивиденда к цене акции*
dividend rate [fin.] *норма дивидендов*
dividend restraint [bus.organ.] *ограничение дивидендов*
dividend-right certificate [bus.organ.] *сертификат, подтверждающий право на получение дивидендов*
dividends received deduction [tax.] *вычет из полученного дивиденда*
dividend tax [tax.] *налог на дивиденды*
dividend warrant [bus.organ.] *свидетельство на получение дивиденда*
dividend yield [fin.] *дивидендный доход*
divide profits (vb.) [ind.ec.] *делить прибыли, распределять прибыли*
divider [doc.] *разделитель*
dividing fence *перегородка, разделительное ограждение*
divisible (adj.) *делимый*
division *голосование, группа подразделений, деление, категория, классификация, контора, округ, отдел, отделение, подразделение компании, разделение, разногласия, распределение, расхождение во мнениях, сектор экономики, филиал компании;* [manag.] *раздел, секция;* [parl.] *разделение голосов при голосовании*
divisional accounts *отчет отдела*
divisional application [pat.] *выделенная заявка*
divisional manager [pers.manag.] *заведующий сектором, начальник отдела, руководитель отделения компании, руководитель подразделения, руководитель филиала*
division head *начальник сектора, руководитель группы;* [pers.manag.] *заведующий отделом, начальник отдела*
division into municipalities *деление на муниципалитеты*

division into smaller units   *разделение на более мелкие единицы*

division into tranches   [ec.] *деление займа на транши*

division manager   *руководитель филиала;* [pers.manag.] *начальник отдела, руководитель отделения компании*

division of an estate   [suc.] *раздел имущества*

division of estate   [suc.] *раздел имущества*

division of labor   [pol.ec.] *разделение труда*

division of labour   [pol.ec.] *разделение труда*

division of land   [r.e.] *раздел земельной собственности*

division of market   [mark.] *раздел рынка*

division of powers   *разделение властей, разделение полномочий, распределение сил*

division of profits   [calc.] *распределение прибылей*

division of responsibility   *разделение ответственности*

division performance   [ind.ec.] *результаты работы отдела*

division superintendent   [pers.manag.] *заведующий отделением, заведующий отделом, руководитель группы, руководитель подразделения*

divorceßе   [law.dom.] *разведенная жена*

divorce   [law.dom.] *развод, расторжение брака*

divorce (vb.)   *разводиться, расторгать брак*

divorce a mensa et thoro   [law.dom.] *прекращение совместной жизни*

divorce costs   [law.dom.] *судебные издержки развода*

divorce court   [law.dom.] *суд по бракоразводным делам*

divorced (adj.)   [law.dom.] *разведенный*

divorce decree   [law.dom.] *судебный приказ о разводе;* [manag.] *решение суда о расторжении брака*

divorcee   [law.dom.] *разведенная жена, разведенный муж*

divorce petition   [law.dom.] *заявление в суд о расторжении брака, заявление о расторжении брака*

divorce proceedings   [law.dom.] *бракоразводный процесс*

divorce suit   [law.dom.] *бракоразводный процесс, дело о разводе*

divorcé   *разведенный муж*

divulge (vb.)   *обнародовать, разглашать*

divulgence   *обнародование, разглашение*

DJIA (Dow Jones Industrial Average)   [exc.] *индекс Доу-Джонса для промышленных компаний*

DKK (Danish krone)   [monet.trans.] *датская крона*

DKK cross-rate   [monet.trans.] *кросс-курс датской кроны*

do business (vb.)   *вести торговые дела, делать дела*

dock   [legal] *скамья подсудимых;* [nav.] *док*

dock (vb.)   *лишать, отменять, производить вычеты из заработной платы, сокращать, урезывать*

dock a ship (vb.)   [nav.] *вводить судно в док*

dock company   [wareh.] *складская компания*

dock due   *доковый сбор, причальный сбор, сбор за докование судна, сбор за пользование причалом*

dock dues   [nav.] *доковые сбор, причальный сбор, сбор за докование судна, сбор за пользование причалом*

docker   [nav.] *докер, портовый грузчик, портовый рабочий*

docket   *декларация продавца, копия решения, перечень, реестр, ярлык с адресом грузополучателя;* [legal] *выписка, досье производства по делу, квитанция таможни об уплате пошлины, книга записей, копия приговора, краткое содержание документа, список дел к слушанию*

docket (vb.)   *вносить в перечень, маркировать, наклеивать этикетки, наклеивать ярлыки;* [legal] *вносить в реестр, делать выписку*

dock worker   *докер, портовый грузчик;* [nav.] *портовый рабочий*

doctor   *врач, доктор, фальсифицированный продукт*

doctoring of a balance sheet   [calc.] *исправление балансового отчета*

doctoring of balance sheet   *исправление балансового отчета*

doctor's fee   *гонорар врача*

doctor's obligation to give solicited information   *обязанность врача предоставлять запрашиваемую информацию*

doctrine of dependent relative revocation   [suc.] *доктрина зависимого относительного аннулирования*

doctrine of part performance   [legal] *доктрина частичного исполнения*

doctrine of precedence   [legal] *доктрина приоритета*

doctrine of relation back   [legal] *доктрина обратного действия*

doctrine of reputed ownership   [legal] *доктрина предполагаемого собственника*

document   [comp.] *документальный источник, свидетельство;* [legal] *документ, документальное доказательство*

document (vb.)   *выдавать документы, документировать, подтверждать документами;* [legal] *снабжать документами*

documentary (adj.)   *документальный, документированный*

documentary acceptance credit   *документарный аккредитив;* [bill.] *документарный акцептный кредит*

documentary bill   [bill.] *документарная тратта*

documentary credit   *документарный аккредитив*

documentary credit amount   *сумма документарного аккредитива*

documentary credit commission   *комиссионные за документарный аккредитив*

documentary credit guarantee   *гарантия документарного аккредитива*

documentary credit terms   *условия документарного аккредитива*

documentary credit transaction   *сделка с документарным аккредитивом*

documentary draft   [bill.] *вексель, подкрепленный документом, документарная тратта, переводный вексель*

documentary evidence   *документальное доказательство*

documentary letter of credit   *документарный аккредитив, товарный аккредитив, оплачиваемый при предъявлении отгрузочных документов*

documentary sight credit   *документарный аккредитив, по которому выписывается предъявительская тратта*

documentation   *выдача документов, документалистика, документация*

documentation centre   *информационный центр, центр информационного обслуживания*

documentation requirement   *требование обеспечения документацией*

document delivery   *доставка документов*

document handling   *обработка документов*

document of conveyance   [r.e.] *акт о передаче права собственности*

document of origin   *свидетельство о происхождении*

document of title   [legal] *товарораспорядительный документ*

document printer   [comp.] *устройство для печатания документов*

document reader   *читающий автомат;* [comp.] *устройство для считывания с документов, устройство для чтения документов*

document retrieval   [comp.] *поиск документов*

document retrieval system   *система поиска документов*

documents against acceptance   *документы против акцепта*

documents against bank acceptance   *документы против банковского акцепта*

documents against payment (D/P)   *документы за наличный расчет*

documents are presently lodged for official approval   [manag.] *в настоящее время документы представлены на официальное одобрение*

documents are presently lodged for official approval, the   *документы в настоящее время поданы на официальное утверждение*

documents of the case   [legal] *документы судебного дела*

document under hand   [legal] *рассматриваемый документ*

dodge   *обман, увертка, уловка, хитрость*

dodge (vb.) [tax.] *избегать, уклоняться*

doing the pools *образование пула, создание общего фонда, создание объединения*

do justice (vb.) *отправлять правосудие*

dole *раздача в благотворительных целях;* [empl.] *пособие по безработице*

dole, be on the (vb.) [empl.] *получать пособие по безработице*

dollar [monet.trans.] *доллар*

dollar account *долларовый счет*

dollar amount *сумма в долларах*

dollar bill *банкнота в один доллар*

dollar conversion business [monet.trans.] *контора по обмену долларов*

dollar earnings *поступления долларов*

dollar economies *экономия в долларовом выражении*

dollar economies, the *'долларовые' экономики*

dollar gain *долларовая прибыль*

dollar loan *долларовая ссуда, долларовый заем*

dollar rate [monet.trans.] *курс доллара*

dollar rate increase [monet.trans.] *повышение курса доллара*

dollar trade *долларовая торговля*

dollar transaction *сделка за доллары, торговая операция за доллары*

dollar's exchange rate [monet.trans.] *обменный курс доллара*

domain *владение, имение, область, поле деятельности, поместье, сфера*

domestic (adj.) *бытовой, внутренний, домашний, местный, национальный, отечественный, семейный*

domestic bank *внутренний банк, местный банк, отечественный банк*

domestic bank lending [pol.ec.] *займы внутреннего банка, кредиты внутреннего банка*

domestic bill of exchange [bill.] *внутренний переводный вексель, внутренняя тратта*

domestic bond [stock] *внутренняя облигация*

domestic borrowing [pol.ec.] *внутренний заем*

domestic business [ins.] *внутренний бизнес, местное предприятие*

domestic business investment *инвестирование внутреннего бизнеса*

domestic capital market *внутренний рынок долгосрочного ссудного капитала*

domestic company [bus.organ.] *отечественная компания*

domestic consumption [pol.ec.] *внутреннее потребление*

domestic credit expansion [pol.ec.] *показатель расширения кредитных операций внутри страны*

domestic currency [monet.trans.] *местная валюта*

domestic cyclical trend [pol.ec.] *периодический тренд на внутреннем рынке*

domestic cyclical trends [pol.ec.] *периодические тренды на внутреннем рынке*

domestic demand [pol.ec.] *внутренний спрос, спрос на внутреннем рынке*

domestic draft [bill.] *внутренний переводный вексель, внутренняя тратта*

domestic economic equilibrium [pol.ec.] *равновесие внутренней экономики*

domestic flight [air tr.] *внутренний рейс*

domestic government loan *внутренний государственный заем*

domestic government paper [stock] *внутренняя государственная ценная бумага*

domestic industry [pol.ec.] *отечественная промышленность*

domestic issue [exc.] *внутренняя эмиссия*

domestic loan *внутренний заем*

domestic market *внутренний рынок, отечественный рынок*

domestic market trade *торговля на внутреннем рынке*
domestic market trades *торговцы на внутреннем рынке*
domestic parent *отечественная материнская компания*
domestic participant *местный участник*
domestic partner *местный компаньон, местный партнер*
domestic passport *отечественный паспорт*
domestic proceedings [law.dom.] *судопроизводство по семейным делам*
domestic product *внутренний продукт, отечественный продукт*
domestic rates vis-a-vis foreign rates *внутренние ставки по сравнению с зарубежными ставками*
domestic risk [ins.] *риск на внутреннем рынке*
domestics (adj.) *товары отечественного производства*
domestic sales *продажа на внутреннем рынке*
domestic savings *внутренние сбережения*
domestic trade *внутренняя торговля*
domestic transport [trans.] *внутренние перевозки, перевозки внутри страны*
domestic tribunal *внутригосударственный суд*
domestic turnover *оборот внутренней торговли*
domicile *постоянное местожительство;* [legal] *домицилий, место платежа по векселю, юридический адрес*
domicile (vb.) *иметь домицилий, обозначать место платежа по векселю;* [legal] *домицилировать, поселить на постоянное жительство*
domiciled (adj.) *поселенный на постоянное место жительства, проживающий постоянно*
domiciled bill [bill.] *домицилированный вексель*
domicile for tax purposes [tax.] *юридический адрес для налогообложения*
domiciliate (vb.) [bill.] *домицилировать, обозначать место платежа по векселю*
domiciliation [bill.] *обозначение места платежа по векселю*
domiciliation endorsement [bill.] *передаточная надпись на обороте векселя, указывающая место платежа*
do military service (vb.) [mil.] *проходить военную службу*
dominance *влияние, господство, превосходство, преобладание*
dominant (adj.) *господствующий, доминирующий, основной, преобладающий*
dominant influence *преобладающее воздействие, решающее влияние*
dominant owner [r.e.] *владелец, пользующийся сервитутом*
dominant participation [bus.organ.] *участие с правом решающего голоса*
dominant position *господствующее положение, доминирующее положение, ключевая позиция*
dominant shareholder [bus.organ.] *основной держатель акций*
dominant tenement [r.e.] *арендованное имущество, в пользу которого существует сервитут*
dominant undertaking *основная деятельность, основное предприятие*
dominate (vb.) *властвовать, господствовать, доминировать, иметь преобладающее влияние, преобладать, сдерживать*
dominated (adj.) *сдержанный, умеющий владеть собой*
donate (vb.) *преподносить в качестве дара;* [legal] *дарить, передавать в дар*
donated amount *подаренная сумма*
donatio inter vivos [legal] *дарение при жизни, прижизненное дарение*
donatio mortis causa [legal] *дарение на случай смерти*
donation *дар, документ о дарении, пожертвование;* [legal] *дарение, дарственная, передача в дар*
donation duty [tax.] *налог на дарение*
donations fund *фонд пожертвований*
donee [legal] *лицо, которому передано в неограниченное владение недвижимое имущество, лицо, облеченное полномочиями, лицо, получившее дар, лицо, распределяющее наследственное имущество по доверенности*

donor   донор, финансирующая организация; [legal] *даритель,*
жертвователь, источник финансирования, лицо,
передающее дар, лицо, предоставляющее право

doorman   *привратник, швейцар*

door-to-door   [trans.] *сквозная доставка товаров*

door-to-door clause   [ins.] *пункт о страховании путем поквартирного*
обхода

door-to-door sales   [comm.] *продажа со сквозной доставкой товара*

door-to-pier   [trans.] *доставка товаров от двери к пирсу*

doped (adj.)   *допинговый, легированный, разбавленный*

do piecework (vb.)   [empl.] *выполнять сдельную работу, работать*
сдельно

DOR (date of ratification)   [law nat.] *дата ратификации*

dormant account   [bank.] *неактивный депозитный счет, неактивный*
клиентский счет

dormant capital   [fin.] *мертвый капитал*

dormant commitment   *скрытое обязательство*

dormant loan   *неэффективно используемая ссуда*

dormant partner   *компаньон, не принимающий активного участия в*
ведении дел, пассивный партнер

dormant partnership   *товарищество, не занимающееся активной*
деятельностью

dormitory suburb   *жилой район пригорода*

DOS (disk operating system)   [comp.] *дисковая операционная система*

dossier   [doc.] *дело, досье*

do takeaways (vb.)   *производить вычеты, производить удержания*

dotted line   [print.] *пунктирная линия*

double (vb.)   *увеличивать вдвое, удваивать*

double (adj.)   *двойной, парный, сдвоенный, состоящий из двух частей,*
удвоенный

double bond   [legal] *денежное обязательство со штрафом, условное*
денежное обязательство

double column   [book-keep.] *двойной столбец*

double counting   *двойной счет*

double currency obligation   [stock] *обязательство в двойной валюте*

double-declining balance depreciation   [calc.] *начисление износа*
методом двойного убывающего остатка

double density   [comp.] *двойная плотность*

double-digit inflation   *инфляция, темпы которой выражаются*
двузначным числом

double domicile clause   [tax.] *условие двойного домицилия*

double employment, have (vb.)   [empl.] *работать в двух местах*

double endowment assurance   [ins.] *двойное страхование-вклад*

double-entry bookkeeping   [book-keep.] *бухгалтерский учет по методу*
двойной записи, двойная бухгалтерия

double factorial terms of trade   *двойные факторные условия торговли*

double-figure amount   *двузначная сумма*

double-hedge swap   [exc.] *двойной своп*

double insurance   [ins.] *двойное страхование*

double jurisdiction   *двойная юрисдикция*

double option   [exc.] *двойной опцион*

double-page spread   [media] *двухстраничный разворот*

double personal relief   [tax.] *двойная персональная скидка с налога*

double posting   [book-keep.] *двойная проводка*

double precision   *двойная точность, удвоенная точность*

double rate system   [tax.] *система налогообложения с двойной*
процентной ставкой

double reporting   *двойная отчетность*

double-sided diskette   [comp.] *двусторонняя дискета*

double tariff   [cust.] *двойной тариф*

double taxation   [tax.] *двойное налогообложение*

double taxation convention [tax.] *соглашение о защите от двойного налогообложения*

double taxation relief [tax.] *освобождение от двойного налогообложения*

double taxation treaty [tax.] *соглашение о защите от двойного налогообложения*

double-weighted (adj.) *весящий вдвое больше*

doubling *дублирование, сдваивание, увеличение вдвое, удваивание, удвоение*

doubt *колебание, нерешительность, неясность, сомнение*

doubtful (adj.) *неопределенный, неясный, подозрительный, сомнительный*

doubtful accounts [book-keep.] *подозрительные счета, сомнительные счета*

doubtful debt [book-keep.] *сомнительная задолженность, сомнительный долг*

doubtful debts *сомнительные долги*

Dow Jones Index [exc.] *индекс Доу-Джонса*

Dow Jones Industrial Average (DJIA) [exc.] *индекс Доу-Джонса для акций промышленных компаний*

down arrow key [comp.] *клавиша 'стрелка вниз'*

downdrift [pol.ec.] *тенденция к снижению*

down-grading *перевод на менее квалифицированную работу, понижение в должности, понижение сортности товара*

down payment *наличный расчет;* [comm.] *первый взнос;* [r.e.,comm.] *первоначальный взнос*

downscale segment *рыночный сегмент низкокачественных товаров*

downstream *вниз по течению, спад производства*

downstream (adj.) *находящийся ниже по течению*

downswing *резкое снижение;* [pol.ec.] *спад производства, упадок*

down tools (vb.) [empl.] *бастовать, прекращать работу*

downtrend [exc.] *тенденция к понижению*

downturn *падение конъюнктуры, спад деловой активности, экономический спад*

downturn in business cycle [pol.ec.] *период спада в цикле деловой активности, период спада в экономическом цикле*

downturn in the business cycle [pol.ec.] *период спада в цикле деловой активности, период спада в экономическом цикле*

downturn of *спад чего-л.*

downward (adj.) *понижательный, ухудшающийся*

downward adjustment *понижательная тенденция, поправка в сторону понижения*

downward change in index [pol.ec.] *изменение индекса в сторону понижения, снижение индекса*

downward change in the index [pol.ec.] *изменение индекса в сторону понижения*

downward interest rate trend *тенденция снижения процентной ставки*

downward move in order of priorities [r.e.] *понижение в порядке очередности*

downward move in the order of priorities [r.e.] *понижение в порядке очередности*

downward trend [exc.] *понижательная тенденция, тенденция к понижению;* [pol.ec.] *ухудшающаяся конъюнктура*

downward trend of prices [pol.ec.] *тенденция к снижению цен*

dowry *приданое*

dowry assurance [ins.] *страхование приданого*

D/P (documents against payment) *документы против платежа*

DPP (Director of Public Prosecutions) [leg.pun.] *генеральный прокурор (Великобритания)*

D/P ratio (dividend/price ratio) [stock] *отношение дивиденда к курсу*

DP system (data processing system)   [comp.] *система обработки данных*

draft   *использование, набросок, отбор, партия груза, взвешиваемая одновременно, получение, скидка на провес, чертеж;* [adv.] *проект, эскиз;* [bank.] *получение денег по чеку;* [bill.] *переводный вексель, тратта*

draft (vb.)   *выделять, делать чертеж, делать эскиз, набрасывать, отбирать, составлять план, составлять проект;* [mil.] *призывать в армию*

draft a contract (vb.)   *составлять договор;* [legal] *составлять контракт*

draft addendum (DAD)   *проект дополнения, проект приложения*

draft agenda   *проект повестки дня*

draft agreement   [legal] *проект соглашения*

draft amendment (DAM)   *проект поправки*

draft an agreement (vb.) [legal]   *составлять проект соглашения*

draft bill   [parl.] *законопроект*

draft board   [mil.] *призывная комиссия*

draft budget   *проект сметы;* [parl.] *проект бюджета*

draft drawn under a letter of credit   [bill.] *переводный вексель, выписанный на основании аккредитива, тратта, выписанная на основании аккредитива*

draft drawn under letter of credit   [bill.] *переводный вексель, выписанный на основании аккредитива, тратта, выписанная на основании аккредитива*

draftee   [mil.] *призванный на военную службу, призывник*

draft form   *эскиз бланка*

drafting   *редакция, составление документа, формулировка, черчение*

drafting committee   *редакционная комиссия, редакционный комитет*

draft international standard   *проект международного стандарта*

draft paper   *черновой документ*

draft resolution   *проект резолюции*

draft settlement   *проект соглашения*

draft with usance   [bill.] *переводный вексель со сроком оплаты, установленным обычаем*

drag down with one (vb.)   *тащить за собой вниз*

drain   [ec.] *истощение, отток, постоянная утечка, потребление, убыль*

drain (vb.)   *выкачивать, истощать, исчерпывать, опустошать, утекать*

drainage   *дренаж, канализация, осушение, сток*

drain of capital   *утечка капитала*

drain on foreign exchange reserves   *накопление валютных резервов*

drain on liquidity   *отток капитала в ликвидность*

drastic (adj.)   *коренной, крутой, радикальный, решительный, энергичный*

draughtsman   *автор законопроекта, конструктор, рисовальщик, чертежник;* [pers.manag.] *составитель документа*

draw   *разделение голосов поровну;* [stock] *выигрыш*

draw (vb.)   *выставлять тратту, вытаскивать, вытягивать, привлекать, притягивать, собирать, трассировать, формировать состав присяжных;* [bank.] *извлекать доход, пользоваться кредитом, снимать деньги со счета, составлять документ;* [bill.] *выписывать тратту, выписывать чек, сокращать расходы;* [print.] *выставлять чек, чертить;* [stock] *использовать, получать*

draw a bill (vb.)   [bill.] *выставлять тратту*

draw a cheque (vb.)   [bank.] *выписывать чек, выставлять чек*

draw an allowance (vb.)   [soc.] *получать пособие*

draw a sample (vb.)   *брать пробу*

drawback   *затруднение, изъян, недостаток, помеха;* [cust.] *возвратная пошлина, возврат пошлины, препятствие, уступка в цене*

draw custom (vb.) *привлекать клиентов, привлекать покупателей*
drawdown *сокращение;* [bank.] *использование кредита, снижение*
drawdown rate [bank.] *норма использования кредита*
drawdown swap [exc.] *своп с постепенной выборкой*
drawee [bill.] *банк, на который выписан чек, лицо, на которое выставлена тратта, плательщик по переводному векселю, трассат*
drawee bank [bill.] *банк, на который выписан чек*
drawee of a bill [bill.] *лицо, на которое выставлена тратта, трассат*
drawee of bill *лицо, на которое выставлена тратта;* [bill.] *трассат*
drawer *лицо, выставившее тратту, составитель документа, трассант, чертежник*
drawer of a bill [bill.] *лицо, выписавшее переводный вексель, лицо, выставившее тратту, трассант*
drawer of a cheque *лицо, выписывающее чек, чекодатель*
drawer of bill *лицо, выписавшее переводный вексель, лицо, выставившее тратту, трассант*
drawer of cheque *лицо, выписавшее чек, чекодатель*
drawer's account [bank.] *счет трассанта*
draw from an account (vb.) [bank.] *брать со счета, снимать со счета*
draw in (vb.) *вовлекать, втягивать, ограничивать расходы, снижать расходы, сокращать, требовать возвращения*
drawing *набросок, рисование, рисунок, чертеж, черчение;* [bank.] *выписка чека;* [bill.] *выписка тратты, трассирование;* [stock] *снятие денег со счета, составление документа*
drawing by lot [stock] *выбор облигаций для очередного погашения путем жребия, определение очередности погашения требований кредитов путем жребия, определение очередности погашения требований кредитов путем розыгрыша очередности*
drawing facility [bank.] *тиражное оборудование*
drawing from post giro account *снятие денег со счета почтовых жиросчетов*
drawing from Post Giro account *снятие денег со счета почтовых жиросчетов*
drawing lots *розыгрыш, тираж*
drawing of bonds for early redemption [stock] *розыгрыш облигаций с целью досрочного погашения*
drawing office *конструкторский отдел, конструкторское бюро*
drawing on [bank.] *использование, получение, расходование*
drawing on current account [bank.] *снятие денег с текущего счета*
drawing on foreign exchange reserves *использование резервов иностранной валюты*
drawing right [stock] *право заимствования*
drawings account *счет расходов;* [bank.] *текущий счет*
drawings against commitments [bank.] *получение кредита под обязательства*
drawing up *оформление документа, составление документа*
drawing up of accounts [calc.] *составление отчета*
drawing up of annual accounts [calc.] *составление годового отчета*
drawing up of a will [suc.] *оформление завещания, составление завещания*
drawing up of revenue and expenditure account *составление отчета о результатах хозяйственной деятельности;* [calc.] *составление отчета о прибылях и убытках*
drawing up of the accounts [calc.] *составление отчета*
drawing up of the annual accounts [calc.] *составление годового отчета*
drawing up of the revenue and expenditure account *составление отчета о результатах хозяйственной деятельности;* [calc.] *составление отчета о прибылях и убытках*

drawing up of will   *оформление завещания, составление завещания*
draw interest (vb.)   [bank.] *получать проценты*
draw lots (vb.)   *тянуть жребий*
draw money from a bank (vb.)   [bank.] *брать деньги в банке, получать деньги в банке*
draw money from bank (vb.)   [bank.] *брать деньги в банке, получать деньги в банке*
drawn bonds   [stock] *погашенные облигации*
drawn-on date   [stock] *дата выставления, дата погашения*
draw on (vb.)   [bank.] *наступать, приближаться, снимать деньги со счета*
draw on the reserve (vb.)   *использовать резерв*
draw on the reserves   *использовать резервы*
draw out (vb.)   *брать деньги, вынимать, вытаскивать, выявлять, извлекать, снимать деньги*
draw to full scale (vb.)   [print.] *чертить в масштабе 1:1, чертить в натуральную величину*
draw up (vb.)   *вытягивать, вытягиваться, останавливать, оформлять документ, поднимать, подтягивать, распрямляться, составлять документ*
draw up a balance sheet (vb.)   [calc.] *составлять балансовый отчет*
draw up a consolidated annual report (vb.)   [bus.organ.] *составлять сводный годовой отчет*
draw up a contract (vb.)   [legal] *оформлять контракт, составлять контракт*
draw up a document (vb.)   *оформлять документ;* [legal] *составлять документ*
draw up a list (vb.)   *составлять перечень, составлять список*
draw up an average statement (vb.)   [mar.ins.] *составлять диспашу*
draw up an indictment (vb.)   [leg.pun.] *составлять обвинительный акт*
draw up a report (vb.)   *составлять отчет*
draw up a statement of accounts for (vb.)   [calc.] *составлять отчет о состоянии счетов*
draw up a will (vb.)   [suc.] *составлять завещание*
draw up clearly (vb.)   *четко выражать, четко формулировать*
draw up consolidated accounts (vb.)   [calc.] *составлять сводный баланс, составлять сводный отчет*
draw upon a credit (vb.)   [bank.] *брать кредит, получать кредит*
drayage   [trans.] *плата за местные перевозки*
dress in uniform (vb.)   [mil.] *одевать обмундирование*
drive   [mark.] *движение, направление, общественная компания, побуждение, распродажа товаров по низким ценам, стимул, стремление, тенденция, устремление, цель*
drive (vb.)   *отбрасывать, перегружать работой, подгонять, управлять;* [mark.] *торопить;* [prod.] *запускать в производство, приводить в движение*
drive in procession (vb.)   *двигаться вереницей, ехать в колонне*
driver's licence   *водительские права*
driving   *вождение автомобиля, приведение в действие*
driving (adj.)   *движущий, приводящий в движение*
driving and resting rules   [trans.] *правила, регламентирующие работу и отдых водителя*
driving force   *движущая сила*
driving licence   *водительские права*
driving licence suspended, have the (vb.)   *временно лишиться водительских прав*
driving over prescribed limit   [leg.pun.] *вождение автомобиля с превышением установленной нормы потребления алкоголя*
driving over prescribed speed limit   [leg.pun.] *вождение автомобиля с превышением установленной скорости движения*
driving over the prescribed limit   [leg.pun.] *вождение автомобиля с превышением установленной нормы потребления алкоголя*

driving over the prescribed speed limit [leg.pun.] *вождение автомобиля с превышением установленной скорости движения*

driving power *движущая сила*

driving test *дорожные испытания, эксплуатационные испытания*

driving under influence of drink [leg.pun.] *вождение автомобиля в нетрезвом состоянии*

driving under the influence of drink [leg.pun.] *вождение автомобиля в нетрезвом состоянии*

droit *прерогатива, юридическое право*

drop *падение, снижение, сокращение, спад, уменьшение;* [ec.] *понижение*

drop (vb.) *исключать, опускаться, понижаться, проигрывать, растрачивать, терять, убывать, увольнять, уменьшаться;* [ec.] *падать, снижаться*

drop a count (vb.) [leg.pun.] *отказываться от пункта обвинения*

drop in bond yield [exc.] *снижение процентного дохода по облигациям*

drop in exchange rate *снижение обменного курса;* [monet.trans.] *снижение валютного курса*

drop in market [exc.] *снижение рыночного курса*

drop in orders [ind.ec.] *сокращение объема заказов*

drop in output [prod.] *снижение выпуска продукции, сокращение объема производства, спад производства*

drop in production [prod.] *снижение выпуска продукции, сокращение объема производства, спад производства*

drop in rate *снижение курса*

drop in real earnings *снижение реальной заработной платы*

drop in the exchange rate *снижение обменного курса;* [monet.trans.] *снижение валютного курса*

drop in the market [exc.] *снижение рыночного курса*

drop in the rate [monet.trans.] *снижение курса*

drop-off charge [trans.] *плата за возврат контейнера*

dropping rate [monet.trans.] *понижающийся курс*

dropping rates [monet.trans.] *падающие курсы.*

drug *лекарственное вещество, лекарственное средство, лекарственный препарат, лекарство, медикамент, наркотик*

drug abuse *злоупотребление лекарственными средствами, привычка к наркотикам, токсикомания*

drug addict *наркоман, человек, привыкший к чрезмерному употреблению лекарственных средств*

drug criminality *преступность среди наркоманов*

drug dealer *торговец наркотиками*

druggist *аптекарь, фармацевт*

druglord *торговец наркотиками*

drug money *денежные средства, полученные от торговли наркотиками*

drug offence [leg.pun.] *преступление, совершенное под воздействием наркотиков*

drugs *наркотики*

drug safety legislation *законодательство по безвредности лекарственных средств*

drug smuggling *контрабанда наркотиков*

drugstore *аптекарский магазин*

drug trade *торговля наркотиками*

drug traffic *перевозка наркотиков*

drunken driver [leg.pun.] *пьяный водитель*

drunken driving [leg.pun.] *управление автомобилем в нетрезвом виде, управление автомобилем в состоянии алкогольного опьянения*

dry bulk container [trans.] *контейнер для перевозки сухих сыпучих грузов*

dry cargo [trans.] *сухой груз*

dry cargo container   [trans.] *сухогрузный контейнер*

dry cargo ship   [nav.] *сухогрузное судно, сухогрузный транспорт*

dry dock   [nav.] *сухой док*

dry dock a ship (vb.)   [nav.] *ставить судно в сухой док*

dry goods   *текстильные товары*

dry rot   [r.e.] *сухая гниль*

DTI (Department of Trade and Industry   *министерство торговли и промышленности (Великобритания)*

dual currency bond   [stock] *двухвалютная облигация*

dual exchange   *двойной валютный режим*

dual exchange market   [exc.] *валютный рынок с двойным режимом*

dualism   *двойственность, дуализм, раздвоенность*

dual nationality   *двойное гражданство*

dual-rate (adj.)   [trans.] *с двойной ставкой*

dual taxation   [tax.] *двойное налогообложение*

dubious (adj.)   *двусмысленный, неясный, подозрительный, сомневающийся, сомнительный*

dud cheque   [sl.] *поддельный чек*

due   *взнос, налог, пошлина, сбор*

due (adj.)   *должный, заслуженный, истекающий (о сроке), надлежащий, назначенный в качестве срока платежа, наступивший, обязанный, полагающийся, причитающийся, соответствующий, срочный;* [ec.] *ожидаемый, подлежащий выплате*

due amount   *причитающаяся сумма*

due and payable (adj.)   *причитающийся и подлежащий оплате*

due bill   *вексель с наступившим сроком;* [exc.] *счет к оплате, счет на доплату за перевозку груза*

due capital   *причитающийся капитал*

due care   *должная забота, надлежащий уход, необходимая забота*

due care and diligence of a prudent businessman, with the   [legal] *при должной заботливости и старательности благоразумного коммерсанта*

due cause, without   *без достаточных оснований, без уважительной причины*

due claim   *платежное требование*

due course, in   *в надлежащее время, в свое время, своим чередом*

due date   [bill.] *срок платежа, срок погашения кредитного обязательства, установленный срок;* [ec.] *директивный срок, плановый срок*

due date for interest   *срок выплаты процентов*

due date for tax payment   [tax.] *срок уплаты налогов*

due date of premium   [ins.] *срок выплаты страховой премии*

due date subject to liquidation damages   *срок возмещения заранее оцененных убытков*

due diligence   *должная заботливость, должная старательность*

due form   *установленная форма, установленный образец*

due form, in   *по установленной форме*

due mortgage   *ипотека, подлежащая погашению*

due notice, with   *при надлежащем уведомлении*

due premium   [ins.] *страховой взнос, подлежащий уплате*

due process of law   [legal] *надлежащая законная процедура*

dues   *взносы, пошлины, сборы;* [tax.] *налоги*

due tax   *причитающийся налог*

duet bond   *двойная облигация*

due time, in   *в свое время*

due to   *благодаря, в результате, вследствие*

due to, be (vb.)   *быть должным, причитаться*

due to seasonal factors   *вследствие воздействия сезонных факторов*

dull (adj.)   [ec.] *бездеятельный, безжизненный, вялый, истощенный, медлительный, не имеющий спроса, неходкий (о товаре), неясный, слабый, смутный*

dull exchange   [exc.] *биржа с малой активностью*
dull market   [exc.] *вялый рынок, неактивный рынок*
dullness   *вялость, слабая активность, слабость*
dull trend   [exc.] *тенденция к снижению активности*
duly   *в должное время, вполне, должным образом, надлежащим образом*
duly approved (adj.)   *надлежащим образом утвержденный*
duly elected (adj.)   *законно избранный*
duly endorsed (adj.)   *правильно индоссированный*
duly filled in (adj.)   *правильно заполненный*
duly served (adj.)   *врученный должным образом, предъявленный законно*
duly signed (adj.)   *подписанный надлежащим образом*
duly stamped   *с нужными печатями*
duly sworn person   *лицо, принесшее требуемую присягу*
dummy   *бутафория в витринах, подставное лицо, эквивалент;* [adv.] *выставочный манекен, лицо, временно исполняющее обязанности, макет, модель*
dummy (adj.)   *ложный, нерабочий, поддельный, фальшивый, холостой*
dummy address   [mark.] *псевдоадрес, фиктивный адрес*
dummy box   *выставочная витрина, демонстрационный стенд*
dummy corporation   *фиктивная акционерная компания, фиктивная корпорация, фиктивное акционерное общество*
dummy data set   [comp.] *набор фиктивных данных*
dummy instruction   *фиктивная команда;* [comp.] *холостая команда*
dummy invoice   [book-keep.] *фиктивный счет-фактура*
dummy transaction   *фиктивная сделка*
dump (vb.)   *выбрасывать, выгружать;* [comm.] *наводнять рынок дешевыми товарами, продавать товар в убыток, устраивать демпинг*
dumping   *сброс отходов в море;* [comm.] *бросовый экспорт, демпинг, разгрузка навалом, распродажа по бросовым ценам*
dumping at sea   *сброс отходов в море*
dumping price   [comm.] *бросовая цена, демпинговая цена*
dump site   *место сброса отходов, место свалки, мусорная куча*
dun   *назойливый кредитор, настойчивое требование уплаты долга*
dun (vb.)   [ec.] *напоминать письмом об уплате долга, настойчиво требовать уплаты долга*
dunnage   [nav.] *подстилочный и сепарационный материал, средства компактной укладки, крепления и защиты груза*
dunner   [ec.] *назойливый кредитор, письмо с требованием уплаты долга*
dunning charge   *взыскиваемый налог, востребованный налог*
dunning letter   [ec.] *письменное требование уплаты долга*
duopoly   [pol.ec.] *дуополия*
duplex   [comp.] *двусторонний, дублированный, дуплексный*
duplex (house)   *двухквартирный дом, дом на две семьи*
duplex house   *двухквартирный дом, дом на две семьи*
duplicate   *дубликат, залоговая квитанция, копия, копия, имеющая силу оригинала;* [legal] *второй экземпляр*
duplicate (vb.)   *воспроизводить, делать дубликат, дублировать, снимать копию, увеличивать вдвое, удваивать*
duplicate (adj.)   *двойной, дублирующий, запасной, идентичный, сдвоенный, скопированный, состоящий из двух одинаковых частей, точно соответствующий, удвоенный*
duplicate, in   *в двух экземплярах*
duplicated audience   [media] *удвоенная аудитория*
duplicated entry   [book-keep.] *двойная бухгалтерская проводка*
duplicate of a bill   [bill.] *дубликат векселя*
duplicate of bill   [bill.] *дубликат векселя*
duplicate recording system   [book-keep.] *двойная бухгалтерия, система двойной записи*

duplicating   *удвоение*

duplication   *двойной счет, дубликат, дублирование, копирование, новые возражения ответчика, повторение, увеличение вдвое*

durability   *выносливость, долговечность, износостойкость, срок службы, твердость, устойчивость;* [prod.] *длительная прочность*

durable (adj.)   *длительного пользования, длительный, долговечный, долговременный, крепкий, надежный, продолжительный, прочный*

durable consumer goods   *потребительские товары длительного пользования*

durable good   [pol.ec.] *долговременная польза*

durable goods   *товары длительного пользования*

durable link   *долговременная связь*

durable means of production   [pol.ec.] *основные средства производства*

durables   *отрасли промышленности, производящие товары долговременного пользования, товары длительного пользования*

duration   *длительность, отрезок времени, продолжительность, срок*

duration concept   *устойчивая концепция*

duration of custody   [leg.pun.] *срок тюремного заключения*

duration of employment   [pers.manag.] *продолжительность работы, трудовой стаж*

duration of guarantee   [ins.] *срок гарантии*

duration of life   *продолжительность жизни*

duration of the collective agreement   [empl.] *срок действия коллективного договора*

duress   [legal] *принуждение*

during working hours   *в рабочее время*

dust cover   [print.] *суперобложка*

dust jacket   [print.] *суперобложка*

Dutch auction   *голландский аукцион*

Dutch florin   [monet.trans.] *голландский флорин*

Dutch guilder (NLG)   [monet.trans.] *голландский гульден*

dutiable (adj.)   *подлежащий обложению пошлиной*

dutiable goods   [cust.] *товары, подлежащие обложению пошлиной*

dutiable value   [cust.] *ценность, подлежащая обложению пошлиной*

dutiable weight   [cust.] *масса товара, подлежащая обложению пошлиной*

dutiful (adj.)   *верный долгу, исполненный сознания долга, исполнительный, послушный, почтительный, преданный*

duty   *вахта, гербовый сбор, моральное обязательство, налог, поручение, пошлина;* [cust.] *дежурство, служба;*
[pers.manag.] *задание, задача, функция;* [tax.] *обязанность*

duty, on   *во время дежурства, в служебное время, дежурный, на службе*

duty and tax free importation   [cust.] *ввоз, не облагаемый пошлинами и налогом*

duty applicable   [cust.] *действующий таможенный тариф*

duty classification   [cust.] *классификация пошлин*

duty drawback   [cust.] *возврат таможенной пошлины*

duty-free (adj.)   [cust.] *беспошлинный, не подлежащий обложению таможенной пошлиной*

duty-free ceiling   *максимальное количество товара, не облагаемое таможенной пошлиной*

duty-free Community tariff quota   [cust.] *квота тарифа Европейского экономического сообщества, не облагаемая таможенной пошлиной*

duty-free goods   [cust.] *беспошлинные товары, товары, не облагаемые пошлиной*

duty-free sale   [cust.] *беспошлинная продажа*

duty-free shop [cust.] *магазин, торгующий товарами, не облагаемыми пошлиной*

duty of attendance *обязанность присутствовать*

duty of care [legal] *обязанность проявлять внимание, обязанность соблюдать осторожность*

duty of custody *обязанность взять на хранение*

duty of diligence *обязанность проявлять старательность*

duty of discovery [legal] *обязанность предоставлять документы*

duty of giving evidence [legal] *обязанность давать свидетельские показания*

duty of loyalty *обязанность соблюдать закон*

duty of obedience *обязанность подчиняться*

duty of payment *обязанность производить платежи*

duty of public consultation [manag.] *обязанность проводить консультации с общественностью*

duty of reversion [legal] *обязанность поворота прав*

duty of service *воинская обязанность, служебная обязанность*

duty on capital flows [tax.] *налог на движение капитала, налог на перелив капитала*

duty on consumer loans [tax.] *налог на потребительские ссуды*

duty on exports [cust.] *экспортная пошлина*

duty on goods in bond [cust.] *сбор с товара, сложенного на таможенном складе до уплаты пошлины*

duty on imports and exports [cust.] *пошлина на ввоз и вывоз*

duty on shares [tax.] *налог на акции*

duty on spirits [tax.] *налог на спиртные напитки*

duty paid [cust.] *уплаченная пошлина*

duty paid goods [cust.] *товары с оплаченной пошлиной*

duty relief [cust.] *освобождение от уплаты пошлины*

duty requirement *требование платить пошлину*

duty requires *служебный долг требует*

duty roster [pers.manag.] *служебный реестр*

duty scheme [pers.manag.] *график дежурств*

duty station [pers.manag.] *дежурный пост, место службы*

duty to act [legal] *обязанность действовать*

duty to declare [cust.] *обязанность предъявлять вещи, облагаемые пошлиной*

duty to deduct [tax.] *обязанность производить удержание*

duty to disclose all material facts [ins.] *обязанность сообщать все существенные факты*

duty to fence [legal] *обязанность установить ограждение*

duty to file tax returns [tax.] *обязанность представлять налоговую декларацию*

duty to give notice *обязанность направлять уведомление*

duty to inform [ins.] *обязанность сообщать информацию*

duty to keep accounts [book-keep.] *обязанность вести бухгалтерский учет*

duty to keep fences in repair [legal] *обязанность поддерживать ограждение в исправном состоянии*

duty to keep secret *обязанность хранить тайну*

duty to limit damage [legal] *обязанность ограничивать причиняемый ущерб*

duty to limit the damage [legal] *обязанность ограничивать причиняемый ущерб*

duty to live together [law.dom.] *обязанность совместного проживания*

duty to make a statement [legal] *обязанность делать заявление*

duty to make statement [legal] *обязанность делать заявление*

duty to mitigate losses [legal] *обязанность смягчать последствия ущерба*

duty to notify *обязанность извещать, обязанность уведомлять*

duty to prove title [legal] *обязанность подтверждать право*

duty to register   *обязанность проводить регистрацию*
duty to save insured property from damage   [ins.] *обязанность беречь застрахованное имущество от повреждения*
duty to save up   *обязанность проявлять бережливость*
duty to support somebody   [law.dom.] *обязанность содержать кого-либо*
duty travel allowance   [calc.] *компенсация расходов на командировку*
duty unpaid   [cust.] *неуплаченная пошлина*
DWCC (dead weight cargo capacity)   *валовая грузоподъемность;* [nav.] *полная грузоподъемность*
dwelling   *жилое помещение, жилой дом, местожительство, проживание;* [r.c.] *жилище*
dwelling house   *жилой дом*
dwelling stock   *жилой фонд*
dwelling unit   *жилая секция, жилой отсек*
DWT (dead weight ton)   [nav.] *тонна дедвейт*
dyeline print   [print.] *светокопия*
dynamic (adj.)   *активный, движущий, динамический, динамичный, энергичный*
dynamic analysis   *динамический анализ*
dynamic model   *динамическая модель*
dynamics   *движущие силы, динамика*
DZD (Algerian dinar)   *алжирский динар*
démarche   [dipl.] *демарш*
détente   *разрядка;* [pol.] *ослабление напряженности*

E

each   *каждый*

each party to bear his own costs   [legal] *каждая сторона оплачивает свои расходы*

EAGGF (European Agricultural Guidance and Guarantee Fund)   [EEC] *Европейский гарантийный фонд развития сельского хозяйства*

E and O (errors and omissions)   *ошибки и пропуски*

E and OE (errors and omissions excepted)   *исключая ошибки и пропуски*

earlier   *ранее, раньше*

earlier date, of an   *на более раннюю дату*

earlier edition   *более раннее издание, предыдущее издание;*
   [print.] *первый тираж*

earlier issue   [print.] *первый тираж*

earlier loan   *ранее выданный заем*

earliest (adj.)   *самый ранний*

early (adj.)   *досрочный, заблаговременный, преждевременный, ранний*

early (October)   *в начале (октября)*

early closing   *преждевременное закрытие*

early dissolution of parliament   [parl.] *досрочный роспуск парламента*

early election   [parl.] *досрочные выборы*

early October   *в начале октября*

early payment   *предварительная оплата*

early redemption   *досрочное погашение, досрочный выкуп*

early repayment   *досрочное погашение, досрочный платеж*

early repayment of a loan   *досрочное погашение ссуды*

early retirement   [empl.] *досрочный выход в отставку;* [soc.] *досрочный выход на пенсию*

early retirement age   [soc.] *сниженный пенсионный возраст*

early retirement allowance   [empl.] *пособие при досрочном выходе на пенсию*

early retirement benefit   [empl.] *пособие при досрочном выходе на пенсию*

early retirement pension   [soc.] *пенсия при досрочной отставке*

early retirement scheme   [empl.] *порядок досрочного выхода на пенсию*

earmark (vb.)   *ассигновать, делать временный перенос суммы с одного счета на другой, откладывать, помечать отличительным знаком, предназначать, резервировать*

earmark an amount (vb.)   *делать временный перенос суммы с одного счета на другой*

earmarked (adj.)   [ec.] *забронированный*

earmarked pay bonus   [pers.manag.] *сумма, выделенная для премий*

earmarked revenue   [calc.] *зарезервированный доход*

earn (vb.)   *зарабатывать*

earned commission   *комиссионное вознаграждение*

earned foreign exchange   *заработанная иностранная валюта*

earned income   *доход от профессиональной деятельности, профессиональный доход;* [tax.] *трудовой доход*

earned income allowance   [tax.] *скидка с налога на трудовой доход*

earned income relief   [tax.] *скидка с налога на трудовой доход*

earned premium   *заработанная премия*

earned surplus   [calc.] *накопленная прибыль на конец периода, нераспределенная прибыль на конец периода*

earned value   *прибавочная стоимость*

earnest   [ec.] *задаток*

earnest (money)   [comm.] *денежный задаток*

earnest money   [comm.] *денежный задаток*

earning capability   [empl.] *возможность получения заработка, возможность получения оплачиваемой работы;* [ind.ec.] *возможность зарабатывать*

earning capacity   [empl.] *потенциальный доход индивидуумов;* [ind.ec.] *рентабельность*

earning capacity value [fin.] *величина потенциального дохода индивидуумов*

earning period *период пребывания на оплачиваемой работе*

earning power *возможность зарабатывать;* [ind.ec.] *доходность, прибыльность, способность приносить доход*

earnings [ind.ec.] *валовая выручка, выручка, доход, заработок, прибыль;* [pers.manag.] *заработная плата;* [tax.] *поступления*

earnings (from shipping) [ec.] *прибыль от судоходства*

earnings contribution *отчисления с заработной платы*

earnings derived from exports *доход от экспорта*

earnings from shipping [ec.] *прибыль от судоходства*

earnings in kind *плата продуктами питания*

earnings per share (EPS) [fin.] *доход на акцию*

earnings potential *возможность зарабатывать, возможность получения дохода*

earnings related *связанный с доходом, связанный с заработком*

Earnings Related Supplement (ERS) [empl.] *дополнительная выплата в зависимости от размера заработной платы*

earnings situation *ситуация с доходами*

earth *земля*

earthquake *землетрясение*

earthquake insurance [ins.] *страхование от землетрясения*

earwitness *свидетель по слуху;* [legal] *свидетель, подтверждающий лично слышанное*

ease *легкость, облегчение*

ease (vb.) *избавлять, облегчать, освобождать, ослаблять*

easement *облегчение;* [r.e.] *сервитут, удобство*

easement appurtenant [r.e.] *действующий сервитут*

easement certificate [r.e.] *документ на сервитут*

easement concerning building [r.e.] *сервитут относительно здания*

easement concerning use [r.e.] *сервитут относительно использования*

easement in gross [legal] *личный сервитут*

ease restrictions (vb.) *смягчать ограничения*

easier borrowing terms *облегченные условия займа*

easily convertible assets [calc.] *ликвидные активы*

easily negotiable (adj.) [ec.] *легко переуступаемый, легко реализуемый*

easily negotiable assets [calc.] *легко реализуемые активы*

easily realizable (adj.) *легко реализуемый*

easily sold (adj.) [mark.] *легко проданный*

easing *смягчение*

easing of rules *смягчение правил*

eastern (adj.) *восточный*

Eastern block *Восточный блок*

Eastern block countries *страны Восточнго блока*

Eastern Europe *Восточная Европа*

East-West Business Club *клуб экспортеров 'Восток-Запад'*

East-West Business Club, the *деловой клуб Востока и Запада, клуб предпринимателей Востока и Запада*

East-West dialogue *диалог Восток-Запад*

easy (adj.) *выгодный, вялый, застойный, легкий, не имеющий спроса, нетрудный*

easy access *легкий доступ*

easy monetary policy [pol.ec.] *политика 'дешевых' денег*

easy money policy [pol.ec.] *политика 'дешевых' денег*

easy terms *легкие условия*

easy to grasp (adj.) *легкий для понимания*

easy-to-use (adj.) *простой в употреблении*

EBRD (European Bank for Reconstruction and Development) *ЕБРР (Европейский банк реконструкции и развития)*

EC (European Communities) [EEC] *ЕС (Европейские сообщества)*

EC (European Community) [EEC] *ЕС (Европейское сообщество)*

ECB (European Central Bank) [EEC] *ЕЦБ (Европейский центральный банк)*

ecclesiastical court *церковный суд*

EC Commission [EEC] *Комиссия ЕС (Европейского сообщества)*

EC contribution [EEC] *взнос в фонд ЕС (Европейского сообщества)*

EC Council of Finance Ministers [EEC] *Совет министров финансов стран ЕС (Европейского сообщества)*

ECD (Euro certificate of deposit) [stock] *европейский депозитный сертификат*

ECE (UN Economic Commission for Europe) *Экономическая комиссия ООН для Европы*

ECE (UN's Economic Commission for Europe) *Экономическая комиссия ООН для Европы*

EC finance ministers [EEC] *министры финансов стран ЕС (Европейского сообщества)*

ECGD (Export Credits Guarantee Department) *Департамент по гарантиям экспортных кредитов (Великобритания)*

echelon [pers.manag.] *эшелон*

echelon (vb.) *эшелонировать*

EC official [EEC] *должностное лицо ЕС (Европейского сообщества)*

ECOFIN (Council of Ministers of Finance and Economic Affairs) [EEC] *ЭКОФИН (Совет министров финансов и экономики)*

eco-labelling *экологическая маркировка*

econometric model *эконометрическая модель*

econometrics *эконометрика*

economic (adj.) *рентабельный, экономический, экономичный;* [pol.ec.] *экономически выгодный, экономически целесообразный*

economic activity [pol.ec.] *деловая активность, торгово-промышленная деятельность, хозяйственная деятельность, экономическая активность*

economic adjustment *экономическое приспособление*

economic adviser *экономический консультант, экономический советник*

economic advisers *экономические советники*

economical (adj.) *бережливый, рентабельный, экономически выгодный, экономичный*

economically active population [pol.ec.] *люди, имеющие профессию, экономически активное население*

economical price *экономически обоснованная цена*

economic analysis *экономический анализ*

economic and monetary trends *экономические и монетарные тенденции*

Economic and Monetary Union (EMU) [EEC] *Экономический и валютный союз (ЭВС)*

Economic and Social Committee (ECOSOC) [EEC] *Комитет по экономическим и социальным вопросам*

economic assistance programme [ec.] *программа экономический помощи*

economic basis *экономическая база*

economic boycott *экономический бойкот*

economic circumstances [pol.ec.] *экономическая ситуация*

economic climate [pol.ec.] *экономический климат*

economic climate for commerce and industry [pol.ec.] *экономический климат в торговле и промышленности*

economic conditions [pol.ec.] *конъюнктура в экономике, экономическое положение*

economic considerations *экономические соображения*

economic constraint *экономическое ограничение*

economic control [ind.ec.] *экономический контроль*

economic cooperation *экономическое сотрудничество*

Economic Council *Экономический совет*

Economic Council of the Labour Movement   *экономический совет рабочего движения*

economic crime   [leg.pun.] *экономическое преступление*

economic crisis   *экономический кризис*

economic crisis package   *комплексный экономический кризис*

economic cycle   [pol.ec.] *экономический цикл*

economic damage   *экономический ущерб*

economic decline   [pol.ec.] *спад экономической активности*

economic democracy   [ind.ec.] *экономическая демократия*

economic depression   [pol.ec.] *экономический кризис*

economic development   [pol.ec.] *развитие экономики*

economic difficulties   *экономические трудности*

economic disparity   *экономическое неравенство*

economic distortion   *отклонения в развитии экономики*

economic downturn   *спад деловой активности, ухудшение экономической конъюнктуры;* [pol.ec.] *экономический спад*

economic environment   [pol.ec.] *экономическая среда, экономический климат*

economic equilibrium   *экономическое равновесие*

economic expert   *экономический советник, экономический эксперт*

economic experts   *экономические эксперты*

economic good   *экономическое благо*

economic goods   [pol.ec.] *экономические блага*

economic growth   *рост экономики*

economic imbalance   *несбалансированность экономики*

economic impact   *экономическое влияние*

economic incentive   *экономический стимул*

economic independence   *экономическая независимость*

economic indicator   [pol.ec.] *экономический показатель*

economic inducement   *экономический стимул*

economic integration   *экономическая интеграция*

economic interest   *экономический интерес*

economic law   *экономический закон*

economic laws   *экономические законы*

economic life   *наиболее экономичный срок службы, экономическая жизнь*

economic life of an assets   *наиболее экономичный срок службы активов*

economic life of assets   *наиболее экономичный срок службы активов*

economic matters   [pol.ec.] *вопросы экономики*

economic obsolescence   [ind.ec.] *экономическая отсталость*

economic operator   *экономист*

economic planning   *планирование экономики*

economic planning agency (EPA)   *орган планирования экономики*

economic policy   *экономическая политика*

economic policy committee   [parl.] *комитет по экономической политике*

economic policy purposes, for   [pol.ec.] *в интересах экономической политики*

economic price   *экономически выгодная цена*

economic prosperity   [pol.ec.] *экономическое процветание*

economic recovery   [pol.ec.] *восстановление экономики, подъем экономики, подъем экономической конъюнктуры, экономический подъем*

economic region   *экономический регион*

economic rent   [pol.ec.] *дифференциальная рента*

economic research   [pol.ec.] *экономические исследования*

economic reversal   *перелом в экономике*

economic revival   [pol.ec.] *оживление экономической конъюнктуры, подъем экономики, расцвет экономики*

economics   *экономика*

economic sanction   *экономическая санкция*
Economic Secretariat   *секретариат по экономике*
economic self-sufficiency   [pol.ec.] *автаркия*
economic situation   [pol.ec.] *состояние экономики, экономическая конъюнктура, экономическая ситуация*
economic sluggishness   [pol.ec.] *экономический застой*
economic stagnation   [pol.ec.] *застой в экономике*
economic survey   *экономический обзор*
economic transaction   *сделка*
economic trends   [pol.ec.] *тенденции развития экономики, тенденции экономической конъюнктуры*
economic union   *экономический союз*
economic unit   [pol.ec.] *экономический объект*
economic upswing   [pol.ec.] *подъем экономической конъюнктуры, экономический подъем*
economic warfare   *экономическая война*
economic zone   [law nat.] *зона экономических интересов*
economies   *сбережения*
economies in operation   *пуск накоплений в оборот*
economies of integration   *выгоды от интеграции*
economies of scale   [ind.ec.] *преимущества крупных экономических объектов*
economies of scope   [ind.ec.] *выгоды от величины объектов*
economist   [pol.ec.] *экономист*
economize (vb.)   *накапливать, экономить*
economizing (adj.)   *экономящий*
economy   *бережливость;* [ind.ec.] *экономия;* [pol.ec.] *экономика*
economy campaign   *кампания за экономию*
economy class   [trans.] *экономический класс*
economy cut   *экономия*
economy drive   *кампания за экономию*
economy growth prospects   [pol.ec.] *перспективы развития экономики*
economy size pack   [comm.] *наиболее экономичный размер партии*
ECOSOC (Economic and Social Committee)   [EEC] *Комитет по экономическим и социальным вопросам*
ECOSOC (UN's Economic and Social Council)   *ЭКОСОС (Экономический и Социальный Совет ООН)*
ECP (Euro commercial paper)   [stock] *еврокоммерческий вексель*
ECSC (European Coal and Steel Community)   [EEC] *Европейский союз угля и стали*
ECU (European Currency Unit)   [EEC] *ЭКЮ (европейская валютная единица)*
ECU (European Currency Unit, XEU)   [EEC] *ЭКЮ (европейская валютная единица)*
ECU holdings   [EEC] *вклады в ЭКЮ (европейских валютных единицах)*
ECU interbank bid rate (EIBID)   [bank.] *ставка по краткосрочным межбанковским депозитам в ЭКЮ (европейских валютных единицах)*
ECU interbank mean rate (EIMEAN)   [bank.] *межбанковский средний курс ЭКЮ (европейских валютных единиц)*
ECU interbank offered rate (EIBOR)   [bank.] *предлагаемый межбанковский средний курс ЭКЮ (европейских валютных единиц)*
EDC (European Defence Community)   *ЕОС (Европейское оборонительное сообщество)*
EDC (European Documentation Centre)   *ЕЦД (Европейский центр документации)*
EDF (European Development Fund)   *ЕФР (Европейский фонд развития)*
edge   *преимущество*

edge (vb.) *незначительно изменяться*
edible fish *съедобная рыба*
edible fish industry *рыбная промышленность*
edifice *стройная система*
edit *редакционная статья*
edit (vb.) *редактировать*
editing *монтаж, редактирование*
editing group *редакционная группа*
edition [print.] *издание*
editor *редактор*
editorial [media] *передовая статья*
editorial (adj.) *редакционный*
editorial committee *редакционная комиссия, редакционный комитет*
editorial office *редакция*
editorial staff *редакция*
editor-in-chief [media] *главный редактор*
editor program [comp.] *редакторская программа*
editors *редакция*
EDP (electronic data processing) [comp.] *электронная обработка
данных*
EDR (European Depositary Receipt) [stock] *европейская депозитная
расписка на иностранные акции*
educate (vb.) *воспитывать;* [syst.ed.] *давать образование, обучать*
educated (adj.) *образованный, основанный на информации,
получивший образование*
educated audience *просвещенная аудитория*
educated guess *обоснованное предположение*
education *воспитание, образованность;* [syst.ed.] *образование,
просвещение*
education act [syst.ed.] *закон об образовании*
educational account [bank.] *счет за обучение*
educational activities [syst.ed.] *образовательная деятельность*
educational benefit [soc.] *пособие на образование*
educational endowment [suc.] *пожертвование на цели образования*
educational grant [syst.ed.] *субсидия на образование*
educational guidance [syst.ed.] *учебное пособие*
educational leave [empl.] *учебный отпуск*
educational maintenance allowance *стипендия;* [syst.ed.] *пособие на
образование*
educational policy *политика в области образования*
educational programme [syst.ed.] *программа обучения*
educational savings [bank.] *сбережения для получения образования*
educational savings account [bank.] *счет сбережений для получения
образования*
educational work *воспитательная работа;* [syst.ed.] *обучение*
education committee *комиссия по образованию*
education guidance [syst.ed.] *учебное пособие*
EEC (European Economic Community) [EEC] *ЕЭС (Европейское
экономическое сообщество)*
EEC agricultural schemes [EEC] *сельскохозяйственные программы
ЕЭС (Европейского экономического сообщества)*
EEC pattern approval [EEC] *типовое разрешение ЕЭС (Европейского
экономического сообщества)*
EEC payments [EEC] *денежные поступления ЕЭС (Европейского
экономического сообщества)*
EEC receipts [EEC] *денежные поступления Европейского
экономического сообщества*
EEC sealing mark [EEC] *пломбировочное клеймо ЕЭС (Европейского
экономического сообщества)*
EEC type-examination certificate [EEC] *сертификат ЕЭС
(Европейского экономического сообщества) на проведение
типовых испытаний*

EEC type-examination certificate of conformity [EEC] *сертификат ЕЭС (Европейского экономического сообщества) на соответствие требованиям типовых испытаний*

EES (European Economic Space) [EEC] *европейское экономическое пространство*

effect *влияние, воздействие, действенность, исполнение, результат, сила, следствие, эффект;* [legal] *юридическое действие*

effect (vb.) *выполнять, заключать, осуществлять, оформлять, предпринимать, причинять*

effect a purchase (vb.) *совершать покупку*

effect a sale (vb.) *осуществлять продажу*

effect a transaction (vb.) *осуществлять сделку*

effect cutbacks (vb.) *сокращать*

effect delivery (vb.) *поставлять*

effect economies (vb.) *экономить*

effective (adj.) *действенный, действующий, имеющий силу, имеющий хождение, полезный, фактический, эффективный;* [legal] *вступивший в силу, законный*

effective, be (vb.) *иметь юридическую силу*

effective capacity *действующая мощность, эффективная мощность*

effective data transfer rate [comp.] *фактическая скорость передачи данных*

effective date *дата вступления в силу*

effective date of payment *фактическая дата платежа*

effective exchange rate [monet.trans.] *действующий валютный курс*

effective exchange rate index [monet.trans.] *индекс действующего валютного курса*

effective instruction *действующий порядок*

effective intervention rate [exc.] *вмешательство для поддержания курса, частота вмешательства для поддержания курса*

effective introductory yield [exc.] *реальный начальный доход по ценным бумагам*

effective krone exchange rate *действующий обменный курс кроны*

effective krone exchange rate index [monet.trans.] *индекс действующего обменного курса кроны*

effective load [trans.] *полезный груз*

effectively connected (adj.) *надежно закрепленный*

effective maturity match [exc.] *эффективное совпадение по срокам*

effectiveness *эффективность*

effective ownership [bus.organ.] *фактическое владение*

effective rate (of interest) [bank.] *реальная процентная ставка*

effective rate of interest [bank.] *реальная процентная ставка*

effective tax rate [tax.] *фактическая налоговая ставка, фактическая ставка налогообложения*

effective tonnage [trans.] *чистая грузоподъемность*

effective value *эффективное значение*

effective yield [fin.] *фактическая прибыль;* [stock] *фактический доход по ценным бумагам*

effective yield on issue [exc.] *фактический доход от выпуска ценных бумаг*

effectivization *повышение эффективности*

effect of discharge, with *с освобождением от ответственности*

effect of legitimacy [r.e.] *законное действие*

effect of validation [legal] *законное действие*

effect payment (vb.) *осуществлять платеж*

effects *имущество, собственность*

effectual in law (adj.) [legal] *имеющий юридическую силу*

efficiency *выполнение норм выработки, действенность, коэффициент использования, коэффициент полезного действия, прибыльность, продуктивность, эффективность;* [prod.] *производительность*

efficiency audit   [ind.ec.] *проверка эффективности*

efficiency expert   *специалист по вопросам эффективности производства, специалист по рационализации производства*

efficient (adj.)   *действенный, действительный, знающий свое дело, квалифицированный, работающий с высоким коэффициентом полезного действия, рациональный, умелый, целесообразный, эффективный;* [prod.] *работающий с большой отдачей*

efficient portfolio management   *эффективное управление портфелем ценных бумаг*

effluent charge   *плата за выбросы в окружающую среду*

efflux   *вытекание, истечение, утечка*

efflux of capital   *утечка капитала*

effort   *напряжение, объем работ, попытка, программа работ, усилие*

efforts   *работа*

efforts at conciliation   *примирительная процедура;* [legal] *согласительная процедура*

efforts towards stability   *стремление к стабилизации*

EFMC (European Fund for Monetary Cooperation)   [EEC] *Европейский фонд валютного сотрудничества*

EFTA (European Free Trade Association)   *Европейская ассоциация свободной торговли*

EFTPOS terminal (electronic funds transfer at point of sale terminal)   *терминал системы электронных платежей в пункте продажи*

e.g. (exempli gratia)   *например*

EGP (Egyptian pound)   [monet.trans.] *египетский фунт*

egress   *право выезда*

Egyptian pound (EGP)   [monet.trans.] *египетский фунт*

EIB (European Investment Bank)   *Европейский инвестиционный банк*

EIBID (ECU interbank bid rate)   [bank.] *определяемый спросом межбанковский курс европейской валютной единицы*

EIBOR (ECU interbank offered rate)   [bank.] *предлагаемый межбанковский курс европейской валютной единицы*

EIMEAN (ECU interbank mean rate)   [bank.] *средний межбанковский курс европейской валютной единицы*

either way market   [bank.] *альтернативный рынок*

eject (vb.)   *выселять, увольнять*

eke out (vb.)   *восполнять, добавлять*

elaborate (vb.)   *вырабатывать, детально разрабатывать, тщательно обдумывать, тщательно разрабатывать, уточнять*

elaborate (adj.)   *детально разработанный, подготовленный, продуманный, сложный, усложненный, усовершенствованный*

elaborate on (vb.)   *конкретизировать*

elaboration   *глубокое изучение, развитие, сложность, совершенствование, тщательная разработка, тщательность, уточнение*

elapse (vb.)   *протекать, проходить*

elapsed time   *общее затраченное время, фактическая продолжительность;* [ind.ec.] *истекшее время*

elastic demand   [pol.ec.] *эластичный спрос*

elasticity   [pol.ec.] *эластичность*

elasticity of demand   [pol.ec.] *эластичность спроса*

elasticity of supply   [pol.ec.] *эластичность предложения*

eldest (adj.)   *самый старший*

elect (vb.)   *выбирать, делать выбор, принимать решение;* [parl.] *избирать*

elect (adj.)   *избранный, отборный*

elect by an absolute majority of votes (vb.)   *выбирать абсолютным большинством голосов*

elected by popular vote (adj.)   *избранный народным голосованием*

elected by the staff (adj.)   *избранный персоналом*

elected official   *выбранное должностное лицо*

elected representative   *выбранный представитель*

elect from among themselves (vb.)   *выбирать из своей среды*

election   *выборы;* [parl.] *отбор*

election, be up for (vb.)   *иметь право участвовать в выборах*

election agent   [parl.] *секретарь избирательной комиссии*

election by direct suffrage   [parl.] *прямые выборы*

election by direct vote   [parl.] *прямые выборы*

election by proportional representation   [parl.] *выборы путем пропорционального представительства*

election campaign   [parl.] *избирательная кампания*

election campaign helper   [parl.] *лицо, содействующее проведению избирательной кампании*

election committee   [parl.] *избирательная комиссия*

election costs   [parl.] *затраты на проведение выборов*

election day   [parl.] *день выборов*

electioneering bribe   [parl.] *предвыборные обещания*

election manifesto   [pol.] *предвыборное заявление, предвыборный манифест*

election meeting   [parl.] *собрание избирателей*

election of officers   *выборы должностных лиц*

election period   [parl.] *период выборов*

election petition   *ходатайство о расследовании действительности выборов;* [parl.] *ходатайство о расследовании дейстельности выборов*

election platform   [parl.] *предвыборная платформа*

election pledges   [parl.] *предвыборные обещания*

election poster   [parl.] *предвыборный плакат*

election programme   [parl.] *предвыборная программа*

election promises   [parl.] *предвыборные обещания*

election propaganda   [parl.] *предвыборная агитация*

election result   [parl.] *результат выборов*

election results   [parl.] *результаты выборов*

election scrutiny committee   [EEC] *комиссия по проверке правильности подсчета избирательных бюллетеней*

election seniority   *большинство голосов на выборах*

election to parliament   [parl.] *выборы в парламент*

election validation committee   [parl.] *комиссия по утверждению результатов выборов*

elect officers (vb.)   *выбирать должностных лиц*

elect one's officers   *выбирать должностных лиц*

elector   [parl.] *избиратель*

electoral (adj.)   [parl.] *избирательный*

electoral campaign   [parl.] *избирательная кампания*

electoral capacity, have (vb.)   *иметь право быть избранным*

electoral college   [parl.] *коллегия выборщиков*

electoral commission   [parl.] *избирательная комиссия*

electoral delegate   [parl.] *выборщик*

electoral fraud   [parl.] *мошенничество на выборах*

electoral law   [legal] *закон о выборах, избирательное право*

electoral pact   [parl.] *блок партий на время выборов, коалиция партий на время выборов*

electoral reform   [parl.] *избирательная реформа*

electoral roll   [parl.] *список избирателей*

electoral stronghold   *район, характеризующийся высокими результатами на выборах*

electoral system   [parl.] *избирательная система*

electorate   *избирательный округ;* [parl.] *избиратели, контингент избирателей*

ELECTRA (electronic trading system)   [exc.] *электронная система торговли ценными бумагами*

electricity, gas and water supplies *электроснабжение, газоснабжение и водоснабжение*

electricity generating plant *электростанция*

electricity supply *электроснабжение*

electricity tariff *тариф на электроэнергию*

electric sign [adv.] *световая реклама*

electric typewriter *электрическая пишущая машина*

electronic accounting [book-keep.] *электронный бухгалтерский учет*

electronic bookkeeping [book-keep.] *электронный бухгалтерский учет*

electronic data processing (EDP) [comp.] *электронная обработка данных*

electronic data processing system [comp.] *электронная система обработки данных*

electronic editing [comp.] *редактирование с помощью электронных средств*

electronic funds transfer [bank.] *система электронных платежей*

electronic funds transfer at point of sale terminal (EFTPOS terminal) *система электронных платежей в пункте продажи*

electronic mail [comp.] *электронная почта*

electronic payment card system [bank.] *электронная система платежей*

electronic seat-reservation system [trans.] *электронная система резервирования мест*

electronic stock exchange [exc.] *электронная система фондовой биржи*

electronic telephone directory *электронный телефонный справочник*

electronic trading [exc.] *торговля ценными бумагами с помощью электронных средств*

electronic trading system (ELECTRA) [exc.] *электронная система торговли ценными бумагами*

electronic word processing (EWP) [comp.] *электронная обработка текстов*

electrostatic printer [comp.] *электростатическое печатающее устройство*

electrotype *гальваностереотип;* [print.] *электроклише*

element *компонент, компонента, небольшое количество, составная часть, элемент*

elementary *элементарный*

elementary loss [ins.] *ущерб от стихийных бедствий*

elementary training [empl.] *начальное обучение*

element of law [legal] *правовой акт*

element of profitability *фактор рентабельности*

element of risk *элемент риска*

elicit (vb.) *выявлять*

eligibility *пассивное избирательное право, право на избрание, приемлемость*

eligibility for election [parl.] *право на избрание*

eligibility of a project *приемлемость проекта*

eligibility of project *приемлемость проекта*

eligible (adj.) *желательный, имеющий право быть избранным, имеющий право голоса, имеющий право голосовать, подходящий, приемлемый;* [parl.] *могущий быть избранным*

eligible, be (vb.) *быть пригодным*

eligible bill [bill.] *вексель, могущий быть переучтенным в банке, вексель, могущий быть учтенным в банке*

eligible for aid (adj.) *пригодный для оказания помощи*

eligible for refinancing (adj.) *пригодный для рефинансирования*

eligible negotiator [empl.] *подходящий участник переговоров*

eligible vote *квалифицированный голос*

eliminate (vb.) *игнорировать, исключать, ликвидировать, не принимать во внимание, уничтожать, устранять*

elimination *исключение, ликвидация, округление, удаление, устранение, элиминирование;* [calc.] *уничтожение*

elimination of risks [ins.] *исключение рисков*
elimination period *период ликвидации*
eliminations *исключения, устранения*
elucidate (vb.) *пояснять, проливать свет, разъяснять*
elucidation *выяснение, пояснение, разъяснение, толкование*
EMA (European Monetary Agreement) [monet.trans.] *Европейское валютное соглашение*
emanate from (vb.) *происходить*
embargo *запрет, запрещение, наложение ареста на судно, остановка импортных операций, эмбарго;* [nav.] *наложение ареста на груз*
embargo on trade *эмбарго на торговлю*
embark (vb.) [nav.] *грузить на судно, принимать на борт*
embarkation [nav.] *погрузка на судно*
embarkation quay [nav.] *причал для погрузки*
embark on (vb.) *начинать дело*
embarrass (vb.) *затруднять, препятствовать, усложнять*
embassy [dipl.] *миссия, посольство*
embassy clerk [dipl.] *служащий посольства*
embassy secretary [dipl.] *секретарь посольства*
embezzle (vb.) [leg.pun.] *присваивать деньги, растрачивать чужие деньги, совершать растрату*
embezzlement [leg.pun.] *присвоение чужих денег, присвоение чужого имущества, растрата*
embezzler [leg.pun.] *растратчик*
emblements *урожай с засеянной земли;* [legal] *доход с засеянной земли*
embodiment *воплощение, олицетворение;* [pat.] *осуществление*
embody (vb.) *воплощать, реализовывать*
embrace (vb.) *охватывать;* [legal] *оказывать давление на присяжных заседателей, подкупать присяжных заседателей*
embracery [legal] *давление на присяжных заседателей, подкуп присяжных заседателей*
embrace witnesses (vb.) [legal] *оказывать влияние на свидетелей*
EMCF (European Monetary Cooperation Fund) [EEC] *Европейский фонд валютного сотрудничества*
emend (vb.) *вносить поправки, вносить уточнения, выправлять текст, исправлять ошибки, устранять недостатки*
emerge (vb.) *выясняться, появляться*
emergency *аварийная ситуация, критическое положение, непредвиденный случай, чрезвычайное происшествие, чрезвычайные обстоятельства*
emergency act [legal] *чрезвычайный закон*
emergency aid *неотложная помощь, скорая помощь*
emergency crew [nav.] *аварийная бригада*
emergency exit *аварийный выход*
emergency fund *резервный фонд*
emergency infringement procedure *чрезвычайная процедура нарушения*
emergency law [legal] *чрезвычайное законодательство*
emergency legislation [legal] *чрезвычайное законодательство*
emergency lighting *аварийное освещение*
emergency measure *чрезвычайная мера*
emergency measures *чрезвычайные меры*
emergency relief *помощь в чрезвычайных обстоятельствах*
emergency session [parl.] *чрезвычайная сессия*
emergency supply *аварийный запас*
emergency tax [tax.] *чрезвычайный налог*
EMF (European Monetary Fund) *Европейский валютный фонд*
emigrant *переселенец, эмигрант*
emigrate (vb.) *переселяться, эмигрировать*
emigration *переселение, эмиграция*

eminent domain, power of [legal] *право государства на принудительное отчуждение частной собственности*

emolument *доход;* [ind.ec.] *вознаграждение, заработок*

emoluments *доход*

emoluments of office *доход от должности*

emotional appeal [adv.] *эмоциональное обращение*

empanel (vb.) [leg.pun.] *вносить в список присяжных заседателей*

empanel a jury (vb.) [leg.pun.] *выбирать присяжных заседателей*

empanelling of a jury [leg.pun.] *составление списка присяжных заседателей*

empanelling of jury *составление списка присяжных заседателей*

emphasize (vb.) *выделять, подчеркивать, придавать особое значение*

emphasizing *выделение, подчеркивание*

employ [pers.manag.] *работа по найму, служба*

employ (vb.) *использовать, нанимать, пользоваться услугами, применять, употреблять;* [pers.manag.] *предоставлять работу, принимать на работу*

employed, be (vb.) [pers.manag.] *работать по найму*

employed on a collective agreement basis (adj.) [pers.manag.] *принятый на работу по коллективному договору*

employed on collective agreement basis *лицо, принятое на работу по коллективному договору*

employed person [pers.manag.] *лицо, работающее по найму*

employee [pers.manag.] *лицо наемного труда, работающий по найму, рабочий, служащий*

employee benefits [ind.ec.] *пособия работающим по найму;* [pers.manag.] *льготы работающим по найму*

employee contribution [ins.] *взнос работника*

employee entitled to unemployment benefits [ins.] *работник, имеющий право на пособие по безработице*

employee expenses [tax.] *затраты на содержание наемного работника*

employee group [empl.] *рабочая бригада*

employee incentive [pers.manag.] *премия работнику*

employee invention [pat.] *служебное изобретение*

employee ownership [ind.ec.] *собственность работника*

employee pay [pers.manag.] *трудовое вознаграждение*

employee representation [bus.organ.] *представительство работников*

employee representative [bus.organ.] *представитель работников*

employees [pers.manag.] *персонал*

employee shareholder *работник - владелец акций*

employee shareholdings [stock] *акции, принадлежащие работникам*

employee share scheme [ind.ec.] *программа распределения акций среди работников*

Employees' Capital Pension Fund *основной пенсионный фонд наемных работников*

Employees' Guarantee Fund *гарантийный фонд наемных работников*

employee turnover [pers.manag.] *текучесть кадров*

employee working under contract [pers.manag.] *работник, работающий по контракту*

employee's contribution *взнос работника*

employee's invention *служебное изобретение*

employer [pers.manag.] *наниматель, работодатель*

employer contribution [ins.] *взнос работодателя*

employer/employee relations [empl.] *взаимоотношения работодателя и работника*

employer liability [legal] *ответственность работодателя*

employer liability insurance [ins.] *страхование ответственности работодателя*

employer recommendation [pers.manag.] *рекомендация работодателя*

employer registration number [tax.] *регистрационный номер работодателя*

employer registration number (for employee taxation purposes)
регистрационный номер работодателя для целей налогообложения работников

employer registration number for employee taxation purposes
регистрационный номер работодателя для целей налогообложения работников

employers' association　[empl.]　*ассоциация работодателей*

Employers' Confederation　*Конфедерация работодателей*

employers' federation　[empl.]　*федерация нанимателей*

employers' liability　*ответственность работодателей*

employers' organization　[empl.]　*организация работодателей*

employer's contribution　*взнос работодателя*

employer's liability　*ответственность работодателя*

employer's liability insurance　*страхование ответственности работодателя*

employer's recommendation　*рекомендация работодателя*

employer's registration number　*регистрационный номер работодателя*

employer's registration number for employee taxation purposes
регистрационный номер работодателя для целей налогообложения работников

employing public authority　[empl.]　*государственный орган трудоустройства*

employment　*служба;*　[empl.]　*наем работников, прием на работу, профессия;*　[legal]　*применение;*　[pers.manag.]　*занятость, использование, работа по найму;*　[pol.ec.]　*занятие*

employment agency　[empl.]　*бюро по трудоустройству*

employment ban　[empl.]　*запрет на профессию*

employment committee　*комиссия по трудоустройству*

employment conditions　[pers.manag.]　*условия приема на работу*

employment costs　[ind.ec.]　*затраты на содержание персонала*

employment counselling　[empl.]　*консультирование по вопросам занятости*

employment injury benefit　[ins.]　*пособие в связи производственной травмой*

employment interview　[pers.manag.]　*собеседование при приеме на работу*

employment level　[empl.]　*уровень занятости*

employment office　[empl.]　*бюро по найму рабочей силы, бюро по трудоустройству*

employment officer　[empl.]　*консультант по вопросам трудоустройства*

employment outside the home　[empl.]　*работа вне дома*

employment percentage　[empl.]　*процент занятых*

employment possibilities　[empl.]　*возможности трудоустройства*

employment project (for unemployed)　[empl.]　*программа обеспечения занятости для безработных*

employment project for unemployed　[empl.]　*программа обеспечения занятости для безработных*

employment rehabilitation　[empl.]　*увеличение занятости*

employment security　[pers.manag.]　*гарантия занятости*

employment service　[empl.]　*служба трудоустройства*

employment situation　*положение на рынке труда*

employment termination indemnity　[pers.manag.]　*компенсация при увольнении с работы*

employment training contract　[empl.]　*контракт на производственное обучение*

emporium　*большой магазин, рынок, торговая база, торговый центр*

empower (vb.)　*давать возможность, давать право, уполномочивать*

empties　[pack.]　*возвратная тара, оборотная тара*

empty　*порожний вагон, порожняя тара*

empty (vb.) *выгружать, опорожнять*

empty (adj.) *порожний*

empty equipment handover charge   [trans.] *расходы на порожние перевозки*

empty heading   [calc.] *пустая рубрика*

empty medium   *незаполненный носитель;* [comp.] *пустой носитель*

EMS (European Monetary System)   [EEC] *Европейская валютная система*

EMS band   [EEC] *предел колебания курса в рамках Европейской валютной системы*

EMS currency   [EEC] *валюта Европейской валютной системы*

EMS exchange rate mechanism   [EEC] *курсовой механизм Европейской валютной системы*

EMS intervention rate   [EEC] *интервенционный курс Европейской валютной системы*

EMS realignment   [EEC] *пересмотр реальных курсов в Европейской валютной системе*

EMTN (Euro medium term note)   [stock] *среднесрочносрочная евронота*

EMU (Economic and Monetary Union)   [EEC] *Экономический и валютный союз*

EMUA (European Monetary Unit of Account)   [EEC] *расчетная единица Европейского валютного союза*

emulate (vb.) *соревноваться, состязаться*

enable (vb.) *давать возможность, давать право, давать юридический статус, узаконивать, уполномочивать*

enabling act   [legal] *законодательный акт о предоставлении чрезвычайных полномочий*

enabling statute   [legal] *законодательный акт о предоставлении чрезвычайных полномочий*

enact (vb.) *придавать законную силу;* [legal] *постановлять, предписывать;* [parl.] *вводить в действие, принимать*

enactment   *закон, законодательный акт, положение закона, постановление, статут, статья закона, указ, условие закона, утверждение закона;* [legal] *подписание закона, принятие закона;* [parl.] *введение закона в силу*

enactment of a bill   [parl.] *принятие законопроекта*

encash a cheque (vb.) *инкассировать чек*

encashment   *сумма, полученная наличными;* [bank.] *инкассация, получение наличными*

encashment of a cheque   [bank.] *инкассация чека*

encl. (enclosure(s))   *приложение к документу, приложение к письму;* [adv.] *вложение в конверт*

enclave   *анклав, территория, окруженная чужими владениями*

enclose (vb.) *вкладывать в конверт, окружать*

enclosed (adj.) *закрытый, замкнутый*

enclosed jury   [leg.pun.] *голосующие присяжные заседатели*

enclosed transport   [trans.] *закрытый транспорт*

enclosure (encl.)   *приложение к документу, приложение к письму;* [adv.] *вложение в конверт*

encode (vb.) *шифровать;* [comp.] *кодировать*

encoder   *шифровальщик*

encoding   *шифрование;* [comp.] *кодирование*

encompass (vb.) *охватывать*

encounter   *встреча*

encounter (vb.) *встречать*

encourage (vb.) *побуждать, поддерживать, поощрять, стимулировать*

encouragement   *побуждение, поддержка, поощрение, стимулирование*

encroachment   *посягательство*

encumber (vb.) *закладывать, затруднять, обременять долгами;* [legal] *препятствовать*

encumbered property [legal] *заложенная собственность*

encumbered with mortgages [r.e.] *обремененный обязательствами по закладным*

encumbrance *помеха;* [legal] *долг, закладная, обременение, обязательство, препятствие*

encumbrancer *залогодержатель, лицо, имеющее законные права на часть имущества другого лица;* [r.e.] *лицо, в пользу которого существует обременение*

end *завершение, конец, окончание, результат, следствие, цель*

end (vb.) *заканчивать, кончать, прекращать*

endanger (vb.) *подвергать опасности, ставить под угрозу*

endangered species *вымирающие виды*

endeavour *старание, усилие, энергичная попытка*

endeavour (vb.) *добиваться, прилагать усилия, стараться, стремиться*

ending *завершение, конец, окончание*

ending balance [calc.] *баланс на конец периода*

end leaf [print.] *форзац*

endless (adj.) *бесконечный*

end negotiations (vb.) *заканчивать переговоры*

end of, at the *в конце, по истечении срока*

end of a financial period [calc.] *конец отчетного периода*

end of a loan *истечение срока ссуды*

end of file (EOF) [comp.] *конец файла*

end of financial period *конец отчетного периода*

end of financial year *конец финансового года*

end of loan *истечение срока ссуды*

end of month *конец месяца, последний день месяца*

end of period *конец периода*

end of previous financial year *конец предыдущего финансового года*

end-of-season clearance sale *распродажа в конце сезона*

end of the financial year [calc.] *конец финансового года*

end of the month *конец месяца*

end of the previous financial year [calc.] *конец предыдущего финансового года*

end-of-year adjustment *корректировка на конец года*

endorse (vb.) *вписывать в документ, делать передаточную надпись, жирировать, индоссировать, отмечать на обороте, подписываться, расписываться, ставить подпись;* [legal] *подтверждать правильность*

endorse a cheque (vb.) *делать запись на обороте чека, индоссировать чек*

endorse a resolution (vb.) *одобрять решение*

endorsee *жират;* [bill.] *лицо, в пользу которого сделана передаточная надпись;* [legal] *индоссат*

endorsee of a bill [bill.] *лицо, в пользу которого сделана передаточная надпись на векселе*

endorsee of bill *лицо, в пользу которого сделана передаточная надпись на векселе*

endorsement *жиро, индоссамент, одобрение, передаточная надпись, подтверждение;* [adv.] *поддержка;* [ins.] *надпись на обороте документа;* [suc.] *подпись на обороте документа*

endorsement by a court [legal] *одобрение суда*

endorsement by authorities *одобрение органом власти*

endorsement by court *одобрение суда*

endorsement by land registry *одобрение земельным регистром*

endorsement by procuration [legal] *индоссамент по доверенности*

endorsement by the authorities [manag.] *одобрение органом власти*

endorsement by the land registry [r.e.] *одобрение земельным регистром*

endorsement concerning preregistered charges [r.e.] *отметка о платежах перед регистрацией*

endorsement for collection [legal] *индоссамент на инкассо*

endorsement in full [bill.] *полный индоссамент*

endorsement liability *обязательство по индоссаменту*

endorsement of a bill [bill.] *передаточная надпись на обороте векселя*

endorsement of a cheque [bank.] *передаточная надпись на обороте чека*

endorsement of assessed value of real property *подтверждение оценочной стоимости недвижимого имущества*

endorsement of bill *передаточная надпись на обороте векселя*

endorsement of cheque *передаточная надпись на обороте чека*

endorsement of claim [legal] *подтверждение иска*

endorsement of discharge *подтверждение погашения долга*

endorsement of modification [legal] *одобрение изменения*

endorsement of name [legal] *подтверждение названия*

endorsement of postponement [r.e.] *подтверждение отсрочки*

endorsement of production in court [legal] *подтверждение представления в суд*

endorsement of protest [bill.] *опротестованный индоссамент*

endorsement of registration [stock] *подтверждение регистрации*

endorsement of release [legal] *решение об освобождении*

endorsement of service [legal] *подтверждение служебного соответствия*

endorsement of statement [legal] *удостоверение показания*

endorsement of subordination [r.e.] *установление подчинности*

endorsement of transfer [legal] *подтверждение передачи*

endorsement 'only for collection' [legal] *индоссамент 'только на инкассо'*

endorser *жирант;* [legal] *индоссант*

endow (vb.) *материально обеспечивать, назначать доход, предоставлять привилегии;* [legal] *обеспечивать постоянным доходом*

endow a fund (vb.) [legal] *учреждать дарственный фонд*

endowment *вклад, дар, передача фонда;* [legal] *назначение вклада, пожертвование*

endowment assurance [ins.] *страхование-вклад, страхование на дожитие до определенного возраста*

endowment contract [legal] *договор о материальном обеспечении*

endowment fund *дарственный фонд*

endowment funds *дарственные фонды, средства пожертвований*

endowment insurance [ins.] *страхование на дожитие до определенного возраста*

endowment mortgage [r.e.] *закладная с выплатой долга из сумм, полученных по срочному страхованию жизни*

endowment of a fund [legal] *учреждение фонда*

endowment of fund *учреждение фонда*

endowment policy [ins.] *страхование на дожитие до определенного возраста*

endpaper [print.] *форзац*

end product *конечный продукт*

end products [prod.] *конечные продукты*

endure (vb.) *терпеть*

end user *конечный пользователь*

end year [stock] *последний год*

enemy *противник*

energetic (adj.) *энергичный*

energy *энергия*

Energy Agency *энергетическое агентство*

energy certificate [r.e.] *сертификат на добычу энергоресурсов*

energy committee *комиссия по энергетике*

energy conservation *экономия энергии*

energy conservation loan *ссуда на экономию энергии*

energy consultant   *консультант по вопросам энергетики*
energy consumption   *потребление энергии*
energy crisis   *энергетический кризис*
energy dependence   *зависимость от энергоресурсов*
energy due   [tax.] *налог на энергоресурсы*
energy imports   *импорт энергоресурсов*
energy management   *управление энергетикой*
energy market   *рынок энергоресурсов*
energy payment   *плата за энергию*
energy price   *стоимость энергии*
energy saving measure   *мероприятие по экономии энергии*
energy saving measures   *меры по экономии энергии*
energy savings   *экономия энергии*
energy sector   *сектор энергетики*
energy supply   *энергоснабжение*
energy taxation   [tax.] *налогообложение энергоресурсов*
enforce (vb.)   *обеспечивать санкцией;* [legal] *взыскивать, приводить в исполнение, проводить в жизнь*
enforceability   [legal] *обеспеченность правовой санкцией*
enforceable (adj.)   *имеющий исковую силу;* [legal] *обеспеченный правовой санкцией, осуществимый*
enforceable contract   [legal] *контракт, обеспеченный правовой санкцией*
enforceable instrument   [legal] *документ, принудительно проводимый в жизнь*
enforceable legal document   [legal] *правовой документ, принудительно проводимый в жизнь*
enforceable without further formality (adj.)   [legal] *проводимый в жизнь без формальностей*
enforce a judgment (vb.)   [legal] *приводить приговор в исполнение*
enforced (adj.)   *вынужденный*
enforced dissolution   [bus.organ.] *вынужденная ликвидация*
enforced sale   [legal] *принудительная продажа*
enforced selling-out   [legal] *принудительная распродажа*
enforcement   *давление, принуждение;* [legal] *наблюдение за проведением в жизнь, осуществление, приведение в исполнение, принудительное взыскание платежа*
enforcement measure   *мера принуждения, принудительная мера*
enforcement measure to compel performance of a duty
   [legal] *принудительная мера для обеспечения выполнения обязанностей*
enforcement measure to compel performance of duty   *принудительная мера для обеспечения выполнения обязанностей*
enforcement of judgment   [legal] *приведение в исполнение решения суда*
enforcement of law   *обеспечение правопорядка*
enforcement of the law   [legal] *обеспечение правопорядка*
enforcement of trust   [legal] *укрепление доверия*
enforcement proceedings   [legal] *судебный процесс*
enfranchise (vb.)   *предоставлять право голоса, принимать в гражданство*
enfranchisement   *предоставление права голоса*
engage (vb.)   *налагать обязательство;* [pers.manag.] *брать на работу, брать на себя обязательство*
engaged (adj.)   *занятый*
engaged in a trade   *ремесленник*
engaged in trade   *ремесленник*
engaged labour   *занятая рабочая сила*
engaged tone   [telecom.] *сигнал 'занято'*
engage for (vb.)   *гарантировать, обещать*
engage in conversation (vb.)   *вступать в разговор*
engagement   *дело, соглашение;* [bank.] *обязательство;* [empl.] *занятие;*
   [pers.manag.] *приглашение, формальное обязательство*

engagement, without   *без обязательств*
engagement letter   [aud.] *письмо-соглашение*
engagement on probation   [pers.manag.] *назначение на должность с испытательным сроком*
engage on probation (vb.)   *принимать с испытательным сроком;*
   [pers.manag.] *принять с испытательным сроком*
engage to   *обручиться с*
engine   [nav.] *двигатель*
engine breakdown   [nav.] *поломка двигателя*
engineering feasibility   *техническая осуществимость*
engineering industry   [prod.] *машиностроение*
engineering insurance   [ins.] *страхование производственного оборудования*
engineering insurances   *система страхования производственного оборудования*
engineering workshop   *механическая мастерская*
engineers   [pers.manag.] *инженерно-технический состав*
England   *Англия*
English auction   *английский аукцион*
engross (vb.)   [print.] *составлять окончательный проект*
engrossed copy   [legal] *чистовой экземпляр*
engrossment   [print.] *составление окончательного проекта*
enhance (vb.)   *повышать цену, увеличивать*
Enhanced Graphics Adapter (EGA)   [comp.] *усовершенствованный графический адаптер*
enhance the price of (vb.)   *повышать цену*
enjoin (vb.)   *запрещать, налагать запрет, обязывать;*
   [legal] *предписывать*
enjoinment   *предписание*
enjoy (vb.)   *пользоваться*
enjoyment   *использование, обладание*
enjoyment of a life interest   [legal] *пользование пожизненным правом*
enjoyment of a right   [legal] *обладание правом*
enjoyment of life interest   *пользование пожизненным правом*
enjoyment of property   [legal] *право пользования имуществом*
enjoyment of right   *обладание правом*
enlarge (vb.)   *расширять, увеличивать*
enlarged premises   [r.e.] *расширенные помещения*
enlarged scale   *увеличенный масштаб*
enlargement   *расширение;* [print.] *увеличение*
enlarge on (vb.)   *вдаваться в подробности, распространяться*
enlightened audience   *просвещенная аудитория*
enlightened despotism   *просвещенное самодержавие*
enlisted man   [mil.] *срочнослужащий*
enlistment   [mil.] *зачисление на военную службу;*
   [pers.manag.] *вступление в организацию*
enrich (vb.)   *обогащать*
enrichment   *обогащение*
enrol (vb.)   *вносить в список, записывать в члены организации, регистрировать, составлять окончательный проект закона для представления на утверждение*
enrolment   *акт регистрации, зачисление на военную службу, прием в члены организации, регистрация;* [syst.ed.] *внесение в список*
enrolment fee   *вступительный взнос*
enrolment of pupils   [syst.ed.] *прием в школу*
en route   *в пути*
ensue (vb.)   *следовать, являться результатом*
ensuing (adj.)   *следующий*
ensuing damage   [ins.] *возникающий ущерб*
ensure (vb.)   *гарантировать, обеспечивать, страховать*
entail   *наследственное имущество без права свободного распоряжения;* [suc.] *майоратное наследование*

entail (vb.) *влечь за собой, ограничивать право распоряжения имуществом, содержать в себе*

entailed estate *заповедное имение;* [legal] *урезанная собственность;* [suc.] *заповедное имущество, родовое имение*

entail risk (vb.) *быть рискованным, быть связанным с риском*

enter (vb.) *вводить данные, вносить в протокол, вносить в список, вписывать, входить, приобщать документ к делу, регистрировать заявку, регистрировать патент;* [book-keep.] *заносить в бухгалтерскую книгу, начинать процесс, регистрировать, регистрировать авторское право, фиксировать;* [calc.] *записывать на счет;* [comp.] *вводить;* [cust.] *декларировать, подавать таможенную декларацию;* [doc.] *вносить в документ;* [syst.ed.] *поступать*

enter an appeal (vb.) [legal] *подавать апелляцию*

enter an appearance (vb.) [legal] *регистрировать явку*

enter a negotiated settlement (vb.) [legal] *достигать урегулирования путем переговоров*

enter an item (vb.) [book-keep.] *делать проводку*

enter a protest (vb.) [nav.] *опротестовывать*

enter as a liability (vb.) [ind.ec.] *заносить в пассив*

enter as an asset (vb.) [ind.ec.] *заносить в актив*

enter as an expenditure (vb.) *записывать в расход*

enter as an expense (vb.) [book-keep.] *записывать в расход*

enter as an income (vb.) *записывать в приход*

enter as expenditure (vb.) [book-keep.] *записывать в расход*

enter as income (vb.) [book-keep.] *записывать в приход*

enter as liability (vb.) *заносить в пассив*

entered (adj.) *поступивший;* [calc.] *внесенный*

entered in VAT collection register (adj.) [tax.] *внесенный в регистр налога на добавленную собственность*

entered value [calc.] *сумма, внесенная в бухгалтерский отчет*

enter in a register (vb.) *записывать в регистр, регистрировать*

entering [book-keep.] *введение, внесение, занесение*

entering into a contract [legal] *заключение контракта*

entering judgment [legal] *вынесение решения суда с занесением его в соответствующее производство*

enter in the accounts (vb.) [book-keep.] *вносить в книги бухгалтерского учета*

enter in the cadastral register (vb.) [r.e.] *вносить в кадастр*

enter in the commercial register (vb.) *вносить в коммерческий регистр*

enter in the register (vb.) *записывать в регистр, регистрировать*

enter in the register of companies (vb.) *зносить в регистр акционерных обществ*

enter into (vb.) *вникать*

enter into a commitment (vb.) [legal] *брать на себя обязательство*

enter into a contract (vb.) [legal] *заключать договор*

enter into bear transactions (vb.) [exc.] *играть на понижение*

enter into bull transactions (vb.) [exc.] *играть на повышение*

enter into commitment (vb.) *брать на себя обязательство*

enter into competition (vb.) *вступать в конкурентную борьбу, конкурировать*

enter into contract (vb.) *заключать договор*

enter into cooperation (vb.) *налаживать сотрудничество*

enter into force (vb.) *вступать в силу*

enter into operation (vb.) [legal] *вступать в действие, вступать в силу*

enter judgment (vb.) [legal] *выносить решение суда с занесением его в соответствующее производство*

enter on an account (vb.) *записывать на счет*

enter on the books (vb.) [book-keep.] *вести бухгалтерские книги*

enter on the income-tax return (vb.) [tax.] *вносить в налоговую декларацию*

enterprise   *завод, компания, отрасль, предпринимательство, фабрика, хозяйство;* [ind.ec.] *предприятие, ферма, фирма*

enterprising   *предпринимательство*

enterprising (adj.)   *предприимчивый*

entertain (vb.)   *принимать во внимание, учитывать;* [calc.] *принимать в расчет*

entertainment   *зрелище, развлечение;* [calc.] *представление*

entertainment account   [book-keep.] *счет на представительские расходы*

entertainment allowance   *скидка для компенсации затрат на представительские расходы*

entertainment costs   *представительские расходы*

entertainment expenditure   *представительские расходы*

entertainment expenses   *представительские расходы*

entertainment tax   [tax.] *налог на зрелища*

enthusiasm   *энтузиазм*

enthusiastic   *полный энтузиазма*

entitle (vb.)   *называть;* [legal] *давать титул, присваивать звание*

entitled (adj.)   *уполномоченный;* [legal] *получивший право*

entitled to, be (vb.)   *получать право*

entitled to act (adj.)   *имеющий право действовать, имеющий право распоряжаться*

entitled to a pension (adj.)   *имеющий право на пенсию*

entitled to damages (adj.)   [legal] *имеющий право на компенсацию убытков*

entitled to dispose absolutely, be (vb.)   *иметь полное право распоряжаться имуществом*

entitled to dividends, be (vb.)   [bus.organ.] *иметь право на дивиденды*

entitled to inherit (adj.)   [suc.] *имеющий право наследования*

entitled to institute proceedings (adj.)   [legal] *имеющий право начинать судебный процесс*

entitled to pension (adj.)   *имеющий право на пенсию*

entitled to plead, be (vb.)   [legal] *иметь право подавать возражение по иску*

entitled to reduction (adj.)   [tax.] *имеющий право на снижение налога*

entitled to refunds (adj.)   *имеющий право на возмещение затрат*

entitled to sign (adj.)   [legal] *имеющий право подписи*

entitled to sign for a firm (adj.)   [legal] *имеющий право подписи от имени фирмы*

entitled to sign for a firm, be (vb.)   [legal] *получать право подписи от имени фирмы*

entitled to sign for firm (adj.)   *имеющий право подписи от имени фирмы*

entitled to succeed (adj.)   [suc.] *имеющий право наследования*

entitled to vote (adj.)   [parl.] *имеющий право голоса*

entitlement   *наименование;* [legal] *право*

entitlement to benefits   *право на пособие*

entitlement to bind the company   [legal] *право подписи от имени компании*

entitlement to compensation   *право на компенсацию*

entitle to (vb.)   *давать право, уполномочивать*

entity   *организация, предприятие, самостоятельное хозяйственное подразделение, экономическая единица, экономический объект;* [legal] *субъект права*

entity governed by private law   *субъект, подчиняющийся положениям частного права*

entrance   *вступление;* [nav.] *вход*

entrance condition   [syst.ed.] *условия приема*

entrance examination   [syst.ed.] *приемный экзамен*

entrance fee   *вступительный взнос, входная плата*

entrance tax   [tax.] *вступительный налог*

entrant   *абитуриент, иммигрант, кандидат на должность*

entrepot trade   *транзитная торговля*

entrepreneur *владелец предприятия, предприниматель*

entrepreneurial business *предпринимательская деятельность, предпринимательство*

entrepreneurial income *доход от предпринимательской деятельности*

entrepreneurial risk [ins.] *риск предпринимателя*

entrepreneurial spirit *предприимчивость*

entrepreneurial withdrawals [ind.ec.] *отчисления на предпринимательскую деятельность*

entrepreneur profit *прибыль предпринимателя*

entrepreneurship *предпринимательская деятельность, предпринимательство*

entrepreneur's profit *предпринимательская прибыль*

entrust (vb.) *доверять*

entrust somebody with something (vb.) *доверять кому-либо что-либо*

entrust with a task (vb.) *поручать задание*

entry *бухгалтерская запись, бухгалтерская проводка, восстановление нарушенного владения, вступление, выпускаемый на рынок продукт, занесение в список, проникновение в жилой дом с целью совершения преступления, список участников, таможенная декларация, фактическое вступление во владение недвижимым имуществом;* [comp.] *ввод;* [cust.] *проникновение;* [doc.] *отметка в документе, содержание графы;* [syst.ed.] *поступление*

entry advice [book-keep.] *извещение о проводке*

entry at land registry *занесение в земельный регистр*

entry at Land Registry [r.e.] *занесение в земельный регистр*

entry barrier *ограждение от проникновения*

entry in court records *занесение в судебный протокол*

entry in register *внесение в регистр*

entry in the court records [legal] *занесение в судебный протокол*

entry in the register *внесение в регистр*

entry of amount *проводка суммы*

entry of appropriation in budget *статья ассигнований в бюджете*

entry of interest *запись процентов, поступление процентов*

entry of judgment [legal] *протокол судебного процесса*

entry point [comp.] *точка входа;* [trans.] *пункт пересечения границы*

entry price [EEC] *цена ввозимой продукции*

entry word [doc.] *порядковое слово описания*

ENUF (Euronote underwriting facility) [bank.] *среднесрочная кредитная программа на основе регулярного выпуска евронот с банковской поддержкой*

enumerate (vb.) *перечислять, проводить перепись, регистрировать*

enumeration *перепись населения, перечисление, подсчет, регистрация населения, учет*

enunciate (vb.) *излагать, объявлять, формулировать*

envelope stuffer [adv.] *рекламная вкладка в конверт*

environment *окружающая среда, среда обитания*

environmental (adj.) *относящийся к окружающей среде, экологический*

environmental account *отчет о состоянии окружающей среды*

environmental accounts *оценки состояния окружающей среды*

environmental administration *управление по охране окружающей среды*

Environmental Appeal Board *Комиссия по рассмотрению жалоб на загрязнение окружающей среды*

environmental approval *одобрение экологической службой*

environmental authorities *органы охраны окружающей среды*

environmental class *категория экологического состояния*

environmental committee *экологическая комиссия*

environmental damage *разрушение окружающей среды;* [ins.] *ущерб окружающей среде*

environmental disaster   *экологическая катастрофа*

environmental impact assessment   *оценка воздействия на окружающую среду*

environmental impact statement   *отчет о воздействии на окружающую среду*

environmental improvement   *улучшение состояния окружающей среды*

environmental investment   *капиталовложения на охрану окружающей среды*

environmental legislation   *законодательство об охране окружающей среды*

environmental liability insurance   [ins.] *страхование по обязательствам, связанным с экологией*

environmentally acceptable (adj.)   *экологически приемлемый*

environmentally sound (adj.)   *экологически приемлемый*

environmental management   *меры по охране окружающей среды, меры по рациональному использованию окружающей среды*

environmental measures   *мероприятие по охране окружающей среды, меры по охране окружающей среды*

environmental monitoring   *мониторинг качества окружающей среды*

environmental organization   *экологическая организация*

environmental permit   *разрешение экологической организации*

environmental planning   *планирование охраны окружающей среды*

environmental policy   *экологическая политика*

environmental-political   *связанный с политикой в области охраны окружающей среды*

environmental pollution   *загрязнение окружающей среды*

environmental protection   *охрана окружающей среды*

environmental quality standards   *нормы качества окружающей среды*

environmental requirements   *требования к состоянию окружающей среды*

environmental risk   *экологический риск*

environmental service   *экологическая служба*

environmental support loan   *кредит на мероприятия по охране окружающей среды*

environment distance   [mark.] *разнообразие условий окружающей среды*

envisage (vb.)   *намечать, предвидеть, предусматривать*

envoy   *доверенное лицо, представитель, уполномоченный;* [dipl.] *посланник*

e.o.d. (every other day)   *через день*

EOE (European Option Exchange)   [exc.] *Европейская опционная биржа*

EOF (end of file)   [comp.] *конец файла*

EOI (expression of interest)   *выражение заинтересованности*

EPA (economic planning agency)   *управление экономического планирования*

EPC (European Patent Convention)   [pat.] *ЕПК (Европейская патентная конвенция)*

epitome   *выписка, конспект, краткое изложение, резюме*

EPO (European Patent Office)   [pat.] *ЕПС (Европейская патентная служба)*

EPROM (erasable programmable read-only memory)   *СППП (стираемая программируемая постоянная память);* [comp.] *СППЗУ (стираемое программируемое постоянное запоминающее устройство)*

EPS (earnings per share)   [fin.] *доход в расчете на акцию*

EPU (European Payments Union)   *ЕПС (Европейский платежный союз)*

equal (vb.)   *компенсировать, полностью оплачивать*

equal (adj.)   *достаточный, одинаковый, равноправный, равный, соответствующий*

equal charges   [legal] *равная ответственность*

equal distribution   *равномерное распределение*

equal division of votes   *разделение голосов поровну*
equal footing, on an   *в равных условиях*
equal instalment depreciation   [calc.] *начисление износа равными частями*
equality   *равенство, равноправие*
equality before law   [legal] *равенство перед законом*
equality before the law   [legal] *равенство перед законом*
equality of shareholders   *равноправие акционеров*
equality of treatment   *равенство в обращении*
equalization   *выравнивание, стабилизация, уравнивание*
equalization account   *стабилизационный счет;* [calc.] *счет валютного регулирования*
equalization fund   [calc.] *стабилизационный фонд, фонд валютного регулирования*
equalization payment   *уравнивающий платеж*
equalization provision   [calc.] *стабилизационный резерв*
equalization reserve   [ins.] *стабилизационный резервный фонд*
equalization tax   [tax.] *уравнительный налог*
equalize (vb.)   *делать одинаковым, равномерно распределять, уравнивать*
equalized dividends   [bus.organ.] *равномерно распределенные дивиденды*
equalizing discount rate   *уравнивающая учетная ставка*
equally owned joint venture   *совместное предприятие с равными долями собственности*
equal opportunities commission   *комиссия по борьбе с дискриминацией при приеме на работу, комиссия по обеспечению равных возможностей при приеме на работу*
equal pay   [empl.] *равная оплата*
equal pay for equal work   [empl.] *равная оплата за равный труд*
equal protection of the law   [legal] *равенство перед законом*
equal ranking (adj.)   *равнозначный*
equal right (adj.)   *равноправный*
equal rights   *равные права*
equal sacrifice principle   [tax.] *принцип равных жертв*
equal shares, in   *в равных долях*
Equal Status Council   *Совет по равноправию*
equation   [mat.] *уравнение*
equilibrium   *равновесие*
equilibrium condition   *состояние равновесия*
equilibrium in balance of payments   *равновесие платежного баланса*
equilibrium in foreign exchange balance   *равновесие валютного баланса*
equilibrium in the balance of payments   *равновесие платежного баланса*
equilibrium in the foreign exchange balance   *равновесие валютного баланса*
equilibrium of economy   [pol.ec.] *равновесное состояние экономики*
equilibrium of foreign trade   *сбалансированность внешней торговли*
equilibrium of the economy   [pol.ec.] *равновесное состояние экономики*
equilibrium of the trade balance   *равновесие торгового баланса*
equilibrium of trade balance   *равновесие торгового баланса*
equilibrium price   [pol.ec.] *равновесная цена*
equip (vb.)   *оборудовать, оснащать, снаряжать*
equipment   *аппаратура, оборудование, оснащение, снаряжение;* [calc.] *аппаратные средства;* [prod.] *подвижной состав*
equipment leasing   *долгосрочная аренда оборудования*
equipment loan   [bank.] *ссуда на оборудование*
equitable (adj.)   *беспристрастный, относящийся к праву справедливости, справедливый*
equitable interest   [legal] *право на недвижимость, основанное на нормах права справедливости*
equitable lien   [legal] *право удержания имущества, основанное на нормах права справедливости*

equitable owner [legal] *равноправный собственник*

equitable solution *справедливое решение*

equitable waste [r.e.] *потери, распределяемые по справедливости*

equities [stock] *обыкновенные акции*

equity *доля акционера в капитале предприятия, маржа, собственный капитал компании, справедливое требование;* [bus.organ.] *обыкновенная акция;* [legal] *активы за вычетом задолженности, справедливость, чистая стоимость капитала за вычетом обязательств;* [r.e.] *право справедливости, субъективное право, основанное на нормах права справедливости*

equity basis [bus.organ.] *собственный капитал компании*

equity basis, on an [bus.organ.] *на базе собственного капитала компании*

equity capital *капитал в форме акций, собственный капитал компании;* [bus.organ.] *акционерный капитал*

equity capital inflow [bus.organ.] *приток акционерного капитала*

equity capital ratio [calc.] *отношение собственного капитала компании к общей сумме активов*

equity dilution [bus.organ.] *уменьшение доходов акционеров при выпуске новых акций*

equity financing [bus.organ.] *финансирование путем выпуска новых акций*

equity holding [bus.organ.] *владение акциями*

equity injection *вложение основного капитала*

equity investment *вложения в акции*

equity investor *владелец акций*

equity joint venture *совместное акционерное предприятие*

equity-linked savings plan *программа образования сбережений с помощью акций*

equity-linked security [stock] *ценная бумага, которая может быть конвертирована в акцию*

equity market [exc.] *рынок акций*

equity method [calc.] *метод оценки собственного капитала*

equity of redemption [r.e.] *право выкупа заложенного имущества*

equity ownership [calc.] *владение акциями, долевая собственность*

equity participation *долевое участие*

equity per share [bus.organ.] *доля собственного капитала, приходящаяся на акцию*

equity ratio [calc.] *отношение собственного капитала к общей сумме активов*

equity return [fin.] *доход от акций*

equity rights issue [bus.organ.] *выпуск новых акций, предлагаемых акционерам компании*

equity rights offering [bus.organ.] *выпуск новых акций, предлагаемых акционерам компании*

equity share [calc.] *доля акционерного капитала*

equity side [calc.] *графа акционерного капитала*

equity turnover [fin.] *оборачиваемость акционерного капитала*

equity value [calc.] *стоимость акционерного капитала, стоимость обыкновенной акции*

equity warrant *облигационный варрант, дающий право на покупку акций заемщика по определенной цене;* [stock] *предъявительское свидетельство на акцию*

equity warrant issue *заем с варрантами, дающими право на покупку акций заемщика*

equivalence *равнозначность, равносильность, равноценность, эквивалентность*

equivalent *равноценный заменитель, соответствующий итог, эквивалент*

equivalent (adj.) *равносильный, равноценный, равный по величине, равный по значению, соответствующий, эквивалентный*

equivalent (value)   *эквивалентная стоимость*
equivalent bond yield   [stock] *эквивалентный облигационный доход*
equivalent to, be (vb.)   *быть равноценным*
equivalent value   *эквивалентная стоимость*
eradicate (vb.)   *искоренять*
erasable programmable read-only memory (EPROM)   *стираемая программируемая постоянная память;* [comp.] *стираемое программируемое постоянное запоминающее устройство*
erasable storage   [comp.] *стираемое запоминающее устройство*
erase (vb.)   *исключать, стирать;* [print.] *вычеркивать*
erase a claim (vb.)   *отказываться от претензии*
ERDF (European Regional Development Fund)   [EEC] *Европейский региональный фонд развития*
erection   *постройка;* [r.e.] *сооружение*
erection insurance   [ins.] *страхование строительства*
ergonomics   *эргономика*
ERM (exchange rate mechanism)   [monet.trans.] *курсовой механизм Европейского валютного союза*
erode (vb.)   *подрывать, портить*
erosion   *эрозия*
erosion of competitiveness   *ослабление конкурентоспособности*
erosion of domestic market shares   *утрата доли на внутреннем рынке*
erosion of purchasing power   [pol.ec.] *снижение покупательной способности*
erosion of sectoral barriers   *разрушение барьеров между секторами*
errand   *поручение*
errata   [print.] *список опечаток*
erratic (adj.)   *изменчивый, колеблющийся, непостоянный, неравномерный, неритмичный;* [exc.] *неустойчивый*
erroneous (adj.)   *неправильный, ошибочный*
erroneous translation   *неправильный перевод*
error   *заблуждение, ложное представление, ошибка, погрешность, потеря точности, рассогласование;* [stat.] *отклонение от номинала*
error condition   *сбойная ситуация;* [comp.] *состояние ошибки*
error control   [comp.] *устранение ошибок*
error in addition   [mat.] *ошибка сложения*
error in subtraction   [mat.] *ошибка вычитания*
error message   [comp.] *сообщение об ошибке*
error of estimation   *ошибка оценивания*
error of judgment   *неверное суждение, ошибочная оценка*
error of posting   [book-keep.] *ошибка бухгалтерской проводки*
error rate   *частота появления ошибок*
error recovery   [comp.] *устранение ошибки*
error report   [comp.] *сообщение об ошибке*
errors and omissions (E and O)   *ошибки и пропуски*
errors and omissions (e & o)   *ошибки и пропуски*
errors and omissions clause   [legal] *пункт об ошибках и пропусках*
errors and omissions excepted (E and OE)   *исключая ошибки и пропуски*
errors and omissions excepted (e. & o. e.)   *исключая ошибки и пропуски*
ERS (Earnings Related Supplement)   [empl.] *дополнительная выплата в зависимости от размера заработной платы*
ESA (European Space Agency)   *ЕКА (Европейское космическое агентство)*
ESA (European system of integrated national accounts)   [EEC] *Европейская система интегрированных национальных счетов*
ESB (Spanish peseta)   [monet.trans.] *испанская песета*
escalate (vb.)   *повышать, увеличиваться;* [ec.] *расти*
escalation   *повышение, рост, шкала надбавок и накидок*
escalation clause   *оговорка о скользящих ценах*
escalation of rent   [r.e.] *повышение арендной платы*

escalator clause   *оговорка о скользящих ценах;* [empl.] *пункт о повышении заработной платы*

escape   *заключенный, совершивший побег, незаконное освобождение из-под стражи;* [leg.pun.] *бегство из-под стражи*

escape (vb.)   [leg.pun.] *совершать побег*

escape clause   [legal] *клаузула возможности отказа, оговорка об обстоятельствах, дающих право на освобождение от договорной обязанности, пункт договора, освобождающий от ответственности*

escape liability (vb.)   *избегать ответственности*

escape route   *путь побега*

ESCB (European System of Central Banks)   [EEC] *Европейская система центральных банков*

escheat   *конфискованное имущество, переход в казну выморочного имущества;* [legal] *выморочное имущество*

escheat (vb.)   *конфисковывать выморочное имущество*

escheated farm   [legal] *имение без наследника*

escort   *конфискованная форма, сопровождение*

escrow   *документ, который находится на хранении у третьего лица и вступает в силу при выполнении определенного условия, соглашение, которое находится на хранении у третьего лица и вступает в силу при выполнении определенного условия, условное депонирование денежной суммы у третьего лица;* [legal] *контракт, который находится на хранении у третьего лица и вступает в силу при выполнении определенного условия*

escrow, in   *находящийся на условном депонировании*

escrow account   *счет условного депонирования;* [legal] *счет, который находится в руках третьей стороны до урегулирования отношений между двумя принципалами, счет в банке, на котором блокируются средства за покупку товара в качестве гарантии завершения товарообменной операции*

escrow agent   *лицо, в руках которого находится счет до урегулирования отношений между двумя принципалами*

ESF (European Social Fund)   [EEC] *ЕСФ (Европейский социальный фонд)*

especially   *в особенности, главным образом, особенно*

espionage   *шпионаж*

essence   *существо, сущность*

essential (adj.)   *необходимый, непременный, обязательный, существенно важный, существенный*

essential commodities   *товары первой необходимости*

essential requirement   *важное требование*

establish (vb.)   *назначать, организовывать, основывать, открывать аккредитив, создавать, устанавливать, устраивать, учреждать;* [bus.organ.] *выяснять, определять, упрочивать;* [com.mark.] *укреплять;* [legal] *доказывать*

establish a fund (vb.)   *учреждать фонд*

establish a market (vb.)   *создавать рынок*

establish a precedent (vb.)   [legal] *создавать прецедент*

establish a right (vb.)   [legal] *устанавливать право*

establish a trust (vb.)   *создавать траст;* [legal] *учреждать траст*

establish a trust for endowment of (vb.)   *учреждать дарственный фонд*

establish a trust for the endowment of (vb.)   [legal] *учреждать дарственный фонд*

establish debts to be recovered (vb.)   *определять долги, подлежащие взысканию*

established (adj.)   *доказанный, признанный, укоренившийся, упрочившийся, установившийся, установленный*

established business   *существующее предприятие*

established church   *государственная церковь*

established claim   *обоснованная претензия*

established debt   *установленный долг*

established trade mark   [com.mark.] *действующая торговая марка*

establishment   *господствующая верхушка, закон, истеблишмент, кодекс законов, положение в обществе, постановление, правило, правящие круги, семья, штатное расписание;* [bus.organ.] *введение, основание, создание, штат сотрудников;* [ind.ec.] *постоянный доход, предприятие;* [legal] *заведение;* [manag.] *организация, учреждение;* [r.e.] *установление, хозяйство*

establishment, the   *влиятельные круги, господствующая, официальная, государственная церковь, истеблишмент, правящие круги, учреждение*

establishment account   [bank.] *счет организации*

establishment costs   [calc.] *учредительские расходы*

establishment expenses   [calc.] *учредительские расходы*

establishment of a branch   *образование филиала;* [bank.] *образование отделения*

establishment of a customs union   [cust.] *учреждение таможенного союза*

establishment of a letter of credit   [bank.] *открытие аккредитива*

establishment of a right   [legal] *установление права*

establishment of branch   *образование отделения, образование филиала*

establishment of customs union   *учреждение таможенного союза*

establishment of foreign debt   *образование внешнего долга*

establishment of letter of credit   *открытие аккредитива*

establishment of right   *установление права*

establish oneself as (vb.)   *устраиваться в качестве*

establish reserves (vb.)   [calc.] *создавать резервы*

establish rules (vb.)   *устанавливать правила*

establish that the waiver is in order (vb.)   [legal] *обосновывать законность отказа*

establish that waiver is in order (vb.)   *обосновывать законность отказа*

estate   *земельное владение, поместье, сословие;* [legal] *вещноправовой интерес, вещноправовой титул, право вещного характера, состояние;* [r.e.] *имение, имущество, собственность*

estate accepted with assets and liabilities   [suc.] *имущество, принятое с активом и пассивом*

estate administration   [suc.] *управление имуществом*

estate agent   *агент по продаже недвижимости, управляющий имением*

estate agent's office   *контора по продаже недвижимости*

estate at will   *бессрочное арендное право;* [r.e.] *бессрочная аренда*

estate contract   [r.e.] *контракт на владение имуществом*

estate division   [legal] *раздел имущества*

estate duty   [tax.] *налог на наследство*

estate for years   [r.e.] *владение имуществом в течение определенного срока*

estate fund   [suc.] *фонд имущества*

estate funds   *фонды имущества*

estate in bankruptcy   [bankr.leg.] *имущество, идущее с молотка, имущество банкрота*

estate in fee simple   *неограниченное право собственнности;* [r.e.] *безусловное право собственнности*

estate inventory   [suc.] *опись имущества*

estate of a deceased person   [legal] *имущество покойного*

estate of a living person   [suc.] *имущественные права пережившего*

estate of deceased person   *имущество покойного*

estate of living person   *имущественные права пережившего*

estate owner   [r.e.] *владелец имущества*

estate planning   *планировка земельной собственности*

estate tax   [tax.] *налог на наследство*

estate wherein heirs assume liability   [suc.] *признание наследником обязательств по долгам умершего*

estate wherein heirs disclaim liability   [suc.] *отказ наследников от обязательств по долгам умершего*

estate wherein the heirs assume liability   [suc.] *признание наследником обязательств по долгам умершего*

estate wherein the heirs disclaim liability   [suc.] *отказ наследников от обязательств по долгам умершего*

esteem   *уважение*

esteemed (adj.) *уважаемый*

estimate   *предварительный подсчет;* [ec.] *оценка;* [ind.ec.] *исчисление, калькуляция, смета*

estimate (vb.)   *давать оценку, оценивать, предварительно подсчитывать, составлять смету, устанавливать стоимость*

estimated (adj.)   *номинальный, планируемый, предполагаемый, предположительный, приблизительный, расчетный, сметный, теоретический*

estimated assessment   [tax.] *оценка имущества для налогообложения*

estimated correction   *оценка поправки*

estimated cost   *ориентировочная стоимость;* [ind.ec.] *сметная стоимость*

estimated expenditure   *расчетные затраты*

estimated price   [exc.] *сметная цена*

estimated prime cost   *оценка себестоимости*

estimated profit   *оценка прибыли*

estimated sales price   *оценка продажной цены*

estimated value   *оценка стоимости, расчетная стоимость*

estimate of costs   *оценка затрат*

estimate of expenditure   *смета расходов*

estimate of loss   *оценка убытков*

estimate of proceeds   *оценка доходов*

estimates   [manag.] *сметные предположения*

estimation   *оценивание, оценка;* [ec.] *получение оценки*

estimation of yield   *оценка дохода*

estimator   *оценочная функция, оценщик, статистика, используемая в качестве оценки, статистическая оценка, формула оценки;* [ind.ec.] *статистическая характеристика*

estopped (adj.)   [legal] *лишенный права возражения*

estoppel   *лишение стороны права ссылаться на факты или отрицать их, процессуальный отвод;* [legal] *лишение права возражения*

ESU (European size unit)   *европейская единица физических величин*

ESU (European size units)   *европейские единицы физических величин*

ETA (expected time of arrival)   [trans.] *ожидаемое время прибытия*

et al. (et alii)   *и прочее*

etc. (et cetera)   *и так далее, и тому подобное*

ETD (expected time of departure)   [trans.] *ожидаемое время отправления*

ethic(al) (adj.)   *моральный, нравственный, этичный*

ethical (adj.)   *моральный, нравственный, этический, этичный*

ethical accounts   *этические оценки*

ethics   *мораль, нравственность, этика*

ethics of journalism   [media] *журналистская этика*

ethnic group   *этническая группа*

ethnic minorities   *этнические меньшинства*

ethnic minority   *этническое меньшинство*

ETS (expected time of sailing)   [nav.] *ожидаемое время отхода судна*

ETUC (European Trade Union Confederation)   *Европейская конфедерация профсоюзов*

EU (European Union)   *Европейский союз (ЕС)*

EUA (European unit of account)   [EEC] *европейская расчетная единица*

euphoriant drug   *наркотик*

Euratom (European Atomic Energy Community)   [EEC] *Европейское сообщество по атомной энергии (Евратом)*

eurobond   *еврооблигация*
Eurobond   [stock] *еврооблигация*
eurobond loan   *ссуда под еврооблигации*
Eurobond loan   [bank.] *ссуда под еврооблигации*
eurobond market   *рынок еврооблигаций*
Eurobond market   [exc.] *рынок еврооблигаций*
Euro-CD (eurocertificate of deposit)   *депозитный сертификат в евровалюте*
Euro-CD (Euro certificate of deposit)   [stock] *депозитный сертификат в евровалюте*
eurocertificate of deposit (Euro-CD, ECD)   *депозитный сертификат в евровалюте*
Euro certificate of deposit (Euro-CD, ECD)   [stock] *депозитный сертификат в евровалюте*
eurocheque   *еврочек*
Eurocheque   [bank.] *еврочек*
Euro-Clear Operations Centre   [stock] *клиринговая система для расчетов между банками на вторичном рынке еврооблигаций и других ценных бумаг*
eurocommercial paper (ECP)   *еврокоммерческий вексель*
Euro commercial paper (ECP)   [stock] *еврокоммерческий вексель*
eurocommercial paper programme   *среднесрочная кредитная программа на базе регулярного выпуска еврокоммерческих векселей*
Euro Commercial Paper programme   [stock] *среднесрочная кредитная программа на базе регулярного выпуска еврокоммерческих векселей*
Eurocrat   [EEC] *сотрудник администрации Европейского экономического сообщества*
eurocurrency   *евровалюта*
Eurocurrency   [monet.trans.] *евровалюта*
eurocurrency market   *евровалютный рынок*
Eurocurrency market   [monet.trans.] *евровалютный рынок*
eurodeposit   *евровалютный депозит*
Eurodeposit   [bank.] *евровалютный депозит*
eurodollar   *евродоллар*
Eurodollar   [monet.trans.] *евродоллар*
eurodollar bond   *евродолларовая облигация*
Eurodollar bond   [stock] *евродолларовая облигация*
eurodollar bond market   *рынок евродолларовых облигаций*
Eurodollar bond market   [exc.] *рынок евродолларовых облигаций*
eurointerest rate   *процентная ставка по еврооблигациям*
Euro-interest rate   [bank.] *процентная ставка по еврооблигациям*
euroissue   [exc.] *выпуск еврооблигаций*
Euro issue   [exc.] *выпуск еврооблигаций*
Eurokrone   [monet.trans.] *еврокрона*
Eurokrone bond   [stock] *еврокроновая облигация*
Eurokrone bond loan   [bank.] *кредит под еврокроновые облигации*
Eurokrone bond market   [exc.] *рынок еврокроновых облигаций*
Eurokrone issue   [exc.] *эмиссия еврокроны*
Eurokrone loan   [bank.] *ссуда в еврокронах*
Euromarket   *европейский денежный рынок, еврорынок*
euromedium-term note (EMTN)   [stock] *среднесрочная евронота*
Euro medium term note (EMTN)   [stock] *среднесрочная евронота*
EURONET (European Telecommunications Network)   *'Евронет' (Европейская телекоммуникационная система)*
euronote underwriting facility (ENUF)   *среднесрочная кредитная программа на основе регулярного выпуска евронот с банковской поддержкой*
Euro note underwriting facility (ENUF)   [bank.] *среднесрочная кредитная программа на основе регулярного выпуска евронот с банковской поддержкой*

European Agricultural Guidance and Guarantee Fund (EAGGF)
[EEC] *Европейский гарантийный фонд развития сельского хозяйства*

European Atomic Energy Community (Euratom) [EEC] *Европейское сообщество по атомной энергии (Евратом)*

European baccalaureate [syst.ed.] *европейская степень бакалавра*

European Bank for Reconstruction and Development (EBRD) *Европейский банк реконструкции и развития*

European basket of currencies [EEC] *европейская корзина валют*

European Central Bank (ECB) [EEC] *Европейский центральный банк (ЕЦБ)*

European Coal and Steel Community (ECSC) [EEC] *Европейское объединение угля и стали (ЕОУС)*

European Commission [EEC] *Европейская комиссия*

European Committee for Standardization *Европейский комитет по стандартизации*

European Communities (EC) *Европейские сообщества (ЕС)*

European Community law [EEC] *право Европейского сообщества*

European Community scheme [EEC] *структура Европейского сообщества*

European convention *европейская конвенция*

European Council (of Ministers) [EEC] *Европейский совет (министров)*

European Council of Ministers [EEC] *Европейский совет министров*

European Court [EEC] *Европейский суд*

European Court of Human Rights *Европейский суд по правам человека*

European currency [EEC] *европейская валюта*

European Currency Unit (ECU) *Европейская валютная единица (ЭКЮ)*

European Defence Community (EDC) *Европейское оборонительное сообщество (ЕОС)*

European Depositary Receipt (EDR) [stock] *европейская депозитная расписка на иностранные акции*

European Development Fund (EDF) *Европейский фонд развития (ЕФР)*

European Disarmament Conference *Европейская конференция по разоружению*

European Documentation Centre (EDC) *Европейский центр документации (ЕЦД)*

European Economic Community (EEC) [EEC] *Европейское экономическое сообщество (ЕЭС)*

European Economic Space (EES) [EEC] *европейское экономическое пространство*

European exchange rate cooperation [EEC] *европейское сотрудничество по вопросам валютных курсов*

European Free Trade Association (EFTA) *Европейская ассоциация свободной торговли (ЕАСТ)*

European Fund for Monetary Cooperation (EFMC) [EEC] *Европейский фонд валютного сотрудничества (ЕФВС)*

European Industry Committee *Европейский промышленный комитет (ЕПК)*

European Investment Bank (EIB) *Европейский инвестиционный банк (ЕИС)*

European law [legal] *европейское право*

European Monetary Agreement (EMA) [monet.trans.] *Европейское валютное соглашение*

European Monetary Cooperation Fund (EMCF) [EEC] *Европейский фонд валютного сотрудничества (ЕФВС)*

European Monetary Fund (EMF) *Европейский валютный фонд (ЕВФ)*

European Monetary System (EMS) [EEC] *Европейская валютная система (ЕВС)*

European Monetary Unit of Account (EMUA) [EEC] *европейская расчетная единица*

European option   [exc.] *европейский опцион*

European Option Exchange (EOE)   [exc.] *Европейская опционная биржа (Амстердам)*

European Parliament   *Европарламент;* [EEC] *Европейский парламент*

European passport   [EEC] *европейский паспорт*

European Patent Convention (EPC)   [pat.] *Европейская патентная конвенция (ЕПК)*

European Patent Office (EPO)   [pat.] *Европейская патентная служба (ЕПС), Европейское патентное бюро (ЕПБ)*

European Payments Union (EPU)   *Европейский платежный союз (ЕПС)*

European political cooperation   *европейское политическое сотрудничество*

European Regional Development Fund (ERDF)   [EEC] *Европейский фонд регионального развития (ЕФРР)*

European size unit (ESU)   *европейская единица физических величин*

European size units (ESU)   *европейские единицы физических величин*

European social charter   [EEC] *Европейская социальная хартия*

European Social Fund (ESF)   [EEC] *Европейский социальный фонд (ЕСФ)*

European Space Agency (ESA)   *Европейское космическое агентство (ЕКА)*

European standardization organization   *Европейская организация по стандартизации*

European System of Central Banks (ESCB)   [EEC] *Европейская система центральных банков*

European system of integrated national accounts (ESA)   [EEC] *Европейская интегрированная система национальных счетов*

European Telecommunications Network (EURONET)   *Европейская телекоммуникационная система ('Евронет')*

European Trade Union Confederation (ETUC)   *Европейская конфедерация профсоюзов (ЕКП)*

European Union (EU)   *Европейский союз (ЕС)*

European unit of account (EUA)   [EEC] *европейская расчетная единица (ЭКЮ)*

euroquote   *евроквота*

Euroquote   [exc.] *евроквота*

eurosecurity   *ценная бумага, имеющая хождение на европейских рынках*

Euro security   [stock] *ценная бумага, имеющая хождение на европейских рынках*

euroyen   [monet.trans.] *евроиена*

Euro yen   [monet.trans.] *евроиена*

euthanasia   *отказ от искусственного поддержания жизни пациента в последней стадии болезни;* [leg.pun.] *легкая безболезненная смерть, умерщвление безнадежно больных по гуманным соображениям, эйтаназия*

evacuate (vb.)   *очищать*

evacuation   *эвакуация*

evade (vb.)   *избегать, уклоняться;* [tax.] *ускользать*

evader (adj.)   [tax.] *уклоняющийся*

evaluate (vb.)   *аттестовывать, давать оценку, определять стоимость, оценивать*

evaluation   *аттестация, вычисление, определение стоимости, оценка*

evaluation of economic trends   *оценка тенденции экономического развития*

evaluation of risk   *оценка риска*

evasion   *обход закона, отговорка, уклонение;* [tax.] *вымышленный предлог, уклончивый ответ*

evasion of customs duties   [leg.pun.] *уклонение от уплаты пошлин*

evasion of postage   [legal] *уклонение от уплаты почтового сбора*

even (vb.) *выравнивать, нивелировать доходы, сглаживать различия*

even (adj.) *равномерный, ровный, справедливый, честный, четный*

even distribution   *равномерное распределение*

evening paper   [media] *вечерняя газета*

evenness   *равномерность*

even rollover   *пролонгация кредита путем выдачи новой ссуды, пролонгация кредита путем выдачи новой ссуды взамен старой, пролонгация кредита путем выпуска новых облигаций в обмен на старые;* [bank.] *пролонгация срока кредита путем выпуска новых облигаций в обмен на старые*

event   *исход, результат, случай, событие;* [ins.] *явление;* [leg.pun.] *происшествие*

event of default   [legal] *случай невыполнения обязательств*

event risk   [ins.] *риск происшествия*

eventually   *в итоге, в конечном итоге, в конце концов*

every fortnight   *каждые две недели*

every other day (e.o.d.)   *через день*

every other day (EOD)   *через день*

every other month   *через месяц*

every other week   *через неделю*

every other year   *через год*

every second (adj.)   *каждый второй*

every second day   *каждый второй день*

every second month   *каждый второй месяц*

every second week   *каждая вторая неделя*

every second year   *каждый второй год*

every six months   *каждые шесть месяцев*

every two months   *каждые два месяца*

every two weeks   *каждые две недели*

evict (vb.)   *вернуть себе имущество по суду, виндицировать, возвращать имущество по суду, лишать владения на законном основании, лишать владения по суду;* [r.e.] *выселять*

eviction   *виндикация, возвращение себе имущества по суду, лишение владения по суду;* [r.e.] *выселение, эвикция*

eviction of a tenant   [r.e.] *выселение арендатора*

eviction of tenant   *выселение арендатора*

evidence (n.)   *свидетельство;* [legal] *данные, доказательство, основание, показание обвиняемого, показание свидетеля, свидетель, улика, факты*

evidence (vb.)   *давать показания, свидетельствовать, служить доказательством;* [legal] *подтверждать*

evidence by a party   [legal] *свидетельство одной из сторон*

evidence by party   *свидетельство одной из сторон*

evidence completed   [legal] *представление доказательств закончено*

evidence in court   [legal] *свидетель в суде*

evidence of an easement   [r.e.] *свидетельство о сервитуте*

evidence of easement   *свидетельство о сервитуте*

evident (adj.)   *наглядный, очевидный, явный, ясный*

evidential burden of proof   *обязанность доказывания;* [legal] *бремя доказывания*

evidential matter   *доказательственный материал;* [legal] *вещественное доказательство*

evil (adj.)   *плохой*

evince (vb.)   *проявлять*

evoke (vb.)   *выказывать*

evolution   *развитие, эволюция*

EWP (electronic word processing)   [comp.] *электронная обработка текстов*

exact (vb.)   *взыскивать, вызывать в суд, вымогать, получать, принимать взятку, требовать*

exact (adj.)　*аккуратный, пунктуальный, точный*
exact amount　*точная сумма*
exact change　*точное изменение*
exact classification　[doc.] *точная классификация*
exact copy　*точная копия*
exact information　*точная информация*
exacting (adj.)　*взыскательный, настоятельный, требовательный*
exacting, be (vb.)　*быть требовательным*
exactitude　*аккуратность, точность*
exact payment (vb.)　*требовать плату*
exact reproduction　*точное воспроизведение*
ex aequo et bono　*по справедливости*
exaggerate (vb.)　*преувеличивать, расширять*
examination　*допрос подсудимого, допрос свидетеля, обследование,*
　　освидетельствование, проверка, следствие, экспертиза;
　　[bankr.leg.] *осмотр;* [cust.] *досмотр;* [legal] *допрос, опрос, рассмотрение;*
　　[pat.] *протокол допроса;* [syst.ed.] *экзамен*
examination fee　*плата за сдачу экзамена*
examination in chief　[legal] *первоначальный допрос свидетеля*
　　выставившей стороной
examination in court　[legal] *допрос в суде*
examination of accounts　[aud.] *проверка счетов*
examination of a party　[legal] *допрос одной из сторон*
examination of a witness　[legal] *допрос свидетеля*
examination of claim　[ins.] *рассмотрение иска*
examination of men liable for military service　[mil.] *медицинский осмотр*
　　призываемых на военную службу
examination of party　[legal] *допрос одной из сторон*
examination of professional competence　*проверка профессиональной*
　　пригодности
examination of proposal　[ins.] *рассмотрение заявления о страховании*
examination of substance of a case　[legal] *изучение существа дела*
examination of tenders　*рассмотрение предложений*
examination of the substance of a case　[legal] *изучение существа дела*
examination of witness　[legal] *допрос свидетеля*
examine (vb.)　*допрашивать, обследовать, опрашивать, проверять,*
　　рассматривать; [aud.] *ревизовать;* [legal] *досматривать,*
　　производить осмотр; [pat.] *проводить экспертизу;*
　　[syst.ed.] *экзаменовать*
examine a witness (vb.)　[legal] *допрашивать свидетеля*
examine critically (vb.)　*критически изучать*
examinee (adj.)　[syst.ed.] *экзаменуемый, экзаменующийся*
examiner　[pat.] *эксперт*
examine the case (vb.)　[legal] *рассматривать дело*
examining justice　[leg.pun.] *допрашивающий судья*
examining magistrate　[leg.pun.] *допрашивающий судья*
example　*пример*
example, for　*например*
example of the invention　[pat.] *образец изобретения*
exceed (vb.)　*превосходить, превышать*
exceed authority (vb.)　*выходить за пределы компетенции, выходить*
　　за пределы полномочий, превышать полномочия
exceeding　*больше чем*
exceeding the quota　*превышение квоты*
exceeding the term for delivery　*нарушение срока поставки*
exceed one's authority (vb.)　[legal] *выходить за пределы своей*
　　компетенции, выходить за пределы своих полномочий,
　　превышать свои полномочия
exceed the budget (vb.)　*выходить из бюджета*
exceed the delivery limit (vb.)　*нарушать сроки поставки*
excellence　*выдающееся мастерство*

excellent (adj.) *великолепный;* [comm.] *превосходный*

except *исключая*

except (vb.) *исключать*

excepted peril [mar.ins.] *исключенные риски (не покрываемые страхованием)*

excepted persons/objects [ins.] *исключенные страховые объективы*

except for *за исключением, кроме*

exception *возражение, исключение*

exception, without *без исключения*

exceptional (adj.) *необыкновенный, необычайный, особенный, экстраординарный*

exceptional amount *необычный итог*

exceptional circumstances *особые обстоятельства*

exceptional circumstances, in *в исключительном случае*

exceptional depreciation [calc.] *резкое обесценивание*

exceptional item [calc.] *статья чрезвычайных расходов*

exceptional position *особое положение*

exceptional rate [cust.] *исключительный тариф*

exceptional redemption payment *внеплановое погашение*

exceptional risk [ins.] *исключительный риск*

exceptional tariff [cust.] *особый тариф*

exceptional value adjustment [calc.] *экстраординарная корректировка стоимости*

exception to, take (vb.) *возражать против чего-либо*

excerpt *выписка;* [print.] *отрывок*

excerpt (vb.) *делать выписки, делать извлечения*

excess *избыток, излишек, превышение, численное превосходство;* [leg.pun.] *эксцесс*

excess (adj.) *излишний*

excess amount [ec.] *превышение установленной суммы, сумма превышения*

excess capacity [prod.] *избыточные производственные мощности, неиспользуемые производственные мощности, резерв производственных мощностей*

excess cost *чрезмерная стоимость*

excess costs [ind.ec.] *чрезмерные расходы*

excess demand [pol.ec.] *избыточный спрос, чрезмерный спрос*

excess drawings [bank.] *чрезмерное снятие денег со счета*

excess expenditure [ind.ec.] *чрезмерные затраты*

excess foreign exchange *валютные излишки*

excess interest [bank.] *завышенная процентная ставка*

excessive (adj.) *избыточный, излишний, чрезмерный*

excessive consumption *перерасход, чрезмерное потребление*

excessive price *чрезмерно высокая цена*

excess liquidity [pol.ec.] *избыточная ликвидность*

excess mortality [ins.] *повышенная смертность*

excess of, in *больше, сверх, свыше*

excess of births [pol.ec.] *превышение рождаемости над смертностью*

excess of demand over supply [pol.ec.] *превышение спроса над предложением*

excess of imports *превышение импорта*

excess of jurisdiction [legal] *превышение власти*

excess of loss [ins.] *эксцедент убытка*

excess of loss reinsurance [ins.] *эксцедентное перестрахование*

excess of loss treaty [ins.] *договор на эксцедентное перестрахование*

excess payment *дополнительный платеж*

excess plant capacity [prod.] *избыточные производственные мощности*

excess price *чрезмерно высокая цена*

excess production [prod.] *перепроизводство*

excess profits [ec.] *сверхприбыль*

excess profits duty [tax.] *налог на сверхприбыль*

excess profits tax [tax.] *налог на сверхприбыль*
excess purchasing power [pol.ec.] *чрезмерная покупательная способность*
excess reserve [bank.] *избыточный резерв*
excess reserves [bank.] *избыточные резервы*
excess supply [pol.ec.] *избыточное предложение*
excess weight *избыточный вес*
exchange *биржа, замена, курс иностранной валюты, мена, обмен, расплата посредством перевода векселей, расчет посредством валют, центральная телефонная станция;* [monet.trans.] *девизы, иностранная валюта, размен денег*
exchange (vb.) *заменять;* [monet.trans.] *менять, обменивать, разменивать деньги*
exchange (adj.) [monet.trans.] *валютный*
exchange, in *в обмен*
exchangeable (adj.) *взаимозаменяемый, подлежащий обмену*
exchange activities [monet.trans.] *валютные операции*
exchange allotment [monet.trans.] *распределение валюты*
exchange arbitrage [bill.] *валютный арбитраж*
exchange broker *агент по обмену, продаже и покупке иностранной валюты*
exchange certificate [monet.trans.] *валютный сертификат*
exchange citizen *национальная валюта*
exchange clause [bill.] *валютная оговорка*
exchange control [monet.trans.] *валютный контроль*
exchange control committee [monet.trans.] *комиссия по валютному контролю*
exchange control office [monet.trans.] *центр валютного контроля*
exchange control regulation [legal] *правила валютного контроля*
exchange control regulations [legal] *правила валютного контроля*
exchange cycle [monet.trans.] *валютный цикл*
exchange dealers' forward positions [monet.trans.] *позиции биржевых дилеров по форвардным сделкам*
exchange deficit *валютный дефицит*
exchange difference [monet.trans.] *различие в валютных курсах*
exchange equalization fund [monet.trans.] *фонд выравнивания валютных курсов*
exchange experience (vb.) *обмениваться опытом*
exchange fee [monet.trans.] *сбор за обмен валюты*
exchange fluctuation [monet.trans.] *колебания курса*
exchange foreigner *иностранная валюта*
exchange freeport *порто-франко по обмену*
exchange gain [monet.trans.] *курсовая прибыль*
exchange gain and loss [monet.trans.] *курсовые прибыль и убыток*
exchange inflation [monet.trans.] *инфляция*
exchange loss *потери на разнице валютных курсов, сокращение валютных резервов;* [monet.trans.] *курсовой убыток, потери валюты*
exchange measure [monet.trans.] *валютное мероприятие*
exchange of commodities [comm.] *бартер*
exchange of currency [monet.trans.] *обмен валюты*
exchange of land [r.e.] *обмен земельного участка*
exchange of real property [r.e.] *обмен недвижимости*
exchange of views *обмен мнениями*
exchange permit *разрешение на перевод валюты;* [monet.trans.] *валютное разрешение*
exchange policy *валютная политика*
exchange profit [monet.trans.] *курсовая прибыль*
exchange rate [monet.trans.] *валютный курс, обменный курс*
exchange rate adjustment [monet.trans.] *регулирование валютного курса*
exchange rate change [monet.trans.] *изменение валютного курса*

exchange rate dependent enterprises *предприятия, зависящие от валютного курса*

exchange rate development [monet.trans.] *эволюция валютного курса*

exchange rate differential [monet.trans.] *разница в валютных курсах*

exchange rate equalization fund [monet.trans.] *фонд для выравнивания валютных курсов*

exchange rate exposure [monet.trans.] *риск потенциальных убытков вследствие изменения валютных курсов*

exchange rate fluctuation [monet.trans.] *колебания валютного курса*

exchange rate gain [monet.trans.] *курсовая прибыль*

exchange rate guarantee [monet.trans.] *гарантия валютного курса*

exchange rate guarantee commitment [monet.trans.] *обязательство по гарантии валютного курса*

exchange rate index [monet.trans.] *индекс валютного курса*

exchange rate level [monet.trans.] *уровень валютного курса*

exchange rate loss [monet.trans.] *курсовой убыток*

exchange rate mechanism (ERM) [monet.trans.] *механизм образования валютного курса*

exchange rate movement [monet.trans.] *движение валютного курса*

exchange rate policy [monet.trans.] *валютная политика*

exchange rate provision *оговорка о валютном курсе*

exchange rate quotation [monet.trans.] *котировка валютного курса*

exchange rate relations [monet.trans.] *соотношения валютных курсов*

exchange rate risk [monet.trans.] *валютный риск*

exchange rate risk cover [monet.trans.] *страхование от риска изменения валютного курса*

exchange rate shift [monet.trans.] *изменение валютного курса*

exchange rate stability [monet.trans.] *устойчивость валютного курса*

exchange rate system [monet.trans.] *система валютных курсов*

exchange rate target [monet.trans.] *намеченный уровень валютного курса*

exchange rate uncertainty [monet.trans.] *неустойчивость валютного курса*

exchange rate union [monet.trans.] *валютный союз*

exchange rate variability [monet.trans.] *изменчивость валютного курса*

exchange rate volatility [monet.trans.] *неустойчивость валютного курса*

exchange real property (vb.) [r.e.] *обменивать недвижимость*

exchange regulations and capital transfer department [monet.trans.] *отдел регулирования валютных операций и перевода капитала*

exchange report statistics [stat.] *статистические отчеты о валютных операциях*

exchange restriction [monet.trans.] *ограничение валютного обмена*

exchange restrictions [monet.trans.] *валютные ограничения, ограничения на обмен валюты*

exchange risk [monet.trans.] *валютный риск*

exchange risk cover [monet.trans.] *страхование от валютного риска*

exchange risk covered loan [monet.trans.] *кредит на покрытие убытков от валютного риска*

exchange risk hedging [monet.trans.] *защита от валютного риска*

exchange risk insurance [ins.] *страхование от валютного риска*

exchange rules and regulations [exc.] *биржевые правила*

exchange situation *ситуация на валютном рынке*

exchange stability [monet.trans.] *устойчивость валютного курса*

exchange stabilization [monet.trans.] *стабилизация валютного курса*

exchange stabilization fund [monet.trans.] *фонд стабилизации валютного курса*

exchange transaction [monet.trans.] *валютная операция*

exchange value *меновая стоимость*

exchange value of goods supplied *меновая стоимость поставленных товаров*

exchange value of the goods supplied *меновая стоимость поставленных товаров*

exchequer   *казначейство*

Exchequer   *министерство финансов (Великобритания)*

Exchequer, the   *государственная казна, казначейство, министерство финансов (Великобритания)*

excise   [tax.] *акциз, акцизный сбор*

excise duty   [tax.] *акциз, акцизный сбор*

excise rate   [tax.] *ставка акцизного сбора*

excise tax   [tax.] *акциз, акцизный сбор*

excited market   [exc.] *оживленный рынок*

excitement   *возбуждение, оживление*

exclude (vb.)   *исключать, не допускать*

excluded (adj.)   *исключенный*

excluding (adj.)   *исключающий*

exclusion   *исключение*

exclusion agreement   [legal] *соглашение о запрещении въезда в страну*

exclusion of risks   [ins.] *исключение рисков*

exclusion order   [law.dom.] *судебное решение о лишении прав*

exclusion principle   *принцип исключения*

exclusions   [ins.] *исключения в страховых обязательствах*

exclusive   *патент на продажу;* [comm.] *исключительное право*

exclusive (adj.)   *единственный в своем роде, исключительный, первоклассный, престижный, привилегированный, эксклюзивный*

exclusive agent   [comm.] *единственный представитель*

exclusive agreement   [legal] *эксклюзивное соглашение*

exclusive contract   [legal] *эксклюзивный контракт*

exclusive cooperation   *сотрудничество на эксклюзивной основе*

exclusive dealing agreement   *соглашение об исключительном праве торговли*

exclusive entitlement   *исключительное право*

exclusive export right   *исключительное право на экспорт*

exclusive import right   *исключительное право на импорт*

exclusive licence   *исключительное право, эксклюзивная лицензия*

exclusive marketing right   *исключительное право торговли*

exclusive of   *за исключением*

exclusive ownership   *собственность одного владельца*

exclusive privilege   *исключительное право*

exclusive representative   [comm.] *единственный представитель*

exclusive right   *исключительное право*

exclusive selling rights   *исключительные права продажи*

exculpatory contract clause   [legal] *положение контракта, освобождающее от обязательств*

excusable homicide   [leg.pun.] *убийство при смягчающих обстоятельствах*

excusable mistake   [legal] *естественное заблуждение*

excuse   *извинение, оправдание, освобождение от обязанности, отговорка, предлог*

excuse (vb.)   *извинять, освобождать от обязанности, служить оправданием*

excuse oneself (vb.)   *извиняться*

ex dividend   [stock] *без дивиденда*

ex dock   *с пристани;* [trans.] *франко-пристань*

execute (vb.)   *выполнять, выполнять необходимые формальности, исполнять, исполнять завещание, осуществлять, оформлять, приводить в исполнение;* [legal] *быть душеприказчиком, совершать*

execute a document (vb.)   [legal] *оформлять документ, составлять документ*

execute a judgment (vb.)   [legal] *приводить приговор в исполнение*

execute an instrument (vb.)   [legal] *исполнять документ*

execute an order (vb.)   *выполнять распоряжение*

execute a power of attorney (vb.)   [legal] *оформлять доверенность*

executed consideration   *исполненное встречное удовлетворение*

executed contract   [legal] *договор, исполняемый в момент заключения*

executed trust   [legal] *управление собственностью по оформленной доверенности*

execution   *выполнение необходимых формальностей, исполнение, осуществление, оформление, приведение судебного решения в исполнение, совершение, судебный приказ об исполнении решения;* [legal] *выполнение, исполнительный лист, опись имущества, приведение приговора в исполнение, смертная казнь*

execution at debtor's place of residence   [legal] *исполнение по месту жительства должника*

execution creditor   [legal] *кредитор, получающий исполнение судебного решения*

execution debtor   [legal] *должник по исполнительному листу*

execution judgment   [legal] *приведение в исполнение решения суда*

execution lien   [legal] *право удержания имущества за долги*

execution of a judgment   [legal] *выполнение решения суда, приведение приговора в исполнение*

execution of an order   *выполнение заказа*

execution of a sentence   [leg.pun.] *приведение приговора в исполнение*

execution of customer order   [legal] *выполнение заказа клиента*

execution of judgment   [legal] *выполнение решения суда, приведение приговора в исполнение*

execution of order   *выполнение заказа*

execution of sentence   [leg.pun.] *приведение приговора в исполнение*

execution of trust   [legal] *оформление опеки*

execution sale   [legal] *продажа имущества должника по решению суда*

execution without a court order   [legal] *опись имущества судебным исполнителем*

execution without court order   [legal] *опись имущества судебным исполнителем*

executive   *глава исполнительной власти, исполнительный орган, ответственный сотрудник, руководитель;*
[bus.organ.] *исполнительная власть;* [pers.manag.] *администратор, работник управленческого аппарата, руководящий работник, служащий, специалист*

executive (adj.)   *административный, правительственный, президентский;* [ind.ec.] *организаторский;*
[pers.manag.] *исполнительный*

Executive   *глава исполнительной власти (США), исполком партии, исполнительная власть, исполнительный орган*

executive (committee)   *исполнительный комитет*

executive, the   *администратор, исполнительная власть, руководитель, служащий, сотрудник, специалист*

Executive, the   *исполнительная власть, исполнительный орган*

executive approval   *утверждение вышестоящей инстанцией*

executive bank manager   *управляющий банком*

executive board   *руководящий орган;* [bus.organ.] *исполнительный комитет*

executive body   *исполнительный орган*

executive committee   *исполнительный комитет*

executive director   *директор-распорядитель*

executive general manager   *генеральный директор, главный управляющий*

executive group   [bus.organ.] *руководство*

executive officer   *административное лицо, должностное лицо, управляющий делами*

executive order   *правительственное постановление, распоряжение президента;* [legal] *правительственное распоряжение*

executive order of amendment   [legal] *распоряжение о внесении поправки*

Executive Order on Foreign Exchange Regulations
[legal] *правительственное распоряжение о правилах обмена иностранной валюты*

Executive Order on Presentation of Accounts   [legal] *правительственное распоряжение о представлении отчетности*

executive position   [pers.manag.] *руководящая должность*

executive post   [pers.manag.] *руководящая должность*

executive power   *исполнительная власть*

executive secretary   *исполнительный секретарь, ответственный секретарь*

executor   *судебный исполнитель;* [suc.] *душеприказчик, исполнитель завещания*

executor of an estate   [suc.] *судебный исполнитель по недвижимости*

executor of estate   [suc.] *судебный исполнитель по недвижимости*

executor under a will   [suc.] *судебный исполнитель по завещаниям*

executor under will   [suc.] *судебный исполнитель по завещаниям*

executory (adj.)   *исполнительный*

executory contract   [legal] *контракт, подлежащий исполнению в будущем*

executory debt   [legal] *долг, подлежащий взысканию*

executory force   [legal] *право приведения в исполнение*

executory jurisdiction   [legal] *правомочность приведения в исполнение*

executor's fee   [suc.] *гонорар судебного исполнителя*

exemplary damages   [legal] *убытки, присужденные с ответчика в порядке наказания, штрафные убытки*

exemplification   *пояснение примером;* [legal] *заверенная копия документа*

exemplify (vb.)   *подтверждать примером, пояснять, приводить пример, снимать и заверять копию*

exempli gratia (e.g.)   *например*

exempt (vb.)   *давать освобождение, изымать, освобождать*

exempt (adj.)   *изъятый, освобожденный, пользующийся особыми льготами, привилегированный, свободный*

exempt assets   [legal] *изъятое имущество*

exempt a transaction (vb.)   [tax.] *освобождать сделку от налогообложения*

exempt from liability (vb.)   [legal] *освобождать от ответственности*

exempt from liability (adj.)   [legal] *освобожденный от ответственности*

exempt from liability to register (adj.)   *освобожденный от обязанности регистрировать*

exempt from repayment (adj.)   *освобожденный от выплат по долговому обязательству*

exempt from tax (adj.)   *освобожденный от налога*

exemption   *вычет (при расчете налогов), исключение, освобождение, привилегия;* [tax.] *изъятие, льгота*

exemption calculation   [tax.] *расчет льготных платежей*

exemption certificate   [nav.] *свидетельство об изъятии*

exemption clause   [legal] *оговорка об ограничении ответственности, статья об освобождении от обязательств*

exemption from arbitration clause   [legal] *оговорка об отказе от передачи в арбитраж споров, возникающих из договора*

exemption from dues   [tax.] *освобождение от пошлин*

exemption from income tax   [tax.] *освобождение от подоходного налога*

exemption from interest   *освобождение от начисления процентов*

exemption from liability   *освобождение от ответственности*

exemption from normal duties   *освобождение от повседневных обязанностей*

exemption from payment of premium   [ins.] *освобождение от выплаты страховой премии*

exemption from repayment   *освобождение от выплат по долговому обязательству*

exemption from stamp duty   *освобождение от гербового сбора*

exemption from tax   [tax.] *освобождение от налога*

exemption from taxation   [tax.] *освобождение от налогообложения*

exemption from tax liability   [tax.] *освобождение от задолженности по налоговым платежам*

exemption law   [legal] *прецедентное право*

exemption of liability   [legal] *освобождение от ответственности*

exemption of liability clause   [legal] *оговорка об освобождении от ответственности*

exemption period   *период освобождения от налога*

exemption rule   [legal] *правило предоставления льгот*

exempt property   [legal] *собственность, не подлежащая конкурсу при банкротстве*

exempt security   [exc.] *ценная бумага, на которую не распространяются некоторые правила Комиссии по ценным бумагам и биржам (США)*

exempt share   [tax.] *свободный пай*

exempt transaction   *сделка, освобожденная от налогообложениян*

exempt transaction (vb.)   [tax.] *освобождать сделку от налогообложения*

exercise   *исполнение опциона, использование права, осуществление, применение, проявление, упражнение*

exercise (vb.)   *использовать, осуществлять, применять;* [pers.manag.] *пользоваться*

exercise a dominant influence (vb.)   *оказывать решающее влияние*

exercise an option (vb.)   [exc.] *исполнять опцион*

exercise a right (vb.)   *использовать право*

exercise a significant influence (vb.)   *оказывать существенное влияние*

exercise due diligence (vb.)   [legal] *проявлять должную заботливость*

exercise of a pre-emptive right   [bus.organ.] *использование преимущественного права*

exercise of a profession   [empl.] *выполнение профессиональных обязанностей*

exercise of a right   *осуществление права*

exercise of authority   [legal] *осуществление полномочий*

exercise of powers   [legal] *осуществление полномочий*

exercise of preemptive right   [bus.organ.] *использование преимущественного права*

exercise of profession   [empl.] *выполнение профессиональных обязанностей*

exercise of right   *осуществление права*

exercise of the right of preemption   [bus.organ.] *использование преимущественного права*

exercise price   [exc.] *цена исполнения*

exercise restraint (vb.)   *проявлять сдержанность*

exercise stock rights (vb.)   [bus.organ.] *использовать права акционера*

exert (vb.)   *напрягать (силы), прилагать (усилия)*

exert influence on (vb.)   *оказывать влияние на*

exertion   *старание, усилие*

exert oneself (vb.)   *прилагать усилия, стараться*

exert pressure (vb.)   *оказывать давление*

ex gratia payment   *добровольный платеж*

exhaust (vb.)   *истощать, исчерпывать*

exhaust a quota (vb.)   *использовать квоту*

exhaustion of a quota   *использование квоты*

exhaustive (adj.)   *исчерпывающий, полный*

exhaustive account   *исчерпывающий отчет*

exhibit   *выставка, экспозиция, экспонат;* [legal] *вещественное доказательство, представленный документ*

exhibit (vb.) *показывать, участвовать в выставке, экспонировать;* [legal] *подавать документ*

exhibit goods (vb.) [comm.] *выставлять товары*

exhibition *выставка, демонстрация, показ, представление суду документов*

exhibitionist [leg.pun.] *эксгибиционист*

exhibition risks insurance [ins.] *страхование от рисков, связанных с демонстрацией товаров*

exhibition stand *выставочный стенд*

exhort (vb.) *побуждать, призывать*

exhortation *побуждение, призыв*

exhortative *увещевательный*

exigence *крайняя необходимость, критическое положение*

exigency *крайняя необходимость, критическое положение*

exile [legal] *высылка*

exile (vb.) *высылать из страны*

exist (vb.) *быть, иметься, существовать*

existence *наличие, существование*

existing *имеющийся в наличии, существующий*

existing housing *существующие жилищные условия*

existing legislation [legal] *действующее законодательство*

existing loan *непогашенный кредит*

existing loans *непогашенные займы*

exit [comp.] *выход, выходной канал;* [t.e.] *исчезновение*

exit command [comp.] *команда выхода*

exit permit *разрешение на выезд*

exit procedure [comp.] *процедура выхода*

exodus *массовый выезд*

exodus of taxpayers [tax.] *массовое уклонение от уплаты налога*

ex officio *по должности, по служебному положению*

ex officio member *член по должности*

exonerate (vb.) [legal] *оправдывать, освобождать от обязательств, освобождать от ответственности, реабилитировать*

exoneration clause [legal] *оговорка об освобождении от обязательств*

exorbitant (adj.) *непомерный, чрезмерный*

exorbitant interest *чрезмерно высокий процент*

exorbitant price *чрезмерно высокая цена*

exorbitant rate [monet.trans.] *чрезмерно высокий курс*

expand (vb.) *излагать подробно, развивать, распространять, расширять, увеличивать*

expanding branch of activity *расширяющаяся область деятельности*

expansion *подробное изложение, развитие, распространение, расширение, рост, увеличение;* [pol.ec.] *экспансия*

expansionary (adj.) *расширяющийся, экспансионистский*

expansionary fiscal policy [pol.ec.] *экспансионистская финансово-бюджетная политика, экспансионистская фискальная политика*

expansionary strategy *экспансионистская стратегия*

expansion in consumption [pol.ec.] *рост потребления*

expansionism *экспансионизм*

expansionist monetary policy [pol.ec.] *экспансионистская денежно-кредитная политика*

expansion of built-up areas [plan.] *расширение районов застройки*

expansion of capital stock [ind.ec.] *увеличение акционерного капитала*

expansion of domestic demand [pol.ec.] *увеличение спроса на внутреннем рынке*

expansion of liquidity [pol.ec.] *увеличение ликвидности*

expansion of plant facilities [prod.] *расширение производственных мощностей*

expansion of production [ind.ec.] *расширение производства*

expansive (adj.) *расширяющийся, экспансивный*

expansive growth *резкий рост*

expansive interpretation [legal] *расширительное толкование*

expansive investment *расширяющееся инвестирование*

ex parte (adj.) [legal] *исходящий лишь от одной стороны, односторонний*

ex parte application [legal] *заявление одной стороны*

ex parte motion [legal] *ходатайство одной стороны*

expatriate *эмигрант;* [pers.manag.] *экспатриант*

expatriate allowance [pers.manag.] *надбавка работающим за рубежом*

expatriate staff [pers.manag.] *персонал, работающий за рубежом*

expatriation *выход из гражданства, изгнание из отечества, лишение гражданства, отказ от гражданства, переезд на постоянное место жительства в другую страну;* [legal] *экспатриация*

expatriation of assets *утечка капитала за рубеж*

expect (vb.) *ждать, ожидать, предполагать, рассчитывать, требовать*

expectancy *ожидание;* [legal] *условный приговор с отсроченным исполнением*

expectancy of life [ins.] *вероятная продолжительность жизни*

expectant *предполагаемый кандидат, предполагаемый наследник*

expectant beneficiary [suc.] *предполагаемый бенефициар*

expectant market *предполагаемый рынок*

expectation *вероятность, ожидание*

expectation (value) [stat.] *математическое ожидание, ожидаемое значение*

expectational inflation [pol.ec.] *ожидаемый уровень инфляции*

expectation index [pol.ec.] *вероятный индекс*

expectation of, in *в ожидании*

expectation of life [ins.] *вероятная продолжительность жизни*

expectation theory [fin.] *теория вероятностей*

expectation value [stat.] *математическое ожидание, ожидаемое значение*

expected life *время безотказной работы, ожидаемая долговечность;* [prod.] *ожидаемый ресурс*

expected mortality [ins.] *ожидаемая смертность*

expected profit [ind.ec.] *ожидаемая прибыль*

expected rate of inflation [pol.ec.] *ожидаемый уровень инфляции*

expected time of arrival (ETA) [trans.] *ожидаемое время прибытия*

expected time of departure (ETD) [trans.] *ожидаемое время отправления*

expected time of sailing (ETS) [nav.] *ожидаемое время отхода*

expected useful life *ожидаемый ресурс;* [ind.ec.] *ожидаемая эксплуатационная долговечность*

expected value *математическое ожидание, ожидаемое значение*

expedience *целесообразность*

expedient *средство для достижения цели*

expedient (adj.) *выгодный, подходящий, практически целесообразный, рациональный, уместный, целесообразный*

expedite (vb.) *быстро выполнять, ускорять*

expedited personal protection order [law.dom.] *распоряжение о безотлагательной защите личности*

expedition *быстрота, срочность исполнения*

expeditious (adj.) *быстрый, неотложный, срочный, ускоренный*

expel (vb.) *изгонять, исключать;* [manag.] *высылать*

expelled partner *исключенный партнер*

expend (vb.) *расходовать, тратить*

expendable income *расходуемый доход*

expendable supply and materials [ind.ec.] *расходуемые предметы снабжения и материалы*

expenditure *расход, расходы, статья расходов;* [book-keep.] *затраты;* [ec.] *расходование*

expenditure, below the line [calc.] *расходы под чертой*
expenditure account [book-keep.] *учет расходов*
expenditure by nonresidents *расходы некоренных жителей*
expenditure cut *сокращение расходов*
expenditure incidental to *расходы, связанные с*
expenditure is spread *расходы распределяются*
expenditure item [book-keep.] *статья расходов*
expenditure on exports *расходы на экспорт*
expenditure on fixed assets [ind.ec.] *расходы на недвижимое имущество*
expenditure on improvements [r.e.] *расходы на усовершенствования*
expenditure on wages [ind.ec.] *расходы на заработную плату*
expenditure remaining unpaid [book-keep.] *неоплаченный остаток расходов*
expenditure tax [tax.] *налог на расходы*
expense *счет, цена;* [book-keep.] *расход;* [ec.] *трата*
expense (vb.) *относить за счет, относить за чей-л. счет, предъявлять счет, списывать в расход;* [book-keep.] *записывать в счет подотчетных сумм*
expense account [book-keep.] *счет подотчетных сумм, счет расходов*
expense item [book-keep.] *статья расхода*
expense ratio [ind.ec.] *соотношение расходов и доходов*
expenses [book-keep.] *издержки, расходы;* [ec.] *затраты*
expenses due and unpaid [calc.] *задолженность по расходам*
expenses incurred [book-keep.] *понесенные расходы*
expenses payable *подлежащие оплате расходы*
expensive (adj.) *дорогой, дорогостоящий*
experience *опыт, опытность, опыт работы, стаж*
experience (vb.) *испытывать, узнавать по опыту*
experienced *со стажем*
experienced (adj.) *квалифицированный, опытный*
experienced bargeman [nav.] *опытный шкипер баржи*
experience has shown that *опытным путем установлено*
experiment *эксперимент*
experimental low-cost housing scheme *программа эскпериментального дешевого жилищного строительства, эскпериментальная программа дешевого жилищного строительства*
expert *специалист;* [legal] *эксперт*
expert (vb.) *подвергать экспертизе*
expert (adj.) *знающий, компетентный, опытный, сведущий*
expert accountant *опытный бухгалтер*
expert appointed by court [legal] *эксперт, назначенный судом*
expert appointed by the court [legal] *эксперт, назначенный судом*
expert appraisal [legal] *экспертная оценка*
expert appraisement *экспертная оценка*
expert body *группа специалистов*
expert evaluation *экспертная оценка*
expert investigation [legal] *экспертиза*
expertise *заключение специалистов, компетентность, специальные знания, экспертиза*
expert judge [legal] *компетентный судья*
expert knowledge *компетентность*
expert opinion *мнение эксперта;* [legal] *заключение экспертизы*
expert opinion on claim for damages [legal] *заключение экспертизы по иску об убытках*
expert valuer *квалифицированный оценщик*
expert witness [legal] *квалифицированный свидетель*
expert's report *отчет эксперта*
expert's valuation fees *расходы на экспертизу*
ex pier *с пристани;* [trans.] *франко-пристань*
expiration *истечение срока, окончание*

expiration date *дата окончания*

expiration of stock rights [bus.organ.] *истечение срока действия права на акции*

expire (vb.) *истекать (о сроке), оканчиваться, терять силу (о законе)*

expired (adj.) *просроченный*

expiry *истечение срока, окончание, окончание срока*

expiry date *дата окончания*

expiry date for presentation *окончательный срок представления*

expiry of contract [legal] *истечение срока действия договора*

expiry of lease [legal] *истечение срока действия договора о найме*

expiry of period *истечение срока*

expiry of tenancy agreement [legal] *истечение срока действия договора о найме*

explain (vb.) *давать объяснения, объяснять, объясняться, разъяснять, толковать*

explain in detail (vb.) *подробно объяснять*

explanation *объяснение, пояснение, разъяснение, толкование*

explanatory (adj.) *объяснительный, пояснительный*

explanatory debate *поучительная дискуссия*

explanatory material *пояснительный материал*

explanatory note *пояснительное примечание*

explanatory power *полномочия давать объяснения*

explanatory statement *поясняющий комментарий*

explanatory statement accompanying bill [legal] *поясняющий комментарий к законопроекту*

explicit (adj.) *детальный, недвусмысленный, определенный, подробный, точный, ясный*

exploit (vb.) *использовать, эксплуатировать;* [ec.] *рекламировать;* [empl.] *продвигать на рынок*

exploitation *использование;* [ec.] *разработка;* [empl.] *эксплуатация*

exploitation of capacity [prod.] *использование производственных мощностей*

exploit to capacity (vb.) [prod.] *использовать на полную мощность*

exploit to the utmost (vb.) *использовать на полную мощность*

exploration permit *разрешение на проведение изыскательских работ*

exploratory (adj.) *пробный*

explore possibilities (vb.) *выяснять возможности*

explosion *взрыв*

export *вывоз, экспорт*

export (vb.) *вывозить;* [comm.] *экспортировать*

export agency *экспортное представительство*

export and import competing enterprises *предприятия, конкурирующие на внешнем и внутреннем рынках*

export and import industries *отрасли, работающие на внешний и внутренний рынки*

export article *статья экспорта*

exportation *вывоз, предмет вывоза, экспортирование*

exportation of goods *вывоз товаров, экспорт товаров*

export bacon factory *мясокомбинат, работающий на экспорт*

export ban *запрет на экспорт*

export bounty *экспортная премия*

export business *экспортная деятельность*

export campaign *кампания за развитие экспорта*

export capacity *экспортные возможности*

export certificate *лицензия на экспорт*

Export Committee of the Federation of Danish Industries *Комитет по экспорту Федерации отраслей промышленности Дании*

Export Committee of the Federation of Industries, the *экспортный комитет промышленной федерации*

export commodities *экспортные товары*

export conditions   *условия экспорта*

export contract   *контракт на экспорт продукции*

export control   *контроль за экспортом*

export credit   *экспортный кредит*

Export Credit Council   *совет по кредитованию экспорта*

export credit guarantee   *гарантия экспортного кредита*

export credit insurance   [ins.] *страхование экспортного кредита*

export credit loan   *экспортный кредит*

Export Credits Guarantee Department (ECGD)   *Департамент по гарантиям экспортных кредитов (Великобритания), Департамент страхования экспортных кредитов (Великобритания)*

export credit support   *обеспечение экспортного кредита*

export deficit   *внешнеторговый дефицит*

export department   *отдел экспорта*

Export Department of the Federation of Danish Industries   *Экспортный отдел Федерации отраслей промышленности Дании*

Export Department of the Federation of Industries, the   *экспортный департамент промышленной федерации*

export dossier   *описание экспортной продукции*

export drawback   [cust.] *возврат экспортной пошлины*

export drive   *кампания за увеличение экспорта*

export-driven enterprises   *предприятия, зависящие от экспорта*

export duty   [cust.] *экспортная пошлина*

export earnings   *доходы от экспорта, поступления от экспорта*

exported goods   *экспортируемые товары*

exporter   *экспортер*

export facilities   *экспортные льготы*

export factoring   *экспортные факторные операции*

export figures   *количественные показатели по экспорту*

Export Finance Corporation   *корпорация финансирования экспорта*

Export Finance Corporation, the   *финансово-экспортная корпорация*

export financing   *финансирование экспорта*

export form   *экспортный формуляр*

Export Group Association   *ассоциация экспортных организаций*

Export Group Association, the   *ассоциация групп экспортеров*

export house   *экспортная фирма*

export incentive   *стимулирование экспорта*

export industry   *отрасль, работающая на экспорт*

exporting country   *страна-экспортер*

export letter of credit   *экспортный аккредитив*

export levy   [cust.] *экспортная пошлина*

export licence   *разрешение на вывоз, экспортная лицензия*

export loan   *экспортный кредит*

export manager   [pers.manag.] *руководитель экспортного отдела*

export market   *внешний рынок*

export marketing   *изучение внешнего рынка*

export order   *экспортный заказ*

export paper   *экспортная лицензия*

export permit   *разрешение на вывоз*

export potential   [mark.] *экспортные возможности*

export price   *экспортная цена*

export prohibition   *запрещение экспорта*

export promotion   *содействие экспорту*

export promotion centre   *центр содействия экспорту*

export promotion costs   *затраты на содействие экспорту*

Export Promotion Council   *совет по стимулированию экспорта*

export promotion guarantee   *гарантия содействия экспорту*

export promotion guarantee scheme   *система гарантий содействия экспорту*

export quota   *экспортная квота*

export quotation   *экспортная цена*
export refund   [EEC] *возмещение за экспорт*
export regulations   *экспортные правила*
export restitution   [EEC] *возмещение за экспорт*
export restriction   *ограничение экспорта*
export restrictions   *экспортные ограничения*
exports   *объем экспорта, предметы вывоза, статьи экспорта, экспортная торговля*
export sales   *экспортная продажа*
export sales agency   *экспортное представительство*
export sector   *экспортный сектор*
export shipment   *экспортная отгрузка*
export shortfall   *уменьшение объема экспорта*
export situation   [mark.] *положение на экспортном рынке*
export slaughterhouse   *мясокомбинат, работающий на экспорт*
export society   *экспортное общество*
exports of capital   *вывоз капитала*
exports of goods   *экспорт товаров*
exports of services   *экспорт услуг*
export subsidies   *экспортные субсидии*
export subsidy   *субсидирование экспорта*
export subsidy scheme   *порядок выдачи экспортной субсидии*
export subvention   *экспортная субсидия*
export surplus   *активное сальдо внешнеторгового баланса, превышение стоимости экспорта над стоимостью импорта*
export transaction   *экспортная сделка*
export turnover   *оборот по экспорту, объем экспорта, объем экспортных операций*
export volume   *объем экспорта, объем экспортных операций*
expose (vb.)   *показывать, экспонировать*
exposed (adj.)   *выставленный, открытый*
exposed position   *открытая позиция*
expose oneself to (vb.)   *подвергаться*
expose to (vb.)   *подвергать*
exposition   *выставка, демонстрация, изложение, объяснение, описание, показ, толкование, экспозиция*
exposure   *воздействие, контакт со средствами рекламы, незащищенность;* [comm.] *возможность возникновения дефицита, разоблачение;* [exc.] *открытость, риск потенциальных убытков*
exposure control   [bank.] *контроль риска потенциальных убытков*
exposure frequency distribution   [adv.] *распределение частоты контакта со средствами рекламы*
exposure hazard   [ins.] *подверженность риску*
exposure situation   *незащищенная ситуация*
exposure to an individual customer   [book-keep.] *обязательство перед отдельным клиентом*
exposure to individual customer   *обязательство перед отдельным клиентом*
express   *курьер, срочная пересылка, срочное письмо, срочное почтовое отправление, транспортная контора;* [trans.] *экспресс*
express (vb.)   *выражать, ехать экспрессом, отправлять срочной почтой, отправлять через транспортную контору*
express (adj.)   *определенный, скоростной, специальный, спешный, срочный, точно выраженный, экстренный*
express acceptance of an inheritance   [suc.] *положительно выраженное признание наследования*
express a desire for (vb.)   *выражать желание*
express agreement   [legal] *точно сформулированное соглашение*
express and implied authority for municipal activities   *точно выраженные и подразумеваемые полномочия для муниципальной деятельности*

express consent   [legal] *ясно выраженное согласие*

express delivery   [post] *срочная доставка*

express delivery charge   [post] *сбор за срочную доставку*

express delivery letter   [post] *срочная пересылка письма*

express delivery parcel   [post] *срочная пересылка бандероли*

express freight rate   [trans.] *тариф на срочную доставку грузов*

express goods   [post] *груз, отправляемый большой скоростью*

expression   *выражение*

expression of interest (EOI)   *выражение заинтересованности*

expression of opinion   *выражение мнения*

express letter   [post] *срочное письмо*

express mail   [post] *экспресс-почта*

express notice   [legal] *срочное уведомление*

express oneself (vb.)   *выражать свои мысли, высказываться*

express parcel   [post] *срочная посылка*

express parcels   *срочная доставка*

express parcels office   [post] *отделение срочной доставки посылок*

express provision   [legal] *четко выраженное положение*

express reservation   [legal] *четко выраженная оговорка*

express trust   [legal] *траст, учрежденный согласно намерениям сторон и зафиксированный письменно и устно*

expressway   *скоростная автомагистраль с развязками на разных уровнях*

expropriate (vb.)   [legal] *лишать права собственности на имущество*

expropriation   [legal] *лишение права собственности на имущество*

expropriation order   [legal] *постановление о лишении права собственности на имущество*

expulsion   *высылка, изгнание, исключение, ссылка*

expunge (vb.)   *вычеркивать*

expurgation   *подчистка*

EXQ (ex quay)   [trans.] *с пристани, франко-пристань*

ex quay (EXQ)   *с пристани;* [trans.] *франко-пристань*

exquisite (adj.)   *изысканный, утонченный*

ex railway station   [trans.] *франко-железнодорожная станция*

ex rights (XR)   [stock] *исключая право на покупку новых акций, предназначенных для продажи существующим акционерам*

EXS (ex ship)   [trans.] *с судна, франко-строп судна*

ex ship (EXS)   [trans.] *с судна, франко-строп судна*

ex stock   *франко-склад;* [trans.] *со склада*

ex storehouse   *со склада;* [trans.] *франко-склад*

Extel card   [exc.] *извещение о выпуске облигаций на Лондонской фондовой бирже*

extend (vb.)   *предоставлять заем, расширять, увеличивать, удлинять;* [bill.] *пролонгировать;* [book-keep.] *пересчитывать для получения общей суммы, разносить;* [cc.] *переносить запись;* [r.e.] *продлевать*

extend a credit (vb.)   *предоставлять кредит*

extended cover   [ins.] *расширенное страхование*

extended premises   [r.e.] *помещения с пристройкой*

extended sentence   [leg.pun.] *более строгое наказание*

extension   *курсы при колледже, отсрочка, предоставление кредита, продление, расширение, содействие развитию, увеличение, 'всего на сумму';* [bill.] *пролонгация;* [book-keep.] *общая стоимость;* [r.e.] *пристройка;* [telecom.] *добавочный номер*

extension (number)   [telecom.] *добавочный номер*

extension costs   [ins.] *затраты на расширение предприятия*

extension number   [telecom.] *добавочный номер*

extension of an invoice   [book-keep.] *выставление счета*

extension of a term of office   *продление срока пребывания в должности*

extension of credit   *предоставление кредита*

extension of invoice   [book-keep.] *выставление счета*

extension of judgment   [law nat.] *вынесение приговора*

extension of jurisdiction of a court   [legal] *расширение юрисдикции суда*
extension of jurisdiction of court   [legal] *расширение юрисдикции суда*
extension of tenancy   [r.e.] *продление срока аренды*
extension of the loan period   *продление срока погашения ссуды*
extension of time   *продление срока*
extension of time for payment   *продление срока платежа*
extension of time limit   *продление предельного срока*
extension option   *возможность продления срока*
extension period   *продленный срок*
extension swap   [exc.] *своп с целью пролонгирования позиции*
extension telephone   [telecom.] *добавочный номер, добавочный номер
   телефона*
extension worker   *работник службы пропаганды
   сельскохозяйственных знаний*
extensivation of farming land   *применение методов экстенсивного
   земледелия*
extensive (adj.)   *большой, обширный, экстенсивный*
extensive damage   [ins.] *значительный ущерб*
extensive interpretation   [legal] *расширительное толкование*
extensive investment   *экстенсивные капиталовложения*
extent   *величина, мера, объем, протяженность, размер, степень*
extent applicable, to the   *насколько приемлемо*
extent of damage   [ins.] *размер ущерба*
extent practicable, to the   *насколько целесообразно*
extenuate (vb.)   *ослаблять, служить оправданием, смягчать,
   уменьшать*
extenuating circumstances   [leg.pun.] *смягчающие вину обстоятельства*
extenuation   *частичное оправдание*
exterior   *внешность*
exterior (adj.)   *внешний, зарубежный, иностранный, наружный,
   посторонний*
exterior signs of wealth   *внешние признаки благосостояния*
exterminate (vb.)   *искоренять, истреблять, уничтожать*
external (adj.)   *внешний, иностранный, наружный, поверхностный,
   посторонний*
external audit   [aud.] *внешняя ревизия*
external audit body   [aud.] *внешний контрольный орган*
external balance   *состояние внешних расчетов*
external balance sheet   [calc.] *баланс внешних расчетов*
external bond debt   *внешний долг*
external capital movement   *вывоз капитала*
external cause   *внешний повод*
external charges   [ind.ec.] *внешние расходы*
external Community transit procedure   [EEC] *порядок транзитных
   перевозок за пределами Европейского экономического
   сообщества*
external conditions   *внешние условия*
external consultant   *внешний консультант*
external costs   [ind.ec.] *внешние расходы*
external credit   *зарубежный кредит*
external data   [comp.] *внешние данные*
external debt   [manag.] *внешний долг*
external deficit   *дефицит внешнеторгового баланса*
external demand   *спрос на внешнем рынке*
external disequilibrium   *неуравновешенность платежного баланса*
external economic relations   *внешнеэкономические связи*
external evidence   [legal] *доказательство, лежащее вне документа*
external expenditure   [ind.ec.] *внешние расходы*
external expenses   [ind.ec.] *внешние расходы*
external finance and domestic credit   *внешние финансовые средства и
   внутренний кредит*

external financial transactions *внешние финансовые операции*

external financing [ind.ec.] *внешнее финансирование*

external foreign currency position *состояние иностранной валюты за рубежом*

external frontier [law nat.] *внешняя граница*

external group loan [ind.ec.] *заем зарубежного концерна*

external imbalance *несбалансированность внешней торговли*

external indebtedness *внешняя задолженность*

external influence *внешнее воздействие*

external injury *внешнее повреждение*

external liabilities in foreign currencies [monet.trans.] *внешняя задолженность в иностранной валюте*

external loan *внешний заем*

externally *внешне, для формы, напоказ, наружно, снаружи*

externally financed (adj.) *финансируемый из внешнего источника*

external maintenance [t.e.] *поддержание внешнего вида*

external migration *эмиграция*

external monetary policy [EEC] *внешняя кредитно-денежная политика*

external operating income [ind.ec.] *доход от деятельности за рубежом*

external payments *внешние расчеты*

external pressure *давление извне*

external procedure *внешняя процедура*

external rate of duty [EEC] *ставка таможенной пошлины*

external relations *внешние сношения*

external sector [comm.] *зарубежный сектор*

external sector of the economy *внешнеэкономический сектор*

external storage [comp.] *внешнее запоминающее устройство*

external tariff [cust.] *таможенный тариф*

external trade *внешняя торговля*

external trade statistics *статистические данные о внешней торговле*

external turnover [ind.ec.] *внешнеторговый оборот*

external value [ec.] *интернациональная стоимость*

external value of a currency [monet.trans.] *интернациональная стоимость валюты*

extinction *прекращение, уничтожение;* [legal] *аннулирование, погашение*

extinction (of a fire) *тушение пожара*

extinction of fire *тушение пожара*

extinction of purchase price [legal] *аннулирование стоимости покупки*

extinguish (vb.) *аннулировать;* [legal] *погашать долг*

extinguishing a right [legal] *аннулирование права*

extinguishment of debt *погашение долга*

extort (vb.) *вымогать*

extortion *вымогательство, принуждение*

extortionate (adj.) *вымогательский, грабительский (о цене), насильственный*

extortionate interest *ростовщический процент*

extortionate price *грабительская цена*

extortionate rate [monet.trans.] *грабительский курс*

extra *высший сорт, наценка, особая плата, особая платиа, приплата, сорт экстра*

extra (adj.) *высшего качества, добавочный, дополнительный, особый, специальный, экстраординарный*

extra cost *дополнительная стоимость*

extra costs *дополнительные расходы*

extract *выдержка, выписка из документа;* [print.] *засвидетельствованная выписка*

extract (vb.) *делать выписки, извлекать;* [prod.] *добывать*

extract from land registry office [t.e.] *выписка, выданная отделом регистрации земельных сделок*

extract from police records *выписка из полицейского досье*

extract from register of companies *выписка из реестра акционерных обществ*

extract from Register of Companies *выписка из реестра акционерных обществ*

extract from report *выдержка из отчета*

extract from the police records *выписка из полицейского досье*

extraction *происхождение;* [prod.] *добыча искомаемых*

extraction of raw materials *добыча сырья*

extraction permit *разрешение на добычу ископаемых*

extractive industry *добывающая промышленность*

extract of land registry *выписка из кадастра*

extradite (vb.) [leg.pun.] *выдавать преступника другому государству*

extradition [leg.pun.] *выдача преступника другому государству*

extradition procedure [leg.pun.] *процедура выдачи преступника другому государству*

extra dividend [bus.organ.] *дополнительный дивиденд*

extra family allowance [soc.] *пособие для многодетных семей*

extra fare [trans.] *дополнительный тариф*

extra group loan [ind.ec.] *дополнительный заем концерну*

extra income *дополнительный доход*

extrajudicial (adj.) *не относящийся к рассматриваемому делу, неофициальный;* [legal] *внесудебный*

extrajudicial document [legal] *неправовой документ*

extra lay day(s) [nav.] *дополнительное сталийное время*

extra lay days [nav.] *дополнительное сталийное время*

extra money *дополнительные деньги*

extraneous (adj.) *посторонний;* [ind.ec.] *ненужный*

extraneous capital [ind.ec.] *внешний капитал*

extraneous cause *внешняя причина*

extraneous funding [ind.ec.] *внешнее финансирование*

extraordinary (adj.) *внештатный, временный (о работнике), исключительный, необычайный, необычный, чрезвычайный, экстраординарный*

extraordinary charges [calc.] *чрезвычайные расходы*

extraordinary costs [calc.] *чрезвычайные расходы*

extraordinary court of appeal [legal] *особый апелляционный суд*

extraordinary depreciation [calc.] *чрезвычайное снижение стоимости*

extraordinary expenditure [calc.] *чрезвычайные расходы*

extraordinary expenses [calc.] *чрезвычайные расходы*

extraordinary general meeting [bus.organ.] *внеочередное общее собрание*

extraordinary income [calc.] *необычно высокие доходы*

extraordinary item [calc.] *особая статья*

extraordinary profit or loss [calc.] *необычно высокие прибыль или убыток*

extraordinary resolution [bus.organ.] *чрезвычайная резолюция, чрезвычайное решение*

extraordinary session [parl.] *чрезвычайная сессия*

extraordinary tax [tax.] *особый налог*

extraordinary taxable earnings [tax.] *поступления, облагаемые особым налогом*

extraordinary write-off [calc.] *особое списание*

extraparliamentary (adj.) *внепарламентский*

extra pay [pers.manag.] *дополнительный платеж*

extrapolation *экстраполяция*

extra premium [ins.] *дополнительная премия*

extra premium for sea risk [ins.] *дополнительная премия за морской риск*

extra proceeds [ind.ec.] *дополнительные поступления*

extra profit *дополнительная прибыль*

extra quality *высшее качество*

extraterritoriality *экстерриториальность*
extravagant (adj.) *расточительный*
extra work [pers.manag.] *дополнительная работа*
extreme (adj.) *крайний, предельный, экстремальный*
extreme case *крайний случай*
extreme limit *предел*
extremely *в высшей степени, крайне, чрезвычайно*
ex usu *вне обыкновения*
EXW (ex works) [trans.] *с завода, франко-завод*
ex works (EXW) [trans.] *с завода, франко-завод*
ex works invoice price *фактурная цена франко-завод*
ex works price *цена франко-завод*
eyewitness [legal] *очевидец, свидетель*
e & o (errors and omissions) *ошибки и пропуски*
e. & o. e. (errors and omissions excepted) *исключая ошибки и пропуски*

fabric   *структура, ткань*

fabricate (vb.)   *выделывать, изготавливать, подделывать, производить, собирать из готовых частей, собирать из стандартных частей*

fabrication   *изготовление, подделка, производство, сборка из готовых узлов;* [leg.pun.] *фальсификация, фальшивка*

fabrics   *ткани*

FAC (forwarding agent's commission)   [trans.] *комиссионное вознаграждение экспедитору*

fac clause (fast-as-can clause)   [nav.] *пункт о погрузке и разгрузке без простоев*

face value   [stock] *нарицательная цена, номинал, номинальная стоимость*

facilitate (vb.)   *облегчать, помогать, способствовать*

facilities   *приспособления, производственные мощности;* [nav.] *оборудование, сооружения;* [pol.ec.] *денежные средства*

facilities for borrowing   *источники кредитования*

facility   *льгота;* [calc.] *удобство;* [comp.] *устройство*

facsimile   [telecom.] *факсимиле, факсимильная связь, фототелеграфная связь*

facsimile edition   [print.] *факсимильное издание*

facsimile equipment   *факсимильная аппаратура;* [telecom.] *факсимильное оборудование*

facsimile reprint   [print.] *факсимильная перепечатка*

facsimile unit   [telecom.] *аппарат факсимильной связи*

fact   *обстоятельство, правонарушение, преступление, противоправное деяние, факт*

fact, in   [legal] *в действительности, фактически*

fact base   [comp.] *база фактов (в экспертных системах)*

fact of the matter   *суть дела*

fact on which a right is based   [legal] *факт, на котором основано право*

fact on which right is based   *факт, на котором основано право*

factor   *доверенное лицо, компания, взыскивающая долги с покупателей по поручению торговой фирмы, посредник, производственный ресурс, фактор;* [comm.] *агент, комиссионер, представитель, производственный фактор;* [mat.] *множитель*

factor (vb.)   *разлагать на множители*

factor a debt (vb.)   *взыскивать долг*

factor affecting liquidity   *фактор, влияющий на ликвидность*

factorage   [comm.] *обязанности агента, обязанности комиссионера, оплата агента, оплата посредника, посредничество*

factor analysis   *факторный анализ*

factor cost   [pol.ec.] *прямые затраты, прямые издержки, факторные издержки*

factor cost, at   [pol.ec.] *при факторных издержках*

factor earnings   [pol.ec.] *доход агента, доход комиссионера, доход посредника*

factorial test   [stat.] *факторный эксперимент*

factor income   [pol.ec.] *доход агента, доход комиссионера, доход посредника*

factoring   *коммерческие операции по доверенности, перепродажа на комиссионных началах, перепродажа права на взыскание долгов, факторные операции*

factoring company   *компания-посредник*

factor market   [pol.ec.] *рынок факторов производства*

factor mobility   [pol.ec.] *мобильность факторов производства*

factor of power   *фактор силы*

factor of production   [pol.ec.] *производственный фактор, фактор производства*

factor price   [pol.ec.] *цена производственного фактора*
factor substitution   [pol.ec.] *взаимозаменяемость факторов производства*
factory   *завод, предприятие;* [prod.] *фабрика*
factory building   *производственное здание, производственное сооружение*
factory cost   *заводская себестоимость*
factory fire   *пожар на предприятии*
factory inspectorate   [empl.] *отдел технического контроля завода*
factory-made (adj.)   *заводского изготовления*
factory management   *управление предприятием*
factory manager   *руководитель предприятия*
factory operation   *оперативное управление производством*
factory overhead (costs)   [ind.ec.] *накладные расходы предприятия*
factory overhead costs   [ind.ec.] *накладные расходы предприятия*
factory owner   [prod.] *владелец предприятия*
factory property   *недвижимость в виде предприятия*
factory supplies   [ind.ec.] *вспомогательные производственные материалы*
factory warranty   [legal] *гарантия предприятия*
factory worker   *работник предприятия*
factor's commission   [comm.] *комиссионное вознаграждение посредника*
factor's lien   [legal] *право наложения ареста на имущество за долги*
facts   *аргументы, данные*
facts (of the case)   [legal] *обстоятельства дела*
facts and figures   *факты и цифры*
facts in issue   [legal] *основные факты, факты, составляющие предмет спора*
facts of the case   [legal] *обстоятельства дела*
facts of the matter   *обстоятельства дела*
factual (adj.)   *действительный, реально существующий, фактический*
factual statement   *изложение фактов*
facultative provision   [legal] *дополнительное условие*
facultative reinsurance   [ins.] *факультативное перестрахование*
faculty of law   [legal] *юридический факультет*
faculty principle of taxation   [tax.] *факультативный принцип налогообложения*
fade away (vb.)   *постепенно исчезать*
fading away (adj.)   *постепенно исчезающий, угасающий*
FAF (fuel adjustment factor)   [trans.] *коэффициент регулировки уровня топлива*
fail (vb.)   *быть недостаточным, испытывать недостаток, иссякать, отказывать, подходить к концу, прекращать платежи, прекращаться;* [bankr.leg.] *выходить из строя, не оправдывать ожиданий, разрушаться, становиться банкротом, терпеть неудачу;* [syst.ed.] *повреждаться*
failing   *нарушение работоспособности, повреждение;* [ec.] *неисправность*
failing company   *компания, терпящая убытки*
failing payment   *просроченный платеж*
failing this   *ввиду отсутствия этого, в случае отсутствия этого, за неимением этого*
fail-safe (adj.)   *безаварийный, бесперебойный, надежный*
fail to fulfil (vb.)   [legal] *не исполнять*
failure   *авария, неблагоприятный исход, неудача, неудачная попытка, перебой;* [bankr.leg.] *банкротство, неплатежеспособность, прекращение платежей;* [comp.] *выход из строя, неисправность, повреждение;* [legal] *неисполнение, несовершение;* [prod.] *несостоятельность, отказ в работе*
failure of materials   [ins.] *повреждение материалов*
failure of trust   [legal] *недоверие*

failure to keep within a time limit *нарушение предельного срока, несоблюдение предельного срока*

failure to keep within time limit *нарушение предельного срока, несоблюдение предельного срока*

failure to submit by end of time limit *непредъявление к концу предельного срока*

failure to submit by final date *непредъявление к окончательному сроку*

failure to submit by the end of the time limit *непредъявление к концу предельного срока*

failure to submit by the final date *непредъявление к окончательному сроку*

faint (adj.) *неясный, слабый*

fair *выставка, ярмарка*

fair (adj.) *беспристрастный, добросовестный, достаточно хороший, законный, справедливый;* [legal] *честный*

fair and traditional practices [legal] *справедливые традиционные процессуальные нормы, честные и традиционные методы*

fair average quality [comm.] *справедливое среднее качество*

fair competition *конкуренция на равных условиях, честная конкуренция*

fair copy *издательский оригинал, чистовая копия, чистовой экземпляр*

fair draft *издательский оригинал*

fairground *ярмарочная площадь*

fairly *беспристрастно, справедливо, честно*

fair market price *справедливая рыночная цена*

fairness *беспристрастность, справедливость, честность*

fair price *справедливая цена*

fair profit *справедливая прибыль*

fair taxation [tax.] *справедливое налогообложение*

fair trade [exc.] *торговля на основе взаимной выгоды*

fair trade tribunal *суд по рассмотрению нарушений правил торговли*

fair trading practice [legal] *практика ведения взаимовыгодной торговли*

fair treatment *справедливое рассмотрение дела*

fair value *стоимость в текущих ценах*

fair wear and tear *допустимый износ основных средств, допустимый износ элементов основного капитала*

faith *вера, доверие, лояльность, преданность, ручательство, честность*

FAK (freight all kinds) [trans.] *разнообразные грузы*

fake *подделка, подлог, фальшивка;* [leg.pun.] *мошенничество*

fake (vb.) *мошенничать;* [calc.] *фабриковать;* [leg.pun.] *подделывать, фальсифицировать*

fall *падение, понижение, спад;* [ec.] *снижение*

fall (vb.) *опускаться, снижаться, уменьшаться;* [ec.] *понижаться;* [exc.] *падать*

fall behind (vb.) [ec.] *отставать*

fall due (vb.) *наступать (о сроке платежа)*

fall due for payment (vb.) *подлежать оплате по сроку*

fall due for payment in full (vb.) *подлежать оплате по сроку*

fallen angel [fin.] *высокодоходная облигация, потерявшая уровень рейтинга, приемлемый для инвесторов*

falling *понижающийся*

falling dollar rate *понижающийся курс доллара*

falling interest rate level *понижающийся уровень ставки процента*

falling market [exc.] *понижательная рыночная конъюнктура*

falling-off *снижение, спад, упадок, ухудшение*

falling-off in production [prod.] *спад производства*

falling price *снижающаяся цена*

falling rates [monet.trans.] *понижающиеся курсы*

falling share price   [exc.] *понижающийся биржевой курс,*
понижающийся курс акций

falling share prices   *понижающиеся курсы акций*

fall in interest rates   *понижение процентных ставок*

fall in oil prices   *снижение цен на нефть*

fall in prices   [ec.] *падение цен;* [stock] *снижение уровня цен*

fall in quotation   [stock] *снижение курса*

fall in the value of money   [pol.ec.] *обесценивание денег*

fall into disgrace (vb.)   *впадать в немилость*

fall into disrepute (vb.)   *приобрести дурную славу, приобретать дурную*
славу

fall in value   *снижение стоимости*

fall in value of money   *обесценивание денег*

fall of hammer   *удар молотка на аукционе*

fall of the hammer   *удар молотка на аукционе*

fallowing of land   *парование земли*

fall short (vb.)   *не достигать цели, не хватать, потерпеть неудачу,*
терпеть неудачу

fall to (vb.)   *выпадать, доставаться*

fall to the ground (vb.)   *оказаться безрезультатным*

false (adj.)   *вероломный, ложный, неверный, неправильный, обманный,*
ошибочный, подделаный; [leg.pun.] *неправомерный, фальшивый*

false accusation   *ложное обвинение*

false advertising   [adv.] *обманная реклама*

false alarm   *ложная тревога*

false declaration   *ложное заявление*

false declarations   *ложные заявления*

falsehood   *ложь, обман*

false imprisonment   [leg.pun.] *неправомерное лишение свободы*

false pretences, by   [legal] *путем обмана, путем создания заведомо*
неправильного представления о факте

false report   *ложное сообщение*

false representation   [legal] *введение в заблуждение*

false return   [tax.] *ложная налоговая декларация*

false statement   [legal] *ложное утверждение*

false statements   *ложные утверждения*

false watermark   *фальшивый водяной знак*

false witness   [legal] *лжесвидетель*

falsification   *подделка, фальсификация;* [leg.pun.] *подлог*

falsification of accounts   [calc.] *искажение отчетности*

falsifier   *подделыватель;* [leg.pun.] *фальсификатор*

falsify (vb.)   *доказывать ложность, доказывать необоснованность,*
искажать, опровергать, фальсифицировать;
[leg.pun.] *подделывать*

falsity   *ложность, недостоверность, ошибочность*

familiarity   *осведомленность*

familiar with (adj.)   *знающий, осведомленный, хорошо знакомый*

familiar with, be (vb.)   *хорошо знать*

family   *семейство, семья*

family account   [bank.] *семейный счет*

family allowance   [EEC] *пособие многодетным семьям*

family budget economy measures   *меры экономии семейного бюджета*

family care   [soc.] *социальная помощь многодетным семьям*

family company   [bus.organ.] *семейная компания*

family court   [legal] *суд по семейным делам*

Family Division (of the High Court)   [legal] *отдел по семейным делам*
Высокого суда (Великобритания)

Family Division of the High Court   *отдел по семейным делам Высокого*
суда (Великобритания)

family endowment fund   [legal] *семейный благотворительный фонд*

family enterprise   *семейное предприятие*

family helper   *лицо, безвозмездно работающее на семейном предприятии*

family houschold   [pol.ec.] *семейное домашнее хозяйство, частное хозяйство*

family immigration   *иммиграция семей*

family income insurance   [ins.] *страхование дохода семьи*

family income supplement   [soc.] *дополнение к доходу семьи*

family law   [law.dom.] *семейное право*

Family Law Office   *Бюро семейного права*

family name   *имя, традиционное в данной семье, фамилия*

family package   [comm.] *экономичная упаковка*

family planning   *внутрисемейное регулирование рождаемости, контроль рождаемости*

family responsibility   [law.dom.] *семейная ответственность*

family settlement   [legal] *соглашение о семейном разделе имущества*

family succession   [suc.] *семейное наследственное право*

family trust   [legal] *семейный доверительный фонд, управление семейной собственностью по доверенности*

family wage   *фонд семейной заработной платы*

fancy   *вкус, склонность*

fancy (adj.)   *высшего качества, модный*

fancy article   [comm.] *модный товар*

fancy goods   *галантерейные товары, модные товары*

fancy price   *очень высокая цена, цена на изделия высшего качества*

fancy stocks   *спекулятивные ценные бумаги;* [stock] *ненадежные акции, сомнительные акции*

Fannie Mae (Federal National Mortgage Association)   *Федеральная национальная ипотечная ассоциация (США)*

fantasy commercial   [adv.] *художественная коммерческая реклама*

FAQ (free at quay)   [trans.] *франко-набережная*

fare   [trans.] *плата за проезд, платный пассажир, стоимость проезда, тариф*

fare stage   [trans.] *оплачиваемый участок пути*

farm   *жилой дом на ферме, крестьянское хозяйство, питомник, сельское хозяйство, сельскохозяйственное предприятие, фермерское хозяйство, хозяйство;* [r.e.] *земельный надел*

farm (vb.)   *обрабатывать землю*

farm amalgamation scheme   *программа объединения фермерских хозяйств (ЕЭС);* [FEC] *программа объединения фермерских хозяйств*

farm credit   *сельскохозяйственный кредит*

farmer   *арендатор, земледелец, откупщик, сельский хозяин, фермер*

Farmers' Unions   *профсоюзы фермеров*

farmer's labour income   *трудовой доход фермера*

farmer's labour return   *трудовой доход фермера*

farm expert   *специалист по сельскому хозяйству*

farm hand   [empl.] *сельскохозяйственный рабочий*

farm income   *фермерский доход*

farming   *ведение сельского хозяйства, ведение фермерского хозяйства, возделывание сельскохозяйственных культур, земледелие, фермерство*

farming loan   *ссуда сельскохозяйственным предприятиям, фермерская ссуда*

farming obligation   *фермерское обязательство*

farming subsidy   *сельскохозяйственная субсидия*

farmland   *замля, пригодная для обработки, земля, пригодная для обработки, обрабатываемая земля, сельскохозяйственные угодья*

farm out (vb.)   *брать в аренду, отдавать в аренду, отдавать на откуп, передавать в другую организацию*

farm produce   *продукция фермы, сельскохозяйственная продукция*

farm rent [r.e.] *арендная плата за сельскохозяйственную землю*
farm transfer *передача фермы*
farm worker [empl.] *сельскохозяйственный рабочий*
farmyard *двор фермы, скотный двор, участок, на котором
    расположены фермерские постройки*
far-reaching (adj.) *далеко идущий, чреватый серьезными
    последствиями, широкий*
farsighted solution *дальновидное решение*
FAS (free alongside ship) [trans.] *франко вдоль борта судна*
fashionable (adj.) *модный*
fashion designer *модельер одежды*
fashion industry *пошив модной одежды*
fashion parade *демонстрация мод, показ мод*
fashion show *демонстрация мод, показ мод*
fast (adj.) *быстрый, крепкий, прочный, скорый*
fast freight [trans.] *срочный груз*
fastidious (adj.) *разборчивый, требовательный*
fast memory (FM) [comp.] *быстродействующая память,
    быстродействующее запоминающее устройство*
fastness *прочность, скорость*
fast store *быстродействующая память, быстродействующее
    запоминающее устройство*
fast train *скорый поезд*
fatal accident *несчастный случай со смертельным исходом*
fatal offence [leg.pun.] *преступление со смертельным исходом*
father *отец*
fault *нарушение, небрежность, повреждение;* [comp.] *ошибка;*
    [ins.] *авария, дефект, неисправность*
faultiness *неисправность, ошибочность*
faultless (adj.) *безошибочный, невинный*
faulty (adj.) *дефектный, имеющий дефекты, имеющий недостатки,
    испорченный, несовершенный, поврежденный*
faulty delivery *ошибочная поставка*
faulty design *несовершенная конструкция*
faulty in manufacture *с производственным дефектом*
favor *благоприятствовать, поддержка, помощь, поощрять,
    содействие, содействовать*
favour *благосклонность, одолжение, покровительство, протекция,
    расположение*
favour (vb.) *благоприятствовать, поддерживать, помогать,
    поощрять, содействовать*
favourable (adj.) *благоприятный, подходящий, удобный*
favourable balance of trade *активный торговый баланс,
    благоприятный торговый баланс*
favourable conditions *благоприятная обстановка;* [ec.]
    благоприятные условия
favourable consideration *льготная компенсация*
favourable interest terms *льготные условия процентной ставки;*
    [ec.] *благоприятные условия процентной ставки*
favourable offer *выгодное предложение*
favourable opportunity *благоприятная возможность*
favourable price *благоприятная цена, выгодная цена*
favourable terms *благоприятные условия, выгодные условия,
    льготные условия*
favourable terms, on *на выгодных условиях*
favourable trade balance *активный торговый баланс, благоприятный
    торговый баланс*
favourable trade conditions [pol.ec.] *благоприятные условия торговли*
favourable treatment [cust.] *режим благоприятствования*
favouring (adj.) *благоприятствующий*
fax [telecom.] *факс, факсимиле, факсимильная связь,
    фототелеграфная связь*

fax (vb.) [telecom.] *передавать по факсимильной связи*

fax, by [telecom.] *по факсу*

fax machine [telecom.] *аппарат факсимильной связи*

fax terminal [telecom.] *аппарат факсимильной связи*

FCL (full container load) [trans.] *партия груза на полный контейнер*

FCR (forwarder's certificate of receipt) [trans.] *расписка экспедитора о приемке груза*

FCT (forwarder's certificate of transport) *расписка экспедитора о транспорте*

FD (free dock) [trans.] *франко-док*

FD (free docks) *франко-доки*

FDA (Food and Drug Administration) *Управление по санитарному надзору за качеством пищевых продуктов и медикаментов (США)*

FDIC (Federal Deposit Insurance Corporation) [bank.] *Федеральная корпорация страхования депозитов (США)*

fear appeal [adv.] *запугивание (в рекламе)*

feasibility *возможность осуществления, выполнимость, годность, осуществимость*

feasibility study *анализ экономической целесообразности, изучение возможности осуществления;* [ind.ec.] *анализ технической осуществимости*

feasible (adj.) *выполнимый, годный, осуществимый, подходящий*

featherbedding *сохранение численности рабочей силы независимо от потребности в ней;* [pers.manag.] *искусственное раздувание штатов*

feature *особенность, признак, свойство, сенсационный материал, характерная черта;* [media] *очерк, постоянный раздел (в газете), статья, статья в газете*

feature (vb.) *показывать, создавать рекламу, фигурировать;* [media] *рекламировать*

feature article [media] *основная статья*

feature writer *автор текстов для радиопередач;* [media] *журналист, очеркист*

federal (adj.) *федеральный*

federal budget *федеральный бюджет (США)*

federal court [legal] *федеральный суд (США)*

Federal Deposit Insurance Corporation (FDIC) [bank.] *Федеральная корпорация страхования депозитов (США)*

federal discount rate [bank.] *федеральная учетная ставка (США)*

federal finances *федеральные финансы (США)*

Federal funds [bank.] *федеральные резервные фонды (США)*

Federal funds (Fed funds) *Федеральные фонды*

federal government *федеральное правительство*

Federal Home Loan Bank System (FHLB) *Федеральная система банков жилищного кредита (США)*

Federal Home Loan Bank System (FHLB) (US) *Федеральная система банков жилищного кредита (США)*

Federal Home Loan Mortgage Corporation (Freddie Mac) *Федеральная корпорация жилищного ипотечного кредита (США)*

federally chartered bank *федеральный коммерческий банк*

Federal National Mortgage Association (Fannie Mae) *Федеральная национальная ипотечная ассоциация (США)*

federal old age benefits [soc.] *федеральные пособия по старости (США)*

Federal Open Market Committee (FOMC) *Комитет по операциям на открытом рынке Федеральной резервной системы (США)*

Federal Reserve Bank [bank.] *Федеральный резервный банк (США)*

Federal Reserve Board [bank.] *Совет управляющих Федеральной резервной системы (США)*

Federal Reserve System [bank.] *Федеральная резервная система (США)*

federal road   *федеральная автодорога (США)*

federal state   *федеральное государство, федерация*

federal statute   [legal] *федеральный закон*

Federal Supreme Court of Justice   [legal]   *Федеральный верховный суд (США)*

federal system   *федеральная система*

federal tax   [tax.] *федеральный налог*

federate (vb.)   *объединять на федеративных началах, объединяться в федерацию*

federation   *образование федерации, объединение, союз обществ, федерация*

Federation for Small and Medium-sized Enterprises   *федерация малых и средних предприятий*

Federation of Cooperative Building Contracting Societies   *Федерация кооперативных подрядных строительных обществ*

Federation of Cooperative Building Contracting Societies, the   *федерация обществ кооперативного строительства*

Federation of Danish Industries   *Датский промышленный Союз*

fee   *абсолютное право собственности, взнос, гонорар, денежный сбор, комиссионный сбор, комиссия, плата за услуги, пошлина, право наследования без ограничений*

fee (vb.)   *платить гонорар*

fee change   *изменение размера сбора*

fee charged to tenderers   *комиссионный сбор с участников торгов*

feedback   [comp.] *информация от потребителей;* [mark.] *обратная связь, связь с потребителями*

fee for (legal) opinion   [legal] *гонорар за правовую оценку*

fee for legal opinion   [legal] *гонорар за правовую оценку*

fee for service   *плата за услуги*

feeler   *зондирование почвы, пробный шар*

feeling   *настроение, ощущение*

fee payable on granting of loan   [bank.] *комиссионный сбор за предоставление ссуды*

fee payable on granting of loans   *комиссионный сбор за предоставление займов*

fees and salaries   *вознаграждения и заработная плата*

fee simple   [r.e.] *безусловное право собственности, право наследования без ограничений*

fee simple absolute in possession   [r.e.] *безусловное право собственности, право наследования без ограничений*

fee system   *система вознаграждений*

fee-tail   *заповедное имущество;* [legal] *урезанная собственность*

feign (vb.)   *выдавать себя за другое лицо, подделывать документы, прикидываться, притворяться, симулировать*

feint   *притворство*

fellow   *аспирант, член научного общества, член совета колледжа*

fellow applicant   [pers.manag.] *соискатель*

fellow citizen   *согражданин*

fellow countryman   *соотечественник*

fellow creditor   *совокупный кредитор*

fellow labourer   *сотрудник*

fellow partner   *партнер*

fellow passenger   *попутчик*

fellowship   *дотация научному работнику, стипендия младшего научного сотрудника;* [syst.ed.] *стипендия аспиранта*

fellow subsidiary   [bus.organ.] *дочерняя компания, дочерняя фирма*

fellow traveller   *попутчик*

felonious homicide   *предумышленное убийство;* [leg.pun.] *преднамеренное убийство*

felony   [leg.pun.] *тяжкое уголовное преступление, фелония*

female labour   [empl.] *женский труд*

female worker [empl.] *работница*

feme covert [legal] *замужняя женщина*

feme sole [legal] *незамужняя женщина*

fence *притон для укрывания краденого, скупщик краденого;*
  [leg.pun.] *укрыватель краденого*

ferry connection [nav.] *паромное сообщение*

ferry crossing [nav.] *паромная переправа*

ferry service [nav.] *паромное сообщение, служба морских перевозок*

fertile (adj.) *богатый, изобильный, плодородный*

fertility rate [pol.ec.] *общий коэффициент фертильности,*
  специальный коэффициент рождаемости

fetch (vb.) *выручать (за проданную вещь), выручать за*
  проданную вещь, приводить

feticide [leg.pun.] *аборт*

feudal tenure [legal] *система феодального землевладения*

FHLB (Federal Home Loan Bank System) *Федеральная система банков*
  жилищного кредита (США)

FIAS (free in and stowed) [trans.] *судно свободно от расходов по*
  погрузке и укладке груза

fiat [legal] *декрет, одобрение, распоряжение суда, санкция;*
  [manag.] *приказ, указание*

fiat money [legal] *неразменные бумажные деньги*

FIBOR (Frankfurt interbank offered rate) [bank.] *ставка предложения*
  на межбанковском депозитном рынке Франкфурта-на-Майне

FICA taxes (Federal Insurance Contributions Act) *Федеральный закон о*
  налогообложении в фонд социального страхования

fictitious (adj.) *воображаемый, выдуманный, вымышленный, ложный,*
  фальшивый, фиктивный

fictitious agreement [legal] *фиктивное соглашение*

fictitious assets *нематериальные активы*

fictitious company *фиктивная компания*

fictitious name *вымышленное имя*

fictitious person [legal] *фиктивное лицо*

fictitious profit *фиктивная прибыль*

fictitious proof [legal] *ложное доказательство*

fictitious sale *фиктивная продажа*

fictitious transaction *фиктивная сделка*

fictitious value *фиктивная стоимость*

fidelity bond [ins.] *гарантия против злоупотреблений лица,*
  являющегося хранителем траста

fidelity insurance [ins.] *страхование от финансовых потерь,*
  связанных со злоупотреблениями служащих компании

fidelity policy [ins.] *полис страхования от финансовых потерь,*
  связанных со злоупотреблениями служащих компании

fiducial (adj.) *основанный на доверии, принятый за основу сравнения,*
  фидуциарный

fiduciary *доверенное лицо, опекун, попечитель*

fiduciary (adj.) *доверенный, основанный на общественном доверии (о*
  бумажных деньгах, не обеспеченных золотом), пользующийся
  доверием, фидуциарный

fiduciary capacity [legal] *положение доверенного лица*

fiduciary contract [legal] *фидуциарный договор*

fiduciary issue *выпуск банкнот, не обеспеченных золотом,*
  фидуциарная денежная эмиссия

fiduciary loan [bank.] *заем, не обеспеченный золотом*

fiduciary money [ec.] *деньги, не обеспеченные золотом*

fiduciary note issue *выпуск банкнот, не обеспеченных золотом*

fiduciary property *доверенная собственность*

fiduciary relationship [legal] *имущественные отношения*
  доверительного характера

fiduciary services *услуги доверительного характера*

field   *месторождение, периферия бизнеса, поле, район сбыта, участок;* [mark.] *область деятельности*

field allowance   *полевая надбавка;* [pers.manag.] *полевая норма снабжения*

field backspace key   [comp.] *клавиша возврата поля на одну позицию*

field of activity   *поле деятельности*

field of application   *область применения*

field of study   [syst.ed.] *область изучения*

field sales organization   *торговый аппарат фирмы*

field service   *обслуживание на месте продажи*

field service person   [pers.manag.] *лицо, обслуживающее изделие на месте продажи*

field staff   [pers.manag.] *обслуживающий персонал*

field survey   *обследование обходом, экспедиционный метод опроса;* [mark.] *обследование на месте*

field work   *полевые работы*

fierce (adj.)   *жестокий*

fierce competition   *жестокая конкуренция*

FIFO (first-in-first-out)   *расходование запасов в порядке получения, 'первая партия на приход - первая в расход', 'первым получен - первым выдан', 'первым поступил - первым продан';* [wareh.] *обслуживание в порядке поступления, 'первым прибыл - первым обслужен'*

FIFO principle   *принцип обслуживания в порядке поступления, принцип расходования в порядке поступления*

fifty-fifty basis, on a   *на равных началах*

fight   *борьба*

fight (vb.)   *бороться*

fight against inflation   [pol.ec.] *борьба с инфляцией*

fight unemployment (vb.)   [empl.] *бороться с безработицей*

figure   *изображение, цифра, число;* [print.] *диаграмма, рисунок (в книге), чертеж*

figure (vb.)   *изображать, обозначать цифрами, полагаться, рассчитывать на*

figures   [comp.] *количественные данные;* [print.] *количественные показатели;* [stat.] *количественная информация*

figures listed before this date   *данные, приведенные до этой даты*

figures taken from the annual statements   [calc.] *данные, взятые из годовых отчетов*

file   *архив, архив суда, дело, досье, картотека, комплект, подача документа, подшивка, хранение документа в определенном порядке;* [comp.] *файл*

file (vb.)   *обращаться с просьбой, передавать сообщение по телефону, подшивать бумаги, представлять документ, принимать заказ к исполнению, сдавать в архив, хранить документы в определенном порядке;* [comp.] *передавать сообщение по телеграфу;* [doc.] *обращаться с заявлением, регистрировать документ*

file a claim (vb.)   *предъявлять претензию;* [tax.] *подавать исковое заявление*

file an application (vb.)   *подавать заявку, подавать заявление*

file an application for a patent (vb.)   [pat.] *подавать заявку на патент*

file an income-tax return (vb.)   [tax.] *подавать налоговую декларацию о доходах*

file an opposition (vb.)   [pat.] *подавать возражение*

file a petition (vb.)   *подавать прошение, подавать ходатайство;* [legal] *подавать петицию*

file a petition for divorce (vb.)   [law.dom.] *подавать заявление о разводе, подавать ходатайство о расторжении брака*

file a petition in bankruptcy (vb.)   [bankr.leg.] *заявлять о банкротстве, заявлять о несостоятельности*

file a report (vb.) *представлять отчет*

file a suit (vb.) [legal] *возбуждать дело, подавать исковое заявление*

file a suit against (vb.) [legal] *возбуждать дело против, подавать исковое заявление против*

file copy *архивный экземпляр*

filed (adj.) *зарегистрированный*

filed, to be (vb.) *быть внесенным в картотеку, быть зарегистрированным*

file for bankruptcy (vb.) *заявлять о банкротстве;* [bankr.leg.] *заявлять о несостоятельности*

file layout *размещение файла (в памяти);* [comp.] *описание структуры файла, размещение файла в памяти*

file management [comp.] *управление файлом*

file name [comp.] *имя файла*

file name extension [comp.] *расширение имени файла*

file No. *номер дела*

file note *запись в деле*

file number *номер дела, номер документа, номер единицы хранения*

file posting [book-keep.] *регистрация переноса в бухгалтерскую книгу, регистрация проводки*

file processing [comp.] *обработка файлов*

filing *ведение картотеки, занесение в файл, подача заявки, систематизация, составление картотеки, формирование файла*

filing cabinet *картотечный блок, картотечный шкаф*

filing card *регистрационная карточка*

filing clerk [pers.manag.] *делопроизводитель, работник архива*

filing date *дата регистрации заявки;* [pat.] *дата подачи заявки*

filing of offers in match system [exc.] *регистрация предложений, совпадающих по размерам и срокам*

filing of offers in the match system [exc.] *регистрация предложений, совпадающих по размерам и срокам*

filing system *система регистрации документов, система хранения документов*

fill (vb.) *занимать должность, заполнять, нанимать на должность, наполнять*

fill an order (vb.) *выполнять заказ*

fill in (vb.) *вписывать, заполнять, работать временно*

fill in for (vb.) [pers.manag.] *замещать*

filling of an order [comm.] *выполнение заказа*

filling of order *выполнение заказа*

fill out (vb.) *вписывать, заполнять, расширять*

fill up (vb.) *дополнять, заполнять, наполнять*

fill up inventories (vb.) [warch.] *пополнять запасы*

filtering question [mark.] *отсеивающий вопрос*

FIM (Finnish mark) [monet.trans.] *финская марка*

FIMBRA *Регулирующая ассоциация финансовых посредников, менеджеров и брокеров (Великобритания)*

final account [bankr.leg.] *итоговый отчет*

final accounts [calc.] *окончательный отчет*

final act to consummate an offence [leg.pun.] *завершающее действие по окончательному оформлению преступления*

final amount *итоговая сумма*

final analysis, in the *в конечном итоге, в конечном счете, в конце концов*

final assessment [tax.] *окончательная оценка*

final burden of proof *окончательное бремя доказывания;* [legal] *окончательная обязанность доказывания*

final clause *окончательная оговорка, окончательное условие, окончательный пункт*

final communique [dipl.] *итоговое коммюнике*

final consumption   *конечное потребление*
final consumption of households   *конечное личное потребление;*
   [pol.ec.] *конечное потребление семей*
final consumption stage   *стадия конечного потребления*
final date   *окончательная дата, окончательный срок*
final decision   *заключительное решение;* [legal] *окончательное
   решение*
final demand   *конечный спрос*
final dividend   [bus.organ.] *окончательный дивиденд*
final examination   [syst.ed.] *заключительный осмотр*
final injunction   [legal] *окончательный судебный запрет*
final inspection of a building   [r.e.] *окончательный осмотр здания*
final inspection of building   [r.e.] *окончательный осмотр здания*
final instalment   *последний взнос*
final invoice   *окончательная фактура, окончательный счет*
finalization   *завершение, заключительная процедура*
finalization date   *дата завершения;* [calc.] *срок окончания*
finalize (vb.)   *завершать, заканчивать, окончательно оформлять,
   придавать окончательную форму*
finalize a bill (vb.)   [parl.] *завершать работу над законопроектом*
final judgment   *заключительное решение;* [legal] *окончательное
   решение*
final liquidation   *окончательная ликвидация*
final loan   *последняя ссуда;* [bank.] *последний кредит, последняя
   ссуда*
final maturity date   [ec.] *окончательный срок платежа*
final net worth   [bus.organ.] *окончательная стоимость имущества за
   вычетом обязательств*
final payment   *окончательный платеж*
final placement   [stock] *окончательное вложение, окончательное
   размещение*
final protocol   [dipl.] *заключительный протокол*
final provision   [legal] *заключительное положение*
final quotation   [exc.] *окончательная котировка*
final redemption   [stock] *окончательное изъятие из обращения,
   окончательное погашение*
final reminder   *последнее напоминание*
final result   *окончательный результат*
final settlement   *окончательное решение, окончательный расчет;*
   [ec.] *окончательное урегулирование*
final speech   [leg.pun.] *заключительное слово*
final tax   [tax.] *окончательный размер налога*
final tax calculation   [tax.] *вычисление окончательного размера налога*
final university examination   [syst.ed.] *выпускной экзамен в
   университете*
final use   *конечное использование*
final value   *окончательное значение*
finance   *денежные отношения, финансы;* [ec.] *финансирование*
finance (vb.)   *финансировать;* [ec.] *вести финансовые операции*
finance(s)   *финансы*
Finance Act   [parl.] *Закон о государственном бюджете
   (Великобритания)*
Finance Administration Agency   *Управление по ведению финансовых
   дел (Дания)*
finance bill   [bill.] *финансовый вексель*
Finance Bill   [parl.] *законопроект об ассигнованиях (Великобритания)*
finance by loans (vb.)   *финансировать путем кредитования*
finance committee   *финансовый комитет*
finance company   *финансовая компания*
financed by (adj.)   *получающий финансовую помощь от*
finance department   *финансовый отдел*

finance director   *заведующий финансовым отделом, начальник финансового отдела*

financed through (adj.)   *финансируемый через*

Finance for Danish Industry   *Корпорация финансирования промышленности Дании*

finance function   [ind.ec.]   *финансовая служба*

finance house   *финансовый дом (Великобритания)*

finance lease   [legal]   *финансовая аренда*

finance manager   *руководитель финансовой службы*

finance-raising holding company   *финансирующая холдинг-компания*

finance report   [manag.]   *финансовый отчет*

finances   *доходы, средства, финансы*

financial (adj.)   *платящий взносы, финансовый*

financial accountant   *эксперт по финансовой отчетности*

financial accounting   *финансовое счетоводство;* [bank.] *финансовая отчетность*

financial accounts   [book-keep.]   *финансовые отчеты, финансовые счета*

financial administration   *ведение финансовых дел*

financial advertising   [adv.]   *финансовая реклама*

financial adviser   *финансовый консультант*

financial affairs   *финансовые дела*

financial aid   [EEC]   *финансовая помощь*

financial aid by credit   *финансовая помощь путем предоставления кредита*

financial aid to students   [syst.ed.]   *финансовая помощь студентам*

financial analysis   [fin.]   *анализ финансового состояния*

financial analyst   [fin.]   *специалист в области финансов*

financial and operating aspects   [ind.ec.]   *финансовые и оперативные вопросы*

financial and operating policy   [ind.ec.]   *финансовая и оперативная политика*

financial asset   *финансовое покрытие*

financial assets   [calc.]   *финансовые активы, финансовые средства*

financial assets and liabilities account   [calc.]   *актив и пассив финансового отчета*

financial assistance   *финансовая помощь*

financial autonomy   *финансовая самостоятельность*

financial backing   *финансирование, финансовая поддержка*

financial balance   *финансовый баланс*

financial basis   *финансовый базис*

financial bookkeeping cost accounts   [book-keep.]   *финансовый отчет об затратах на ведение бухгалтерских книг*

financial centre   *финансовое учреждение*

financial charges   [ind.ec.]   *финансовые издержки, финансовые расходы*

financial circles   *финансовые круги*

financial circumstances   [ind.ec.]   *финансовое положение, финансовое состояние*

financial commitment   *финансовое обязательство*

financial community   *финансовые круги*

financial company   [fin.]   *финансовая компания*

financial consideration   *финансовая компенсация, финансовое возмещение*

financial constraint   *финансовое ограничение*

financial consultant   *финансовый консультант*

financial contribution   [EEC]   *финансовый взнос*

financial control   [ind.ec.]   *финансовый контроль*

financial counselling   *консультирование по финансовым вопросам*

financial counsellor   *консультант по финансовым вопросам*

financial crisis   *финансовый кризис*

financial difficulties   *финансовые затруднения*

financial difficulties, be in (vb.)   *испытывать финансовые затруднения*

financial difficulties, in (adj.) *испытывающий финансовые затруднения*
financial disposition *распределение финансовых средств*
financial distress *бедственное финансовое положение*
financial duty [tax.] *финансовый сбор*
financial equalization system [EEC] *система выравнивания финансовых затрат*
financial expenditure [ind.ec.] *финансовые затраты*
financial expenses [ind.ec.] *финансовые затраты*
financial feasibility *финансовая осуществимость*
financial fixed assets [calc.] *основной финансовый капитал*
financial futures [exc.] *срочные биржевые контракты, финансовые сделки на срок, финансовые фьючерсы, фьючерсные биржевые контракты*
financial guarantee *финансовая гарантия*
financial harm *финансовый ущерб*
financial holding company *финансовая холдинг-компания*
financial imbalance *финансовая неустойчивость*
financial income *финансовый доход*
financial independence *финансовая независимость*
financial instability *финансовая нестабильность*
financial institution [bank.] *финансовое учреждение*
financial institutions sector *сектор финансовых учреждений*
financial instrument [stock] *финансовый документ, финансовый инструмент*
financial interest *финансовый интерес*
Financial Intermediaries, Managers and Brokers Regulatory Association
  Регулирующая ассоциация финансовых посредников, менеджеров и брокеров (Великобритания)
financial intermediary [bank.] *финансовый посредник*
financial investment [fin.] *инвестиции в ценные бумаги*
financial key figure [calc.] *ключевой финансовый показатель*
financial leasing *финансовый лизинг*
financial loan *финансовый кредит*
financial loan raised abroad *финансовый кредит, полученный за рубежом*
financial loss *финансовый убыток*
financially independent (adj.) *независимый в финансовом отношении*
financially strong (adj.) *с прочным финансовым положением*
financial management [ind.ec.] *управление финансовой деятельностью*
financial market [bank.] *финансовый рынок*
financial market rate [bank.] *курс на финансовом рынк*
financial matter *финансовая сторона дела;* [ind.ec.] *финансовый вопрос*
financial matters *финансовые дела*
financial measure *финансовый показатель*
financial participation [ind.ec.] *финансовое участие*
financial period [calc.] *финансовый период*
financial planning *финансовое планирование*
financial policy [pol.ec.] *финансовая политика*
financial position [ind.ec.] *финансовое положение*
financial power *финансовая власть*
financial press [media] *финансовая газета, финансовый журнал*
financial pressure *финансовое давление*
financial programme *финансовая программа*
financial provision [law.dom.] *финансовое обеспечение*
financial provision order [law.dom.] *распоряжение о финансовом обеспечении*
financial rate of return [fin.] *норма финансовой прибыли*
financial ratio [calc.] *финансовый коэффициент*
financial receipts *финансовые поступления*
financial reduction in value *снижение финансовой стоимости*

financial rehabilitation   [ind.ec.] *оздоровление финансов*

financial reporting   [calc.] *финансовая отчетность*

financial repression   *меры финансового давления*

financial requirement   *финансовая потребность*

financial resources   *финансовые источники*

financial responsibility   *финансовая ответственность*

financial restriction   *финансовое ограничение*

financials   [calc.] *финансовые круги*

financial saving   *экономия финансовых средств*

financial scheme   *финансовый план*

financial sector   *финансовый сектор*

financial service   *финансовая консультационная фирма, финансовое обслуживание*

financial solidity   [ind.ec.] *прочное финансовое положение*

financial standing   [ind.ec.] *финансовое положение*

financial statement   *финансовый отчет*

financial statement adjusted for consolidation purposes (US)
      [calc.] *финансовый отчет, скорректированный с учетом составления сводного баланса*

financial status   [ind.ec.] *финансовое положение*

financial strain   *напряженное финансовое положение*

financial stress   *нехватка финансовых средств*

financial structure   *финансовая структура (компании), финансовая структура компании*

financial supermarket   *финансовое учреждение, оказывающее все виды услуг*

financial support   *финансовая поддержка*

financial support fund   *фонд финансовой поддержки*

financial survey   *финансовый обзор*

financial syndicate   *финансовый синдикат*

financial system   *финансовая система*

financial tax year   [bus.organ.] *финансовый год в системе налогообложения*

financial terminal   *срочный финансовый рынок*

Financial Times Stock Exchange Index-100 (FTSE-100)   *публикуемый газетой 'Файнэншел таймс' фондовый индекс, основанный на курсах 100 ведущих акций;* [exc.] *публикуемый газетой 'Файнэншел таймс' фондовый индекс, основанный на курсах 100 ведущих акций*

financial transaction   *финансовая операция, финансовая сделка*

financial trust   *финансовый траст*

financial uncertainty   *неустойчивое финансовое положение*

financial verification   *финансовая проверка*

financial viability   [ind.ec.] *финансовая жизнеспособность*

financial world   *финансовые круги*

financial year   [manag.] *финансовый год*

financial year other than calendar year   [calc.] *финансовый год, не совпадающий с календарным годом*

financier   *специалист по финансовым вопросам, финансист*

financing   *финансирование*

financing (activities)   *финансовая деятельность*

financing activities   *финансовая деятельность*

financing arrangement   *финансовое соглашение*

financing by borrowing   [ind.ec.] *финансирование путем кредитования*

financing by commercials   [media] *финансирование путем размещения коммерческой рекламы*

financing by mortgage credit loans   *финансирование путем выдачи ссуды под недвижимость*

financing charges   [ind.ec.] *затраты на финансирование, плата за предоставление кредита*

financing costs   *затраты на финансирование*

financing expense *затраты на финансирование, плата за предоставление кредита*

financing facility *финансовые средства, финансовые услуги*

financing income *доход от финансирования*

financing item [calc.] *финансовая запись, финансовая проводка*

financing of building operations *финансирование строительных работ*

financing of operations [ind.ec.] *финансирование работ*

financing plan *финансовый план*

financing proposal *предложение о финансировании*

financing requirement *потребность в финансировании*

financing result *результат финансирования*

financing schedule *план финансирования, программа финансирования*

financing scheme *план финансирования, программа финансирования*

financing statement *обзорный анализ доходности, сводный анализ доходности, синоптический анализ доходности, финансовый отчет*

financing through allocation of reserves *финансирование путем распределения резервов*

financing through borrowing *финансирование путем кредитования*

financing through liquidated capital *финансирование за счет капитала в ликвидной форме*

financing transaction *финансовая операция, финансовая сделка*

find (vb.) *выносить определение, выносить приговор, выносить решение, достигать, находить, обеспечивать, обнаруживать, субсидировать, удостоверять действительность документа;* [legal] *приходить к заключению, устанавливать фактические обстоятельства по делу*

find a market (vb.) *находить рынок*

find for (vb.) [legal] *выносить определение в пользу, выносить решение в пользу, решать в пользу*

find for the accused (vb.) [leg.pun.] *решать в пользу ответчика*

find for the plaintiff (vb.) [legal] *решать в пользу истца*

find guilty (vb.) *признавать виновным;* [leg.pun.] *признать виновным*

finding *решение суда;* [legal] *вывод, заключение, находка, решение, установление факта*

findings *добытые сведения, констатирующая часть судебного решения, обстоятельства дела, полученные данные, факты, установленные в ходе судебного разбирательства*

findings (of a committee) *заключение комитета*

findings of a committee *заключение комитета*

findings of a maritime court [legal] *постановление морского суда*

findings of the court [legal] *постановление суда*

fine [legal] *пеня, штраф;* [leg.pun.] *денежный сбор в пользу земельного собственника*

fine (vb.) *налагать штраф, штрафовать;* [leg.pun.] *налагать пеню*

fine (adj.) *высокого качества, высокопробный, первоклассный, чистый*

fine for contempt of court [legal] *штраф за неуважение к суду, штраф за оскорбление суда*

fine for default of appearance [legal] *штраф за неявку*

fine for exceeding quotas *штраф за превышение квоты*

fine for tax evasion [tax.] *штраф за уклонение от уплаты налогов*

fine gold *чистое золото*

fine goods [comm.] *товар высокого качества*

finish *завершение, отделка*

finish (vb.) *доводить до совершенства, завершать, заканчивать, отделывать, отделывать начисто, производить отделочную технологическую операцию*

finished articles [prod.] *готовые изделия*

finished goods [prod.] *готовая продукция, готовые товары*

finished part [prod.] *обработанная деталь*

finished parts   *готовые детали*

finished products   [prod.] *готовая продукция*

Finlandization   [pol.] *финляндизация*

Finnish mark (FIM)   [monet.trans.] *финская марка*

FIO (free in and out)   [trans.] *погрузка и выгрузка за счет фрахтователя*

fire   *огонь, пожар*

fire (vb.)   [pers.manag.] *выгонять с работы, увольнять*

fire alarm   *пожарная сигнализация, пожарная тревога*

firearm   *огнестрельное оружие*

fire brigade   *пожарная команда*

fired   [pers.manag.] *лицо, уволенное с работы*

fire damage   [ins.] *ущерб от пожара*

fire extinguisher   *огнетушитель*

fire extinguishing costs   *затраты на тушение пожара*

fire fighting plant   *установка для тушения пожара*

fire hazard   *опасность возникновения пожара, пожарная опасность*

fire indemnity   [ins.] *возмещение убытков от пожара*

fire insurance   [ins.] *страхование от пожара*

fire peril   [ins.] *пожарная опасность*

fire prevention   *пожарная охрана*

fireproof (adj.)   *огнестойкий, противопожарный*

fireproofing   *противопожарная защита*

fire protection   *пожарная охрана*

fire recourse insurance   [ins.] *страхование от повторных пожаров*

fire resistance   *огнестойкость*

fire risk   *риск пожара*

fire salvage   [ins.] *спасение имущества от пожара*

fire salvage sale   *распродажа имущества, спасенного от пожара*

fire third party insurance   [ins.] *страхование ответственности перед третьими лицами на случай пожара*

fire warning   *пожарная сигнализация*

firing   [pers.manag.] *увольнение*

firm   *компания, торговый дом;* [ind.ec.] *фирма*

firm (adj.)   *постоянный, твердый;* [ind.ec.] *устойчивый*

firm, on the   *за счет фирмы*

firm bid   [comm.] *твердое предложение*

firm commission on a bought deal   [exc.] *твердое комиссионное вознаграждение за совершенную сделку*

firm commitment   [exc.] *твердое обязательство*

firm is laying off staff   *фирма производит увольнение рабочих в связи с сокращением производства*

firm is laying off staff, the   *фирма приостанавливает работы*

firm market   *устойчивый рынок*

firm name   [legal] *название фирмы*

firm of accountants   [aud.] *ревизорская фирма*

firm of attorneys   [legal] *адвокатская контора*

firm of auditors   [aud.] *аудиторская фирма, ревизорская фирма*

firm of bankers   *банковская фирма*

firm offer   [comm.] *твердое предложение*

firm of solicitors   [legal] *адвокатская контора, адвокатская фирма*

firm of stockbrokers   [exc.] *фирма фондовых брокеров*

firm of translators   *переводческая фирма*

firm order   [comm.] *обязательный заказ*

firm price   [comm.] *твердая цена, устойчивый курс;* [exc.] *твердый курс*

firm purchase   *твердо обусловленная покупка*

firm underwriter   [exc.] *надежный поручитель-гарант*

firm underwriting   [exc.] *твердая гарантия займа, твердое гарантирование размещения (ценных бумаг)*

firm underwriting commission   [exc.] *твердое комиссионное вознаграждение при продаже ценных бумаг дилерам*

firm underwriting price   [exc.] *твердая гарантийная цена*

firm underwriting syndicate   [exc.] *синдикат, размещающий ценные бумаги с твердой гарантией*

firmware   [comp.] *встроенные программы, программно-аппаратные средства*

first (adj.) *первосортный, самый лучший*

first call   [exc.] *первый взнос, требование первого взноса*

first candidate on a party list   [parl.] *первый кандидат по списку партии*

first candidate on party list   *первый кандидат по списку партии*

first carrier   [trans.] *первый фрахтователь*

first class   [comm.] *первый класс*

first-class (adj.)   *первоклассный;* [comm.] *высшего сорта*

first-class letter   [post] *заказное письмо*

first-class mail   [post] *заказная корреспонденция*

first day of month   *первый день месяца*

first day of the month   *первый день месяца*

first degree murder   [leg.pun.] *убийство при отягчающих обстоятельствах*

first distribution   [bus.organ.] *первая выплата дивидендов*

first dividends   [bankr.leg.] *первые дивиденды*

first drawing on loan   [bank.] *первое погашение ссуды*

first floor   *второй этаж (Великобритания), первый этаж (США)*

first general meeting   [bus.organ.] *первое общее собрание*

first grade   [comm.] *первый сорт*

first-grade (adj.)   *первосортный;* [comm.] *высококачественный*

first half-year   *первая половина года*

first-hand experience   *непосредственный опыт*

first-in-first-out (FIFO)   *расходование запасов в порядке получения, 'первая партия на приход - первая в расход', 'первым получен - первым выдан', 'первым поступил - первым продан', 'первым прибыл - первым обслужен';* [wareh.] *обслуживание в порядке поступления*

first instance, at   *в первую очередь*

first intermediate day   [exc.] *первый день среднего срока (четвертый день)*

first-issue free offer   [mark.] *первая эмиссия без обязательства*

first item of business   *первый пункт повестки дня*

first item on agenda   *первый пункт повестки дня*

first item on the agenda   *первый пункт повестки дня*

first lender   *первый кредитор*

first loss insurance   [ins.] *страхование по первому риску*

first meeting   *учредительное собрание*

first-mentioned (adj.)   *упомянутый первым*

first mortgage   [r.e.] *первая закладная*

first mortgage credit   [r.e.] *первый ипотечный кредит*

first mortgage right   [r.e.] *право первой закладной*

first mortgage security   [r.e.] *ценные бумаги по первой закладной*

first name   *имя*

first of exchange   [bill.] *первый экземпляр векселя*

first offender   [leg.pun.] *совершивший преступление впервые*

first officer   [nav.] *первый помощник капитана*

first party insurance   [ins.] *страхование первой стороны*

first party liable   [calc.] *ответственный по векселю в первую очередь*

first premium   [ins.] *первый страховой взнос*

first priority   *первоочередность*

first quarter   *первый квартал*

first-rate (adj.)   *первоклассный;* [comm.] *высшего сорта*

first reading yesterday (FRY)   [media] *первое вчерашнее чтение, первый вчерашний вариант*

first right of refusal   *право первого выбора*

first sale   *первоначальная продажа*

first secretary   [dipl.] *первый секретарь*

first six months   *первая половина года*

first succeeding weekday   *первый день следующий недели*

first summons   [legal] *первый вызов в суд*

first-time applicant   *обращающийся впервые*

first-time buyer   *покупающий впервые*

first-time offender   [leg.pun.] *совершивший преступление впервые*

first-time turnover   *первоначальный товарооборот*

first-time user   *первоначальный потребитель*

first tranche drawing   *выпуск первой транши займа*

first word entry   [doc.] *ввод по первому слову*

first-year rate of return   *норма прибыли за первый год*

fiscal   [tax.] *сборщик налогов, судебный исполнитель*

fiscal (adj.)   *бюджетный;* [tax.] *финансовый, фискальный*

fiscal act   [legal] *закон о налогообложении*

fiscal agent   *фискальный агент;* [bank.] *финансовый агент*

fiscal and monetary restraint policy   [pol.ec.] *политика финансово-бюджетных и денежно-кредитных ограничений*

fiscal arbitrage transactions   [tax.] *финансовые арбитражные сделки*

fiscal avoidance   [tax.] *уклонение от уплаты налогов*

fiscal capacity   [tax.] *налогоспособность*

fiscal deficit   [manag.] *дефицит бюджета*

fiscal depreciation   [calc.] *обесценивание налогов*

fiscal domicile   [tax.] *местожительство, учитываемое при налоговом обложении*

fiscal duty   [tax.] *финансовый сбор*

fiscal effect   [tax.] *финансовый результат*

fiscal evasion   [tax.] *уклонение от уплаты налогов*

fiscal law   [legal] *закон о налогообложении, налоговое право*

fiscal measure   [tax.] *меры в области налогообложения*

fiscal period   [tax.] *период налогообложения*

fiscal policy   [pol.ec.] *финансово-бюджетная политика, фискальная политика*

fiscal provisions   [tax.] *финансовые ассигнования*

fiscal year   [manag.] *финансовый год*

fisheries   *рыбное хозяйство, рыболовство*

Fisheries Bank   *Банк рыболовства (Дания)*

fisheries inspection   *испекция рыболовства*

fisheries policy   *политика в области рыболовства*

fisherman   *рыболов, рыболовное судно*

fish industry   *рыбная промышленность*

fishing dispute   *конфликт в области рыболовства*

fishing industry   *рыбная промышленность*

fishing limit   *предельная норма вылова рыбы*

fishing quota   *квота вылова рыбы*

fishing vessel   *рыболовное судно*

fishing zone   *зона рыболовства*

fish products   *рыбопродукты*

fit   *подгонка*

fit (adj.)   *пригодный*

fit and free from vice (adj.)   [comm.] *пригодный и бездефектный*

fit for running (adj.)   *пригодный для работы, пригодный для эксплуатации*

fit for work (adj.)   [empl.] *пригодный для работы, способный работать*

fitness for purpose   *пригодность для определенной цели*

fitness for work   [empl.] *пригодность для работы, способность работать*

fit out (vb.)   *обеспечивать, снабжать;* [nav.] *оснащать, снаряжать*

fitting   *сборка, установка;* [nav.] *монтаж, подгонка;* [prod.] *приведение в соответствие*

fittings   *детали, полнота обуви, принадлежности, приспособления, размер предметов одежды*

fit up (vb.)   *оборудовать, оснащать, устанавливать;* [prod.] *снабжать*

five-year plan   *пятилетний план*

five-year survey   *обзор за пять лет*

fix (vb.)   *закреплять, констатировать, назначать, определять, приводить в порядок, прикреплять, ремонтировать, укреплять, устанавливать, фиксировать;* [legal] *подкупать*

fix a date (vb.)   *назначать день*

fix a meeting (vb.)   *назначать встречу*

fix a price (vb.)   *устанавливать цену*

fix a time limit (vb.)   *устанавливать предельный срок*

fixation   *установление, фиксация, фиксирование*

fixation of the limits   *установление пределов*

fixed (adj.)   *заданный, закрепленный, назначенный, постоянный, твердо установленный*

fixed abode   *постоянное вместилище (покупательной силы), постоянное место жительства*

fixed amount   *постоянное количество*

fixed asset   *основной капитал*

fixed asset account   [book-keep.] *счет основного капитала*

fixed asset card file   [book-keep.] *картотека учета основного капитала*

fixed asset detail ledger   [book-keep.] *бухгалтерская книга учета основного капитала*

fixed assets   *неликвидные активы;* [calc.] *недвижимость, реальные активы, труднореализуемые активы;* [ind.ec.] *недвижимое имущество, реальный основной капитал;* [stock] *основной капитал*

fixed capital   [ind.ec.] *основной капитал*

fixed capital ratio   [ind.ec.] *доля вложений в основной капитал*

fixed charge   [comm.] *постоянные затраты, постоянные издержки;* [legal] *финансовые платежи с фиксированными сроками уплаты*

fixed costs   [ind.ec.] *постоянные затраты, постоянные издержки*

fixed date   *установленный срок;* [bank.] *фиксированный срок*

fixed-date bill   [bill.] *вексель с установленным сроком оплаты*

fixed date insurance   [ins.] *страхование жизни на определенный срок*

fixed date purchase   [legal] *покупка на определенный срок*

fixed dates   *установленные сроки, фиксированные сроки*

fixed date summons   [legal] *повестка в суд на определенный день*

fixed debenture   [stock] *ссуда с фиксированной ставкой, обеспеченная активами компании*

fixed disk   *стационарный диск;* [comp.] *несъемный диск*

fixed exchange rate   [monet.trans.] *фиксированный валютный курс*

fixed exchange rate policy   *политика фиксированного валютного курса*

fixed exchange rate system   *система фиксированного валютного курса*

fixed factors   [pol.ec.] *постоянные факторы производства*

fixed fee   *фиксированное вознаграждение*

fixed forward contract   [exc.] *форвардный контракт с фиксированной ценой*

fixed income   *фиксированный доход*

fixed income bond   [stock] *облигация с фиксированным доходом*

fixed income security   [stock] *облигация с фиксированной процентной ставкой*

fixed input   *постоянный ввод, постоянный вводимый фактор производства;* [pol.ec.] *постоянные затраты*

fixed inputs   *постоянные вводимые факторы производства, постоянные вводы;* [pol.ec.] *постоянные затраты*

fixed interest   [ec.] *фиксированная процентная ставка*

fixed interest bearing security   [stock] *ценная бумага с фиксированной процентной ставкой*

fixed interest bond *облигация с фиксированной процентной ставкой*
fixed interest bond [stock] *облигация с фиксированным процентом*
fixed interest capital *капитал с фиксированной процентной ставкой*
fixed interest cash loan *ссуда наличными с фиксированной процентной ставкой*
fixed interest coupon-rate loan *купонная ссуда с фиксированной процентной ставкой*
fixed-interest-coupon-rate loan *купонная ссуда с фиксированной процентной ставкой*
fixedinterest private mortgage loan *частная ссуда под недвижимость с фиксированной процентной ставкой*
fixed-interest private mortgage loan [r.e.] *частная ссуда под недвижимость с фиксированной процентной ставкой*
fixed-interest private mortgage term loan *частная ссуда под недвижимость на срок с фиксированной процентной ставкой*
fixed-interest private mortgage term loan [r.e.] *частная ссуда под недвижимость на срок с фиксированной процентной ставкой*
fixed interest rate [ec.] *фиксированная процентная ставка*
fixed interest rate loan [bank.] *ссуда с фиксированной процентной ставкой*
fixed interest security *ценная бумага с фиксированной процентной ставкой*
fixed-interest security [stock] *ценная бумага с фиксированной процентной ставкой*
fixed investment [ind.ec.] *вложения в основной капитал*
fixed investments [ind.ec.] *вложения в основной капитал*
fixed krone-rate policy *политика фиксированного курса кроны*
fixed liabilities [calc.] *долгосрочные обязательства*
fixed link [trans.] *фиксированный канал связи*
fixed loan *долгосрочная ссуда, долгосрочный заем*
fixed maturity, of a [stock] *с установленным сроком погашения*
fixed penalty [leg.pun.] *установленное наказание*
fixed percentage *фиксированный процент*
fixed plant *стационарное сооружение;* [calc.] *стационарная установка*
fixed-point computation [comp.] *вычисление с фиксированной запятой*
fixed premium [ins.] *страховой взнос в постоянном размере*
fixed premium entry [mar.ins.] *запись о страховом взносе в постоянном размере*
fixed price [comm.] *постоянная цена, твердая цена, твердо установленная цена, фиксированная цена*
fixed price contract *контракт с фиксированной ценой*
fixed price system *система с фиксированной ценой*
fixed production overheads [ind.ec.] *фиксированные производственные накладные расходы*
fixed-rate (adj.) *с фиксированной процентной ставкой*
fixed rate (of interest) [ec.] *фиксированная процентная ставка*
fixed-rate loan [bank.] *ссуда с фиксированной процентной ставкой*
fixed rate of interest [ec.] *фиксированная процентная ставка*
fixed-rate portion of debt [ind.ec.] *часть долга с фиксированной процентной ставкой*
fixed real value loan *долгосрочная ссуда в неизменных ценах*
fixed remuneration [pers.manag.] *фиксированное вознаграждение*
fixed salary [pers.manag.] *твердый оклад*
fixed setup costs per output unit [ind.ec.] *фиксированные затраты на наладочные работы на единицу продукции*
fixed sum credit *кредит с фиксированной суммой*
fixed-term deposit [bank.] *вклад на срок, срочный вклад, срочный депозит*
fixed-term deposit account [bank.] *срочный вклад*
fixed-term employment [pers.manag.] *прием на работу на определенный срок*

fixed-term insurance [ins.] *страхование жизни на определенный срок*

fixed term of imprisonment [leg.pun.] *установленный срок заключения*

fixed value *фиксированная стоимость*

fixed-value (adj.) *с фиксированной стоимостью*

fixed weekly (adj.) *устанавливаемый еженедельно*

fixed yearly (adj.) *устанавливаемый ежегодно*

fixed-yield security [stock] *ценная бумага с фиксированным процентным доходом*

fixing *установление, фиксация;* [monet.trans.] *фиксинг*

fixing fare [trans.] *фиксированный тариф*

fixing fares *фиксированные тарифы*

fixing of currency value [monet.trans.] *установление стоимости валюты*

fixing of official exchange rate [monet.trans.] *установление официального курса обмена валюты*

fixing of the price [exc.] *назначение цены, установление цены*

fixing of the sentence [leg.pun.] *вынесение приговора, определение наказания*

fixing of value *определение стоимости*

fixing price [exc.] *твердая цена*

fixing rate *твердая ставка*

fixing rates *твердые ставки*

fixing up quota [comm.] *установление квоты*

fixing up quotas *установление квот*

fix monthly (vb.) *устанавливать ежемесячно*

fix the price *устанавливать цену*

fix the price too high (vb.) *устанавливать слишком высокую цену*

fix the price too low (vb.) *устанавливать слишком низкую цену*

fixture [r.e.] *движимость, соединенная с недвижимостью, договор фрахтования, фрахтовая сделка*

fixtures *принадлежности, приспособления;* [prod.] *арматура*

fixtures and fittings [r.e.] *арматура и принадлежности, приспособления и принадлежности*

fixtures and fittings account [ind.ec.] *счет за установку арматуры и принадлежностей*

flag *флаг*

flag discrimination [nav.] *дискриминация флага*

flag of a ship [nav.] *флаг корабля*

flag of convenience *удобный флаг;* [nav.] *выгодный флаг*

flag of ship *флаг корабля*

flagrante delicto [leg.pun.] *на месте преступления*

flair *склонность, способность*

flammable (adj.) *огнеопасный*

flash count *обозначение текущей цены важнейших акций на ленте тикера, когда информация запаздывает более чем на 5 мин*

flasher *маяк-мигалка, маяк с проблесковым огнем, проблесковый прибор*

flat [r.e.] *обозначение облигации, по которой не выплачиваются проценты, обозначение цены облигации без учета наросших процентов*

flat (adj.) *без прибыли;* [ec.] *вялый, единообразный, невыгодный, разорившийся, слабый;* [stock] *неоживленный, одинаковый (о цене)*

flat (wagon) [rail.] *железнодорожная платформа*

flat charge *разовый платеж*

flat demand *слабый спрос*

flat fee *твердое комиссионное вознаграждение*

flat in property owned in non-specific shares *квартира, находящаяся в нераспределенной паевой собственности*

flat market [exc.] *вялый рынок, неоживленный рынок*

flat rate *фиксированная ставка;* [trans.] *единообразная ставка*

flat-rate excise duty *акцизный сбор с фиксированной ставкой;* [tax.] *акцизный сбор с единообразной ставкой*

flat-rate guarantee system *система гарантий с единообразной ставкой, система гарантий с фиксированной ставкой*

flat rate of interest [ec.] *фиксированная ставка процента*

flat-rate re-employment grant *субсидия на восстановление занятости, исходя из единообразной налоговой ставки*

flat-rate tax [tax.] *налог, взимаемый по единой ставке, пропорциональный налог*

flat refusal *категорический отказ*

flat ruler *плоская линейка*

flat sale [exc.] *малый объем продаж*

flat sharing *равномерное распределение*

flat wagon [rail.] *железнодорожная платформа*

flat yield [fin.] *текущий доход по ценным бумагам*

flaw *дефект, изъян, ошибка, порок, слабое место, упущение;* [comm.] *недостаток*

flawed product [ins.] *бракованный продукт*

fleet [nav.] *флот*

fleet of cars [trans.] *парк легковых автомобилей*

fleet of vehicles [trans.] *парк транспортных средств*

fleet policy [ins.] *морской полис*

flexibility *гибкость, подвижность, приспособляемость, упругость, эластичность*

flexibility of labour market *эластичность рынка труда*

flexibility of the labour market [empl.] *эластичность рынка труда*

flexible (adj.) *гибкий, упругий, эластичный*

flexible business hours *скользящий график работы*

flexible disk [comp.] *гибкий диск*

flexible exchange rate [monet.trans.] *плавающий валютный курс*

flexible hours [empl.] *скользящий график работы*

flexible schedule [empl.] *скользящий график работы*

flexible working hours [empl.] *скользящий график работы*

flexitime [empl.] *скользящий график работы*

flextime [empl.] *скользящий график работы*

flier [mark.] *азартная игра на бирже, рекламный листок*

flight *утечка (капитала), утечка капитала;* [air tr.] *полет, рейс*

flight attendants [air tr.] *летный состав*

flight capital *капитал, вывозимый за рубеж*

flight of capital *утечка капитала*

flight strip [air tr.] *взлетно-посадочная полоса*

flip-flop security [stock] *ценная бумага с возможностью конверсии в акции и обратно*

float *задел деталей, запас полуфабрикатов, плавающий курс, чеки, находящиеся в процессе инкассации;* [bus.organ.] *свободное колебание курса;* [exc.] *избыточный запас;* [monet.trans.] *чеки, находящиеся в процессе инкасации*

float (vb.) *колебаться (о курсах валют), размещать (ценные бумаги);* [bank.] *вводить свободно колеблющийся курс;* [book-keep.] *вводить плавающий курс;* [bus.organ.] *выпускать заем;* [exc.] *обеспечивать финансовую поддержку*

float a company (vb.) [exc.] *образовывать акционерное общество*

float a loan (vb.) *выпускать заем, предоставлять кредит*

floater *непостоянный клиент банка;* [ins.] *первоклассные ценные бумаги, случайный клиент банка, учредитель*

floating *движение капитала, перелив капитала, свободное колебание курса, флоутинг*

floating (adj.) *плавающий, свободно колеблющийся*

floating assets [ind.ec.] *легкореализуемые активы, ликвидные активы, текущие активы*

floating capital [ind.ec.] *оборотный капитал*

floating cargo [nav.] *морской груз*

floating charge [legal] *краткосрочный государственный долг*

floating currency [monet.trans.] *валюта с плавающим курсом*

floating debenture [stock] *ссуда, обесцененная ликвидными активами компании*

floating debt *краткосрочная задолженность, неконсолидированный долг, текущая задолженность*

floating decimal point [comp.] *плавающая десятичная запятая*

floating interest rate *плавающая процентная ставка*

floating lien *изменяющееся обеспечение займа;* [legal] *изменяющийся залог*

floating of a bond series [exc.] *выпуск серии облигаций*

floating of a loan [exc.] *предоставление ссуды*

floating of bond series *выпуск серии облигаций*

floating of loan *предоставление ссуды*

floating of shares [stock] *выпуск акций*

floating point [comp.] *плавающая десятичная запятая*

floating-point calculation [comp.] *вычисление с плавающей запятой*

floating point computation *вычисления с плавающей запятой*

floating-point representation [comp.] *предоставление с плавающей запятой*

floating policy [ins.] *генеральный полис*

floating rate *плавающая процентная ставка;* [monet.trans.] *плавающий курс*

floating rate bond [stock] *облигация с плавающей ставкой*

floating rate certificate of deposit (FRCD) [stock] *депозитный сертификат с плавающей ставкой*

floating rate issue [stock] *выпуск облигаций с плавающей ставкой*

floating rate loan [bank.] *облигация с плавающей ставкой*

floating rate note (FRN) [stock] *облигация с плавающей ставкой*

floating rate of exchange [monet.trans.] *плавающий валютный курс*

floating vote *изменчивое голосование, колеблющийся голос*

floating voter [parl.] *колеблющийся избиратель*

floating votes [parl.] *голоса колеблющихся избирателей*

flood [ec.] *наводнение*

flood(vb.) [ins.] *заливать, затоплять*

flood insurance [ins.] *страхование от наводнения*

flood the market(vb.) *наводнять рынок*

floor *аудитория, минимальный уровень, операционный зал фондовой биржи, право выступления, торговый зал биржи;* [r.e.] *производственная площадь, этаж*

floor(adj.) *минимальный, самый низкий*

floor, the *операционный зал фондовой биржи;* [exc.] *торговый зал биржи*

floorage [r.e.] *общая площадь помещений*

floor area [r.e.] *общая площадь помещений*

floor-area ratio [r.e.] *процент застройки*

floor price *минимальная цена, самая низкая цена*

floor rate [EEC] *нижний предел вмешательства*

floor space *общая площадь помещений;* [r.e.] *площадь торгового зала*

floor space index [r.e.] *процент застройки*

floortion [exc.] *сделка, заключенная в торговом зале срочной биржи*

floortion (floor transaction) [exc.] *сделка, заключенная в торговом зале срочной биржи*

floor trader [exc.] *член биржи, участвующий в торгах за свой счет*

flop *неудача, провал*

floppy (disk) drive [comp.] *накопитель на гибких магнитных дисках*

floppy disk [comp.] *гибкий диск*

floppy disk drive [comp.] *накопитель на гибких магнитных дисках*

flotation *выпуск акций через биржу, выпуск на рынок долговых обязательств;* [bus.organ.] *основание предприятия, размещение займов;* [exc.] *выпуск акций через бпржу, выпуск новых акций на свободный рынок, выпуск новых облигаций на свободный рынок;* [stock] *размещение займа*

flotation costs [exc.] *стоимость выпуска новых акций, стоимость выпуска новых облигаций*

flotation of a company [exc.] *основание компании*

flotation of a loan *размещение займа*

flotation prospectus *объявление о выпуске новых облигаций;* [exc.] *объявление о выпуске новых акций*

flotsam [nav.] *груз, выброшенный в море во время кораблекрушения, плавающий груз, смытый с корабля*

flourishing (adj.) *преуспевающий, процветающий*

flow *направление, поток (вложений), скорость, способ передвижения*

flow (vb.) *поток вложений, прилив вложений*

flow analysis [comp.] *анализ потоков данных*

flowback *обратный приток акций в страны заемщиков*

flow chart *блок-схема, график последовательности технологических операций, карта производственного процесса*

flow diagram *блок-схема, график последовательности технологических операций, карта производственного процесса*

flow line [prod.] *поточная линия*

flow of funds *движение денежных средств*

flow of goods *поток товаров*

flow of goods and services [pol.ec.] *поток товаров и услуг*

flow statistics [stat.] *статистика потоков*

fluctuate (vb.) *варьироваться, колебаться;* [exc.] *изменяться*

fluctuating (adj.) *нестабильный, переменный, флуктуирующий;* [exc.] *колеблющийся, неустойчивый*

fluctuating depreciation [calc.] *переменные амортизационные отчисления*

fluctuating market [exc.] *нестабильный рынок*

fluctuating market conditions *неустойчивая рыночная конъюнктура;* [pol.ec.] *нестабильное состояние рынка*

fluctuating mortgage [legal] *закладная с меняющейся суммой погашения*

fluctuating price *колеблющаяся цена*

fluctuating prices *колеблющиеся цены*

fluctuating prices, at *по колеблющимся ценам*

fluctuating rate [monet.trans.] *колеблющийся курс*

fluctuating rate loan [bank.] *ссуда с изменяющейся процентной ставкой*

fluctuation *колебание, колебания, неустойчивость;* [exc.] *изменение, флуктуация*

fluctuation around the trend *колебания относительно линии тренда*

fluctuation in liquidity *изменение ликвидности*

fluctuation in money supply [pol.ec.] *колебание денежной массы*

fluctuation in the money supply [pol.ec.] *колебание денежной массы*

fluctuation in value *колебание стоимости, колебания стоимости*

fluctuation margin *предел колебаний*

fluctuation of market *колебания цен на рынке, конъюнктурные колебания*

fluctuation of prices *колебания цен;* [pol.ec.] *колебание цен*

fluctuation of rates *колебания курса;* [monet.trans.] *колебание курса*

fluctuation of the market *конъюнктурные колебания;* [pol.ec.] *колебания цен на рынке*

fluctuations *колебания*

fluctuations around the trend [exc.] *колебания относительно линии тренда*

fluid (adj.) *жидкий;* [ec.] *изменяющийся, неустойчивый, текучий*

fluid milk *жидкое молоко, питьевое молоко*

fluid vote [parl.] *голоса колеблющихся избирателей*

flush of cash *приток наличности*

fly a kite (vb.) *использовать 'дружеские' вексели для получения денежных средств или поддержания кредитной репутации*

flying squad   *специальная комиссия по срочной проверке;*
[legal] *летучий отряд, подвижной полицейский отряд*

fly kites (vb.)   [bill.] *использовать фиктивные чеки для получения средств до их инкассации*

FM (fast memory)   [comp.] *быстродействующая память, быстродействующее запоминающее устройство*

FOA (FOB airport)   [trans.] *франко-аэропорт*

FOB (free on board)   [trans.] *фоб, франко-борт*

FOB airport (FOA)   [trans.] *франко-аэропорт*

FOB valuation   *определение стоимости поставки франко-борт*

focus group interview   [adv.] *целевой опрос группы*

FOD (free of damage) (adj.)   [ins.] *без повреждений, неповрежденный*

folder   *брошюра, картотечный ящик для бумаг, каталог, папка, проспект, скоросшиватель*

folding money   *бумажные деньги*

folio   [print.] *колонцифра, номер страницы*

Folketing   [parl.] *фолькетинг (Дания)*

folk high school   *народная средняя школа*

follow (vb.)   *логически вытекать, логически вытекать из, придерживаться, следить, следовать*

following (adj.)   *нижеследующий, нижеупомянутый, следующий;*
[pol.] *нижеперечисленный*

following group   *группа контроля*

following reading matter-position   [adv.] *положение дел после ознакомления с рекламой*

following the business cycle   *отслеживание экономического цикла;*
[pol.ec.] *изучение конъюнктуры, отслеживание цикла деловой активности*

following year   *следующий год*

following year, the   *следующий год*

follow suit (vb.)   *подражать*

follow-up   *дополнительные данные, контроль сроков исполнения, напоминание о сроках выполнения обязательства, новые материалы, повторная рассылка переписных листов, последовательное выполнение;* [adv.] *календарный контроль;*
[mark.] *плановый учет*

follow-up letter   [mark.] *письмо-напоминание, повторное рекламное письмо*

follow up on (vb.)   *доводить до конца, упорно следовать*

follow-up survey   *дополнительное обследование;* [mark.] *уточнение результатов переписи путем дообследований*

FOMC (Federal Open Market Committee)   *Комитет по операциям на открытом рынке Федеральной резервной системы*

font   [print.] *комплект шрифта, шрифт*

font of type   [print.] *комплект шрифта*

food   *корм, продовольствие, продукты питания, съестные припасы, фураж*

food, beverage and tobacco industry   *производство продовольствия, напитков и табачных изделий*

food, beverages and tobacco   *продовольствие, напитки и табачные изделия*

food, beverages and tobacco industry   *производство продовольствия, напитков и табачных изделий*

food adulteration   *фальсификация продуктов питания*

food aid   *продовольственная помощь*

Food and Drug Administration (FDA)   *Управление по санитарному надзору за качеством пищевых продуктов и медикаментов (США)*

food and kindred products   *продукты питания и сопутствующие товары*

food industry   *пищевая промышленность*

food inspection   *контроль качества пищевых продуктов*
food prices   *цены на продукты питания*
food processing industry   *пищевая промышленность*
foods   *ценные бумаги продовольственных компаний*
foodstuff   *пищевой продукт, продукт питания*
foodstuff industry   *пищевая промышленность*
foodstuffs   *продукты питания*
food waste   *пищевые отходы*
fool (vb.)   *обманывать*
foolproof   *защита от случайных ошибок*
foolproof (adj.)   *защищенный от неосторожного обращения,*
    защищенный от неумелого обращения, рассчитанный на
    пользование необученным персоналом
foot (vb.)   [book-keep.] *подсчитывать, подытоживать*
football pools   *футбольный почтовый тотализатор*
footer   [comp.] *нижний колонтитул*
foothold   *исходная позиция, прочное положение, устойчивое*
    положение
footing   *положение, точка опоры, устойчивое положение;*
    [book-keep.] *итог (столбца цифр)*
footing, on an equal   *в равных условиях*
footnote   *дополнительная информация, новые сведения, подстрочное*
    примечание, сноска
foot up to (vb.)   *составлять в итоге*
FOQ (free on quay)   [trans.] *франко-набережная*
FOR (free on rail)   [trans.] *франко-вагон*
for adults only   [media] *только для взрослых*
for a full year   *в течение всего года*
for a limited period of time   *в течение ограниченного периода времени*
forbear (vb.)   *воздерживаться, удерживаться*
forbearance   *воздержание от действия, выдержка, отказ от*
    применения принудительных мер, терпение
forbearance period   *период воздержания от действия, период*
    отказа от применения принудительных мер
forbearance to sue   [legal] *отказ от возбуждения уголовного дела*
forbid (vb.)   *запрещать, препятствовать*
for cash   *за наличные*
force   *воздействие, действенность, действительность,*
    принуждение, сила; [legal] *насилие, рабочая сила*
force (vb.)   *заставлять, принуждать*
force, be in (vb.)   *иметь силу;* [legal] *действовать*
force, in (adj.)   [legal] *действующий, находящийся в силе*
force a board to resign (vb.)   *вынуждать правление уйти в отставку;*
    [bus.organ.] *вынудить правление уйти в отставку*
force a committee to resign (vb.)   *вынудить комитет уйти в отставку,*
    вынуждать комитет уйти в отставку
forced (adj.)   *вынужденный, принудительный*
forced administration   *принудительное ведение дел, принудительное*
    управление
forced administration of property   [r.e.] *принудительное управление*
    имуществом
forced normalization   *принудительная нормализация*
forced pace   *навязанный темп*
forced sale   [legal] *вынужденная продажа*
forced saving   *принудительное сбережение*
forced savings   *вынужденное сбережение, вынужденные сбережения,*
    принудительные сбережения
force in law   [legal] *принуждение по закону*
force majeure   [legal] *непреодолимая сила, форс-мажор,*
    форс-мажорные обстоятельства
force of attraction   *сила притяжения*

force of law   [legal] *сила закона*
force on somebody (vb.)   *заставлять кого-либо*
forces of law and order   *силы правопорядка*
force through (vb.)   *пробиваться, прорываться*
force up (vb.)   [ec.] *взвинчивать, повышать*
force up prices (vb.)   *повышать цены*
forcible   *насильственный, принудительный, сильный, убедительный*
forcible means   *сильные средства*
forcible measure   *мера принуждения*
for collection   *на инкассо*
forecast   *предсказание, прогноз*
forecast (vb.)   *делать прогноз, предвещать, предсказывать,
      предусматривать;* [ind.ec.] *прогнозировать*
forecasting and simulation model   *модель прогнозирования и имитации*
forecasting period   *период прогнозирования, прогнозируемый период*
foreclose (vb.)   [r.e.] *исключать, лишать права выкупа заложенного
      имущества, лишать права пользования*
foreclosed property   [r.e.] *заложенное имущество без права выкупа*
foreclose on payment (vb.)   [r.e.] *требовать платеж под страхом
      лишения права выкупа заложенного имущества*
foreclosure   [r.e.] *лишение должника права выкупа заложенного
      имущества, потеря права выкупа заложенного имущества*
for economic policy purposes   [pol.ec.] *для целей экономической
      политики*
forego (vb.)   *воздерживаться, отказываться, предшествовать*
foregoing (adj.)   *вышеупомянутый, предшествующий*
foregone conclusion   *предыдущий вывод*
foreground processing   [comp.] *выполнение работ с высоким
      приоритетом*
foreign (adj.)   *зарубежный, инородный, иностранный, посторонний*
foreign account   [bank.] *иностранный счет*
foreign account, ordered on   *заказанный на иностранный счет*
foreign account with krone depositary   [bank.] *иностранный счет в
      кронах*
foreign aid   *иностранная помощь*
foreign allowance   [pers.manag.] *пособие работающим за рубежом*
foreign asset   *заграничное имущество*
foreign assets   [monet.trans.] *заграничные активы*
foreign assets and liabilities   *заграничные активы и обязательства*
foreign bank   *иностранный банк*
foreign bill (of exchange)   [bill.] *иностранный переводный вексель*
foreign bill of exchange   [bill.] *иностранный переводный вексель*
foreign bond   [stock] *иностранная облигация*
foreign borrowing   *иностранный займ*
foreign business   [ins.] *иностранное предприятие*
foreign capital market   *рынок иностранного капитала*
foreign citizen   *иностранный гражданин*
foreign countries   *зарубежные страны*
foreign country   *зарубежная страна*
foreign currency   [monet.trans.] *девизы, иностранная валюта*
foreign currency account   [bank.] *банковский счет в иностранной
      валюте*
foreign currency cheques and drafts   *чеки и вексели в иностранной
      валюте*
foreign currency holding   *резерв иностранной валюты*
foreign currency liability   [monet.trans.] *обязательства в иностранной
      валюте*
foreign currency loan   [monet.trans.] *заем в иностранной валюте*
foreign debt   *внешняя задолженность*
foreign demand   *зарубежный спрос*
foreign department   *иностранный отдел*

foreign draft   *иностранный переводный вексель;* [bill.] *иностранная тратта*

foreign duty pay   [pers.manag.] *выплата иностранного налога*

foreigner   *иностранец*

foreign exchange   [monet.trans.] *иностранная валюта, иностранная фондовая биржа, курс иностранной валюты*

foreign exchange account   [bank.] *счет в иностранной валюте*

foreign exchange and monetary   [monet.trans.] *относящийся к валютной и кредитно-денежной политике*

foreign exchange asset   *покрытие в иностранной валюте*

foreign exchange assets   [monet.trans.] *активы в иностранной валюте*

foreign exchange assets and liabilities   *активы и обязательства в иностранной валюте*

foreign exchange authorities   *право ведения валютных операций*

foreign exchange business   [monet.trans.] *валютные операции, валютные сделки, компания, ведущая валютные операции*

foreign exchange crisis   *валютный кризис*

foreign exchange dealer   [monet.trans.] *дилер, специализирующийся на валютных операциях*

foreign exchange dealing   *валютные операции;* [monet.trans.] *валютные сделки*

foreign exchange deficit   *валютный дефицит*

foreign exchange disbursements   *погашение долга в иностранной валюте*

foreign exchange earnings   *поступление иностранной валюты*

foreign exchange factor   [monet.trans.] *валютный фактор*

foreign exchange factors   *валютные факторы, факторы валютного обмена*

foreign exchange for travel purposes   [monet.trans.] *иностранная валюта для поездок*

foreign exchange forward contract   [monet.trans.] *форвардный контракт в иностранной валюте*

foreign exchange gain   *прибыль в иностранной валюте*

foreign exchange holdings   *запасы иностранной валюты*

foreign exchange inflow   *приток иностранной валюты*

foreign exchange influx   *приток иностранной валюты*

foreign exchange liabilities   [monet.trans.] *задолженность в иностранной валюте, обязательства в иностранной валюте*

foreign exchange loan   [monet.trans.] *заем в иностранной валюте*

foreign exchange losses   *убытки в иностранной валюте*

foreign exchange manager   [monet.trans.] *руководитель валютных операций*

foreign exchange market   [exc.] *рынок иностранной валюты*

foreign exchange markets   *рынки иностранной валюты*

foreign exchange movement   [monet.trans.] *динамика валютных курсов, колебания валютных курсов*

foreign exchange office   [monet.trans.] *пункт обмена иностранной валюты*

foreign exchange operations   [monet.trans.] *валютные операции*

foreign exchange option contract   [exc.] *валютный опционный контракт*

foreign exchange outgoings   *платежи в иностранной валюте*

foreign exchange policy   *валютная политика*

foreign exchange position   *запас иностранной валюты;* [monet.trans.] *валютная наличность*

foreign exchange rate   [monet.trans.] *валютный курс*

foreign exchange rate adjustment   [monet.trans.] *регулирование валютного курса*

foreign exchange rate fluctuation   [monet.trans.] *колебания валютного курса*

foreign exchange rate pattern   [monet.trans.] *характер колебаний валютного курса*

foreign exchange receipts   *валютные поступления*

foreign exchange regulation   [legal] *валютный контроль, регулирование валютных операций*

foreign exchange reserves   *валютный резервный фонд, запасы иностранной валюты*

foreign exchange shortage   [monet.trans.] *валютный дефицит*

foreign exchange situation   [monet.trans.] *положение на валютном рынке, состояние валютного рынка*

foreign exchange speculation   [monet.trans.] *спекуляция иностранной валютой*

foreign exchange spot market   [monet.trans.] *рынок валютной наличности*

foreign exchange statistics   [stat.] *валютная статистика*

foreign exchange transaction   [monet.trans.] *валютная операция, валютная сделка*

foreign exchange transaction report   [monet.trans.] *отчет о валютных операциях*

foreign exchange transactions   *валютные операции, валютные сделки*

foreign indebtedness   *внешняя задолженность*

foreign interest payment   *уплата процентов за рубежом*

foreign investment   *зарубежные капиталовложения*

foreign involvement   *зарубежные связи*

foreign language correspondence clerk   [pers.manag.] *сотрудник, работающий с иностранной корреспонденцией*

foreign lending   *иностранная ссуда*

foreign liability   [monet.trans.] *внешняя задолженность*

foreign loan   *иностранный заем*

foreign manufacture   [prod.] *зарубежное производства*

foreign market   *внешний рынок, иностранный рынок*

foreign national   [legal] *иностранный подданный*

foreign national debt   [manag.] *государственный внешний долг*

Foreign Office   *министерство иностранных дел (Великобритания)*

foreign-owned   *принадлежащий иностранному владельцу*

foreign parent   *зарубежная материнская компания;*
   [bus.organ.] *иностранная материнская компания*

foreign participant   *иностранный участник*

foreign partner   *иностранный партнер*

foreign policy   *внешняя политика*

foreign portfolio investment   [fin.] *портфель ценных бумаг у иностранных владельцев*

Foreign Secretary   *министр иностранных дел (Великобритания)*

foreign service   *иностранная служба*

foreign shipping   *заграничные морские перевозки;* [nav.] *суда заграничного плавания*

foreign subsidiary   *заграничный филиал компании*

foreign trade   *внешняя торговля*

foreign trade minister   *министр внешней торговли*

foreign trade organization   *внешнеторговая организация*

foreign trade policy   *политика в области внешней торговли*

foreign trade statistics   *статистика внешней торговли*

foreign trade zone   *зона свободной торговли*

foreign trading   *внешняя торговля*

foreign transaction   *зарубежная сделка*

foreign unit   *иностранная денежная единица*

foreign worker   [empl.] *иностранный рабочий*

foreman   [empl.] *мастер;* [leg.pun.] *старшина присяжных;*
   [pers.manag.] *бригадир, десятник, прораб, старший рабочий, техник*

foreman storekeeper   *заведующий складом, старший кладовщик*

forename   *имя*

forensic (adj.)   [legal] *судебный, судейский*

forensic chemistry   [legal] *судебная химия*

forensic medicine   [legal] *судебная медицина*

foresee (vb.) *знать заранее, предвидеть*
foreseeable (adj.) *предсказуемый;* [leg.pun.] *предвидимый заранее*
foreseeable future *обозримое будущее*
foreseeable liabilities *ожидаемая задолженность*
foreseeable loss *ожидаемые убытки*
foreseeable risks *ожидаемые риски*
foresight *дальновидность, предусмотрительность;*
    [leg.pun.] *предвидение*
foresight of certainty [leg.pun.] *твердое намерение*
forestall (vb.) *опережать, предвосхищать, предупреждать,*
    препятствовать поступлению товаров на рынок с целью
    повышения цен, скупать товары с целью повышения цен
forest easement [legal] *лесной сервитут*
forester *лесник, лесничий*
forest fire insurance [ins.] *страхование от лесных пожаров*
forest preservation duty *налог на охрану лесов*
forestry *лесное хозяйство, лесоводство*
forestry property *собственность лесничества*
foreword *введение;* [print.] *предисловие*
forex (foreign exchange) [monet.trans.] *иностранная валюта*
for example *например*
forfaiting [fin.] *финансирование торговли путем учета векселей без*
    права регресса
forfeit *конфискованная вещь, лишение права, наложение штрафа,*
    потеря права, штраф; [legal] *конфискация*
forfeit (vb.) *лишаться права, утрачивать право*
forfeit (adj.) *конфискованный*
forfeit a lease (vb.) *лишаться аренды*
forfeited coupon [stock] *конфискованный купон*
forfeited dividend [stock] *конфискованный дивиденд*
forfeit money [legal] *конфискованные деньги*
forfeiture *потеря денежного залога, утрата права;*
    [legal] *конфискация, лишение имущества, лишение права, потеря*
    аванса; [leg.pun.] *потеря взноса*
forfeiture clause (of a lease) [legal] *оговорка о лишении права на аренду*
forfeiture clause of a lease [legal] *оговорка о лишении права на аренду*
forfeiture of a right [legal] *утрата права*
forfeiture of right of inheritance [suc.] *утрата права наследования*
forfeiture of salary [legal] *конфискация заработной платы*
forfeiture of shares [bus.organ.] *потеря права на акции*
for further action *для дальнейшего действия*
forge (vb.) [leg.pun.] *подделывать, совершать подлог, фабриковать,*
    фальсифицировать
forged (adj.) [leg.pun.] *поддельный, подложный, фальсифицированный,*
    фальшивый
forged passport [leg.pun.] *фальшивый паспорт*
forger *лицо, совершающее подлог;* [leg.pun.] *подделыватель*
    (документа, подписи), фальсификатор, фальшивомонетчик
forgery [leg.pun.] *подделка, поддельная подпись, поддельный*
    документ, подлог документа, фальшивая монета
forgery by cheque [leg.pun.] *подделка документа при помощи чека*
forgery of coins [leg.pun.] *подделка монет*
forgery of documents [leg.pun.] *подделка документов*
forget (vb.) *забывать*
forgetting rate [adv.] *забываемость товара*
forging of accounts *подделка счетов*
forgive (vb.) *не взыскивать, отказываться, прощать*
forgiveable loan *невзыскиваемая ссуда, невзыскиваемый кредит*
forgive a debt (vb.) *отказываться от получения долга, прощать долг*
forgiveness of debt *отказ от взыскания долга*
forgo (vb.) *воздерживаться, отказываться*

forgone tax revenue   *потерянные налоговые поступления*

for instance   *например*

for its own portfolio   [fin.] *в интересах собственного портфеля*

for joint account   *на общий счет, на объединенный счет*

forjudge (vb.)   [legal] *выселять по постановлению суда, лишать по суду*

fork of the rates   *тарифная вилка*

for lack of acceptance   *из-за отсутствия акцептования*

for life   *пожизненно*

form   *анкета, установленный образец, форма, формуляр;* [comp.] *бланк*

form (vb.)   *образовывать, основывать, создавать;* [bus.organ.] *формировать;* [comp.] *утверждать*

form a government (vb.)   *формировать правительство*

formal agreement   [legal] *формальное соглашение*

formal contract   *оформленный договор;* [legal] *формальный договор*

formalities   *формальности*

formality   *соблюдение формальностей, формальная сторона, формальность*

formalize (vb.)   *действовать официально, придавать официальный статус*

formal language   *формальный язык*

formally convertible   [monet.trans.] *официально конвертируемый*

formal procedure relating to bills of exchange   [legal] *формальная процедура, относящаяся к переводным векселям*

formal registration   *официальная регистрация*

forma pauperis, in   [legal] *в бедном обличии*

form a queue (vb.)   *образовывать очередь*

form a quorum (vb.)   *образовывать кворум*

format   [print.] *вид, размер, форма, формат, характер*

format check   [comp.] *контроль формата*

format control   [comp.] *управление форматом*

formation   *основание, формация, формирование, экономическая структура;* [bus.organ.] *образование, учреждение*

formation, under   *в процессе создания*

formation agreement   [bus.organ.] *соглашение об учреждении*

formation costs   [calc.] *затраты на учреждение*

formation document   [bus.organ.] *документ об учреждении*

formation expenses   [calc.] *затраты на учреждение*

formation of a business enterprise   *образование торгово-промышленного предприятия*

formation of a company   [bus.organ.] *образование компании*

formation of a company by incorporators and subscribers   [bus.organ.] *создание компании учредителями и подписчиками*

formation of a group   *образование группы*

formation of a shell company   *образование компании - 'почтового ящика' для облегчения налогового бремени*

formation of business enterprise   *образование торгово-промышленного предприятия*

formation of company   *образование компании*

formation of company by incorporators and subscribers   *создание компании учредителями и подписчиками*

formation of expectations   *формирование ожиданий*

formation of group   *образование группы*

formation of law   [legal] *разработка закона*

formation of liquidity   *образование ликвидности*

formation of opinion   *формирование мнения*

formation of shell company   *образование компании - 'почтового ящика' (для облегчения налогового бремени)*

formation of trust   [ind.ec.] *учреждение траста*

formation of trusts   *учреждение трастов*

formatted diskette [comp.] *форматированный дискет*

formatting [comp.] *задание формата, форматирование*

former (adj.) *бывший, давний, предшествующий, прежний, прошедший*

former buyer [mark.] *бывший покупатель*

form feed *загрузка формы*

form for advance statement *форма заявления об авансовых платежах*

form for advance statement (UK) [tax.] *форма заявления об авансовых платежах*

form for estimating future income [tax.] *форма для оценки будущего дохода*

form letter *бланк письма*

form of a summons [leg.pun.] *бланк судебной повестки*

form of a writ [legal] *форма искового заявления*

form of borrowing [bank.] *форма займа*

form of cooperation *форма кооперации*

form of government [pol.] *форма правления*

form of organization *форма организации*

form of request *форма требования;* [bank.] *форма запроса;* [ind.ec.] *бланк заявки*

form of sales *форма продажи*

form of saving *форма сбережения*

form of taxation [tax.] *форма налогообложения*

form of tender *форма заявки, форма предложения*

formula *детская смесь, рецепт, формула*

formulate (vb.) *вырабатывать, выражать формулой, создавать, формулировать*

formulation *выработка, разработка, формулировка*

forsake (vb.) *бросать, оставлять, отказываться, покидать*

for sale *на продажу*

for sale or hire *на продажу или в наем*

for-sale sign *объявление о продаже*

for tax purposes [tax.] *в целях налогообложения*

for tax reasons [tax.] *по причинам налогообложения*

forthcoming *приближение*

forthcoming (adj.) *приближающийся*

for the public good *для общественного блага*

for the purpose of *с целью*

for the sake of (good) order *для обеспечения исправного состояния*

for the sake of good order *для обеспечения исправного состояния, для обеспечения пригодности к работе*

for the sake of safety *для безопасности*

for the time being [legal] *временно*

forthwith *немедленно*

fortnightly (adj.) *выходящий раз в две недели, двухнедельный, происходящий раз в две недели*

fortuitous destruction [ins.] *случайное разрушение*

fortuitous event *случайное событие*

fortune *богатство, состояние*

forum *слет, суд, съезд, форум*

forum shopping *торговый центр*

forward *на срок*

forward (vb.) *отправлять, помогать, посылать, способствовать;* [post] *ускорять;* [trans.] *пересылать, препровождать, экспедировать*

forward (adj.) *будущий, заблаговременный, передний, срочный, форвардный;* [post] *лучший;* [trans.] *выдающийся, передовой*

forward a call (vb.) *отправлять вызов;* [telecom.] *отправить вызов*

forward accounting [calc.] *бухгалтерский учет по срочным операциям*

forward bond market [exc.] *рынок форвардных облигаций*

forward bond position [exc.] *конъюнктура на рынке форвардных облигаций*

forward business   [exc.] *срочные сделки*
forward buying   [exc.] *закупка в запас, закупка для будущего использования, покупка на срок*
forward charges   [post] *расходы по отправке грузов*
forward commitment   [exc.] *обязательство на последующий срок, срочное обязательство*
forward contract   [exc.] *срочный контракт, форвардный контракт*
forward cover   [exc.] *срочное покрытие, форвардное покрытие*
forward cover contract   [exc.] *контракт на куплю-продажу ценных бумаг на срок*
forward cover costs   [exc.] *затраты на срочное покрытие, затраты на форвардное покрытие*
forward-covered loan   [monet.trans.] *ссуда с форвардным покрытием*
forward cover scheme   *порядок срочного покрытия валютного риска*
forward currency   [monet.trans.] *валюта на срок, форвардная валюта*
forward dating   *датировка по сроку*
forward deal   *сделка на срок;* [exc.] *форвардная сделка*
forward deal on exchange   [exc.] *форвардная валютная сделка*
forward deal on the exchange   [exc.] *форвардная валютная сделка*
forward deposit   [bank.] *срочный вклад*
forwarder   [trans.] *экспедитор*
forwarder's certificate of receipt (FCR)   [trans.] *сертификат экспедитора о получении груза*
forwarder's certificate of shipment   [nav.] *сертификат экспедитора об отгрузке*
forwarder's certificate of transport (FCT)   [trans.] *сертификат экспедитора о транспортировке*
forward exchange   [monet.trans.] *иностранная валюта, проданная или купленная с поставкой в будущем, срочный иностранный переводной вексель*
forward exchange market   [monet.trans.] *форвардный валютный рынок*
forward exchange transaction   [monet.trans.] *форвардная валютная сделка*
forward foreign exchange market   [monet.trans.] *форвардный рынок иностранной валюты*
forward-forward transaction   [exc.] *сделка 'форвард-форвард'*
forwarding   [trans.] *отправка, пересылка, посылка, экспедиторская работа*
forwarding account   [trans.] *счет за транспортировку, экспедиторский счет*
forwarding agency   [trans.] *экспедиторская контора (фирма)*
forwarding agent   [trans.] *сопровождающий товара, экспедитор*
forwarding agent's air waybill   [air tr.] *грузовая накладная воздушного сообщения*
forwarding agent's bill of lading   [nav.] *коносамент экспедитора*
forwarding agent's commission (FAC)   [trans.] *комиссионное вознаграждение экспедитору*
forwarding book   [trans.] *список отправленных товаров*
forwarding charges   [trans.] *расходы по отправке груза, транспортные издержки*
forwarding department   [trans.] *экспедиторское отделение*
forwarding expenses   [trans.] *экспедиторские затраты*
forwarding instructions   [trans.] *экспедиторские инструкции*
forwarding in transit   [trans.] *отправка транзитом*
forwarding of baggage   [trans.] *отправка багажа, пересылка багажа, транспортировка багажа*
forwarding office   [trans.] *станция отправления, транспортно-экспедиторская контора, транспортно-экспедиторское учреждение*
forwarding of goods   [trans.] *отправка товаров*
forwarding of luggage   [trans.] *отправка багажа, пересылка багажа, транспортировка багажа*

forwarding route   [trans.] *экспедиторский маршрут*
forwarding station   [rail.] *пересылочная станция*
forward liability   [exc.] *срочное обязательство*
forward-looking (adj.) *дальновидный*
forward-looking (adv.) *предусмотрительный*
forward-looking solution   *дальновидное решение*
forward market   [exc.] *форвардный рынок*
forward market security   [stock] *срочная ценная бумага*
forward order   [exc.] *срочный заказ*
forward position   *позиция по срочным сделкам, срочная позиция, сумма обязательств по сделкам на срок;* [exc.] *сумма контрактов по сделкам на срок*
forward price   *курс по сделкам на срок*
forward purchase   [exc.] *покупка на срок, форвардная покупка*
forward rate   [exc.] *срочный курс, форвардный курс*
Forward Rate Agreement (FRA)   [exc.] *соглашение о будущей процентной ставке*
Forward Rate Agreements British Bankers' Association Terms   [exc.] *условия соглашения о будущей процентной ставке, рекомендованые Ассоциацией британских банкиров*
forward sale   [exc.] *продажа на срок, форвардная продажа*
forward securities position   [exc.] *позиция по срочным ценным бумагам*
forward security   [stock] *срочная ценная бумага*
forward sell (vb.)   [exc.] *продавать на срок*
forward swap   [exc.] *замедленный своп*
forward trading in bonds   [exc.] *продажа облигаций на срок*
forward transaction   [exc.] *сделка на срок, форвардная сделка*
forward transaction in foreign exchange   [monet.trans.] *валютная сделка на срок*
for your guidance   *к вашему сведению*
for your information   *к вашему сведению*
foster (vb.)   *благоприятствовать, способствовать*
foster child   *воспитанник*
foster father   *приемный отец*
foster mother   *приемная мать*
foster parents   *приемные родители*
FOT (free on truck)   [trans.] *франко-грузовик, франко-платформа*
foul bill of lading   [nav.] *коносамент с оговорками (о повреждении судна), нечистый коносамент*
found (vb.)   *основывать, создавать, учреждать;* [bus.organ.] *обосновывать*
found a company (vb.)   *учреждать компанию*
foundation   *благотворительный институт, обоснованность, создание, фундамент;* [bus.organ.] *база, основа, фонд;* [legal] *организация, основание, учреждение*
founder   [bus.organ.] *основатель, учредитель*
founder (vb.)   [ec.] *проваливаться;* [ec.] *терпеть неудачу*
founder member   [bus.organ.] *член-учредитель*
founder share   [stock] *учредительская акция*
founder's share   [stock] *учредительская акция*
founder's shares   [stock] *учредительские акции*
founding   [bus.organ.] *основание, учреждение*
founding general meeting   [bus.organ.] *учредительное общее собрание*
founding member   [bus.organ.] *член-учредитель*
foundry (operations)   *литейное дело*
foundry operations   *литейное дело*
four-party (adj.)   *четырехсторонний*
four-party negotiations   *четырехсторонние переговоры*
four-sided (adj.)   *четырехсторонний*
fourth market   [stock] *прямая торговля крупными партиями ценных бумаг между институциональными инвесторами*

fourth quarter *четвертый квартал*

fourth world *страны с крайне низким уровнем жизни, четвертый мир*

FOW (free on wagon) [trans.] *франко-вагон*

FRA (Forward Rate Agreement) [exc.] *соглашение о будущей процентной ставке*

FRABBA Terms *стандартные условия соглашений о будущей процентной ставке, принятые Британской банковской ассоциацией;* [exc.] *стандартные условия соглашений о будущей процентной ставке, принятые Ассоциацией британских банкиров*

fraction *часть;* [mark.] *доля;* [mat.] *дробь*

fractional reserve system [bank.] *система частичных резервов*

fractional share *дробная акция;* [bus.organ.] *неполная акция, частичная акция, часть акции*

fractional share (of stock) [bus.organ.] *часть акции*

fraction line [mat.] *черта дроби*

fragile (adj.) *ломкий, недолговечный, непрочный, слабый;* [trans.] *хрупкий*

fragile goods [trans.] *хрупкие товары*

fragmented industry *отрасль промышленности, состоящая из мелких предприятий, слабо концентрированная отрасль промышленности*

frame *система, строение, структура*

frame (vb.) *вырабатывать, ложно обвинять, подтасовывать факты, создавать, сооружать, строить, фабриковать дело*

frame of reference *система взглядов, система координат, система отсчета, ценностная ориентация*

frame-store graphics [comp.] *растровая графика*

framework *общая схема, основа, пределы, рамки, строение, структура*

framework act [legal] *основной закон, основополагающий закон*

framework agreement *принципиальное соглашение*

framework directive [legal] *основополагающая директива*

framework for *основа для*

framework legislation [legal] *основополагающее законодательство*

framework supervision *общий контроль, общий надзор*

framing *создание, сооружение*

franc [monet.trans.] *франк*

franchise [comm.] *привилегия, предоставляемая фирмой, на продажу ее товара со скидкой, специальная льгота, специальная привилегия, специальный контракт;* [cust.] *таможенное разрешение на беспошлинный провоз грузов;* [ins.] *франшиза;* [legal] *особое право, привилегия дилера на право деятельности в определенном районе, привилегия на право пользования общественной собственностью;* [mark.] *право на производство и продажу продукции другой компании;* [parl.] *право голоса*

franchise application *предоставление льготы*

franchisee *лицо, получившее от фирмы право самостоятельного представительства, предприятие, получившее право продажи марочного товара фирмы;* [comm.] *предприятие, получившее право продажи продукции фирмы на льготных условиях*

franchise fee [comm.] *плата за привилегию*

franchise outlet [comm.] *предприятие, получившее право продажи продукции фирмы на льготных условиях*

franchise tax [ind.ec.] *налог на монопольные права и привилегии*

franchising [comm.] *предоставление льготы, предоставление привилегии*

franchising agreement [comm.] *соглашение о предоставлении привилегии*

franchisor *фирма, предоставляющая привилегию на продажу ее товара со скидкой*

franco domicile [trans.] *франко домицилий*

frank (adj.) *искренний, откровенный*

Frankfurt interbank offered rate (FIBOR) [bank.] *ставка предложения на межбанковском депозитном рынке Франкфурта-на-Майне (ФИБОР)*

franking machine [post] *франкировальная машина*

fraud [leg.pun.] *мошенник, мошенничество, обман, обманщик, фальшивка*

fraud against creditors {bankr.leg.] *обман кредиторов*

fraud by cheque [leg.pun.] *подделка чека*

fraud in obtaining a judgment [leg.pun.] *фальсификация в ходе судебного разбирательства*

fraud in obtaining judgment [leg.pun.] *фальсификация в ходе судебного разбирательства*

fraud of agent [leg.pun.] *обман посредника*

fraud squad [leg.pun.] *группа мошенников*

fraudulence [leg.pun.] *мошенничество, обман*

fraudulent (adj.) [leg.pun.] *мошеннический, обманный*

fraudulent activities [leg.pun.] *мошенничество*

fraudulent bankruptcy [bankr.leg.] *злостное банкротство*

fraudulent conversion [leg.pun.] *мошенническое присвоение имущества, обманное присвоение имущества*

fraudulent conveyance [bankr.leg.] *отчуждение имущества с целью обмана кредиторов*

fraudulent evasion of stamp duty [leg.pun.] *злостное уклонение от уплаты гербового сбора*

fraudulent gains *незаконные доходы*

fraudulent misrepresentation [leg.pun.] *преднамеренное введение в заблуждение*

fraudulent practices [leg.pun.] *мошенничество, обман*

fraudulent preference [bankr.leg.] *действие, направленное в пользу одного кредитора в ущерб другим, незаконное преимущество кредитора при банкротстве*

fraudulent representation [legal] *преднамеренное введение в заблуждение*

fraudulent tax evader [tax.] *злостный неплательщик налогов*

fraudulent tax evasion [tax.] *злостное уклонение от уплаты налогов*

FRCD (floating rate certificate of deposit) [stock] *депозитный сертификат с плавающей ставкой*

Freddie Mac (Federal Home Loan Mortgage Corporation) *Федеральная корпорация жилищного ипотечного кредита (США)*

free (vb.) *освобождать;* [ec.] *выпускать на свободу, делать свободным*

free (adj.) *бесплатный, лишенный, не имеющий, не несущий ответственности за убытки, не облагаемый налогом, освобожденный от пошлины, свободный от оплаты расходов, свободный от расходов*

free access *свободный доступ*

free accommodation *бесплатное жилье*

free allowance of luggage [trans.] *предельная масса багажа, провозимого бесплатно*

free alongside ship (FAS) [trans.] *франко вдоль борта судна*

free and discharge (adj.) *необремененный*

free-association interview [adv.] *интервью в непринужденной обстановке*

free at frontier price [trans.] *франко по предельной цене*

free at quay (FAQ) [trans.] *франко-набережная*

free at store [trans.] *франко-магазин*

free baggage [trans.] *бесплатный багаж*

freeboard *высота надводного борта;* [nav.] *надводный борт*

freeboard certificate [nav.] *свидетельство о грузовой марке*

freeboard mark   [nav.] *грузовая марка*

free carrier   [trans.] *франко-транспортное судно*

free catalogue   [adv.] *бесплатный рекламный каталог*

free choice   *свободный выбор*

free choice of domicile   *свободный выбор места жительства*

free choice of place of residence   *свободный выбор места жительства*

free church   *свободная церковь*

free claim   [ins.] *свободное требование*

free cleared   [trans.] *очищенный от пошлин*

free competition   *свободная конкуренция*

free copy   *бесплатный экземпляр;* [doc.] *лишний экземпляр*

freed capital   *капитал в виде наличных средств, освобожденный капитал*

free delivered (adj.)   [trans.] *доставленный бесплатно, с бесплатной доставкой*

free delivery   [trans.] *бесплатная доставка*

free division among the beneficiaries   [suc.] *свободное распределение среди бенефициаров*

free dock (FD)   [trans.] *франко-док*

free docks (FD)   [trans.] *франко-док*

freedom   *независимость, почетные права и привилегии, право, свобода, свободное пользование*

freedom from duty   [cust.] *освобождение от пошлины*

freedom of assembly   [legal] *свобода собраний*

freedom of association   *свобода ассоциаций, свобода объединений в профсоюзы*

freedom of choice   *свобода выбора*

freedom of collective bargaining   [empl.] *свобода заключения коллективного договора*

freedom of contracting   [legal] *принцип свободы заключения контрактов*

freedom of establishment   *свобода создания предприятий*

freedom of expression   [legal] *свобода слова*

freedom of information   *свобода информации*

freedom of movement   *свобода передвижения*

freedom of occupation   [empl.] *свобода выбора рода занятий*

freedom of speech   [legal] *свобода слова*

freedom of the seas   [legal] *свобода морей*

freedom of trade   *свобода торговли*

freedom of transit   [cust.] *свобода транзита*

freedom to provide services   *свобода предоставления услуг*

free enterprise   *свободное предпринимательство, частное предпринимательство, частное предприятие*

free enterprise economy   [pol.ec.] *экономика свободного предпринимательства*

free entry list   [cust.] *список товаров, не облагаемых пошлиной*

free equity   [ind.ec.] *чистая стоимость капитала за вычетом обязательств*

free from easements (adj.)   *свободный от сервитутов*

free gift   [adv.] *подарок потребителю от фирмы*

free good   *бесплатное благо*

free goods   *товары, не облагаемые пошлиной;* [pol.ec.] *природные блага*

freehold   [r.e.] *безусловное право собственности на недвижимость, фригольд*

freehold dwelling   *жилое помещение, находящееся в свободной собственности*

freeholder   [r.e.] *свободный землевладелец, фригольдер*

freehold estate   [r.e.] *недвижимость, находящаяся в свободной собственности*

freehold flat   *собственная квартира*

freehold housing *жилой фонд, находящийся в свободной собственности*

freehold tenure [r.e.] *имущество, находящееся в свободной собственности*

free house [trans.] *с доставкой на дом*

free house delivery [trans.] *бесплатная доставка на дом*

free in and out (FIO) [trans.] *судно свободно от расходов по погрузке и выгрузке*

free in and stowed (FIAS) [trans.] *судно свободно от расходов по погрузке и укладке груза*

freelance *работать на себя*

freelance (adj.) *бездоговорный, внештатный, независимый, нештатный, работающий без контракта*

freelance business *работа на себя*

freelance business (adj.) *работа без контракта*

freelance work *работа без контракта*

freelance worker *нештатный работник, работающий без контракта*

free limit *свободный предел*

free-listed goods [cust.] *товары, не облагаемые пошлиной*

free lodging *свободное помещение*

freely convertible currency [monet.trans.] *свободно конвертируемая валюта*

freely floating currency [monet.trans.] *валюта со свободно колеблющимся курсом*

freely negotiable (adj.) [stock] *свободно обращающийся*

freely negotiable securities [stock] *свободно обращающиеся ценные бумаги*

free market *свободный рынок*

free market, in the *на свободном рынке*

free market, on the *путем свободной торговли*

free market access *свободный доступ к рынку*

free market economy [pol.ec.] *рыночная экономика*

free market pricing *свободное ценообразование*

free medical treatment *бесплатное медицинское обслуживание*

free mortgageable value [r.e.] *свободно закладываемая ценность*

free movement *свободное движение, свободное перемещение*

free movement of capital *свободное движение капитала, свободный перелив капитала*

free movement of goods [cust.] *свободное движение товаров*

free movement of labour [empl.] *свободное перемещение рабочей силы*

free net capital [ind.ec.] *наличные денежные средства для текущей деятельности*

free of charge (adj.) *безвозмездный, бесплатный*

free of customs (adj.) [trans.] *свободный от таможенных пошлин*

free of damage (FOD) (adj.) *не имеющий повреждений;* [ins.] *без повреждений*

free of debt (adj.) *не имеющий долгов*

free of defects (adj.) [comm.] *бездефектный*

free of income tax (adj.) [tax.] *освобожденный от обложения подоходным налогом*

free of interest (adj.) *освобожденный от уплаты процентов*

free of premium (adj.) [ins.] *освобожденный от уплаты страхового взноса*

free on board (FOB) [trans.] *фоб, франко-борт, франко-вагон*

free on quay (FOQ) [trans.] *франко-набережная*

free on rail (FOR) [trans.] *франко-вагон*

free on truck (FOT) [trans.] *франко-грузовик, франко-платформа*

free on wagon (FOW) [trans.] *франко-вагон, франко-платформа*

free over side [nav.] *франко-строп судна в порту разгрузки*

free pardon *полное помилование*

free pass   *свободный проход*

freephone   [telecom.] *бесплатный телефон*

free place   [soc.] *свободное место*

free policy   [ins.] *бесплатный полис*

free port   *свободный порт;* [cust.] *франко-порт*

free price formation   *свободное ценообразование*

free quotation   [exc.] *свободная котировка*

free reserve   [ind.ec.] *свободный резерв*

free sample   *бесплатный образец*

freestanding insert   [adv.] *рекламная вклейка, рекламный вкладыш*

free subscription   [exc.] *свободная подписка*

free trade   *свободная торговля, фритредерство*

free trade agreement   *соглашение о свободной торговле*

free trade area   *зона свободной торговли, район свободной торговли*

free trade organization   *организация свободной торговли*

free travel   [tax.] *беспошлинный рейс*

free tuition   *бесплатное обучение*

free use   *свободное применение*

freeway   *автодорога бесплатного пользования, скоростная автомагистраль*

freeze   [ec.] *блокирование, замораживание*

freeze (vb.)   [ec.] *блокировать, замораживать;* [legal] *держать на одном уровне*

freeze an account (vb.)   [bank.] *замораживать счет*

freeze on loans   *замораживание кредитов*

freezing   [ec.] *блокирование, замораживание*

freezing legislation   *блокирующее законодательство*

freezing of accounts   *замораживание счетов*

freezing of cost-of-living allowance   *замораживание надбавки к заработной платы при изменении индекса прожиточного минимума, замораживание надбавки на дороговизну*

freezing of exchange rates   [monet.trans.] *замораживание валютного курса*

freezing of funds   [ec.] *замораживание фондов*

freezing of index increment   *замораживание надбавки к заработной плате при изменении индекса прожиточного минимума, замораживание надбавки на дороговизну*

free zone   *свободная зона*

freight   [nav.] *перевозка грузов, плата за провоз;* [trans.] *груз, фрахт*

freight (vb.)   [trans.] *фрахтовать*

freight (adj.)   [nav.] *товарный;* [trans.] *грузовой, фрахтовый*

freight, carriage and insurance   [trans.] *фрахт, перевозка и страхование*

freight account   [trans.] *счет за перевозку*

freight all kinds (FAK)   [trans.] *разнообразные грузы*

freight and demurrage   [nav.] *фрахт и плата за простой судна*

freight and insurance paid   [trans.] *фрахт и страховка уплачены*

freight bill   [trans.] *счет за фрахт*

freight broker   [nav.] *агент по фрахту*

freight charges   [trans.] *плата за перевозку груза*

freight collect   [trans.] *'фрахт подлежит уплате грузополучателем в порту назначения' (отметка в коносаменте)*

freight commission   [trans.] *комиссионное вознаграждение за перевозку груза*

freight conference   [nav.] *картельное соглашение о фрахтовых ставках*

freight container   [trans.] *грузовой контейнер*

freight contracting   [nav.] *заключение договора о перевозках*

freight costs   [trans.] *стоимость фрахта*

freight depot   [trans.] *грузовой склад*

freight discount   [trans.] *скидка с фрахта*

freight forward   [trans.] *отправление грузов, фрахт, уплачиваемый в порту выгрузки*

freight forwarder [trans.] *агентство по отправке грузов, грузовой экспедитор, отправитель грузов*

freighting of vessels [nav.] *фрахтование судов*

freight insurance [ins.] *страхование груза*

freight interest [ins.] *фрахтовый процент*

freight in transit [trans.] *транзитный груз*

freightliner train [trans.] *товарный поезд*

freight list [trans.] *перечень грузов*

freight manifest *декларация судового груза;* [nav.] *грузовой манифест*

freight market [trans.] *рынок грузовых перевозок*

freight note [trans.] *спецификация груза, счет за фрахт*

freight paid [trans.] *фрахт уплачен в порту погрузки*

freight paid (to) *оплаченный фрахт*

freight pro rata itineris [trans.] *плата за перевозку груза пропорционально расстоянию*

freight rate [trans.] *ставка фрахта*

freight rebate [trans.] *скидка с фрахта*

freight receipt [trans.] *расписка в получении груза*

freight receipts [trans.] *доходы от фрахта*

freight service [trans.] *грузовые перевозки, предоставление транспортных услуг*

freight stowage space [nav.] *грузовое помещение, кладовая*

freight terminal [trans.] *товарная узловая станция, товарный склад*

freight to collect *фрахт подлежит оплате грузополучателем в порту назначения;* [trans.] *фрахт, подлежит оплате грузополучателем в порту назначения*

freight ton *обмерная тонна;* [trans.] *фрахтовая тонна*

freight traffic *движение грузового автотранспорта;* [trans.] *грузовые перевозки, движение грузовых поездов*

freight train [rail.] *товарный состав*

freight transport [trans.] *грузовые перевозки*

freight transportation [trans.] *грузовой транспорт*

French franc (FRF) [monet.trans.] *французский франк*

frequency *периодичность, частость, частота*

frequency distribution [stat.] *эмпирическая плотность распределения*

frequent (adj.) *часто встречающийся, частый*

frequently *часто*

frequently (adj.) *часто повторяющийся*

fresh capital (adj.) *новый капитал*

fresh-food terminal *пункт продажи свежих продуктов питания*

FRF (French franc) [monet.trans.] *французский франк*

frictional unemployment [empl.] *фрикционная безработица*

friendly (adj.) *дружеский*

friendly society [ins.] *общество взаимного страхования*

friendly suit [legal] *иск, предъявленный по соглашению сторон*

friendly takeover bid [exc.] *поглощение компании дружеской компанией, предложение о покупке контрольного пакета акций дружеской компании*

friendly tender offer *предложение о приобретении компании дружеской компанией;* [exc.] *предложение о приобретении фирмы дружеской фирмой*

fringe area [adv.] *менее важный участок, пограничная область*

fringe benefits [pers.manag.] *доплаты к заработной плате, оговоренные в коллективном договоре, дополнительные выплаты, дополнительные льготы*

fringe earning *дополнительный заработок*

fringe seat [parl.] *дополнительное место в парламенте, дополнительный мандат*

frivolous action [legal] *необоснованное действие*

frivolous proceedings [legal] *необоснованное судебное разбирательство*

FRN (Floating Rate Note) [stock] *облигация с плавающей ставкой*

from date *с сегодняшнего дня, с этого дня*

from time to time *время от времени, иногда*

from today *с сегодняшнего дня*

front bench *передняя скамья в палате общин (Великобритания), правительственная скамья*

front cover [print.] *передняя часть обложки*

front edge *передняя кромка листа*

front-end (adj.) *первоначальный, разовый*

front-end fee *однократное комиссионное вознаграждение;* [bank.] *разовое комиссионное вознаграждение*

frontier *предельные возможности, предельный уровень;* [cust.] *граница, рубеж*

frontier (vb.) *ограничивать, ставить предел*

frontline person *человек на передовой*

frontline state *прифронтовое государство*

front-loaded spending *расходы по перегрузке на границе*

front office *администрация корпорации, главное управление, дилерская комната, дирекция, правление фирмы, руководство организации, руководящие круги*

frontrunner [parl.] *кандидат на пост, имеющий больше всего шансов, лидирующий кандидат, наиболее вероятный кандидат*

frost damage insurance [ins.] *страхование ущерба от заморозка*

frozen (adj.) [legal] *замороженный*

frozen account *заблокированный счет;* [bank.] *замороженный счет*

frozen assets *заблокированные активы, замороженные активы*

frozen balances *замороженные средства;* [ec.] *замороженный баланс*

frozen capital *замороженный капитал*

fruitful (adj.) *выгодный, плодотворный, полезный*

fruitless (adj.) *безуспешный, бесплодный, бесполезный*

frustrate (vb.) *наносить поражение, нарушать, побеждать, расстраивать, сводить на нет, срывать*

frustration *крах, крушение, нарушение, прекращение обязательств вследствие невозможности исполнения, расстройство планов, срыв;* [legal] *прекращение обязательств, вследствие невозможности исполнения, разгром*

FRY (first reading yesterday) [media] *первое вчерашнее чтение, первый вчерашний вариант*

FTSE-100 (Financial Times Stock Exchange Index-100) [exc.] *публикуемый газетой 'Файнэншл таймс' индекс, основанный на курсах 100 ведущих акций*

fudge (vb.) [calc.] *жульничать, уклоняться*

fuel *горючее, топливо*

fuel (vb.) *заправлять горючим, заправлять топливом, принимать топливо*

fuel adjustment factor (FAF) *коэффициент регулировки уровня топлива*

fuel allowance [soc.] *компенсация на приобретение топлива*

fuel consumption *потребление топлива*

fuel oil *нефтяное топливо*

fulfil (vb.) *выполнять, исполнять, осуществлять, соответствовать, удовлетворять*

fulfil a commitment (vb.) *выполнять обязательство*

fulfil a condition (vb.) *удовлетворять условию*

fulfil an obligation (vb.) *выполнять обязательство*

fulfil a promise (vb.) *выполнять обещание*

fulfil a requirement (vb.) *выполнять требование, отвечать требованию*

fulfilment *выполнение, завершение, исполнение, осуществление*

fulfilment bureau *бюро реализации*

full (adj.) *полный*

full, in   *в полном объеме, полностью*
full absorption   [ind.ec.] *полное поглощение*
full affreightment   [nav.] *полное фрахтование*
full age   [legal] *совершеннолетие*
full and complete payment   [legal] *полный и окончательный платеж*
full and final settlement   [ins.] *полный и окончательный расчет*
full board and lodging   [pers.manag.] *полный пансион*
full cargo   [nav.] *полный груз*
full cargo charter   [nav.] *чартер-партия на весь груз*
full consolidation   [bus.organ.] *полное объединение, полное слияние*
full container load (FCL)   [trans.] *партия груза на полный контейнер*
full costing   [ind.ec.] *полная калькуляция*
full coupon bond   *облигация с полным купоном*
full cover   [ins.] *полное покрытие*
full employment   [pol.ec.] *полная занятость*
full employment multiplier   [pol.ec.] *коэффициент полной занятости*
full faith and credit   [legal] *пункт о признании и доверии (разд. I ст. IV конституции США, предусматривающий признание законов и судебных решений одного штата в любом другом штате)*
full fare ticket   [trans.] *билет за полную стоимость*
full force, in   *в полной силе*
full legal age   [legal] *совершеннолетие*
full legal capacity   *полная дееспособность;* [legal] *полная правоспособность*
full load   [trans.] *полная нагрузка*
full name   *полное имя*
full payout contract   [legal] *договор о полной выплате*
full pension   [soc.] *полная пенсия*
full possession of one's faculties, in   [legal] *при сохранении всех своих умственных и физических способностей*
full satisfaction of a debt, in   *при полном удовлетворении долговых обязательств*
full scale   [print.] *полный масштаб*
full-scale (adj.)   *в полном объеме, полномасштабный*
full-scale national pension   [soc.] *государственная пенсия в полном размере*
full-scale production   *серийное производство*
full season   *весь сезон*
full-service agency   [adv.] *организация, предоставляющая полный комплекс услуг*
full-service bank   *универсальный банк*
full-service leasing   *полная аренда*
full stop   *точка (знак препинания);* [print.] *полная остановка*
full-time employee   [empl.] *работник, занятый полный рабочий день*
full-time employment   [empl.] *занятость в течение полного рабочего дня*
full-time insured   [empl.] *гарантированная занятость в течение полного рабочего дня*
full-time job   [empl.] *полная занятость, работа полный рабочий день*
full-time staff   [pers.manag.] *персонал, занятый полный рабочий день*
full-time unemployment insured   [empl.] *гарантированная безработица в течение полного рабочего дня*
full-time unemployment rate   [empl.] *коэффициент полной безработицы*
full-time work   [empl.] *полная занятость, работа полный рабочий день*
full-time worker   [pers.manag.] *работник, занятый полный рабочий день*
full value insurance   [ins.] *страхование в полную стоимость*
full wage compensation   [empl.] *компенсация в размере полной ставки заработной платы*
fully comprehensive insurance   [ins.] *страхование всех видов по одному договору*

full year, for a   *в течение всего года*

full-year income   [tax.] *доход за весь год*

full-year tax   [tax.] *сумма налогов за год*

fully endorsed writ   [legal] *полностью индоссированное исковое заявление*

fully liable to taxation (adj.)   *полностью подлежащий налогообложению*

fully operational (adj.)   *полностью действующий*

fully paid-up share capital   [bus.organ.] *полностью оплаченный акционерный капитал*

fully paid-up shares   [bus.organ.] *полностью оплаченные акции*

function   *назначение, функция*

function (vb.)   *исполнять назначение;* [pers.manag.] *действовать, функционировать*

functional (adj.)   *официальный, профессиональный, функциональный*

functional analysis   *функциональный анализ*

functional currency   [ind.ec.] *официальная валюта*

functional description   *функциональное описание*

functional distribution of income   [pol.ec.] *функциональное распределение дохода*

functional manager   [pers.manag.] *руководитель функционального подразделения*

function key   [comp.] *функциональная клавиша*

fund   *резерв, фонд;* [fin.] *запас, капитал, средства*

fund (vb.)   *консолидировать;* [fin.] *помещать бумаги в государственные ценные бумаги*

fundamental   *основное правило, принцип*

fundamental (adj.)   *коренной, основной, фундаментальный*

fundamental accounting assumption   [calc.] *основные принципы бухгалтерского учета*

fundamental accounting principle   [calc.] *основной принцип бухгалтерского учета*

fundamental accounting principles   [calc.] *основные принципы бухгалтерского учета*

fundamental character   *основополагающий характер*

fundamental ruling   [legal] *основное постановление*

fundamentals   *основные принципы*

funded debt   *долгосрочное обязательство, консолидированный долг, различные виды облигаций компании*

fund holder   *владелец капитала*

funding   *выделение средств, изыскание ресурсов для финансирования проекта, консолидирование долга, превращение краткосрочной задолженности в долгосрочную, рефинансирование, финансирование;* [ec.] *фундирование*

funding bonds   *консолидированные долговые обязательства*

funding latter maturities   *финансирование ценных бумаг последнего срока*

funding operations   *операции консолидирования долга, операции по превращению краткосрочной задолженности в долгосрочную*

funding pro rata   *пропорциональное финансирование*

funding risk   *риск при консолидировании долга;* [ec.] *риск при консолидированию долга*

funding strategy   *стратегия консолидирования, стратегия финансирования;* [ec.] *стратегия фундирования*

fund management   [fin.] *управление фондом*

fund manager   *руководитель фонда*

fund raising   *мобилизация капитала*

fund repatriation   *возвращение капитала на родину*

funds   *средства;* [ec.] *государственные ценные бумаги, капитал, фонды, ценные бумаги*

funds available   *наличные средства*

funds brought forward   *средства, перенесенные на другой счет, средства, перенесенные на другую страницу*

funds flow analysis [calc.] *анализ источников и использования средств, отчет об источниках и использовании средств*

funds flow statement [calc.] *отчет об источниках и использовании средств*

funds held in escrow *средства, условно депонированные у третьего лица*

funds held in trust for minors *средства, хранимые по доверенности в интересах несовершеннолетних*

funds provided by *средства, обеспечиваемые за счет*

funds provided from operations [ind.ec.] *средства, полученные от основной деятельности*

funds provision *предоставление капитала*

funds statement [calc.] *отчет об источниках и использовании средств*

funds stock [stock] *запас капитала*

funds used for *капитал, использованный для*

funeral assistance [soc.] *похоронное пособие*

funeral benefit [soc.] *похоронное пособие*

funeral costs *расходы на похороны*

funeral expenses insurance [ins.] *страхование затрат на похороны*

fungible (adj.) *родовой*

fungible goods [legal] *вещи, определяемые родовыми признаками*

furlough *отпуск*

furnish (vb.) *доставлять, поставлять, предоставлять, снабжать*

furnish a guarantee (vb.) *давать гарантию, предоставлять гарантию*

furnish an account (vb.) *предоставлять отчет*

furnished dwelling [r.e.] *меблированная квартира*

furnishing *мебель, обстановка, фурнитура*

furnishings *оборудование;* [r.e.] *домашние принадлежности, меблировка, обстановка, предметы домашнего обихода*

furnish references (vb.) *предоставлять справочный материал*

furnish security (vb.) *давать гарантию, обеспечивать безопасность, предоставлять залог*

furniture *оснастка;* [r.e.] *мебель, обстановка, скобяные изделия, фурнитура*

furniture and fittings [r.e.] *фурнитура и скобяные изделия*

furniture and personal effects [legal] *мебель и предметы личного обихода*

furniture haulage [trans.] *перевозка мебели*

furniture removal firm [trans.] *фирма по перевозке мебели*

furniture transport [trans.] *перевозка мебели*

further (vb.) *продвигать, содействовать;* [adv.] *способствовать*

further (adj.) *более отдаленный, дальнейший, добавочный, дополнительный*

further action, for *для последующего действия*

further advance *дальнейшее продвижение*

furtherance *поддержка, помощь, продвижение*

further and better particulars [legal] *дальнейшие детали и подробности*

further conduct of proceedings [legal] *дальнейшее ведение судебного процесса*

further conduct of the proceedings [legal] *дальнейшее ведение судебного процесса*

further consideration [legal] *дальнейшее рассмотрение, последующая компенсация*

further education [syst.ed.] *дальнейшее образование*

further emission [exc.] *последующий выпуск*

further information *дополнительная информация*

further inquiry *дальнейшее изучение, последующее обследование*

further instructions *дальнейшие предписания, дальнейшие указания*

further issue [exc.] *последующая эмиссия*

further loss(es) *дополнительный убыток*

further losses   *дополнительные потери, дополнительные убытки*
further orders   [comm.] *дополнительные заказы*
further particulars   *дальнейшие подробности*
further processing   [prod.] *последующая обработка*
further proof   [legal] *дополнительное доказательство*
further to   *в добавление к, в дополнение к*
further training   [empl.] *дальнейшее образование, повышение квалификации*
fusing   *объединение, слияние*
fusion   *интеграция, объединение, слияние*
futile   *бесполезность*
futile (adj.)   *бесполезный, несерьезный, поверхностный, пустой, тщетный*
futility   *бесполезность, поверхностность*
future   *будущее, фьючерсный контракт*
future (adj.)   *будущий, грядущий*
future, in   *впредь*
future, in the   *в будущем*
future advances   *будущие авансы, будущие ссуды*
future debt   *будущая задолженность, будущее обязательство*
future generation   *будущее поколение*
future omission   *будущий пропуск*
future outcome   *будущий исход, будущий результат*
future prospect   *перспектива на будущее*
futures   *товары, закупаемые на срок, товары, продаваемые на срок;* [exc.] *сделки на срок, срочные контракты, срочные сделки, фьючерсные контракты, фьючерсы*
futures and options market   [exc.] *рынок фьючерсов и опционов*
futures and options tax   [exc.] *налог на фьючерсы и опционы*
futures broker   [exc.] *брокер по срочным сделкам*
futures business   [exc.] *сделки на срок, срочные сделки, срочные торговые операции*
futures commission merchant   [exc.] *фирма, уполномоченная на посредничество в срочных операциях (США)*
futures contract   [exc.] *сделка на срок, срочный контракт, фьючерсный контракт*
futures deal   [exc.] *сделка на срок, срочная сделка*
futures exchange   [exc.] *валюта, покупаемая на срок, валюта, продаваемая на срок*
futures market   [exc.] *фьючерсный рынок*
futures market instrument   [stock] *финансовый инструмент фьючерсного рынка*
futures price   [exc.] *цена при сделке на срок*
futures transaction   [exc.] *сделка на срок, срочная сделка*

G

GAA (general average agreement) [mar.ins.] *соглашение по общей аварии*
GAB (general agreement to borrow) *общее соглашение о заимствовании*
gadgets *новое приспособление, техническая новинка*
gag *прекращение прений*
gage *ручательство;* [legal] *заклад, залог, ручаться*
gage (vb.) *отдавать в залог*
gag resolution [parl.] *резолюция о прекращении прений*
gag rule [legal] *жесткий регламент, политика затыкания рта*
gain *выигрыш, повышение валютного курса, повышение цены финансового инструмента, прибыль, прибыль, полученная в результате повышения цены финансового инструмента, прирост, рост, увеличение, функция выигрыша*
gain (vb.) *выигрывать, добиваться, достигать, зарабатывать, извлекать выгоду, извлекать пользу, извлекать прибыль, получать, приобретать, увеличивать*
gain a foothold (vb.) *укрепиться, утвердиться*
gain a foothold on market (vb.) *завоевать положение на рынке*
gain a foothold on the market (vb.) *завоевать положение на рынке*
gain from disposal [calc.] *прибыль от продажи товара*
gain from terms of trade *прибыль от условий торговли*
gain from the terms of trade *прибыль от условий торговли*
gainful (adj.) *выгодный, доходный, оплачиваемый, прибыльный, приносящий доход, самодеятельный (о населении)*
gainful employment [empl.] *доходное занятие*
gain ground (vb.) *делать успехи, продвигаться вперед, распространяться*
gaining *получение выгоды*
gainings *доход, заработок, прибыль*
gain in market share [mark.] *приобретение доли рынка*
gain in productivity [prod.] *рост производительности*
gain momentum (vb.) *крепнуть, набирать силу, наращивать скорость*
gain on bonds [stock] *прибыль от облигации*
gain on disposal of fixed assets [calc.] *прибыль от реализации основных фондов*
gain on drawn bond [stock] *прибыль от облигации с фиксированной ставкой*
gain on market value *прибыль за счет рыночной стоимости ценной бумаги*
gain on securities [stock] *прибыль от ценных бумаг*
gain on shares [stock] *прибыль от акций*
gain reputation (vb.) *завоевать репутацию*
gain sharing [pers.manag.] *участие в прибылях*
gain the absolute majority (vb.) *получить абсолютное большинство*
galley proof *корректурная гранка;* [print.] *корректура в гранках, оттиск*
galloping inflation *галопирующая инфляция;* [pol.ec.] *стремительно развивающаяся инфляция*
gamble *азартная игра, игра на бирже, игра на деньги, рискованное предприятие, спекуляция*
gamble (vb.) *играть в азартные игры, играть на бирже, играть на деньги, рисковать, спекулировать*
gamble on stock exchange (vb.) *играть на бирже*
gamble on the stock exchange (vb.) [exc.] *играть на бирже*
gambling *азартная игра, игра на бирже, игра на деньги, рискованное предприятие, спекуляция*
gambling debt *игорный долг*
gambling gain *выигрыш в азартной игре*
gambling stock [stock] *ценная бумага, участвующая в спекуляции*

gaol *тюремное заключение, тюрьма*
gaol (vb.) *заключать в тюрьму*
gaoler *тюремный надзиратель, тюремщик*
gap *дефицит, интервал, нехватка, пробел, промежуток, пропуск, разрыв, расхождение*
gap in the market *дефицит на рынке*
gaps in the market mechanism [mark.] *дефекты рыночного механизма, недостатки рыночного механизма*
garbage *бытовые отходы, макулатура, мусор, отбросы*
garble (vb.) *искажать, подтасовывать, фальсифицировать*
garnish (vb.) [legal] *вручать приказ суда о наложении ареста на имеющееся имущество должника*
garnished claim [legal] *иск с наложенным арестом*
garnishee [legal] *лицо, у которого находятся деньги должника*
garnishee order [legal] *приказ суда о наложении ареста на деньги должника, находящиеся у третьего лица, приказ суда о наложении ареста на имеющееся имущество должника*
garnishment [legal] *наложение ареста на деньги должника, находящиеся у третьего лица, наложение ареста на имеющееся имущество должника*
gas(oline) *бензин*
gate check [pers.manag.] *пропускной контроль*
gather (vb.) *делать вывод, накоплять, приходить к заключению*
gather in debts (vb.) *взыскивать долги*
gather information (vb.) *собирать сведения*
gathering *встреча, комплектование, сбор данных, собрание, уборка*
GATT (General Agreement on Tariffs and Trade) *Генеральное соглашение по тарифам и торговле*
gauge *масштаб, мера, размер, шаблон*
gauge (vb.) *градуировать, измерять, калибровать, подводить под определенный размер, проверять*
gazette [media] *официальный орган печати, правительственный бюллетень, правительственный вестник*
gazetting [legal] *публикация в официальном бюллетене*
gazumper *вымогатель, мошенник*
gazumping *вымогательство дополнительный платы*
GBL (government bill of lading) [trans.] *государственный коносамент*
GBP (sterling) [monet.trans.] *фунт стерлингов*
GCR (general cargo rates) [nav.] *тарифы на перевозку грузов*
GDP (gross domestic product) *валовой внутренний продукт*
GDP at constant prices *валовой внутренний продукт в неизменных ценах*
GDP at current prices *валовой внутренний продукт в существующих ценах*
GDP at factor cost *валовой внутренний продукт в факторных издержках*
GDP growth *рост валового внутреннего продукта*
GDP in money terms *валовой внутренний продукт в денежном выражении*
GDP in real terms *валовой внутренний продукт в реальном выражении*
gear (vb.) *направлять на достижение определенных целей, направлять по определенному плану, приспосабливать*
gearing [exc.] *соотношение собственных и заемных средств банка;* [fin.] *возможность более высокой прибыли в результате непропорциональной зависимости двух факторов, зависимость прибыли от уровня фиксированных издержек, отношение капитала компании к заемным средствам, система рычагов государственного регулирования;* [ind.ec.] *доля фиксированных издержек в полных издержках, зависимость прибыли компании от уровня фиксированных издержек, направление на достижение определенных целей, приведение в движение механизма экономического развития, увеличение дохода без увеличения капиталовложений*

gearing on margin   *увеличение дохода за счет сделок с маржей*

gearing on the margin   [exc.] *увеличение дохода за счет сделок с маржей*

gearing ratio   [ind.ec.] *соотношение собственных и заемных средств банка*

geisha bond   [stock] *облигации 'гейша' (Япония)*

general (adj.)   *всеобщий, генеральный, главный, неспециализированный, неспециальный, общий, обычный*

general accountant   [book-keep.] *главный бухгалтер*

general accounting   [book-keep.] *общий бухгалтерский учет*

General Accounting Office   *Главное бюджетно-контрольное управление (США)*

general agency   [comm.] *генеральное агентство*

general agent   [comm.] *генеральный агент*; [legal] *агент, представляющий доверителя по широкому кругу вопросов*

general agreement   *генеральное соглашение, общее соглашение*

General Agreement on Tariffs and Trade (GATT)   *Генеральное соглашение по тарифам и торговле (ГАТТ)*

General Agreement to Borrow (GAB)   *Общее соглашение о займах в Международном валютном фонде*

general aid scheme   *программа общей помощи*

general allocation   [calc.] *общее распределение*

general allocations   *общее распределение*

general allowance   [calc.] *обычная надбавка к зарплате*

general assembly   *генеральная ассамблея*; [bus.organ.] *общее собрание*

general assessment   *общая оценка*

general assessment of real property   *общая оценка недвижимого имущества*

general authority   *общие полномочия на ведение конкретного дела*; [legal] *генеральные полномочия*

general average   [mar.ins.] *общая авария*

general average account   [ins.] *счет по общей аварии*

general average agreement (GAA)   [mar.ins.] *соглашение по общей аварии*

general bad debt provision   [calc.] *резерв на покрытие безнадежных долгов*

general bidding requirements   *общие требования к торгам*

general capital fund   *фонд основного капитала*

general cargo   *сборный груз*; [nav.] *генеральный груз, смешанный груз*

general cargo rates (GCR)   *тарифы на перевозку сборного груза*; [nav.] *тарифы на перевозку генерального груза, тарифы на перевозку смешанного груза*

general certificate (A level)   [syst.ed.] *генеральное свидетельство об образовании (Великобритания)*

General Commissioners of Taxes   [legal] *Главное налоговое управление (Великобритания)*

general conditions   [legal] *общие положения, общие условия*

general consumption tax   [tax.] *налог на все виды потребления*

general contract   *генеральный контракт*

general contractor   *генеральный подрядчик*

general costs   *общие затраты*; [ind.ec.] *общие издержки*

general creditor   [bankr.leg.] *лицо, предоставляющее обычный кредит*

general customs rules   *общие таможенные правила*

general damage   [ins.] *общий ущерб*

general damages   *генеральные убытки, являющиеся необходимым прямым следствием вреда безотносительно к особым обстоятельствам*

general debt   [bankr.leg.] *общая задолженность, общее обязательство*

general debts   *генеральные убытки*

general deed of pledge   *акт о передаче в залог*

general delivery   [post] *до востребования, общая доставка, первая утренняя разноска почты*

general denial   [legal] *отрицание всех существенных фактов, приводимых в исковом заявлении*

general deterrence   [legal] *общие средства сдерживания*

general disability   [legal] *общая недееспособность*

general dissolution   *общая ликвидация, общий роспуск*

general education   *всеобщее образование*

general election   [parl.] *всеобщие выборы*

general endorsement   [legal] *общий индоссамент*

general exception   [leg.pun.] *возражение по существу дела*

general freight agent (GFA)   [trans.] *генеральный агент по фрахтовым операциям, главный агент по фрахтовым операциям*

general fund   *фонд основного капитала*

general goods   [trans.] *товар общего назначения*

general grant   [manag.] *общая дотация, общая субсидия*

general insurance   [ins.] *общее страхование*

general insurance company   [ins.] *компания общего страхования*

general insurance conditions   [ins.] *условия общего страхования*

general investment aid scheme   *общая программа оказания инвестиционной помощи*

generalized system of preferences (GSP)   *общая система преференций*

general labourer   [pers.manag.] *неквалифицированный рабочий, разнорабочий*

general ledger   *главная бухгалтерская книга;* [book-keep.] *общая бухгалтерская книга*

general ledger account   *счет в главной бухгалтерской книге;* [book-keep.] *счет в общей бухгалтерской книге*

general legacy   [suc.] *завещательный отказ движимости*

general levy   [mil.] *призыв в армию всех годных к военной службе*

general liability insurance   [ins.] *страхование гражданской ответственности*

general lien   *право ареста всего имущества в случае неуплаты долга;* [legal] *право ареста всего имущества (должника)*

generally   *как правило, обычно*

generally accepted accounting practice   [calc.] *общепринятые методы бухгалтерского учета*

generally accepted accounting principles   [calc.] *общепринятые принципы бухгалтерского учета*

generally known (adj.)   *общеизвестный*

generally speaking   *вообще говоря*

generally tradeable (adj.)   *конвертируемый*

general manager   *генеральный управляющий, главный управляющий, директор предприятия*

general meeting   [bus.organ.] *деловая встреча, общее собрание*

general meeting of shareholders   [bus.organ.] *общее собрание акционеров*

general monthly balance   *общий месячный баланс*

general obligation bonds   *муниципальные облигации, обеспеченные общей гарантией штатных или муниципальных властей*

general operating test   *общие испытания в условиях эксплуатации*

general partner   *главный партнер с неограниченной имущественной ответственностью*

general partnership   *компания с неограниченной имущественной ответственностью*

general pay-office   *учреждение, производящее платежи*

general policy conditions   [ins.] *условия полиса общего страхования*

general post office   [post] *главный почтамт*

general power   [legal] *общая компетенция, общие полномочия*

general power of attorney   [legal] *общая доверенность*

general practitioner   *врач общего профиля, общепрактикующий врач*

general problems   *проблемы общего характера*

general provisions   [calc.] *общие положения*

general proxy   [legal] *главный доверенный, главный уполномоченный*

general public   *общественность, широкая общественность, широкая публика*

general public, the   *аудитория, общественность, публика, широкая публика*

general purchasing power   *всеобщая покупательная способность*

general purpose container   *контейнер общего назначения;* [trans.] *универсальный контейнер*

general rate   *общий коэффициент*

general rate increase (GRI)   [trans.] *повышение общего тарифа, повышение общей ставки*

general relief   [legal] *освобождение от ответственности*

general report   [legal] *сводный отчет*

general representation letter   *представительское письмо общего содержания*

general reserve   [ind.ec.] *общий резерв*

general reserve fund   [ins.] *общий резервный фонд*

general rule   *общее правило;* [legal] *общая норма*

general rules   *общие правила*

general service contract   [nav.] *договор на общее обслуживание*

General Services Administration   *Управление служб общего назначения (США)*

general store   [wareh.] *магазин со смешанным ассортиментом, универсальный магазин*

general strike   [empl.] *всеобщая забастовка, всеобщая стачка*

general submission   [legal] *главное утверждение, главный аргумент, главный довод*

general tariff   *одноколонный тариф;* [cust.] *простой тариф*

general terms   [legal] *общие условия*

general terms and conditions   [legal] *общие положения и условия*

general terms of sale   [legal] *общие условия продажи*

general terms of tender   *общие условия торгов*

general trade   *генеральная торговля, общая торговля*

general trade recession   [pol.ec.] *общий спад в торговле*

general validity   *общее обоснование*

general verdict   [leg.pun.] *решение присяжных, носящее общий характер*

general warrant   *бланкетный ордер на арест;* [leg.pun.] *приказ общего характера*

General Workers Union   *профсоюз неквалифицированных рабочих*

generate (vb.)   *вызывать, вырабатывать, генерировать, порождать, производить*

generation   *воспроизведение, выработка электроэнергии, генерация, генерирование, образование, поколение, формирование*

generational change   *смена поколений*

generation of money   [pol.ec.] *возникновение денег*

generic (adj.)   *общий, родовой*

generically dangerous products   [ins.] *продукты, опасные по происхождению*

generic appeal   [adv.] *обращение к широкой аудитории*

generic description   *общее описание*

generic goods   [legal] *товар общего назначения*

generic obligation   [legal] *общее обязательство*

generic posting   [doc.] *общая проводка*

generic term   *общее обозначение*

generosity   *благородство, великодушие, щедрость*

generous (adj.)   *великодушный, обильный, плодородный, щедрый*

gene technology   *генная технология*

genetic engineering   *генная инженерия*

genetic manipulation   *генетическое воздействие, манипуляции с генами*

genocide   *геноцид*

gentle (adj.) *добрый, мягкий, спокойный, тихий*

gentlemen's agreement *джентльменское соглашение*

genuine (adj.) *истинный, настоящий, неподдельный, подлинный, чистопородный*

genuine article *подлинный товар*

genuine joint venture *законное совместное предприятие*

genuineness *истинность, неподдельность, подлинность*

genuine sale and repurchase transaction *законная продажа и перекупка товара*

geodemography *геодемография*

geographical lending area *территория кредитования*

geographical market [mark.] *географический рынок*

geographic selection [mark.] *отбор на основе географического принципа, территориальный отбор*

geometric progression [mat.] *геометрическая прогрессия*

geometric series [mat.] *геометрический ряд*

geopolitics *геополитика*

gesture *действие, жест, поступок*

gesture, as a *в качестве жеста*

get (vb.) *добывать, доставать, достигать, зарабатывать, покупать, получать, приобретать*

get a rise (vb.) [empl.] *продвигаться по службе*

get back (vb.) *возвращаться*

get possession of (vb.) *приобретать, становиться владельцем*

get rid of (vb.) *избавиться от, отделаться от*

get under control (vb.) *попадать под влияние, попадать под контроль*

get-up [com.mark.] *внешний вид, одежда, устройство;* [print.] *общая структура, оформление книги*

get-up of goods [com.mark.] *оформление товаров*

GFA (general freight agent) [trans.] *главный агент по фрахтовым операциям*

GI (government issue) [mil.,sl.] *солдат*

GI (government issue) (adj.) *военного образца, казенного образца, казенный*

Gibraltar pound (GIP) [monet.trans.] *гибралтарский фунт стерлингов*

gift *способность, талант;* [legal] *дарение;* [mark.] *субсидия;* [suc.] *дар, подарок*

gift cheque *чек, получаемый в подарок*

gift inter vivos [legal] *дарения, сделанные ныне живущими лицами*

gift loan *беспроцентная ссуда*

gift of money *денежная премия*

gift tax [tax.] *налог на дарения (США)*

gift token *подарочный купон*

gift under a will [suc.] *дар по завещанию*

gift under will [suc.] *дар по завещанию*

gift voucher *талон на бесплатную дополнительную покупку*

gift with purchase [mark.] *бесплатная добавка к основной покупке*

gild *гильдия, организация, союз*

gild (adj.) *золотообрезной*

gilt-edged paper [stock] *золотобрезная ценная бумага*

gilt-edged security *первоклассная облигация надежной корпорации (США);* [ind.ec.] *золотобрезная ценная бумага;* [stock] *правительственная облигация с государственной гарантией (Великобритания)*

gilt-edged stock [stock] *государственная ценная бумага*

gimmick *трюк, уловка, ухищрение;* [adv.] *рекламный прием*

GIP (Gibraltar pound) [monet.trans.] *гибралтарский фунт стерлингов*

girl worker *работница*

giro *жирооборот, жирорасчеты, система жиросчетов*

giro account *жиросчет*

giro account number *номер жиросчета*

giro balance   *жиробаланс*

giro bank   *жиробанк*

giro bank deposit   *депозит жиробанка*

giro bank deposits   *депозиты жиробанка*

girocheque   *жирочек (документ о снятии денег со счета в национальной системе жиросчетов)*

giro deposit   *депозит в жиробанке*

giro deposits   *депозиты в жиробанке*

giro in-payment form   *бланк для платежа в системе жиросчетов*

giro payment order   *платежное поручение в системе жиросчетов, приказ о платеже в системе жиросчетов*

giro postal order   *почтовый перевод в системе жиросчетов*

giro system   *система жиросчетов*

giro transaction   *операция в системе жиросчетов*

giro transfer   *перевод денег с одного жиросчета на другой, почтовый перевод денег с одного жиросчета на другой;* [post] *жироперевод*

giro transfer advice   *уведомление о жиропереводе*

giro transfer form   *бланк для жироперевода*

gist of an action   [legal] *существо иска*

give (vb.)   *быть источником, вручать, давать, дарить, жертвовать, передавать;* [ec.] *завещать, поручать, предоставлять*

give access (vb.)   *давать доступ*

give a guarantee (vb.)   [legal] *давать гарантию*

give an account of (vb.)   *давать отчет, отчитываться*

give an affidavit (vb.)   [legal] *давать письменное показание под присягой*

give and bequeath (vb.)   [suc.] *завещать движимость*

give an option of (vb.)   *предоставлять опцион, предоставлять право выбора*

give a receipt (vb.)   *выдавать расписку*

give a retroactive effect (vb.)   *придавать обратную силу*

give a true and fair view (vb.)   [aud.] *давать заключение о том, что отчетность точно отражает состояние дел*

give a true and fair view of   *давать заключение о том, что отчетность точно отражает состояние дел в*

give away (vb.)   *отдавать, продавать с уступкой в цене*

giveaway price   [comm.] *бросовая цена, низкая цена*

give back (vb.)   *возвращать, отдавать, отплатить*

give consideration to (vb.)   *обсуждать, рассматривать*

give details (vb.)   *сообщать подробности*

give discharge (vb.)   *давать расписку*

give effect to (vb.)   *осуществлять, приводить в исполнение, проводить в жизнь;* [legal] *приводить в действие*

give evidence (vb.)   [legal] *давать свидетельские показания, доказывать, представлять доказательства, свидетельствовать, служить доказательством*

give grounds for (vb.)   *обосновывать*

give higher priority to (vb.)   *придавать большее значение*

give in (vb.)   *сдаваться, уступать*

give judgment for (vb.)   *выносить приговор;* [legal] *выносить судебное решение*

give judgment in favour of accused (vb.)   [leg.pun.] *выносить судебное решение в пользу обвиняемого*

give judgment in favour of the accused (vb.)   [leg.pun.] *выносить судебное решение в пользу обвиняемого*

give lower priority to (vb.)   *придавать меньшее значение*

give notice (vb.)   *делать предупреждение, извещать, направлять уведомление, предупреждать, уведомлять;* [pers.manag.] *обращать внимание;* [r.e.] *делать замечание, отмечать*

give notice of a claim (vb.)   *направлять иск*

give notice of claim (vb.)   *направлять иск*

give notice of dismissal (vb.) [pers.manag.] *предупреждать об увольнении*

give notice of full repayment (vb.) *увольнять с полным расчетом*

give notice of redemption (vb.) *объявлять о выкупе;* [stock] *объявлять о погашении*

give notice of redemption in full (vb.) *объявлять о полном выкупе*

give notice of resignation (vb.) [pers.manag.] *подавать заявление об отставке*

give notice of termination (vb.) [legal] *объявлять о прекращении дела;* [pers.manag.] *объявлять об истечении срока*

give notice to leave (vb.) [pers.manag.] *подавать заявление об отпуске*

give notice to quit (vb.) [legal] *делать предупреждение об увольнении*

give notice to terminate a contract (vb.) [legal] *объявлять об расторжении контракта*

give notice to terminate a lease (vb.) [legal] *объявлять о прекращении аренды*

given period *данный период, установленный срок*

give oneself in charge (vb.) *отдаваться в руки правосудия;* [leg.pun.] *отдаться в руки правосудия*

give oneself up (vb.) *сдаваться;* [leg.pun.] *сдаться*

give power of attorney to (vb.) *выдавать доверенность, уполномочивать*

give preferential treatment to (vb.) *благоприятствовать, покровительствовать, предоставлять преференциальный режим*

give priority to (vb.) *давать преимущество*

give rise to (vb.) *вызывать, давать начало, давать повод, иметь результатом*

give security (vb.) *давать гарантию, давать обеспечение*

give short weight (vb.) *недовешивать*

give someone the freedom of the city *присваивать кому-то звание почетного гражданина города*

give support (vb.) *оказывать поддержку*

give the floor to (vb.) *давать слово*

give the force of law to (vb.) [legal] *придавать силу закона*

give the freedom of the city (vb.) *присваивать звание почетного гражданина города*

give the grounds for (vb.) *давать обоснование, обосновывать*

give untruthful evidence (vb.) [leg.pun.] *давать ложные показания*

give up (vb.) *оставлять, отказываться, передавать сделку, заключенную одним членом биржи, другому члену, размещать заказ через одного биржевого брокера с требованием расчета через другого, раскрывать имя члена Нью-Йоркской фондовой биржи, по поручению которого другой член заключил сделку, сдаваться, терять в доходе в результате продажи ценных бумаг с высоким доходом и покупки бумаг на равную сумму с более низким доходом, уступать*

giving time *предоставленное время*

giving up *отказ от предложении*

global (adj.) *всемирный, всеобщий, глобальный, мировой, общий*

global balance of payments *общий платежный баланс*

global bond [stock] *глобальная облигация*

global income *общий доход*

global labour force participation rate *общая доля рабочей силы в данной демографической группе*

global loan *глобальный заем*

global marketing [mark.] *глобальный маркетинг*

global policy [ins.] *глобальный страховой полис*

gloomy prospects [ec.] *мрачные перспективы*

glossary *глоссарий, классификатор, словарь*

glut *затоваривание, избыток, изобилие, перепроизводство;* [ec.] *насыщение*

glut (vb.) *затоваривать, наполнять до отказа;* [ec.] *насыщать, удовлетворять потребности*

glut of money [pol.ec.] *избыток денег, избыток платежных средств*

glut the market (vb.) *затоваривать рынок*

GNP (gross national product) *валовой национальный продукт*

go abroad (vb.) *выезжать за границу*

go-ahead *движение вперед, инициативный человек, окончательное утверждение проекта, предприимчивый человек, прогресс в работе*

go-ahead (adj.) *инициативный, предприимчивый, энергичный*

goal *заданный уровень, задача, требуемый показатель, цель*

goal-oriented (adj.) *ориентированный на достижение цели, целенаправленный*

go bail (vb.) *поручаться;* [leg.pun.] *поручиться*

go bankrupt (vb.) [bankr.leg.] *не выполнять кредитное соглашение, обанкротиться, разоряться, становиться неплатежеспособным, становиться несостоятельным должником*

go between (vb.) *быть посредником*

go-between (vb.) [bankr.leg.] *посредник*

go bust (vb.) [bankr.leg.] *обанкротиться, разориться*

go decimal (vb.) *переводить в десятичную систему*

go down (vb.) *снижаться*

go fifty-fifty (vb.) *делить поровну*

go halves (vb.) *сокращать наполовину, уменьшать наполовину*

going (adj.) *действующий, работающий, существующий*

going concern [ind.ec.] *действующее предприятие, предприятие, находящееся в эксплуатации, функционирующее предприятие*

going concern principle [calc.] *принцип деятельности предприятия*

going concern value [bus.organ.] *стоимость действующего предприятия*

going decimal *перевод в десятичную систему*

going into operation *ввод в действие, ввод в эксплуатацию*

going rate *действующая ставка, обычная ставка*

going rate of interest *обычная процентная ставка*

going slow [empl.] *замедление темпов рыботы*

go into bankruptcy (vb.) [bankr.leg.] *обанкротиться, разориться*

gold *золото, золотые монеты*

gold (adj.) *золотой*

gold and foreign exchange reserves *резервы золота и иностранной валюты*

gold bar *слиток золота*

gold bullion standard *золотослитковый стандарт*

gold clause [legal] *золотая оговорка*

golden handshake *большое выходное пособие;* [pers.manag.] *увольнение с большой компенсацией*

golden pages [telecom.] *'золотые' страницы телефонного справочника*

golden parachute [pers.manag.] *увольнение с большой компенсацией*

golden parachute payment [pers.manag.] *большое выходное пособие*

golden rule *золотое правило банковского бизнеса (кредиты и депозиты должны балансироваться по срокам)*

gold exchange standard *девизный стандарт, золотовалютный стандарт*

gold holdings *золотой запас, золотой резерв*

gold ingot *слиток золота*

gold-pegged currency [monet.trans.] *валюта, курс которой привязан к стоимости золота*

gold portfolio *золотой запас, золотой фонд*

gold premium *золотая премия*

gold reserve *золотой запас, золотой резерв*

gold specie standard *золотомонетный стандарт*

gold standard *золотое обеспечение*

gold stock *золотой запас*

go long (vb.) *играть большую роль, иметь большое влияние*

go metric (vb.) *переводить в метрическую систему*

gondola *полувагон;* [mark.] *витрина открытого типа, торговый ряд в магазине самообслуживания*

gone astray (adj.) *заблудившийся, сбившийся с пути*

goner *жертва шантажа;* [bus.organ.] *разоренный человек*

good *благо, добро, польза*

good (adj.) *достаточный, законный, искусный, неоспоримый, обоснованный, подходящий, соответствующий, умелый, хороший, юридически действительный;* [ec.] *годный, доброкачественный, кредитоспособный, полезный*

good cause *достаточное основание*

good character *хорошая репутация*

good commercial quality [comm.] *хорошее коммерческое качество*

good condition, in *в хорошем состоянии*

good delivery [legal] *удовлетворительная поставка*

good faith [legal] *добросовестность*

good faith, in [legal] *в духе доброй воли, добросовестно, честно*

good in law (adj.) *юридически обоснованный*

good law [legal] *действующее право*

good layout [print.] *наглядность*

good merchantable quality [comm.] *хорошее коммерческое качество*

good product [comm.] *высококачественное изделие*

good products *высококачественные изделия*

good quality *высокое качество*

good quality product *высококачественное изделие*

good result *хороший результат*

goods *вещи, изделия;* [comm.] *продукция, товар, товары;* [trans.] *багаж, груз*

goods afloat [nav.] *товар в плаву*

goods and services *товары и услуги*

goods and services balance *баланс товаров и услуг*

goods and services for own account [calc.] *товары и услуги за свой счет*

goods at reduced prices [mark.] *товары по сниженным ценам*

goods carried by rail [trans.] *грузы, перевозимые по железной дороге*

goods chargeable by weight [cust.] *товары, облагаемые пошлиной с массы*

goods circulation *товарное обращение*

goods consumed *потребляемые товары*

goods credit *подтоварный кредит*

goods depot [trans.] *товарный склад*

goods examined and cleared *проверенные и очищенные от пошлин товары*

goods ferry [nav.] *перевозка грузов через переправу*

goods for resale *товары для перепродажи*

goods for trade and industry *товары для торговли и промышленности*

goods forwarded [trans.] *отгруженные товары*

goods in bond [cust.] *товары на таможенном складе, не оплаченные пошлиной*

goods in bulk [trans.] *бестарный груз, груз насыпью, неупакованный товар*

goods in custody clause [ins.] *пункт о хранении товара*

goods in process [pol.ec.] *незавершенное производство*

goods insurance [mar.ins.] *страхование товаров*

goods in transit [trans.] *товары в пути, транзитные товары, транзитный груз*

goods in transit insurance [ins.] *транспортное страхование грузов*

good six months *благоприятное полугодие*

goods listed in a catalogue *товары, зарегистрированные в каталоге*

goods made in [comm.] *товары, изготовленные в*

goods market [comm.] *товарный рынок*

goods of a non-commercial character   *некоммерческие товары*

goods of first order   *товары первого сорта*

goods of non-commercial character   *некоммерческие товары*

goods of sound merchantable quality   [comm.] *товары, выгодные для продажи*

goods of the first order   *товары первого сорта*

goods on consignment   [comm.] *товары на депонировании*

goods on which duties have been paid   [cust.] *товары, оплаченные пошлиной*

goods purchased   *закупленные товары;* [ind.ec.] *купленные товары, приобретенные товары*

goods ready for sale   *товары, готовые для продажи*

goods receipt   [nav.] *получение товаров*

goods received   [ind.ec.] *полученные товары, принятые товары*

goods receiving department   *отдел приемки товаров*

goods returned   [mark.] *возвращенные товары*

goods service   [trans.] *доставка товаров*

goods sold by description   [legal] *товары, проданные по описанию*

goods station   [trans.] *товарная пристань, товарная станция, товарный склад*

goods traffic   [trans.] *грузовые перевозки, перевозка товаров*

goods traffic revenue   [trans.] *выручка от перевозки грузов*

goods train   [rail.] *товарный состав*

goods transaction   *товарная сделка*

goods transportation   [trans.] *грузовые перевозки, перевозка товаров*

goods trolley   *грузовая тележка*

goods wagon   [rail.] *грузовая тележка;* [trans.] *грузовой вагон*

goods yard   [trans.] *грузовой двор, товарный склад*

good title   *действительный правовой титул, достаточное правооснование, неоспоримый правовой титул, неоспоримый правовой титул;* [legal] *безупречный правовой титул*

good value   *стоимость товара*

goodwill   *благорасположение клиентуры, денежная оценка преполагаемого будущего превышения прибыльности, доброжелательность клиентуры, неосязаемый основной капитал, престиж фирмы, репутация фирмы, условная стоимость деловых связей фирмы, цена нематериальных активов*

good working order   *состояние пригодности к работе, хорошее состояние оборудования*

good year   *благоприятный год*

go on strike (vb.)   [empl.] *объявлять забастовку*

go over (vb.)   *быть отложенным*

go public (vb.)   *становиться общеизвестным;* [exc.] *получать огласку*

go slow (vb.)   [empl.] *преднамеренно замедлять темп работы*

go-slow strike   [empl.] *забастовка, при которой преднамеренно замедляется темп работы*

go to law (vb.)   [legal] *возбуждать судебное дело, обращаться в суд, обращаться к правосудию*

go to the country (vb.)   [parl.] *распустить парламент и назначить новые выборы*

go under (vb.)   *погибнуть, разориться*

govern (vb.)   *направлять, определять;* [pol.] *определять смысл, регулировать, руководить, управлять*

governed by   *действовать под влиянием, руководствоваться*

governing body   *правительственный орган;*
[manag.] *административный совет, руководящий орган*

governing party   [pol.] *правящая партия*

government   *правительство, руководство, управление, форма правления*

Government   *правительство*

Government, the *правительство*
government activity *деятельность правительства*
government adviser *правительственный консультант*
government aid *государственная помощь, правительственная помощь*
government aid to developing countries *государственная помощь развивающимся странам*
governmental accounting *государственная отчетность, государственный учет*
governmental agreement *правительственное соглашение*
governmental measure *правительственное мероприятие*
governmental measures *правительственные меры*
governmental regulation *государственное регулирование*
governmental supervisory authority *правительственный контрольный орган*
government approval *одобрение правительства, поддержка правительства, санкция правительства*
government approved *одобренный правительством*
government assistance *правительственная поддержка, правительственная помощь, содействие правительства*
government authorization *разрешение правительства*
government bill *государственный вексель;* [legal] *правительственный законопроект*
government bill of lading (GBL) [trans.] *государственная транспортная накладная, государственный коносамент*
government bond [stock] *правительственная облигация*
government borrowing [manag.] *займы правительства*
government capital expenditure *правительственные капитальные затраты*
government comptroller *государственный испектор*
government constellation *выдающиеся государственные деятели*
government consumption [manag.] *государственное потребление*
government contract *правительственный контракт*
government contribution *правительственный взнос*
government control *государственное регулирование, государственный контроль, правительственный контроль*
government-controlled *контролируемый государством*
government credit *правительственный кредит*
government crisis *правительственный кризис*
government debt instrument [stock] *государственное долговое обязательство*
government debt management [manag.] *государственное регулирование долговых отношений*
government department *правительственное ведомство, правительственное учреждение*
government departments and agencies *правительственные ведомства и учреждения*
government dues *государственные налоги*
government economist *экономист правительственного учреждения*
government employee [pers.manag.] *государственный служащий*
government enterprise *государственное предприятие*
government expenditure [manag.] *государственные расходы, правительственные расходы*
government expert *правительственный эксперт*
government finance *государственные финансы*
government finance statistics [stat.] *государственная финансовая статистика*
government funds *правительственные финансовые ресурсы, правительственные фонды*
government grant *государственная дотация, государственная стипендия, государственная субсидия, государственное пособие, правительственная субсидия*

government guarantee   *государственная гарантия*

government guaranteed   *гарантированный государством*

government guaranteed export   *экспорт, гарантированный государством*

government guaranteed loan   *ссуда с правительственной гарантией*

government institution   *правительственное учреждение*

government intervention   *вмешательство государства, вмешательство правительства*

government issue (GI)   [mil..sl.] *солдат*

government issue (GI) (adj.)   *военного образца, казенного образца, казенный*

government lending and borrowing   [manag.] *государственное кредитование*

government liability   [ins.] *ответственность правительства*

government loan   *государственный заем, правительственная ссуда*

government loan abroad   [manag.] *государственный иностранный заем*

government loan future   [stock] *государственный фьючерсный заем*

government loan series   [stock] *серия государственного займа*

government majority   [parl.] *правительственное большинство*

government measure   *государственное мероприятие*

government measures   *государственные меры*

government negotiations   *правительственные переговоры*

government obligation   [ec.] *государственное обязательство*

government office   *правительственное учреждение*

government official   [pers.manag.] *государственный служащий, правительственное должностное лицо, правительственный чиновник*

government organization   *организационная структура правительства*

government paper   [stock] *государственная ценная бумага*

government party   [pol.] *правительственная партия*

government program   *государственная программа*

government programme   *государственная программа*

government proposal   *предложение правительства*

government purchase   *правительственная закупка*

government representative   *государственный представитель*

government reshuffle   *перестановка в правительстве*

government responsibility   *государственное обязательство*

government revenue and expenditure   [ec.] *государственные доходы и расходы*

governments   [stock] *правительственные ценные бумаги*

government securities sale   [exc.] *продажа правительственных ценных бумаг*

government security   [stock] *правительственная ценная бумага*

government service   *государственная служба*

government services   *государственные услуги*

government spending   [manag.] *государственные расходы*

government spokesman   *представитель правительства*

government stock   [wareh.] *государственная облигация, государственная ценная бумага*

government stocks   [wareh.] *государственные облигации, государственные ценные бумаги*

government subsidy   *государственная дотация, государственная субсидия, государственное ассигнование*

government task   *правительственное задание*

government's net cash deficit   [manag.] *государственный дефицит наличности*

governor   *губернатор, заведующий, правитель, управляющий, член правления*

governor by royal appointment   *губернатор, назначенный королевским указом*

governor-general   *генерал-губернатор*

governor of a central bank *управляющий центральным банком*

Governor of Danmarks Nationalbank *управляющий Национальным банком Дании*

Governor's Office *канцелярия губернатора*

grace *амнистия, льгота, отсрочка, помилование*

grace period *льготный период, льготный срок, период отсрочки*

grade [comm.] *марка; разряд, степень, ступень;*
[pers.manag.] *качество, класс, ранг, сорт*

grade (vb.) *маркировать, подвергаться изменениям, сортировать*

grade ad personam [pers.manag.] *производить персональный отбор*

grader *бракер, сортировщик*

grading *градация товаров на товарных биржах по сортам и качеству, классификация, маркировка, сортировка по качеству*

gradual (adj.) *последовательный, постепенный*

gradual damage [ins.] *постепенное повреждение*

gradual integration *постепенная интеграция*

gradual retirement *постепенное изъятие из обращения*

gradual transition *постепенный переход*

graduate (vb.) *давать диплом, оканчивать высшее учебное заведение и получать степень бакалавра, оканчивать учебное заведение, присуждать степень, располагать в определенном порядке*

graduated (adj.) *дипломированный, дифференциальный, имеющий ученую степень бакалавра;* [tax.] *окончивший учебное заведение, прогрессивный (о налоге)*

graduated income tax [tax.] *прогрессивный подоходный налог*

graduated life insurance [ins.] *дифференцированное страхование жизни*

graduated mortgage payment *закладная с возрастающей суммой выплат в счет погашения*

graduated tax [tax.] *прогрессивный налог*

graduated taxation [tax.] *прогрессивное налогообложение*

graduated tax relief [tax.] *скидка с прогрессивного налога*

graduate engineer *дипломированный инженер*

graduate in insurance science *дипломированный специалист по страхованию*

graduate in law *дипломированный юрист*

graft *взятка, взяточничество*

graft (vb.) *незаконные доходы, пользоваться незаконными доходами*

grain *зерно, зерновые, крупа, строение, структура, хлебные злаки*

grain crop *зерновая культура*

grain exchange *хлебная биржа*

grain-exporting country *страна, экспортирующая зерно*

grain grower *земледелец, хлебороб*

grain-growing country *страна, производящая зерно*

grain-importing country *страна, импортирующая зерно*

grain year [EEC] *сельскохозяйственный год*

grammar school *пятый-восьмой классы средней школы (США);* [syst.ed.] *средняя классическая школа (Великобритания)*

grandchild *внук, внучка*

grand jury [leg.pun.] *большое жюри (коллегия из 12-23 присяжных)*

grandparents *бабушка и дедушка*

grand total *общий итог, суммарный итог*

granny bond (UK) [stock.sl.] *'бабушкины облигации' (выпущенные в Великобритании в 70-х годах для поощрения сбережений пенсионеров)*

grant *дар, дарение, дарственная, документ об отчуждении имущества, документ о передаче прав, единовременная денежная выплата, отчуждение, передача права собственности, пожалование, пособие, предоставление, субсидия;* [ec.] *дотация;* [legal] *безвозвратная ссуда, безвозмездная помощь, передача права на имущество;* [manag.] *дарственный акт;* [soc.] *согласие;* [syst.ed.] *разрешение, уступка*

grant (vb.) *давать дотацию, дарить, допускать, подтверждать правильность, предоставлять субсидию, признавать правильность;* [ec.] *передавать право собственности;* [legal] *отчуждать;* [manag.] *жаловать*

grant a benefit (vb.) [soc.] *предоставлять пособие*

grant a deed for (vb.) *выдавать документ за печатью;* [r.e.] *выдать документ за печатью*

grant a discount (vb.) *предоставлять льготу, предоставлять скидку*

grant a guarantee (vb.) *предоставлять гарантию;* [legal] *предоставить гарантию*

grant a licence (vb.) [legal,pat.] *выдавать лицензию*

grant a loan (vb.) *предоставить заем, предоставлять заем, предоставлять ссуду*

grant an application (vb.) *подавать заявку*

grant an exemption (vb.) *освобождать от налогов, освобождать от пошлины*

grant an order for enforcement (vb.) *отдавать приказ о взыскании в судебном порядке;* [legal] *отдавать приказ о принудительном осуществлении в судебном порядке*

grant a patent (vb.) [pat.] *выдавать патент*

grant a policy (vb.) [ins.] *выдавать страховой полис*

grant a power (vb.) *предоставлять полномочия, уполномочивать*

grant a power of attorney (vb.) *выдавать доверенность;* [legal] *назначать поверенным, предоставлять полномочия*

grant a request (vb.) *удовлетворять ходатайство*

grant a respite (vb.) *давать отсрочку платежа, отсрочивать исполнение приговора, предоставлять отсрочку*

grant audit [manag.] *ревизия денежных выплат*

grant authority (vb.) [legal] *предоставлять полномочия, уполномочивать*

grantback *обратная передача покупателем лицензии технической информации продавцу лицензии*

grant credit (vb.) *предоставлять кредит*

granted a loan, be (vb.) [bank.] *получать ссуду*

grantee *лицо, к которому переходит право собственности, лицо, которому дается разрешение, лицо, которому предоставлено право;* [legal] *лицо, получающее дотацию, лицо, получающее субсидию*

grant emoluments (vb.) *выдавать компенсацию, предоставлять вознаграждение*

grant-in-aid *дотация, субсидия, финансовая помощь, целевая субсидия местным органам власти*

granting *предоставление*

granting of credit *выдача кредита, предоставление кредита*

granting of loans [bank.] *предоставление займа, предоставление ссуд*

granting of power of attorney [legal] *наделение полномочиями*

grant legal aid (vb.) [legal] *оказывать юридическую помощь, предоставлять правовую помощь*

grant of a benefit [soc.] *выдача пособия*

grant of a loan *выдача ссуды*

grant of a patent [pat.] *выдача патента*

grant of a power of attorney [legal] *выдача доверенности*

grant of authority [legal] *предоставление полномочий*

grant of benefit *выдача пособия*

grant of loan *выдача ссуды*

grant of patent *выдача патента*

grant of power of attorney *выдача доверенности*

grant of probate [suc.] *выдача заверенной копии завещания*

grant of representation [suc.] *выдача полномочия быть представителем*

grant of separation [manag.] *предоставление развода, разрешение на добровольное расторжение брака*

grantor [legal] *даритель, лицо, дающее разрешение, лицо, передающее право, цедент*

grantor of concession *лицо, предоставляющее концессию, лицо, предоставляющее ценовые скидки*

grant preferences unilaterally (vb.) *предоставлять льготные таможенные пошлины в одностороннем порядке;* [cust.] *предоставление льготных таможенных пошлин в одностороннем порядке*

grant probate (vb.) [suc.] *выдавать заверенную копию завещания*

grant surety (vb.) *выдавать поручительство, ручаться*

graph [print.] *график, диаграмма, кривая зависимости, номограмма*

graph (vb.) *изображать в виде диаграммы, строить график*

graphic design [adv.] *красочное оформление*

graphic designer [print.] *художник-оформитель*

graphic representation *графическое изображение*

graphics *проектирование, составление графиков, составление чертежей*

graph paper *миллиметровка*

grasp (vb.) *понимать, постигать, усваивать*

grass-root movement *массовое движение, стихийное движение*

grass-roots democracy *демократия широких масс*

gratuitous (adj.) *безвозмездный, бесплатный, беспричинный, выгодный только для одной стороны, добровольный, необоснованный, ничем не вызванный, свободный*

gratuitous comment *свободное толкование*

gratuitous medical treatment *бесплатная медицинская помощь*

gratuitousness *безвозмездность, добровольность*

gratuitous promise *обязательство без встречного удовлетворения*

gratuity *взятка, наградные, пособие, чаевые;* [ec.] *денежный подарок;* [pers.manag.] *денежное вознаграждение*

gravel pit *гравийный карьер*

GRD (Greek drachma) [monet.trans.] *греческая драхма*

grease (vb.) *подкупать*

great (adj.) *большой, значительный, интенсивный, продолжительный, сильный*

Great Britain *Великобритания*

greater Copenhagen area *район Копенгагена с пригородами*

Greater Copenhagen Area *район Копенгагена с пригородами*

greatly exaggerated (adj.) *значительно преувеличенный*

great power *великая держава*

Great Seal *большая государственная печать (Великобритания)*

greek *непонятный текст*

Greek drachma (GRD) [monet.trans.] *греческая драхма*

green audit *неквалифицированная аудиторская проверка*

greenback *банкнота (США), государственный банковский билет (США)*

green belt [plan.] *зеленая зона вокруг города, зеленые насаждения*

green card [ins.] *зеленая карточка*

green card (US) [empl.] *карточка зеленого цвета для въезжающих в США по трудовому контракту*

green-labelled product *экологически чистый продукт*

green labelling *маркировка с указанием экологической чистоты продуктов*

greenmail *экопочта*

green money *'зеленые деньги'*

Green Party [pol.] *Партия зеленых*

green pound *'зеленый фунт стерлингов' (расчетное средство в ЕС)*

green rate of exchange *курс валюты страны - члена Европейского экономического сообщества, используемый для пересчета цен на сельскохозяйственную продукцию*

green shoe [exc.] *соглашение о праве купить дополнительные акции по первоначальной цене*

green space [plan.] *зеленая зона, зеленый пояс*

grey market *внебиржевой рынок ценных бумаг, нерегулируемый денежный рынок, рынок новых облигаций*

grey zone [ec.] *район частичной безработицы*

GRI (general rate increase) [trans.] *повышение общего тарифа*

grievance *обида, основание для жалобы;* [legal] *жалоба, основание для недовольства*

grievous bodily harm [leg.pun.] *тяжелое телесное повреждение*

grip (vb.) *овладевать вниманием, понимать, схватывать*

grocer *торговец бакалейными товарами*

groceries *бакалейно-гастрономические товары, бакалея*

gross *гросс (12 дюжин), масса*

gross (adj.) *большой, брутто, валовой, крупный, объемистый, суммарный*

gross (register) tonnage *валовая (регистровая) вместимость*

gross amount *валовая сумма, общее количество*

gross assets *общая стоимость имущества;* [calc.] *основные фонды, сумма баланса*

gross audience [media] *массовый зритель*

gross billing [adv.] *широкая рекламная компания*

gross book value *первоначальная стоимость основного капитала, полная стоимость основных производственных фондов, стоимость в ценах приобретения;* [calc.] *валовая стоимость капитала, полная стоимость капитала*

gross borrowing *крупный заем*

gross borrowing requirement *потребность в крупном займе*

gross capacity *брутто-установленная мощность, полная генерирующая мощность электростанций*

gross capital formation [pol.ec.] *валовое накопление капитала*

gross cash deficit *валовой дефицит наличности*

gross cash surplus *общая сумма кассовых излишков*

gross contribution *общая сумма долевого взноса*

gross costs *валовые издержки*

gross domestic product (GDP) *валовой внутренний продукт (ВВП)*

gross domestic product at current prices *валовой внутренний продукт в существующих ценах*

gross domestic product at factor cost *валовой внутренний продукт в факторных издержках*

gross domestic product at market prices *валовой внутренний продукт в рыночных ценах*

gross earnings *валовой доход, общий заработок*

gross error [sl.] *грубая ошибка*

gross estate [legal] *валовая стоимость имущества*

gross family income *общий доход семьи*

gross financing requirement *общая потребность в финансировании*

gross fixed capital formation [pol.ec.] *валовой прирост основного капитала, валовые вложения в основной капитал*

gross floor area [r.e.] *общая площадь торгового предприятия, общая производственая площадь*

gross forward-market position [exc.] *общее состояние форвардного рынка*

gross freight earnings [nav.] *общая сумма поступлений от фрахта*

gross income [ind.ec.] *валовой доход*

gross indecency [leg.pun.] *грубая непристойность*

gross interest *брутто-процент*

gross investments *валовые капиталовложения*

gross investments balance [pol.ec.] *баланс валовых капиталовложений*

gross lending *валовая сумма кредита*

gross loss *общий ущерб;* [calc.] *общие потери, суммарные убытки*

grossly negligent [legal] *допущенный по грубой небрежности*

gross margin [ind.ec.] *валовая прибыль, общий резерв электростанций*

gross margin ratio [ind.ec.] *коэффициент валовой прибыли*

gross misconduct *грубый проступок*

gross national disposable income *валовой национальный доход после уплаты налогов*

gross national product (GNP) *валовой национальный продукт (ВНП)*

gross national product at constant prices *валовой национальный продукт в постоянных ценах, валовой национальный продукт в постоянных ценах*

gross national product at factor cost *валовой национальный продукт в факторных издержках*

gross national product at factor prices *валовой национальный продукт в факторных ценах*

gross national product at market prices *валовой национальный продукт в рыночных ценах*

gross national product in real terms *валовой национальный продукт в реальном выражении*

gross negligence [legal] *грубая небрежность*

gross official reserves *практический официальный резерв страховых запасов*

gross operating income [ind.ec.] *валовой доход от основной деятельности*

gross operating loss [ind.ec.] *общий убыток от основной деятельности*

gross operating profit [ind.ec.] *валовая прибыль от основной деятельности*

gross operating surplus of the economy [pol.ec.] *валовой резервный капитал, образованный путем отчислений из прибыли от деятельности предприятий*

gross pay [empl.] *заработная плата до вычетов*

gross performance [book-keep.] *валовой показатель деятельности;* [ind.ec.] *суммарная производительность*

gross premium [ins.] *брутто-ставка страхового взноса*

gross premium income [ins.] *валовой доход от сбора страховых взносов*

gross price *цена-брутто*

gross proceeds [ind.ec.] *валовая выручка*

gross profit [calc.] *валовая прибыль*

gross profit/gross loss [calc.] *отношение валовой прибыли к валовым убыткам*

gross profit margin [ind.ec.] *чистая валовая прибыль, чистый валовой доход*

gross profit method [calc.] *метод валовой прибыли*

gross profit or loss [calc.] *валовая прибыль или валовой убыток*

gross rating point (GRP) [media] *валовой рейтинг рекламы*

gross receipt *валовая выручка, валовой доход*

gross receipts *валовое доходы*

gross register ton (GRT) *брутто регистровая тонна*

gross register tonnage *брутто-тоннаж, валовая регистровая вместимость;* [nav.] *валовой регистровый тоннаж*

gross register tons (GRT) [nav.] *брутто регистровые тонны*

gross reserve *практический резерв страховых запасов*

gross reserve position *сальдо практического резерва страховых запасов*

gross residual value [calc.] *валовая ликвидационная стоимость, валовая остаточная стоимость основного капитала*

gross return *валовая выручка, валовая прибыль;* [fin.] *валовой доход*

gross revenue *валовой доход*

gross salary [empl.] *оклад до удержания налогов*

gross sale *валовая выручка от продажи, валовая сумма продаж*

gross sales *валовые суммы продаж*

gross savings *валовые накопления, валовые сбережения*

gross share   *общая доля*

gross spread   [exc.] *брутто-спред, разница между ценой предложения новых ценных бумаг и ценой, которую заплатили эмитенту андеррайтеры*

gross system   *большая система*

gross ton   [trans.] *длинная тонна (1016 кг)*

gross ton-kilometre   [trans.] *длинная тонна-километр*

gross ton-kilometre (hauled)   [trans.] *длинная тонна-километр*

gross tonnage   [trans.] *валовая вместимость, валовой регистровый тоннаж*

gross transactions   *валовой объем операций*

gross value   *валовая стоимость*

gross value added at market prices   [pol.ec.] *валовая добавленная стоимость в рыночных ценах*

gross value of production per capita   *валовая стоимость продукции на душу населения*

gross value of production per head   *валовая стоимость продукции на душу населения*

gross volume   *общий объем*

gross wages   [empl.] *заработная плата до удержания налогов*

gross weight   *масса-брутто*

gross yield   [fin.] *валовой доход*

ground   *земля, мотив, предмет, причина, тема, участок земли;* [legal] *местность, область, основание, район*

ground (vb.)   *обосновывать, основывать*

groundage   [nav.] *причальный сбор, сбор за стоянку в порту*

ground area   [r.e.] *земельный участок*

ground floor   *нижний этаж, цокольный этаж*

ground for committal   *основание для заключения под стражу;* [leg.pun.] *основание для ареста*

ground for dismissal   *основание для освобождения от должности;* [pers.manag.] *основание для увольнения*

ground for divorce   [law.dom.] *основание для развода*

ground for expiry   [legal] *основание для прекращения действия в связи с истечением срока*

ground for incapacity   *основание для ограничения дееспособности, основание для ограничения правоспособности*

ground for increasing a sentence   [leg.pun.] *основание для увеличения меры наказания*

ground for reversal   [legal] *основание для отмены*

ground for revocation   [pat.] *основание для аннулирования*

ground landlord   *землевладелец;* [r.e.] *земельный собственник*

ground lease   [r.e.] *сдача земли в аренду*

groundless (adj.)   *беспочвенный, беспричинный, необоснованный, неосновательный*

groundless claim   *необоснованная претензия*

ground of action   *основание для подачи иска;* [legal] *основание для обвинения, основание для судебного преследования*

ground of appeal   [legal] *основание для подачи апелляции*

ground of nullity   [legal] *основание для признания недействительности*

ground rent   [r.e.] *земельная рента*

grounds   [legal] *мотивы, основания*

grounds of the decision   [legal] *основания решения*

ground that, on the   *на том основании, что*

group   *группа, группировка, класс, концерн, монополистическое объединение, объединение компаний, организация, синдикат, трест, укрупненная группа отраслей*

group (vb.)   *классифицировать;* [bus.organ.] *распределять по группам*

groupage   [trans.] *группировка*

groupage agent   [trans.] *агент по перевозкам сборных грузов*

groupage bill of lading [nav.] *сборный групповой коносамент*

groupage cargo *сборный груз;* [trans.] *смешанный груз*

groupage container *контейнер для сборного груза;* [trans.] *контейнер для смешанного груза*

group annual report [bus.organ.] *годовой отчет объединения*

group assurance scheme [ins.] *система коллективного страхования*

group badwill [calc.] *плохая репутация объединения*

group balance sheet [calc.] *балансовый отчет группы компаний*

group case study *групповой анализ конкретных ситуаций, групповой разбор конкретных проблем*

group company [bus.organ.] *концерн, смешанная компания, совместная компания*

group deficit [calc.] *дефицит бюджета группы компаний*

group discount *ставка учета группы компаний*

group earnings [calc.] *доходы группы компании*

group equity [calc.] *капитал группы компаний*

group financial statement [calc.] *финансовый отчет группы компаний*

group goodwill *неосязаемый основной капитал группы компаний, репутация группы компаний, цена нематериальных активов группы компаний;* [calc.] *условная стоимость деловых связей группы компаний*

group health insurance [ins.] *коллективное медицинское страхование*

group information *информация о положении концерна*

grouping *классификация, классифицирование, распределение по группам;* [parl.] *группировка*

grouping into divisions *распределение по группам*

group insurance [ins.] *коллективное страхование*

group leader [parl.] *лидер группировки*

group leasing *коллективная долгосрочная аренда*

group life insurance [ins.] *групповое страхование жизни*

group management [bus.organ.] *коллективное руководство*

group managing director *директор-распорядитель группы компаний*

group of buildings *ансамбль зданий*

group of companies *группа компаний;* [bus.organ.] *концерн*

group of contractors *группа подрядчиков*

group of experts *группа экспертов*

group of investors *группа вкладчиков капитала, группа инвесторов*

group of taxes [tax.] *совокупность налогов*

group outline *общий план деятельности группы компаний*

group pension fund [ins.] *коллективный пенсионный фонд*

group policy [ins.] *групповой полис*

group profit [calc.] *прибыль группы компаний*

group profit and loss account *счет прибылей и убытков группы компаний;* [calc.] *результативный счет группы компаний*

group relation [bus.organ.] *взаимоотношения между членами коллектива*

group relief [tax.] *скидка с налога для группы компаний*

group report [bus.organ.] *отчет концерна*

group structure diagram *структурная схема группы компаний*

group taxation [tax.] *налогообложение группы компаний*

group turnover [bus.organ.] *товарооборот группы компаний*

group with (vb.) *сочетаться, сочетаться с*

grow (vb.) *возрастать, выращивать, культивировать, превращаться, расти, расширяться, увеличиваться*

grower *плодовод, садовод;* [prod.] *плантатор, производитель, фермер*

grower of agricultural produce *производитель сельскохозяйственной продукции*

growing demand *растущий спрос*

growing trend *возрастающая тенденция*

growth *возделывание, выращивание, культивирование, прирост, происхождение, развитие, распространение, рост, увеличение, усиление*

growth estimate   *оценка роста*
growth factor   *фактор экономического роста*
growth in customer deposits   [bank.] *рост вкладов клиентов*
growth in demand   *рост спроса*
growth in exports   *рост экспорта, увеличение экспорта*
growth in labour force   *увеличение трудовых ресурсов*
growth in lending   [bank.] *увеличение кредитования*
growth in money supply   *рост денежной массы*
growth in prosperity   *рост благосостояния*
growth in the labour force   [empl.] *увеличение трудовых ресурсов*
growth in volumes   *количественный рост*
growth-oriented (adj.)   *ориентированный на развитие*
growth package   *растущие расходы по упаковке*
growth policy   *стратегия развития*
growth potential   *потенциал роста*
growth promoting factor   *фактор, стимулирующий рост*
growth prospects   *перспективы роста*
growth rate   *относительный прирост, темп прироста, темп роста*
growth rate of aggregate investment   *темп роста совокупных капиталовложений*
growth record   *регистрация роста*
growth shares   [stock] *акция, цена которой повышается, акция роста*
growth stock   [stock] *акция, цена которой повышается, акция роста*
growth trend   *тенденция экономического роста*
GRP (gross rating point)   [media] *валовой рейтинг рекламы*
GRT (gross register ton)   *брутто регистровая тонна*
GRT (gross register tons)   [nav.] *брутто-тоннаж, валовая регистровая вместимость*
GSP (generalized system of preferences)   *общая система преференций*
guaranted credit   [bank.] *гарантированный кредит*
guarantee   *гарант, лицо, которому вносится залог, лицо, которому дается гарантия, лицо, получившее гарантию, поручитель, ручательство;* [bank.] *гарантия;* [bill.] *поручительство;* [cc.] *поручение;* [legal] *залог*
guarantee (vb.)   *гарантировать, давать поручительство, обеспечивать, обещать, ручаться;* [bank.] *давать гарантию*
guarantee account   [comm.] *счет на поручителя*
guarantee against losses   *гарантия возмещения убытков, гарантия от убытков*
guarantee amount   *гарантийная сумма*
guarantee arrangement   *гарантийное соглашение*
guarantee as per contra   *гарантия, как указано на противоположной стороне*
guarantee association   [ins.] *ассоциация поручителей*
guarantee beneficiary   *получатель гарантии*
guarantee capital   *гарантийный капитал*
guarantee certificate   *гарантийный сертификат;* [bank.] *гарантийное свидетельство*
guarantee commission   *комиссия при авале*
guarantee commitment   *гарантийное обязательство*
guarantee company   [ins.] *компания-гарант*
guarantee credit   [bank.] *кредит в качестве залога*
guaranteed bill   [bill.] *гарантированный вексель*
guaranteed bond   [stock] *гарантированная облигация*
guaranteed credit   *гарантированный кредит*
guarantee debenture   [stock] *гарантированные облигации*
guarantee deposit   *гарантийный взнос при покупке в рассрочку, депозит, возврат которого гарантирован*
guaranteed minimum hourly wage   [empl.] *гарантированный минимум почасовой заработной платы*
guaranteed minimum wage   [empl.] *гарантированный минимум заработной платы*

guarantee document *гарантийный документ*
guaranteed price [FEC] *гарантированная цена*
guaranteed quantity [FEC] *гарантированное количество*
guaranteed rate *гарантированная ставка*
guaranteed rate, at a [monet.trans.] *по гарантированной ставке*
guarantee fee *гарантийный взнос*
guarantee for cheques [bank.] *гарантия по чекам*
guarantee for loan *гарантия по займу*; [ec.] *гарантия по ссуде*
guarantee fund *гарантийный фонд*
Guarantee Fund for Options and Futures *гарантийный фонд по опционам и фьючерсным контрактам*
guarantee insurance [ins.] *гарантийное страхование*
guarantee liabilities *гарантийные обязательства*
guarantee liability [calc.] *гарантийное обязательство*
guarantee of quality [legal] *гарантия качества*
guarantee payable on first demand *гарантия платежа по первому требованию*
guarantees *гарантии*
guarantees and assets pledged as collateral surety [calc.] *гарантии и имущество в качестве залога*
guarantee scheme *система гарантий*
guarantees issued *выданные гарантии*
guarantee society [ins.] *общество поручителей*
guarantee system *система гарантий*
guarantee withholdings *гарантийные удержания*
guarantee work *гарантированный объем работы*
guarantor [bank.] *гарант*; [bill.] *авалист, поручитель*
guarantor liable immediately on default by principal debtor *поручитель, несущий прямую ответственность за невыполнение обязательств главным должником*
guarantor liable upon judgment against principal debtor *поручитель, несущий ответственность при вынесении судебного решения против главного должника*
guarantor of a bill *авалист*; [bill.] *поручитель по векселю*
guarantor of bill *авалист, поручитель по векселю*
guarantor of title [legal] *поручитель титула*
guaranty *гарантия, залог, поручительство*
guaranty (vb.) *гарантировать, обеспечивать гарантию, давать поручительство, обеспечивать, ручаться*
guaranty of collection *гарантия взыскания долга*
guard *бдительность, осмотрительность, осторожность, охрана*
guard (vb.) *защищать, оберегать, охранять, предохранять, принимать меры предосторожности, сторожить, хранить*
guardian [legal] *опекун, попечитель*
guardian ad litem [legal] *опекун по назначению суда, попечитель по назначению суда*
guardian by election [legal] *опекун по выбору несовершеннолетнего*
guardian by statute [legal] *опекун по завещанию*
guardian of law *блюститель закона, страж закона*
guardian of the law [legal] *блюститель закона, страж закона*
guardianship *опека*; [legal] *попечительство*
guardianship by nature [legal] *естественная опека*
Guardianship of Minors Act *Закон об опеке над несовершеннолетними (Великобритания)*
guess *догадка, предположение, приближенный подсчет*
guesstimate *предположительная оценка, приближенная оценка*
guest night *званый вечер, прием*
guest of honour *почетный гость*
guidance *руководство, управление*
guidance, for your *для вашего сведения*
guide *ориентир, проводник, путеводитель, руководитель, руководство, руководящий принцип, указатель, учебник*

guide (vb.) *быть руководителем, вдохновлять, вести, направлять, руководить, руководить делами, служить ориентиром, стимулировать, управлять*

guide card [print.] *разделительная карточка*

guided tour *туристическая поездка, экскурсия*

guideline *директива, ориентир, руководящее указание*

guidelines *основные направления, основные принципы, основополагающие принципы, руководящие принципы, руководящие указания*

guide price [EEC] *ориентировочная цена*

guiding price [comm.] *ведущая цена*

guild *гильдия, организация, профсоюз (в названиях), союз*

guild ordinance *постановление организации*

guilt *наказуемость;* [leg.pun.] *вина, виновность*

guiltless (adj.) *невинный, невиновный*

guilty (adj.) *виноватый, виновный*

guilty act [leg.pun.] *преступный акт*

guilty of, be (vb.) *быть виновным*

guinea pig *'подопытный кролик'*

gummed label *клейкая этикетка*

gunrunner [leg.pun.] *контрабандист, занимающийся ввозом оружия*

gunrunning [leg.pun.] *незаконный ввоз оружия*

G-10 countries *'группа десяти' (члены Международного валютного фонда (США, Канада, Бельгия, Нидерланды, Великобритания, Италия, Франция, ФРГ, Швеция, Япония), взявшие на себя обязательство по Общему положению о заимствовании)*

G-20 countries *'группа двадцати' (члены Международного валютного фонда, сотрудничавшие в реформе международной валютной системы)*

G-5 countries *'группа пяти' (ведущие страны Запада: Великобритания, Германия, США, Франция, Япония)*

G-7 countries *'группа семи' (ведущие страны Запада: Великобритания, Германия, Италия, Канада, США, Франция, Япония)*

H

haberdashery *галантерейные товары, галантерея*
habitation *место жительства, проживание*
habit formation *приобретение привычки, формирование склонности*
habitual abode *постоянное место жительства*
habitual criminal [leg.pun.] *закоренелый преступник, привычный*
    преступник, рецидивист
habitual offender [leg.pun.] *привычный правонарушитель, рецидивист*
habitual residence *постоянное место жительства*
hacker [comp.] *программист высшего класса*
haggle (vb.) *торговаться*
haggle over the price (vb.) [comm.] *договариваться о цене, спорить*
    о цене
haggling *мелкая торговля*
hailstorm damage [ins.] *убыток, причиненный градом*
hailstorm insurance [ins.] *страхование от убытков, причиненных*
    градом
half *одна из двух сторон договора, половина, семестр*
half holiday [empl.] *половина выходного дня*
half pay [empl.] *половинная оплата, половинное вознаграждение*
half price *половинная цена*
half price fare [trans.] *половинная плата за проезд, половинный*
    тариф
half price ticket [trans.] *билет за полцены*
half speed *половинная скорость*
halftone [print.] *автотипия, растровое клише*
half year *полгода*
half-yearly (adj.) *выходящий раз в полгода, полугодовой*
half-yearly statistics *статистические данные за полугодие*
half-yearly yield *полугодовая прибыль*
hallmark *критерий, признак, проба, пробирное клеймо*
hallmark (vb.) *определять качество, ставить клеймо, ставить пробу,*
    устанавливать критерий
hall of residence [syst.ed.] *университетское общежитие*
halo effect [adv.] *эффект ореола*
halt *прекращение действия, стоянка;* [trans.] *остановка,*
    полустанок, станция
halt (vb.) *останавливать, останавливаться*
halt in growth *задержка роста*
halt instruction [comp.] *команда останова*
halve (vb.) *делить пополам*
hamper (vb.) *мешать, препятствовать*
hamstring competitivity (vb.) *устранять конкуренцию*
hand *подпись, семестр;* [pers.manag.] *рабочий*
hand, by *вручную*
hand, in *в работе, в распоряжении, в стадии рассмотрения, под*
    контролем; [ind.ec.] *в наличии*
hand back *возврат*
hand baggage [trans.] *ручная кладь*
handbill *письменное обязательство;* [mark.] *афиша, рекламное*
    объявление, рекламный листок
hand-delivered letter *письмо, передаваемое из рук в руки*
handicap *помеха, препятствие*
handicapped *инвалид, лицо с умственными недостатками, лицо с*
    физическими недостатками
handicapped (adj.) *инвалидный*
handicapped person *лицо с физическими недостатками;* [empl.] *лицо*
    с умственными недостатками
handicraft *ручная работа*
hand in (vb.) *вручать, подавать*

handing over *вручение, доставка, передача, поставка*

handing over duty *сбор за доставку*

handing over of luggage on arrival *выдача багажа по прибытии*

handing over of luggage on departure *сдача багажа при отправлении*

handing over procedure [legal] *процедура передачи задержанного*

hand in one's resignation (vb.) [pers.manag.] *подавать заявление об увольнении*

handle (vb.) *выгружать, грузить, манипулировать, обрабатывать, обращаться, осуществлять контроль, переносить, перерабатывать, производить транспортную обработку грузов, распоряжаться, регулировать, транспортировать, управлять;* [comm.] *торговать*

handler of stolen goods [leg.pun.] *торговец краденым*

handle with care (vb.) [trans.] *обращаться с осторожностью*

handling *обработка, обращение, способ эксплуатации, уход;* [trans.] *маневрирование, обслуживание, перемещение грузов, переработка грузов, погрузочно-разгрузочные работы*

handling (HDLG) *погрузочно-разгрузочные работы*

handling charge *плата за погрузочно-разгрузочные работы;* [trans.] *плата за обработку грузов, плата за перевалку грузов, плата за перегрузку*

handling charges *плата за транспортную обработку груза*

handling costs *стоимость погрузочно-разгрузочных работ*

handling stolen goods [leg.pun.] *укрывательство похищенного*

handling time *время перемещения, время переработки, время транспортировки*

hand luggage [trans.] *ручная кладь*

hand-made (adj.) *ручной работы*

handout *бесплатный образец товара, пробный образец товара, проспект, рекламная листовка*

hand-outs *милостыня*

handover *поставка*

hand over (vb.) *вручать, передавать, поставлять*

handover test *пробная поставка*

hands-off investor *вкладчик с пассивным сальдо*

hands-on experience *практический опыт*

hands-on investor *вкладчик с активным сальдо*

handwriting *почерк, рукопись*

handwritten copy *рукописный экземляр*

hang together (vb.) *держаться вместе, поддерживать друг друга*

Hansard [parl.] *официальный отчет о заседаниях парламента Великобритании*

happen (vb.) *иметь место, происходить, случаться*

harakiri bond [stock] *очень рискованная облигация*

harass (vb.) *беспокоить, тревожить*

harassment *беспокойство, забота, раздражение*

harbour [nav.] *гавань, порт*

harbour administration [nav.] *управление порта*

harbour dues [nav.] *портовые сборы*

harbour fees [nav.] *портовые сборы*

harbour police [nav.] *портовая полиция*

hard (adj.) *жесткий, твердый, трудный, тяжелый*

hard cash *наличные деньги*

hard copy [comp.] *документальная копия;* [print.] *печатная копия*

hard-core unemployment [empl.] *хроническая безработица*

hard currency [monet.trans.] *конвертируемая валюта, твердая валюта*

hard disk [comp.] *жесткий диск*

hardening *повышение, стабилизация*

hard labour [leg.pun.] *каторжные работы, принудительный труд*

hard money *деньги с высокой покупательной силой, наличные деньги;* [monet.trans.] *металлические деньги*

hardship   *нужда*

hardship allowance   [pers.manag.] *социальное пособие*

hardship clause   [legal] *необоснованное условие, несправедливое условие*

hardships   *лишения, неприятности, трудности*

hard terms   *жесткие условия*

hard up, be (vb.)   *испытывать финансовые затруднения*

hardware   *готовые изделия, скобяные изделия;* [comp.] *аппаратное оборудование, аппаратные средства, аппаратура, технические средства*

hardware error   [comp.] *аппаратная ошибка*

hardware factory   *завод скобяных изделий*

hardware fault   [comp.] *аппаратная ошибка*

hard work   [empl.] *тяжелая работа*

harm   *повреждение, убыток, ущерб*

harm (vb.)   *наносить ущерб, причинять вред*

harmful (adj.)   *вредный, опасный, пагубный*

harmful event   *опасное событие*

harmful exposure   *опасное воздействие*

harmful substance   *вредное вещество*

harmful to community (adj.)   *вредный для общества, наносящий ущерб обществу*

harmful to the community   *вредный для общества, наносящий ущерб обществу*

harmless (adj.)   *безвредный, безопасный*

harmless warrant   [exc.] *гарантия от нанесения ущерба*

harmonious (adj.)   *гармоничный*

harmonization   *гармонизация, достижение согласования, координация, улаживание разногласий*

harmonization deduction   [soc.] *скидка для согласованного налогообложения*

harmonization efforts   *усилия для устранения разногласий*

harmonization of accounting practices   *унификация бухгалтерской отчетности*

harmonization of laws   *согласование законодательства*

harmonization of regulations   *согласование норм и правил*

harmonization of systems of company taxation   *согласование систем налогообложения компаний*

harmonization problem   [ec.] *проблема согласования*

harmonize (vb.)   *гармонизировать, приводить в соответствие, сглаживать противоречия, согласовывать, улаживать разногласия*

harmonized standard   *согласованный стандарт*

harmonized standards   *согласованные стандарты*

harmony   *взаимное соответствие, согласованность, соразмерность*

harvest   *уборка урожая, урожай*

harvest (vb.)   *собирать урожай*

harvest loss   *потери при уборке урожая*

hash total   [comp.] *контрольная сумма (всего массива данных)*

hasten (vb.)   *торопить, ускорять, форсировать*

hasty (adj.)   *опрометчивый, поспешный*

hasty judgment   *опрометчивое суждение, поспешный вывод*

hatch (vb.)   *штриховать;* [print.] *гравировать*

haulage   [ind.ec.] *стоимость перевозки;* [trans.] *буксировка, перевозка, плата за буксировку, плата за перевозку, плата за транспортировку, подвозка, стоимость доставки, фрахт*

haulage capacity   [trans.] *сила тяги*

haulage contractor   [trans.] *фрахтователь*

haulage distance   [trans.] *расстояние перевозки*

haulage note   [trans.] *извещение о транспортировке*

haulier   [trans.] *фрахтователь*

hauling costs [trans.] *транспортные расходы*

hauling expense [trans.] *транспортные расходы*

have a claim to (vb.) *получать иск, получать претензию*

have a credit balance (vb.) *иметь кредитовое сальдо, иметь кредитовый баланс, иметь отрицательное сальдо*

have a majority (vb.) *иметь большинство*

have a monopoly on (vb.) *обладать монополией*

have an equity stake in (vb.) *быть кровно заинтересованным, иметь законный интерес*

have an opportunity to see (vb.) [media] *иметь возможность наблюдать*

have an unfavourable balance (vb.) [calc.] *иметь пассивный баланс;* [ec.] *иметь отрицательный баланс*

have a record *иметь репутацию*

have a right of audience (vb.) [legal] *обладать правом на аудиенцию*

have a right to (vb.) *иметь право*

have a strong case (vb.) *иметь убедительное доказательство*

have delivered (vb.) *получить*

have double employment (vb.) [empl.] *быть занятым на двух работах*

have electoral capacity (vb.) [parl.] *иметь возможность быть избранным, иметь шансы на избрание*

have in stock (vb.) *иметь в запасе*

have interests (vb.) [bus.organ.] *иметь интересы в деле*

have jurisdiction in relation to a judgment (vb.) [legal] *иметь законное право выносить судебное решение по делу*

have jurisdiction in relation to judgment (vb.) *иметь законное право выносить судебное решение по делу*

have no case (vb.) *не иметь возможности*

have notice of (vb.) [legal] *получать извещение, получать предупреждение, получать уведомление*

have one's claim sustained (vb.) [legal] *получать поддержку суда при подаче иска*

have recourse (vb.) [legal] *получать возмещение ущерба, получать право регресса*

have repercussions (vb.) *иметь результаты, испытывать влияние, ощущать последствия*

have right to *иметь право на*

have rooms (vb.) [r.e.] *снимать помещение*

have secondary employment (vb.) [empl.] *иметь вторую работу*

have the driving licence suspended (vb.) *временно лишиться водительских прав*

have to one's credit (vb.) *пользоваться доверием*

having local knowledge *обладание местной известностью*

hazard *опасность;* [ins.] *риск*

hazard control *контроль степени риска*

hazard of risk *степень риска*

hazard of the risk *степень риска*

hazardous (adj.) *рискованный*

hazardous cargo [nav.] *опасный груз*

hazardous occupation [empl.] *опасная профессия*

hazardous substance *опасное вещество*

HDLG (handling) [trans.] *обработка грузов*

head *глава, лицевая сторона монеты, начальник;* [pers.manag.] *руководитель*

head (vb.) *возглавлять, руководить, управлять*

head (adj.) *главный, старший*

head cashier *главный кассир, кассир-контроллер*

head clerk [pers.manag.] *старший конторский служащий*

header [comp.] *заголовок, рубрика*

header record [comp.] *запись-заголовок, паспортная запись*

headhunter [pers.manag.] *лицо, дискредитирующее своих противников*

headhunting [pers.manag.] *дискредитация*

heading *статистическая группировка под данным заголовком;* [cust.] *указательная надпись;* [doc.] *категория, классификационный признак, рубрика;* [print.] *заголовок*

headline [print.] *заголовок*

headnote *краткое введение;* [legal] *вступительные замечания, краткое изложение основных вопросов по решенному делу*

head of agency *руководитель агентства*

head of department *заведующий отделом, начальник отдела*

head of division *заведующий отделом;* [manag.] *начальник отдела*

head of family *глава семьи*

head office *главная контора, управление*

head officer [pers.manag.] *руководитель*

head of forwarding section [warch.] *заведующий секцией отправки грузов*

head of household *глава хозяйства*

head of receiving office [wareh.] *заведующий конторой по приемке грузов*

head of section *начальник отдела, руководитель группы;* [pers.manag.] *начальник сектора*

head of state *глава государства*

head of unit *руководитель подразделения*

head post office [post] *главный почтамт*

headquarters (HQ) *главная квартира, главное управление, штаб-квартира*

head receptionist *руководитель приемной, руководитель секретариата*

heads of state and government *главы государств и правительств*

head tax [tax.] *подушный налог*

health *здоровье*

health and accident insurance [ins.] *страхование от болезней и несчастных случаев*

health and welfare plan [ins.] *система страхования от болезней и несчастных случаев*

health authority *орган здравоохранения*

health care sector *сектор здравоохранения*

Health Care Society *общество здравоохранения*

Health Care Society, the *общество охраны здоровья*

health certificate *свидетельство о состояния здоровья*

health declaration [ins.] *справка о состоянии здоровья*

health examination *медицинское освидетельствование*

health hazard *опасность для здоровья*

health inspection *медицинский осмотр*

health insurance [ins.] *страхование от болезней*

health insurance certificate [soc.] *страховое свидетельство о состоянии здоровья*

health insurance contribution [ins.] *взнос при страховании здоровья*

health insurance fund [ins.] *фонд страхования здоровья*

health insurance society [ins.] *общество страхования здоровья*

health regulations *устав общества страхования здоровья*

health service *служба здравоохранения*

healthy (adj.) *здоровый*

healthy competition *здоровая конкуренция*

healthy economy *здоровая экономика*

hear (vb.) [legal] *разбирать дело, слушать дело*

hear a case (vb.) [legal] *разбирать дело, слушать дело*

hear evidence (vb.) [legal] *заслушивать свидетельские показания*

hearing *слушание дела;* [legal] *разбирательство дела, судебная процедура, судебное заседание, судопроизводство;* [leg.pun.] *допрос*

hearing in camera [legal] *закрытое судебное заседание, судебное заседание при закрытых дверях*

hearing in open court   [legal] *открытый судебный процесс*

hearing of a case   [legal] *слушание дела в суде, судебное разбирательство;* [leg.pun.] *судебное заседание*

hearing of a witness   [legal] *заслушивание свидетеля*

hearing of the case   [legal] *слушание дела*

hearing of the case, the   *слушание дела*

hearing of the principal matter   [legal] *заслушивание основного вопроса*

hearsay   *молва, слух*

hearsay evidence   [legal] *доказательства, основанные на слухах, показания с чужих слов*

heat consumption   *потребление тепла*

heating account   [calc.] *счет за отопление*

heating accounts   *счета за отопление*

heating bill   *счет за отопление*

heating consultant   *консультант по отоплению*

heating planning   *планирование отопления*

heat supply   *теплоснабжение*

heavily indebted   *имеющий большую задолженность*

heavily taxed   [tax.] *обложенный большим налогом*

heavy (adj.)   *значительный, крупный, обильный, обременительный, сильный, тяжелый*

heavy bill   *счет на большую сумму*

heavy cargo   [nav.] *тяжелый груз*

heavy debt   *большая задолженность*

heavy deficit   [calc.] *острый дефицит*

heavy-face type   [print.] *жирный шрифт*

heavy financial commitment   *обременительное финансовое обязательство*

heavy fine   [leg.pun.] *крупный штраф*

heavy goods firm   *фирма, изготавливающая крупногабаритные изделия*

heavy increase   *резкое увеличение*

heavy industry   *тяжелая промышленность*

heavy lift   [trans.] *перевозка тяжелых грузов*

heavy-priced security   [stock] *ценные бумаги с более высоким курсом по сравнению с общим уровнем*

heavy responsibility   *большая ответственность*

heavy speculator   [exc.] *крупный биржевой игрок*

heavy user   [mark.] *крупный потребитель*

heavy work   [empl.] *тяжелая работа*

hedge   [exc.] *хедж, хеджирование*

hedge (vb.)   [exc.] *ограждать от потерь, страховать от потерь, хеджировать*

hedge against inflation   *страхование от инфляции*

hedge against inflation (vb.)   *страховаться от инфляции*

hedge buying   [exc.] *покупка впрок из опасения роста цен*

hedge one's losses (vb.)   *ограждать себя от убытков*

hedge selling   [exc.] *продажа для защиты от убытков*

hedging   [exc.] *ограждение от потерь, страхование от потерь, хеджирование*

hedging clause   [legal] *пункт о страховании от потерь*

hedging gain   [exc.] *выигрыш от хеджирования*

hedging gains   *выгода от хеджирования, доходы от хеджирования*

hedging of interest rate risks   [exc.] *защита от рисков, влияющих на процентную ставку*

hedging scheme   [exc.] *система хеджирования*

hedging transaction   [exc.] *хедж*

height   *высота*

heir   [suc.] *наследник*

heir at law   [suc.] *наследник по закону*

heir by will   [suc.] *наследник по завещанию*

heiress [suc.] *наследница*

heir in intestacy [suc.] *наследник при отсутствии завещания*

heirless farm [legal] *фирма, не имеющая наследника*

heirless property [legal] *собственность, не имеющая наследника*

heirloom *фамильная вещь;* [suc.] *фамильная ценность*

heir presumptive [legal] *предполагаемый наследник*

held [legal] *решено*

held liable, be (vb.) [ec.] *нести ответственность*

held liable for damages, be (vb.) [legal] *нести ответственность за ущерб*

held on trust [legal] *управляемый по доверенности*

held on trust, be (vb.) *быть управляемым по доверенности*

HELIBOR (Helsinki interbank offered rate) *межбанковская ставка предложения на денежном рынке Хельсинки*

HELIBOR (Helsinki Inter-Bank Offered Rate) [bank.] *межбанковская ставка предложения на денежном рынке Хельсинки*

help *поддержка, помощник, помощь, средство*

help (vb.) *оказывать помощь, поддерживать, помогать*

help along (vb.) *содействовать, способствовать*

helper *помощник*

helpful (adj.) *полезный*

help oneself *брать себе, выбирась, помочь самому себе, стащить, угощаться чем-л., украсть*

Helsinki interbank offered rate (HELIBOR) [bank.] *межбанковская ставка предложения на денежном рынке Хельсинки*

Helsinki Inter-Bank Offered Rate (HELIBOR) [bank.] *межбанковская ставка предложения на денежном рынке Хельсинки*

hemline theory [exc.] *теория 'длины дамских юбок' (шуточная теория о том, что цены акций движутся в одном направлении с длиной дамских юбок)*

henceforth [legal] *впредь*

henceforward [legal] *впредь*

henchman *приверженец, сторонник*

hereafter [legal] *в дальнейшем, впредь*

hereinafter [legal] *в дальнейшем, впредь, ниже*

heritable (adj.) *наследственный, наследуемый*

hesitant (adj.) *колеблющийся, нерешительный, сомневающийся*

hesitation *колебание, нерешительность, сомнение*

hessian [pack.] *мешочная ткань*

heterogeneity *неоднородность, разнородность*

heterogeneous *неоднородный, разнородный*

heterogeneous market *неоднородный рынок*

heterogeneous products *разнородная продукция*

heuristic method *эвристический метод*

H/H (house/house) [trans.] *'от двери до двери' (вид доставки)*

hiccup [exc.] *внезапное небольшое отклонение конъюнктуры в противоположную сторону от долгосрочной тенденции*

hidden *скрытый*

hidden damage (adj.) *скрытый ущерб*

hidden defect *скрытый дефект*

hidden dividend [bus.organ.] *скрытая прибыль*

hidden economy *теневая экономика*

hidden reserve *скрытый резерв*

hidden tax [tax.] *скрытый налог*

hide (vb.) *прятать, скрывать*

hierarchical data base [comp.] *база иерархических данных*

hierarchy *иерархия*

high *высшая точка, максимум*

high business activity [pol.ec.] *высокая деловая активность*

High Court [legal] *высокий суд, суд первой инстанции*

High Court (in Hong Kong) [legal] *апелляционный суд Гонконга, суд первой инстанции Гонконга*

High Court attorney   [legal] *присяжный поверенный в суде первой инстанции*

High Court in Hong Kong   [legal] *апелляционный суд Гонконга, суд первой инстанции Гонконга*

High Court judge   [legal] *судья в суде первой инстанции*

High Court judgment   [legal] *приговор суда первой инстанции*

High Court of Justice   [legal] *Высокий суд правосудия (Великобритания)*

High Court sentence   [leg.pun.] *приговор суда первой инстанции*

high-density/low-rise building   [plan.] *малоэтажное жилищное строительство с большой плотностью застройки*

higher commercial examination   *главная торговая инспекция*

higher degree of self-determination   *высокая степень самоопределения*

higher-ranking mortgage   [legal] *закладная более высокого порядка*

higher rate income tax   [tax.] *высокая ставка подоходного налога*

higher rate of tax   [tax.] *высокая ставка налога*

higher turnover   [ind.ec.] *большой товарооборот*

higher-value-added product   *продукция с более высокой добавленной стоимостью*

highest average method   [stat.] *метод наибольшего среднего*

highest bidder   *лицо, предлагающее самую высокую цену*

highest bidder, sell to the (vb.) *продавать тому, кто назначает самую высокую цену*

highest quotation   [exc.] *наивысшая котировка*

high finance   *крупный финансовый капитал*

high flyer   *опасная биржевая авантюра*

high flyers   [exc.] *спекулятивные акции, отличающиеся высокими ценами или их резким подъемом*

high grade article   *товар высокого качества*

high interest rate policy   *политика высоких процентных ставок*

high-level conference   [EEC] *конференция на высоком уровне*

high-level language   [comp.] *язык высокого уровня*

highlight (vb.) *выдвигать на первый план, придавать большое значение*

highlighted text   [print.] *выделенный текст*

highlighting   *выдвижение на первый план, привлечение внимания;* [comp.] *выделение информации на экране*

highlights   [book-keep.] *важные статьи бухгалтерского учета*

highly capitalized   *с большой капиталоемкостью*

highly labour intensive   *с большой трудоемкостью*

highly leveraged   *с преобладанием в капитале предприятия ценных бумаг с фиксированным доходом*

highly liquid bond   [stock] *ценная бумага, пользующаяся высоким спросом*

highly overrated   *с чрезмерно завышенной ставкой*

highly recommend (vb.) *давать отличную рекомендацию*

high politics   *высокая политика*

high-priced (adj.) *дорогостоящий*

high-priced security   [stock] *высоко котирующаяся ценная бумага*

high-priced shares   [stock] *акции с высоким уровнем рыночных цен*

high-ranking (adj.) *высокопоставленный*

high-ranking official   *высокопоставленное официальное лицо, высокопоставленный чиновник*

high rate of real interest   *высокая реальная процентная ставка*

high-rise apartment building   *многоэтажный жилой дом*

high-rise building   *многоэтажный дом*

high-risk investment   *рискованные вложения в ценные бумаги*

high roller   *крупный игрок*

high school   [syst.ed.] *средняя школа*

high school degree   [syst.ed.] *диплом об окончании средней школы*

high seas   *открытое море*

high season *сезон высокого спроса*

high standing, of *имеющий высокую репутацию, на хорошем счету, пользующийся большим уважением*

high street shop *магазин на оживленной улице*

high-technology equipment *высокотехнологичное оборудование*

high-technology industry *промышленность с высоким уровнем технологии*

high-water damage [ins.] *ущерб, причиненный паводком*

highway *автомагистраль, автострада*

highway authority *дорожное ведомство, дорожное управление*

highway code *правила дорожного движения*

highway transport [trans.] *автомобильный транспорт*

high-yield bond [stock] *облигация с высоким доходом*

hijack (vb.) *захватывать самолет, захватывать судно*

hijacker *воздушный пират, террорист, захвативший заложников*

hijacking *захват заложников, захват самолета, захват судна*

hinder (vb.) *мешать, препятствовать, служить помехой*

hindrance *помеха, препятствие*

hindsight *непредусмотрительность*

hindsight, in *вследствие непредусмотрительности*

hinterland [comm.] *глубинка, отдаленная часть страны*

hire *наем, плата за наем, плата за прокат, прокат, сдача внаем, сдача напрокат*

hire (vb.) *снимать квартиру;* [pers.manag.] *брать на прокат, нанимать на работу*

hire of property *сдача имущества напрокат*

hire out (vb.) *сдавать внаем*

hire purchase [legal] *переход в собственность взятого напрокат предмета, покупка в рассрочку*

hire purchase company *компания, продающая товары в рассрочку*

hire purchase contract [legal] *контракт о продаже в рассрочку*

hirer *лицо, берущее напрокат;* [legal] *наниматель*

hirer (of movables) [legal] *лицо, берущее напрокат движимое имущество*

hirer of movables [legal] *лицо, берущее напрокат движимое имущество*

hirer out *лицо, сдающее внаем*

hiring [pers.manag.] *наем*

hiring out *прекращение договора о найме*

his behalf, on *от его имени, от его лица*

his option, at *по его инициативе*

historical cost [ind.ec.] *первоначальная стоимость, стоимость приобретения*

historical cost system [calc.] *калькуляция на основе фактических издержек производства*

history of commerce *история развития торговли*

hit *удача, успех*

hit-and-run driver [leg.pun.] *водитель, избежавший ответственности за дорожно-транспортное происшествие*

HKD (Hong Kong dollar) [monet.trans.] *гонконгский доллар*

HKFE (Hong Kong Futures Exchange) [exc.] *Срочная биржа Гонконга*

hoard (vb.) *запасать, накапливать, припрятывать, тезаврировать*

hoarder *тезавратор*

hoarding *накопление, расклейка рекламных объявлений на щитах, тезаврация*

hobby *любимое занятие, увлечение, хобби*

hobby computer [comp.] *вычислительная машина для любительского использования*

hold *удерживание;* [nav.] *трюм*

hold (vb.) *быть владельцем, владеть, держать, полагать, сохранять, считать, удерживать;* [legal] *выносить приговор, выносить решение, устанавливать;* [wareh.] *содержать*

hold a meeting (vb.) *проводить встречу*

hold an interest in (vb.) *быть заинтересованным*

hold a position of employment (vb.) [pers.manag.] *сохранять рабочее место*

hold a post (vb.) *занимать должность, занимать пост*

holdback *препятствие*

hold by way of security (vb.) *быть владельцем ценных бумаг*

hold cargo [nav.] *груз в трюме*

holder *арендатор, владелец, держатель*

holder in due course [legal] *законный владелец*

holder of a conveyance *держатель документа о передаче в собственность*

holder of a deed of conveyance [r.e.] *держатель документа о передаче в собственность*

holder of a deed of transfer [r.e.] *держатель документа о передаче в собственность*

holder of a lien [legal] *обладатель залогового права*

holder of a mortgage [r.e.] *владелец закладной*

holder of an unsatisfied mortgage [legal] *держатель неисполненной закладной*

holder of a patent [pat.] *владелец патента, держатель патента*

holder of a power of appointment [legal] *обладатель доверенности на распределение наследственного имущества*

holder of a power of attorney [legal] *обладающий правами доверенного лица*

holder of a right [legal] *обладатель права*

holder of conveyance *держатель документа о передаче в собственность*

holder of debt securities [stock] *держатель долговых свидетельств, держатель облигаций*

holder of debt security [stock] *держатель ценной бумаги, представляющей собой долговое свидетельство*

holder of deed of conveyance *держатель документа о передаче в собственность*

holder of deed of transfer *держатель документа о передаче в собственность*

holder of lien *обладатель залогового права*

holder of mortgage *владелец закладной*

holder of patent *владелец патента, держатель патента*

holder of power [legal] *законный представитель*

holder of power of appointment *обладатель доверенности на распределение наследственного имущества*

holder of power of attorney *обладающий правами доверенного лица*

holder of right *обладатель права*

holder of unsatisfied mortgage *держатель неисполненной закладной*

hold free elections by secret ballot (vb.) *проводить свободные выборы путем тайного голосования*

hold-harmless clause [legal] *статья договора, не ограничивающая договаривающуюся сторону, статья договора, не содержащая ущерба для договаривающейся стороны*

hold in custody (vb.) [leg.pun.] *содержать под стражей*

holding *авуары, арендованная недвижимость, держание, запас, судебное решение;* [bus.organ.] *доля в совместном капитале;* [ind.ec.] *предприятие, контролируемое холдинг-компанией;* [stock] *арендованное имущество, арендованный участок земли, вклады, пакет акций;* [wareh.] *склад, хранилище*

holding(s) *авуар(ы), вклад(ы)*

holding(s) of bonds *владение облигациями, пакет облигаций*

holding(s) of debentures *владение облигациями, пакет облигаций*

holding(s) of securities *портфель ценных бумаг*

holding(s) of shares *владение акциями, пакет акций, портфель акций*

holding company [bus.organ.] *компания-держатель, материнская компания, холдинг-компания*

holding of an election   [parl.] *проведение выборов*
holding of bonds   [stock] *владение облигациями*
holding of debentures   [stock] *владение облигациями акционерного общества*
holding of election   *проведение выборов*
holding of securities   [calc.] *владение ценными бумагами;* [stock] *портфель ценных бумаг*
holding of shares   *пакет акций;* [stock] *владение акциями*
holdings   [calc.] *авуары, вклады*
holdings of Danish kroner   *вклады в датских кронах*
holdings of gold   *золотой запас, золотой резерв*
hold in stock (vb.)   [wareh.] *хранить на складе*
hold in trust (vb.)   [legal] *владеть на началах доверительной собственности*
hold liable (vb.)   [legal] *обязывать*
hold office (vb.)   [pers.manag.] *исполнять обязанности*
hold on to (vb.)   *держаться за*
hold on trust (vb.)   [legal] *владеть на началах доверительной собственности*
hold out someone to be (vb.)   [legal] *предлагать кого-либо в качестве*
hold responsible (vb.)   *быть ответственным*
hold shares (vb.)   *владеть акциями*
hole   *отверстие*
hole puncher   *перфоратор, праздничный день*
holiday   *неприсутственный день, нерабочий день;* [empl.] *отпуск, праздничный день*
holiday (cash) bonus   [pers.manag.] *отпускное вознаграждение наличными*
Holiday Act   *закон о времени отдыха*
holiday allowance   *отпускное вознаграждение*
holiday benefit   *отпускное вознаграждение*
holiday bonus   *отпускное вознаграждение*
holiday cash bonus   [pers.manag.] *отпускное вознаграждение наличными*
holiday fund   *отпускной фонд*
holiday house   *загородный дом*
holiday list   [pers.manag.] *список отпусков*
holiday pay   *отпускное вознаграждение, плата за работу в выходной день;* [pers.manag.] *плата за работу в праздничный день*
holiday payment   *отпускное вознаграждение*
holiday premium   *отпускное вознаграждение*
holiday salary   *отпускное вознаграждение*
holiday wages   *отпускное вознаграждение*
holiday without pay   *отпуск без сохранения содержания*
holiday with pay   *отпуск с сохранением содержания*
hollowing out   *опустошение*
hollow out (vb.)   *опустошать*
hollowware industry   *производство посуды*
holograph   [legal] *собственноручно написанный документ*
holographic will   [legal] *собственноручно написанное завещание*
home   *жилище, местного производства, место жительства, отечественного производства;* [r.e.] *дом*
home (adj.)   *внутренний, домашний, отечественный*
home, at   *дома*
home address distribution   [mark.] *рассылка по домашним адресам*
home banking   [bank.] *внутренние банковские операции*
home computer   *бытовая вычислительная машина;* [comp.] *вычислительная машина для домашнего использования*
home consumption   [calc.] *внутреннее потребление;* [pol.ec.] *потребление внутри страны*
home counties   *графства, окружающие Лондон*
home country   *внутренняя часть страны, отечество, родина*

home country control   *контроль внутри страны*
home deliver (vb.)   [mark.] *доставка на дом*
home demand   [pol.ec.] *внутренний спрос*
home equity   [r.e.] *собственный капитал*
home-foreign insurance   [ins.] *страхование по переписке*
home help   [soc.] *помощь на дому*
home help scheme   [soc.] *система помощи на дому*
homeless (adj.)   *бездомный*
home loan   *внутренний заем*
home market   *внутренний рынок*
home market credit facility   [bank.] *источник кредитования внутреннего рынка*
home market scheme   *структура внутреннего рынка*
home market share   *доля на внутреннем рынке*
home nursing   [soc.] *сестринское обслуживание на дому*
home office   *главная контора фирмы*
Home Office   *министерство внутренних дел (Великобритания)*
homeowner   [r.e.] *домовладелец*
homeownership savings   [bank.] *сбережения от домовладения*
homeownership savings account   [bank.] *счет сбережений от домовладения*
homeownership savings contract   [bank.] *договор о хранении сбережений от домовладения*
homeowners' association   *ассоциация домовладельцев*
home rule   *автономия, самоуправление*
home shopping   [mark.] *покупка товаров по месту жительства*
homestead   *мелкое крестьянское хозяйство, усадьба, ферма*
homestead association   *ассоциация фермеров*
homework   [empl.] *надомная работа*
homeworker   [empl.] *работающий на дому*
homicide   [leg.pun.] *убийство*
homogeneity   *гомогенность, однородность*
homogeneous (adj.)   *гомогенный, однородный*
homogeneous market   *однородный рынок*
homogeneous product   [prod.] *однородная продукция*
homogeneous system   *однородная система*
homogenize (vb.)   *гомогенизировать, обеспечивать однородность*
honest money   *честные деньги*
honesty   *искренность, правдивость, честность*
Hong Kong dollar (HKD)   [monet.trans.] *гонконгский доллар*
Hong Kong Futures Exchange (HKFE)   [exc.] *Срочная биржа Гонконга*
honorary (adj.)   *неоплачиваемый, почетный, работающий на общественных началах*
honorary citizen   *почетный гражданин*
honorary consul   *почетный консул*
honorary member   *почетный член*
honorary office   *почетная должность*
honorary post   *почетная должность*
honorary residence   *почетная резиденция*
honour   *почет, хорошая репутация, честь*
honour (vb.)   *выполнять обязательства, соблюдать условия, удостаивать;* [bill.] *акцептовать тратту, обеспечить банкноты металлическим покрытием, оплатить чек*
honour, on one's   *под честное слово*
honourable life, lead an (vb.)   *вести честную жизнь*
honourable mention   *лестный отзыв*
honour a cheque (vb.)   *оплачивать чек*
honour bound, in   *связанный честным словом*
honouring   [bill.] *акцептование*
honouring of a bill   [bill.] *акцептование векселя*
honouring of bill   *акцептование векселя*

honour one's acceptance (vb.) [bill.] *акцептовать свой вексель*

honours list *список получивших почётные звания в течение года*

hoodwink (vb.) *вводить в заблуждение, обманывать*

horizon *горизонт*

horizontal association *ассоциация равноправных участников*

horizontal feed [comp.] *подача в горизонтальном положении*

horizontal form [calc.] *бланк счёта*

horizontal group [ind.ec.] *группа равноправных участников*

horizontal integration [ind.ec.] *горизонтальная интеграция*

horizontal layout [calc.] *бланк счёта*

horizontal merger [ind.ec.] *горизонтальное слияние*

horse trading [sl.] *торговля скотом*

horticultural activities *садоводство*

hospice *больница для безнадёжных пациентов, хоспис*

hospital *больница, госпиталь, лечебница*

hospital and health authorities *служба здравоохранения*

hospitalization *госпитализация, помещение в больницу*

hospital order [leg.pun.] *распоряжение о принудительном помещении в больницу*

hospital services *больничное обеспечение*

host *содержатель гостиницы, хозяин*

hostage *заложник*

host bond [stock] *еврооблигация с присоединённым варрантом*

host computer [comp.] *главная вычислительная машина*

host country *приглашающая страна, принимающая страна, страна пребывания*

hostess *бортпроводница, стюардесса, хозяйка;* [rail.] *проводница*

hostile (adj.) *враждебный*

hostile bidder [exc.] *враждебно настроенный участник торгов*

hostile takeover bid [exc.] *попытка конкурента овладеть контролем над компанией путём скупки её акций, предложение о покупке контрольного пакета акций компании*

hostile tender offer [exc.] *попытка конкурента овладеть контролем над компанией путём скупки её акций, предложение о покупке контрольного пакета акций компании*

hostile to consumers (adj.) *невыгодный для потребителей*

hostile to industry (adj.) *невыгодный для промышленности*

hostile witness [legal] *свидетель, предубеждённый против выставившей его стороны*

host system [comp.] *базисная система, централизованная система*

hotel *гостиница, отель*

hotel and catering industry *гостиничное хозяйство и ресторанное дело*

hotel industry *гостиничное хозяйство*

hotel manager *управляющий гостиницей*

hot line *прямая телефонная связь между главами государств*

hot money *'горячие' деньги*

hour *час*

hourly capacity [prod.] *часовая производительность*

hourly earnings [ind.ec.] *часовой заработок*

hourly pay [empl.] *почасовая оплата*

hourly rate [empl.] *почасовая ставка, почасовой тариф*

hourly service [trans.] *почасовое обслуживание*

hourly wage [empl.] *почасовая ставка заработной платы*

hourly wage costs [ind.ec.] *затраты на почасовую заработную плату*

hourly wage index *индекс почасовой заработной платы*

hourly wage rate [empl.] *почасовая ставка заработной платы*

hours *затраты времени в человеко-часах, рабочий день;* [manag.] *приёмные часы, рабочее время, часы работы*

hours, after *после закрытия магазина*

hours of business [manag.] *рабочее время*

hours of labour   [empl.] *рабочее время*

house   *дом, жилище, квартира, семья, торговый дом;* [r.e.] *торговая фирма, хозяйство*

house (vb.)   *предоставлять жилище*

house agency   [adv.] *бюро по продаже домов*

housebreaking   [leg.pun.] *кража со взломом*

housebreaking implements   [leg.pun.] *инструменты для незаконного проникновения в помещение*

house buyer's report   [r.e.] *декларация о покупке дома*

household   [pol.ec.] *домашнее хозяйство, домоводство, семья*

household appliances   *бытовые электроприборы*

household budget   *семейный бюджет*

household comprehensive insurance   [ins.] *страхование нескольких видов домашнего имущества по одному договору*

household disposable income   [pol.ec.] *семейный доход после выплаты налогов*

household effects   *движимое имущество, домашнее имущество, домашняя обстановка, предметы домашнего обихода*

householder   *глава семьи*

householder's comprehensive policy   [ins.] *полис страхования нескольких видов домашнего имущества по одному договору*

household furniture   *домашняя обстановка, предметы домашнего обихода*

household furniture insurance   [ins.] *страхование предметов домашнего обихода*

household goods   *предметы домашнего обихода*

household income   *семейный доход*

house/house (H/H)   [trans.] *'от двери к двери' (вид доставки)*

housekeeping   *домашнее хозяйство, домоводство*

housekeeping operation   *вспомогательная операция, управляющая операция;* [comp.] *организующая операция, служебная операция*

housekeeping power   [legal] *право ведения домашнего хозяйства*

house move   [r.e.] *переезд в другой дом*

House of Commons   [parl.] *палата общин (Великобритания)*

House of Lords   [legal] *палата лордов (Великобритания)*

house of parliament   [parl.] *здание парламента*

House of Representatives   [parl.] *палата представителей (США)*

house organ   *фирменная газета, фирменный журнал*

houseowner   [r.e.] *домовладелец*

houseowners' association   [r.e.] *ассоциация домовладельцев*

houseowner's comprehensive insurance   [ins.] *комбинированное страхование домовладения*

house/pier (H/P)   [trans.] *'от дома до пристани' (вид доставки)*

house rules   *правила внутреннего распорядка*

Houses of Parliament   [parl.] *парламент (Великобритания)*

house-to-house inquiry   [mark.] *опрос населения на дому*

house-to-house sampling   [mark.] *выборочное обследование населения на дому*

house-to-house selling   [comm.] *продажа вразнос*

housing   *жилищное строительство, жилищные условия, обеспеченность жильем*

housing affected by adverse conjuncture   [ec.] *жилищное строительство под влиянием неблагоприятной конъюнктуры*

housing association   *ассоциация домостроителей*

housing committee   *комиссия по жилищному строительству;* [parl.] *комиссия по жилищному хозяйству*

housing conditions   *жилищные условия*

housing construction   *жилищное строительство*

housing construction starts   *начальные этапы жилищного строительства*

housing control   *контроль за жилищным строительством*

housing cooperative *жилищно-строительный кооператив*
housing corporation *жилищно-строительная корпорация*
housing cost *стоимость жилищного строительства*
housing demand *потребность в жилье*
housing estate *район жилой застройки*
housing field [pol.ec.] *район жилой застройки*
housing law [legal] *жилищное законодательство*
housing loan *ссуда на покупку дома*
housing mortgage fund *фонд для операций по закладным на дома*
housing needs *потребность в жилье*
housing policies *жилищная политика*
housing property *жилищная собственность*
housing requirements *потребность в жилье*
housing sector [pol.ec.] *район жилой застройки*
housing society *жилищно-строительный кооператив*
housing spokesman [parl.] *представитель комиссии по жилищному строительству*
housing stock *жилищный фонд*
housing subsidy [EEC] *субсидия на жилищное строительство;* [soc.] *дотация на жилищное строительство*
housing supervisory authority *орган контроля за жилищным строительством*
housing supplement [soc.] *дотация на жилищное строительство, субсидия на жилищное строительство*
hovercraft [trans.] *судно на воздушной подушке*
how it happened [ins.] *обстоятельства, при которых наступил страховой случай*
H/P (house/pier) [trans.] *'от дома до пристани' (вид доставки)*
HQ (headquarters) *главная квартира, главное управление, штаб-квартира*
HQ division *отделение главной конторы*
HUF (Hungarian forint) [monet.trans.] *венгерский форинт*
huge (adj.) *гигантский, огромный*
hull [mar.ins.] *корпус судна*
hull insurance [mar.ins.] *страхование корпуса судна*
hull insurer [mar.ins.] *страхователь корпуса судна*
hull policy [mar.ins.] *полис страхования корпуса судна*
human capital [pol.ec.] *человеческий капитал*
Humanist Party [pol.] *Партия гуманистов*
humanitarian collection *сбор средств на гуманитарную помощь*
human labour *человеческий труд*
human life *человеческая жизнь*
human resources *людские ресурсы*
human right *право человека*
human rights *права человека*
hundredth *сотая часть*
Hungarian forint (HUF) [monet.trans.] *венгерский форинт*
hung jury [leg.pun.] *присяжный, не согласный с предложенным приговором, состав присяжных, не пришедший к единому мнению*
hunting liability insurance [ins.] *страхование гражданской ответственности на охоте*
hurdle rate [ind.ec.] *минимально приемлемая ставка*
husband *муж, супруг*
hybrid *гибрид*
hybrid (adj.) *гибридный, смешанный*
hybrid computer [comp.] *аналого-цифровая вычислительная машина, гибридная вычислительная машина*
hybrid network *гибридная сеть*
hydrocarbon allowance [tax.] *дополнительный налог за выбросы углеводородов в окружающую среду*

hydrocarbon deposit   *выбросы углеводородов в окружающую среду*
hydrocarbon extraction   *добыча углеводородных топлив*
hydrocarbon revenue   *доходы от продажи углеводородных топлив*
hydrocarbon tax   [tax.] *налог за выбросы углеводородов в окружающую среду*
hygiene   *гигиена*
hyperinflation   *галопирующая инфляция;* [pol.ec.] *гиперинфляция*
hyphenation program   [comp.] *программа автоматического переноса слов*
hypothecate (vb.)   *закладывать недвижимость, обременять ипотечным залогом*
hypothecated ship   [nav.] *судно, под которое взят залог*
hypothecation   *ипотека, ипотечный залог, обеспечение ипотеки*
hypothecator   *лицо, помещающее имущество в заклад*
hypothesis   *гипотеза, предположение*
hypothetical (adj.)   *гипотетический*
hypothetical intent   [leg.pun.] *предполагаемое намерение*

i.a. (inter alia) *между прочим*

IADB (Inter-American Development Bank) *Межамериканский банк развития*

IAEA (International Atomic Energy Agency) *МАГАТЭ (Международное агенство по атомной энергии), МАГАТЭ (Международное агентство по атомной энергии)*

IASC (International Accounting Standards Committee) *Международный комитет стандартов по бухгалтерскому учету*

IATA (International Air Transport Association) *МАВТ (Международная ассоциация воздушного транспорта)*

IBA (International Bar Association) *МАА (Международная ассоциация адвокатов)*

IBF (International Banking Facilities) [bank.] *международные банковские зоны в США*

ibid. (ibidem) [doc.] *в том же месте*

IBRD (International Bank for Reconstruction and Development) *МБРР (Международный банк реконструкции и развития)*

ICAO (International Civil Aviation Organization) *ИКАО (Международная организация гражданской авиации)*

ICC (International Chamber of Commerce) *МТП (Международная торговая палата)*

ICCH (International Commodities Clearing House) *Международная товарная расчетная палата*

ice clause [ins.] *оговорка о ледовой обстановке*

Iceland krone (ISK) [monet.trans.] *исландская крона*

I certify this to be a true copy *я удостоверяю, что эта копия верна, я удостоверяю подлинность этой копии*

ICFTU (International Confederation of Free Trade Unions) *МКСП (Международная конфедерация свободных профсоюзов)*

ICRC (International Committee of the Red Cross) *МККК (Международный комитет Красного Креста)*

IDA (International Development Association) *МАР (Международная ассоциация развития)*

IDB (industrial development bond) [stock] *облигация промышленного развития*

ID card *документ, удостоверяющий личность, удостоверение личности*

ID code (identification code) [exc.] *идентификационный код*

idea *идея, понятие*

ideas man [adv.] *носитель идей*

identical (adj.) *идентичный, одинаковый, сходный, тождественный, тот же самый*

identifiable (adj.) *идентифицируемый, поддающийся опознанию*

identifiable assets [calc.] *идентифицируемые активы*

identification *идентификация, определение, отождествление, установление подлинности*

identification, against *после установления подлинности*

identification and application, against *после установления подлинности и подачи личного заявления*

identification code (ID code) [exc.] *идентификатор, идентифицирующий код*

identification data *идентифицирующие данные*

identification label *опознавательная бирка*

identification paper *документ, удостоверяющий личность*

identification parade [leg.pun.] *опознание преступника среди нескольких лиц, очная ставка*

identification provision *положение об установлении подлинности*

identified capital movement *движение идентифицированного капитала*

identified goods [legal] *индивидуализированные товары*

identified need *личная потребность*

identifier [comp.] *идентификатор*

identify (vb.) *идентифицировать, опознавать, отождествлять*

identify a suspect (vb.) [leg.pun.] *устанавливать личность подозреваемого лица*

identifying witness [legal] *свидетель для опознания*

identity *идентичность*

identity card *документ, удостоверяющий личность, пропуск, удостоверение личности*

identity number [rail.] *идентификационный номер*

id est (i.e.) *то есть*

idle (adj.) *бездействующий, неработающий, простаивающий, свободный;* [empl.] *безработный, незанятый, неиспользуемый*

idle balances [calc.] *неиспользуемые денежные суммы*

idle capacity [ind.ec.] *избыточная производственная мощность;* [prod.] *неиспользуемая производственная мощность, резерв производственной мощности*

idle capacity cost [ind.ec.] *стоимость резерва производственной мощности*

idle capital [fin.] *мертвый капитал, неиспользуемый капитал*

idle facilities cost [ind.ec.] *стоимость бездействующих производственных мощностей*

idle money *неинвестированные деньги, неиспользуемые деньги, свободный капитал, тезаврированные деньги*

idleness *бездействие, бесплодность, бесполезность, незанятость, простой, свободное время*

idle period *нерабочий период, простой;* [nav.] *перерыв в работе, период бездействия*

idle property [ind.ec.] *неиспользуемая собственность*

idler *бездельник*

idle rumour *неподтвержденный слух*

idle threat *пустая угроза*

idle time *нерабочий период, перерыв в работе, период бездействия, простой*

i.e. (id est) *то есть*

i.e. (that is) *то есть*

IEP (Irish pound) [monet.trans.] *ирландский фунт*

IFAC (International Federation of Accountants) *МФБ (Международная федерация бухгалтеров)*

IFAD (International Fund for Agricultural Development) *МФРСХ (Международный фонд развития сельского хозяйства)*

IFC (International Finance Corporation) *МФК (Международная финансовая корпорация)*

if need be *в случае необходимости, если нужно, если потребуется*

if not *если не*

if so *в таком случае, если это так*

if the worst comes to the worst *в самом худшем случае*

ignominious (adj.) *позорный*

ignorance *невежество, незнание, неосведомленность*

ignorance of law [legal] *незнание права, юридическая ошибка*

ignorance of the law [legal] *незнание права, юридическая ошибка*

ignore (vb.) *игнорировать, не обращать внимания, отклонять жалобу*

ILC (International Law Commission) *КМП (Комиссия международного права)*

ill-considered legislation [legal] *плохо разработанное законодательство, правовая небрежность*

illegal (adj.) *запрещенный, незаконный, нелегальный, неправомерный, несанкционированный, противозаконный, противоправный*

illegal action [legal] *противозаконное действие*

illegal arms dealer   [leg.pun.] *нелегальный торговец оружием*

illegal arms trade   [leg.pun.] *нелегальная торговля оружием*

illegal character   *запрещенный знак;* [comp.] *запрещенный символ*

illegal contract   [legal] *противоправный договор*

illegal immigration   [legal] *незаконная иммиграция*

illegality   [leg.pun.] *незаконность, нелегальность, неправомерность, противозаконность*

illegal market   *нелегальный рынок, черный рынок*

illegal possession   [leg.pun.] *несанкционированное владение*

illegal practice   [legal] *запрещенная практика*

illegal practices at elections   [parl.] *незаконные действия во время выборов*

illegal strike   [empl.] *незаконная забастовка, неофициальная забастовка*

illegal transaction   *противозаконная сделка*

illegal work stoppage   [empl.] *противозаконное прекращение работы*

illegitimacy   *незаконность, нелогичность, непоследовательность;* [law.dom.] *незаконнорожденность;* [leg.pun.] *неузаконенность*

illegitimate (adj.)   *необоснованный, неузаконенный;* [law.dom.] *внебрачный, незаконнорожденный;* [leg.pun.] *незаконный*

illegitimate child   [law.dom.] *внебрачный ребенок, незаконнорожденный ребенок*

ill-gotten gain   *доход, полученный нечестным путем*

illicit (adj.)   *недозволенный, противозаконный;* [leg.pun.] *запрещенный, незаконный, противоправный*

illicit market   *нелегальный рынок, черный рынок*

illicitness   *незаконность;* [leg.pun.] *противоправность*

illicit possession   [leg.pun.] *незаконное владение*

illicit trading practices   [leg.pun.] *незаконные методы торговли*

illicit traffic   [leg.pun.] *запрещенное движение транспорта, незаконное движение транспорта*

illiquid (adj.)   *неясный, юридически не обоснованный*

illiquid claim   [legal] *юридически не обоснованный иск*

illiquidity   *отсутствие ликвидности*

ill-managed (adj.)   *плохо управляемый*

illness   *болезнь*

illuminated advertising   [adv.] *световая реклама*

illustrate (vb.)   *иллюстрировать, пояснять*

illustration   *иллюстрация*

illustrative quota   *иллюстративная часть*

illustrator   [adv.] *художник-иллюстратор*

ILO (International Labour Organization)   *МОТ (Международная организация труда)*

ILS (Israeli shekel)   [monet.trans.] *израильский шекель*

image   *воплощение, изображение, мысленное представление, символ;* [adv.] *мысленный образ, образец*

image advertising   [adv.] *реклама образца*

image concept   [adv.] *общее представление об образце*

image quality   [comp.] *качество изображения*

imaginary (adj.)   *воображаемый, нереальный*

imaginary profit   [mar.ins.] *мнимая прибыль*

imagination   *воображение*

imbalance   *несоответствие, неустойчивость, отсутствие равновесия*

IMF (International Monetary Fund)   *МВФ (Международный валютный фонд), Международный валютный фонд*

IMF basket   [monet.trans.] *набор валют Международного валютного фонда*

IMF quota   *квота Международного валютного фонда*

imitate (vb.)   *подделывать, подражать*

imitation   *имитация, копирование, копия, подделка, подражание*

imitation material   *искусственный материал, поддельный материал*

imitator   *имитатор*

imitator (adj.)   *поддельный*

IMM (International Monetary Market)   *Международный валютный рынок*

immaterial (adj.)   *невещественный, не имеющий значения, несущественный*

immaterial amount   *незначительное количество*

immaterial item   [calc.] *второстепенная позиция*

immeasurable (adj.)   *громадный, неизмеримый*

immediacy   *безотлагательность*

immediate (adj.)   *безотлагательный, немедленный, непосредственный, прямой*

immediate accounting   [book-keep.] *срочный учет*

immediate advantage   *прямое преимущество*

immediate annuity   [ins.] *немедленная рента*

immediate delivery   *немедленная поставка, срочная поставка*

immediate depreciation   [calc.] *немедленное начисление износа*

immediate effect   [legal] *немедленный эффект*

immediate effect, with   *с немедленным эффектом*

immediate executory force   [legal] *прямое принуждение, вступающее в силу в будущем*

immediate inference   *прямое вмешательство*

immediate knowledge   *сведения из первоисточника*

immediately   *немедленно, непосредственно*

immediately applicable (adj.)   *непосредственно применимый*

immediately preceding half-year   *предыдущее полугодие*

immediate payment   [ins.] *немедленная уплата, срочный платеж*

immediate reply   *немедленный ответ*

immediate right of recourse   [legal] *непосредственное право регресса*

immediate shipment   [nav.] *немедленная отгрузка*

immediate superior   [pers.manag.] *непосредственный начальник*

immediate write-down   [calc.] *прямое списание со счета*

immensurable (adj.)   *неизмеримый*

immigrant   *иммигрант, переселенец*

immigrant policy   *иммиграционная политика*

immigrant worker   [empl.] *иностранный рабочий, рабочий-иммигрант*

immigrate (vb.)   *иммигрировать, переселять в другую страну*

immigration   *иммиграция, переселение*

imminent (adj.)   *надвигающийся, неизбежный, неминуемый*

imminent bankruptcy   [bankr.leg.] *неизбежное банкротство*

imminent danger   *грозящая опасность, надвигающаяся опасность, неминуемая опасность*

immobilize (vb.)   *закреплять капитал, изымать из обращения*

immoral   *аморальный человек*

immoral (adj.)   *аморальный, безнравственный*

immoral contract   [legal] *договор, нарушающий нравственность*

immovable property   [legal] *недвижимое имущество, недвижимость*

immovable property investment   *инвестиции в недвижимое имущество*

immovables   [legal] *недвижимое имущество, недвижимость*

immune (adj.)   *защищенный, освобожденный*

immunity   *иммунитет, льгота, неприкосновенность, освобождение, привилегия*

immunity from legal process   [legal] *юридическая неприкосновенность*

impact   *влияние, воздействие, импульс, коллизия, побуждение, столкновение, удар*

impact on liquidity of central government finance   [pol.ec.] *влияние государственного финансирования на ликвидность*

impact printer   [comp.] *печатающее устройство ударного действия*

impair (vb.)   *ослаблять, портить, причинять ущерб, ухудшать*

impaired judgment   *мягкий приговор*

impaired risk [ins.] *ослабленный риск, уменьшенный риск*
impairment *ослабление, повреждение, ухудшение, ущерб*
impair the economy (vb.) *ослаблять экономику*
impanel (vb.) *включать в список присяжных*
imparlance [legal] *срок для представления объяснений по иску*
impartial (adj.) *беспристрастный, непредвзятый, справедливый*
impartiality *беспристрастность, непредвзятость, справедливость*
impartial judge [legal] *беспристрастный судья*
impartial witness [legal] *беспристрастный свидетель, объективный свидетель*
impeach (vb.) [leg.pun.] *обвинять в совершении тяжкого преступления*
impeach a witness (vb.) *усомниться в показаниях свидетеля*
impeachment [legal] *импичмент, обвинение и привлечение к суду*
impeachment of waste [legal] *ответственность за порчу имущества*
impeachment process [legal] *процесс выражения недоверия*
impeccable (adj.) *безгрешный, безукоризненный, безупречный*
impecunious (adj.) *безденежный, нуждающийся*
impede (vb.) *задерживать, затруднять, мешать, осложнять, препятствовать*
impediment *задержка, помеха, препятствие*
impediment to marriage [law.dom.] *препятствие к браку*
impel (vb.) *побуждать, приводить в движение*
impending (adj.) *надвигающийся, приближающийся, угрожающий*
imperative (adj.) *императивный, настоятельный, повелительный*
imperative consultation [manag.] *крайне необходимая консультация*
imperative words [legal] *категорическое требование*
imperceptible (adj.) *незаметный*
imperfect (adj.) *дефектный, незаконченный, неполный, несовершенный*
imperfect competition [ec.] *несовершенная конкуренция*
imperfection *дефект, недостаток, неполнота, несовершенство*
imperfect market *несовершенный рынок*
imperfect obligation [legal] *обязательство, не имеющее исковой силы*
imperial standard *стандарт Великобритании*
imperial ton *стандартная тонна*
imperil (vb.) *подвергать опасности, рисковать*
impersonal (adj.) *объективный*
impersonal account [book-keep.] *счет, не принадлежащий конкретному лицу*
impetus *импульс, побуждение, стимул, толчок*
implead (vb.) [legal] *преследовать по суду;* [leg.pun.] *взыскивать*
implement (vb.) *возмещать, восполнять, выполнять, обеспечивать выполнение, осуществлять;* [comp.] *вводить в работу*
implement a plan (vb.) *осуществлять план*
implement a scheme (vb.) *осуществлять план*
implementation *внедрение, выполнение, обеспечение, осуществление, реализация, снабжение*
implementation order [legal] *распоряжение о выполнении*
implementing and auditing revenue and expenditure *исполнение и контроль доходов и расходов*
implementing body *орган, обеспечивающий исполнение*
implementing order *выполняемое распоряжение, выполняемый приказ*
implementing provision *выполняемое условие договора*
implementing provisions *осуществляемые меры предосторожности*
implementing regulation *выполняемое правило*
implicate (vb.) *вмешивать, впутывать, подразумевать;*
[legal] *вовлекать, заключать в себе*
implicate in the action (vb.) [legal] *впутывать в дело*
implication *вовлечение, впутывание, замешанность, причастность, скрытый смысл, соучастие*

implication, by   *косвенно*

implications of the judgment   [legal] *положения судебного решения*

implicit (adj.)   *безоговорочный, безусловный, подразумеваемый, полный*

implicit bargain   [comm.] *молчаливая торговая сделка*

implicit cost   *вмененные издержки*

implicit costs   *вмененные издержки*

implicit interest charges for average inventory period   [ind.ec.] *платежи процентов в неявном виде за средний период хранения запасов*

implied (adj.)   *вытекающий из обстоятельств, косвенный, подразумеваемый, предполагаемый*

implied authority   [legal] *подразумеваемое полномочие*

implied condition   [legal] *подразумеваемое условие*

implied declaration of intention   [legal] *волеизъявление, вытекающее из обстоятельств*

implied promise   [legal] *подразумеваемое обещание*

implied rate (of interest)   [stock] *подразумеваемая ставка (процента)*

implied rate of interest   [stock] *подразумеваемая ставка процента*

implied term   [legal] *подразумеваемый срок*

imply (vb.)   *косвенно выражать, намекать, означать, подразумевать, предполагать*

import   *ввоз, импорт*

import (vb.)   [comm.] *ввозить, импортировать*

import(s)   *импорт*

importance   *важность, значение*

import and export prices   *импортные и экспортные цены*

import and production tax   *налог на импорт и производство*

important (adj.)   *важный, значительный*

important, be (vb.)   *иметь важное значение*

important event   *важное событие*

importation   [comm.] *ввозимый товар, импорт;* [trans.] *ввоз, предмет ввоза*

importation of goods   *ввоз товара*

import ban   *запрещение импорта*

import barrier   *импортный барьер*

import bulge   *резкое увеличение импорта*

import business   *импортная сделка*

import campaign   *кампания за увеличение импорта*

import certificate   [EEC] *импортная лицензия*

import contract   *контракт на импорт*

import control   *контроль импорта*

import credit   *кредит для импорта товаров*

import credit insurance   [ins.] *страхование кредита для импорта*

import declaration   [cust.] *таможенная декларация на ввоз*

import deficit   *дефицит импорта*

import deterrent   *фактор, сдерживающий импорт*

import duties and taxes   [cust.] *налоги и таможенные пошлины на ввозимые товары*

import duty   [cust.] *таможенная пошлина на ввозимые товары*

imported article   [comm.] *импортный товар*

imported articles   *импортные товары*

imported goods   *импортный товар*

importer   *импортер*

importer of record   [cust.] *ответственный импортер*

import expenditure   *расходы на импорт*

import figures   *количественные показатели импорта*

import freeze   *замораживание импорта*

import industry   *промышленность, работающая на импорт*

importing country   *страна-импортер*

import letter of credit   *аккредитив на импорт товаров*

import levy   [cust.] *таможенная пошлина на ввозимые товары;* [EEC] *импортная пошлина*

import licence   *импортная лицензия*
import loan   *ссуда на импорт товаров*
import management   *регулирование импорта*
import market   *рынок импорта*
import monopoly   *монополия на импорт*
import permit   *разрешение на импорт товаров*
import potential   *возможности импорта*
import price   [EEC] *импортная цена*
import protection insurance   [ins.] *страхование охраны импорта товаров*
import quota   *импортная квота*
import quotation   *импортная цена*
import rate   [cust.] *импортный тариф, тариф для импортных грузов*
import regulation   *регулирование импорта*
import restriction   *ограничение на импорт*
imports   *ввезенные товары, предметы ввоза, статьи импорта*
import sales   *объем продаж на импорт*
imports of capital   *ввоз капитала*
imports of machinery   *импорт машин*
import subsidy   [EEC] *дотация на импорт*
import substitution   *замещение импорта внутренним производством*
import surcharge   [cust.] *штраф на импортные товары*
import surplus   *пассивное сальдо торгового баланса, превышение стоимости импорта над стоимостью экспорта*
import tariff   [cust.] *таможенный тариф на импорт товаров*
import tax-free (vb.)   *ввозить товар без пошлины*
importunate (adj.)   *назойливый*
importunate creditor   *назойливый кредитор*
import volume   *объем импорта*
import volumes   *объемы импорта*
impose (vb.)   *облагать налогом;* [tax.] *налагать обязательство, обманывать*
impose a duty (vb.)   [tax.] *налагать обязательство*
impose a fine (vb.)   [leg.pun.] *налагать штраф*
impose a responsibility (vb.)   *возлагать ответственность*
impose a supplementary tax (vb.)   [tax.] *вводить дополнительный налог*
impose a supplementary tax on   *вводить дополнительный налог на*
impose conditions (vb.)   *налагать условия*
impose control on (vb.)   *возлагать контроль на*
impose costs on (vb.)   *перекладывать затраты на*
impose customs duties on (vb.)   [cust.] *вводить таможенные сборы*
impose quotas on imports (vb.)   [cust.] *устанавливать квоты на импорт*
impose restrictions (vb.)   *налагать ограничения*
impose taxes (vb.)   [tax.] *облагать налогами*
imposing (adj.)   *производящий сильное впечатление*
imposition   *обложение;* [leg.pun.] *мошенничество, обман;* [tax.] *налог*
imposition of tax   [tax.] *налогообложение*
impossibility   *невыполнимость, неосуществимость;* [legal] *невозможность*
impossibility ab initio   [legal] *невыполнимость с самого начала*
impossibility of performance   [legal] *невозможность выполнения*
impost   [cust.] *налог, пошлина*
impound (vb.)   [legal] *изымать решением суда, конфисковывать, принимать на хранение вещи или документы*
impounded payments of compensation   [legal] *удержанные выплаты компенсации*
impoundment under legal process   [legal] *изъятие на законном основании*
impracticable (adj.)   *невыполнимый, неосуществимый*
imprecise (adj.)   *неточный*
impression   *впечатление;* [print.] *оттиск, печатание*

impression of a seal   *оттиск печати*

impressive (adj.)   *производящий глубокое впечатление*

impress on (vb.)   *убеждать в чем-л.*

imprest   *подотчетная сумма;* [manag.] *аванс*

imprest accounts   *авансовые счета*

imprests   *ссуда денег*

imprest system   *система авансирования*

imprint on (vb.)   [print.] *ставить печать*

imprison (vb.)   [leg.pun.] *брать под стражу, заключать в тюрьму*

imprisonment   [leg.pun.] *лишение свободы, содержание под стражей, тюремное заключение*

improper (adj.)   *неподходящий, непригодный, неуместный, ошибочный*

improper ballot procedures   [parl.] *фальсификация выборов*

improper means   *негодные средства*

improve (vb.)   *воспользоваться, облагораживать, перерабатывать, совершенствовать, улучшать;* [exc.] *повышаться в цене*

improved productivity   *повышенная производительность*

improvement   *модернизация, улучшение;* [prod.] *совершенствование*

improvement in balance of payments   *улучшение платежного баланса*

improvement in employment   [empl.] *увеличение занятости*

improvement in terms of trade   *улучшение условий торговли*

improvement in the balance of payments   *улучшение платежного баланса*

improvement in the terms of trade   *улучшение условий торговли*

improvement in turnover   [ind.ec.] *повышение оборачиваемости*

improvement loan   *ссуда на мелиорацию земель*

improvement mortgage   [r.e.] *закладная для усовершенствования*

improvement notice   [r.e.] *извещение о произведенном усовершенствовании*

improvement of competition   *рост конкуренции, усиление конкуренции*

improvement of land   [r.e.] *мелиорация земли*

improvement of quality   *повышение качества*

improvement of the quality of life   [pol.ec.] *повышение качества жизни*

improvements account   [r.e.] *счет затрат на усовершенствования*

improvements-based increase in rent   [r.e.] *увеличение арендной платы вследствие усовершенствований*

improvement to dwelling   [tax.] *улучшение жилищных условий*

improvement value   *стоимость усовершенствования*

improver   *практикант, стажер*

improve the consolidation (vb.)   [bus.organ.] *укрупнять*

imprudence   *неблагоразумие, неосторожность*

impugn (vb.)   *возражать, опровергать;* [legal] *оспаривать*

impulse   *импульс, побуждение*

impulse buying   [mark.] *побуждение произвести покупку*

impulse purchase   [mark.] *покупка под влиянием порыва*

impunity   *освобождение от наказания, освобождение от убытков как от последствия совершенного действия;* [leg.pun.] *безнаказанность*

imputability   *возможность приписывания части стоимости отдельным производственным факторам*

imputations   *обвинения*

imputation system   *система условного начисления*

impute (vb.)   *обвинять;* [tax.] *вменять в вину*

imputed cost   *вмененная стоимость промежуточного продукта, вмененные издержки*

imputed holiday allowances   *начисления за работу в праздничные дни*

imputed interest   *вмененный процент*

imputed interest accruing to insurance policy holders   [ins.] *вмененный процент, накапливаемый держателям страхового полиса*

imputed rent   [tax.] *условно начисленная рента*

imputed rent income assessment   [tax.] *обложение налогом условно начисленной ренты*

imputed rent value [tax.] *оценочная стоимость ренты, расчетная стоимость ренты*

imputed rent value of own dwelling [tax.] *условно начисленная рента на собственное жилище*

imputed tax assessments on standard basis [tax.] *условное начисление налогов на стандартной основе*

imputed taxes [tax.] *расчетные налоги, условно начисленные налоги*

impute to (vb.) *приписывать*

IMRO (Investment Managers Regulatory Organization) *Организация регулирования деятельности инвестиционных менеджеров (Великобритания)*

in abeyance *без владельца, в неизвестности, в состоянии неопределенности*

inability *невозможность, недееспособность, неспособность*

inability to pay *неплатежеспособность*

inaccessible (adj.) *недоступный*

inaccessible lot [r.e.] *недоступный участок земли*

in accordance with *в соответствии с*

in accordance with contract [legal] *в соответствии с контрактом*

in accordance with regulations *согласно правилам*

in accordance with the contract [legal] *в соответствии с контрактом*

in accordance with the regulations *согласно правилам*

inaccuracy *неаккуратность, неправильность, неточность*

inaccurate (adj.) *неверный, неправильный, неточный, ошибочный*

inactive (adj.) *бездействующий, бездеятельный*

inactive account [bank.] *неактивный депозитный счет, неактивный клиентский счет*

inactive company *неактивная компания*

in active employment [empl.] *при большой занятости*

inactive market [exc.] *вялый рынок, неактивный рынок*

inactive period *неэффективный период*

inactive program *бездействующая программа;* [comp.] *неактивная программа*

inactive security [exc.] *неактивная ценная бумага*

inactivity *бездеятельность, пассивность*

in-ad coupon [adv.] *рекламный купон*

inadequacy *недостаточность, несоответствие требованиям, несостоятельность*

inadequate (adj.) *неадекватный, не отвечающий требованиям, неполноценный, несоразмерный*

inadmissible (adj.) *недопустимый, неприемлемый*

inadmissible claim *неприемлемое требование*

in advance *авансом, досрочно, заблаговременно, заранее*

inadvertence *небрежность, недосмотр, оплошность*

inadvertent (adj.) *небрежный, невнимательный, неосторожный, неумышленный, случайный*

inadvertently *небрежно, невнимательно, неосторожно, неумышленно, случайно*

inadvertent negligence [leg.pun.] *неумышленная халатность*

in agreement with [legal] *в соответствие с*

inalienability [legal] *неотчуждаемость*

inalienable (adj.) [legal] *неотчуждаемый, неотъемлемый*

inalienable property [legal] *неотчуждаемая собственность*

inalienable right [legal] *неотъемлемое право*

in all *всего*

in-and-out [exc.] *взад и вперед, с ежедневной ликвидацией позиций, снаружи и изнутри*

inapplicable (adj.) *неприменимый, несоответствующий*

inappreciable (adj.) *незаметный, незначительный, неподходящий, непригодный*

inappropriate (adj.) *неподходящий, несоответствующий, неуместный*

inappropriateness   *неуместность*

inappropriate treatment   *неподходящее обращение*

in arrears   *в конце заемного периода, позади;* [ec.] *в долгу*

inattention   *невнимание, невнимательность*

inaugural address   *речь при вступлении в должность, речь при открытии*

inaugurate (vb.)   *начинать, открывать, торжественно вводить в должность*

inaugurated balance sheet   [calc.] *поступивший балансовый отчет*

inauguration   *торжественное введение в должность, торжественное открытие*

inauguration ceremony   *церемония торжественного введения в должность президента (США), церемония торжественного открытия*

inauguration day   *день вступления в должность*

in bad faith   [legal] *вероломно, недобросовестно*

in balance   *на балансе*

in bond   *сложенный на таможенном складе;* [cust.] *не оплаченный таможенной пошлиной*

in brief   *кратко*

in bulk   *в массе, внавалку, в навалку, целиком;* [nav.] *без упаковки, насыпью*

Inc. (Incorporated) (adj.)   *зарегистрированный в качестве юридического лица, зарегистрированный как корпорация, являющийся корпорацией*

in camera   *в закрытом судебном заседании, в судейской комнате;* [legal] *не в судебном заседании*

incapability   *неправоспособность, неспособность*

incapable (adj.)   *неправоспособный, неспособный*

incapable of mens rea (adj.)   [leg.pun.] *равнодушный к наказанию*

incapable of work (adj.)   [empl.] *неспособный работать*

incapacitate (vb.)   *делать неспособным, ограничивать в праве;* [empl.] *делать непригодным;* [legal] *ограничивать в дееспособности*

incapacitated (adj.)   [empl.] *непригодный;* [legal] *ограниченный в дееспособности, ограниченный в правоспособности*

incapacitated person   [legal] *лицо с ограниченной дееспособностью, лицо с ограниченной правоспособностью*

incapacitation   *неправоспособность, поражение в правах;* [empl.] *лишение гражданских прав*

incapacity   *ограничение правоспособности;* [legal] *несостоятельность, неспособность, ограничение дееспособности*

incapacity for work   [empl.] *неспособность работать, нетрудоспособность*

incendiarism   *поджог;* [leg.pun.] *подстрекательство*

incendiary   *поджигатель*

incentive   *побудительный мотив, побуждение, поощрение, поощрительное вознаграждение, стимул*

incentive (adj.)   *побудительный, поощрительный, стимулирующий*

incentive bonus   [pers.manag.] *поощрительная премия*

incentive economy   [pol.ec.] *стимулирующая экономия*

incentive freight rate   [trans.] *поощрительная фрахтовая ставка*

incentive pay   [pers.manag.] *поощрительная оплата труда*

incentive pay scheme   [pers.manag.] *прогрессивная система заработной платы*

incentive premium   [pers.manag.] *поощрительная премия*

incentive premium on savings   [bank.] *поощрительная премия за сбережения*

incentive renumeration   [pers.manag.] *поощрительное вознаграждение*

incentive scheme   [pers.manag.] *система материального стимулирования*

incentive stock option   [bus.organ.] *право на покупку акций компании по оговоренной цене без уплаты налогов*

incentive taxation [tax.] *стимулирующее налогообложение*

incentive to borrow [ec.] *стимул к получению займов*

incentive wage [pers.manag.] *прогрессивная система заработной платы*

inception *начало, начинание*

inception of insurance cover [ins.] *наступление страховой ответственности*

inception of lease [legal] *начало срока аренды*

inception of the lease [legal] *начало срока аренды*

incessant (adj.) *непрерывный*

incessantly *непрерывно, постоянно*

incest [leg.pun.] *кровосмешение*

incestuous (adj.) *виновный в кровосмешении, кровосмесительный*

in chambers [legal] *в конторе адвоката*

in-charge accountant [aud.] *ведущий ревизор-бухгалтер, ответственный ревизор*

in charge of *ответственный за*

inchoate instrument [legal] *не оформленный окончательно документ*

inchoate offence [leg.pun.] *незавершенное преступление, неоконченный состав преступления*

inchoate title [legal] *недостаточное право на иск*

incidence *сфера действия, сфера распространения*

incident *инцидент, обязанности, связанные с пребыванием в должности, побочное обстоятельство, происшествие, случай*

incident (adj.) *присущий, свойственный, характерный*

incidental (adj.) *несущественный, побочный, присущий, свойственный, случайный*

incidental costs *побочные затраты, случайные расходы*

incidental expenses *случайные расходы;* [book-keep.] *побочные затраты*

incidental revenues [book-keep.] *побочный доход*

incidentals [book-keep.] *карманные расходы, мелкие расходы*

incidental to *присущий, свойственный, характерный*

incipient (adj.) *начальный, начинающийся*

incipient upturn [pol.ec.] *начинающееся улучшение*

in circulation *в обращении*

incite (vb.) *побуждать, поощрять, стимулировать;* [leg.pun.] *подстрекать*

incitement [leg.pun.] *побуждение, подстрекательство, стимулирование*

inclination *предрасположение, склонность*

inclined (adj.) *предрасположенный, склонный*

include (vb.) *включать в состав, заключать в себе, иметь в своем составе, содержать, учитывать при подсчете*

included (adj.) *включенный, учтенный*

included costs *учтенные расходы*

included in *включенный в*

included in the accounts, be (vb.) [calc.] *быть включенным в отчет*

include in consolidated accounts (vb.) [bus.organ.] *включать в объединенный отчет;* [calc.] *включать в сводный отчет*

include in the consolidated accounts (vb.) [bus.organ.] *включать в объединенный отчет;* [calc.] *включать в сводный отчет*

including *включая, включительно, вместе с, в том числе*

including dividend [stock] *включая дивиденд*

including everything *включая все*

inclusion *включение*

inclusion in calculations *включение в расчеты*

inclusion of item on agenda *включение пункта в повестку дня*

inclusion of item on the agenda *включение пункта в повестку дня*

inclusive (adj.) *включающий в себя, содержащий, учитывающий*

inclusive of *включая, в том числе и*

inclusive of dividend [stock] *включая дивиденды*

inclusive price *цена с учетом всех услуг*

inclusive terms *условия оплаты с учетом всех услуг*

inclusive tour *туристическая поездка с оплатой всех услуг*

in column [print.] *в колонку*

in columns *в колонках*

income [ind.ec.] *доход, поступления, прибыль, приход*

income account [calc.] *счет доходов*

income after taxes [calc.] *доход после уплаты налогов*

income and expenditure [book-keep.] *доход и расход;* [calc.] *прибыль и убыль*

income and expenditure account [calc.] *результативный счет, счет прибылей и убытков, счет прихода и расхода*

income and expenditure budget *смета доходов и расходов*

income and expenditure items [book-keep.] *статьи доходов и расходов*

income and expense statement *отчет о результатах хозяйственной деятельности;* [calc.] *отчет о прибылях и убытках*

income approach [ind.ec.] *метод определения доходов*

income appropriation [calc.] *присвоение прибыли*

income assessed for social security entitlement purposes [soc.] *доход, облагаемый налогом для социальных выплат*

income assessment [tax.] *налогообложение дохода*

income assessment district [tax.] *налоговый округ*

income before taxes [calc.] *доход до уплаты налогов*

income bond [stock] *доходная облигация*

income bracket [empl.] *группа населения по размерам дохода;* [pers.manag.] *ступень шкалы дохода;* [pol.ec.] *категория дохода*

income debenture [stock] *облигация, процентный доход по которой выплачивается только из прибыли*

income distribution [pol.ec.] *распределение доходов*

income distribution policy [pol.ec.] *политика распределения доходов*

income effect [pol.ec.] *эффект дохода*

income elasticity [pol.ec.] *эластичность дохода*

income equalization [pol.ec.] *выравнивание дохода*

income formation process [pol.ec.] *процесс формирования дохода*

income from agricultural property *доход от сельскохозяйственной собственности*

income from business *доход от предпринимательства*

income from capital *доход от капитала*

income from capital deposits *доход от основных вкладов*

income from employment *доход от труда*

income from farming *доход от сельского хозяйства*

income from interest *доход от процентов*

income from investment *доход от инвестиций, доход от капиталовложений*

income from investments *доход от капиталовложений*

income from land *доход от землевладения*

income from other capital investment [calc.] *доход от других капиталовложений*

income from own business *доход от собственного дела*

income from participating interests [calc.] *доход от долевого распределения процентов*

income from personal services *доход от оказания личных услуг*

income from property *доход от собственности*

income from property and entrepreneurship *доход от собственности и предпринимательства*

income from real property [pol.ec.] *доход от недвижимости*

income from securities *доход от ценных бумаг*

income gearing *использование заемного капитала для увеличения прибыли*

income group [pol.ec.] *группа населения по размерам дохода, категория дохода*

income item [calc.] *статья дохода*

income level   *уровень дохода*
income levelling   [pol.ec.] *выравнивание доходов*
income not taxed at source   [tax.] *доход, не облагаемый налогом у источника*
income on capital   [fin.] *доход от капитала*
income period   [tax.] *период получения дохода*
income-producing property   *имущество, дающее доход*
income redistribution   [pol.ec.] *перераспределение дохода*
income-regulated (adj.)   *регулируемый доходом*
income-related (adj.)   *связанный с доходом*
income-related costs   [tax.] *затраты, связанные с доходом*
income-related pension   *пенсия, связанная с доходом*
income retention   [ind.ec.] *удержание дохода от распределения по акциям*
income-sharing cartel   [ind.ec.] *картель, распределяющий доходы*
income situation   [tax.] *состояние доходов*
income smoothing   [pol.ec.] *сглаживание доходов*
incomes policy   [pol.ec.] *политика в области контроля доходов*
income statement   [calc.] *отчет о доходах и расходах, отчет о результатах хозяйственной деятельности, счет прибылей и убытков*
income subject to joint taxation   [tax.] *доход, подлежащий общему налогообложению*
income support   *обеспечение дохода*
income tax   [tax.] *подоходный налог*
income tax act   [legal] *закон о подоходном налоге*
income tax amount   [tax.] *сумма взимаемого подоходного налога*
income tax assessment   [tax.] *оценка подоходного налога*
income tax at a special rate   [tax.] *подоходный налог по специальной ставке*
income taxation   [tax.] *обложение подоходным налогом*
Income Tax Commissioners   [tax.] *комиссия по оценке размера подоходного налога*
income tax duty   [tax.] *подоходный налог*
income taxed at source   [tax.] *доход, облагаемый налогом у источника*
income tax exempt   [tax.] *освобождение от подоходного налога*
income tax form   [tax.] *бланк декларации на подоходный налог*
income tax holiday   [tax.] *временное освобождение от уплаты подоходного налога*
income tax on wages and salaries   [tax.] *подоходный налог на заработную плату и оклады*
income tax payer   [tax.] *плательщик подоходного налога*
income tax return   [tax.] *декларация о подоходном налоге*
income tax statement   [tax.] *отчет о подоходном налоге*
income tax year   [tax.] *год, за который взимается подоходный налог*
income transfer   [soc.] *перемещение доходов, перераспределение доходов*
income trends   [pol.ec.] *тенденции получения дохода*
income velocity of circulation of money   [fin.] *скорость обращения доходов*
income velocity of the circulation of money   [fin.] *скорость обращения доходов*
income yield   [fin.] *процентный доход*
incoming (adj.)   *поступающий;* [book-keep.] *входящий*
incoming letters   *входящая корреспонденция*
incoming order   [ind.ec.] *поступающий заказ*
incoming orders   *поступающие заказы*
incoming orders analysis   [ind.ec.] *анализ поступающих заказов*
incoming partner   *присоединяющийся партнер*
incoming premium   [ins.] *поступающий страховой взнос*
incoming reassurance   [ins.] *новое перестрахование*

in-company rotation   [empl.] *перемещения внутри компании*

incompatibility   *несовместимость, несоответствие*

incompatible (adj.)   *несовместимый, несочетающийся*

incompetence   *неспособность;* [legal] *некомпетентность, неправоспособность, отсутствие права*

incompetent (adj.)   *некомпетентный, несведущий, неумелый;* [legal] *не имеющий права, неподсудный, неправоспособный*

incomplete (adj.)   *дефектный, незавершенный, незаконченный, неполный, несовершенный*

incompletely constituted trust   [legal] *не вполне законное доверие*

incompleteness   *незаконченность, неполнота*

in compliance with   *в соответствии с;* [legal] *согласно*

inconclusive (adj.)   *неубедительный*

inconclusive presumption   [legal] *опровержимая презумция*

inconclusive reply   *неубедительный ответ*

in conflict with   *в противоречии с*

in conformity with   [legal] *в соответствии с*

in conformity with the law   [legal] *в соответствии с законом*

incongruity   *несовместимость, несоответствие, неуместность*

in connection with   *в связи с*

inconsiderate behaviour   *бездумное поведение*

inconsistency   *необоснованность, непоследовательность, несовместимость, несообразность, несоответствие, противоречие*

inconsistent (adj.)   *непоследовательный, несовместимый, несообразный, несоответствующий, неустойчивый, противоречивый*

in consultation with   *после консультации с*

incontestable (adj.)   *неопровержимый, неоспоримый*

in contravention of   *в нарушение, в противоречии с*

incontrollable impulse   [leg.pun.] *неконтролируемое влечение*

incontrovertible (adj.)   *неопровержимый*

inconvenience   *беспокойство, неудобство*

inconvenience (vb.)   *причинять неудобство*

inconvertible bank notes   *неконвертируемые банкноты*

inconvertible paper money   *неконвертируемые банкноты*

incorporate (vb.)   *включать в число членов, объединять, принимать, присоединять, соединять;* [bus.organ.] *оформлять в качестве юридического лица, регистрировать как корпорацию*

incorporated (adj.)   *зарегистрированный в качестве юридического лица*

incorporated (inc.) (adj.)   *зарегистрированный в качестве юридического лица*

incorporated company   [bus.organ.] *акционерная компания*

incorporated enterprise   [bus.organ.] *акционерное общество, акционерное предприятие*

incorporation   *включение, корпорация, объединение, приобретение статуса акционерного общества, присоединение, регистрация корпорации;* [bus.organ.] *оформление в качестве юридического лица, регистрация в качестве юридического лица*

incorporator   [bus.organ.] *член-учредитель*

incorporeal (adj.)   [legal] *невещественный, нематериальный*

incorporeal chattels   [legal] *исключительные права*

incorporeal rights   [legal] *исключительные права*

incorrect (adj.)   *неверный, некорректный, неправильный, неточный, противоречащий закону*

incorrect assertion   *ошибочное утверждение*

incorrectness   *некорректность, ошибочность*

incorrigible (adj.)   *неисправимый*

incorruptibility   *неподкупность*

Incoterms (International Commercial Terms)   *принятые в международной практике определения коммерческих терминов*

in course of construction   *в процессе строительства*

increase   *возрастание, повышение, подъем, прибавка, прибавление, прирост, расширение, рост, увеличение*

increase (vb.)   *возрастать, расти, увеличиваться, усиливаться*

increase a sentence (vb.)   [leg.pun.]   *усиливать приговор*

increase by (vb.)   *увеличивать на*

increase by .. to ..   *увеличивать на...до...*

increased competition   *усилившаяся конкуренция*

increased consumption   *возросшее потребление*

increased costs   [ind.ec.]   *возросшие издержки*

increased credit facilities   *увеличенные банковские кредиты*

increased demand   *увеличившийся спрос*

increase demands (vb.)   *усиливать требования*

increased life expectancy   [ins.]   *возросшая средняя продолжительность жизни*

increased sales   [ind.ec.]   *возросший объем продаж*

increased savings   [pol.ec.]   *возросшие сбережения*

increased sentence   [leg.pun.]   *увеличенный срок наказания*

increase in activity   *усиление активности*

increase in assets   [ind.ec.]   *увеличение активов*

increase in bank lending   [bank.]   *увеличение банковской ссуды*

increase in capacity   [prod.]   *увеличение производственной мощности*

increase in capital value   *прирост стоимости основного капитала*

increase in deferred income tax   [tax.]   *увеличение отсроченного подоходного налога*

increase in deposits   [bank.]   *увеличение суммы вкладов*

increase in earning   [pers.manag.]   *рост заработной платы*

increase in efficiency   *рост производительности*

increase in interest rates   *увеличение ставок процента*

increase in land value   [r.e.]   *рост стоимости земли*

increase in lending   [bank.]   *увеличение кредитования*

increase in liabilities   [ind.ec.]   *увеличение задолженности*

increase in liquidity   [pol.ec.]   *рост ликвидности*

increase in money terms   *увеличение в денежном выражении*

increase in output   *рост объема производства, увеличение выпуска продукции*

increase in percentage terms   *увеличение в процентном выражении*

increase in premium   [ins.]   *увеличение страхового взноса*

increase in premiums   [ins.]   *увеличение страховых взносов*

increase in prices   [ec.]   *повышение цен*

increase in production   [ind.ec.]   *рост производства*

increase in protectionism   *усиление протекционизма*

increase in reserve   *увеличение резервного фонда*

increase in the reserve   *увеличение резервного фонда*

increase in the value allowances   [cust.]   *увеличение скидок со стоимости*

increase in turnover   [ind.ec.]   *рост товарооборота*

increase in value   *увеличение стоимости*

increase in value allowances   [cust.]   *увеличение скидок со стоимости*

increase in volume terms   *увеличение в объемном выражении*

increase in warranty reserve   [ind.ec.]   *увеличение гарантийного резерва*

increase in working capital   [ind.ec.]   *рост оборотного капитала*

increase of capital   [ind.ec.]   *прирост капитала*

increase of equity   [ind.ec.]   *увеличение чистой стоимости капитала за вычетом обязательств*

increase of exports   *рост экспорта*

increase of imports   *рост импорта*

increase of income   *увеличение дохода*

increase of indirect taxation   [tax.]   *увеличение косвенного налогообложения*

increase of postal rates   [post]   *повышение почтовых сборов*

increase of premium   [ins.]   *повышение страхового взноса*

increase of prices *повышение цен*
increase of risk [ins.] *возрастание риска*
increase of share capital [bus.organ.] *прирост акционерного капитала*
increase of taxation [tax.] *увеличение налогообложения*
increase sales (vb.) *увеличивать объем сбыта*
increase the capital (vb.) *увеличивать капитал*
increase the price (vb.) *повышать цену*
increase the price of (vb.) *повышать цену*
increasing (adj.) *возрастающий, увеличивающийся, усиливающийся*
increasing interest *возрастающий процент*
increasingly *в возрастающей степени, все в большей степени*
increasing premium [ins.] *увеличивающийся страховой сбор*
increasing productivity [ind.ec.] *увеличивающаяся производительность*
increasing returns *возрастающая доходность*
increasing returns to scale *возрастающий эффект масштаба*
increasing trend *растущая тенденция*
increasing yield *растущий доход*
increment *возрастание, прибыль, приращение, прирост, увеличение;*
[pers.manag.] *надбавка к заработной плате*
incremental (adj.) *дополнительный, инкрементный, приростной*
incremental analysis [ind.ec.] *анализ приращений*
incremental capital-output ratio [ind.ec.] *капиталоемкость*
incremental cost *дополнительный расход*
incremental costs [ind.ec.] *дополнительные издержки, приростные*
издержки
incremental product [ind.ec.] *дополнительная продукция*
incremental productivity [ind.ec.] *возросшая производительность*
incremental rate of taxation [tax.] *повышенная ставка*
налогообложения
incremental utility *приростная полезность*
increment of growth *прирост*
increment rate *коэффициент прироста*
incriminate (vb.) *изобличать, обвинять;* [leg.pun.] *вменять в вину,*
инкриминировать
incriminatory (adj.) [leg.pun.] *обвинительный*
incumbent *должностное лицо*
incumbent (adj.) *возложенный (об обязанности)*
incumbent on, be (vb.) *быть возложенным, быть обязанным*
incur (vb.) *навлекать на себя, подвергаться чему-либо, принимать*
на себя; [legal] *нести ответственность*
incur a deficit (vb.) *испытывать дефицит*
incur a liability (vb.) *нести ответственность*
incur a loss (vb.) *нести потери, терпеть убытки*
incur an obligation (vb.) *принимать на себя обязательство;*
[legal] *нести обязанность*
incur a risk (vb.) *подвергаться риску*
incur debt (vb.) *влезать в долг*
incur expenses (vb.) *нести расходы*
incur punishment (vb.) [leg.pun.] *подвергаться наказанию*
incurred (adj.) *обязательный*
incurred but not reported (adj.) *понесенный, но не зарегистрированный*
(об убытках)
incurring of debt *влезание в долг*
incurring responsibility [legal] *принятие на себя ответственности*
incur statutory penalty (vb.) [leg.pun.] *подвергаться предусмотренному*
законом штрафу
in danger of nonpayment [ec.] *в связи с опасностью неплатежа*
indebtedness *сумма долга;* [ec.] *задолженность*
indebtedness to banks [ind.ec.] *задолженность банкам*
indecent assault [leg.pun.] *нападение, сопряженное с совершением*
непристойных действий, непристойное нападение

indecent exposure [leg.pun.] *непристойное обнажение*

in default (adj.) [legal] *невыполнивший*

in default of *ввиду отсутствия, если не будет, за неимением, при отсутствии*

in default of payment *при отсутствии платежа*

indefeasible (adj.) *не подлежащий отмене;* [legal] *неоспоримый, неотъемлемый*

indefeasible right [legal] *неотъемлемое право*

indefensible (adj.) *недоказуемый, не могущий быть оправданным*

indefinitely *неограниченно, неопределенно*

in demand (adj.) *пользующийся спросом*

indemnification [ins.] *возмещение ущерба;* [legal] *компенсация*

indemnify (vb.) *вознаграждать;* [ins.] *возмещать убыток, застраховать, компенсировать;* [legal] *гарантировать возмещение ущерба, обезопасить, освобождать от материальной ответственности, освобождать от наказания*

indemnity [ins.] *возмещение ущерба, гарантия возмещения ущерба, гарантия от потерь, компенсация убытков;* [legal] *контрибуция, освобождение от материальной ответственности, освобождение от наказания*

indemnity bond [legal] *гарантийное обязательство*

indemnity claim for nonmaterial damage [legal] *требование компенсации за нематериальный ущерб*

indemnity commitment [ins.] *гарантийное обязательство*

indemnity cost [ins.] *стоимость компенсации*

indemnity engagement [ins.] *обязательство компенсировать ущерб*

indemnity expenditure [ins.] *затраты на возмещение ущерба*

indemnity for fire loss [ins.] *компенсация убытков от пожара*

indemnity payment [ins.] *гарантийный платеж*

indemnity period [ins.] *гарантийный период, период компенсации убытков*

indent *контракт;* [comm.] *соглашение;* [manag.] *заказ на покупку импортного товара*

indent (vb.) *выписывать ордер;* [comm.] *выписывать требование на товары*

indenter *лицо, выписывающее требование на товары;* [comm.] *лицо, выписывающее ордер*

indenture *письменное соглашение об эмиссии облигаций;* [empl.] *опись, соглашение;* [legal] *контракт*

indenture of assignment [legal] *документ о переуступке*

independence *самостоятельность;* [parl.] *независимость*

independent [parl.] *беспартийный, независимый депутат*

independent (adj.) *автономный, независимый*

independent (candidate) [parl.] *независимый кандидат*

independent candidate [parl.] *независимый кандидат*

independent claim *самостоятельный пункт формулы изобретения;* [pat.] *независимый пункт формулы изобретения*

independent confirmation *самостоятельное подтверждение*

independent congregation *независимое собрание*

independent contractor *независимый подрядчик*

independent employment [empl.] *самостоятельная занятость*

independent entrepreneur [empl.] *независимый предприниматель*

independent expert *независимый эксперт*

independent institution *самостоятельное учреждение*

independent means *собственные средства*

independent patent [pat.] *независимый патент*

independent taxation of husbands and wives [tax.] *раздельное налогообложение мужей и жен*

independent variable [stat.] *независимая переменная*

in-depth (adj.) *всеохватывающий, глубокий, углубленный*

in-depth examination *тщательное изучение*

in-depth investigation   *глубокое исследование*

indestructible [adj.]   *неразрушимый*

indeterminate sentence   [leg.pun.] *неопределенный приговор, приговор к лишению свободы на срок, зависящий от поведения заключенного*

index   *каталог, показатель;* [comp.] *предметный указатель;* [doc.] *алфавитный указатель, индекс, оглавление, список, указатель*

index (vb.)   *снабжать указателем;* [ec.] *индексировать, составлять указатель*

index account scheme   *система индексации*

index adjusted   [ec.] *скорректированный индекс*

index adjustment   [ec.] *корректировка индекса*

index arbitrage   *индексный арбитраж*

indexation   [doc.] *индексация;* [ec.] *соотнесение платежей по контрактам и обязательствам с индексом цен*

indexation clause   [legal] *оговорка об индексации*

indexation of annuity payments   *индексация платежей аннуитета*

index card   *карточка каталога, карточка указателя*

index clause   [legal] *оговорка об индексе*

indexed (adj.)   [doc.] *индексированный;* [ec.] *указанный*

indexed bond   [stock] *индексированная облигация*

indexed file   [comp.] *индексированный файл*

indexed interest rate   [bank.] *индексированная ставка процента*

indexed loan   [bank.] *индексированный заем*

indexed new-value insurance   [ins.] *страхование, учитывающее изменение стоимости застрахованного объекта*

indexed pension account   *индексированный пенсионный счет*

indexed pension scheme   *программа пенсионного обеспечения с индексацией*

indexed wages   [empl.] *индексированная заработная плата*

index figure   [stat.] *статистический показатель*

index increment   [empl.] *приращение индекса*

indexing   [doc.] *индексирование*

indexing system   [doc.] *система индексации*

indexing weighting   *задание весов индексам*

index-linked (adj.)   [ec.] *индексированный*

index-linked bond   [stock] *индексированная облигация*

index-linked contract   *индексированный контракт*

index-linked increase   [empl.] *индексированное повышение заработной платы*

index-linked loan   [bank.] *индексированный заем*

index-linked mortgage   [r.e.] *индексированная закладная*

index-linked payment increase   [empl.] *индексированное увеличение платежей*

index-linked pension savings   *индексированные пенсионные сбережения*

index-linked policy   [ins.] *индексированный страховой полис*

index-linked savings account   *индексированный сберегательный счет*

index-linking   [ec.] *индексирование*

index number   *коэффициент, числовой показатель*

index of average values   *индекс средних значений*

index of commodity prices   *индекс цен на товары*

index of economic activity   [pol.ec.] *показатель экономической активности*

index of names   *указатель названий*

index of net retail prices   *индекс розничных нетто-цен*

index of quotations   [stock] *индекс котировок*

index of share prices   [exc.] *индекс курсов акций*

index of subject heading   [doc.] *рубрика предметного указателя*

index of subject headings   [doc.] *рубрики предметного указателя*

index of wages   [empl.] *индекс заработной платы*

index of wholesale prices   *индекс оптовых цен*

index register   [doc.]   *индексный регистр*

index supplement   *дополнение к указателю*

index term   *период индексирования*

index-tied (adj.)   *индексированный*

index-tied loan   [bank.]   *индексированный заем*

index to building records   *указатель строительного регистра*

Indian rupee (INR)   [monet.trans.]   *индийская рупия*

indicate (vb.)   *выражать коротко и ясно, делать предварительный набросок, намечать в общих чертах, означать, показывать, свидетельствовать, свидетельствовать о необходимости, служить признаком, указывать*

indication   *знак, индикация, показание, показатель необходимости, показатель необходимости чего-либо, признак, симптом, указание*

indication of price   *указание цены*

indication of unit price   *указание цены единицы продукции*

indication of value   *указание стоимости*

indicative opening rate of exchange   [monet.trans.]   *валютный курс открытия для сведения*

indicator   *индикатор, показатель, указатель*

indicental relief   [legal]   *дополнительное пособие*

indict (vb.)   [leg.pun.]   *предавать суду на основании обвинительного акта, предъявлять обвинение*

indictable offence   [leg.pun.]   *преступление, преследуемое по обвинительному акту*

indictment   [leg.pun.]   *вердикт большого жюри о привлечении к уголовной ответственности и передаче дела в суд, обвинительный акт, предъявление обвинения*

indifference   *безразличие*

indifference curve   [pol.ec.]   *кривая безразличия*

indigenization   *национализация совместного предприятия*

indigent (adj.)   *нуждающийся*

indirect (adj.)   *косвенный, непрямой*

indirect business   *дополнительный вид деятельности*

indirect costs   [ind.ec.]   *косвенные издержки*

indirect damage   [ins.]   *косвенный ущерб*

indirect depreciation (method)   [calc.]   *косвенное начисление износа*

indirect depreciation method   [calc.]   *метод косвенного начисления износа*

indirect election   [parl.]   *непрямые выборы*

indirect evidence   [legal]   *косвенная улика*

indirect exposure   [adv.]   *непрямой показ*

indirect imports   *косвенный импорт*

indirect insurance   [ins.]   *непрямое страхование*

indirect investment   *косвенное инвестирование*

indirect liability   [legal]   *косвенная ответственность, непрямая ответственность*

indirect loss   [ins.]   *косвенный ущерб*

indirect materials   [ind.ec.]   *косвенные материалы*

indirect obstacle to trade   *косвенное препятствие торговле*

indirect operating costs   [ind.ec.]   *косвенные эксплуатационные издержки*

indirect possession   [legal]   *косвенное владение*

indirect publicity   [adv.]   *косвенная реклама*

in direct ratio to   *прямо пропорционально*

indirect taxation   [tax.]   *косвенное налогообложение*

indirect taxes   [tax.]   *косвенные налоги*

indirect trade barrier   *косвенный торговый барьер*

indispensable (adj.)   *необходимый, обязательный*

indispensable condition   [legal]   *необходимое условие, обязательное условие*

indispensable law   [legal] *закон, не допускающий исключений*
indispensable obligation   *необходимое обязательство*
indisputable (adj.)   *бесспорный*
indisputable right   *неоспоримое право*
in dispute (adj.)   *спорный*
in distress (adj.)   [ec.] *терпящий нужду*
individual   *индивидуум, личность, человек*
individual (adj.)   *индивидуальный, личный, отдельный, характерный, частный*
individual advice   *личный совет*
individual attendance on customers   *индивидуальное обслуживание покупателей*
individual attention to customers   *индивидуальное внимание к покупателям*
individual bonus   [pers.manag.] *личная премия*
individual consultation   *индивидуальная консультация*
individual customer service   *индивидуальное обслуживание клиента*
individual demands   [empl.] *индивидуальные требования*
individual dismissal   [empl.] *индивидуальное увольнение*
individual enterprise   *индивидуальное предпринимательство*
individual income tax   [tax.] *персональный подоходный налог*
individual liberty   *личная свобода*
individual nonspecific share in property   [legal] *личная неособая доля собственности*
individual payment report   [bank.] *отчет об индивидуальных платежах*
individual policy   [ins.] *личный страховой полис*
individual power of procuration   [legal] *личное право ведения дел по доверенности*
individual proprietorship   *личная собственность*
individual right   [legal] *частное право*
individual subscription   *индивидуальная подписка*
individual trade contract   *идивидуальный торговый договор*
induced expenditure   [ind.ec.] *производные расходы*
inducement   *побуждающий мотив, побуждение, стимул*
in due course   *в надлежащее время, в свое время, своим чередом*
in due form   *в должной форме, по всем правилам, по форме*
in due time   *в надлежащее время, в свое время*
in duplicate   *в двух экземплярах*
industrial (adj.)   *индустриальный, производственный, промышленный*
industrial accident   [ins.] *несчастный случай на производстве, производственная травма*
industrial accident insurance   [ins.] *страхование от несчастных случаев на производстве*
industrial action   [empl.] *производственный конфликт*
industrial advertising   [adv.] *промышленная реклама*
industrial and commercial property   *производственное и торговое имущество*
industrial arbitration   [empl.] *улаживание производственных конфликтов*
industrial area   *промышленная зона, промышленный район*
industrial art   *промышленная эстетика*
industrial art and design   *промышленная эстетика и дизайн*
industrial association   [empl.] *промышленная ассоциация*
industrial body   *промышленная организация*
industrial building   *производственное здание*
industrial buildings   *промышленное строительство*
industrial business and trade association   *торгово-промышленная ассоциация*
industrial centre   *промышленный центр*
industrial comanagement   [ind.ec.] *совместное управление производством*

industrial co-management   [ind.ec.] *совместное управление
производством*

industrial community   *промышленные круги, рабочий поселок*

industrial community, the   *промышленные круги*

industrial company   *промышленная компания*

industrial construction work   *строительство промышленного объекта*

industrial consumer   [mark.] *промышленный потребитель*

industrial conversion   *перестройка отрасли промышленности*

industrial council   *производственный совет*

industrial court   [legal] *промышленный суд*

Industrial Court Act   *закон о промышленном суде*

industrial credit   *промышленный кредит*

industrial credit undertaking   *предприятие, пользующееся
промышленным кредитом*

industrial decentralization   *децентрализация промышленности*

industrial democracy   *демократия в промышленности*

industrial design   *проектирование промышленного объекта,
промышленный образец, художественное конструирование*

industrial designer   *дизайнер*

industrial development   *промышленное развитие*

industrial development board   *совет по промышленному развитию*

industrial development bond (IDB)   [stock] *облигация промышленного
развития (США)*

industrial development officer   *консультант по промышленному
развитию*

industrial development policy   *политика индустриального развития*

industrial disablement benefit   [ins.] *страховое пособие по
производственной нетрудоспособности*

industrial disease   [empl.] *профессиональное заболевание*

industrial dispute   [empl.] *производственный конфликт*

industrial dispute, be involved in (vb.)   [empl.] *быть вовлеченным в
производственный конфликт*

industrial distribution   *отраслевое распределение*

industrial district   *промышленная зона, промышленный район*

industrial employment   *занятость в промышленности*

industrial engine   *промышленный образец двигателя*

industrial enterprise   *промышленное предприятие*

industrial equipment   *промышленное оборудование*

industrial equities   *обыкновенные акции промышленного предприятия;*
[stock] *акции промышленных предприятий без фиксированного
дивиденда*

industrial espionage   *промышленный шпионаж*

industrial establishment   *промышленное предприятие*

industrial estate   *промышленная зона, территория, подготовленная
для промышленного освоения*

industrial exhibition   *промышленная выставка*

industrial expansion   *промышленная экспансия, экстенсивное
развитие промышленности*

industrial exports   *экспорт промышленной продукции*

industrial fair   *промышленная ярмарка*

industrial financing   *промышленное финансирование*

industrial fire risks insurance   [ins.] *страхование от рисков пожара в
промышленности*

industrial fishery   *промышленное рыболовство*

industrial gold   *промышленное золото*

industrial goods   [prod.] *промышленные товары*

industrial group   *производственный синдикат*

industrial hazard   [ins.] *производственный риск*

industrial injuries insurance   [ins.] *страхование от производственного
травматизма*

industrial injury   [ins.] *производственная травма*

industrial injury benefit   [ins.] *пособие за производственную травму*

industrial injury compensation   [ins.] *компенсация за производственную травму*

industrial innovation   *промышленное новшество*

industrial insurance   [ins.] *промышленное страхование*

industrial investments   *инвестиции в промышленность*

industrialism   *индустриализм*

industrialist   *предприниматель, промышленник, фабрикант*

industrialization   *индустриализация*

Industrialization Fund for Developing Countries   *фонд индустриализации для слаборазвитых стран*

industrialize (vb.)   *проводить индустриализацию*

industrialized country   *промышленно развитая страна*

industrial law   [legal] *закон о промышленности*

Industrial Liaison Council   *совет по связям с промышленностью*

Industrial Liaison Council, the   *совет по связям с промышленностью*

industrial life insurance   [ins.] *индустриальное страхование жизни*

industrial loan   *деловой заем, кредит промышленному предприятию, ссуда, предоставляемая промышленному предприятию;* [bank.] *промышленный заем*

industrial malaise   *профессиональное заболевание*

industrial medicine   *гигиена труда, промышленная гигиена*

industrial mortgage banking A/S   *отчет о промышленных ипотечных банковских операциях*

Industrial Mortgage Credit Fund   *промышленный фонд ипотечного кредита*

industrial or commercial activity   *торгово-промышленная деятельность*

industrial organization   *промышленное предприятие*

industrial park   *промышленный парк, технопарк*

industrial peace agreement   [empl.] *соглашение о мирном разрешении трудовых конфликтов*

industrial plant   *промышленная установка*

industrial policy   *промышленная политика*

industrial premises   *производственные помещения*

industrial press   *производственное печатное издание*

industrial problems   *производственные проблемы*

industrial production   [prod.] *промышленное производство*

industrial products   [prod.] *промышленная продукция*

industrial promotion officer   *консультант по вопросам содействия развитию промышленности*

industrial property   *промышленная собственность*

industrial property law   [legal] *закон о промышленной собственности*

industrial property rights   [legal] *права на промышленную собственность*

industrial psychology   *промышленная психология*

industrial quarter   *промышленная зона, промышленный район*

industrial rate of return   *коэффициент окупаемости капиталовложений в промышленность;* [fin.] *норма прибыли в промышленности*

industrial rate of return method   [fin.] *метод коэффициента окупаемости капиталовложений в промышленность*

industrial register   *промышленный регистр*

industrial rehabilitation centre   *центр восстановления работоспособности;* [empl.] *центр реабилитации на промышленном предприятии*

industrial relations   *внутрипроизводственные отношения, отношения в процессе труда;* [empl.] *отношения между администрацией и рабочими в промышленности, связи между промышленными предприятиями и общественными учреждениями, трудовые отношения между администрацией и профсоюзами*

industrial relations law [legal] *закон о внутрипроизводственных отношениях*

industrial residential centre *жилой квартал в промышленной зоне*

industrial revolution *промышленная революция*

industrial risk [ins.] *производственный риск, риск предпринимателя*

industrials [stock] *акции промышленных предприятий*

industrial sector *промышленный сектор*

industrial sector, the *промышленность, промышленный сектор*

industrial shares [stock] *акции промышленных предприятий*

industrial strife [legal] *производственный конфликт*

industrial structure *промышленное сооружение*

industrial tariff *промышленный прейскурант*

industrial third party insurance [ins.] *индустриальное страхование ответственности перед третьими лицами*

industrial trade union [empl.] *производственный профсоюз*

industrial tribunal [legal] *промышленный трибунал*

industrial union [empl.] *производственный профсоюз*

industrial worker *промышленный рабочий*

industrial zone *промышленная зона*

Industries Board of Trade Fairs *Отраслевой совет торговых ярмарок (Дания)*

Industries' Board of Trade Fairs, the *управление промышленности торговых ярмарок*

industry *индустрия, отрасль промышленности, трудолюбие;* [prod.] *промышленность*

industry and commerce *промышленность и торговля*

industry report *отраслевой выпуск промышленной переписи, отраслевой статистический отчет*

industry reports *отраслевая промышленная перепись*

industry-wide bargaining [empl.] *обсуждение условий коллективного договора для всей отрасли*

industry-wide collective agreement [empl.] *коллективный договор для всей отрасли*

inedited (adj.) *неотредактированный*

ineffective (adj.) *бесполезный, напрасный, недействительный, не имеющий силы, неспособный, неумелый, неэффективный;* [legal] *безрезультатный*

ineffectiveness *неспособность, неэффективность*

ineffective promise [legal] *пустое обещание*

ineffectual (adj.) *безрезультатный, бесплодный, не достигший цели, неудачный*

inefficacy *бесполезность*

inefficiency *недейственность, неспособность, неумение, неэффективность*

inelastic demand [pol.ec.] *неэластичный спрос*

ineligible (adj.) *негодный, неподходящий*

inept (adj.) *абсурдный, бессмысленный, недействительный, неподходящий, неспособный, неумелый, неуместный, утративший силу*

inept management *неумелое управление*

ineptness *абсурдность, неуместность*

inequality *неравенство, несостоятельность, неспособность, несходство, различие*

in equal shares *в равных долях*

inequitable (adj.) *несправедливый, пристрастный*

inertia *бездействие, вялость, инертность*

inertia inflation [pol.ec.] *вялая инфляция*

inertial inflation [pol.ec.] *вялая инфляция*

inertial selling *вялая торговля*

inertia selling *вялая торговля*

in escrow *на хранении у третьего лица до выполнения определенного условия*

inessential (adj.) *незначительный, несущественный*

inestimable (adj.) *не поддающийся оценке*

in exceptional circumstances *в исключительных обстоятельствах*

in excess of *больше, сверх*

in exchange *в обмен*

inexhaustable (adj.) *неистощимый, неисчерпаемый*

in expectation of *в ожидании*

inexpediency *неуместность, нецелесообразность*

inexpedient (adj.) *неблагоразумный, неуместный, нецелесообразный*

inexpensive (adj.) *дешевый, недорогой*

inexperience *неопытность*

inexperienced, be (vb.) *быть неопытным*

inexplicable (adj.) *необъяснимый, непонятный*

in extenso *в несокращенном виде, полностью, целиком*

in fact [legal] *в действительности, фактически*

in fact and in law [legal] *фактически и юридически*

infallibility *безотказность, безошибочность, верность, надежность, непогрешимость*

infamous (adj.) *имеющий дурную репутацию, лишенный гражданских прав вследствие совершенного преступления, пользующийся дурной славой*

infamy *бесчестие, позор;* [legal] *лишение гражданских прав*

infancy *период становления, раннее детство, ранняя стадия развития;* [legal] *младенчество, несовершеннолетие*

infant (adj.) *детский, младенческий;* [legal] *зарождающийся, начальный, несовершеннолетний*

infanticide [leg.pun.] *детоубийство, детоубийца*

infeasibility *невыполнимость, неосуществимость*

infer (vb.) *делать вывод, делать заключение, заключать, означать, подразумевать, предполагать*

infer analogously (vb.) [legal] *делать вывод по аналогии*

inference *вывод, заключение, умозаключение*

inference by analogy *вывод по аналогии*

inferior *подстрочный знак, подчиненный*

inferior (adj.) *меньший по количеству, младший, низший по положению, подстрочный, худший по качеству*

inferior court [legal] *нижестоящий суд, суд низшей категории*

inferior goods *низкосортный товар, товар низкого качества*

inferior quality *низкое качество*

inferior quality, of (adj.) *низкосортный;* [comm.] *худший по качеству*

infidelity [law.dom.] *супружеская неверность*

in financial difficulties [ec.] *в финансовых затруднениях*

infinite (adj.) *безграничный, бесконечный*

inflate (vb.) *вздувать цены, завышать показатели;* [ec.] *взвинчивать цены, вызывать инфляцию*

inflated (adj.) *вздутый (о ценах);* [ec.] *взвинченный (о ценах)*

inflated prices [pol.ec.] *вздутые цены*

inflation [pol.ec.] *инфляция, обесценение денег*

inflation accounting [book-keep.] *учет воздействия инфляции*

inflationary (adj.) [pol.ec.] *вызывающий инфляцию, инфляционный*

inflationary effect [pol.ec.] *инфляционный эффект*

inflationary gap [pol.ec.] *дефицит, вызывающий инфляцию*

inflationary jump [pol.ec.] *инфляционный скачок*

inflationary pressure [pol.ec.] *инфляционное давление*

inflationary pressures [pol.ec.] *трудности, связанные с инфляцией*

inflationary shock [pol.ec.] *инфляционный импульс*

inflationary spiral *инфляционный рост цен;* [pol.ec.] *инфляционная спираль цен*

inflationary tendency [pol.ec.] *инфляционный процесс*

inflation development [pol.ec.] *инфляционный процесс*

inflation differential *инфляционная разница в оплате труда, инфляционная разница цен*

inflationist [pol.ec.] *сторонник инфляционной политики*

inflation rate [pol.ec.] *темпы инфляции*

inflexible (adj.) *негибкий, неэластичный*

inflict a defeat (vb.) *наносить поражение*

inflict a defeat on someone *наносить поражение кому-л.*

inflict a loss (vb.) *причинять ущерб*

inflict a loss on someone *причинять ущерб кому-л.*

inflow *вливание, наплыв, прилив, приток*

inflow in the form of financial loans *вливание в форме финансовых займов*

inflow of capital *приток капитала*

inflow of currency *приток валюты*

inflow of foreign exchange *приток иностранной валюты*

inflow of orders [ind.ec.] *поток заказов*

influence *влиятельное лицо, воздействие;* [adv.] *влияние*

influence (vb.) *влиять, воздействовать, оказывать влияние, оказывать воздействие*

influence, under the *под влиянием*

influenced by (adj.) *находящийся под влиянием*

influence stock prices (vb.) [exc.] *оказывать влияние на биржевые курсы*

influence the exchange (vb.) [exc.] *оказывать влияние на курс иностранной валюты*

influencing of witnesses [legal] *влияние свидетельских показаний*

influential circles *влиятельные круги*

influx *влияние, наплыв, прилив, приток*

influx of capital [ec.] *приток капитала*

influx of currency *приток валюты*

influx of customers *приток покупателей*

influx to labour market [empl.] *приток на рынок труда*

influx to the labour market [empl.] *приток на рынок труда*

in force (adj.) *действующий, законный, имеющий силу*

inform (vb.) *доносить, извещать, информировать, осведомлять, подавать жалобу, сообщать*

informal (adj.) *неофициальный, неформальный, отступающий от правил, сделанный не по форме*

informal agreement *неофициальное соглашение*

informant *лицо, подавшее заявление об обвинении;* [leg.pub.] *доносчик;* [mark.] *осведомитель*

in forma pauperis *в пауперской форме*

informatics [comp.] *информатика*

information *данные, донос, жалоба, знания, изложение фактических обстоятельств дела, информация, оповещение, осведомленность, передача сведений, сведения, сообщение;* [leg.pub.] *заявление об обвинении*

information, for your *для вашего сведения*

information and documentation science *наука об информации и документации*

information bureau *справочное бюро, справочный стол*

information centre *информационный центр*

information content [comp.] *объем информации, содержание информации*

information entry *поясняющая запись*

information facility *информационная служба*

information for users *информация для пользователей*

information from accounts [calc.] *сведения из отчета*

information from the accounts [calc.] *сведения из отчета*

information handling [comp.] *обработка информации*

information interchange *обмен информацией*

information management system *система управления информацией*

information manager [media] *администратор потоков информации*

information office   *справочно-информационное бюро*

information on legal remedies   *информация о законных средствах судебной защиты*

information processing   *обработка данных;* [comp.] *обработка информации*

information retrieval   [comp.] *информационный поиск*

information retrieval system   *система информационного поиска*

information science   [comp.] *информатика, наука об информации*

information selection system   *система отбора данных*

information separator (IS)   [comp.] *разделительный знак при передаче информации*

information service   [doc.] *служба информации*

information source   *источник информации*

information swapping   *обмен информацией*

information technology   *информационная технология*

information to shareholders   *информация для акционеров*

informative (adj.)   *информационный, поучительный, содержательный, содержащий информацию*

informative label   *опознавательная бирка (на багаже)*

informative sign   *информационный символ*

informative value   *ценность информации*

informed (adj.)   *знающий, осведомленный*

informed consent   *квалифицированное согласие*

informed criticism   *справедливая критика*

informed guess   *квалифицированное предположение*

informed opinion   *обоснованная точка зрения*

inform on somebody (vb.)   [leg.pun.] *доносить на кого-либо*

infraction   [legal] *нарушение, несоблюдение*

infraction of an obligation   *невыполнение обязательства*

infraction of obligation   *невыполнение обязательства*

infraction of regulation   [legal] *нарушение правил*

infraction of the law   [leg.pun.] *нарушение закона, несоблюдение закона*

infrastructure   [pol.ec.] *инфраструктура*

infringe (vb.)   *посягать;* [legal] *нарушать, не соблюдать, преступать*

infringe (on) a right (vb.)   [legal] *посягать на право*

infringe a rule (vb.)   [legal] *не соблюдать правило*

infringement   [legal] *нарушение, несоблюдение, посягательство*

infringement of a copyright   [aut.right] *нарушение авторского права*

infringement of an essential procedural requirement   [EEC] *нарушение важного процедурного требования*

infringement of a rule of law   [leg.pun.] *нарушение правовой нормы*

infringement of copyright   [aut.right] *нарушение авторского права*

infringement of essential procedural requirement   [EEC] *нарушение важного процедурного требования*

infringement of law   [leg.pun.] *нарушение закона, несоблюдение закона, правонарушение*

infringement of patent   [pat.] *нарушение патента*

infringement of rights   [legal] *нарушение прав*

infringement of rule of law   [leg.pun.] *нарушение правовой нормы*

infringement of the law   [leg.pun.] *нарушение закона, несоблюдение закона, правонарушение*

infringement of the treaty   [EEC] *нарушение международного соглашения*

infringement of treaty   [EEC] *нарушение международного соглашения*

infringement procedure   *процедура посягательства*

infringe on a right (vb.)   [legal] *посягать на право*

infringer   [legal] *нарушитель*

infringe the law (vb.)   [leg.pun.] *нарушать закон*

in full   *в полной мере, полностью*

in full force (adj.)   *действующий в полную силу*

in full possession of one's faculties (adj.)   [legal] *вменяемый*

in-full premium [ins.] *общая сумма страховых платежей,*
   подлежащих погашению
in full satisfaction of a debt *в полное погашение долга*
in full satisfaction of debt *в полное погашение долга*
in future *в будущем*
ingoing investments *поступающие инвестиции*
ingoing payments *поступающие платежи*
in good condition [comm.] *в хорошем состоянии*
in good condition (adj.) *неповрежденный*
in good faith [legal] *добросовестно*
ingot *болванка, слиток металла*
ingredient *ингредиент, компонент, составная часть*
ingress [legal] *проникновение*
inhabitant *обитатель, постоянный житель*
in hand *в наличии, в распоряжении, в руках, в стадии*
   рассмотрения
inherent (adj.) *неотъемлемый, присущий, свойственный*
inherent evidence (of a legal instrument) [legal] *неотъемлемое*
   доказательство юридического документа
inherent evidence of a legal instrument [legal] *неотъемлемое*
   доказательство юридического документа
inherent evidence of legal instrument [legal] *неотъемлемое*
   доказательство юридического документа
inherent in (adj.) *неотъемлемый, присущий, свойственный*
inherent nature [ins.] *врожденное свойство*
inherent vice *врожденный порок*
inherent vice damage [ins.] *ущерб вследствие врожденного порока*
inherit (vb.) *быть наследником;* [suc.] *наследовать, получать в*
   наследство
inheritable (adj.) *имеющий право наследовать, наследуемый;*
   [suc.] *передающийся по наследству*
inheritance [suc.] *наследственное имущество, наследство*
inheritance act [legal] *закон о наследовании*
inheritance of control *наследование контроля над имуществом*
inheritance tax [tax.] *налог на наследство*
in hindsight *непредусмотрительно*
in his absence *в его отсутствие*
in his/her capacity of *в качестве*
in his private capacity *в качестве частного представителя, в*
   частном порядке, частным образом
in honour bound *по долгу чести*
in-house (adj.) *внутренний, внутриведомственный, внутрифирменный*
in-house counsel [pers.manag.] *внутрифирменный совет*
in italics [print.] *курсивом*
initial *прописная буква*
initial (vb.) *парафировать, подписывать инициалами, ставить*
   инициалы
initial (adj.) *исходный, начальный, первоначальный*
initial acquisition *первоначальное приобретение*
initial allowance *первоначальная скидка*
initial annual payment after tax *первоначальный годовой платеж после*
   уплаты налога
initial assets *исходные активы*
initial balance [book-keep.] *исходный баланс*
initial capital [ind.ec.] *стартовый капитал*
initial car tax [trans.] *регистрационный налог на автомобиль*
initial charge *первоначальный сбор*
initial contribution *первоначальный взнос*
initial cost [calc.] *стоимость приобретения;* [ind.ec.] *первоначальная*
   стоимость
initial costs [calc.] *первоначальные издержки*

initial difficulties   *первоначальные трудности*
initial emission   [exc.] *первая эмиссия*
initial expenditure   [calc.] *первоначальные затраты*
initial expenses   [calc.] *первоначальные затраты*
initial frustration   [legal] *первоначальное прекращение обязательства вследствие невозможности его выполнения*
initial impossibility   [legal] *первоначальная невозможность исполнения*
initial incapacity   [ins.] *первоначальная неспособность*
initialize (vb.)   *устанавливать в исходное состояние;* [comp.] *задавать начальные условия, инициализировать*
initial loss   [ins.] *первоначальный убыток*
initial margin payment   [exc.] *первоначальная выплата маржи*
initial operation   [prod.] *ввод в действие*
initial point   *исходная точка*
initial position   *начальное положение*
initial premium   [ins.] *первый страховой взнос*
initial price   [ind.ec.] *первоначальная цена*
initial purchase   [mark.] *первая покупка*
initial settlement date   *первый расчетный день*
initial share   [stock] *первая акция*
initial surplus   [calc.] *первоначальный излишек*
initial value   [exc.] *начальное значение*
initiate (vb.)   *вводить, начинать, ознакомить с основами, познакомить с основами, предпринимать, принимать, приступать*
initiating body   *организация-учредитель*
initiation   *введение в должность, основание, установление, учреждение*
initiation fee   *вступительный взнос*
initiative   *инициатива, почин, предприимчивость*
initiative, on one's own   *по собственной инициативе*
initiator   *инициатор, организатор, учредитель*
initiator's award   *премия инициатору*
in itself   *по своей сущности, само по себе*
injection of capital   *вложение капитала, капиталовложения*
injunction   [legal] *запретительное решение суда, предписание, приказ, судебный запрет*
injunctive relief   [legal] *назначенное пособие*
injure (vb.)   *портить, причинять вред*
injured (adj.)   *оскорбленный, поврежденный*
injured, be (vb.)   [ins.] *получить повреждение*
injured party   [legal] *сторона, понесшая ущерб*
injurious (adj.)   *вредный, губительный;* [legal] *оскорбительный*
injurious effect   [ins.] *неблагоприятное воздействие*
injurious event   *опасное событие*
injury   *вред, рана, травма, ушиб;* [ins.] *телесное повреждение;* [legal] *имущественный ущерб*
injury at work   [ins.] *производственная травма*
injury to a person's reputation   *ущерб личной репутации*
injury to goodwill   *ущерб для доброжелательного отношения*
injury to reputation   [legal] *ущерб репутации*
injustice   *несправедливость, отказ в правосудии*
in keeping with   *в соответствии с, согласно с*
in kind   *натурой*
ink-jet printer   *струйное печатающее устройство*
ink ribbon   *лента для пишущей машинки*
inland   *территория, удаленная от границ страны, территория, удаленная от моря*
inland (adj.)   *внутренний, расположенный внутри страны, удаленный от границы, удаленный от моря*
inland clearance depot   [cust.] *внутренний таможенный склад*

inland duty [tax.] *налог внутри страны*

inland navigation *внутреннее судоходство;* [nav.] *плавание по внутренним водным путям*

inland revenue [manag.] *внутренние бюджетные поступления*

Inland Revenue Department [tax.] *Налоговое управление (Дания)*

Inland Revenue Department (UK) [tax.] *Управление налоговых сборов (Великобритания)*

inland revenue inspection [tax.] *налоговая инспекция*

inland revenue tax [tax.] *государственный налог*

inland transport [trans.] *внутренний транспорт, перевозки внутри страны*

inland transport insurance [ins.] *страхование перевозок внутри страны*

inland waterway *внутренний водный путь*

inland waterways *внутренние водные пути*

in law [legal] *по закону*

in lieu of *вместо*

inmate *обитатель;* [leg.pun.] *жилец*

in my judgment *по моему мнению*

in my opinion *по моему мнению*

innate (adj.) *врожденный, природный*

inner city *внутренняя часть города*

innocence *безвредность, невинность, невиновность*

innocent *невиновный человек*

innocent (adj.) *безвредный, добросовестный, невиновный, неумышленный;* [leg.pun.] *невинный*

innocent victim *невинная жертва*

innominate terms [legal] *неназванные постановления, неназванные решения*

innovate (vb.) *вводить новшества, делать нововведения, производить перемены*

innovation *введение новшества, инновация, новаторство, новация, нововведение, новшество*

innovation-oriented (adj.) *ориентированный на новшества*

innovation policy *политика перемен*

innovative (adj.) *новаторский, рационализаторский*

innovative action *новаторское действие*

innovative thinking *творческое мышление*

innovator *новатор, рационализатор*

innovator's allowance *премия рационализатору*

Inns of Court (UK) [legal] *'Судебные инны' (четыре корпорации барристеров в Лондоне)*

inobservance *невнимание, невнимательность;* [legal] *несоблюдение*

inoculation *прививка*

in office *у власти;* [parl.] *в должности*

in open court [legal] *в открытом судебном заседании*

inoperable time [comp.] *нерабочее время*

inoperative (adj.) [legal] *недействительный, не имеющий законной силы, неэффективный*

inoperative, become (vb.) [legal] *быть недействительным, не иметь законной силы*

in outline *в общих чертах*

in-pack coupon [mark.] *упаковочный купон*

in-pack premium [mark.] *надбавка за упаковку*

in part *частично*

in particular *в особенности, в частности*

in-payment [bank.] *взнос, уплата*

in payment difficulties [ec.] *в связи с затруднениями платежа*

in-payment form [bank.] *форма платежа*

in-plant apprenticeship [empl.] *обучение на рабочем месте*

in-plant safety officer [empl.] *представитель службы техники безопасности предприятия*

in preference to   *отдавая предпочтение*

in process of construction   [r.e.] *в процессе строительства*

in process of training   [cmpl.] *в процессе обучения*

in progress   *в производстве*

in progress (adj.)   *действующий*

in pursuance of   [legal] *во исполнение, в соответствии с, согласно*

input   [comp.] *ввод, входное устройство, входной сигнал, входные данные, устройство ввода*

input (vb.)   [comp.] *вводить данные*

input data   [comp.] *входные данные*

input device   [comp.] *устройство ввода*

input field   [comp.] *область ввода*

input-output   [comp.] *ввод-вывод, данные ввода-вывода, устройство ввода-вывода*

input-output (I/O)   [comp.] *ввод-вывод*

input-output ratio   *отношение единицы затрат к единице выпуска продукции, технологический коэффициент;* [prod.] *коэффициент материалоемкости*

input-output statement   [calc.] *баланс соотношения затраты-выпуск*

input process   *входной процесс;* [comp.] *процесс ввода*

input tax   [book-keep.] *налог на производственные затраты*

input unit   *блок ввода, входной блок, устройство ввода;* [comp.] *входное устройство*

input value-added tax   [tax.] *налог на добавленную стоимость*

inquest   [legal] *дознание, жюри, расследование, следствие, состав присяжных*

in question (adj.)   *обсуждаемый, рассматриваемый*

inquire (vb.)   *выяснять, наводить справки, осведомляться, расследовать, спрашивать*

inquire about (vb.)   *справляться*

inquire into (vb.)   *расследовать;* [leg.pun.] *выяснять*

inquire into the case (vb.)   [legal] *расследовать дело*

inquire into the matter (vb.)   *расследовать дело*

inquirer   *лицо, производящее опрос, производящий опрос;* [adv.] *спрашивающий*

inquiry   *вопрос, запрос, изучение, исследование, наведение справок, научное изыскание, обследование, спрос;* [legal] *расследование;* [leg.pun.] *осведомление*

inquiry by interview   [mark.] *обследование путем опроса*

inquiry directed against a particular person   [leg.pun.] *расследование в отношении конкретного лица*

inquiry directed against particular person   [leg.pun.] *расследование в отношении конкретного лица*

inquiry facility   *справочная служба*

inquiry form   *анкета*

inquiry into an official's conduct of office   [manag.] *запрос официальному руководству учреждения*

inquiry into official's conduct of office   [manag.] *запрос официальному руководству учреждения*

inquiry line   [telecom.] *запрашиваемая линия*

inquiry office   *справочное бюро, справочный стол*

inquiry period   *срок расследования*

inquisition   *расследование;* [legal] *следствие*

inquisitorial procedure   [legal] *процедура расследования, следственная процедура*

INR (Indian rupee)   [monet.trans.] *индийская рупия*

in re   [legal] *в деле, по делу*

in real terms   *в неизменных ценах, в реальном выражении*

in relation to   *относительно, что касается*

in return   *взамен, в обмен, в ответ*

in return for   *в оплату за*

in return of   *взамен*

in running order   *в последовательном порядке*

insane (adj.)   *сумасшедший;* [legal] *душевнобольной*

insane state   *состояние безумия*

insanity   *безумие, душевная болезнь, психическая болезнь;* [legal] *умопомешательство*

inscribe (vb.)   [stock] *делать надпись, надписывать*

inscribed securities   [stock] *ценные бумаги, существующие только в виде записи в регистре*

inscribed security   *ценная бумага, существующая только в виде записи в регистре*

inscription   *надпись*

inscription certificate   [stock] *именной сертификат*

insecure (adj.)   *небезопасный, ненадежный, опасный, рискованный*

insecure position   *небезопасное положение, опасное положение*

insecurity   *небезопасность*

inseparable (adj.)   *неотделимый, неразрывный*

insert   [adv.] *дополнение, приложение;* [media] *вставка;* [print.] *вкладыш в газете, вкладыш в журнале*

insert (vb.)   *вкладывать, вставлять;* [print.] *помещать*

insert an advertisement (vb.)   [adv.] *помещать объявление в газете*

insertion   *вставление, объявление в газете, помещение рекламы в газете;* [print.] *вставка в книге*

insertion of advertisement   [adv.] *помещение рекламного объявления*

insertion order   [adv.] *заказ на объявление*

insertion schedule   [adv.] *порядок публикации объявлений*

in-shore fishing   *прибрежное рыболовство*

insider   [exc.] *член организации*

insider dealing   *незаконные операции с ценными бумагами на основе внутренней информации о деятельности компании-эмитента*

insider trading   [exc.] *незаконные операции с ценными бумагами на основе внутренней информации о деятельности компании-эмитента*

inside staff   [pers.manag.] *конторский персонал*

insight   *интуиция, понимание, проницательность*

insignificance   *незначительность*

insignificant (adj.)   *незначительный, несущественный, ничтожный*

insist (vb.)   *добиваться, настаивать, настойчиво утверждать*

insistence   *настойчивое требование, настойчивость*

insistent (adj.)   *настойчивый, настоятельный*

insist on (vb.)   *настаивать на*

in solicitors' hands   [legal] *под контролем адвокатов*

insolvency   *банкротство, несостоятельность, прекращение платежей;* [legal] *неплатежеспособность*

insolvency declaration   [legal] *объявление о неплатежеспобности*

insolvency practitioner   [bankr.leg.] *консультант по вопросам неплатежеспособности*

insolvent   *несостоятельный должник*

insolvent (adj.)   *несостоятельный;* [legal] *неплатежеспособный*

inspect (vb.)   *инспектировать, контролировать, обследовать, освидетельствовать, проверять, просматривать, тщательно осматривать*

inspection   *дефектоскопия, инспекция, обследование, ознакомление, приемочный контроль, проверка, просмотр, экспертиза;* [legal] *официальное расследование;* [leg.pun.] *освидетельствование, осмотр;* [nav.] *инспектирование;* [prod.] *контроль*

inspection certificate   *приемочный акт*

inspection costs   *затраты на приемочный контроль*

inspection department   *отдел технического контроля*

inspection of accounts   [aud.] *проверка финансового отчета*

inspection of documents   [legal] *проверка документов*

inspection of scene of crime   *расследование картины преступления*
inspection of ships   *осмотр судов*
inspection of tangible fixed assets   *проверка неликвидных материальных активов;* [aud.] *проверка труднореализуемых материальных активов*
inspection of the scene of the crime   [leg.pun.] *расследование картины преступления*
inspection order   *предписание на осмотр изделия;* [legal] *распоряжение об осмотре*
inspection report   [prod.] *акт приемки продукции*
inspection survey   [r.e.] *приемочный контроль*
inspector   *браковщик, приемщик, ревизор;* [aud.] *контролер;* [legal] *инспектор*
inspectorate   *должность инспектора, инспекция, штат инспекторов*
inspector-general   *генеральный инспектор*
inspector of taxes   [tax.] *налоговый инспектор*
in spite of   *несмотря на*
instability   *нестабильность, неуравновешенность;* [exc.] *непостоянство, непрочность, неустойчивость*
install (vb.)   *помещать, устраивать;* [prod.] *официально вводить в должность*
install a machine (vb.)   [prod.] *устанавливать оборудование*
installation   *оборудование, официальное введение в должность, размещение, расположение, установка*
installation allowance   [pers.manag.] *пособие на первоначальное устройство*
installation and dismantling costs   *затраты на монтаж и демонтаж*
installation costs   *затраты на монтаж*
installation fee   *пособие на первоначальное устройство*
installation grant   [pers.manag.] *пособие на первоначальное устройство*
installment accounting   [calc.] *расчет очередного взноса*
instalment   *партия товара;* [comm.] *часть;* [ec.] *очередной взнос при продаже в рассрочку;* [media] *частичный платеж*
instalment (delivery)   *доставка частями*
instalment account   *счет платежей в рассрочку*
instalment accounting   [calc.] *расчет очередного взноса*
instalment and interest   [r.e.] *очередной взнос и проценты*
instalment buying   *покупка в рассрочку*
instalment contribution   *очередной взнос при продаже в рассрочку*
instalment credit   *кредит с погашением в рассрочку*
instalment debt   *задолженность по ссудам с рассрочкой платежа*
instalment delivery   *доставка частями*
instalment disbursement   *выплата очередного взноса*
instalment due   *причитающийся очередной взнос*
instalment due under a composition   [legal] *частичный взнос, причитающийся по компромиссному соглашению должника с кредитором*
instalment due under composition   [legal] *частичный взнос, причитающийся по компромиссному соглашению должника с кредитором*
instalment loan   *ссуда с погашением в рассрочку*
instalment notice   [r.e.] *уведомление о частичном платеже*
instalment obligation   *обязательство платить в рассрочку*
instalment on a debt   *погашение задолженности частями*
instalment on a loan   *погашение ссуды частями*
instalment on an existing loan   *погашение текущей ссуды частями*
instalment on debt   *погашение задолженности частями*
instalment on interest   *выплата процентов частями*
instalment on loan   *погашение ссуды частями*
instalment on the interest   *выплата процентов частями*

instalment payment   *очередной платеж при покупке в рассрочку, платеж в рассрочку*

instalment payment plan   [legal] *график платежей при покупке в рассрочку*

instalment pension   *выплата пенсии частями*

instalment period interest rate   [r.e.] *ставка процента за период платежей в рассрочку*

instalment plan   *график платежей при покупке в рассрочку, система платежей в рассрочку*

instalment price   *цена при покупке в рассрочку*

instalment profile   *график платежей при покупке в рассрочку*

instalment purchase   *покупка в рассрочку*

instalments, by   *в рассрочку, частями*

instalment sale   *продажа в рассрочку*

instalment sales   *продажи в рассрочку*

instalment sales finance undertaking   *финансовое обязательство при продаже в рассрочку*

instalments and outstanding debt   *задолженность по ссудам с рассрочкой платежа*

instalment savings account   *сберегательный счет для оплаты покупок в рассрочку*

instalment scheme   *система продажи в рассрочку*

instalments due   *причитающиеся очередные взносы*

instalments guarantee   *гарантия уплаты очередных взносов*

instalment trading   *продажа в рассрочку*

instalment transaction   *сделка с оплатой в рассрочку*

instalment transactions   *сделки с оплатой в рассрочку*

instance   *гражданский иск, настоятельная просьба, прецедент, производство дела в суде, судебный процесс, требование, частный случай;* [legal] *судебная инстанция*

instance, for   *например*

instance of, at the   *по просьбе*

instance of authority   [manag.] *орган власти*

instantaneous (adj.)   *моментальный*

instead of   *взамен, вместо*

in step with   *в соответствии с*

instigate (vb.)   *побуждать, подстрекать, провоцировать*

instigation   [leg.pun.] *подстрекательство*

instigation of legal action   [legal] *отказ от законного иска*

instigator   *подстрекатель*

institute   *институт, учреждение*

institute (vb.)   *вводить, назначать на должность, основывать, учреждать;* [legal] *назначать наследником*

institute (legal) proceedings (vb.)   *назначать судопроизводство*

institute (legal) proceedings against (vb.)   *возбуждать судебное дело против, возбуждать судебное преследование против*

institute an action (vb.)   [legal] *возбуждать иск, назначать судебный процесс, начинать судебное дело, начинать судебное преследование*

institute an inquiry (vb.)   *назначать расследование*

institute divorce proceedings (vb.)   [law.dom.] *возбуждать бракоразводный процесс, возбуждать дело о разводе, возбуждать судебное дело о расторжении брака*

institute legal proceedings (vb.)   [legal] *назначать судопроизводство, начинать процессуальные действия;* [leg.pun.] *устанавливать процессуальное производство*

Institute of Bankers   *Институт банкиров (Великобритания)*

Institute of Chartered Accountants   *Институт дипломированных бухгалтеров (Великобритания)*

institute of economic research   *институт экономических исследований*

Institute of Insurance Education, the   *институт страхового образования*

Institute of State Authorized Public Accountants *Институт государственных присяжных бухгалтеров*

institute recourse (vb.) [legal] *установить право регресса*

institution *общество, организация;* [manag.] *введение, установление, учреждение*

institutional (adj.) *рассчитанный на создание популярности фирмы, установленный, учрежденный*

institutional advertising [adv.] *реклама для создания популярности организации*

institutional household *групповое хозяйство*

institutional investor *институциональный инвестор, учреждение-вкладчик*

institutionalization *институционализация*

institutional subscription *институционная подписка*

institutional taxation *установленное налогообложение*

institution of a case [legal] *возбуждение дела в суде*

institution of case [legal] *возбуждение дела в суде*

institution of higher education [syst.ed.] *высшее учебное заведение*

institution of recourse proceedings [legal] *возбуждение дела по обвинению в нарушении права регресса*

institution of tertiary education [syst.ed.] *высшее учебное заведение*

institutor *организатор, основатель, учредитель*

in stock *в запасе, в наличии*

in-store demonstration [mark.] *демонстрация товаров в магазине*

instruct (vb.) *давать указания, инструктировать, наставлять, обучать, учить;* [empl.] *давать поручение, отдавать распоряжения;* [syst.ed.] *информировать, сообщать*

instruct counsel (vb.) [legal] *знакомить адвоката с обстоятельствами дела*

instructing solicitor [legal] *адвокат, дающий советы клиенту*

instruction *знания, инструктаж, инструктирование, наказ судьи присяжным, образование, образованность;* [comp.] *инструкция, команда;* [syst.ed.] *обучение, просвещение*

instruction code *набор команд, система команд, состав команд;* [comp.] *код команды*

instructions *директивы, распоряжения, указания;* [legal] *инструкции*

instructions to counsel to advise (vb.) [legal] *указания адвокату давать консультации*

instructions to counsel to advise in conference (vb.) [legal] *указания адвокату давать консультации на совещании*

instructions to registrar (vb.) *указания секретарю суда*

instructions to the registrar (vb.) [EEC] *указания секретарю суда*

instructive (adj.) *поучительный*

instrument *акт, грамота, орудие, юридический акт;* [legal] *юридически оформленный документ;* [prod.] *инструмент*

instrumental (adj.) *играющий важную роль, определяющий, полезный, служащий орудием, служащий средством*

instrument of accession [law nat.] *документ о вступлении в должность*

instrument of control *инструмент контроля*

instrument of debt [ec.] *долговое обязательство*

instrument of debt payable to bearer *долговое обязательство на предъявителя*

instrument of debt to order [legal] *долговое обязательство по распоряжению*

instrument of foundation [legal] *акт об учреждении*

instrument of indebtedness [legal] *долговое обязательство*

instrument of pledge *закладная*

instrument of power [legal] *мандат*

instrument of ratification [law nat.] *ратификационная грамота*

instrument payable to bearer [stock] *платежный документ на предъявителя*

insubordination   [mil.] *неповиновение;* [pers.manag.] *неподчинение*

insufficiency   *недостаток (чего-либо);* [ind.ec.] *недостаточность*

insufficient (adj.)   *недостаточный, неполный, несоответствующий, неудовлетворительный*

insufficient packaging   *неудовлетворительная упаковка*

insufficient packing   *упаковка, не отвечающая требованиям*

insufficient qualifications   *недостаточная квалификация*

insufficient quantity   *недостаточное количество*

insufficient reimbursement   [ec.] *недостаточная компенсация*

insulating measure   *обособляющая мера*

insulation certificate   [r.e.] *свидетельство об обособлении*

insurable interest   [ins.] *интерес, подлежащий страхованию*

insurable risk   [ins.] *риск, могущий быть застрахованным*

insurable value   [ins.] *страховая стоимость*

insurance   [ins.] *страхование, страховая премия, страховой полис, сумма страхования*

insurance (sales)man   [ins.] *страховой агент*

insurance activities   [ins.] *страховая деятельность*

insurance adjuster   [ins.] *оценщик размера страхового убытка*

insurance against accidents at work   [ins.] *страхование от несчастных случаев на работе*

insurance against burglary   [ins.] *страхование от кражи со взломом*

insurance against damage by dry rot   [ins.] *страхование от повреждения древесным грибом*

insurance against damage by xylophaga   [ins.] *страхование от повреждения дерева древесным жучком*

insurance against failure of power supply   [ins.] *страхование от прекращения подачи электроэнергии*

insurance against housebreaking   [ins.] *страхование от кражи со взломом*

insurance against hunting accidents   [ins.] *страхование от несчастных случаев на охоте*

insurance against inheritance tax   [ins.] *страхование от налога на наследство*

insurance against interruption of business   [ins.] *страхование от перерыва деятельности*

insurance against loss by fire   [ins.] *страхование от убытков при пожаре*

insurance against loss or damage   [ins.] *страхование от убытков и повреждений*

insurance against rain   [ins.] *страхование от дождя*

insurance against robbery   [ins.] *страхование от кражи*

insurance against theft   [ins.] *страхование от кражи*

insurance agent   [ins.] *страховой агент*

insurance amount   [ins.] *общая сумма страхования*

insurance application   [ins.] *заявление о страховании*

Insurance Association   [ins.] *страховая ассоциация*

Insurance Board   *совет по страхованию*

insurance bonus   [ins.] *страховая премия*

insurance broker   [ins.] *страховой маклер*

insurance business   [ins.] *страховое предпринимательство*

insurance certificate   [ins.] *страховое свидетельство*

insurance combination   [ins.] *комбинация форм страхования*

insurance company   [ins.] *страховая компания, страховое общество*

insurance company share   [ins.] *акция страховой компании*

insurance contract   [ins.] *договор страхования*

insurance contract act   [legal] *закон о договоре страхования*

insurance costs   [ins.] *страховые издержки*

insurance cover   [ins.] *объем страховой ответственности*

insurance covering damage to or loss of vehicle   [ins.] *страхование от убытков вследствие повреждения или потери автомобиля*

insurance covering professional liability [ins.] *страхование профессиональной ответственности*

insurance document [ins.] *страховой документ*

insurance enterprise [ins.] *страховая компания*

insurance expenditure [ins.] *затраты на страхование*

insurance for less than a year [ins.] *страхование на срок менее года*

insurance fraud [ins.] *мошенничество при страховании*

insurance free of premium [ins.] *страхование без страхового взноса*

insurance holder [ins.] *держатель страхового полиса*

insurance incorporating a waiting period [ins.] *страхование жизни, вступающее в силу после определенного периода*

insurance industry [ins.] *страховое дело*

insurance in force [ins.] *действующий договор страхования*

insurance inspector [ins.] *страховой инспектор*

insurance law [legal] *закон о страховании*

insurance location [ins.] *страховой участок*

insurance loss [ins.] *убытки при страховании*

insurance man [ins.] *страховой агент*

insurance market [ins.] *рынок страхования*

insurance monopoly [ins.] *монополия страхования*

insurance number [ins.] *номер страхового договора*

insurance of buildings [ins.] *страхование зданий*

insurance of cargo [mar.ins.] *страхование груза*

insurance of contents [ins.] *страхование домашнего имущества*

insurance of daily benefits [ins.] *страхование дневного содержания*

insurance of fixed sums [ins.] *страхование фиксированных сумм*

insurance of fluorescent tubes [ins.] *страхование флуоресцентных ламп*

insurance of goods [ins.] *страхование товара*

insurance of goods and chattels [ins.] *страхование личного движимого имущества*

insurance of growing crops [ins.] *страхование выращиваемого урожая*

insurance of industrial risks [ins.] *страхование от промышленных рисков*

insurance of low tension installation [ins.] *страхование установки низкого напряжения*

insurance of medical expenses [ins.] *страхование медицинских расходов*

insurance of movable property [ins.] *страхование движимой собственности*

insurance of persons [ins.] *индивидуальное страхование, личное страхование*

insurance of securities in transit [ins.] *страхование ценных бумаг при перевозке*

insurance of shell of building [ins.] *страхование облицовки здания*

insurance of stocks [ins.] *страхование складов*

insurance of valuables [ins.] *страхование драгоценностей, страхование ювелирных изделий*

Insurance Operations Act *закон о страховой деятельности*

insurance payment [ins.] *страховой платеж*

insurance period [ins.] *срок страхования*

insurance policy [ins.] *договор страхования, страховой полис*

insurance policy number [ins.] *номер страхового полиса*

insurance pool [ins.] *страховой пул*

insurance portfolio [ins.] *портфель страхования*

insurance premium [ins.] *страховой взнос*

insurance programme [ins.] *программа страхования*

insurance proposal [ins.] *предложение о страховании*

insurance protection [ins.] *объем страховой ответственности*

insurance rate [ins.] *ставка страховой премии*

insurance salesman [ins.] *страховой агент*

insurance scheme [ins.] *система страхования*

insurance sector [ins.] *страховое дело*

insurance subscription documents   [ins.] *документ о страховании по подписке*

insurance sum   [ins.] *сумма страхования*

Insurance Supervisory Authority   *управление контроля за страхованием*

Insurance Supervisory Authority, the   *наблюдательный орган по страхованию*

insurance surveyor   [ins.] *страховой инспектор*

insurance syndicate   [ins.] *страховая компания*

insurance tax   [ins.] *налог на страхование*

insurance technique   [ins.] *способ страхования*

insurance terms and conditions   [ins.] *сроки и условия страхования*

insurance with bonus   [ins.] *страхование с участием в прибылях компании*

insurance with index clause   [ins.] *страхование с оговоркой об индексации*

insurance with medical examination   [ins.] *страхование с предварительным медицинским освидетельствованием*

insurance without bonus   [ins.] *страхование без участия в прибылях компании*

insurance without medical examination   [ins.] *страхование без предварительного медицинского освидетельствования*

insurance with waiting period   [ins.] *страхование с отсрочкой ответственности страховщика*

insurance year   [ins.] *год страхования*

insure (vb.)   [ins.] *застраховать, страховать*

insure against fire (vb.)   [ins.] *страховать от пожара*

insure against sea risks (vb.)   [mar.ins.] *страховать от морских рисков*

insured   [ins.] *страхователь*

insured (adj.)   [ins.] *застрахованный*

insured (person), the   *застрахованный*

insured, the   *застрахованный, страхователь*

insured event   [ins.] *застрахованное событие*

insured letter   [post] *заказное письмо*

insured loss   [ins.] *застрахованный убыток*

insured object   [ins.] *застрахованный объект*

insured party   [ins.] *застрахованная сторона, страхователь*

insured party, the   [ins.] *застрахованная сторона*

insured peril   [ins.] *застрахованный риск*

insured person   *страхователь;* [ins.] *застрахованное лицо, застрахованный, лицо, выплачивающее страховые взносы*

insured real property   [ins.] *застрахованная недвижимость*

insured unemployed   [ins.] *застрахованный безработный*

insured value   [ins.] *застрахованная стоимость, страховая оценка*

insurer   [ins.] *страхователь, страховое общество, страховщик*

insurer entering into rights of   [ins.] *страховщик, принимающий на себя права (кого-либо)*

insurer entering into the rights of   [ins.] *страховщик, принимающий на себя права (кого-либо)*

insurer substituting for   [ins.] *страховщик, заменяющий (кого-либо)*

intact (adj.)   *невредимый;* [comm.] *неповрежденный*

intake   *израсходованная энергия, пополнение, потребление, потребляемая мощность;* [syst.ed.] *контингент принятых в учебное заведение*

intake of capital   [fin.] *поглощение капитала*

intangible (adj.)   [legal] *нематериальный, неосязаемый*

intangible assets   [calc.] *нематериальные активы*

intangible fixed assets   [calc.] *неликвидные нематериальные активы*

intangible nature   *нематериальный характер*

intangible property   *нематериальные активы;* [legal] *неосязаемая собственность*

intangible rights   [legal] *нематериальные права*

intangibles   [calc.] *нематериальные активы, неосязаемые активы*

intangible value   [ind.ec.] *стоимость нематериальных активов*

integer   [comp.] *целое число*

integral (adj.) *неотъемлемый, существенный, целый*

integral part   *неотъемлемая часть*

integrate (vb.) *завершать, придавать законченный вид, составлять единое целое*

integrated (adj.) *завершенный, комплексный, объединенный*

integrated accounts   [book-keep.] *интегрированная система национальных счетов*

integrated circuit   [comp.] *интегральная схема*

integrated cost accounting   [book-keep.] *интегрированная система национальных счетов*

Integrated Customs Tariff of the European Communities
[EEC] *комплексные таможенные тарифы стран Европейского экономического сообщества*

integrated data base   [comp.] *интегрированная база данных*

integrated part   *составная часть*

integrated products   [fin.] *готовая продукция*

integrated software   [comp.] *интегрированные программные средства*

integrated system   [comp.] *интегрированная система*

integration   *интеграция, объединение*

integration process   *интеграционный процесс*

integrity   *неприкосновенность, нетронутость, целостность, честность, чистота*

integrity checking   *проверка целостности*

intellectual property   [legal] *интеллектуальная собственность*

intellectual property law   [legal] *закон об интеллектуальной собственности*

intellectual work   *интеллектуальный труд*

intelligence   *известия, интеллект, информация, сведения, ум, умственные способности*

intelligible (adj.) *доступный для понимания, понятный*

intend (vb.) *думать, иметь в виду, намереваться, подразумевать, предназначать, предполагать, собираться*

intending purchaser   *потенциальный покупатель*

intense (adj.) *значительный, интенсивный, сильный*

intensification   *интенсификация, напряжение, напряженность, усиление*

intensify (vb.) *усиливать, усиливаться*

intensity   *интенсивность, напряженность, сила*

intensive (adj.) *интенсивный, напряженный, усиленный*

intensive efforts   *напряженные усилия*

intensive investment   *интенсивное инвестирование, усиленное инвестирование*

intent   [ins.] *намерение;* [legal] *цель;* [leg.pun.] *значение, смысл*

intention   *стремление;* [legal] *умысел;* [leg.pun.] *намерение, цель*

intentional (adj.) *намеренный, преднамеренный, умышленный*

intentional disclosure   *преднамеренное раскрытие, умышленное разглашение, умышленное раскрытие данных, не подлежащих разглашению*

intentionally   *намеренно, преднамеренно, умышленно*

intentional tort   [legal] *умышленное гражданское правонарушение*

intention to commit a tort   [legal] *намерение совершить гражданское правонарушение*

intention to create legal relations   [legal] *намерение установить законные отношения*

intent to cause grievous bodily harm   [leg.pun.] *намерение причинить тяжкое телесное повреждение*

intent to kill   [leg.pun.] *намерение убить*

interaccount item [book-keep.] *проводка между счетами*

interact (vb.) *взаимодействовать*

interaction *взаимодействие, воздействие друг на друга*

interactive (adj.) *взаимодействующий, диалоговый, интерактивный, согласованный*

interactive data processing [comp.] *интерактивная обработка данных*

interactive mode [comp.] *диалоговый режим, интерактивный режим*

interactive programming [comp.] *интерактивное программирование*

interactive system *интерактивная система;* [comp.] *диалоговая система*

interactive videography [media] *интерактивная видеография*

interactive videotex [media] *интерактивная видеография*

inter alia (i.a.) *между прочим*

Inter-American Development Bank (IADB) *Межамериканский банк развития (МБР)*

interbank bid rate [bank.] *межбанковская ставка процента покупателя*

interbank deposit [bank.] *межбанковский депозит*

inter-bank deposits *межбанковские депозиты*

interbank market *межбанковский рынок*

interbank offered rate [bank.] *межбанковская ставка процента продавца*

interbank rate for overnight funds [bank.] *межбанковская однодневная ставка процента*

interbank rate of interest [bank.] *межбанковская ставка процента*

interbank transfer [bank.] *межбанковский перевод*

intercession *посредничество;* [legal] *ходатайство*

interchange *взаимный обмен, замена, перестановка, последовательное чередование*

interchangeable (adj.) *взаимозаменяемый, равнозначный, равноценный*

interchangeable items [legal] *взаимозаменяемые товары*

interchange of goods [comm.] *обмен товарами*

interchange of managerial personnel *перестановка управленческого персонала*

intercity train [rail.] *междугородный поезд*

intercom (intercommunication system) *переговорное устройство;* [telecom.] *селектор, система внутренней связи*

intercommunication *переговорное устройство, селектор;* [telecom.] *система внутренней связи*

intercommunication door *вход в систему внутренней связи*

intercommunication system (intercom) *селектор;* [telecom.] *переговорное устройство, система внутренней связи*

intercompany (adj.) *межфирменный*

intercompany account [book-keep.] *межфирменный счет*

intercompany accounting [book-keep.] *межфирменный бухгалтерский учет*

intercompany agreement *межфирменное соглашение*

intercompany balance [book-keep.] *межфирменный баланс*

intercompany investment *межфирменные капиталовложения*

intercompany loan [ind.ec.] *межфирменный кредит*

intercompany loss [ind.ec.] *межфирменные убытки*

intercompany payables [calc.] *межфирменные документы к оплате*

intercompany profit [ind.ec.] *межфирменная прибыль*

intercompany transaction *межфирменная сделка*

interconnected (adj.) *взаимосвязанный*

interconnection *взаимная связь, взаимосвязь*

intercontinental (adj.) *межконтинентальный*

intercourse *деловая связь, общение*

intercourt assistance [law nat.] *международная правовая помощь*

interday limit [bank.] *максимальный риск в течение всего дня до закрытия банка*

interdependence *взаимозависимость, зависимость друг от друга*

interdependent (adj.) *взаимозависимый*

interdict [legal] *запрет, запрещение*

interdict (vb.) *запрещать, лишать права пользования;* [legal] *налагать запрет*

interdiction [legal] *лишение дееспособности*

interest *выгода, интерес;* [bank.] *ссудный процент;* [comm.] *материальная заинтересованность;* [ec.] *процентный доход, проценты на капитал, участие в капитале;* [ind.ec.] *доля;* [legal] *значение, имущественное право, польза*

interest account [bank.] *счет процентов*

interest adjustment loan *ссуда с регулируемой ставкой процента*

interest advantage *преимущество в отношении ставки процента*

interest allowance [tax.] *процентная скидка*

interest allowed *допустимый процент*

interest amount *сумма процента*

interest and dividend payment [calc.] *выплата процентов и дивидендов*

interest arbitrage [bank.] *процентный арбитраж*

interest arbitrage business [bank.] *сделка с процентным арбитражем*

interest arbitrage programme [monet.trans.] *программа процентного арбитража*

interest arbitrage transaction [bank.] *сделка с процентным арбитражем*

interest arrears *просроченные проценты*

interest-bearing (adj.) *приносящий процентный доход, с уплатой процентов*

interest-bearing account [bank.] *счет, приносящий процентный доход*

interest-bearing bond [stock] *процентная облигация*

interest-bearing current account [bank.] *текущий счет, приносящий процентный доход*

interest-bearing debt *долг под проценты*

interest-bearing loan *процентная ссуда*

interest-bearing security [stock] *процентная ценная бумага*

interest burden *бремя процентов*

interest calculation *подсчет процентов*

interest charged *подлежащие уплате проценты*

interest charges *затраты на уплату процентов*

interest claim *требование о выплате процентов*

interest clause [legal] *оговорка о выплате процентов*

interest contribution *отчисления процентов*

interest costs *затраты на выплату процентов*

interest coupon [stock] *купон на оплату процентов*

interest cover *обеспечение выплаты процентов*

interest credit *кредит для выплаты процентов*

interest day *день выплаты процентов*

interest deduction [tax.] *процентный вычет*

interest deduction entitlement [tax.] *право на процентный вычет*

interest differential [bank.] *разница в ставках процента*

interest due *причитающиеся проценты*

interest due but not paid *причитающиеся, но не выплаченные проценты*

interest earned *полученные проценты*

interest earning capacity *возможность получать проценты*

interest earnings [bank.] *доход от процентов*

interested, be (vb.) *интересоваться;* [bus.organ.] *быть заинтересованным*

interested party *заинтересованная сторона*

interest equalization tax [tax.] *уравнительный налог на доход от процентов*

interest escalation clause [legal] *оговорка о скользящей шкале процентов*

interest expenditure *затраты на выплату процентов*

interest expenses   *затраты на выплату процентов*

interest for default   [legal] *пеня*

interest-free (adj.)   *беспроцентный, не приносящий процентный доход*

interest-free bond   [stock] *беспроцентная облигация*

interest-free deposit   *беспроцентный вклад*

interest-free loan   *беспроцентная ссуда*

interest gain   *доход от процентов*

interest gearing   [ind.ec.] *приведение в движение механизма процентов*

interest group   *группа, объединенная общими интересами*

interest income   *доход от процентов*

interest in income of a trust   [legal] *право на доход от опеки*

interest in income of trust   [legal] *право на доход от опеки*

interest in land   [r.e.] *право в недвижимости*

interest level   *уровень процентных ставок, уровень ставок процента*

interest loss   *потеря процентов*

interest margin   [bank.] *процентная маржа, разница между двумя ставками процента, разница между ставками процента по активным и пассивным операциям*

interest multiple   *сложные проценты*

interest on account   *процент по счету*

interest on advances   *процент на ссуды*

interest on amounts unpaid   [legal] *процент на неоплаченные суммы*

interest on arrears   *процент на остаток суммы*

interest on building loan   *процент по строительному займу*

interest on deposits   [bank.] *процент по вкладам*

interest on holdings of special drawing rights   *проценты по вкладам в специальных правах заимствования*

interest on loan against bonds   *процент по облигационному займу*

interest on loans against bonds   *процент по облигационным займам*

interest-only mortgage   [r.e.] *закладная с устойчивым процентом*

interest on overdue payment   *процент за просроченный платеж*

interest on sight deposit   [bank.] *процент по бессрочному вкладу*

interest paid   *выплаченный процент*

interest payable   *причитающийся процент*

interest payable on arrears   *причитающийся процент на остаток суммы*

interest payer   *плательщик процентов*

interest-paying period   *период начисления процентов*

interest payment   *выплата процентов*

interest payment date   *дата выплаты процентов*

interest payments   *платежи процентов*

interest per annum   *годовой процент*

interest premium   [bank.] *надбавка к проценту*

interest premium on savings   [bank.] *надбавка к проценту на сбережения*

interest profit   *прибыль от процентов*

interest rate   *норма процента, ставка процента*

interest rate adjustment   *регулирование нормы процента*

interest rate basket   [ec.] *набор ставок процента*

interest rate climb   *повышение ставки процента*

interest rate conditions   *условия ставок процента*

interest rate contract   [legal] *договор о ставке процента*

interest rate decline   *снижение ставки процента*

interest rate development   *изменение ставки процента*

interest rate drop   *снижение ставки процента*

interest rate exposure   [exc.] *открытая процентная позиция*

interest rate fluctuation   *колебание ставки процента*

interest rate for overdraft facilities   [bank.] *ставка процента по овердрафту*

interest rate futures   *срочные биржевые сделки с кредитными инструментами;* [bank.] *процентные фьючерсы*

interest rate guarantee   *гарантия ставки процента*

interest rate guarantee period   *гарантийный срок ставки процента*

interest rate hedging   [exc.] *хеджирование ставки процента*

interest rate implicit in lease   [ind.ec.] *ставка процента, включенная в неявном виде в договор об аренде*

interest rate implicit in the lease   [ind.ec.] *ставка процента, включенная в неявном виде в договор об аренде*

interest rate increase   *увеличение ставки процента*

interest rate level   *уровень ставок процента*

interest rate of money   [bank.] *ставка процента на денежную сумму*

interest rate on deposits   [bank.] *ставка процента по вкладам*

interest rate on interbank market   [bank.] *ставка процент на межбанковском рынке*

interest rate on the Euromarket   [bank.] *ставка процента на евровалютном рынке*

interest rate on the interbank market   [bank.] *ставка процент на межбанковском рынке*

interest rate on the inter-bank market   [bank.] *ставка процент на межбанковском рынке*

interest rate option   *процентный опцион*

interest rate parity theory   [exc.] *теория паритета ставок процента*

interest rate policy   *политика в области ставок процента*

interest rate reduction   *снижение ставки процента*

interest rate rise   *повышение ставки процента*

interest rate risk   *процентный риск*

interest rates   [bank.] *ставки процента*

interest rate situation   *состояние ставки процента*

interest rate structure   *структура ставки процента*

interest rate structure of assets and liabilities   [ind.ec.] *структура ставок процента актива и пассива*

interest rate swing   *резкое колебание ставки процента*

interest rate to the buyer   *ставка процента для покупателя*

interest receivable   *процент, подлежащий получению*

interest received   *полученный процент*

interest reserve   *резервный фонд для выплаты процентов*

interests, have (vb.)   [bus.organ.] *иметь процентный доход*

interest sensitivity   *чувствительность к изменению ставок процента*

interest spread   [bank.] *процентный спред, разница между средними ставками процента по активам и пассивам*

interest subsidy   *субсидия в виде процентных выплат*

interest swap   [bank.] *процентный своп*

interest system   [exc.] *система ставок процента*

interest table   *таблица процентов*

interest terms   [bank.] *условия выплаты процентов*

interest to depositors   [bank.] *выплата процентов вкладчикам*

interest variability   *изменчивость ставки процента*

interest vested in interest   *процентный доход, принадлежащий в качестве ожидаемого имущества;* [suc.] *процентный доход, принадлежащий как вещное право с отсроченным использованием*

interest vested in possession   *процентный доход, принадлежащий как реально используемое имущество;* [legal] *процентный доход, принадлежащий в порядке непосредственного пользования в настоящем*

interest voucher   *процентный купон;* [stock] *свидетельство о выплате процентов*

interest warrant   [stock] *процентный купон, свидетельство о выплате процентов*

interest yield   *процентный доход*

interface   *граница между двумя системами, место стыковки, поверхность раздела, согласование, средства сопряжения;* [comp.] *интерфейс, сопряжение, устройство сопряжения*

interface (vb.) *согласовывать, сопрягать*

interfere (vb.) *быть помехой, вмешиваться, вредить, наносить ущерб, оспаривать права на патент, причинять вред*

interference *взаимное влияние, взаимные помехи, вмешательство, столкновение прав на патент, установление приоритета на изобретение при одновременном поступлении нескольких заявок*

interfere with a right (vb.) [legal] *оспаривать права на патент*

interfering with witnesses [legal] *вмешательство в дачу показаний свидетелями*

interfirm (adj.) *межфирменный*

interfirm comparison *межфирменное сравнение*

intergovernmental agreement *межправительственное соглашение*

intergroup share holdings *межфирменные пакеты акций*

intergroup transaction *межфирменная сделка*

interim *временное постановление, временное распоряжение, период между сессиями законодательного собрания, промежуток времени*

interim (adj.) *временный, переходной, предварительный, промежуточный*

interim account [calc.] *промежуточный счет*

interim accounts *промежуточные счета*

interim agreement [legal] *временное соглашение*

interim arrangement *временная договоренность*

interim audit [aud.] *анализ за неполный отчетный период, промежуточная ревизия, промежуточный анализ*

interim audit work *ревизия за неполный расчетный период;* [aud.] *промежуточная ревизия*

interim cover note [ins.] *временное свидетельство о страховании*

interim dividend [bus.organ.] *предварительный дивиденд, промежуточный дивиденд*

interim dividend paid [bus.organ.] *предварительный дивиденд*

interim due date *промежуточный срок платежа*

interim injunction [legal] *временная запретительная норма, временное предписание, предварительный судебный запрет*

interim interest *промежуточный процент*

interim measure [EFC] *предварительный показатель*

interim order [legal] *временное распоряжение*

interim payment [legal] *предварительный платеж*

interim profit or loss [calc.] *предварительные данные о прибылях или убытках*

interim provision [legal] *временное постановление*

interim receiver [bankr.leg.] *временный ликвидатор имущества несостоятельного должника, временный управляющий конкурсной массой*

interim relief [legal] *временное пособие*

interim report *промежуточный отчет;* [calc.] *предварительное сообщение, предварительный отчет*

interim statement [calc.] *промежуточный отчет*

interim working party *временная рабочая группа*

interlock (vb.) *соединять*

interlocutory appeal [legal] *апелляция, поданная в ходе судебного разбирательства, предварительная апелляция*

interlocutory decision [legal] *предварительное определение суда, предварительное решение суда, промежуточное определение суда, промежуточное решение суда*

interlocutory injunction [legal] *временная запретительная норма, предварительный судебный запрет*

interlocutory judgment [legal] *преюдициальное определение суда, промежуточное решение суда*

interlocutory motion *промежуточное ходатайство;* [legal] *ходатайство в ходе судебного разбирательства*

interlocutory order [legal] *предварительное распоряжение, предварительный приказ, приказ суда по промежуточному вопросу, промежуточный приказ суда*

interlocutory proceedings [legal] *предварительное судебное разбирательство*

interlocutory relief [legal] *временное пособие*

interlocutory writ [legal] *предварительный судебный приказ*

intermediary *посредник, посредничество, промежуточная стадия*

intermediary (adj.) *переходный, посреднический, промежуточный*

intermediate *промежуточный продукт*

intermediate (adj.) *переходный, промежуточный*

intermediate authority *переходный орган власти, промежуточный уровень власти*

intermediate clearing account [calc.] *промежуточный клиринговый счет*

intermediate consumption *промежуточное потребление*

intermediate financing [bank.] *предварительное финансирование*

intermediate goods *полуфабрикаты, промежуточные товары*

intermediate link *промежуточное звено*

intermediate loan [bank.] *среднесрочная ссуда*

intermediate maturity *средний срок погашения*

intermediate payment request *требование промежуточного платежа*

intermediate port [nav.] *промежуточный порт*

intermediate position *промежуточная позиция*

intermediate product [prod.] *промежуточный продукт*

intermediate products *продукция промежуточного назначения, промежуточная продукция*

intermediate result *промежуточный результат*

intermediate sale *предварительная продажа*

intermediate stage *промежуточная стадия*

intermediate tariff [cust.] *промежуточный тариф*

intermediate user *промежуточный потребитель*

intermediate zone [plan.] *промежуточная зона*

interministerial liaison committee *межведомственная комиссия по связи*

intermission *пауза, приостановка;* [media] *временное прекращение;* [prod.] *перерыв*

intermittent (adj.) *перемежающийся, прекращающийся, прерывающийся, прерывистый*

intermittent production [prod.] *выпуск продукции с перерывами*

intermix (vb.) *перемешивать, смешивать*

intermodal transports [trans.] *комбинированные перевозки*

in terms of *в переводе на язык, в терминах, с точки зрения, языком*

in terms of money *в денежном выражении*

in terms of numbers *в количественных показателях*

in terms of volume *в объемных показателях*

intermunicipal *межмуниципальный*

intermunicipal reimbursement *межмуниципальные платежи*

intermunicipal taxation *межмуниципальное налогообложение*

internal (adj.) *внутренний*

internal accounts [calc.] *внутренняя отчетность*

internal audit [aud.] *внутренняя ревизия*

internal balance sheet [calc.] *внутренний балансовый отчет*

internal check [aud.] *внутренняя проверка*

internal circular letter *внутренний циркуляр*

internal Community transit document [EEC] *внутренний перевозочный документ Европейского экономического сообщества*

internal Community transit procedure [EEC] *порядок внутренних перевозок в Европейском экономическом сообществе*

internal controls [aud.] *внутрифирменные средства контроля*

internal control system *система внутреннего контроля*

internal costs   [ind.ec.] *внутрифирменные издержки*

internal customs duty   [cust.] *таможенная пошлина внутри страны*

internal debt   *внутренний долг*

internal demand   [pol.ec.] *спрос внутри страны*

internal duty   [tax.] *внутренний сбор*

internal economic equilibrium   [pol.ec.] *внутреннее экономическое равновесие*

internal expenditure   [ind.ec.] *внутрифирменные затраты*

internal expenses   [ind.ec.] *внутрифирменные затраты*

internal failure costs   [ind.ec.] *внутренние издержки вследствие отказа*

internal financing   [ind.ec.] *внутреннее финансирование*

internal generation of funds   *создание внутренних денежных фондов, создание денежных фондов внутри чего-либо*

internally   *изнутри, с внутренней стороны*

internal management purpose   *цель внутрифирменного управления*

internal market   [EEC] *внутренний рынок*

internal matter   *внутренний вопрос*

internal name   [comp.] *внутреннее имя*

internal order   [ind.ec.] *внутренний заказ*

internal payment   *внутренний платеж*

internal price   [ind.ec.] *цена на внутреннем рынке*

internal profit   [ind.ec.] *внутрифирменная прибыль*

internal rate of return   *внутрифирменный коэффициент окупаемости капиталовложений;* [fin.] *внутрифрменная норма прибыли*

internal rate of return method   [fin.] *метод оценки внутрифирменного коэффициента окупаемости капиталовложений*

internal revenue   [tax.] *внутрифирменные доходы*

Internal Revenue Code (IRC) (US)   [tax.] *налоговое законодательство (США)*

Internal Revenue Service (IRS)   [tax.] *Налоговое управление (США)*

internal revenue tax   [tax.] *налог на внутренние доходы*

internal security audit   [aud.] *внутренняя ревизия ценных бумаг*

internal settlement   [ind.ec.] *внутрифирменный расчет*

internal shareholding   *участие в акционерном капитале компании*

internal sorting   [comp.] *внутренняя сортировка*

internal storage   [comp.] *внутреннее запоминающее устройство, оперативное запоминающее устройство*

internal tariff   [cust.] *внутренний тариф*

internal trade   *внутренняя торговля*

internal transaction   *бухгалтерская операция, бухгалтерская проводка, внутрихозяйственная операция*

internal transactions   *внутрихозяйственные операции*

internal turnover   *внутрифирменный товарооборот*

internal value   *стоимость на внутреннем рынке*

internal voucher   [book-keep.] *внутренний денежный оправдательный документ*

international (adj.)   *интернациональный, международный*

International Accounting Standards   *международные стандарты по бухгалтерскому учету*

International Accounting Standards Committee (IASC)   *Международный комитет по стандартизации бухгалтерского учета*

international advertising   [adv.] *международная реклама*

international aid agency   *агентство международной помощи*

international aid project   *проект международной помощи*

International Air Transport Association (IATA)   *Международная ассоциация воздушного транспорта (МАВТ)*

international arbitration   *международный арбитраж*

International Atomic Energy Agency (IAEA)   *Международное агентство по атомной энергии (МАГАТЭ)*

international background   *международные связи*

International Bank for Reconstruction and Development (IBRD)   *Международный банк реконструкции и развития (МБРР)*

International Banking Facilities (IBF) (US) [bank.] *международные банковские зоны в США*

International Bar Association (IBA) *Международная ассоциация адвокатов (МАА)*

international business *международная торговля*

international certificate *международный сертификат*

International Chamber of Commerce (ICC) *Международная торговая палата (МТП)*

International Civil Aviation Organization (ICAO) *Международная организация гражданской авиации (ИКАО)*

International Commercial Terms (Incoterms) *принятые в международной практике определения коммерческих терминов*

International Committee of the Red Cross (ICRC) *Международный комитет Красного Креста (МККК)*

International Commodities Clearing House (ICCH) *Международная товарная клиринговая палата (МТКП)*

international competitiveness *международная конкурентоспособность*

international concern *международный концерн*

International Confederation of Free Trade Unions (ICFTU) *Международная конфедерация свободных профсоюзов (МКСП)*

international consignment note [trans.] *международная транспортная накладная*

International Court of Justice *Международный суд (ООН)*

international demand [comm.] *международный спрос*

international department [manag.] *международный отдел*

International Development Agency (IDA) *агентство международного развития*

International Development Association (IDA) *Международная ассоциация развития (МАР)*

international direct distance dialling [telecom.] *автоматическая международная телефонная связь*

international division [manag.] *международное отделение*

international division of labour *международное разделение труда*

international economic order *мировой экономический порядок*

international exemption [tax.] *международный отказ от взимания определенных налогов*

International Federation of Accountants (IFAC) *Международная ассоциация бухгалтеров (МАБ)*

International Finance Corporation (IFC) *Международная финансовая корпорация (МФК)*

international foreign exchange situation *ситуация в мире в области иностранной валюты*

International Fund for Agricultural Development (IFAD) *Международный фонд развития сельского хозяйства (МФРСХ)*

international group [bus.organ.] *международный концерн*

international health insurance certificate *международное свидетельство о страховании от болезней*

internationalization *интернационализация*

International Labour Organization (ILO) *Международная организация труда (МОТ)*

international law [law nat.] *международное право*

International Law Commission (ILC) *Комиссия международного права (ООН)*

international liquidity *международная ликвидность*

internationally traded security [stock] *ценная бумага, имеющая хождение на международном рынке*

International Monetary Fund (IMF) *Международный валютный фонд (МВФ)*

International Monetary Market (IMM) *международный валютный рынок*

international monetary system *международная валютная система*

International Olympic Committee (IOC) *Международный олимпийский комитет (МОК)*

International Organization for Standardization (ISO) *Международная организация по стандартизации (МОС)*

International Organization of Employers (IOE) *Международная организация предпринимателей (МОП)*

International Patent Classification (IPC) *международная классификация патентов;* [pat.] *международная классификация изобретений*

international prefix [telecom.] *код автоматической международной телефонной связи*

International Primary Markets Association (IPMA) *Международная ассоциация первичных рынков (МАПР)*

international rate [trans.] *международный тариф*

International Referral System (IRS) *Международная система ссылок*

international reply-paid coupon *международный купон на оплаченный ответ по телефону*

international route [trans.] *международный рейс*

international sales *международная торговля*

international sales department *отделение международной торговли*

international services *международные службы*

International Shipping Register *регистр международного судоходства*

International Standard Book Numbering (ISBN) *международная стандартная нумерация книг (ISBN)*

International Stock Exchange *Международная фондовая биржа (Великобритания)*

International Stock Identification Number (ISIN) [exc.] *идентификационный номер международной акции*

International Swap Dealers' Association (ISDA) *Международная ассоциация банков, специализирующихся на процентных и валютных свопах*

international tariff [trans.] *международный тариф*

international telephone exchange [telecom.] *международная телефонная станция*

international tonnage certificate [nav.] *международное мерительное свидетельство*

international trade *международная торговля*

international trade clauses *условия международной торговли*

International Trade Organization *Международная организация по вопросам торговли*

international trade union *международная профсоюзная организация*

international trading company [comm.] *международная торговая компания*

International Union of Local Authorities (IULA) *Международный союз местных органов власти*

international waters *международные воды*

international waybill [trans.] *международная транспортная накладная*

internment *интернирование*

internment camp *лагерь для интернированных*

inter partes [legal] *между сторонами*

interphone [telecom.] *внутренний телефон*

interplay *взаимодействие, взаимосвязь*

interpleader [legal] *иск для установления права собственности на имущество, на которое претендует несколько лиц*

interpret (vb.) *быть устным переводчиком, интерпретировать, переводить устно, толковать*

interpretation *интерпретация, объяснение, толкование, устный перевод*

interpretation clause [legal] *статья закона, излагающая значение употребленных в законе терминов*

interpretation difference insurance [ins.] *страхование от различий в толковании*

interpretation of a contract   [legal] *толкование контракта*

interpretation of judgments   [legal] *толкование судебных решений*

interpretation of laws   [legal] *толкование законов*

interpreter   *устный переводчик*

interpreting judgement   [legal] *толкование судебного решения*

interrelated company   *взаимодействующая компания*

interrelation   *взаимоотношение, взаимосвязь, соотношение*

interrelation of EMS currencies   *взаимоотношение валют в Европейской валютной системе*

interrogate (vb.)   [leg.pun.] *допрашивать, спрашивать*

interrogating officer   *следователь;* [leg.pun.] *лицо, ведущее допрос*

interrogation   *вопрос;* [leg.pun.] *дознание, допрос*

interrogatories   *письменный опрос свидетелей;* [legal] *письменный опрос сторон*

interrogatory   [legal] *вопрос, поставленный в письменной форме*

interrupt   *сигнал прерывания;* [comp.] *прерывание*

interrupt (vb.)   *вмешиваться, мешать, нарушать, прерывать, приостанавливать*

interrupted (adj.)   *прерванный, прерывистый*

interruption   *вмешательство, временное прекращение, вторжение, задержка, заминка, нарушение, перерыв, препятствие, приостановка*

interruption for technical reasons   *перерыв по техническим причинам*

interruption of a sentence   [leg.pun.] *приостановка вынесения приговора*

interruption of business   [empl.] *приостановка работы*

interruption of sentence   [leg.pun.] *приостановка вынесения приговора*

intersection   *перекресток, пересечение*

interstate (adj.)   *межштатный, находящийся между штатами, расположенный между штатами*

interstate commerce   [pol.ec.] *торговые отношения между штатами*

Interstate Commerce Act   [legal] *закон о торговых отношениях между штатами (США)*

interurban call   [telecom.] *междугородный телефонный вызов*

interval   *интервал, пауза, промежуток, промежуток времени, расстояние;* [prod.] *перерыв*

intervene (vb.)   *вмешиваться, вступать в дело в качестве третьего лица, вступать в дело в качестве третьего лица, иметь место, посредничать, происходить, случаться*

intervene in the management (vb.)   *вмешиваться в управление*

intervener   [legal] *интервент, сторона, вступившая в дело в качестве третьего лица*

intervening (adj.)   *вмешивающийся*

intervening period   *наступающий период*

intervention   *вмешательство, вступление в дело в качестве третьего лица, посредничество;* [EEC] *интервенция;* [legal] *вступление в процесс*

intervention agency   *посредническое агенство*

intervention amount   *сумма интервенции*

intervention as an amicus curiae   *вступление в судебный процесс в качестве консультанта, вступление в судебный процесс в качестве советника*

intervention buying   *посредническая покупка*

intervention credit   *посреднический кредит*

intervention debt   *посреднический долг*

intervention in support   *интервенция в поддержку конъюнктуры*

intervention in the interbank market   *интервенция на межбанковский рынок*

intervention level   *уровень интервенции*

intervention limit   *предел вмешательства*

intervention measure   *мера вмешательства*

intervention period   *интервенционный период*

intervention price   [EEC] *интервенционная цена*
intervention purchase price   [EEC] *покупная цена при интервенции*
intervention purposes   *цели интервенции*
intervention rate   *интервенционный курс*
intervention rate of interest   [bank.] *интервенционная ставка процента*
intervention sales   *интервенционный объем продаж*
intervention stock   *интервенционный запас*
interview   *интервью, социологический опрос;* [pers.manag.] *беседа*
interviewing room   *комната для интервьюирования*
inter vivos   [legal] *при жизни*
intestate   *умерший без завещания;* [suc.] *лицо, умершее без завещания*
intestate succession   [suc.] *наследование при отсутствии завещания*
in that case   *в данном случае, в этом случае*
in the absence of   *в отсутствии чего-либо*
in the absence thereof   *при отсутствии*
in the act   [leg.pun.] *на месте преступления*
in the affirmative   *утвердительно*
in the aggregate   *в совокупности*
in the alternative   [legal] *в качестве альтернативы*
in the black   [calc.] *с положительным сальдо, с прибылью*
in the Community   [EEC] *в Европейском сообществе*
in the course of construction   [r.e.] *в ходе строительства*
in the course of the year   *в течение года*
in the course of year   *в течение года*
in the final analysis   *в конечном счете, в конце концов*
in the free market   *на свободном рынке*
in the full glare of publicity   *при полной гласности*
in the future   *в будущем*
in the last resort   *как последнее средство*
in the light of   *в свете*
in the long term   [ec.] *в долгосрочном плане*
in the middle of   *в середине*
in the negative   *отрицательно*
in the order of   *в порядке*
in the presence of   *в присутствии*
in the process of being wound up by court   [bus.organ.] *в процессе ликвидации по решению суда*
in the process of being wound up by the court   [bus.organ.] *в процессе ликвидации по решению суда*
in the process of winding up   [bus.organ.] *в процессе ликвидации*
in the red   [calc.] *в долгу, с убытком*
in the rough   *грубо, ориентировочно, приближенно, приблизительно*
in the wake of   *в кильватере, по пятам, по следам*
intimate (vb.)   *заявлять официально, ставить в известность*
intimate (adj.)   *внутренний, хорошо знакомый*
intimate knowledge   *глубокое знание*
intimation   *признак, указание*
intimidation   *устрашение;* [parl.] *запугивание, шантаж*
in tort   [legal] *в результате гражданского правонарушения, в результате деликта*
in toto   *в целом*
intoxicated (adj.)   *опьяненный*
intoxication   [leg.pun.] *опьянение, отравление*
intrabank transfer   [bank.] *внутрибанковский перевод*
intracommunity trade   [EEC] *торговля в рамках Европейского сообщества*
intraday limit   [bank.] *дневной лимит по валютным операциям*
intragroup company ownership   *внутрифирменная собственность*
intragroup item   *внутрифирменная статья*
intragroup loan   [ind.ec.] *внутрифирменный заем*
intragroup payment   [ind.ec.] *внутрифирменный платеж*

intragroup profit   [ind.ec.] *внутрифирменная прибыль*

intragroup shareholding   *владение акциями внутри концерна*

intramarginal (adj.)   *интрамаржинальный*

intramarginal intervention   *интрамаржинальная интервенция*

in transit   *в пути, при перевозке*

in transition   *в процессе изменения*

in-tray   *поднос для входящих документов*

intrinsic (adj.)   *действительный, истинный, подлинный*

intrinsic value   *действительная стоимость;* [calc.] *внутренняя ценность*

introduce (vb.)   *вносить на рассмотрение, помещать, устанавливать, учреждать;* [mark.] *вводить, знакомить*

introduce a bill (vb.)   [parl.] *ставить законопроект на обсуждение*

introduce on market (vb.)   [mark.] *вводить на рынок*

introduce on the market (vb.)   [mark.] *вводить на рынок*

introduce sanctions against (vb.)   [law nat.] *вводить санкции против*

introduce the budget (vb.)   *вносить бюджет на рассмотрение*

introduction   *включение в состав, вступительное слово, вступление, новшество, учреждение;* [doc.] *введение, предисловие;* [exc.] *официальное представление;* [mark.] *нововведение, установление*

introduction campaign   [mark.] *кампания за внедрение новшеств*

introduction of liquidity   *приток ликвидности*

introduction of patent description   [pat.] *преамбула описания патента*

introduction on stock exchange   [exc.] *допуск на фондовую биржу*

introduction on the stock exchange   [exc.] *допуск на фондовую биржу*

introduction prospectus   [exc.] *объявление о новом выпуске акций*

introduction to labour market   [empl.] *выход на рынок труда*

introduction to the labour market   [empl.] *выход на рынок труда*

introductory   *подготовительная мера*

introductory (adj.)   *вступительный, предварительный*

introductory offer   [mark.] *предварительное предложение*

introductory part of patent description   [pat.] *вводная часть описания патента*

introductory phase   *вступительная фаза*

introductory price   [mark.] *предварительная цена*

introductory recitals   [legal] *декларативная часть документа*

introductory statement   [legal] *вступительная декларация*

introductory survey   *предварительное обследование*

intruder   *человек, незаконно присваивающий себе чужие права, человек, незаконно присваивающий себе чужое владение*

intrusion   *вторжение, посягательство*

intrusion into privacy   [legal] *вмешательство в личную жизнь*

in trusteeship   [bankr.leg.] *под опекой*

in turn   *по очереди*

in undamaged condition   *в неповрежденном состоянии*

in unison   *в унисон*

inure (vb.)   [legal] *воздействовать, вступать в силу, действовать, иметь юридическое действие*

invade (vb.)   [legal] *насильственно овладевать;* [mil.] *оккупировать*

invalid   *инвалид*

invalid (adj.)   *нетрудоспособный;* [legal] *неполноценный*

invalidate (vb.)   [legal] *аннулировать, делать недействительным, лишать законной силы, опорочить, отказаться утвердить, считать неполноценным, считать нетрудоспособным;* [parl.] *признавать недействительным*

invalidate an election (vb.)   [parl.] *считать выборы недействительными*

invalidation   [legal] *аннулирование, лишение законной силы, опорочение;* [parl.] *признание недействительным*

invalidation action   [legal] *иск о признании недействительным*

invalidation of a trust   [legal] *лишение доверия*

invalidation of a will   [legal] *лишение завещания юридической силы*

invalidation of trust   [legal] *лишение доверия*

invalidation of will   [legal] *лишение завещания юридической силы*

invalid car   *автомобиль для инвалида*

invalid cheque   *недействительный чек*

invalid data   [comp.] *недостоверные данные*

invalidity   *инвалидность;* [legal] *недействительность, несостоятельность*

invalidity benefit   *пособие по инвалидности*

invalidity insurance   [ins.] *страхование на случай инвалидности*

invalid vote   *недействительный голос*

invaluable (adj.)   *бесценный*

invariable (adj.)   *неизменный, неизменяющийся, постоянный*

invasion   *посягательство;* [legal] *нападение;* [mil.] *вторжение*

invasion of privacy   [legal] *вторжение в жилище*

invent (vb.)   *изобретать, создавать*

invention   *изобретение, открытие*

inventive step   *уровень изобретательского творчества;* [pat.] *уровень изобретения*

inventor   [pat.] *изобретатель*

inventoriable cost   [ind.ec.] *инвентаризируемая стоимость*

inventories   [warch.] *товарно-материальные запасы*

inventory   *анкета;* [bankr.leg.] *инвентарная ведомость;* [ind.ec.] *управление запасами;* [warch.] *вопросник, запас, инвентаризация, инвентарь (список), оборотные фонды, опись, резерв*

inventory accounting department   [warch.] *отдел учета запасов*

inventory card   [warch.] *карточка учета запасов*

inventory certificate   [aud.] *свидетельство о состоянии товарно-материальных запасов*

inventory control   [warch.] *управление запасами*

inventory depreciation   [book-keep.] *амортизация товарно-материальных запасов*

inventory file   [warch.] *картотека учета товарно-материальных запасов*

inventory flow method   [calc.] *метод управления потоком запасов*

inventory letter   [aud.] *заявление клиента об инвентаризации*

inventory management   [warch.] *управление запасами, управление материально-техническим снабжением*

inventory of an estate   [legal] *опись имущества*

inventory of estate   [legal] *опись имущества*

inventory of finished goods   [ind.ec.] *опись готовой продукции*

inventory of goods   [warch.] *опись товаров*

inventory policy   [warch.] *политика управления запасами*

inventory principle   [warch.] *принцип управления запасами*

inventory record   *инвентаризационная запись*

inventory records   [warch.] *учет товарно-материальных запасов*

inventory report   [warch.] *отчет о состоянии и движении запасов*

inventory reserve   [warch.] *товарно-материальные запасы*

inventory tag   *инвентарный ярлык;* [warch.] *карточка складского учета*

inventory taking   [warch.] *инвентаризация*

inventory turnover   [warch.] *движение товарных запасов, оборачиваемость товарных запасов*

inventory turnover ratio   [ind.ec.] *показатель движения товарных запасов*

inventory variation   [warch.] *колебания уровня товарных запасов*

inventor's shares   [stock] *акции изобретателя*

inverse (adj.)   *противоположный*

inverse correlation   *отрицательная корреляция*

inversely proportional to   *обратно пропорциональный*

inverse ratio   *обратная пропорциональность*

inverse the order of (vb.) *изменять порядок на противоположный*
inverse video [comp.] *негативное видеоизображение*
inversion *обратный порядок, перестановка*
inverted file [comp.] *инвертированный файл*
invest (vb.) [fin.] *вкладывать капитал, инвестировать, помещать*
invested amount [fin.] *инвестированная сумма*
invested capital [fin.] *инвестированный капитал*
investee [fin.] *вкладчик*
investigate (vb.) *изучать, исследовать;* [leg.pun.] *расследовать, тщательно рассматривать*
investigate possibilities (vb.) *изучать возможности*
investigate thoroughly (vb.) *тщательно обследовать*
investigation *изучение, научное исследование;* [leg.pun.] *расследование, следствие*
invest in *вкладывать деньги в*
invest in an undertaking (vb.) *вкладывать деньги в предприятие*
invest in undertaking (vb.) [fin.] *вкладывать деньги в предприятие*
investment [fin.] *вложения в ценные бумаги, инвестирование, инвестиции, капиталовложения, капитальные вложения, помещение капитала*
investment (of capital) [fin.] *капиталовложения*
investment(s) [fin.] *инвестиции*
investment abroad *зарубежные капиталовложения*
investment account *счет для инвестиционных операций*
investment activity *инвестиционная деятельность*
investment advice *извещение об инвестировании*
investment adviser *консультант по капиталовложениям*
investment advisory services *услуги консультантов по капиталовложениям*
investment aid scheme *программа инвестиционной помощи*
investment allowance [tax.] *налоговая льгота за инвестирование капитала*
investment analysis [fin.] *анализ капиталовложений*
investment analyst [fin.] *экономист-аналитик в области капиталовложений*
investment appraisal [fin.] *оценка капиталовложений*
investment art *умение делать капиталовложения*
investment assets *инвестиционный капитал*
investment bank [bank.] *инвестиционный банк*
investment budget *смета капиталовложений*
investment calculation [fin.] *расчет капиталовложений*
investment certificate [stock] *инвестиционный сертификат*
investment company *инвестиционная компания*
investment contract [legal] *договор об инвестировании*
investment counselling *консультирование по вопросам капиталовложений*
investment credit *кредит для финансирования инвестиций*
investment deficit *дефицит капиталовложений*
investment duty *налог на капиталовложения*
investment earnings [calc.] *доход от капиталовложений*
investment expenditure *инвестиционные расходы*
investment financed by leasing [ind.ec.] *капиталовложения, финансируемые за счет аренды*
investment for environmental reasons *капиталовложения для защиты окружающей средой*
investment fund *инвестиционный фонд*
investment fund account *счет инвестиционного фонда*
investment fund allocation *распределение средств инвестиционных фондов*
investment fund capital *капитал инвестиционного фонда*
Investment Fund for Central and Eastern Europe *инвестиционный фонд для стран Центральной и Восточной Европы*

investment fund resources   *средства инвестиционного фонда*

investment funds   *инвестиционные фонды*

investment goods   *капитальные товары;* [ind.ec.] *инвестиционные товары, основной капитал;* [pol.ec.] *средства производства, товары производственного назначения*

investment grade   [stock] *категория капиталовложений*

investment grade security   [stock] *ценная бумага инвестиционного уровня*

investment grant   *инвестиционная субсидия, предоставляемая государством*

investment in breadth   [fin.] *горизонтальное инвестирование*

investment incentive   [tax.] *мера, стимулирующая капиталовложения*

investment income   *доход от капиталовложений*

investment income account   *счет доходов от капиталовложений*

investment income surcharge   [tax.] *дополнительный налог на доходы от инвестиций*

investment income tax   [tax.] *подоходный налог на капиталовложения*

investment in default   [stock] *инвестирование невыполненных обязательств*

investment in depth   *вертикальное инвестирование*

investment in equipment   [ind.ec.] *капиталовложения в оборудование*

investment in machinery   [ind.ec.] *капиталовложения в станки и механизмы*

investment in movable property   *капиталовложения в движимое имущество*

investment in plant   [ind.ec.] *капиталовложения в промышленную установку*

investment in real property   *инвестиции в недвижимость*

investment in securities   [stock] *инвестиции в ценные бумаги*

investment in share ownership   *вклад в долевую собственность*

investment level   *уровень инвестирования*

investment loss   [stock] *инвестиционные потери*

investment management   [fin.] *управление капиталовложениями, управление портфелем ценных бумаг*

Investment Management Regulatory Organization (IMRO)   *Организация регулирования деятельности инвестиционных менеджеров (Великобритания)*

investment management service   [fin.] *служба управления портфелем ценных бумаг*

Investment Managers Regulatory Organization (IMRO)   *Организация регулирования деятельности инвестиционных менеджеров (Великобритания)*

investment object   [fin.] *объект инвестирования*

investment of capital   [fin.] *капиталовложения, помещение капитала*

investment of power of procuration   [legal] *передача права на ведение дел по доверенности*

investment of subsidiary in capital stock   [bus.organ.] *инвестирование дочернего предприятия в форме акционерного капитала*

investment outlay   *инвестиционные затраты, капиталовложения, капитальные вложения*

investment performance   [fin.] *результат инвестирования*

investment policy   [fin.] *инвестиционная политика*

investment pool   [fin.] *инвестиционный пул*

investment portfolio   *портфель ценных бумаг*

investment portion of premium   [ins.] *сберегательная нетто-ставка*

investment portion of the premium   [ins.] *сберегательная нетто-ставка*

investment practice   [fin.] *практика инвестирования*

investment project   [fin.] *программа капиталовложений*

investment property   *инвестиционная собственность*

investment proposal   *предложение об инвестировании*

investment proposition   *предложение об инвестировании*

investment rate [pol.ec.] *норма инвестирования, темп роста капиталовложений*

investment reserve *резерв капиталовложений*

investment risk *инвестиционный риск*

investments [pol.ec.] *капиталовложения*

investments as a percentage of GDP [pol.ec.] *капиталовложения как процент валового внутреннего продукта*

investment savings account *сберегательный счет капиталовложений*

investment securities [stock] *ценные бумаги как объект капиталовложений*

investment security *ценная бумага как объект капиталовложений*

investment service *обслуживание инвестирования*

investments made by manufacturing industry *капиталовложения, сделанные обрабатывающей промышленностью*

investments made by the manufacturing industry *капиталовложения, сделанные обрабатывающей промышленностью*

investment spending *инвестиционные расходы*

investment tax [tax.] *налог на капиталовложения*

investment tax credit [tax.] *налоговая скидка для капиталовложений*

investment transaction [fin.] *инвестиционная сделка*

investment trust *инвестиционная компания, инвестиционный траст*

investment trust company *инвестиционная компания*

investment trust share [stock] *акция инвестиционного фонда*

investment trust share certificate [stock] *свидетельство на акцию инвестиционной компании*

investment type *тип инвестирования*

investment vehicle *механизм инвестирования*

invest money in (vb.) *вкладывать деньги в*

investor *владелец ценных бумаг;* [fin.] *вкладчик капитала;* [ind.ec.] *инвестор*

investor adviser *консультант владельца ценных бумаг, консультант инвестора*

investor protection scheme [bank.] *система защиты инвестора*

investors' meeting *собрание инвесторов*

invest with a long-term view (vb.) *инвестировать на долгий срок*

invigorate (vb.) *воодушевлять, придавать силу*

inviolability [legal] *неприкосновенность*

inviolability of property [legal] *неприкосновенность собственности*

inviolable (adj.) [legal] *незыблемый, ненарушимый, неприкосновенный*

in violation of a contract [legal] *в нарушение контракта*

in violation of contract [legal] *в нарушение контракта*

invisible exports *невидимые статьи экспорта*

invisible imports *невидимые статьи импорта*

invisibles *невидимые статьи платежного баланса*

invisibles balance *баланс невидимых статей баланса*

invitation [exc.] *приглашение*

invitation for bids *объявление о торгах, приглашение принять участие в переговорах о выдаче подряда, приглашение принять участие в торгах*

invitation for subscription [exc.] *объявление о подписке на ценные бумаги*

invitation telex [exc.] *приглашение, переданное по телексу*

invitation to (submit) tender *приглашение подавать заявку на торги, приглашение фирмам выдвигать условия поставок*

invitation to bid *объявление о торгах, приглашение принять участие в в переговорах о выдаче подряда, приглашение принять участие в переговорах о выдаче подряда, приглашение принять участие в торгах*

invitation to selected contractors *приглашение выбранным подрядчикам*

invitation to tender *приглашение на продажу с молотка имения, принадлежащего нескольким лицам, приглашение фирмам выдвигать условия поставок*

invitation to treat   *приглашение провести переговоры*

invite (vb.)   *побуждать, привлекать, приглашать, склонять;*
[exc.] *просить*

invite bids (vb.)   *объявлять торги*

invite bids for (vb.)   *объявлять торги*

invited tendering   *предложенное участие в торгах*

invite offers (vb.)   *запрашивать предложения*

invite subscription (vb.)   [exc.] *объявлять подписку*

invite subscriptions for a loan (vb.)   [bank.] *объявлять подписку на заем*

invite subscriptions for loan (vb.)   [bank.] *объявлять подписку на заем*

invite tenders (vb.)   *предлагать фирмам выдвигать условия поставок*

invite tenders for (vb.)   *предлагать фирмам выдвигать условия поставок*

invocation   [legal] *вызов в суд*

invoice   [book-keep.] *приходный счет, счет, счет-фактура, фактура*

invoice (vb.)   [book-keep.] *выписывать счет, выписывать счет-фактуру, выписывать фактуру, поставлять в счет, фактурировать*

invoice, against   [book-keep.] *против счета-фактуры*

invoice, as per   [book-keep.] *согласно счету-фактуре*

invoice accounting   [book-keep.] *бухгалтерский учет счетов*

invoice amount   *количество счетов, сумма фактуры*

invoice clerk   *конторский служащий, оформляющий счета-фактуры*

invoice discounting   *дисконтирование счета-фактуры, дисконтирование счетов-фактур, предъявление счета-фактуры клиенту торговой фирмы, предъявление фактуры-требование клиенту торговой фирмы*

invoiced sales   [calc.] *фактурная продажа*

invoiced to   *выписанный для*

invoice number   *номер счета-фактуры*

invoice price   *фактурная цена*

invoice value   *стоимость согласно счету-фактуре*

invoicing   [book-keep.] *выписка счета-фактуры*

invoicing department   *отдел выписки счетов-фактур*

invoicing machine   *фактурная машина*

invoicing principle   *порядок выписки счета-фактуры*

invoke (vb.)   *призывать*

invoke a judgment (vb.)   [legal] *ссылаться на приговор*

invoke as a defence (vb.)   *обращаться к защите*

invoke as defence (vb.)   [legal] *обращаться к защите*

in volume terms   *в объемных показателях*

involuntary (adj.)   *невольный, непреднамеренный, непроизвольный, неумышленный*

involuntary bankruptcy   [bankr.leg.] *несостоятельность, возбуждение дела о которой производится кредиторами*

involuntary manslaughter   [leg.pun.] *непреднамеренное убийство*

involuntary unemployment   [empl.] *вынужденная безработица*

involve (vb.)   *включать в себя, вовлекать, впутывать, вызывать последствия, приводить, содержать;* [legal] *покрывать*

involve a loss (vb.)   *вызывать убытки*

involved (adj.)   *запутанный*

involved in industrial dispute, be (vb.)   [empl.] *быть втянутым в производственный конфликт*

involve in one's fall (vb.)   *повлечь для себя большие неприятности*

involvement   *запутанность, затруднительное положение;*
[bank.] *денежное затруднение*

involving expense   *понесенные затраты*

inward   *внутрь*

inward (adj.)   [nav.] *внутренний*

in ward   [legal] *под опекой*

inward clearance   [nav.] *очистка от пошлин по приходе судна в порт*

inward clearance certificate   [nav.] *свидетельство об очистке от пошлин по приходе судна в порт*

inward direct investments   *внутренние прямые инвестиции*
inward mail   *входящая почта*
inward payments   *внутренние платежи*
in whole or in part   *в целом или частично, полностью или по частям*
in witness   [legal] *в подтверждение*
in witness whereof   [legal] *в подтверждение чего, в удостоверение чего*
in working order   *в рабочем порядке*
in writing   *в письменной форме*
I/O (input-output)   [comp.] *ввод-вывод*
IOC (International Olympic Committee)   *МОК (Международный олимпийский комитет)*
IOE (International Organization of Employers)   *МОП (Международная организация предпринимателей)*
IOU (I owe you)   [legal] *'я должен вам' (надпись на документе)*
IPC (International Patent Classification)   [pat.] *международная патентная классификация*
IPMA (International Primary Markets Association)   *МАПР (Международная ассоциация первичных рынков)*
ipso jure   [legal] *в силу закона*
IQD (Iraqi dinar)   [monet.trans.] *иракский динар*
Iranian rial (IRR)   [monet.trans.] *иранский риал*
Iraqi dinar (IQD)   [monet.trans.] *иракский динар*
IRC (Internal Revenue Code) (US)   [tax.] *кодекс о взимании налогов*
IRF Commercial Mortgage Banking A/S   *отчет коммерческих ипотечных банковских операций*
IRF Industrial Mortgage Banking A/S   *отчет промышленных ипотечных банковских операций*
Irish pound (IEP)   [monet.trans.] *ирландский фунт*
iron and metalworking industries   *черная металлургия и металлообрабатывающая промышленность*
iron and steel industry   *металлургическая промышленность*
iron foundry   *чугунолитейный завод*
iron industry   *черная металлургия*
iron trade   *торговля железом, торговля черными металлами*
IRR (Iranian rial)   [monet.trans.] *иранский риал*
irrebuttable (adj.)   *неопровержимый*
irrebuttable presumption   [legal] *неопровержимая презумпция, неоспоримое предположение*
irreconcilable (adj.)   *непримиримый, несовместимый, противоречивый*
irrecoverable (adj.)   *невозместимый, не подлежащий судебному взысканию, непоправимый*
irrecoverable claim   *требование невозместимости чего-либо*
irrecoverable debts   [calc.] *невозместимые долги*
irrecoverable error   [comp.] *непоправимая ошибка*
irrecoverable sum   *невозместимая сумма*
irredeemable (adj.)   *безнадежный, невыкупаемый, непогашаемый, непоправимый*
irredeemable debenture   [stock] *бессрочная облигация, обеспеченная облигация без срока погашения, облигация, не подлежащая выкупу*
irredeemable mortgage deed   [r.e.] *бессрочный залоговый сертификат*
irredeemable stocks   [stock] *бессрочные правительственные облигации, не подлежащие выкупу акции*
irrefragable (adj.)   *бесспорный, неопровержимый*
irrefrangibility   *непреложность*
irrefrangible (adj.)   *ненарушимый*
irrefutable (adj.)   *бесспорный, неопровержимый, непреложный*
irregular (adj.)   *беспорядочный, нарушающий правила, недостаточный, незаконный, ненадлежащий, необычный, не отвечающий нормам, неправильный, нерегулярный, нестандартный, распущенный*

510

irregular expenditure [book-keep.] *беспорядочные расходы*
irregularities in the accounts [calc.] *ошибки в отчете*
irregularity *беспорядочность, неправильность, нестандартность;* [leg.pun.] *отклонение от нормы*
irregular transaction *незаконная сделка*
irrelevance *неуместность*
irrelevant *неприменимый к чему-либо*
irrelevant (adj.) *неприменимый, несоответствующий*
irrelevant matters [legal] *не имеющий отношения к делам*
irrelevant matters (adj.) *не имеющий отношения к делу*
irremediable (adj.) *непоправимый*
irremissible (adj.) *непростительный*
irremovability [pers.manag.] *неустранимость*
irremovable [pers.manag.] *не поддающийся смещению в должности*
irremovable (adj.) *постоянный*
irreparable (adj.) *безвозвратный, непоправимый*
irreplaceable (adj.) *незаменимый*
irreproachable (adj.) *безукоризненный*
irrespective of *вне зависимости от чего-либо, независимый от*
irresponsible (adj.) *безответственный, невменяемый, не несущий ответственности за свои поступки*
irretrievable (adj.) *безвозвратный, безнадежный, катастрофический, непоправимый*
irretrievably lost (adj.) *безвозвратно потерянный, безнадежно потерянный*
irreversible (adj.) *необратимый, не подлежащий ликвидации, не подлежащий отмене*
irrevocable (adj.) *бесповоротный, неотменяемый, окончательный*
irrevocable bank credit *не подлежащий отмене банковский кредит*
irrevocable beneficiary clause [ins.] *безотзывное условие владельца бенефиции*
irrevocable commitment *неотменяемое обязательство*
irrevocable confirmed letter of credit *подтвержденный безотзывный аккредитив*
irrevocable documentary credit *безотзывный документальный аккредитив*
irrevocable letter of credit *безотзывный аккредитив*
irrevocable mortgage deed [r.e.] *безотзывный залоговый сертификат*
IRS (Internal Revenue Service) (US) [tax.] *Налоговое управление (США)*
IRS (International Referral System) *международная система ссылок*
IS (information separator) [comp.] *разделительный знак при передаче информации*
ISBN (International Standard Book Numbering) *ISBN (Международная стандартная нумерация книг)*
ISDA (International Swap Dealers' Association) *Международная ассоциация банков, специализирующихся на свопах*
ISIN (International Stock Identification Number) [exc.] *идентификационный номер международной акции*
ISK (Iceland krone) [monet.trans.] *исландская крона*
island society *островное общество*
ISO (International Organization for Standardization) *МОС (Международная организация по стандартизации)*
ISO certification *сертификация МОС (Международной организации по стандартизации)*
isocost curve *кривая равных издержек*
isolate (vb.) *изолировать, обособлять, отделять*
isolation *изоляция*
isolation policy *политика изоляции*
isoquant *изокванта, кривая равных количеств*
isoquant curve *изокванта, кривая равных количеств*
Israeli shekel (ILS) [monet.trans.] *израильский шекель*

issue   *выпуск ценных бумаг, заем, предмет обсуждения, предмет разногласий, предмет спора;* [exc.] *потомство;* [legal] *возражение, вопрос, подлежащий разрешению судом, спорный вопрос;* [print.] *выпуск, издание, номер, серия, экземпляр;* [stock] *эмиссия;* [suc.] *потомок, проблема*

issue (vb.)   *вытекать, издавать приказ;* [exc.] *завершаться;* [print.] *обеспечивать, пускать в обращение деньги;* [suc.] *выходить (об издании), издаваться*

issue a bond series (vb.)   [stock] *выпускать серию облигаций*

issue a certificate (vb.)   *выдавать сертификат*

issue against specie   [exc.] *эмиссия под золотые и серебряные монеты или слитки*

issue a loan (vb.)   *выдавать ссуду;* [exc.] *выпускать заем*

issue a manifesto (vb.)   *издавать манифест*

issue amount   [exc.] *сумма эмиссии*

issue and paying agent   [bank.] *банк-посредник по эмиссии и платежам*

issue an injunction (vb.)   [legal] *издавать судебный запрет*

issue a patent (vb.)   [pat.] *выдавать патент*

issue a policy (vb.)   [ins.] *выдавать страховой полис*

issue a power of attorney (vb.)   [legal] *выдавать доверенность*

issue a promissory note (vb.)   *выдавать долговое обязательство;* [bill.] *выдавать простой вексель*

issue a prospectus (vb.)   [exc.] *издавать проспект о новом выпуске акций*

issue a share (vb.)   [stock] *выпускать акцию*

issue a statement (vb.)   *выпускать отчет;* [legal] *делать заявление*

issue a strike notice (vb.)   [empl.] *уведомлять о забастовке*

issue a summons (vb.)   [leg.pun.] *вручать приказ о вызове в суд, извещать ответчика о предъявленном иске*

issue at a premium   [exc.] *выпуск с премией*

issue at par   [exc.] *выпуск по номинальной стоимости*

issue at premium   [exc.] *выпуск с премией*

issue a writ (of summons) (vb.)   [legal] *издавать приказ о вызове в суд*

issue a writ of summons (vb.)   [legal] *издавать приказ о вызове в суд*

issue charge   [stock] *эмиссионный сбор*

issue costs   [exc.] *затраты на эмиссию*

issue date   [print.] *дата выпуска*

issued capital   [ind.ec.] *выпущенный акционерный капитал*

issue desk   [bank.] *стойка в банке для выдачи ссуд*

issue discount   [exc.] *эмиссионная скидка*

issued retroactively (adj.)   *выпущенный с обратной силой*

issued retrospectively   *ретроспективно выпущенный*

issued security   [stock] *выпущенная ценная бумага*

issued share capital   [bus.organ.] *выпущенный акционерный капитал*

issued to registered holder (adj.)   [stock] *выданный зарегистрированному владельцу*

issued to the bearer (adj.)   [stock] *выданный на предъявителя*

issue fee   *пошлина, уплачиваемая при выдаче патента;* [pat.] *сбор за выдачу патента*

issue for cash   [exc.] *выпуск ценных бумаг за наличные*

issue for general subscription   [exc.] *выпуск ценных бумаг по общей подписке*

issue in the name of (vb.)   *выпускать от имени (кого-либо)*

issue of a bill   [bill.] *выдача векселя*

issue of a loan   [bank.] *выпуск займа*

issue of a marriage   [law.dom.] *заключение брака*

issue of a patent   [pat.] *выдача патента*

issue of a policy   [ins.] *выдача страхового полиса, заключение договора страхования*

issue of a visa   *выдача визы*

issue of bill   [bill.] *выдача векселя*

issue of bonds   [exc.] *выпуск облигаций*

issue of bonus shares   *выпуск льготных акций;* [bus.organ.] *выпуск бесплатных акций*

issue of bonus stock   *выпуск льготных акций;* [bus.organ.] *выпуск бесплатных акций*

issue of debentures   *выпуск облигаций акционерной компании*

issue of loan   [bank.] *выпуск займа*

issue of loans   [bank.] *выдача ссуд*

issue of marriage   [law.dom.] *заключение брака*

issue of new shares   [exc.] *выпуск новых акций*

issue of patent   [pat.] *выдача патента*

issue of policy   [ins.] *выдача страхового полиса, заключение договора страхования*

issue of securities   [stock] *выпуск ценных бумаг*

issue of shares   [exc.] *выпуск акций*

issue of shares by tender   [exc.] *выпуск акций для продажи с торгов*

issue of shares for cash   *выпуск акций для продажи за наличные*

issue of stock   *выпуск акций*

issue of visa   *выдача визы*

issue of warrants   [stock] *выдача гарантий*

issue premium   [stock] *выпуск облигаций с премией*

issue price   [exc.] *цена эмиссии*

issue proceeds   [exc.] *поступления от эмиссии ценных бумаг*

issuer   *эмитент, эмитент ценных бумаг*

issue rate   [exc.] *эмиссионный курс*

issuer of a mortgage deed   *эмитент залогового сертификата*

issue terms   [exc.] *условия эмиссии*

issue timetable   [exc.] *график эмиссии*

issue with preemptive right   [exc.] *эмиссия с преимущественным правом покупки*

issuing activity   [exc.] *организация выпуска*

issuing bank   *банк-эмитент*

issuing calendar   [exc.] *график выпуска ценных бумаг*

issuing conditions   [exc.] *условия выпуска ценных бумаг*

issuing costs   [exc.] *затраты на выпуск ценных бумаг*

issuing function   [stock] *эмиссионная функция*

issuing house   [bank.] *эмиссионное учреждение, эмиссионный банк, эмиссионный дом*

issuing office   [cust.] *отдел исходящих документов*

issuing syndicate   [exc.] *синдикат-эмитент*

Italian lire (ITL)   [monet.trans.] *итальянская лира*

italics, in   [print.] *курсивом*

item   *вид товара, вопрос повестки дня, изделие, номер, элемент;* [book-keep.] *позиция, проводка, пункт, статья баланса;* [calc.] *бухгалтерская запись;* [comm.] *параграф;* [legal] *статья импорта;* [media] *статья счета, статья экспорта*

item (of the budget)   [calc.] *статья бюджета*

item by item audit   [aud.] *постатейная ревизия*

itemization   *перечисление по пунктам, распределение по статьям*

itemize (vb.)   *перечислять по пунктам, распределять по статьям*

itemized account   *детализированный счет, счет с детальным перечислением бухгалтерских проводок, счет с детальным перечислением операций*

itemized specification   *детализированная спецификация*

itemized statement   [calc.] *детализированный отчет*

item number   [comm.] *номер изделия*

item of budget   [calc.] *статья бюджета*

item of business   *пункт повестки дня*

item of expenditure   [book-keep.] *статья расходов*

item of the budget   [calc.] *статья бюджета*

item on agenda   *пункт повестки дня*

item on the agenda   *пункт повестки дня*

item payable   [book-keep.] *статья к оплате*

item receivable   [book-keep.] *статья к получению*

items of accrual and deferral   [calc.] *статьи накопления и отсрочки*

iteration   [print.] *итерация*

itinerary   *план маршрута, предполагаемый маршрут, путеводитель, путевые заметки*

ITL (Italian lire)   [monet.trans.] *итальянская лира*

itself, in   *по своей сущности, само по себе*

itself, of   *без помощи извне*

IULA (International Union of Local Authorities)   *Международный союз местных органов власти*

J

jacket [print.] *обложка, папка, суперобложка*
jail *тюрьма;* [leg.pun.] *тюремное заключение*
jail (vb.) [leg.pun.] *заключать в тюрьму*
jailer *тюремный надзиратель, тюремщик*
janitor *дворник, привратник, сторож, уборщик, швейцар*
Japanese yen (JPY) [monet.trans.] *японская иена*
jargon *жаргон, профессиональный язык*
jawboning *кредитование*
jeopardize (vb.) *подвергать опасности, рисковать*
jeopardy *опасность, подсудность, риск*
jetsam [nav.] *выброшенный за борт во время аварии и затонувший груз; груз, сбрасываемый с аварийного судна*
jettison [nav.:mar.ins.] *выбрасывание груза за борт для спасения судна; груз, сбрасываемый с аварийного судна*
jettison (vb.) [nav.:mar.ins.] *выбрасывать груз за борт для спасения судна*
jewel *драгоценность, драгоценный камень, ценная вещь, ювелирное изделие*
jewellery insurance [ins.] *страхование драгоценностей, страхование ювелирных изделий*
Jiffy bag *конверт с внутренней подкладкой*
jingle [media] *музыкальная фраза коммерческой передачи, рекламный куплет*
JIT (just in time) [prod.] *как раз вовремя*
job *профессия, специальность;* [comm.] *изделие;* [empr.] *задание, сдельная работа;* [empl.] *дело, место работы, работа;* [pers.manag.] *заказ, квалификация, труд*
job (vb.) *заниматься посредническими операциями, работать сдельно*
job advertisement [empl.] *рекламное объявление о найме*
job analysis [pers.manag.] *изучение особенностей работы, изучение трудовых операций*
job applicant [empl.] *претендент на рабочее место*
job appointment [pers.manag.] *назначение на должность*
job as an apprentice (vb.) *обучаться специальности на рабочем месте*
jobber *биржевой маклер, джоббер, комиссионер, оптовая фирма, оптовый торговец, спекулянт на фондовой бирже, человек, занимающийся случайной работой, человек, работающий сдельно*
jobbery *взяточничество, сделка с ценными бумагами, сомнительная операция, спекуляция;* [leg.pun.] *использование служебного положения в корыстных целях*
jobber's turn *курсовая прибыль*
job card *учетная карточка заказов;* [empl.] *рабочий наряд*
job centre [empl.] *биржа труда, бюро по трудоустройству*
job change [empl.] *продвижение по службе*
job classification [empl.] *классификация основных ставок заработной платы, классификация рабочих заданий*
job costing *позаказная калькуляция издержек;* [ind.ec.] *калькуляция издержек производства по заказам*
job costing accountant [ind.ec.] *бухгалтер-калькулятор издержек производства по заказам*
job cost system [ind.ec.] *система калькуляции издержек производства по заказам*
job creating investment [empl.] *инвестиции для создания новых рабочих мест*
job creation [empl.] *создание рабочих мест*
job creation programme [empl.] *программа создания рабочих мест*
job creation scheme [empl.] *план создания рабочих мест, программа создания рабочих мест*

job definition   *описание рабочего задания*
job dependence   [empl.] *зависимость от наличия работы*
job description   [empl.] *описание рабочего задания;*
    [pers.manag.] *должностная инструкция, характер выполняемой работы*
job development   [empl.] *продвижение по службе*
job enlargement   [empl.] *укрупнение технологических операций*
job enrichment   [empl.] *повышение разнообразия работы*
job estimate   [ind.ec.] *оценка стоимости работы*
job evaluation   *определение квалификации, оценка рабочего задания,*
    оценка сложности работы
job factor   *фактор работы, характеристика работы*
job grading   [empl.] *классификация рабочих заданий по сложности*
job hunting   [empl.] *поиск работы*
jobless (adj.)   *безработный*
job lot   *партия разрозненных товаров, продающаяся оптом;*
    [comm.] *одиночный заказ на партию изделий, отдельная партия*
    товаров
job lot purchase   [comm.] *покупка отдельной партии изделий*
job lot sale   [comm.] *продажа отдельной партии изделий*
job management   *организация труда*
job offer   [empl.] *предложение работы*
job offer scheme   [empl.] *система предложения работы*
job order   [prod.] *заводской наряд-заказ, заказ предприятию на*
    изготовление партии продукции
job order cost accounting   [ind.ec.] *бухгалтерский учет затрат на*
    изготовление партии продукции
job order costing   [ind.ec.] *калькуляция затрат на изготовление*
    партии продукции
job production   *изготовление продукции по заказам;*
    [prod.] *мелкосерийное производство*
job prospects   [empl.] *перспективы на получение работы*
job queue   [comp.] *очередь заданий*
job ranking method   [empl.] *метод классификации рабочих заданий*
job release   [soc.] *досрочный выход на пенсию*
job requirements   [empl.] *требования к рабочим заданиям*
job rotation   [empl.] *поочередное пребывание в должности*
job safety   [empl.] *охрана труда*
job satisfaction   [pers.manag.] *удовлетворение от условий труда*
job search   [empl.] *поиск работы*
job security   [pers.manag.] *гарантия занятости, обеспеченность*
    работой
job security agreement   [pers.manag.] *соглашение о гарантиях*
    занятости
job seeker   [empl.] *лицо, ищущее работу*
job sharing   [empl.] *распределение рабочих заданий*
job sheet   [empl.] *ведомость рабочих заданий*
job specification   [pers.manag.] *квалификационные требования (к*
    исполнителю определенной работы), описание рабочего
    задания, технические требования к рабочему заданию
jobs plan   [empl.] *план увеличения занятости*
job ticket   *заказ-наряд;* [prod.] *сдельный рабочий наряд*
job time ticket   [empl.] *талон, подтверждающий время завершения*
    операции
job title   [pers.manag.] *название должности*
job work   *индивидуальное производство;* [empl.] *сдельная работа*
John Doe   [legal] *воображаемый истец в судебном процессе*
join (vb.)   *вступать в члены общества, входить в компанию,*
    объединяться, присоединяться, связывать, соединять
join as party to the action (vb.)   [legal] *привлекать в качестве стороны*
    по делу
joinder of causes of action   [legal] *соединение исков*

joinder of issue   [legal] *достигнутая сторонами согласованность в отношении спорного вопроса, подлежащего судебному разрешению*

joinder of parties   [legal] *соединение истцов в процессе, соединение ответчиков в процессе*

joinder of parties by necessity   *соединение ответчиков в силу обстоятельств;* [legal] *соединение истцов в силу обстоятельств*

joint   *общий, объединять*

joint (vb.)   *связывать, соединять*

joint (adj.)   *единый, объединенный, совместный*

joint account   *общий счет;* [bank.] *объединенный счет*

joint account, for   *на общий счет*

joint account, on   *на общем счете*

joint account venture   *предприятие с объединенным счетом*

joint action   [legal] *совместный иск*

joint agent   *совместное транспортное агентство*

joint agreement   *совместное соглашение, совместный договор*

joint and several   [legal] *совместно и порознь*

joint and several debtors   *должники с солидарной ответственностью*

joint and several liability   [legal] *солидарная ответственность*

joint and several obligation   [legal] *обязательство с ответственностью совместно и порознь, обязательство с солидарной ответственностью*

joint and several recourse   [legal] *солидарное право регресса*

joint and several surety   [legal] *солидарное поручительство*

joint assessment   [tax.] *совместная оценка*

joint authority   [legal] *совместные полномочия*

joint beneficiary   *совместный бенефициарий;* [suc.] *сонаследник*

joint business   *совместное предприятие*

joint capital of company   *общий акционерный капитал компании*

joint capital ownership   *совместный уставной капитал компании*

joint claim   [legal] *совместный иск*

joint committee   *объединенный комитет, паритетный комитет*

joint consultation   *совместная консультация*

joint consultation committee   [empl.] *объединенный консультативный комитет*

joint consultative committee   [empl.] *объединенный консультативный комитет*

joint contractor   *общий подрядчик;* [legal] *общий разработчик*

joint costs   *затраты на транспортировку в оба конца, издержки комплексного производства, издержки совместного производства;* [ind.ec.] *общезаводские издержки при многономенклатурном производстве*

joint creditor   *совокупный кредитор*

joint custody   *совместное попечение;* [legal] *совместная опека*

joint debt   *общий долг;* [legal] *совокупный долг*

joint debtor   *совокупный должник, содолжник*

joint decision-making power   *совместное право принятия решений*

joint declaration   *совместная декларация, совместное заявление*

joint delegation   *общая делегация, совместная делегация*

joint development contract   *совместный контракт на научные исследования*

joint distribution of estate by heirs with court sanction   [suc.] *совместное распределение имущества среди наследников с санкции суда*

joint editor   *соиздатель, соредактор*

joint effort   *совместная работа*

joint efforts   *совместные меры, совместные усилия*

joint estate   [legal] *имущественные права в идеальной доле, совместное имущество*

joint financial responsibility   *совместная финансовая ответственность*

joint goods [pul.ee.] *продукты комплексного производства*
joint guarantee *совместная гарантия*
joint guardian [legal] *общий опекун; общий попечитель*
joint heir [sue.] *сонаследник*
joint heirship [sue.] *статус сонаследника*
join the management (vb.) *войти в руководство, входить в*
    руководство
joint household *совместное домашнее хозяйство*
joint intervention *совместное вмешательство*
joint lead manager *смешанное управление;* [exe.] *совместное*
    управление
joint life assurance [ins.] *совместное страхование жизни,*
    страхование жизни двух или более лиц
joint lives policy [ins.] *полис совместного страхования жизни, полис*
    страхования жизни двух или более лиц
jointly *совместно, солидарно, сообща*
jointly and severally [legal] *совместно и порознь, солидарно*
jointly and severally liable, be (vb.) [legal] *нести солидарную*
    ответственность
jointly bound [legal] *связанный совместным обязательством*
jointly mortgaged [legal] *совместно заложенный*
jointly responsible [legal] *несущий совместную ответственность*
jointly taxed [tax.] *совместно облагаемый налогом*
joint manager *соуправляющий*
joint managing director *содиректор, член правления*
joint meeting *совместное заседание*
joint mortgage *совместная закладная*
joint mortgaged (adj.) *совместно заложенный*
joint municipal data base *совместная база муниципальных данных*
joint name *единое название, общее название*
joint names *общие названия*
joint operation [prod.] *совместная работа*
joint owner [legal] *совладелец*
joint ownership [legal] *совместная собственность*
joint ownership of increase in capital value of assets *совместное*
    владение приростом номинальной стоимости активов
joint ownership of the increase in capital value of assets *совместное*
    владение приростом номинальной стоимости активов
joint ownership shipping company [nav.] *судоходная компания с*
    несколькими владельцами
joint party [legal] *соучастник*
joint party to contract *соучастник контракта*
joint plaintiff [legal] *общий истец*
joint power of attorney [legal] *совместные полномочия*
joint procuration [legal] *совместные полномочия*
joint product *совместно производимая продукция*
joint production committee [empl.] *объединенный производственный*
    комитет
joint products *сопутствующие изделия*
joint property *совместное имущество;* [legal] *совместная*
    собственность
joint resolution *совместное решение*
joint responsibility [legal] *общая ответственность*
joint return [tax.] *совместная налоговая декларация*
joint right to bind company [legal] *совместное право налагать*
    обязательства на компанию
joint right to bind the company [legal] *совместное право налагать*
    обязательства на компанию
joint rule *общее правило*
joint sales agreement *соглашение о совместной продаже*
joint sales office *совместный отдел сбыта*

joint service [nav.] *совместное обслуживание*
joint signatory *лицо, совместно подписавшее документ;* [legal] *доверенность на право совместного подписания документов*
joint signature [legal] *совместная подпись*
joint stock [bus.organ.] *акционерный капитал*
joint=stock bank *акционерный коммерческий банк*
joint stock capital [bus.organ.] *акционерный капитал*
joint stock company [bus.organ.] *акционерная компания*
joint stock trading company *акционерная торговая компания*
joint subsidiary *совместная дочерняя компания*
joint surety [legal] *совместная гарантия, совместное обеспечение, совместное поручительство*
joint survey *совместное обследование*
joint taxation [tax.] *общее налогообложение*
joint taxation of spouses [tax.] *налогообложение совместных доходов супругов*
joint tax return [tax.] *совместная налоговая декларация*
joint tenancy *нераздельное совладение имуществом несколькими лицами;* [legal] *совместное владение на правах аренды, совместное владение на правах имущественного найма*
joint tenant [r.e.] *соарендатор, совладелец*
joint tortfeasory *совместное гражданское правонарушение*
joint tortfeasor [legal] *участник совместного гражданского правонарушения*
joint tortfeasors *участники совместного гражданского правонарушения*
joint treaty [law nat.] *совместный договор*
joint undertaking *совместное предприятие*
joint use *совместное использование*
joint venture *временное товарищество, смешанное предприятие, совместное краткосрочное предприятие, совместное предприятие*
joint venture account [ec.] *счет совместного предприятия*
joint venture agreement *соглашение о совместном предприятии*
joint venture company *совместная компания*
joint venture contract *контракт о совместном предприятии*
joint venture design *структура совместного предприятия*
joint venture longevity *срок деятельности совместного предприятия*
joint venture personnel *персонал совместного предприятия*
joint venture proper *подлинно совместное предприятие*
joint will [suc.] *совместное завещание*
joint working party *совместная рабочая группа*
jotter *блокнот, записная книжка*
journal *газета, журнал;* [book-keep.] *ведомость;* [media] *книга записей, регистр*
journalese *газетный язык*
journalism *журналистика*
journalist *журналист*
journalization *ведение дневника, ведение журнала*
journalize *сотрудничать в журнале*
journalize (vb.) *вести дневник, вести журнал*
journalling *ведение дневника, ведение записей в журнале*
journal number *номер журнала*
journal of land registry *журнал учета земельной собственности*
journal of sales [book-keep.] *книга учета продажи*
journal of the land registry [r.e.] *журнал учета земельной собственности*
journey *поездка, путешествие, рейс*
journey there and back [trans.] *круговой рейс*
joystick [comp.] *координатная ручка, рычажный указатель*
joystick lever [comp.] *координатный рычаг*

JP (justice of the peace) *мировой судья*
J.P. (justice of the peace) [legal] *мировой судья*
J.P. (Justice of the Peace) *мировой судья*
JPY (Japanese yen) [monet.trans.] *японская иена*
jubilee *юбилей*
jubilee fund *юбилейный фонд*
judge *арбитр;* [legal] *судья, третейский судья, эксперт*
judge (vb.) *делать вывод, считать;* [legal] *выносить приговор, выносить решение, полагать, судить*
judge a case (vb.) [legal] *быть арбитром по делу*
judge advocate [nav.,mil.] *военный прокурор*
Judge Advocate General [legal] *начальник военно-юридической службы;* [mil.] *главный военный прокурор*
Judge Advocate of the Fleet [nav.] *военно-морской прокурор*
judge delegate [legal] *полномочный представитель судьи*
judge of bankruptcy court [bankr.leg.] *судья суда по делам о несостоятельности*
judge of inferior court [legal] *судья суда первой инстанции*
judge of probate court *судья суда по делам о наследствах и опеке*
judge of the probate court [suc.] *судья суда по делам о наследствах и опеке*
judge rapporteur [EEC] *секретарь судьи*
judges [legal] *состав суда*
judgeship [legal] *канцелярия суда, судейская должность*
judge's order [legal] *приказ судьи, вынесенный вне судебного заседания*
judgment *взгляд, мнение, рассудительность, суждение;* [legal] *оценка, приговор, разбирательство, решение суда, слушание дела в суде*
judgment, have jurisdiction in relation to a (vb.) [legal] *иметь полномочия выносить приговор*
judgment, in my *на мой взгляд*
judgment awarding damages [legal] *арбитражное решение о возмещении убытков*
judgment book [legal] *книга записи судебных решений*
judgment by consent [legal] *судебное решение на основе согласия*
judgment by default [legal] *судебное решение в пользу истца вследствие неявки ответчика*
judgment creditor [legal] *кредитор, получивший судебное решение, кредитор по постановлению суда*
judgment debt *долг, признанный в судебном решении;* [legal] *присужденный долг*
judgment debtor [legal] *должник, получивший судебное решение, должник, против которого вынесено решение суда, должник по постановлению суда*
judgment dismissing the case [legal] *судебное решение об отклонении иска*
judgment for liquidated claim *судебное решение в пользу ликвидированного иска*
judgment in Admiralty [legal] *решение адмиралтейского суда (Великобритания), решение морского суда (Великобритания)*
judgment in default [legal] *судебное решение в пользу истца вследствие неявки ответчика*
judgment in favour of the plaintiff [legal] *решение в пользу истца*
judgment of the court is [legal] *суд постановляет, что*
judgment of the court is, the *приговор суда таков*
judgment on formal grounds [legal] *решение суда на формальном основании*
judgment on the merits [legal] *судебное решение по существу спора*
judgment proceedings [legal] *судебное разбирательство*
judgment register [legal] *журнал записи судебных решений*

judgment reserved   [legal] *отсрочка решения суда после окончания судебного разбирательства*

judgment reversing a previous decision   [legal] *кассационное решение суда*

judgment sample   [mark.] *преднамеренный выбор*

judgment sampling   *преднамеренный отбор образцов*

judgment summons   [legal] *решение о вызове в суд*

judicature   *корпорация судей, судьи;* [legal] *лица судебной профессии, отправление правосудия, система судебных органов, суд, судопроизводство, судоустройство, юрисдикция*

judicature, the   *судоустройство, юрисдикция;* [legal] *корпорация судей, судьи*

Judicature Act   [legal] *Закон о судоустройстве (Великобритания)*

judicial (adj.)   *беспристрастный, рассудительный, судебный, судейский*

judicial act   [legal] *акт судебной власти*

judicial assembly   [legal] *судейская коллегия*

judicial authority   [legal] *судебная власть*

judicial award   [legal] *судебное решение*

judicial bench   [legal] *судейское место*

judicial capacity   [legal] *судейская дееспособность*

judicial cognizance   [legal] *осведомленность суда*

judicial committee   *судебный комитет*

judicial decision   [legal] *судебное решение*

judicial discretion   [legal] *усмотрение суда*

judicial dissolution of marriage   [law.dom.] *расторжение брака по решению суда*

judicial district   [legal] *судебный округ*

judicial document   [legal] *правовой документ, юридический документ*

judicial error   [legal] *судебная ошибка*

judicial immunity   [legal] *юридическая неприкосновенность*

judicial inquiry   [legal] *судебное расследование*

judicial means, by   *в судебном порядке*

judicial murder   [legal] *вынесенный по закону, но несправедливый смертный приговор*

judicial notice   *юрисдикция;* [legal] *осведомленность суда*

judicial official   [legal] *судебное должностное лицо*

judicial opinion   [legal] *судебная практика*

judicial order for execution   [legal] *приказ о приведении в исполнение приговора к смертной казни*

judicial precedent   [legal] *судебный прецедент*

judicial precept   [legal] *судебное предписание*

judicial procedure   [legal] *судебная процедура*

judicial reform   [legal] *правовая реформа, судебная реформа*

judicial review   [legal] *судебный контроль*

judicial sale   [legal] *продажа имущества по решению суда*

judicial separation   [law.dom.] *постановление суда о раздельном жительстве супругов, судебное разлучение*

judicial settlement   [legal] *урегулирование в судебном порядке*

judicial system   [legal] *система судебных органов, судебная система*

judicial term   [legal] *срок по решению суда*

judicial trustee   *доверенное лицо по решению суда, учреждение, распоряжающееся имуществом по решению суда*

judicial vacation   [legal] *судебные каникулы*

judicial writ   [legal] *приказ суда*

judiciary   *суд, судоустройство;* [legal] *судебная власть, судостроительство*

judiciary (adj.)   [legal] *судебный, судейский*

judiciary, the   *судебная власть, судоустройство;* [legal] *суд, судебная власть, судоустройство*

judicious (adj.)   *благоразумный, здравомыслящий, рассудительный*

judiciously *благоразумно, рассудительно*

juggle *обман*

juggle (vb.) *обманывать*

jumbo certificate of deposit [stock] *депозитный сертификат*

jump *резкий рост, резкое повышение, скачок;* [comp.] *команда перехода*

jump (vb.) *подскакивать, резко повышаться*

jump bail (vb.) [leg.pun.] *сбежать, будучи отданным на поруки*

jump in prices *резкое повышение цен*

jump instruction [comp.] *команда перехода*

jump transfer [comp.] *команда перехода*

junction *скрещивание дорог, соединение;* [trans.] *железнодорожный узел, узловая станция*

junior barrister [legal] *барристер ниже ранга королевского адвоката, младший из двух адвокатов одной стороны*

junior bond [stock] *облигация с невысоким рейтингом, субординированная облигация*

junior counsel to the treasury [legal] *младший адвокат министерства финансов*

junior counsel to the Treasury *младший адвокат министерства финансов (Великобритания)*

junior debt *незначительный долг*

junior manager [pers.manag.] *помощник управляющего*

junior mortgage [r.e.] *закладная более низкого порядка*

junior partner *младший компаньон, младший партнер*

junior staff [pers.manag.] *младший служебный персонал*

junk *отбросы*

junk bond [stock.sl.] *бросовая облигация*

junking *выбрасывание за ненадобностью, сдача в утиль*

junk mail [adv.] *рекламное почтовое отправление*

junk value *стоимость утиля*

jurat [legal] *засвидетельствование аффидевита*

juridical (adj.) *законный, правовой, судебный, юридический*

juridical day [legal] *присутственный день в суде*

jurisdiction *компетенция;* [legal] *отправление правосудия, подведомственность, подследственность, подсудность, сфера полномочий, юрисдикция*

jurisdictional dispute [legal] *юридический спор*

jurisdictional district [legal] *район, подпадающий под юрисдикцию*

jurisdictional division [legal] *округ, подпадающий под юрисдикцию*

jurisdiction at place of performance *отправление правосудия на месте совершения*

jurisdiction at the place of performance [legal] *отправление правосудия на месте совершения*

jurisdiction by consent [legal] *отправление правосудия по согласию*

jurisdiction in relation to a judgment, have (vb.) [legal] *иметь подсудность по решению суда*

jurisdiction of defendant's domicile *отправление правосудия по месту платежа по векселю ответчика*

jurisdiction of the defendant's domicile [legal] *отправление правосудия по месту платежа по векселю ответчика*

jurisprudence [legal] *законоведение, правоведение, судебная практика, юриспруденция*

jurisprudent' [legal] *правовед*

jurist [legal] *адвокат, знаток законов, студент=юрист, юрист*

juristic (adj.) *юридический*

juristic person [legal] *юридическое лицо*

juror *лицо, принесшее присягу;* [leg.pun.] *присяжный заседатель, член жюри*

jurors' list [leg.pun.] *состав присяжных, список присяжных*

jury [leg.pun.] *присяжные, состав присяжных, суд присяжных*

jury, serve on a (vb.) [leg.pun.] *вручать повестку присяжному заседателю*

jury box [leg.pun.] *скамья присяжных*

jury court [leg.pun.] *суд присяжных*

jury fee [leg.pun.] *вознаграждение присяжных*

juryman [leg.pun.] *присяжный заседатель, член коллегии присяжных*

jury member [leg.pun.] *присяжный заседатель, член коллегии присяжных*

jury process [leg.pun.] *призыв присяжных к отправлению их функций*

jury system [legal] *система суда присяжных*

jurywoman [leg.pun.] *женщина = присяжный заседатель, женщина = член коллегии присяжных*

just (adj.) *беспристрастный, верный, обоснованный, справедливый, точный*

just cause [legal] *судебное дело, имеющее основания*

justice *законность, справедливость;* [legal] *правосудие, судья, юстиция*

justice of the assize *выездной судья;* [legal] *судья выездной сессии суда присяжных*

justice of the peace (J.P.) [legal] *мировой судья*

Justice of the Peace (J.P.) *мировой судья*

justices [legal] *члены суда*

justiceship *звание судьи;* [legal] *должность судьи, срок службы судьи*

justices' clerk [legal] *секретарь суда*

justifiable (adj.) *допустимый, могущий быть оправданным, позволительный*

justifiable homicide [leg.pun.] *убийство в целях самозащиты, убийство при смягчающих вину обстоятельствах*

justifiable self-defence *допустимая самооборона*

justification *оправдывающее обстоятельство, основание, подтверждение, правомерность;* [comp.] *выравнивание текста;* [legal] *оправдание;* [print.] *выключка строки*

justification of expenditure *правомерность расходов*

justified (adj.) *обоснованный, оправданный, правомерный, справедливый*

justified claim *справедливое требование*

justified margin [comp.] *выровненное поле страницы*

justify (vb.) *находить оправдание, оправдывать, подтверждать;* [print.] *выключать строку*

just in time (JIT) [prod.] *как раз вовремя*

just=in-time delivery *поставка точно в срок*

just repaired (adj.) *только что отремонтированный*

juvenile *подросток, юноша*

juvenile (adj.) *предназначенный для юношества, юношеский, юный*

juvenile court [legal] *суд по делам несовершеннолетних*

juvenile court panel *подсудимый суда по делам несовершеннолетних*

juvenile crime [leg.pun.] *преступление несовершеннолетнего*

juvenile delinquency [leg.pun.] *преступность несовершеннолетних*

juvenile delinquent [leg.pun.] *несовершеннолетний преступник*

juvenile delinquents *несовершеннолетние преступники, несовершеннолетняя правонарушитель*

juvenile offence [leg.pun.] *преступление несовершеннолетнего*

juvenile offender [leg.pun.] *несовершеннолетний преступник*

juxtapose (vb.) *помещать рядом, сопоставлять, сравнивать*

kamikaze bond   [stock] *рискованная акция*

kangaroo bond   [stock] *австралийская акция на Лондонской фондовой бирже*

kangaroo court   *незаконное судебное разбирательство, суд, попирающий принципы справедливости;* [legal] *инсценировка суда*

KB (kilobyte)   [comp.] *килобайт*

KB (kilobytes)   *килобайты*

keen (adj.)   *интенсивный, острый, проницательный, резкий*

keen competition   *острая конкуренция, сильная конкуренция*

keen price   *низкая цена*

keep (vb.)   *беречь, вести счета, держаться, иметь в продаже, обеспечивать, оставаться, поддерживать, продолжать, хранить;* [law.dom.] *содержать;* [wareh.] *держать*

keep accounts (vb.)   [book-keep.] *вести счета*

keep a line of goods (vb.)   [comm.] *сохранять ассортимент товаров*

keep an offer open (vb.)   *оставлять предложение в силе*

keep a patent in force (vb.)   *поддерживать патент в силе;* [pat.] *сохранять патент в силе*

keep a shop (vb.)   *держать магазин*

keep back (vb.)   *воздерживаться от покупки, держаться в стороне, задерживать, удерживать*

keep books (vb.)   *вести бухгалтерские книги*

keep down (vb.)   *подавлять, сдерживать рост*

keeper   *владелец*

keeper of a krone account   [bank.] *владелец счета в кронах*

keeper of the minutes   *референт, хранитель протоколов*

keep guard (vb.)   *нести охрану, стоять на посту*

keep house (vb.)   [bankr.leg.] *прекращать платежи по долгам*

keep in force (vb.)   *оставаться в силе*

keep informed (vb.)   *владеть информацией*

keeping   *владение, опека, присмотр, содержание, хранение*

keeping of accounts   [book-keep.] *ведение отчетности*

keeping up to date of cadastre   [r.e.] *пополнение кадастра текущей информацией*

keeping up to date of the cadastre   [r.e.] *пополнение кадастра текущей информацией*

keeping with, in   *в соответствии с*

keep in stock (vb.)   *иметь в наличии, иметь запас, хранить на складе*

keep office hours (vb.)   *соблюдать часы работы учреждения*

keep record of (vb.)   *вести учет*

keep records (vb.)   *вести протокол суда*

keep secret (vb.)   *держать в секрете*

keep tabs on (vb.)   *вести учет*

keep up (vb.)   *поддерживать, сохранять, удовлетворять спрос*

keep up the pace   *не отставать от*

keep up the pace (vb.)   [empl.] *идти наравне с, сохранять темп*

keep up the price (vb.)   *удерживать цену*

keep up to date (vb.)   *отвечать уровню современных требований*

keep watch (vb.)   *наблюдать, сторожить*

keep within the letter of the law (vb.)   [legal] *придерживаться буквы закона*

kerb market   [exc.] *внебиржевой рынок, торговля ценными бумагами вне фондовой биржи*

kerbstone market   [exc.] *внебиржевой рынок, торговля ценными бумагами вне фондовой биржи*

kerbstone security   [stock] *ценные бумаги, не котирующиеся на бирже*

key   *ключ, кнопка, указание к решению;* [comp.] *клавиша, переключатель;* [print.] *основной принцип*

key (adj.) *важный, ведущий, ключевой, основной*

key account [adv.] *основной счет*

keyboard [comp.] *коммутационная панель*

keyboard operator [comp.] *оператор коммутационной панели*

keyboard punch [comp.] *клавишный перфоратор*

key currency [money.fin.] *ключевая валюта, резервная валюта*

key diagram *пояснительная диаграмма;* [comp.] *ключевая схема*

key figure *цифровая клавиша;* [ind.ec.] *главный количественный показатель; основная цифра*

key figures [calc.] *ведущие показатели; основные данные*

key industry *ведущая отрасль, ключевая отрасль*

key insurance [ins.] *страхование от всех рисков*

Keynesian (adj.) *кейнсианский*

Keynesianism [pol.ec.] *кейнсианство*

keypad [comp.] *малая клавишная панель*

key position *ведущее положение, основная сделка на срок*

keystone *главный принцип, краеугольный камень; основа*

keystroke [comp.] *нажатие клавиши; нажатие кнопки*

keystroke verification [comp.] *проверка путем нажатия клавиш, проверка путем нажатия кнопок*

key supplier *главный поставщик*

keyword *зарезервированное слово (в языке программирования), ключевое слово*

KFX (Copenhagen Stock Exchange Share Index) *фондовый индекс на Копенгагенской фондовой бирже*

KFX future [stock] *фьючерсный контракт на Копенгагенской фондовой бирже*

kg (kilogram) *килограмм*

kickback *выплата соучастнику части незаконно полученных денег; процент от зарплаты, выплачиваемый работодателю*

kidnap (vb.) *похищать детей, увозить насильно, увозить обманом*

kidnap insurance [ins.] *страхование от похищения ребенка*

kidnapping *насильный увоз, обманный увоз; похищение детей*

killer bee [exc.sl.] *инвестиционный банк, защищающий компанию от попыток ее поглощения*

kilogram (kg) *килограмм*

kilometer (km) *километр*

kilometre (km) *километр*

kilometric distance [trans.] *расстояние в километрах*

kin *родня, родственники, семья*

kind *вид, отличительная особенность, разновидность; род, семейство, сорт; характер*

kind (adj.) *доброжелательный, добрый*

kind, in *в натуре, натурой*

kindred *кровное родство, родня, родственники; родственные отношения*

kingdom *королевство*

king-size *большого размера*

king-size (adj.) *крупный*

kink *изгиб, перегиб;* [ind.ec.] *кривая спроса с перегибом*

kinked demand curve *ломаная кривая спроса*

kinship *близость, кровное родство, сходство*

kiosk *киоск, палатка*

kite *пробный шар, фиктивный чек;* [bill.,sl.] *дутый вексель, фиктивный вексель*

kite-flyer [bill.] *пользователь фиктивного векселя;* [leg.pun.] *получатель денег под фиктивный вексель*

kite-flying [bill.] *получение денег по фиктивным векселям;* [leg.pun.] *использование фиктивных векселей*

kiting *использование фиктивных векселей, подделка суммы чека;* [bill.] *использование фиктивных чеков для получения средств до их инкассации;* [leg.pun.] *выписка чека против неинкассированной суммы*

kiwi loan [bank.] заём в новозеландских долларах

knockdown сокрушительный удар

knock down (vb.) разбивать на части, сбивать цену, ударом молотка
  объявлять товар проданным (на аукционе)

knockdown price минимальная цена (на аукционе), сбитая цена

knock down the price (vb.) сбивать цену

knocking=off time [empl.] время окончания работы

knock off the price (vb.) сбавлять цену

know (vb.) быть в курсе дела, знать, иметь представление,
  понимать, разбираться, уметь

know=how знание дела, научно=технические знания и опыт
  организации производства на основе новейших достижений
  науки и техники, ноу=хау, производственный опыт, секреты
  производства

know=how compilation сбор ноу=хау

knowing (adj.) знающий, ловкий, понимающий

knowingly преднамеренно, со знанием дела, сознательно

knowledge знание, осведомленность, познания, эрудиция;
  [leg.pun.] признание судом фактов, доказанных свидетелями

knowledge, to the best of his насколько ему известно

knowledgeable (adj.) знающий, хорошо осведомленный

knowledge base база знаний

knowledge centre центр знаний

knowledge of case знание дела, знание ситуации

knowledge of commodities информация о товарах

knowledge of law знание закона

knowledge of the first degree знания из первоисточника;
  [leg.pun.] сведения из первых рук

knowledge of the law [legal] знание закона

knowledge of the second degree [leg.pun.] опосредованные знания,
  показания с чужих слов

knowledge of the third degree [leg.pun.] вероятные знания,
  предположительные знания, сомнительные знания

krone [monet.trans.] крона

krone account [bank.] счет в кронах

krone accounts финансовая отчетность в кронах

krone adjustment [monet.trans.] регулирование курса кроны

krone amount сумма в кронах

krone bond [stock] облигация с ценой в кронах

krone denominated bond [stock] облигация с ценой в кронах

krone=denominated bond облигация с ценой в кронах

krone depository [bank.] банк = хранитель вкладов в кронах

krone equivalent эквивалент кроны

krone exchange rate policy политика в области курса кроны

krone exchange rate stability стабильность курса кроны

krone proportion доля операций в кронах

krone rate [monet.trans.] курс кроны

krone rate index [monet.trans.] индекс курса кроны

krone=rate index индекс курса кроны

krone realignment [monet.trans.] урегулирование курса кроны

krone value стоимость кроны

KRW (South Korean won) вон Южной Кореи; [monet.trans.] вон
  Республики Корея

Kuwaiti dinar (KWD) [monet.trans.] кувейтский динар

KWD (Kuwaiti dinar) [monet.trans.] кувейтский динар

L

lab *лаборатория*

label *бирка, знак, значок, наклейка, этикетка;* [adv.] *эмблема;* [mark.] *ярлык*

label (vb.) *маркировать, наклеивать этикетку, наклеивать ярлык*

label for dangerous goods [trans.] *обозначение опасных товаров*

labeling *классификация, маркирование, наклеивание этикеток, наклеивание ярлыков, отнесение к определенной категории*

labeling machine *этикетировочная машина*

labeller *этикетировочная машина*

labelling *маркирование*

labelling machine *маркировочная машина*

label printing *изготовление этикеток*

laboratory *лаборатория*

laboratory assistant *лаборант*

labour *задание, труд;* [empl.] *рабочая сила, рабочие;* [pol.ec.] *работа*

labour (vb.) *выполнять работу, добиваться, работать, трудиться*

labour agreement [empl.] *трудовое соглашение*

labour and machinery costs [calc.] *затраты на рабочую силу и оборудование*

labour attache [dipl.] *атташе по вопросам труда*

labour attaché *атташе по вопросам труда*

labour catchment area [empl.] *район, привлекающий рабочую силу*

labour contract [legal] *трудовое соглашение, трудовой договор*

labour costs [ind.ec.] *расходы на рабочую силу, стоимость рабочей силы*

labour dispute [empl.] *трудовой конфликт*

labour efficiency variance [ind.ec.] *колебание производительности труда*

labourer [pers.manag.] *неквалифицированный рабочий, рабочий, чернорабочий*

labour force [pers.manag.] *численность рабочих и служащих;* [pol.ec.] *рабочая сила, численность работающих*

labour hoarding *сохранение рабочей силы при сокращении спроса на продукцию;* [empl.] *придерживание рабочей силы при сокращении спроса на продукцию*

labour intensive (adj.) *трудоемкий*

labour law [legal] *трудовое право*

labour leader [empl.] *руководитель профсоюза*

labour legislation [legal] *законы о труде, трудовое законодательство*

labour management *организация труда*

labour market *рынок труда;* [empl.] *рынок рабочей силы*

labour market board *совет рынка труда*

labour market committee *комитет рынка труда*

labour market contribution *вклад в рынок труда*

labour market dispute [empl.] *конфликт на рынке труда*

labour market holiday fund *фонд рынка труда для оплаты отпусков*

labour market organizations [empl.] *организации рынка рабочей силы, организации рынка труда*

labour market parties [empl.] *стороны на рынке труда*

labour market pension [empl.] *пенсия на рынке труда*

labour market policy *политика рынка труда*

labour market statistics *статистика рынка труда*

Labour Market Supplementary Pension (Fund) *дополнительный пенсионный фонд рынка труда*

labour market supplementary pension fund *дополнительный пенсионный фонд рынка труда*

labour market training fund *фонд рынка труда для повышения квалификации*

labour market training fund contribution *взнос в фонд рынка труда для повышения квалификации*

labour market training scheme *программа обучения на рынке труда, система обучения на рынке труда*

labour mix [ind.ec.] *состав рабочей силы*

labour mobility [empl.] *подвижность рабочей силы*

labour movement [empl.] *движение рабочей силы, динамика рабочей силы*

labour organization [empl.] *организация труда*

Labour Party [pol.] *Лейбористская партия (Великобритания)*

labour potential *потенциал работника*

labour saving (adj.) *рационализаторский, сберегающий затраты труда, сокращающий затраты труда*

labour share in national income *доля труда в национальном доходе*

labour shortage *нехватка рабочей силы*

labour supply *обеспеченность рабочей силой, предложение рабочей силы*

labour theory of value [pol.ec.] *трудовая теория стоимости*

labour turnover [pers.manag.] *текучесть рабочей силы*

labour union [empl.] *профсоюз*

labour unit *единица затрат труда*

labour unrest [legal] *трудовой конфликт*

laches [legal] *неосновательное промедление с предъявлением иска*

lack *нехватка, отсутствие;* [ec.] *недостаток*

lack (vb.) *испытывать недостаток, нуждаться*

lack experience (vb.) *не иметь опыта, ощущать нехватку опыта*

lack funds (vb.) *нуждаться в фондах*

lacking (adj.) *недостаточный, отсутствующий*

lack of acceptance, for *из-за отсутствия акцепта*

lack of authority [EEC] *отсутствие полномочий;* [legal] *некомпетентность, отсутствие доказательств*

lack of care *беззаботность*

lack of experience *недостаток опыта*

lack of funds *нехватка фондов, отсутствие средств*

lack of legal intention [legal] *отсутствие юридической силы*

lack of legal rights [legal] *отсутствие юридических прав*

lack of money *отсутствие денег;* [pol.ec.] *нехватка денег*

lack of orders [ind.ec.] *отсутствие заказов*

lack of qualifications *отсутствие квалификации*

lack of support *отсутствие поддержки*

lack of title [legal] *отсутствие права собственности*

Laffer curve [pol.ec.] *кривая Лаффера*

lag *запаздывание, лаг, отставание*

lag (vb.) *запаздывать, отставать*

lag time *продолжительность запаздывания*

Lagting (Representative Council of the Faroe Islands) *лагтинг (совет представителей Фарерских островов)*

laid open to public (adj.) *опубликованный для всеобщего ознакомления*

laid open to public inspection (adj.) *опубликованный для всеобщего ознакомления*

laid open to the public [pat.] *опубликованный для всеобщего ознакомления*

laissez-faire *принцип неограниченной свободы предпринимательства, свободная конкуренция*

laissez-faire policy *политика невмешательства государства в экономику, политика свободного предпринимательства*

lame duck *джоббер, не способный выполнить обязательства по заключенным сделкам, компания в тяжелом финансовом положении, нуждающаяся в поддержке государства, неудачник*

lame duck company *компания в тяжелом финансовом положении, нуждающаяся в поддержке государства*

LAN (local area network) [comp.] *локальная сеть*

land   *страна;* [legal] *земельная собственность;* [r.e.] *земельный участок, землевладение, земля, недвижимость, обрабатываемый пахотный участок*

land (vb.)   [comm.] *выгружаться;* [nav.] *высаживаться на берег*

land agent   *агент по продаже земельных участков*

land and buildings   *земля и постройки на ней*

land assessment   *обложение налогом на землю*

land carriage   [trans.] *сухопутный транспорт*

land certificate   [r.e.] *удостоверение на право пользования землей*

land charges   *земельный налог, налог с земельной собственности*

land charges act   [legal] *закон о земельном налоге*

land charges register   [r.e.] *регистр земельных налогов, регистр налогов с земельной собственности*

land consolidation scheme   *программа укрупнения участков земли*

land contract   [r.e.] *договор о землевладении*

land development   *освоение земель;* [plan.] *застройка земельных участков, мелиорация земель*

landed estate   [r.e.] *земельная собственность, землевладение*

landed price   *цена товара, выгруженного на берег;* [nav.] *цена с выгрузкой на берег*

landed property   [legal] *земельная собственность*

landed proprietor   [r.e.] *земельный собственник*

landed weight   [nav.] *масса выгруженного товара*

land expectation value   [r.e.] *ожидаемая стоимость земли*

land expenses   [r.e.] *затраты на обработку земли*

land holder   [r.e.] *арендатор земельного участка, земельный собственник*

land improvement   *мелиорация земель*

land improvements   *мелиорация земель*

landing   [nav.] *высадка на берег, место высадки*

* **landing certificate**   [nav.] *свидетельство о выгрузке, таможенный документ на выгруженные грузы*

landing charges   [nav.] *плата за разгрузку, расходы на выгрузку*

landing fee   [air tr.,nav.] *плата за посадку, посадочный сбор*

landing interest   [legal] *право на посадку*

landing order   [nav.] *разрешение таможни на выгрузку груза*

landing rate   [nav.] *плата за перегрузку с судна на сухопутный транспорт*

landings   *места высадки*

landing strip   [air tr.] *взлетно-посадочная полоса*

landlady   *хозяйка гостиницы;* [r.e.] *владелица дома, сдающая квартиры*

land laws   *законы о земельной собственности, земельное законодательство*

landless (adj.)   *безземельный*

landlocked (adj.)   *окруженный сушей*

landlocked country   *страна, не имеющая выхода к морю*

landlord   *владелец недвижимости;* [r.e.] *домовладелец, сдающий квартиры, крупный землевладелец, хозяин гостиницы, хозяин пансиона*

landlord and tenant act   [legal] *закон об арендаторе и землевладельце*

landlordism   *система крупного землевладения*

landlord's liability   [legal] *ответственность владельца недвижимости*

landmark   *веха, поворотный пункт;* [nav.] *береговой знак, ориентир*

landmark court decision   [legal] *эпохальное решение суда*

landmark law   [legal] *право защиты*

land mortgage   [r.e.] *закладная на землю*

land office   [r.e.] *государственная контора, регистрирующая земельные сделки*

landowner   *хозяин гостиницы, хозяин пансиона;* [r.e.] *владелец дома, сдающий квартиры, владелец недвижимости, домовладелец, сдающий квартиры, крупный землевладелец*

landowner obligation   *обязательства землевладельца*
landowner's obligation   *обязательства землевладельца*
land parcelling   *выделение участков земли;* [г.е.] *раздел земли*
land reclamation   *мелиорация земли*
land reform   *земельная реформа*
land register   [г.е.] *земельная регистрация, кадастр, опись и оценка землевладений*
land register No.   [г.е.] *номер кадастра*
land register number   [г.е.] *номер кадастра*
land registration   [г.е.] *регистрация земельных участков*
land registration act   [legal] *закон о регистрации земельных участков*
land registration endorsement   [г.е.] *подтверждение регистрации земельного участка*
land registration system   [г.е.] *система регистрации земельного участка*
land registry   [г.е.] *земельная регистрация, кадастр, опись и оценка землевладений*
land registry certificate   [г.е.] *сертификат на землевладение, удостоверение регистрации земельного участка*
land registry office   [г.е.] *государственная контора, регистрирующая земельные сделки*
land rent   *земельная рента*
landscape   *ландшафт*
landscape architect   *архитектор ландшафта*
landscape designer   *цветовод-декоратор*
landscape management   *управление ландшафтом*
landscape protection area   [plan.] *заповедник*
land shark   *спекулянт земельными участками*
landslide   *победа на выборах подавляющим большинством голосов, резкое изменение в распределении голосов между партиями, резкое изменение общественного мнения;* [parl.] *победа на выборах с подавляющим большинством голосов*
landslide election   *победа на выборах подавляющим большинством голосов;* [parl.] *победа на выборах с подавляющим большинством голосов*
landslide victory   [parl.] *победа на выборах с подавляющим большинством голосов*
land speculation   *спекуляция земельными участками*
landsting   *ландстинг (одна из палат ригсдага Дании)*
lands tribunal   [legal] *земельный суд*
land surveyor   *землемер;* [plan.] *топограф*
land surveyor   *землемер;* [plan.] *геодезист-землеустроитель*
land surveyor's certificate   [г.е.] *удостоверение землемера*
land tax   [tax.] *земельный налог, налог на земельную собственность*
land taxation   *земельная таксация;* [tax.] *таксация земли*
land tax percentage rate   [tax.] *процентная ставка земельного налога*
land transfer tax   *налог на перевод за границу платежей за землю;* [tax.] *налог на денежные переводы за землю за границу*
land transport equipment   [trans.] *наземные транспортные средства*
land use map   [г.е.] *карта землепользования*
land use plan   [plan.] *землеустроительный план, план использования земель*
land use planning   [plan.] *планирование землепользования*
land use policy   *политика землепользования*
land use ratio   [plan.] *процент землепользования*
land valuation   *определение стоимости земельных участков*
land valuation officer   *оценщик земельных участков*
land value   [г.е.] *стоимость земельной собственности, стоимость земли*
land value increment   [г.е.] *прирост стоимости земельной собственности, прирост стоимости земли*

land value tax [tax.] *налог на стоимость земельных участков*
land value taxation [tax.] *налогообложение стоимости земли*
language *язык*
language barrier *языковой барьер*
language for special purposes (LSP) *язык для специальных целей*
language of the case [EEC] *язык судебного делопроизводства*
language qualifications *языковая квалификация*
lapse *описка, отклонение, ошибка, погрешность, промах;*
　　[legal] *недействительность права, прекращение действия;*
　　[suc.] *потеря права*
lapse (vb.) *исчезать, переходить в другие руки, прекращаться;*
　　[legal] *истекать, становиться недействительным, терять силу*
lapsed legacy [suc.] *утративший силу завещательный отказ*
lapsed policy [ins.] *полис, действие которого прекращено досрочно*
lapse of memory *потеря памяти, провал памяти*
lapse of right *прекращение права;* [legal] *переход права, потеря права*
lapse of stock right [bus.organ.] *прекращение права на акции*
lapse of subscription right [bus.organ.] *прекращение права подписки*
lapse of time *промежуток времени*
lap-top computer [comp.] *дорожная вычислительная машина*
larceny [legal] *воровство, кража;* [leg.pun.] *похищение имущества*
larder [ec.] *кладовая*
large (adj.) *большой, значительный, крупного масштаба, крупный,*
　　многочисленный
large amount *крупная сумма*
large consignment [trans.] *большая партия груза*
large consignments *большие партии груза*
large exposure [bank.,ins.] *активная операция, ставящая под риск*
　　капитал банка
large increase *большой прирост*
largely *в большой мере, в значительной степени, в широком*
　　масштабе
largely unchanged *в основном оставшийся без изменений*
large note *банкнот крупного достоинства*
large notes *банкноты крупного достоинства*
large order *крупный заказ, массовый заказ*
large quantities *большое количество*
large quantity *большое количество*
large quantity manufacture [prod.] *крупномасштабное производство,*
　　массовое производство, серийное производство
large-scale (adj.) *большой, крупномасштабный, крупносерийный,*
　　крупный, массовый
large-scale commerce *крупномасштабная торговля*
large-scale concern *крупное предприятие, крупный концерн*
large-scale group *крупное объединение компаний*
large-scale industry *крупная промышленность;* [prod.] *крупносерийное*
　　производство
large-scale manufacture [prod.] *крупносерийное производство*
large-scale manufacturer [prod.] *крупная фирма-изготовитель*
large-scale manufacturing [prod.] *крупномасштабное производство,*
　　массовое производство, серийное производство
large-scale marketing [mark.] *реализация продукции в крупных*
　　масштабах
large-scale operation [ind.ec.] *крупномасштабная операция*
large-scale producer *крупный производитель*
large-scale production *серийное производство;* [prod.] *крупносерийное*
　　производство, массовое производство, серийное приозводство
large-scale purchase *массовая закупка*
large-scale scheme *крупномасштабный проект*
large-scale schemes *крупномасштабные проекты*
large shareholder *крупный владелец акций, крупный держатель*
　　акций

large-sized (adj.)   *большого размера, крупноформатный*

large turnout   *массовый выпуск продукции*

laser disk   [comp.] *лазерный диск*

laser printer   [comp.] *лазерный принтер*

last (vb.)   *быть достаточным, длиться, продолжаться, сохраняться*

last (adj.)   *последний, прошлый, самый новый*

last and highest bid   *последнее и самое лучшее предложение*

last but one (adj.)   *предпоследний*

last buying price quoted   [exc.] *последняя прокотированная цена покупателя*

last in, first out (LIFO)   *обслуживание в обратном порядке, расходование запасов в обратном порядке, 'получен последним - выдан первым', 'последним поступил - первым продан', 'последняя партия в приход - первая в расход';* [empl.] *'прибыл последним - обслужен первым'*

last-in-first-out   *обслуживание в обратном порядке, расходование запасов в обратном порядке, 'получен последним - выдан первым', 'последняя партия в приход - первая в расход", 'прибыл последним - обслужен первым'*

lasting   *выносливость, длительность, продолжительность, прочность*

lasting (adj.)   *длительный, продолжительный, прочный, стойкий, устойчивый*

lasting improvement   *длительное улучшение*

last quarter   *последний квартал*

last resort   *последнее средство*

last resort, in the   *в крайнем случае, как последнее средство*

last survivor policy   [ins.] *полис лица, дожившего до определенного возраста*

last will   [suc.] *завещание*

last will (and testament)   [suc.] *завещание*

last will and testament   [suc.] *завещание*

last year   *в прошлом году, последний год, прошлый год*

late (adj.)   *бывший, недавний, поздний, последний, прежний*

latency   *время ожидания, приступать к выполнению, скрытое состояние*

latent   *в скрытом состоянии*

latent (adj.)   *латентный, скрытый*

latent defect   *скрытый недочет;* [legal] *скрытый дефект, скрытый порок*

latent partner   [legal] *негласный участник торгового предприятия*

latent tax liability   [tax.] *скрытая задолженность по налоговым платежам*

latent unemployment   [empl.] *скрытая безработица*

later   *позже*

later trade   [exc.] *последняя продажа*

latest (adj.)   *самый последний*

latest dividend   [bus.organ.] *последний дивиденд*

latest purchase price   *последняя покупная цена*

launch   *запуск изделия в производство, старт;* [mark.] *введение, выбрасывать новые товары на рынок, импульс;* [nav.] *моторная лодка, спуск судна на воду*

launch (vb.)   *бросать, выпускать, запускать, предпринимать действия;* [mark.] *выпускать новый заем, начинать действовать, приступать к выполнению, пускать в ход;* [nav.] *спускать судно на воду*

launch a campaign (vb.)   [mark.] *начинать кампанию*

launch advertising   [mark.] *начинать рекламную кампанию*

launch a new enterprise   [mil.] *открывать новое предприятие*

launch an export drive   [mil.] *начинать кампанию за увеличение экспорта*

launch an offensive   *наносить оскорбление*
launch an offensive (vb.)   [mil.] *начинать наступление*
launch date   [exc.] *дата выброса товара на рынок;* [mark.] *срок выпуска*
launching   *старт;* [mark.] *выпуск;* [nav.] *пуск, спуск судна на воду*
launching of a loan   *выдача ссуды, выпуск нового займа*
launching of loan   *выдача ссуды, выпуск нового займа*
launder (vb.)   [ec.] *скрывать источник дохода*
laundered money   [ec.] *отмытые деньги*
laundering   [ec.] *придание доходам законного характера*
launder money (vb.)   *отмывать деньги*
LAUTRO (Life Assurance and Unit Trust Regulatory Organization)(UK)
   Регулирующая организация компаний по страхованию жизни и паевых фондов (Великобритания)
law   *правило, профессия юриста, суд, судебный процесс;* [legal] *закон, право, правоведение*
law, be at (vb.)   [legal] *вести процесс, судиться*
law, beyond the   [legal] *вне закона*
law, by   [legal] *законодательно, согласно закону*
law, in   [legal] *по закону*
law, outside the   [legal] *вне закона*
law, within the   *в рамках закона*
law-abiding (adj.)   *законопослушный, подчиняющийся законам*
law-abidingness   [legal] *соблюдение закона*
law and equity   [legal] *закон и право справедливости*
law and order   [legal] *законность и правопорядок*
law-and-order advocate   *защитник законности и правопорядка*
law-and-order candidate   *защитник законности и правопорядка*
law-and-order champion   *защитник законности и правопорядка*
law book   [legal] *кодекс, свод законов*
lawbreaker   *нарушитель закона;* [leg.pun.] *правонарушитель*
law centre   [legal] *юридический центр*
law clerk at the court of justice   [EEC] *секретарь суда*
law costs   [legal] *расходы на судебный процесс, судебные издержки*
law court   [legal] *суд общего права*
law courts   [legal] *судебные органы, судоустройство*
law-defying person   *нарушитель закона;* [leg.pun.] *правонарушитель*
law degree   [legal] *юридическая степень*
law dictionary   *юридический словарь*
law firm   [legal] *адвокатская фирма, контора адвокатов, юридическая фирма*
law-forming decision   [legal] *решение суда, имеющее силу закона*
lawful (adj.)   *законный, правомерный*
lawful absence   *законное отсутствие*
lawful acquisition   [legal] *законное приобретение*
lawful business   *законная сделка*
lawful business, on   *на законном основании*
lawful claim   *законная претензия;* [legal] *законное требование, законный иск*
lawful data   *разрешенные данные*
lawful heir   [suc.] *законный наследник*
lawful holder   [legal] *законный владелец*
lawful homicide   [leg.pun.] *правомерное лишение жизни*
lawfulness   [legal] *законность, правомерность*
lawful owner   [legal] *законный владелец, законный собственник*
lawful possession   [legal] *законное владение*
lawful strike   [empl.] *правомерная забастовка*
lawful title   [legal] *законное основание права на имущество, законное право на имущество, законное право собственности*
law in force   [legal] *действующее право, действующий закон*
lawless (adj.)   *беззаконный, незаконный, неправомерный*

lawlessness   *незаконность;* [legal] *беззаконие*

Law Lords   [legal] *судебные лорды (Великобритания)*

lawmaker   [parl.] *законодатель*

law manuscript   *рукописный вариант закона*

law of bills and promissory notes   [legal] *закон о счетах и простых векселях*

law of business property   [legal] *закон о собственности компании*

law of contract   [legal] *договорное право*

law of criminal procedure   [leg.pun.] *процессуальное уголовное право*

law of demand   *закон спроса*

law of diminishing returns   [ec.] *закон убывающей доходности*

law of enforceable rights   [legal] *закон об обеспечении правовой санкции, закон о праве принудительного осуществления в судебном порядке*

law of evidence   [legal] *доказательственное право, система судебных доказательств*

law office   [legal] *адвокатская фирма, контора адвокатов, юридическая фирма*

law officer   *юрист;* [legal] *служащий суда*

law officer of the Crown   *юрист короны (генеральный прокурор Великобритании или его заместитель)*

law of nations   [law nat.] *международное право*

law of persons   [legal] *личное право*

law of procedure   [legal] *процессуальное право*

law of property   [legal] *вещное право, право собственности*

Law of Property Act   [legal] *Закон о праве собственности (Великобритания)*

law of succession   [legal] *наследственное право*

law of supply and demand   [ec.] *закон спроса и предложения*

law of talion   [legal] *право возмездия*

law of the jungle   *закон джунглей*

law of the land   [legal] *земельное право*

law of the sea   [legal] *морское право*

law of torts   [legal] *деликтное право, закон о правонарушениях*

law of trust   [legal] *правовые нормы о доверительной собственности*

law of variable proportions   *закон переменных соотношений*

law of wages   *закон о фондах заработной платы*

law on business property   *закон о предпринимательской собственности*

law person   *юридическое лицо*

law reform   [parl.] *правовая реформа*

law regarding legal capacity   [legal] *закон о правоспособности*

law relating to adjoining properties   [legal] *закон о соседней собственности*

law relating to legal obligations   [legal] *закон об правовых обязательствах*

law report   [legal] *судебное решение*

law reports   [legal] *сборник судебных решений*

law revision   [legal] *изменение закона, пересмотр закона*

laws   [legal] *кодекс, сборник законов*

law school   [legal] *юридическая школа, юридический факультет университета*

law society   [legal] *общество юристов*

law student   *студент юридического факультета*

lawsuit   [legal] *иск, правовой спор, рассмотрение дела в суде, судебное дело, судебный процесс, тяжба*

lawyer   [legal] *адвокат, законовед, юрист*

lawyer opinion   [legal] *мнение адвоката*

lawyer's opinion   [legal] *мнение адвоката*

lay an embargo on (vb.)   *накладывать эмбарго;* [nav.] *накладывать эмбарго на*

lay before the court (vb.) [legal] *выступать в суде*

lay claim (vb.) *заявлять претензию, предъявлять права, претендовать*

lay claim to (vb.) *заявлять претензию на, предъявлять права на, претендовать на*

lay days [nav.] *сталийное время, стояночное время*

lay down (vb.) *отказываться от должности, приступать, составлять план, утверждать;* [legal] *устанавливать; формулировать*

lay down rules (vb.) *устанавливать правила*

lay down terms (vb.) *формулировать условия*

layer *пласт, слой*

lay in (vb.) [wareh.] *запасать*

lay information against (vb.) [leg.pun.] *доносить на*

lay information against someone with police (vb.) [leg.pun.] *доносить на кого-либо в полицию*

lay information against someone with the police (vb.) [leg.pun.] *доносить на кого-либо в полицию*

laying down *оставление службы, отказ от должности, сложение полномочий*

laying down a programme *разработка программы*

laying down of specifications [prod.] *составление спецификаций*

laying off [pers.manag.] *временное увольнение, прекращение работы*

lay judge [legal] *заседатель*

layman *непрофессионал*

lay off (vb.) [pers.manag.] *временно увольнять, приостанавливать производство*

lay-off *прекращение производства;* [pers.manag.] *период временного увольнения, приостановка работ*

lay-off pay [pers.manag.] *выходное пособие при временном увольнении, компенсация на период временного увольнения*

lay off staff (vb.) [pers.manag.] *сокращать штаты*

lay open to public (vb.) [pat.] *публиковать*

lay open to public inspection (vb.) [pat.] *публиковать для ознакомления*

lay open to the public (vb.) [pat.] *обнародовать, публиковать*

layout *выставка, генеральный план, группа, комплект, компоновка, набор, набросок, партия, разметка, трассировка, чертеж;* [calc.] *разбивка, схема организации работ, схема размещения;* [print.] *макет книги*

lay out (vb.) *тратить;* [print.] *размечать*

layout department [print.] *отдел макетирования*

layout of consolidated accounts [calc.] *разбивка объединенных счетов*

layout of the balance sheet [calc.] *разбивка баланса, разбивка балансового отчета*

layout person [print.] *верстальщик*

lay people [leg.pun.] *заседатели*

lay person *непрофессионал*

laytime [nav.] *сталийное время*

lay up (vb.) *выводить временно из строя, запасать, копить, откладывать*

lay up a ship (vb.) [nav.] *ставить судно на консервацию, ставить судно на прикол, ставить судно на ремонт*

lb. (libra pound) [monet.trans.] *фунт стерлингов*

LBO (leveraged buyout) [fin.] *покупка контрольного пакета акций с помощью кредитов*

L.C. (Lord (High) Chancellor) *лорд-канцлер (Великобритания)*

LC (Lord High Chancellor) *лорд-канцлер (Великобритания)*

LCD (liquid crystal display) *жидкокристаллический индикатор*

LCJ (Lord Chief Justice) *лорд - главный судья (Великобритания)*

L.C.J. (Lord Chief Justice (of England)) *лорд - главный судья (Великобритания)*

LCL (less than car load)   [trans.] *партия груза меньшая, чем грузовместимость вагона*

LCL (less than container load)   [trans.] *партия груза меньшая, чем грузовместимость контейнера*

LDT (licensed deposit taker)   *лицензированное депозитное учреждение (Великобритания)*

lead   *директива, инициатива, первенство, руководство, указание*

lead (vb.)   *вести, возглавлять, заставлять, руководить, управлять*

lead an honourable life (vb.)   *вести честный образ жизни*

lead commission   [ins.] *первый комиссионный платеж*

leader   *ведущий экономический показатель, глава, лидер, передовая статья, руководитель, товар, продаваемый в убыток в целях рекламы;* [legal] *ведущий адвокат*

leader of industry   *предприятие, занимающее ведущее положение в отрасли*

leadership   *руководство, управление*

leading   *директива, инструкция, руководство, управление*

leading (adj.)   *ведущий, главный, головной, руководящий*

leading bank   *головной банк;* [exc.] *ведущий банк*

leading bank bond   [stock] *основная банковская облигация*

leading bond series   [stock] *серия основной облигации*

leading candidate   [parl.] *главный кандидат, основной кандидат*

leading case   [legal] *руководящий судебный прецедент*

leading competitor   *главный конкурент*

leading counsel   [legal] *главный адвокат*

leading economic indicator   [pol.ec.] *опережающий индикатор*

leading edge   *главное преимущество в конкурентной борьбе*

leading-edge market   *рынок передовой технологии*

leading indicator   [pol.ec.] *опережающий индикатор*

leading intervention rate of interest   *опережающая интервенционная процентная ставка*

leading position   *лидирующее положение;* [pers.manag.] *ведущая должность*

leading question   [legal] *наводящий вопрос*

leading rate of interest   *опережающая процентная ставка*

leading reinsurance company   [ins.] *ведущая перестраховочная компания*

leading security   [exc.] *ведущая ценная бумага*

leading-strings mentality   *иждивенческое настроение*

leading underwriter   *банк, выступающий главным гарантом при размещении выпуска ценных бумаг;* [ins.] *главный андеррайтер, главный гарант, главный поручитель-гарант, главный страховщик*

lead manage an issue (vb.)   [exc.] *быть главным организатором и гарантом займа*

lead manager   [exc.] *банк, являющийся главным организатором и гарантом займа, ведущий менеджер*

leads and lags   *ускорение или задержка платежей для защиты от валютного риска*

leads and lags in foreign trade credit   *ускорение или задержка кредитов по внешнеторговым сделкам*

lead the prosecution (vb.)   [leg.pun.] *выступать в качестве главного обвинителя*

lead time   *время между принятием решения и началом действия, время подготовки к выпуску продукции, время протекания процесса, время реализации заказа;* [prod.] *срок разработки новой продукции*

leaflet   *рекламный листок, тонкая брошюра;* [mark.] *листовка*

league   *лига, лига (мера длины), союз*

leak   *течь, утечка*

leak (vb.)   *давать течь, просачиваться*

leakage   *обнаружение тайны, утечка информации, утечка товара;* [ins.] *утечка денежных средств*

lean (adj.)   *бедный, скудный, тощий, худой*

lean period   *неурожайное время*

leap-frog appeal   [legal] *апелляция, поданная не по инстанции, апелляция, поданная непосредственно в палату лордов*

learn (vb.)   *изучать, узнавать, учить*

learn by experience (vb.)   *учиться на опыте*

learn by trial and error (vb.)   *учиться методом проб и ошибок*

learned brother   [legal] *ученый коллега*

learned friend   [legal] *ученый коллега*

learned judge   [legal] *ученый судья*

lease   [legal] *договор найма, договор о прокате, жилищный наем, наем недвижимости, срок найма;* [r.e.] *аренда, арендованное имущество, договор об аренде, наем, наем в аренду, сдача внаем, срок аренды*

lease (vb.)   *арендовать, брать в аренду, брать внаем, сдавать в аренду;* [r.e.] *сдавать внаем, снимать*

lease (out)   *сдавать в аренду*

lease agreement   [legal] *соглашение о сдаче в аренду;* [r.e.] *договор об аренде, договор о найме*

leaseback   *продажа собственности с условием получения ее обратно в аренду*

lease back (vb.)   *продавать с условием получить обратно в аренду*

lease commitment   *арендные обязательства*

lease contract   [r.e.] *договор об аренде, договор о найме*

leased assets   [ind.ec.] *арендованное имущество*

leased object   *предмет аренды*

leased premises   [r.e.] *арендованная недвижимость, арендованные помещения, взятое в аренду здание с прилегающими постройками и участком*

leased premises, the   *арендуемые здания и сооружения*

leasehold   [legal] *арендованная собственность;* [r.e.] *аренда, владение на основе аренды, пользование на правах аренды*

leasehold (property)   [r.e.] *арендованная собственность*

leaseholder   [legal] *арендатор;* [r.e.] *наниматель, съемщик*

leasehold flat   [r.e.] *арендованная квартира*

leasehold house   [r.e.] *арендованный дом*

leasehold improvement   [calc.] *улучшение арендованной собственности*

leasehold land   *арендованная земля;* [r.e.] *аренда земли*

leasehold property   [r.e.] *арендованная собственность*

lease of commercial property   [r.e.] *аренда торговой собственности*

lease of land   [r.e.] *аренда земли*

lease of operating facilities   *договор об аренде производственных помещений*

lease out (vb.)   *сдавать в аренду;* [r.e.] *арендовать, брать в аренду, брать внаем, сдавать внаем*

lease payment   [r.e.] *плата за аренду*

lease term   [legal] *срок аренды;* [r.e.] *условия аренды*

leasing   *долгосрочная аренда, лизинг;* [ind.ec.] *выдача оборудования напрокат*

leasing agreement   [legal] *соглашение о долгосрочной аренде*

leasing application   *заявка на аренду*

leasing assets   [ind.ec.] *арендуемое имущество*

leasing charge   [ind.ec.] *плата за аренду*

leasing company   *компания-арендатор*

leasing contract   [legal] *договор об аренде*

leasing instalment   *очередной взнос за аренду*

leasing obligation   [legal] *обязательства по аренде*

least, at   *по крайней мере*

leave   *позволение, разрешение;* [empl.] *отпуск*

leave (vb.) *оставлять, покидать;* [suc.] *завещать*

leave for work [leg.pun.] *допуск к работе*

leave of absence [leg.pun.] *отпуск*

leave off (vb.) *останавливаться, прекращать*

leave open (vb.) *оставлять нерешенным, оставлять открытым*

leave out (vb.) *не учитывать, пропускать, упускать*

leave salary [pers.manag.] *плата за отпуск*

leave to appeal [legal] *право на апелляцию, разрешение на апелляцию*

leave to defend [legal] *право на защиту*

leaving certificate [syst.ed.] *свидетельство об окончании учебного заведения*

lecture *лекция*

lecturer *преподаватель;* [syst.ed.] *лектор*

ledger [book-keep.] *бухгалтерская книга, бухгалтерский регистр, главная бухгалтерская книга*

ledger card [book-keep.] *карточка бухгалтерского учета*

ledgerless accounting [book-keep.] *учет без ведения бухгалтерских книг*

ledger-type journal [book-keep.] *журнал бухгалтерского учета*

leeway *дрейф корабля, отклонение от намеченного курса, снос самолета*

left *левая сторона*

left (adj.) *левый*

left align (vb.) [comp.] *выравнивать по левым знакам, выравнивать по левым разрядам, выравнивать слева*

left arrow key [comp.] *клавиша движения курсора влево, клавиша стрелки 'налево'*

left baggage [trans.] *оставленный багаж*

leftist [pol.] *левак, левый, член левой партии*

left justify (vb.) *выравнивать по левым разрядам;* [comp.] *выравнивать слева*

left luggage [trans.] *оставленный багаж*

left luggage room [rail.] *камера забытых вещей*

left wing [pol.] *левое крыло партии*

left-wing (adj.) *левый*

Left-Wing Socialists [pol.] *партия Левые социалисты (Дания)*

leg *ветвь программы, часть пути, этап*

legacy [suc.] *завещательный отказ движимости, наследие, наследство*

legacy duty *налог на наследство;* [tax.] *наследственная пошлина*

legal (adj.) *допустимый, законный, легальный, основанный на общем праве, правовой, судебный, юридический*

legal action [legal] *правовое действие, судебное дело, судебный иск, судебный процесс*

legal advice *юридическая помощь;* [legal] *консультация юриста, юридический совет*

legal advice bureau [legal] *юридическая консультация*

legal advice centre [legal] *юридическая консультация*

legal adviser [legal] *советник по правовым вопросам, юрисконсульт*

legal adviser to the Government [legal] *советник правительства по правовым вопросам*

legal aid [legal] *правовая помощь*

legal aid certificate [legal] *свидетельство о правовой помощи*

legal aid order [leg.pun.] *распоряжение о правовой защите*

legal analogy [legal] *правовая аналогия*

legal assignment [legal] *цессия по общему праву*

legal assistance [legal] *правовая защита, юридическая взаимопомощь*

legal assistant [EEC] *референт*

legal authority [legal] *юридические полномочия*

legal basis [legal] *правовое основание*

legal boundary [legal] *правовая граница*

legal burden of proof *бремя доказывания;* [legal] *обязанность доказывания*

legal calendar [legal] *список дел к слушанию*

legal capacity [legal] *дееспособность, правоспособность*

legal capacity to sue and be sued [legal] *правоспособность быть истцом и ответчиком*

legal case [legal] *судебный прецедент*

legal charge [legal] *судебная пошлина, судебный сбор*

legal charges *судебные сборы*

legal claim [legal] *судебный иск*

legal cognizance of, take (vb.) [legal] *осуществлять юрисдикцию*

legal competence [legal] *юрисдикция*

legal conception [legal] *юридическое понятие*

legal consequence [legal] *судебное заключение;* [leg.pun.] *правовое последствие*

legal consequences *правовые последствия*

legal costs [legal] *судебные издержки*

legal counsel [legal] *адвокат, юрисконсульт*

legal counseling [legal] *юридическая консультация*

legal currency [legal] *законная валюта*

legal custody [leg.pun.] *законное содержание под стражей*

legal custody of a child [law.dom.] *законное содержание ребенка под стражей*

legal custody of child [law.dom.] *законное содержание ребенка под стражей*

legal decision [legal] *законное решение суда, правовое определение суда*

legal deduction [tax.] *удержание по суду*

legal department *юридический отдел*

legal deposit library [doc.] *библиотека депонированных правовых документов*

legal descent [suc.,r.e.] *законное наследование*

legal disability [legal] *правовая недееспособность*

legal disability, person under a [legal] *неправоспособное лицо*

legal dispute [legal] *правовой спор, юридические разногласия*

legal document [legal] *законодательный памятник, правовой документ*

legal effect [legal] *правовые последствия, юридическая сила*

legal enforcement procedure [legal] *взыскание в судебном порядке*

legal entity [legal] *юридическое лицо*

legal entity in own right [legal] *юридическое лицо по праву*

legalese [sl.] *юридический язык*

legal estate [legal] *вещноправовой интерес, основанный на общем праве*

legal executive [legal] *должностное лицо суда, судебный исполнитель*

legal expenses [legal] *судебные издержки*

legal expenses insurance [legal] *страхование судебных издержек*

legal expert [legal] *судебный эксперт*

legal fees [legal] *судебные издержки*

legal fiction [legal] *юридическая фикция*

legal force [legal] *законная сила, юридическая сила*

legal force of land register [r.e.] *юридическая сила кадастра*

legal force of the land register [r.e.] *юридическая сила кадастра*

legal form [bus.organ.] *правовая форма, юридическая форма*

legal formality [legal] *юридическая формальность*

legal form of business organization [bus.organ.] *юридическая форма торгово-промышленной организации*

legal foundation [legal] *законное основание, судебное учреждение*

legal ground [legal] *юридическое основание*

legal guarantee *правовая гарантия*

legal holiday *неприсутственный день;* [empl.] *нерабочий день*

legal incapacity [legal] *ограничение дееспособности, ограничение правоспособности*

legal institution   [legal] *правовой институт*

legal instrument   [legal] *правовой инструмент*

legal interest   *законные проценты, установленные законом проценты;* [legal] *признаваемый правом интерес*

legal investigation   [legal] *законное расследование*

legal issue   [legal] *возражение правового порядка*

legality   [legal] *законность, легальность, приверженность букве закона, соблюдение законов*

legality of act   *законность действия*

legality of an act   *законность действия*

legalization   *признание юридической силы;* [legal] *легализация, придание законной силы, узаконение*

legalize (vb.)   [legal] *легализовать, придавать законную силу, узаконивать*

legalize a document (vb.)   *придавать документу законную силу*

legal judge   [legal] *законный судья*

legal language   [legal] *юридический язык*

legal liability   [legal] *ответственность перед законом, правовая ответственность, судебная ответственность*

legal limit   [legal] *правовое ограничение*

legally   *легально, на основании закона, юридически;* [legal] *законно*

legally binding (adj.)   *обязанный по закону, обязанный по праву*

legally competent (adj.)   *полноправный, правомочный*

legally competent to transact business (adj.)   *правомочный заключать сделки*

legally effective (adj.)   *законно действующий, имеющий силу закона*

legally incompetent (adj.)   *неправоспособный*

legal matter   [legal] *правовой вопрос*

legal measure   [legal] *законная мера*

legal mortgage   [r.e.] *законное залоговое право*

legal notice   [legal] *предусмотренное правом уведомление*

legal notification   [legal] *судебная повестка*

legal obligation   [legal] *правовое обязательство*

legal obligation to insure   [ins.] *обусловленная законом обязанность принимать на страхование*

legal opinion   [legal] *правовое заключение, судебное решение*

legal order   *правопорядок*

legal owner   [legal] *законный владелец*

legal papers   *правовые документы, юридические документы*

legal person   [legal] *юридическое лицо*

legal personality   [legal] *правосубъектность, юридическая личность*

legal platform   *правовая основа*

legal policy   [legal] *правовая политика*

legal position   [legal] *юридическая должность, юридический статус*

legal practice   *юридическая практика*

legal precept   [legal] *судебное предписание*

legal presumption   [legal] *правовая презумпция*

legal principle   [legal] *правовой принцип*

legal priority   [legal] *юридическое преимущественное право*

legal problem   [legal] *правовая проблема*

legal procedure   [legal] *судебный процесс, судопроизводство*

legal procedures   *процессуальные нормы*

legal proceedings   [legal] *процессуальные действия, рассмотрение дела в суде, судебное разбирательство, судопроизводство*

legal proceedings by creditors   [legal] *предъявление иска кредиторами*

legal process   [legal] *судебный процесс*

legal profession   [legal] *профессия юриста, юристы*

legal profession, the   *юрист*

legal protection   *правовая защита*

legal provision   [legal] *судебное постановление, юридическое положение*

legal qualification   [legal] *правовое ограничение, условие предоставления права*

legal question   [legal] *правовой вопрос*

legal rate of interest   *законная ставка процентов*

legal redress   [legal] *возмещение по суду, восстановление по суду*

legal regulation of wages   [empl.] *правовое регулирование заработной платы*

legal relationship   [legal] *законное родство, правоотношение*

legal remedy   [legal] *средство правовой защиты, средство судебной защиты по общему праву*

legal representative   [legal] *администратор наследства, душеприказчик, наследник, правопреемник*

legal reserve   [bank.] *резерв, создаваемый банком в соответствии с законодательством;* [calc.] *установленный законом резерв*

legal right   [legal] *субъективное право, основанное на нормах общего права*

legal scholar   [legal] *знаток права, ученый-юрист*

legal secretary   *секретарь суда*

legal sense   [legal] *юридический смысл*

legal separation   [law.dom.] *раздельное жительство супругов по решению суда*

legal standard   [legal] *правовой стандарт*

legal statistics   [legal] *судебная статистика*

legal status   *правовое положение;* [bus.organ.] *правовой режим;* [legal] *правовой статус, юридический статус*

legal step   [legal] *правовая мера*

legal storage period   [calc.] *установленный законом период хранения*

legal subject   [legal] *субъект права*

legal successor   [legal] *правопреемник*

legal system   [legal] *правовая система, система законов, судебная система*

legal tender   *законное платежное средство;* [legal] *надлежаще сделанное предложение*

legal term   [legal] *юридический термин*

legal title   [legal] *правовой титул, основанный на общем праве*

legal transaction   [legal] *законная сделка*

legal usage   [legal] *правовое обыкновение, судебная практика*

legal wrong   [leg.pun.] *правонарушение*

legal year   [legal] *юридический год*

legatee   [suc.] *легатарий, наследник по завещанию*

legation   *полномочия посланника, посольство;* [dipl.] *дипломатическая миссия, представительство*

legator   *легатор;* [suc.] *наследодатель*

legatorial (adj.)   *завещанный*

legend   [print.] *надпись на монете, эмблема*

legislate (vb.)   [parl.] *издавать законы, осуществлять законодательную власть*

legislate against (vb.)   [legal] *запрещать в законодательном порядке*

legislation   *законодательная инициатива;* [legal] *законодательная деятельность, законодательство*

legislation clause   [legal] *оговорка о юрисдикции*

legislative   [parl.] *законодательная власть, законодательный орган*

legislative (adj.)   *законодательный*

legislative act   [legal] *закон, законодательный акт*

legislative assembly   [parl.] *законодательное собрание, законодательный орган*

legislative body   [parl.] *законодательный орган*

legislative development   [legal] *совершенствование законодательства*

legislative jurisdiction   [legal] *законодательная юрисдикция*

legislative measure   [legal] *законодательная мера*

legislative package   [legal] *пакет законов*

legislative power [parl.] *законодательная власть*
legislative union *законодательный союз*
legislator [parl.] *законодатель, член законодательного органа*
legislature [parl.] *законодательная власть, законодательное собрание, законодательный орган, законодательный орган штата (США)*
legitimacy *закономерность;* [legal] *законнорожденность, законность*
legitimate *законный;* [law.dom.] *законный родитель;* [legal] *законнорожденный ребенок, законорожденный*
legitimate (vb.) *признавать законным;* [legal] *легитимировать, узаконивать, усыновлять внебрачного ребенка*
legitimate (adj.) *законнорожденный, обоснованный, оправданный, основанный на праве прямого наследства, правильный*
legitimate child [law.dom.] *законнорожденный ребенок, ребенок, рожденный в браке*
legitimate claim *обоснованный иск;* [legal] *законная претензия*
legitimate demand *законное требование*
legitimate expectation *законные ожидания*
legitimate expectations *оправданные ожидания*
legitimate owner [legal] *законный владелец, законный собственник*
leisure activities *виды досуга*
leisure activity *деятельность в свободное от работы время*
leisure time [empl.] *свободное время*
lemons and plums *лимоны и сливы*
lend *заем;* [bank.] *ссуда*
lend (vb.) *давать взаймы, ссужать*
lend (out) money on real property (vb.) *ссужать под залог недвижимости*
lend (out) money on securities (vb.) *ссужать деньги под залог ценных бумаг*
lend against pledge (vb.) *ссужать под залог*
lend against security (vb.) *ссужать под залог ценных бумаг*
lend aid (vb.) *оказывать помощь*
lend assistance (vb.) *оказывать помощь*
lender *заимодавец, ростовщик, ссудодатель;* [bank.] *кредитор*
lender of last resort [bank.] *последний кредитор в критической ситуации*
lending *кредитование, одалживание, одолженный предмет, предоставление кредитов, ссуда;* [bank.] *займы, кредиты, ссуживание*
lending (out) limit *кредитный лимит*
lending (out) margin *ссудная маржа*
lending (out) value *стоимость ссуды*
lending activities *кредитование, одалживание, ссуживание*
lending bank [bank.] *кредитный банк, ссудный банк*
lending budget [bank.] *ссудный бюджет*
lending business *кредитный бизнес, ссудный бизнес*
lending capacity [bank.] *кредитоспособность*
lending ceiling [bank.] *предельный размер ссуды*
lending commitment [bank.] *обязательство выдать кредит, обязательство выдать ссуду*
lending consortium *соглашение о кредитовании;* [bank.] *консорциум для предоставления займа*
lending facility [bank.] *услуги по кредитованию*
lending interest rate [bank.] *ставка ссудного процента*
lending limit [bank.] *кредитный лимит*
lending margin [bank.] *ссудная маржа*
lending out limit *кредитный лимит*
lending out margin *ссудная маржа*
lending out value *стоимость ссуды*
lending over money market [bank.] *ссуживание на денежном рынке*

lending over the money market   [bank.] *ссуживание на денежном рынке*

lending policy   [bank.] *кредитная политика*

lending procedure   [bank.] *процедура кредитования*

lending rate (of interest)   [bank.] *ставка ссудного процента*

lending rate for businesses   *ставка ссудного процента для компаний*

lending rate for overdrafts   [bank.] *ставка ссудного процента по овердрафту*

lending rate of interest   [bank.] *ставка ссудного процента*

lending regulation   [bank.] *регулирование кредитования*

lending restriction   *ограничение ссуды;* [bank.] *ограничение займа, ограничение кредита*

lending stop   *прекращение кредитования*

lending value   *стоимость ссуды*

lend money   *давать взаймы*

lend money (vb.)   *ссужать деньги*

lend money on (vb.)   *предоставлять заем под залог, ссужать деньги под залог*

lend money on real property (vb.)   *ссужать деньги под залог недвижимости*

lend money on securities (vb.)   *ссужать деньги под залог ценных бумаг*

lend on   *давать взаймы на*

lend on pawn (vb.)   *ссужать деньги под залог*

lend out money on real property (vb.)   *ссужать под залог недвижимости*

lend out money on securities (vb.)   *ссужать деньги под залог ценных бумаг*

length   *дальность, длина, длительность, продолжительность, расстояние*

length, at   *детально, наконец, подробно*

length of maturity   [stock] *срок долгового обязательства*

length of residence   *продолжительность проживания*

leniency   *снисходительность, терпимость*

lenient (adj.)   *кроткий, мягкий, снисходительный, терпимый*

less   *за вычетом, менее, меньшая сумма, меньшее количество;* [mat.] *минус*

less (adj.)   *менее значительный, менее интенсивный, меньший*

less charges   *за вычетом расходов, минус расходы*

less demand   *за вычетом спроса*

less developed country   *развивающаяся страна*

less discount   *без скидки, за вычетом скидки*

lessee   [legal] *арендатор, наниматель;* [r.e.] *съемщик, фирма, берущая оборудование напрокат*

lessee deposit   [r.e.] *депозит арендатора*

lessen (vb.)   *недооценивать, преуменьшать, убавлять, умалять, уменьшать*

lessening   *преуменьшение, снижение, убавление, уменьшение*

lessening of demand   *снижение спроса*

lessening of need   *уменьшение потребности*

lessening of supply   *сокращение поставок*

less offsets   [calc.] *без компенсации, за вычетом компенсации*

lessor   [legal] *арендодатель, сдающий внаем;* [r.e.] *сдающий в аренду, фирма, выдающая оборудование напрокат*

lessor of business premises   [r.e.] *арендодатель недвижимости для деловых предприятий*

less than   *менее чем, меньше чем*

less than car load (LCL)   *партия груза меньшая, чем грузовместимость вагона*

less than car load lot   [trans.] *партия груза меньшая, чем грузовместимость вагона*

less than container load (LCL)   [trans.] *партия груза меньшая, чем грузовместимость контейнера*

less than trailer load (LTL)   [trans.] *партия груза меньшая, чем грузовместимость прицепа*

let (out) *выпускать, освобождать, сдавать в аренду*
let down (vb.) *замедлять, ослаблять*
let it be done [legal] *это нужно сделать*
let or sold, to be [r.e.] *сдается внаем или продается*
letout *лазейка, увертка*
let out (vb.) *давать напрокат, освобождать;* [r.e.] *сдавать в аренду, сдавать внаем*
let out a contract (vb.) *передавать контракт*
let pass (vb.) *не обращать внимания*
letter *документ, письмо, послание, шифр завода-изготовителя, шрифт;* [print.] *буква, литера*
letter (vb.) *помечать буквами, регистрировать*
letter box [post] *почтовый ящик*
letter by express delivery [post] *срочное письмо*
letter by special delivery *заказное письмо*
letter by special delivery (US) [post] *заказное письмо*
letter file *скоросшиватель для писем*
letter for (further) particulars [legal] *заявление с изложением новых деталей*
letter for further particulars [legal] *заявление с изложением новых деталей*
letter form *образец письма*
letter from the Comptroller [pat.] *письмо от руководителя патентного ведомства (Великобритания)*
letterhead *шапка на фирменном бланке, штамп бланка, штемпель бланка*
letterhead paper *бланк со штемпелем, печатный фирменный бланк*
letter of advice *авизо, извещение, уведомление*
letter of allotment [bus.organ.] *уведомление о подписке на акции, уведомление о подписке на облигации*
letter of appointment [pers.manag.] *приказ о назначении*
letter of approval *извещение об одобрении, извещение об утверждении*
letter of attorney [legal] *письменная доверенность*
letter of cancelation *уведомление об аннулировании*
letter of cancellation [legal] *уведомление о расторжении договора*
letter of claim [manag.] *претензия*
letter of comfort *письменное выражение поддержки*
letter of complaint *письменная жалоба*
letter of confirmation *письменное подтверждение*
letter of credence [dipl.] *верительная грамота*
letter of credit [bank.] *аккредитив*
letter of credit opening *письмо об открытии аккредитива*
letter of guardianship [legal] *извещение об опеке*
letter of health [ins.] *свидетельство о состоянии здоровья*
letter of hypothecation [nav.] *залоговое письмо*
letter of identity *удостоверение личности*
letter of indemnity [legal] *гарантийное письмо*
letter of intent *гарантийное письмо, письмо-обязательство Международному валютному фонду, письмо о намерении совершить сделку*
letter of introduction *письмо-представление*
letter of invitation *письменное приглашение*
letter of invitation to tender *письменное приглашение на торги*
letter of recall [mark.] *отзывная грамота*
letter of recommendation [aud.] *рекомендательное письмо;* [pers.manag.] *рекомендация*
letter of reference *характеристика*
letter of renunciation [bus.organ.] *письменный отказ*
letter of reply *письменный ответ*
letter of representation [calc.] *сопроводительное письмо*

letter of request [legal] *письменное ходатайство*
letter of resignation *уведомление об отставке;* [pers.manag.] *заявление об увольнении, предупреждение об увольнении*
letter of rights [stock] *свидетельство о правах*
letter of subrogation [ins.] *объявление о суброгации*
letter of subscription [exc.] *уведомление о подписке*
letter of termination [legal] *уведомление о прекращении действия*
letter of the law [legal] *буква закона*
letter of understanding [comm.] *протокол о взаимопонимании*
letterpress *текст в книге*
letter quality printer [comp.] *печатающее устройство с типографским качеством печати*
letters of administration [suc.] *полномочия администратору на управление наследством, полномочия душеприказчику на управление наследством*
letters of credence *рекомендательные письма*
letters patent [pat.] *патентная грамота*
letter stock [stock] *семейная акция*
letter to stockholders *письмо акционерам*
let the buyer be aware [legal] *покупатель должен знать*
letting *сдача в аренду;* [r.e.] *сдача внаем*
letting of business premises [r.e.] *сдача в аренду помещений промышленных предприятий*
letting on lease [r.e.] *сдача недвижимости в аренду*
letting out *выдача напрокат, сдача внаем*
letting value [tax.] *размер арендной платы*
letup *ослабление, остановка, прекращение*
level *степень, ступень, уровень*
level (vb.) *выравнивать, сглаживать различия, уравнивать*
level (adj.) *находящийся на одном уровне, одинаковый, равномерный, равный, ровный, уравновешенный*
level a complaint against (vb.) *подавать жалобу против*
levelling *выравнивание, приведение к номинальной производительности*
levelling of incomes [pol.ec.] *выравнивание доходов*
level of activity *уровень деловой активности*
level of costs *уровень затрат*
level of detail *степень детализации*
level of economic activity [pol.ec.] *уровень экономической активности*
level of employment [empl.] *уровень занятости*
level of interest rates *уровень процентных ставок*
level of investment *уровень инвестирования*
level of management *уровень управления*
level of prices *уровень цен*
level of prosperity *уровень благосостояния*
level of unemployment [empl.] *уровень безработицы*
level of wages [empl.] *уровень ставок заработной платы*
level out (vb.) *выравнивать, сглаживать*
level premium [ins.] *страховой сбор в постоянном размере*
leverage *воздействие, возможность более высокой прибыли в результате непропорциональной зависимости двух факторов, отношение капитала компании к заемным средствам, регулирующий фактор, сила, система рычагов государственного регулирования, соотношение запаса товаров и суммы капитала, соотношение собственных и заемных средств банка, средство для достижения цели;* [fin.] *зависимость прибылей компании от уровня фиксированных издержек;* [ind.ec.] *доля фиксированных издержек в полных издержках, увеличение дохода без увеличения капиталовложений*
leveraged *с внешним финансированием, с финансированием за счет кредитов*

leveraged buyout (LBO) [fin.] *покупка контрольного пакета акций корпорации с помощью кредита*

leveraged company [bus.organ.] *компания с высокой долей заемных средств*

leveraged speculation [exc.] *спекуляция при кредитовании*

leverage effect *влияние системы рычагов государственного регулирования, результат использования капитала привилегированных акций и облигаций*

leverage factor *возможность повысить рентабельность акций по сравнению с прибыльностью производства;* [ind.ec.] *коэффициент увеличения прибыли в результате снижения удельных постоянных издержек при увеличении масштаба производства*

levy *взыскание долга путем принудительного исполнения судебного решения, сбор, сумма обложения;* [tax.] *взимание налогов, взыскание долга путем подачи иска, налог, обложение налогом*

levy (vb.) [tax.] *взимать налог, взыскивать долг путем подачи иска, взыскивать долг путем принудительного исполнения судебного решения, налагать штраф, облагать налогом*

levy a duty (vb.) [tax.] *взимать налог*

levy and execution [legal] *взыскание и исполнение*

levy charges (vb.) *взыскивать платежи*

levy distress (vb.) [legal] *завладевать имуществом в обеспечение выполнения обязательств, налагать арест на имущество*

levy distress on (vb.) [legal] *описывать имущество*

levy execution (vb.) [legal] *приводить в исполнение*

levy execution on (vb.) [legal] *взыскивать по исполнительному листу*

levy machinery [tax.] *налоговая система*

levy of execution [legal] *опись имущества*

levy tax (vb.) [tax.] *взимать налог, облагать налогом*

levy taxes (vb.) *взимать налоги, облагать налогами*

levy upon property [legal] *взимание налога на недвижимость*

liabilities *задолженность;* [book-keep.] *пассив;* [calc.] *денежные обязательства*

liability *обязанность, ответственность, склонность;* [calc.] *долг;* [legal] *необходимость*

liability account [book-keep.] *счет пассива*

liability arising out of endorsement of bills [calc.] *обязательство, вытекающее из индоссамента векселя*

liability category *категория обязательства*

liability certificate [calc.] *сертификат задолженности*

liability clause [legal] *пункт об обязательствах, пункт об ответственности*

liability commitment *долговое обязательство*

liability exemption [legal] *освобождение от ответственности*

liability for damages [legal] *ответственность за ущерб*

liability for defects *ответственность за дефекты*

liability for maintenance [law.dom.] *обязанность платить алименты, обязанность предоставлять средства к существованию*

liability for negligence [ins.] *ответственность за небрежность*

liability in accordance with the writing [mar.ins.] *ответственность в соответствии с документом*

liability in accordance with writing [mar.ins.] *ответственность в соответствии с документом*

liability insurance [ins.] *страхование гражданской ответственности*

liability insurance cover [ins.] *риски, охватываемые страхованием гражданской ответственности*

liability insurance for building employer [ins.] *страхование гражданской ответственности строительного подрядчика*

liability in tort [legal] *ответственность за гражданское правонарушение*

liability item   [book-keep.] *статья пассива*
liability limit   [ins.] *ограничение ответственности*
liability method   *метод дебиторского долга*
liability of producer   [ins.] *ответственность производителя*
liability of the producer   [ins.] *ответственность производителя*
liability to accept delivery   [legal] *обязанность принимать поставляемую продукцию*
liability to be fined   [legal] *обязанность платить штраф*
liability to duty   [tax.] *обязанность платить пошлину*
liability to keep books   [book-keep.] *обязанность вести бухгалтерские книги*
liability to pay damages   [legal] *обязанность платить за ущерб*
liability to tax   [tax.] *обязанность платить налог*
liable (adj.)   *несущий ответственность, обязанный, ответственный, связанный обязательством*
liable, be (vb.)   [ec.] *нести ответственность*
liable, be held (vb.)   [ec.] *нести ответственность*
liable capital   [ind.ec.] *ответственный капитал*
liable for, be (vb.)   [ec.] *быть ответственным за, нести ответственность за*
liable for damages, be held (vb.)   [legal] *нести ответственность за ущерб*
liable for military service (adj.)   [mil.] *военнообязанный*
liable in damages (adj.)   *несущий ответственность за ущерб, ответственный за ущерб*
liable jointly and severally (adj.)   *несущий солидарную ответственность*
liable loan capital (adj.)   *ответственный ссудный капитал*
liable on a bill   [bill.] *ответственный по векселю*
liable on bill (adj.)   [bill.] *ответственный по векселю*
liable on default by principal debtor (adj.)   *ответственный за нарушение обязательства главным должником*
liable partner   *ответственный компаньон, ответственный участник*
liable to being withheld (adj.)   *подвергнутый вычету, подвергнутый удержанию*
liable to duty (adj.)   *подлежащий обложению налогом, подлежащий обложению пошлиной*
liable to gift tax (adj.)   *облагаемый налогом на дарение*
liable to income tax (adj.)   *облагаемый подоходным налогом*
liable to keep books (adj.)   *обязанный вести бухгалтерский учет*
liable to pay (adj.)   *подлежащий оплате*
liable to pay compensation (adj.)   *обязанный выплатить компенсацию*
liable to pay damages (adj.)   *обязанный возместить ущерб*
liable to pay tax on real rate of return (adj.)   *облагаемый налогом на реальную норму прибыли*
liable to postage (adj.)   *облагаемый почтовым сборам*
liable to registration (adj.)   *подлежащий регистрации*
liable to taxation (adj.)   *подлежащий налогообложению*
liaison   *связь*
liaison committee   *комитет связи*
liaison group   *группа связи*
liaison officer   *офицер связи*
libel   *жалоба;* [legal] *диффамация, исковое заявление, письменная клевета*
libel (vb.)   [legal] *дискредитировать, клеветать, подавать жалобу, подавать исковое заявление*
libel (in writing)   *клеветать (в печати)*
libel action   [legal] *дело по обвинению в клевете*
libel by innuendo   [legal] *инсинуация*
libel in writing (vb.)   [legal] *клеветать письменно*

libel laws [legal] *законы об ответственности за распространение клеветы*

libeller *пасквилянт;* [legal] *клеветник*

libellous (adj.) *клеветнический*

libel suit [legal] *иск по делу о клевете*

liberal (adj.) *гуманитарный, либеральный, не связанный предрассудками, обильный, свободный, свободомыслящий, с широкими взглядами*

liberal access *свободный доступ*

liberal construction [legal] *расширительное толкование*

liberalism *либерализм*

liberalization *либерализация, снятие ограничений*

liberalization involving several stages *многоступенчатая либерализация*

liberalization of capital movements *снятие ограничений с движения капитала*

liberalization of foreign exchange relations *снятие ограничений на операции с иностранной валютой*

liberalization of trade *либерализация торговли, снятие торговых ограничений*

liberalize (vb.) *либерализовать, ослаблять ограничения, снимать ограничения*

liberalized access to *свободный доступ к*

liberalized capital movement *свободное движение капитала*

Liberal Party [pol.] *Либеральная партия*

liberal profession *свободная профессия*

liberal trade policy *политика свободной торговли*

liberate (vb.) *освобождать, снимать ограничения*

liberation *освобождение*

liberty *право выбора, свобода, свобода выбора*

liberty of action *свобода действия*

liberty of choice *свобода выбора*

liberty of the press [media] *свобода печати*

liberty of the subject [legal] *свобода личности*

liberty principle *принцип свободы*

liberty to, be at (vb.) *иметь возможность*

liberty to make other arrangements, be at (vb.) *иметь возможность предпринять другие меры*

LIBID (London interbank bid rate) [bank.] *ставка покупателя на Лондонском межбанковском рынке депозитов (ЛИБИД)*

LIBOR (London interbank offered rate) [bank.] *ставка продавца на Лондонском межбанковском рынке депозитов (ЛИБОР)*

LIBOR rate [bank.] *ставка продавца на Лондонском межбанковском рынке депозитов (ЛИБОР)*

library *библиотека*

library program [comp.] *библиотечная программа*

library routine [comp.] *библиотечная программа*

licence *лицензия, патент, удостоверение;* [legal] *официальное разрешение*

licence (to sell spirits) *лицензия на продажу спиртных напитков*

licence agreement [legal] *лицензионное соглашение*

licence contract [legal] *лицензионный договор*

licence costs *затраты на лицензию*

licence fee [legal] *лицензионный сбор, плата за лицензию*

licence holder [legal] *владелец лицензии, лицензиат*

licence number [trans.] *номерной знак автомобиля*

licence to dump dredge material *разрешение на отвал грунта выемки*

licence to sell spirits *лицензия на продажу спиртных напитков*

license (vb.) *выдавать лицензию, выдавать патент, давать право, давать разрешение, лицензировать, разрешать*

licensed (adj.) *дипломированный, имеющий лицензию, имеющий патент, имеющий право, имеющий разрешение, лицензированный*

licensed, be (vb.) *иметь разрешение*

licensed broker *лицензированный брокер*

licensed deposit taker (LDT) *лицензированное депозитное учреждение (Великобритания)*

licensed premises *помещение, в котором разрешена продажа спиртных напитков*

licensed restaurant *ресторан, имеющий лицензию на продажу спиртных напитков*

licensed to carry on trade, be (vb.) *иметь разрешение на торговлю*

licensed trade *торговля по лицензии*

licensee *владелец лицензии, владелец патента, лицо, имеющее разрешение;* [legal] *лицензиат*

license plate *заводской ярлык;* [trans.] *номерной знак автомобиля*

licensing *выдача лицензии, предоставление лицензии;* [legal] *лицензирование*

licensing agreement [legal] *лицензионное соглашение*

licensing authority *орган, выдающий лицензии*

licensing office *отдел лицензий*

licensing right *разрешительное право;* [legal] *лицензионное право*

licensing round *этап лицензирования*

licensor *лицо, выдающее лицензию, лицо, выдающее разрешение*

licit (adj.) *законный, позволительный*

LICOM (London interbank currency options market) *межбанковский рынок валютных опционов в Лондоне*

LICOM recommended terms and conditions *условия, рекомендованные межбанковским рынком валютных опционов в Лондоне*

lie *ложь, обман*

lie (vb.) *признаваться допустимым, признаваться законным*

lien *залоговое право, право ареста имущества за долги, право удержания имущества за долги, привилегированное требование;* [legal] *преимущественное требование*

lien creditor *кредитор, имеющий залоговое обеспечение*

lien holder *владелец закладной*

lien on cargo *право ареста груза;* [nav.] *право удержания груза за долги*

lien on goods [legal] *право ареста товара, право удержания товара за долги*

lieu of, in *вместо*

life *долговечность, жизнь, наработка, образ жизни, продолжительность работы, ресурс, срок годности, срок действия ценной бумаги, срок службы;* [ec.] *срок амортизации*

life, for *до конца жизни, до смерти, на всю жизнь;* [leg.pun.] *пожизненно*

life annuitant *лицо, которому выплачивается страховая рента, лицо, получающее ежегодную ренту;* [ins.] *получающий ежегодную ренту*

life annuity [ins.] *пожизненная рента, пожизненный аннуитет*

life annuity fund [ins.] *фонд пожизненной ренты*

life annuity policy [ins.] *полис пожизненной ренты*

life assurance [ins.] *страхование жизни*

Life Assurance and Unit Trust Regulatory Organization (LAUTRO)(UK) *Регулирующая организация компаний по страхованию жизни и паевых фондов (Великобритания)*

life assurance business [ins.] *страхование жизни как отрасль экономики*

life assurance company [ins.] *компания по страхованию жизни*

life beneficiary [suc.] *пожизненный бенефициар*

life certificate [ins.] *свидетельство, выдаваемое участникам группового страхования*

life cycle *цикл долговечности, цикл развития;* [ind.ec.] *жизненный цикл*

life cycle hypothesis   *гипотеза о цикле долговечности*

life estate   [legal] *имущество, находящееся в пожизненном владении*

life expectancy   *ожидаемая долговечность, ожидаемый ресурс;*
[ins.] *ожидаемая продолжительность жизни, ожидаемый жизненный цикл изделия;* [prod.] *ожидаемый срок службы изделия*

life imprisonment   [leg.pun.] *пожизненное тюремное заключение*

life insurance   [ins.] *страхование жизни*

life insurance company   [ins.] *компания по страхованию жизни*

life insurance policy   [ins.] *полис страхования жизни*

life insurance premium   [ins.] *взнос при страховании жизни*

life insurance provision   [ins.] *условие страхования жизни*

life insurance sum   [ins.] *сумма страхования жизни*

life interest   [legal] *пожизненное право пользования, право на пожизненное владение*

life jacket   *спасательный жилет*

life license   *пожизненная лицензия*

lifelong (adj.)   *пожизненный, продолжающийся всю жизнь*

lifelong education   [empl.] *непрерывное образование*

life member   *пожизненный член организации*

life of contract   [legal] *срок действия контракта*

life office   [ins.] *контора по страхованию жизни*

life policy   [ins.] *полис страхования жизни*

life-size (adj.)   *в натуральную величину*

life span   *долговечность, продолжительность жизни, ресурс, срок службы*

life stock   *срок хранения запасов*

life story   *жизнеописание*

lifestyle   *образ жизни*

lifestyle advertising   [adv.] *реклама образа жизни*

life table   *таблица дожития, таблица сроков службы объектов основного капитала;* [ins.] *таблица смертности*

life tenant   *пожизненный арендатор*

lifetime   *продолжительность жизни, продолжительность службы;* [prod.] *срок службы*

lifetime earnings   [pol.ec.] *общий доход на протяжении жизни*

LIFFE (London International Financial Futures Exchange)
[exc.] *Лондонская международная биржа финансовых фьючерсов*

LIFO (last in, first out)   *расходование запасов в обратном порядке, 'получен последним - выдан первым', 'последним поступил - первым продан', 'последняя партия в приход - первая в расход', 'прибыл последним - обслужен первым';* [empl.] *обслуживание в обратном порядке*

lift   *повышение цены, подъем фондовой конъюнктуры, снятие запрета*

lift (vb.)   *аннулировать, грузить, повышать цену, поднимать, снимать запрет;* [legal] *отменять ограничение*

lift a ban (vb.)   *отменять запрет*

lift a sanction (vb.)   *отменять санкцию, прекращать санкцию*

lifting   *аннулирование, отмена, подъем, прекращение, устранение*

lifting (adj.)   *подъемный*

lift-on/lift-off (LO/LO)   [trans.] *погрузка-разгрузка*

lift restrictions (vb.)   *снимать ограничения, устранять ограничения*

light   *аспект, источник света, освещенность, свет*

light (vb.)   *освещать*

light (adj.)   *легкий, незначительный, неполновесный, несущественный, облегченного типа, рассчитанный на небольшую нагрузку*

lighter   *лихтеровать, портовая баржа, портовая шаланда;* [nav.] *лихтер, плашкоут*

lighter (vb.)   *выгружать на лихтер;* [nav.] *перевозить грузы на лихтерах*

lighterage   *перевозка грузов на лихтерах;* [nav.] *выгрузка на лихтер, лихтерный сбор, лихтеровка, плата за пользование лихтером, погрузка и разгрузка при помощи лихтеров*

light industrial goods *товары легкой промышленности*

light industry *легкая промышленность*

lightning *молния*

lightning strike [empl.] *спонтанная забастовка*

light of, in the *в свете*

light pen *световое перо*

light sentence [leg.pun.] *мягкий приговор*

likely (adj.) *вероятный, возможный, заслуживающий доверия, подходящий, правдоподобный, удобный, удовлетворительный*

LIMEAN (London Interbank Mean Rate) [bank.] *средняя ставка межбанковского рынка депозитов в Лондоне*

limit *граница, допуск, лимит, лимит кредитования, предел, предельная норма, предельная цена, предельное значение, предельное количество, рубеж;* [bank.] *лимитный приказ брокеру, предел допустимого колебания цен;* [ec.] *интервал значений;* [exc.] *предельный размер*

limit (vb.) *лимитировать, ограничивать, служить пределом, устанавливать предел;* [ec.] *служить границей*

limit (of cover) *предельная сумма покрытия;* [ins.] *предельная сумма обеспечения, предельная сумма страхования*

limitation *оговорка, ограничение, погасительная давность;* [exc.] *предельный срок;* [legal] *исковая давность, срок давности*

Limitation Act *Закон о сроках давности (Великобритания)*

limitation of actions [legal] *исковая давность, погасительная давность*

limitation of a right [legal] *ограничение права*

limitation of authority [legal] *ограничение полномочий*

limitation of charges [leg.pun.] *ограничение ответственности*

limitation of earning capacity [empl.] *ограничение потенциального дохода индивидуума*

limitation of indictment [leg.pun.] *ограничение обвинительного заключения*

limitation of liability [legal] *ограничение ответственности*

limitation of loan-granting [bank.] *ограничение кредитования*

limitation of ownership *ограничение права собственности*

limitation of shipowner *ограничение ответственности судовладельца*

limitation of shipowner's liability [mar.ins.] *ограничение ответственности судовладельца*

limitation of title *ограничение права на имущество;* [legal] *ограничение права собственности*

limitation on, place a (vb.) *налагать ограничение*

limitation on amount *ограничение количества*

limitation on issue of bonds *ограничение на выпуск облигаций*

limitation on the issue of bonds *ограничение на выпуск облигаций*

limitative (adj.) *лимитирующий, ограничивающий*

limit check *проверка возможностей*

limited (adj.) *ограниченный, связанный ограничениями, с ограниченной ответственностью*

limited (ltd.) [bus.organ.] *с ограниченной ответственностью*

limited administration [suc.] *управление с ограниченной ответственностью*

limited audit [aud.] *частичная ревизия*

limited cheque *чек ограниченного пользования*

limited company [bus.organ.] *компания с ограниченной ответственностью*

limited contractual capacity, of [legal] *с ограниченными договорными обязательствами*

limited credit *ограниченный кредит*

limited distribution [mark.] *ограниченное распределение*

limited edition *издание с ограниченным тиражом, нумерованное издание*

limited franchise [parl.] *ограниченное право голоса, ограниченное право участвовать в голосовании*

limited insurance company [ins.] *страховая компания с ограниченной ответственностью*

limited liability [legal] *ограниченная ответственность*

limited liability company [bus.organ.] *компания с ограниченной ответственностью*

limited order [exe.] *приказ брокеру, ограниченный условиями*

limited partner *партнер с ограниченной имущественной ответственностью*

limited partnership *коммандитное товарищество, компания с ограниченной ответственностью*

limited partnership agreement *соглашение о создании компании с ограниченной ответственностью*

limited partnership company *компания с ограниченной ответственностью*

limited partnership with share capital *акционерная компания с ограниченной ответственностью*

limited partner's capital contribution *взнос капитала партнера с ограниченной имущественной ответственностью*

limited premium [ins.] *ограниченная сумма страхового взноса*

limited proprietary right *ограниченное право собственности;* [legal] *ограниченное вещное право*

limited responsibility *ограниченная ответственность*

limited right of veto *ограниченное право вето*

limited rights *ограниченные права*

limited shipping partnership *судоходная компания с ограниченной ответственностью*

limited stock corporation *корпорация с ограниченным капиталом*

limited tax liability [tax.] *ограниченное налогообложение*

limited trust *частичное распоряжение имуществом на началах доверительной собственности;* [legal] *частичное ограничение использования наследства*

limiting factor *ограничивающий фактор, ограничивающий фактор*

limit of cover *итог, предельная сумма покрытия;* [ins.] *предельная сумма обеспечения, предельная сумма страхования*

limit of fluctuation *предел колебаний*

limit of indemnity [ins.] *предельный размер компенсации*

limit of size *предельный размер*

limit of the territorial waters [law nat.] *граница территориальных вод*

limits *пространство;* [ins.] *пределы*

limits of amalgamation *пределы объединения*

limits of the EMS band [EEC] *предел колебаний курса Европейской валютной системы*

limo [sl.] *лимузин*

limousine [trans.] *лимузин*

limousine service *прокат автомобиля с водителем*

line *ассортимент, генеалогия, граница, железнодорожная линия, конвейер, курс, линия, направление, отрасль, очередь, партия товаров, пограничная линия, поточная линия, предел, происхождение, родословная, ряд, строчка, сфера деятельности, телефонная линия;* [comm.] *линейное подразделение фирмы, судоходная линия;* [comp.] *строка;* [ins.] *род деятельности;* [syst.ed.] *кривая на графике*

line, below the *операции временного характера в бюджете (Великобритания);* [calc.] *капитальные операции в платежном балансе*

line (of business) *род деятельности*

line, out of *из ряда вон выходящий, исключительный, не соответствующий установившейся практике, не соответствующий установившейся тенденции, отклоняющийся от принятой технологии*

lineal ascent [suc.] *переход наследственного имущества по восходящей линии*

lineal descent [suc.] *переход наследственного имущества по прямой линии*

lineally descended, be (vb.) *быть наследником по прямой линии*

line and staff [pers.manag.] *линейные и функциональные подразделения фирмы*

linear repayment loan *ссуда с последовательным погашением*

line bill of lading [nav.] *линейный коносамент*

line chain of command *линейная структура подчинения*

line chart [print.] *график кривой*

line conference [nav.] *картельное соглашение между судовладельцами*

lined envelope *линованный конверт*

line extension [ind.ec.] *расширение ассортимента*

line feed [comp.] *перевод строки*

line function [pers.manag.] *функция линейного подразделения*

line manager [comp.] *программа управления строками*

line of ascent [suc.] *переход наследственного имущества по восходящей линии*

line of business *род деятельности*

line of command *линия команд, цепь инстанций в организации*

line of communication *линия связи*

line of credit [bank.] *договоренность о предоставлении займа на оговоренную сумму, кредитная линия*

line of descent [suc.] *переход наследственного имущества по прямой линии*

line organization [ind.ec.] *линейная организация*

line position *должность в линейном подразделении*

line printer [comp.] *построчно-печатающее устройство*

line production [prod.] *поточное производство, размещение оборудования для поточного производства*

liner *пассажирский самолет;* [nav.] *лайнер, мелкое промысловое судно для крючкового лова рыбы, пассажирский пароход, рейсовое судно*

liner company [nav.] *судоходная компания*

liner terms [nav.] *линейные условия, условия перевозки грузов рейсовыми судами*

liner traffic [nav.] *рейсовое судоходство*

liner train [trans.] *караван рейсовых судов*

line service [nav.] *рейсовое плавание*

lines of command *линии команд*

lineup *выстраивание в ряд, компоновка, очередь, расстановка, схема;* [leg.pun.] *образование очереди, расположение*

line with, out of *не соответствующий общей тенденции, не соответствующий установившейся практике, отклоняющийся от принятой технологии*

lingo [sl.] *специальный малопонятный жаргон*

linguistic barrier *языковый барьер*

lining paper [print.] *линованная бумага*

link *канал передачи данных, канал связи, связующее звено, связь;* [trans.] *линия связи*

link (vb.) *связывать, соединять*

linkage editor [comp.] *редактор связей*

link currencies (vb.) [monet.trans.] *определять соответствие курсов валют*

linked house *родственная компания*

link to (vb.) *связывать, сцеплять*

liquid (adj.) *быстро реализуемый, легко реализуемый, ликвидный, текучий*

liquid amounts *ликвидационный период на бирже*

liquid assets [calc.] *ликвидные активы*

liquidate (vb.) *избавиться окончательно, искоренять, ликвидировать, погашать долг, положить конец, прекращать существование;* [ec.] *обанкротиться, оплачивать, уничтожать*

liquidate a company (vb.) [bus.organ.] *ликвидировать компанию*

liquidate a position (vb.) [exc.] *ликвидировать биржевую позицию*

liquidate assets (vb.) *реализовать активы*

liquidate capital (vb.) *ликвидировать капитал*

liquidated (adj.) *ликвидированный, оплаченный, проданный за наличный расчет*

liquidated damages [legal] *заранее оцененные убытки, ликвидные убытки, оценочная неустойка*

liquidation *искоренение суммы, окончательное уничтожение;* [bus.organ.] *продажа за наличные деньги, уплата долга;* [ec.] *ликвидация*

liquidation committee *ликвидационная комиссия*

liquidation funds *ликвидные средства*

liquidation of a company [bus.organ.] *ликвидация компании*

liquidation of a corporation [bus.organ.] *ликвидация корпорации*

liquidation of business *ликвидация предприятия*

liquidation of company [bus.organ.] *ликвидация компании*

liquidation of corporation [bus.organ.] *ликвидация корпорации*

liquidation of inventories [wareh.] *ликвидация товарно-материальных запасов*

liquidation property *ликвидная собственность, ликвидное имущество*

liquidation value *ликвидационная стоимость, стоимость реализации*

liquidator *лицо, ведущее распродажей имущества банкрота;* [bus.organ.] *ликвидатор*

liquid capital [ind.ec.] *ликвидные активы*

liquid claim *ликвидный иск*

liquid crystal display (LCD) *жидкокристаллический индикатор*

liquid funds [calc.] *ликвидные активы*

liquid investment *ликвидные инвестиции*

liquidity *возможность превращения в наличные деньги, ликвидность, ликвидность рынка, ликвидные средства, способность банка своевременно выполнять обязательства*

liquidity absorbing effect [pol.ec.] *поглощающий эффект ликвидности*

liquidity account [bank.] *счет ликвидности*

liquidity analysis [calc.] *анализ ликвидности*

liquidity budget [ind.ec.] *бюджет ликвидности*

liquidity calculation *расчет ликвидности*

liquidity crisis *кризис ликвидности*

liquidity deficit *нехватка ликвидных средств*

liquidity development *диверсификация ликвидности*

liquidity effect *эффект ликвидности*

liquidity management *управление ликвидностью*

liquidity movement statement [ind.ec.] *отчет о движении ликвидности*

liquidity of credit institutions [pol.ec.] *ликвидность кредитных учреждений*

liquidity of the banking sector [pol.ec.] *ликвидность банковского сектора*

liquidity of the economy [pol.ec.] *ликвидность экономики*

liquidity pattern *модель ликвидности*

liquidity policy *политика ликвидности*

liquidity policy instrument *средство политики ликвидности*

liquidity position *ликвидность, наличие ликвидных средств*

liquidity position of net indebtedness *ликвидность чистой задолженности*

liquidity preference [pol.ec.] *предпочтение ликвидности*

liquidity preference theory [pol.ec.] *теория предпочтения ликвидности*

liquidity profit   *прибыль от ликвидности*
liquidity rate   [ind.ec.] *коэффициент ликвидности*
liquidity ratio   [ind.ec.] *коэффициент ликвидности*
liquidity requirement   *требование ликвидности*
liquidity risk   [fin.] *риск ликвидности*
liquidity situation   *состояние ликвидности*
liquidity support   *поддержка ликвидности*
liquidity surplus   *избыток ликвидности, прибыль от ликвидности*
liquidity swing   *резкое колебание ликвидности*
liquidity tightening effect   [pol.ec.] *уплотняющий эффект ликвидности*
liquidity trap   *'ликвидная ловушка' (нечувствительность нормы*
   процента к изменениям денежной массы)
liquid milk   *жидкое молоко, питьевое молоко*
liquid position   [calc.] *ликвидный остаток*
liquid reserve   [calc.] *ликвидный резерв*
liquid reserve fund   [calc.] *ликвидный резервный фонд*
liquid resources   *ликвидные активы;* [calc.] *ликвидные ресурсы*
liquid savings   *ликвидные сбережения*
lira   [monet.trans.] *лира (денежная единица)*
list   *курсовой бюллетень, опросный бланк, опросный лист,*
   переписной лист, перечень, перечень ценных бумаг, реестр,
   список, статистический формуляр
list (vb.)   *вносить в список;* [exc.] *составлять список*
listed   *зарегистрированный, котирующийся на фондовой бирже,*
   пригодный для биржевых операций
listed bond   [stock] *облигация, котирующаяся на фондовой бирже*
listed company   [exc.] *компания, акции которой котируются на*
   фондовой бирже
listed investment   [stock] *инвестиции, котирующиеся на фондовой*
   бирже
listed on stock exchange (adj.)   *зарегистрированный на фондовой бирже,*
   котирующийся на фондовой бирже, пригодный для биржевых
   операций
listed on the stock exchange   [exc.] *зарегистрированный на фондовой*
   бирже, котирующийся на фондовой бирже, пригодный для
   биржевых операций
listed price   [exc.] *прейскурантная цена, прокотированная цена*
listed securities   [exc.] *ценные бумаги, пригодные для биржевых*
   операций; [stock] *ценные бумаги, котирующиеся на фондовой*
   бирже
listed security   *ценная бумага, котирующаяся на фондовой бирже,*
   ценная бумага, пригодная для биржевых операций
listed share   [stock] *акция, котирующаяся на бирже*
listed under (adj.)   *котирующийся неполностью*
list election   [parl.] *выборы по списку*
listening post   [comm.,mil.] *пост подслушивания*
list generator   [comp.] *генератор списков*
listing   *перечень, получение котировки, распечатка программы,*
   список; [exc.] *допуск ценных бумаги к официальной торговле на*
   фондовой бирже, котировка
listing board   [exc.] *электронное табло с данными о курсах ценных*
   бумаг
listing committee   [exc.] *биржевой комитет по допуску ценных бумаг*
   к котировке
listing fee   [exc.] *плата за допуск ценных бумаг на биржу*
listing on a stock exchange   [exc.] *допуск ценных бумаг к официальной*
   торговле на фондовой бирже
list of accessions   [doc.] *каталог новых поступлений*
list of accounts   *список счетов*
list of approved suppliers   *список одобренных поставщиков*
list of arrears   *ведомость просроченных платежей*

list of authorized signatures   *список лиц, имеющих право подписи*
list of balances   [book-keep.] *ведомость состояния счетов*
list of bonds drawn for redemption   [stock] *таблица погашаемых облигаций*
list of creditors   *список кредиторов*
list of customers   [mark.] *список клиентов*
list of customer undertakings   [bank.] *перечень обязательств клиентов*
list of debtors   [sale.] *список дебиторов, список должников*
list of deficiencies   [comm.] *дефектная ведомость*
list of documents   [legal] *перечень документов*
list of drawings   [stock] *таблица выигрышей*
list of eligible jurors   [legal] *список присяжных заседателей, имеющих право на избрание*
list of employees   *список служащих;* [pers.manag.] *список работников*
list of exhibits   *список экспонатов*
list of exhibits (objects)   [legal] *список вещественных доказательств*
list of exhibits objects   [legal] *список вещественных доказательств*
list of exposures   [bank.] *список потенциальных убытков*
list of goods and services   [com.mark.] *перечень товаров и услуг*
list of ledger balances   [book-keep.] *ведомость остатков по бухгалтерским книгам*
list of members   *список членов*
list of mortgages according to rank   [r.e.] *список закладных по категориям*
list of names   *список фамилий*
list of opening balances   [book-keep.] *ведомость начальных остатков*
list of potential jurors   [legal] *список кандидатов в присяжные заседатели*
list of proposed legislation   [parl.] *перечень предложенных законов*
list of proved claims   [bankr.leg.] *перечень обоснованных исков*
list of stock-exchange quotations   [exc.] *таблица биржевых курсов*
list of stolen goods   *опись похищенных товаров*
list of tenants   [r.e.] *список арендаторов*
list of titles   [plan.] *перечень документов, удостоверяющих право собственности*
list on the stock exchange (vb.)   [exc.] *допускать ценную бумагу к официальной торговле на фондовой бирже*
list price   *прейскурантная цена, прокотированная цена*
list processing   [comp.] *обработка списков*
literal (adj.)   *буквальный, дословный, точный*
literal error   [print.] *опечатка*
literally   *буквально, дословно*
literary work   [aut.right] *литературное произведение*
literature   *литература*
litigant   [legal] *сторона в гражданском процессе, сторона по делу, тяжущаяся сторона*
litigant (adj.)   [legal] *тяжущийся*
litigant in person   [legal] *истец*
litigants   *стороны в гражданском процессе;* [legal] *стороны по делу*
litigants' agreement to refer action to another court   [legal] *соглашение сторон о передаче дела в другой суд*
litigate (vb.)   [legal] *быть тяжущейся стороной, вести процесс, оспаривать на суде, судиться*
litigation   [legal] *гражданский судебный спор, судебное дело, судебный процесс, судопроизводство, тяжба*
litigation agreement   [legal] *судебное соглашение*
litigation concerning succession to property   [legal] *судебное дело о праве на наследование собственности*
litigation costs   [legal] *судебные издержки*
litigation interest   [legal] *сторона в судебном процессе*
litigation procedure   [legal] *процедура судебного разбирательства*

litter   *беспорядок, мусор, разбросанные вещи, сор*
litter (vb.)   *делать беспорядок, мусорить, сорить*
little   *небольшое количество, немного*
little (adj.)   *малый, небольшой, незначительный, несущественный*
live (vb.)   *жить, существовать*
live (adj.)   *готовый к печати, живой, энергичный*
live birth (adj.)   *живорожденный*
live-born child   *живорожденный ребенок*
live broadcast   [media] *передача в прямом эфире, передача с места действия*
live demonstration   *натуральный показ*
live-in companion   [law.dom.] *сожитель*
livelihood   [ec.] *средства к существованию*
lively (adj.)   *живой, оживленный*
livestock   *домашний скот, живой инвентарь*
livestock insurance   [ins.] *страхование домашнего скота, страхование животных*
live up to (vb.)   *быть достойным, жить в соответствии с*
living   *образ жизни, средства к существованию*
living (adj.)   *живой, живущий;* [ec.] *активный, существующий*
living (floor) space   *жизненное пространство*
living conditions   *условия жизни*
living expenses   [calc.] *расходы на содержание*
living floor space   *жизненное пространство*
living habits   *образ жизни*
living standard   [pol.ec.] *жизненный уровень*
living together   *совместное проживание*
LJ (Lord Justice of Appeal)   [legal] *судья апелляционного суда (Великобритания)*
L.J. (Lord Justice of Appeal)   [legal] *судья апелляционного суда (Великобритания)*
LL.B. (Bachelor of Laws)   *бакалавр права*
LL.M. (Master of Laws)   [legal] *магистр права*
load   *нагрузка, надбавка к рыночной цене предложения ценной бумаги взаимного инвестиционного фонда открытого типа, премия, взимаемая инвестиционными компаниями, разница между покупной и продажной ценой акций;* [nav.] *загрузка;* [trans.] *груз, партия груза на вагон*
load (vb.)   [comp.] *загружать;* [nav.] *грузить;* [trans.] *нагружать*
loader   [comp.] *программа загрузки*
load factor   [ind.ec.] *коэффициент загрузки, коэффициент нагрузки*
load fund   *взаимный инвестиционный фонд, акции которого продаются с уплатой специальной надбавки*
loading   *нагрузка;* [nav.] *загрузка;* [trans.] *погрузка*
loading (adj.)   [ec.] *погружающий;* [nav.] *загружающий;* [trans.] *нагружающий*
loading (for costs)   *надбавка (для компенсации расходов)*
loading berth   *причал для погрузочных работ;* [nav.] *грузовой причал*
loading charge   *надбавка к тарифной ставке, компенсирующая расходы по страхованию, плата за управление капиталом, внесенным в общий инвестиционный траст-фонд;* [nav.] *плата за погрузочные работы*
loading charges   *издержки на погрузочные работы*
loading cost   [nav.] *стоимость погрузочных работ*
loading costs   *расходы на погрузочные работы*
loading date   [nav.] *дата погрузки*
loading dock   *товарная платформа;* [nav.] *погрузочная платформа*
loading expenses   [nav.] *затраты на погрузочные работы*
loading for collection costs   *надбавка к нетто-ставке на расходы по сбору страховых взносов*
loading for contingencies   [ins.] *надбавка к нетто-ставке для обеспечения неблагоприятных колебаний убыточности*

loading for costs [ec.] *надбавка к нетто-ставке для компенсации расходов*

loading for expenses [ind.ec.] *надбавка к нетто-ставке для компенсации расходов*

loading for management expenses [ins.] *надбавка к нетто-ставке для компенсации управленческих расходов*

loading gauge [trans.] *габарит погрузки*

loading length [trans.] *продолжительность погрузки*

loading pallet pool [trans.] *запас грузовых поддонов*

loading platform [trans.] *погрузочная платформа*

loading profit [ins.] *прибыль, предусмотренная в нагрузке к тарифной нетто-ставке*

loading rate [nav.] *норма погрузки;* [trans.] *тариф на погрузочные работы*

loading rights [nav.] *права на погрузку*

loading space [nav.] *грузовое пространство*

loading time [trans.] *время погрузки*

load line *грузовая марка, линия нагрузки;* [nav.] *грузовая ватерлиния*

load line certificate [nav.] *свидетельство о грузовой марке*

load line mark [nav.] *грузовая марка*

load line survey [nav.] *проверка грузовой марки*

load the cargo (vb.) [nav.] *производить погрузку*

load time [comp.] *время загрузки*

loan *заем, кредит, ссуда*

loan (vb.) [bank.] *давать взаймы, ссужать*

loan account [bank.] *счет ссуд*

loan against an instrument of debt *ссуда под долговое обязательство*

loan against government guarantee *ссуда под правительственную гарантию*

loan against pledge *ссуда под залог*

loan against pledged bill [bill.] *ссуда под залог векселей*

loan against securities *ссуда под ценные бумаги*

loan against security *ссуда под ценную бумагу*

loan against shares *ссуда под акции*

loan agreement [bank.] *контракт на получение кредита;* [legal] *договор о ссуде, кредитное соглашение, соглашение между эмитентом ценных бумаг и синдикатом гарантов*

loan and savings bank [bank.] *ссудный и сберегательный банк*

loan and savings banks [bank.] *ссудные и сберегательные банки*

loan applicant [bank.] *лицо, обращающееся за ссудой*

loan application [bank.] *заявка на получение ссуды*

loan application fee [bank.] *плата за заявку на получение ссуды*

loan application procedure [bank.] *процедура рассмотрения заявки на получение ссуды*

loan arrangement [bank.] *соглашение о ссуде*

loan association *кредитное общество*

loan at interest [bank.] *ссуда под проценты*

loan balance [bank.] *остаток непогашенной ссуды*

loan bank *кредитный банк;* [bank.] *ссудный банк*

loan book [bank.] *книга займов*

loan calculation [bank.] *калькуляция ссуды*

loan capital [calc.] *ссудный капитал;* [ind.ec.] *заемный капитал, капитал, полученный в форме кредита*

loan certificate *расчетный сертификат, свидетельство задолженности одного члена клиринговой палаты перед другим;* [bank.] *расписка о предоставлении займа*

loan commitment [bank.] *обязательство по ссуде*

loan commitment fee [bank.] *комиссионные за обязательство по ссуде*

loan contract *кредитное соглашение;* [legal] *договор о ссуде, контракт на получение кредита*

loan debtor *заемщик*

loan department [bank.] *ссудный отдел банка*
loan disbursement [bank.] *выплата ссуды*
loan disbursement premium *премия за выплату ссуды*
loan document [bank.] *кредитная квитанция*
loanee *получатель ссуды*
loan evidenced by a certificate [bank.] *ссуда, подтверждамая распиской*
loan evidenced by certificate [bank.] *ссуда, подтверждамая распиской*
loan figures [bank.] *размер ссуды*
loan financing *кредитное финансирование, ссудное финансирование;*
  [ind.ec.] *финансирование путем получения займов*
loan for an extension [bank.] *ссуда на пристройку к дому*
loan for a tenant's contribution *ссуда для взносов арендатора*
loan for consumption purposes [bank.] *потребительская ссуда*
loan for extension [bank.] *ссуда на пристройку к дому*
loan for new building *ссуда на новое здание*
loan for tenant's contribution *ссуда для взносов арендатора*
loan free of interest *беспроцентная ссуда*
loan from associated company [ind.ec.] *ссуда от дочерней компании,*
  ссуда от подконтрольной компании
loan from borrowed funds *ссуда от заемных фондов*
loan fund [ind.ec.] *ссудный фонд*
loan funds [ind.ec.] *ссудные фонды, ссужаемые средства*
loan granted *предоставленная ссуда*
loan granted by a syndicate *ссуда, предоставленная синдикатом*
loan granted by syndicate *ссуда, предоставленная синдикатом*
loan granted to payroll-account holder [bank.] *ссуда, предоставленная*
  владельцу счета платежной ведомости
loan granting authority [bank.] *учреждение, предоставляющее кредит*
loan guarantee *гарантия по кредиту, кредитная гарантия;*
  [bank.] *кредитное поручительство*
loan holder *держатель ссуды*
loan instalment *ссуда с погашением в рассрочку*
loan interest date [bank.] *срок ссудного процента*
loan limit system [bank.] *система предельных размеров кредита*
loan market *рынок ссуд*
loan offer [bank.] *предложение кредита, предложение ссуды*
loan officers' limit [bank.] *предельный размер ссуды, установленный*
  кредитором
loan on a policy [ins.] *ссуда под страховой полис*
loan on goods *ссуда под залог товаров*
loan on policy [ins.] *ссуда под страховой полис*
loan on special terms [bank.] *ссуда на особых условиях*
loan option [bank.] *право получения ссуды*
loan paid out *выплаченная ссуда*
loan payout [bank.] *выплата ссуды*
loan period [bank.] *срок погашения ссуды*
loan policy *кредитная политика*
loan portfolio *общая сумма дебиторской задолженности;*
  [bank.] *портфель выданных банком займов*
loan proceeds [bank.] *деньги, мобилизованные путем займа, заемные*
  средства
loan purpose [bank.] *цель, для которой предоставляется ссуда*
loan raising [bank.] *получение ссуды*
loan rate *процентная ставка по ссуде*
loan recommendation [bank.] *рекомендация по кредитованию,*
  рекомендация по предоставлению займа
loan regulations [bank.] *правила предоставления ссуды*
loan repayable by instalments *ссуда, выплачиваемая частями;*
  [ec.] *ссуда, погашаемая в рассрочку*
loan request [bank.] *заявка на получение ссуды, заявление на*
  получение кредита

loans and advances [calc.] *ссуды и авансы*

loans and advances to credit institutions [calc.] *ссуды и авансы кредитным учреждениям*

loans and advances to customers [bank.] *ссуды и авансы клиентам*

loan scheme [bank.] *программа кредитования, система кредитования*

loans drawn *полученные ссуды*

loan secured on a property [r.e.] *ссуда под залог земельной собственности, ссуда под залог имущества*

loan secured on real estate [r.e.] *ссуда под залог недвижимого имущества, ссуда под залог недвижимости*

loan secured on real property [r.e.] *ссуда под залог недвижимого имущества, ссуда под залог недвижимости*

loans from borrowed funds [bank.] *ссуды из заемных средств*

loans granted [bank.] *предоставленные ссуды*

loan shark *ростовщик*

loans in the public sector *ссуды в государственном секторе*

loan society *кредитное товарищество*

loans raised *полученные ссуды*

loans repayable on demand [calc.] *ссуды, погашаемые по требованию*

loan stock *облигация, ценная бумага компании;* [ind.ec.] *залоговый запас*

loan stock debenture [stock.bus.organ.] *долговое обязательство на ценные бумаги компании*

loan stop [bank.] *приостановка выплаты ссуды*

loan sum [bank.] *размер ссуды, сумма займа*

loan term [bank.] *срок ссуды*

loan terms [bank.] *условия предоставления ссуды*

loan to cover arrears *ссуда для уплаты просроченных ссуд по счетам*

loan to developing country *заем развивающимся странам*

loan transaction [bank.] *кредитная сделка*

loan transaction fee [bank.] *плата за кредитную сделку, сбор за кредитную сделку*

loan value *максимальный размер кредита брокеру в форме процента от стоимости ценных бумаг, размер кредита, стоимость займа, сумма, которая может быть получена страхователем, сумма, которую кредитор готов предоставить под данное обеспечение, сумма займа*

loan with fixed repayment date [ec.] *ссуда с точной датой погашения*

lobby *группа, проталкивающая выгодную ей кандидатуру, группа, проталкивающая выгодный ей законопроект, завсегдатаи кулуаров парламента, лобби*

lobby group *группа, проталкивающая выгодную ей кандидатуру, группа, проталкивающая выгодный ей законопроект, группа, проталкивающая выгодный ей законопроет*

lobbyism *закулисная обработка членов парламента*

lobbyist *завсегдатай кулуаров конгресса, лоббист*

local *местная партийная организация, местная профсоюзная организация*

local (adj.) *локальный, местный, ограниченный, частичный, частный*

local (government) administration *местный орган власти, орган местного самоуправления*

local (income) tax *местный (подоходный) налог, муниципальный (подоходный) налог*

local administration *местная администрация*

local advertiser *местный рекламодатель;* [adv.] *местная рекламная газета*

local agent [comm.] *местный агент*

local and regional government *местные и районные органы самоуправления*

local area *ограниченный район*

local area network (LAN) [comp.] *локальная сеть*

local authorities   *местные органы власти, органы местного самоуправления*

local authority   *местный орган власти, орган местного самоуправления*

local authority bond   [stock] *облигация, выпущенная местным органом власти*

local authority budget   *муниципальный бюджет*

local authority council   *муниципальный совет*

local authority guarantee   *гарантия местного органа власти, поручительство местного органа власти*

local authority loan   *заем, выпущенный местным органом власти, займ, выпущенный местным органом власти*

local authority preliminary structure plan   [plan.] *предварительный структурный план местного органа власти*

local authority regulation   [legal] *постановление местного органа власти*

local bargaining   [empl.] *переговоры о заключении коллективного договора на уровне предприятия*

local bill   [bill.] *местный вексель*

local board   *местный совет*

local branch   *местное отделение*

local branch office   *контора местного отделения*

local building board   *местное строительное управление*

local call   [telecom.] *местный телефонный вызов*

local cheque   *чек местного банка*

local community   *местная община*

local company   *местная компания*

local cost of living allowance   *местная надбавка в связи с изменением прожиточного минимума*

local council   *местный орган самоуправления, муниципальный совет*

local council election   *выборы в местные органы самоуправления*

local councillor   *советник муниципалитета, член муниципального совета*

local court   [legal] *местный суд*

local election   *выборы в местные органы власти, местные выборы;* [parl.] *выборы в органы местного самоуправления*

local government   *местный орган власти, муниципалитет, орган местного самоуправления*

local government administration   *местный орган власти, орган местного самоуправления*

local government board   *местный орган власти, муниципальный совет*

local government employee   *муниципальный служащий*

local government housing   *муниципальное жилищное строительство*

local government legislation   *муниципальное законодательство*

local government office   *муниципальное учреждение*

local government officer   *должностное лицо муниципалитета, муниципальный служащий*

local government offices   *муниципальные служащие*

local government planning   *муниципальное планирование*

local government politician   *местный политический деятель*

local government politics   *политика местного органа самоуправления*

local governments and public utilities   *муниципальные и государственные коммунальные предприятия*

local income tax   [tax.] *местный подоходный налог, муниципальный подоходный налог*

local inquiry   [legal] *расследование на месте преступления*

locality   *местонахождение, местоположение, населенный пункт*

localization   *локализация, ограничение распространения, определение местонахождения*

localize (vb.)   *локализовать, ограничивать распространение, определять местонахождение, относить к определенному месту*

local mail   [post] *местная почта*

local media   [media] *местные средства массовой информации*

local network   [comp.] *локальная сеть*

local newspaper   [media] *местная газета*

local office   *местная контора*

local party organization   [pol.] *местная партийная организация*

local plan   [plan.] *план застройки*

local planning   *муниципальное планирование*

local politician   *местный политический деятель*

local politics   *местная политика*

local postage   *местный почтовый сбор*

local prison   [leg.pun.] *местная тюрьма*

local programme   [media] *местная программа*

local property tax   *местный налог на недвижимое имущество*
   [tax.] *местный поимущественный налог*

local purchase   [comm.] *местная закупка*

local radio   [media] *местное радиовещание*

local regulation   [legal] *местное постановление, местное правовое регулирование*

local representative   [comm.] *местный представитель*

local road   *дорога местного значения*

local self-determination   *местное самоопределение*

local self-government   *местное самоуправление*

local strike   [empl.] *местная забастовка*

local surcharge   [tax.] *местный дополнительный налог*

local surtax   [tax.] *местный добавочный подоходный налог*

local tax   [tax.] *местный налог, муниципальный налог*

local taxation   [tax.] *местное налогообложение*

local television   [media] *местное телевидение*

local terminal   [comp.] *локальный терминал*

local time   *местное время*

local trade   *местная торговля*

local trade union branch   [empl.] *местное отделение профсоюзной организации*

local traffic   [trans.] *местное сообщение, местные перевозки, местный транспорт*

local train   [trans.] *поезд местного сообщения*

local zone   *локальная зона*

locate (vb.)   *определять местонахождение, устанавливать местонахождение;* [r.e.] *обнаруживать местонахождение, поселять, размещать, сдавать внаем*

location   *местожительство, местоположение, назначение места, определение местонахождения, поселение на жительство;*
   [r.e.] *сдача в аренду, сдача внаем*

location mark   [doc.] *отметка о месте хранения*

LOCH (London Options Clearing House)   *Лондонская биржа опционов и клирингов*

lockable premises   *запираемое помещение*

lockage   *шлюзовой сбор*

locker   *запирающийся шкаф индивидуального пользования*

lockout   [empl.] *локаут*

lock out (vb.)   [empl.] *объявлять локаут, увольнять*

lockout notice   [empl.] *предупреждение о локауте*

lockout pay   [empl.] *компенсация за локаут*

lock up (vb.)   *запирать, помещать капитал в трудно реализуемые ценные бумаги*

lock-up   *время закрытия, время прекращения работы предприятия, капитал, помещенный в трудно реализуемые ценные бумаги, помещение капитала в трудно реализуемые ценные бумаги*

lock up capital (vb.)   *помещать капитал в трудно реализуемые ценные бумаги*

lock-up period [exc.] *срок запрета продажи;* [stock] *срок действия глобальных обязательств*

locus sigilli (LS) [legal] *место для печати*

locus standi [legal] *компетенция иска*

lodge (vb.) *временно поселять, депонировать, наделять правами, отдавать на хранение, открывать кредит, подавать жалобу, подавать протест, подавать прошение, помещать, предоставлять помещение, предъявлять обвинение, предъявлять требования, размещать, сдавать комнаты, снимать комнату;* [r.e.] *брать жильцов, наделять полномочиями*

lodge a complaint (vb.) *подавать жалобу*

lodge an appeal (vb.) [legal] *подавать апелляцию*

lodge an opposition (vb.) [pat.] *подавать протест*

lodge a request (vb.) *подавать запрос, подавать заявку*

lodge as security (vb.) *отдавать на хранение как обеспечение*

lodge a suit (vb.) [legal] *подавать иск*

lodged *депонированный*

lodgement *денежный вклад, депонирование денежной суммы, жилище, наделение властью, наделяемые правом, передаваемые документы, передача документов, помещение*

lodger *квартиросъемщик*

lodge securities with a bank (vb.) *хранить ценные бумаги в банке*

lodge securities with bank (vb.) *хранить ценные бумаги в банке*

lodge security (vb.) *предоставлять гарантию, предоставлять обеспечение*

lodging *депонирование;* [r.e.] *временное жилье, помещение*

lodging of securities as cover *помещение ценных бумаг как покрытие*

lodging of security *предоставление залога, предоставление обеспечения;* [ec.] *предоставление гарантии*

lodgings [r.e.] *сдаваемая комната*

log [comp.] *журнал регистрации, протокол, регистрация, формуляр*

log (vb.) *регистрировать;* [comp.] *записывать информацию, протоколировать*

logbook [nav.] *бортовой журнал, вахтенный журнал, судовой журнал*

logger [comp.] *регистрирующая программа, регистрирующее устройство*

logging [comp.] *запись информации, регистрация*

logic *логика, логическая схема, логичность*

logical (adj.) *логический, логичный, последовательный*

logical appeal [adv.] *призыв к разумности*

logical data structure [comp.] *логическая структура данных*

logical expression [comp.] *логическое выражение*

logo [adv.] *графический знак фирмы*

log off (vb.) [comp.] *отключать*

log scale *логарифмическая шкала*

LO/LO (lift-on/lift-off) [trans.] *погрузка-разгрузка*

lombard rate *ставка ломбардного кредита;* [bank.] *ломбардная ставка*

London Gazette *'Лондон газетт' (официальный бюллетень правительства Великобритании)*

London interbank bid rate (LIBID) [bank.] *ставка покупателя на лондонском межбанковском рынке депозитов (ЛИБИД)*

London interbank currency options market (LICOM) *межбанковский рынок валютных опционов в Лондоне*

London interbank mean rate (LIMEAN) [bank.] *средняя ставка на лондонском межбанковском рынке депозитов*

London interbank offered rate (LIBOR) [bank.] *ставка продавца на лондонском межбанковском рынке депозитов (ЛИБОР)*

London International Financial Futures Exchange (LIFFE) [exc.] *Лондонская международная биржа финансовых фьючерсов*

London Options Clearing House (LOCH)   *Лондонская биржа опционов и клирингов*

London School of Economics (LSE)   *Лондонская школа экономики*

London Stock Exchange (LSE)   [exc.] *Лондонская фондовая биржа*

long   *большой промежуток времени, длительный период, долгосрочная ценная бумага, покупатель ценных бумаг, спекулянт, играющий на повышение курса, срочная позиция, образовавшаяся в результате покупки фьючерсных и опционных контрактов, ценные бумаги, принадлежащие инвестору;* [exc.] *наличие у банка определенной суммы в иностранной валюте*

long (adj.)   *длинный, долгосрочный*

long and medium-term debt   *долгосрочная и среднесрочная задолженность*

long bill   [bill.] *долгосрочный вексель*

long bond   [stock] *государственная облигация с длительным сроком погашения, долгосрочная облигация, долгосрочное долговое обязательство*

long book   [bank.] *большая бухгалтерская книга*

long contract   *фьючерсный контракт;* [exc.] *долгосрочный контракт*

long coupon   [stock] *купонный доход за период свыше 6 месяцев, облигация со сроком 10-15 лет*

long-dated bill   [bill.] *долгосрочный вексель*

long-dated bond   [stock] *государственная облигация с длительным сроком погашения, долгосрочная облигация, долгосрочное долговое обязательство*

long-dated securities   [stock] *долгосрочные ценные бумаги*

long-distance call   [telecom.] *междугородный телефонный разговор*

long-distance driver   *водитель для перевозок на дальние расстояния;* [trans.] *водитель для дальних рейсов*

long-distance freight transportation   [trans.] *грузовые перевозки на дальние расстояния*

long-distance haulage   [trans.] *грузовые перевозки на дальние расстояния*

long-distance trading   [comm.] *торговля с доставкой товаров на дальние расстояния*

long-distance traffic   [trans.] *перевозки на дальние расстояния*

long-distance transaction   *долгосрочная сделка*

long duration, of   *долговременный, долгосрочный, продолжительный*

longer-maturity   [ec.] *с большим сроком погашения*

long experience   *многолетний опыт*

long-form report   [aud.] *подробный отчет*

long gilt   [stock] *долгосрочные государственные облигации Великобритании*

long hane driver   *водитель для перевозок на дальние расстояния*

long haul driver   *водитель для перевозок на дальние расстояния;* [trans.] *водитель для дальних рейсов*

long haul traffic   [trans.] *перевозки на дальние расстояния*

long haul trucking   [trans.] *грузовые автомобильные перевозки на дальние расстояния*

long hedge   [exc.] *покупка срочного контракта для нейтрализации ценового риска*

longitude   *длина*

long maturities   [stock] *долгие сроки погашения*

long maturity   [stock] *долгий срок погашения*

long-maturity   [stock] *с большим сроком погашения*

long position   *наличие у банка определенной суммы в иностранной валюте, обязательство по срочным сделкам при игре на повышение, срочная позиция, образовавшаяся в результате покупки фьючерсных или опционных контрактов, ценные бумаги, принадлежащие инвестору;* [exc.] *позиция по срочным сделкам при игре на повышение*

long-range forecast [ind.ec.] *долгосрочный прогноз*
long-range missile [mil.] *ракета дальнего действия*
long-range planning [ind.ec.] *долгосрочное планирование*
long rate *курс покупки долгосрочных векселей, ставка процента по долгосрочным кредитным обязательствам*
long run *длительный период времени, крупная партия изделий, крупносерийное производство, продолжительная работа*
long-run production [prod.] *массовое производство*
longs [stock] *государственная облигация с длительным сроком погашения*
longshoreman [nav.] *береговой матрос, портовый грузчик, портовый рабочий*
long-standing decisions [legal] *давнишние определения суда*
long term *долгий срок*
long-term (adj.) *длительный, долговечный, долгосрочный, расчитанный на длительный период*
long-term (interest) rate *долгосрочная процентная ставка*
long-term, in the *в перспективе*
long-term agreement *долгосрочное соглашение*
long-term asset [calc.] *долгосрочный актив*
long-term assets [calc.] *долгосрочные активы*
long-term bill [bill.] *долгосрочный вексель*
long-term bond [stock] *государственная облигация с длительным сроком погашения, долгосрочная облигация, долгосрочное обязательство*
long-term budget [ind.ec.] *долгосрочный бюджет*
long-term capital [calc.] *долгосрочный капитал*
long-term commitment *долгосрочное обязательство*
long-term contract *фьючерсный контракт;* [legal] *долгосрочный контракт*
long-term credit [ind.ec.] *долгосрочный кредит*
long-term debt [calc.] *долгосрочный долг*
long-term debt ratio [fin.] *отношение суммы долгосрочного долга к активам*
long-term evaluation *долгосрочная оценка*
long-term forecast *долгосрочный прогноз*
long-term indebtedness [calc.] *долгосрочная задолженность*
long-term insurance [ins.] *долгосрочное страхование*
long-term interest rate *долгосрочная процентная ставка*
long-term investment [fin.] *долгосрочные инвестиции*
long-term lending *долгосрочная ссуда*
long-term liabilities [calc.] *долгосрочные обязательства*
long-term liability [calc.] *долгосрочное обязательство*
long-term loan [calc.] *долгосрочный заем;* [ind.ec.] *долгосрочная ссуда, долгосрочный кредит*
long-term obligation *долгосрочное обязательство*
long-term order *долгосрочный заказ*
long-term planning *перспективное планирование;* [ind.ec.] *долгосрочное планирование*
long-term prime rate *долгосрочная учетная ставка для первоклассных денежных обязательств (США);* [bank.] *долгосрочная базисная ставка*
long-term rate *долгосрочная ставка*
long-term resistance [exc.] *долговременное сопротивление*
long-term restriction *долговременное сопротивление*
long-term strategy [ind.ec.] *долгосрочная стратегия*
long-term trend [exc.] *долгосрочная тенденция*
long-term undertaking *долгосрочное обязательство*
long-term unemployed (person) [empl.] *длительно безработный*
long-term unemployed person [empl.] *длительно безработный*
long-term unemployment [empl.] *длительная безработица, застойная безработица*

look   *взгляд, вид, наружность*
look (vb.)   *выглядеть, проверять, смотреть*
look after (vb.)   *заботиться*
look for (vb.)   *искать*
look for a job (vb.)   [empl.] *искать работу*
look forward to (vb.)   *предвкушать*
look like (vb.)   *быть похожим*
look promising (vb.)   *казаться обнадеживающим*
loop   *контур;* [comp.] *цикл*
loophole   *лазейка;* [legal] *увертка, уловка*
loophole (vb.)   *искать лазейку*
loophole in the law   [legal] *лазейка в законе*
loop statement   [comp.] *оператор цикла*
loose   *без упаковки, свободный выход*
loose (vb.)   *выпускать, освобождать, освобождать от обязательств*
loose (adj.)   *неточный, неупакованный, расплывчатый, свободный;*
     [ec.] *незакрепленный, неопределенный*
loose leaf   [print.] *отрывной лист*
loose-leaf   *с вкладными листами, с отрывными листами*
loose-leaf album   [print.] *альбом с вкладными листами*
loose-leaf binder   [print.] *обложка для вкладных листов*
loose-leaf catalogue   [print.] *каталог с вкладными листами*
loose-leaf system   [print.] *издание с отрывными или вкладными*
     листами
loose-leaf volume   [print.] *обложка для вкладных листов*
Lord Advocate   *генеральный прокурор Шотландии, лорд-адвокат по*
     делам Шотландии
Lord Chief Justice (of England)   *лорд - главный судья*
     (Великобритания)
Lord Chief Justice of England   *лорд - главный судья Великобритании,*
     судья-председатель отделения королевской скамьи Высокого
     суда правосудия Великобритании
Lord High Chancellor   *лорд-канцлер (Великобритания)*
Lord Justice of Appeal   *судья апелляционного суда (Великобритания)*
Lord of Appeal in Ordinary (UK)   *лорд-ординарий апелляционного суда*
     (Великобритания)
lords spiritual   *архиепископы и епископы - члены палаты лордов*
     (Великобритания)
lords temporal   *светские члены палаты лордов (Великобритания)*
Lorenz curve   *кривая неравномерности распределения доходов;*
     [pol.ec.] *кривая Лоренца*
loro account   [bank.] *счет лоро*
lorry   *вагонетка, железнодорожная платформа;* [trans.] *грузовой*
     автомобиль, тележка
lorry driver   [trans.] *водитель грузового автомобиля*
lose (vb.)   *нести убыток, проигрывать, терпеть ущерб, терять*
lose (by court order)   *лишать по судебному приговору*
lose a customer (vb.)   *терять клиента*
lose a market (vb.)   *терять рынок*
lose an amendment (vb.)   *отклонять поправку*
lose by court order (vb.)   [legal] *лишать по судебному приговору*
lose out (vb.)   *не иметь успеха, потерпеть неудачу, терпеть неудачу*
loser   *акция с падающим курсом, проигрывающая компания,*
     убыточная фирма
lose value (vb.)   *обесцениваться*
losing concern   *проигрывающая компания, убыточная фирма*
loss   *лишение, убытки;* [comm.] *потеря;* [ec.] *утрата;* [ind.ec.] *гибель,*
     потери; [ins.] *убыток, ущерб;* [mar.ins.] *урон*
loss, at a   *в затруднении*
loss account   [calc.] *счет убытков*
loss adjuster   [ins.] *оценщик ущерба*

loss after tax   [calc.] *убытки после уплаты налогов*

loss assessment   [ins.] *определение страхового возмещения, оценка понесенного ущерба, оценка потерь, оценка убытков*

loss before depreciation   [calc.] *убытки до начисления износа*

loss before financial items   [calc.] *убытки до проводки по бухгалтерским книгам*

loss before financing   [calc.] *убытки до финансирования*

loss before tax   [calc.] *убытки до уплаты налога*

loss brought forward   [calc.] *убытки, перенесенные на последующий период, убытки, перенесенные на следующую страницу*

loss brought forward from previous fiscal year   [calc.] *потери, перенесенные с предыдущего финансового года*

loss burden   *бремя убытков;* [ins.] *общая сумма убытков*

loss by market fluctuation   [ec.] *потери, вызванные колебаниями цен на рынке, потери, вызванные конъюнктурными колебаниями*

loss carry-back   [calc.,tax.] *зачет потерь при уплате налога за прошлый год*

loss carry-forward   [calc.,tax.] *перенос потерь на последующий период*

loss caused by natural forces   [ins.] *естественная убыль*

loss during operation   [ins.] *потери при эксплуатации*

losses on receivables   [calc.] *потери вследствие дебиторской задолженности*

loss experience   [ins.] *практика возникновения ущерба*

loss for financial year   *потери за финансовый год, убытки за финансовый год*

loss for period   *потери за период, убытки за период*

loss for the financial year   [calc.] *потери за финансовый год, убытки за финансовый год*

loss for the period   *убытки за период;* [calc.] *потери за период*

loss for the year   [calc.] *потери за финансовый год, убытки за финансовый год*

loss for year   *потери за финансовый год, убытки за финансовый год*

loss frequency   [ins.] *частота возникновения ущерба, частота страховых случаев*

loss from disposal   [calc.] *убытки от реализации*

loss from nonperformance of a contract   *убытки вследствие невыполнения условий контракта*

loss from non-performance of a contract   [legal] *убытки вследствие невыполнения условий контракта*

loss from ordinary operations   [calc.] *убытки от обычных операций*

loss indemnity   [ins.] *возмещение убытка*

loss in income   *потеря дохода*

loss in real value   *снижение реальной стоимости*

loss insurance   [ins.] *страхование убытков*

loss insurer   [ins.] *страховщик убытков*

loss in transit   [ins.] *потери при перевозке*

loss in value   *потеря ценности*

loss in value upon resale   *снижение стоимости при перепродаже*

loss investigation expenses   [ins.] *затраты на анализ убытков*

loss leader   [comm.] *товар, продаваемый в убыток для привлечения покупателей, товар-приманка*

loss leader clause   [comm.] *пункт о продаже товара в убыток для привлечения покупателей*

loss leader price   [comm.] *цена товара, продаваемого в убыток для привлечения покупателей*

loss-making   *причинение ущерба*

loss occurrence   [ins.] *возможность потери*

loss of capital   *потеря капитала*

loss of creditworthiness   *потеря кредитоспособности*

loss of earning capacity   [empl.] *снижение потенциального дохода индивидуума*

loss of earnings [pers.manag.] *потеря заработка*

loss of goodwill *потеря благорасположения клиентов, потеря неосязаемых активов, снижение условной стоимости деловых связей фирмы*

loss of income *потеря дохода*

loss of interest earnings *потеря дохода от процентов*

loss of liberty *потеря свободы*

loss of liquidity *снижение ликвидности*

loss of production *производственные потери, снижение производста, снижение производства*

loss of profits [calc.] *потеря прибылей, упущенная выгода*

loss of profits insurance [ins.] *страхование от потери прибылей, страхование от простоя производства*

loss of rent insurance [ins.] *страхование от понижения арендной платы*

loss of right [legal] *потеря права*

loss of rights *потеря прав*

loss of time *потеря времени*

loss of trade *утрата профессии*

loss of votes *потеря голосов*

loss of weight *потеря в весе, усушка*

loss on bond issue [exc.] *потери от выпуска займа*

loss on currency exchange [monet.trans.] *потери на разнице валютных курсов*

loss on disposal of fixed assets *потери при продаже труднореализуемых активов;* [calc.] *потери при реализации неликвидных активов*

loss on disposal of property [calc.] *потери при реализации собственности*

loss on exchange [monet.trans.] *потери от разницы валютных курсов*

loss on ordinary activities [calc.] *убытки от обычных видов деятельности*

loss on receivables outstanding [book-keep.] *потери от дебиторской задолженности*

loss on securities [bank.,exc.] *потери от изменения курса ценных бумаг*

loss on the rate [monet.trans.] *потери от изменения процентной ставки, убытки от изменения курса*

loss policy [ins.] *полис страхования от потерь*

loss portfolio [ins.] *портфель убытков*

loss prevention [ins.] *предотвращение потерь*

loss ratio [ins.] *уровень убыточности*

loss record [ind.ec.] *учет потерь;* [ins.] *учет убытков*

loss reserve [ins.] *резерв для покрытия убытков*

loss reserve fund [calc.] *банковские резервы для покрытия сомнительных кредитных требований;* [ins.] *резервный фонд для покрытия убытков*

loss reserves [ins.] *резервы для покрытия убытков*

loss risk *риск потери*

loss set-off [tax.] *компенсация убытков*

loss statistics [ins.] *статистика потерь*

loss through delay [legal] *потери вследствие задержки*

lost (adj.) *потерянный, пропавший, утраченный*

lost earnings [pers.manag.] *потерянный заработок*

lost luggage [trans.] *пропавший багаж, утерянный багаж*

lost profit *упущенная выгода;* [ind.ec.] *потерянная прибыль*

lost property [legal] *потерянное имущество, утраченная собственность*

lost property office *бюро находок*

lot *жребий, партия товара, составляющая предмет операции, серия, стандартный размер контракта на аукционе, стандартный размер партии товара на аукционе;* [comm.] *лот, налог, стандартный размер сделки на аукционе;* [prod.] *группа, партия изделий;* [r.e.] *земельный участок, пошлина*

lot, by   *по жребию*

lot money   *вознаграждение аукционисту*

lot number   *номер лота, число изделий в партии*

lot sample   *выборка из партии*

lottery   *лотерея*

lottery account   [bank.] *счет выигрышей*

lottery bond   [stock] *лотерейная облигация*

lottery loan   *выигрышный заем*

lottery prize   *лотерейный приз*

lottery ticket   *лотерейный билет*

loudspeaker   *громкоговоритель, репродуктор*

low   *минимум, ниже нормы, ниже обычного уровня, самый низкий уровень*

low (adj.)   *неблагоприятный, недостаточный, низкий*

low business activity   *слабая конъюнктура;* [pol.ec.] *низкий уровень экономической активности*

low-cost (adj.)   *дешевый, недорогой*

low cost housing   [r.e.] *недорогое жилищное строительство*

low coupon   [stock] *купон с низкой ставкой*

low-coupon bond   [stock] *облигация с низкой купонной ставкой*

low cyclical point   [pol.ec.] *самая низкая точка экономического цикла*

low economic activity   [pol.ec.] *низкий уровень экономической активности, слабая конъюнктура*

low end   *невысокий результат, низкая цель*

lower (vb.)   *ослаблять, понижать, снижать, уменьшать*

lower case   [comp.] *нижний регистр*

lower-case letters   [print.] *строчные буквы*

lower class   *низший класс*

lower court   [legal] *суд низшей инстанции*

lower court judge   [legal] *судья суда низшей инстанции*

lower courts   *суды низшей инстанции*

lowering   *понижение, снижение, сокращение, уменьшение*

lowering of the interest rate   *снижение уровня процентной ставки*

lowering price   *снижающаяся цена*

lower intervention point   [EEC] *нижний уровень вмешательства в экономику*

lower limit   *нижний предел, нижняя граница*

lower middle class   *мелкая буржуазия, низы среднего класса*

lower quartile   [stat.] *нижний квартиль*

lower the interest rate (vb.)   *снижать процентную ставку*

lower the official discount rate (vb.)   *снижать официальную учетную ставку центрального банка*

lower the price of (vb.)   *снижать цену*

lower the standard (vb.)   *снижать жизненный уровень*

lower-tier subcontractor   *субподрядчик нижней ступени, фирма, получающая конечный субподряд от субподрядчика более высокой ступени*

lower-tier supplier   *поставщик нижней ступени*

lowest bid   *наихудшее предложение, самое невыгодное предложение*

lowest charge   *самая низкая плата*

lowest tender   *предложение по самой низкой цене*

low-grade goods   *низкосортный товар*

low growtn trap   *ловушка медленного роста*

low-income   *с низким доходом*

low-income family   [pol.ec.] *семья с низким доходом*

low-income group   [pol.ec.] *группа лиц с низким доходом*

low-income segment   [adv.] *сектор низкого дохода*

low industrial activity   [pol.ec.] *низкий уровень производственной деятельности*

low-inflation country   [pol.ec.] *страна с низкими темпами инфляции*

low-inflation currency   [monet.trans.] *валюта с низкими темпами инфляции, валюта с устойчивым курсом*

low interest   [stock] *низкий уровень процентной ставки*

low-interest bond   [stock] *облигация с низкой процентной ставкой*

low-interest currency   [monet.trans.] *валюта с низкой процентной ставкой*

low-interest loan   [bank.] *ссуда с низкой процентной ставкой*

low-interest security   [stock] *ценная бумага с низкой процентной ставкой*

low mortality rate   [ins.] *низкий коэффициент смертности*

low price   *низкая цена*

low-priced shares   [stock] *акции с низкой рыночной ценой*

low profitability   *низкая прибыльность, низкая рентабельность*

low quality   [comm.] *низкое качество*

low-rise building   *малоэтажное здание*

low-salary group   [empl.] *группа лиц с низкой заработной платой*

low standing   *низкая репутация*

low tension insurance   [ins.] *страхование от низкого напряжения в сети*

low yield   [stock] *низкий доход по ценным бумагам*

low-yield   [stock] *с низким доходом*

low-yield bond   [stock] *облигация, дающая низкий доход*

loyal (adj.)   *законный, лояльный*

loyalty   *верность, лояльность, преданность*

loyalty bonus   *вознаграждение за приверженность*

loyalty rebate   *скидка за приверженность*

LS (locus sigilli)   [legal] *место для печати*

LSE (London School of Economics)   *Лондонская школа экономики*

LSE (London Stock Exchange)   [exc.] *Лондонская фондовая биржа*

ltd. (limited)   *с ограниченной ответственностью*

LTL (less than trailer load)   [trans.] *партия груза меньшая, чем грузовместимость прицепа*

lucrative (adj.)   *выгодный, доходный, прибыльный*

luggage   *багаж*

luggage (adj.)   *багажный*

luggage car   *багажный вагон*

luggage carriage contract   [legal] *контракт на перевозку багажа*

luggage check-in   [trans.] *регистрация багажа*

luggage compartment   *багажное отделение*

luggage insurance   [ins.] *страхование багажа*

luggage registration office   *отделение регистрации багажа*

luggage traffic   *перевозка багажа*

luggage transport   *перевозка багажа*

luggage trolley   *багажная тележка*

lump purchase   *покупка с оплатой по соглашению*

lump sum   *единовременно выплачиваемая сумма;* [comm.] *паушальная сумма*

lump sum (figure)   *единовременно выплачиваемая сумма;* [comm.] *паушальная сумма*

lump sum benefit   [ins.] *единовременно выплачиваемое пособие*

lump sum charter   *фрахтование на базе люмпсум;* [nav.] *люмпсум-чартер, чартер с твердой общей суммой фрахта*

lump sum compensation   [ins.] *общая сумма страхового возмещения*

lump sum contract   *контракт с твердой ценой*

lump sum figure   *единовременно выплачиваемая сумма, паушальная сумма*

lump sum freight   [trans.] *аккордный фрахт, твердая сумма фрахта*

lump sum payment   *погашение нескольких платежей единовременной выплатой*

lump sum rate   [trans.] *процентная ставка с общей суммы*

lump sum settlement   *единовременный расчет, погашение паушальной суммы;* [ins.] *единовременное погашение*

lump sum tax   [tax.] *аккордный налог, налог на совокупную сумму доходов*

lunch break   [pers.manag.] *обеденный перерыв*
luncheon voucher   [pers.manag.] *талон на обед*
Lutheran Church   *лютеранская церковь*
luxuries   [comm.] *предметы роскоши*
luxury article   [comm.] *предмет роскоши*
luxury goods   *предметы роскоши*

M (Master) *магистр*

MA (commercial language) (Master of one language) *магистр - специалист по коммерческой терминологии на одном языке*

MA (commercial languages) (Master of two languages) *магистр - специалист по коммерческой терминологии на двух языках*

MA(econ.), BSc.(econ.) (graduate in economics) *магистр экономических наук*

MA (econ.) (graduate in economics) *магистр экономических наук*

MA (econ.) (graduate in political science and economics) *магистр политических и экономических наук*

MA(econ.) (graduate in political science and economics) *магистр политических и экономических наук*

MA (Master of Arts) *магистр гуманитарных наук*

machine *вычислительная машина;* [prod.] *машина, механизм, промышленная установка, станок*

machine breakdown [prod.] *выход станка из строя*

machine capacity *производственная мощность оборудования;* [prod.] *производительность оборудования*

machine component [prod.] *деталь машины*

machine hour rate [ind.ec.] *норма издержек на станко-час*

machine impression *автоматическая штамповка*

machine inspection [prod.] *технический контроль оборудования*

machine-made (adj.) *изготовленный на станке, машинного производства*

machine maintenance *техническое обслуживание и ремонт оборудования*

machine member [prod.] *деталь машины*

machine output [prod.] *объем продукции, произведенной на станке, производительность станка, производственная мощность машины*

machine part [prod.] *деталь машины*

machine piece [prod.] *деталь машины*

machine pool *станочный парк*

machine processing [prod.] *машинная обработка*

machine-readable (adj.) [comp.] *машинно-считываемый, машиночитаемый*

machinery [calc.] *организационный аппарат;* [prod.] *государственная машина, детали машин, машинное оборудование, машины, механизмы, правительственный аппарат, станочное оборудование, структура*

machinery and equipment [calc.] *машины и оборудование*

machinery and plant [calc.] *производственное оборудование*

machinery assets [ind.ec.] *основные фонды, производительный капитал*

machinery breakdown insurance [ins.] *страхование на случай поломки оборудования*

machinery clause [legal,mar.ins.] *пункт договора об оборудовании*

machinery department [prod.] *машинное отделение*

machinery export *экспорт оборудования*

machinery import *импорт оборудования*

machinery inspection [prod.] *проверка оборудования*

machinery insurance [ins.] *страхование оборудования*

machinery manufacturer *изготовитель оборудования*

machinery of justice [legal] *структура правосудия*

machinery works [prod.] *машиностроительный завод*

machine shop *механический цех*

machines installed [prod.] *станочный парк*

machine sorting *механическая сортировка*

machine stamping *механическая штамповка*

machine translation   [comp.] *автоматический перевод, машинный перевод*

machine upkeep   *стоимость содержания машины*

macro   [comp.] *макрокоманда, макроопределение, макрос, макроэлемент, макроячейка*

macroeconomic   [pol.ec.] *макроэкономический*

macroeconomics   [pol.ec.] *макроэкономика, макроэкономическая теория*

macroeconomist   *сторонник макроэкономической теории;* [pol.ec.] *специалист в области макроэкономики*

macrogenerator   [comp.] *макрогенератор*

macroinstruction   [comp.] *макрокоманда*

MAD (Moroccan dirham)   [monet.trans.] *марокканский дирхам*

Mad Ave (Madison Avenue)   [adv.] *Мэдисон-авеню (улица в Нью-Йорке, центр рекламной индустрии)*

made in   *изготовлено в, произведено в, сделано в*

made out in name of (adj.)   [stock] *выписанный на имя*

made out in the name of (adj.)   [stock] *выписанный на имя*

made to order (adj.)   [prod.] *производенный на заказ, сделанный на заказ*

made up at (adj.)   *составивший в сумме*

made up on a provisional basis (adj.)   *разработанный на временной основе*

made up on basis of (adj.)   *составленный на основе*

made up on provisional basis (adj.)   *разработанный на временной основе*

made-up on the basis of (adj.)   *составленный на основе*

made-up price   *курс окончательного расчета по сделкам на срок*

Madison Avenue   [adv.] *Мэдисон-авеню (улица в Нью-Йорке, центр рекламной индустрии)*

MAER (maximum acceptable error rate)   [stat.] *максимально допустимая частота ошибок*

mafia   *мафия*

mafia methods   *приемы мафии*

magazine   *товарный склад;* [media] *журнал, периодическое издание*

magazine coupons   [mark.] *купоны периодического издания*

magistracy   *государственные чиновники, должность мирового судьи, должность полицейского судьи, должность судьи, мировые судьи, судьи полицейских судов;* [legal] *магистратура, судебные должностные лица*

magistrate   *полицейский судья;* [legal] *государственный чиновник, магистрат, мировой судья, судья, судья полицейского суда, член городского магистрата*

magistrate's clerk   [legal] *секретарь магистрата, секретарь мирового судьи, секретарь полицейского судьи*

magistrate's court   [legal] *магистратский суд;* [leg.pun.] *мировой суд*

Magna Carta   *Великая хартия вольностей*

magnate   *вельможа, магнат*

magnetic card   *магнитная карта*

magnetic ink character   [comp.] *знак, написанный магнитными чернилами, магнитный знак*

magnetic ink character reader   *устройство считывания знаков, написанных магнитными чернилами;* [comp.] *устройство считывания магнитных знаков*

magnetic ink character recognition   [comp.] *распознавание знаков, написанных магнитными чернилами, распознавание магнитных знаков*

magnetic ink characters   [comp.] *магнитные знаки*

magnetic stripe   [comp.] *магнитная полоса*

magnetic stripe account card   [comp.] *банковская карточка с магнитной полосой*

magnetic stripe card   [comp.] *карта с магнитной полосой, карта с магнитным кодом*

magnetic stripe recording [comp.] *запись на магнитную полосу*
magnetic tape *магнитная лента*
magnetic tape cassette *кассета магнитной ленты*
magnetic tape unit *блок магнитной ленты*
magnitude *важность, величина, значение, значительность, размеры*
maiden name *девичья фамилия*
maiden speech [parl.] *первое публичное выступление*
maiden voyage [nav.] *первый рейс корабля*
mail [post] *почта, почтовая корреспонденция*
mail (vb.) [post] *отправлять по почте, сдавать на почту*
mailbag [post] *мешок для почтовой корреспонденции*
mail box [post] *почтовый ящик*
mail department *почтовое отделение*
mailing [mark.] *почтовое обслуживание;* [post] *отправка почтой, почтовое отправление*
mailing address [post] *почтовый адрес*
mailing list [mark.] *рассылочная ведомость, список адресов*
mailing tube [pack.] *посылочная туба*
mail order *заказ на товар с доставкой по почте, почтовый перевод*
mail-order advertising [adv.] *реклама посылочной торговли*
mail-order business *предприятие посылочной торговли*
mail-order catalogue *каталог 'товары почтой'*
mail-order company *компания посылочной торговли*
mail order credit *кредит на доставку товаров по почте, кредит на посылочную торговлю*
mail-order firm *компания посылочной торговли*
mail-order house *компания посылочной торговли, магазин 'товары почтой'*
mail-order sale *реализация товаров по почте*
mail-order trading *посылочная торговля*
mail package [post] *почтовая посылка*
mail robbery [leg.pun.] *ограбление почты*
mailsack [post] *мешок с почтой*
mail service [post] *почтовая связь*
mail test [mark.] *почтовая проверка популярности товара*
mail train *почтовый поезд*
main (adj.) *главный, основной*
main activity *основной род занятий;* [empl.] *основная деятельность, основная работа*
main bond *ведущая облигация*
main cause *главная причина*
main claim *основной пункт формулы изобретения;* [pat.] *основное притязание*
main contents *основное содержание*
main contract *основной договор*
main contractor *главный подрядчик*
main control unit [comp.] *главное устройство управления*
main currency [monet.trans.] *основная денежная единица*
main distributor *главная оптовая компания, главная распределительная организация*
main domicile *постоянное местожительство, юридический адрес*
main feature *главная характерная черта*
main file *главный архив, файл нормативно-справочной информации;* [comp.] *главная картотека, главный файл*
mainframe [comp.] *универсальная вычислительная машина*
mainframe (adj.) [comp.] *исходный, основной*
main framework *несущая опора*
main function *главная функция*
main head [print.] *рубрика*
main issue *главный вопрос, основной вопрос*

main items of balance of payments   *основные статьи платежного баланса*

main items of the balance of payments   *основные статьи платежного баланса*

mainland (adj.)   *основополагающий*

main library   *центральная библиотека*

mainly   *большей частью, в основном, главным образом*

main occupation   [empl.] *основная профессия, основной род занятий*

main office   *главное управление*

main parcel   [г.е.] *основная партия товара*

main penalty limits   [leg.pun.] *установленные размеры штрафа*

main point   *главный вопрос, главный пункт повестки дня*

main road   *магистральная дорога*

main sources of finance   *основные источники финансирования*

main station   [rail.] *центральный вокзал*

main storage   [comp.] *оперативная память, оперативное запоминающее устройство, основная память, основное запоминающее устройство*

main store   *оперативная память, оперативное запоминающее устройство;* [comp.] *основная память, основное запоминающее устройство;* [wareh.] *главный склад*

main subject   [syst.ed.] *основная дисциплина, профилирующий предмет*

main suspect   [leg.pun.] *главное подозреваемое лицо, основное подозреваемое лицо*

maintain (vb.)   *защищать, обслуживать, отстаивать, поддерживать, поддерживать в работоспособном состоянии, содержать в исправности, сохранять, сохранять в хорошем состоянии, удерживать, утверждать;* [law.dom.] *возбуждать судебное дело, предъявлять иск*

maintainability   *вероятность восстановления работоспособности, вероятность восстановления эксплуатационных характеристик, ремонтная технологичность, ремонтнопригодность, эксплуатационная надежность*

maintainable (adj.)   *приспособленный к техническому обслуживанию и текущему ремонту*

maintain a claim (vb.)   [legal] *выставлять требование, предъявлять иск*

maintain an account (vb.)   [bank.] *иметь счет, иметь счет в банке*

maintain a patent (vb.)   [pat.] *сохранять патент в силе*

maintain criticism (vb.)   *критиковать*

maintained value   [calc.] *поддерживаемая стоимость*

maintaining of employment level   [empl.] *поддержание уровня занятости*

maintaining the right to benefit   *сохранение права на получение выгоды*

maintain peace and order (vb.)   *сохранять спокойствие и порядок*

main target   *главная цель*

main task   *главная задача*

maintenance   *алименты, техническое обслуживание;* [ind.ec.] *поддержание, сохранение;* [law.dom.] *материально-техническое обеспечение, неправомерная поддержка одной из тяжущихся сторон, профилактический осмотр, содержание в исправности, средства к существованию, стоимость содержания, эксплуатационные расходы*

maintenance account   [г.е.] *счет эксплуатационных издержек*

maintenance and repairs   [calc.] *техническое обслуживание и текущий ремонт*

maintenance clause   [law.dom.] *пункт о техническом обслуживании*

maintenance contract   *контракт на техническое обслуживание*

maintenance costs   *стоимость технического обслуживания*

maintenance deduction   *удержание алиментов*

maintenance department   [law.dom.] *отдел технического обслуживания*

maintenance expenditure   *затраты на техническое обслуживание*

maintenance expenses   *затраты на техническое обслуживание*

maintenance leasing   *долгосрочная аренда машин и оборудования*

maintenance man   *механик, выполняющий техническое обслуживание, техник по обслуживанию оборудования*

maintenance obligation   *обязательство по уплате алиментов;*
[law.dom.] *обязательство предоставлять средства к существованию*

maintenance of a family   *содержание семьи*

maintenance of factory buildings   *содержание производственных зданий*

maintenance of family   *содержание семьи*

maintenance of public service obligation   *выполнение обязательств по коммунальным услугам*

maintenance of value obligation   *выполнение валютного обязательства*

maintenance order   [law.dom.] *распоряжение суда о взыскании алиментов, распоряжение суда о содержании семьи*

maintenance payment   [law.dom.] *выплата алиментов*

maintenance pending suit   [law.dom.] *судебное дело о взыскании алиментов*

maintenance proceedings   [law.dom.] *судебное дело о взыскании алиментов*

maintenance regulations   *правила технического обслуживания, правила ухода за оборудованием*

maintenance requirements   *инструкция по техническому обслуживанию*

maintenance subscription   *абонементное техническое обслуживание*

maintenance technician   *техник по обслуживанию*

maintenance time   *продолжительность технического обслуживания*

maintenance works   *поддержание в исправном состоянии, текущий ремонт, техническое обслуживание*

main third party to an action   [legal] *главный свидетель на суде*

major   [syst.ed.] *основной предмет специализации*

major (adj.)   *более важный, большой, ведущий, главный, значительный, основной, первостепенный, старший;* [legal] *совершеннолетний*

major bank   *крупный банк*

major blunder   [sl.] *грубая ошибка*

major creditor   *основной кредитор*

major customer   *основной клиент, основной покупатель*

major depositor   [bank.] *владелец крупного банковского счета, крупный вкладчик, крупный депонент*

majority   *совершеннолетие;* [legal] *большинство*

majority decision   *решение, принятое большинством голосов, решение большинства*

majority election   *избрание большинством голосов*

majority government   *правительство большинства*

majority group   *группа большинства*

majority holding   [bus.organ.] *контрольный пакет акций*

majority in number   *численное большинство*

majority interest   [bus.organ.] *контрольный пакет акций, участие в капитале компании, дающее право контроля*

majority of votes   *большинство голосов*

majority partner   [bus.organ.] *партнер, имеющий контрольный пакет акций*

majority rule   [parl.] *принцип большинства*

majority shareholder   [bus.organ.] *держатель контрольного пакета акций*

majority shareholding   [bus.organ.] *контрольный пакет акций*

majority verdict   [leg.pun.] *вердикт большинства*

majority vote   *решение большинством голосов*

Major Market Index (MMI)   *синтетический индекс курсов акций 20 ведущих американских корпораций*

major mistake   *грубая ошибка, серьезная ошибка*

major modification   *существенное изменение*

major portion   *большая часть*

major produce   *основная продукция*

major road   *главная дорога, главная магистраль*

major shareholder   *основной держатель акций*

make   [mark.] *изделие, конструкция, марка, строение, форма;*
[prod.] *выработка, изготовление, модель, продукция, производство,*
работа

make (vb.)   *делать, изготавливать, производить, творить,*
формировать; [prod.] *заключать соглашение, зарабатывать,*
назначать на должность, подготавливать, разрабатывать,
составлять

make a bid (vb.)   *делать предложение, предлагать надбавку*

make a cash audit (vb.)   [aud.] *проводить ревизию кассовых остатков*

make accruals (vb.)   [calc.] *вычислять накопленные проценты*

make a choice (vb.)   *делать выбор*

make a claim (vb.)   *предъявлять иск, предъявлять претензию*

make a claim for damages against (vb.)   *предъявлять иск за причиненный*
ущерб

make a complaint (vb.)   *подавать жалобу, подавать рекламацию*

make a composition (vb.)   [legal] *заключать компромиссное соглашение*
между должником и кредитором, заключать соглашение о
перемирии

make a concession (vb.)   [leg.pun.] *делать уступку, идти на уступку*

make a confession (vb.)   [leg.pun.] *заявлять о признании вины*

make a covering purchase (vb.)   [legal] *делать покупку для покрытия*
обязательств по срочным сделкам

make acquainted with (vb.)   *ознакомиться, ознакомиться с,*
познакомиться с

make a deal (vb.)   *заключать сделку*

make a decision (vb.)   *принимать решение;* [legal] *выносить приговор*

make a decision on (vb.)   *принимать решение;* [legal] *выносить приговор*

make a declaration (vb.)   *делать заявление*

make a demand (vb.)   *предъявлять требование*

make a deposit (vb.)   [bank.] *вносить деньги в банк, давать задаток*

make a draft (vb.)   *разрабатывать проект резолюции*

make a further claim (vb.)   *предъявлять дополнительный иск*

make a list (vb.)   *составлять список*

make allowance for (vb.)   *делать скидку, делать скидку на, принимать*
во внимание, принимать в расчет

make a market (vb.)   [exc.] *создавать рынок*

make amends (vb.)   *возмещать причиненный ущерб, покрывать*
причиненный ущерб, предоставлять компенсацию

make amends for (vb.)   *оправдывать*

make an adjudication order (vb.)   [bankr.leg.] *выносить судебное решение о*
признании банкротом

make an advance against future resources (vb.)   [calc.] *выдавать аванс под*
будущие ресурсы

make an agreement (vb.)   *заключать соглашение, приходить к*
соглашению

make an application (vb.)   *подавать заявление*

make an application for a patent   [pat.] *подавать заявку на патент*

make an application for patent (vb.)   [pat.] *подавать заявку на патент*

make an appointment (vb.)   *производить назначение на должность*

make an assertion (vb.)   *делать заявление*

make an attachment (vb.)   [legal] *налагать арест на имущество,*
описывать имущество, производить выемку документов,
производить изъятие имущества

make an award (vb.)   [legal] *выносить решение*   .

make an effort (vb.)   *прилагать усилие*

make an efforts (vb.)   *прилагать усилия*

make an example (vb.) *приводить пример*

make an-in-payment (vb.) [bank.] *производить внутренний платеж*

make an inventory (vb.) [suc.,bankr.leg.] *вносить в инвентарную ведомость, составлять опись;* [wareh.] *делать переучет товаров, проводить инвентаризацию*

make an inventory of (vb.) [suc.bankr.leg.] *составлять опись*

make an objection (vb.) *вносить возражение, возражать*

make an offer (vb.) *вносить предложение, выдвигать предложение*

make an order (vb.) [legal] *отдавать распоряжение*

make a note (vb.) *делать заметки, обращать внимание, принимать к сведению*

make a payment (vb.) *производить платеж*

make a profit (vb.) *получать прибыль*

make a proposal (vb.) *вносить предложение, выдвигать предложение*

make a report (vb.) *готовить доклад, готовить отчет*

make a request for (vb.) *обращаться с просьбой, подавать запрос*

make a reservation (vb.) *бронировать место;* [trans.] *делать предварительный заказ*

make arrangements (vb.) *делать приготовления, организовывать*

make a statement (vb.) *делать заявление;* [legal] *давать показания, составлять формулировку*

make available (vb.) *делать доступным, предоставлять в распоряжение*

make available for inspection (vb.) *предъявлять для досмотра, предъявлять для проверки*

make available to public (vb.) [aut.right] *делать общедоступным*

make available to the public (vb.) [aut.right] *делать общедоступным*

make aware of (vb.) *осознавать, понимать*

make a will (vb.) [suc.] *составлять завещание*

make calculations (vb.) *вычислять, делать расчет, подсчитывать, производить вычисления, составлять калькуляцию*

make closing provisions (vb.) [calc.] *обеспечивать окончательные ассигнования*

make concessions (vb.) *делать скидки в цене, делать уступки*

make delivery (vb.) *производить доставку*

make demands (vb.) *предъявлять требования*

make difficult (vb.) *затруднять, отягощать, усложнять*

make dividends payable (vb.) [bus.organ.] *выплачивать дивиденды*

make for greater clarity (vb.) *вносить ясность*

make go a longer way (vb.) *растягивать*

make good (vb.) *возмещать, вознаграждать, восполнять, выполнять обещание, делать успехи, компенсировать;* [ec.] *преуспевать*

make good a loss (vb.) *возмещать потери*

make inquiries (vb.) *наводить справки*

make inquiries about (vb.) *наводить справки о*

make known (vb.) *объявлять, оповещать, ставить в известность*

make laws (vb.) [parl.] *законодательствовать, издавать законы, устанавливать правовые нормы*

make more expensive (vb.) *повышать в цене*

make more rigorous (vb.) *ужесточать*

make more severe (vb.) *ужесточать*

make more stringent (vb.) *ужесточать*

make out (vb.) *выставлять, доказывать, разбираться, различать, составлять, справляться*

make out a case (vb.) [legal] *доказывать справедливость иска*

make out a cheque (vb.) *выписывать чек*

make out an invoice (vb.) *выписывать счет-фактуру*

make over (vb.) *передавать, переделывать*

make progress (vb.) *делать успехи*

make propaganda (vb.) [pol.] *вести пропаганду*

make provision for (vb.) *обеспечивать, предусматривать, резервировать деньги*

make provision for depreciation (vb.) [calc.] *делать амортизационные отчисления*

make provisions (vb.) *резервировать деньги;* [calc.] *обеспечивать, предусматривать*

make public (vb.) *обнародовать, объявлять, опубликовывать, предавать гласности*

maker *поставщик;* [prod.] *изготовитель, лицо, выдавшее денежное обязательство, мастер, производитель, создатель*

make-ready time [prod.] *подготовительное время*

make redundant (vb.) [pers.manag.] *увольнять по сокращению штатов*

make remittance (vb.) [cc.] *осуществлять перевод суммы*

make representations (vb.) *делать представление, заявлять протест*

make room for (vb.) *предоставлять место, предоставлять место для*

make stipulations (vb.) *ставить условия*

make the provisions more stringent (vb.) *принимать более жесткие меры*

make uniform (vb.) *делать единообразным*

makeup *состав;* [com.mark.] *характер;* [print.] *верстка, структура*

make up (vb.) *возмещать, восполнять, изготавливать, компенсировать, приближаться, собирать, составлять*

make up a loss (vb.) *возмещать убыток*

makeup date [calc.] *дата подведения итога*

make up for (vb.) [cc.] *возмещать, восполнять, компенсировать*

make up loss (vb.) *возмещать убыток*

make use of (vb.) *использовать, применять, употреблять*

make use of a credit (vb.) [bank.] *воспользоваться кредитом*

make use of an option (vb.) *использовать право выбора, совершать сделку с премией*

make use of credit (vb.) *воспользоваться кредитом*

make use of option (vb.) *использовать право выбора, совершать сделку с премией*

make void (vb.) *объявлять не имеющим законной силы;* [legal] *делать недействительным, объявить не имеющим законной силы*

making of a will [suc.] *составление завещания*

making out *выписывание, доказывание, составление*

making over [legal] *передача, уступка*

making over of a farm *передача фермы*

making over of farm *передача фермы*

making up [calc.] *компенсация, подведение итогов, расчет*

making up a program *составление программы*

making up a programme *составление программы*

making-up day [exc.] *день подведения баланса, день подведения итога, первый день ликвидационного периода*

making-up price *курс окончательного расчета по сделкам на срок, курс окончательного расчета по сделкам на счет;* [exc.] *расчетная цена*

maladjustment *диспропорция, неверная регулировка, неправильная установка, несогласованность, неточная настройка*

maladminister (vb.) [manag.] *неправильно руководить*

maladministration [manag.] *неудовлетворительное управление, плохое управление*

maladministration of public funds [manag.] *неудовлетворительное управление общественными фондами*

mala fide (adj.) [legal] *недобросовестный, нечестный*

mala fides [legal] *недобросовестность, нечестность*

malefactor *правонарушитель, преступник*

malevolence [legal] *недоброжелательность*

malfeasance *должностное преступление, злодеяние;* [legal] *совершение неправомерного действия*

malfunction *нарушение нормальной работы, нарушение функционирования, неисправная работа, неправильное срабатывание, работа с перебоями*

malice [leg.pun.] *злой умысел, преступное намерение*

malice aforethought [leg.pun.] *заранее обдуманный злой умысел, злое предумышление, преступное намерение*

malicious (adj.) [legal] *злонамеренный, предумышленный, умышленный*

malicious alarm *ложная тревога*

malicious damage [leg.pun.] *злоумышленное причинение вреда*

malicious imprisonment [legal] *противозаконное лишение свободы*

malicious prosecution [legal] *злонамеренное судебное преследование*

malign (vb.) [legal] *злословить, клеветать*

malign (adj.) [legal] *вредный, дурной, злобный, злостный, пагубный*

malingerer [empl.] *симулянт*

malingering [empl.] *притворство, симуляция*

malpractice *низкая профессиональная квалификация, преступная небрежность врача, уголовно наказуемое действие;* [manag.] *злоупотребление доверием, противозаконное действие*

malpractice suit [legal] *судебный иск против злоупотребления*

Maltese lira (MTL) [monet.trans.] *мальтийская лира*

maltreat (vb.) *дурно обращаться, жестоко обращаться*

malus (adj.) [legal] *безнравственный, злобный, злонамеренный, неблагонадежный, плохой*

man (vb.) *мужчина, работник, рабочий, укомплектовывать личным составом, человек*

manage (vb.) *заведовать, контролировать, обходиться, руководить, справляться, стоять во главе, уметь обращаться, управлять*

manageable (adj.) *выполнимый, контролируемый, легко управляемый, осуществимый, поддающийся управлению, сговорчивый*

managed currency [monet.trans.] *регулируемая валюта*

managed float [monet.trans.] *регулируемый плавающий курс*

managed on a unified basis (adj.) *регулируемый на унифицированной основе*

management *администрация, дирекция, заведование, менеджмент, организация производства, орган управления, правление, руководство, умение справляться, умение справляться с работой, управление;* [ind.ec.] *управленческий аппарат*

management accountancy *текущий анализ хозяйственной деятельности;* [calc.] *текущий анализ хозяйственной деятельностью*

management accounting [calc.] *оперативный учет, связанный с нуждами управления, управленческий учет*

management accounts [calc.] *управленческий учет*

management agreement *соглашение с администрацией*

management and administration *организация производства и административное управление*

management and labour *управленческий и производственный персонал;* [empl.] *управленческий и произоводственный персонал*

management audit [calc.] *проверка деятельности руководителей*

management body *орган управления*

management buy-in *покупка управляющими участия в капитале компании*

management buyout (MBO) *выкуп контрольного пакета акций корпорации ее персоналом, выкуп части конгломерата для создания самостоятельной компании*

management by interest rates [pol.ec.] *управление путем контроля процентных ставок*

management by rules [manag.] *управление по установленным правилам*

management commission *административная комиссия;* [exc.] *группа управления*

management committee [EEC] *административный комитет*

management consultancy *консультирование по вопросам управления*

management consultant *консультант по вопросам управления*

management control measure *мера управленческого контроля*

management development   *совершенствование методов управления*

management expenses   *расходы на управление, управленческие расходы*

management fee   *гонорар за управленческие услуги*

management game   *управленческая игра*

management group   *группа управления;* [exc.] *административная группа*

management-imposed (adj.)   *предписанный руководителями*

management information system (MIS)   *управленческая информационная система*

management letter   [aud.] *письменный ответ администрации, служебное письмо*

management method   *метод управления*

management of agreement   *контроль выполнения соглашения*

management of assets   *управление активами*

management of capital   *управление капиталом*

management of positions   [fin.] *регулирование наличия ценных бумаг и других финансовых активов, регулирование остатка средств на счете*

management of the agreement   *контроль выполнения соглашения*

management personnel   *административно-управленческий аппарат, управленческий персонал*

management policy   *политика руководства*

management principle   *руководящий принцип, управленческий принцип*

management reform   *реформа управления*

management reshuffle   *перестановка в управленческом аппарате*

management ritual   *традиция, соблюдаемая руководителями*

management services   *управленческие услуги*

management shakeup   *перестановка в управленческом аппарате*

management shares   [stock] *акционерный капитал руководителей компании*

management stock   [bus.organ.] *акционерный капитал руководителей компании*

management structure   *структура управления*

management tools   *средства и методы управления*

management unit   *административное подразделение*

manager   *администратор, деятель политической партии, занимающийся организационными вопросами, заведующий, управляющий имуществом, хозяин;* [bankr.leg.] *директор, руководитель;* [legal] *управляющий;* [pers.manag.] *менеджер*

managerial (adj.)   *административный, директорский, организаторский, организационный, относящийся к управлению, управленческий*

managerial approach   *управленческий метод*

managerial economics   *экономические методы управления (учебная дисциплина)*

managerial employee   [pers.manag.] *работник администрации*

managerial position   [pers.manag.] *административная должность, управленческая должность*

managerial responsibility   *административная ответственность*

managerial right   [empl.] *право руководителя*

managerial staff   [bus.organ.] *руководящий персонал, управленческий персонал*

manager of a trust   *руководитель доверительного фонда*

manager of securities department   [bank.] *руководитель отдела ценных бумаг*

manager of trust   *руководитель доверительного фонда*

managing approach   *метод управления*

managing board   [bus.organ.] *правление*

managing director   *директор-распорядитель*

managing owner   [nav.] *судовладелец-распорядитель*

managing trustee   *лицо, распоряжающееся имуществом в пользу другого лица*

managing underwriter   [exc.] *главный андеррайтер*

M and A (mergers and acquisitions)   *слияние и приобретение*

mandate   *доверенность, поддержка большинства избирателей предвыборной платформы политической партии, полномочия, распоряжение суда;* [law nat.] *мандат;* [legal] *приказ суда;* [parl.] *наказ избирателей, поручение*

mandate (vb.)   *санкционировать*

mandated territory   [law nat.] *подмандатная территория*

mandator   [legal] *доверитель, кредитор по договору поручения*

mandatory   *поверенный;* [legal] *держатель мандата, мандатарий*

mandatory (adj.)   *императивный, мандатный, обязательный;* [legal] *принудительный*

mandatory condition   [legal] *обязательное условие*

mandatory copy   [adv.] *пометка о вреде продукта*

mandatory disclosure   *обязательное разглашение сведений*

mandatory expenses   [ind.ec.] *вынужденные расходы*

mandatory injunction   [legal] *обязывающее решение суда, обязывающий судебный приказ*

mandatory law   [legal] *обязательный закон*

mandatory legal counsel   *адвокат, юрисконсульт*

mandatory loan   *принудительный заем*

mandatory power   [law nat.] *мандатные полномочия*

mandatory provision   [legal] *обязательное положение*

mandatory repurchase   *обязательная покупка ранее проданного товара*

mandatory reserves   *основные резервы*

mandatory rule of law   [legal] *обязательная правовая норма*

mandatory savings   *принудительные сбережения*

mandatory sign   *предписывающий дорожный знак*

man-hour   [ind.ec.] *человеко-час*

man-hours   [ind.ec.] *трудозатраты в человеко-часах*

manifest   *манифест, проявление;* [nav.] *декларация судового груза, судовой манифест*

manifest (vb.)   *заносить в декларацию судового груза, издавать манифест, обнародовать, обнаруживать, проявлять*

manifest (adj.)   *очевидный, явный*

manifestation   *выражение, манифестация, обнародование, обнаружение, проявление*

manifestation of goodwill   *проявление доброй воли*

manifest itself (vb.)   *обнаруживаться*

manifesto   [pol.] *манифест*

manipulate (vb.)   *влиять, воздействовать, манипулировать, обрабатывать, подделывать, подтасовывать, умело обращаться*

manipulate the exchange (vb.)   [exc.] *манипулировать с валютой*

manipulation   *махинация, обработка, подделка, управление;* [comp.] *манипуляция;* [trans.] *манипулирование, обращение*

manipulative deception   *введение в заблуждение, жульничество*

manned flying object   [ins.] *пилотируемый летательный аппарат*

manoeuvrable (adj.)   *легко управляемый, маневренный, подвижный*

manoeuvre   *движение, интрига, маневр*

manoeuvre (vb.)   *добиваться ловкостью, интриговать, маневрировать*

man of means   *состоятельный человек*

man of property   *собственник*

manor   [r.e.] *манор, поместье, усадьба*

manorial venue   [legal] *территориальная подсудность*

manpower   [empl.] *рабочая сила;* [pers.manag.] *личный состав, людские ресурсы*

manpower care   [pers.manag.] *забота о персонале*

manpower mobility   [empl.] *мобильность рабочей силы*

manpower policy   [pers.manag.] *кадровая политика*

manslaughter   *непредумышленное убийство;* [leg.pun.] *простое убийство, убийство по неосторожности*

manual   *инструкция, наставление, руководство, справочник, указатель, учебник*

manual (adj.)   *неавтоматический, ручной, с ручным управлением*

manual labour   [empl.] *ручной труд, физический труд*

manual labourer   [pers.manag.] *неквалифицированный рабочий*

manual operation   *ручная операция, ручная работа*

manual skill   *квалификация, мастерство, умение*

manual system   *система ручного управления*

manual work   [empl.] *ручной труд, физический труд*

manual worker   [pers.manag.] *работник физического труда*

manual work process   [prod.] *процесс ручного труда*

manufacturable (adj.)   *изготавливаемый, изготовливаемый, производимый*

manufacture   [prod.] *изготовление, изделие, обрабатывающая промышленность, обработка, отрасль перерабатывающей промышленности, продукция, производство, процесс изготовления*

manufacture (vb.)   [prod.] *изготавливать, обрабатывать, производить*

manufactured article   *товар;* [prod.] *изделие*

manufactured finished goods   *готовые промышленные изделия;* [prod.] *готовая продукция промышленного назначения, готовые прмышленные изделия*

manufactured goods   [prod.] *промышленные товары, товары промышленного назначения*

manufactured products   [prod.] *промышленные товары, товары промышленного назначения*

manufacture for warehouse (vb.)   [prod.] *производить для товарного склада*

manufacturer   *компания обрабатывающей промышленности, промышленник;* [prod.] *поставщик, производитель, фабрикант, фирма-изготовитель*

manufacturer of paints, varnishes and lacquers   *изготовитель лакокрасочной продукции*

manufacturer representative (MR)   *агент фирмы-изготовителя, представитель фирмы-изготовителя*

manufacturers of paints, varnishes and lacquers   *изготовители лакокрасочной продукции*

manufacturer's brand   [adv.] *фабричная марка, фирменный знак производителя*

manufacturer's warranty   *гарантия фирмы-производителя*

manufactures   [prod.] *продукция, продукция обрабатывающей промышленности, промышленные изделия*

manufacture under a licence (vb.)   [prod.] *изготавливать по лицензии*

manufacturing   [prod.] *изготовление, обрабатывающая промышленность, обработка, производство*

manufacturing (adj.)   [prod.] *производственный, промышленный*

manufacturing cost   [ind.ec.] *заводская себестоимость*

manufacturing costs   [ind.ec.] *общезаводские накладные расходы*

manufacturing enterprise   [prod.] *промышленное предприятие*

manufacturing industry   [prod.] *обрабатывающая промышленность*

manufacturing method   [prod.] *технология производства*

manufacturing process   [prod.] *производственный процесс, процесс изготовления, процесс обработки*

manufacturing secret   *секрет изготовления, секрет производства*

manufacturing under a licence   [prod.] *выпуск продукции по лицензии, изготовление продукции по лицензии*

manufacturing under licence   [prod.] *выпуск продукции по лицензии, изготовление продукции по лицензии*

manuscript   *рукопись*

manuscript (adj.)   *рукописный*

man-year   [ind.ec.]   *человеко-год*

man-years   [ind.ec.]   *трудозатраты в человеко-годах*

many years' experience   *многолетний опыт*

map   *карта, отображение, план, соответствие, схема*

map (vb.)   *наносить на карту, отображать, составлять карту, составлять схему, устанавливать соответствие*

map out (vb.)   *планировать, составлять план*

mapping of needs   *составление карты потребностей*

Mareva injunction   [legal]   *арест*

margin   *грань, край, поле страницы, разность;* [bank.] *маржа, предел доходности;* [comm.] *гарантийный задаток, прибыль;* [exc.] *гарантийный взнос, колебание цены, остаток, предел колебания цены, разница, скидка розничным торговцам с установлением розничных цен*

margin (vb.)   *вносить гарантийный взнос, оставлять запас;* [ind.ec.] *вносить гарантийную сумму*

margin account   *маржинальный счет;* [exc.] *счет биржевого спекулянта у брокера по сделкам с маржей*

margin adjustment deposit   [exc.] *депозит для регулирования маржи*

marginal (adj.)   *дополнительный, имеющий решающее значение, критический, маржинальный, минимально эффективный, приростной, решающий*

marginal case   *предельный случай*

marginal cost   [ind.ec.]   *предельно высокая себестоимость*

marginal costing   [ind.ec.]   *калькуляция себестоимости по прямым издержкам, маржинальная система калькуляции*

marginal cost of capital   *предельная стоимость капитала*

marginal costs   *приростные издержки;* [ind.ec.] *маржинальные издержки, предельные издержки*

marginal credit   *кредит по операциям с маржей, кредит по операциям с маржой*

marginal efficiency of capital   [ind.ec.]   *предельная эффективность капитала*

marginal heading   *маргиналия;* [print.] *боковик*

marginal income   *добавочный доход, предельный доход;* [ind.ec.] *маржинальный доход*

marginal income ratio   [ind.ec.]   *коэффициент выручки*

marginal income statement   [calc.]   *отчет о маржинальном доходе*

marginalize (vb.)   *делать заметки на полях, делать примечания на полях*

marginal land   *маржинальная земля*

marginal lands   *маржинальные земли*

marginal note   *примечание на полях, сноска на полях*

marginal product   [ind.ec.]   *маржинальный продукт, предельный продукт, приростный продукт*

marginal productivity   *маржинальная производительность, приростная производительность;* [ind.ec.] *предельная производительность*

marginal profit   [ind.ec.]   *маржинальная прибыль*

marginal profitability   [ind.ec.]   *предельная рентабельность*

marginal propensity to consume   [pol.ec.]   *предельная доля потребительских расходов в доходе, предельная склонность к потреблению*

marginal propensity to import   [pol.ec.]   *предельная склонность к импортированию*

marginal propensity to save   [pol.ec.]   *предельная доля сбережения в доходе, предельная склонность к сбережению*

marginal rate of return   [ind.ec.]   *предельная норма прибыли, предельный коэффициент окупаемости капиталовложений*

marginal rate of substitution   *предельная норма замещения*

marginal rate of tax   [tax.] *предельная налоговая ставка*

marginal rate of taxation   [tax.] *предельная ставка взимания налогов, предельная ставка налогообложения*

marginal reserve requirements   [bank.] *предельная потребность в резервах*

marginal returns   [ind.ec.] *предельный доход*

marginal revenue   [ind.ec.] *добавочный доход, маржинальный доход, предельный доход*

marginal revenue product   [ind.ec.] *предельный продукт в денежной форме*

marginal tax rate   [tax.] *предельная налоговая ставка*

marginal utility   [ind.ec.] *предельная полезность*

margin arbitrage   [exc.] *арбитражная операция*

margin around parity   [exc.] *разница относительно паритета*

margin bond investment   *предельные портфельные инвестиции*

margin buying   [exc.] *покупка ценных бумаг с оплатой части суммы за счет кредита*

margin call   [exc.] *требование о внесении дополнительного обеспечения*

margin cover   [exc.] *покрытие маржи*

margin deposit   [exc.] *гарантийный депозит, маржинальный депозит*

margin of error   *предел ошибки, предел погрешности*

margin of fluctuation   [monet.trans.] *предел колебаний*

margin of prices   *предел колебания цен*

margin of profit   *доля прибыли в цене единицы продукта, скидка розничным торговцам с установленных розничных цен;* [ind.ec.] *коэффициент доходности, коэффициент прибыльности, удельная валовая прибыль, чистая прибыль, чистый доход*

margin of safety   *запас прочности, коэффициент безопасности, степень обеспеченности ссуды*

margin requirement   [exc.] *требование внесения гарантийного депозита*

margins of fluctuation   [monet.trans.] *пределы колебаний*

margin speculation   [exc.] *спекуляция на разнице курсов ценных бумаг*

margin transaction   [exc.] *сделка с маржой*

marine   *морской флот*

marine (adj.)   *военно-морской, корабельный, морской, судовой*

marine and transport insurance   [mar.ins.] *страхование морских перевозок*

marine charter   *чартер, чартер-партия;* [nav.] *договор о фрахтовании судна*

marine chartering   [nav.] *фрахтование судна*

marine hull insurance   [mar.ins.] *страхование корпуса судна*

marine insurance   [mar.ins.] *морское страхование*

marine insurance broker   [mar.ins.] *агент по морскому страхованию*

marine insurance certificate   [mar.ins.] *свидетельство о морском страховании*

marine insurance company   [mar.ins.] *компания морского страхования*

marine insurance contract   [mar.ins.] *договор морского страхования*

marine insurance policy   [mar.ins.] *полис морского страхования*

marine insurance treaty   [mar.ins.] *соглашение о морском страховании*

marine insurer   [mar.ins.] *агент по морскому страхованию, морской страховщик, общество морского страхования*

marine policy   [mar.ins.] *полис морского страхования*

mariner   *матрос, моряк*

marine superintendent   [nav.] *старший офицер морской таможенной инспекции*

marine survey   *гидрографическая съемка;* [nav.] *морская съемка*

marine underwriter   [mar.ins.] *агент по морскому страхованию, морской страховщик*

marital home   *семейный дом*

marital relations   [law.dom.] *супружеские отношения*

marital status   [law.dom.] *семейное положение*

maritime (adj.)   *морской, приморский*

maritime and commercial cases   [legal] *судебные дела, связанные с морской торговлей*

Maritime and Commercial Court   [legal] *суд по делам морской торговли*

Maritime Authority, the   *морские власти*

maritime case   [legal] *морское судебное дело*

maritime code   [legal] *кодекс торгового мореплавания, морской кодекс*

maritime commerce   *морская торговля*

maritime court   [legal] *морской суд*

maritime declaration   *выписка из судового журнала;* [legal] *морская декларация*

maritime inquiry   [legal] *расследование морского судебного дела*

maritime law   [legal] *морское право*

maritime law commission   [legal] *комиссия по морскому праву*

maritime legislation   [legal] *морское законодательство*

maritime lien   *залоговое право в торговом мореплавании, право удержания груза в обеспечение требований перевозчика по договору морской перевозки;* [legal] *морское залоговое право*

maritime lien on ship   [legal] *залоговое право на судно;* [nav.] *право удержания морского груза*

maritime loss   [mar.ins.] *ущерб при морских перевозках*

maritime nation   *морское государство*

maritime terminal   *причал;* [rail.] *порт*

maritime trade   *морская торговля*

maritime traffic   *объем морских перевозок;* [nav.] *движение морских судов, морские перевозки, морское сообщение, рейсы морских судов*

maritime transport   *морские перевозки;* [nav.] *морской транспорт*

mark   *марка, метка, норма, отметка, помета, фабричная марка, фабричное клеймо;* [adv.] *признак, штамп, штемпель;* [com.mark.] *клеймо, маркировка;* [print.] *знак*

mark (vb.)   *клеймить, маркировать, метить, наносить маркировку, обозначать, отмечать, размечать, регистрировать сделку, ставить расценку, ставить торговый знак, ставить фабричное клеймо, ставить фабричную марку, штемпелевать*

mark   *стандарт;* [adv.] *уровень*

markdown   *переоценка ценных бумаг;* [comm.] *величина скидки, продажа по сниженным ценам, снижение оценочной стоимости, снижение цены*

mark down (vb.)   [comm.] *выделять, размечать, снижать*

mark down the price (vb.)   [comm.] *снижать цену*

marked (adj.)   *заметный, имеющий помету, обозначенный, отмеченный, помеченный, явный, ясно различимый*

marked by, be (vb.)   *быть отмеченным, быть помеченным*

marked down price   [comm.] *сниженная цена*

marked increase   *заметный рост, явный рост*

marked page   *отмеченная страница, помеченная страница*

marked weakening   *заметное снижение, явное ослабление*

market   *объем потенциальных перевозок, рынок, рынок транспортных услуг, состояние конъюнктуры, специализированный продовольственный магазин;* [mark.] *биржа, городской рынок, рыночная цена, торговля*

market (vb.)   *реализовывать на рынке;* [comm.] *находить рынок сбыта;* [mark.] *покупать, продавать на рынке, пускать в оборот, сбывать на рынке, торговать*

marketability   *возможность купить или продать ценную бумагу, реализуемость, товарность;* [comm.] *пригодность для продажи*

marketable (adj.) *быстро реализуемый, легко реализуемый, ликвидный, обращающийся, подлежащий продаже, пригодный для продажи, товарный, ходкий*

marketable instrument of debt [stock] *легко реализуемое долговое обязательство*

marketable product [stock] *продукция, годная для продажи*

marketable securities [stock] *легко реализуемые ценные бумаги, обращающиеся ценные бумаги*

marketable security *обращающаяся ценная бумага*

marketable value *курсовая стоимость, рыночная стоимость*

market access *доступ к рынку*

market analysis [mark.] *анализ рынка*

market and pricing policy [mark.] *рынок и политика цен*

market area [mark.] *место рынка, район охвата обслуживанием, район расположения розничных магазинов*

market capitalization *рыночная капитализация*

market competition *рыночная конкуренция*

market conditions [mark.] *рыночная конъюнктура, состояние рынка*

market crash *биржевой крах*

market development *освоение рынка, расширение рынка*

market dominance *лидирующее положение на рынке*

market economy [pol.ec.] *рыночная экономика*

market entry strategy *стратегия проникновения на рынок*

market equilibrium [pol.ec.] *рыночное равновесие*

marketer [pers.manag.] *закупщик, сбытовик*

marketers [pers.manag.] *закупщики, сбытовики*

market exchange rate *рыночный обменный курс;* [monet.trans.] *рыночный валютный курс*

market factor *фактор сбыта;* [monet.trans.] *рыночный фактор*

market firming up [exc.] *утверждение курса ценных бумаг*

market fluctuation *колебания цен на рынке, конъюнктурные колебания*

market fluctuation equalization fund [ec.] *фонд стабилизации рынка*

market forces *рыночные силы*

market forecast [mark.] *прогноз рыночной конъюнктуры*

market form [mark.] *форма рынка*

market-geared [mark.] *с учетом рынка*

market glut *затоваривание рынка, перенасыщение рынка*

market grouping [mark.] *формирование рынка*

market information *информация о рынке*

marketing [mark.] *маркетинг, организация сбыта, реализация, сбыт, система сбыта, торговля*

marketing activities [mark.] *деятельность в области маркетинга*

marketing agreement [mark.] *соглашение о сбыте продукции*

marketing analysis [mark.] *анализ сбыта*

marketing association [mark.] *сбытовой кооператив*

marketing audit [mark.] *проверка сбыта*

marketing board [mark.] *совет по маркетингу*

marketing campaign [mark.] *кампания по организации и стимулированию сбыта*

marketing cartel [mark.] *картель по сбыту продукции*

marketing competition [mark.] *конкуренция за рынки сбыта*

marketing concept [mark.] *концепция маркетинга*

marketing concepts [mark.] *принципы маркетинга*

marketing contribution [ind.ec.] *содействие сбыту продукции*

marketing control *регулирование сбыта, управление маркетингом*

marketing cooperative [mark.] *сбытовой кооператив*

marketing costs [mark.] *издержки обращения, издержки сбыта, маркетинговые затраты*

marketing department *коммерческий отдел, отдел сбыта*

marketing director [pers.manag.] *заведующий отделом сбыта*

marketing effort   [mark.] *маркетинговая мера, мероприятие по организации и стимулированию сбыта*

marketing efforts   [mark.] *меры по организации и стимулированию сбыта*

marketing executive   [mark.] *специалист в области маркетинга*

marketing exhibition   [mark.] *торговая выставка*

marketing expenses   [mark.] *издержки обращения, издержки сбыта*

marketing information system   [mark.] *система маркетинговой информации*

marketing manager   [pers.manag.] *агент по сбыту, заведующий отделом сбыта*

marketing method   [mark.] *метод сбыта продукции*

marketing mix   [mark.] *составляющие маркетинга (цена, товар, реклама и размещение), формула маркетинга*

marketing organization   [mark.] *сбытовая организация*

marketing people   [pers.manag.] *специалисты по маркетингу*

marketing plan   [mark.] *план сбыта продукции*

marketing policy   [mark.] *политика в области сбыта, стратегия в области сбыта*

marketing possibility   [mark.] *возможности сбыта*

marketing potential   [mark.] *ожидаемая реализация*

marketing practice   [legal] *метод сбыта*

marketing purpose   [mark.] *цель маркетинга*

marketing research   [mark.] *анализ возможностей сбыта, маркетинговые исследования*

marketing scheme   [mark.] *программа сбыта продукции, система маркетинга*

marketing syndicate   [mark.] *синдикат по сбыту*

marketing team   *группа обеспечения сбыта*

marketing technique   [mark.] *метод обеспечения сбыта*

market interest rate   *рыночная ставка процента*

market intervention   [EEC] *рыночная интервенция*

market investigation   [EEC] *конъюнктурные исследования*

market is saturated   *рынок насыщен*

market is saturated, the   *рынок насыщен*

market leader   *товар, имеющий высокий удельный вес в обороте рынка, финансовый инструмент, имеющий высокий удельный вес в обороте рынка*

market leaders   *акции ведущих компаний*

market level   *уровень рынка*

market maker   [exc.] *участник рынка валюты, участник рынка ценных бумаг, участник финансового рынка*

market making scheme   [exc.] *программа создания рынка*

market matter   *рыночная сторона дела*

market milk   *питьевое молоко, поступающее в продажу*

market monitoring   [mark.] *контроль рынка*

market movement   [mark.] *оживление на рынке*

market news   [mark.] *новая информация о рынке, рыночные новости*

market niche   [mark.] *небольшой сегмент рынка для определенного товара, рыночная ниша*

market observer   *обозреватель рынка*

market operations   *рыночные операции, рыночные сделки*

market operator   *биржевой маклер*

market organization   [mark.] *структура рынка*

market-oriented (adj.)   [mark.] *ориентированный на рынок*

market outlet   [mark.] *канал реализации, рынок сбыта, торговая точка*

market overt   *открытый рынок*

market penetration   [adv.] *проникновение на рынок*

marketplace   *место торговли, рынок, рыночная площадь*

market position   *состояние рынка;* [mark.] *положение на рынке, рыночная конъюнктура*

market potential [mark.] *потенциал рынка*

market power *власть на рынке;* [mark.] *рыночная власть*

market preview [mark.] *реклама товаров, поступающих на рынок*

market price [exc.] *курс биржи, рыночная цена;* [stock] *рыночный курс ценных бумаг*

market profile [mark.] *анализ потенциального рынка сбыта по индивидуальным характеристикам, срез рынка*

market promotion [mark.] *продвижение товара на рынок*

market prospects [mark.] *перспективы рынка*

market quotation [exc.] *биржевая котировка;* [stock] *биржевой курс*

market rate *биржевой курс, рыночная ставка;* [bank.] *рыночная норма, рыночный курс*

market rate (of interest) *рыночная норма процента*

market rate of discount *рыночный учётный процент;* [bank.] *рыночная учётная ставка, рыночная ставка дисконта*

market rate of interest *рыночная норма процента*

market reaction *изменение курсов на рынке*

market-related lending *кредитование, связанное с рынком*

market rent *рыночная рента*

market report [mark.] *обзор рыночной конъюнктуры, обзор состояния рынка, рыночный отчёт*

market research [mark.] *анализ состояния рынка, изучение рыночной конъюнктуры, исследование рынка;* [pol.ec.] *анализ рыночного потенциала нового продукта, изучение возможностей рынка*

market researcher [mark.] *исследователь рынка*

market saturation [mark.] *насыщение рынка*

market section *рыночный сектор*

market segment [adv.] *рыночный сегмент;* [mark.] *часть рынка*

market segmentation [adv.] *сегментация рынка*

market segregation *отделение рынка*

market-sensitive (adj.) [ec.] *чувствительный к колебаниям рыночной конъюнктуры*

market share *удельный вес товара в обороте рынка;* [mark.] *удельный вес компании в обороте рынка*

market sharing [mark.] *раздел рынка, специализация рынка*

market sharing agreement [mark.] *соглашение о разделе рынка*

market sharing arrangement *соглашение о разделе рынка*

market situation *положение на рынке, состояние рынка;* [mark.] *рыночная конъюнктура*

market structure [mark.] *рыночная структура*

market surveillance [exc.] *изучение рынка;* [mark.] *обследование рынка*

market survey [mark.] *изучение рынка, обследование рынка*

market system *рыночная система, рыночная экономика;* [pol.ec.] *страна с рыночной экономикой*

market target price [EEC] *рыночная плановая цена, рыночная целевая цена*

market tendencies [mark.] *рыночные тенденции*

market tends [mark.] *рыночные тенденции*

market terms [mark.] *рыночная конъюнктура, состояние рынка*

market test [mark.] *проверка товара на рынке*

market testing [mark.] *проверка товара на рынке*

market-to-book value [fin.] *отношение рыночной цены акции к её первоначальной стоимости*

market town *город с рынком*

market transactions *рыночные сделки;* [mark.] *рыночные операции*

market trend *рыночная тенденция*

market value *биржевая стоимость;* [exc.] *рыночная стоимость;* [stock] *курсовая стоимость*

market value for taxation purposes [exc.] *рыночная стоимость для целей налогообложения*

marking *клеймение, маркировка, маркировочная надпись, метка, разметка, указатель*

mark reader [comp.] *устройство для считывания меток*

mark-to-market *переоценка долгосрочного кредитного свопа на базе текущих котировок, переоценка портфеля ценных бумаг на основе текущих цен, переоценка срочных биржевых позиций для учета текущего изменения цен*

markup [comm.] *наценка;* [ind.ec.] *маржа, надбавка, надбавка к процентной ставке-ориентиру, надбавка на издержки производства, повышение цен, прирост*

mark up (vb.) *делать пометки, надбавлять, повышать цену, получать продажную цену прибавлением к себестоимости накладных расходов и прибыли;* [comm.] *покрывать метками*

mark up by ... per cent (vb.) *повышать цену на...процентов*

marriage *бракосочетание, брачная церемония, женитьба, супружество;* [law.dom.] *брак, вступление в брак, заключение брака, замужество*

marriage act [legal] *закон о браке*

marriage authority *отдел регистрации браков*

marriage before a Registrar *бракосочетание в регистратуре*

marriage before Registrar *бракосочетание в регистратуре*

marriage by registry-office ceremony *бракосочетание в отделе записи актов гражданского состояния*

marriage ceremony *бракосочетание, брачная церемония*

marriage certificate *свидетельство о браке*

marriage contract [legal] *брачный контракт*

marriage counsellor *консультант по вопросам семьи и брака*

marriage portion assurance [ins.] *семейное страхование*

marriage settlement [law.dom.] *акт распоряжения имуществом по случаю заключения брака;* [legal] *акт учреждения семейного имущества, брачный контракт*

marriage settlement of personalty [legal] *акт распоряжения движимым имуществом по случаю заключения брака*

married couple *супружеская пара*

married life [law.dom.] *супружество*

married pensioner's personal relief [tax.] *персональная льгота пенсионеру, состоящему в браке*

marry (vb.) [law.dom.] *выдавать замуж, выходить замуж, женить, жениться, сочетать браком*

marrying age [law.dom.] *брачный возраст*

mart *аукционный зал, рынок, торговый центр*

martial law [legal] *военное положение, военное право*

mask [comp.] *диафрагма, маска, рамка изображения, трафарет, фотошаблон, шаблон*

mask (vb.) *прятать, скрывать;* [comp.] *маскировать, накладывать маску*

mass *большинство, большое количество, масса, множество, скопление*

mass appeal [adv.] *обращение к широкой аудитории*

mass communication [media] *средство массовой информации*

mass consumption *массовое потребление*

mass crime *массовая преступность*

mass dismissal [empl.] *массовое увольнение*

mass manufacturing [prod.] *массовое производство, поточно-массовое производство, серийное производство*

mass market [prod.] *рынок товаров массового производства*

mass marketing [prod.] *сбыт товаров массового производства*

mass media [media] *средства массовой информации*

mass petition *коллективное заявление*

mass produce (vb.) [prod.] *вести массовое производство, производить в большом количестве*

mass-produced (adj.) [prod.] *массового производства, серийного производства*

mass-produced article [prod.] *товар массового производства*

mass producer [prod.] *изготовитель больших количеств товара*

mass production [prod.] *массовое производство, поточно-массовое производство, серийное производство*

mass termination of agreements [empl.] *массовое увольнение*

mass transfer *массовая перевозка грузов, массовый перевоз грузов, массовый переезд*

mass transport *общественный транспорт*

master [empl.] *владелец мастерской, мастер, управляющий, хозяин;* [legal] *судебный распорядитель;* [nav.] *капитан торгового судна*

master (vb.) *овладевать, руководить, справляться, управлять*

master (adj.) *основной;* [pers.manag.] *ведущий, главный*

Master [syst.ed.] *магистр*

master account *основной счет*

master account framework [book-keep.] *структура общего счета*

master accounts [book-keep.] *сводный отчет*

master agreement *соглашение двух сторон об основных условиях свопов, которые будут заключены между ними в течение оговоренного срока*

master air waybill (MAWB) [air tr.] *основная авиагрузовая накладная*

master and owner [nav.] *капитан и судовладелец*

master builder *главный подрядчик*

master copy [print.] *оригинал, основной экземпляр*

master cover [ins.] *суперобложка*

master file *главная картотека, главный архив;* [comp.] *главный файл, файл нормативно-справочной информации*

Master in Chancery [legal] *судебный распорядитель канцлерского суда (Великобритания)*

master interest account [book-keep.] *основной счет процентов*

master ledger [book-keep.] *главная бухгалтерская книга*

Master of Laws (LL.M.) [legal] *магистр права*

Master of political science *магистр политических наук*

Master of the Supreme Court [legal] *распорядитель верховного суда*

master original [media] *первый оригинал*

master plan *генеральный план*

master plate [print.] *эталонная печатная форма*

master policy [ins.] *групповой полис*

master register *основной журнал учета*

master station *ведущая станция;* [comp.] *главная станция*

master's certificate [legal] *удостоверение судебного распорядителя*

Master's degree [syst.ed.] *степень магистра*

matador bond *облигация-матадор*

match *две противоположные операции, совпадающие по размерам и срокам*

match (vb.) *выравнивать цены, подходить под пару, подходить по качеству, приводить в соответствие, противопоставлять, противостоять, сличать с переписными листами, соответствовать, состязаться*

matched book [fin.] *уравновешенный портфель операций банка*

match funding *сбалансирование активов и пассивов по суммам и срокам*

matching *выравнивание, подбор, сверка покупок и продаж на срочной бирже, сопоставление, сравнение;* [monet.trans.] *согласование*

matching (adj.) *согласующий, сопоставляющий*

matching of supply to demand *согласование предложения и спроса*

match price *согласованная цена*

match system [exc.] *система выравнивания курсов*

mate *напарник, парная вещь, помощник;* [nav.] *помощник капитана*

material *вещество, данные, статистический материал;* [prod.] *материал*

material (adj.) *важный, вещественный, денежный, значительный, имущественный, материальный, относящийся к средствам существования, существенный*

material breach of contract [legal] *существенное нарушение договора*

material damage [ins.] *значительный ущерб*

material effect *существенное влияние*

material evidence *вещественное доказательство*

material issue note *банкнота*

materiality *важность, материальность, существенность*

material price variance [ind.ec.] *разность цен на материалы*

material processing *обработка материалов*

material recovery [prod.] *утилизация материалов*

materials [ind.ec.] *принадлежности*

materials account [ind.ec.] *счет на материалы*

materials and parts [ind.ec.] *материалы и комплектующие изделия*

materials saving [prod.] *экономия материалов*

materials supply [prod.] *материальное снабжение*

material test [prod.] *испытания материалов*

material welfare [prod.] *материальное благополучие*

materiel control [wareh.] *контроль материальных ресурсов, управление материально-техническим обеспечением*

materiel management [wareh.] *управление материально-техническим обеспечением, управление материальными ресурсами*

maternal and child welfare [soc.] *охрана младенчества и материнства*

maternity *материнство*

maternity allowance [soc.] *пособие по беременности и родам*

maternity benefit [soc.] *пособие по беременности и родам*

maternity grant [soc.] *пособие по беременности и родам*

maternity insurance [ins.] *страхование женщин на случай родов*

maternity leave *отпуск по беременности и родам*

maternity rights *права матери и ребенка*

maternity welfare [soc.] *охрана материнства*

mate's receipt [nav.] *расписка помощника капитана в приеме груза*

mathematical (adj.) *математический*

mathematical reserve [ins.] *резерв взносов по страхованию жизни*

mathematical value *математическая величина*

mathematics *математика*

matriculation [syst.ed.] *вступительный экзамен в высшее учебное заведение, зачисление в высшее учебное заведение*

matrimonial (adj.) *матримониальный; [law.dom.] брачный, супружеский*

matrimonial agency *брачное агентство*

matrimonial case *бракоразводный процесс; [law.dom.] иск о разводе*

Matrimonial Causes Act *Закон о бракоразводных процессах (Великобритания)*

matrimonial legislation [law.dom.] *брачно-семейное законодательство*

matrimonial order [law.dom.] *распоряжение суда об уплате алиментов*

matrimonial property law [law.dom.] *закон о собственности супругов*

matrimonial property regime [law.dom.] *режим супружеской собственности*

matrimony *брак; [law.dom.] супружество*

matrix accounting [book-keep.] *матричная система учета*

matrix printer [comp.] *матричное печатающее устройство*

matter *вопрос, заявление, требующее доказательства, материал, оригинал, основание, повод, предмет спора, причина, спорный вопрос, спорный пункт, сущность; [legal] дело; [print.] набранный материал, напечатанный материал, почтовые отправления, предмет обсуждения, рукопись, содержание книги*

matter (vb.) *иметь значение*

matter adjudged [legal] *дело, по которому вынесен судебный приговор*

matter of appropriation rules [manag.] *вопрос о порядке присвоения собственности*

matter of confidence   [parl.] *конфиденциальный вопрос, секретное дело*
matter-of-course (adj.)   *естественный, само собой разумеющийся*
matter of dispute   *предмет спора*
matter of fact   *реальная действительность*
matter-of-fact (adj.)   *буквальный, фактический*
matter of form   *вопрос формы*
matter of inducement   *вопрос встречного удовлетворения*
matter of law   [legal] *вопрос права*
matter of principle   *дело принципа, принципиальный вопрос*
matters relating to property rights   [legal] *вопросы, связанные с имущественными правами*
mature (vb.)   *наступать (о сроке платежа), подлежать погашению, созревать, тщательно обдумывать;* [stock] *подлежать оплате*
mature (adj.)   *зрелый, подлежащий оплате, тщательно обдуманный*
matured (adj.)   *с наступившим сроком платежа*
matured bill   *вексель, по которому наступил срок платежа*
matured bond   *облигация, выходящая в тираж*
maturing of a product   [mark.] *стабилизация спроса на изделие*
maturing of product   *стабилизация спроса на изделие*
maturing on   *выход в тираж, наступление срока погашения;* [stock] *наступление срока долгового обязательства, наступление срока платежа*
maturity   *высокий уровень развития, зрелость, срок погашения;* [ec.] *наступление срока;* [ins.] *срок долгового обязательства;* [stock] *срок платежа*
maturity (date)   *срок погашения*
maturity date   *дата платежа;* [stock] *дата погашения, срок платежа, срок погашения*
maturity date for interest   *срок получения процентного дохода*
maturity-dependent (adj.)   [stock] *зависящий от срока погашения*
maturity-dependent capital gain   [stock] *доход от прироста капитала, зависящий от срока платежей*
maturity distribution   [stock] *распределение сроков платежа*
maturity grouping   [stock] *группирование по срокам платежа*
maturity of a bill   [bill.] *срок оплаты векселя*
maturity of bill   [bill.] *срок оплаты векселя*
maturity pattern   [stock] *структура сроков платежа*
maturity period   [ec.] *период, когда наступает срок платежа*
maturity premium   [stock] *страховой взнос по срокам*
maturity year   [stock] *год, когда наступает срок платежа*
MAWB (master air waybill)   [air tr.] *основная авиагрузовая накладная*
maximal (adj.)   *максимальный*
maximal output   [prod.] *максимальная производительность*
maximization   *максимизация*
maximize (vb.)   *максимизировать*
maximize returns (vb.)   *максимизировать доходы*
maximum   *высшая степень, максимальное значение, максимальное количество, максимум*
maximum (adj.)   *максимальный, наибольший*
maximum acceptable error rate (MAER)   [stat.] *максимально допустимая частота появления ошибок*
maximum amount   *максимальная сумма*
maximum buying-in price   *предельная цена, при которой снимается товар с продажи на аукционе*
maximum capacity   [prod.] *максимальная производственная мощность*
maximum claimable sum   [ins.] *максимальная сумма возмещения*
maximum cover   [ins.] *максимальный объем страховой ответственности*
maximum debt service   [ec.] *максимальная сумма процентов по долгу*
maximum hypothecation   *максимальное обеспечение ипотеки*
maximum indemnity   [ins.] *максимальное возмещение убытка*

maximum interest rate   *максимальная ставка процента*
maximum lending limit   *максимальный предел суммы кредита*
maximum load   [trans.] *максимальная нагрузка, максимальный груз*
maximum loss   [ins.] *максимальный ущерб*
maximum/minimum price fluctuation   [ins.] *диапазон колебаний цены*
maximum pay   [empl.] *максимальная заработная плата*
maximum penalty   [leg.pun.] *максимальный штраф*
maximum potential error rate (MPER)   [stat.] *максимально возможная частота появления ошибок*
maximum price   *максимальная цена, наивысший курс ценных бумаг*
maximum profit margin   *максимальная норма прибыли*
maximum purchasing limit   *максимальный предел закупок*
maximum return   *максимальный доход*
maximum sum mortgage   [legal] *закладная на максимально допустимую сумму*
maximum value   [ec.] *максимальная стоимость*
maximum work output   *максимальная выработка, максимальная производительность*
maximum yield   *максимальный доход*
mayor   *мэр*
MB (megabyte)   [comp.] *мегабайт*
MBO (management buyout)   *выкуп контрольного пакета акций компании ее управляющими и служащими, выкуп части конгломерата для создания самостоятельной компании*
MCA (monetary compensatory amount)   *сумма валютной компенсации*
McKenzie man   [legal] *консультант по юридическим вопросам*
MCom. (Master of Commerce)   *магистр коммерции*
mean   *среднее значение, средняя величина;* [stat.] *математическое ожидание*
mean (vb.)   *значить, иметь в виду, иметь значение, намереваться, означать, подразумевать;* [stat.] *думать*
mean (adj.)   *нечестный, плохой, слабый, средний;* [stat.] *бедный, нищенский, посредственный, скудный*
meaning   *значение, смысл*
meaning (adj.)   *выразительный, многозначительный*
meaningful (adj.)   *выразительный, многозначительный, полный значения, полный смысла*
meaningless (adj.)   *бессмысленный, бесцельный*
mean life   [ins.] *средняя продолжительность жизни*
mean price   *среднее арифметическое цен покупателя и продавца;* [exc.] *средний курс, средняя цена*
means   *метод, приспособление, средства, устройство;* [ec.] *денежные средства, способ, средство*
means, without   *без средств*
means of communication   *средства коммуникации, средства связи;* [trans.] *средства сообщения*
means of control   *средства контроля*
means of enforcement   [legal] *средства принуждения*
means of payment   *способ платежа, средства расчетов, средство платежа*
means of production   [ind.ec.] *средства производства*
means of settlement   *средства расчетов*
means of subsistence   *средства к существованию*
means of support   *средства к существованию*
means of transportation   [trans.] *средства передвижения, транспортные средства*
means test   *проверка нуждаемости, тест на бедность, тест на отсутствие средств к существованию*
means-tested (adj.)   *проверенный на нуждаемость*
measurability   *измеримость*
measurable (adj.)   *измеримый*

measurable quantity   *измеримая величина*

measure   *единица измерения, измерение, критерий, масштаб, мера, мерило, мерка, мероприятие, показатель, предел, размер, степень;* [FEC] *система измерений*

measure (vb.)   *измерять, мерить, определять, отмерять, приводить в соответствие, приспосабливать, соразмерять, сравнивать*

measured (adj.)   *замеренный, измеренный*

measured in (adj.)   *замеренный в, измеренный в*

measured quantity   *измеренная величина, измеренное количество*

measurement   *замер, измерение, нормирование, система мер*

measurement cargo   [nav.] *объемный груз*

measurement goods   [nav.] *объемный груз*

measurements   *размеры*

measures, take (vb.)   *принимать меры*

measures and weights   *таблица мер и весов*

measures of fiscal restraint   *ограничительные меры финансовой политики*

measures to increase performance   [pers.manag.] *меры повышения производительности*

measure taken by authorities   [manag.] *мера, предпринятая администрацией*

measure taken by the authorities   [manag.] *мера, предпринятая администрацией*

measure to curb consumption   *мера по ограничению потребления*

measuring   *дозировка, измерение, мера, обмер*

measuring (adj.)   *измерительный, мерный*

measuring accuracy   *точность измерения*

measuring rod   *измерительная рейка*

meat preparation and preservation industry   *мясоперерабатывающая и консервная промышленность*

mechanic   [pers.manag.] *машинист, механик, оператор*

mechanical (adj.)   *автоматический, машинный, механический, технический*

mechanical engineering   [prod.] *машиностроение*

mechanical processing   [prod.] *механическая обработка*

mechanical stamping   *механическая штамповка*

mechanical translation   [comp.] *машинный перевод*

mechanical work   [prod.] *механизированный труд*

mechanical workshop   *механическая мастерская*

mechanization of farms   *механизация ферм*

mechanize (vb.)   *механизировать*

mechanized accounting   [book-keep.] *машинный учет, механизированный учет*

media   [media] *средства массовой информации, средства рекламы*

media analysis   [adv.] *анализ рекламной деятельности*

media buy   [adv.] *покупка места и времени в средствах рекламы*

media buyer   [adv.] *рекламный агент, покупающий место и время в средствах рекламы*

media centre   [media] *центр рекламы*

media class   [media] *категория средств рекламы*

media combination   [adv.] *комбинирование различных средств рекламы*

media consumption   [media] *использование средств рекламы*

media department   [adv.] *отдел средств рекламы*

media event   [media] *событие, отражаемое средствами массовой информации*

media insertion schedule   [adv.] *расписание рекламных вставок*

media investment   [media] *ассигнования на средства рекламы*

media man   [media] *работник средств массовой информации*

media mix   [adv.] *комбинирование средств рекламы*

median   *медиана;* [stat.] *срединное значение*

median (adj.)   *медианный, срединный, средний*

median of distribution   [stat.] *медиана распределения*

media page exposure   *экспозиция страницы печатного издания*

media plan   [adv.] *план использования средств рекламы*

media planner   [adv.] *составитель плана использования средств рекламы*

media planning   [adv.] *планирование использования средств рекламы*

media reach   [adv.] *охват средством рекламы*

media research   *изучение средств рекламы;* [media] *изучение средств массовой информации*

media survey   [adv.] *обследование охвата средствами рекламы*

mediate (vb.)   *быть посредником, быть связующим звеном, посредничать, содействовать соглашению между сторонами*

mediate (adj.)   *опосредствованный*

mediation   *вмешательство с целью примирения, посредничество, ходатайство*

mediation agreement   [empl.] *арбитражное соглашение*

mediation argument   *опосредованное доказательство*

mediation process   *процесс посредничества*

mediator   *арбитр, примиритель;* [empl.] *посредник*

mediator role   *роль посредника*

mediatory (adj.)   *посреднический*

medical attendance   *медицинское обслуживание*

medical authorities   *служба здравоохранения*

medical benefit   [ins.] *пособие по болезни*

medical benefit plan   [ins.] *система пособий по болезни*

medical care   *медицинское обслуживание*

medical certificate   *больничный лист, медицинская справка, медицинское свидетельство*

medical certificate of death   [legal] *медицинское свидетельство о смерти*

medical check-up   *медицинский осмотр*

medical examination   *медицинское освидетельствование*

medical expenses insurance   [ins.] *страхование медицинских расходов*

medical expert   *медицинский эксперт*

medical insurance   [ins.] *медицинское страхование*

medical officer   *врач, врач-специалист, медицинский инспектор, санитарный врач, специалист здравоохранения*

medical officer of health   *инспектор службы здравоохранения, санитарный врач*

medical product   *лекарственный препарат*

medical report   *история болезни, медицинский отчет, медицинское донесение, протокол медицинского освидетельствования*

medical report on pain and suffering   [legal] *протокол медицинского освидетельствования телесных повреждений*

medical responsibility   *ответственность врача*

medicament   *лекарственное средство, лекарственный препарат*

medicare   *государственное медицинское обслуживание*

medico-actuarial science   [ins.] *страховая медицина*

medico-legal council   [legal] *судебно-медицинский совет*

mediocre (adj.)   *заурядный, посредственный, среднего качества*

medium   *агент, носитель информации, обстановка, посредник, посредничество, способ, среда, условия жизни;* [media] *средство;* [print.] *формат бумаги;* [stat.] *промежуточная ступень, среднее число*

medium (adj.)   *промежуточный, средний;* [print.] *умеренный*

medium and long term assets   [calc.] *среднесрочные и долгосрочные активы*

medium and long term trade credit   *среднесрочный и долгосрочный коммерческий кредит*

medium gilts   [stock] *государственные облигации со сроками 5-15 лет до погашения (Великобритания)*

medium income   *средний доход*

medium income group   *группа лиц со средним доходом*
medium of exchange   *средство расчетов*
medium of payment   *средство платежа*
medium price   *средняя цена*
medium quality   [comm.] *среднее качество, средний сорт*
medium rate   [monet.trans.] *средний курс*
mediums   [stock] *государственные облигации со сроками 5-15 лет до погашения (Великобритания)*
medium-sized   *среднего размера*
medium-sized company   *компания среднего размера*
medium term   *средний срок*
medium-term (adj.)   *среднесрочный*
medium-term debt   *среднесрочная задолженность*
medium-term forecasts   *среднесрочный прогноз*
medium-term loan   *среднесрочная ссуда*
medium-term rate   [bank.] *ставка процента по среднесрочным кредитным обязательствам*
meet (vb.)   *встречать, встречаться, оплачивать, опровергать доводы, пересекаться, покрывать, собираться, удовлетворять;*
   [bill.] *соответствовать требованиям*
meet a claim (vb.)   *готовить возражения против иска, оспаривать иск*
meet a demand (vb.)   *удовлетворять спрос*
meet a loss (vb.)   *покрывать убытки*
meet a requirement (vb.)   *удовлетворять требованию*
meet claim (vb.)   *готовить возражения против иска, оспаривать иск*
meet costs (vb.)   *покрывать расходы*
meet debts (vb.)   *оплачивать долги*
meet demand (vb.)   *удовлетворять спрос*
meet expectations (vb.)   *соответствовать ожиданиям*
meeting   *встреча, заседание, собрание, совещание*
meeting, be in a (vb.)   *находиться на собрании*
meeting for handing over of work   [legal] *встреча для передачи работы*
meeting is adjourned   *в работе собрания объявляется перерыв*
meeting is adjourned, the   *собрание отложено*
meeting is closed   *собрание закрыто*
meeting is closed, the   *собрание закрыто*
meeting of a committee of representatives   *заседание комитета представителей*
meeting of beneficiaries   [suc.] *собрание бенефициаров*
meeting of creditors   [bankr.leg.] *собрание кредиторов*
meeting of delegates   *собрание делегатов*
meeting of representatives   *встреча представителей*
meeting of the beneficiaries   [suc.] *собрание бенефициаров*
meeting of the minds   [legal] *встреча для достижения согласия*
meeting room   *зал заседаний*
meeting stands adjourned   *в работе собрания объявляется перерыв*
meeting stands adjourned, the   *собрание отсрочено*
meeting to elect officers   *собрание для выбора должностных лиц*
meet loss (vb.)   *покрывать убытки*
meet requirement (vb.)   *удовлетворять требованию*
meet the demand (vb.)   *удовлетворять спрос*
megabank   *очень крупный банк*
megabyte (MB)   [comp.] *мегабайт*
meltdown Monday   [exc.] *'черный понедельник' (19 октября 1987 г.)*
melted snow   [ins.] *растаявший снег*
member   *звено системы, элемент, элемент конструкции;*
   [bus.organ.] *рабочий орган, функциональная единица;* [parl.] *член*
member bank   *банк - член Федеральной резервной системы*
member country   *страна-участник, страна-член*
member-get-a-member (MGM)   *принцип 'член клуба приводит нового члена'*

member of a board of directors   [bus.organ.] *член правления, член совета директоров*

member of a board of representatives   *член совета представителей*

member of a company   [bus.organ.] *представитель компании*

member of a cooperative   *член кооператива*

member of a cooperative society   *член кооперативного общества*

member of a society   *член общества*

member of board of directors   [bus.organ.] *член правления, член совета директоров*

member of board of representatives   *член совета представителей*

member of company   [bus.organ.] *представитель компании*

member of cooperative   *член кооператива*

member of cooperative society   *член кооперативного общества*

member of parliament   *член парламента*

Member of Parliament (MP)   *член парламента*

member of society   *член общества*

member of the family   *член семьи*

member of the Folketing   [parl.] *депутат фолькетинга*

member of the stock exchange   [exc.] *член фондовой биржи*

member organization   *членская организация*

members and persons covered by members' insurance   [ins.] *члены и лица, охваченные страхованием членов*

members and shareholders   [bus.organ.] *члены и акционеры*

membership   *звание члена, количество членов, рядовые члены, членство*

membership card   *членский билет*

membership committee   *комиссия по приему в члены*

membership fee   *членский взнос*

membership subscription   *подписка членов*

member state   *государство-участник, государство-член, страна-участник*

members' bulletin   *официальный бюллетень*

members' responsibility   *ответственность членов*

members' voluntary winding up   [bus.organ.] *добровольное прекращение деятельности членов*

member's contribution   *членский взнос*

memo   *дипломатическая нота, докладная записка, заметка, меморандум, памятная записка, памятный листок, письменная справка, письмо с напоминанием, служебная записка*

memorandum   *дипломатическая нота, докладная записка, заметка, меморандум, памятная записка, памятный листок, письменная справка, письмо с напоминанием, служебная записка*

memorandum item   [book-keep.] *пункт памятной записки*

memorandum of agreement (MOA)   [legal] *меморандум о договоренности;* [trans.] *оговорка в полисе об ограничении ответственности страховщика за частичное повреждение грузов*

memorandum of appearance   *меморандум о явке в суд;* [legal] *меморандум о выступлении в суде*

memorandum of association   *устав юридического лица;* [bus.organ.] *устав акционерного общества*

memorandum of satisfaction   *меморандум о встречном удовлетворении*

memorandum of transfer   [legal] *меморандум о передаче права*

Memorandum of Understanding (MOU)   [EEC] *меморандум договоренности, меморандум о согласованных пунктах*

memorandum to bill   [legal] *меморандум к законопроекту, памятная записка к исковому заявлению*

memory   [comp.] *запоминающее устройство, память*

memory capacity   [comp.] *емкость запоминающего устройства, емкость памяти*

memory protection [comp.] *защита памяти*

memory size [comp.] *емкость запоминающего устройства, емкость памяти*

memory typewriter *пишущая машинка с памятью*

memory unit *запоминающее устройство;* [comp.] *блок памяти*

menacing (adj.) *грозный, угрожающий*

mend (vb.) *исправлять, ремонтировать, улучшать, чинить*

mending *исправление, починка, ремонт, улучшение*

MEng. (Master of Engineering) *магистр технических наук*

mens rea [leg.pun.] *вина, виновная воля*

mental (adj.) *мысленный, производимый в уме, психический, умственный*

mental arithmetic *счет в уме, устный счет*

mental deficiency *слабоумие, умственная отсталость*

mental disease *психическое заболевание*

mental disorder *психическое расстройство*

mental disturbance *психическое расстройство*

mental examination *психиатрическая экспертиза*

mental faculty *умственные способности*

mental health *психическое здоровье*

mental health service *психиатрическая служба*

mental illness *душевная болезнь*

mental incapacity [legal] *недееспособность по причине психического заболевания*

mentally deficient (adj.) *слабоумный, умственно отсталый*

mentally disordered (adj.) *с психическими отклонениями, с расстроенной психикой*

mentally disordered person [legal] *лицо с психическими отклонениями*

mentally handicapped (adj.) *слабоумный, страдающий душевным заболеванием, умственно отсталый*

mentally retarded (adj.) *слабоумный, умственно отсталый*

mental observation *психиатрическое освидетельствование*

mental reservation [legal] *мысленная оговорка*

mention *благодарность в приказе, поощрительная премия, похвальный отзыв, упоминание;* [doc.] *ссылка*

mention (vb.) *ссылаться, ссылаться на, упоминать*

mention by name (vb.) *называть по имени, упомянуть имя*

mentioned below (adj.) *упомянутый ниже*

menu [comp.] *меню*

menu-driven program [comp.] *программа, вызываемая с помощью меню*

mercantile (adj.) *коммерческий, мелочно-расчетливый, меркантильный, торгашеский, торговый*

mercantile affairs *коммерческие дела*

mercantile agent [comm.] *комиссионер*

mercantile law [legal] *торговое право*

mercantile marine [nav.] *торговый флот*

mercantile shipping [nav.] *торговое судоходство*

merchandise [comm.] *товары*

merchandise (vb.) *содействовать продаже товара, торговать;* [comm.] *вести торговлю, содействовать распространению товара*

merchandise accounts [book-keep.] *товарные операции*

merchandise exports *экспорт товаров*

merchandise for sale on commission [comm.] *товары для продажи на комиссионных началах*

merchandise imports *импорт товаров*

merchandise on account *товары в кредит*

merchandise on consignment [comm.] *товары для продажи на комиссионных началах*

merchandise payment *оплата товаров*

merchandise trade [comm.] *торговля товарами*

merchandise trading with abroad   *заключение международных торговых сделок*

merchandise transaction   *торговая операция, торговая сделка*

merchandising   *перепродажа продукции без переработки;*
   [mark.] *искусство сбыта, коммерческое планирование производства, сбыт, торговля, усилия, необходимые для сбыта товара*

merchandising allowance   [mark.] *торговая скидка*

merchandising organization   *торговая организация*

merchant   *купец, получатель платежа;* [comm.] *оптовый торговец*

merchant (adj.)   *коммерческий, торговый*

merchantability   *годность для продажи, товарное состояние*

merchantable (adj.)   *коммерчески выгодный, могущий быть проданным, ходкий (о товаре);* [comm.] *годный для продажи*

merchantable quality   *качество, пригодное для торговли, коммерческое качество*

merchant bank   *торговый банк*

merchant flag   [nav.] *торговый флаг*

merchantman   [nav.] *торговое судно*

merchant marine   [nav.] *торговый флот*

merchant navy   [nav.] *торговый флот*

merchant service   [nav.] *торговый флот*

merchant ship   [nav.] *торговое судно*

merchant shipping law   *закон о торговом судоходстве*

merchant vessel   [nav.] *торговое судно*

mercy killing   [leg.pun.] *укол милосердия, умерщвление в случае неизлечимой болезни, эйтаназия*

merge   [comp.] *объединение, слияние*

merge (vb.)   *объединять, поглощать, сливать, соединять*

merged companies   *слившиеся компании*

merged company   *объединенная компания*

merge enterprises (vb.)   *сливать предприятия*

merger   *новация, объединение, поглощение, слияние, соединение*

merger plan   [ind.ec.] *план слияния*

mergers and acquisitions (M and A)   *слияние и приобретение*

mergers and acquisitions (M & A)   *слияние и приобретение*

merging of enterprises   *слияние предприятий*

merging program   [comp.] *программа слияния*

merit   *достоинство, заслуга*

merit (vb.)   *быть достойным, заслуживать*

merit rating   [pers.manag.] *оценка деловых качеств работников, оценка качества, оценка квалификации*

merits (of a case)   [legal] *конкретные обстоятельства дела, существо дела*

merits and demerits   *достоинства и недостатки*

merits of a case   [legal] *конкретные обстоятельства дела, существо дела*

merits of case   *существо дела*

MESA (mutual ECU settlements accounts system)   [bank.] *система взаимных клиринговых расчетов в ЭКЮ*

mesh network   [comp.] *сетчатая схема, узловая сеть*

message   [adv.] *донесение, официальное правительственное послание, письмо, поручение, послание, рекламное обращение, сообщение*

message exposure   [adv.] *воздействие рекламного сообщения*

message format   [comp.] *формат сообщения*

message source   *источник сообщения*

message understanding   [adv.] *понимание рекламного сообщения*

messenger   *связной;* [manag.] *посыльный;* [trans.] *курьер*

messenger's room   [manag.] *комната курьера*

messuage   [r.e.] *жилой дом с хозяйственными постройками и земельным участком*

metal for coining   *металл для чеканки монет*

metal goods industry *промышленность металлоизделий*

mete out punishment (vb.) [leg.pun.] *определять наказание*

meter *измерительный прибор, метр, счетчик*

meter maid *женщина-контролер на платной автостоянке*

meter man *весовщик, землемер;* [sl.] *контролер на платной автостоянке*

meter reading *показание счетчика*

method *логичность, методика, порядок, система, способ;* [prod.] *метод*

method claim *пункт формулы изобретения на способ;* [pat.] *формула изобретения на способ*

methodical (adj.) *методический, методичный, систематический*

methodize (vb.) *приводить в порядок, приводить в систему*

method of assessment [tax.] *метод оценки*

method of bonus allocation [ins.] *метод распределения вознаграждения, метод распределения добавочного дивиденда;* [pers.manag.] *метод распределения премии*

method of calculation *метод вычисления, метод калькуляции, метод расчета*

method of comparison [ind.ec.] *способ сравнения*

method of computing interest *метод расчета процентов*

method of dispatch [trans.] *способ отправки*

method of doing business *метод предпринимательства*

method of measurement *способ измерения*

method of payment *метод платежа*

method of production [prod.] *метод производства*

method of recording *метод учета, система регистрации*

method of settlement *метод урегулирования*

method of trial and error *метод проб и ошибок*

method of valuation [calc.] *метод определения стоимости*

methods study *изучение методов организации труда;* [pers.manag.] *изучение методов работы*

method study *изучение метода работы*

meticulous (adj.) *педантичный, тщательный*

meticulousness *тщательность*

metre *метр*

metric (adj.) *метрический*

metric calculation *вычисление в метрической системе мер*

metric system *метрическая система*

metric ton *метрическая тонна*

metric weights and measures *метрическая система мер и весов*

metropolis *крупный город, метрополис, столица, центр деловой жизни, центр культурной жизни*

metropolitan *житель столицы*

metropolitan (adj.) *столичный*

metropolitan area *метрополитенский район, муниципальный район*

metropolitan railway *метро, подземная железная дорога*

metropolitan region *муниципальный район*

metropolitan train [trans.] *поезд метро*

Mexican peso (MXP) [monet.trans.] *мексиканское песо*

mezzanine capital [bank.] *капитал для промежуточного финансирования*

MFN (most favoured nation) [cust.] *страна, пользующаяся статусом наибольшего благоприятствования*

MFN treatment (most-favoured-nation treatment) [cust.] *режим наибольшего благоприятствования*

MGM (member-get-a-member) *принцип 'член клуба приводит нового члена'*

microcomputer [comp.] *микро-ЭВМ*

microeconomic (adj.) [ind.ec.] *микроэкономический*

microeconomics [ind.ec.] *микроэкономика*

microfiche   *микрофиша*
microfilm   *микрофильм*
mid (adj.)   *срединный, средний*
middle   *середина*
middle (adj.)   *средний*
middle class   *средний класс, средний слой*
middle initial   *второй инициал*
middleman   *крупный арендатор, сдающий небольшие участки мелким арендаторам, посредник, сторонник средней линии, сторонник умеренных действий;* [comm.] *комиссионер*
middle management   [pers.manag.] *среднее административное звено*
middle management staff   [pers.manag.] *средний руководящий персонал*
middle manager   [pers.manag.] *руководитель среднего звена*
middle managers   [pers.manag.] *среднее административное звено*
middleman's profit   [comm.] *прибыль комиссионера*
middle name   *второе имя*
middle of, in the   *в середине*
middle price   [exc.] *средний курс, средняя цена*
middle rate   [monet.trans.] *средний курс, средняя ставка*
midmonth   *середина месяца*
midweek   *середина недели*
midyear   *середина года*
migrant worker   [empl.] *мигрирующий рабочий, сезонный рабочий*
migration   *миграция, передвижение, перемещение*
migration statistics   [stat.] *статистика миграции*
mild (adj.)   *мягкий, спокойный, умеренный*
mileage   [ind.ec.] *деньги на проезд;* [tax.] *дальность перевозки, количество пройденных миль, пробег автомобиля в милях, расстояние в милях*
mileage allowance   [ind.ec.] *скидка с учетом дальности пробега;* [tax.] *деньги на проезд*
mileage rate   [trans.] *плата за перевозки, исчисляемые в милях*
military attaché   [dipl.] *военный атташе*
military court   [legal] *военный суд, военный трибунал*
military dictatorship   *военная диктатура*
military law   [legal] *военное право*
military service   [mil.] *военная подготовка, военная служба*
military trial   [leg.pun.] *судебный процесс в военном трибунале*
military tribunal   [legal] *военный трибунал*
milking   [ec.] *выкачивание ресурсов предприятия*
milking strategy   [mark.] *ведение операций без резервов*
milk quota   *квота на продажу молока (ЕЭС);* [EEC] *квота на продажу молока*
mill   *завод, мельница, обогатительная фабрика, прокатный стан, прокатный цех, станок, фабрика*
millboard   *биллион (США), миллиард (Великобритания);* [print.] *толстый переплетный картон*
milliard   *биллион (США), миллиард (Великобритания)*
million   *миллион*
millionaire   *миллионер*
mimeograph (stencils)   *трафарет для печати на мимеографе*
mimeograph stencil   *трафарет для печати на мимеографе*
mind (vb.)   *беспокоится, беспокоиться, заботиться, присматривать*
mind one's work (vb.)   [empl.] *заниматься своим делом*
mineral rights   *право на разработку полезных ископаемых*
minimal (adj.)   *минимальный, очень маленький*
minimax   *минимакс*
minimax bond   [stock] *облигация с фиксированным минимумом и максимумом плавающей процентной ставки*
minimization   *минимизация, сведение к минимуму*
minimize (vb.)   *минимизировать, преуменьшать, сводить к минимуму*

minimum *минимальное значение, минимальное количество, минимум, наименьшее значение*

minimum (adj.) *минимальный*

minimum age *минимальный срок службы;* [legal] *минимальный возраст*

minimum amount *минимальная сумма*

minimum benefit [soc.] *минимальное пособие*

minimum capital *минимальный капитал*

minimum charge *минимальный тариф, наименьшая плата за перевозку груза*

minimum consumption *минимальное потребление, минимальный расход*

minimum costs *минимальные затраты*

minimum coupon requirement [stock] *минимальная потребность в купонах*

minimum debt service [ec.] *минимальное обслуживание долга*

minimum delay programming *оптимальное программирование;* [comp.] *программирование по критерию минимизации времени доступа*

minimum deposit *минимальный депозит;* [bank.] *минимальный вклад*

minimum directive *минимальная установка*

minimum disclosure [calc.] *минимальное разглашение сведений*

minimum disclosures [calc.] *минимальные разглашения сведений*

minimum freight [trans.] *минимальный фрахт*

minimum import price [EEC] *минимальная цена ввозимых товаров*

minimum increase *минимальный прирост*

minimum initial capital *минимальный первоначальный капитал*

minimum interest rate [bank.] *минимальная ставка процента*

minimum lending rate (MLR) *минимальная ставка ссудного процента*

minimum maturity *минимальный срок действия векселя*

minimum nominal yield requirement [stock] *минимально требуемый номинальный доход*

minimum old-age pension *минимальный размер пенсии по старости*

minimum payment [ec.] *минимальный платеж*

minimum penalty [leg.pun.] *минимальный штраф*

minimum percentage of votes required for representation [parl.] *минимальный процент голосов, необходимый для представительства*

minimum premium [ins.] *минимальный размер страхового взноса, минимальный размер страховой премии*

minimum price [ec.] *минимальный курс;* [EEC] *наименьший курс ценных бумаг*

minimum price regulation *правила установления минимальных цен*

minimum price system *система минимальных цен*

minimum purchasing limit *минимальный предельный объем закупок*

minimum rate *минимальная ставка*

minimum requirement *минимальная потребность*

minimum reserve [bank.] *минимальный резервный фонд*

minimum reserve ratio [bank.] *минимальная норма резервного покрытия*

minimum return *минимальный доход*

minimum selling price *минимальная продажная цена*

minimum subscription [bus.organ.] *минимальная подписка*

minimum tariff *минимальный тариф*

minimum unemployment benefit [empl.] *минимальное пособие по безработице*

minimum unit of trading [exc.] *минимальное количество ценных бумаг, являющееся единицей торговли на бирже*

minimum utilization charge [trans.] *минимальная плата за использование контейнера*

minimum value *минимальная стоимость*
minimum wage [empl.] *минимальная заработная плата*
minimum wage system [empl.] *система минимальной заработной платы*
minimum yield *минимальный доход*
mining royalties *плата за право разработки недр*
mining royalty *плата за право разработки недр*
minister [parl.] *министр, посланник, советник посольства*
Minister for Environment *министр охраны окружающей среды*
Minister for Inland Revenue *министр финансов*
Minister for Taxation [tax.] *начальник налогового управления*
Minister for the Environment *министр охраны окружающей среды*
ministerial (adj.) *вспомогательный, действующий по заданию, дополнительный, исполнительный, министерский, подчиненный, правительственный, служебный*
ministerial appointment *назначение, проводимое правительством*
ministerial level *правительственный уровень*
ministerial meeting *встреча на уровне министров*
ministerial office [pol.] *канцелярия министра;* [sl.] *министерство*
ministerial order [legal] *административное распоряжение*
ministerial rank *ранг министра*
ministerial responsibility *ответственность министра*
ministerial system *правительственная система*
Minister of Agriculture *министр сельского хозяйства*
Minister of Commerce *министр торговли*
Minister of Communications *министр связи*
Minister of Cultural Affairs *министр культуры*
Minister of Defence *министр обороны*
Minister of Ecclesiastical Affairs *министр по делам религий*
Minister of Economic Affairs *министр экономики*
Minister of Education *министр просвещения*
Minister of Energy *министр энергетики*
Minister of Finance *министр финансов*
Minister of Fisheries *министр рыболовства*
Minister of Foreign Affairs *министр иностранных дел*
Minister of Health *министр здравоохранения*
Minister of Housing *министр жилищного строительства*
Minister of Industry *министр промышленности*
Minister of Justice *министр юстиции*
Minister of Labour *министр труда*
Minister of Public Works *министр общественных работ*
Minister of Social Affairs *министр социального обеспечения*
Minister of State (UK) *государственный министр (член правительства Великобритании)*
Minister of the Interior *министр внутренних дел*
Minister of Trade *министр торговли*
Minister of Trade and Industry *министр торговли и промышленности*
Minister of Transport *министр транспорта*
minister without portfolio *министр без портфеля*
ministry *кабинет министров, министерство, срок пребывания министра в должности, срок пребывания правительства у власти*
Ministry of Agriculture *министерство сельского хозяйства*
Ministry of Commerce *министерство торговли*
Ministry of Communications *министерство связи*
Ministry of Cultural Affairs *министерство культуры*
Ministry of Defence *министерство обороны*
Ministry of Ecclesiastical Affairs *министерство по делам религий*
Ministry of Economic Affairs *министерство экономики*
Ministry of Education *министерство образования*
Ministry of Energy *министерство энергетики*

Ministry of Environment *министерство охраны окружающей среды*
Ministry of Finance *министерство финансов*
Ministry of Fisheries *министерство рыбной промышленности,*
министерство рыболовства
Ministry of Foreign Affairs *министерство иностранных дел*
Ministry of Foreign Affairs' funds for developing countries *фонды*
министерства иностранных дел для развивающихся стран
Ministry of Health *министерство здравоохранения*
Ministry of Housing *министерство жилищного строительства*
Ministry of Housing and Building *министерство строительства*
Ministry of Industry *министерство промышленности*
Ministry of Inland Revenue *налоговое управление*
Ministry of Interior *министерство внутренних дел*
Ministry of Justice *министерство юстиции*
Ministry of Labour *министерство труда*
Ministry of Public Works *министерство общественных работ*
Ministry of Social Affairs *министерство социального обеспечения*
Ministry of Taxation [tax.] *налоговое управление*
Ministry of the Environment *министерство охраны окружающей*
среды
Ministry of the Interior *министерство внутренних дел*
Ministry of Trade *министерство торговли*
Ministry of Transport *министерство транспорта*
minor *второстепенный предмет*
minor (adj.) *меньший из двух, несовершеннолетний, несущественный;*
[legal] *второстепенный, младший*
minor alteration *незначительное изменение*
minor asset *неосновной актив*
minor assets *второстепенные активы, неосновные активы*
minor change *незначительное изменение*
minor claim [ins.] *мелкая претензия*
minor consideration *несущественное соображение*
minority *меньшая часть, национальное меньшинство,*
несовершеннолетие; [legal] *меньшинство*
minority decision *решение меньшинства*
minority government *правительство меньшинства*
minority group *группа, представляющая меньшинство,*
меньшинство, национальное меньшинство
minority holding [bus.organ.] *владение меньшей частью акций*
компании
minority interest *доля участия дочерних компаний*
minority interest in equity [bus.organ.] *доля участия дочерних компаний*
в акционерном капитале, не дающая контроля над
предприятием
minority interests' share of profit [calc.] *доля прибыли при владении*
меньшей частью акций компании
minority interests' share of the profit [calc.] *доля прибыли при владении*
меньшей частью акций компании
minority language *язык национального меньшинства*
minority report *доклад меньшинства*
minority right [bus.organ.] *право меньшинства*
minority shareholder [bus.organ.] *акционер, не владеющий*
контрольным пакетом акций, держатель меньшей части
акций компании
minority shareholders [bus.organ.] *акционеры, не владеющие*
контрольным пакетом акций, держатели меньшей части
акций компании
minority shareholders' share [bus.organ.] *доля акционеров, не*
владеющих контрольным пакетом акций
minority shareholder's share [bus.organ.] *доля акционеров, не*
владеющих контрольным пакетом акций

minority shareholding   [bus.organ.] *участие меньшинства в акционерном капитале*

minor loss   [ins.] *незначительный ущерб*

minor modification   *незначительная модификация*

minor repairs   [ind.ec.] *небольшой ремонт*

minor source of income   *второстепенный источник дохода*

mint   *большая сумма, большое количество;* [monet.trans.] *монетный двор*

mint (vb.)   [monet.trans.] *чеканить монету*

minting   [ec.] *чеканка монет*

minus   *пробел;* [mat.] *минус, недостаток*

minus sign   [mat.] *знак минус*

minute book   *книга протоколов*

minute increase   *незначительный прирост*

minutes   *протокол заседания, протокол собрания*

minutes of a judgment   [legal] *протокол судебного заседания*

minutes of a meeting   *протокол заседания*

minutes of an order   [legal] *предписание суда, распоряжение суда*

minutes of board of directors   [bus.organ.] *протокол заседания правления*

minutes of deliberations   *протокол о намерениях*

minutes of general meeting   [bus.organ.] *протокол общего собрания*

minutes of judgment   [legal] *протокол судебного заседания*

minutes of meeting   *протокол заседания, протокол собрания*

minutes of negotiations   *протокол переговоров*

minutes of order   [legal] *предписание суда, распоряжение суда*

minutes of the board of directors   [bus.organ.] *протокол заседания правления*

minutes of the general meeting   [bus.organ.] *протокол общего собрания*

minutes of the negotiations   *протокол переговоров*

MIRAS (mortgage interest relief at source)   [tax.] *скидка с процента по закладной у источника*

mirror swap   [exc.] *зеркальный своп*

MIS (management information system)   *управленческая информационная система*

misallocation   *нерациональное использование ресурсов, ошибка в распределении, ошибочное выделение ресурсов*

misapplication   *злоупотребление, неправильное использование;* [legal] *неправильное применение*

misappropriate (vb.)   [leg.pun.] *незаконно завладевать, незаконно присваивать, растратить, совершать растрату*

misappropriate funds (vb.)   [leg.pun.] *злоупотреблять денежными средствами*

misappropriation   [leg.pun.] *незаконное завладение, незаконное присвоение, растрата*

miscalculate (vb.)   *ошибаться в расчете, просчитаться*

miscalculation   *просчет;* [mat.] *ошибка в расчете*

miscarriage   *недопоставка по адресу, неправомерное поведение, неудача, ошибка, правонарушение*

miscarriage of justice   [legal] *вынесение несправедливого приговора, неправильность в отправлении правосудия, судебная ошибка*

miscarry (vb.)   *не доходить по адресу, терпеть неудачу*

miscellaneous   *разное (статья в балансе)*

miscellaneous (adj.)   *неоднородный, разнообразный, смешанный*

miscellaneous (misc.) (adj.)   *смешанный*

miscellaneous current transfers   *разные текущие переводы*

miscellaneous risks   [ins.] *смешанные страховые риски*

mischarge (vb.)   *неправильно сосчитать*

misconception   *недопонимание, неправильное понимание, неправильное представление*

misconduct   *должностное преступление, нарушение дисциплины, неправильный образ действий, неумелое выполнение своих обязанностей, проступок;* [manag.] *неправомерное поведение*

609

miscount   *неправильный подсчет;* [mat.] *ошибка при подсчете*

miscount (vb.)   *ошибаться при подсчете;* [mat.] *просчитаться*

misdeclaration   [cust.] *указание неправильных сведений в переписном листе*

misdemeanant   *лицо, осужденное за мисдиминор, лицо, признанное виновным в совершении мисдиминора;* [leg.pun.] *субъект мисдиминора*

misdemeanour   [leg.pun.] *административное правонарушение, мелкое преступление, мисдиминор, скверное поведение, судебно наказуемый проступок*

misdescription   *неправильное описание*

misdirect (vb.)   *давать неправильное напутствие заседателям, неправильно направлять;* [trans.] *неправильно адресовать*

misdirection of jury   *неправильное напутствие заседателям*

misdirection of the jury   *ошибка судьи при инструктировании присяжных;* [leg.pun.] *неправильное напутствие заседателям, ошибка судьи в инструктировании присяжных*

miseducate (vb.)   *давать плохое образование, неправильно воспитывать*

misentry   [book-keep.] *ошибочная бухгалтерская проводка*

misestimate (vb.)   *неправильно оценивать*

misestimation   *неправильная оценка*

misfeasance   *злоупотребление властью, ненадлежащее совершение правомерных действий, правонарушение, заключающееся в осуществлении законных прав незаконным путем*

misfeed   [comp.] *нарушение подачи*

misinformation   *введение в заблуждение, дезинформация*

misjoinder   *неправильное объединение нескольких лиц для ведения одного процесса;* [legal] *неправильное соединение нескольких исков в одном процессе*

misjudge (vb.)   *давать ошибочную оценку, неверно оценивать, недооценивать, составлять неправильное мнение*

misjudgment   *неверное суждение, недооценка, неправильное мнение*

mislead (vb.)   *вводить в заблуждение, вести по неправильному пути, обманывать, сбивать с пути*

misleading (adj.)   *обманчивый;* [leg.pun.] *вводящий в заблуждение*

misleading advertising   [adv.] *обманчивая реклама;* [legal] *реклама, вводящая в заблуждение*

misleading and unfair advertising   [adv.] *вводящая в заблуждение и недобросовестная реклама*

misleading information   *дезориентирующая информация, информация, вводящая в заблуждение, ложная информация*

misleading trade description   *описание товара, вводящее в заблуждение*

mismanage (vb.)   *неправильно управлять, плохо управлять*

mismanagement   *бесхозяйственность, неправильное управление, плохое управление*

mismarketing   [mark.] *неправильная организация торговли*

mismatch   *несогласованность, несоответствие, рассогласование;* [bank.] *несовпадение*

mismatch risk   [bank.] *риск расхождения в сроках уплаты процентов по активам и пассивам*

mispleading   [legal] *ошибка стороны в процессуальной бумаге*

misposting   [book-keep.] *неправильная проводка, неправильный перенос в бухгалтерскую книгу*

misprint   [print.] *опечатка*

misrepresent (vb.)   *искажать, представлять в ложном свете;* [legal] *извращать*

misrepresentation   [legal] *введение в заблуждение, искажение*

misrepresentation, by   [legal] *по ложному заявлению*

misrepresentation as to intention   [leg.pun.] *введение в заблуждение относительно намерения*

misrepresentation of fact   [leg.pun.] *искажение факта*

misrepresentation of law   [leg.pun.] *неправильное толкование закона*

misrepresentations   [legal] *искажения*

miss   *отсутствие, потеря*

miss (vb.)   *промахиваться, промахнуться, пропускать, терять, упускать*

missing (adj.)   *недостающий, отсутствующий, потерявшийся, пропавший без вести*

missing bill of lading (MSBL)   [nav.] *недостающая транспортная накладная*

missing cargo (MSCA)   [nav.] *недостающий груз*

missing letter form   [post] *утерянный бланк письма*

missing luggage   [trans.] *недостающий багаж, пропавший багаж*

missing person   [legal] *лицо, пропавшее без вести*

mission   *задача, поручение, предназначение, служебная командировка, цель жизни;* [EEC] *миссия;* [pers.manag.] *делегация*

misstated (adj.)   *ложно заявленный, неправильно сформулированный*

misstated oath   [legal] *неправильно сформулированная присяга*

mistake   *недоразумение, ошибка;* [legal] *заблуждение*

mistake (vb.)   *заблуждаться, ошибаться*

mistake in posting   [book-keep.] *ошибка при переносе в бухгалтерскую книгу*

mistaken (adj.)   *неправильно понятый, ошибочный*

mistaken, be (vb.)   *быть неправильно понятым*

mistaken identity   *ошибочное опознание*

mistaken identity, case of   *случай ошибочного опознания*

mistake of fact   [leg.pun.] *ошибка в факте*

mistake of law   [leg.pun.] *ошибка в праве*

mistakes   *ошибки*

mistranslation   *неправильный перевод*

mistrial   *судебный процесс, в котором присяжные не вынесли единогласного решения;* [legal] *судебный процесс, в ходе которого допущены нарушения закона*

mistrust   *недоверие, подозрение*

mistrust (vb.)   *не доверять, подозревать, сомневаться*

misunderstanding   *недоразумение, неправильное понимание, отсутствие взаимопонимания*

misuse   *злоупотребление, неправильное использование, неправильное применение, неправильное употребление*

misuse (vb.)   *злоупотреблять, неправильно употреблять*

misuse of authority   *злоупотребление властью*

misuse of data   [comp.] *неправильное использование данных*

misuse of information   [comp.] *неправильное использование информации*

misuse of powers   [EEC] *превышение полномочий*

mitigate (vb.)   *облегчать, смягчать наказание, уменьшать, умиротворять*

mitigate a punishment (vb.)   [leg.pun.] *смягчать наказание*

mitigated damages   [ins.] *смягченный ущерб*

mitigating circumstances   *смягчающие обстоятельства*

mitigation   *облегчение, ослабление, смягчение наказания, уменьшение*

mitigation of a sentence   [leg.pun.] *смягчение приговора*

mitigation of sentence   [leg.pun.] *смягчение приговора*

mix   *ассортимент, номенклатура, смесь, смешивание, состав, структура*

mix (vb.)   *общаться, смешивать, соединять, сочетать*

mixable (adj.)   *поддающийся смешиванию*

mixed (adj.)   *перемешанный, разнородный, смешанный*

mixed annuity and serial loan   [r.e.] *комбинация ежегодной ренты и серийного займа*

mixed cargo   [nav.] *разнородный груз, смешанный груз*

mixed costs   [ind.ec.] *комбинированные затраты*

mixed economy [pol.ec.] *смешанная экономика*

mixed investment trust *смешанная инвестиционная компания, смешанный инвестиционный фонд*

mixed policy *смешанный полис*

mixed price system *смешанная ценовая система*

mix together (vb.) *смешивать*

mixture *смесь, смешивание*

mix up (vb.) *перепутать, спутать, хорошо перемешивать, хорошо размешивать*

MLC (monthly licence charge) [comp.] *ежемесячная плата за лицензию*

MLR (minimum lending rate) *минимальная ставка ссудного процента*

MMI (Major Market Index) *синтетический индекс курсов акций 20 ведущих американских корпораций*

mnemonic symbol [comp.] *мнемонический знак*

mnemonic technique *мнемонический метод*

MOA (memorandum of agreement) *оговорка в полисе об ограничении ответственности страховщика за частичное повреждение грузов;* [trans.] *меморандум о договоренности*

mobile bank [bank.] *передвижной банк*

mobility *изменчивость, маневренность, мобильность, непостоянство, перемещение, переселение, подвижность*

mobility allowance [pers.manag.] *пособие в связи с переездом*

mobility of labour [empl.] *мобильность рабочей силы, подвижность рабочей силы*

mobilization *мобилизация*

mobilize (vb.) *делать подвижным, мобилизовать, пускать деньги в обращение*

mobilize funds (vb.) *мобилизовать денежные фонды*

mock *копирование, подделка*

mock (adj.) *ложный, мнимый, поддельный, суррогатный, фальшивый*

mock court [legal] *пародия на суд*

mock trial [legal] *видимость судебного процесса, инсценированный процесс*

mock-up *натурная модель;* [print.] *макет в натуральную величину*

modality *модальность*

mode [comp.] *вид, метод, образ, принцип работы, способ, форма*

model *макет, модель, образец, тип, шаблон*

model contract [legal] *типовой договор*

model form [calc.] *типовая форма*

modem [comp.] *модем, модулятор-демодулятор*

mode of communication *способ связи, средство общения*

mode of operation *способ действия;* [comp.] *принцип работы*

mode of payment *форма платежа*

moderate (vb.) *председательствовать, сдерживать, смягчать*

moderate (adj.) *доступный (о ценах), посредственный, сдержанный, средний, умеренный*

moderate increase *умеренный прирост*

moderate policy *осторожная политика*

moderate price *доступная цена, умеренная цена*

moderation *сдержанность, умеренность*

modern (adj.) *новый, современный*

modernization *модернизация*

modernization loan *ссуда на модернизацию*

modernize (vb.) [г.е.] *модернизировать, придавать современный характер*

modernize legislation (vb.) [legal] *совершенствовать законодательство*

modest (adj.) *небольшой, ограниченный, сдержанный, скромный, умеренный*

modest gains [exc.] *умеренная прибыль*

modest income *умеренный доход*

modest loss   *небольшой ущерб*

modest profit   *умеренная прибыль*

modest trade   [exc.] *ограниченная торговля*

modifiable (adj.)   *изменяемый, поддающийся изменению*

modification   *вариант, видоизменение, изменение, модификация, разновидность*

modification of articles of association   [bus.organ.] *внесение изменений в устав акционерного общества*

modify (vb.)   *видоизменять, изменять, корректировать, модифицировать, смягчать, снижать*

modify a letter of credit (vb.)   *вносить изменения в аккредитив*

module   *единица измерения, модуль*

modus   *образ, способ*

MOFF (multiple option financing facility)   [bank.] *кредитная программа, дающая заемщику возможность выбора форм получения средств*

moiety   *доля, половина, часть*

molest (vb.)   [leg.pun.] *досаждать, приставать*

molestation   [leg.pun.] *надоедание, приставание*

moment   *важность, данный момент, значение, мгновение, момент, определенное время*

moment of purchase   [mark.] *момент покупки*

monday feeling   [pers.manag.] *нежелание работать после воскресенья*

monday morning sickness   [pers.manag.] *плохое самочувствие в начале рабочей недели*

monetarism   [pol.ec.] *монетаризм, монетаристская доктрина*

monetarist   *монетарист, сторонник монетаристской доктрины*

monetary (adj.)   *валютный, монетарный, монетный;*
[monet.trans.] *денежный, кредитно-денежный*

monetary agreement   *валютное соглашение*

monetary amount   *денежная сумма*

monetary area   [monet.trans.] *валютная зона*

monetary arrangement   *валютное соглашение*

monetary authorities   *руководящие денежно-кредитные учреждения*

monetary authority   *руководящее денежно-кредитное учреждение*

monetary base   *денежная база, монетарная база*

monetary claim   [legal] *денежная претензия, денежное требование*

monetary compensatory amount (MCA)   *сумма валютной компенсации*

monetary conditions   [monet.trans.] *состояние валютного рынка*

monetary consideration   *денежное встречное удовлетворение*

monetary convention   *конвенция по денежным вопросам*

monetary cooperation   *сотрудничество в сфере валютных отношений*

monetary correction   [pol.ec.] *валютное регулирование*

monetary credit   *денежный кредит*

monetary damage   [legal] *денежный ущерб*

monetary damages   *денежные убытки*

monetary debt   *денежный долг*

monetary deficit   *валютный дефицит*

monetary depreciation   [pol.ec.] *обесценивание денег*

monetary gold stock   *золотой запас в денежном выражении*

monetary institution   *финансовое учреждение*

monetary item   *денежная единица*

monetary manipulation   [fin.] *манипуляция с валютой*

monetary manipulations   [fin.] *манипуляции с валютой*

monetary parity   [monet.trans.] *валютный паритет*

monetary penalty   [leg.pun.] *денежный штраф*

monetary policy   *валютная политика, денежно-кредитная политика, монетарная политика*

monetary policy authorities   [pol.ec.] *органы, определяющие денежно-кредитную политику*

monetary policy authority   [pol.ec.] *орган, определяющий денежно-кредитную политику*

monetary policy instrument [pol.ec.] *инструмент денежно-кредитной политики*

monetary policy measure [pol.ec.] *показатель денежно-кредитной политики*

monetary policy objective [pol.ec.] *цель денежно-кредитной политики*

monetary reform *денежная реформа*

monetary rehabilitation [pol.ec.] *оздоровление денежного обращения*

monetary restraint [pol.ec.] *валютное ограничение*

monetary standard *денежный стандарт*

monetary system *денежная система*

monetary transaction *валютная операция, валютная сделка, денежная операция, денежная сделка*

monetary union *денежный союз, монетный союз;* [monet.trans.] *валютный союз*

monetary unit *единица валюты;* [monet.trans.] *денежная единица*

monetary upsets [monet.trans.] *потрясения денежной системы*

monetary variability *неустойчивость валюты*

monetary variable *денежная переменная величина, денежный фактор*

monetization *выпуск денег в обращение, установление металлического содержания денег;* [pol.ec.] *превращение в деньги*

monetize (vb.) *вводить металлический стандарт, выпускать деньги в обращение, перечеканивать металл в монету, превращать в деньги, устанавливать металлическое содержание денег*

money *деньги, платёжное средство*

money-and-credit (adj.) [pol.ec.] *денежно-кредитный*

money at call *деньги до востребования, онкольная ссуда;* [bank.] *ссуда до востребования*

money at call and at short notice [bank.] *онкольная краткосрочная ссуда*

money back guarantee *гарантия возврата платы за товар*

money broker *маклер на денежном рынке*

money-center bank *банк, наиболее активно оперирующий на денежном рынке, банк в ведущем финансовом центре*

money claim [legal] *денежное требование*

money compensation [ins.] *денежное возмещение;* [legal] *денежная компенсация*

money down *наличные деньги*

money economy [pol.ec.] *денежная экономика*

money flow *движение денег по каналам обращения*

money flows *денежные потоки*

money holding *денежный резерв*

money illusion *'денежная иллюзия' (ориентация на номинальные, а не на дефлированные денежные знаки)*

money in circulation *деньги в обращении*

money income *денежный доход, доход в денежном выражении*

money-income ratio [bank.] *отношение суммы денег к доходу*

moneylender *кредитор, ссудодатель*

moneylending *кредитование, предоставление ссуды*

moneylending business [bank.] *операции по кредитованию*

money liabilities *денежные обязательства*

money loan *денежная ссуда*

money market [fin.] *денежный рынок, рынок краткосрочного капитала*

money market CD [stock] *депозитный сертификат денежного рынка*

money market certificate of deposit [stock] *депозитный сертификат денежного рынка*

money market convention (of interest calculation) [fin.] *соглашение денежного рынка (о расчёте процентов)*

money market convention of interest calculation [fin.] *соглашение денежного рынка о расчёте процентов*

money market fund *фонд денежного рынка*

money market instrument   [stock] *ценная бумага денежного рынка*
money market intervention   *интервенция на валютном рынке*
money market lending   [bank.] *кредитование на денежном рынке*
money market mutual fund   *инвестиционный фонд открытого типа, вкладывающий средства в краткосрочные обязательства*
money market operations   *операции на денежном рынке, сделки на рынке краткосрочного капитала*
money market paper   [stock] *ценная бумага денежного рынка*
money market papers   [stock] *ценные бумаги денежного рынка*
money market rate (of interest)   [bank.] *ставка процента денежного рынка*
money market rate of interest   [bank.] *ставка процента денежного рынка*
money market securities   [stock] *ценные бумаги денежного рынка*
money market security   [stock] *ценная бумага денежного рынка*
money measure   [post] *стоимостной показатель*
money order   [bank.] *денежный перевод, платежное поручение*
money order form   [post] *бланк денежного перевода*
money parcel   [post] *денежная посылка*
money payment   *денежный платеж*
money rate   [bank.] *ставка процента по денежным операциям*
money rate of return   [fin.] *норма прибыли в денежном выражении*
money representative   *финансовый представитель*
money representatives   *финансовые представители*
moneys   *денежные суммы, монетная система валюты*
money saving   [pol.ec.] *денежные накопления, денежные сбережения*
money stock   *денежная масса, сумма денег в обращении*
money supply   *денежная масса, количество денег, сумма денег в обращении*
money supply figures   *данные о количестве денег, данные о сумме денег в обращении*
money supply target   *мера денежной массы в обращении*
money transfer   [bank.] *денежный перевод*
money transmission   [bank.] *перевод денег*
money trap   *нечувствительность нормы процента к изменениям денежной массы*
money troubles   *денежные затруднения, финансовые проблемы*
money value   *денежная оценка, оценка в денежном выражении, оценка в ценностном выражении*
monism   [legal] *монизм*
monitor   *видеоконтрольное устройство;* [comp.] *видеомонитор, датчик, диспетчер, контрольное устройство, контрольно-измерительное устройство, монитор, предупредительное устройство, управляющая программа*
monitor (vb.)   *наставлять, осуществлять мониторинг, советовать;* [comp.] *контролировать, осуществлять текущий контроль*
monitoring   *дозиметрический контроль, контрольная проверка, мониторинг;* [comp.] *диспетчерское управление;* [prod.] *наблюдение, текущий контроль*
monitoring of legality   *проверка законности*
monitoring system   *система мониторинга, система текущего контроля*
monitor the receipt of revenue (vb.)   *контролировать получение дохода*
monochrome display   *монохроматический дисплей;* [comp.] *монохромный дисплей*
monogamy   *единобрачие, моногамия*
monogram   *монограмма*
Monopolies Act   *закон о монополиях*
Monopolies and Mergers Act   *Закон о монополиях и слиянии компаний (Великобритания)*
Monopolies and Mergers Commission   *Комиссия по монополиям и слиянию компаний (Великобритании)*

Monopolies and Restrictive Practices Act   *закон о монополиях и нарушении свободы конкуренции*

monopolies legislation   *законодательство о монополиях*

monopolist   *монополист*

monopolistic (adj.)   *монополистический*

monopolistic competition   *монополистическая конкуренция*

monopolistic undertaking   *монополистическое предприятие*

monopolization   *монополизация*

monopolize (vb.)   *монополизировать*

monopoly   *исключительное право, монополистическая компания, монополистическое объединение;* [ec.] *монополия*

monopoly laws   *законодательство о монополиях*

monopoly of initiative   *монопольная инициатива*

monopoly on, have a (vb.)   *иметь монополию*

monopsony   [pol.ec.] *монополия одного покупателя, монопсония*

month   *месяц, месячник*

month-end account   [ind.ec.] *расчет на конец месяца*

month-end accounts   [ind.ec.] *месячный отчет*

month-end figures   [ind.ec.] *показатели на конец месяца*

monthly   *ежемесячник, ежемесячно, ежемесячное периодическое издание, каждый месяц, раз в месяц*

monthly (adj.)   *ежемесячный, месячный*

monthly account   *ежемесячный расчет, ежемесячный счет*

monthly accounts   *ежемесячный отчет*

monthly account terms   *условия ежемесячного расчета*

monthly average   *среднемесячное значение*

monthly balance   *месячный баланс*

monthly balance of advances   *месячный баланс по авансам*

monthly balance sheet   [ind.ec.] *месячный балансовый отчет*

monthly basis   *месячная основа, месячное исчисление*

monthly charter   [nav.] *договор страхования судна с помесячной оплатой*

monthly expenditure   *месячные затраты, месячные расходы, расходы за месяц*

monthly income   *месячный доход*

monthly index   *месячный индекс*

monthly interest   *месячный процент*

monthly licence charge (MLC)   [comp.] *ежемесячная плата за лицензию*

monthly magazine   [media] *ежемесячный журнал*

monthly pay   [empl.] *ежемесячный платеж*

monthly payment   *ежемесячный платеж*

monthly payment of wages   [empl.] *ежемесячная выплата заработной платы*

monthly price index   *месячный индекс цен*

monthly production   *месячная выработка, месячная производительность*

monthly recurring expenses   *периодические ежемесячные расходы*

monthly rent   [r.e.] *месячная арендная плата*

monthly report   *месячный отчет*

monthly salary   [empl.] *месячный оклад*

monthly savings   *сбережения за месяц;* [bank.] *экономия за месяц*

monthly settlement   *ежемесячный расчет*

monthly statement of account   [bank.] *ежемесячная выписка с банковского лицевого счета клиента*

monthly statement of the accounts   *ежемесячная выписка с банковских лицевых счетов клиентов*

month notice   *уведомление за месяц*

months, over a period of three   *за квартал*

monument   *монумент, памятник*

Moody's Investors Service   *'Мудиз инвесторз сервис' (ведущее агенство по установлению рейтингов ценных бумаг, США)*

moonlight (vb.) [empl.] *подрабатывать, работать в двух местах, работать по совместительству*

moonlighter (adj.) *работающий в двух местах, работающий по совместительству*

moonlighting [empl.] *работа в двух местах, работа по совместительству*

mooring [nav.] *постановка на два якоря, постановка на мертвый якорь, швартовка*

moot *учебный судебный процесс в юридической школе*

moot (vb.) *дискутировать, обсуждать, ставить вопрос на обсуждение*

moot (adj.) *спорный*

moot court [legal] *помещение для учебных судебных процессов*

moot point *спорный вопрос*

mopping-up of purchasing power [pol.ec.] *прекращение покупательной способности*

moral *мораль*

moral (adj.) *моральный, нравственный, этический*

moral conduct *нравственное поведение*

moral hazard [ins.] *моральный риск*

moral obligation *натуральное обязательство*

moral right [aut.right] *моральное право*

moratorium *срок моратория;* [legal] *мораторий*

moratory legislation [legal] *законодательство, дающее отсрочку платежа*

more details *более подробно*

more or less *более или менее, до некоторой степени, приблизительно*

more than *более чем*

morning paper [media] *утренняя газета*

morning report *утренняя сводка*

Moroccan dirham (MAD) [monet.trans.] *марокканский дирхам*

mortality *коэффициент смертности, падеж скота, снятие с эксплуатации;* [ins.] *выбываемость, доля выбытия объектов основного капитала, смертность, срок службы, уровень выбытия объектов основного капитала*

mortality curve [ins.] *кривая смертности*

mortality loss [ins.] *потери в результате повышения смертности*

mortality profit [ins.] *прибыль за счет снижения смертности*

mortality rate [ins.] *коэффициент смертности*

mortality risk [ins.] *риск смертности*

mortality table *таблица дожития;* [ins.] *возрастная таблица смертности, таблица смертности*

mortgage [r.e.] *заклад, закладная, залог, ипотека, ипотечный залог*

mortgage (vb.) *закладывать, получать ссуду под недвижимость;* [legal] *ручаться;* [r.e.] *связывать себя обещанием, связывать себя обязательствами*

mortgageable limit [r.e.] *ипотечное ограничение, предельная сумма ипотечного кредита*

mortgage advance *ссуда под залог*

mortgage advancing with redemption of prior mortgage [r.e.] *получение ссуды под залог с погашением предыдущей закладной*

mortgage advancing with the redemption of prior mortgage [r.e.] *получение ссуды под залог с погашением предыдущей закладной*

mortgage advancing with the redemption of prior mortgage(s) [r.e.] *получение ссуды под залог с погашением предыдущей закладной*

mortgage-backed security [stock] *ценная бумага, обеспеченная закладной*

mortgage bank *ипотечный банк*

Mortgage Bank and Financial Administration Agency of the Kingdom of Denmark *Ипотечный банк и административно-финансовое управление Дании*

mortgage bond [r.e.] *закладная;* [stock] *облигация, обеспеченная закладной на недвижимость, облигация для финансирования ипотечных кредитов*

mortgage borrowing [r.e.] *ипотечный заем*

mortgage by demise [r.e.] *залог недвижимости с передачей в аренду*

mortgage certificate [r.e.] *закладной сертификат, ипотечное свидетельство*

mortgage claim [r.e.] *требование по ипотеке*

mortgage credit [r.e.] *ипотечный кредит, кредит под недвижимость*

Mortgage Credit Act *закон об ипотечном кредите*

mortgage credit activity *операции с ипотечным кредитом*

mortgage credit association *ассоциация, занимающаяся ипотечным кредитом*

mortgage credit bond [stock] *долговое обязательство ипотечного кредита, облигация ипотечного кредита*

mortgage credit business *операции по ипотечному кредиту*

mortgage credit fund *фонд ипотечного кредита*

mortgage credit institute [r.e.] *общество ипотечного кредита*

mortgage credit lending *ипотечное кредитование*

mortgage credit limitation *ограничение ипотечного кредита*

mortgage credit limited company *компания с ограниченной ответственностью по ипотечному кредиту*

mortgage credit loan [r.e.] *ссуда под ипотечный кредит*

mortgage creditor [r.e.] *кредитор по ипотеке*

mortgage credit rationing *рационирование ипотечного кредита*

Mortgage Credit Reform *реформа ипотечного кредита*

mortgage credit related loans *ссуды, связанные с ипотечным кредитом*

mortgage credit sector *сектор ипотечного кредита*

mortgage credit terms *условия ипотечной ссуды*

mortgage debenture [ind.ec.] *долговое обязательство, обеспеченное закладной на недвижимость;* [stock] *облигация, используемая для финансирования ипотечных кредитов, облигация, обеспеченная ипотекой на заемльный участок*

mortgage debt [r.e.] *ипотечная задолженность*

mortgage debtor [r.e.] *должник по закладной*

mortgage debt secured on real property [r.e.] *ипотечная задолженность, обеспеченная недвижимостью*

mortgage deed [r.e.] *залоговый сертификат, ипотечное свидетельство*

mortgage deed for a limited amount [legal] *ипотечное свидетельство на ограниченную сумму*

mortgage deed for limited amount *ипотечное свидетельство на ограниченную сумму*

mortgage deed form *бланк залогового сертификата;* [r.e.] *бланк ипотечного свидетельства*

mortgage deed in owner-occupied flat *залоговый сертификат на квартиру, занятую ее владельцем*

mortgage deed market *рынок залоговых сертификатов*

mortgage deed on movable property [legal] *залоговый сертификат на движимое имущество*

mortgage deed portfolio [bank.] *портфель залоговых сертификатов*

mortgage deed registered to *залоговый сертификат, зарегистрированный на имя*

mortgage deed registered to mortgagor *залоговый сертификат, зарегистрированный на имя должника по закладной*

mortgage deed registered to owner *залоговый сертификат, зарегистрированный на имя владельца*

mortgage deed registered to owner of flat *залоговый сертификат, зарегистрированный на имя владельца квартиры*

mortgage deed registered to seller *залоговый сертификат, зарегистрированный на имя продавца*

mortgage deed registered to the mortgagor   *залоговый сертификат, зарегистрированный на имя должника по закладной*

mortgage deed registered to the owner   *залоговый сертификат, зарегистрированный на имя владельца*

mortgage deed registered to the property owner   *залоговый сертификат, зарегистрированный на имя владельца собственности*

mortgage deed registered to the seller   *залоговый сертификат, зарегистрированный на имя продавца*

mortgage delinquency   [r.e.] *непогашение в срок ипотечной ссуды*

mortgage document   [r.e.] *залоговый документ, ипотечное свидетельство*

mortgaged property   [legal] *заложенное имущество*

mortgage due   *ипотечный сбор*

mortgagee   *кредитор по ипотечному кредиту;* [r.e.] *залогодержатель, кредитор по закладной*

mortgagee in possession   [r.e.] *кредитор по закладной, вступивший во владение*

mortgage expenses   [r.e.] *ипотечные издержки*

mortgage financing   *ипотечное финансирование*

mortgage guarantee insurance   [r.e.,ins.] *гарантийное страхование ипотечной задолженности*

mortgage instalment   [r.e.] *очередной ипотечный взнос*

mortgage insurance   [r.e.,ins.] *страхование ипотечной задолженности*

mortgage interest   [r.e.,tax.] *процент по закладной*

mortgage interest allowance   [r.e.,tax.] *скидка с процента по закладной*

mortgage interest deduction   [r.e.,tax.] *вычет с процента по закладной, скидка с процента по закладной*

mortgage interest relief at source (MIRAS)   [tax.] *скидка с процента по закладной у источника*

mortgage lending   [r.e.] *ипотечное кредитование*

mortgage limitation   [r.e.] *ипотечное ограничение*

mortgage loan   [r.e.] *ипотечная ссуда, ипотечный кредит, ссуда под закладную, ссуда под недвижимость*

mortgage loan activity   [r.e.] *ипотечное кредитование*

mortgage loans   [r.e.] *ипотечные ссуды*

mortgage of ship   [nav.] *залог судна*

mortgage on chattels   [legal] *закладная на движимое имущество*

mortgage on land   [legal] *закладная на земельную собственность*

mortgage on movable property   [legal] *закладная на движимое имущество*

mortgage on personal property   *закладная на личную собственность;* [legal] *закладная на индивидуальную собственность*

mortgage on real property   [r.e.] *закладная на недвижимость*

mortgage plus advance   [r.e.] *залог и аванс*

mortgage protection assurance   [r.e.,ins.] *страхование погашения ипотечной задолженности*

mortgage protection policy   [r.e.,ins.] *полис страхования погашения ипотечной задолженности*

mortgage ranking   [r.e.] *ранжирование закладных*

mortgage rate   *ставка процента по закладной*

mortgage real property   (vb.) *закладывать недвижимость, получать ссуду под недвижимость*

mortgage repayable by instalments   [r.e.] *закладная, подлежащая погашению в рассрочку*

mortgages of equal priority   [r.e.] *закладные, имеющие одинаковый приоритет*

mortgages payable   [r.e.] *закладные, подлежащие погашению*

mortgages ranking pari passu   [r.e.] *закладные, имеющие одинаковый паритет*

mortgage term   *срок закладной*

mortgaging   [r.e.] *предоставление ипотечного кредита, сдача в залог*

mortgaging costs [r.e.] *ипотечные издержки*

mortgaging real property [r.e.] *недвижимость, подлежащая сдаче в залог*

mortgagor [r.e.] *должник по закладной, должник по ипотечному залогу, заемщик в ипотечном кредите, залогодатель, лицо, закладывающее недвижимость*

most favoured nation (MFN) [cust.] *страна, пользующаяся статусом наибольшего благоприятствования*

most-favoured-nation clause [cust.] *оговорка о предоставлении стране статуса наибольшего благоприятствования*

most-favoured-nation treatment (MFN treatment) [cust.] *режим наибольшего благоприятствования*

most favoured reinsurer clause [ins.] *оговорка о перестраховщике, пользующемся наибольшим благоприятствованием*

most important problems *самые важные проблемы*

most recent (adj.) *новый, самый последний, самый свежий*

most traded shares [exc.] *акции, пользующиеся наибольшим спросом*

mothballs, put in (vb.) *ставить на консервацию*

mother *источник, мать*

motion *движение;* [legal] *ходатайство;* [parl.] *предложение*

motion (vb.) *вносить предложение*

motion for a resolution [EEC] *предложение принять резолюцию*

motion for judgment [legal] *предложение о приговоре*

motion study *изучение трудовых движений*

motivate (vb.) *мотивировать, побуждать, правдоподобно объяснять*

motivated (adj.) *мотивированный, обоснованный*

motivation *изложение мотивов, мотивация, мотивировка, побуждение, поощрение, стимулирование, стимулирующий фактор*

motivational analysis *исследование мотиваций;* [mark.] *мотивационный анализ*

motivational research *исследование мотиваций;* [mark.] *мотивационный анализ*

motivation for a proposal *обоснование предложения*

motivation for proposal *обоснование предложения*

motive *мотив, побуждение, повод;* [mark.] *основание, побудительная причина, стимул*

motive (vb.) *побуждать, служить мотивом, служить причиной*

motive (adj.) *движущий, движущийся*

motive force *движущая сила*

motive power *движущая сила*

motorailer *автомотриса*

motorcade *автоколонна, вереница автомобилей, колонна автотранспорта, кортеж автомобилей*

motorcar *легковой автомобиль, моторный вагон*

motorcar insurance [ins.] *страхование автомобильного транспорта, страхование легковых автомобилей*

motorcar phone [telecom.] *телефон, установленный в автомобиле*

motorcar third party liability insurance [ins.] *страхование гражданской ответственности автомобилистов от убытков, причиненных третьим лицам*

motor cycle insurance [ins.] *страхование мотоциклов*

motorhandicapped *получивший травму в автомобильной катастрофе*

motor insurance [ins.] *страхование автомобилей*

motor insurance sector [ins.] *отдел страхования автомобилей*

motorist *автомобилист, водитель автомобиля*

motor third party insurance [ins.] *страхование гражданской ответственности автомобилистов*

motor vehicle *автотранспортное средство;* [trans.] *автомобиль*

motor vehicle duty [tax.] *налог на автотранспортное средство*

motor vehicle insurance claim   [ins.] *заявление о выплате страхового возмещения владельцу автомобиля*

motor vehicle passenger insurance   [ins.] *страхование пассажиров автомобилей от несчастных случаев*

motor vehicle tax   [tax.] *налог на автомобиль*

motor vessel (M/V)   *дизельное судно;* [nav.] *теплоход*

motorway   *автомагистраль, автострада*

MOU (Memorandum of Understanding)   [EEC] *меморандум договоренности, меморандум о согласованных пунктах*

mount (vb.)   *возрастать;* [prod.] *монтировать, повышаться, собирать, устанавливать*

mountain   *гора, масса, множество*

mounting   [prod.] *монтаж, установка*

mouse   [comp.] *координатный манипулятор типа 'мышь'*

movable (adj.)   *передвижной, переносной, подвижный*

movable article   *предмет движимого имущества*

movable property   [legal] *движимое имущество*

movables   [legal] *движимое имущество, движимость*

movable tangible assets   [calc.] *движимые материальные ценности*

move   *движение, действие, мероприятие, переезд на другое место жительства, перемена положения, поступок, шаг;* [r.e.] *перемена места жительства, трудовое движение;* [trans.] *мера*

move (vb.)   *двигать, делать заявление;* [parl.,bus.organ.] *вносить предложение;* [r.e.] *изменяться, перемещать*

move an amendment (vb.)   [parl.] *вносить поправку*

move house (vb.)   [r.e.] *менять место жительства*

move in (vb.)   *въезжать*

movement   *движение, динамика, изменение цен, общественная деятельность, оживление, передвижение, переезд, перемещение, переселение, трудовое движение*

movement certificate   *сертификат на перевозку товара*

movement of funds   [fin.] *движение фондов*

movement of goods   *движение товаров*

movement on an account   *движение денежных средств на счете*

move out (vb.)   *выдвигать, съезжать*

move that (vb.)   *предлагать*

move the market (vb.)   [exc.] *продвигать товар на рынок*

moving   *движение, перемещение*

moving (adj.)   *движущийся, перемещающийся, подвижный*

moving average   *скользящее среднее*

moving force   *движущая сила*

moving in   [r.e.] *въезд*

MP (Member of Parliament)   [parl.] *член парламента (Великобритания)*

MPER (maximum potential error rate)   [stat.] *максимально возможная частота появления ошибок*

MSBL (missing bill of lading)   [nav.] *недостающий коносамент*

MSCA (missing cargo)   [nav.] *недостающий груз*

MTL (Maltese lira)   [monet.trans.] *мальтийская лира*

MTTN (multiple tranche tap note)   [stock] *среднесрочная евробумага, выпускаемая несколькими траншами по мере появления спроса*

much-advertised product   [adv.] *широко рекламируемая продукция*

muddle   *беспорядок, неразбериха, путаница, смешанная компания, смешанное общество*

muddle (vb.)   *вносить беспорядок, нарушать порядок, портить, путать, смешивать*

multiannual (adj.)   *многолетний*

multicurrency (adj.)   *мультивалютный;* [legal] *многовалютный*

multicurrency clause   [legal] *мультивалютная оговорка*

multidigit (adj.)   *многозначный, многоразрядный*

multifaceted (adj.)   *многогранный, многосторонний*

multifamily house   *многосемейный дом*

multifarious (adj.) *разнообразный*

multilateral (adj.) *многосторонний*

multilateral agreement *многостороннее соглашение*

multilateral aid *многосторонняя помощь*

multilateral arrangement *многостороннее соглашение, многосторонняя договоренность*

multilateral commercial treaty *многосторонний торговый договор*

multilateral guarantee fund *многосторонний гарантийный фонд*

multilateral payments arrangement *многосторонняя договоренность о платежах*

multilateral system of payments *многосторонняя система расчетов*

multilateral trade agreement *многостороннее торговое соглашение*

multilingual (adj.) *многоязычный*

multimedia (adj.) *использующий несколько средств массовой информации*

multimedia advertising [media] *реклама с использованием нескольких средств массовой информации*

multimodal transports [trans.] *смешанные перевозки*

multinational (adj.) *многонациональный*

multinational advertising [adv.] *многонациональная реклама*

multinational company [bus.organ.] *многонациональная компания*

multinational corporation [bus.organ.] *многонациональная корпорация*

multipack (adj.) *многопродуктовый*

multiperson household *семья, состоящая из нескольких человек*

multiple *кратное число;* [fin.] *кратная сумма*

multiple (adj.) *многочисленный, множественный, сложный, со сложной структурой, составной;* [mat.] *многократный*

multiple correlation [stat.] *множественная корреляция*

multiple currency accounting [book-keep.] *бухгалтерский учет в нескольких валютах*

multiple currency option bond [stock] *облигация, выпущенная в нескольких валютах*

multiple dwelling *многоквартирный дом*

multiple exchange rates *множественные валютные курсы*

multiple factor analysis *многофакторный анализ*

multiple insurance [ins.] *многократное страхование*

multiple option financing facility (MOFF) [bank.] *кредитная программа, дающая возможность выбора форм получения средств*

multiple perils insurance for cinemas [ins.] *страхование кинотеатров от различных опасностей*

multiple shop *однотипный магазин одной фирмы*

multiple shops *однотипные магазины одной фирмы*

multiple step income statement [calc.] *сводный отчет о результатах хозяйственной деятельности*

multiple store *однотипный магазин одной фирмы*

multiple stores *однотипные магазины одной фирмы*

multiple tranche issue [exc.] *облигационный выпуск с несколькими траншами*

multiple tranche tap note (MTTN) [stock] *среднесрочная евробумага, выпускаемая несколькими траншами по мере появления спроса*

multiple voting share [stock] *акция с несколькими голосами*

multiplication [mat.] *умножение*

multiplicity *кратность, многочисленность, разнообразие, сложность*

multiplicity of actions [legal] *множество судебных исков*

multiplicity of claims [legal] *множество претензий*

multiplicity of suits [legal] *множество судебных исков*

multiplier [mat.] *множитель;* [pol.ec.] *коэффициент*

multiply by (vb.) [mat.] *умножать*

multiprogramming [comp.] *мультипрограммирование*

multiprogramming system [comp.] *система, работающая в мультипрограммном режиме*

multipurpose (adj.) *комплексный, многоцелевой*

multistage sampling *многоступенчатый выборочный контроль*

multistage tax [tax.] *многоступенчатый налог*

multistorey apartment building *многоэтажный многоквартирный дом*

multistorey block of flats *многоэтажный многоквартирный дом*

multistorey house *многоэтажный дом*

multitrip package *упаковка многоразового использования*

multiunit firm [ind.ec.] *фирма с несколькими отделениями*

multiuser computer *многопользовательская вычислительная машина;*
  [comp.] *многоабонентская вычислительная машина*

multiuser system [comp.] *система коллективного пользования*

multivehicle pile-up *дорожная пробка*

municipal (adj.) *городской, коммунальный, муниципальный,*
  общественный, самоуправляющийся

municipal accounts *муниципальные счета*

municipal administration *городская администрация, муниципальные*
  власти

municipal architect's office *управление архитектора города*

municipal arms *герб города*

municipal board *муниципальный совет*

municipal bond [stock] *муниципальная облигация*

municipal building licence *лицензия на городское строительство*

municipal charter *муниципальный устав*

municipal corporation *муниципалитет, муниципальная корпорация*

municipal council *городской совет, муниципальный совет*

municipal councillor *член городского совета, член муниципального*
  совета

municipal department *муниципальный отдел*

municipal domicile *домициль в определенном административном*
  подразделении страны, муниципальный домициль

municipal election *муниципальные выборы*

municipal government *местное самоуправление, местный орган*
  власти, муниципалитет

municipal guarantee *муниципальная гарантия, поручительство*
  городских властей

municipal hospital *муниципальная больница*

municipality *город, имеющий самоуправление, городское*
  самоуправление, муниципалитет, управление по
  муниципальному принципу

municipality-controlled company *компания, контролируемая*
  муниципалитетом

municipality for tax purposes [tax.] *управление по муниципальному*
  принципу в целях налогообложения

municipality of domicile *местный орган самоуправления*

municipal law [legal] *внутреннее право страны,*
  внутригосударственное право

municipal loan *муниципальная ссуда, муниципальный заём*

Municipal Loans Fund *муниципальный кредитный фонд*

municipal management *городская администрация*

municipal office *муниципальное управление*

municipal offices *муниципальные управления*

Municipal Pension Insurance Company *муниципальная компания по*
  пенсионному страхованию

municipal production *муниципальное производство*

municipal road *муниципальная дорога*

municipal seal *печать муниципалитета*

municipal security [stock] *муниципальная ценная бумага*

municipal self-government *муниципальное самоуправление*

municipal tax [tax.] *муниципальный налог*

municipal taxation [tax.] *муниципальное налогообложение*

municipal taxes and charges [tax.] *муниципальные налоги и сборы*

municipal town planning scheme   [plan.] *муниципальная программа городского планирования*

municipal treasurer   *заведующий финансовым отделом муниципалитета*

municipal treasurer's department   *финансовый отдел муниципалитета*

municipal water supply   *городское водоснабжение*

municipal worker   *муниципальный служащий*

muniments   *документ о правах, документ о привилегиях*

muniments of title   *документ о правовом титуле;*
   [legal] *документальное доказательство правового титула*

murder   [leg.pun.] *преднамеренное убийство, тяжкое убийство, убийство с заранее обдуманным намерением, умышленное убийство*

murder and robbery   [leg.pun.] *убийство с целью ограбления*

murderer   [leg.pun.] *убийца*

murder in the first degree   [leg.pun.] *тяжкое убийство первой степени*

murder in the second degree   [leg.pun.] *тяжкое убийство второй степени*

murder without malice aforethought   [leg.pun.] *убийство без заранее обдуманного намерения*

musical instruments insurance   [ins.] *страхование музыкальных инструментов*

muster   [nav.] *осмотр, проверка*

muster roll   [nav.] *список лиц судового экипажа*

mutation   [ins.] *изменение, перемена*

mutatis mutandis   *внося необходимые изменения, с необходимыми изменениями, с соответствующими изменениями*

mutiny   [nav.] *бунт, мятеж*

mutual (adj.)   *взаимный, обоюдный, общий, совместный, соответственный*

mutual aid   *взаимное содействие, взаимопомощь*

mutual assistance   *взаимное содействие, взаимопомощь*

mutual company   *компания на взаимных началах*

mutual debts   *взаимные обязательства*

mutual ECU settlements accounts system (MESA)   [bank.] *система взаимных клиринговых расчетов в ЭКЮ*

mutual fund   *взаимный фонд*

mutual fund share   *доля во взаимном фонде*

mutual influence   *взаимное влияние*

mutual insurance   [ins.] *взаимное страхование*

mutual insurance association   [ins.] *ассоциация взаимного страхования*

mutual insurance company   [ins.] *компания взаимного страхования*

mutual insurance society   [ins.] *общество взаимного страхования*

mutual investments   *взаимные инвестиции*

mutuality   *взаимность, обоюдность, оказание помощи, оказание содействия*

mutual judicial assistance   [law nat.] *взаимная судебная помощь*

mutual life assurance   [ins.] *взаимное страхование жизни*

mutually exclusive (adj.)   *взаимоисключающий, несовместимый*

mutual obligations   [legal] *взаимные обязательства*

mutual purchases of share capital   *совместные закупки акционерного капитала*

mutual recognition   *взаимное признание*

mutual relations   *взаимоотношения*

mutual right of action   [legal] *взаимное право на иск*

mutual savings bank   [bank.] *взаимно-сберегательный банк (США)*

mutual society   *совместное общество*

mutual testament   [suc.] *совместное завещание*

mutual will   [suc.] *совместное завещание*

mutuum   [legal] *взаимообразная передача товаров*

M/V (motor vessel) [nav.] *моторное судно*
MXP (Mexican peso) [monet.trans.] *мексиканское песо*
MYSE (New York Stock Excange) *Нью-Йоркская фондовая биржа*
M & A (mergers and acquisitions) *слияние и приобретение*

naked debenture *необеспеченное долговое обязательство*

naked position [exc.] *незахеджированная позиция, рыночная позиция, не защищенная от ценового риска*

naked warrant [stock] *варрант, выпущенный вне связи с конкретными облигациями*

name *именная записка, по которой производится передача акций, имя, название, наименование, обозначение, фамилия, член страхового синдиката Ллойда, член страхового синдиката Ллойдса*

name (vb.) *давать имя, назначать цену, называть*

name, by *по имени*

name and description of the debtor *сведения о должнике*

named (adj.) *поименованный*

name day [exc.] *второй день расчетного периода на Лондонской фондовой бирже*

named day [exc.] *второй день расчетного периода на Лондонской фондовой бирже*

nameless (adj.) *безымянный*

namely *именно*

name mark [com.mark.] *название торговой марки*

name of the company [bus.organ.] *название компании*

name or to the bearer, by *по имени или на предъявителя*

nameplate *марка изготовителя, фирменная табличка*

narcotic *наркотик*

narcotics *наркотики*

narcotics trade *торговля наркотиками*

narration *изложение, повествование;* [calc.] *бухгалтерский учет*

narrative *изложение, представление;* [book-keep.] *хроника;* [calc.] *учебник*

narrative form [calc.] *форма отчета*

narrative recitals *декларативная часть документа;* [legal] *констатирующая часть документа*

narrow (vb.) *ограничивать, суживать, уменьшать*

narrow (adj.) *ограниченный, подробный, точный, тщательный*

narrowing *ограничение, падение, уменьшение*

narrowing (down) *сведение на нет*

narrowing down *сведение на нет*

narrowing of interest differential *уменьшение различий в процентных ставках*

narrowing of the deficit *сокращение дефицита*

narrow limit *ограниченный предел*

narrow majority *небольшой перевес голосов, незначительное большинство*

NASD (National Association of Securities Dealers) *Национальная ассоциация дилеров по ценным бумагам (США)*

nation *государство, народ, нация, страна*

national *гражданин, гражданин представляемого государства, отечество, подданный*

national (adj.) *государственный, национальный, федеральный (США)*

national accounts *отчет об исполнении государственного бюджета*

national account statistics *статистические данные об исполнении государственного бюджета*

national administration *государственное управление, правительство (США)*

national agency [manag.] *национальное управление*

National Agency for Physical Planning *Национальное управление по практическому планированию*

National Agency of Environmental Protection *Национальное управление по охране окружающей среды*

National Agency of Environmental Protection, the *национальное агенство по охране окружающей среды*

National Agency of Industry and Trade *Национальное управление промышленности и торговли*

National Agency of Technology *Национальное управление технологии*

National Agency of Technology, the *национальное агенство по технологии*

national aid *государственная помощь*

national archives *государственный архив*

national assembly *национальная ассамблея;* [parl.] *национальное собрание*

national association *национальная ассоциация*

National Association for Building *Национальное управление по строительству*

National Association for Building, the *национальная асоциация строительства*

National Association for Enterprise *Национальная ассоциация предпринимателей*

National Association of Local Authorities *Национальная ассоциация местных органов власти*

National Association of Securities Dealers (NASD) *Национальная ассоциация дилеров по ценным бумагам (США)*

national bank *национальный банк*

national basis, on a *на национальной основе*

national board [manag.] *национальный совет*

National Board of Health *Национальное управление здравоохранения*

national boundary *государственная граница*

national budget *государственный бюджет*

National Building and Housing Agency *Национальное управление жилищного строительства*

National Bureau of Standards *Национальное Бюро стандартов (США)*

national comprehensive plan *государственный комплексный план*

national conference *национальная конференция*

national consciousness *национальное сознание*

National Consumer Agency *Национальное управление потребителей*

national corporation tax system [tax.] *национальная система налогообложения компаний*

national council *национальный совет*

national court [legal] *государственнный суд*

national day *национальный праздник*

national debt [manag.] *государственный долг*

national debt office *отдел банка по государственному долгу*

national disposable income *национальный доход после уплаты налогов*

national economics [pol.ec.] *национальная экономика*

national economy [pol.ec.] *национальная экономика*

national employment agency [empl.] *национальное управление по трудоустройству*

national event *событие государственного значения*

national executive committee [EEC] *национальный исполнительный комитет*

national expenditure *национальные расходы*

national federation *национальная федерация*

national flag *государственный флаг, национальный флаг*

National Food Agency *Национальное управление продовольствия*

National Forest and Nature Agency *Национальное управление по охране природы и лесных угодий*

National Forest and Nature Agency, the *национальное агенство лесов и природной среды*

national giro [post] *национальная система жиросчетов (Великобритания)*

national giro account   [post] *национальный жиросчет*

national group   *группа населения*

national health insurance   [ins.] *государственное страхование от болезней*

national health service   [ins.] *государственная служба здравоохранения*

national holiday   *национальный праздник*

national income   *национальный доход*

national income account   *счет национального дохода*

national income per capita   *национальный доход на душу населения*

national income per head   *национальный доход на душу населения*

national income tax   [tax.] *государственный подоходный налог*

National Institute of Social Research   *Национальный институт социальных исследований*

national insurance   [ins.] *государственное страхование*

National Insurance Act   *закон о государственном страховании (Великобритания)*

national insurance benefit   [soc.] *государственное страховое пособие*

national insurance benefits   [soc.] *система государственных страховых пособий*

national insurance contribution   [soc.] *взносы в фонд государственного страхования*

national insurance local tribunal   [soc.] *местный суд по делам государственного страхования*

nationalism   *национализм*

nationalist   *националист*

nationality   *гражданство, народ, национальная принадлежность, национальность, нация, подданство, статус гражданства*

nationality conflict   *конфликт на национальной почве*

nationalization   *национализация*

nationalize (vb.)   *национализировать*

nationalized industries   *национализированные отрасли промышленности*

National Labour Inspection   [empl.] *Национальная трудовая инспекция*

National Labour Market Authority   *Национальное управление рынка труда*

national legislation   [legal] *национальное законодательство*

national level   *государственный уровень*

national minority   *национальное меньшинство*

national one-day strike   [empl.] *общенациональная однодневная забастовка*

national pension   [soc.] *государственная пенсия*

national pension scheme   [soc.] *государственная программа пенсионного обеспечения*

national planning directive   [plan.] *директива по государственному планированию*

national police   *государственная полиция*

national police commissioner   *комиссар государственной полиции*

national policy   *государственная политика*

national price level   *уровень цен внутри страны*

national product   *национальный продукт*

national production   *отечественное производство*

national property   *государственная собственность*

national register   *система учета населения (Великобритания)*

national registration office   *государственное бюро записи актов гражданского состояния*

national revenue   [manag.] *государственные доходы*

national savings certificate   [stock] *государственный сберегательный сертификат (Великобритания)*

National Science Research Council, the   *национальный совет по научным исследованиям*

national service   [mil.] *воинская служба*

national serviceman   [mil.] *военнослужащий*

national showing   [adv.] *национальная выставка*

national status   *статус гражданина представляемого государства*

national survey   *обследование в масштабе страны*

National Survey Cadastre   *Национальный кадастр*

national tax   [tax.] *государственный налог, федеральный налог*

National Tax Tribunal   [tax.] *Государственный налоговый суд*

national trust   *государственная трастовая компания*

national union   *государственное объединение*

national wealth   *национальное богатство*

nation state   *национальное государство*

nationwide (adj.)   *всенародный, общенародный, общенациональный*

nationwide bank   *государственный банк*

nationwide bargaining   [empl.] *централизованные переговоры*

NATO (North-Atlantic Treaty Organization)   *НАТО (Организация Североатлантического договора)*

natural (adj.)   *естественный, настоящий, натуральный, обычный, понятный, природный*

natural child   *незаконнорожденный ребенок;* [law.dom.] *внебрачный ребенок*

natural father   *биологический отец*

natural gas company   *компания по снабжению природным газом*

natural guardian   [legal] *естественный опекун*

naturalization   *принятие в гражданство;* [legal] *натурализация*

naturalization papers   [legal] *документы о натурализации, документы о принятии гражданства*

naturalize (vb.)   *натурализовать, принимать в гражданство, принять в гражданство*

naturalized, become (vb.)   *принять гражданство*

naturalized citizen   *натурализованный гражданин*

natural justice   [legal] *естественное право*

natural law   [legal] *естественное правосудие*

natural monopoly   *естественная монополия*

natural number   [mat.] *натуральное число*

natural parents   *биологические родители*

natural person   [legal] *физическое лицо*

natural premium   [ins.] *натуральная тарифная ставка*

natural product   *натуральный продукт*

natural rate of interest   *естественная норма процента*

natural rate of unemployment   [empl.] *естественный уровень безработицы*

natural resources   *природные ресурсы*

natural retirement   [empl.] *естественный выход на пенсию*

natural right   *естественное право*

natural unemployment   [empl.] *естественная безработица*

natural wastage   [empl.] *естественная убыль*

nature   *класс, основное свойство, особенность, природа, род, сорт, сущность, тип, характер*

nature and extent of damage   [ins.] *характер и размер ущерба*

nature conservancy board   *управление охраны природы*

nature conservation   *охрана окружающей среды, охрана природы*

nature of liability   *характер обязательства*

nature of the case   [legal] *существо дела, сущность аргументации по делу*

nature of transaction   *тип сделки*

naught (adj.)   *бесполезный, ничтожный*

nautical error   [ins.] *навигационная ошибка*

nautical mile   [nav.] *морская миля*

naval (adj.)   *военно-морской, морской, флотский*

naval affairs   [nav.] *военно-морское ведомство*

naval authorities   [nav.] *военно-морские власти*

Naval Materiel Command   [mil.] *Командование материально-технического обеспечения военно-морских сил*

naval vessel   [mil.] *военный корабль*

navigation   [nav.] *навигация, плавание, судовождение, судоходство, штурманское дело*

navigation accident   [nav.] *судоходное происшествие*

navigational hazard   [nav.] *навигационная опасность, опасность для судоходства*

navy   [mil.] *военно-морские силы, военно-морской флот*

nay   *отрицательный ответ;* [parl.] *голос против*

NCI (New Community Instrument)   [EEC] *новый финансовый инструмент Европейского сообщества*

NCV (no commercial value)   *не имеет коммерческой ценности*

near (adj.)   *ближний, близкий*

nearby contract   [exc.] *фьючерсный контракт с истекающим сроком*

near-coast fishing   *прибрежное рыболовство*

nearest equivalent   *ближайшая альтернатива*

nearest neighbour concept   *ближайшее по смыслу понятие*

nearly   *близко, непосредственно, около, почти, приблизительно*

near market   [mark.] *ближний рынок*

near money   *активы, используемые для погашения обязательств, облигации с почти истекшими сроками;* [bank.] *активы, легко обращающиеся в наличность, квазиденьги*

necessaries   *материальные средства для содержания неправоспособного лица, необходимые предметы, необходимые услуги*

necessary (adj.)   *вынужденный, неизбежный, необходимый, неотъемлемый, нужный*

necessary expenses   *неизбежные расходы*

necessitate (vb.)   *вызывать, делать необходимым, требовать*

necessities of life   *предметы первой необходимости*

necessitous (adj.)   *бедственный, крайне стесненный, нуждающийся*

necessity   *бедность, настоятельная потребность, неизбежность, неотвратимость, нищета, нужда;* [leg.pun.] *необходимость*

need   *бедность, недостаток, необходимость, нехватка, нищета, нужда, потребность*

need (vb.)   *бедствовать, быть необходимым, иметь надобность, нуждаться, требоваться*

need, according to   *в случае необходимости*

need(s)   *потребности*

need be, if   *в случае необходимости*

needs   *запросы, нужды, потребности*

needs analysis   *анализ потребностей*

needs test   *проверка потребностей*

needs test criterion   *критерий проверки потребностей*

needy (adj.)   *нуждающийся*

negate (vb.)   *опровергать, сводить на нет*

negation   *отрицание*

negative   *запрет, недостаток, несогласие, отказ, отрицательный результат голосование, отрицательный результат голосования;* [calc.] *отрицание*

negative (vb.)   *отвергать, отклонять путем голосования, отрицать;* [legal] *делать тщетным, опровергать, отклонять*

negative (adj.)   *безрезультатный, негативный, отрицательный*

negative, in the   *отрицательно*

negative appeal   [adv.] *непривлекательность*

negative bond   [stock] *обесцененная облигация*

negative carry   [stock] *перенос на пассивную сторону баланса*

negative cash balance   [book-keep.] *отрицательный кассовый остаток*

negative clearance   [EEC] *клиринг с отрицательным сальдо*

negative confirmation   *негативное подтверждение*

negative contractual interest   [legal] *отрицательный договорный процент*

negative correlation   *отрицательная корреляция*

negative easement   [r.e.] *запретительный сервитут*

negative gross margin   [ind.ec.] *потеря валовой прибыли*

negative income tax   [tax.] *отрицательный подоходный налог*

negative net balance   *пассивный чистый баланс*

negative net capital income   *отрицательный доход от капитала*

negative picture   *пессимистическая картина*

negative pledge   [legal] *отказ от залога*

negative reply   *отрицательный ответ*

negative response   *негативная реакция, отказ*

negative sign   [mat.] *знак минус*

negative translation difference   [monet.trans.] *отрицательная разность при пересчете денежной суммы из одной валюты в другую*

negative volume variance   [ind.cc.] *уменьшение объема*

negative vote   *отклонение голосованием, отрицательный результат голосования*

neglect   *забвение, заброшенность, запущенность, невыполнение, упущение, халатность;* [legal] *небрежность, недосмотр*

neglect (vb.)   *забывать, игнорировать, не заботиться, пренебрегать, упускать;* [legal] *не обращать внимания*

neglect a duty (vb.)   *не выполнять обязанности*

neglectful (adj.)   *небрежный, невнимательный*

neglect of duty   *невыполнение обязанностей, халатность*

negligence   *безразличие, невнимание, неосмотрительность, пренебрежительное отношение;* [legal] *небрежность, недосмотр, неосторожность, равнодушие, халатность*

negligence clause   [legal] *оговорка об освобождении судовладельца от ответственности со стороны его служащих, оговорка о навигационной ошибке*

negligence of auditor   [aud.] *халатность ревизора*

negligent (adj.)   *беспечный, допущенный по небрежности, небрежный, невнимательный, неосторожный, нерадивый*

negligent act   *неосмотрительный поступок, неумышленное действие*

negligent misrepresentation   [leg.pun.] *неумышленное введение в заблуждение*

negligible (adj.)   *мелкий, незначительный, не принимаемый в расчет*

negligible factor   *незначительный фактор*

negligible importance, of   *несущественный*

negligible item   *не принимаемая в расчет позиция*

negligible risk   *пренебрежимо малый риск*

negotiability   *возможность передачи;* [stock] *возможность пуска в обращение, обращаемость, пригодность к учету, способность к обращению*

negotiable (adj.)   *могущий быть купленным, могущий быть переуступленным, могущий быть предметом переговоров, могущий быть проданным, оборотный, отчуждаемый, передаваемый, переуступаемый, свободнообращающийся*

negotiable asset   [stock] *оборотный актив*

negotiable bill of lading   [nav.] *передаваемый коносамент*

negotiable bond   [stock] *свободнообращающаяся облигация*

negotiable certificate   [stock] *свободнообращающийся сертификат*

negotiable certificate of deposit   [stock] *свободнообращающийся депозитный сертификат*

negotiable document   [stock] *оборотный документ, передаваемый денежный документ*

negotiable in all countries (adj.)   *свободнообращающийся во всех странах*

negotiable instrument   [stock] *оборотный документ, передаваемый денежный документ, свободнообращающийся варрант на предъявителя*

negotiable instrument of debt   [stock] *оборотное свидетельство долга*

negotiable order of withdrawal account (NOW account)   [bank.] *счет с обращающимся приказом об изъятии средств*

negotiable securities   [stock] *передаваемые ценные бумаги*

negotiable security   [stock] *передаваемая ценная бумага*

negotiable warehouse receipt   [wareh.] *передаваемая квитанция на груз, принятый на хранение, передаваемая товарная квитанция*

negotiant   *лицо, ведущее переговоры, посредник, представитель*

negotiate (vb.)   *вести переговоры, договариваться, заключать, передавать, пускать в обращение, реализовывать, совершать сделку;* [stock] *инкассировать, переуступать, получать деньги, продавать, реализовать, учитывать*

negotiate a bill (vb.)   [bill.] *переуступать вексель, продавать вексель банку, пускать вексель в обращение, учитывать вексель*

negotiate a loan (vb.)   [bank.] *получать заем*

negotiate a price (vb.)   *договариваться о цене*

negotiated deposit   [bank.] *договорный вклад, договорный депозит*

negotiated deposit (account)   [bank.] *договорный депозитный счет*

negotiated deposit account   [bank.] *договорный депозитный счет*

negotiated deposit market   [bank.] *договорный депозитный рынок*

negotiated working time   [cmpl.] *нормированное рабочее время, согласованное рабочее время*

negotiate something (vb.)   *договариваться о чем-либо*

negotiating authority   *полномочия на ведение переговоров*

negotiating committee   [cmpl.] *комиссия уполномоченных*

negotiating directive   *директива по ведению переговоров*

negotiating table   *стол переговоров*

negotiation   *ведение переговоров, выплата по векселю, выплата по чеку, обсуждение условий, переговоры, передача, переуступка, продажа;* [bill.] *учет векселя*

negotiation, by   *путем переговоров*

negotiation document   *согласованный документ*

negotiation of a bill   [bill.] *учет векселя*

negotiation of bill   *учет векселя*

negotiation of conditions concerning divorce   [law.dom.] *переговоры об условиях развода*

negotiation price (of loan)   [bank.] *договорная цена займа*

negotiation price of loan   [bank.] *договорная цена займа*

negotiations between the two sides of industry   *переговоры между предпринимателями и профсоюзами*

negotiations for reconciliation   [cmpl.] *переговоры с целью согласования;* [legal] *переговоры с целью примирения*

negotiator   *лицо, ведущее переговоры, сторона в переговорах, участник переговоров;* [ec.] *посредник, представитель*

negotiorum gestio   *ведение дел, коммерция*

neighbour   *сосед*

neighbourhood   *близость, добрососедские отношения, квартал, район, соседи, соседство*

neighbouring (adj.)   *пограничный, прилегающий, смежный, соседний*

neighbouring country   *пограничное государство, соседняя страна*

neighbouring property   *соседняя собственность*

neighbouring rights   [aut.right] *смежные права*

neighbouring risk   [ins.] *сопутствующий риск*

neighbour on (vb.)   *граничить*

neo-keynesians   [pol.ec.] *неокейнсианцы*

neon sign   [adv.] *неоновая вывеска, неоновая реклама*

nepotism   *непотизм, семейственность*

NES (not elsewhere specified) (adj.)   *не упомянутый в другом месте*

nest egg   *деньги, откладываемые для получения дохода в пенсионный период*

net   *без вычетов, нетто, сальдо*

net (vb.) [calc.] *получать чистый доход, приносить чистый доход;* [ec.] *определять вес нетто, получать в результате*

net (adj.) *конечный, общий, чистый*

net acquisition of financial assets *приобретение финансовых средств без вычетов*

net addition *чистый прирост*

net amount *сумма-нетто*

net annual equivalent worth method [book-keep.] *метод чистой годовой эквивалентной стоимости собственного капитала*

net annual income *чистый годовой доход*

net assets [calc.] *нетто-активы*

net assets held *нетто-активы в собственности*

net asset value [bus.organ.] *чистая номинальная стоимость активов*

net avails *выручка от учтенного векселя, чистая выручка*

net balance *чистый остаток;* [ec.] *сальдо*

net barter terms of trade *условия бартерной торговли*

net book value *валовая стоимость капитала, полная стоимость капитала, полная стоимость основных производственных фондов, чистая стоимость капитала;* [calc.] *балансовая стоимость активов, нетто-активы, нетто-капитал, остаточная стоимость основного капитала, чистый капитал*

net borrowing *нетто-кредит*

net borrowing of the nation *государственный заем, государственный кредит*

net borrowing requirement *потребность в кредите*

net capacity *чистая мощность;* [nav.] *чистая грузовместимость, чистая грузоподъемность*

net capital *нетто-капитал;* [bank.] *чистый капитал*

net capital exports *чистый вывоз капитала*

net capital gain [stock] *чистый прирост капитала*

net capital imports *чистый импорт капитала*

net capital income [tax.] *чистый доход от капитала*

net capital inflow *чистый приток капитала*

net capitalized worth method [ind.ec.] *метод чистой капитализированной стоимости*

net capital loss [stock] *чистые потери капитала*

net capital outflow *чистая утечка капитала*

net capital plus deposits [bank.] *чистый капитал и депозиты*

net capital receipts *чистое поступление капитала*

net capital value *чистая стоимость реального основного капитала*

net cash [comm.] *наличными без скидки*

net cash flow *чистые свободные средства, чистые собственные средства*

net cash income [pol.ec.] *чистый денежный доход, чистый доход в денежном выражении*

net cash investment *чистые инвестиции наличными*

net cash surplus *накопленная прибыль наличными на конец периода, нераспределенная прибыль наличными на конец периода*

net contribution *чистая валовая прибыль*

net coverage [media] *аудитория средств массовой информации*

net creditor *чистый кредитор*

net creditor position *нетто-позиция кредитора, общая кредиторская позиция*

net currency earnings *чистые валютные поступления*

net current assets [ind.ec.] *текущие нетто-активы*

net debtor position *нетто-позиция дебитора*

net disposable income [pol.ec.] *чистый доход после уплаты налогов, чистый располагаемый доход*

net dividend [bus.organ.] *нетто-дивиденд*

net domestic product at factor cost *чистый внутренний продукт по факторной стоимости*

net domestic product at market prices   *чистый отечественный продукт по рыночным ценам*

net earnings   *чистые поступления, чистый валовый доход за вычетом текущих расходов, эквивалент чистого дохода*

net earnings available for distribution   [calc.] *чистые поступления, выделяемые для распределения*

net earnings for services   *чистые поступления от услуг*

net effective volume   *общий полезный объем*

net energy imports   *чистый импорт энергоресурсов*

net exchange gain   [monet.trans.] *доход от обмена валюты*

net exchange loss   [monet.trans.] *убыток от обмена валюты*

net exchange position   *сальдо обмена валюты*

net expenditure on capital account   *чистые расходы на счете движения капитала*

net exporter   *нетто-экспортер*

net exporting country   *страна нетто-экспортер*

net exports   *нетто-экспорт*

net external balance   *сальдо по внешним расчетам*

net external debt   *чистый внешний долг*

net financing expenses   *чистая сумма финансовых расходов*

net financing requirement   *чистая потребность в финансировании*

net foreign assets   *остаточная стоимость заграничных активов, чистая стоимость заграничных активов*

net foreign debt   *чистая сумма внешнего долга*

net foreign exchange assets   *остаточная стоимость активов в иностранной валюте*

net foreign liabilities   *сальдо внешней задолженности, чистая сумма внешнего долга*

net forward commitment   [exc.] *чистая сумма срочных обязательств*

net forward purchase position   [exc.] *нетто-позиция срочной покупки*

net forward sales   [exc.] *чистый объем продаж на срок*

net freight earnings   [nav.] *чистые поступления за фрахт*

net future worth method   [ind.ec.] *метод будущей стоимости собственного капитала*

net gain   *чистая прибыль*

net importer   *чистый импортер*

net imports   *нетто-импорт*

net income   *чистый доход;* [tax.] *чистая прибыль*

net income for a period   *чистая прибыль за период;* [calc.] *чистый доход за период*

net income from services   *чистая прибыль от услуг, чистый доход от услуг*

net income retained in the business   [ind.ec.] *чистая нераспределенная прибыль компании*

net increment   *чистый прирост*

net indebtedness   *чистая задолженность, чистая сумма долга*

net inflow of capital   *чистый приток капитала*

net interest   *нетто-процент*

net interest expenditure   *затраты на нетто-проценты*

net interest income   *доход от нетто-процентов*

net interest payments   *платежи нетто-процентов*

net investment   *чистые инвестиции*

net item   [book-keep.] *чистая проводка*

net K-loans   *чистые K-кредиты*

net liquidity   *чистая ликвидность*

net liquidity position   *нетто-позиция ликвидности*

net load   [trans.] *груз без тары, полезный груз*

net loan servicing expenditure   *чистые расходы на уплату процентов по займу*

net loss   [calc.] *чистый убыток;* [ins.] *чистые потери*

net loss for the year   [calc.] *чистые потери за год, чистый убыток за год*

net loss on financial operations [calc.] *чистые потери на финансовых операциях, чистые убытки на финансовых операциях*

net margin *коэффициент доходности, коэффициент прибыльности*

net migration gain *чистый прирост населения за счет миграции*

net national income at factor cost *чистый национальный доход по факторным издержкам*

net national product *чистый национальный продукт*

net national product at factor cost *чистый национальный продукт по факторным издержкам*

net national product at market prices *чистый национальный продукт по рыночным ценам*

net negative liquidity position *нетто-позиция отрицательной ликвидности*

net operating income [calc.] *чистый доход от основной деятельности компании*

net operating loss carry-back [calc.,tax.] *перенос чистых убытков от основной деятельности на предыдущий период*

net operating loss carry-forward [calc.,tax.] *перенос чистых убытков от основной деятельности на последующий период*

net operating profit [calc.] *чистая прибыль от основной деятельности компании*

net operating surplus of economy [pol.ec.] *чистый накопленный капитал экономики*

net operating surplus of the economy [pol.ec.] *чистый накопленный капитал экономики*

net outgoing *чистые расходы*

net output [pol.ec.] *объем произведенной условно-чистой продукции;* [prod.] *полезная отдача*

net payment [ec.] *чистая сумма платежей*

net personalty [legal] *чистая стоимость движимого имущества*

net position *нетто-позиция, разница между покупками и продажами*

net positive liquidity position *нетто-позиция положительной ликвидности*

net premium [ins.] *нетто-ставка*

net premium income [ins.] *чистый доход страховой организации от сбора взносов*

net present worth *стоимость собственного капитала на данное время;* [calc.] *стоимость имущества за вычетом обязательств на данное время*

net present worth method [calc.] *метод собственного капитала на данное время*

net price *цена-нетто, цена после вычета всех скидок, чистая цена, чистая цена акции, котируемая брокером клиенту;* [exc.] *окончательная цена*

net price index *индекс чистой цены*

net proceeds *чистая выручка, чистый доход*

net profit [calc.] *чистая прибыль*

net profit for the year [calc.] *чистая прибыль за год*

net profit/loss [calc.] *отношение чистой прибыли к убыткам*

net profit margin [ind.ec.] *коэффициент доходности, коэффициент прибыльности*

net profit mark-up [ind.ec.] *надбавка к чистой прибыли*

net profit on sales [ind.ec.] *чистая прибыль от продаж*

net profit per share [calc.] *чистая прибыль в расчете на одну акцию*

net profit ratio [ind.ec.] *уровень чистой прибыли*

net purchases [ind.ec.] *чистый объем закупок*

net realizable value *чистая реализуемая стоимость*

net receipts *чистая сумма денежных поступлений;* [EEC] *чистая выручка*

net receipts from services *чистая выручка от услуг*

net receipts from tourism   *чистая выручка от туризма*
net register ton (NRT)   [nav.] *малая регистровая тонна*
net repayment   *чистая сумма погашения долга*
net replacement value   [ins.] *чистая восстановительная стоимость,*
   чистая стоимость страхового возмещения
net reserve   *теоретический резев страховых взносов*
net result   *итог, конечный результат*
net revenue   *чистый доход*
net saleback   [exc.] *чистая сумма возврата проданного товара*
net sales   [ind.ec.] *чистая сумма продаж, чистый объем сбыта*
net seller of bonds   *чистый продавец облигаций*
net supply   *чистый объем поставок*
net surplus   *накопленная прибыль, нераспределенная прибыль*
net tare   *чистая скидка на тару*
net tax reduction   [tax.] *чистая сумма налоговой скидки*
netted exchange gain   *чистая прибыль от обмена валюты*
net tonnage   [nav.] *чистая регистровая вместимость, чистый*
   регистровый тоннаж
net trade   *чистый объем торговли*
net turnover   [calc.] *чистый товарооборот*
net value   *стоимость нетто, чистая стоимость*
net value added   *чистая добавленная стоимость*
net value of output   [pol.ec.] *чистая стоимость произведенной*
   продукции
net volume   *чистый объем*
net wage income   [tax.] *чистый доход в форме заработной платы*
net wages   [pers.manag.] *общий фонд заработной платы*
net wealth tax   [tax.] *налог на имущество, исключая долги*
net weight   *масса-нетто;* [trans.] *чистая масса*
net weight hauled   [trans.] *чистая масса перевезенного груза*
net without discount   *без скидки, чистый доход без скидки*
network   *сетевой график, сеть;* [comp.] *вычислительная сеть, схема*
network architecture   [comp.] *сетевая архитектура*
net working capital   [ind.ec.] *наличные денежные средства для*
   текущей деятельности, чистый оборотный капитал
network structure   [comp.] *сетевая структура*
net worth   *собственный капитал, стоимость имущества за*
   вычетом обязательств
net worth tax   [tax.] *налог на собственность*
net yield   *чистая прибыль, чистые поступления, чистый доход*
net yield (of interest)   [stock] *чистый доход от процентов*
net yield of interest   [stock] *чистый доход от процентов*
neutral   *гражданин нейтрального государства, нейтральное*
   государство, судно нейтрального государства
neutral (adj.)   *нейтральный, неприсоединившийся*
neutrality   *беспристрастность, нейтралитет*
neutrality clause   [legal] *статья о нейтралитете*
neutrality in respect of competition   *нейтралитет с точки зрения*
   конкуренции, неучастие в конкуренции
neutralization   *нейтрализация, сведение на нет, уравновешивание*
neutralization of liquidity variations   *нейтрализация изменений*
   ликвидности
neutralize (vb.)   *нейтрализовать, объявлять нейтральным,*
   сбалансировать, сводить на нет, уравновешивать
neutral waters   [law.nat.] *нейтральные воды*
neutral zone   *нейтральная зона, ничейная полоса*
nevertheless   *как бы то ни было, несмотря на, однако*
new acquisition   *новое приобретение*
new application   *новое применение*
new building   *новое здание, современное здание*
new building fund   *фонд на новое строительство*

new building quota   *квота на новое строительство*

new business   [ins.] *новая компания, новая фирма*

new business commission   [ins.] *комиссионные за новую фирму*

new business costs   [ins.] *затраты на ндвую фирму*

new capital   *новый капитал*

new car registration   *регистрация нового автомобиля*

New Community Instrument (NCI)   [EEC] *новый финансовый инструмент Европейского сообщества*

new construction   *новое сооружение, новое строительство*

new election   *новые выборы*

new enforcement   *новое принудительное осуществление*

new establishment   *новое учреждение*

new financial loan   [bank.] *новый финансовый заем*

new insurance   [ins.] *дополнительное страхование*

new issue   *получение дополнительного капитала путем выпуска ценных бумаг данной компании;* [exc.] *новая эмиссия, новый заем;* [print.] *новое издание, первый выпуск ценных бумаг данной компании*

new issue market   [exc.] *рынок новых эмиссий*

new lease-of-life boost   *новый рост пожизненной аренды*

new lending   [bank.] *новое кредитование*

new liable capital   [ind.ec.] *новый капитал, подлежащий обложению налогами*

new line   [comp.] *новая строка*

new loan   *новый заем*

new loans   [bank.] *новые кредиты*

newly built (adj.)   *недавно построенный*

newly created position   [pers.manag.] *вновь созданная должность*

newly established (adj.)   *вновь учрежденный*

newly furnished (adj.)   *заново меблированный*

newly industrialized countries (NIC)   *новые промышленно развитые страны*

newly subscribed (adj.)   [exc.] *вновь выпущенный по подписке*

new policies   [ins.] *новые полисы*

news   *известие, сообщение;* [media] *весть, новости*

news agency   [media] *агентство новостей, телеграфное агентство*

newsagent   *газетный киоскер*

new scheme   *новый порядок*

news conference   [media] *пресс-конференция*

new share   [exc.] *новая акция*

news ink   *типографская краска*

newsletter   [media] *информационный бюллетень, рекламный проспект*

newspaper   [media] *газета, журнал*

newspaper article   [media] *статья в газете*

newspaper coupon   [adv.] *отрывной газетный бланк*

newspaper insert   [adv.] *рекламное приложение к газете*

news photographer   [media] *фотокорреспондент*

news story   [media] *газетный материал*

news streamer   [adv.] *газетный заголовок на всю ширину полосы*

new subscription   [exc.] *новая подписка*

new town   [plan.] *современный город*

New York Futures Exchange (NYFE)   [exc.] *Нью-Йоркская срочная финансовая биржа*

New York interbank offered rate (NYBOR)   [bank.] *ставка предложения на межбанковском депозитном рынке в Нью-Йорке*

New York Mercantile Exchange (NYMEX)   [exc.] *Нью-Йоркская товарная биржа*

New York Stock Exchange (NYSE)   [exc.] *Нью-Йоркская фондовая биржа*

New Zealand dollar (NZD)   *новозеландский доллар;* [monet.trans.] *Новозеландский доллар*

next best [adj.] *почти не уступающий по качеству, уступающий только самому лучшему*

next following [adj.] *последующий*

next friend [legal] *лицо, действующее в интересах недееспособного, не будучи его опекуном*

next of kin [suc.] *ближайший родственник*

next to reading matter-position [adv.] *размещение рекламы по усмотрению редакции*

next year *в будущем году, в следующем году*

next year, the *следующий год*

N/F (no funds) *без покрытия (надпись на чеке)*

NGO (nongovernmental organization) *неправительственная организация*

NIB (Nordic Investment Bank) *Северный инвестиционный банк*

NIC (newly industrialized countries) *новые промышленно развитые страны*

niche *небольшой сегмент рынка, незанятый рынок товаров, незанятый рынок услуг*

nichemanship *способность выйти на незанятый рынок товаров*

niche production [prod.] *продукция для незанятого рынка товаров*

niche strategy [mark.] *стратегия выхода на незанятый рынок товаров*

NIF (note issuance facility) [bank.] *программа выпуска евронот*

night deposit box [bank.] *ночной депозитный сейф*

night duty [empl.] *ночная смена, ночной режим*

night letter *телеграмма, отправляемая ночью со скидкой*

night pay [empl.] *плата за работу в ночное время*

night rate *ночной тариф*

night safe [bank.] *ночной депозитный сейф*

night service *ночная служба*

night shift [empl.] *ночная смена*

night watch [empl.] *ночное дежурство*

night work [empl.] *работа в ночную смену*

nil *ноль*

nisi prius court [legal] *суд первой инстанции, суд присяжных*

NLG (Dutch guilder) [monet.trans.] *нидерландский гульден*

no [parl.] *голос против*

No. (number) *номер, число*

no admittance *вход воспрещен*

no admittance except on business *посторонним вход воспрещен*

no case to answer [legal] *нет оснований для привлечения к ответственности*

no claim admitted [ins.] *претензии не принимаются*

no-claim bonus *премия за отсутствие рекламаций*

no claim discount [ins.] *надбавка за отсутствие рекламаций*

no-claim discount *надбавка за отсутствие рекламаций*

no-claims bonus [ins.] *премия за отсутствие рекламаций*

no commercial value (NCV) *не имеет коммерческой ценности*

no-cost collar [bank.] *фиксированная ставка в облигационном займе, обращающаяся как самостоятельная ценная бумага*

no criminal record *дело не влечет уголовного наказания*

no cure no pay *нет лечения - нет вознаграждения, нет результата - нет оплаты, 'нет лечения - нет вознаграждения', 'нет результата - нет оплаты'*

no customs value [cust.] *таможенной пошлиной не облагается*

node [comp.] *узел*

no entry *вход воспрещен*

no-fault insurance [ins.] *страхование безаварийной работы*

no funds (N/F) *без покрытия*

noise *шум*

noise pollution *шумовое загрязнение*

NOK (Norwegian krone)   [monet.trans.] *норвежская крона*
no-load (adj.) *продаваемый без наценки*
no-load fund   *взаимный инвестиционный фонд*
nomenclature   [doc.] *перечень, список, терминология;*
   [EEC] *номенклатура*
nominal (adj.) *именной, нарицательный, ничтожно малый,*
   номинальный, символический, условный
nominal account   [book-keep.] *активно-пассивный счет,*
   номинальный счет, пассивный счет
nominal accounts   [book-keep.] *пассивные счета*
nominal adjustment   *номинальное регулирование*
nominal amount   *номинальная сумма*
nominal amount of value   [stock] *номинальная стоимость*
nominal capital   [bus.organ.] *разрешенный к выпуску акционерный*
   капитал
nominal damages   [legal] *номинальные убытки, символические убытки*
nominal earnings   *номинальная прибыль*
nominal gross domestic product   *номинальный валовой внутренний*
   продукт
nominal income   *номинальный доход*
nominal increase in income   *номинальный прирост дохода*
nominal interest (rate)   [stock] *номинальная процентная ставка*
nominal interest computed loan   *ссуда с номинальной расчетной*
   ставкой процента
nominal interest rate   [stock] *номинальная процентная ставка*
nominal loan   *номинальная ссуда*
nominal partner   *номинальный член товарищества*
nominal pay   [pers.manag.] *номинальная оплата*
nominal plaintiff   [legal] *номинальный истец*
nominal price   *нарицательная цена, ничтожно малая цена,*
   номинальная цена
nominal rent   *номинальная квартирная плата, очень низкая*
   квартирная плата
nominal share   [stock] *именная акция, разрешенная к выпуску акция*
nominal share capital   [bus.organ.] *разрешенный к выпуску акционерный*
   капитал
nominal terms   [EEC] *номинальные условия*
nominal value   [stock] *нарицательная цена, номинал, номинальная*
   стоимость
nominal worth   *номинальная стоимость*
nominal yield   [stock] *номинальная прибыль, номинальный доход*
nominate (vb.) *выдвигать кандидата, выставлять кандидата,*
   назначать на должность; [pers.manag.] *предлагать кандидата*
nominate someone (vb.) *выдвигать кого-л. кандидатом, выставлять*
   кого-л. кандидатом, назначать кого-л. на должность;
   [pers.manag.] *предлагать кого-л. кандидатом*
nominating district   [parl.] *округ выдвижения кандидата*
nomination   *выставление кандидатов, назначение на должность;*
   [parl.] *выдвижение кандидатов;* [pers.manag.] *право выдвижения*
   кандидатов, право назначения на должность
nominative (adj.) *назначенный*
nominative share   [stock] *именная акция*
nominee   *лицо, выдвинутое на должность;* [legal] *назначенное лицо,*
   подставное лицо, получатель по доверенности;
   [pers.manag.] *кандидат*
nominee executive manager   *кандидат на должность*
   директора-распорядителя
nominee name   [fin.] *подставное лицо*
nonacceptance   [bill.] *непринятие;* [legal] *отказ от акцепта*
nonage   [legal] *несовершеннолетие*
nonagression treaty   *договор о ненападении*

nonalignment [pol.] *неприсоединение*

nonalignment policy [pol.] *политика неприсоединения*

nonallowable charges [tax.] *недопустимые затраты, неприемлемые затраты*

nonambiguous (adj.) *определенный*

no-name product [comm.] *товар без торговой марки*

no-name products [comm.] *товары без торговой марки*

nonapparent easement [r.e.] *спорный сервитут*

nonappearance [legal] *неявка в суд*

nonapproval *отказ от одобрения*

nonassessed (adj.) *не подлежащий обложению налогом*

nonattendance *невыход на работу, непосещение, прогул*

nonbeneficial interest *невыгодный процент*

nonbinding (adj.) *необязательный, неограниченный*

nonbinding act *необязывающий закон*

nonbinding promise benefiting a third party [legal] *необязывающее обещание в пользу третьей стороны*

non-binding promise benefiting a third party [legal] *необязывающее обещание в пользу третьей стороны*

nonbinding promise benefiting third party [legal] *необязывающее обещание в пользу третьей стороны*

nonbusiness consumption *потребление вне сферы экономики*

nonbusiness loan *ссуда, выданная не для экономической деятельности*

nonbusinessman *лицо, не занимающееся коммерческой деятельностью*

nonbusiness purpose *неэкономическая цель*

noncalendar financial year [calc.] *некалендарный финансовый год*

noncallable (adj.) *не подлежащий досрочному погашению*

noncallable bond *облигация, которая не может быть погашена досрочно*

noncancellable (adj.) *не могущий быть отмененным*

noncancellable lease *неаннулируемая аренда*

noncapital contribution [bus.organ.] *некапитальный взнос*

noncash share [stock] *акция, купленная по безналичному расчету*

noncommercial enterprise *некоммерческое предприятие*

noncommercial purpose *некоммерческая цель*

noncommercial sale *некоммерческий сбыт*

noncommercial sales *объем продаж некоммерческой продукции*

noncommittal *отказ связывать себя обязательствами, уклончивость*

noncommittal (adj.) *ни к чему не обязывающий, уклончивый*

noncommittal answer *уклончивый ответ*

noncompete clause [legal] *статья о запрещении конкуренции*

noncompetition clause [legal] *статья о запрещении конкуренции*

noncompliance [legal] *неисполнение, неподчинение, несоблюдение, несогласие, несогласованность, несоответствие*

noncompliance with an order [legal] *неподчинение приказу*

noncompliance with required form *несоответствие требуемой форме*

noncompulsory provision [legal] *необязательное условие*

nonconference line [nav.] *некартельная фрахтовая линия*

noncontentious proceedings *судебное разбирательство не по спору между сторонами*

noncontributary scheme *пенсионная схема без взносов*

noncontributory benefit *пособие не на основе взносов*

noncontributory pension scheme *система пенсионного обеспечения не на основе взносов*

nonconvertible currency *неконвертируемая валюта*

noncurrent *долгосрочный*

nondefinitive judgment *неокончательный приговор*

non-definitive judgment *неокончательный приговор*

nondelivery   *непоставка;* [legal] *непоступление*

nondepreciated (adj.)   *необесцененный*

nondirect investment   [fin.] *косвенное инвестирование, непрямое инвестирование*

nondisclosure   [legal] *неразглашение, нераскрытие, несообщение*

nondisclosure obligation   [legal] *обязательство о неразглашении*

nondiscrimination   *недискриминация, недопущение дискриминации*

nondistributable amounts appropriated   [calc.] *не подлежащие распределению выделенные ассигнования*

nondistributable reserve   [calc.] *не подлежащий распределению резерв*

nondistributed profits   *нераспределенные прибыли;*
[calc.] *нераспределеные прибыли*

nondistribution of dividend   [ind.ec.] *невыплата дивидендов*

nondomestic risk   [ins.] *небытовой страховой риск*

nondurable consumer goods   *потребительские товары кратковременного пользования*

nondurable goods   *товары кратковременного пользования*

nondurable household goods   *хозяйственные товары кратковременного пользования*

nondurables   *товары кратковременного пользования*

nondutiable   [cust.] *не подлежащий обложению пошлиной*

non-EC country   [EEC] *страна, не входящая в Европейское сообщество*

nonessential   *второстепенный товар*

nonessential (adj.)   *несущественный*

nonessential goods   [pol.ec.] *второстепенные товары, товары, не являющиеся предметом первой необходимости*

non est factum   [legal] *'нет документа'*

nonexecutive director   *член правления*

non-executive director   *член правления*

nonexempt security   [exc.] *ценная бумага с обязательной регистрацией*

nonexistence   *небытие*

nonexistent (adj.)   *несуществующий*

nonfarm payrolls   *занятость в несельскохозяйственной сфере, несельскохозяйственные рабочие и служащие*

nonfatal offence   [leg.pun.] *правонарушение без смертельного исхода*

nonfeasance   [legal] *невыполнение обязательства, несовершение действия;* [manag.] *невыполнение принятой на себя обязанности*

nonfiction (adj.)   *документальный*

nonfinancial capital accumulation   *накопление нефинансового капитала*

nonfulfilment   [legal] *невыполнение, неисполнение*

nonfull payout contract   *контракт с неполной выплатой;*
[legal] *контракт с частичной выплатой*

nongovernmental organization (NGO)   *неправительственная организация*

nonguaranteed residual value   *негарантированная остаточная стоимость*

nonhabitual criminal   [leg.pun.] *незакоренелый преступник*

noninflammable (adj.)   *невоспламеняемый*

noninflationary (adj.)   *не подверженный инфляции*

noninterest bearing (adj.)   *беспроцентный*

noninterest bearing account   [bank.] *счет без выплаты процентов*

noninterest bearing debt   *беспроцентный долг*

noninterest bearing treasury bill   [stock] *беспроцентный казначейский вексель*

noninterference   *невмешательство*

nonitemized (adj.)   *перечисленный по пунктам*

nonitemized deduction   [tax.] *удержание, не распределенное по статьям*

nonitemized invoice   *неспецифицированная счет-фактура, неспецифицированный счет-фактура*

nonjoinder [legal] *непривлечение в качестве стороны по делу*

nonjury list [legal] *рассмотрение дела без участия присяжных*

nonlegal tender *незаконное платежное средство*

non-life *неживой*

nonlife class [ins.] *категория ущерба*

nonlife insurance [ins.] *страхование ущерба*

nonlife insurance company [ins.] *компания по страхованию ущерба*

nonliquid (adj.) *неликвидный*

nonlocal mail [post] *междугородная почта*

nonmandatory (adj.) *необязательный*

nonmandatory act [legal] *декларативный акт*

nonmandatory text *необязательный текст*

nonmanual worker [pers.manag.] *служащий*

nonmarital (adj.) *внебрачный, духовный, нематериальный*

nonmaterial damage [legal] *нематериальный ущерб*

nonmember *лицо, не являющееся членом*

nonmerchantable goods [comm.] *товар, не подлежащий продаже*

nonmonetary consideration *неденежная компенсация*

nonnegotiable [stock] *без права передачи*

nonnegotiable (adj.) *недействительный, непередаваемый, непереуступаемый, не подлежащий передаче*

nonnegotiable bill [bill.] *непередаваемый вексель, непереуступаемый вексель*

nonnegotiable bill of lading [nav.] *непередаваемый коносамент, непереуступаемый коносамент*

nonnegotiable instrument [legal] *именной документ*

nonnegotiable instrument of debt *непередаваемое долговое обязательство*

nonnegotiable security [stock] *именная ценная бумага*

nonnetted exchange gain [ec.] *нереализованная валютная прибыль*

nonobjective (adj.) *необъективный*

nonoffensive (adj.) *неоскорбительный*

nonoil trade balance *торговый баланс без учета нефти*

nonoperating (adj.) *неработающий, нефункционирующий, побочный*

nonoperating income [calc.] *доход от неосновной деятельности, доход от побочной деятельности*

nonoriginating product [cust.] *товар без сертификата о происхождении*

nonparticipant *лицо, не являющееся участником*

nonparticipation fee *комиссионные за неучастие*

nonparty (adj.) *беспартийный*

nonparty list [pol.] *список беспартийных кандидатов*

nonpayment *неуплата;* [ec.] *неплатеж*

nonpayment, in danger of [ec.] *при опасности неплатежа*

nonpayment risk [comm.] *риск неплатежа*

nonpecuniary damage [legal] *неденежный ущерб, неимущественный ущерб, нематериальный ущерб*

nonperformance [legal] *невыполнение, неисполнение*

nonperishable (adj.) *непортящийся*

nonpersonal tax [tax.] *налог на недвижимое имущество*

nonphysical rights [legal] *нематериальные права*

nonpolitical refugee *беженец не по политическим мотивам*

nonpolluting *меры против загрязнения окружающей среды*

nonprejudiced (adj.) *беспристрастный*

nonprice competition *неценовая конкуренция*

nonproductive (adj.) *непродуктивный, непроизводительный, непроизводящий*

nonprofit (adj.) *некоммерческий, не ставящий целью извлечение прибыли*

nonprofit basis *некоммерческая основа*

nonprofit company *бесприбыльная компания, некоммерческая компания*

nonprofit enterprise   *некоммерческое предприятие*
nonprofit foundation   *бесприбыльный фонд*
nonprofit housing association   *некоммерческая жилищно-строительная ассоциация;* [r.e.] *бесприбыльная жилищно-строительная ассоциация*
nonprofit housing society   [r.e.] *бесприбыльное жилищно-строительное общество*
nonprofit institution   *некоммерческая организация*
nonprofit making (adj.)   *не ориентированный на получение прибыли*
nonprofit making institution   *некоммерческая организация*
nonprofit organization   *бесприбыльная организация, некоммерческая организация*
nonprofit purpose   *цель, не ориентированная на получение прибыли*
nonprotestable bill   [bill.] *неопротестованный вексель*
nonprovable debt   [bankr.leg.] *неподтверждаемый долг*
nonpurchased goodwill (adj.)   *не приобретенные неосязаемые активы*
nonquoted (adj.)   *не охваченный квотой, непрокотированный*
nonrealized (adj.)   *нереализованный*
nonrealized exchange gain   [monet.trans.] *нереализованная прибыль на разнице валютных курсов*
nonrealized exchange loss   [monet.trans.] *нереализованные потери на разнице валютных курсов*
nonreciprocal (adj.)   *невзаимный*
nonreciprocal exclusive purchasing agreement   [legal] *неэквивалентное соглашение, дающее исключительное право покупки*
nonrecourse   [legal] *без права регресса, отказ от права регресса*
nonrecourse finance   [bank.] *финансирование без права регресса*
nonrecurrent levy   [tax.] *разовый сбор*
nonrecurrent receipts   [calc.] *единовременные поступления*
nonrecurrent transaction   *разовая сделка*
nonrecurring amount   *единовременная сумма*
nonrecurring charge   *разовый расход*
nonrecurring costs   [calc.] *разовые затраты*
nonrecurring disbursement   *единовременная выплата*
nonrecurring duty   [tax.] *разовая пошлина*
nonrecurring expenditure   [calc.] *разовые расходы*
nonrecurring expenses   [calc.] *разовые расходы*
nonrecurring fee   *единовременное вознаграждение*
nonrecurring tax   [tax.] *единовременный налог*
nonredeemable (adj.)   *не подлежащий выкупу*
nonrediscountable certificate of deposit   [bank.] *депозитный сертификат, не подлежащий пересчету*
nonrefundable (adj.)   *невозмещаемый*
nonrefundable purchase tax   *невозмещаемый налог на покупки*
nonrefundable subsidy   *безвозмездная ссуда*
nonresident   *временный житель, иногородний, лицо, проживающее вне пределов юрисдикции, непостоянный житель, нерезидент;* [tax.,monet.trans.] *иностранец*
nonresident (adj.)   *не живущий в данной местности, не проживающий постоянно*
nonresident alien   [tax.] *приезжий иностранец*
nonresidential building   *административное здание*
nonresidential property   *нежилая собственность*
nonresidential tenant   [r.e.] *арендатор нежилой собственности*
nonresident land owner   *землевладелец, не живущий в своем поместье*
nonresident status   *статус лица, не являющегося постоянным жителем, статус лица, проживающего вне пределов юрисдикции*
nonresponsible (adj.)   *не несущий ответственности*
nonreturnable container   *контейнер разового пользования, невозвращаемый контейнер*

nonsale function [pers.manag.] *обязанности, не связанные со сбытом*

nonsampling error [stat.] *систематическая ошибка*

nonsensical (adj.) *абсурдный, бессмысленный*

nonshrink *без усадки*

nonsocialist party *буржуазная партия*

nonspecific share [legal] *неоговоренная доля*

nonstatutory task *обязанность, не предусмотренная законом*

nonstock corporation *неакционерное учреждение*

nonstop (adj.) *безостановочный, беспосадочный, идущий без остановок*

nonstop train *курьерский поезд*

nonsuit [legal] *вынужденный отказ истца от своего иска, прекращение производства вследствие того, что истец не доказал юридического основания иска*

nonsuit (vb.) *отказываться от иска;* [legal] *отказаться от иска*

nonsurviving children [suc.] *умершие дети*

nontariff barrier *нетарифный барьер*

nontaxable (adj.) *не облагаемый налогом*

nontaxable income [tax.] *доход, не облагаемый налогом*

nontaxed gain *доход, не облагаемый налогом*

nonterminability [legal] *неограниченность во времени*

nontraded commodities [exc.] *непроданные товары*

nontrader *неторговое судно*

nontrading partnership *неторговое товарищество*

nonunionist [empl.] *лицо, не состоящее в профсоюзе, не член профсоюза*

nonunionized (adj.) *не состоящий в профсоюзе*

nonuse of force *неприменение силы*

nonuser *лицо, не использующее свое право*

nonverbal communication [adv.] *неустное сообщение*

nonvessel operating common carrier (NVOCC) [nav.] *несудоходная транспортная организация общего назначения*

nonvoting share *акция, не дающая владельцу право голоса;* [stock] *акция, не дающая владельцу права голоса*

nonwarranty clause [legal] *пункт о недоговорной гарантии*

nonworking day [empl.] *нерабочий день*

noon *полдень*

noon edition [media] *дневной выпуск газеты*

NOP (not otherwise provided) (adj.) *не указанный в другом месте*

no parking *стоянка запрещена*

no-par stock [stock] *акция без фиксированного номинала*

no-par value share [stock] *акция без фиксированного номинала*

no previous convictions *ранее судим не был*

no protest [bill.] *не опротестован*

Nordic (adj.) *нордический, скандинавский*

Nordic Council *Северный совет*

Nordic Council of Ministers *Совет министров стран Скандинавии*

Nordic Investment Bank (NIB) *Северный инвестиционный банк*

Nordic Project Export Fund *Северный фонд экспорта проектов*

no respite granted *отсрочка не предоставляется*

norm *критерий, норма, правило, стандарт*

normal *нормаль, норматив, стандартный образец, стандартный размер*

normal (adj.) *нормальный, стандартный, типовой*

normal depreciation [calc.] *нормальное снижение стоимости, стандартное начисление износа*

normal depreciation percentage [calc.] *нормальный процент амортизации*

normal entry [book-keep.] *обычная проводка*

normal goods *стандартные товары*

normality *соответствие стандарту*

normalization   *нормализация, нормирование, приведение к норме, приведение к стандарту, упорядочение*

normalize (vb.)   *нормализовать, нормировать, приводить в норму, стандартизировать, стандартизовать, упорядочивать*

normal loss   [legal] *обычный ущерб*

normal market value   [tax.] *нормальная рыночная стоимость*

normal operating cycle   [prod.] *нормальный рабочий цикл*

normal operation   [prod.] *нормальная эксплуатация*

normal outgo   *обычные издержки*

normal outgoings   [ins.] *обычные издержки, обычные расходы*

normal price   *нормальная цена*

normal status   [comp.] *нормальное состояние*

normal structure of rates   *обычная структура процентных ставок*

normal working hours   [empl.] *нормированный рабочий день, стандартный рабочий день*

normative (adj.)   *нормативный, стандартный*

normative economics   [pol.ec.] *нормативная экономическая теория*

normative money market rate   *нормативная ставка денежного рынка, нормативная ставка рынка краткосрочного капитала*

norm price   [EEC] *стандартная цена*

North-Atlantic Treaty Organization (NATO)   *Организация Североатлантического договора (НАТО)*

northern   *северянин*

northern (adj.)   *северный*

Northern (adj.)   *относящийся к северным штатам США*

North Sea   *Северное море*

North Sea oil   *нефть, добываемая в Северном море*

North-South dialogue   *диалог между Севером и Югом*

Norwegian krone (NOK)   [monet.trans.] *норвежская крона*

NOS (not otherwise specified) (adj.)   *не указанный в другом месте*

no show   *без показа*

no strike clause   [empl.] *пункт о запрещении забастовок*

nostro account   [bank.] *счет ностро*

not amenable to punishment (adj.)   *не подлежащий наказанию*

notarial (adj.)   *нотариальный*

notarial acknowledgement   [legal] *нотариальное подтверждение*

notarial act   [legal] *нотариальный акт*

notarial attestation   [legal] *нотариальное засвидетельствование*

notarial certificate   [legal] *документ, составленный и засвидетельствованный нотариусом*

notarial record   [legal] *нотариальная запись*

notarial witness   [legal] *нотариальное засвидетельствование*

notariate   [legal] *нотариальная контора, нотариат*

notarized (adj.)   *нотариально засвидетельствованный*

notary   [legal] *нотариус*

notary (public)   [legal] *государственный нотариус*

notary public   [legal] *государственный нотариус*

notary public fees   [legal] *гонорар государственного нотариуса*

notary's office   [legal] *нотариальная контора*

notary's seal   [legal] *печать нотариуса*

notation   *индекс, индексация, обозначение условными знаками, система обозначения*

not cleared through customs (adj.)   *не оплаченный пошлиной*

not come up to proof (vb.)   [legal] *менять показания*

note   *авизо, банкнот, банкнота, билет, дипломатическая нота, долговая расписка, закладная, заметка, запись, извещение, краткосрочная ценная бумага, кредитный билет, накладная, примечание, простой вексель, ссылка*

note (vb.)   *замечать, записывать, заявлять протест, отмечать;* [bill.] *протестовать вексель;* [book-keep.] *делать заметки;* [dipl.] *принимать к сведению*

note and coin circulation *обращение металлических денег и банкнот*

note as to defective title [r.e.] *банкнота сомнительной подлинности*

notebook *блокнот, записная книжка, тетрадь*

notecase *бумажник*

note circulation *обращение банкнот*

note issuance facility (NIF) [bank.] *программа выпуска евронот*

note issue *банкнотная эмиссия*

note issue and coinage *эмиссия банкнот и металлических денег*

note issuing authority *право выпуска банкнот*

note issuing bank *эмиссионнный банк*

note issuing privilege *право эмиссии банкнот*

not elsewhere specified (NES) (adj.) *не указанный в другом месте*

note of protest [pol.] *нота протеста*

note pad *блокнот*

notepaper *почтовая бумага*

note payable [bill.] *вексель к оплате*

note printing press *станок для печатания банкнот*

note printing works *фабрика по печатанию банкнот*

note reserve *запас банкнот*

notes and coins in circulation *металлические деньги и банкноты в обращении*

notes in circulation *банкноты в обращении*

notes on accounts *примечания к отчетности*

notes on annual accounts *примечания к годовому отчету*

notes on the (annual) accounts [calc.] *примечания к годовому отчету*

notes on the accounts [calc.] *примечания к отчетности*

notes on the annual accounts [calc.] *примечания к годовому отчету*

notes payable [calc.] *векселя к оплате, дебиторская задолженность*

notes receivable [calc.] *векселя к получению, кредиторская задолженность*

notes to accounts *примечания к отчетности*

notes to financial statement *примечания к финансовому отчету*

notes to statement of profit and loss *примечания к отчету о прибылях и убытках*

notes to the accounts *примечания к отчетности*

notes to the balance sheet *примечания к балансу*

notes to the financial statement [calc.] *примечания к финансовому отчету*

notes to the statement of profit and loss [calc.] *примечания к отчету о прибылях и убытках*

note to annual report *комментарии к ежегодному отчету*

note to the annual report [bus.organ.] *комментарии к ежегодному отчету*

note-vending machine [comm.] *станок для печатания банкнот*

noteworthy (adj.) *заслуживающий внимания*

not guilty [leg.pun.] *отсутствие вины*

not guilty (adj.) *невиновный*

nothing *ничего, ничто, отсутствие*

notice *внимание, заметка, извещение, нотис, обозрение, объявление, объявление в печати, оповещение о готовности судна к погрузке, предупреждение, рецензия;* [legal] *заявление, оповещение, предупреждение о расторжении контракта, уведомление*

notice (vb.) *замечать, извещать, предупреждать, уведомлять, упоминать;* [legal] *обращать внимание, отказывать от места, отмечать*

notice, at *с уведомлением*

notice, without *без предупреждения, без уведомления*

notice, with period of *при заблаговременном уведомлении*

noticeable (adj.) *заметный, приметный, примечательный*

notice account [bank.] *закрытый счет*

notice board   [adv.] *доска объявлений*

notice convening a meeting   *извещение о созыве совещания, уведомление о проведении собрания*

notice convening meeting   *извещение о созыве совещания, уведомление о проведении собрания*

notice is hereby given that   *настоящим доводим до сведения, что, настоящим сообщаем, что*

notice of, have (vb.)   [legal] *получить уведомление*

notice of abandonment   [nav.] *извещение об абандоне, извещение об отказе от претензии*

notice of action (to third party)   [legal] *уведомление об иске к третьей стороне*

notice of action to third party   [legal] *уведомление об иске к третьей стороне*

notice of a gift   [tax.] *извещение о даре*

notice of appeal   [leg.pun.] *заявление об апелляции*

notice of appearance   [empl.] *уведомление о явке в суд*

notice of appointment   [legal] *повестка в суд*

notice of assessment   [tax.] *уведомление о размере налога*

notice of cancellation   *уведомление об аннулировании*

notice of cessation of work   *уведомление о прекращении работы*

notice of change of address   *уведомление об изменении адреса*

notice of claim   [ins.] *исковое заявление, уведомление о предъявлении претензии*

notice of completion of work   *уведомление о завершении работы*

notice of defect   *рекламация*

notice of defects   *рекламация*

notice of discontinuance   [legal] *уведомление о прекращении дела*

notice of dishonour   [bill.] *уведомление об отказе от акцепта векселя, уведомление об отказе от оплаты векселя*

notice of dismissal   [pers.mánag.] *уведомление об увольнении*

notice of general meeting   *уведомление о проведении общего собрания*

notice of gift   *извещение о даре*

notice of hearing   [legal] *уведомление о слушании дела в суде*

notice of intended prosecution   [leg.pun.] *уведомление о намерении предъявить иск*

notice of intention to defend   [legal] *сообщение о намерении иметь защиту*

notice of intention to raise alibi   *сообщение о намерении предоставить алиби*

notice of intention to raise an alibi   [leg.pun.] *сообщение о намерении предоставить алиби*

notice of irregularity   *предупреждение о нарушении правопорядка*

notice of loss   [ins.] *уведомление об ущербе*

notice of meeting   *уведомление о заседании, уведомление о собрании*

notice of motion   [legal] *ходатайство*

notice of motion to allow an appeal   [legal] *ходатайство об апелляции*

notice of payment into court   [legal] *уведомление о внесении денег на депозит суда*

notice of protest   *акт вексельного протеста*

notice of public works contract   *извещение о контракте на общественные работы*

notice of readiness   [nav.] *уведомление о готовности*

notice of readiness to discharge   [nav.] *уведомление о готовности судна к разгрузке*

notice of redemption of a mortgage   [r.e.] *извещение о выкупе закладной*

notice of redemption of mortgage   [r.e.] *извещение о выкупе закладной*

notice of registration   *уведомление о регистрации*

notice of rescission   [legal] *уведомление об аннулировании*

notice of risk   [ins.] *уведомление о риске*

notice of sick leave   [empl.] *заявление об отпуске по болезни*

notice of termination   *уведомление об увольнении*

notice of title   [legal] *уведомление о праве собственности*

notice of trial   [legal] *уведомление о назначении дела к слушанию*

notice of withdrawal   *уведомление об аннулировании;*
[legal] *уведомление об изъятии*

notice of withdrawal of credit   *уведомление о закрытии кредита*

notice of withdrawal of funds   [bank.] *уведомление об изъятии денежных средств*

notice of writ of summons   [legal] *приказ о вызове в суд*

notice to admit facts   [legal] *уведомление о признании фактов*

notice to appear   [legal] *вызов в суд*

notice to appear to a writ   [legal] *уведомление о явке в суд*

notice to appear to writ   [legal] *уведомление о явке в суд*

notice to creditors (to send in claims)   [bankr.leg.] *уведомление кредиторов о предъявлении исков*

notice to creditors of deadline for claims   [bankr.leg.] *уведомление кредиторов о предельном сроке предъявления исков*

notice to creditors to send in claims   [bankr.leg.] *уведомление кредиторов о предъявлении исков*

notice to determine a contract   *уведомление о прекращении действия контракта;* [legal] *уведомление об аннулировании контракта*

notice to proceed   [legal] *уведомление о рассмотрении дела в суде*

notice to produce   [legal] *уведомление о представлении документов*

notice to produce for inspection   [legal] *уведомление о предъявлении материалов на экспертизу*

notice to quit   [legal] *уведомление об освобождении от ответственности;* [r.e.] *уведомление об увольнении*

notice to quit, not under   [pers.manag.] *без уведомления об увольнении*

notice to terminate a contract   [legal] *уведомление об аннулировании контракта, уведомление о прекращении действия контракта*

notifiable (adj.)   *подлежащий заявке, подлежащий регистрации*

notifiable contract   *контракт, подлежащий регистрации*

notification   *заявление, извещение, нотификация, объявление, оповещение, повестка, предупреждение, сообщение, уведомление*

notification, subject to   *в соответствии с уведомлением*

notification clause   [legal] *пункт об уведомлении*

notification endorsement   *надпись на обороте уведомления*

notification of bankruptcy   [legal] *объявление о банкротстве*

notification of change of address   *уведомление об изменении адреса*

notification of claim   *исковое заявление, уведомление о предъявлении претензии*

notification of completion   [r.e.] *уведомление о завершении строительства*

notification of defects   [legal] *рекламация*

notification of discharge   [bus.organ.] *уведомление о выполнении обязательств, уведомление о погашении долга*

notification of inheritance   [suc.] *уведомление о наследовании*

notification of payment   *сообщение об оплате*

notification procedure   *процедура уведомления*

notification requirement   *необходимость уведомления*

notification right   *право уведомления*

notification scheme   *порядок уведомления*

notification to creditors   [bankr.leg.] *уведомление кредиторов*

notification to land register   [r.e.] *сообщение для кадастра*

notification to public   *обращение к общественности*

notification to shareholders   [bus.organ.] *уведомление акционеров*

notification to the creditors   [bankr.leg.] *уведомление кредиторов*

notification to the land register   [r.e.] *сообщение для кадастра*

notification to the public   *обращение к общественности*

notification to the Stock Exchange   [exc.] *уведомление фондовой биржи*

notified (adj.) *извещенный, оповещенный, получивший уведомление*
notified cargo *заявленный груз*
notified irregularity *объявленное нарушение правил*
notify (vb.) *доводить до сведения, извещать, нотифицировать,*
    объявлять, предупреждать, регистрировать, сообщать,
    ставить в известность, уведомлять; [legal] *давать сведения*
notify a loss (vb.) [ins.] *заявлять о пропаже*
notify a protest (vb.) *заявлять капитанский протест, заявлять*
    морской протест; [bill.] *заявлять протест по векселю, учинять*
    протест по векселю
notify as completed (vb.) [r.e.] *уведомлять о завершении строительства*
notify change of address (vb.) *сообщать об изменении адреса*
notify of (vb.) *уведомлять о*
not included *не говоря о том, что*
noting [bill.] *нотариальное опротестование векселя*
noting a bill [bill.] *нотариальное опротестование векселя*
notional central rate [monet.trans.] *условный центральный курс*
notional earnings [tax.] *условный доход*
notional principal amount *условная основная сумма кредитного*
    обязательства в процентном свопе
notions *галантерея, мелкие товары*
not less than *не менее, чем*
not negotiable (adj.) *необращающийся*
not otherwise provided (NOP) (adj.) *не указанный в другом месте*
not otherwise specified (NOS) (adj.) *не указанный в другом месте*
not realized profit [ind.ec.] *нереализованная прибыль*
no trespassers [r.e.] *посторонним вход воспрещен*
no trespassing *посторонним вход воспрещен*
not to order (vb.) *не отдавать приказ, не отдавать распоряжение*
not under notice to quit [pers.manag.] *без уведомления об увольнении*
not valid (adj.) *недействительный, не имеющий юридической силы*
notwithstanding *вопреки, несмотря на, тем не менее*
no value, of *не имеющий ценности, обесценившийся*
no value declared [cust.] *без объявления стоимости*
novation [legal] *новация, перевод долга, передача прав по*
    обязательству
novel *дополнение к закону, дополнительное узаконение*
novel (adj.) *новый*
novelty *новшество;* [mark.] *новинка, нововведение;* [pat.] *новизна*
novelty declaration [legal] *заявление о новизне*
novelty of the season [mark.] *новинка сезона*
novelty search [pat.] *поиски новизны*
novelty value [mark.] *стоимость новинки*
NOW account (negotiable order of withdrawal account) [bank.] *счет с*
    обращающимся приказом об изъятии средств
now for then [legal] *время от времени, иногда*
now in force (adj.) *действующий в настоящее время*
noxious (adj.) *вредный*
NRT (net register ton) [nav.] *короткая регистровая тонна*
nuclear armoury [mil.] *ядерный арсенал*
nuclear damage [ins.] *ущерб, причиненный радиоактивностью*
nuclear deterrent *ядерное средство устрашения*
nuclear nation *ядерное государство*
nuclear power *ядерная держава, ядерное государство*
nuclear radiation risk *риск радиоактивного облучения;* [ins.] *риск*
    радиационного облучения
nuclear risk *риск радиоактивного облучения;* [ins.] *риск*
    радиационного облучения
nuclear risks insurance [ins.] *страхование от риска радиоактивного*
    облучения
nuisance *зловредность, источник вреда, неудобство;*
    [legal] *нарушение общественного порядка, помеха*

null (vb.) *аннулировать, делать недействительным*

null (adj.) *аннулированный, недействительный, не имеющий значения, несуществующий*

nulla bona   [legal] *'нет имущества'*

null and void (adj.) *недействительный, не имеющий законной силы, утративший юридическую силу*

nullification   [legal] *аннулирование, аннулирование брака, нуллификация, объявление брака недействительным, признание недействительным, признание не имеющим силы*

nullify (vb.) [legal] *аннулировать, делать недействительным, нуллифицировать, объявлять недействительным, отменять, сводить к нулю, сводить на нет, уничтожать*

nullity *ничтожность;* [legal] *недействительность, ничтожное действие*

nullity decision   [legal] *недействительное решение*

nullity suit   [legal] *дело о признании недействительным*

number *выпуск, количество, номер, показатель, сумма, цифра, число*

number (vb.) *зачислять, насчитывать, нумеровать, пересчитывать, предназначать*

number, kind, marks, and numbers of packages   [trans.] *количество, сорт, торговые марки и число мест груза*

number (No.) *порядковый номер*

numbered account *пронумерованный счет*

number in succession (vb.) *нумеровать по порядку*

number of allocation units *количество голосов, на основании которых распределяются мандаты в парламенте*

number of claims   [ins.] *число исков*

number of members *число членов*

number of packages   [trans.] *число мест груза*

number of pages   [print.] *число страниц*

number of persons employed   [pers.manag.] *число сотрудников*

number of respondents   [mark.] *число опрошенных*

number of risks   [ins.] *число рисков*

number of votes *число голосов*

number of years *возраст*

numberplate   [trans.] *номерной знак*

numbers, in terms of *в численном выражении*

numbers employed   [empl.] *число работающихх*

number series   [mat.] *числовой ряд*

number unobtainable   [telecom.] *недостижимый номер*

numeral *цифра*

numeral (adj.) *цифровой, численный, числовой*

numerator *нумератор, счетчик, числитель дроби*

numerical (adj.) *цифровой, численный, числовой*

numerical calculation   [mat.] *цифровые расчеты, численные расчеты*

numerical computation *численные расчеты;* [mat.] *цифровые расчеты*

numerical difference *численная разница*

numerical order *цифровая последовательность*

numerical procedure   [mat.] *числовой метод*

numerical ratio *числовой коэффициент*

numerical value   [mat.] *численная величина*

numeric character   [comp.] *цифра, цифровой знак*

numeric character set   [comp.] *набор цифр*

numeric code *цифровой код*

numeric control   [comp.] *цифровое управление*

numeric data   [comp.] *числовые данные*

numeric keyboard   [comp.] *цифровая клавиатура*

numeric keypad   [comp.] *цифровая клавишная панель*

numerous (adj.) *многочисленный*

numerus clausus   [syst.ed.] *процентная норма в учебном заведении*

numerus currens　[doc.] *учетный номер*

nuncupative will　[legal] *устное завещание*

nurse (vb.)　[soc.] *заботиться, ухаживать*

nursery　[soc.] *детская комната, детские ясли, детский сад, питомник*

nursing　[soc.] *уход за больными*

nursing home　*дом инвалидов с медицинским обслуживанием, частная лечебница;* [soc.] *дом престарелых*

nursing staff　[soc.] *сестринский персонал*

nutrient　*питательное вещество*

NVOCC (nonvessel operating common carrier)　[nav.] *несудоходная транспортная организация общего назначения*

NYBOR (New York interbank offered rate)　[bank.] *ставка предложения на межбанковском депозитном рынке в Нью-Йорке*

NYFE (New York Futures Exchange)　[exc.] *Нью-Йоркская срочная финансовая биржа*

NYMEX (New York Mercantile Exchange)　[exc.] *Нью-Йоркская товарная биржа*

NYSE (New York Stock Exchange)　*Нью-Йоркская фондовая биржа*

OAPEC (Organization of Arab Petroleum Exporting Countries)
Организация арабских стран - экспортеров нефти,
Организация арабских стран-экспортеров нефти

OAS (Organization of American States)   *Организация американских*
государств (ОАГ)

oath   [legal] *присяга*

oath, on   [legal] *под присягой*

oath, under   [legal] *под присягой*

oath of allegiance   *воинская присяга, присяга на верность*

oath taken by a party   [legal] *партийная присяга*

oath taken by party   *присяга, данная стороной*

obedience   *повиновение, подчинение*

obey (vb.)   *повиноваться, подчиняться, руководствоваться*

obiter dictum   [legal] *неофициальное мнение судьи, случайное*
замечание

object   *вещь, задача, намерение, объект, предмет, цель*

object (vb.)   *возражать, протестовать;* [legal] *выражать неодобрение*

object(s) of the company   *цели компании*

object insured   [ins.] *предмет страхования*

objection   *недостаток, неодобрение;* [legal] *возражение, протест;*
[pat.] *запрещение*

objectionable (adj.)   *вызывающий возражения, нежелательный,*
неприятный, неудобный

objection in point of law   [legal] *возражение правового характера,*
возражение с точки зрения закона

objection of inapplicability   [EEC] *возражение против неприменимости,*
возражение против несоответствия

objection of res judicata   [legal] *протест судопроизводства*

objections, raise (vb.)   *возражать, выдвигать возражения*

objection to indictment   [leg.pun.] *несогласие с обвинительным актом*

objection to jurisdiction   *судебный протест*

objection to quality   *претензия к качеству*

objective   *задача, стремление, цель*

objective (adj.)   *действительный, объективный*

objective evidence   [legal] *объективное доказательство*

objectives of regional policy   *цели региональной политики*

objective statement   [calc.] *пообъектный бухгалтерский отчет*

objectivity   *объективность*

object of exchange   *предмет обмена*

object of taxation   [tax.] *объект налогообложения*

object price   [EEC] *целевая цена*

objects clause   *пункт о целях*

objects of company   *цели компании*

objects of the company   [bus.organ.] *цели компании*

object sold   *проданный предмет*

object to   *возражать, испытывать неприязнь, не переносить,*
протестовать

obligation   *долг, долговая расписка, долговое обязательство,*
обязательность; [legal] *обязанность, обязательство;*
[legal,ec.] *облигация, обязательная сила*

obligation, without   *без обязательства*

obligation ensuing from a bill   [bill.] *обязательство по векселю*

obligation ensuing from bill   [bill.] *обязательство по векселю*

obligation in articles of association   [bus.organ.] *обязательство по уставу*
ассоциации

obligation in kind   [legal] *обязательство натурой*

obligation in law   [legal] *юридическое обязательство*

obligation in the articles of association   [bus.organ.] *обязательство по*
уставу ассоциации

obligation of notification   *обязательство направлять уведомление*
obligation to accept contract   [legal] *обязательство одобрить контракт*
obligation to contribute   *обязательство делать взносы*
obligation to declare   [cust.] *обязанность заполнять декларацию*
obligation to deliver   [legal] *обязательство обеспечить поставку*
obligation to disclose   *обязательство сообщать сведения;*
    [ins.] *обязательство давать информацию*
obligation to entertain   *обязанность принимать к рассмотрению*
obligation to give notice of dishonour   [bill.] *обязательство уведомлять*
    об отказе от акцепта векселя, обязательство уведомлять об
    отказе от оплаты векселя
obligation to give way   *обязанность уступать дорогу*
obligation to indemnify   [ins.] *обязательство возмещать убытки*
obligation to inform or explain   *обязательство информировать или*
    разъяснять
obligation to insure   [ins.] *обязательство застраховаться*
obligation to intervene   *обязательство вмешиваться*
obligation to live together   [law.dom.] *обязательство совместного*
    проживания
obligation to notify   *обязательство направлять уведомления*
obligation to offer   *обязательство предлагать цену*
obligation to pay   [comm.] *обязанность производить платежи*
obligation to pay additional contribution   *обязанность делать*
    дополнительный страховой взнос
obligation to pay an additional contribution   *обязанность делать*
    дополнительный страховой взнос
obligation to provide information   *обязательство предоставлять*
    информацию
obligation to register   *обязательство зарегистрироваться*
obligation to repatriate assets   [ec.] *обязательство вернуть имущество;*
    [monet.trans.] *обязательство вернуть активы*
obligation to report   *обязательство представлять отчетность*
obligation to sell   *обязательство вести продажу*
obligation to submit reports   *обязательство представлять*
    отчетность
obligation to support   [law.dom.] *обязательство оказывать*
    материальную помощь
obligatory (adj.)   *обязывающий; [legal] обязательный*
obligatory attendance   *обязательное посещение*
obligatory deposits   [bank.] *обязательный депозит*
obligatory disposition   [legal] *обязательная ликвидация*
obligatory indemnification   [legal] *обязательная компенсация,*
    обязательное возмещение убытков
obligatory insurance   [ins.] *облигаторное страхование*
obligatory insurance scheme   [ins.] *система обязательного*
    страхования
obligatory notification   *обязательное уведомление*
obligatory reinsurance   [ins.] *облигаторное перестрахование*
obligatory relation   [legal] *обязательное изложение фактов*
obligatory savings   *обязательные накопления*
obligatory self-insurance   [ins.] *облигаторное самострахование*
oblige (vb.)   *обязывать, связывать обязательством*
obliged (adj.)   *вынужденный*
obligee   [legal] *инвестор, кредитор, лицо, по отношению к которому*
    принято обязательство
obliging (adj.)   *обязательный, услужливый*
obligor   *дебитор, должник, лицо, принявшее на себя обязательство,*
    эмитент облигаций
oblique intention   [leg.pun.] *пагубное намерение*
OBO (ore-bulk-oil carrier)   [nav.] *нефтерудовоз, танкер-рудовоз*
obscuration of responsibility   *снятие ответственности*

obscure (vb.) *делать неясным, запутывать*
observance *соблюдение*
observance of *соблюдение*
observation *высказывание, замечание, измерение, изучение, наблюдение, экспериментальное определение*
observe (vb.) *замечать, наблюдать, придерживаться, следить, соблюдать*
observer *наблюдатель, обозреватель*
observe secrecy (vb.) *соблюдать секретность*
observe something *наблюдать что-л., следить за чем-л.*
observe the law (vb.) [legal] *соблюдать закон*
observe the rules (vb.) *соблюдать правила*
obsolescence [calc.] *моральное старение, моральный износ;* [ind.ec.] *устаревание*
obsolescent (adj.) *выходящий из употребления, устаревающий*
obsolete (adj.) *вышедший из употребления, изношенный, снятый с эксплуатации, устаревший*
obsolete item *устаревшее изделие*
obsoleteness [wareh.] *устарелость*
obsolete stock [wareh.] *устаревший ассортимент товаров*
obstacle *помеха, препятствие*
obstacle to trade *торговый барьер*
obstinate (adj.) *настойчивый, упорный*
obstruct (vb.) *затруднять, мешать, препятствовать, создавать препятствия*
obstruction *затруднение, помеха, препятствие*
obtain (vb.) *добиваться, доставать, достигать, получать, приобретать*
obtainable (adj.) *достижимый, доступный*
obtain a loan (vb.) [bank.] *получать ссуду*
obtain an order (vb.) *получать приказ*
obtain authorization (vb.) *получать разрешение*
obtain citizenship (vb.) *получать гражданство*
obtain compensation (vb.) *получать компенсацию*
obtaining *получение, приобретение*
obtaining (property by deception) [leg.pun.] *получение собственности путем обмана*
obtaining of documents *получение документов*
obtaining property by deception [leg.pun.] *получение собственности путем обмана*
obtainment *достижение, получение, приобретение*
obtain the absolute majority (vb.) *получать абсолютное большинство голосов*
obviate (vb.) *избегать, уклоняться*
obvious (adj.) *очевидный, понятный, явный, ясный*
obviousness *очевидность, ясность*
occasion *благоприятный случай, возможность, основание, повод, причина, случай, событие*
occasion, on *иногда, при случае*
occasional (adj.) *нерегулярный, случайный, случающийся время от времени*
occasional customer [mark.] *нерегулярный заказчик, случайный покупатель*
occasional drug user [leg.pun.] *случайный потребитель наркотика*
occasional user *случайный потребитель*
occasional work [empl.] *временная работа, случайная работа*
occupancy [legal] *завладение, оккупация;* [r.e.] *владение, занятие, срок владения;* [trans.] *занятость, продолжительность занятости*
occupancy expenses [r.e.] *затраты на владение собственностью*
occupancy permit [r.e.] *разрешение на владение*

occupant жилец; [r.e.] *арендатор, владелец, житель, обитатель*
occupant mailing [mark.] *рассылка рекламы почтой по месту жительства*
occupation *владение, занятие, занятость, положение;* [empl.] *род занятий;* [legal] *завладение;* [mil.] *оккупация;* [pers.manag.] *профессия;* [r.e.] *период пользования*
occupational (adj.) *профессиональный*
occupational accident [ins.] *несчастный случай на производстве*
occupational census [empl.] *перепись по роду занятий*
occupational compensation insurance [ins.] *страхование выплат работникам*
occupational disease [empl.] *профессиональное заболевание*
occupational distribution [pol.ec.] *распределение населения по роду деятельности*
occupational education [empl.] *профессиональное образование*
occupational group [empl.] *профессиональная группа*
occupational guidance [empl.] *профессиональная ориентация*
occupational hazard [empl.] *профессиональный риск*
occupational health doctor *специалист по гигиене труда*
occupational health service *служба гигиены труда*
occupational illness [empl.] *профессиональное заболевание*
occupational injury [ins.] *профессиональная травма*
occupational medicine *гигиена труда*
occupational mortality [ins.] *профессиональная смертность*
occupational pension scheme [pers.manag.] *программа пенсионного обеспечения на рынке труда*
occupational retraining [empl.] *профессиональная переподготовка*
occupational sector *производственный сектор*
occupational therapist *специалист по гигиене труда*
occupational work [empl.] *работа по специальности*
occupation of a line [trans.] *занятие очереди*
occupation of factory by workers [empl.] *захват фабрики рабочими*
occupation of line [trans.] *занятие очереди*
occupied (adj.) *занятый, оккупированный*
occupied population [pol.ec.] *занятое население*
occupier *владелец*
occupy (vb.) *занимать;* [mil.] *завладевать, захватывать, оккупировать*
occupy a seat (vb.) *занимать место*
occupy oneself with (vb.) *заниматься*
occur (vb.) *встречаться, иметь место, попадаться, происходить, случаться*
occurrence *местонахождение, происшествие, распространение, случай, явление*
occurrence of a loss [ins.] *возникновение ущерба*
occurrence of loss *возникновение ущерба*
occurring (adj.) *происходящий, случающийся*
ocean bill of lading [nav.] *морской коносамент*
ocean shipping market [nav.] *рынок морских перевозок*
OCR (optical character reader) *оптическое устройство для считывания знаков*
OCT (overseas countries and territories) *заморские страны и территории*
odd (adj.) *лишний, необычный, непарный, нерегулярный, разрозненный, случайный*
odd amount *некруглая сумма*
odd-even check [comp.] *контроль по четности*
odd job [empl.] *нерегулярная работа, случайная работа*
odd jobs *случайные работы*
odd lot [comm.] *неполный лот*
odd number *нечетное число*

odds   *неравенство, разница*

OECD (Organization for Economic Cooperation and Development)   *Организация экономического сотрудничества и развития (ОЭСР)*

of a fixed maturity   [stock] *с установленным сроком платежа*

of age (adj.)   *совершеннолетний*

of a more recent date   *на более позднюю дату*

of an earlier date   *на более раннюю датоу*

off balance (adj.)   *несбалансированный*

off-balance sheet   [calc.] *внебалансовый отчет*

off-balance sheet business   [calc.] *внебалансовая сделка*

off-balance sheet exposures   [calc.] *внебалансовые счета*

off-balance sheet item   [calc.] *внебалансовая статья*

off-balance sheet risk   [calc.] *внебалансовый риск*

off-board security   [stock] *внебиржевая ценная бумага*

offence   [legal] *преступление;* [leg.pun.] *нападение, нарушение, наступление, обида, оскорбление, посягательство, правонарушение, проступок*

offence against person   [leg.pun.] *преступление против личности*

offence against property   [leg.pun.] *посягательство на имущество*

offence against the person   [leg.pun.] *преступление против личности*

offence of omission   [leg.pun.] *упущение*

offences against the person   [leg.pun.] *преступления против личности*

offence triable either way   [leg.pun.] *преступление, подлежащее судебному рассмотрению повторно*

offend (vb.)   *оскорблять, совершать преступление;* [legal] *нарушить;* [leg.pun.] *совершить проступок*

offender   [leg.pun.] *обидчик, оскорбитель, правонарушитель, преступник*

offenders will be prosecuted   [leg.pun.] *преступники будут преследоваться в уголовном порядке*

offensive   *наступление*

offensive (adj.)   *наступательный, оскорбительный*

offensive alliance   *наступательный союз*

offensive weapon   [mil.] *наступательное оружие*

offensive word   [legal] *оскорбительное слово*

offer   *предложение заключить сделку, предложение товара для продажи;* [ec.] *предложение цены;* [legal] *оферта*

offer (vb.)   *предлагать, предлагать для продажи, предлагать цену*

offer a loan for subscription (vb.)   [bank.] *открывать подписку на заем*

offer a prize (vb.)   *предлагать премию*

offer calculation   *калькуляция предложения*

offered for sale   [ec.] *предложенный для продажи*

offeree   [legal] *лицо, которому делается предложение*

offer first refusal of (vb.)   *предлагать право первого выбора*

offer for public sale   *предложение для аукциона*

offer for sale   *предложение ценных бумаг для продажи широкой публике с последующей котировкой на бирже*

offer for sale (vb.)   [ec.] *предлагать для продажи*

offering circular   [exc.] *предложение подписки*

offer in principle   *предложение в принципе*

offer of marriage   *предложение вступить в брак*

offer open for a specified time   [legal] *предложение, действующее в течение определенного времени*

offer open for specified time   *предложение, действующее в течение определенного времени*

offeror   *дилер, лицо, предлагающее цену;* [ec.] *продавец;* [legal] *лицо, вносящее предложение*

offer price   *запрашиваемая цена, курс, предлагаемый продацом ценных бумаг, цена продавца*

offer request   *объявление о принятии предложений*

offer test   [mark.] *проверка предложения*
offer to pay   *предложение произвести оплату*
offgrade (adj.)   *некачественный, низкосортный*
offhand   *без подготовки*
offhand (adj.)   *импровизированный, сделанный экспромтом*
office   *бюро, контора, министерство, обязанность, офис, пост, служба, служебное помещение, управление, учреждение, функция;* [manag.] *ведомство, услуга;* [pers.manag.] *должность, канцелярия*
office, hold (vb.)   [pers.manag.] *назначать на должность*
office, in   [parl.] *на должности*
office, take (vb.)   [pers.manag.] *приступать к исполнению служебных обязанностей*
office accessories   *канцелярские принадлежности*
office action   [pat.] *заключение эксперта*
office and business premises   *здание фирмы с прилегающими постройками и участком*
office appliances   *конторское оборудование*
office automation   *автоматизация конторской работы*
office building   *административное здание*
office copy   [legal] *копия, остающаяся в учреждении, служебная копия*
office equipment   *конторское оборудование*
office expenditure   [calc.] *конторские издержки, расходы на содержание офиса*
office expenses   [calc.] *конторские издержки, расходы на содержание офиса*
office fitter   *специалист по оборудованию конторских помещений*
Office for Projects Execution   *Управление по реализации проектов*
Office for Projects Execution, the   *управление реализации проектов*
office furniture and fittings   *конторская мебель и оборудование*
office head   [pers.manag.] *начальник канцелярии*
office holder   [pers.manag.] *арендатор бюро, владелец офиса*
office hours   *время работы учреждения, приемные часы;* [manag.] *присутственное время*
office income   *доход учреждения*
office manager   [pers.manag.] *руководитель конторы*
office messenger   [pers.manag.] *посыльный учреждения*
office of future   *отдел перспективного планирования*
office of issue   [exc.] *эмитент*
office of notary public   *государственная нотариальная контора*
office of patent agents   [pat.] *бюро патентных поверенных*
office of the future   *отдел перспективного планирования*
office of the Notary Public   *государственная нотариальная контора*
office organization   *организационная структура учреждения*
office personnel   [pers.manag.] *конторские служащие*
office premises   *конторские помещения*
office procedure   *порядок работы учреждения*
officer   [mil.] *офицер;* [pers.manag.] *должностное лицо, инспектор, служащий, сотрудник учреждения, чиновник*
officer of corporation   *должностное лицо корпорации*
officer of court   *представитель судебной власти, судебный исполнитель*
officer of the court   [legal] *представитель судебной власти, судебный исполнитель*
officer on duty   *дежурный офицер*
officers of a corporation   *должностные лица корпорации*
offices   *учреждения;* [manag.] *услуги*
office seeker   *кандидат на должность*
office space   *рабочая площадь конторы*
office staff   [pers.manag.] *конторские служащие*

office supplies   [calc.] *канцелярские товары*
office temp   *временный конторский служащий*
office work   *канцелярская работа*
office worker   [pers.manag.] *конторский служащий*
official   *служебное лицо;* [pers.manag.] *должностное лицо, служащий, чиновник*
official (adj.)   *должностной, официальный, служебный, формальный*
official act   *государственный документ*
official announcement   *официальное извещение, официальное объявление*
official approval   *официальное одобрение*
official approval, pending   [manag.] *в ожидании официального рассмотрения*
official assessment   [r.e.] *официальная оценка*
official body   *официальный орган*
official borrowing   [manag.] *государственный заем*
official certificate of search of title   [r.e.] *официальное свидетельство правооснования*
official confirmation   *официальное подтверждение*
official consent, pending   [manag.] *в ожидании официального согласия*
official control authority   *официальный орган управления*
official discount and rediscount rate   [bank.] *официальные учетная и переучетная ставки*
official discount rate   [bank.] *официальная ставка дисконта, официальная учетная ставка, официальный учетный процент*
official financial management   *государственное управление финансовой деятельностью*
official financing   [ec.] *государственное финансирование*
official foreign exchange market   [exc.] *официальный валютный рынок*
official gazette   [media] *официальный орган печати, правительственный бюллетень*
official holiday   [empl.] *официальный праздник*
Official Journal of the European Communities   [EEC] *официальное издание Европейского экономического сообщества, официальный орган Европейского экономического сообщества*
official journey   *служебная командировка*
official language   *официальный язык*
official letter   [pat.] *официальное заключение*
official liquidator   [bus.organ.] *официальный ликвидатор*
official liquidity and banks' foreign exchange reserve   *официальная ликвидность и запасы иностранной валюты в банках*
official list   [exc.] *официальный список ценных бумаг, котируемых на Лондонской фондовой бирже*
officially   *бюрократически, официально, формально*
officially appointed expert   *официально назначенный эксперт*
officially appointed surveyor   *официально назначенный инспектор*
officially authenticated (adj.)   *официально удостоверенный*
officially confirmed (adj.)   *официально подтвержденный*
official matter   *служебное дело*
official newspaper   [media] *официальная газета*
official order   [manag.] *служебный приказ*
official organ   *официальный орган*
official petitioner   [bankr.leg.] *официальный истец*
official price   [exc.] *официальная цена, официальный курс ценных бумаг на бирже*
official price at end of year   [exc.] *официальный курс на последний день последнего месяца года*
official price list   [exc.] *официальный прейскурант*
official property assessment value   [r.e.] *официальная оценочная стоимость имущества, официальная оценочная стоимость собственности*

official quotation   [exc.] *официальная котировка*

official quotation of commodities   [exc.] *официальная котировка товаров*

official rateable value   [r.e.] *официальная облагаемая стоимость*

official rate of exchange   [monet.trans.] *официальный валютный курс*

official rate of interest   *официальная процентная ставка*

official receiver   [bankr.leg.] *официальный ликвидатор, официальный управляющий конкурсной массой*

official regulation   *официальная инструкция*

official report   *официальное сообщение, официальный отчет, официальный протокол*

official reserve assets   *официальные резервные активы*

official reserves   *государственные фонды*

officials   [pers.manag.] *должностные лица*

official solicitor   *официальный юрисконсульт;* [legal] *назначенный адвокат*

official spread   *официальная разница между ставками;* [monet.trans.] *официальная разница между курсами, официальная разница между ценами*

official stock-exchange list   [exc.] *официальный курсовой бюллетень биржи*

official stock-exchange market   [exc.] *официальная фондовая биржа*

official stock-exchange quotation   [exc.] *официальная биржевая котировка*

official translator   *официальный переводчик*

official use   *официальное использование*

official visit   *официальный визит*

officiate (vb.)   [pers.manag.] *исполнять обязанности*

off-licence   *разрешение на продажу спиртных напитков на вынос*

off-line (adj.)   *автономный, независимый;* [comp.] *работающий независимо от основного оборудования*

off-line data transmission   [comp.] *автономная передача данных*

off-line department   [pers.manag.] *самостоятельный отдел*

off-market coupon swap   [exc.] *внебиржевой простой процентный своп*

off-peak ticket   [trans.] *льготный билет*

offprint   [print.] *отдельный оттиск*

off season   [comm.] *не по сезону*

offset   *возмещение, компенсация*

offset (vb.)   *возмещать, компенсировать, печатать офсетным способом*

offset (adj.)   *офсетный, смещенный*

offset account   [book-keep.] *контрсчет*

offset printing   [print.] *офсет, офсетная печать*

offsetting entry   [book-keep.] *компенсирующая проводка*

offsetting error   [book-keep.] *компенсирующая ошибка*

offshore installations   [ins.] *прибрежные сооружения*

offshore insurance   *оффшорное страхование, офшорное страхование;* [ins.] *страхование, не подпадающее под национальное регулирование*

offshore market   [bank.] *зарубежный рынок*

offshore oil deposits   *месторождения нефти в прибрежном шельфе*

offshore purchases   *закупки за рубежом*

offspring   *дочернее предприятие, потомство, продукт, результат*

off-the-board market   [exc.] *внебиржевой рынок*

off the record   *не по существу*

off-the-street customer   [mark.] *случайный покупатель*

of high standing (adj.)   *высокопоставленный, известный*

of itself   *без помощи извне, само по себе*

of limited contractual capacity   [legal] *ограниченная правоспособность договора*

of long duration (adj.)   *долговременный*

of negligible importance (adj.)   *незначительный*

of no value (adj.) *не имеющий ценности*

of public utility (adj.) *общественно полезный*

of significance (adj.) *важный*

of sound mind [legal] *в здравом уме*

often *много раз, часто*

of this order *в данном порядке*

of unsound mind [legal] *душевнобольной*

OID bond (original issue discount bond) *облигация со скидкой с номинальной цены в момент ее выпуска;* [stock] *облигация с нулевым купоном*

oil and gas deposit *месторождение нефти и газа, месторождения нефти и газа*

oil and gas extraction *добыча нефти и газа*

oil company *нефтяная компания*

oil concession *нефтяная концессия*

oil crisis *нефтяной кризис, топливный кризис*

oil exports *экспорт нефти*

oil extraction *добыча нефти*

oil imports *импорт нефти*

oil industry *нефтяная промышленность*

oil market *рынок нефти*

oil platform *нефтепромысловая платформа, нефтепромысловое основание*

oil price *цена на нефть*

oil price hike *резкий подъем цены на нефть*

oil price increase *повышение цены на нефть*

oil producing (adj.) *нефтедобывающий*

oil production *добыча нефти*

oil products *нефтепродукты*

oil refinery *нефтеочистительный завод, нефтеперерабатывающий завод*

oil revenue *доходы от добычи нефти*

oil share *акция нефтяной компании*

oil tanker *нефтеналивное судно, танкер*

oil trade *торговля нефтью*

old age benefit *пособие по старости*

old age insurance [ins.] *страхование по старости*

old age insurance benefit *страховое пособие по старости*

old age pension [soc.] *пенсия по старости*

old age provision [soc.] *обеспечение по старости*

old balance [calc.] *сальдо за предыдущий период*

old business [calc.] *давно существующая компания*

old dwelling stock *старый жилой фонд*

older (adj.) *старший*

older claims *ранее поданные иски*

oldest (adj.) *самый старший*

old housing stock *старый жилой фонд*

Old Lady [sl.] *Банк Англии*

Old Lady, The [bank.,sl.] *Банк Англии*

old offender [leg.pun.] *закоренелый преступник*

old people's home [soc.] *дом для престарелых*

old people's housing *жилищное строительство для пожилых людей*

oligarchy *олигархия*

oligopoly [pol.ec.] *олигополия*

oligopsony [pol.ec.] *олигопсония*

OM (Stockholm Option Market) [exc.] *Стокгольмский опционный рынок*

ombudsman *лицо, назначенное правительством для разбора жалоб частных лиц на государственные учреждения, неофициальный орган для урегулирования споров между банками и клиентами, организация, рассматривающая жалобы*

ombudsman institution *неофициальный орган для урегулирования споров между банками и клиентами, организация, рассматривающая жалобы*

ombudsmanship *разбор жалоб частных лиц на государственные учреждения, урегулирование споров между банками и клиентами*

ominous (adj.) *угрожающий*

omission *оплошность, опущение, отсутствие упоминания, пропуск;* [legal] *бездействие, несовершение действия, упущение*

omit (vb.) *пренебрегать, пропускать, упускать;* [legal] *не включать*

omitted, be (vb.) *быть пропущенным*

omnibus claim *заключительный пункт формулы изобретения, общая формула изобретения, очень широкая формула изобретения;* [pat.] *общее притязание*

omnibus clause [legal] *статья, объединяющая различные вопросы*

omnibus rule [mar.ins.] *правило, объединяющее различные требования*

omnibus survey *обследование по нескольким критериям*

omnium policy [ins.] *страховой полис на общую сумму*

on account *в счет причитающейся суммы, в частичное погашение причитающейся суммы, на условиях кредита, путем частичного платежа в счет причитающейся суммы*

on account of *за счет, по причине*

on account request *требование частичного платежа в счет причитающейся суммы*

on a conservative estimate *по самой осторожной оценке*

on a continuing basis *на постоянной основе*

on a cost-plus basis *с учетом издержек*

on active duty *на действительной службе*

on a fifty-fifty basis *на равной основе*

on a national basis *в масштабе страны*

on an equal footing *на равной основе, на равных условиях*

on an equity basis [bus.organ.] *на основе справедливости, по справедливости*

on application of *при применении*

on approval *на рассмотрении, на согласовании, на утверждении;* [comm.] *на одобрении*

on a regular basis *на регулярной основе*

on assumption *при допущении*

on a timely basis *своевременно*

on attractive terms *на льготных условиях*

on balance *на балансе*

on-balance sheet business [calc.] *сбалансированная сделка*

on basis of *на основе*

on behalf (of) *за, от имени, от лица*

on behalf of *за, от имени, от лица*

on behalf of third parties *от имени третьих лиц*

on berth *на стапеле*

on board bill of lading *коносамент на груз, принятый на борт судна;* [nav.] *бортовой коносамент*

once-and-for-all costs [calc.] *разовые затраты*

once-and-for-all levy [tax.] *разовый сбор*

once-only payment *разовый платеж*

on condition that *при условии, что*

on conservative estimate *по самой осторожной оценке*

on continuing basis *на постоянной основе*

on cost-plus basis *с учетом издержек*

oncosts [ind.ec.] *косвенные расходы, накладные расходы*

on credit *в кредит*

on current account *на текущий счет*

on-deck load *палубный груз*

on deferred terms *на условиях предоставления отсрочки*

on demand *по требованию;* [bill.] *по запросу*

on-demand account *счет до востребования;* [bank.] *текущий счет*

on-demand deposit [bank.] *бессрочный вклад, депозит до востребования, текущий счет*

on-demand deposits *бессрочные вклады, депозиты до востребования, текущие счета*

on-demand guarantee *гарантия по требованию*

on dole *на пособие по безработице*

on duty *на дежурстве, на службе*

on duty (adj.) *дежурный*

on-duty (adj.) *дежурный*

one-family house *односемейный дом;* [r.e.] *дом для одной семьи*

one-man business *индивидуальный бизнес, предприятие с одним занятым*

one-man company *компания, акции которой принадлежат одному лицу*

one-man enterprise *предприятие с одним занятым*

one-man-one-vote suffrage [parl.] *голосование при условии один человек - один голос*

one-off job [prod.] *одноразовая работа, случайная работа*

one-off payment *разовый платеж*

one-off production [prod.] *разовое производство*

one-party system *однопартийная система*

one-person household [pol.ec.] *домохозяйство, состоящее из одного лица*

on equal footing *на равной основе, на равных условиях*

on equity basis *на основе справедливости, по справедливости*

onerous (adj.) *затруднительный, обременительный*

onerous debt *обременительный долг*

onerous financing term *обременительное финансовое условие*

onerous obligation *обременительное обязательство*

one shop-shopping [fin.] *производство покупок в одном магазине*

one-sided (adj.) *односторонний, пристрастный*

one-sided commercial sale [legal] *односторонняя коммерческая продажа*

one-sidedness *односторонность*

one-time buyer [mark.] *разовый покупатель*

one-time charge (OTC) *разовый сбор*

one-time payment *разовый платеж*

one-time task *разовое задание*

one-way market [exc.] *односторонний рынок*

one-way traffic (adj.) *одностороннее движение*

one-year (adj.) *годичный*

one year and six weeks [legal] *год и шесть недель*

on favourable terms *на льготных условиях*

on fifty-fifty basis *на равной основе*

on firm *за счет фирмы*

on free market *на свободном рынке*

on ground that *на том основании, что*

on his behalf *от его имени, от его лица*

on his honour *под его честное слово*

on his own account *за его собственный счет*

on his own initiative *по его собственной инициативе*

on his own responsibility *под его личную ответственность*

on instalment plan *в рассрочку*

on joint account *на общем счете, на общий счет*

on lawful business *по законному делу*

onlending *кредитование за счет кредита, передача кредита*

on-licence *патент на продажу спиртного распивочно*

on-line (adj.) [comp.] *неавтономный, работающий в реальном масштабе времени, работающий в темпе поступления информации, работающий под управлением основного оборудования*

on-line access   [comp.] *неавтономный доступ*

on-line computer system   [comp.] *неавтономная вычислительная система*

on-line data processing   *обработка данных в реальном масштабе времени, обработка данных в темпе их поступления, обработка данных под управлением процессора;* [comp.] *неавтономная обработка данных*

on-line system   *система, работающая в реальном масштабе времени, система реального времени;* [comp.] *неавтономная система*

on-line transmission   [comp.] *неавтономная передача данных*

onlooker   *наблюдатель*

on national basis   *в масштабе страны*

on oath   [legal] *под присягой*

on occasion   *случайно*

on-off switch   *переключатель на два положения;* [comp.] *двухпозиционный переключатель*

on one's honour   *под чье-л. честное слово*

on one's own account   *за чей-л. собственный счет*

on one's own initiative   *по чьей-л. собственной инициативе*

on one's own responsibility   *под чью-л. ответственность*

on own account   *за собственный счет*

on-pack premium   [mark.] *премия при покупке всей партии товара*

on parole   [leg.pun.] *под честное слово*

on plea that   *на основании заявления о том, что*

on presentation   [bill.] *при предъявлении*

on presentation of vouchers   *после предъявления денежных оправдательных документов, после предъявления денежных оправдательных элементов*

on probation   [pers.manag.] *с испытательным сроком*

on proof of identity   *после подтверждения подлинности*

on regular basis   *на регулярной основе*

on request   *по просьбе, по требованию*

on retirement benefit   *пенсия по старости, пособие по старости*

on-sale date   *дата продажи*

on sale or return   [comm.] *после продажи или возврата*

on secondment   [pers.manag.] *в командировке*

on-sight letter of credit   *аккредитив на предъявителя*

on tap (adj.)   *готовый к использованию, находящийся под рукой*

on-tap issue   [exc.] *выдача в кредит*

on the application of   *при применении*

on the assumption   *при допущении*

on the basis of   *на основе*

on the berth   [nav.] *на стапеле*

on the dole   [empl.] *на пособие по безработице*

on the firm   *за счет фирмы*

on the free market   *на свободном рынке*

on the ground that   [legal] *на том основании, что*

on the instalment plan   *в рассрочку*

on-the-job training   [empl.] *обучение без отрыва от производства, обучение на рабочем месте*

on the other hand   *с другой стороны*

on the plea that   [legal] *на основании заявления о том, что*

on the same date   *на ту же дату*

on-the-spot check   *контроль на месте*

on the wane   *на спаде*

on the way   *в пути*

on the wording   *с формулировкой*

on tick   *в кредит*

on-time delivery of order   *своевременная доставка заказа*

on timely basis   *своевременно*

on trial (adj.)   *взятый на испытательный срок, взятый на пробу*

on trust *на веру*

onus of proof [legal] *бремя доказывания*

onus probandi [legal] *бремя доказывания*

on wane *на спаде*

on way *в пути*

on wording *с формулировкой*

OPEC (Organization of Petroleum Exporting Countries) *ОПЕК (Организация стран-экспортеров нефти)*

OPEC countries *государства-члены ОПЕК (Организации стран-экспортеров нефти)*

open (vb.) *начинать, освобождать от ограничений, основывать, открывать, раскрывать*

open (adj.) *доступный, незавершенный, незанятый, нерешенный, откровенный, открытый, свободный*

open account [book-keep.] *контокоррент, открытый счет, текущий счет*

open a cheque (vb.) *открывать чек*

open a credit (vb.) [bank.] *открывать кредит*

open a meeting (vb.) *открывать собрание*

open an account (vb.) [bank.] *открывать счет*

open bankruptcy proceedings (vb.) [bankr.leg.] *начинать судопроизводство по делу о банкротстве*

open book [bank.] *несовпадение активов и пассивов банка по срокам*

open charter [nav.] *открытый чартер*

open cheque *обычный некроссированный чек*

open commitment [exc.] *невыполненное обязательство*

open competition *конкуренция в 'открытую'*

open conference [nav.] *открытое картельное соглашение*

open contract [exc.] *открытый контракт, срочный контракт с неистекшим сроком*

open convention [law nat.] *соглашение, открытое к подписанию*

open court [legal] *открытое судебное заседание, открытый судебный процесс*

open court (vb.) [legal] *открывать судебное заседание*

open court, in *в открытом судебном заседании*

open cover [ins.] *открытый полис*

open credit [bank.] *неограниченный кредит*

open day *день открытых дверей*

open deposit [stock] *открытый депозит*

open distribution [mark.] *свободное распределение*

open-door policy *политика открытых дверей*

open economy [pol.ec.] *открытая экономика*

opened, the court is [legal] *судебное заседание объявляется открытым*

open-end contract [legal] *контракт, допускающий внесение изменений, контракт без оговоренного срока действия, открытый контракт*

open-ended question *вопрос, допускающий разные ответы;* [mark.] *вопрос, допускающий разные толкования*

open-end investment company *инвестиционная компания открытого типа*

open-end investment company share [stock] *акция инвестиционной компании открытого типа*

open-end investment trust [fin.] *инвестиционная компания открытого типа*

open entry [doc.] *свободный доступ*

Open Files Act [legal] *закон о доступности архивов суда*

open house arrangement *дом открытой планировки*

opening *благоприятная возможность, вступительная часть, начало операций, перспектива, предварительное заявление защитника, удобный случай;* [mark.] *открытие биржи*

opening (of a document) *вводная часть документа*

opening address   *первый адрес*

opening balance   [book-keep.] *начальное сальдо*

opening balance sheet   [calc.] *начальный баланс, первый балансовый отчет*

opening balance sheet of a company in a process of winding up   [bus.organ.] *начальный баланс компании в процессе ликвидации*

opening balance sheet of a company in the process of winding up   [bus.organ.] *начальный баланс компании в процессе ликвидации*

opening balance sheet of company in process of winding up   *начальный баланс компании в процессе ликвидации*

opening bank   *банк, выдающий аккредитив*

opening bid   *исходное предложение цены*

opening ceremony   *церемония открытия*

opening date   [exc.] *дата открытия*

opening entry   [book-keep.] *начальная запись*

opening hours   *часы работы*

opening inventory   [calc.] *уровень запасов на начало учетного периода*

opening night   *премьера*

opening of a document   [doc.] *вводная часть документа*

opening of a letter of credit   *открытие аккредитива*

opening of document   *вводная часть документа*

opening offer   *начальное предложение*

opening of letter of credit   *открытие аккредитива*

opening of tenders   *открытие торгов*

opening of the Folketing   [parl.] *открытие заседаний фолькетинга (Дания)*

opening out   [pack.] *распаковывание*

opening price   *первая котировка после открытия биржи, самая высокая и самая низкая цены покупателя и продавца в начале торговой сессии на срочной бирже; [exc.] начальный курс, цена при открытии биржи*

opening rate of exchange   [monet.trans.] *валютный курс при открытии биржи*

opening speech   [legal] *вступительная речь*

opening statement of account   [book-keep.] *первая выписка с банковского счета*

opening stock   [calc.] *запас в начале отчетного периода, начальный запас*

open institution   *учреждение открытого типа*

open interest   [exc.] *объем открытых позиций на срочной бирже*

open invitation to tender   *публичное приглашение на торги*

open-item system   [book-keep.] *система с незакрытыми статьями баланса*

open learning system   [syst.ed.] *гибкая система обучения*

open letter   [media] *открытое письмо*

open market   *открытый рынок*

open market operations   *операции на открытом рынке*

open negotiation   *открытые переговоры*

open negotiations (vb.)   *начинать переговоры*

open order   [exc.] *невыполненный и не аннулированный приказ, нерыночный приказ клиента биржевому брокеру*

open policy   [ins.] *невалютированный полис, нетаксированный полис*

open position   [exc.] *открытая позиция, позиция под риском*

open REPO   [bank.] *открытое соглашение о продаже ценных бумаг с обратным выкупом*

open safe custody   *открытое безопасное хранение ценностей в банке*

open safe custody account   *открытый счет хранения ценностей в сейфе банка; [stock] открытый счет безопасного хранения ценностей в банке*

open sea   *открытое море*

open secret   *раскрытый секрет*

open series *открытый ряд*

open shop *открытая организация*

open sitting [parl.] *открытое заседание*

open society *открытое общество*

open space [plan.] *открытое пространство, открытый космос, свободная площадь*

open system [comp.] *открытая система*

open tendering *открытые торги*

open the case (vb.) *заводить дело;* [legal] *завести дело*

open to inspection by public (adj.) *открытый для общественного контроля*

open to inspection by the public *открытый для общественного контроля*

open to public (adj.) *открытый для общественности*

open to public inspection (adj.) *открытый для общественного контроля*

open to the public *открытый для общественности*

open university [syst.ed.] *открытый университет*

open up books of account (vb.) *раскрывать счетные книги*

open wagon [rail.] *открытый вагон, платформа*

open with plusses (vb.) [exc.] *открывать биржу с ростом цен по сравнению с прошлым закрытием биржи*

operability *действенность*

operable time [comp.] *рабочее время*

operand *операнд;* [comp.] *компонента операции*

operate (vb.) *действовать, приводить в движение, производить операции, работать, разрабатывать, управлять;* [exc.] *вести операции на бирже;* [prod.] *иметь юридическое действие, иметь юридическую силу, спекулировать, эксплуатировать*

operate in the black (vb.) *работать с прибылью*

operate in the red (vb.) *работать с убытком*

operating account [book-keep.] *действующий счет*

operating agency *действующая организация*

operating asset *текущий оборотный актив*

operating assets [calc.] *текущие оборотные активы*

operating budget [ind.ec.] *оперативная смета, смета текущих затрат*

operating capacity [prod.] *действующая производственная мощность*

operating charge [ind.ec.] *текущий сбор*

operating charges *текущие сборы*

operating condition(s) *условия работы*

operating conditions *условия работы*

operating costs [prod.] *эксплуатационные затраты*

operating credit [ind.ec.] *текущий кредит*

operating crew [air tr.,nav.] *судовая команда, экипаж самолета;* [pers.manag.] *обслуживающий персонал, технический персонал*

operating cycle [ind.ec.] *коммерческий цикл, операционный цикл, производственно-коммерческий цикл*

operating deficit [calc.] *текущий дефицит*

operating desk [prod.] *операционный пульт*

operating economies *экономия производственных затрат*

operating equipment [calc.] *производственное оборудование*

operating error [prod.] *ошибка в процессе работы, ошибка из-за нарушения правил эксплуатации*

operating expenses [ind.ec.] *общефирменные расходы, операционные расходы, эксплуатационные расходы*

operating income [ind.ec.] *доход от основной деятельности*

operating instruction *инструкция по эксплуатации*

operating instructions *инструкции по эксплуатации*

operating item [book-keep.] *оперативная проводка*

operating lease [legal] *эксплуатация на основе аренды*

operating leasing [ind.ec.] *выдача оборудования на прокат для эксплуатации*

operating ledger [book-keep.] *операционная бухгалтерская книга*

operating leverage *доля постоянных издержек в постоянных издержках;* [calc.] *доля постоянных издержек в полных издержках*

operating licence *водительские права;* [trans.] *права на управление автомобилем*

operating loan guarantee [ind.ec.] *гарантия краткосрочного займа*

operating loss [ind.ec.] *убыток от основной деятельности*

operating machinery [calc.] *производственное оборудование*

operating manual *инструкция по эксплуатации, руководство по эксплуатации*

operating mode [comp.] *рабочий режим*

operating on a nonprofit making basis *работа на бесприбыльной основе*

operating on a non-profit-making basis *работа на бесприбыльной основе*

operating on nonprofit making basis *работа на бесприбыльной основе*

operating organization *эксплуатирующая организация*

operating performance [prod.] *эксплуатационная характеристика*

operating permit *права на управление автомобилем;* [trans.] *водительские права*

operating plan *оперативный финансовый план, прооизводственный план*

operating plant [calc.] *действующее предприятие, производственное оборудование*

operating profit [calc.] *операционная прибыль, прибыль от основной деятельности, прибыль от производственной деятельности;* [ind.ec.] *условно-чистая прибыль*

operating profit margin [ind.ec.] *чистая прибыль от основной деятельности*

operating profit or loss [calc.] *прибыль или убыток от основной деятельности*

operating property *используемая недвижимость;* [calc.] *эксплуатируемая недвижимость*

operating ratio [ind.ec.] *коэффициент издержек, операционный коэффициент*

operating receipts [ind.ec.] *доходы от производственной деятельности*

operating reserve [ind.ec.] *оперативный резерв, резерв на финансирование эксплуатационных расходов, резерв рабочей мощности*

operating resources [ind.ec.] *производственные ресурсы*

operating return *доход от производственной деятельности;* [ind.ec.] *доход от основной деятельности*

operating revenue [ind.ec.] *доход от основной деятельности, доход от производственной деятельности*

operating statement [calc.] *отчет о прибылях и убытках, отчет о результатах хозяйственной деятельности*

operating system [comp.] *действующая система, операционная система*

operating time *время эксплуатации, наработка, срок службы, эксплуатационное время*

operating trouble [prod.] *авария в процессе эксплуатации, нарушение производственного процесса*

operating value [calc.] *стоимость основной деятельности*

operating year [calc.] *операционный год*

operation *ведение хозяйственной деятельности, торговая операция, торговля, управление машиной, установка, функционирование, юридическая сила, юридические последствия, юридическое действие;* [ind.ec.] *технологическая операция, управление производством, учетно-счетная операция, финансовая операция, цикл обработки;* [prod.] *действие, работа, эксплуатация*

operation, come into (vb.) [legal] *вступать в силу, начать действовать*

operation, out of *бездействующий*

operational *в исправном состоянии*

operational (adj.) *действующий, работающий, функционирующий, эксплуатационный*

operational audit [ind.ec.] *оперативная проверка, оперативная ревизия*

operational costs [ind.ec.] *эксплуатационные затраты*

operational department [ind.ec.] *производственный отдел*

operational depreciation [calc.] *износ в процессе эксплуатации*

operational error [prod.] *ошибка из-за нарушения правил эксплуатации*

operational factor *коэффициент использования*

operational failure [prod.] *отказ в процессе эксплуатации, эксплуатационный отказ*

operational lease *действующий срок аренды*

operational planning *оперативное планирование*

operational process [prod.] *процесс эксплуатации*

operational risk [ins.] *производственный риск*

operational sequence [prod.] *последовательность рабочих операций*

operational staff [pers.manag.] *обслуживающий персонал, эксплуатационный персонал*

operational status *рабочее состояние*

operation control *управление хозяйственной деятельностью*

operation error [prod.] *ошибка в работе*

operation of a railway [trans.] *работа железной дороги*

operation of company *деятельность компании*

operation of law, by [legal] *в силу действия закона*

operation of railway *работа железной дороги*

operation of the company [bus.organ.] *деятельность компании*

operation of the year [ind.ec.] *работа в течение года*

operation permit *разрешение на эксплуатацию*

operation program *программа оперативного обслуживания, работающая программа;* [comp.] *рабочая программа*

operations *обработка грузов*

operations account [book-keep.] *счет по операциям*

operations analysis *анализ производственного процесса по операциям, исследование операций*

operations manager *директор-распорядитель*

operations research *исследование операций*

operative *квалифицированный рабочий, производственник;* [pers.manag.] *промышленный рабочий*

operative (adj.) *действительный, действующий, имеющий юридическую силу, работающий*

operative fact [legal] *факт, имеющий юридическую силу*

operatives *рабочие руки*

operator *владелец предприятия, промышленник, станочник;* [comp.] *оператор;* [exc.] *биржевой маклер, спекулянт;* [nav.] *механик;* [prod.] *производитель работ, фабрикант*

operator command [comp.] *директива оператора*

operator liability *ответственность владельца*

operator manual *руководство для оператора, руководство по эксплуатации*

operator message [comp.] *сообщение оператору*

operator's manual *руководство для оператора, руководство по эксплуатации*

opinion *взгляд, представление, точка зрения, убеждение;* [EEC] *оценка;* [legal] *заключение, мнение, судебное решение*

opinion, be of the (vb.) *полагать, что*

opinion (by Law Lords) [legal] *мнение судебных лордов*

opinion, in my *мне кажется, по моему мнению*

opinion by law lords [legal] *мнение судебных лордов, решение судебных лордов*

opinion evidence   [legal] *предполагаемое доказательство*
opinion leader   *авторитет;* [mark.] *влиятельное лицо*
opinion poll   [stat.] *опрос общественного мнения*
opinion survey   [stat.] *обследование общественного мнения*
opponent   *противник, соперник;* [parl.] *противная сторона;*
   [pat.] *оппонент*
opportune (adj.)   *благоприятный, подходящий, своевременный,*
   уместный
opportunist   *оппортунист*
opportunities to do business   *благоприятные возможности для деловой*
   деятельности
opportunity   *благоприятная возможность, благоприятный случай,*
   удобный случай
opportunity cost   *вмененные издержки фирмы в результате*
   принятого альтернативного курса, вмененные потери в
   результате неиспользования альтернативного курса,
   дополнительные издержки в виде переплаты за определенный
   фактор производства при сложившейся конъюнктуре;
   [ind.ec.] *издержки выбора инвестиций с меньшим доходом и большим*
   риском в надежде на повышенную прибыль, самый высокий
   доход по альтернативному виду инвестиций
opportunity cost of capital tied in inventories   [ind.ec.] *вмененные потери*
   вследствие вложения капитала в материальные запасы
opportunity of growth   *возможность роста*
opportunity to hear (OTH)   [media] *возможность услышать рекламное*
   сообщение
opportunity to see, have an (vb.)   [media] *иметь возможность увидеть*
   рекламное сообщение
opportunity to see (OTS)   [media] *возможность увидеть рекламное*
   сообщение
oppose (vb.)   *быть в оппозиции, возражать, выступать против,*
   оказывать сопротивление, противопоставлять,
   сопротивляться
oppose a motion (vb.)   *выступать против предложения*
opposed to, as   *в отличие от, в противоположность*
opposed to, be (vb.)   *быть против, возражать против*
opposer   *лицо, возражающее против выдачи патента;* [pat.] *лицо,*
   подающее возражение
opposite   *противоположность*
opposite (adj.)   *обратный, противоположный*
opposite direction   *противоположное направление*
opposite number   *лицо, занимающее такую же должность в другом*
   учреждении, партнер по переговорам
opposite page   [print.] *оборотная сторона листа, оборотная*
   сторона лица
opposition   *контраст, оппозиция, противодействие,*
   противоположность, противопоставление, сопротивление;
   [pat.] *возражение*
oppositional (adj.)   *оппозиционный*
opposition proceedings   [pat.] *судопроизводство по возражениям*
oppress (vb.)   *притеснять, угнетать*
oppression   *подавленность, притеснение, угнетение, угнетенность*
oppressive taxes   [tax.] *обременительные налоги*
opt (vb.)   *выбирать, делать выбор*
optical character reader (OCR)   *оптическое устройство для*
   считывания знаков
optical disk   [comp.] *оптический диск*
optical reader   *оптическое считывающее устройство, оптическое*
   читающее устройство
optical storage   [comp.] *оптическое запоминающее устройство*
optimal (adj.)   *оптимальный*

optimal utilization   *оптимальная полезность, оптимальное использование*

optimistic (adj.)   *оптимистический*

optimization   *определение оптимальных характеристик, оптимизация, подбор оптимальных условий*

optimize (vb.)   *оптимизировать*

optimum   *оптимальные условия, оптимальный режим, оптимум*

optimum (adj.)   *оптимальный*

optimum price   *оптимальная цена*

option   *вариант, выбор гражданства, дискреционное право, оптация, право выбора, право замены;* [comm.] *выбор, право купить ценные бумаги эмитента на оговоренных условиях, преимущественное право на покупку;* [exc.] *опцион, право участника синдиката на дополнительную квоту, сделка с премией*

option, at his   *по его усмотрению*

option, at your   *по вашему усмотрению*

optional (adj.)   *дискреционный, диспозитивный, добровольный, необязательный, поставляемый по специальному заказу, произвольный, факультативный*

optional arbitration   [empl.] *добровольная экспертиза*

optional clause   [legal] *факультативная оговорка, факультативный пункт*

optional equipment   [comp.] *оборудование, поставляемое по специальному заказу*

optional hearing   [manag.] *факультативное слушание*

optional insurance   [ins.] *добровольное страхование*

optional redemption   [stock] *добровольное погашение*

optional rule   *необязательное правило*

optional subject   [syst.ed.] *факультативный предмет*

option buyer   [monet.trans.] *покупатель опционов*

option clause   [exc.] *оговорка об опционе*

option contract   [exc.] *опционный контракт*

option contract for foreign exchange   [exc.] *опционный контракт на покупку или продажу валюты*

option currency unit   *опционная денежная единица*

option in securities   [stock] *право покупки ценных бумаг эмитента на оговоренных условиях*

option money   [exc.] *опционная премия*

option of, with the   [leg.pun.] *с дискреционным правом, с правом выбора*

option of a fine in lieu of prosecution   [leg.pun.] *выбор штрафа вместо судебного разбирательства*

option of currency   [exc.] *выбор валюты платежа*

option of fine in lieu of prosecution   *выбор штрафа вместо судебного разбирательства*

option premium   [exc.] *опционная премия*

options market   [exc.] *рынок опционов*

option to buy   *право покупки*

option to buy land   *право покупки земли*

option to purchase   [exc.] *право покупки*

option to sell back   *право перепродажи*

option transaction   [exc.] *опционная сделка*

option writer   [exc.] *продавец опциона*

opulence   *богатство, изобилие*

opulent (adj.)   *богатый, состоятельный*

oral   [syst.ed.] *устный экзамен*

oral (adj.)   *словесный, устный*

oral agreement   [legal] *устное соглашение*

oral evidence   [legal] *устные свидетельские показания*

oral examination   [syst.ed.] *устный экзамен*

oral pleadings   [legal] *устное заявление оснований риска*

oral procedure   [EEC] *устное судопроизводство*
oral proceedings   [legal] *устное судебное разбирательство*
oral proceedings in court   [legal] *устное судопроизводство*
oral report   *устное сообщение*
oral statement   *устное заявление*
oral vote   *устное голосование*
oral voting   *устное голосование*
ordain (vb.)   *отдавать распоряжение, постановлять, предписывать, устанавливать в законодательном порядке*
order   *заказ, приказ, приказание, распоряжение;* [ind.ec.] *исправность, наряд, последовательность;* [legal] *ордер, порядок, предписание суда, раздел, регламент, требование;* [leg.pun.] *постановление;* [manag.] *инструкция, письменный приказ об уплате денег, приказ клиента брокеру купить или продать ценные бумаги на определенных условиях, указание;* [manag.,legal] *команда*
order (vb.)   *назначать, направлять, посылать, предопределять, приводить в порядок, приказывать, прописывать, располагать в определенном порядке;* [legal] *распоряжаться;* [manag.] *давать указания, отдавать распоряжение*
order, by   *по поручению, по приказу*
order, for the sake of good   *ради хорошего состояния*
order, in   *в исправности, в порядке, в хорошем состоянии, по порядку*
order (of business)   *очередность рассмотрения дел, повестка дня, порядок рассмотрения*
order account   [book-keep.] *счет заказов*
order acknowledgement   [ind.ec.] *подтверждение заказа*
order amount   [ind.ec.] *сумма заказа*
order bill of lading   *ордерная транспортная накладная;* [nav.] *транспортная накладная на предъявителя*
order bond   [stock] *ордерное долговое обязательство*
order book   [ind.ec.] *книга заказов, книга приказов и распоряжений*
order booking service   [ind.ec.] *приказ об обслуживании*
order cheque   [bank.] *ордерный чек*
order clause   [legal] *статья приказа*
order decline   [ind.ec.] *снижение сорта*
order department   [ind.ec.] *отдел заказов*
order document   [stock] *распорядительный документ*
ordered on foreign account (adj.)   *заказанный на зарубежный счет*
orderer   [comm.] *заказчик*
order figure   [ind.ec.] *сумма заказа*
order for committal   [leg.pun.] *приказ об аресте, распоряжение о заключении под стражу*
order for compulsory admission to mental hospital   [legal] *приказ о принудительном помещении в психиатрическую больницу*
order for enforcement   [legal] *указание о принуждении к исполнению*
order for financial provision   [law.dom.] *постановление о финансировании*
order form   [ind.ec.] *бланк заказа, бланк требования, форма приказа*
order for possession   [legal] *постановление о владении имуществом*
order for production for inspection   [legal] *распоряжение о предъявлении продукции для проверки*
order for restitution of conjugal rights   [law.dom.] *приказ о восстановлении супружеских прав*
order gap   *интервал между заказами*
order in advance (vb.)   [print.] *подавать предварительный заказ*
Order in Council   [legal] *правительственный декрет (Великобритания)*
order instrument   [stock] *документ приказа*
order intake   [ind.ec.] *поступление заказов, принятые приказы*

order issued by police   *распоряжение полиции*

order issued by the police   [legal] *распоряжение полиции*

orderliness   *аккуратность, упорядоченность*

orderly   *в должном порядке, надлежащим образом*

orderly (adj.)   *организованный, планомерный, правильный, регулярный*

orderly market conditions   *благоприятное состояние рынка*

order number   [ind.ec.] *номер заказа, порядковый номер*

order of business   *очередность рассмотрения дел, повестка дня, порядок рассмотрения;* [parl.] *порядок работы*

Order of Council   [legal] *правительственный декрет (Великобритания)*

order of course   [legal] *неотвратимый приговор суда*

order of discharge   [bankr.leg.] *судебный приказ о восстановлении несостоятельного должника в правах*

order of dismissal   [legal] *приказ об увольнении*

order of magnitude   *порядок величины*

order of magnitude estimate   *оценка порядка величины*

order of mandamus   [legal] *судебный приказ должностному лицу о выполнении требований истца*

order of priorities   *порядок очередности, порядок ранжирования ценных бумаг по очередности удовлетворения претензий в случае банкротства должника, последовательность приоритетов*

order of prohibition   *приказ о приостановлении ранее одобренных действий;* [legal] *приказ суда, запрещающий распоряжаться имуществом*

order of succession   [suc.] *порядок наследования*

order paper by act of the party   *направлять документ на основании действия стороны*

order paper by transaction   *приказ по сделке*

order processing   [ind.ec.] *обработка заказа*

orders booked   *портфель заказов;* [ind.ec.] *полученные заказы*

order sheet   [ind.ec.] *карта заказов*

orders in hand   [ind.ec.] *полученные заказы*

orders on hand   [ind.ec.] *ордера, имеющиеся в распоряжении, оставшиеся приказы, полученные заказы, портфель заказов*

orders received   [ind.ec.] *полученные заказы, портфель заказов*

order stock   [ind.ec.] *склад заказанной продукции*

order to leave country (vb.)   [manag.] *отдать распоряжение покинуть страну*

order to leave the country (vb.)   [manag.] *отдать распоряжение покинуть страну*

order to pay (vb.)   [legal] *распорядиться о платеже*

order to pay costs (vb.)   [legal] *распорядиться об оплате издержек*

order to pay the costs (vb.)   [legal] *распорядиться об оплате издержек*

order to sell   *распоряжение о продаже*

order volume   [ind.ec.] *объем заказа*

order voucher   [ind.ec.] *контрольный талон письменного приказа об уплате денег*

order writing   [ind.ec.] *письменный приказ*

ordinal number   [mat.] *порядковый номер*

ordinance   [legal] *декрет, закон, постановление муниципального органа, статут, указ*

ordinary   *постоянный член суда, судья по наследственным делам*

ordinary (adj.)   *несложный, обыкновенный, обычный, одиночный, ординарный, простой*

ordinary activities   [ind.ec.] *нормальные показатели, обычные виды деятельности*

ordinary bank interest rate   [bank.] *обычная банковская ставка процента*

ordinary bond   [stock] *простая облигация*

ordinary contribution   *обычный взнос*
ordinary course of business   *нормальный ход дела, обычный ход дела*
ordinary court   [legal] *обычный суд*
ordinary creditor   [bankr.leg.] *обычный кредитор*
ordinary debenture   [stock] *простое долговое обязательство*
ordinary debt   [bankr.leg.] *обычный долг*
ordinary depreciation   [calc.] *нормальная амортизация*
ordinary dividend   [bus.organ.] *дивиденд, выплачиваемый по обыкновенным акциям*
ordinary examination session   [syst.ed.] *обычная экзаменационная сессия*
ordinary expenses   *обычные затраты;* [calc.] *обычные расходы*
ordinary family allowance   [soc.] *обыкновенное пособие многодетным семьям*
ordinary general meeting   [bus.organ.] *обычное общее собрание*
ordinary income   [calc.] *обычный доход*
ordinary life insurance   *страхование на случай смерти с пожизненной уплатой взносов;* [ins.] *обычное страхование жизни*
ordinary loan   *заем, предоставленный за счет обычных ресурсов*
ordinary majority   *простое большинство*
ordinary negligence   [leg.pun.] *обычная небрежность*
ordinary operations   [ind.ec.] *обычные операции*
ordinary partnership   *обычное товарищество*
ordinary passport   *обычный паспорт*
ordinary personal allowance   [tax.] *обычная скидка с налога на личное имущество*
ordinary personal relief   [tax.] *обычная скидка с налога на личное имущество*
ordinary profit or loss   [calc.] *обычные прибыль или убыток*
ordinary quality   [comm.] *обычное качество*
ordinary resolution   [legal] *обычная резолюция, обычное решение*
ordinary series   [stock] *обычная серия*
ordinary service   *обычная услуга, обычное обслуживание*
ordinary session   [bus.organ.] *обычное заседание*
ordinary share account (in building society)   *счет обыкновенных акций (в строительном обществе)*
ordinary share account in building society   *счет обыкновенных акций в строительном обществе*
ordinary share capital   [bus.organ.] *акционерный капитал в форме обыкновенных акций*
ordinary shareholder   *держатель обыкновенных акций*
ordinary shares   [stock] *обыкновенные акции*
ordinary stock   [stock] *обыкновенные акции*
ordinary venue   [legal] *обычное место рассмотрения дела*
ordinary writ   [legal] *обычный судебный приказ*
ordination   *классификация, расположение*
ore-bulk-oil carrier (OBO)   [nav.] *нефтерудовоз*
organic growth   *органичный рост*
organigram   *организационная структура, план организации*
organization   *избрание главных должностных лиц и комиссий конгресса, избрание главных должностных лиц и комиссий конгресса (США), организация, приведение в систему, структура, устройство;* [ind.ec.] *объединение, формирование;* [manag.] *организационная структура*
organizational analysis   *организационный анализ*
organizational chart   *структура организации*
organizational culture   *культура организации*
organizational development   *совершенствование организационной структуры*
organizational slack   *организационный застой*
organization chart   *организационная структура, организационная схема*

organization costs [calc.] *административные расходы*

organization error *организационная ошибка*

Organization for Economic Cooperation and Development (OECD)
Организация экономического сотрудничества и развития (ОЭСР)

Organization of American States (OAS) *Организация американских государств (ОАГ)*

Organization of Arab Petroleum Exporting Countries (OAPEC)
Организация арабских стран-экспортеров нефти (ОАПЕК)

Organization of Petroleum Exporting Countries (OPEC) *Организация стран-экспортеров нефти (ОПЕК)*

organization plan *организационный план*

organization structure *организационная структура*

organize (vb.) *налаживать, организовывать, подготавливать, подготовлять, проводить организационную часть собрания, создавать, устраивать, формировать*

organized (adj.) *организованный*

organized banking system *организованная банковская система*

organized crime *организованная преступность*

organizer *организатор*

organizing (adj.) *организационный*

orientation *координирование, ориентирование, ориентировка, политическая информация*

origin *источник, исходная точка, начало, первопричина, происхождение*

original *подлинник;* [print.] *оригинал*

original (adj.) *оригинальный, первоначальный, первый, подлинный, свежий, творческий*

original bill [bill.] *исковое заявление, оригинал векселя*

original bill of lading [nav.] *оригинал коносамента*

original capital [ind.ec.] *первоначальный капитал*

original cost *стоимость приобретения;* [ind.ec.] *первоначальная стоимость*

original costs [ind.ec.] *первоначальные издержки*

original document *оригинал документа, подлинный документ*

original exporter *основной экспортер*

original firm *главная фирма*

original insurer [ins.] *главный страховщик*

original invoice *оригинал счета-фактуры*

original issue discount bond (OID bond) [stock] *облигация с нулевым купоном*

original language *исходный язык*

original letter *оригинал письма*

original maturity [stock] *первоначальный срок ценной бумаги*

original order paper [stock] *первоначальный приказ*

original ownership [legal] *первичное право собственности*

original package *оригинальная упаковка, первичная упаковка*

original packing [pack.] *оригинальная упаковка, первичная упаковка*

original policy [ins.] *основной полис*

original precedent [legal] *первичный прецедент*

original price *первоначальная цена, подлинная цена*

original specification [pat.] *оригинал описания изобретения*

original stamped bill of lading [nav.] *оригинал коносамента с печатью*

original statistical data [stat.] *исходные статистические данные*

original supplies *исходные ресурсы*

original supporting document *оригинал подтверждающего документа*

original text *подлинный текст*

original value [ind.ec.] *первоначальная стоимость*

originate (vb.) *возникать, давать начало, порождать, происходить, создавать*

originate from (vb.) *брать начало от, возникать из, происходить из*

originating application   *заявление, начинающее судебный процесс;* [empl.] *письменная жалоба;* [r.e..legal] *повестка в суд*

originating motion   [legal] *ходатайство об апелляции*

originating summons   [legal] *вызов в суд, повестка в суд*

originating writ   [legal] *первоначальный приказ о вызове в суд*

origination fee   [bank.] *комиссия банку за организацию кредита*

originator   *автор, изобретатель, лицо, отдавшее приказ о денежном переводе, основоположник, создатель, учреждение, предоставившее кредит;* [adv.] *инвестиционный банк, организующий выпуск новых ценных бумаг, инициатор операций, учредитель, учреждение, предоставившие кредит*

orphan   *сирота*

orphan (adj.)   *сиротский*

orphanage   *приют для сирот, сиротство*

O/S (out-of-stock) (adj.)   *не имеющийся на складе, распроданный*

oscillate (vb.)   *колебаться*

oscillating (adj.)   *колеблющийся*

oscillation   *колебание*

ostensible authority   [legal] *мнимые полномочия*

ostensible company   *фиктивная компания*

ostensible partner   *фиктивный партнер*

ostensibly   *по видимости*

OTC (one-time charge)   *разовый сбор*

OTC drug (over-the-counter drug)   *лекарственное средство, отпускаемое без рецепта, патентованное лекарственное средство*

OTC drugs (over-the-counter drugs)   *патентованные лекарственные средства*

OTC market (over-the-counter market)   [exc.] *внебиржевой рынок ценных бумаг, рынок без посредников*

OTH (opportunity to hear)   [media] *возможность услышать рекламное сообщение*

other (adj.)   *дополнительный, другой, иной*

other accounts receivable   *прочая дебиторская задолженность;* [calc.] *прочие счета дебиторов*

other assets   [calc.] *прочие активы*

other changes   *другие изменения*

other debt   [calc.] *прочая задолженность*

other earnings   [tax.] *прочие доходы*

other fixtures and fittings   [calc.] *дополнительные крепежные и зажимные приспособления*

other hand, on the   *с другой стороны*

other indirect costs   [calc.] *прочие косвенные расходы*

other noncustodial sentence   [leg.pun.] *другой приговор, не предусматривающий содержание под стражей, другой приговор, не предусматривающий тюремное заключение*

other operating income   [calc.] *прочие доходы от основной деятельности*

other overheads   [calc.] *прочие накладные расходы*

other party to a contract   [legal] *другая сторона контракта*

other party to contract   *другая сторона контракта*

other plant   [calc.] *прочее производственное оборудование*

other property   [tax.] *прочая собственность*

other recorded capital transactions   [calc.] *прочие зарегистрированные капитальные операции*

other sectors   *другие секторы*

others' account   *счет 'прочие'*

other things being equal   *при прочих равных условиях*

other trades   *другие отрасли торговли*

otherwise   *в других отношениях, в противном случае, иначе, иным образом, иным способом*

OTS (opportunity to see)   [media] *возможность увидеть рекламное сообщение*

our credit, to   *к нашей чести*

oust (vb.)   *выгонять, вытеснять, исключать*

out-and-out conveyance   [legal] *полная передача правового титула*

outbid (vb.)   *предлагать более высокую цену, предложить более высокую цену*

outcome   *выход продукции, исход, последствие, результат*

outdated (adj.)   *вышедший из употребления, несовременный, устаревший*

outdistance (vb.)   *обгонять, опережать*

outdistance competitors (vb.)   *обойти конкурентов, обходить конкурентов*

outdistancing   *опережение*

outdoor advertising   [adv.] *наружная реклама*

outer (adj.)   *внешний, наружный*

outer envelope   *наружный конверт*

outfit   [nav.] *оснащение, снаряжение;* [prod.] *комплект, оборудование, установка*

outflow   *вывоз, отлив, убыль, утечка*

outflow of capital   *утечка капитала*

outflow of currency   *утечка валюты*

outflow of foreign exchange   *вывоз иностранной валюты, утечка иностранной валюты*

outgoing (adj.)   *исходящий, отбывающий, уходящий в отставку, уходящий в связи с окончанием срока полномочий*

outgoing cabinet   *правительство, уходящее в отставку в связи с истечением срока полномочий*

outgoing government   *правительство, уходящее в отставку в связи с истечением срока полномочий*

outgoing investment   [ec.] *исходящие инвестиции*

outgoing letters   *исходящая корреспонденция*

outgoing partner   *партнер, уходящий в отставку*

outgoing payments   *исходящие платежи*

outgoings   *издержки, переводы, платежи, расходы*

outlay   *инвестиционные затраты;* [book-keep.] *затраты, издержки, расходы;* [ec.] *капиталовложения*

outlay for purchase   [book-keep.] *расходы на закупку*

outlet   [comm.] *рынок сбыта;* [mark.] *возможность сбыта, выход, отдушина для избыточного капитала, торговая точка, торговое предприятие*

outlet (area)   [mark.] *рынок сбыта*

outlet area   [mark.] *рынок сбыта*

outline   *конспект, контур, набросок, основной принцип, очертание, план, резюме, схема, эскиз*

outline (vb.)   *делать набросок, наметить в общих чертах, намечать в общих чертах, обрисовать, обрисовывать, оттенять, сделать набросок*

outline, in   *в общих чертах*

outline facts (vb.)   *привести факты, приводить факты*

outline legislation   [legal] *основы законодательства*

outline provision   [EEC] *общие положения*

outlining   *составление плана в общих чертах*

outlook   *перспектива*

out of court   [legal] *без суда, по обоюдному согласию*

out of court (adj.)   *бесспорный, не подлежащий обсуждению, не подлежащий рассмотрению*

out-of-court charges   [legal] *внесудебные издержки*

out of date (adj.)   *вышедший из моды, вышедший из употребления, несовременный, просроченный, устаревший*

out-of-gauge cargo   [nav.] *негабаритный груз*

out of line with   *отклоняющийся от принятой технологии*

out of line with (adj.)   *из ряда вон выходящий, исключительный, не соответствующий, отклоняющийся от принятой технологии*

out of operation (adj.)   *неисправный*

out-of-pocket expenses   *переменные издержки любого вида*

out of print (adj.)   *разошедшийся, распроданный*

out-of-season   *не по сезону*

out-of-season (adj.)   *несвоевременный*

out-of-stock (o/s) (adj.)   *не имеющийся в ассортименте, не имеющийся на складе, распроданный*

out-of-the-money option   [exc.] *опцион, цена которого ниже или выше текущей цены финансового инструмента, лежащего в его основе*

out-of-work (adj.)   *бездействующий, безработный, выключенный*

outpayment form   *форма выплаты*

outport   [nav.] *морской порт на побережье, порт захода*

output   [comp.] *вывод информации, выходной сигнал, итог, результат;* [prod.] *выпуск, выработка, добыча, мощность, объем производства, отдача, продукция, производительность, производство*

output (vb.)   [comp.] *выводить данные*

output-capital ratio   *капиталоотдача*

output cost accounting   [ind.ec.] *бухгалтерский учет издержек производства*

output data   [comp.] *выходные данные*

output device   *устройство вывода;* [comp.] *выходное устройство*

output gap   *нехватка продукции, спад производства*

output index   *индекс объема продукции*

output limitation   *ограничение объема производства*

output of oil   *добыча нефти*

output per hour   [prod.] *часовая производительность*

output tax   [book-keep.] *налог на объем производства*

output unit   *блок вывода, выходной блок, устройство вывода;* [comp.] *выходное устройство*

outright   *полностью, простая форвардная сделка, не связанная с другими одновременными операциями, сразу, срочный валютный курс, включающий премию относительно наличного курса*

outright (adj.)   *открытый, полный, прямой, совершенный*

outright purchase   *окончательная покупка, покупка с безотлагательной уплатой наличными*

outright sale   *продажа с безотлагательным расчетом наличными*

outset   *начало*

outset, at the   *вначале*

outside   *внешность, в открытом море, наружность*

outside (adj.)   *внешний, крайний, наружный, посторонний*

outside financing   [ind.ec.] *внешнее финансирование*

outside interest   *интерес извне*

outside labour   *приглашенная рабочая сила*

outside service   *обслуживание силами посторонней организации*

outside the group (adj.)   *не входящий в группу компаний*

outside the law   [legal] *вне закона*

outsized cargo   [air tr.] *негабаритный груз*

outstanding (adj.)   *выдающийся, выпущенный в обращение, задолженный, знаменитый, невыполненный, неоплаченный, не предъявленный к платежу, непроданный, нереализованный, просроченный*

outstanding account   [book-keep.] *незавершенный расчет;* [ec.] *неоплаченный счет*

outstanding accounts   [ec.] *неоплаченные счета*

outstanding amount   *недоимка;* [book-keep.] *неоплаченная сумма, непогашенная часть займа, не предъявленная к платежу сумма, сумма задолженности*

outstanding and contingent claims [ins.] *невыполненные и условные обязательства*

outstanding bonds [stock] *облигации в обращении*

outstanding calls on shares [bus.organ.] *не поступившие взносы в оплату новых акций*

outstanding cheque *неоплаченный чек, просроченный чек*

outstanding claim [book-keep.] *неурегулированная претензия;* [ins.] *просроченный иск*

outstanding claims provisions [ins.,calc.] *положения о неурегулированных претензиях*

outstanding commitment *невыполненное обязательство, невыполненные заказы*

outstanding contribution [bus.organ.] *просроченный взнос*

outstanding contributions [bus.organ.] *просроченные взносы*

outstanding debt *просроченный долг;* [book-keep.] *неоплаченный долг, непогашенный долг*

outstanding exchange credit [monet.trans.] *неоплаченный валютный кредит*

outstanding interest *процент к уплате;* |calc.] *неоплаченный процент*

outstanding loan *непогашенная ссуда*

outstanding payment *просроченный платеж*

outstanding premium [ins.] *просроченный страховой взнос*

outstandings [book-keep.] *задолженность, неоплаченные суммы, неоплаченные счета*

outstanding securities [stock] *ценные бумаги, выпущенные в обращение*

outstanding security *ценная бумага, выпущенная в обращение*

outstanding share [stock] *акция, выпущенная в обращение, неоплаченная акция*

outstrip (vb.) *обгонять, опережать, превосходить, превышать*

out tray *корзинка для исходящих бумаг*

outturn [prod.] *ведомость выгруженного товара, выгруженное количество, выгрузка, отдача, производительность*

outward *внешний вид*

outward (adj.) *внешний, наружный, посторонний*

outward cargo [nav.] *экспортный груз*

outward clearance certificate *свидетельство об очистке от пошлин при отходе судна;* [nav.] *свидетельство об очистке от пошлин при отходе судна*

outward clearing [nav.] *очистка от пошлин при отходе судна*

outward freight *груз, отправляемый за границу;* [trans.] *экспортный груз*

outward investment *внешние инвестиции*

outward investments *внешние инвестиции*

outward journey [trans.] *прямой рейс*

outward mail *зарубежная корреспонденция*

outward payments *экспортные платежи*

outward reinsurance [ins.] *исходящее перестрахование*

outwork [empl.] *надомная работа, работа вне мастерской*

outworker [empl.] *надомный работник*

over *вдобавок, наверх, наверху, сверх*

over (adj.) *избыточный, излишний*

overage [book-keep.] *излишек*

overall (adj.) *всеобщий, всеобъемлющий, всеохватывающий, общий, полный, сводный*

overall assessment *общая оценка*

overall cash deficit *общий дефицит наличности*

overall cut *всеобщее сокращение*

overall financing *полное финансирование*

overall loss *общие потери*

overall management *полное управление*

overall payment *полный платеж*

overall price   *полная цена*

overall review   *общий обзор*

overall tax effect   [tax.] *эффект полного налогообложения*

overall valuation policy   *политика определения полной стоимости*

overall value   *полная стоимость*

over a period of   *за период*

over a period of three months   *за три месяца*

overbid (vb.)   *предлагать более высокую цену*

overbought (adj.)   *характеризующийся крупными спекулятивными сделками по покупке ценных бумаг*

over-budgetization   *составление завышенной сметы*

over-capitalization   [ind.ec.] *завышенная оценка капитала компании, чрезмерная капитализация*

overcharge   *взимание платы сверх официальной нормы тарифа, завышенная цена, завышенный расход, превышение нормы тарифа*

overcharge (vb.)   *запрашивать дорого, назначать завышенную цену, перегружать*

overcome (vb.)   *превозмогать, преодолевать*

overcome, be (vb.)   *быть побежденным*

overcome a difficulty (vb.)   *преодолевать трудности*

overcome difficulties (vb.)   *преодолевать трудности*

overcrowded (adj.)   *переполненный*

overcrowding   *перенаселение*

overdepreciation   [calc.] *чрезмерное обесценивание*

overdevelop (vb.)   *чрезмерно развивать*

overdimensioned cargo   [nav.] *негабаритный груз*

overdraft   *кредит по текущему счету;* [bank.] *задолженность банку, контокоррентный кредит, овердрафт, превышение кредита*

overdraft (on current account)   [bank.] *кредит по текущему счету*

overdraft charge   [bank.] *комиссионный сбор за предоставление кредита по текущему счету*

overdraft credit   [bank.] *превышение кредитного лимита*

overdraft economy   *экономия кредита по текущему счету*

overdraft facility   [bank.] *источник контокоррентного кредита, источник кредита по текущему счету, предоставление контокоррентного кредита, предоставление кредита по текущему счету*

overdraft facility on current account   [bank.] *предоставление кредита по текущему счету*

overdraft fee   [bank.] *комиссионный сбор за предоставление кредита по текущему счету*

overdraft on current account   [bank.] *кредит по текущему счету*

overdraw (vb.)   *осуществлять овердрафт, превышать остаток счета в банке;* [bank.] *осуществлять свердрафт*

overdrawing of account   [bank.] *превышение остатка счета в банке*

overdrawing of an account   [bank.] *превышение остатка счета в банке*

overdrawn   [bank.] *превысивший кредитный лимит*

overdrawn account   [bank.] *счет со снятой суммой, превышающей остаток, счет с превышением кредитным лимитом*

overdue (adj.)   *невзысканный, не уплаченный в срок, опаздывающий, просроченный, чрезмерный*

overdue bill   [bill.] *просроченный вексель*

overdue payment   *просроченный платеж*

overdue premium   [ins.] *просроченный страховой взнос*

overemphasize (vb.)   *придавать чрезмерно большое значение*

overemployment   [empl.] *избыток рабочих мест*

overestimate   [ec.] *завышенная оценка, завышенная смета*

overestimate (vb.)   [ec.] *давать завышенную оценку, переоценивать, составлять завышенную смету*

overfinancing   *чрезмерное финансирования*

overflow *избыток;* [comp.] *переполнение, признак переполнения*
overfull employment [empl.] *нехватка рабочей силы*
overhaul *капитальный ремонт, тщательный осмотр*
overhaul (vb.) *капитально ремонтировать, осматривать,*
перестраивать, разбирать, ревизовать, реконструировать,
тщательно осматривать для ремонта, тщательно проверять
overhead(s) [ind.ec.] *накладные расходы*
overhead charges [ind.ec.] *накладные расходы*
overhead cost allocation [ind.ec.] *распределение накладных расходов*
overhead costs [ind.ec.] *накладные расходы*
overhead distribution [ind.ec.] *распределение накладных расходов*
overhead expenses [ind.ec.] *накладные расходы*
overheads [ind.ec.] *накладные расходы*
overhead variance [ind.ec.] *отклонение накладных расходов от*
норматива
overheating [pol.ec.] *развитие экономики чрезмерно высокими*
темпами, чрезмерное ускорение экономического развития
overheating of economy [pol.ec.] *развитие экономики чрезмерно*
высокими темпами
overheating of the economy [pol.ec.] *развитие экономики чрезмерно*
высокими темпами
overindebtedness [ind.ec.] *чрезмерная задолженность*
overinsurance [ins.] *страхование на сумму, превышающую*
стоимость страхового объекта, чрезмерное страхование
overinsure (vb.) [ins.] *страховать на сумму, превышающую*
стоимость страхового объекта
overinterpret (vb.) *излагать слишком подробно*
overinvestment *чрезмерное вложение капитала*
overkill [mark.] *чрезмерное рекламирование продукции*
overlap (vb.) *перекрывать, частично совпадать*
overlapping of insurance [ins.] *совпадение различных видов*
страхования
overlapping of taxes [tax.] *дублирование налогов, совпадение различных*
видов налогового обложения
overlay [print.] *приправка*
overleaf [print.] *на обратной стороне листа, обратная сторона*
листа
overload *перегрузка*
overload (vb.) *перегружать;* [trans.] *форсировать*
overloading [trans.] *перегрузка*
overlook (vb.) *игнорировать, недооценивать, не замечать, не*
обращать внимания, не придавать значения, пренебрегать,
присматривать, пропускать, смотреть за
overmanning [pers.manag.] *раздувание штатов*
overmortgage (vb.) [r.e.] *перезакладывать*
overmortgaged (adj.) *перезаложенный*
overmortgaging [r.e.] *перезакладывание*
overnight *сделка на срок до начала следующего рабочего дня,*
сделка на срок от пятницы до понедельника
overnight funds [bank.] *средства, полученные на срок до начала*
следующего рабочего дня
overnight money [bank.] *денежные средства, полученные на срок до*
начала следующего рабочего дня, однодневная ссуда, суточная
ссуда
overnight rate of interest *ставка процента суточной ссуды;*
[bank.] *ставка процента одновневной ссуды*
overpaid tax [tax.] *переплаченный налог*
overpayment *переплата*
over period of three months *за три месяца*
overpopulated (adj.) *перенаселенный*
overpopulation *перенаселенность*

overprice (vb.) *назначать завышенную цену*

overproduction [prod.] *перепроизводство*

overprovide (vb.) *обеспечивать с избытком;* [calc.] *обеспечить с избытком*

overprovision of depreciation [calc.] *обеспечение чрезмерного снижения стоимости*

overrate (vb.) [pers.manag.] *давать завышенную оценку, завышать стоимость, переоценивать, устанавливать дополнительный налог*

override (vb.) *не принимать во внимание, отвергать, отклонять;* [legal] *действовать вопреки, иметь преимущественное юридическое действие, лишать юридического действия*

overriding (adj.) *главный, преобладающий*

overriding commission *главная комиссия*

overrule (vb.) [legal] *отменять, аннулировать, отвергать, отвергать решение по ранее рассмотренному делу с созданием новой нормы прецедентного права, считать недействительным*

overrule a judgment (vb.) [legal] *отвергать решение по раннее рассмотренному делу с созданием новой нормы прецедентного права*

overruling [legal] *аннулирование, признание недействительным*

overruling of a judgment [legal] *признание приговора недействительным*

overruling of judgment [legal] *признание приговора недействительным*

overseas (adj.) *заграничный, заморский, заокеанский, иностранный*

overseas container [nav.] *контейнер для зарубежных перевозок*

overseas countries and territories (OCT) *заморские страны и территории*

overseas destination [trans.] *зарубежный пункт назначения*

overseas market *внешний рынок*

oversee (vb.) *наблюдать, надзирать, осуществлять надзор, подсматривать*

overseer *надзиратель;* [pers.manag.] *контролер, мастер*

oversell (vb.) *продавать сверх имеющихся запасов*

overshooting *отклонение от заданного значения, перепроизводство, уровень валютного курса, не соответствующий положению в экономике, чрезмерное повышение, чрезмерный рост;* [ec.] *уровень валютного курса, не соответствующий паритету покупательной способности*

overside delivery [nav.] *сдача груза с одного судна на другое*

oversight *контроль, наблюдение, надзор, недосмотр, присмотр;* [ins.] *оплошность*

oversight clause [legal] *пункт о надзоре*

oversold (adj.) *перепроданный*

overspending *чрезмерная трата денег*

overstaffing [pers.manag.] *укомплектование с избытком*

overstate (vb.) *завышать, преувеличивать*

overstep (vb.) *переступать, перешагивать*

overstepping *просрочка*

overstock *избыток, излишний запас*

overstock (vb.) *затоваривать;* [wareh.] *делать слишком большой запас*

oversubscribe (vb.) *превышать намеченную сумму подписки;* [exc.] *превысить намеченную сумму подписки*

oversubscription [exc.] *превышение установленной суммы подписки*

overtake (vb.) *застигать врасплох, наверстывать, овладевать;* [trans.] *догонять*

overtax (vb.) [tax.] *облагать чрезмерными налогами*

overtaxation [tax.] *чрезмерное налогообложение*

over the counter (adj.) *внебиржевой, продаваемый без посредников, продаваемый вне биржи*

over-the-counter drug (OTC drug) *патентованное лекарственное средство*

over-the-counter drug (OTC drugs) *лекарственное средство, отпускаемое без рецепта*

over-the-counter drugs (OTC drugs) *патентованные лекарственные средства*

over-the-counter market (OTC market) [exc.] *внебиржевой рынок ценных бумаг, рынок без посредников*

over-the-counter quotation [stock] *неофициальная котировка*

over-the-counter securities [stock] *ценные бумаги, обращающиеся вне официальной фондовой биржи*

over-the-counter security *ценная бумага, обращающаяся вне официальной фондовой биржи*

over-the-counter trade [exc.] *торговля без посредников*

over the years *через несколько лет*

overthrow (vb.) *свергать*

overthrow a government (vb.) *свергать правительство*

overtime [empl.] *плата за сверхурочную работу, сверхурочная работа, сверхурочно, сверхурочное время*

overtime bonus [empl.] *плата за сверхурочную работу*

overtime earnings [empl.] *плата за сверхурочную работу*

overtime pay [empl.] *плата за сверхурочную работу*

overtime payment [empl.] *плата за сверхурочную работу*

overtime premium [empl.] *доплата за сверхурочную работу*

overtime work [empl.] *сверхурочная работа*

overtrading *затоваривание, покупка чрезмерного количества ценных бумаг, торговля в размере, выходящем за рамки имеющихся средств, чрезмерное развитие торгово-промышленной деятельности, чрезмерное расширение продаж в кредит*

overvaluation [ec.] *завышенная оценка*

overvalue (vb.) [ec.] *давать завышенную оценку*

overview *беглый обзор, общее представление*

overweight *излишек массы, перевес, преобладание*

overwrite (vb.) *переписывать*

over-year storage [wareh.] *хранение в течение года*

owe (vb.) *быть должным, задолжать*

owing to *благодаря, вследствие, по причине*

own (vb.) *владеть, допускать, иметь в собственности, обладать, признавать, признаваться*

own acceptance [bill.] *собственный акцептованный вексель*

own account *собственный счет*

own account, on *на собственный счет*

own account, on one's *на свой страх и риск, самостоятельно*

own balance *остаток на собственном счету*

own balances *остатки на собственном счете*

own business *собственное дело*

own business savings account [bank.] *сберегательный счет на собственном предприятии*

own capital *собственный капитал*

own consumption [tax.] *собственное потребление*

own damage *собственный ущерб*

own debt security [calc.] *собственное обеспечение долга*

owner [nav.] *владелец;* [r.e.] *собственник*

owner capital *собственный капитал*

owner-dweller [r.e.] *хозяин квартиры*

owner equity [bus.organ.] *собственный акционерный капитал*

owner-farmer *владелец фермы*

owner income *доход от имущества, доход от собственности*

owner-occupied apartment *квартира, занимаемая владельцем*

owner-occupied dwelling *жилище, занимаемое владельцем*

owner-occupied flat *квартира, занимаемая владельцем*

owner-occupied home *дом, занимаемый владельцем*

owner-occupied house *дом, занимаемый владельцем*

owner-occupied housing *дом, занимаемый владельцем*

owner-occupier [r.e.] *земельный собственник*

owner of a right of way *лицо, имеющее право прохода;* [legal] *лицо, имеющее право проезда*

owner of right of way *лицо, имеющее право проезда, лицо, имеющее право прохода*

ownership [legal] *право собственности, собственность;* [r.e.] *владение*

ownership certificate *свидетельство о регистрации собственности*

ownership in common [legal] *коллективная собственность, общая собственность, совместная собственность*

ownership of land [legal] *собственность на землю*

ownership ratio *доля собственности;* [r.e.] *доля владения*

ownership reservation [legal] *оговорка об имуществе*

owner surplus *прибыль производителя*

owners' association *ассоциация собственников*

owners' liability *ответственность владельца*

owner's capital *собственный капитал*

owner's equity *собственный акционерный капитал*

owner's income *доход от имущества, доход от собственности*

owner's surplus *прибыль производителя*

own financing [ind.ec.] *самофинансирование*

own funds *собственные средства*

own funds of credit institutions *собственные средства кредитных учреждений*

own holding *собственное имущество*

own initiative, on one's *по собственной инициативе, самостоятельно*

own means *собственные средства*

own pension arrangement [ins.] *соглашение о собственном пенсионном обеспечении*

own portfolio [stock] *собственный портфель ценных бумаг*

own production *собственное производство*

own production of finished goods *собственное производство готовых изделий*

own resources *собственные денежные средства, собственные ресурсы*

own risk [ins.] *собственный риск*

own risk, at your *на ваш риск*

own shares [bus.organ.] *собственная доля капитала, собственные акции*

own shares of group [bus.organ.] *собственные акции объединения компаний*

own signature *личная подпись*

own weight *собственная масса*

own work *собственная работа*

own work contribution *вклад в собственную работу*

p. (page)   [print.] *страница*

P (page)   *страница*

p.a. (per annum)   *в год, ежегодно*

PA (per annum)   *в год, ежегодно*

PABX (private automatic branch exchange)   [telecom.] *учрежденческая автоматическая телефонная станция с выходом в город*

PABX extension telephone   [telecom.] *добавочный телефонный аппарат учрежденческой автоматической телефонной станции с выходом в город*

pace   *скорость, темп, шаг*

pack   *вьюк, кипа, количество консервов, произведенных в течение сезона, связка;* [pack.] *пакет, пачка*

pack (vb.)   *консервировать, производить консервы;* [pack.] *упаковывать*

package   *сверток;* [ec.] *комплексная сделка;* [pack.] *кипа, пачка, упаковка;* [parl.] *комплексное соглашение, пакет, расходы по упаковке, соглашение по нескольким вопросам на основе взаимных уступок, ящик;* [trans.] *место багажа, место груза*

package (vb.)   [pack.] *тюк*

package band   [mark.] *оберточная лента*

package cargo   [nav.] *груз в упаковке, сборный груз, тарно-штучный груз*

package cargo   [nav.] *пакетированный груз*

packaged audit program   [comp.] *пакет аудиторских программ, пакет ревизионных программ*

package design   [mark.] *дизайн упаковки*

packaged goods   [mark.] *расфасованные товары;* [trans.] *упакованные товары*

package for heavy goods   [pack.] *упаковка для тяжелых грузов*

package freight   [nav.] *сборный груз*

package holiday   *туристическая поездка с предоставлением всего комплекса услуг*

package insert   [adv.] *рекламный листок, вложенный в упаковку товара*

package job contract   [legal] *контракт на проведение всего комплекса работ*

package of export incentives   *комплекс экспортных льгот*

package of goods   [trans.] *место груза*

package of policies   [ins.] *комплекс страховых полисов*

package solution   [pol.] *комплексное решение*

package stuffer   [adv.] *рекламный вкладыш*

package test   [adv.] *рекламная проверка*

package tour   *туристическая поездка с представлением всего комплекса услуг*

package trip   *туристическая поездка с представлением всего комплекса услуг*

package with strippable wrap   [pack.] *упаковка со снимаемой оболочкой*

package with tailored wrap   [pack.] *упаковка с оболочкой, изготовленной на заказ*

packaging   [pack.] *упаковка, упаковочное дело*

packaging costs   [pack.] *затраты на упаковку*

packed goods   [trans.] *упакованный товар*

packet   [pack.] *пакет, связка*

packing   [pack.] *укладка, укупоривание, упаковка*

packing case   [pack.] *упаковочный ящик*

packing costs   [pack.] *расходы на упаковку*

packing density   *плотность расположения;* [comp.] *плотность записи, плотность монтажа, плотность размещения компонентов, плотность упаковки*

packing department *отдел упаковки, отдел фасовки*
packing list *упаковочный лист, упаковочный реестр*
packing paper [pack.] *упаковочная бумага*
packing slip *упаковочный лист, упаковочный реестр*
packing twine *упаковочный шпагат*
Pac-Man defence [bus.organ.] *стратегия 'Пэк Мэн' (защита от поглощения путем попытки поглотить компанию-агрессора)*
pact *договор, пакт*
page [print.] *страница*
page (p.) [print.] *страница*
page boy *мальчик-слуга, служитель в законодательном собрании*
page girl *девочка-служанка*
page layout [print.] *макет полосы*
page number [print.] *номер страницы*
page printer [comp.] *построчно-печатающее устройство*
page proof [print.] *корректурный оттиск со сверстанного набора*
page reference [print.] *пристраничная сноска*
page scrolling [comp.] *постраничная прокрутка*
page traffic *движение на боковой полосе*
paginate (vb.) [print.] *нумеровать страницы*
pagination [print.] *нумерация страниц, пагинация*
paging [comp.] *разбиение памяти по страницам, страничная организация памяти*
paid (adj.) *выплаченный, оплаченный*
paid by hour *с почасовой оплатой*
paid by month *с помесячной оплатой*
paid by the hour [empl.] *с почасовой оплатой*
paid by the month [empl.] *с помесячной оплатой*
paid educational leave *оплаченный учебный отпуск*
paid for by taxpayers' money (adj.) *оплаченный из денег налогоплательщиков*
paid home [trans.] *с оплаченной доставкой на дом*
paid in, be (vb.) *быть оплаченным*
paid-in capital [bus.organ.] *оплаченная часть акционерного капитала*
paid-in surplus [bus.organ.] *активный платежный баланс*
paid on a commission basis [ind.ec.] *оплаченный на комиссионной основе*
paid on commission basis (adj.) [ind.ec.] *оплаченный на комиссионной основе*
paid-out instalment of a building loan *погашающий взнос в счет ссуды на покупку дома*
paid-out instalment of building loan (adj.) *погашающий взнос в счет ссуды на покупку дома*
paid sick leave [empl.] *оплаченный отпуск по болезни*
paid-up (adj.) *выплаченный в срок, выплаченный полностью*
paid-up capital [bus.organ.] *оплаченная часть акционерного капитала*
paid-up guarantee capital [bank.] *оплаченная часть гарантированного акционерного капитала*
paid-up insurance [ins.] *оплаченный страховой полис*
paid-up policy [ins.] *оплаченный страховой полис*
paid-up policy value [ins.] *стоимость оплаченного страхового полиса*
paid-up premium [ins.] *оплаченная страховая премия*
paid-up share capital [bus.organ.] *оплаченная часть акционерного капитала*
paid-up stock [bus.organ.] *оплаченная акция*
paid work [empl.] *оплаченная работа*
pain and suffering [legal] *боль и страдание*
paints varnishes and lacquers group *компания по выпуску лакокрасочных изделий*
Palestinian Liberation Organization (PLO) *Организация Освобождения Палестины (ООП)*

pallet   грузовой пакет, грузовой поддон, плита-спутник, стапельная доска, стапельный стол, транспортный стеллаж

pallet exchange   замена грузового поддона

pallet hire   прокат грузового поддона

palletized goods   грузы на поддонах, изделия на поддонах, пакетированный груз

pamphlet   брошюра, технический проспект; [doc.] инструкция по эксплуатации, пояснительная статья

pamphlet box   коробка для хранения брошюр

P and I association   общество страхования ответственности перед третьими лицами

P and I insurance (protection and indemnity insurance)   страхование ответственности перед третьими лицами

panel   группа специалистов для публичного обсуждения общественно важного вопроса, жюри присяжных заседателей, комиссия, персонал, список присяжных заседателей; [legal] личный состав; [leg.pun.] перечень, список

panel envelope   конверт с окошком

panel evidence   [legal] показания экспертов

panic purchase   ажиотажная закупка

panic sale   [exc.] паническая продажа, срочная распродажа

paper   банкнота, банкноты, бумага, бумажные денежные знаки, кредитные билеты, кредитный билет, письменная работа, свидетельство долга, статья, экзаменационный билет; [doc.] меморандум; [legal] документ; [media] газета, лист бумаги; [stock] бумажные деньги, краткосрочное обязательство, ценная бумага

paper (adj.)   бумажный; [doc.] канцелярский

paper bag   бумажный пакет

paper company   фиктивная компания

paper currency   [monet.trans.] бумажные деньги

paper currency in circulation   бумажные деньги в обращении

paper for continuous forms   [comp.] бумага в форме непрерывной ленты

paper gain   [ec.] бумажная прибыль; [stock] нереализованная прибыль

paper gold   бумажное золото, специальные права заимствования

paper investment   [fin.] инвестирование путем покупки ценных бумаг

paper issue   [stock] эмиссия ценных бумаг

paperless (adj.)   безбумажный

paperless office   организация с безбумажным делопроизводством

paper loss   [ec.] нереализованный убыток; [stock] бумажный убыток

paper money   банкноты, бумажные денежные знаки, кредитные билеты; [ec.] бумажные деньги

paper not to order   документ не для рассылки

paper profit   нереализованная прибыль; [ec.] бумажная прибыль

paper pushing   проталкивание документа

paper shuffling   канцелярская работа

paper standard   бумажный денежный стандарт

paper tiger   неопасный противник

par   номинал, равенство; [stock] номинальная цена

par (adj.)   соответствующий стандарту; [monet.trans.] номинальная стоимость, номинальный, паритет

par, above   выше номинальной стоимости, выше паритета

par, at   по номиналу, по номинальной стоимости

par, below   ниже номинальной стоимости, ниже паритета

par (value)   [monet.trans.] номинальная стоимость, номинальная стоимость облигации, паритет; [stock] номинал, номинальная стоимость ценной бумаги, паритет валюты

parade   торжественная встреча, торжественный проезд по улицам города

paradox   парадокс, парадоксальное явление

paradox of thrift   [pol.ec.] парадокс бережливости

paradox of value *парадокс стоимости*

paragraph [doc.] *параграф;* [media] *газетная заметка, пункт;* [print.] *абзац*

paragraph (vb.) [legal] *разделять на абзацы*

paralegal (assistant) *помощник адвоката, помощник судьи*

paralegal assistant *помощник адвоката, помощник судьи*

parallel *аналогия, соответствие*

parallel (vb.) *соответствовать, сравнивать*

parallel (adj.) *параллельный, подобный*

parallel imports *параллельный импорт*

parallel loan [bank.] *параллельная ссуда*

parallel operation *параллельная сделка*

parallel trade *параллельная сделка*

parallel transmission [comp.] *параллельная передача*

parameter *характеристика;* [stat.] *параметр*

paramount clause [nav.] *условие в коносаменте о подчинении коносамента Гаагским правилам, условие коносамента о превалирующем значении национального законодательства, принятого в соответствии с Брюссельской конвенцией от 1924 г.о коносаментных перевозках, условие первостепенной важности*

parcel [comm.] *мелкая партия груза, партия товара;* [post] *посылка;* [r.e.] *небольшой участок земли;* [trans.] *пакет, парцель (часть пароходного груза), пачка, сверток*

parcel bulk service [nav.] *перевозка мелкой партии бестарного груза*

parcellation [r.e.] *раздробление*

parcelling out [r.e.] *деление на части, дробление*

parcelling out of land for development purposes [plan.] *раздел земли с целью застройки*

parcelling plan [r.e.] *план раздела*

parcel number [r.e.] *номер земельного участка*

parcel of land [r.e.] *небольшой участок земли*

parcel of land with direct access to a public right of way [r.e.] *земельный участок с прямым доступом к полосе отчуждения*

parcel of land with direct access to public right of way *земельный участок с прямым доступом к полосе отчуждения*

parcel out (vb.) [r.e.] *делить на части, дробить*

parcel post [post] *почтово-посылочная служба*

parcel post receipt [post] *посылочная квитанция*

parcel post statement [post] *извещение о посылке*

parcel receipt [trans.] *квитанция на мелкую партию груза*

parcels *опись имущества при передаче*

parcels office [rail.] *посылочное отделение;* [trans.] *грузовая контора*

pardon *помилование*

pardon (vb.) *оставлять без наказания, помиловать*

pare (vb.) *подрезать, сокращать;* [ec.] *урезывать*

pared budget *урезанная смета, урезанный бюджет*

parent *источник, причина, родитель;* [bus.organ.] *родительская компания*

parent act [legal] *старший законодательный акт*

parent application *основная патентная заявка;* [pat.] *первичная патентная заявка*

parent bank [bank.] *банк, владеющий контрольным пакетом акций другого банка, родительский банк*

parent company [bus.organ.] *компания, владеющая контрольным пакетом акций другой компании, материнская компания*

parent company accounts [calc.] *отчетность материнской компании*

parent company concept [calc.] *концепция материнской компании*

parenthesis *круглая скобка*

parents *родители*

parent share [stock] *акция родительской компании*

parents' committee [syst.ed.] *родительский комитет*
parent undertaking [bus.organ.] *материнская компания*
pari mutuel *тотализатор*
pari passu (adj.) [legal] *равный во всех отношениях, эквивалентный*
pari passu clause [legal] *оговорка о пропорциональном распределении*
pari passu with *наравне с*
parish *гражданский округ (в некоторых штатах США), церковный приход*
parish council *административное управление (в сельской местности), приходской совет*
parishioner *прихожанин*
parish property *приходская собственность*
parish road *дорога, находящаяся в ведении местных властей*
Paris interbank offered rate (PIBOR) [bank.] *ставка предложения межбанковского депозитного рынка в Париже (ПИБОР)*
par issue [exc.] *выпуск ценных бумаг по номинальной стоимости*
parity *равенство курсов, соответствие, эквивалент, эквивалентность;* [monet.trans.] *валютный паритет, соотношение валютных курсов;* [stock] *паритет*
parity bit [comp.] *контрольный двоичный разряд четности*
parity check [comp.] *контроль по четности*
parity clause [legal] *оговорка о паритете*
parity error *ошибка, выявленная контролем по четности*
parity fixed in advance [exc.] *заранее установленное равенство курсов*
parity of votes *разделение голосов поровну*
parity principle *принцип паритета*
parity rate [monet.trans.] *паритетный курс*
parity realignment [monet.trans.] *регулирование валютного курса*
park (vb.) *автомобильный парк, место стоянки автомобилей, парковать, ставить автомобиль на стоянку*
park director *управляющий парком*
parking *парковка, стоянка автомобилей*
parking area *место парковки*
parking charge *плата за парковку*
parking exemption *право на бесплатную парковку*
parking fine *штраф за парковку в неположенном месте*
parking lot *место парковки*
parking meter *счетчик платы за парковку*
parking prohibited *стоянка запрещена*
parking space *место парковки, место стоянки*
parking ticket *штрафной талон за парковку в неположенном месте*
parkway *парковая дорога, разделительная полоса с зелеными насаждениями, тротуар, отделенный деревьями от дороги, часть дороги, обсаженная деревьями*
parliament [parl.] *парламент*
parliamentarian [parl.] *парламентарий*
parliamentarism [parl.] *парламентаризм*
parliamentary agent *лоббист*
parliamentary approbation *парламентское одобрение*
parliamentary commission of inquiry [parl.] *комиссия парламента по расследованию*
parliamentary committee [parl.] *парламентская комиссия, парламентский комитет*
parliamentary grant *парламентская субсидия*
parliamentary group [parl.] *парламентская группа, парламентская фракция*
parliamentary party [parl.] *парламентская партия*
parliamentary privilege [legal] *депутатская неприкосновенность*
parliamentary session [parl.] *заседание парламента, сессия парламента*
parliamentary year [parl.] *парламентский год*

parliament building *здание парламента*

parochial matter *вопрос, находящийся в ведении местной администрации*

parol *судебная защитительная речь, устное показание;* [legal] *устное заявление*

parol agreement [legal] *простое соглашение, соглашение не за печатью, устное соглашение*

parol contract [legal] *договор не за печатью, простой договор*

parole *обещание, освобождение под честное слово, честное слово*

parole (vb.) [leg.pun.] *освобождать под честное слово, отпускать на поруки*

parole, on [leg.pun.] *под честное слово*

parole board [leg.pun.] *комиссия по условно-досрочному освобождению*

parol evidence [legal] *устные свидетельские показания*

part *группа, деталь, доля, серия, сторона в споре, том, участие, участие в переговорах;* [ind.ec.] *фракция;* [legal] *сторона в договоре, сторона в процессе;* [prod.] *часть*

part (vb.) *выделять, делить на части, отделять, отличать;* [ind.ec.] *разделять*

part, in *частично*

part (of act) [legal] *раздел закона*

part (of Act) [legal] *раздел закона*

part cargo [trans.] *частичный груз*

part certificate *неполный сертификат*

part delivery *частичная поставка*

part discharge *частичное погашение долга*

partial (adj.) *неполный, пристрастный, частичный*

partial acceptance [legal] *неполный акцепт*

partial analysis *частичный анализ*

partial audit [aud.] *частичная проверка*

partial balance sheet [calc.] *неполный балансовый отчет*

partial capital [bus.organ.] *частичный капитал*

partial charter [nav.] *неполный чартер*

partial consignment [trans.] *неполная партия груза*

partial cost system [ind.ec.] *система калькуляции издержек производства с использованием нормативов*

partial damage [ins.] *частичный ущерб*

partial decision [legal] *промежуточное решение*

partial disability [empl.] *частичная недееспособность, частичная нетрудоспособность*

partial disablement *частичная утрата трудоспособности, частичное поражение в правах*

partial equilibrium *частичное равновесие*

partial insurance [ins.] *страхование в неполную стоимость*

partiality *пристрастие, пристрастность*

partial lease [r.e.] *частичная аренда*

partial liquidation [bus.organ.] *частичная ликвидация*

partial load *неполная загрузка;* [trans.] *частичная загрузка*

partial loss *частичная потеря;* [mar.ins.] *частичная гибель предмета страхования*

partially disabled person [empl.] *частично нетрудоспособное лицо*

partially prefilled in tax return form (adj.) *частично отраженный в налоговой декларации*

partially unemployed (adj.) *неполностью занятый, частично безработный*

partial payment *частичный платеж*

partial redemption *частичное погашение*

partial refund *частичное возмещение*

partial sum *частичный итог*

participant [legal] *участник*

participant (adj.) *принимающий участие*
participant in a course [syst.ed.] *слушатель курса лекций*
participant in course [syst.ed.] *слушатель курса лекций*
participant on market *участник синдиката, организующий заем на рынке капитала*
participant on the market *участник синдиката, организующий заем на рынке капитала*
participate (vb.) *принимать участие;* [bus.organ.] *участвовать*
participate in *участвовать в*
participating (adj.) [ind.ec.] *участвующий*
participating bond [stock] *облигация участия*
participating carrier [trans.] *транспортное агентство, участвующее в прибылях*
participating debenture [stock] *долговое обязательство, дающее право участия в прибылях*
participating debentures *долговые обязательства, дающие право участия в прибылях*
participating interest *процент участия*
participating preference share [stock] *привилегированная акция участия*
participating preferred share *привилегированная акция участия*
participation *соучастие, участие в капитале компании;* [ind.ec.] *доля выпуска акций, распределяемая участником синдиката на рынке, участие*
participation certificate [bus.organ.] *сертификат участия*
participation exemption *исключение из доли*
participation fee *плата за участие*
participation in *участие в*
participation in an election [parl.] *участие в выборах*
participation in election [parl.] *участие в выборах*
participation in profits [ind.ec.] *участие в прибылях*
participation rate [empl.] *доля рабочей силы в общей численности данной половозрастной группы*
participation right [ind.ec.] *право на участие в прибылях*
participatory democracy *совместные действия организованной группы лиц*
particular *особенность, подробность, частность*
particular (adj.) *детальный, индивидуальный, обстоятельный, особенный, особый, подробный, специфический, тщательный, частный*
particular, in *в особенности, в частности*
particular average [mar.ins.] *частная авария*
particular average statement [mar.ins.] *диспаша по частной аварии*
particular case *особый случай, частный случай*
particular interest *особый интерес*
particular lien [legal] *право наложения ареста на определенное имущество, указанное в долговом инструменте*
particulars [legal] *подробный отчет*
particulars of claim [legal] *подробности иска*
particulars of offence [leg.pun.] *подробности правонарушения*
particular submission [legal] *подача конкретного инструмента*
partition *разбиение, расчленение*
partitioning *разделение*
partitioning of market [mark.] *сегментация рынка*
partitioning of the market [mark.] *сегментация рынка*
partition of loss agreement [ins.] *соглашение о разделе убытков*
part load [trans.] *неполный груз*
part load consignment [trans.] *неполная партия товара*
partly *частично*
partly owned (adj.) *принадлежащий частично*
partly suspended sentence [leg.pun.] *чстично приостановленный приговор*

partner *контрагент, соучастник;* [bus.organ.] *компаньон, партнер, совладелец, участник*
partner by estoppel *партнер по процессуальному отводу*
partner in fact [legal] *фактический участник*
partnership *компания, компаньоны, партнерство, сотрудничество, товарищество;* [ind.ec.] *участие*
partnership agreement *договор о партнерстве*
partnership article [legal] *статья о партнерстве*
partnership articles *договор о партнерстве*
partnership at will *партнерство по желанию*
partnership capital *капитал товарищества*
partnership deed *договор товарищества*
partnership property [bus.organ.] *собственность компании*
partnership share *доля в товариществе*
part of, be (vb.) *быть частью*
part of act [legal] *раздел закона*
part of Act [legal] *раздел закона*
part of the world *часть света*
part of world *часть света*
part order *часть заказа*
part owner [legal] *совладелец*
part owner of ship [nav.] *совладелец судна*
part payment *частичный платеж*
part performance [legal] *частичное исполнение*
part period *неполный период*
part-time (adj.) *работающий неполный рабочий день, работающий по совместительству*
part-time agent *агент-совместитель*
part-time employee [empl.] *служащий, занятый неполный рабочий день*
part-time employment [empl.] *занятость неполный рабочий день*
part-time farm *подсобное хозяйство*
part-time insured (adj.) *застрахованный на неполный рабочий день*
part-time insured unemployment fund member [empl.] *член фонда пособий по безработице, застрахованный на неполный рабочий день*
part-time work [empl.] *неполная занятость, работа неполный рабочий день, частичная безработица*
part with (vb.) *расставаться*
party *группа;* [legal] *сторона, участник;* [pol.] *партия*
party candidate [pol.] *кандидат в члены партии*
party card [pol.] *партийный билет*
party claiming recourse [legal] *сторона, обращающаяся за помощью*
party conference [pol.] *партийная конференция, партийное собрание*
party congress (Labour) [pol.] *съезд Лейбористской партии*
party convention [pol.] *партийный съезд*
party fence [legal] *политические позиции партии*
party in office [pol.] *правящая партия*
party in power [pol.] *правящая партия*
party interested in cargo [mar.ins.] *сторона, заинтересованная в страховании груза*
party interested in hull [mar.ins.] *сторона, заинтересованная в страховании корпуса судна*
party interested in the cargo [mar.ins.] *сторона, заинтересованная в страховании груза*
party leader [pol.] *партийный руководитель*
party leadership [pol.] *партийное руководство, руководители партии*
party litigant [legal] *сторона в гражданском процессе, сторона по делу, тяжущаяся сторона*
party member [pol.] *член партии*
party nominee [pol.] *кандидат от партии на выборах*

party programme [pol.] *программа партии*

party receiving order *сторона, получающая заказ*

party receiving the order *сторона, получающая заказ*

party ticket [trans.] *групповой билет*

party to, be a (vb.) *участвовать*

party to a bill [bill.] *сторона торгового контакта*

party to a case [leg.pun.] *сторона в судебном процессе*

party to a contract [legal] *договаривающаяся сторона, контрагент*

party to action [legal] *сторона в судебном процессе*

party to a joint transaction *сторона в совместной сделке*

party to an action [legal] *сторона в судебном процессе*

party to bill *сторона торгового контакта*

party to case *сторона в судебном процессе*

party to contract *договаривающаяся сторона, контрагент*

party to joint transaction *сторона в совместной сделке*

party travel *групповая поездка*

par value [monet.trans.] *номинальная стоимость, паритет;*
[stock] *номинал, номинальная стоимость ценной бумаги, паритет валюты*

par value, at *по номинальной стоимости*

pass *бесплатный билет, охранное свидетельство, паспорт, пропуск*

pass (vb.) *быть в обращении, заносить на счет, записывать, иметь хождение, передавать, передавать в другие руки, превышать намеченную цифру, проводить бухгалтерскую запись, пропускать, пускать в обращение;* [legal] *выносить приговор;* [parl.] *быть принятым;* [suc.] *передавать по наследству, переходить по наследству*

pass a bill (vb.) [parl.] *принимать законопроект* .

pass a budget (vb.) *утверждать бюджет*

pass a dividend (vb.) [bus.organ.] *не выплачивать дивиденд, пропускать очередную уплату дивидендов*

passage *переезд, проход, прохождение;* [doc.] *запись;* [nav.] *переход, рейс*

passage money [trans.] *плата за проезд*

pass-along reader *читатель, берущий периодическое издание у основного подписчика;* [media] *вторичный читатель*

pass an examination (vb.) [syst.ed.] *выдерживать экзамен*

pass a resolution (vb.) [bus.organ.] *принимать резолюцию, принимать решение*

pass a suspended sentence (vb.) [leg.pun.] *выносить приговор с отсрочкой исполнения, приговаривать к условному наказанию*

passbook *банковская расчетная книжка;* [bank.] *заборная книжка, сберегательная книжка*

pass by (vb.) *не обращать внимания, пропускать*

passed dividend [bus.organ.] *невыплаченный дивиденд, неоплаченный дивиденд*

passenger *пассажир*

passenger fare [trans.] *плата за проезд*

passenger insurance [ins.] *страхование пассажиров*

passenger landing [nav.] *место высадки пассажиров*

passenger liner [nav.] *пассажирский лайнер*

passenger tariff [trans.] *прейскурант пассажирских тарифных ставок, таблица тарифных ставок для пассажирских перевозок*

passenger train *пассажирский поезд*

passenger transportation [trans.] *пассажирские перевозки, пассажирский транспорт*

passing *протекание, прохождение;* [parl.] *принятие*

passing (adj.) *беглый, мимолетный, преходящий, случайный*

passing (of a sentence) [leg.pun.] *вынесение приговора*

passing a deadline *истечение предельного срока*

passing of a dividend [ind.ec.] *невыплата дивиденда*

passing of a sentence [leg.pun.] *вынесение приговора*

passing of dividend [ind.ec.] *невыплата дивиденда*

passing-off [legal] *ведение дела под чужим именем*

passing of property [legal] *переход права собственности*

passing of risk [legal] *передача риска*

passing of sentence [leg.pun.] *вынесение приговора*

passing on *передача, переход к другому вопросу*

passing over *оставление без внимания, перевозка*

passing-through tourism *транзитный туризм*

passive (adj.) *бездеятельный, беспроцентный, инертный, неактивный, пассивный*

passive balance [calc.] *неблагоприятный платежный баланс, пассивный платежный баланс*

passive debt *беспроцентный долг*

passive investment income *доход от беспроцентных инвестиций*

pass judgment (vb.) [legal] *выносить решение*

pass judgment on (vb.) [legal] *выносить решение по*

pass on (vb.) *передавать, переходить к другому вопросу*

pass over (vb.) *обходить молчанием, оставлять без внимания, перевозить, передавать, переправлять, пропускать*

passport *паспорт*

passport check *паспортный контроль*

passport control *паспортный контроль*

passport union *паспортный союз*

pass sentence (vb.) [leg.pun.] *выносить приговор, приговаривать*

pass sentence on [leg.pun.] *приговаривать на*

pass through bond [stock] *облигация, выпущенная на базе пула ипотек или других кредитов*

pass title to (vb.) [legal] *передавать правовой титул*

password *кодовое слово;* [comp.] *пароль*

past *прошлое*

past (adj.) *минувший, прошлый*

past equity method [ind.ec.] *метод чистой стоимости капитала в прошлом периоде*

paste-up (vb.) *расклеивать*

past year *прошлый год*

patch of land [r.e.] *небольшой участок земли*

patent (vb.) *получать право на правительственную землю;* [pat.] *брать патент, патентовать*

patent (adj.) *запатентованный, общедоступный, общеизвестный, общественный, оригинальный, очевидный, патентованный, собственного изобретения, явный;* [pat.] *патентный*

patentable (adj.) [pat.] *патентоспособный*

patentable invention [pat.] *патентоспособное изобретение*

patent action [legal] *патентный иск*

patent agent [pat.] *патентный поверенный*

patent answer *ответ на патентную заявку*

patent applicant [pat.] *заявитель, лицо, испрашивающее патент*

patent application [pat.] *заявка на патент*

patent applied for [pat.] *заявка на патент подана*

patent attorney [pat.] *патентный адвокат, патентный поверенный*

patent authority [pat.] *патентное ведомство*

patent claim [pat.] *патентное притязание, притязание на выдачу патента, пункт формулы изобретения, формула изобретения*

patent contest [pat.] *оспаривание патента*

patent defect [legal] *явный дефект*

patent description [pat.] *описание изобретения к патенту*

patent document [pat.] *патентный документ*

patented (adj.) [pat.] *запатентованный, защищенный патентом*

patented invention [pat.] *запатентованное изобретение*

patentee *заявитель патента;* [pat.] *владелец патента, патентовладелец*

patent fee [pat.] *патентная пошлина*
patent for, take out a (vb.) [pat.] *брать патент*
patent grant [pat.] *выдача патента*
patent holder [pat.] *патентовладелец*
patent infringement [pat.] *нарушение патента*
patenting [pat.] *патентование*
patent law *закон о патентах;* [legal] *патентное право, патентный закон*
patent licence [pat.] *патентная лицензия*
patent licensing agreement [pat.] *соглашение о патентной лицензии*
patent number [pat.] *номер патента*
patent of addition [pat.] *дополнительный патент*
patent office *патентное бюро, патентное ведомство*
patent pending [pat.] *патент, заявка на который находится на рассмотрении*
patent pending (pat. pend.) [pat.] *патент, заявка на который находится на рассмотрении*
patent procedure [pat.] *процедура выдачи патентов*
patent protection [pat.] *охрана патентных прав, патентная охрана*
patent publication [pat.] *публикация патента*
patent refusal [pat.] *отказ в выдаче патента*
patent right [legal] *патентное право*
Patents Court [legal] *Апелляционный суд по патентным делам (Великобритания)*
patent specification [pat.] *описание изобретения к патенту*
patent system [pat.] *система патентования*
patent year [pat.] *год выдачи патента*
paternal authority [legal] *родительская власть*
paternity *авторство;* [legal] *отцовство*
paternity blood test [legal] *анализ крови для установления отцовства*
paternity evidence [law.dom.] *доказательство отцовства*
paternity leave *отпуск по причине отцовства*
paternity suit [legal] *иск об установлении отцовства*
path *линия, маршрут, продолжительность операции в системе ПЕРТ, путь в системе ПЕРТ, траектория в экономической модели, физические средства выполнения задачи*
patient [legal] *больной, пациент*
pat. pend. (patent pending) [pat.] *патент, заявка на который находится на рассмотрении*
patrimony [legal] *наследственное имущество, наследство*
patriotic (adj.) *патриотический*
patrol car *патрульный полицейский автомобиль*
patron *клиент, патрон, покровитель, постоянный покупатель, постоянный посетитель*
patron (of the arts) *меценат*
patronage *покровительство, попечительство, приверженность покупателя определенному магазину*
patron of arts *меценат*
patron of the arts *меценат*
pattern *модель, система, структура, схема, характер, шаблон;* [comm.] *форма;* [comp.] *конфигурация, образец, пример, стереотип, тенденция*
pattern approval [prod.] *утверждение образца*
pattern of consumption *структура потребления*
pattern of placements [fin.] *структура размещения капитала*
pause *замешательство, нерешительность, пауза, перерыв*
pause (vb.) *делать паузу, останавливаться*
pawn *заклад имущества, залог, заложенное имущество, обязательство, поручительство;* [legal] *ломбардный залог, ручной залог*

pawn (vb.) *закладывать, отдавать в залог, ручаться*

pawnbroker *ростовщик, ссужающий деньги под залог*

pawnee *залогодержатель*

pawner *закладчик, залогодатель*

pawning *отдача в залог, ручательство*

pawnor *закладчик, залогодатель*

pawnshop *ломбард*

pawn ticket *ломбардная расписка*

pay *жалованье, пенсия, плата, пособие;* [bill.] *уплата;* [ec.] *выгодное для разработки месторождение, заработная плата;* [mil.] *денежное довольствие;* [pers.manag.] *выплата, денежное содержание*

pay (vb.) *оплачивать, платить, приносить доход, производить платеж, уплачивать;* [bill.] *расплачиваться;* [pers.manag.] *нести расходы*

pay (off) (vb.) *расплатиться*

pay a benefit (vb.) [ins.] *выплачивать пособие*

pay a bill (vb.) *оплачивать вексель*

pay a bill of exchange (vb.) *оплачивать переводной вексель*

payable (adj.) *выгодный, оплачиваемый, продуктивный, рентабельный;* [ec.] *подлежащий оплате*

payable at sight (adj.) *оплачиваемый при предъявлении*

payable bill of exchange [calc.] *подлежащий оплате переводный вексель*

payable bills of exchange *подлежащие оплате переводные векселя*

payable in advance (adj.) *оплачиваемый авансом, подлежащий предварительной оплате*

payable in arrears (adj.) *оплачиваемый с задержкой*

payable on delivery (adj.) *оплачиваемый при доставке*

payable on demand (adj.) *оплачиваемый при предъявлении, подлежащий уплате по первому требованию*

payable on presentation (adj.) *оплачиваемый при предъявлении*

payables [book-keep.] *документы к оплате, кредиторы (статья баланса)*

payables to associated companies [calc.] *суммы, причитающиеся подконтрольным компаниям*

payables to directors [calc.] *суммы, причитающиеся членам правления*

payables to parent company [calc.] *суммы, причитающиеся материнской компании*

payable to bearer *на предъявителя*

payable to the Treasury (adj.) *подлежащий оплате министерству финансов (Великобритания)*

pay a dividend (vb.) [bus.organ.] *выплачивать дивиденд*

pay a fine (vb.) *платить штраф*

pay agreement [empl.] *платежное соглашение*

pay a margin (vb.) [exc.] *выплачивать маржу*

pay an amount (vb.) *выплачивать всю сумму*

pay an invoice (vb.) *оплачивать счет-фактуру*

pay a penalty (vb.) *платить штраф*

pay-as-you-earn system (PAYE system) [tax.] *система сбора подоходного налога путем автоматического вычета из заработной платы*

pay-as-you-earn tax (PAYE tax) [tax.] *подоходный налог, автоматически вычитаемый из заработной платы*

pay-as-you-go system *система выплаты выходных пособий при увольнении*

pay at sight (vb.) *оплачивать при предъявлении*

pay attention to (vb.) *обращать внимание на*

pay award [empl.] *выплачивать премию*

pay back (vb.) *возвращать деньги, выплачивать деньги, отплачивать*

payback period [calc.] *период окупаемости капиталовложений*

pay by cheque (vb.) *оплачивать чек*

pay by instalments (vb.) *платить в рассрочку, платить частями*
pay cash (vb.) *платить наличными*
pay compensation (vb.) [ins.] *выплачивать компенсацию*
pay costs (vb.) *оплачивать издержки*
pay damages (vb.) *оплачивать убытки*
pay day [exc.] *последний день расчетного периода;* [pers.manag.] *день выплаты зарплаты, день урегулирования платежей, расчетный день*
pay deal [empl.] *ликвидационный день*
pay debts (vb.) *оплачивать долги, погашать задолженность*
pay down (vb.) *давать задаток, делать первый взнос (при покупке в рассрочку), платить наличными*
pay duties (vb.) [tax.] *платить налоги*
pay duty (vb.) *платить пошлину;* [tax.] *платить налог*
pay duty on *платить пошлину*
payee *ремитент;* [ec.] *получатель платежа*
payee of a bill [bill.] *векселедержатель, получатель денег на векселю*
payee of bill [bill.] *векселедержатель, получатель денег на векселю*
pay envelope [pers.manag.] *конверт с заработной платой*
payer *плательщик по кредитным обязательствам*
payer for honour [bill.] *плательщик по опротестованному векселю*
PAYE system (pay-as-you-earn system) [tax.] *система сбора подоходного налога путем автоматического вычета из заработной платы*
PAYE tax (pay-as-you-earn tax) [tax.] *налог, автоматически вычитаемый из заработной платы*
PAYE Tax Act *Закон об удержании подоходного налога из заработной платы (Великобритания)*
pay expenses (vb.) *оплачивать расходы*
pay extra (vb.) *производить дополнительный платеж*
pay for (vb.) *окупаться, оплачивать, поплатиться*
pay freeze [pol.ec.] *блокирование платежей, замораживание платежей*
pay in (vb.) *вносить деньги в банк на текущий счет, делать регулярные взносы*
pay in advance (vb.) *платить вперед;* [print.] *платить авансом*
pay in arrears (vb.) *платить с задержкой*
pay increase [empl.] *рост заработной платы;* [pers.manag.] *увеличение заработной платы*
pay increases *повышения заработной платы*
pay in full (vb.) *оплачивать полностью*
paying *оплата, платеж*
paying (adj.) *выгодный, доходный, рентабельный*
paying agent [bank.] *посредник в платежах*
paying bank [bank.] *банк-плательщик*
paying concern *прибыльное предприятие*
paying-in book *книга учета платежей*
paying-in slip [bank.] *платежная расписка*
pay in kind (vb.) *платить натурой*
pay-in slip [bank.] *расписка о платеже наличными*
pay instalments on (vb.) *платить в рассрочку, платить частями*
pay interest (vb.) *выплачивать проценты*
pay interest on a loan (vb.) *выплачивать проценты по ссуде*
pay interest on loan (vb.) *выплачивать проценты по ссуде*
pay into an account (vb.) [bank.] *вносить деньги на текущий счет*
pay its own way (vb.) [ec.] *окупаться*
payload [trans.] *коммерческая нагрузка, платный груз, полезная нагрузка*
paymaster *казначей, кассир*
payment *вознаграждение, оплата, плата, платеж;* [comm.] *возмездие, погашение долга;* [ec.] *получение денег, уплата;* [pers.manag.] *наказание*

payment, against   *платеж против документов*

payment, in default of   *в случае неуплаты*

payment(s) service   *служба платежей*

payment according to quality   *оплата согласно качеству*

payment agreement   *платежное соглашение*

payment appropriations   *выделение средств для платежей*

payment at discretion   *оплата по усмотрению*

payment at settling period   *платеж в расчетном периоде*

payment at the settling period   *платеж в расчетном периоде*

payment authorization   *полномочия производить платежи*

payment bond   *облигация, подлежащая оплате*

payment by cheque   *оплата чеком*

payment by instalments   *платеж в рассрочку, платеж частями*

payment by merit   [pers.manag.] *поощрительная оплата труда*

payment by results   [pers.manag.] *оплата по результатам*

payment by the line   *оплата в порядке очереди*

payment by users   *оплата потребителями*

payment difficulties   *трудности с платежами*

payment difficulties, in   [ec.] *в стесненных обстоятельствах*

payment facility   *платежный механизм, средство платежа*

payment for commodities   *оплата товаров*

payment for honour   *платеж для спасения кредита;* [bill.] *оплата третьим лицом опротестованного векселя*

payment for honour supra protest   [bill.] *оплата третьим лицом опротестованного векселя*

payment for merchandise   *оплата товаров*

payment free of charges   [legal] *платеж, свободный от сборов*

payment guarantee   *гарантия платежа*

payment in advance   *оплата авансом*

payment in arrears   *остаточный платеж, просроченный платеж*

payment in cash   *оплата наличными*

payment in full   [bus.organ.] *полный платеж*

payment in kind   *оплата товарами и услугами;* [legal] *оплата натурой*

payment into court   [legal] *внесение денег в депозит суда*

payment notification form   *бланк уведомления о платеже*

payment obligation   *платежное обязательство*

payment of a benefit   [soc.] *выплата пособия*

payment of a bill   [bill.] *погашение векселя*

payment of a cheque   [bank.] *оплата чеком*

payment of a dividend   [bus.organ.] *выплата дивиденда*

payment of benefit   [soc.] *выплата пособия*

payment of bill   [bill.] *погашение векселя*

payment of cheque   [bank.] *оплата чеком*

payment of claim   [ins.] *платеж по иску*

payment of company taxes   *уплата налогов с доходов компании*

payment of damages   [legal] *возмещение убытков*

payment of dividend   [bus.organ.] *выплата дивиденда*

payment of excise duties   *уплата акцизных сборов*

payment of instalment and interest   *выплата очередного взноса и процентов*

payment of interim dividend   *выплата промежуточного дивиденда;* [bus.organ.] *выплата предварительного дивиденда*

payment of margin   [exc.] *выплата маржи*

payment of pension contribution   *выплата взноса в пенсионный фонд*

payment of principal and interest   *выплата основной суммы и процентов*

payment of refunds in advance   *возврат переплат авансом*

payment of salary in advance   [pers.manag.] *выплата заработной платы авансом*

payment of salary in arrears   [pers.manag.] *выплата заработной платы под расчет*

payment of taxes for prior years [tax.] *выплата процентов за предыдущие годы*

payment of wages [pers.manag.] *выплата заработной платы*

payment on account *оплата по безналичному расчету*

payment on account for goods *оплата товаров по безналичному расчету*

payment on quantum meruit [legal] *оплата по справедливой оценке*

payment on sight *оплата после предъявления*

payment order *платежное поручение, приказ о платеже*

payment period *срок платежа*

payment product *результат платежа*

payment received on account *оплата по безналичному расчету*

payment refused [bank.] *отказ произвести платеж*

payment report *отчет о платежах*

payments deficit *дефицит платежного баланса*

payments for life *пожизненный платеж*

payments from customers on account [calc.] *платежи покупателей по безналичному расчету*

payments on account received [calc.] *платежи по безналичному расчету*

payments organization *структура платежей*

payments pattern *структура платежей*

payments statement *платежная ведомость*

payments statistics [stat.] *статистические данные о платежах*

payments surplus *избыточный платеж*

payments system *система платежей*

payment supra protest [bill.] *оплата третьим лицом опротестованного векселя, платеж для спасения кредита*

payment to owner *платеж владельцу*

payment transaction *платеж, платежная операция*

payment under affiliation order [law.dom.] *платеж по распоряжению дочерней компании*

payment under an affiliation order [law.dom.] *платеж по распоряжению дочерней компании*

payment under subscription [bus.organ.] *платеж по подписке*

payment voucher [book-keep.] *платежный оправдательный документ*

payoff *взятка, вознаграждение, выплата, результат;* [ind.ec.] *время выплаты, отдача;* [nav.] *выигрыш*

pay off (vb.) *быть рентабельным, давать взятку, наказывать, окупаться, оплатить, откупаться, отомстить, подкупать, приносить плоды, расплатиться, расплатиться сполна, рассчитаться;* [nav.] *списывать команду с корабля*

pay off a debt (vb.) *погасить долг*

pay off a mortgage (vb.) *выкупать закладную;* [r.e.] *выкупить закладную*

payoff curve [fin.] *кривая выигрыша*

pay offer [pers.manag.] *предложение о размере заработной платы*

pay office *платежная касса, платежное учреждение, финансовая часть*

payoff period [ind.ec.] *период окупаемости*

pay on demand (vb.) *платить по первому требованию, платить при предъявлении векселя*

pay one's way (vb.) *быть безубыточным, окупаться*

payout *выплата, расходование*

pay out (vb.) *выплачивать*

pay out a dividend (vb.) *выплачивать дивиденд*

pay out a dividend of (vb.) *выплачивать дивиденд за*

payout day *день выплаты*

payout period [calc.] *срок выплаты*

payout ratio [ind.ec.] *коэффициент выплаты прибыли компании в форме дивидендов*

payout time [calc.] *срок выплаты*

pay packet [pers.manag.] *конверт с заработной платой, фонд заработной платы*

pay period [pers.manag.] *период платежа*

pay reduction [pers.manag.] *снижение заработной платы*

pay rise [pers.manag.] *рост заработной платы*

payroll *общая сумма выплаченной заработной платы;* [ind.ec.] *платежная ведомость, расчетный лист, списочный состав, фонд заработной платы*

payroll, be on the (vb.) *быть в списочном составе*

payroll account [bank.] *счет заработной платы*

payroll accounting [book-keep.] *учет заработной платы*

payroll account loan [bank.] *кредит на счет заработной платы*

payroll contribution *отчисления в фонд заработной платы*

payroll department *отдел труда и зарплаты, финансовая часть*

payroll expenditure [ind.ec.] *расходы на заработную плату*

payroll tax [tax.] *налог на заработную плату*

payroll total [ind.ec.] *фонд заработной платы*

pay sheet [ind.ec.] *платежная ведомость*

pay slip [pers.manag.] *платежная расписка*

pay taxes (vb.) [tax.] *платить налоги*

pay terms [legal] *условия платежа*

pay-through bond [stock] *ценная бумага, выпущенная на базе пула ипотек или других кредитов*

pay up (vb.) *оплачивать вовремя, оплачивать полностью*

p.c. (per cent) *процент*

PC (personal computer) [comp.] *персональная вычислительная машина*

PCE (price cash earnings) [fin.] *доходы от сделок за наличные*

p.c.p.a. (per cent per annum) *число процентов в год*

PCPA (per cent per annum) *число процентов в год*

pct. (per cent) *процент*

P/E (price/earnings) [fin.] *отношение цены акции к доходу*

peace corps [mil.] *корпус мира*

peace-keeping force [mil.] *войска по поддержанию мира, миротворческие силы*

peace negotiations *мирные переговоры*

peace talks *мирные переговоры*

peak *вершина кривой;* [pol.ec.] *высшая точка, пик*

peak (adj.) *максимальный, предельный*

peak figure *максимальное значение*

peak hour [trans.] *час пик*

peak in sales *максимальный объем сбыта*

peak load *высшая точка товарооборота, максимальный уровень товарооборота, пик нагрузки, предельная загрузка*

peak of business cycle [pol.ec.] *высшая точка экономического цикла*

peak output *максимальный выход продукции;* [prod.] *максимальный объем производства, предельная производительность*

peak period *период максимального товарооборота;* [trans.] *период максимальной нагрузки*

peak period traffic [trans.] *движение в период максимальной нагрузки*

peak season *сезон максимального товарооборота*

pecking order *неофициальная иерархия, сложившийся порядок подчинения*

peculation [manag.] *казнокрадство, растрата*

pecuniary (adj.) *денежный, облагаемый денежным штрафом, финансовый*

pecuniary advantage *финансовое преимущество*

pecuniary assistance *финансовая помощь*

pecuniary benefit *финансовая выгода*

pecuniary claim [legal] *денежный иск, имущественный иск*

pecuniary consideration *денежное встречное удовлетворение*

pecuniary difficulties *денежные затруднения, финансовые трудности*

pecuniary embarrassment   *запутанность в финансовых делах, обремененность долгами, финансовая помеха, финансовое препятствие*

pecuniary gift   *денежный подарок*

pecuniary interest   *финансовый интерес*

pecuniary legacy   [legal] *завещательный отказ имущества*

pecuniary loss   *имущественный ущерб;* [ins.] *денежный ущерб, материальный ущерб*

pecuniary loss liability insurance   [ins.] *страхование ответственности за материальный ущерб*

pecuniary obligation   *финансовое обязательство*

pecuniary reward   *денежное вознаграждение*

peel-off wrapping   [pack.] *сдираемая обертка*

peg   *база, ориентир*

peg (vb.)   *индексировать, поддержка курса, поддержка цены, привязывать, фиксация цены на определенном уровне;* [monet.trans.] *искусственно поддерживать цену*

peg currencies to each other (vb.)   [monet.trans.] *фиксировать валютные курсы относительно друг друга*

pegged currency   [monet.trans.] *валюта с искусственно поддерживаемым курсом*

pegged exchange rate   [monet.trans.] *твердый валютный курс, фиксированный валютный курс*

pegged price   *искусственно поддерживаемая цена*

pegged to (adj.)   *индексированный, привязанный;* [monet.trans.] *индексированный относительно, привязанный к*

pegging   [monet.trans.] *индексирование курса валюты относительно определенного ориентира, привязка цены к определенному ценовому ориентиру*

pegging of exchange rates   [monet.trans.] *фиксация государством курса национальной валюты относительно иностранных валют*

peg point   [monet.trans.] *курс валюты, при достижении которого начинаются интервенционистские меры*

peg the rate (vb.)   [monet.trans.] *фиксировать курс национальной валюты относительно иностранных валют*

P/E multiple (price earnings multiple)   [fin.] *отношение цены акции к доходу*

PEN (Peruvian new sol)   [monet.trans.] *перуанский новый соль*

penal (adj.)   [leg.pun.] *наказуемый, уголовный*

penal action   [leg.pun.] *уголовно наказуемое действие*

penal code   [leg.pun.] *уголовный кодекс*

penal interest   [bank.] *штрафная ставка процента*

penalize (vb.)   *накладывать штраф, применять карательные санкции;* [leg.pun.] *браковать, наказывать, штрафовать*

penal law   [leg.pun.] *уголовное право*

penal legislation   [leg.pun.] *уголовное законодательство*

penal notice   [legal] *уведомление о штрафной станции*

penal provision   [legal] *карательная мера, штрафная санкция*

penal servitude   [leg.pun.] *каторжные работы*

penalty   *взыскание, отрицательная сторона;* [legal] *наказание, штраф;* [leg.pun.] *карательная мера, карательная санкция, штрафная неустойка*

penalty charge   [leg.pun.] *штраф*

penalty clause   [legal] *пункт о штрафной неустойке, штрафная оговорка*

penalty for evasion of taxes   [leg.pun.] *штраф за уклонение от уплаты налогов*

penalty for false return   [leg.pun.] *штраф за ложный возврат*

penalty for premature withdrawal   [bank.] *штраф за досрочное изъятие депозита*

penalty interest   *пеня, проценты за неустойку;* [legal] *штрафные проценты*

penalty limit [leg.pun.] *лимит штрафных санкций*
penalty limits *лимиты штрафных санкций*
penalty of the law, under [leg.pun.] *под страхом уголовного наказания*
penalty payment [legal] *уплата штрафа*
penalty provision [legal] *штрафная санкция*
penalty tax [tax.] *пеня*
pencil copy *рукописный экземпляр*
pendency of a suit [legal] *нахождение дела в процессе рассмотрения*
pendency of suit [legal] *нахождение дела в процессе рассмотрения*
pendente lite [legal] *пока продолжается рассмотрение дела*
pending *в ожидании, впредь до, в течение*
pending (adj.) *незаконченный, нерешенный, ожидающий решения,*
   рассматриваемый; [legal] *находящийся на рассмотрении*
pending, be (vb.) *находиться на рассмотрении, ожидать решения*
pending action [legal] *дело, находящееся в процессе рассмотрения*
pending claim [ins.] *неудовлетворенный иск*
pending decision *в ожидании решения, впредь до решения, решение,*
   находящееся в процессе рассмотрения
pending loss [ins.] *невозмещенные убытки*
pending official approval [manag.] *в ожидании официального одобрения*
pending official consent *в ожидании официального одобрения;*
   [manag.] *до получения официального одобрения*
pending suit [legal] *дело, находящееся в процессе рассмотрения*
pending the decision *до принятия решения*
penetrating (adj.) *проницательный*
penetration *запоминание рекламного объявления, проникание;*
   [adv.] *внедрение рекламного объявления в память, глубина*
   проникновения, проницательность; [mark.] *проникновение*
penetration strategy [adv.] *стратегия проникновения*
penitentiary *исправительное учреждение, тюрьма*
penny stock [stock] *мелкая акция*
penologist [leg.pun.] *пенолог*
penology [leg.pun.] *наука о тюрьмах, пенология*
pension *пансион;* [pers.manag.] *пенсия;* [soc.] *пособие, субсидия*
pension (vb.) *давать субсидию, назначать пенсию, субсидировать*
pensionable age *пенсионный возраст*
pensionable salary [pers.manag.] *размер оклада, учитываемый при*
   начислении пенсии
pension accruals [calc.] *пенсионные накопления*
pension age *пенсионный возраст*
pension agreement [pers.manag.] *договор о пенсионном обеспечении*
pension amount *сумма выплачиваемой пенсии*
pension benefit [soc.] *пенсионное пособие*
pension capital fund *пенсионный фонд*
pension capital funds *пенсионные фонды*
pension claim [ins.] *иск о получении страховой пенсии*
pension commitment *ассигнования в пенсионный фонд*
pension contract *договор о пенсионном обеспечении*
pension contribution [ins.] *взнос в пенсионный фонд, отчисления в*
   пенсионный фонд
pension costs *затраты на пенсионное обеспечение*
pension disbursement *затраты на пенсионное обеспечение*
pensioned off *уволенный на пенсию*
pension entitlement *право на пенсию*
pensioner [soc.] *пенсионер*
pensioner's house *дом престарелых*
pensioner's personal relief [tax.] *персональное пособие пенсионеру*
pension expenses *затраты на пенсионное обеспечение*
pension for accident at work [ins.] *пособие по случаю*
   производственной травмы
pension fund [ins.] *пенсионный фонд*

pension fund activities   *деятельность пенсионного фонда*
pension fund loan   *ссуда пенсионному фонду*
pension funds   *пенсионные фонды*
pension fund scheme   *программа пенсионного обеспечения*
pension increase in respect of children   *доплата к пенсии на детей*
pension in respect of an occupational disease   [ins.] *пособие по случаю профессионального заболевания*
pension in respect of occupational disease   [ins.] *пособие по случаю профессионального заболевания*
pension insurance   [ins.] *страхование пенсии*
pension insurance company   [ins.] *компания страхования пенсии*
pension-like (adj.)   *подобный пенсии*
pension mortgage   [r.e.] *закладная на пенсию*
pension obligation   *обязательство по пенсионному обеспечению*
pension payment   *выплата пенсии*
pension plan   *система пенсионного обеспечения*
pension purposes   *цели пенсионного обеспечения*
pension reserve   [calc.] *резервный пенсионный фонд*
pension reserves   *резервные пенсионные фонды*
Pensions Act   *закон о пенсиях*
pensions assurance scheme   [ins.] *программа страхового пенсионного обеспечения*
pension saver   *лицо, делающее сбережения за счет пенсии*
pension savings   *сбережения за счет пенсии*
pension savings account   [bank.] *пенсионный сберегательный счет*
pension scheme   *программа пенсионного обеспечения*
pension scheme savings   *сбережения за счет пенсии*
pension supplement   *доплата к пенсии*
pension supplement in respect of children   *доплата к пенсии на детей*
penultimate (adj.)   *предпоследний*
peoplemeter   [media] *устройство для оценки численности телевизионной аудитории*
PEP (personal equity plan)   *программа продажи акций служащим компании*
peppercorn rent   *номинальная арендная плата*
per   *за, на, согласно*
per annum   *в год, ежегодно*
P/E ratio (price/earnings ratio)   [fin.] *отношение цены акции к доходу*
per capita   *на душу населения, на человека*
per capita consumption   [pol.ec.] *потребление на душу населения*
per capita income   [pol.ec.] *доход на душу населения*
perceive (vb.)   *осознавать, ощущать, понимать, постигать*
per cent   *процент*
percentage   *доля, комиссионное вознаграждение в процентах, процентная норма, процентное отношение, процентное отчисление, процентное содержание, часть*
percentage adjustment   *регулирование процентного отчисления*
percentage allowance   [tax.] *процентная скидка с налога*
percentage deduction   [tax.] *процентная скидка с налога*
percentage distribution   *процентное распределение*
percentage-of-completion method   [book-keep.] *метод процента выполнения*
percentage of error   *относительная ошибка, ошибка в процентах*
percentage of limit   *предельное значение в процентах*
percentage of profits   [ind.ec.] *процент прибыли*
percentage point   *процентная точка*
percentage share   *доля в процентах*
percentage supplement   *надбавка в процентах*
percent by volume   *процентное отношение по объему*
percent by weight   *процентное отношение по массе*
per cent per annum (p.c.p.a.)   *годовой процент*

per cent per annum (PCPA) *годовой процент*

percentual (adj.) *исчисляемый в процентах*

perceptible (adj.) *воспринимаемый, заметный, ощутимый, различимый*

perceptible reduction in quality *заметное снижение качества*

perception *восприятие, осознание, ощущение, понимание, проницательность, сбор, способность постижения*

per curiam [legal] *решение большинства суда*

per diem allowance [soc.] *суточное пособие*

per diem charge [trans.] *плата на основе суточных ставок, суточный тариф*

peremptory (adj.) [legal] *абсолютный, безапелляционный, императивный, окончательный*

peremptory challenge [leg.pun.] *отвод без указания причины*

perfect (vb.) *выполнять, завершать, заканчивать, совершенствовать*

perfect (adj.) *абсолютный, безупречный, достигший совершенства, законченный, идеальный, полный, приятный, совершенный, точный, хорошо подготовленный*

perfect competition [pol.ec.] *идеальная конкуренция, совершенная конкуренция*

perfected (adj.) *официально завершенный;* [legal] *окончательно оформленный*

perfect entry [cust.] *полная таможенная декларация*

perfection *безупречность, высшая ступень, завершенность, законченность, совершенствование*

perfect market *идеальный рынок*

perforator [print.] *перфоратор*

perform (vb.) *делать, исполнять, осуществлять, представлять;* [legal] *выполнять*

perform a contract (vb.) [legal] *выполнять договор*

perform an autopsy on (vb.) [legal] *производить вскрытие трупа*

performance *выступление, интенсивность, исполнение, показатель деятельности, производительность, работа, рабочая характеристика, результат деятельности, степень эффективности функционирования, функционирование, характеристика, эксплуатационные качества;* [prod.] *интенсивность труда*

performance bond [legal] *гарантия точного исполнения контракта, контрактная гарантия*

performance of a duty [empl.] *выполнение обязанностей*

performance of a service [empl.] *обслуживание*

performance of a task [empl.] *выполнение задания*

performance of duty [empl.] *выполнение обязанностей*

performance of service *обслуживание*

performance of task [empl.] *выполнение задания*

performance oriented (adj.) *ориентированный на производительность*

performance rating [pers.manag.] *оценка интенсивности труда, характеристика производительности*

performance record card [prod.] *карточка учета производительности*

perform a post-mortem (examination) on (vb.) [legal] *производить вскрытие трупа*

perform a postmortem examination (vb.) [legal] *производить вскрытие трупа*

per head *на душу населения, на человека*

peril *опасность;* [ins.] *риск*

peril, at their *на свой страх и риск*

peril of sea [mar.ins.] *морской риск*

peril of the sea [mar.ins.] *морской риск*

period *время, период, промежуток времени, срок, стадия*

period allowed for appeal [legal] *срок для подачи апелляции*

period costs [ind.ec.] *затраты за отчетный период, издержки за отчетный период*

period end rate of exchange [calc.] *валютный курс на конец периода*
period for lodging an appeal *срок обжалования апелляции*
period for lodging appeal *срок обжалования апелляции*
periodic (adj.) *периодический*
periodical [media] *журнал, периодическое издание*
periodical (adj.) *периодический*
periodical commission *периодическое комиссионное вознаграждение*
periodical payment *периодический платеж*
periodical payments *периодические платежи*
periodic fluctuation [pol.ec.] *периодические колебания*
periodic unemployment [empl.] *периодическая безработица*
periodization of interest [calc.] *периодизация процентного дохода*
period of acquisition *период приобретения*
period of adversity [ec.] *неблагоприятный период, период пассивного баланса*
period of assessment [tax.] *период оценки в целях налогообложения*
period of cancellation *срок окончательной оплаты;* [legal] *срок погашения*
period of comparison *период сравнения*
period of contribution *срок взноса*
period of cover [ins.] *период страхования*
period of crisis *период кризиса*
period of employment [pers.manag.] *период занятости*
period of gestation [legal] *период беременности*
period of grace *льготный срок*
period of high cost of living [pol.ec.] *период высокого прожиточного минимума*
period of high interest rates [pol.ec.] *период высоких ставок процента*
period of hire [legal] *срок проката*
period of indemnification [ins.] *срок возмещения убытка, срок компенсации*
period of indemnity *срок возмещения убытка;* [ins.] *срок компенсации*
period of insurance [ins.] *период действия договора страхования*
period of intervention *период валютной интервенции*
period of irremovability [pers.manag.] *период несмещения с должности*
period of limitation [legal] *срок исковой давности*
period of loan [bank.] *срок кредитования*
period of nonterminability [legal] *период несмещения с должности*
period of notice [legal] *срок извещения, срок уведомления;* [pers.manag.] *срок оповещения*
period of notice, with *с датой уведомления*
period of notice of termination of a contract [legal] *срок уведомления о расторжении контракта*
period of notice of termination of contract [legal] *срок уведомления о расторжении контракта*
period of notification [ins.] *срок уведомления*
period of operation *период эксплуатации, рабочий период*
period of payment *срок платежа*
period of production [prod.] *время производства*
period of prosperity [pol.ec.] *период процветания*
period of quiet *период застоя*
period of recession [pol.ec.] *период спада*
period of reference *срок передачи на рассмотрение*
period of repayment *срок выплаты, срок погашения*
period of report *отчетный период, период отсрочки платежа за купленные акции на Лондонской фондовой бирже*
period of residence *срок проживания*
period of scarcity [pol.ec.] *период дефицита*
period of service *продолжительность работы*
period of slack growth [pol.ec.] *период медленного роста*
period of storage [ind.ec.] *период хранения*

period of taxation   [tax.] *период налогообложения*

period of three months, over a   *через квартал*

period of time   *период времени*

period of transition   *переходный период*

period of use   *продолжительность использования*

period of validity   [legal] *срок действия*

period of vigorous growth   [pol.ec.] *период интенсивного роста*

period of zero growth   [pol.ec.] *период нулевого роста*

period stipulated, within the   *в оговоренный срок*

period to maturity   [ec.] *срок погашения;* [stock] *срок платежа*

period under report   *отчетный период*

period under review   *изучаемый период, рассматриваемый период*

peripheral device   [comp.] *периферийное устройство*

perish (vb.)   *погибать, портить, умирать*

perishable (adj.)   [comm.] *скоропортящийся*

perishable cargo   *скоропортящийся груз*

perishable goods   *скоропортящийся груз, скоропортящийся товар*

perjure oneself (vb.)   [leg.pun.] *давать ложное показание под присягой, нарушать клятву*

perjurer   [leg.pun.] *лжесвидетель*

perjury   [leg.pun.] *лжесвидетельство, ложное показание под присягой*

perks   *надбавки;* [pers.manag.] *дополнительные льготы, прибавки*

permanency   *неизменность, постоянство;* [pers.manag.] *постоянная работа*

permanent (adj.)   *долговременный, неизменный, постоянный*

permanent abode   *постоянное место жительства*

permanent address   *постоянный адрес*

permanent agreement   *долгосрочное соглашение, постоянное соглашение*

permanent audit file   *постоянная аудиторская карточка*

permanent civil servant   [pers.manag.] *постоянный государственный служащий*

permanent committee   *постоянный комитет*

permanent connection   *постоянная связь*

Permanent Court of Arbitration in the Hague   [legal] *постоянная палата третейского суда в Гааге*

permanent debt   *консолидированный долг*

permanent difference   *постоянная разница*

permanent disablement   [empl.] *постоянная потеря трудоспособности;* [legal] *постоянное поражение в правах*

permanent disfiguration   [legal] *неустранимое обезображивание*

permanent education   [empl.] *непрерывное обучение*

permanent employment   [pers.manag.] *постоянная занятость, постоянная работа*

permanent energy   *постоянный источник энергии*

permanent establishment   [ind.ec.] *постоянно действующее предприятие*

permanent exportation   [cust.] *постоянный вывоз*

permanent fault   *постоянная ошибка, постоянный дефект*

permanent file   *файл с постоянными данными*

permanent home   *постоянное место жительства*

permanent importation   [cust.] *постоянный ввоз*

permanent incapacity for work   [empl.] *постоянная нетрудоспособность*

permanent income   *постоянный доход*

permanent injury to health   *хроническая травма*

permanent job   [pers.manag.] *постоянная работа*

permanently employed (adj.)   *имеющий постоянную работу*

permanent night shift   [empl.] *постоянная работа в ночную смену*

permanent occupation   [empl.] *постоянная профессия, постоянное занятие*

permanent place of residence *постоянное место жительства*
Permanent Representatives Committee [EEC] *Комитет постоянных представителей (ЕЭС)*
permanent residence [tax.] *постоянное место жительства*
permanent storage [comp.] *постоянное запоминающее устройство, энергонезависимое запоминающее устройство*
permanent timing difference [calc.] *постоянная разница в сроках*
permanent undersecretary [manag.] *постоянный заместитель министра, постоянный помощник министра*
permanent work [empl.] *постоянная работа*
permanent worker [empl.] *постоянный рабочий*
per mille *на тысячу, промилле*
permissible (adj.) *безопасный, допустимый*
permission *разрешение*
permission to appeal [legal] *разрешение на апелляцию*
permission to conduct cases [legal] *разрешение на ведение дел в суде*
permission to dump seabed material *разрешение направлять в отвал материал с морского дна*
permit *лицензия, пропуск, разрешение, разрешительное свидетельство*
permit (vb.) *давать возможность, давать разрешение, допускать, позволять, разрешать*
permit holder *держатель лицензии*
permitted to, be (vb.) *получить разрешение*
permit to drive [trans.] *водительские права*
perpetrator *виновный;* [leg.pun.] *преступник*
perpetrator of a crime of violence [leg.pun.] *лицо, совершившее насильственное преступление*
perpetrator of crime of violence [leg.pun.] *лицо, совершившее насильственное преступление*
perpetual (adj.) *бесконечный, беспрестанный, вечный, непрекращающийся, непрерывный, пожизненный, постоянный;* [ec.] *бессрочный*
perpetual bond [stock] *бессрочная облигация*
perpetual debenture [stock] *бессрочная облигация, бессрочное долговое обязательство*
perpetual debt *бессрочный долг*
perpetual injunction [legal] *постоянно действующая запретительная норма*
perpetual insurance [ins.] *бессрочное страхование*
perpetual inventory [wareh.] *система непрерывного управления запасами, система непрерывного учета запасов*
perpetual inventory file [wareh.] *картотека для непрерывного учета запасов*
perpetual issue *выпуск бессрочных облигаций*
perpetual loan *бессрочный заем*
perpetuate (vb.) *сохранять навсегда, увековечивать*
perpetuation *увековечивание*
perpetuation of testimony [legal] *сохранение показаний*
perpetuity *бесконечность, бессрочное владение, вечность, имущественный статус, который не может быть отменен, пожизненная рента*
perpetuity rule [legal] *непрерывное правопреемство*
per procurationem (p.p.) *по доверенности*
per procurationem (PP) *по доверенности*
perquisite *дополнительный доход нерегулярного характера, преимущество;* [pers.manag.] *дополнительный доход, приработок, чаевые*
perquisites [pers.manag.] *прерогативы, привилегии, случайные доходы*
per se *непосредственно, по сути, само по себе*
persecute (vb.) *подвергать гонениям, преследовать*

persecution *гонение, преследование*

persist (vb.) *оставаться, продолжать существование, упорствовать*

persistent (adj.) *настойчивый, непрерывно возобновляющийся, постоянный, стойкий, упорный, устойчивый*

persistent growth *устойчивый рост*

persistent offender [leg.pun.] *закоренелый преступник, рецидивист*

persistent rumours *упорные слухи*

persisting *упорство*

person *лицо, личность, субъект, физическое лицо, человек, юридическое лицо*

personal (adj.) *движимый, личный, персональный*

personal accident insurance [ins.] *индивидуальное страхование от несчастного случая, личное страхование от несчастного случая*

personal accident policy *полис персонального страхования от несчастного случая;* [ins.] *полис личного страхования от несчастного случая*

personal account [bank.] *личный счет, счет частного лица*

personal action *личный иск;* [legal] *обязательственный иск*

personal administrator [suc.] *администратор наследства*

personal advantage *личная выгода*

personal allowance [pers.manag.] *норма времени на личные нужды;* [tax.] *личная скидка с подоходного налога*

personal and impersonal accounts [book-keep.] *личные счета и счета, не принадлежащие конкретным лицам*

personal assessment [pers.manag.] *оценка личных качеств*

personal assistant *личный помощник*

personal assistant (PA) *личный помощник*

personal bank loan [bank.] *личная банковская ссуда*

personal capacity [legal] *личная дееспособность*

personal case study [leg.pun.] *персональное расследование*

personal computer (PC) [comp.] *персональная вычислительная машина, персональный компьютер*

personal consumption *личное потребление*

personal correspondence *личная корреспонденция*

personal credit [bank.] *индивидуальный заем*

personal customer [bank.] *персональный клиент*

personal data *анкетные данные, личные данные*

personal debt liability [legal] *личная ответственность по долгам*

personal deduction [tax.] *вычет из личного дохода, не подлежащий обложению*

personal description [legal] *личные приметы*

personal disposable income *личный доход после уплаты налога*

personal equity plan (PEP) *программа продажа акций служащим компании*

personal exemption [tax.] *персональное освобождение от налогов*

personal expenditure *личные расходы*

personal expenditure abroad *личные расходы за границей*

personal expenses *личные расходы*

personal finances *личные средства*

personal grant [soc.] *персональная субсидия*

personal history [pers.manag.] *биография*

personal identification number [comp.] *личный идентификационный номер*

personal identification number (PIN) [comp.] *личный идентификационный номер*

personal income [tax.] *личный доход*

personal income tax [tax.] *личный подоходный налог*

personal industry [empl.] *индивидуальное производство*

personal influence *личное влияние*

personal injury [ins.] *травма*

personal injury accident   [ins.] *несчастный случай, приведший к травме*

personal inspection   *личный досмотр*

personal insurance   [ins.] *индивидуальное страхование, личное страхование*

personal interview   [mark.] *личное интервью*

personality   *индивидуальность, личность;* [legal] *правосубъектность*

personalization   [prod.] *персонификация, персонификация капитала*

personal ledger   [book-keep.] *книга счетов частных лиц*

personal liability   [legal] *персональная ответственность*

personal liability for debt   [legal] *персональная ответственность по долгам*

personal liability insurance   [ins.] *страхование гражданской ответственности*

personal liberty   *личная свобода*

personal loan   [bank.] *ссуда частному лицу*

personal luggage   *личный багаж*

personally liable, be (vb.)   [legal] *нести личную ответственность*

personally owned firm   [legal] *фирма, находящаяся в личном владении*

personal majority   [legal] *совершеннолетие*

personal number   [bank.] *личный идентификационный номер*

personal pension   *персональная пенсия*

personal property   [ins.] *личная собственность;* [legal] *индивидуальная собственность, личное имущество*

personal property insurance   [ins.] *страхование личной собственности*

personal property tax   [tax.] *личный поимущественный налог, налог на личное имущество*

personal protection order (PPO)   [legal] *судебный приказ о предоставлении личной охраны*

personal record   [pers.manag.] *личное дело*

personal relief   [tax.] *персональная скидка с налога*

personal representative   *наследник;* [suc.] *администратор наследства, душеприказчик, правопреемник*

personal right   [legal] *личное право*

personal savings   *личные сбережения*

personal secretary to minister   [pers.manag.] *личный секретарь министра*

personal secretary to the minister   [pers.manag.] *личный секретарь министра*

personal selling   [mark.] *персональная распродажа*

personal service   [legal] *личное вручение судебного приказа*

personal services   *бытовые услуги*

personal servitude   [legal] *личный сервитут*

personal signature   *личная подпись*

personal tax   [tax.] *личный подоходный налог*

personal taxes   *личные подоходные налоги*

personal tax return   [tax.] *поступления от личного подоходного налога*

personalty   [legal] *движимое имущество, движимость*

personal union   *личная уния*

personal use   *личное использование*

persona non grata   *персона нон грата*

person claiming restitution of property   [legal] *лицо, заявляющее претензию на восстановление прав собственности*

person concerned   *заинтересованное лицо*

person employed (adj.)   *работающий по найму*

person engaged   *лицо, занятое в сфере услуг;* [empl.] *лицо, занятое в сфере материального производства*

person entitled to sign for a firm   [legal] *лицо, имеющее право ставить подпись от имени фирмы*

person entitled to sign for firm   [legal] *лицо, имеющее право ставить подпись от имени фирмы*

person for whose honour a bill is paid or accepted   [bill.] *лицо, для которого оплачен или акцептован вексель*

person for whose honour bill is paid or accepted   [bill.] *лицо, для которого оплачен или акцептован вексель*

person in arrears   *должник*

person in charge   *ответственное лицо*

person in full-time employment   [pers.manag.] *работник, занятый полный рабочий день*

person in question   *лицо, о котором идет речь*

person in receipt of benefits   [soc.] *лицо, получающее социальное пособие*

person liable to taxation   [tax.] *лицо, подлежащее обложению налогами*

personnel   [pers.manag.] *кадры, личный состав, персонал, штат*

personnel administration   [pers.manag.] *управление кадрами*

personnel affairs   [pers.manag.] *кадровые вопросы*

personnel care   [pers.manag.] *забота о персонале*

personnel loan   [pers.manag.] *ссуда частному лицу*

personnel management   [pers.manag.] *руководство кадрами, трудовые отношения, управление кадрами*

personnel manager   [pers.manag.] *руководитель отдела кадров*

personnel office   [pers.manag.] *отдел кадров*

personnel officer   [pers.manag.] *служащий отдела кадров*

personnel policy   [pers.manag.] *кадровая политика*

personnel record   [pers.manag.] *картотека персонала*

personnel replacement   [pers.manag.] *замена персонала*

person of good repute   *человек с хорошей репутацией*

person of independent means   *материально независимый человек*

person providing security   [ec.] *лицо, предоставляющее гарантию*

person providing the security   [ec.] *лицо, предоставляющее гарантию*

person reponsible for damage   [ins.] *лицо, ответственное за причиненный ущерб*

person reponsible for the damage   [ins.] *лицо, ответственное за причиненный ущерб*

person responsible under the press law   *лицо, несущее ответственность по закону о печати*

persons engaged   *вовлеченные лица*

person under a legal disability   [legal] *лицо с ограниченной правоспособностью*

person under legal disability   [legal] *лицо с ограниченной правоспособностью*

person with a clean police record   *лицо, не значащееся в полицейской картотеке*

person with an education of long duration   *лицо, прошедшее продолжительный курс обучения*

person with clean police record   *лицо, не значащееся в полицейской картотеке*

person with education of long duration   *лицо, прошедшее продолжительный курс обучения*

person with no previous convictions   [leg.pun.] *лицо, ранее не судимое*

perspective   *перспектива*

perspective analysis   *перспективный анализ*

perspective plan   *перспективный план*

per stirpes succession   [suc.] *наследование в порядке представления*

persuade (vb.)   *убеждать, уговаривать*

persuasive   *мотив, побуждение, стимул*

persuasive (adj.)   *убедительный*

persuasive advertising   [adv.] *убедительная реклама*

persuasive burden of proof   [legal] *бремя доказывания*

persuasive precedent   [legal] *убедительный прецедент*

pertaining to   *в отношении, относительно*

pertaining to accounts (adj.)   *относящийся к отчетности*

pertaining to public law (adj.)   [legal] *относящийся к государственному праву*

pertain to (vb.) *быть свойственным, иметь отношение, относиться, подлежать, подходить, принадлежать*

per thousand *на тысячу*

pertinence *уместность*

pertinent (adj.) *относящийся к делу, подходящий, уместный*

pertinent answer *ответ по существу*

pertinent information *информация, относящаяся к делу*

pertinent to *относящийся к*

pertinent to, be (vb.) *быть уместным, иметь отношение*

perusal *внимательное чтение*

peruse (vb.) *внимательно прочитать, думать, размышлять*

Peruvian new sol (PEN) [monet.trans.] *перуанский новый соль*

perverse verdict [leg.pun.] *ошибочное решение присяжных*

pervert the course of justice (vb.) [legal] *совершить незаконное действие*

pest *вредное насекомое, паразит, сельскохозяйственный вредитель*

pest infestation *заражение сельскохозяйственными вредителями*

peter out (vb.) *беднеть, застрять из-за недостатка горючего, иссякать, истощаться, исчезать, лопнуть, потерпеть неудачу, провалиться, улетучиваться*

petition *заявление, петиция, просить, просьба, умолять, ходатайство, ходатайствовать;* [law.dom.] *исковое заявление;* [legal] *заявление в суд, прошение*

petition (vb.) *обращаться с петицией, подавать заявление в суд, подавать прошение, подавать ходатайство;* [bankr.leg.] *подавать заявление*

petitioner *податель заявления, податель петиции;* [legal] *истец, проситель*

petitioner, the *истец, проситель*

petition for a declaration of nullity [law.dom.] *ходатайство о признании недействительности*

petition for compulsory winding up [law.dom.] *ходатайство об обязательной ликвидации*

petition for declaration of nullity *ходатайство о признании недействительности*

petition for divorce [law.dom.] *заявление о разводе*

petition for judicial separation [law.dom.] *заявление о раздельном жительстве супругов*

petitioning creditor [bankr.leg.] *кредитор, подавший исходное предложение на конкурсе по банкротству*

petitioning debtor [bankr.leg.] *должник, подавший исходное предложение на конкурсе по банкротству*

petition of right [legal] *петиция о праве*

petition the Community institutions (vb.) [legal] *подавать заявление в органы Европейского Сообщества*

petition the Union institutions (vb.) [legal] *подавать заявление в органы Европейского Союза*

petrocurrency [monet.trans.] *валюта, курс которой связан с рынком нефти, нефтевалюта*

petrol *бензин*

petrol duty *налог на нефть*

petroleum revenue tax (PRT) [tax.] *налог на доход от продажи нефти*

petrol tax *налог на нефть*

petties [book-keep.] *мелкие статьи дохода или расхода*

pettifogger *кляузник;* [legal] *стряпчий, ведущий сомнительные дела*

pettifoggery [legal] *крючкотворство*

petty cash [ec.] *небольшая наличная сумма*

petty cash (box) *шкатулка для хранения мелких наличных сумм*

petty cash box *шкатулка для хранения мелких наличных сумм*

petty claim [ins.] *незначительное требование*

petty debt *мелкий долг*

petty felony [leg.pun.] *мелкая фелония*

petty jury [leg.pun.] *малое жюри, суд присяжных*
petty loss [ins.] *незначительный ущерб*
petty offence [leg.pun.] *мелкое правонарушение*
petty official [sl.] *мелкий чиновник*
petty theft [leg.pun.] *мелкая кража*
pharmaceutical company *фармацевтическая компания*
pharmaceutical group *фармацевтическое объединение*
pharmaceutical industry *фармацевтическая промышленность*
pharmaceutical product *фармацевтическая продукция*
pharmaceutical products liability insurance [ins.] *страхование гражданской ответственности фармацевтической продукции*
pharmaceuticals *фармацевтическая продукция*
pharmaceutics *аптечное дело, фармация*
phase *аспект, период, стадия, сторона, ступень развития, фаза, этап*
phase (vb.) *осуществлять постепенный переход*
phased (adj.) *постепенный, поэтапный, синхронизированный*
phased association [EEC] *постепенное ассоциирование*
phased early retirement *поэтапный досрочный выход на пенсию*
phase down (vb.) *закрывать, прекращать деятельность*
phase of production [prod.] *стадия производства*
phase out (vb.) *выключать, поэтапно ликвидировать, прекращать, снимать с производства*
phasing down *постепенное прекращение*
phasing out *постепенная ликвидация, снятие с производства*
Philadelphia Stock Exchange (PHLX) [exc.] *фондовая биржа Филадельфии*
philanthropist *филантроп*
PHLX (Philadelphia Stock Exchange) [exc.] *фондовая биржа Филадельфии*
phone (vb.) [telecom.] *звонить по телефону*
phone number [telecom.] *номер телефона*
phony *обман, подделка*
photocopier *фотокопировальная машина, фотокопировальный аппарат*
photocopying [print.] *фотокопирование*
photocopying machine *фотокопировальная машина*
photosetting [print.] *фотонабор*
phototype [print.] *гарнитура картонного шрифта, фототипия*
phrase *выражение, фраза*
phrase (vb.) *выражать словами, называть, формулировать, характеризовать*
phrasing *выражение, формулирование*
physical compulsion [legal] *физическое принуждение*
physical control [legal] *физическая проверка*
physical count *подсчет материально-производственных запасов;* [warch.] *подсчет остатков в натуре*
physical evidence [legal] *вещественное доказательство*
physical inventory *наличие в натуре, наличный запас;* [warch.] *инвентаризация наличных материальных ценностей*
physically handicapped *с физическим недостатком*
physically handicapped (person) *человек с физическими недостатками*
physically handicapped person *человек с физическими недостатками*
physical market [exc.] *наличный рынок*
physical planning *реальное планирование*
physical quantity *физическая величина*
physical share certificate *свидетельство на физическую акцию;* [stock] *физический акционерный сертификат*
physical thing [legal] *реальный предмет*
physician *врач*

PIBOR (Paris interbank offered rate) [bank.] *ставка предложения межбанковского депозитного рынка в Париже*

pick and choose (vb.) *быть разборчивым*

picket [empl.] *пикет*

picket (vb.) [empl.] *пикетировать*

picketing [empl.] *пикетирование*

picket line [empl.] *заслон пикетчиков, линия пикета*

pickpocket [leg.pun.] *вор-карманник*

pick up (vb.) *поднимать*; [trans.] *брать пассажира, подбирать*

pick-up [trans.] *перехват сообщения, пикап*

pick-up and delivery [trans.] *захват и доставка груза, местная транспортировка груза*

pick-up in economic activity [pol.ec.] *оживление экономической деятельности*

pictorial designation *графическая маркировка, графический указатель*

pictorial representation *графическое представление*

picture *картина, рисунок*

picture clause [ins.] *пункт о страховании картины*

picture of design *рисунок узора*

picture quality *качество изображения*

piece *деталь, кусок, монета, обрабатываемое изделие, определенное количество, отдельный предмет, участок земли, часть, штука*

piece goods *ткани в кусках, штучный товар*

piecemeal (adj.) *постепенный, частичный*

piecemeal opinion [aud.] *частичное заключение*

piece of evidence [legal] *улика*

piece of news [media] *новость*

piece rate [empl.] *сдельная ставка*

piece wage [empl.] *поштучная заработная плата, сдельная оплата труда*

piecework *штучное производство*; [empl.] *индивидуальное производство, сдельная работа*

piecework account [empl.] *счет на сдельные работы*

piecework earnings [empl.] *доход от сдельной работы*

pieceworker [empl.] *сдельный рабочий*

piecework pay(ment) [empl.] *сдельная оплата*

piecework payment [empl.] *сдельная оплата*

piecework ticket [empl.] *сдельный рабочий наряд*

piecework wages *поштучная заработная плата*; [empl.] *сдельная оплата труда*

pie chart [print.] *секторная диаграмма*

pie diagram [print.] *секторная диаграмма*

pier [nav.] *волнолом, волнорез, мол, пирс, причал*

piggy-back traffic [trans.] *контрейлерные перевозки*

piggy-back transportation [trans.] *перевозка автоприцепов с грузами автомобильным и железнодорожным транспортом*

piggy bank *копилка*

Pigou effect [pol.ec.] *эффект Пигу (рост потребительского спроса под влиянием увеличения реальной стоимости кассовых остатков, вызванного понижением цен)*

pile *груда, кипа, куча, пачка, стопа, штабель*

pile up (vb.) *накапливать, наращивать, увеличивать*

pilfer (vb.) [leg.pun.] *совершать мелкую кражу*

pilfering [leg.pun.] *мелкая кража, мелкое воровство*

pilot *летчик*; [air tr.] *пилот*; [nav.] *лоцман*

pilot (vb.) *направлять, пилотировать*

pilot (adj.) *вспомогательный, контрольный, опытный, пробный, регулирующий, сигнальный, экспериментальный*

pilot model [prod.] *опытный образец*

pilot product [mark.] *опытное изделие*
pilot project *опытный проект, экспериментальный проект*
pilot scheme *пробная схема, экспериментальный план*
pilot study [mark.] *предварительное исследование*
pilot survey *предварительный сбор информации;*
  [mark.] *предварительное обследование, пробное обследование*
PIMS (profit impact of market strategy) [ind.ec.] *влияние рыночной*
  стратегии на прибыль
PIN (personal identification number) *личный идентификационный*
  номер
pinpoint (vb.) *точно определять, точно указывать*
pip [monet.trans.] *одна десятитысячная валютного курса*
PIPE (Price and Information Project for Europe) [exc.] *проект по ценам*
  и информации для Европы
piracy [aut.right] *нарушение авторского права*
pit [exc.] *часть биржевого зала, отведенная для торговли*
  определенным товаром, яма (площадка в помещении срочной
  биржи, на которой производится торг)
pitfall *заблуждение, западня, ловушка, ошибка*
pivot *основной пункт, точка вращения, точка опоры, центр*
pivot (vb.) *вертеться, вращаться*
place *город, место, населенный пункт;* [ec.] *жилище*
place (vb.) *выпускать на рынок, класть деньги на счет, помещать,*
  продавать, продавать вновь выпущенные ценные бумаги,
  ставить; [fin.] *кредитовать, размещать денежные средства,*
  размещать ценные бумаги; [pers.manag.] *определять на*
  должность
place a limitation on (vb.) *устанавливать ограничения на*
place an order (vb.) *подавать заказ, размещать заказ*
place a repeat order (vb.) *подавать повторный заказ*
place before (vb.) *помещать впереди*
placed under guardianship (adj.) [legal] *переданный в опеку*
place in bond (vb.) [cust.] *размещать облигации на рынке*
place in solitary confinement (vb.) [leg.pun.] *подвергать одиночному*
  заключению, помещать в одиночную камеру
placement [empl.] *устройство на работу;* [fin.] *вложение капитала,*
  определение на должность, помещение; [stock] *размещение*
  ценных бумаг
placement activities [empl.] *деятельность по трудоустройству*
placement bureau [empl.] *бюро трудоустройства*
placement in securities [fin.] *вложение капитала в ценные бумаги*
placement of a loan *размещение займа*
placement of an order *размещение заказа*
placement office [empl.] *бюро трудоустройства*
placement officer [empl.] *сотрудник службы занятости*
placement of loan *размещение займа*
placement of order *размещение заказа*
placement pattern [fin.] *структура размещения капитала*
placement rate [fin.] *коэффициент размещения*
placement service [empl.] *биржа труда, бюро трудоустройства,*
  служба занятости
place of arrival [trans.] *пункт прибытия*
place of birth *место рождения*
place of business *местонахождение предприятия, местонахождение*
  фирмы
place of death [legal] *место смерти*
place of disembarkation *место выгрузки;* [nav.] *место высадки*
place of domicile *постоянное место жительства*
place of embarkation *место посадки;* [nav.] *место погрузки*
place of employment *место работы, место службы*
place of entertainment *увеселительное заведение*

place of insurance   [ins.] *место страхования*
place of issue   *место выпуска*
place of operation   *место деятельности*
place of payment   *место платежа*
place of performance   [ins.] *место деятельности;*
   [legal] *местонахождение фирмы*
place of performance of a contract   [legal] *место исполнения договора*
place of performance of contract   [legal] *место исполнения договора*
place of redemption   *место погашения*
place of registration   [stock] *место регистрации*
place of residence   *место жительства*
place of settlement   *место заключения сделки*
place of shipment   [nav.] *место погрузки*
place of signature   *место подписи*
place of work   *место работы*
place on an equal footing (vb.)   *ставить в равные условия*
place on equal footing (vb.)   *ставить в равные условия*
place one's stake on (vb.)   *делать ставку на*
place on register (vb.)   *вносить в список, регистрировать*
place on the register (vb.)   *вносить в список, регистрировать*
place to account (vb.)   [book-keep.] *вносить на счет*
place under guardianship (vb.)   [legal] *передать в опеку*
place under receivership (vb.)   *вводить управление конкурсной массой;*
   [bankr.leg.] *вводить управление имуществом по доверенности*
placing   *размещение ценных бумаг через посредников*
placing commission   [stock] *комиссионные за размещение ценных бумаг*
placing power   [stock] *способность разместить ценные бумаги*
plagiarism   *плагиат*
plagiarist   *плагиатор*
plagiarize (vb.)   *заниматься плагиатом*
plain-clothes policeman   *переодетый полицейский*
plain envelope   *неподписанный конверт*
plaint   [legal] *жалоба*
plaint before the County Court   [legal] *исковое заявление в суд графства*
   (Великобритания)
plaint fee   [legal] *исковой сбор*
plaintiff   [ins.] *истец*
plaintiff in person   [legal] *истец лично*
plaintiff's costs   [legal] *издержки истца*
plaintiff's costs in any case   [legal] *издержки истца в любом*
   судебном деле
plaintiff's costs in case   [legal] *издержки истца в судебном деле*
plaintiff's costs in the cause   [legal] *издержки истца в судебном деле*
plaint note   [legal] *исковое заявление*
plain vanilla issue   [exc.] *простой процентный заем*
plan   *замысел, план, проект, схема, чертеж;* [bank.] *программа*
plan (vb.)   *планировать, проектировать, составлять план*
plan, according to   *по плану, согласно плану*
planchet   *монетный диск*
plane   [air tr.] *крыло самолета, самолет*
plane (vb.)   [air tr.] *планировать*
plan management   *плановое управление*
planned (adj.)   *плановый*
planned activities   *плановая деятельность*
planned budget   *предварительная сводная смета*
planned economy   [pol.ec.] *плановая экономика*
planned management   *плановое управление*
planning   *землеустройство, планирование, проектирование*
planning act   [plan.] *закон о планировании*
planning and building committee   *комитет по планированию и*
   строительству

planning area   [plan.] *область планирования*

planning committee   *комитет планирования*

planning department   *отдел планирования, плановый отдел*

planning permission   [plan.] *разрешение на планирование*

plan of action   *план действия*

plan of actions   *план действий*

plan of operation   *план работы*

plan of operations   *план операций*

plant   *предприятие;* [calc.] *оборудование, основной капитал;*
   [prod.] *агрегат, завод, основные производственные средства,
   установка, фабрика*

plant (vb.)   [ind.ec.] *внедрять, основывать*

plant and equipment   [calc.] *здания, сооружения и оборудование*

plant and equipment in progress   [calc.] *незавершенное промышленное
   строительство*

plant building   *промышленное здание*

plant capacity   *производственная мощность предприятия*

plant fire   *пожар на предприятии*

plant ledger   [book-keep.] *заводская бухгалтерская книга*

plant management   *заводоуправление*

plant manager   *директор предприятия, руководитель предприятия*

plant replacement   [prod.] *обновление основного капитала*

plant worker   *заводской рабочий*

plasma display   [comp.] *плазменная панель, плазменный дисплей,
   плазменный индикатор*

plastic-packaged   *в полиэтиленовой упаковке*

plastics industry   *производство пластмасс*

plat   [r.e.] *небольшой участок земли*

plate   [print.] *вкладная иллюстрация на отдельном листе, гравюра,
   клише, печатная форма, пластина, стереотип,
   фотопластинка, экслибрис, эстамп*

plate (vb.)   [print.] *стереотипировать*

plate glass insurance   [ins.] *страхование витринного стекла*

platform   *перрон, платформа, площадка, позиция, помост,
   предвыборная платформа, трибуна*

platform (vb.)   *выступать с трибуны, помещать на платформу*

PLC (product life cycle)   [mark.] *жизненный цикл продукта*

PLC (public limited (liability) company)   *открытая компания с
   ограниченной ответственностью (Великобритания), публичная
   компания с ограниченной ответственностью
   (Великобритания)*

PLC (public limited liability company)   *открытая компания с
   ограниченной ответственностью (Великобритания), публичная
   компания с ограниченной ответственностью
   (Великобритания)*

plea   *заявление, сделанное защитой, заявление, сделанное от имени
   защиты, заявление, сделанное от имени ответчика;*
   [legal] *аргумент, заявление оснований защиты против иска,
   заявление оснований иска, иск по суду;* [leg.pun.] *заявление,
   сделанное ответчиком, извинение, оправдание*

plead (vb.)   *выставлять в качестве обвинения;* [legal] *выступать
   в суде, защищать подсудимого, подавать состязательную
   бумагу, подавать суду возражения по иску, представлять в
   суде чьи-либо интересы;* [leg.pun.] *отвечать на обвинение,
   ссылаться*

plead, be entitled to (vb.)   [legal] *иметь правомочие на защиту дел
   в суде*

plead (orally)   *устно отвечать на обвинение*

plead a case (vb.)   [legal] *защищать дело в суде*

plead guilty (vb.)   [leg.pun.] *признавать себя виновным*

pleading   [legal] *выступление адвоката в суде, обмен
   состязательными бумагами, предварительное производство
   по делу, состязательная бумага;* [leg.pun.] *плeдирование*

pleadings [legal] *заявление оснований иска*

plead innocent (vb.) [leg.pun.] *заявлять о своей невиновности*

plead in the alternative *выставлять в качестве альтернативы*

plead not guilty (vb.) [leg.pun.] *заявлять о своей невиновности*

plead orally (vb.) *устно отвечать на обвинение*

plead the Statute of Limitations (vb.) [legal] *ссылаться на закон об исковой давности*

plea in suspension [legal] *возражение, направленное на приостановление судопроизводства*

plea of discharge [leg.pun.] *заявление об освобождении от ответственности*

plea of guilty case [leg.pun.] *дело, в котором подсудимый признал себя виновным на предварительном разбирательстве*

plea-of-guilty case [leg.pun.] *дело, в котором подсудимый признал себя виновным на предварительном разбирательстве*

plea of not guilty [leg.pun.] *заявление о невиновности*

plea of usury *возражение против ростовщических процентов*

please reply *просьба ответить*

please turn over (P.T.O.) *смотрите на обороте*

pleas in bar [leg.pun.] *возражения по существу иска, возражения против права предъявлять иск*

pleas of the Crown *уголовные процессы*

pleasure craft hull insurance [ins.] *страхование корпуса прогулочного судна*

plea that, on the [leg.pun.] *под предлогом того, что*

pledge [legal] *заверение, заложенная вещь, обязательство, ручательство*

pledge (vb.) *давать торжественное обещание, делать заявление об определенной политической линии;* [legal] *быть поручителем, давать заверение, давать обязательство, давать поручительство, закладывать, отдавать в залог*

pledge chattels (vb.) *закладывать движимое имущество;* [legal] *отдавать в залог движимое имущество*

pledge deposit *задаток в виде залога*

pledged to secrecy, be (vb.) *обещать хранить тайну*

pledgee *залогодержатель*

pledger *залогодатель, поручитель*

pledge securities (vb.) *закладывать ценные бумаги;* [legal] *передавать ценные бумаги в качестве обеспечения кредита*

pledge someone to secrecy (vb.) *взять с кого-либо обещание хранить тайну*

pledge to secrecy (vb.) *брать обещание хранить тайну*

pledging *передача ценных бумаг в качестве обеспечения кредита;* [legal] *залог имущества, предоставление обеспечения*

pledging endorsement *залоговый индоссамент*

pledging of collateral [legal] *предоставление обеспечения*

pledging of securities [legal] *залог ценных бумаг*

pledging of security [ec.] *предоставление гарантии;* [legal] *гарантия безопасности*

plenary meeting *пленарное заседание*

plenary powers [parl.] *широкие полномочия*

plenary session [EEC] *пленарное заседание*

plenary sitting *пленарное заседание*

plenipotentiary *полномочный представитель, уполномоченный*

Plimsoll mark [nav.] *грузовая марка, грузовая отметка*

PLO (Palestinian Liberation Organization) *Организация освобождения Палестины (ООП)*

plot *чертеж;* [r.e.] *делянка, диаграмма, план, схема, участок земли*

plot (vb.) *вычерчивать кривую, делать схему, наносить данные на график, составлять план;* [comp.] *вычерчивать график;* [r.e.] *вычерчивать диаграмму*

plot of land   [r.e.] *делянка, земельный участок*
plot owner   *владелец участка*
plot plan   [r.e.] *план делянки, план земельного участка*
plot ratio   [plan.] *коэффициент использования земельного участка*
plotter   [comp.] *графическое регистрирующее устройство, графопостроитель, программа графического вывода, самописец*
plotting   *вычерчивание диаграммы, нанесение данных на график, построение кривой, составление плана, составление схемы;* [r.e.] *деление на участки*
plough back (vb.)   [ec.] *капитализировать прибыли, превращать в капитал, реинвестировать прибыль*
plough-back   *капитализация, реинвестируемый капитал, реинвестиция прибыли*
plough-backs   *реинвестируемые прибыли*
ploughed-back profits   [ind.ec.] *реинвестированная прибыль*
ploughing-back of profits   [ind.ec.] *реинвестирование прибыли в основные фонды*
PLS account (profit and loss account)   [bank.] *результативный счет, счет прибылей и убытков*
PLS accounts (profit and loss accounts)   [bank.] *система результативных счетов, система счетов прибылей и убытков*
plug   *неходкий товар, рекомендация, фальшивая монета;* [comp.] *контактный штырек, штекер, штепсель, штепсельный разъем;* [media] *рекламная вставка*
plug (vb.)   *рекламировать;* [comp.] *вставлять в контактное гнездо*
plug compatible (adj.)   [comp.] *совместимый по разъемам*
plummeting of exchange rates   [monet.trans.] *резкий скачок обменного курса*
plunge   *крупная биржевая спекуляция, резкое снижение*
plunge (vb.)   *стремительно падать*
plurality   *большинство голосов, относительное большинство голосов, совместительство*
plurality of claims   [legal] *множество исков*
plurality of debtors   *множество должников*
plus   *добавочное количество, знак плюс, положительнеая величина*
plus (adj.)   *добавочный, дополнительный*
plutocracy   *плутократия*
pluvious insurance   [ins.] *страхование от ненастной погоды во время отпуска*
PLZ (Polish zloty)   [monet.trans.] *польский злотый*
PMT (pre/post market trading)   [exc.] *торговля до или после открытия рынка*
poacher   [leg.pun.] *браконьер*
poaching   [leg.pun.] *браконьерство*
POB (post office box)   [post] *абонентский ящик, почтовый ящик*
P.O.B. (post office box)   [post] *почтовый ящик*
P.O.Box (post office box)   [post] *абонентский ящик*
pocket calculator   *карманный калькулятор*
pocket-picking   [leg.pun.] *карманная кража*
POD (port of debarkation)   [nav.] *порт выгрузки*
POD (port of discharge)   [nav.] *порт разгрузки*
POE (port of embarkation)   [nav.] *порт погрузки*
point   *вопрос, место, момент, точка, характерная черта;* [exc.] *пункт;* [monet.trans.] *одна десятитысячная валютного курса;* [stock] *очко, статья, существо дела*
point at issue   [legal] *спорный вопрос*
point elasticity   [pol.ec.] *точечная эластичность*
pointer   *указатель*
pointing device   [comp.] *координатно-указательное устройство, указка, указывающий прибор, устройство управления позицией*
pointing forward (adj.)   *указывающий вперед*

pointing out (adj.) *указывающий*
point of culmination *кульминационный пункт*
point of departure *пункт вылета, пункт отправления*
point of law [legal] *вопрос права*
point of origin *начало координат*
point of reference *базисный пункт, исходная точка, контрольная точка, опорная точка*
point of sale (POS) *место продажи, торговая точка;*
   [comm.] *терминал для производства платежей в месте совершения покупки*
point-of-sale terminal (POS terminal) *терминал в торговой точке, терминал для производства платежей в месте совершения покупки*
point of time *момент времени*
point of view *точка зрения*
points of claim (before the Commercial Court) [legal] *исковые заявления (в коммерческий суд)*
points of claim before commercial court [legal] *исковые заявления в коммерческий суд*
points of claim before the Commercial Court [legal] *исковые заявления в коммерческий суд*
points of defence (before the Commercial Court) [legal] *письменные возражения ответчика по иску (в коммерческий суд)*
points of defence before commercial court [legal] *письменные возражения ответчика по иску в коммерческий суд*
points of defence before the Commercial Court [legal] *письменные возражения ответчика по иску в коммерческий суд*
points of law and fact [EEC] *вопрос права и вопрос факта*
point zero *начало координат, начало отсчета*
poison class [trans.] *третий класс*
poison put *введение яда, подмешивание яда*
poison type [trans.] *третий класс*
Poisson distribution [stat.] *пуассоновское распределение*
POL (port of loading) [nav.] *порт погрузки*
polarization *поляризация*
polarize (vb.) *поляризовать*
police *полиция*
police blotter [legal] *журнал регистрации приводов*
police car *патрульная машина, полицейский автомобиль*
police complaints commission *комиссия по расследованию жалоб на злоупотребления полиции*
police court [leg.pun.] *полицейский суд*
police court case [leg.pun.] *дело, рассматриваемое в полицейском суде*
police district *полицейский участок*
Police Gazette *'Полис газетт' (бюллетень Лондонской полиции)*
police headquarters *главное полицейское управление*
police informer *полицейский осведомитель*
police investigation *полицейское расследование*
policeman *полисмен, полицейский*
police officer *полицейский*
police permission [legal] *разрешение, выдаваемое полицией*
police protection *защита силами полиции, охрана силами полиции*
police regulations *инструкции для полицейских, нормативные акты по охране общественного порядка, полицейские правила*
police report *отчет полиции, сообщение полиции*
police sergeant [pers.manag.] *сержант полиции*
police service *полицейская служба*
police state *полицейское государство*
police superintendent *полицейский инспектор*
police supervision *полицейский надзор*
policy *курс, линия поведения, методика, поведение, политика, правила, стратегия;* [ins.] *страховой полис*

policy audit   [aud.] *ревизия деятельности предприятия*
policy conditions   [ins.] *условия, содержащиеся в страховом полисе,
   условия страхования*
policy exclusion   [ins.] *аннулирование страхового полиса*
policy expiration date   [ins.] *дата окончания срока страхования*
policy expiry date   [ins.] *дата окончания срока страхования*
policy free of premium   [ins.] *полис, по которому страховщик
   освобождается от уплаты взносов*
policy holder   *страхователь;* [ins.] *держатель страхового полиса*
policy holder's capital   [ins.] *капитал страхователя*
policy-induced (adj.)   [pol.] *имеющий политическую подоплеку*
policy loan   [ins.] *ссуда под страховой полис*
policy-making process   [pol.] *процесс осуществления политики*
policy number   [ins.] *номер страхового полиса*
policy of compromise   [pol.] *политика компромиссов*
policy of court   *судебная практика*
policy of fiscal and monetary restraint   [pol.ec.] *политика финансовых и
   денежно-кредитных ограничений*
policy of fiscal and monetary restraints   [pol.ec.] *политика финансовых и
   денежно-кредитных ограничений*
policy of law   *правовая политика*
policy of low interest rates   [pol.ec.] *политика низких процентных
   ставок*
policy of the court   [legal] *судебная практика*
policy of the law   [legal] *правовая политика*
policy of violence   *политика насилия*
policy owner   [ins.] *держатель страхового полиса, страхователь*
policy period   [ins.] *период ограниченной ответственности фирмы за
   дефекты, срок действия страхового полиса, срок страхования*
policy plan   *план деятельности*
policy provisions   [ins.] *условия страхования, условия страхового
   договора*
policy terms   [ins.] *условия страхования, условия страхового договора*
policy tool   [manag.] *средство осуществления;* [pol.] *политический
   инструмент, средство проведения политики*
Polish zloty (PLZ)   [monet.trans.] *польский злотый*
political (adj.)   *политический*
political advertising   [adv.] *политическая реклама*
political agreement   *политическое соглашение*
political campaign   [parl.] *политическая кампания*
political campaign contribution   [parl.] *пожертвование на
   политическую компанию*
political commitment   *политическое обязательство*
political committee   *политический комитет*
political compromise   *политический компромисс*
political crime   [leg.pun.] *политическое преступление*
political criminal   [leg.pun.] *политический преступник*
political department   *исполнительная и законодательная власть,
   политическая власть, политический отдел*
political economy   [pol.ec.] *политическая экономия*
politically loaded (adj.)   *политизированный*
political negotiation   *политические переговоры*
political offender   [leg.pun.] *политический преступник*
political organization   *политическая организация*
political prisoner   *политический заключенный*
political refugee   *политический эмигрант*
political right   [legal] *политическое право*
political risk   *политический риск*
political science   *политология*
political spokesman   [parl.] *политический оратор*
political strike   *политическая забастовка*

politician *политик*

politico-legal committee [parl.] *политико-правовой комитет*

politics *политика, политическая деятельность, политическая жизнь, политические взгляды*

poll *количество поданных голосов, подсчет голосов, список избирателей;* [mark.] *опрос общественного мнения;* [parl.] *баллотировка, голосование, результат голосования*

poll (vb.) *голосовать, подсчитывать голоса, получать голоса, проводить анкетный опрос, проводить голосование*

poll deed [legal] *протокол голосования*

polling [comp.] *опрос, упорядоченный опрос абонентов;* [parl.] *голосование*

polling booth *кабина для голосования*

polling day [parl.] *день выборов*

poll tax [tax.] *подушный налог*

polluter pays principle *принцип 'загрязнитель платит'*

pollution *загрязнение*

pollution abatement *борьба с загрязнением, меры по предотвращению загрязнений, меры по уменьшению загрязнений, уменьшение загрязнения*

pollution control *борьба с загрязнением*

pollution-free (adj.) *незагрязненный, экологически чистый*

polytechnic [syst.ed.] *политехникум*

polytechnic (adj.) [syst.ed.] *политехнический*

pool *общий фонд, объединение финансовых ресурсов, объединенные запасы, портфель кредитов, портфель ценных бумаг, пул;* [manag.] *временное объединение компаний инвесторов*

pool (vb.) *объединять в пул*

pool betting duty *сбор с совместной ставки при заключении пари*

pool dividend *коллективный дивиденд*

pooling arrangement *соглашение об объединении*

pooling of expertise *группа экспертов*

pooling of interests *объединение интересов, слияние компаний без переоценки стоимости активов*

pool insurance [ins.] *коллективное страхование*

pools betting office *контора для заключения пари*

pool scheme *объединение пенсионных фондов нескольких предприятий*

pool scheme agreement [cmpl.] *соглашение об объединении пенсионных фондов нескольких предприятий*

pools win *коллективный дивиденд*

pool treaty [ins.] *соглашение о коллективном страховании*

poor (adj.) *бедный, недостаточный, неплодородный, неприятный, низкого качества, плохой, скудный, слабый*

poor management *неудовлетворительное управление*

poor market conditions *неблагоприятная рыночная конъюнктура*

poor quality *низкое качество*

poor sale *слабый сбыт*

popular (adj.) *доходчивый, народный, общедоступный, общераспространенный, пользующийся известностью, популярный*

population *жители, население, поголовье, совокупность*

population census *перепись населения*

population decrease *убыль населения*

population forecast *демографический прогноз*

population group *группа населения*

population growth *естественное движение населения, прирост населения*

population increase *естественное движение населения, прирост населения, рост населения*

population statistics *демографическая статистика, статистика состояния населения*

port [comp.] *двухполюсник;* [nav.] *гавань, порт*

portable (adj.) *передвижной, переносной, портативный*

portable computer [comp.] *портативная вычислительная машина*

portage *переноска, плата за переноску;* [trans.] *перевозка, плата за перевозку, провоз*

port authorities [nav.] *администрация порта, портовые власти, управление порта*

port charges [nav.] *портовые сборы*

port expenses [nav.] *портовые сборы*

portfolio *должность министра, папка для документов, перечень ценных бумаг, портфель ценных бумаг;* [calc.] *портфель*

portfolio, for its own *собственный портфель*

portfolio adjustment [fin.] *регулирование структуры портфеля активов*

portfolio assumed [ins.] *принятый портфель*

portfolio ceded [ins.] *цедированный портфель*

portfolio choice [fin.] *выбор портфеля ценных бумаг*

portfolio composition [fin.] *структура портфеля активов*

portfolio control [fin.] *контроль портфеля активов*

portfolio figures [fin.] *показатели портфеля активов*

portfolio insurance [ins.] *страхование портфеля активов*

portfolio investment [fin.] *инвестиции в ценные бумаги, портфельные инвестиции, портфельные капиталовложения*

portfolio investment abroad [fin.] *портфельные инвестиции за рубежом*

portfolio management [bank.] *управление портфелем ценных бумаг;* [fin.] *контроль и регулирование портфеля активов*

portfolio management agreement [bank.] *соглашение об управлении портфелем ценных бумаг*

portfolio manager [bank.] *сотрудник банка, отвечающий за управление инвестициями клиента;* [fin.] *брокер, отвечающий за управление инвестициями клиента*

portfolio of bills [calc.] *портфель векселей*

portfolio of bonds [stock] *портфель облигаций*

portfolio of debentures [stock] *портфель долговых обязательств*

portfolio of insurance [ins.] *страховой портфель*

portfolio of shares *портфель акций*

portfolio premium [ins.] *взнос по портфельному страхованию*

portfolio spread [fin.] *распределение портфеля ценных бумаг*

portfolio strategy [bank.] *стратегия размещения ценных бумаг*

portfolio value [fin.] *стоимость портфеля ценных бумаг*

portion *доля, порция, приданое, часть;* [suc.] *доля в наследстве наследника по закону*

portion available for testamentary freedom [suc.] *часть наследственной массы, подпадающая под завещательное распоряжение*

portion of cost-of-living allowance [empl.] *доля надбавки за дороговизну*

port of call [nav.] *порт захода*

port of debarkation (POD) *порт разгрузки;* [nav.] *порт выгрузки*

port of destination [nav.] *порт назначения*

port of discharge (POD) [nav.] *порт разгрузки*

port of embarkation (POE) [nav.] *порт погрузки*

port of entry [nav.] *порт ввоза*

port of exportation [nav.] *порт вывоза*

port of loading (POL) [nav.] *порт погрузки*

port of refuge [nav.] *порт вынужденного захода, порт-убужище*

port of registration [nav.] *порт приписки*

port of registry [nav.] *порт приписки*

portrait [print.] *портрет*

port rules and regulations [nav.] *портовые правила и нормативы*

port-to-port bill of lading [nav.] *коносамент 'из порта в порт'*

Portuguese escudo (PTE) [monet.trans.] *португальское эскудо*

POS (point of sale) *место продажи, терминал для производства платежей в месте совершения покупки, торговая точка*

position *нетто-остаток средств банка в иностранной валюте, остаток, остаток средств на счете, позиция по срочным сделкам, положение, сальдо, срочная позиция, статья в таможенном тарифе, сумма контрактов по сделкам на срок, финансовое положение;* [adv.] *позиция;* [pers.manag.] *должность, место;* [prod.] *точка зрения*

position end *позиция на конец месяца*

positioning *расстановка;* [mark.] *строительство позиции*

position of authority *выборная должность*

position of priority *преимущественное положение*

position of trust *выборная должность*

positive (adj.) *абсолютный, конструктивный, несомненный, определенный, позитивный, положительный, точный, утвердительный*

positive appeal [adv.] *конкретная реклама*

positive balance [book-keep.] *активный баланс, положительное сальдо*

positive carry [stock] *перенос на активную сторону баланса*

positive cash balance [book-keep.] *положительный кассовый остаток*

positive confirmation *прямое подтверждение*

positive correlation *положительная корреляция*

positive discrimination *явная дискриминация*

positive easement [r.e.] *позитивный сервитут*

positive economics [pol.ec.] *позитивная экономическая теория*

positive law [legal] *действующее право, позитивное право*

positive list *точный список*

positive mention *одобрительное упоминание, похвальный отзыв*

positive publicity *широкая огласка*

positive response *положительная реакция, положительный ответ*

positive translation difference [monet.trans.] *положительная разность при пересчете из одной валюты в другую*

possess (vb.) *владеть, обладать*

possession [legal] *обладание;* [r.e.] *владение*

possession of, get (vb.) *завладевать;* [legal] *вступать во владение*

possession of, take (vb.) *вступать во владение, завладевать*

possessor [legal] *обладатель;* [r.e.] *владелец*

possessor of a right [legal] *правообладатель*

possessor of right [legal] *правообладатель*

possessory lien [legal] *право удержания*

possessory right [legal] *право собственности*

possessory title [legal] *право собственности*

possibility *вероятность, возможность*

possibility of borrowing [bank.] *возможность получения ссуды*

possible (adj.) *вероятный, возможный, осуществимый, терпимый*

possible loss [ins.] *возможные потери*

post *место торговли определенным видом акций;* [mil.] *позиция, пункт;* [pers.manag.] *должность, пост;* [post] *почта, почтовая корреспонденция*

post (vb.) *рекламировать;* [book-keep.] *делать проводку, заносить в бухгалтерскую книгу, осуществлять разноску по счетам;* [pers.manag.] *назначать на должность, расклеивать объявления;* [post] *отправлять по почте*

post acquisition [calc.] *после приобретения*

postage [post] *почтовый сбор*

postage account [book-keep.] *счет почтовых сборов*

postage account book [ind.ec.] *книга учета почтовых сборов*

postage-due stamp [post] *доплатная марка, штемпель 'оплачивает адресат'*

postage expenses [ind.ec.] *почтовые расходы*

postage-free [post] *без взимания почтового сбора*

postage meter   [post] *франкировальная машина*
postage paid   [post] *с оплаченным почтовым сбором*
postage stamp   [post] *почтовая марка*
postal account   [post] *почтовый счет*
postal account holder   [post] *владелец почтового счета*
postal address   [post] *почтовый адрес*
Postal and Telegraph Services   *почтово-телеграфное ведомство*
postal check account holder   [post] *владелец почтового жиросчета*
postal cheque   [post] *почтовый чек*
postal consignment   [post] *отправка товаров почтой*
postal credit transfer   [post] *безналичный почтовый перевод*
postal delivery   [post] *доставка по почте*
postal department   *почтовое отделение*
postal fraud   [leg.pun.] *почтовая афера*
postal giro envelope   *конверт с почтовым жиросчетом*
postal letter of credit   [post] *почтовый аккредитив*
postal note   [post] *денежный перевод на сумму до 5 долл. (США)*
postal note form   [post] *бланк почтового перевода на сумму до 5 долл. (США)*
postal official   [post] *почтовый служащий*
postal order   [post] *почтовый перевод*
postal order form   [post] *бланк денежного перевода*
postal parcel   [post] *почтовая посылка*
postal parcels   *почтовые отправления*
postal publicity campaign   [mark.] *почтовая рекламно-пропагандистская кампания*
postal rate   [post] *почтовый тариф*
postal receipt   [post] *почтовая квитанция*
postal receipt book   [post] *книга почтовых квитанций*
postal regulations   [post] *почтовые правила*
postal remittance   [post] *пересылка денег по почте*
postal savings bank   *почтово-сберегательный банк*
postal seal   [post] *почтовая печать*
postal service   [post] *почтовая связь, почтовая служба*
post balance sheet event   [calc.] *событие, происшедшее после составления балансового отчета*
postcard   *почтовая открытка;* [post] *почтовая карточка*
postcard size   [post] *формат почтовой открытки*
post code   [post] *почтовый индекс*
postdate (vb.)   *датировать более поздним числом, относить событие к более позднему времени*
postdated cheque   *чек, датированный более поздним числом*
postdating   *датирование более поздним числом;* [pat.] *перенесение подачи заявки на более поздний срок*
post entry   [book-keep.] *последующая проводка;* [cust.] *дополнительная бухгалтерская запись*
poster   *объявление;* [adv.] *афиша, плакат*
poster (vb.)   *рекламировать*
poster advertising   *реклама с помощью афиш и плакатов*
poste restante   [post] *до востребования*
POS terminal (point-of-sale terminal)   *место продажи, терминал для производства платежей в месте совершения покупок*
poster panel   [adv.] *рекламный стенд*
post giro   [post] *почтовые жирорасчеты, система почтовых жиросчетов*
post giro deposit   [post] *депозит в системе почтовых жиросчетов*
post giro funds   [post] *фонды почтовых жиросчетов*
posthumous (adj.)   *посмертный*
post in another position (vb.)   [pers.manag.] *назначать на другую должность*
posting   *проводка;* [book-keep.] *перенос в бухгалтерскую книгу;* [mil.] *перевод по службе;* [post] *отправка корреспонденции по почте, почтовое отправление, расклейка рекламных объявлений*

posting error   [book-keep.] *ошибка при переносе в бухгалтерскую книгу*
posting of bond   [ec.] *реклама облигации*
posting of bonds   [ec.] *реклама облигаций*
post keynesians   [pol.ec.] *посткейнсианцы*
post-launch advertising   [adv.] *реклама после выпуска продукции на рынок*
postmark   [post] *почтовый штемпель*
postmark advertising   [adv.] *реклама на почтовом штемпеле*
post-market trading (PMT)   [exc.] *торговля после закрытия рынка*
post master   [post] *начальник почтового отделения*
post-maturity endorsement   [bill.] *передаточная надпись на просроченном векселе*
post mortem (examination)   [legal] *вскрытие трупа*
post mortem examination   [legal] *вскрытие трупа*
post-nuptial (adj.)   *происходящий после заключения брака*
postnuptial contract   [law.dom.] *имущественный договор между супругами, заключенный после вступления в брак*
postnuptial settlement   [law.dom.] *имущественный договор между супругами, заключенный после вступления в брак*
post office   [post] *почтовое отделение*
post office bank   [post] *почтово-сберегательный банк*
post office box (POB)   [post] *абонементный ящик*
post office box (P.O.B., P.O.Box)   [post] *почтовый ящик*
post office clerk   [post] *почтовый служащий*
post office inspector   [post] *почтовый инспектор*
post office insurance   [ins.] *страхование по почте*
post office receipt   [post] *почтовая квитанция*
post office revenue   [post] *доходы почтового отделения*
post office savings bank   *почтово-сберегательный банк*
post package   [post] *бандероль*
post-paid   [post] *с оплаченными почтовыми расходами*
postpone (vb.)   *откладывать, отсрочивать*
postpone a meeting (vb.)   *переносить собрание*
postponement   *откладывание, отсрочка*
postponement of devolution of property   [suc.] *отсрочка передачи другому лицу права на имущество*
postponement of transfers   *отсрочка передачи прав*
postponement premium   [r.e.] *приплата за отсрочку*
post-qualifying education   [syst.ed.] *последипломное образование*
postscript   *постскриптум*
post-tax   [tax.] *после удержания налогов*
post-tax income   [bus.organ.] *доход после удержания налогов*
post-tax payment   *платеж после удержания налогов*
post test   *повторная проверка;* [mark.] *после испытаний*
post-war period   *послевоенный период*
potato diet   *картофельная диета, рацион с преобладанием картофеля*
potato diet, the   *картофельная диета*
potential   *потенциал*
potential (adj.)   *возможный, потенциальный, скрытый*
potential acquisition   *потенциальное приобретение*
potential buyer   *потенциальный покупатель*
potential customer   *потенциальный клиент*
potential for increasing sales   [mark.] *возможность увеличения сбыта*
potential for upward movement   *возможность роста*
potential gain   *возможная прибыль*
potential loss   *потенциальные убытки*
potential production   [prod.] *производственный потенциал*
poultry industry   *птицеводство*
pound   *фунт*
pound sterling   [monet.trans.] *фунт стерлингов*

pour (vb.) *лить, разливать*

poverty *бедность*

poverty level *уровень бедности*

POW (prisoner of war) [mil.] *военнопленный*

power *возможность, дееспособность, доверенность, мощность, производительность, сила, способность, степень, энергия;* [legal] *компетенция, полномочие, право, правоспособность;* [pol.] *власть*

power (of attorney) [legal] *полномочие*

power cord *шнур питания*

power distribution *распределение мощности, распределение энергии*

powerful (adj.) *авторитетный, влиятельный, могущественный, мощный, полномочный, сильнодействующий, сильный*

powerful interests *влиятельные круги*

power group *влиятельная группировка*

powerless (adj.) *бессильный*

power of appointment [legal] *доверенность на распределение наследственного имущества*

power of attorney *доверенность;* [legal] *полномочие*

power of attorney concerning safe custody [bank.] *полномочие на хранение ценных бумаг в банковском сейфе*

power of attorney given for business purposes [legal] *полномочие на ведение дел*

power of attorney to represent another person in court [legal] *полномочия представлять в суде интересы другого лица*

power of co-decision *полномочия принимать совместное решение*

power of codecisions *полномочия принимать совместные решения, право принимать совместные решения*

power of decision *право принимать решение*

power of decisions *право принимать решения*

power of discretion [legal] *полномочия решать по собственному усмотрению*

power of eminent domain [legal] *право государства на принудительное отчуждение частной собственности*

power of inquiry (vb.) [exc.] *право подавать запрос*

power of procuration [legal] *полномочие на ведение дел*

power of sale [legal] *право продажи*

power of taxation [tax.] *право обложения налогом*

power of testation [suc.] *право на завещательное распоряжение*

power plant *электростанция, энергетическая установка*

power station *электростанция*

power supply *электропитание, электроснабжение, энергоснабжение*

power switch *выключатель электропитания;* [comp.] *сетевой выключатель*

power to coopt *право кооптировать*

power to take decisions *право принимать решения*

p.p. (per procurationem) *по доверенности*

PPO (personal protection order) [legal] *судебный приказ о предоставлении личной охраны*

PPP (purchasing power parity) [pol.ec.] *паритет покупательной способности*

PR (public relations) [mark.] *престижная деятельность компании, связи фирмы с общественными организациями, связи фирмы с отдельными лицами*

practicable (adj.) *годный к употреблению, осуществимый, полезный, реальный*

practical (adj.) *осуществимый, полезный, практический, связанный с применением на практике, удобный, утилитарный, целесообразный*

practical capacity *фактическая производственная мощность*

practical experience *практический опыт*

practical importance *практическое значение*
practical politics *реальная политика*
practical training [empl.] *практическая подготовка, практическия занятия, практическое обучение*
practice *клиентура, обыкновение, обычай, практика;* [empl.] *круг занятий;* [legal] *процессуальная норма, процессуальное право, ритуал, тренировка*
practice for granting loans [bank.] *практика предоставления ссуд*
practice for granting permits *практика выдачи разрешений*
practise a profession (vb.) *заниматься профессиональной деятельностью*
practise of a profession [empl.] *заниматься профессиональной деятельностью*
practise usury (vb.) *заниматься ростовщичеством*
practising certificate *патент на адвокатскую практику, патент на врачебную практику*
practising certificate (solicitor) [legal] *практикующий дипломированный адвокат*
practising certificate solicitor [legal] *практикующий дипломированный адвокат*
praecipium [exc.] *доля ведущего банка в комиссионных за управление*
praise *похвала, прославление*
praise (vb.) *прославлять, хвалить*
PR department *отдел компании по связям с общественностью*
pre-acquisition of participations *предварительное приобретение прав участия*
preamble *предисловие;* [law nat.] *преамбула*
preamble of a statute [legal] *вводная часть законодательного акта*
preamble of statute [legal] *вводная часть законодательного акта*
precatory words [legal] *выражение просьбы*
precaution *мера предосторожности;* [legal] *предосторожность*
precautionary (adj.) *предупредительный, предупреждающий, принимаемый для предосторожности*
precautionary measure *мера предосторожности*
precautionary motive *мотив накопления денег на непредвиденные цели*
precautionary principle *принцип предосторожности*
precede (vb.) *превосходить, предшествовать*
precedence [legal] *более высокое положение, предшествование, старшинство*
precedent [legal] *судебный прецедент*
precedent (adj.) [legal] *предшествующий*
precedent, establish a (vb.) [legal] *устанавливать прецедент*
precedent creating (vb.) [legal] *создавать прецедент*
precedent creating (adj.) *создающий прецедент*
preceding (adj.) *предшествующий, предыдущий*
preceding endorser *предыдущий индоссант*
preceding financial year [calc.] *предыдущий финансовый год*
preceding period *предшествующий период*
preceding year *предыдущий год*
precept *вызов в суд, наставление, правило;* [legal] *предписание, приказ, распоряжение;* [leg.pun.] *повестка в суд;* [manag.] *инструкция*
precept of law [legal] *правовая норма*
precious (adj.) *драгоценный, совершенный*
precious metal *благородный металл*
precious stone *драгоценный камень*
precipitation *выпадение осадков, неосмотрительность, поспешность, стремительное падение, стремительность*
precise (adj.) *аккуратный, прецизионный, точный*
precision *аккуратность, точность*

preclude (vb.) *препятствовать, устранять;* [legal] *предотвращать*
preclusion *устранение;* [legal] *предотвращение*
preconceived plan *заранее составленный план*
precontract preparations *предконтрактная подготовка*
pre-contract preparations *предконтрактная подготовка*
predate (vb.) *датировать более ранним числом*
predating *датирование более ранним числом*
predator *хищник;* [exc.] *грабитель*
predeceased (adj.) [legal] *скончавшийся ранее*
predecessor *правопредшественник, предшественник*
predecessor in interest [legal] *предшественник в вещном праве*
predecessor in title [legal] *предшественник по правовому титулу*
predefined (adj.) *предопределенный*
predetermine (vb.) *предопределять, устанавливать заранее*
predict (vb.) *предсказывать, прогнозировать*
predictable (adj.) *прогнозируемый*
predictable break *прогнозируемый спад*
predicted cost [ind.ec.] *нормативные издержки, стоимостные нормы*
prediction *предсказание, прогноз*
predominant (adj.) *господствующий, доминирующий, превосходящий, преобладающий*
preempt (vb.) *завладевать раньше других, заранее использовать, покупать раньше других, приобретать раньше других*
preemption *право таможенных властей наложить арест на импортированный товар;* [bus.organ.] *покупка ранее других, преимущественное право на покупку*
preemption right [bus.organ.] *преимущественное право на покупку*
pre-emptive (subscription) right [exc.] *преимущественное право на покупку акций по подписке*
preemptive right [bus.organ.] *преимущественное право на покупку*
preemptive subscription right [exc.] *преимущественное право на покупку акций по подписке*
preengage (vb.) *заранее связать обязательством, заранее связать словом*
pre-engage (vb.) *заранее связать обязательством, заранее связать словом*
prefab building *сборное здание*
prefabricated (adj.) *заводского изготовления;* [prod.] *сборный*
preface *предисловие;* [doc.] *вводная часть, вступление*
preface (vb.) *делать вступление, делать предварительные расчеты, предшествовать, служить вступлением;* [doc.] *предпосылать*
prefect *глава департамента, начальник полиции, префект*
prefect's office *префектура*
prefer (vb.) *предпочитать;* [legal] *отдавать предпочтение, повышать в должности, подавать, представлять;* [pers.manag.] *продвигать по службе*
preferably *предпочтительно*
prefer a charge (vb.) [leg.pun.] *выдвигать обвинение*
prefer a claim (vb.) [legal] *подавать иск, предъявлять требование*
prefer an information against (vb.) [leg.pun.] *подавать заявление об обвинении*
preference *выбор, льготная таможенная пошлина, право кредитора на преимущественное удовлетворение, предпочтение, преимущественное право, преимущество, преференция*
preference bond *облигация с первоочередной выплатой процентов и первоочередным погашением;* [stock] *привилегированная облигация*
preference capital [ind.ec.] *привилегированный капитал*
preference dividend [bus.organ.] *дивиденд, выплачиваемый в первую очередь*

preference of creditors   [bankr.leg.] *первоочередное право требования кредиторов*

preference share   [stock] *привилегированная акция*

preference shares   *привилегированные акции*

preference to, in   *отдавая предпочтение (чему-либо)*

preferential agreement   *преференциальное соглашение*

preferential claim   [bankr.leg.] *преимущественное требование, привилегированное требование*

preferential creditor   [bankr.leg.] *кредитор с предпочтительным правом требования*

preferential debt   [bankr.leg.] *долг, погашаемый в первую очередь*

preferential duty   [cust.] *дифференциальная пошлина, преференциальный таможенный тариф*

preferential imports   [cust.] *преференциальные статьи импорта*

preferential payments   [bankr.leg.] *первоочередные платежи*

preferential price   *льготная цена*

preferential pricing   [cust.] *льготное ценообразование*

preferential rate   [cust.] *льготный таможенный тариф*

preferential right of subscription   [bus.organ.] *преимущественное право подписки на акции*

preferential settlement of claim   [bankr.leg.] *преимущественное урегулирование иска*

preferential subscription right   [bus.organ.] *преимущественное право подписки на акции*

preferential system   *система преференций*

preferential tariff arrangement   [cust.] *соглашение о льготном таможенном режиме*

preferential tariff treatment   [cust.] *льготный таможенный режим*

preferential treatment   *льготный таможенный режим, преференциальный режим*

preferment   [pers.manag.] *повышение в должности, продвижение по службе*

preferred creditor   [bankr.leg.] *кредитор с предпочтительным правом требования*

preferred dividend   [bus.organ.] *дивиденд по привилегированным акциям*

preferred equities   *привилегированные акции*

preferred equity   [stock] *привилегированная акция*

preferred ordinary share   [stock] *привилегированная обыкновенная акция*

preferred position   *привилегированное положение;* [media] *предпочтительное положение*

preferred share   [stock] *привилегированная акция*

preferred shares   *привилегированные акции*

preferred stock   [stock] *привилегированная акция*

pregnancy   *беременность*

pregnancy-related absence   [empl.] *отпуск по беременности*

prehearing assessment   [empl.] *оценка до заслушивания*

preinventory sale   *продажа до инвентаризации*

pre-inventory sale   *продажа до инвентаризации*

prejudgment remedy   [legal] *судебная защита до рассмотрения дела*

prejudice   *предвзятое мнение, предрассудок, предубеждение;* [legal] *вред, ущерб, причиненный несправедливым решением суда*

prejudice (vb.)   *наносить ущерб, создавать предвзятое мнение*

prejudice, without   *без ущерба для;* [legal] *не отказываясь от своего права, сохраняя за собой право*

prejudice as regards liability, without any   *без какого-либо ущерба для обязательства*

prejudiced (adj.)   *причиняющий вред правам*

prejudice of, to the   *в ущерб*

prejudicial (adj.)   *вредный, наносящий ущерб, пагубный;* [legal] *причиняющий вред интересам*

prejudicial effect [legal] *наносящее ущерб юридическое действие*

prejudicial trade *убыточная торговля*

preliminary (adj.) *предварительный*

preliminary agreement *предварительное соглашение*

preliminary assessment of income [tax.] *предварительная оценка дохода*

preliminary audit *предварительная проверка;* [aud.] *предварительная ревизия*

preliminary balance sheet [book-keep.] *предварительный балансовый отчет*

preliminary boundary transfer proceedings [legal] *предварительное производство по пересмотру границ земельных владений*

preliminary consideration [legal] *предварительное рассмотрение*

preliminary contract [legal] *предварительный договор*

preliminary costs [calc.] *предварительные затраты*

preliminary draft *черновой набросок, черновой эскиз*

preliminary examination [bankr.leg.] *предварительный осмотр;* [leg.pun.] *предварительный допрос;* [pat.] *предварительная экспертиза*

preliminary expenses [calc.] *предварительные затраты*

preliminary figures *предварительные данные*

preliminary hearing [leg.pun.] *предварительное слушание*

preliminary inquiry [leg.pun.] *предварительное обследование, предварительное расследование*

preliminary investigation *предварительное расследование;* [leg.pun.] *предварительное рассмотрение*

preliminary objection [EEC] *предварительное возражение*

preliminary period *предварительный период*

preliminary point [EEC] *предварительная проблема, предварительный вопрос*

preliminary prospectus [bus.organ.] *предварительный проспект при выпуске нового займа*

preliminary question [EEC] *предварительный вопрос*

preliminary remarks *предварительные замечания*

preliminary report [bus.organ.] *предварительное сообщение;* [EEC] *предварительный отчет*

preliminary return [tax.] *предполагаемый доход*

preliminary ruling [EEC] *предварительное регулирование*

preliminary stage *предварительная стадия, предварительный этап*

preliminary statement of account [book-keep.] *предварительная выписка с банковского лицевого счета клиента*

preliminary statement of accounts [book-keep.] *предварительный отчет о состоянии счетов*

preliminary survey *предварительное обследование, предварительный осмотр*

premarket trading (PMT) [exc.] *торговля ценными бумагами до официального открытия биржевой сессии*

pre-market trading (PMT) [exc₀] *торговля ценными бумагами до официального открытия биржевой сессии*

prematurely *поспешно, преждевременно*

premeditated (adj.) *заранее обдуманный, преднамеренный;* [leg.pun.] *предумышленный*

premeditated murder [leg.pun.] *преднамеренное убийство, умышленное убийство*

premeditated suicide *заранее обдуманное самоубийство*

premeditation [ins.] *умысел;* [leg.pun.] *преднамеренность*

pre-merger notification [bus.organ.] *предуведомление о слиянии компаний*

premier *государственный секретарь, премьер-министр*

premise *исходное условие;* [legal] *предпосылка*

premises *здание с прилегающими постройками и участком;* [legal] *вышеизложенное, констатирующая часть искового заявления;* [r.e.] *вводная часть акта передачи правового титула, вышеуказанное, дом с прилегающими постройками и участком, недвижимость, собственность, подлежащая передаче*

premises, the   *здания и сооружения*

premium   *ажио, вознаграждение, награда;* [comm.] *лаж, приплата к номинальной стоимости;* [EEC] *премиальная надбавка;* [exc.] *маржа;* [ins.] *премия, страховая премия, страховой взнос;* [stock] *премия по срочным сделкам, цена опциона*

premium (adj.)   [bus.organ.] *первоочередной, срочный;* [mark.] *надежный, первосортный*

premium, at a (adj.)   *очень модный, пользующийся большим спросом;* [stock] *выше номинала, выше паритета, с премией*

premium (to insurer)   [ins.] *страховая премия*

premium adjustment   [ins.] *регулирование страхового взноса*

premium-aided saving   [bank.] *сбережение с надбавкой*

premium amount   [ins.] *сумма страхового взноса*

premium annulment   [ins.] *аннулирование страхового взноса*

premium bond   [stock] *премиальная облигация*

premium bond loan   [stock] *выпуск премиальных облигаций*

premium capital pension   *пенсия из фонда социального обеспечения*

premium capital pension account   *счет пенсии из фонда социального обеспечения*

premium collected   [ins.] *инкассированный страховой взнос*

premium deposit   [ins.] *депо страховых платежей*

premium discount   [ins.] *скидка со страхового взноса*

premium due   [ins.] *подлежащий уплате страховой взнос*

premium due date   [ins.] *срок уплаты страхового взноса*

premium earned   *полученное премиальное вознаграждение*

premium exemption   [ins.] *освобождение от уплаты страхового взноса*

premium expenses   [ins.] *затраты на уплату страховых взносов*

premium for own account   [ins.] *уплата страхового взноса за собственный счет*

premium income   [ins.] *доход от страховых взносов*

premium instalment   [ins.] *очередной страховой взнос*

premium insurance   [ins.] *страхование с уплатой взносов*

premium level   [exc.] *размер страхового взноса;* [ins.] *размер страхового вознаграждения*

premium loading for abnormal risk   [ins.] *надбавка к нетто-ставке за повышенную вероятность наступления страхового случая*

premium loan   *выигрышный заем*

premium lottery bond   [stock] *премиальная лотерейная облигация*

premium on capital stock   [calc.] *надбавка к эмиссионному курсу акций*

premium on exchange rate   [monet.trans.] *надбавка к валютному курсу*

premium on issue   [bus.organ.] *надбавка к номинальному курсу облигации, премия сверх стоимости облигации*

premium on par value stock   [bus.organ.] *надбавка к номиналу акции*

premium on repayment   *взнос на погашение займа*

premium paid   [ins.] *уплаченный страховой взнос*

premium paid by instalment   [ins.] *страховой взнос, уплаченный частями*

premium pay   [pers.manag.] *премиальное вознаграждение*

premium payment   [ins.] *выплата страховой премии, уплата страховых взносов*

premium period   [ins.] *срок уплаты страхового взноса*

premium policy   [ins.] *полис с уплатой страховых взносов*

premium portfolio   [ins.] *портфель страховых взносов*

premium provision   [ins.] *резерв для уплаты страхового взноса*

premium rate   *ставка страхового взноса;* [ins.] *норма премиальной выплаты, размер премии*

premium rating   [ins.] *определение ставки страхового взноса*

premium rebate   [ins.] *скидка со страхового взноса*

premium receipt   [ins.] *квитанция об уплате страхового взноса*

premium refund   [ins.] *возврат страхового взноса*

premium relating to share capital increase   [bus.organ.] *надбавка в связи с увеличением акционерного капитала*

premium reserve   [ins.] *резерв для уплаты страхового взноса*

premium savings   [bank.] *сбережения за счет страховых премий*

premium savings account   [bank.] *сберегательный счет страховых премий*

premium savings bond   [stock] *выигрышная сберегательная бона*

premium savings bonds   *выигрышные сберегательные боны*

premium service   [telecom.] *услуга, предоставляемая за дополнительную плату*

premium statement   [ins.] *ведомость страховых взносов*

premium system   [ins.] *премиальная система*

premium to insurer   [ins.] *страховая премия*

premium total   [ins.] *общая сумма страховых взносов*

prenotification   *заблаговременное извещение*

pre-notification   *заблаговременное извещение*

prepaid (adj.)   *предварительно оплаченный;* [post] *уплаченный заранее*

prepaid costs   [calc.] *предварительно оплаченные расходы*

prepaid expense   [calc.] *предварительно оплаченные расходы*

prepaid interest   *предварительно выплаченная ставка процента*

prepaid purchase of goods   [print.] *покупка товаров с предварительной оплатой*

prepaid rent   *внесенная вперед арендная плата*

preparation   *подготовка, предварительная обработка, препарат, приготовление, состояние готовности;* [prod.] *готовность*

preparation of a financial statement   [calc.] *подготовка финансового отчета*

preparation of a waybill   [trans.] *оформление транспортной накладной*

preparation of financial statement   [calc.] *подготовка финансового отчета*

preparation of waybill   [trans.] *оформление транспортной накладной*

preparation of year-end financial statement   [calc.] *составление годового финансового отчета*

preparatory (adj.)   *подготовительный, предварительный, приготовительный*

preparatory act   [leg.pun.] *предварительный законодательный акт*

preparatory inquiries   [EEC] *предварительные исследования*

preparatory inquiry   *предварительное обследование*

preparatory inquiry closed   [EEC] *предварительное следствие закончено*

preparatory stage   *подготовительная стадия*

preparatory works of act   [legal] *предварительная работа над законом*

preparatory works of an Act   [legal] *предварительная работа над законом*

prepare (vb.)   *готовить, оснащать, подготавливать, приготавливать;* [prod.] *делать, предварительно обрабатывать*

prepare an income tax return (vb.)   [tax.] *составлять налоговую декларацию*

prepare a report (vb.)   *готовить отчет*

prepared (adj.)   *готовый, подготовленный*

preparedness   *готовность*

prepare for (vb.)   *готовиться*

prepare goods for sale (vb.)   *готовить товары к продаже*

prepare the way for (vb.)   *изыскивать способ, расчищать путь*

prepay (vb.)   *оплачивать заранее, оплачивать почтовый сбор;* [trans.] *франкировать*

prepayment   *авансирование, выплата авансом, предварительная оплата;* [trans.] *франкирование*

prepayment instruction   [trans.] *инструкция по франкированию*

prepayment instructions   [trans.] *инструкции по франкированию*

prepayment of goods   *предварительная оплата товаров*

prepayment of premium [ins.] *предварительная оплата страховой премии*

prepayment of rent *внесение арендной платы авансом*

prepayment penalty *штраф за досрочное погашение ссуды*

prepayment received *полученная предварительная оплата*

prepayments and accrued income [calc.] *предварительные платежи и накопленный доход*

prepreferential debt [bankr.leg.] *долг, погашаемый в первую очередь*

pre-preferential debt [bankr.leg.] *долг, погашаемый в первую очередь*

preprint *препринт;* [print.] *сигнальный экземпляр, статья из сборника, опубликованная до выхода в свет всей книги*

prequalification *предварительная оценка*

prerequisite *необходимое предварительное условие, предпосылка*

prerequisite (adj.) *необходимый как предварительное условие*

prerogative *исключительное право, прерогатива, привилегия*

prerogative (adj.) *обладающий исключительным правом, обладающий прерогативой, прерогативный*

prerogative order [legal] *прерогативный судебный приказ*

prerogative orders [legal] *прерогативные судебные приказы*

prerogative writ [legal] *прерогативный судебный приказ*

prescribe (vb.) *предписывать, приобретать право по давности владения, прописывать, ссылаться на погашение права за давностью, ссылаться на погашение уголовной ответственности за давностью*

prescribed (adj.) *предписанный*

prescribed by law (adj.) *предписанный законом, предписанный правом*

prescribed majority *необходимое большинство, требуемое большинство*

prescription *предписание, распоряжение, рецепт;* [legal] *право погасительной давности, право приобретательной давности*

prescription, without *без предписания*

prescriptive right [legal] *право, основанное на давности*

prescriptive right to a name [legal] *право на название, основанное на давности*

prescriptive right to name [legal] *право на название, основанное на давности*

prescriptive title [legal] *правовой титул, основанный на давности*

presence *наличие, присутствие, соседство*

presence of, in the *в присутствии высоких особ*

presence of a quorum *наличие кворума*

presence of quorum *наличие кворума*

present *настоящее время, подарок*

present (vb.) *вручать, дарить, передавать на рассмотрение, показывать, посылать, представлять, преподносить*

present (adj.) *данный, имеющийся налицо, настоящий, нынешний, присутствующий, современный*

present, be (vb.) *присутствовать*

present a cheque for payment (vb.) *предъявлять чек к оплате*

present a claim (vb.) *предъявлять претензию*

present a plea (vb.) [legal] *предъявлять иск*

present a report (vb.) *представлять отчет*

presentation *изложение, подарок, подача, подношение, предъявление, преподнесение;* [adv.] *представление, презентация;* [print.] *описание*

presentation, on [bill.] *по предъявлении*

presentation of a Bill [parl.] *представление законопроекта*

presentation of a case *изложение дела*

presentation of accounts [calc.] *представление отчетности*

Presentation of Accounts Act [legal] *закон о представлении отчетности*

presentation of a coupon for payment *предъявление свидетельства на оплату*

presentation of a report *представление отчета*

presentation of bill [parl.] *представление законопроекта*

presentation of case *изложение дела*

presentation of coupon for payment *предъявление свидетельства на оплату*

presentation of report *представление отчета*

presentation of vouchers, on *по предъявлении денежного оправдательного документа*

present board *действующее правление*

present evidence of entitlement (vb.) [legal] *предъявлять доказательства права*

present evidence of one's entitlement *предъявлять доказательства своего права*

present fairly (vb.) [aud.] *представлять точные данные*

present for acceptance (vb.) [bill.] *предъявлять для акцептования*

present for payment (vb.) *предъявлять к платежу*

presentment *изложение, изображение, описание;* [bill.] *предъявление векселя к оплате;* [leg.pun.] *сделанное под присягой заявление присяжных об известных им фактических обстоятельствах по делу*

present the accounts (vb.) *представлять отчетность, представлять счета*

present the budget (vb.) *представлять смету*

present utilization value [book-keep.] *текущая потребительская стоимость*

present utilization worth [book-keep.] *текущая потребительская стоимость*

present value *текущая стоимость, текущая цена*

present value index [calc.] *индекс текущей стоимости*

present value of a life assurance policy [ins.] *текущая стоимость полиса страхования жизни*

present value of future flow of funds [calc.] *текущая стоимость будущего движения денежных средств*

present value of life assurance policy [ins.] *текущая стоимость полиса страхования жизни*

present worth *дисконтированная стоимость, современная стоимость;* [calc.] *стоимость на данное время, текущая стоимость*

preservation *охрана, сохранение, сохранность*

preservation and maintenance works *консервирование и техническое обслуживание*

preservation of dunes *защита дюн*

preservation of entitlement *сохранение права на компенсацию, сохранение права на пособие, сохранение права на субсидию*

preservation of jobs [empl.] *сохранение рабочих мест*

preservation of monuments *сохранение памятников*

preservation of natural amenities *сохранение красот природы*

preservation of the dunes *защита дюн*

preservation order [manag.] *распоряжение об охране*

preservation proposal *предложение об охране*

preservation scheme *порядок охраны*

preservative covenant concerning succession to property [legal] *обязательство сохранения наследуемого имущества*

preserve (vb.) *заготавливать впрок, консервировать, копить, оберегать, охранять, поддерживать, сохранять, хранить*

preserved building *сохраненное здание*

preset (adj.) *заранее заданный, заранее установленный*

preside (vb.) *быть председателем, осуществлять контроль, осуществлять руководство, председательствовать*

preside (over) (vb.) *председательствовать, председательствовать на собрании*

preside at a meeting (vb.) *председательствовать на собрании*

preside at meeting (vb.) *председательствовать на собрании*

president *высший администратор банка, высший руководитель корпорации, главный исполнительный директор корпорации, председатель, президент компании, ректор университета;* [EEC] *президент*

president-elect *избранный, но еще не вступивший в должность президент*

president of a corporation [bus.organ.] *президент корпорации*

president of a union [empl.] *руководитель профсоюза*

president of chamber [EEC] *председатель палаты*

president of corporation [bus.organ.] *президент корпорации*

president of court [legal] *председатель суда*

president of court of auditors [EEC] *председатель суда аудиторов*

president of court of justice [EEC] *председатель суда*

president of the court [legal] *председатель суда*

president of the court of auditors [EEC] *председатель суда аудиторов*

president of the court of justice [EEC] *председатель суда*

President of the United States of America *президент Соединенных Штатов Америки*

President of the United States of America, the *президент Соединенных Штатов Америки*

president of union [empl.] *руководитель профсоюза*

President's Letter *послание президента (США)*

preside over a meeting (vb.) *председательствовать на собрании*

preside over meeting (vb.) *председательствовать на собрании*

presiding judge [legal] *председательствующий судья*

presidium [pol.] *президиум*

presold issue [exc.] *запроданный заем*

press *издательство;* [media] *пресса;* [print.] *печатание, печатный станок, печать, типография*

press (vb.) *добиваться, настаивать, настоятельно требовать, прессовать, ставить печать, ставить штамп;* [print.] *печатать*

press agency *информационное агентство;* [media] *агентство печати*

press agent [media] *составитель рекламных объявлений, сотрудник информационного агентства*

press box [media] *место для прессы*

press campaign [media] *кампания в печати*

press censorship [media] *цензура печати*

press communiqué [media] *пресс-коммюнике*

press conference [media] *пресс-конференция*

press for payment (vb.) [ec.] *требовать платеж*

press gallery [media] *место для прессы*

pressing (adj.) *настойчивый, настоятельный, неотложный, срочный*

press officer [media] *пресс-атташе, сотрудник, ответственный за связи с прессой*

press photographer [media] *фотокорреспондент*

press release [media] *пресс-релиз, сообщение для печати*

press room [media] *комната для журналистов, пресс-центр*

press secretary [media] *пресс-секретарь*

press telegram [media] *телеграфное сообщение в печати*

pressure *воздействие, давление, затруднительное обстоятельство, напряжение, неотложность*

pressure group *влиятельная группа*

prestige *престиж*

prestige advertising [adv.] *реклама для поддержания престижа фирмы*

prestige goods [comm.] *престижные товары*

prestigious (adj.) *авторитетный, пользующийся престижем, престижный*

presume (vb.) *допускать, полагать, предполагать*

presumption *вероятность, основание для предположения, предположение;* [legal] *презумпция*

presumption of consideration [legal] *презумпция встречного удовлетворения*

presumption of death [legal] *презумпция смерти*

presumption of death order [legal] *презумпция смертного приговора*

presumption of fact [legal] *фактическая презумпция*

presumption of innocence [leg.pun.] *презумпция невиновности*

presumption of law [legal] *правовая презумпция*

presumption of life [legal] *презумпция жизни*

presumptive (adj.) [legal] *предполагаемый, презюмируемый*

presumptive evidence *показания, основанные на догадках;* [legal] *косвенное доказательство, опровержимое доказательство, факты, создающие презумпцию доказательства*

presumptive heir [suc.] *возможный наследник, предполагаемый наследник*

presumptive instruction [comp.] *исходная команда*

presumptive title [legal] *презумптивное право собственности*

presuppose (vb.) *допускать, заранее предполагать, предполагать в качестве предварительного условия*

pretax accounting income [calc.] *доход до вычета налогов*

pre-tax accounting income [calc.] *доход до вычета налогов*

pretax profit [calc.] *прибыль до вычета налогов*

pre-tax profit [calc.] *прибыль до вычета налогов*

pretax profit or loss [calc.] *прибыль или убыток до вычета налогов*

pre-tax profit or loss [calc.] *прибыль или убыток до вычета налогов*

pretence *обман, отговорка, предлог, претензия, притворство*

pretend (vb.) *использовать в качестве предлога, претендовать, притворяться, симулировать*

pretending *использование в качестве предлога*

pretending (adj.) *претендующий, притворяющийся, симулирующий*

pretest [mark.] *предварительная проверка, предварительное испытание*

pretext *отговорка, предлог*

pretext of, under the *под предлогом того, что*

pretrial review [legal] *совещание суда с адвокатами сторон до начала судебного разбирательства*

pre-trial review [legal] *совещание суда с адвокатами сторон до начала судебного разбирательства*

prevail (vb.) *быть признанным, быть распространенным, господствовать, иметь преимущественную силу, превалировать, преобладать*

prevailing (adj.) *господствующий, превалирующий, преобладающий, принятый, распространенный, существующий*

prevalent (adj.) *общепринятый, преобладающий, распространенный*

prevalent, be (vb.) *быть широко распространенным*

prevaricate (vb.) *лгать, уклоняться от прямого ответа*

prevarication [legal] *увиливание, уклонение от прямого ответа*

prevent (vb.) *мешать, предотвращать, предохранять, предупреждать, препятствовать*

prevention *предотвращение, предохранение, предупредительная мера, предупреждение;* [legal] *профилактика*

prevention and control *профилактика и контроль*

preventive (adj.) *превентивный, предупредительный, профилактический*

preventive detention [leg.pun.] *превентивное заключение*

preventive injunction [legal] *превентивная запретительная норма, превентивный судебный запрет*

preventive maintenance *профилактический ремонт*

preventive mechanism *превентивный механизм*

previous (adj.) *предшествующий, предыдущий, преждевременный*
previous agreement *предыдущее соглашение*
previous conviction [leg.pun.] *прежнее осуждение, прежняя судимость*
previous convictions *прежние судимости*
previous day *предыдущий день*
previous day, the *предыдущий день*
previous employer [empl.] *предыдущий работодатель*
previous endorser *предыдущий индоссант*
previous illness *предыдущее заболевание*
previous insurance [ins.] *предыдущее страхование*
previously concluded contract [legal] *ранее заключенный контракт*
previously convicted person [leg.pun.] *лицо, имеющее судимость*
previous marriage *предыдущий брак*
previous year *предшествующий год, предыдущий год, прошлый год*
previous year, the *предыдущий год*
price *награда;* [comm.] *цена, ценность;* [stock] *курс ценных бумаг*
price (vb.) *назначать цену, оценивать;* [comm.] *расценивать*
price above par [bus.organ.] *цена выше паритета;* [stock] *цена выше номинала*
price adjustment *корректировка цены, регулирование цены*
price adjustment clause [legal] *пункт о регулировании цены*
price agreement *соглашение о ценах*
price allowance [comm.] *скидка с цены*
price and cost increase *рост цен и затрат*
Price and Information Project for Europe (PIPE) [exc.] *проект по ценам и информации для Европы*
price and intervention system *система цен и валютных интервенций*
price and wage freeze *замораживание цен и заработной платы*
price and wage increase *рост цен и заработной платы*
price appeal [adv.] *притягательность товара из-за его цены*
price approval *утверждение цены*
price arrangement *соглашение о ценах*
price at maturity [stock] *цена при наступлении срока платежа*
price below par *цена ниже паритета;* [exc.] *цена ниже номинала*
price boost *повышение цены*
price by hammer *аукционная цена*
price by the hammer *аукционная цена*
price calculation [ind.ec.] *калькуляция цен*
price c. and f. (cost and freight) *цена с учетом издержек и фрахта*
price cartel [comm.] *ценовой картель*
price cash earnings (PCE) [fin.] *доходы от сделок за наличные*
price ceiling *максимальная официально установленная цена, установленный предел повышения цен;* [ec.] *потолок цен*
price change *нетто-изменение курса ценной бумаги в течение рабочего дня, переоценка*
price competition *ценовая конкуренция*
price concession *уступка в цене*
price conditions *ценовые условия*
price conscious *понимающий динамику цен*
price-conscious (adj.) *понимающий динамику цен*
price control *контроль цен;* [ec.] *регулирование цен*
price control system *система регулирования цен*
price cost and freight *цена с учетом издержек и фрахта*
price covering costs of production [ind.ec.] *цена с учетом издержек производства*
price cum dividend [stock] *цена, включая дивиденд*
price-current *прейскурант*
price cut [ec.] *снижение цены*
price cutting [comm.] *снижение цены*
price-dampening impact *воздействие демпинговых цен*
price determination [ec.] *ценообразование*

price development [pol.ec.] *динамика цен*
price difference *различие в ценах;* [stock] *различие в курсах*
price differences insurance [ins.] *страхование различия в ценах*
price differential *различие в ценах*
price discrimination *ценовая дискриминация*
price drop *снижение цен;* [stock] *снижение курса ценных бумаг*
price/earnings (P/E) [stock] *отношение цены акции к доходу*
price earnings multiple (P/E multiple) [fin.] *отношение цены акции к доходу*
price/earnings multiple (P/E multiple) [fin.] *отношение цены акции к доходу*
price/earnings ratio (P/E ratio) [fin.] *отношение цены акции к доходу*
price elasticity *ценовая эластичность;* [pol.ec.] *эластичность цен*
price equalization *уравнивание цен*
price excluding tax *цена без учета налога*
price exclusive of tax *цена без учета налога*
price ex dividend [stock] *цена без дивиденда*
price explosion *стремительный рост цен*
price ex ship [trans.] *цена с судна*
price fall [ec.] *снижение цен;* [stock] *падение курса ценных бумаг*
price fixed by government *цена, установленная правительством*
price fixed by the government *цена, установленная правительством*
price-fixing *назначение цены, установление курса ценных бумаг;* [ec.] *установление цены, фиксация цены*
price floor *минимальный уровень цен*
price fluctuation *колебание цен;* [stock] *колебание курса ценных бумаг*
price following [mark.] *отслеживание цен*
price for futures [exc.] *курс фьючерсных операций*
price fork [EEC] *ножницы цен*
price formation *ценообразование*
price freeze *замораживание цен*
price freezing *замораживание цен*
price guaranteed *гарантированная цена*
price in competitive auction [stock] *цена на конкурсном аукционе*
price increase *рост цен*
price increment *надбавка к цене*
price index *индекс цен*
price index adjustment [ec.] *корректировка индекса цен*
price interval [exc.] *интервал колебания цен*
price label *наклейка с ценой, ценник, этикетка с ценой, ярлык с ценой*
price leader *фирма, устанавливающая цены;* [mark.] *лидер цен*
price leadership [mark.] *лидерство в ценах*
price level *уровень цен*
price-level accounting [book-keep.] *учет уровня цен*
price-level adjusted accounting [book-keep.] *учет корректировок уровня цен*
price limit *предел изменения курсов ценных бумаг, предельная цена*
price list *прейскурант*
price loss on shares [calc.] *снижение цены акций*
price maintenance *поддержание минимальной цены*
price management [exc.] *контроль цен*
price margin *предельная цена*
price-mark (vb.) *объявлять котировку, регистрировать курс акций*
price marking *ценовая маркировка*
price mechanism *механизм цен*
price-minded (adj.) *осведомленный о ценах*
price movement [exc.] *динамика цен*
price of debt securities [exc.] *стоимость ценной бумаги, представляющей собой долговое обязательство*
price-off merchandise [comm.] *уцененные товары*

price of issue [exc.] *цена эмиссии*
price of material [ind.ec.] *цена материала*
price of security [stock] *курс ценной бумаги*
price on a current sale exchange *цена по текущей продаже на бирже*
price package [mark.] *пакет цен*
price paid *уплаченная цена*
price parity *паритет цен*
price pegging *поддержка цены;* [ec.] *фиксация цены на определенном уровне*
price/performance ratio *отношение цены к эффективности*
price plunge [exc.] *стремительное падение курса ценных бумаг*
price point [stock] *пункт курса ценных бумаг*
price policy [ind.ec.] *ценовая политика*
price quoted [exc.] *зарегистрированный курс, прокотированная цена*
price-raising effect *результат повышения цен*
price range *амплитуда колебаний цен в течение определенного периода, интервал колебания курсов, интервал колебания цен*
price recommendation *рекомендация, касающаяся цены*
price reduction [comm.] *скидка с цены, снижение цены*
price regulating mechanism *механизм регулирования цен*
price regulation *правила установления цен, регулирование цен*
price relation *соотношение цен*
price review *пересмотр цен*
price rise *повышение курса ценных бумаг, повышение цены*
price risk [stock] *ценовой риск*
prices and incomes policy [pol.ec.] *политика цен и доходов*
price schedule *шкала цен*
price sensitive (adj.) *чувствительный к курсу ценных бумаг*
price setter [mark.] *фирма, устанавливающая цены*
price situation *состояние цен*
prices of futures [exc.] *цены фьючерсных контрактов*
price squeeze *вытеснение посредством снижения цены*
price stability *стабильность цен*
price stabilization *стабилизация цен*
price subsidy *ценовая дотация*
price support *гарантирование цен, поддержание курсов ценных бумаг, поддержание цен*
price support system [EEC] *система гарантирования цен*
price surge *резкий скачок цен, рост цен*
price system *система цен*
price tag *ценник, ярлык с указанием цены*
price taker [comm.] *фирма, устанавливающая цену*
price terms *ценовые условия*
price theory [pol.ec.] *теория цен*
price-to-book value [stock] *остаточная стоимость основного капитала*
price too high (vb.) *назначать слишком высокую цену*
price too low (vb.) *назначать слишком низкую цену*
price war [mark.] *война цен*
pricing *калькуляция, назначение цены;* [ec.] *ценообразование*
pricing policy [ind.ec.] *политика ценообразования*
priest *священник*
prima facie case [legal] *наличие достаточно серьезных доказательств для возбуждения дела*
prima facie evidence [legal] *доказательство, достаточное при отсутствии опровержения, презумпция доказательства*
prima facie presumption [legal] *в порядке опровержимой презумпции*
prima facie proof [legal] *доказательство, достаточное при отсутствии опровержения*
primage [nav.] *прибавка к фрахту за пользование грузовыми устройствами судна*

primary   *голосование для выставления кандидатов на выборах,*
   предварительное предвыборное собрание для выдвижения
   кандидатов, предварительные выборы
primary (adj.)   *важнейший, исходный, основной, первичный,*
   первоначальный, простой
primary (election)   *предварительные выборы*
primary assembly   *предварительное предвыборное собрание для*
   выдвижения кандидатов
primary audience   [media] *аудитория, на которую рассчитана*
   определенная передача, целевая аудитория
primary cause   *дело первостепенной важности*
primary claim   *первичный иск;* [legal] *основной иск*
primary cover   [ins.] *первичное страхование*
primary declaration of legal intention   [legal] *первичное заявление о*
   законном намерении
primary deposit   [bank.] *первичный депозит*
primary distributor   [trans.] *первичная распределительная организация*
primary document   *исходный документ*
primary election   [parl.] *предварительные выборы*
primary evidence   [legal] *наилучшее доказательство, первичное*
   доказательство, подлинное доказательство
primary function   *первичная функция*
primary group   [adv.] *основная группа*
primary industry   *базовая отрасль, основная отрасль,*
   профилирующая отрасль, сырьевая промышленность
primary liability   [legal] *основная ответственность, первичное*
   обязательство
primary liquidity   *основная ликвидность*
primary market   *первичный рынок, рынок сырьевых товаров, рынок*
   товара, лежащего в основе срочного контракта; [exc.] *рынок*
   новых ценных бумаг, рынок финансового инструмента,
   лежащего в основе срочного контракта
primary money   *денежный стандарт, монеты и денежные знаки*
primary obligation   *основное обязательство*
primary occupation   [empl.] *основная профессия, основной род*
   занятий
primary operation   [ind.ec.] *первичная обработка, первичная операция*
primary products   [prod.] *сырье, сырьевые материалы*
primary publication   *исходная публикация*
primary reader   [media] *первичный читатель*
primary school   [syst.ed.] *начальная школа*
primary sector   *добывающая промышленность и сельское хозяйство*
primary store   [comp.] *первичное запоминающее устройство*
prime (adj.)   *важнейший, главный, лучшего качества, первоклассный,*
   первоначальный; [comm.] *первосортный*
prime bank   [bank.] *основной банк*
prime borrower   [bank.] *первоклассный заемщик*
prime contract   *контракт на строительство 'под ключ', контракт*
   с генеральным подрядчиком, контракт с головным
   подрядчиком, основной контракт
prime contractor   *генеральный подрядчик, головной подрядчик*
prime cost   [ind.ec.] *прямые издержки, себестоимость,*
   фабричная цена
prime lending rate   [bank.] *прайм-рейт, публикуемая банками ставка*
   по кредитам первоклассным заемщикам
Prime Minister   *премьер-министр*
Prime Minister's Department   *канцелярия премьер-министра*
Prime Minister's Office   *канцелярия премьер-министра*
prime mover   *первичный двигатель*
prime quality   *высшее качество, первый сорт*
prime rate   [bank.] *базисная ставка, прайм-рейт, публикуемая*
   банками ставка по кредитам первоклассным заемщиком

prime time   [media] *наиболее удобное время*

prime witness   [leg.pun.] *основное свидетельское показание, основной свидетель*

primogeniture   [suc.] *право первородства*

principal   *главный виновник, главный преступник, директор колледжа, директор школы, заказчик, капитальная сумма, общая сумма, ректор университета, участник договора;* [comm.] *партнер фирмы, отвечающий за ее обязательства и в полной мере участвующий в прибылях;* [empl.] *глава, начальник;* [legal] *доверитель, основная сумма, основной должник, принципал;* [leg.pun.] *исполнитель преступления*

principal (adj.)   *главный, основной*

principal (of loan)   *основная сумма долга*

principal activity   *основная деятельность*

principal and interest   *капитал и проценты*

principal bank   *основной банк*

principal claim   [legal] *главный иск, основной иск*

principal conditions   *основные условия*

principal count   [leg.pun.] *основной пункт обвинения*

principal currency   [monet.trans.] *основная валюта*

principal date of payment   *основная дата платежа*

principal debtor   [bank.] *основной должник*

principal due date   *основной срок платежа*

principal earner   *основной источник дохода*

principal firm   *основная фирма*

principal issue   *основной выпуск*

principal item   *основная статья;* [book-keep.] *основная позиция*

principally   *главным образом;* [legal] *преимущественно*

principal of first degree   [leg.pun.] *исполнитель первой степени, лицо, фактически совершающее преступление*

principal of loan   *основная сумма долга*

principal of the first degree   [leg.pun.] *исполнитель первой степени, лицо, фактически совершающее преступление*

principal partnership   *основное участие, основные компаньоны*

principal paying agent   [bank.] *основной посредник в платежах*

principal payment   [r.e.] *основной платеж*

principal place of business   *основное место работы*

principal point   *основной вопрос, основной момент*

principal product   *основная продукция*

principal profit or loss   [calc.] *основная сумма прибылей или убытков*

principal repayment   *основное погашение*

principal secretary   *главный секретарь*

principal shareholder   [bus.organ.] *держатель крупного пакета акций, крупный акционер, основной акционер*

principal sum   *основная сумма, сумма, которая должна быть выплачена бенефициару по страховому полису*

principal trading   *торговля за свой счет*

principal value   [stock] *номинальная стоимость*

principal witness   [legal] *главный свидетель*

principle   *основа, основное правило, принцип*

principle account framework   [book-keep.] *основная структура финансового отчета*

principle for allocation of reserves   [calc.] *принцип распределения резервов*

principle of balance   [calc.] *принцип баланса*

principle of causation   *принцип причинной обусловленности*

principle of equality   *принцип равенства*

principle of equal pay   [empl.] *принцип равной оплаты*

principle of free access to public records   [legal] *принцип свободного доступа к государственным архивам*

principle of law   [legal] *правовая норма*

principle of oral proceedings   [legal] *принцип устного производства*
principle of reciprocity   *принцип взаимности*
principle of scission   *система раздельных режимов супружеской собственности для движимости и недвижимости*
principle of solidarity   *принцип солидарности*
principle of surrogation   [legal] *принцип замещения*
principle of the lower of cost on market   *принцип минимальных рыночных издержек*
principle of 'just who do you think you are'   *принцип 'вы именно тот, кем вы себя считаете'*
principles of electoral law   [legal] *принцип избирательного права*
print   [comp.] *оттиск, печать, распечатка;* [media] *помещать в печати;* [print.] *выпуск, газета, журнал, издание, отпечаток, печатное издание*
print (vb.)   [comp.] *печатать;* [media] *публиковать;* [print.] *распечатывать*
print, out of   [print.] *выходить из печати*
print advertising   [media] *реклама в печатном издании*
printed form   *печатный бланк*
printed matter   [post] *печатное издание, печатный материал*
printed paper   *печатный документ*
printed papers   [post] *печатные документы*
printer   [comp.] *печатающее устройство, принтер, программа печати, устройство печати*
printing   [comp.] *печатание, печать, распечатка*
printing fee   [pat.] *публикационная пошлина*
printing press   *печатная машина;* [print.] *типографская печатная машина*
printing speed   [comp.] *скорость вывода на печать, скорость распечатки*
printing works   *печатные труды*
print media   [media] *печатные средства массовой информации*
printout   [comp.] *вывод данных на печатающее устройство, отпечаток, распечатка, табуляграмма выходных данных, табуляграмма результатов*
print quality   [comp.] *качество печати*
print run   [print.] *тираж издания*
printwheel   *печатающий барабан*
prior (adj.)   *априорный, более важный, первоочередной, предварительный, предшествующий*
prior approval   *предварительное одобрение*
prior art   [pat.] *известный уровень техники, ограничительная часть формулы изобретения, прототип*
prior-authorization requirement   *требование предварительного одобрения*
prior carriage charges   [trans.] *предварительная оплата транспортировки*
prior charge   [ind.ec.] *предварительный платеж*
prior charge capital   [ind.ec.] *привилегированный капитал*
prior charges   [ind.ec.] *предварительные платежи*
prior claim   *преимущественное требование*
prior commitment   *преимущественное обязательство*
prior endorser   [bill.] *предшествующий индоссант*
priority   *очередность, первенство, порядок очередности, предшествование, преимущественное право, приоритет, приоритет первого ответа на предложение заключить сделку в биржевом торге, старшинство;* [legal] *первоочередность*
priority bond   [stock] *облигация с преимуществом по сравнению с другой облигацией того же эмитента*
priority claim   [bankr.leg.] *преимущественное требование;* [pat.] *притязание на приоритет*

priority creditor   [bankr.leg.] *кредитор с предпочтительным правом требования*

priority date   [pat.] *дата приоритета*

priority document   [pat.] *приоритетный документ*

priority entry   [r.e.] *подтверждение преимущественного права*

priority expenditure   *неотложные расходы*

priority of claims in a bankrupt estate   [bankr.leg.] *очередность претензий на имущество несостоятельного должника*

priority of claims in bankrupt estate   [bankr.leg.] *очередность претензий на имущество несостоятельного должника*

priority processing   *обработка данных в соответствии с приоритетом;* [comp.] *приоритетная обработка*

priority regional project   [EEC] *приоритетный региональный проект*

prior mortgage (obligation)   [legal] *обязательство по предшествующей закладной*

prior mortgagee   *кредитор по предшествующей закладной*

prior mortgage obligation   [legal] *обязательство по предшествующей закладной*

prior option of purchase   [stock] *преимущественное право покупки*

prior period adjustment   [calc.] *выравнивание баланса за предыдущий период*

prior period item   [calc.] *запись за предыдущий период*

prior permission   *предварительное разрешение*

prior-preferred shares   [stock] *привилегированные акции, имеющие преимущество перед другими акциями в случае ликвидации компании*

prior right   *преимущественное право*

prior ruling   *предшествующее постановление*

prior security   *привилегированная ценная бумага*

prior title holder   *предшествующий обладатель правового титула*

prior use   [pat.] *преждепользование*

prior year item   [book-keep.] *запись за предыдущий год*

prison   *тюремное заключение, тюрьма*

prison (vb.)   [leg.pun.] *заключать в тюрьму*

prisoner   *пленник, человек, лишенный свободы действия;* [leg.pun.] *заключенный, узник*

prisoner (adj.)   *арестант, военнопленный*

prisoner, the   *заключенный*

prisoner case   [leg.pun.] *досье на заключенного*

prisoner of conscience   *узник совести*

prisoner of war (POW)   [mil.] *военнопленный*

prisoner of war camp   [mil.] *лагерь для военнопленных*

prison governor   *начальник тюрьмы*

prison guard   *тюремная охрана*

prison sentence   [leg.pun.] *приговор к тюремному заключению*

privacy   *конфиденциальность, личная тайна, секретность, сохранение тайны*

privacy of data   [comp.] *конфиденциальность информации, секретность информации, сохранение тайны при хранении информации*

private   [mil.] *рядовой*

private (adj.)   *закрытый, конфиденциальный, личный, не занимающий официального поста, не находящийся на государственной службе, неофициальный, не подлежащий огласке, секретный, собственный, частный;* [r.e.] *тайный*

private account   [book-keep.] *счет фирмы, счет частного лица*

private activity bond   [stock] *облигация частной организации*

private address   *личный адрес*

private administration of an estate   [suc.] *управление имуществом на частном уровне*

private administration of estate   *управление имуществом на частном уровне*

private agreement   *конфиденциальное соглашение*
private arrangement   [comm.] *частное соглашение*
private assets   *личный капитал*
private automatic branch exchange (PABX)   [telecom.] *учрежденческая автоматическая телефонная станция с выходом в город*
private bank   *неакционерный банк, семейный банк, частный банк, частный банкирский дом*
private banker   *частный банкир*
private bankers   *неакционерный банк, частная банкирская контора*
private borrowing abroad   *частный заем за рубежом*
private capacity, in his   *в качестве неофициального лица*
private capital   *частный капитал*
private capital flow   *приток частного капитала*
private capital imports   *импорт частного капитала*
private car   *личный автомобиль*
Private Companies Act   *закон о частных акционерных компаниях*
private company   *закрытая акционерная компания, товарищество с ограниченной ответственностью, частная акционерная компания*
private company (Co. Ltd.)   *закрытая акционерная компания (Великобритания), частная акционерная компания (Великобритания)*
private consumption   [calc.] *личное потребление*
private consumption expenditure   [pol.ec.] *расходы на личное потребление*
private correspondence   *частная корреспонденция*
private creditor of a member of a company   *частный кредитор члена компании*
private creditor of a partner   *частный кредитор компаньона*
private creditor of member of company   *частный кредитор члена компании*
private creditor of partner   *частный кредитор компаньона*
private criminal procedure   [leg.pun.] *закрытый уголовный процесс*
private customs warehouse   [cust.] *закрытый таможенный склад*
private deposit   *депозит компании;* [bank.] *депозит частного лица*
private deposits   [bank.] *депозиты частных лиц*
private distribution of estate   [suc.] *распределение имущества среди наследников*
private effects   *личное имущество*
private enterprise   *свободное предпринимательство, частное предпринимательство, частное предприятие*
private examination   [bankr.leg.] *конфиденциальная проверка*
private fee   *личный гонорар*
private finances   *личные финансовые средства*
private fixed investment   *частные инвестиции в основной капитал*
private foreign debt   *внешняя задолженность частного сектора*
private fortune   *личное богатство, личное состояние*
private fund   *частный капитал, частный фонд*
private funds   *частные средства*
private household   *домашнее хозяйство*
private independent school   *частная независимая школа*
private individual   *частное лицо*
private industry   *частная отрасль, частная промышленность*
private institution   *частная организация*
private instrument   [legal] *частный правовой документ*
private insurance   *индивидуальное страхование;* [ins.] *личное страхование*
private insurance company   [ins.] *частная страховая компания*
private interest   *личный интерес*
private international law   [law nat.] *международное частное право*
private investment   [fin.] *капиталовложения частного сектора*

private investor *частный инвестор*

private label *марка оптового торговца;* [adv.] *марка розничного торговца*

private law [legal] *закон, действующий в отношении конкретных лиц, частное право, частный закон*

private law, according to [legal] *согласно частному праву*

private limitation [legal] *ограничение в отношении конкретных лиц*

private limited (liability) company (Co. Ltd.) *закрытая акционерная компания с ограниченной ответственностью, частная акционерная компания с ограниченной ответственностью*

private limited liability company (Co. Ltd.) *закрытая акционерная компания с ограниченной ответственностью, частная акционерная компания с ограниченной ответственностью*

private means *личные средства*

private mileage [tax.] *протяженность частных перевозок*

private mortgage deed *частный залоговый сертификат;* [r.e.] *частное ипотечное свидетельство*

private mortgage deed acquired by purchase [bank.] *частный залоговый сертификат, приобретенный путем покупки*

private mortgage deeds acquired by purchase [bank.] *частные залоговые сертификаты, приобретенные путем покупки*

private nonprofit institution *частная некоммерческая организация*

private ownership *частная собственность, частное владение*

private papers *личные документы*

private penal action [leg.pun.] *уголовно наказуемое действие частного лица*

private pensioner [ins.] *лицо, получающее пенсию по частному страхованию*

private placement [fin.] *частное размещение ценных бумаг;* [stock] *размещение ценных бумаг через банки и брокеров*

private property *частная собственность*

private prosecution [leg.pun.] *судебное преследование частного лица*

private protection agency *частное охранное агентство*

private railway [rail.] *частная железная дорога*

private residence *частная квартира, частный дом*

private road *частная дорога*

private sale *продажа по частному соглашению, частная торговля*

private savings *личные сбережения*

private school *частная школа*

private secretary *личный секретарь*

private sector *частный сектор*

private sector labour market [empl.] *частный сектор рынка труда*

private sector source *источник частного сектора*

private security firm *частная страховая фирма*

private settlement [legal] *частное поселение*

private superannuation scheme [ins.] *система частных пенсий по выслуге лет*

private supplementary sickness insurance scheme [ins.] *система дополнительного индивидуального страхования на случай болезни*

private trade *частная торговля*

private treaty *частное соглашение*

private trust [legal] *доверительная собственность, учрежденная в пользу частного лица*

private trustee [legal] *лицо, распоряжающееся доверительной собственностью, учрежденной в пользу частного лица*

private undertaking *частное предприятие*

private use *личное пользование*

private withdrawals [ind.ec.] *снятие денег со счета на личное потребление*

privatization *приватизация*

privatization programme   *программа приватизации*
privatize (vb.)   *приватизировать*
privilege   *иммунитет, неприкосновенность, приоритет при рассмотрении вопросов;* [legal] *изъятие, преимущественное право, привилегированное право, привилегия*
privilege (vb.)   *давать привилегию, освобождать от обязанности, отменять запрет*
privileged (adj.)   *преимущественный, привилегированный*
privileged claim   [bankr.leg.] *преимущественное требование*
privileged debt   [bankr.leg.] *долг, погашаемый в первую очередь*
privileged information   *приоритетная информация*
privileged mode   [comp.] *привилегированный режим*
privilege of jurisdiction   *компетенция правосудия*
privilege ticket   *льготный билет*
privity   *наличие общего интереса, общность интересов нескольких лиц, отношения между несколькими лицами, основанные на законе;* [leg.pun.] *осведомленность, причастность, соучастие*
privity of contract   [legal] *договорная связь, договорные отношения*
Privy Council   [legal] *тайный совет (Великобритания)*
Privy Purse   *ассигнования на содержание короля (Великобритания)*
privy to, be (vb.)   [leg.pun.] *быть посвященным, быть причастным*
prize   *выигрыш, награда, премия, приз, призовое имущество, призовое судно;* [nav.] *морской приз*
prize (vb.)   [nav.] *высоко оценивать, захватывать в качестве приза*
prize account   [bank.] *счет с премиальными начислениями*
prize contest   *конкурс на приз, соревнование на приз*
prize paper   *наградной документ*
probability   *вероятность*
probability category   *вероятностная категория*
probability curve   *кривая вероятностей*
probability distribution   [mat.] *распределение вероятностей*
probability of loss or damage   [ins.] *вероятность убытков или ущерба*
probable (adj.)   *вероятный, возможный, правдоподобный*
probable error   [stat.] *вероятная ошибка*
probable maximum loss   [ins.] *максимально возможный ущерб*
probate   [suc.] *доказывание завещания, заверенная копия завещания, копия завещания, утвержденная судом, утверждение завещания судом*
probate (vb.)   [suc.] *утверждать завещание*
probate case   [legal] *дело о доказывании завещания*
probate copy   [suc.] *заверенная копия завещания*
probate court   [suc.] *суд по делам о наследстве*
probate court certificate   [suc.] *свидетельство о наследстве, выданное судом*
probate division   [suc.] *отделение суда по делам о наследстве*
probate division of the High Court   [suc.] *отделение по делам о наследстве Высокого суда правосудия (Великобритания)*
probate fee   [suc.] *гонорар за оформление завещания*
probate judge   [suc.] *судья суда по делам о наследстве, завещании и опеке*
probate of a will   [suc.] *утверждение завещания*
probate of will   [suc.] *утверждение завещания*
probate registry   [suc.] *отдел записи завещательных актов*
probation   *испытание, условное освобождение подсудимого на поруки;* [pers.manag.] *испытательный срок, стажировка*
probation, on   [pers.manag.] *на испытании*
probationary employment   [pers.manag.] *принятие на работу с испытательным сроком*
probationary period   [pers.manag.] *испытательный срок*
probationary year   [pers.manag.] *испытательный срок продолжительностью один год*

probation officer [leg.pun.] *должностное лицо, осуществляющее надзор за условно осужденными*

probation order [leg.pun.] *приказ суда о назначении преступнику системы испытания*

probe (vb.) *исследовать, расследовать*

problem *вопрос, проблема*

problem related to adverse conjuncture [ec.] *проблема, вызванная неблагоприятной конъюнктурой*

problem-solution advertisement [adv.] *реклама, предлагающая решение проблемы*

procedendo [legal] *приказ нижестоящему суду о продолжении производства и вынесении решения, приказ о возвращении дела на рассмотрение нижестоящего суда, приказ о возобновлении полномочий мирового судьи*

procedural audit [aud.] *процедурная проверка*

procedural code [legal] *процессуальный кодекс*

procedural document [legal] *процедурный документ*

procedural error [legal] *процедурная ошибка*

procedural language [comp.] *процедурный язык*

procedural law [legal] *процессуальное право*

procedural motion [EEC] *предложение процедурного характера*

procedural review [aud.] *проверка внутреннего распорядка*

procedural step [legal] *процедурная часть судебного заседания*

procedure *методика, метод проведения, технологический процесс;* [legal] *порядок, производство дел, процедура, процесс, процессуальные нормы, судопроизводство*

procedure for compulsory purchase [legal] *судопроизводство по принудительному отчуждению*

proceed (vb.) *возобновлять, искать в суде, исходить, переходить, получать более высокую ученую степень, поступать, приступать, продолжать, происходить, протекать, развиваться*

proceed against (vb.) [legal] *возбуждать процесс против*

proceed by trial and error (vb.) *действовать методом проб и ошибок*

proceeding *поведение, поступок*

proceedings *записки научного общества, работа, судебное разбирательство, труды научного общества;* [legal] *иск, обращение за судебной помощью, производство по делу, процесс, процессуальное действие, рассмотрение дела в суде, судебная процедура, судебное дело, судебные протоколы, судопроизводство;* [leg.pun.] *судебное преследование*

proceedings before a lay judges' court [leg.pun.] *судопроизводство в мировом суде*

proceedings before lay judges' court [leg.pun.] *судопроизводство в мировом суде*

proceedings for annulment [legal] *дело об аннулировании*

proceedings for enforcement [legal] *дело о взыскании в судебном порядке*

proceedings for recovery of possession [legal] *дело о восстановлении владения недвижимостью*

proceedings for reentry [legal] *дело о восстановлении владения недвижимостью*

proceedings have been stayed [legal] *слушание дела в суде отложено*

proceedings in bankruptcy [bankr.leg.] *конкурсное производство*

proceedings to be agreed between parties [legal] *дело о примирении сторон*

proceedings to be agreed between the parties [legal] *дело о примирении сторон*

proceedings under legal aid scheme [legal] *процесс в рамках программы правовой помощи*

proceedings under the Legal Aid scheme [legal] *процесс в рамках программы правовой помощи*

proceeds   *вырученная сумма, выручка, доход, сумма, выплачиваемая при учете векселя;* [fin.] *поступления;* [ind.ec.] *доход от продажи продукции компании, поступления от продажи ценных бумаг*

proceeds from a mortgage-credit loan   *поступления от ссуды под недвижимость*

proceeds from mortgage-credit loan   *поступления от ссуды под недвижимость*

proceeds from sale   *доход от продажи*

proceeds of a loan   [bank.] *поступления от займа*

proceeds of an auction   *выручка от аукциона*

proceeds of auction   *выручка от аукциона*

proceeds of loan   [bank.] *поступления от займа*

process   *движение, процесс, течение, ход развития;* [legal] *вызов в суд, копия производства по делу, приказ о вызове в суд, приказ суда, процедура, судебное производство, судебный процесс, судопроизводство;* [leg.pun.] *процессуальные нормы;* [prod.] *технологический процесс*

process (vb.)   *возбуждать дело, начинать процесс, перерабатывать;* [prod.] *обрабатывать, подвергать обработке*

process (further)   *дальнейший процесс*

process at law   [legal] *законная процедура*

process chart   [prod.] *календарный график технологического процесса, маршрутная карта, схема последовательности операций*

process claim   [pat.] *пункт формулы изобретения на способ, формула изобретения на способ*

process control   [prod.] *управление производственным процессом*

process costing   [ind.ec.] *калькуляция издержек производства, калькуляция себестоимости*

process cost system   [ind.ec.] *система исчисления производственных издержек*

process engineer   [prod.] *инженер-технолог*

process further (vb.)   [prod.] *подвергать дальнейшей обработке*

process industry   [prod.] *обрабатывающая промышленность*

processing   *оформление документов;* [comp.] *обработка данных;* [prod.] *переработка, технологический процесс, технология*

processing capacity   [prod.] *производительность обработки*

processing damage   [ins.] *убыток при обработке*

processing factory   [prod.] *предприятие обрабатывающей промышленности*

processing industry   [prod.] *обрабатывающая промышленность*

processing of a complaint   *рассмотрение жалобы*

processing of cases   *рассмотрение обстоятельств дела*

processing of complaint   *рассмотрение жалобы*

processing of loan   [bank.] *оформление ссуды*

processing of loans   [bank.] *оформление займов*

processing time   *продолжительность обработки*

processing unit   [comp.] *блок обработки данных, процессор, устройство обработки данных*

procession   *процессия*

process of adjustment   *процесс приспособления к изменившимся условиям, процесс установления экономического равновесия*

process of construction, in   *в процессе строительства*

process of establishment   *процесс становления*

process of liberalization   *процесс либерализации*

processor   [comp.] *блок обработки данных, обрабатывающая программа, процессор, устройство обработки данных*

process patent   [pat.] *патент на способ*

process raw materials (vb.)   [prod.] *перерабатывать сырье*

process server   [legal] *судебный пристав*

process system of accounting   [ind.ec.] *система списания прямых и косвенных издержек на процесс*

process work [print.] *многокрасочная печать газетной продукции*

proclaim (vb.) *запрещать, обнародовать, объявлять, объявлять вне закона, объявлять чрезвычайное положение, показывать, провозглашать, свидетельствовать*

proclamation *декларация, обнародование, официальное объявление, провозглашение*

procompetitive (adj.) *способствующий конкуренции*

procuration *ведение дел по доверенности, вознаграждение маклеру за полученный заем, доверенность, предоставление займа для клиента, предоставление займа клиенту, приобретение;* [legal] *полномочие;* [leg.pun.] *получение займа для клиента*

procure (vb.) *добывать, доставлять, закупать, обеспечивать, приобретать, снабжать*

procure capital (vb.) *наживать капитал*

procurement *закупки, контракт на поставку, материально-техническое снабжение, поставка, приобретение*

procurement of capital *приобретение капитала*

procurement of equity capital [ind.ec.] *мобилизация акционерного капитала*

procurement price *закупочная цена*

procure work (vb.) *обеспечивать работой*

produce *сельскохозяйственная продукция;* [comm.] *продукт;* [prod.] *изделия, продукция, результат*

produce (vb.) *быть причиной, вызывать, давать, предъявлять, приносить;* [prod.] *выпускать, вырабатывать, производить*

produce a good yield (vb.) *давать хороший урожай*

produce an alibi (vb.) [leg.pun.] *предоставлять алиби*

produce broker [exc.] *товарный брокер*

produce broking [exc.] *брокерские сделки с товарами*

produce evidence (vb.) [legal] *предъявлять доказательства, предъявлять улики*

produce exchange [exc.] *товарная биржа*

produce for inspection (vb.) *предъявлять для осмотра*

produce for stock (vb.) [prod.] *изготавливать продукцию для хранения*

produce proof (vb.) [legal] *предъявлять доказательство*

producer [prod.] *изготовитель, производитель*

producer aid *субсидия производителю;* [EEC] *помощь производителю*

producer group *производственная группа*

producer organization [EEC] *организация производителей*

producer price *цена производителя, цена фирмы-производителя*

producer subsidy *субсидия производителю;* [EEC] *дотация производителю*

producers' cooperative *производственный кооператив*

producer's income *доход производителя*

producer's surplus *прибыль производителя*

product *изделие, произведение, результат, фабрикат;* [comm.] *товар;* [prod.] *продукт, продукция*

product characteristic *характеристика продукции*

product claim *пункт формулы изобретения на фабрикат, формула изобретения на фабрикат;* [pat.] *пункт формулы изобретения на продукт, характеристика продукции*

product combination [mark.] *ассортимент продукции, товарная номенклатура*

product description *описание изделия, характер выпускаемой продукции*

product design *проектирование изделия*

product development *разработка новой продукции*

product differentation *индивидуализация продукции, расширение номенклатуры продукции, увеличение числа модификаций продукта*

product image [mark.] *образ товара*

product information *информация о товаре*

product innovation *новое изделие*

production [legal] *предъявление документа;* [prod.] *выработка, добыча, изготовление, продукция, производительность, производство*

production acceptance *приемка продукции*

production account [book-keep.] *производственный счет*

production analysis *анализ производства*

production apparatus [ind.ec.] *производственное оборудование*

production before court [legal] *обращение в суд*

production before the court [legal] *обращение в суд*

production building [prod.] *производственное здание*

production calendar [prod.] *календарный график производства*

production capacity [prod.] *производственные возможности, производственные мощности*

production capacity ratio [prod.] *коэффициент использования производственного оборудования*

production/capacity ratio [prod.] *коэффициент использования производственного оборудования*

production cartel *производственный картель*

production ceiling *потолок объема производства*

production company *производственная фирма, производящая компания*

production control *диспетчеризация;* [prod.] *контроль производства, регулирование производства, управление производственным процессом*

production cost [ind.ec.] *заводская себестоимость*

production cost accounting [ind.ec.] *учет издержек производства*

production costs [ind.ec.] *издержки производства*

production cutback [prod.] *сокращение объема производства*

production data *данные о выпуске продукции, показатели хода производственного процесса, технологические показатели*

production deficit [prod.] *дефицит производства*

production department [ind.ec.] *производственное подразделение, производственный отдел, цех основного профиля производства*

production duty [EEC] *налог на производство*

production engineer [prod.] *инженер-технолог*

production enterprise *промышленное предприятие*

production equipment [ind.ec.] *производственное оборудование*

production facilities [ind.ec.] *производственное оборудование, производственные мощности*

production facility [ind.ec.] *производственное оборудование*

production for inspection *предъявление для осмотра*

production for stock [prod.] *изготовление продукции на склад*

production function [ind.ec.] *производственная функция*

production goods [calc.] *средства производства;*
[ind.ec.] *инвестиционные товары, капитальные товары, основной капитал, товары производственного назначения*

production incentive *стимулирование производства*

production in court [legal] *обращение в суд*

production index *индекс объема производства*

production licence *лицензия на выпуск продукции, лицензия на разработку месторождения*

production licence (concerning oil) *лицензия на добычу нефти*

production licence concerning oil *лицензия на добычу нефти*

production line *ассортимент изделий, производственная линия;*
[prod.] *поточная линия, станочная линия, технологическая линия*

production line supervisor [pers.manag.] *руководитель производственной линии*

production machinery [ind.ec.] *производственное оборудование*

production management [prod.] *управление производством*

production manager [pers.manag.] *начальник производственного отдела, руководитель производства*

production method [prod.] *метод производства, технология производства*

production method of depreciation [calc.] *метод начисления износа пропорционально объему выполненной работы*

production of a witness before the court [legal] *показания свидетеля в суде*

production of evidence [legal] *предъявление доказательств*

production of evidence at alternative court [legal] *показания свидетеля в альтернативном суде*

production of witness before court [legal] *показания свидетеля в суде*

production order [prod.] *заводской наряд-заказ*

production overhead [ind.ec.] *производственные накладные расходы*

production per hour [prod.] *часовая производительность*

production permit *лицензия на разработку месторождения, разрешение на выпуск продукции*

production plan [prod.] *производственный план*

production planning [prod.] *планирование производства*

production planning and control [prod.] *планирование и контроль производства*

production plant [ind.ec.] *производственная база, промышленная установка;* [prod.] *основные производственные цехи, промышленное предприятие*

production possibilities *производственные возможности;* [prod.] *производственный потенциал*

production possibility curve [ind.ec.] *кривая производственных возможностей*

production price [ind.ec.] *себестоимость продукции*

production process [prod.] *производственный процесс*

production rate per hour [prod.] *часовая производительность*

production release *выпуск продукции*

production reorganization [prod.] *реорганизация производства*

production requirement *потребность в продукции*

production resource [ind.ec.] *производственные ресурсы*

production restitution [EEC] *возмещение убытков производства*

production run *серийное производство;* [prod.] *массовое производство, партия изделий, продолжительность выпуска продукции, производственный период*

production schedule *производственный календарный план;* [prod.] *график производственного процесса*

production scheduling *составление календарного производственного плана;* [prod.] *календарное планирование производства*

production sequence [prod.] *последовательность производственных операций*

production site [prod.] *производственный участок*

production standstill [prod.] *задержка производства*

production subsidies *субсидии на производство*

production supervision [prod.] *производственный контроль*

production supervisor [pers.manag.] *лицо среднего руководящего персонала на предприятии, цеховой мастер*

production supplies [calc.] *производственный запас*

production target price [EEC] *плановая цена продукции*

production under licence [prod.] *производство по лицензии*

production unit *единица измерения продукции, предприятие, производственная единица*

production unit basis method of depreciation [calc.] *метод начисления износа пропорционально объему выполненной работы*

production value *стоимость продукции*

production volume [ind.ec.] *объем производства*

production volume ratio [ind.ec.] *относительный объем производства*

production work [prod.] *основное производство*

production yield *выход продукции*

productive (adj.) *благоприятный, влекущий за собой, плодородный, плодотворный, продуктивный, производственный, производящий;* [ind.ec.] *производительный*

productive activity *производственная деятельность*

productive assets *производительный капитал, производственные фонды*

productive capacity [prod.] *производственная мощность, производственные возможности*

productive capital *производительный капитал*

productive employment [empl.] *производительное применение труда*

productive investment *инвестирование производства*

productive time [ind.ec.] *полезное время, продуктивное время, производительно используемое время*

productivity *выработка, плодородность, продуктивность, производительность*

productivity class [prod.] *класс продуктивности*

productivity slowdown [prod.] *спад производительности*

product knowledge *данные о продукции*

product labelling *маркирование продукции, наклеивание этикеток на продукцию*

product launch [mark.] *выпуск новой продукции на рынок*

product liability [ins.] *ответственность за качество выпускаемой продукции*

product liability insurance [ins.] *страхование ответственности за качество выпускаемой продукции*

product life cycle (PLC) [mark.] *жизненный цикл изделия*

product line [ind.ec.] *ассортимент изделий, предметно-производственная специализация*

product loan *ссуда под продукцию*

product manager *руководитель, ответственный за конструирование, производство и реализацию изделия*

product mix *ассортимент изделий;* [mark.] *ассортимент продукции, номенклатура продукции, структура продукции*

product patent [pat.] *патент на изделие*

product placing [mark.] *размещение продукции*

product planning [ind.ec.] *планирование выпуска продукции, планирование номенклатуры изделий*

product protection *защита продукции*

product range *ассортимент продукции, номенклатура изделий*

product ready for delivery *продукция, готовая к поставке*

product recall *изъятие продукции, отзыв продукции*

product research and development *промышленные исследования и разработки*

product research and development (PR&D) *исследования и разработки продукции*

product selection [mark.] *отбор продукции*

product sheet *карта технологического процесса, технологическая карта*

product specialization [prod.] *производственная специализация*

product standard *производственный стандарт*

product standards *производственные стандарты*

product subsidies *субсидии на производство продукции*

product subsidy *субсидия на производство продукции*

product unit *единица продукции*

profess (vb.) *открыто признавать, преподавать, претендовать, признаваться, притворяться*

profession *заверение, занятие, заявление, ремесло;* [empl.] *профессия;* [pers.manag.] *род занятий*

professional *профессионал, человек интеллигентного труда, человек свободной профессии*

professional (adj.) *имеющий профессию, имеющий специальность, профессиональный*

professional and managerial staff [pers.manag.] *старший руководящий персонал и специалисты*

professional aptitude [pers.manag.] *профессиональная пригодность*

professional association *профессиональное объединение*

professional body [empl.] *профессиональная организация*

professional disability insurance [ins.] *страхование от нетрудоспособности по данной профессии*

professional education [syst.ed.] *профессиональное обучение*

professional environment *профессиональная среда*

professional ethics *профессиональная этика*

professional fee *вознаграждение за профессиональную деятельность*

professional group *профессиональная группа*

professional indemnity insurance [ins.] *страхование от убытков в ходе профессиональной деятельности*

professional knowledge *профессиональные знания*

professional liability [legal] *профессиональная ответственность*

professional liability insurance [ins.] *страхование профессиональной ответственности*

professionally *как специалист, профессионально*

professional organization *профессиональная организация*

professional partnership *профессиональное партнерство*

professional privilege [legal] *профессиональное право*

professional qualification *профессиональная квалификация*

professional secrecy *профессиональная тайна*

professional secret *профессиональная тайна*

professional valuation *профессиональная оценка*

proffer *предложение*

proffer (vb.) *предлагать*

proficiency *опытность, сноровка, умение*

proficient *специалист, эксперт*

proficient (adj.) *искусный, опытный, умелый*

profile *краткий очерк, профиль;* [doc.] *график*

profile of payments *график платежей*

profit *польза, прибыль;* [ind.ec.] *выгода, доход*

profit (vb.) *пользоваться;* [fin.] *быть полезным;* [ind.ec.] *воспользоваться, извлекать прибыль, приносить пользу;* [legal] *получать прибыль*

profit, at a [ec.] *с прибылью*

profitability [ind.ec.] *выгодность, доходность, прибыльность, рентабельность*

profitability analysis [ind.ec.] *анализ рентабельности*

profitable (adj.) *благоприятный, доходный, прибыльный;* [ec.] *выгодный, полезный;* [ind.ec.] *рентабельный*

profitable, be (vb.) *быть выгодным, быть полезным*

profitable business *выгодное дело, прибыльный бизнес*

profitable company *рентабельная компания*

profitable market *рентабельный рынок*

profitable price *цена, обеспечивающая прибыль*

profitable prices *цены, обеспечивающие прибыль*

profitable production *рентабельное производство*

profitable transaction *выгодная сделка*

profit after tax [calc.] *прибыль после уплаты налогов*

profit and loss [calc.] *прибыли и убытки*

profit and loss account [calc.] *результативный счет, счет прибылей и убытков*

profit and loss accounts (PLS accounts) [calc.] *система счетов прибылей и убытков*

profit and loss statement [calc.] *ответ о результатах хозяйственной деятельности, отчет о прибылях и убытках*

profit and reserve fund *прибыль и резервный фонд*

profit appurtenant to land *прибыль, полученная за счет земли;* [r.e.] *прибыль, полученная за счет сервитута*

profit before depreciation [calc.] *прибыль до отчислений на амортизацию*

profit before financial items [calc.] *прибыль до финансовых проводок*

profit before financing [calc.] *прибыль до финансирования*

profit before tax [calc.] *прибыль до уплаты налогов*

profit brought forward [calc.] *прибыль, перенесенная на следующий период*

profit brought forward (from last year) [calc.] *прибыль, перенесенная на следующий период с прошлого года*

profit brought forward from last year [calc.] *прибыль, перенесенная на следующий период с прошлого года*

profit budget *плановая прибыль*

profit by (vb.) *получать прибыль, получать прибыль от*

profit/capital ratio [fin.] *отношение прибыли к вложенному капиталу*

profit carried forward (to next year) [calc.] *прибыль, перенесенная на следующий год*

profit carried forward to next year [calc.] *прибыль, перенесенная на следующий год*

profit centre [ind.ec.] *калькуляционный отдел, подразделение компании, получающее прибыль, подразделение компании, результаты деятельности которого оцениваются полученной прибылью*

profit contribution [ind.ec.] *отчисление прибыли*

profit distribution [calc.] *распределение прибыли*

profit earning *получение прибыли*

profit earning capacity [ind.ec.] *возможность получения прибыли*

profiteer *спекулянт*

profiteer (vb.) *спекулировать*

profiteering *спекуляция;* [leg.pun.] *спекулятивная операция*

profit for a period [calc.] *прибыль за период*

profit for financial year [calc.] *прибыль за финансовый год*

profit for period [calc.] *прибыль за период*

profit for the financial year [calc.] *прибыль за финансовый год*

profit for the year [calc.] *прибыль за год*

profit for year [calc.] *прибыль за год*

profit from (vb.) *получать прибыль, прибыль от*

profit from ordinary operations [calc.] *прибыль от обычных сделок*

profit fund [calc.] *фонд прибылей*

profit gained by market fluctuations [ind.ec.] *прибыль, полученная за счет колебаний рыночной конъюнктуры*

profit impact of market strategy (PIMS) [ind.ec.] *влияние рыночной стратегии на прибыль*

profit incentive *стимул к получению прибыли*

profit in gross [legal] *валовая прибыль*

profit making company *компания, получающая прибыль*

profit margin [ind.ec.] *коэффициент прибыльности, чистая прибыль*

profit margin trends *тенденции изменения чистой прибыли*

profit markup [ind.ec.] *рост прибыли, увеличение прибыли*

profit maximization [ind.ec.] *максимизация прибыли*

profit on account *прибыль на счете*

profit on equity [fin.] *прибыль от акционерного капитала*

profit on operations [ind.ec.] *прибыль от сделок*

profit on ordinary operations [calc.] *прибыль от обычных сделок*

profit on production *прибыль от производства*

profit on sales *прибыль от продажи, прибыль от реализации, прибыль с суммы продаж*

profit on speculation *прибыль от спекуляции*

profit or loss [calc.] *прибыль или убыток*

profit or loss after tax [calc.] *прибыль или убыток после уплаты налогов*

profit or loss before depreciation [calc.] *прибыль или убыток до амортизационных отчислений*

profit or loss before financial items   [calc.] *прибыль или убыток до финансовых проводок*

profit or loss before financing   [calc.] *прибыль или убыток до финансирования*

profit or loss before tax   [calc.] *прибыль или убыток до уплаты налогов*

profit or loss brought forward   [calc.] *прибыль или убыток, перенесенные на следующий период*

profit or loss for financial year   [calc.] *перенос прибылей и убытков при начислении налоговой суммы, прибыль или убыток за финансовый год*

profit or loss for the financial year   [calc.] *перенос прибылей и убытков при начислении налоговой суммы, прибыль или убыток за финансовый год*

profit or loss for the year   [calc.] *прибыль или убыток за год*

profit or loss for year   [calc.] *прибыль или убыток за год*

profit or loss from ordinary operations   [calc.] *прибыль или убыток от обычных сделок*

profit or loss on ordinary activities   [calc.] *прибыль или убыток от обычной деятельности*

profit pattern   [ind.ec.] *структура прибыли*

profit ratio   [ind.ec.] *коэффициент рентабельности, норма прибыли*

profit reserve   [calc.] *резерв за счет прибыли*

profits   *прибыли*

profit/sales ratio   [ind.ec.] *отношение прибыли к объему продаж*

profit/sales ratio (P/S ratio)   [ind.ec.] *отношение прибыли к объему продаж*

profits and losses   [calc.] *прибыли и убытки*

profit-seeker   *компания, стремящаяся получать прибыль*

profits freeze   *замораживание прибылей*

profit-sharing   *участвующий в прибылях;* [pers.manag.] *участие в прибылях*

profit-sharing bond   [stock] *облигация с правом участия в прибылях*

profit-sharing cartel   [ind.ec.] *картель с участием в прибылях*

profit-sharing scheme   [ind.ec.] *программа участия в прибылях компании*

profit shortfall   [ind.ec.] *недостаточный уровень прибыли*

profit squeeze   [ind.ec.] *уменьшение доли прибыли в цене единицы продукта, уменьшение прибыли*

profits tax   [tax.] *налог на прибыли*

profit-taking   *реализация рыночной прибыли путем купли-продажи ценных бумаг*

profit-yielding bond   [stock] *облигация, дающая прибыль*

pro forma   *для проформы, ради формы*

pro forma account   [book-keep.] *фиктивный счет*

pro forma agreement   [legal] *формальное соглашение*

pro forma appropriation   *фиктивное приобретение*

pro forma entry   [book-keep.] *проводка для проформы*

pro forma invoice   [book-keep.] *фиктивная накладная*

pro forma marriage   [law.dom.] *фиктивный брак*

proforma statement   *фиктивный отчет*

pro forma statement   *фиктивный отчет*

profusion   *богатство, избыток, изобилие, расточительность, чрезмерная роскошь, щедрость*

progenitor   *источник, оригинал, прародитель, предок, предшественник*

progeny   *исход, последователи, потомок, потомство, результат*

prognosis   *предсказание, прогноз*

prognosticate (vb.)   *предсказывать, прогнозировать*

progovernment   *проправительственный*

program   *план работы, представление;* [comp.] *программа, составлять программу*

program (vb.) [comp.] *программировать*
program details *элементы программы*
program error [comp.] *ошибка в программе, программная ошибка*
programmable read-only memory (PROM) [comp.] *программируемая постоянная память, программируемое постоянное запоминающее устройство*
programme *программа*
programme details *подробные данные о программе*
programmed terminal [comp.] *программируемый терминал*
programmer [comp.] *программист*
programming [comp.] *программирование*
programming language [comp.] *язык программирования*
program package [comp.] *пакет программ*
program release [comp.] *вариант программного изделия, выпуск программы*
program trading [exc.] *покупка всех акций, входящих в определенный список, программная торговля, торговля финансовыми инструментами на основе компьютерных программ*
progress *достижение, развитие, совершенствование, течение, ход;* [pol.ec.] *прогресс*
progress (vb.) *делать успехи, развиваться, совершенствоваться, улучшаться;* [pol.ec.] *прогрессировать, продвигаться вперед*
progressive (adj.) *постепенный, поступательный, прогрессивный, прогрессирующий, пропорционально увеличивающийся*
progressive computation of interest *вычисление сложных процентов*
progressive costs [ind.ec.] *затраты, способствующие росту эффективности производственных факторов*
progressive depreciation [book-keep.] *прогрессивное начисление износа*
progressive fixed costs [ind.ec.] *постоянные затраты, способствующие росту эффективности производственных факторов*
progressiveness of taxation [tax.] *прогрессивность налогообложения*
progressive scale *прогрессивная шкала*
progressive tax [tax.] *прогрессивный налог*
progressive taxation [tax.] *прогрессивное налогообложение*
progressive taxation system [tax.] *система прогрессивного налогообложения*
Progress Party [pol.] *Партия прогресса (Дания)*
progress payment [r.e.] *промежуточная выплата, увеличение кредита по мере строительства объекта*
progress report *отчет о выполнении работ, отчет о ходе работ, сообщение о состоянии дел*
prohibit (vb.) *запрещать, мешать, препятствовать*
prohibited (adj.) *запрещенный*
prohibited area *запретная зона*
prohibit importation (vb.) *запрещать ввоз, запрещать импорт*
prohibition *запретительный судебный приказ, запрещение продажи спиртных напитков;* [legal] *запрещение*
prohibition of importation *запрет на импорт*
prohibition of publication of names of suspects [leg.pun.] *запрет на огласку имен подследственных лиц*
prohibition on building *запрет на строительство*
prohibition on exportation *запрет на экспорт*
prohibition on imports *запрет на импорт*
prohibition on reporting [legal] *запрет на публикацию судебного отчета*
prohibitive (adj.) *запретительный, запрещающий, препятствующий*
prohibitive duty [cust.] *запретительная пошлина*
prohibitory injunction [legal] *запретительная норма*
project *новостройка, план, проект, работа по решению отдельной проблемы, работа по созданию нового изделия, разработка, строительный объект, тема научно-исследовательской работы*

project (vb.) *планировать, проектировать*
project committee *проектная группа*
project control *управление проектом*
project coordinator *координатор проекта*
project department *проектный отдел*
project development *разработка проекта*
project director *руководитель проекта*
project documentation *проектная документация*
projected expenditure rate *планируемая скорость расходования ресурсов*
project in developing country *строительство объекта в развивающейся стране*
projecting phase *стадия проектирования*
project in progress *незавершенный проект*
project interest *планируемая ставка процента*
projection *перспективная оценка, план, планирование, прогноз, прогнозирование, проект, проектирование*
projection print   [print.] *проекционная фотопечать*
project management *управление проектом*
project management group *группа управления проектом*
project manager *руководитель проекта*
project purchase *приобретение проекта*
project report *отчет о выполнении проекта*
projects export *экспорт проектов*
projects exports *экспорт проектов*
prolong (vb.) *отсрочивать, продлевать срок, пролонгировать*
prolong a bill (vb.)   [bill.] *пролонгировать вексель*
prolongation *отсрочка, продление срока, пролонгация*
prolongation fee *сбор за продление срока*
PROM (programmable read-only memory) *программируемая постоянная память;* [comp.] *программируемое постоянное запоминающее устройство*
pro mem(oria) figure   [book-keep.] *мемориальная стоимость*
pro mem(oria) item   [book-keep.] *мемориальная статья*
pro memoria figure   [book-keep.] *мемориальная стоимость*
pro memoria item   [book-keep.] *мемориальная статья*
promise *надежда, обещание, перспектива;* [legal] *договорная обязанность*
promise (vb.) *брать обязательство, давать обещание*
promise benefiting a third party   [legal] *договорная обязанность в пользу третьего лица*
promise benefiting third party   [legal] *договорная обязанность в пользу третьего лица*
promisee *векселедержатель, лицо, которому дано обязательство;* [legal] *кредитор по договору, лицо, которому дано обещание*
promise of a gift *обещание субсидии*
promise of gift *обещание субсидии*
promise of guarantee *обещание гарантии*
promise of payment *обещание платежа*
promise to pay a debt   [legal] *обещание уплатить долг*
promise to perform an agreement   [legal] *обещание выполнить соглашение*
promising (adj.) *многообещающий, перспективный*
promisor *векселедатель, лицо, выдавшее простой вексель, лицо, давшее обещание;* [legal] *должник по договору, лицо, давшее обязательство, лицо, юридически обязанное произвести уплату*
promissory note   [bill.] *простой вексель;* [legal] *долговое обязательство*
promissory oath   [legal] *присяга-гарантия будущего поведения*
promote (vb.) *поощрять, содействовать, способствовать;*
    [adv.] *рекламировать;* [bus.organ.] *поддерживать, учреждать;*
    [mark.] *содействовать продаже товара, создавать благоприятные условия для продажи, стимулировать;* [pers.manag.] *продвигать по службе*

promoted, be (vb.) [pers.manag.] *получить повышение по службе*

promoter [bus.organ.] *грюндер, лицо, оказывающее содействие,*
подстрекатель, покровитель; [exc.] *учредитель;*
[mark.] *основатель*

promote sales (vb.) *стимулировать сбыт;* [mark.] *создавать*
благоприятные условия для продажи

promote the sale [mark.] *содействовать увеличению сбыта*

promotion *повышение в должности, подстрекательство,*
поощрение, содействие в продаже товара, содействие
развитию, создание благоприятных условий для продажи;
[adv.] *рекламно-пропагандистская деятельность;* [mark.] *меры по*
увеличению сбыта, основание, поддержка, предоставление
преференций, содействие, учреждение; [pers.manag.] *преференция,*
продвижение по службе, протекционистские мероприятия

promotional (adj.) *льготный, содействующий;* [mark.] *поощрительный,*
стимулирующий

promotional allowance [mark.] *скидка с цены товара с целью*
компенсации услуг по продвижению товара на рынок

promotional budget [mark.] *ассигнования на*
рекламно-пропагандистскую деятельность

promotional costs [mark.] *затраты на продвижение товара на рынок,*
затраты на рекламно-пропагандистскую деятельность

promotional gift [mark.] *дарение в рекламных целях*

promotional literature [mark.] *рекламная литература, рекламные*
издания

promotional method [adv.] *метод рекламно-пропагандистской*
деятельности

promotion expenses [mark.] *рекламные расходы*

promotion mix [mark.] *набор методов рекламы*

promotion money [bus.organ.] *учредительские расходы*

promotion of a company *основание компании;* [bus.organ.] *учреждение*
компании

promotion of company *основание компании;* [bus.organ.] *учреждение*
компании

promotion of trade and industry *содействие развитию торговли и*
промышленности

prompt *напоминание, подсказка, срок платежа;* [mark.] *день*
платежа, день сдачи товара

prompt (vb.) *напоминать, подсказывать;* [comp.] *приглашение*

prompt (adj.) *безотлагательный, быстрый, немедленный, срочный*

promptly *безотлагательно, немедленно*

prompt message [comp.] *наводящее сообщение*

prompt note *памятная записка о сроке платежа*

prompt payment *немедленный платеж*

promulgate (vb.) *пропагандировать, распространять;*
[legal] *обнародовать, провозглашать, промульгировать*

promulgate an act (vb.) [legal] *обнародовать закон, промульгировать*
закон

promulgation [legal] *обнародование, опубликование, промульгация*

promulgation of act [legal] *обнародование закона, промульгация закона*

promulgation of an act [legal] *обнародование закона, промульгация*
закона

promulgation of an Act [legal] *промульгация закона*

promulgation procedure [legal] *процедура промульгации*

pronounce (vb.) *выносить решение, заявлять, объявлять,*
провозглашать; [legal] *высказывать в формальном порядке,*
высказывать мнение

pronounce a decision (vb.) [legal] *выносить решение*

pronounce a judgment (vb.) [legal] *выносить судебное решение,*
объявлять приговор суда

pronounce an adjudication order (vb.) [bankr.leg.] *выносить судебное*
решение о признании банкротом

pronounce a sentence (vb.) [leg.pun.] *объявлять меру наказания*

pronounced (adj.) *определенный, четко выраженный, явный*

pronouncement *вынесение приговора, высказывание, мнение, объявление решения, официальное заявление;* [legal] *вынесение решения*

pronouncement of judgment [legal] *вынесение судебного решения, объявление приговора*

pronouncement of sentence [leg.pun.] *объявление меры наказания*

proof *испытание, проба, проверка;* [legal] *доказательство, доказывание;* [print.] *корректура, пробный оттиск*

proof (vb.) *делать пробный оттиск, придавать непроницаемость*

proof (adj.) *недоступный, непробиваемый, непроницаемый*

proof, not come up to (vb.) [legal] *не получить доказательства*

proof by appearance *доказательство, достаточное при отсутствии опровержения;* [legal] *презумпция доказательства*

proof copy [print.] *корректурный экземпляр, пробный экземпляр*

proof impression [print.] *пробный оттиск*

proof in slips [print.] *корректура в гранках*

proof of debt [bankr.leg.] *подтверждение доказательством заявления кредитора*

proof of evidence [legal] *свидетельское показание*

proof of good character and repute *рекомендательное письмо*

proof of identity *доказательство подлинности*

proof of identity, on *в доказательство подлинности*

proof of membership *членский билет*

proof of nonnegligent behaviour [legal] *доказательство отсутствия небрежности*

proof of paternity [law.dom.] *доказательство отцовства*

proof of posting [book-keep.] *контроль проводки*

proof of purchase [legal] *доказательство покупки*

proof of service [legal] *доказательство оказания услуги*

proof of will [suc.] *доказывание завещания*

proofread (vb.) [print.] *читать корректуру*

proofreading [print.] *чтение корректуры*

proof sheet [print.] *гранка, корректурный оттиск*

propaganda [pol.] *пропаганда*

propelling pencil *винтовой механический карандаш, карандаш с выдвижным пишущим узлом*

propensity *предрасположение, склонность*

propensity to consume [pol.ec.] *доля потребления в доходе, склонность к потреблению*

propensity to import [pol.ec.] *склонность к импорту*

propensity to invest [pol.ec.] *доля национального дохода, идущая на образование нового капитала, склонность к инвестированию*

propensity to save [pol.ec.] *доля сбережений в доходе, склонность к сбережению*

proper (adj.) *истинный, надлежащий, правильный, приличный, присущий, свойственный, собственный*

proper business principles *правильные принципы деловой деятельности*

proper name entry *запись полного имени*

properties used for trade and industry *виды собственности, используемые в промышленности и торговле*

property *перевозимый груз, собственность;* [legal] *земельная собственность, имение, имущество, качество, объект права собственности, право собственности, свойство*

property accessory to real property *собственность, дополняющая недвижимость*

property acquisition *приобретение недвижимости*

property adjustment order [law.dom.] *распоряжение об урегулировании права собственности*

property administration   управление недвижимостью

property administration company   компания, управляющая
собственностью

property and charges register   [r.e.] книга учета имущества и
платежей

property and entrepreneurial income   доход от собственности и
предпринимательской деятельности

property and entrepreneurial income from the rest of the world
собственность и предпринимательский доход, получаемые за
пределами национальной экономики

property and entrepreneurial income paid to the rest of the world
собственность и предпринимательский доход, направляемые за
пределы национальной экономики

property appreciation   завышение оценочной стоимости
недвижимости; [r.e.] повышение стоимости недвижимости,
удорожание недвижимости

property boundary   граница земельного владения

property boundary fence   ограждение земельного участка

property brought into marriage by a spouse   [legal] имущество,
принесенное одним из супругов при вступлении в брак

property brought into marriage by spouse   [legal] имущество,
принесенное одним из супругов при вступлении в брак

property category   категория собственности, форма владения,
форма собственности

property company   компания-держатель, холдинг-компания

property damage   [ins.] имущественный ущерб, урон, причиненный
имуществу

property damage accident   [ins.] авария, вызвавшая имущественный
ущерб

property deal   имущественная сделка

property development costs   стоимость строительных работ

property fire insurance   [ins.] страхование имущества от пожара

property for lease   недвижимость, сдаваемая в аренду

property for rent   недвижимое имущество, сдаваемое в аренду

property for rental purposes   [r.e.] недвижимость, предназначенная
для сдачи в аренду

property for sale   недвижимость, выставленная на продажу

property for trade and industry   имущество для торговли и
промышленности

property income   доход от имения, доход от недвижимости;
[r.e.] доход от имущества

property in possession of mortgagee   [r.e.] заложенное недвижимое
имущество

property in possession of the mortgagee   [r.e.] заложенное недвижимое
имущество

property insurance   [ins.] страхование имущества

property investment   капиталовложения в недвижимость

property item   элемент имущества; [legal] вещь

property management   управление недвижимым имуществом

property market   рынок недвижимости

property owner   владелец имущества, владелец недвижимости,
собственник

property owner's liability   [ins.] обязательства собственника

property plant and equipment   [calc.] основной производственный
капитал

property register   журнал учета имущества

property report   [r.e.] отчет о состоянии недвижимости

property revaluation   переоценка стоимости имущества

property revaluation reserve   резерв на случай переоценки стоимости
имущества

property service   услуги по управлению имуществом

property tax [tax.] *налог на недвижимое имущество,*
 поимущественный налог
property tax value [r.e.] *оценка недвижимости для налогообложения,*
 стоимость имущества, облагаемая налогом
property transfer tax [tax.] *налог на передачу правового титула*
property valuation *определение стоимости недвижимости*
property value [tax.] *стоимость недвижимости*
proper use *использование по назначению*
proponent [legal] *лицо, выступающее в защиту определенных мер*
proportion *доля, количественное соотношение,*
 пропорциональность, соразмерность, часть; [mat.] *пропорция,*
 тройное правило
proportional (adj.) *пропорциональный, соразмерный*
proportional allotment [exc.] *пропорциональное распределение*
proportional consolidation [calc.] *пропорциональная консолидация*
proportional cost [ind.ec.] *пропорциональная расценка*
proportional liability [legal] *пропорциональная ответственность*
proportional reduction *пропорциональное сокращение*
proportional settlement *пропорциональное погашение*
proportional share *пропорциональная доля*
proportional spacing [print.] *разбиение на пропорциональные пробелы*
proportional tax [tax.] *пропорциональный налог*
proportional taxation system [tax.] *система пропорционального*
 налогообложения
proportional tax margin [tax.] *предел пропорционального налога*
proportionate (adj.) *пропорциональный*
proportionate sample *пропорциональная выборка*
proportion of capital and reserves *соотношение основного и*
 резервного капиталов
proposal *заявка на торгах, предложение, представление,*
 рекомендация
proposal for cancellation *предложение об аннулировании*
proposal form [ins.] *бланк заявки на торгах*
proposal letter [legal] *предложение о заключении контракта*
proposal of marriage *предложение о браке*
propose (vb.) *вносить предложекие, вносить предложение,*
 намереваться, предлагать, предполагать; [parl., selskab]
 выдвигать кандидатуру
propose an insurance (vb.) [ins.] *заявлять о намерении застраховаться*
propose a solution (vb.) *предлагать решение*
proposed amendment [legal] *предложенная поправка*
proposed dividend *заявленный дивиденд;* [bus.organ.] *предложенный*
 дивиденд
proposer *лицо, внесшее предложение, лицо, предложившее*
 кандидатуру
proposition *заявление, план, предложение, утверждение*
propound (vb.) *предлагать на обсуждение, представлять завещание*
 на утверждение
propound a will (vb.) [suc.] *представлять завещание на утверждение*
proprietary *владелец, право собственности;* [comm.] *патентованное*
 средство; [legal] *собственность*
proprietary (adj.) *собственнический, составляющий собственность*
proprietary articles *изделия, право производства которых*
 принадлежит одной фирме; [comm.] *изделия, право продажи*
 которых принадлежит одной фирме
proprietary capital *капитал в форме титулов собственности*
proprietary company *компания-держатель;*
 [bus.organ.] *холдинг-компания, частная компания с ограниченной*
 ответственностью
proprietary company (Pty.) [bus.organ.] *частная компания с*
 ограниченной ответственностью

proprietary drug   *патентованное лекарство*

proprietary information   *информация, являющаяся собственностью фирмы*

proprietary interest   *вещное право, право собственности*

Proprietary Limited (Pty. Ltd.) (adj.)   *с ограниченной имущественной ответственностью*

proprietary product   [comm.] *изделие, право продажи которого принадлежит одной фирме*

proprietary right   [legal] *право собственности*

proprietor   *владелец, обладатель, собственник, хозяин*

proprietor of a mark   [com.mark.] *собственник товарного знака*

proprietor of a patent   [pat.] *владелец патента*

proprietor of mark   [com.mark.] *собственник товарного знака*

proprietor of patent   [pat.] *владелец патента, патентовладелец*

proprietorship account   [ind.ec.] *счет, обеспечивающий контроль над правом владения предприятием, счет капитала*

proprietorship register   [legal] *реестр права собственности*

Proprietorship Register   [legal] *реестр права собственности*

proprietors' income   *доход мелкого собственника, доход самостоятельно занятых*

proprietors' stake   [bus.organ.] *акционерный капитал*

proprietor's capital   *капитал в форме титулов собственности*

propriety   *правильность, право собственности, уместность*

pro rata   *в соответствии, пропорционально*

pro rata allocation   *пропорциональное распределение*

pro rata clause   [ins.] *оговорка о пропорциональной компенсации*

pro rata distribution   [legal] *пропорциональное распределение имущества среди наследников*

pro rata freight   [trans.] *дистанционный фрахт, фрахт пропорционально пройденному пути*

pro rata liability   [legal] *пропорциональная ответственность*

pro rata recourse   [legal] *пропорциональный регресс*

pro rata reduction   *пропорциональное сокращение*

pro rata rule   *принцип пропорциональности*

pro rata share   *пропорциональная доля*

pro rata temporis   [ins.] *пропорционально истекшему времени*

prorogation   *перерыв в работе парламента по указанию главы государства;* [parl.] *право главы государства отсрочивать парламентские сессии*

pros and cons   *доводы 'за' и 'против'*

prosecute (vb.)   *заниматься, продолжать;* [leg.pun.] *вести процесс, возбуждать дело, выступать в качестве обвинителя, искать в суде, предъявлять иск, преследовать в судебном порядке, преследовать в уголовном порядке*

prosecuting authority   [leg.pun.] *основание для преследования в судебном порядке*

prosecuting barrister   [leg.pun.] *адвокат, имеющий право вести дело в суде*

prosecution   *выполнение, проведение;* [leg.pun.] *государственное обвинение, обвинение (как сторона в судебном процессе), отстаивание исковых требований, предъявление иска, судебное преследование;* [pat.] *ведение судебного дела*

prosecution, lead the (vb.)   [leg.pun.] *возглавлять обвинение*

prosecution statement   [leg.pun.] *изложение обвинения*

prosecutor   [leg.pun.] *истец, лицо, возбуждающее и осуществляющее уголовное преследование, обвинитель*

prospect   *потенциальный клиент;* [mark.] *потенциальный потребитель, предполагаемый кандидат;*
[pers.manag.] *потенциальный покупатель*

prospect (vb.)   *делать изыскания, исследовать, разведывать*

prospective (adj.)   *будущий, ожидаемый, предполагаемый*

prospective buyer   *возможный покупатель, потенциальный покупатель;* [mark.] *перспективный покупатель, предполагаемый покупатель*

prospective customer   *перспективный клиент;* [mark.] *возможный клиент, потенциальный клиент*

prospective insured   [ins.] *потенциальный страхователь*

prospective manager   *перспективный руководитель*

prospective purchaser   [mark.] *потенциальный покупатель*

prospects of promotion   [pers.manag.] *перспективы продвижения по службе*

prospectus   [exc.] *письменное предложение ценных бумаг, проспект, публикация об организации акционерного общества*

prosper (vb.)   *преуспевать, процветать, содействовать успеху*

prosperity   *преуспевание, процветание, успех;* [pol.ec.] *экономическое процветание*

Prosperity Party   [pol.] *Партия процветания (Дания)*

prosperous (adj.)   *благоприятный, богатый, зажиточный, преуспевающий, процветающий, успешный*

prosperous, be (vb.)   *преуспевать*

prosperous business   *преуспевающее предприятие*

prostitution   *проституция*

protect (vb.)   *акцептовать, защищать, ограждать права по патенту, охранять, предохранять*

protected area   [plan.] *защищенная область*

protected by law (adj.)   [legal] *защищенный правом, охраняемый законом*

protected design   [legal] *охраняемый промышленный образец*

protected dwelling   [soc.] *охраняемое жилое помещение*

protected field   [comp.] *защищенное поле*

protected transaction   [bankr.leg.] *защищенная сделка*

protected workshop   *охраняемая мастерская*

protection   *защита, охрана, покровительственная система в торговле, покровительство;* [cust.] *протекционизм*

protection against dismissal   [pers.manag.] *защита от увольнения*

protection against theft   *защита от хищения*

protection and indemnity association   [mar.ins.] *ассоциация страхования ответственности перед третьими лицами*

protection and indemnity insurance (P and I insurance)   *страхование ответственности перед третьими лицами*

protectionism   *протекционизм*

protectionist   *сторонник протекционизма*

protectionist(ic) (adj.)   *протекционистский*

protectionistic (adj.)   *протекционистский*

protectionist measure   *протекционистская мера*

protection of a design   [legal] *охрана промышленного образца*

protection of a patented invention   [pat.] *охрана запатентованного изобретения*

protection of buildings   *охрана зданий*

protection of consumers   *защита прав потребителей*

protection of data privacy   [comp.] *обеспечение секретности данных*

protection of design   [legal] *охрана промышленного образца*

protection of environment   *охрана окружающей среды*

protection of minorities   *защита прав национальных меньшинств*

protection of monuments   *охрана памятников*

protection of nature   *охрана природы*

protection of patented invention   [pat.] *охрана запатентованного изобретения*

protection of the consumers   *защита прав потребителей*

protection of the environment   *охрана окружающей среды*

protection of the nature   *охрана природы*

protection of trade marks   [com.mark.] *охрана товарных знаков*

protection of transfer   [legal] *охрана передачи права*

protection & indemnity insurance (P & I insurance)   [mar.ins.] *страхование ответственности перед третьими лицами*

protective (adj.)   *защитительный, защитный, оградительный, покровительственный, предохранительный, протекционистский*

protective award   *выдача вознаграждения при увольнении*

protective duty   [cust.] *покровительственная пошлина*

protective measure   [EEC] *защитная мера*

protective measures   [EEC] *защитные меры*

protective tariff   [cust.] *покровительственный тариф, протекционистский тариф*

protest   *возражение, морской протест;* [bill.] *опротестование векселя, протест;* [legal] *опротестование, торжественное заявление*

protest (vb.)   *возражать, торжественно заявлять;* [bill.] *нотариально заверенный сертификат об отказе от оплаты векселя, протестовать, совершать протест, учинять протест*

protest a bill of exchange (vb.)   [bill.] *опротестовывать переводный вексель*

protest action   [empl.] *акция протеста*

protest against (vb.)   *возражать против, протестовать против*

protest against an election   [parl.] *опротестовывать результаты выборов*

protest charge   [bill.] *комиссионный платеж за оформление протеста векселя*

protest charges   *издержки по опротестованию*

protested, to be   [bill.] *быть опротестованным*

protested bill   [bill.] *опротестованный вексель*

protester   [bill.] *опротестователь*

protest fee   [bill.] *комиссионный платеж за оформление протеста векселя*

protest for nonpayment   [bill.] *протест из-за неплатежа*

protest of a bill   [bill.] *опротестование векселя*

protest of bill   [bill.] *опротестование векселя*

protocol   [comp.] *протокольная запись;* [dipl.] *протокол*

prototype   [prod.] *опытный образец, прототип*

protracted (adj.)   *длительный, затянувшийся*

provable (adj.)   *доказуемый*

provable debt   [bankr.leg.] *долг, который может быть доказан*

prove (vb.)   *испытывать, подтверждать документами, удостоверять;* [legal] *доказывать, свидетельствовать, утверждать*

prove a claim (vb.)   [legal] *засвидетельствовать правильность иска*

prove a debt (vb.)   [bankr.leg.] *доказать наличие долга*

prove a will (vb.)   [suc.] *утвердить завещание*

prove beyond reasonable doubt (vb.)   [leg.pun.] *преодолеть обоснованное сомнение*

prove justification (vb.)   [leg.pun.] *доказывать правомочность*

proven (adj.)   *доказанный*

prove on a balance of probabilities   *проверить баланс возможностей*

prove one's identity (vb.)   *удостоверять личность*

prove one's right (vb.)   [legal] *доказывать право*

provide (vb.)   *давать, запасать, запрещать, обеспечивать, обеспечивать средствами к существованию, предоставлять, принимать меры, снабжать;* [legal] *обусловливать, постановлять, предусматривать*

provide a benefit (vb.)   *приносить выгоду*

provide a guarantee (vb.)   *предоставлять гарантию*

provide a loan (vb.)   [bank.] *предоставлять заем*

provide a service (vb.)   *обеспечивать обслуживание, оказывать услугу*

provide credit (vb.)   *предоставлять кредит*

provided   *при условии*

provided (that)   *в том случае если, если только, при условии (что)*

provided for by collective agreement   [empl.] *предусмотренный коллективным договором*

provided that   *в том случае, если, если только, однако, при условии, что*

provide for (vb.)   *предусматривать;* [calc.] *обусловливать;* [law.dom.] *обеспечивать средствами к существованию*

provide foreign exchange (vb.)   *обеспечивать иностранной валютой*

provide forward cover (vb.)   *предоставлять форвардное обеспечение;* [exc.] *предоставлять срочное обеспечение*

provide money (vb.)   *предоставлять денежные средства*

provident (adj.)   *бережливый, предусмотрительный, расчетливый*

provident fund   *резервный фонд неоконченных убытков*

provident insurance   [ins.] *социальное страхование*

provide oneself (vb.)   *обеспечивать себя*

provider   *кормилец семьи, поставщик*

provider of finance   [fin.] *лицо, обеспечивающее финансирование*

provider of surety   *поручитель*

province   *компетенция, область знаний, провинция, сфера деятельности;* [plan.] *область*

provincial bank   [bank.] *провинциальный банк*

provincial branch   *провинциальное отделение*

provincial newspaper   [media] *провинциальная газета*

provincial road   *местная дорога*

provincial town   *провинциальный город*

provision   *мера предосторожности, обеспечение, снабжение, условие;* [calc.] *резерв;* [legal] *положение, постановление*

provision (vb.)   *обеспечивать, снабжать*

provision (for retired farmers)   *обеспечение фермеров, оставивших работу по возрасту*

provisional (adj.)   *временный, предварительный*

provisional account   *временный счет*

provisional accounts   *временные счета*

provisional act   [legal] *временный законодательный акт*

provisional arrangement   *временное соглашение, предварительная договоренность*

provisional burden of proof   [legal] *предварительная обязанность доказывания*

provisional contract   [legal] *предварительный договор*

provisional court order   [legal] *временное предписание суда, временное распоряжение суда*

provisional enforceability of judgment   [legal] *временная исковая сила приговора*

provisional entry in land register   [r.e.] *предварительная запись в кадастре*

provisional entry in the land register   [r.e.] *предварительная запись в кадастре*

provisional estimate   *предварительная оценка*

provisional figures   *предварительные количественные показатели*

provisional injunction   [legal] *временная запретительная норма*

provisional invoice   *предварительный счет-фактура*

provisional measure   *предварительная мера*

provisional measure, as a   *в качестве предварительной меры*

provisional order   *распоряжение исполнительного органа, подлежащее утверждению парламентом*

provisional payment   *предварительный платеж*

provisional return   [tax.] *предполагаемый доход*

provisional rule   *временная норма, временное правило*

provisional share certificate   [stock] *временное свидетельство на акцию*

provisional solution   *предварительное решение*

provisional statement *предварительное заявление*

provisional statistics *предварительные статистические данные*

provisional tax [tax.] *временная налоговая ставка*

provisional tax assessment [tax.] *установление временных налоговых ставок*

provisional validity [legal] *временная юридическая сила*

provision for bad debts [calc.] *резерв на покрытие безнадежных долгов*

provision for contingent claims [ins.] *резерв по непредвиденным убыткам*

provision for depletion [calc.] *резерв на компенсацию износа основного капитала*

provision for depreciation [calc.] *резерв на амортизацию*

provision for doubtful debts [calc.] *резерв на покрытие сомнительных долгов*

provision for old age [soc.] *фонд обеспечения престарелых*

provision for outstanding claims [ins.] *резерв по неоплаченным искам*

provision for renewal [calc.] *резерв на обновление*

provision for renewal of assets [calc.] *резерв на обновление основных фондов*

provision for replacement [r.e.] *резерв на замещение основного капитала*

provision for retired farmers *пенсионное обеспечение фермеров*

provision for specific doubtful debts [calc.] *резерв на покрытие особо сомнительных долгов*

provision for taxes payable [calc.] *резерв для уплаты налогов*

provision of a foreign loan [bank.] *предоставление иностранного займа*

provision of a treaty [law nat.] *положение договора*

provision of collateral [ec.] *резерв на дополнительное обеспечение*

provision of finance [fin.] *финансирование*

provision of foreign loan *предоставление иностранного займа*

provision of funds *предоставление денежных средств*

provision of liquid funds [ind.ec.] *предоставление ликвидных средств*

provision of loan *предоставление ссуды*

provision of loans *предоставление кредитов*

provision of security *предоставление гарантии;* [ec.] *предоставление обеспечения*

provision of treaty *положение договора*

provision on closing hours [legal] *положение о времени закрытия*

provision on secrecy *положение о секретности*

provision regulating power to bind company [legal] *оговорка, регулирующая право на принятие обязывающих решений*

provision regulating the power to bind the company [legal] *оговорка, регулирующая право на принятие обязывающих решений*

provisions *пищевые продукты, продовольственные товары, съестные припасы*

provisions (for liabilities) [calc.] *резервы на выплаты по обязательствам*

provisions for liabilities [calc.] *резервы на выплаты по обязательствам*

provisions for taxation [calc.] *резервы на уплату налогов*

provisions laid down by law, regulation or administrative action [legal] *резервы, предусмотренные законом, правилами или административными мерами*

provisions mortis causa [suc.] *распоряжения на случай смерти*

provision to cover losses and risks [calc.] *резервы на покрытие потерь и рисков*

proviso *оговорка;* [legal] *клаузула;* [leg.pun.] *условие*

provocation *побуждение;* [leg.pun.] *провокация*

provoke (vb.) *побуждать, провоцировать*

proximate cause *непосредственная причина*

proxy [doc.] *доверенность, лицо, которому доверено голосовать от имени акционера на общем собрании компании, передача голоса, полномочие;* [legal] *доверенное лицо, передача полномочий, поверенный, уполномоченный*

proxy borrowing　[bank.] *заем по доверенности*
proxy vote　*голосование по доверенности*
PRT (petroleum revenue tax)　[tax.] *налог на доход от продажи нефти*
prudence　*бережливость, благоразумие, осторожность,*
　　предусмотрительность, расчетливость
prudence concept　*принцип благоразумия*
prudent (adj.)　*бережливый, благоразумный, осторожный,*
　　предусмотрительный, расчетливый
prudent person　[ins.] *благоразумный человек*
PSBR (public sector borrowing requirement)　*потребность*
　　государственного сектора в заемных средствах
　　(Великобритания)
pseudonym　*псевдоним*
P/S ratio (profit/sales ratio)　[ind.ec.] *отношение прибыли к объему*
　　продаж
psychic distance　*физическое расстояние*
psychographics　[adv.] *сегментирование демографических групп*
　　потребителей
PTE (Portuguese escudo)　[monet.trans.] *португальский эскудо*
PTO (please turn over)　*переверните, пожалуйста, смотрите на*
　　обороте
P.T.O. (please turn over)　*переверните, пожалуйста, смотрите на*
　　обороте
Pty. Ltd. (Proprietary Limited) (adj.)　*с ограниченной имущественной*
　　ответственностью
public　*население, общественность, публика;* [comm.] *народ*
public (adj.)　*государственный, национальный, общедоступный,*
　　общенародный, открытый, публично-правовой, публичный;
　　[aut.right] *коммунальный, общественного пользования, общественный*
public, go (vb.)　*обнародовать, объявить, опубликовать, предать*
　　гласности
public, the　*народ, население, общественность;* [comm.] *публика*
public access　*доступ к местам общественного пользования*
public accountant　*присяжный бухгалтер;* [aud.] *аудитор*
public address system　*система публичных выступлений*
public administration　[manag.] *область управления государственными*
　　и местными органами, управление на государственном и
　　местном уровнях
public administration of justice　[legal] *публичное отправление*
　　правосудия
public advertising for tenders　[EEC] *публичное извещение о торгах*
public aid　[soc.] *государственное вспомоществование*
public and private entities　*государственные и частные предприятия*
public announcement　*публичное сообщение*
publicapublic management　*государственное управление*
public archives　*государственный архив*
public assembly　*открытое собрание*
public assessment　[r.e.] *государственная оценка*
public assessment value　[tax.] *стоимость при государственной оценке*
public asset　*общественное имущество*
public assets　*общественные активы*
public assistance　[soc.] *государственное вспомоществование,*
　　социальная помощь, социальное обеспечение
publication　*произведение, публикация;* [media] *выпуск в свет, выход*
　　в свет; [print.] *издание, опубликование*
publication for opposition purposes　[com.mark.] *опубликование для*
　　опротестования; [pat.] *публикация для подачи возражения*
public at large　*широкая общественность, широкая публика*
public at large, the　*широкая общественность, широкая публика*
public authorities　*государственная власть, органы государственной*
　　власти

public authorities, the *государственные органы власти*
public authority *орган государственной власти*
public bank *государственный банк*
public benefits [soc.] *пособия по социальному обеспечению*
public body *государственный орган, общественный орган*
public building *общественное здание*
public capital flow *перелив капитала в государственном секторе*
public capital formation *накопление государственного капитала*
public character *общественный деятель*
public company *открытая акционерная компания, публичная*
акционерная компания
public consumption expenditure *расходы на общественное*
потребление
public corporation *государственная корпорация, муниципальная*
корпорация, открытое акционерное общество;
[bus.organ.] *государственная корпорация*
public customs warehouse [cust.] *государственный таможенный склад*
public debt [manag.] *государственный долг*
public document [legal] *публично-правовой документ*
public duty *общественная обязанность, общественный долг*
public employee [pers.manag.] *государственный служащий,*
муниципальный служащий
public employment agency [empl.] *государственная контора по*
трудоустройству
public employment office [empl.] *государственная контора по*
трудоустройству
public employment service [empl.] *государственная служба занятости*
public enemy *враг государства, лицо, объявленное вне закона,*
подданный неприятельского государства, социально-опасный
элемент
public energy supply installation *предприятие коммунального*
энергоснабжения
public enterprise *государственное предприятие*
public examination [bankr.leg.] *государственная экспертиза*
public examination of tenders *государственная экспертиза заявок на*
торги
public expenditure [manag.] *государственные расходы*
public eye *внимание общественности, интерес общественности,*
общественное внимание
public eye, the *внимание общественности, интерес общественности,*
общественное мнение
public facilities *общественные здания и сооружения*
public figure *общественный деятель*
public finance *государственные финансы*
public flotation [exc.] *публичное размещение акций*
public funds *государственные ценные бумаги;* [stock]
государственные средства
public good *общественное благо*
public good, for the *для общественного блага*
public good, the *общественное благо*
public health *здравоохранение*
public health sector *сектор здравоохранения*
public hearing *публичное слушание, слушание в открытом*
заседании
public hearing report *отчет о публичном слушании*
public holiday [empl.] *установленный законом*
неприсутственный день, установленный законом
нерабочий день
public holiday pay fund *фонд оплаты нерабочих дней*
public house *бар, закусочная, пивная*
public housing *государственное жилищное строительство,*
муниципальное жилищное строительство

public inquiry   *опрос населения, открытое разбирательство*
public inspection   *общественный контроль*
public institution   *государственное учреждение*
public interest   *государственный интерес, общественный интерес*
public international body   *государственный международный орган*
public international law   [law nat.] *публичное международное право*
public investments   *государственные инвестиции*
public invitation to advance claims   [legal] *публичное предложение подавать претензии*
public invitation to tender   *публичное приглашение принять участие в конкурсе, публичное приглашение принять участие в торгах*
public issue   [exc.] *государственная эмиссия, публичный выпуск новых акций*
publicity   *гласность, известность, публичность, рекламирование;* [adv.] *реклама*
publicity, in the full glare of   *под пристальным вниманием прессы*
publicity account   [mark.] *счет расходов на рекламу*
publicity costs   [mark.] *расходы на рекламу*
publicity department   [adv.] *отдел рекламы и пропаганды*
publicity drive   [mark.] *рекламная кампания*
publicity effect   [adv.] *влияние рекламы*
publicity value   [adv.] *значение рекламы*
public lands administration   *управление государственными землями*
public law   [legal] *публичное право*
public liability insurance   [ins.] *страхование гражданской ответственности*
public limited (liability) company (PLC)   [bus.organ.] *публичная компания с ограниченной ответственностью (Великобритания)*
public limited liability company (PLC)   [bus.organ.] *публичная компания с ограниченной ответственностью (Великобритания)*
public loan   *государственный заем*
public loans   *государственные кредиты*
publicly attested (adj.)   [legal] *публично засвидетельствованный*
publicly available (adj.)   *публично согласившийся баллотироваться*
publicly listed (adj.)   *официально зарегистрированный на бирже*
public management   *государственное управление*
public matter   *вопрос, представляющий общественный интерес, государственный вопрос*
public means of transport   [trans.] *государственные транспортные средства*
public meeting   *общее собрание, собрание представителей общественности*
public notice   *официальное извещение, официальное предупреждение*
public nuisance   *источник опасности;* [leg.pun.] *нарушение общественного порядка, нарушитель общественного порядка*
public offer   [exc.] *открытое для публики предложение ценных бумаг, публичный выпуск новых акций*
public offer for subscription   [exc.] *публичный выпуск новых акций по подписке*
public offering   [exc.] *публичный выпуск новых акций*
public offering of shares   [exc.] *публичный выпуск новых акций*
public office   *государственное учреждение, муниципальное учреждение*
public officer   *государственное должностное лицо, государственный служащий*
public opinion   *общественное мнение*
public opinion poll   [stat.] *опрос общественного мнения*
public order   [legal] *общественный порядок*
public organ   *государственный орган*
public ownership   *государственная собственность, общенародное достояние*

public place   *государственная должность*

public policy   [legal] *государственная политика*

public price subsidy   *государственная дотация для поддержания уровня цен*

public procurement   *государственная закупка*

public procurement order   *распоряжение о государственной закупке*

public property   *государственная собственность, муниципальная собственность, общественная собственность*

public property evaluation   [r.e.] *оценка государственной собственности*

public prosecution   [leg.pun.] *государственное обвинение, прокуратура*

public prosecution case   [leg.pun.] *дело, возбужденное прокуратурой*

public prosecutions department   *прокуратура*

public prosecutor   *государственный обвинитель*

Public Prosecutor   [leg.pun.] *государственный обвинитель*

public prosecutor for special economic crimes   *государственный обвинитель по особо важным экономическим преступлениям*

Public Prosecutor for Special Economic Crimes   *государственный обвинитель по особо важным экономическим преступлениям*

public prosecutor's office   [leg.pun.] *прокуратура*

public purchasing   *государственные закупки*

public purchasing agency   *государственная закупочная организация*

public quotation   [exc.] *государственный курс*

public record office   *государственный архив*

public relations   [mark.] *престижная деятельность компании, связи фирмы с общественными организациями, связи фирмы с отдельными лицами*

public relations (PR)   [mark.] *связи фирмы с отдельными лицами*

public relations department   [mark.] *отдел по связям с общественными организациями*

public relations manager   [media] *руководитель отдела по связям с общественными организациями*

public relations office   *отдел по связям с общественными организациями*

public residential construction   *государственное жилищное строительство*

public revenue   *государственный доход*

public right of way   [r.e.] *полоса отвода, полоса отчуждения*

public road   *государственная дорога*

public savings   *государственные сбережения*

public savings bank   *государственный сберегательный банк*

public sector   *государственный сектор*

public sector, the   *государственный сектор*

public sector bills   [stock] *векселя государственного сектора, долговые обязательства государственного сектора*

public sector bond   [stock] *облигация государственного сектора*

public sector borrowing   *заем государственного сектора, кредит государственного сектора*

public sector borrowing requirement (PSBR)   *потребность государственного сектора в заемных средствах, потребность государственного сектора в кредитах*

public sector budget cuts   *сокращение бюджета государственного сектора*

public sector capital imports   *импорт капитала в государственном секторе*

public sector capital transaction   *капитальная операция в государственном секторе*

public sector debt securities   [stock] *обеспечение долга государственного сектора*

public sector employee   [pers.manag.] *государственный служащий*

public sector investment   *вложения в государственный сектор*

public sector net capital imports *импорт чистого капитала государственного сектора*

public sector pension scheme *система пенсионного обеспечения*

public service *коммунальные услуги, система связи общего пользования, услуги связи, предоставляемые по установленным тарифам*

public service accounting *бухгалтерский учет коммунальных услуг*

public service advertising [adv.] *рекламное объявление в виде обращения к общественности*

public service channel [media] *канал общего пользования*

public service employee [pers.manag.] *государственный служащий, служащий органов муниципального самоуправления*

public service television *некоммерческое телевидение;* [adv.] *общественное телевидение*

public sitting [legal] *открытое заседание*

public spending [manag.] *государственные расходы*

public spirit *гражданственность, общественное сознание, сознательность*

public subscription [exc.] *открытая подписка*

public subsidy *государственная субсидия*

public supervision *государственный надзор*

public support *общественная поддержка*

public telephone net [telecom.] *государственная телефонная сеть*

public tender *государственная заявка на подряд*

public thoroughfare *государственная автомагистраль*

public transport [trans.] *муниципальный транспорт, общественный транспорт*

public trustee [legal] *публичный доверительный собственник;* [suc.] *государственный попечитель*

public utility *коммунальные службы, коммунальные сооружение, коммунальные услуги, предприятия общественного пользования*

public utility (company) *государственная компания по коммунальному обслуживанию, государственное коммунальное предприятие*

public utility, of (adj.) *имеющий общественную полезность*

public utility company *государственная компания по коммунальному обслуживанию, государственное коммунальное предприятие*

public welfare [soc.] *общественное благосостояние*

public works *общественные работы*

public wrong [leg.pun.] *вред публичного характера, преступление, уголовно наказуемое деяние*

publish (vb.) *обнародовать, публиковать, пускать в обращение;* [media] *официально объявлять;* [print.] *издавать*

published (adj.) *опубликованный*

published financial statement [calc.] *опубликованный финансовый отчет*

published reserves [calc.] *официально объявленный резервный фонд*

publisher *владелец газеты;* [print.] *издатель*

publisher's imprint *выходные данные*

publisher's series *издательская серия*

publish for opposition purposes (vb.) [pat.] *публиковать для опротестования, публиковать для подачи возражения*

publishing [print.] *издательское дело*

publishing (adj.) *издательский*

publishing (activities) *издательская деятельность*

publishing activities *издательская деятельность*

publishing company *издательская фирма*

publishing house *издательство*

publishing of banns [law.dom.] *объявление о предстоящем браке*

publish the banns for (vb.) [law.dom.] *объявлять о предстоящем браке*

puffery [adv.] *дутая реклама, рекламирование*

puisne judge   [legal] *рядовой судья, член суда*

puisne mortgage   [r.e.] *ипотечное соглашение, по которому кредитор не получает в свои руки документы на закладываемую собственность*

pull   *привлекательность рекламы, пробный оттиск, протекция, усилие*

pulling power   [adv.] *привлекательность рекламы*

pull the carpet away from under feet (vb.)   *выбить почву из-под ног*

pull the carpet away from under x's feet   *выбить почву из-под ног X-а*

pump-priming   [pol.ec.] *государственная дотация, государственная субсидия, подбрасывание средств, экономическая помощь*

punc(hed) card   [comp.] *перфорированная карта*

punch(ed) card   [comp.] *перфокарта*

punched card   [comp.] *перфокарта, перфорированная карта*

punctual (adj.)   *пунктуальный, точный*

punctual delivery   *доставка в срок*

punctually   *пунктуально*

punctual payment   *платеж в срок*

punish (vb.)   *налагать наказание, наносить потери, причинять повреждения;* [leg.pun.] *наказывать*

punishable (adj.)   [leg.pun.] *наказуемый*

punishable, be (vb.)   [leg.pun.] *подлежать наказанию*

punishable by a fine (adj.)   [legal] *караемый штрафом*

punishable by fine (adj.)   [legal] *караемый штрафом*

punishable by fines or simple detention   [leg.pun.] *наказуемый штрафом или административным арестом*

punishment   *взыскание;* [leg.pun.] *наказание*

punishment for subsequent offence   [leg.pun.] *наказание за вновь совершенное преступление, наказание за последующее преступление*

punishment to compel performance of a duty   [leg.pun.] *административный штраф*

punishment to compel performance of duty   [leg.pun.] *административный штраф*

punitive damages   [legal] *штрафные убытки*

punitive measure   [leg.pun.] *штрафная санкция*

pupil   [syst.ed.] *ученик*

pupillage (vb.)   *ученичество;* [legal] *нахождение под опекой*

purchase   *годовой доход с земли, стоимость, ценность;* [comm.] *закупка, купленная вещь, купля, покупка, приобретение;* [legal] *покупка имущества, преимущество*

purchase (vb.)   *закупать, покупать, приобретать*

purchase agreement   *соглашение о покупке*

purchase amount   *объем закупок*

purchase and sales transaction   *сделка купли-продажи*

purchase and sales transactions   *сделки купли-продажи*

purchase by description   [legal] *покупка по описанию*

purchase by sample   *покупка по образцам*

purchase conditions   [legal] *условия покупки, условия приобретения*

purchase credit   *кредит на покупку*

purchase cutoff   [calc.] *ограничение срока покупки*

purchase day book   [book-keep.] *книга суточного учета покупок*

purchased goodwill   [calc.] *приобретенные неосязаемые активы, приобретенный неосязаемый основной капитал*

purchase for stock   [wareh.] *закупка для создания запасов*

purchase for stock (vb.)   *закупать для хранения на складе*

purchase history   [mark.] *распределение покупок во времени*

purchase ledger   [book-keep.] *книга учета покупок*

purchase money mortgage   [r.e.] *ипотека, выдаваемая покупателем вместо наличности при приобретении собственности*

purchase of advertising space   [media] *покупка места для рекламы*

purchase of ascertained goods   [legal] *покупка индивидуализированных товаров*

purchase of companies   *покупка компаний*

purchase of custom-built goods   [legal] *приобретение продукции, изготовленной на заказ*

purchase of fixed assets   [ind.ec.] *приобретение недвижимости*

purchase of generic goods   [legal] *покупка товаров, определенных родовыми признаками*

purchase of goods   *покупка товаров, приобретение товаров*

purchase of goods according to kind   [legal] *покупка товаров в зависимости от сорта*

purchase of goods to be forwarded   [legal] *покупка товаров на срок*

purchase of land   *приобретение земли*

purchase of specific goods   [legal] *покупка индивидуализированных товаров*

purchase on account   *покупка в кредит*

purchase on instalment contract   *покупка в рассрочку*

purchase on sale or return   *покупка с возможностью продажи или возврата*

purchase option   [exc.] *опцион покупателя*

purchase order   *заказ на поставку*

purchase price   *покупная цена, цена, предлагаемая покупателем;* [exc.] *курс, предлагаемый покупателем ценных бумаг;* [ind.ec.] *цена покупателя*

purchaser   *покупатель, приобретатель*

purchase requisition   [ind.ec.] *требование на закупку*

purchaser for value   [legal] *приобретатель по цене конечного спроса*

purchaser for value without notice   [legal] *приобретатель по цене конечного спроса без уведомления*

purchaser in good faith for valuable consideration   *покупатель, настроенный на значительные расходы*

purchaser of an option   [exc.] *покупатель опциона*

purchaser of option   [exc.] *покупатель опциона*

purchaser of securities   *покупатель ценных бумаг*

purchases abroad   *закупки за границей*

purchase sum   *суммарная стоимость закупок*

purchase tax   [tax.] *косвенный налог на покупки (Великобритания)*

purchase to support market   *закупка для поддержания рыночной конъюнктуры*

purchase to support the market   *закупка для поддержания рыночной конъюнктуры*

purchase with delivery in instalments   *закупка с доставкой партиями*

purchase with immediate delivery   *покупка с немедленной доставкой*

purchase with reservation of right of ownership   *покупка с сохранением права собственности*

purchase with right of exchange   *покупка с правом обмена*

purchase with tender of delivery   *покупка с предложением доставки*

purchasing agent   *агент по закупкам, агент по материально-техническому снабжению*

purchasing behaviour   [mark.] *динамика покупок*

purchasing by government agencies   *закупки правительственными организациями*

purchasing cooperative   *закупочный кооператив*

purchasing department   *отдел закупок, отдел материально-технического снабжения*

purchasing function   *закупочная деятельность*

purchasing manager   [pers.manag.] *начальник отдела снабжения*

purchasing officer   [pers.manag.] *должностное лицо закупочного органа*

purchasing power   [pol.ec.] *покупательная сила, покупательная способность*

purchasing power parity (PPP)   [pol.ec.] *паритет покупательной силы*

purchasing unit [mark.] *потребительская единица*

pure competition *идеальная конкуренция*

pure endowment insurance [ins.] *страхование с выплатой страховой суммы лицам, указанным в полисе, или самому застрахованному при достижении определенного срока*

pure life assurance [ins.] *обычное страхование жизни*

pure random sampling *чисто случайный выбор*

purge *очищение, чистка*

purge (vb.) *заглаживать преступление, ликвидировать последствия обвинительного приговора искуплением вины и смирением, очищать, проводить чистку*

purport (vb.) *означать, подразумевать*

purpose *замысел, намерение, результат, решительность, успех, целенаправленность, целеустремленность, цель*

purpose (vb.) *иметь целью*

purpose of, for the *в целях, с целью*

purpose of gain *цель завоевания*

purpose of payment *цель платежа*

purpose requirements *целевые требования*

purse *богатство, денежный фонд, деньги, собранные средства*

pursuance *выполнение, исполнение, преследование*

pursuance of, in [legal] *во исполнение, во осуществление*

pursuant to [legal] *в ответ на, в соответствии с, согласно*

pursuant to articles of association [bus.organ.] *в соответствии с уставом ассоциации*

pursuant to the articles of association [bus.organ.] *в соответствии с уставом ассоциации*

pursue (vb.) *возбуждать дело, возбуждать жалобу, заниматься, избрать своей профессией, искать в суде, неотступно следовать, осуществлять преследование, предъявлять иск, преследовать, придерживаться намеченного плана, проводить политику, продолжать, следовать курсу*

pursuit *выполнение, занятие, исполнение, преследование, стремление*

purvey (vb.) *быть поставщиком, поставлять продовольствие*

purveyor *поставщик*

purveyor to Her Majesty *поставщик двора Ее Величества*

purveyor to the royal household *поставщик королевского двора*

purview *диспозитивная часть постановления, диспозитивная часть распоряжения, область действия, сфера действия закона;* [legal] *диспозитивная часть закона, компетенция, сфера применения*

pushy (adj.) *бесцеремонный, назойливый, нахальный, развязный*

put *обратная премия, опцион на продажу, сделка с обратной премией*

put (vb.) *вкладывать деньги, вносить предложение, излагать, назначать цену, облагать налогом, определять стоимость, оценивать, поставлять, предлагать, формулировать*

put a ceiling on (vb.) *устанавливать максимальный уровень, устанавливать ограничение сверху, устанавливать предел повышения*

put and call [exc.] *двойной опцион, стеллажная сделка*

put and call broker [exc.] *брокер, занимающийся двойными опционами*

put and call option [exc.] *двойной опцион, опцион спред*

put an end to (vb.) *положить конец*

put an item on agenda (vb.) *включить пункт в повестку дня*

put an item on the agenda (vb.) *включить пункт в повестку дня*

put a question (vb.) *ставить вопрос*

put aside (vb.) *выбрасывать, копить, откладывать, резервировать*

putative (adj.) [leg.pun.] *мнимый, предполагаемый*

putative complicity   [leg.pun.] *предполагаемое соучастие*

putative contribution   [leg.pun.] *предполагаемое соучастие*

putative father   [legal] *предполагаемый отец*

putative self-defence   [leg.pun.] *недоказанная самооборона*

put down (vb.) *записывать на счет, опускать, подписывать на определенную сумму, смещать, снижать цену, совершать посадку, урезывать*

put down for subsequent delivery (vb.) *откладывать для последующей поставки*

put forth (vb.) *выпускать, издавать, напрягать, предлагать, пускать в обращение*

put forward (vb.) *выдвигать, заходить в порт;* [legal] *назначать на должность, предъявлять*

put forward a claim (vb.) *предъявлять иск*

put in a claim (vb.) *предъявлять иск*

put in bond (vb.) [cust.] *оставлять товар на таможенном складе до уплаты пошлины*

put in claims (vb.) *предъявлять претензию, предъявлять рекламацию*

put in mothballs (vb.) *ставить на консервацию*

put in prison (vb.) [leg.pun.] *сажать в тюрьму*

put into circulation (vb.) *пускать в обращение*

put into effect (vb.) *осуществлять, проводить в жизнь*

put into service (vb.) *вводить в эксплуатацию, включать в работу*

put in uniform (vb.) [mil.] *призывать на военную службу*

put off (vb.) *отбрасывать, отвлекать, отвлекаться, отделываться, откладывать, отменять, отсрочивать*

put on (vb.) *включать, запускать, прибавлять, приводить в действие, увеличивать*

put on the watch list (vb.) [exc.] *включать в список ценных бумаг, за которыми ведется наблюдение*

put option   [exc.] *контракт, дающий покупателю право продать финансовый инструмент по оговоренной цене в течение определенного времени, опцион 'пут', право владельца облигации предъявить ее до срока к погашению*

put out to tender (vb.) *выставлять на торги*

put premium   [exc.] *премия за право купить или продать финансовый инструмент в течение определенного срока*

putsch   *государственный переворот, путч*

puttable bond   [stock] *облигация с правом досрочного погашения*

put through (vb.) *выполнить, завершить, закончить, осуществить, соединить по телефону*

putting in order of priority   *предъявление в порядке очередности*

put to one side   *ставить на одну из сторон*

put to the vote (vb.) *ставить на голосование*

put up (vb.) *вкладывать деньги, возводить, выдвигать кандидатуру, выставлять, выставлять кандидатуру, консервировать, организовывать, прятать, строить, убирать, финансировать;* [fin.] *повышать цены*

put up a notice (vb.) *вывешивать объявление*

put up bail (vb.) [leg.pun.] *брать на поруки, отпускать под залог, передавать на поруки*

put up for sale (vb.) *выставлять на продажу, продавать*

put up for tender (vb.) *выставлять на торги*

put up money for an undertaking (vb.) [fin.] *финансировать предприятие*

put up money for undertaking (vb.) [fin.] *финансировать предприятие*

put warrant   [exc.] *гарантия опциона 'пут', гарантия сделки с обратной премией*

pyromania   *пиромания, страсть к поджогам*

P & I association   [mar.ins.] *общество страхования ответственности перед третьими лицами*

P & I insurance (protection & indemnity insurance)   [mar.ins.] *страхование ответственности перед третьими лицами*

Q

QA (quality assurance) *гарантия качества, обеспечение качества*
QAR (Qatar riyal) [monet.trans.] *риал Катара*
Qatar riyal (QAR) [monet.trans.] *риал Катара*
QC (quality control) [prod.] *контроль качества, управление качеством*
QC (Queen's Counsel) [legal] *королевский адвокат*
qua *в качестве*
quadrennial (adj.) *длящийся четыре года, происходящий раз в четыре года*
quadrilateral *четырехугольник*
quadrilateral (adj.) *четырехсторонний*
quadripartite (adj.) *разделенный на четыре части, состоящий из четырех частей, четырехсторонний*
quadripartite negotiation *четырехсторонние переговоры*
quadruple (vb.) *превышать в четыре раза, увеличивать в четыре раза*
quadruple (adj.) *четырехсторонний*
qualification *оговорка, оценка, условие;* [legal] *избирательный ценз, модификация, ограничение, условие предоставления права;* [pers.manag.] *годность, квалификация, подготовленность, типовые испытания*
qualification allowance [pers.manag.] *надбавка за квалификацию*
qualification of auditor report *оценка отчета о результатах ревизии*
qualification of the auditor report [aud.] *оценка отчета о результатах ревизии*
qualification of the auditor's report *оценка отчета о результатах ревизии*
qualified (adj.) *годный, квалифицированный, компетентный, несовершенный, обладающий цензом, ограниченный, определенный, подходящий, пригодный, сделанный с оговоркой, условный*
qualified acceptance [legal] *условный акцепт*
qualified endorsement *индоссамент, освобождающий индоссанта от ответственности, индоссамент без гарантии, квалифицированный индоссамент, передаточная надпись, содержащая специальное условие*
qualified opinion [aud.] *квалифицированное заключение*
qualified ownership [legal] *условное право собственности*
qualified participation [bus.organ.] *ограниченное участие*
qualified person *квалифицированный работник*
qualified receipt *условная расписка*
qualified title [legal] *условное правооснование*
qualify (vb.) *быть компетентным, готовить к какой-л. деятельности, готовиться к какой-л. деятельности, готовиться стать специалистом в какой-л. области, давать клятву для получения права на занятие должности, давать присягу, делать правомочным, квалифицировать, обрести право, обучать для какой-л. цели, определять, оценивать, подготавливать, получать аттестат, получать диплом, получать удостоверение, приводить к клятве для введения в должность, приводить к присяге, приобретать какую-л. квалификацию, смягчать, стать правомочным, умерять, уточнять*
qualifying (adj.) *квалификационный, уточняющий*
qualifying for labour market (adj.) [empl.] *отвечающий требованиям рынка рабочей силы*
qualifying for the labour market [empl.] *отвечающий требованиям рынка рабочей силы*
qualifying period [ins.] *испытательный срок*
qualifying share [ind.ec.] *акция, депонируемая членом правления компании на время пребывания в должности*

qualifying shares [ind.ec.] *акции, депонируемые членами правления компании на время пребывания в должности, акции, которые должен иметь член совета директоров компании, акции, которые нужно иметь, чтобы стать членом правления*

qualitative (adj.) *качественный, определяющий качество*

qualitative analysis *качественный анализ*

qualitative character *качественный признак, качественный характер*

qualitative characteristic *качественная характеристика*

qualitative research *качественный анализ*

quality *высокое качество, достоинство, признак, свойство, сорт, характерная особенность;* [comm.] *качество*

quality arbitration *арбитраж по вопросам качества*

quality assurance (QA) *гарантия качества*

quality audit *контроль качества, проверка качества*

quality awareness *знание методов обеспечения качества*

quality check *проверка качества*

quality circle [ind.ec.] *кружок качества*

quality class [prod.] *категория качества*

quality control (QC) [prod.] *контроль качества, проверка качества, регулирование качества, управление качеством*

quality degradation *ухудшение качества*

quality deterioration *ухудшение качества*

quality engineering *разработка методов обеспечения качества продукции, техническое обеспечение качества*

quality evaluation (QE) *оценка качества*

quality gap *несоответствие качества требуемому уровню*

quality goods *товар высокого качества*

quality grade [comm.] *уровень качества*

quality image *представление о качестве*

quality index *показатель качества*

quality inspection [prod.] *контроль качества*

quality label *знак качества*

quality label scheme *система знаков качества*

quality level [comm.] *уровень качества*

quality management [prod.] *управление качеством*

quality manual *руководство по обеспечению качества*

quality mark *знак качества*

quality objective *заданный уровень качества*

quality of life *качество жизни*

quality plan *план обеспечения качества*

quality planning *планирование уровня качества*

quality principle *принцип обеспечения качества*

quality program *программа обеспечения качества*

quality programme *программа обеспечения качества*

quality requirement *требование к уровню качеству*

quality requirements *требования к уровню качеству*

quality sample *выборочный уровень качества*

quality specification *требования к качеству продукции*

quality standard *норматив качества;* [comm.] *стандарт качества;* [EEC] *уровень качества*

quality surveillance *обследование качества, проверка качества*

quality system *система критериев качества, система проверки качества*

quality test *контроль качества, проверка качества*

quality test program *программа контроля качества*

quality test programme *программа контроля качества*

quantifiable (adj.) *поддающийся количественному определению*

quantification *количественное описание*

quantify (vb.) *определять количество*

quantitative (adj.) *количественный*

quantitative adjustment *количественная поправка*

quantitative analysis   *количественный анализ*

quantitative index   *количественный показатель*

quantitatively   *в количественном отношении*

quantitative ratio   *количественное соотношение*

quantitative research   *количественный анализ*

quantitative restriction   *количественное ограничение;*
[comm.] *количественные ограничения*

quantity   *величина;* [comm.] *количество;* [mat.] *размер*

quantity actually bought   *фактический объем закупок*

quantity adjuster   [comm.] *диспашер*

quantity demanded   *требуемое количество*

quantity discount   [comm.] *скидка при продаже большой партии
товара*

quantity index   *количественный показатель*

quantity of goods   *количество товара*

quantity of money   *количество денег*

quantity production   [prod.] *поточно-массовое производство*

quantity setter   [comm.] *фактор, определяющий объем производства*

quantity sold   *проданное количество*

quantity theory of money   [pol.ec.] *количественная теория денег*

quantity variance   *дисперсия количества*

quantum   *доля, количество, сумма, часть*

quantum meruit   *оплата по выполненной оценке;* [legal] *справедливое
вознаграждение за выполненную работу*

quarrel   *вражда, раздор, спор, ссора*

quarter   *арендная плата за квартал, квартал года, квартал города,
круг лиц, четверть доллара, четверть часа, 25 центов;*
[mat.] *три месяца года, четвертая часть, четверть*

quarter, by the   *за квартал*

quarterage   *жилье, квартальная выплата*

quarterday   [ec.] *день квартальных платежей;* [pers.manag.] *первый
день квартала*

quartering   *деление на четыре части*

quarterly   *периодическое издание, выходящее раз в три месяца,
поквартально, раз в квартал*

quarterly (adj.)   *квартальный*

quarterly account   *квартальный расчет*

quarterly accounts   *квартальные финансовые отчеты*

quarterly average   *среднее за квартал*

quarterly internal accounts   [calc.] *квартальные внутренние счета*

quarterly publication   [media] *периодическое издание, выходящее раз в
три месяца*

quarterly report   *квартальный отчет*

quarterly review   *ежеквартальное обозрение, квартальная проверка*

quarterly statement of account   [bank.] *квартальный отчет*

quarterly survey   *квартальная проверка, квартальный обзор*

quarters   *круг лиц, сфера*

quarter-yearly   *ежеквартально*

quartile   [stat.] *квартиль*

quash (vb.)   *аннулировать;* [leg.pun.] *делать недействительным,
отменять, подавлять, признавать недействительным,
сокрушать, уничтожать*

quash a conviction (vb.)   [leg.pun.] *аннулировать приговор, отменять
приговор, снимать обвинение*

quash an election (vb.)   [parl.] *признавать недействительными
результаты голосования*

quashing   *отмена, подавление;* [leg.pun.] *аннулирование, признание
недействительным*

quashing of conviction   [leg.pun.] *объявление приговора
недействительным, отмена приговора, снятие обвинения*

quashing of sentence   [leg.pun.] *отмена приговора*

quasi *как будто, как бы, почти, якобы*

quasi (adj.) *видимый, кажущийся*

quasicontract [legal] *квазидоговор, правоотношения, сходные с договорными*

quasi-contract [legal] *квазидоговор, правоотношения, сходные с договорными*

quasimonetary liquidity *легко реализуемая ликвидность, почти денежная ликвидность*

quasi-monetary liquidity *легко реализуемая ликвидность, почти денежная ликвидность*

quasimoney *активы, легко обращающиеся в наличность, высоколиквидные и свободнообращающиеся активы, денежные субституты, квазиденьги, облигации, у которых почти истекли все сроки*

quasi-money *активы, легко обращающиеся в наличность, высоколиквидные и свободнообращающиеся активы, денежные субституты, квазиденьги, облигации, у которых почти истекли все сроки*

quasipromise *ничем не подкрепленное обещание*

quasi-promise [legal] *ничем не подкрепленное обещание*

quasipublic company *квазигосударственная организация, частная компания с общественными функциями*

quasi-public company *квазигосударственная организация, частная компания с общественными функциями*

quay [nav.] *набережная, пристань, причал, причальная стенка*

quay for bulk goods [nav.] *причал для навалочных грузов*

Queen's Bench Division [legal] *отделение королевской скамьи (Великобритания)*

Queen's Counsel (QC) [legal] *королевский адвокат*

Queen's evidence [leg.pun.] *обвиняемый, изобличающий своих сообщников*

Queen's Proctor [law.dom.] *чиновник Высокого суда, ведающий делами о разводах и завещаниях (Великобритания)*

query *вопрос, вопросительный знак;* [comp.] *запрос*

query language [comp.] *язык запросов*

question *возражение, вопрос, допрос, следствие, сомнение;* [parl.] *проблема*

question (vb.) *задавать вопрос, спрашивать;* [leg.pun.] *допрашивать, опрашивать, подвергать сомнению, сомневаться*

question, in *данный, обсуждаемый, тот, о котором идет речь*

questioning [leg.pun.] *выведывание, допрос, расспрашивание*

questionnaire *анкета, вопросник, опросный лист*

question of competence *вопрос компетенции, вопрос правомочности, вопрос правоспособности*

question of fact *вопрос факта*

question of guilt [leg.pun.] *вопрос о виновности*

question of principle *вопрос принципа*

questions to experts *вопросы к экспертам*

questions to ministers *вопросы к министрам*

questions to the experts [legal] *вопросы к экспертам*

questions to the ministers [parl.] *вопросы к министрам*

question time *время, отведенное в парламенте для вопросов правительству*

Question Time [parl.] *время, отведенное в парламенте для вопросов правительству*

question to the experts [legal] *вопрос к экспертам*

question under caution (vb.) [leg.pun.] *расследуемое дело*

queue *одноканальная система массового обслуживания, очередь*

queue (vb.) *образовывать очередь, стоять в очереди*

queueing theory [stat.] *теория массового обслуживания*

queue management [comp.] *организация очереди*

queuing theory [stat.] *теория массового обслуживания*

quick (adj.) *быстрый, легко реализуемый, ликвидный, скорый*

quick assets [calc.] *быстро реализуемые активы, ликвидные активы, текущие активы*

quick loan *быстрый заем*

quick ratio [ind.ec.] *отношение ликвидности фирмы к сумме долговых обязательств, отношение текущих активов за вычетом запасов и незавершенного производства к текущим пассивам*

quick-reference book [doc.] *краткий справочник*

quick sale *быстрый сбыт*

quickselling (adj.) *быстро реализуемый*

quick turn *быстрая оборачиваемость складских запасов, быстрый оборот*

quick turnover [exc.] *быстрая оборачиваемость*

quid *фунт стерлингов*

quid pro quo [legal] *компенсация, услуга за услугу*

quiet (adj.) *низкий (об уровне деловой активности), спокойный, тайный, тихий*

quiet enjoyment [legal] *спокойное владение, спокойное пользование правом*

quiet period *период регистрации займа в Комиссии по ценным бумагам и биржам в США*

quiet possession *спокойное пользование правом;* [r.e.] *спокойное владение*

quinquennial valuation [r.e.] *оценка недвижимого имущества, проводимая раз в пять лет*

quintillion *квинтильон*

quit (vb.) *выплачивать долг, выполнять обязательство, заканчивать, освобождать от обязательства, оставлять, прекращать;* [pers.manag.] *увольняться*

quitclaim *совершение акта отказа от права;* [legal] *отказ от права*

quitclaim (vb.) *отказываться от права*

quitclaim (deed) *отказ от права*

quitclaim deed [legal] *акт отказа от права*

quittance *возмещение долга, квитанция, освобождение от обязательства, освобождение от ответственности, отказ от права, погашение долга, расписка*

quod vide *смотри (на такой-то странице)*

quorum *кворум, число мировых судей, необходимое для составления судебного присутствия суда сессий*

quorum, form a (vb.) *составлять кворум*

quota *доля, квота, контингент (во внешней торговле), максимальный объем выпуска продукции, часть;* [comm.] *взнос страны-члена в Международный валютный фонд, норма, предельная норма выработки*

quota agreement [comm.] *соглашение о квоте*

quota cartel *картель, устанавливающий квоты*

quota for special deposits [bank.] *квота на специальные депозиты*

quota of mining company [stock] *квота горно-добывающей компании*

quota restraint [comm.] *ограничение квоты*

quota restriction [comm.] *ограничение квоты*

quota sample [stat.] *пропорциональная выборка*

quota scheme *система квот*

quota share reinsurance [ins.] *квотное перестрахование*

quota share reinsurance treaty [ins.] *договор квотного перестрахования*

quota system *система иммиграционных квот, система контингентов;* [comm.] *система квот*

quotation *оферта, цитата, цитирование;* [comm.] *курс, расценка;* [doc.] *цена;* [exc.] *котировка, предложение*

quotation after trading   [exc.] *котировка после заключения сделки*
quotation board   [exc.] *табло с курсом биржевых акций*
quotation for futures   [exc.] *котировка на срок*
quotation in foreign currency   [exc.,comm.] *котировка в иностранной валюте*
quotation price adjustment   [stock] *корректировка курсов*
quotation rate   [exc.] *котировка курса*
quotation value   [exc.] *котировочная стоимость*
quota treaty   [ins.] *соглашение по квотам*
quote (vb.)   *делать ссылку, котировать, назначать ставку, расценивать, ссылаться;* [comm.] *назначать цену;* [exc.] *регистрировать курс*
quote a price (vb.)   [comm.] *назначать цену*
quote a rate   *назначить ставку*
quoted (adj.)   *котируемый, цитируемый*
quoted company   *компания, акции которой котируются на рынке*
quoted exchange rate   [monet.trans.] *котировочный валютный курс, котировочный обменный курс*
quoted price   [comm.] *назначенная цена, объявленная цена, прокотированная цена;* [exc.] *зарегистрированный на бирже курс*
quoted security   [exc.] *ценная бумага, котируемая на фондовой бирже*
quoted value   [stock] *объявленная ценность*

race discrimination   *расовая дискриминация*

racial discrimination   *расовая дискриминация*

racket   *афера, вымогательство, жульническое предприятие, мошенничество, обман, рэкет, шантаж*

rack-rent   [r.e.] *непомерно высокая арендная плата, непомерно высокая квартирная плата*

radiation damage   *лучевая болезнь, радиационное повреждение, радиационное разрушение*

radical (adj.)   *коренной, радикальный*

radio   [media] *радио, радиовещание, радиоприемник*

radio advertiser   [media] *лицо, дающее рекламу по радио*

radio advertising   [media] *радиореклама*

radio announcement   *рекламное сообщение по радио*

Radio Council   *Совет по радиовещанию (Дания)*

radio licence   *разрешение на ведение радиопередач*

raid   *набег, облава, попытка искусственно понизить курс;* [exc.] *налет*

raid (vb.)   *искусственно понижать курс, совершать набег, совершать налет, совершать облаву*

raider   [exc.] *лицо, активно скупающее акции компании с целью получения контрольного пакета, налетчик, участник облавы, участник рейда*

rail carriage   [rail.] *железнодорожный вагон*

rail freight   [rail.] *перевозка грузов по железной дороге*

railroad   [rail.] *железная дорога*

railroads   [rail.] *акции железнодорожных компаний, железнодорожная сеть*

rail transport   [rail.] *железнодорожная перевозка, железнодорожный транспорт, рельсовый транспорт*

rail waggon   [rail.] *железнодорожный вагон*

railway   [rail.] *железная дорога*

railway accident   *авария на железнодорожном транспорте*

railway act   *закон о железных дорогах*

railway bill of lading   [rail.] *железнодорожная накладная*

railway carriage   [rail.] *железнодорожный вагон*

railway cartage by contract   [rail.] *перевозка железнодорожным транспортом по договору*

railway charges   [rail.] *железнодорожные сборы, стоимость проезда по железной дороге*

railway company   *железнодорожная компания*

railway consignment   [rail.] *партия груза, перевозимая по железной дороге*

railway consignment note   [rail.] *железнодорожная накладная*

railway employee   *железнодорожник, работник железной дороги*

railway mail-service   [rail.] *перевозка почты железнодорожным транспортом*

railway parcel   [rail.] *посылка, доставляемая по железной дороге*

railway passenger   *пассажир железнодорожного транспорта*

railway passengers' insurance   [ins.] *страхование пассажиров железнодорожного транспорта*

railway personnel   *железнодорожники*

railways   [rail.] *сеть железных дорог*

railway share   [stock] *акция железнодорожной компании*

railway station   [rail.] *железнодорожная станция, железнодорожный вокзал*

railway tariff   [rail.] *железнодорожный тариф*

railway ticket   [rail.] *железнодорожный билет*

rainfall   *атмосферные осадки, дождь, количество атмосферных осадков*

rainwater damage   [ins.] *ущерб от атмосферных осадков, ущерб от дождя*

raise   *повышение, повышение заработной платы, увеличение;* [pers.manag.] *прибавка к заработной плате*

raise (vb.)   *выращивать, занимать деньги, повышать, поднимать, увеличивать;* [ec.] *извлекать, разводить;* [fin.] *добывать;* [tax.] *собирать налоги*

raise a claim (vb.)   *подавать иск, предъявлять претензию*

raise a loan (vb.)   [bank.] *получать заем, получать ссуду*

raise a loan against the security (vb.)   [bank.] *получать ссуду под ценные бумаги*

raise a loan against the security of (vb.)   [bank.] *получать ссуду под обеспечение*

raise a loan on (vb.)   *получать ссуду на*

raise capital (vb.)   [fin.] *мобилизовать капитал*

raise credit (vb.)   *получать кредит*

raise funds (vb.)   *мобилизовать капитал, получать деньги, получать ссуду*

raise money (vb.)   *мобилизовать капитал, получать деньги*

raise objection (vb.)   *возражать, выдвигать возражение*

raise objections   *выдвигать возражения*

raise taxes (vb.)   *собирать налоги*

raise the official discount rate (vb.)   *повышать официальную ставку дисконта*

raise the price (vb.)   *повышать цену, поднимать цену, увеличивать цену*

raise the price of (vb.)   *увеличивать цену на*

raising   [ec.] *выращивание, разведение, увеличение;* [fin.] *повышение*

raising of a loan   [bank.] *получение займа, получение ссуды*

raising of capital   *мобилизация капитала*

raising of financial loans   *получение денежной ссуды*

raising of funds   *мобилизация средств*

raising of loan   [bank.] *получение займа, получение ссуды*

raising of loans against security   *получение ссуды под обеспечение*

raising of official discount rate   *повышение официальной ставки дисконта*

raising of the official discount rate   [bank.] *повышение официальной ставки дисконта*

rally   *восстановление уровня экономической активности после спада, значительное повышение курса ценной бумаги после снижения, митинг, оживление спроса, сбор, собрание, улучшение цен*

rallying   *восстановление уровня экономической активности после спада, значительное повышение курса ценной бумаги после снижения, оживление спроса, улучшение цен*

rallying dollar rate   *повышающийся курс доллара*

rallying rate   *растущая ставка, увеличивающийся курс*

RAM (random access memory)   [comp.] *запоминающее устройство с произвольной выборкой, память с произвольной выборкой*

rampant inflation   [pol.ec.] *безудержная инфляция*

ramping   [exc.] *скупка ценных бумаг на вторичном рынке с целью поднять их цены*

R and D (research and development)   *НИОКР (научно-исследовательские и опытно-конструкторские работы), НИР (научные исследования и разработки)*

random (adj.)   *беспорядочный, выбранный наугад, произвольно выбранный, произвольный, случайный*

random access   [comp.] *произвольная выборка, произвольный доступ*

random access memory (RAM)   [comp.] *запоминающее устройство с произвольной выборкой, память с произвольной выборкой*

random access storage   *запоминающее устройство с произвольной выборкой;* [comp.] *память с произвольной выборкой*

random check   *выборочная проверка*

randomization   [stat.] *рандомизация*

random number   [comp.] *случайное число*

random number generator   [comp.] *генератор случайных чисел*

random sample   *произвольная выборка;* [mark.] *образец, взятый по схеме случайного отбора, случайный отбор*

random sample check   *проверка случайной выборки*

random sampling   *случайный отбор;* [stat.] *случайный выбор*

random test   *испытание по случайной схеме*

range   *группа, движение, диапазон, линия, неогороженное пастбище, область, пределы изменения, протяжение, размах варьирования, размах выборки, расстояние, ряд, степень, широта распределения;* [comm.] *амплитуда, класс, пространство;* [ec.] *область распространения*

range (vb.)   *классифицировать, колебаться в определенных пределах*

range of application   *область применения*

range of contacts   *круг контактов*

range of distribution   *широта распределения*

range of goods   *ассортимент товаров*

range of samples   *коллекция образцов*

rangeport   *внешняя гавань*

ranger   *лесник, лесничий, объездчик*

range surcharge   [nav.] *дополнительный сбор за дальность перевозки*

rank   *высокое положение, должность, категория, класс, место по порядку, разряд, ранг, ряд;* [pers.manag.] *давать оценку, звание, служебное положение*

rank (vb.)   *классифицировать, относить, причислять, ранжировать, располагать в определенном порядке, устанавливать очередность*

rank after (vb.)   [r.e.] *идти непосредственно за*

rank alongside with (vb.)   *быть в одной категории с*

rank and file   *рядовые представители, рядовые члены;* [mil.] *рядовой состав*

ranking   *расположение, расстановка;* [r.e.] *классификация, порядковый номер, ранжирование, упорядочение*

ranking (adj.)   *важный, высокопоставленный, заметный, занимающий высокое положение, стоящий выше по положению;* [r.e.] *вышестоящий*

ranking method   *способ упорядочения*

ranking order   *порядок ранжирования, порядок расстановки*

rank with (vb.)   *иметь то же значение, что и, относиться к определенной категории*

ransack   *грабеж, тщательный обыск*

ransack (vb.)   *грабить, обыскивать*

rape   [leg.pun.] *изнасилование*

rape (vb.)   [leg.pun.] *изнасиловать, насиловать*

rape victim   [leg.pun.] *жертва изнасилования*

rapid (adj.)   *быстрый, скоростной, скорый*

rapid development   *бурное развитие*

rapidity   *быстрота, скорость*

rapidly growing (adj.)   *быстро растущий, быстро увеличивающийся*

rapidly increasing (adj.)   *быстро возрастающий*

rapid memory   *запоминающее устройство с малым временем выборки, запоминающее устройство с произвольной выборкой;* [comp.] *память с быстрой выборкой, память с малым временем выборки*

rapid sale   *быстрая распродажа*

rapid store   *запоминающее устройство с малым временем выборки;* [comp.] *запоминающее устройство с быстрой выборкой*

rapist   [leg.pun.] *виновный в изнасиловании, насильник*

rapporteur   [EEC] *докладчик*

rapprochement   [dipl.] *сближение между государствами*

rare (adj.)   *малораспространенный, негустой, неплотный,
разреженный, редкий, редко встречающийся*

raster   [print.] *растр*

rat   [empl.] *доносчик, осведомитель, провокатор, штрейкбрехер;*
[sl.] *предательство, ренегатство*

rate   *интенсивнось, класс, коммунальный налог, местный налог,
мощность, налог на землю, оценка, пропорция, процент,
размер, разряд, сорт, учетная ставка;* [comm.] *коэффициент,
норма, ставка таможенной пошлины, такса;* [ec.] *поземельный
налог, расход, скорость, степень, темп;* [monet.trans.] *показатель;*
[trans.] *курс, цена*

rate (vb.)   *нормировать, оценивать;* [ec.] *облагать налогом,
определять тариф;* [tax.] *расценивать, таксировать,
тарифицировать*

rate   *тариф*

rate (of exchange)   *обменный курс;* [monet.trans.] *валютный курс,
вексельный курс*

rateable (adj.)   *оцененный, оценочный, подлежащий обложению
налогом, подлежащий обложению сбором, пропорциональный,
соответственный, соразмерный*

rateable share   *доля собственности, облагаемая налогом*

rateable value   [tax.] *облагаемая стоимость*

rateably   *пропорционально, соразмерно*

rate applicable   *действующий тариф*

rate base   *база для исчисления тарифа*

rate card   *тарифное расписание*

rated capacity   [prod.] *номинальная мощность, расчетная
производительность*

rated life   *номинальная долговечность, номинальная наработка,
номинальный ресурс, расчетная долговечность, расчетная
наработка;* [prod.] *расчетный ресурс, расчетный срок службы*

rate increase   *повышение ставки, повышение тарифа*

rate of activity   *уровень активности*

rate of change   *темп изменения*

rate of company tax   [tax.] *ставка налогового обложения компании*

rate of contango   [exc.] *размер надбавки по репортным операциям*

rate of conversion   *конверсионный курс;* [monet.trans.] *коэффициент
перевода*

rate of corporation tax   [tax.] *ставка налогового обложения корпорации*

rate of depreciation   [calc.] *норма амортизации, степень
обесценивания*

rate of development   *темп развития*

rate of drawdown   *темп снижения*

rate of duty   [cust.] *ставка таможенной пошлины*

rate of earnings   [fin.] *норма дохода*

rate of exchange   *обменный курс;* [monet.trans.] *валютный курс,
вексельный курс*

rate of expansion   *степень расширения, темп роста*

rate of growth   *темп прироста, темп роста, темп увеличения*

rate of increase   *темп прироста, темп роста, темп увеличения*

rate of increase in lending   [pol.ec.] *темп увеличения объема
кредитования*

rate of inflation   [pol.ec.] *темп инфляции, уровень инфляции*

rate of interest   *норма процента;* [bank.] *ставка процента*

rate of interest for overdraft facilities   [bank.] *ставка процента по
овердрафту*

rate of interest on deferred payments   *ставка процента по
отсроченным платежам*

rate of interest paid by bank   *ставка процента, выплачиваемая банком*

rate of inventory turnover   *скорость оборота акций;* [ind.ec.] *скорость
движения товарных запасов, скорость оборачиваемости
товарных запасов*

rate of investment   *норма инвестиций, норма капиталовложений*

rate of issue   [exc.] *курс выпуска, эмиссионный курс*

rate of levy   [tax.] *ставка налога, ставка сбора*

rate of loading   [trans.] *норма погрузки*

rate of loss   *норма потерь*

rate of natural increase   [pol.ec.] *процент естественного прироста, темп естественного прироста*

rate of occurrence   [stat.] *интенсивность потока событий*

rate of pay increases   [empl.] *темп роста ставок заработной платы*

rate of postage within a postal zone   [post] *размер зональных почтовых сборов*

rate of postage within postal zone   *размер зональных почтовых сборов*

rate of price increases   [pol.ec.] *темп роста цен*

rate of profit   *норма прибыли*

rate of profitability   [ind.ec.] *степень рентабельности*

rate of return   [fin.] *коэффициент окупаемости капиталовложений, норма прибыли*

rate of return on investment   [fin.] *коэффициент окупаемости капиталовложений, норма прибыли на инвестированный капитал, норма прибыли от капиталовложений*

rate of shrinkage   *норма усушки*

rate of stockturn   [ind.ec.] *норма оборачиваемости товарных запасов, скорость оборачиваемости товарных запасов*

rate of tax   [tax.] *налоговая ставка, ставка налогового обложения*

rate of taxation   [tax.] *налоговая ставка, ставка налогового обложения*

rate of throughput   [prod.] *производительность, пропускная способность*

rate of turnover   [ind.ec.] *скорость оборачиваемости, скорость оборота*

rate of unemployment   [empl.] *уровень безработицы*

rate of unionization   [empl.] *процент охвата профсоюзами*

rate of VAT   [tax.] *норма налога на добавленную стоимость*

rate of wastage   *норма отходов*

rate of work   *мощность;* [empl.] *интенсивность работы, производительность работы*

rate refund   *возврат переплаты по тарифу*

rate ruling on date of acquisition   [calc.] *курс, преобладающий в день приобретения*

rate ruling on the date of acquisition   [calc.] *курс, преобладающий в день приобретения*

rates   [tax.] *коммунальные налоги, налог, взимаемый местными органами с владельцев недвижимости (Великобритания)*

rates and taxes   [tax.] *коммунальные и государственные налоги*

ratification   *последующее одобрение, последующее подтверждение, ратификационная грамота;* [law nat.] *ратификация, утверждение;* [legal] *разрешение*

ratification of contract   [legal] *ратификация договора*

ratification procedure   [law nat.] *процедура ратификации*

ratify (vb.)   *разрешать, скреплять подписью, утверждать;* [law nat.] *ратифицировать;* [legal] *скреплять печатью*

ratify a contract (vb.)   [legal] *ратифицировать договор, утверждать договор*

rating   *допустимое значение параметра, номинальное значение параметра, номинальный предел, номинальный режим работы, нормирование, определение тарифа, оценка, параметр, производительность, расчетное значение параметра, сумма местного налога, таксировка, характеристика, хронометраж;* [ind.ec.] *номинал, оценка финансового положения;* [media] *квалификационная отметка, принадлежность к категории, принадлежность к классу, рейтинг;* [prod.] *расчет тарифа;* [tax.] *маркировка, обложение налогом, сумма налога, установление разряда*

rating principle   *принцип расчета страховых премий, принцип расчета тарифных ставок*

ratio   *доля, коэффициент, относительная величина, относительный показатель, передаточное отношение, процент, соотношение;* [ind.ec.] *пропорция;* [mat.] *отношение;* [stock] *норма покрытия*

ratio decidendi   [legal] *мотивы решения, основания резолютивной части решения*

ration   *паек, рацион*

ration (vb.)   *выдавать по карточкам, нормировать, обеспечивать, распределять по карточкам, рационировать, снабжать*

rational (adj.)   *благоразумный, разумный, рациональный*

rational expectations   [pol.ec.] *разумные намерения*

rationalization   [ind.ec.] *рационализация, совершенствование производства*

rationalization investment   *инвестиции в рационализацию производства*

rationalization scheme   *программа рационализации*

rationalize (vb.)   *рационализировать, совершенствовать производство*

ration card   *продовольственная карточка*

rationing   *нормирование, продажа по карточкам, рационирование*

ratio of subscription   [bus.organ.] *подписной коэффициент*

ratio scale   *шкала оценок*

ravishment   *изнасилование*

raw (adj.)   *неочищенный;* [prod.] *неквалифицированный, необогащенный, необработанный, необученный, неопытный, сырой*

raw data   [comp.] *необработанные данные*

raw material   *исходный материал, сырье, сырьевой материал*

raw material market   *рынок сырья*

raw material price   *цена на сырье*

raw material price index   *индекс цен на сырье*

raw materials and consumables   [calc.] *сырье и потребительские товары*

raw material shortage   *дефицит сырья, нехватка сырья*

raw materials tax   [tax.] *налог на сырье*

raw material supply   *поставка сырья, снабжение сырьем*

raw product   *сырье*

rBsumB   *конспект*

rBsumé   *резюме*

RC (Red Cross)   *Красный Крест*

R/D cheque (refer to drawer cheque)   [bank.] *'обратитесь к выдавшему чек'*

re   *в деле, дело, касательно, относительно, по делу, ссылаясь на*

re, in   *в деле;* [legal] *по делу*

reach   *доступность, досягаемость, кругозор, область воздействия, охват;* [adv.] *охват средствами рекламы*

reach (vb.)   *достигать, доходить, оказывать влияние, охватывать, простираться*

reach an agreement (vb.)   *достигать соглашения*

reach an all-time high (vb.)   *достигать наивысшего уровня, достигнуть наивысшего уровня*

reach and frequency   [adv.] *охват и частота повторения рекламы*

reacquire (vb.)   *вновь приобретать, выкупать*

reacquired share   [bus.organ.] *вновь приобретенная акция*

reacquired stock   [bus.organ.] *вновь приобретенная акция*

reacquisition   *выкуп, повторное приобретение*

react (vb.)   *воздействовать, действовать, противодействовать, реагировать*

reaction   *влияние, воздействие, действие, изменение курсов на бирже, противодействие, реакция*

reactionary   *реакционер*

read (vb.) *гласить, зачитывать, интерпретировать, оглашать, считывать, толковать*

readaptation of workers [empl.] *реадаптация работников*

read as follows (vb.) *гласит следующее*

reader *программа считывания, устройство считывания, читатель, читающее устройство;* [comp.] *считывающее устройство*

reader response [mark.] *реакция читателей, читательский отклик*

readership [media] *круг читателей*

readers per copy [media] *число читателей на экземпляр издания*

read head *считывающая головка;* [comp.] *головка считывания*

readily sold (adj.) [mark.] *легко распроданный*

readiness *готовность, подготовленность*

reading *вариант текста, интерпретация, истолкование, отсчет, отсчет показаний, показание прибора, понимание, снятие показаний, считывание, толкование, формулировка;* [parl.] *чтение*

reading (of the indictment) [leg.pun.] *чтение (обвинительного акта)*

reading of the indictment [leg.pun.] *чтение обвинительного акта*

readings *данные, показатели*

reading time [media] *время, уделяемое чтению*

readjust (vb.) *изменять, исправлять, приспосабливать;* [book-keep.] *переделывать;* [empl.] *перестраивать*

readjustment *восстановление нарушенного равновесия, исправление, корректировка, переделка, приведение в порядок;* [book-keep.] *приспособление, реорганизация;* [empl.] *перестройка*

read-only memory (ROM) *постоянная память;* [comp.] *постоянное запоминающее устройство*

read over to and approved [legal] *заслушано и одобрено*

reads as follows (vb.) *документ гласит*

read/write head [comp.] *головка считывания - записи, универсальная головка*

read/write memory [comp.] *запоминающее устройство с оперативной записью и считыванием, память с оперативной записью и считыванием*

ready (adj.) *готовый, легкий, легкодоступный, ликвидный, наличный, подготовленный, приготовленный, склонный*

ready and willing, be (vb.) [legal] *быть согласным*

ready assets *ликвидные активы, свободные средства*

ready cash *наличность, наличные деньги*

ready condition [comp.] *состояние готовности*

ready for *готовый к*

ready for delivery (adj.) *готовый к доставке*

ready for development (adj.) *пригодный для застройки*

ready for operation (adj.) *готовый к эксплуатации*

ready for press (adj.) [print.] *подготовленный к печати*

ready for sale (adj.) *готовый к распродаже*

ready for sending (adj.) *приготовленный к отправке*

ready-made spot [media] *заранее отснятая передача*

ready market [ind.ec.] *готовый рынок*

ready money *наличность, наличные деньги*

ready state [comp.] *состояние готовности*

ready to load (adj.) *готовый к погрузке*

ready to supply (adj.) *готовый к поставке*

reaffirmation *повторное подтверждение*

real (adj.) *вещный, действительный, исчисленный в постоянных ценах, настоящий, натуральный, недвижимый, неподдельный, несомненный;* [r.e.] *реальный*

real and money wages [pol.ec.] *реальная заработная плата в денежном выражении*

real assets *недвижимое имущество*

real balance effect [pol.ec.] *эффект Пигу, эффект реальных кассовых остатков*

real capital [pol.ec.] *реальный капитал*

real contract [legal] *реальный договор*

real economy *реальная экономика*

real estate [r.e.] *недвижимое имущество, недвижимость*

real estate acquisition *приобретение недвижимости*

real estate administration *ведомство, занимающееся вопросами недвижимости*

real estate agent *агент по операциям с недвижимостью*

real estate business *сделка с недвижимостью*

real estate company *компания, ведущая операции с недвижимостью*

real estate department *отдел, ведущий операции с недвижимостью*

real estate development company *строительная компания*

real estate duty *налог на недвижимость*

real estate fund *фонд недвижимости*

real estate investment company *компания, специализирующаяся на инвестициях недвижимости*

real estate investment society *общество, специализирующееся на инвестициях в недвижимости*

real estate investment trust *учреждение, специализирующееся на инвестициях в недвижимость*

real estate market *рынок недвижимости*

real estate portfolio *портфель недвижимости*

real estate register [r.e.] *реестр недвижимости*

real estate sale *продажа недвижимости*

real estate surveyor and valuer [r.e.] *инспектор и оценщик недвижимости*

real estate tax [tax.] *налог на недвижимость*

real estate trust *компания, управляющая недвижимостью по доверенности*

real estate value [tax.] *стоимость недвижимости*

real evidence [legal] *вещественные доказательства*

real GNP *реальный валовой национальный продукт*

real gross national product *реальный валовой национальный продукт*

realign currencies (vb.) [monet.trans.] *регулировать курсы валют*

realignment *перегруппировка, пересмотр, перестройка, регулирование, реорганизация*

realignment of currencies [monet.trans.] *пересмотр курсов*

realignment of parities [monet.trans.] *пересмотр паритетов*

realignment reserve [monet.trans.] *резерв для пересмотра курсов*

real income *доход в неизменных ценах, реальный доход*

real interest rate [bank.] *реальная ставка процента*

real investment [ind.ec.] *капиталовложения в реальный основной капитал*

realistic expectations *реалистические виды на будущее*

reality of contract [legal] *подлинность контракта*

realizable (adj.) *ликвидный, могущий быть проданным, могущий быть реализованным, осуществимый, реализуемый*

realizable assets *реализуемые активы*

realizable value *реализуемая стоимость*

realization *превращение в деньги;* [ec.] *выполнение, осуществление, реализация;* [leg.pun.] *продажа*

realization account [bus.organ.] *счет реализации объектов основного капитала при ликвидации фирмы*

realization fund *реализационный фонд*

realization of assets *реализация фондов*

realization of profit *получение прибыли*

realization of profits *получение прибылей*

realization of the assets *реализация фондов*

realization principle *принцип реализации*

realization value *реализованная стоимость;* [bus.organ.] *цена фактической продажи*

realize (vb.) *воплощать в жизнь, выполнять, выручать, использовать, осознавать, осуществлять, понимать, превращать в деньги, представлять себе, продавать, ясно понимать;* [ec.] *выручать сумму, обращать в деньги, получать цену, реализовать*

realize assets (vb.) [ind.ec.] *реализовать активы*

realized capital gain [cxc.] *доход от прироста капитала*

realized gain *реализованная прибыль;* [calc.] *полученная прибыль*

realized loss *установленный ущерб*

realized profit *полученная прибыль, реализованная прибыль*

reallotment of land *перераспределение земельных ресурсов*

reallotment policy *политика передела земли*

reallowance [cxc.] *повторная скидка*

real national income *национальный доход в неизменных ценах, реальный национальный доход*

real net national income *чистый национальный доход в неизменных ценах*

real people [adv.] *обычная аудитория, простые люди*

real property [legal] *недвижимое имущество, недвижимость*

real property acquisition *приобретение недвижимости*

real property assessment authority [tax.] *орган, оценивающий недвижимость*

real property assets [r.e.] *недвижимое имущество, недвижимость*

real property business *операции с недвижимостью, сделки с недвижимостью*

real property company *компания, ведущая операции с недвижимостью*

real property holding [r.e.] *владение недвижимым имуществом*

real property mortgage deed [r.e.] *закладная под недвижимость*

real property value [tax.] *стоимость недвижимости*

real purchasing power [monet.trans.] *реальная покупательная способность*

real rate of return *реальная норма прибыли, реальный коэффициент окупаемости капиталовложений*

real terms *реальное выражение*

real terms, in *в неизменных ценах, в постоянных ценах, в реальном выражении*

real time *истинное время, истинный масштаб времени, протекающий в истинном масштабе времени, работающий в реальном масштабе времени, реальное время, реальный масштаб времени*

real-time (adj.) *протекающий в истинном масштабе времени, работающий в реальном масштабе времени*

real-time data processing *обработка данных в реальном масштабе времени;* [comp.] *обработка данных в темпе их поступления*

real-time operation [comp.] *работа в реальном масштабе времени*

real-time processing [comp.] *обработка данных в реальном масштабе времени, обработка данных в темпе их поступления*

realtor *агент по продаже недвижимости*

realty [legal] *недвижимое имущество;* [r.e.] *недвижимость*

real value *реальная стоимость, реальная ценность*

real wages *реальная заработная плата*

real weight [trans.] *фактическая масса*

reappraisal *переоценка, перерасчет*

rearrange (vb.) *перегруппировывать, переделывать, переставлять, перестраивать, приводить в порядок, реконструировать*

rearrangement *перегруппировка, переделка, перестановка, переустройство, приведение в порядок, реконструкция, реорганизация*

rearrangement of mortgages [r.e.] *изменение порядка закладных*

rearrange mortgages (vb.) [r.e.] *перезакладывать имущество, повторно отдавать в залог*

reason   *аргумент, интеллект, мотив, основание, причина, разум, соображение*

reasonable (adj.)   *обоснованный, подходящий, приемлемый, разумный, рассудительный, резонный, справедливый, сходный (о цене)*

reasonable man   [legal] *благоразумный человек*

reasonableness   *обоснованность*

reasonable price   *умеренная цена*

reasonably   *благоразумно, недорого, приемлемо, разумно*

reasonably prudent man   [ins.] *осторожный человек, расчетливый человек*

reasoned argument   *веский аргумент*

reasoned arguments   *веские аргументы*

reasoned decision   [legal] *обоснованное решение*

reasoned statement   *аргументированное заявление*

reason for remission of sentence   [leg.pun.] *основание для освобождения от наказания*

reason for termination   *основание для прекращения*

reason of complaint   *основание для подачи жалобы, основание для подачи иска*

reason of the complaint   *основание для подачи жалобы, основание для подачи иска*

reasons of conscience   *доводы разума*

reasons of economy   *обоснование экономии*

reason to believe   *основание считать*

reason-why advertising   [adv.] *аргументированная реклама*

reason-why copy   [adv.] *аргументированный рекламный текст*

reassess (vb.)   *переоценивать;* [tax.] *облагать заново, определять заново*

reassessment   *повторная оценка, повторное обложение;* [tax.] *переоценка*

reassignment   *перевод по службе;* [r.e.] *переуступка права собственности*

reassume an estate (vb.)   [legal] *возвращать право на имущество*

reassurance   [ins.] *перестрахование*

reassure (vb.)   [ins.] *перестраховывать*

rebate   *возврат части процентных платежей при досрочном погашении кредита;* [comm.] *возврат переплаты, вычет процентов, скидка с цены товары, уступка, ценовая скидка;* [trans.] *возврат процентов*

rebate cartel   *картель, предусматривающий возврат процентов*

rebate granted for repeat advertising   [media] *скидка, предоставляемая при повторной передаче рекламы*

rebill account   [book-keep.] *счет взаимных расчетов*

rebuild (vb.)   *восстанавливать;* [r.e.] *реконструировать*

rebuilding   *капитальный ремонт, перестройка, реконструкция;* [r.e.] *восстановление*

rebuilding and extension   [r.e.] *реконструкция и расширение*

rebuilding costs   [r.e.] *затраты на реконструкцию*

rebuilding loan   [r.e.] *ссуда на реконструкцию*

rebuke (vb.)   *делать замечание, объявлять выговор, осуждать, отчитывать, упрекать*

rebuke, administer a (vb.)   *объявлять выговор*

rebuked, be (vb.)   *получать выговор*

rebut (vb.)   *отвергать, отводить обвинения;* [legal] *опровергать иск, отклонять предложение, представлять контрдоказательства*

rebut a presumption (vb.)   *опровергать презумпцию*

rebuttable presumption   [legal] *опровержимая презумпция*

rebutter   *представление доказательств;* [legal] *опровержение, третья состязательная бумага ответчика*

rebutting evidence   *контрдоказательство, опровергающее доказательство;* [legal] *контрдоказательства, опровергающие доказательства*

recalculate (vb.) *вычислять заново*

recalculation *перерасчет, повторное вычисление, повторный подсчет*

recalculation of a benefit [soc.] *перерасчет пособия*

recalculation of benefit [soc.] *перерасчет пособия*

recall *отзыв должностного лица, отозвание;* [adv.] *воспоминание, напоминание;* [doc.] *аннулирование, отмена;* [prod.] *снятие с продажи*

recall (vb.) *напоминать, требовать обратно;* [doc.] *аннулировать, изымать;* [prod.] *отзывать*

recall ambassador (vb.) [dipl.] *отзывать посла*

recall an ambassador (vb.) [dipl.] *отзывать посла*

recall a product (vb.) *возвращать продукцию;* [prod.] *отзывать продукцию*

recall of a product [prod.] *возврат продукции*

recall of a witness [legal] *отозвание свидетеля*

recall of goods *отзыв товара*

recall of product *отзыв продукции;* [prod.] *возврат продукции*

recall of witness [legal] *отозвание свидетеля*

recall product (vb.) *возвращать продукцию;* [prod.] *отзывать продукцию*

recall ratio [doc.] *норма возврата*

recall research [adv.] *анализ возврата продукции*

recapitalization [ind.ec.] *изменение структуры капитала компании, рекапитализация*

recapitulate (vb.) *перечислять, резюмировать, суммировать*

recapitulation *вывод, краткое повторение, подведение итога, резюме, рекапитуляция, суммирование*

recapture [tax.] *восстановление правительством ранее ликвидированных налоговых льгот, конфискация*

recapture of earnings *требование о переводе в государственную казну прибыли, полученной сверх обусловленной нормы*

recede (vb.) *отказываться, отрекаться, падать, понижаться*

recede from (vb.) *отступать, отступать от*

receding (adj.) *падающий, снижающийся*

receding market *рынок со снижающимися курсами*

receding price *снижающаяся цена, снижающийся курс*

receipt *получение, способ достижения, средство;* [legal] *расписка в получении*

receipt (vb.) *выдавать расписку в получении, расписываться в получении*

receipt, against *под расписку*

receipt, give a (vb.) *выдавать расписку в получении, расписаться в получении*

receipt book *квитанционная книжка*

receipt form *бланк квитанции, образец расписки*

receipt for mortgage instalment payment [r.e.] *квитанция о получении очередного ипотечного взноса*

receipt in full [book-keep.] *расписка в получении полной суммы*

receipt in settlement [book-keep.] *расписка в полном расчете*

receipt of, be in (vb.) *выдавать расписку в получении*

receipt of discharge *квитанция об уплате долга, квитанция о погашении долга*

receipt of goods *получение товара, прием грузов*

receipt of order [ind.ec.] *получение заказа*

receipts [ind.ec.] *выручка, денежные поступления, доход, приход*

receipts and expenditure [book-keep.] *приход и расход*

receipts and payments account [book-keep.] *счет прихода и расхода*

receipts from freight traffic [trans.] *поступления от перевозки грузов*

receipts from goods traffic [trans.] *поступления от перевозки грузов*

receipts from shipping *поступления от перевозки грузов*

receipts of financial year   *доходы за финансовый год*
receipts of foreign exchange   *поступления иностранной валюты*
receipts of the financial year   *доходы за финансовый год*
receipts on travel account   *поступления на счет доходов от туризма*
receipt stamp   *штамп, подтверждающий получение*
receipt to account   *поступления на счет*
receipt to bearer   *квитанция на предъявителя*
receipt to the account   *поступления на счет*
receipt to the bearer   *квитанция на предъявителя*
receipt with right to recovery of excess payment   [legal] *квитанция с правом взыскания переплаты*
receivables   [calc.] *дебиторская задолженность, причитающиеся суммы, суммы к получению, счета дебиторов*
receive (vb.) *воспринимать, допускать, получать, принимать, принимать во внимание*
receive an order (vb.) *получать заказ, принимать заказ*
received (adj.) *полученный*
received-for-shipment bill of lading   [nav.] *коносамент на груз, принятый к перевозке*
received luggage   [trans.] *полученный багаж*
receive interest (vb.) *получать процентный доход*
receive order (vb.) *получать заказ, принимать заказ*
receive payment in full (vb.) *получать платеж полностью*
receiver   *радиоприемник, телефонная трубка;* [bankr.leg.] *ликвидатор, сборщик налогов, товарополучатель, укрыватель похищенного имущества, управляющий конкурсной массой;* [legal] *получатель;* [trans.] *администратор доходов, инкассатор доходов, приемщик*
receiver of compensation   [legal] *получатель компенсации*
receiver of stolen goods   [leg.pun.] *скупщик краденого*
receivership   [bankr.leg.] *управление имуществом по доверенности, управление конкурсной массой*
receivership, be put under   [bankr.leg.] *получать право управлять конкурсной массой*
receive satisfaction (vb.) *получать встречное удовлетворение, получать компенсацию*
receiving   [leg.pun.] *приобретение имущества, добытого заведомо преступным путем*
receiving (adj.) *приемный, приемочный;* [leg.pun.] *принимающий*
receiving clerk   *приемщик*
receiving community   *принимающая группа*
receiving country   *принимающая страна*
receiving employee   *приемщик*
receiving of stolen goods   [leg.pun.] *укрытие краденого*
receiving order   [bankr.leg.] *постановление суда об открытии конкурса, приказ суда о назначении правопреемника неплатежеспособного лица*
receiving stolen goods   *скупка краденого*
recent (adj.) *недавний, последний*
recent date, of a more   *на более позднюю дату*
recently acquired (adj.) *недавно приобретенный*
recently equipped (adj.) *недавно оборудованный, недавно оснащенный*
recent trends   *последние тенденции*
reception   *встреча, получение, прием, принятие*
reception clerk   [pers.manag.] *регистратор*
reception committee   *приемная комиссия*
reception hours   *часы приема*
receptionist   [pers.manag.] *регистратор, секретарь приемной*
reception room   *гостиная, приемная, регистратура*
recession   [pol.ec.] *отступление, падение, понижение, рецессия, спад, удаление, уход*
recessionary trends   [pol.ec.] *кризисные тенденции*

recession curve   [pol.ec.] *кривая спада*

recession marketing   [mark.] *сбыт в условиях спада*

recession period   [pol.ec.] *период спада*

recession year   [pol.ec.] *кризисный год*

recharge (vb.)   *повторно взыскивать, повторно требовать оплату*

recidivist   [leg.pun.] *рецидивист*

recipe   *способ, средство*

recipient   *получатель, приемник, реципиент*

recipient (adj.)   *восприимчивый;* [legal] *получающий*

recipient country   *страна-получатель*

recipient of amount   *получатель суммы*

recipient of a transfer payment   *получатель трансфертного платежа;*
  [soc.] *получатель передаточного платежа*

recipient of benefits   [soc.] *получатель льгот*

recipient of cash benefit   [soc.] *получатель денежного пособия*

recipient of cash benefits   *получатель денежных выплат*

recipient of grant   *получатель субсидии*

recipient of public assistance   [soc.] *получатель государственной*
  помощи

recipient of transfer payment   *получатель трансфертного платежа;*
  [soc.] *получатель передаточного платежа*

recipient quality planning   *планирование входного качества*

reciprocal (adj.)   *взаимно обязывающий, взаимный, двусторонний,*
  заключенный на основе взаимности, обоюдный, обратный,
  равный, соответственный, эквивалентный

reciprocal contract   *двусторонняя сделка;* [legal] *двусторонний*
  договор

reciprocal convention   [legal] *двустороннее соглашение*

reciprocal drawing facilities   [bank.] *совместно используемые средства*
  заимствования

reciprocal obligations   [legal] *взаимные обязательства*

reciprocal right of deduction   [tax.] *взаимное право удержания*

reciprocal shareholding   *совместное владение акциями, совместное*
  участие в акционерном капитале

reciprocal treaty   [legal] *двусторонний договор*

reciprocity   *взаимность, взаимодействие, обоюдность*

reciprocity agreement   [legal] *соглашение, основанное на взаимности*

recital   *изложение, описание, подробное перечисление фактов*

recitals   [legal] *декларативная часть документа, констатирующая*
  часть документа

recite (vb.)   *излагать, перечислять*

reckless act   [leg.pun.] *неосторожное действие*

reckless driving   *нарушение правил дорожного движения,*
  неосторожная езда

reckless negligence   *неосторожность;* [legal] *небрежность*

recklessness   *небрежность;* [leg.pun.] *неосторожность*

reckon (vb.)   *исчислять, подводить итог, подсчитывать, полагать,*
  придерживаться мнения, рассматривать, считать

reckon among (vb.)   *относить, относить к, причислять, причислять к*

reckoning   *вычисление, подсчет, расплата, расчет;* [mat.] *счет*

reckon on (vb.)   *полагаться на, рассчитывать на*

reckon with (vb.)   *принимать во внимание, считаться с*

reclaim (vb.)   *восстанавливать, исправлять, переделывать,*
  регенерировать, ремонтировать, утилизировать;
  [legal] *использовать, подавать апелляцию, требовать обратно*

reclamation   *восстановление, исправление, мелиорация, переделка,*
  предъявление претензии, предъявление рекламации, претензия,
  протест, регенерация, рекламация, требование возмещения,
  улучшение

reclamation of land   *освоение земли*

reclassification   *перегруппировка;* [book-keep.] *изменение классификации*

reclassify (vb.) заново систематизировать, изменять классификацию; [book-keep.] *перегруппировывать*

recognition одобрение, официальное признание, подтверждение, предоставление слова, признание, распознавание, санкция, утверждение; [adv.] *опознавание*

recognition arrangement *договоренность о признании*

recognition of authorization *соглашение о наделении правами*

recognizance [legal] обязательство, связанное с поручительством; [leg.pun.] *залог при поручительстве, обязательство, данное в суде и занесенное в судебный протокол, признание*

recognize (vb.) выражать одобрение, выражать признание, давать залог при поручительстве, давать обязательство в суде, осознавать, отдавать должное, официально признавать, предоставлять слово, узнавать, ценить

recognized (adj.) законный, общепризнанный, правомочный, признанный

recognize expenses (vb.) определять расходы

recognize income (vb.) [calc.] *определять доход*

recognize on account (vb.) [book-keep.] *заносить на счет*

recognize on an account (vb.) [book-keep.] *заносить на счет*

recommend (vb.) вверять, давать рекомендацию, отзываться положительно, поручать попечению, рекомендовать, советовать

recommendable (adj.) достойный, заслуживающий рекомендации, рекомендуемый

recommendation положительный отзыв, предложение, совет; [EFC] *рекомендация*; [pers.manag.] *похвала, представление к награде*

recommendation for [pers.manag.] *выдвижение кандидата*

recommendation to management *рекомендация руководителям*

recommendation to the management *рекомендация руководителям*

recommended price [comm.] *предложенная цена*

recommended retail price [comm.] *предложенная розничная цена*

recommend for (vb.) [pers.manag.] *выдвигать на должность*

recommend to management (vb.) *рекомендовать руководителям*

recommend to the management (vb.) *рекомендовать руководителям*

recompense возмещение, вознаграждение, компенсация

recompense (vb.) вознаграждать; [ec.] *возмещать, компенсировать*

reconcile (vb.) приводить в соответствие, примирять, согласовывать, улаживать; [book-keep.] *выверять, урегулировать*

reconcile the accounts (vb.) [book-keep.] *выверять счета, согласовывать счета*

reconcile two accounts (vb.) [book-keep.] *приводить в соответствие два счета*

reconciliation примирение, примирительная процедура, урегулирование разногласий; [book-keep.] *согласование торговых книг*; [law.dom.] *выверка счетов, приведение клиентом учета своих операций в соответствие с учетом банка, улаживание споров*

reconciliation item [book-keep.] *согласующая проводка*

reconciliation of accounts [book-keep.] *выверка счетов, согласование счетов*

reconciliation of balance [book-keep.] *выверка баланса*

reconciliation of cash [book-keep.] *сверка кассовой наличности*

reconciliation procedure [book-keep.] *процедура согласования*

reconciliation statement [book-keep.] *подтверждение в получении, подтверждение клиентом правильности ведения банковского счета*

reconditioned (adj.) отремонтированный, переделанный, переоборудованный, приведенный в исправное состояние

reconditioning переделка, приведение в исправное состояние, ремонт

reconfiguration   [comp.] *реконфигурация*

reconsideration   *изменение решения, новое рассмотрение дела, отмена, пересмотр, повторное обсуждение*

reconstruct (vb.)   *восстанавливать, перестраивать, реконструировать;*
[ind.ec.] *воспроизводить, воссоздавать, реорганизовывать;*
[r.e.] *сооружать заново*

reconstruction   *модернизация, переустройство;*
[ind.ec.] *восстановление, перестройка, реорганизация;*
[r.e.] *реконструкция*

reconstruction clause   *пункт о реконструкции*

reconstruction loan   [ind.ec.] *ссуда на реконструкцию*

reconstruction of capital   [ind.ec.] *восстановление капитала*

reconstruction of events   *воссоздание событий*

reconvey (vb.)   *доставлять обратно;* [r.e.] *перевозить обратно*

reconveyance   *обратная доставка, обратная перевозка;*
[r.e.] *перевозка обратно, перемещение обратно*

reconvey mortgaged property (vb.)   *передавать обратно заложенное имущество*

record   *материалы судебного дела, официальный отчет, письменное производство по делу, протокол, сигналограмма, стенограмма, фактографические данные;* [doc.] *бухгалтерская книга, документация, запись, регистр, регистрация;*
[legal] *официальный документ*

record (vb.)   *вносить в протокол, заносить в реестр, заносить в список, записывать, протоколировать, регистрировать, учитывать, фиксировать;* [book-keep.] *вести бухгалтерский учет, заносить в бухгалтерскую книгу;* [legal] *удостоверять*

record, have a (vb.)   [leg.pun.] *иметь судимость*

record, off the (adj.)   *конфиденциальный, не для печати, неофициальный, не подлежащий оглашению*

record by a notary (vb.)   [legal] *заверять у нотариуса*

record density   *плотность записи*

recorded capital flow   *зарегистрированный приток капитала*

recorded cash position   *зафиксированная кассовая позиция;*
[book-keep.] *зафиксированный остаток кассы*

recorded delivery   [post] *доставка заказной корреспонденции*

recorded mortgage   [r.e.] *зарегистрированная закладная*

recorded payment   *зарегистрированный платеж*

recorded price   [comm.] *зарегистрированный курс*

recorder   *записывающее устройство, регистратор, регистрирующее устройство, самопишущий прибор, устройство записи;*
[leg.pun.] *мировой судья с юрисдикцией по уголовным и гражданским делам, рикордер, самописец*

recorder of deeds   *протоколист*

record figure   *рекордная величина*

recording   *запись, регистрация, учет*

recording (adj.)   *регистрирующий*

recording by a notary   [legal] *засвидетельствование нотариусом, нотариальная запись*

recording by notary   *засвидетельствование нотариусом, нотариальная запись*

recording density   [comp.] *плотность записи*

recording function   [calc.] *функция учета*

recording functions   [calc.] *функции учета*

recording in land register   *запись в кадастре*

recording in the land register   [r.e.] *запись в кадастре*

recording of imports   *регистрация импорта*

record length   [comp.] *длина записи*

record loss   *огромный ущерб*

record of arrivals   [trans.] *регистрация прибытия*

record of decisions   *запись решений*

Record Office   *государственный архив (Великобритания)*
record of forwarding   [trans.] *регистрация отправки*
record of forwardings   [trans.] *регистрация отправки*
record of resolutions   *запись решений*
record of sentence   [leg.pun.] *протокольная запись приговора суда*
record of sentences   *протокольная запись приговоров суда*
record production   [prod.] *рекордный объем продукции*
records   *архив, данные, документация, картотека, материалы судебного дела, письменное производство по делу, учет;*
   [book-keep.] *учетные документы;* [legal] *факты*
records and accounts   *учетные документы и отчетность*
records department   [manag.] *отдел учета*
record separator character   *знак разделения записей;*
   [comp.] *разделитель записей*
record size   [comp.] *длина записи*
records management   *делопроизводство, оперативный учет*
records of bankruptcy court   *архивы суда по делам о несостоятельности*
records of court   [legal] *архивы суда, материалы судебного дела, протоколы суда*
records of judgments   [legal] *протокольные записи приговоров суда*
records of probate court   [suc.] *архивы суда по делам о наследствах*
records of proceedings of board of directors   [bus.organ.] *протоколы заседаний совета директоров*
records of proceedings of the board of directors   [bus.organ.] *протоколы заседаний совета директоров*
records of the bankruptcy court   [bankr.leg.] *архивы суда по делам о несостоятельности*
records of the court   [legal] *материалы судебного дела, протоколы суда*
records of the probate court   [suc.] *архивы суда по делам о наследствах*
record title deeds (vb.)   [r.e.] *документы, подтверждающие правовой титул*
recount   *пересчет, повторный подсчет*
recount (vb.)   *пересчитывать, перечислять, повторно считать, подробно излагать, производить пересчет, рассказывать*
recourse   [bank.] *регресс;* [legal] *обращение за помощью, право оборота, право регресса*
recourse, have (vb.)   [legal] *иметь право регресса*
recourse, with   [legal] *с правом регресса, с регрессом*
recourse, without   [bill.] *без регресса;* [legal] *без права регресса*
recourse amount   [legal] *сумма с правом регресса*
recourse claim   [legal] *регрессное требование*
recourse on a bill   [legal] *право регресса на вексель*
recourse on bill   *право регресса на вексель*
recourse sequence following chain of endorsers   *последовательность права регресса после цепочки индоссантов*
recourse to a remote party   [legal] *обращение к стороне, не имеющей непосредственного отношения к делу*
recourse to credit   *использование кредита*
recourse to remote party   *обращение к стороне, не имеющей непосредственного отношения к делу*
recover (vb.)   *взыскивать, взыскивать в судебном порядке, взыскивать долг, вновь обретать, возмещать, восстанавливать, инкассировать, оживлять, оживляться, получать возмещение по суду, принимать исходное положение, регенерировать, улучшаться;* [legal] *виндицировать, наверстывать, получать компенсацию, получать обратно, утилизировать отходы;* [prod.] *покрывать*
recoverable amount   *возмещаемая сумма;* [ins.] *количество, подлежащее возмещению*

recoverable error [comp.] *исправимая ошибка*

recover a debt (vb.) *взыскивать долг*

recover damages (vb.) *покрывать ущерб, получать компенсацию за ущерб*

recover debt (vb.) *взыскивать долг*

recover debts *взыскивать долги*

recovered cargo [mar.ins.] *возвращенный груз*

recover judgment against (vb.) [legal] *добиваться вынесения судебного решения против*

recover possession (vb.) *восстанавливать в судебном порядке в право владения, получать обратно право владения*

recovery *возврат, возвращение себе, извлечение из отходов, регенерация, рекуперация;* [legal] *взыскание в судебном порядке, виндикация, сумма, взыскиваемая по решению суда;* [pol.ec.] *возмещение, инкассирование, оживление деловой активности, получение обратно, утилизация отходов;* [prod.] *восстановление, оживление, подъем*

recovery (amount) [ins.] *сумма страхового возмещения*

recovery according to policy [ins.] *страховое возмещение по условиям полиса*

recovery amount [ins.] *сумма страхового возмещения*

recovery cost *издержки по возмещению*

recovery costs [calc.] *затраты на инкасацию*

recovery expense *расход по инкассированию*

recovery expenses [calc.] *затраты на инкасацию*

recovery of a claim through the court [legal] *удовлетворение притязания через суд*

recovery of a debt through legal proceedings [legal] *взыскание долга в судебном порядке*

recovery of claims *предъявление претензий*

recovery of claim through court *удовлетворение притязания через суд*

recovery of claim through the court [legal] *удовлетворение притязания через суд*

recovery of contribution *взыскание денежного взноса*

recovery of contributions *взыскание денежных взносов*

recovery of debt *взыскание долга, получение долга*

recovery of debt through legal proceedings [legal] *взыскание долга в судебном порядке*

recovery of expenses *компенсация затрат*

recovery of payment wrongfully made [legal] *возвращение ошибочно произведенного платежа*

recovery of price *восстановление цены*

recovery of property [legal] *возвращение имущества*

recovery procedure [comp.] *процедура восстановления*

recovery value [calc.] *возможная стоимость при продаже объекта основного капитала, ликвидационная стоимость*

recreation and entertainment *отдых и развлечения*

recreation purpose *развлекательная направленность*

recreation room *комната отдыха*

recruit *новобранец, новый участник, призывник;* [pers.manag.] *новичок, новый член*

recruit (vb.) *пополнять ряды;* [empl.] *вербовать, набирать*

recruitment [empl.] *комплектование личным составом*

rectification *исправление, поправка, устранение ошибки, уточнение*

rectify (vb.) *выправлять, исправлять, поправлять, ректифицировать, улучшать, устранять ошибку, уточнять, фракционировать*

rectify a defect (vb.) *устранять дефект*

rectify mistake (vb.) *исправлять ошибку*

rectify mistakes (vb.) *исправлять ошибки*

recur (vb.) *возвращаться, обращаться, повторяться, происходить вновь*

recurrence   *возврат, возвращение, повторение, рецидив*
recurrent expenses   *периодические расходы*
recurrent taxes   [tax.] *постоянные налоги*
recurring (adj.)   *периодический, повторный, повторяющийся*
recurring benefit   [soc.] *периодическое пособие*
recurring expenses   *периодические расходы*
recurring in cycles (adj.)   *циклически повторяющийся*
recurring pension amounts   [soc.] *постоянные пенсионные суммы*
recycle   *повторный цикл, рециркуляция*
recycle (vb.)   *вновь пускать в оборот, повторно использовать, повторять цикл, рециклировать, рециркулировать, утилизировать*
recycling   *повторение операции, повторение цикла, рециркуляция;* [prod.] *повторное использование, рециклирование, утилизация*
recycling of capital   *рециркуляция капитала*
recycling project   *проект рециркуляции*
red, be in the (vb.)   [calc.] *быть в долгу, иметь задолженность, нести убытки*
red, in the   [calc.] *в дефиците, в долгу, с задолженностью, с убытком*
Red Cross (RC)   *Красный Крест*
redecorated (adj.)   *заново декорированный;* [r.e.] *заново украшенный*
redeem (vb.)   *возвращать, выкупать заложенное имущество, исправлять, погашать;* [ec.] *восстанавливать;* [stock] *выкупать, выплачивать, изымать из обращения, освобождать имущество от залогового обращения*
redeemable (adj.)   *могущий быть выкупленным, погашаемый, подлежащий выкупу, подлежащий оплате, подлежащий погашению;* [stock] *выкупаемый*
redeemable at par (adj.)   [stock] *погашаемый по номиналу*
redeemable bond   [stock] *облигация, которая может быть погашена досрочно, облигация, подлежащая погашению*
redeemable debenture   [stock] *долговое обязательство, подлежащее погашению*
redeemable preference share   [bus.organ.] *привилегированная акция, подлежащая выкупу*
redeemable security   [stock] *ценная бумага, подлежащая погашению*
redeemable share   [bus.organ.] *акция, подлежащая выкупу*
redeemable shares   *акции, подлежащие выкупу*
redeemable stock   [stock] *акция, подлежащая выкупу*
redeemable stocks   [bus.organ.] *выкупаемый акционерный капитал*
redeem a bond (vb.)   [stock] *погашать облигацию*
redeem a loan (vb.)   *погашать долг*
redeem a pledge (vb.)   *погашать ссуду, полученную под залог*
redeem a share (vb.)   [bus.organ.] *выкупать акцию*
redeem at maturity (vb.)   [stock] *погашать при наступлении срока*
redeemed share capital   [bus.organ.] *выкупленный акционерный капитал*
redeliver (vb.)   *доставлять повторно*
redemise   [legal] *субаренда*
redemise (vb.)   *сдавать в субаренду*
redemption   *выкуп заложенного имущества, выполнение обязательства, досрочное погашение кредита, досрочное погашение ценных бумаг;* [ec.] *изъятие из обращения;* [stock] *возвращение, выкуп, выполнение обещания, освобождение, освобождение имущества от налогового обременения, погашение*
redemption account   *счет отчислений на амортизацию долга*
redemption at nominal value   [stock] *погашение по номиналу, погашение по номинальной стоимости*
redemption at par   [stock] *погашение по номиналу, погашение по номинальной стоимости*

redemption at term [stock] *погашение в срок*

redemption at the nominal value [stock] *погашение по номиналу, погашение по номинальной стоимости*

redemption date *дата выкупа; дата погашения, срок выкупа;* [stock] *срок погашения*

redemption fund *фонд выкупа, фонд погашения*

redemption notice *извещение о выкупе*

redemption of a bond *погашение облигации*

redemption of a debt *погашение долга*

redemption of a loan *погашение ссуды*

redemption of a mortgage [r.e.] *выкуп закладной, погашение закладной*

redemption of a pledge *погашение ссуды, полученной под залог*

redemption of bank notes *изъятие банкнот из обращения, обмен банкнот*

redemption of bond *погашение облигации*

redemption of bonds [stock] *выкуп облигаций*

redemption of debt *погашение долга*

redemption offer [stock] *предложение выкупа*

redemption of loan *погашение ссуды*

redemption of mortgage [r.e.] *выкуп закладной, погашение закладной*

redemption of pledge *погашение ссуды, полученной под залог*

redemption of shares [bus.organ.] *выкуп акций*

redemption of trading stamps [mark.] *погашение торговых марок с объявленной стоимостью*

redemption period *период возвращения долга, период выкупа, период погашения*

redemption plan *план погашения*

redemption premium *выкупная премия*

redemption price [stock] *цена погашения*

redemption rate [mark.] *ставка погашения*

redemption reserve *резерв для выкупа, резерв для погашения*

redemption schedule *график погашения*

redemption sum *сумма, подлежащая погашению*

redemption to be completed by *погашение должно быть завершено к*

redemption to be completed by (date) *погашение должно быть завершено к (такой-то дате)*

redemption value [stock] *выкупная стоимость*

redemption yield [stock] *доход по ценной бумаге при ее погашении*

redeploy (vb.) [mil.] *перебрасывать, передислоцировать, проводить перегруппировку*

redeployment [mil.] *переброска, перегруппировка, передислокация, перемещение, перестановка оборудования, перестройка, реорганизация производства*

redeploy the labour force (vb.) [empl.] *проводить перегруппировку рабочей силы*

redevelopment *перепланировка и новая застройка жилого района*

redevelopment company [r.e.] *компания по реконструкции жилых районов*

redevelopment plan *план перепланировки и новой застройки жилого района;* [plan.] *план реконструкции*

redevelopment purposes [r.e.] *цели реконструкции*

red-handed (adj.) [leg.pun.] *захваченный с поличным, пойманный на месте преступления*

red herring *ложный маневр, предварительный вариант проспекта выпуска акций;* [sl.] *ложный след, отвлекающий маневр*

red ink [calc.] *дефицит бюджетных средств, отрицательное сальдо*

red ink operation *убыточная операция, убыточная сделка*

red interest [book-keep.] *отрицательный процент*

redirect (vb.) [post] *переадресовывать*

redirection of letter [post] *переадресовка письма*

redirection of letters *переадресовка писем*

rediscount   *переучет векселей*

rediscount (vb.)   *переучитывать векселя*

rediscountable (adj.)   *переучитываемый, подлежащий переучету*

rediscountable bill   *вексель, подлежащий переучету;*
  [bill.] *переучитываемый вексель*

rediscountable certificate of deposit   [stock] *депозитный сертификат,*
  подлежащий переучету

rediscount ceiling   *предел переучета векселей*

rediscounting   *переучет векселей*

rediscount quota   *квота на переучет векселей*

rediscount rate   *ставка переучета*

redistribute (vb.)   *перераспределять, повторно распределять,*
  совершать передел

redistribution   *передел, перераспределение, повторное распределение*

redistribution of income   [pol.ec.] *перераспределение дохода*

redistribution of incomes   *перераспределение доходов*

redistribution of wealth   [pol.ec.] *перераспределение богатства*

redivision of local government   *перераспределение полномочий местных*
  органов власти

redraft   *новая редакция, повторный проект;* [bill.] *встречная*
  тратта, обратный переводный вексель, ретратта

redraft (vb.)   *делать повторный проект, пересоставлять;*
  [bill.] *переписывать*

redrafting   *пересоставление*

redress   *возмещение, восстановление, исправление, сатисфакция,*
  удовлетворение

redress (vb.)   *возмещать, возмещать ущерб, восстанавливать,*
  исправлять, компенсировать

redress the balance (vb.)   *восстанавливать равновесие*

red tape   *бюрократизм, волокита, канцелярская проволочка*

reduce (vb.)   *ослаблять, превращать в другую валюту,*
  предварительно обрабатывать, предварительно
  преобразовывать, сбавлять, сводить к, снижать, сокращать,
  уменьшать; [calc.] *упрощать*

reduce a debt (vb.)   *уменьшать долг*

reduce a sentence (vb.)   [leg.pun.] *смягчать судебный приговор*

reduce costs (vb.)   *сокращать затраты*

reduced annuity   *сниженный аннуитет*

reduced charge   *льготный тариф*

reduced contribution   *уменьшенный взнос*

reduced-fare ticket   [trans.] *билет со скидкой, льготный билет*

reduced postage   [post] *льготный почтовый сбор*

reduced price   [comm.] *льготная цена, сниженная цена,*
  уменьшенная цена

reduced price index   *индекс сниженных цен*

reduced rate   *льготный тариф, пониженный тариф*

reduced result   *сниженный результат*

reduced sickness benefit   [soc.] *сниженное пособие по болезни*

reduced working capacity   [ins.] *сниженная работоспособность*

reduce share capital (vb.)   *сокращать акционерный капитал*

reduce the buying power (vb.)   *снижать покупательную способность*

reduce the interest rate (vb.)   *снижать ставку процента*

reduce the official discount rate (vb.)   *снижать официальную учетную*
  ставку

reduce the price (vb.)   *снижать цену;* [comm.] *делать скидку с цены,*
  уменьшать цену

reduce the price of (vb.)   *снижать цену*

reduce the purchasing power (vb.)   *снижать покупательную*
  способность

reduce the spending power (vb.)   *снижать покупательную способность*

reduce to (vb.)   *приводить к*

reducing balance basis   [calc.] *метод снижения баланса*

reducing balance method   [calc.] *метод снижения баланса*

reduction   *обращение, предварительное преобразование, приведение в определенное состояние, разлив, расфасовка, уменьшенная копия, упрощение;* [calc.] *превращение;* [comm.] *приведение, редукция, сжатие данных, снижение, уменьшение;* [ec.] *перевод в другую валюту, понижение, предварительная обработка;* [exc.] *сокращение*

reduction factor   *коэффициент ослабления, коэффициент уменьшения*

reduction in expenditure   *снижение затрат, сокращение расходов*

reduction in expenditure at national level   *сокращение расходов на государственном уровне*

reduction in expenditure at the national level   *сокращение расходов на государственном уровне*

reduction in exports   *сокращение объема экспорта*

reduction in import volumes   *сокращение объема импорта*

reduction in income   *снижение дохода*

reduction in interest rate   *снижение ставки процента*

reduction in interest rates   *снижение процентных ставок*

reduction in liquidity   *снижение ликвидности*

reduction in market value   *снижение курсовой стоимости, снижение рыночной стоимости*

reduction in output   *снижение производительности;* [prod.] *сокращение выхода продукции*

reduction in pay   [pers.manag.] *уменьшение заработной платы*

reduction in sales   *уменьшение объема продаж*

reduction in trade   *спад в торговле*

reduction in turnover   [ind.ec.] *сокращение оборота*

reduction in value   *снижение стоимости*

reduction in working hours   [empl.] *уменьшение рабочего времени*

reduction of capital   *сокращение основных фондов;* [tax.] *сокращение капитала*

reduction of charges   [leg.pun.] *смягчение обвинений*

reduction of company's capital   *уменьшение капитала компании*

reduction of debt   *снижение задолженности, уменьшение долга*

reduction of deficit   *уменьшение дефицита*

reduction of differentials   [empl.] *снижение разницы в оплате труда*

reduction of expenses   *сокращение расходов*

reduction of foreign source income   [tax.] *сокращение зарубежных источников дохода*

reduction of income   *снижение дохода*

reduction of indebtedness   *уменьшение задолженности*

reduction of interest   *снижение ставки процента*

reduction of liquidity   *сокращение ликвидных средств*

reduction of official discount rate   *снижение официальной учетной ставки*

reduction of postal rates   [post] *снижение почтовых тарифов*

reduction of premium   [ins.] *уменьшение страховой премии*

reduction of proceeds   *уменьшение выручки*

reduction of profit   [ind.ec.] *снижение прибыли*

reduction of profits   *снижение прибылей*

reduction of purchase price   *снижение покупной цены*

reduction of rate   *снижение тарифа*

reduction of share capital   [bus.organ.] *сокращение акционерного капитала*

reduction of stocks   [wareh.] *сокращение запасов*

reduction of tax   [tax.] *снижение налога*

reduction of term   [ec.] *сокращение срока*

reduction of the company's capital   [bus.organ.] *уменьшение капитала компании*

reduction of the official discount rate   [bank.] *снижение официальной учетной ставки*

reduction of unemployment   [empl.] *сокращение безработицы*

reduction of working hours   [empl.] *сокращение рабочего времени*

reduction on purchase price   *скидка с покупной цены*

reduction value   *величина снижения;* [ins.] *величина скидки*

redundancy   *избыточность, излишек, излишек рабочей силы, резервирование, сокращение штатов, увольнение рабочих;* [empl.] *избыток, чрезмерность;* [pol.ec.] *дублирование, излишнее количество*

redundancy award   [empl.] *пособие по безработице*

redundancy payment   [pers.manag.] *выходное пособие, пособие по безработице*

redundant (adj.)   *обильный, потерявший работу, сокращенный, уволенный, чрезмерный;* [empl.] *избыточный, излишний*

reeducate (vb.)   [empl.] *переучивать, повышать квалификацию*

reeducation   [empl.] *переподготовка, повышение квалификации*

reelect (vb.)   *избирать снова, переизбирать*

reelection   *переизбрание, повторное избрание*

reelection of directors   *переизбрание правления*

reemploy (vb.)   [pers.manag.] *восстанавливать на работе, предоставлять новое место работы*

reemployment   [pers.manag.] *восстановление на работе*

reemployment clause   [pers.manag.] *пункт о предоставлении нового места работы в случае увольнения*

reemployment right   [empl.] *право на получение нового места работы в случае увольнения*

reengagement order   [empl.] *приказ о восстановлении на работе*

reenter (vb.)   *вернуться, снова войти*

reentry   *восстановление владения недвижимостью, обратное завладение недвижимостью*

reestablish (vb.)   *восстанавливать, исправлять, переносить на другое место, поправлять*

reestablishment   *восстановление*

reestablishment of the currency   *оздоровление валюты;* [pol.ec.] *стабилизация валюты*

re-establishment of the currency   [pol.ec.] *стабилизация валюты*

reestimation   *переоценка*

reexamination   *повторная проверка, повторное расследование, повторное рассмотрение, повторный опрос свидетеля;* [leg.pun.] *переэкзаменовка*

reexamine (vb.)   *пересматривать, повторно изучать, повторно опрашивать свидетеля, повторно проверить обстоятельства, повторно проверять, повторно слушать;* [leg.pun.] *повторно расследовать, повторно рассматривать*

reexchange   *повторный обмен, сумма ретратты;* [bill.] *сумма обратного переводного векселя*

reexchange account   *счет обратного переводного векселя*

reexport   *реэкспорт;* [comm.] *вывоз ранее ввезенных товаров*

reexport (vb.)   [comm.] *вывозить ранее ввезенные товары, реэкспортировать*

reexportation   [comm.] *вывоз ранее ввезенных товаров, реэкспорт*

reexport declaration   [cust.] *реэкспортная декларация*

reexports   [comm.] *реэкспортированные товары*

refer (vb.)   *иметь отношение, наводить справку, направлять, обращаться, относиться, указывать, упоминать*

refer (to)   *относить к*

referee   *рефери;* [legal] *арбитр, третейский судья*

referee in case of need   *лицо, которому должны быть переданы грузовые документы в случае отказа покупателя принять и оплатить их, лицо, платящее по опротестованному векселю по поручению векселедателя;* [bill.] *гонорат, нотадресат, плательщик по неакцептованному векселю по поручению трассанта*

reference *база, круг полномочий, лицо, дающее рекомендацию, отзыв, передача дела на рассмотрение третейского судьи, полномочия, поручитель, разбор дела третейским судьей, референция, эталон;* [doc.] *отношение, связь, сноска, соотношение, справка, ссылка, стандарт;* [EEC] *компетенция, характеристика;* [legal] *передача на рассмотрение, рекомендация;* [pers.manag.] *указание, упоминание*

reference book *книга, выдаваемая для чтения только в помещении библиотеки;* [doc.] *справочная книга, справочник*

reference bureau *справочное бюро*

reference date *базисная дата, исходная дата*

reference group [mark.] *контрольная группа*

reference interest rate *исходная ставка процента*

reference library [doc.] *справочная библиотека*

reference number *номер для ссылок, номер документа, шифр документа*

reference period *базовый период, отчетный период*

reference point *базисная точка, исходная точка, опорная точка, точка отсчета*

reference price [EEC] *контрольная цена*

reference sample [comm.] *контрольный образец*

reference to, with *относительно, ссылаясь на, что касается*

reference to a doctor *обращение к врачу*

reference to doctor *обращение к врачу*

reference to record *ссылка на протокольную запись*

reference to the record [legal] *ссылка на протокольную запись*

reference value *исходная стоимость*

reference wage [empl.] *исходная заработная плата*

referendum [parl.] *всенародный опрос, референдум*

referral *передача на рассмотрение;* [adv.] *направление, направленное лицо*

referral service [doc.] *справочная служба*

referral unit *справочное бюро*

refer to (vb.) *иметь в виду, обращаться, обращаться к, относить на счет, отсылать, передавать на рассмотрение, приписывать, ссылаться, ссылаться на*

refer to drawer [bank.] *'обратитесь к чекодателю' (отметка банка на неоплаченном чеке)*

refer to drawer cheque (R/D cheque) [bank.] *чек с отметкой 'обратитесь к чекодателю'*

refill *дополнение, пополнение*

refill (vb.) *дополнять, пополнять*

refinance (vb.) *повторно финансировать, рефинансировать;* [bank.] *изменять условия займа*

refinancing *обеспечение ссудных операций банка заимствованиями на более льготных условиях;* [bank.] *выпуск новых ценных бумаг для погашения бумаг с истекающими сроками, повторное финансирование, пролонгирование срока займа, рефинансирование;* [ind.ec.] *изменение условий займа, изменение условий личной ссуды*

refinancing arrangement [bank.] *договоренность о рефинансировании, соглашение о рефинансировани*

refinancing interest rate [bank.] *ставка процента при рефинансировании*

refinancing loan [bank.] *рефинансированная ссуда, рефинансированный заем*

refinancing scheme [bank.] *система рефинансирования*

refine (vb.) [prod.] *вносить улучшения, облагораживать, совершенствовать*

refinery *нефтеочистительный завод, нефтеперерабатывающий завод, сахарорафинадный завод*

refining   *доводка;* [prod.] *совершенствование, улучшение*

reflation   *искусственное возобновление инфляции, стимулирование экономики, стимулирование экономического роста;* [pol.ec.] *рефляция*

reflect (vb.)   *отражать, раздумывать, размышлять*

reflecting (adj.)   *отражательный, отражающий, размышляющий*

reflection   *отражение, размышление*

reflect on (vb.)   *бросать тень, быть во вред, вызывать сомнения, вызывать сомнения*

reflect on an offer (vb.)   *обдумывать предложение*

reflow of liquidity   *обратное течение ликвидности, отлив ликвидности*

reflux   *обратный приток, отлив*

reflux of foreign exchange   *обратный приток иностранной валюты*

ref. No.   *номер для ссылок*

reform   *исправление, преобразование, реформа, улучшение*

reform (vb.)   *исправлять, преобразовывать, реформировать, улучшать*

reform policy   *политика реформ*

reform proposal   *предложение о проведении реформы*

reforward (vb.)   [trans.] *переотправлять*

reforwarding   [trans.] *переотправка*

refrain from (vb.)   *воздерживаться, воздерживаться от, сдерживаться, сдерживаться от, удерживаться, удерживаться от*

refresher   *напоминание, памятка;* [legal] *дополнительный гонорар адвокату*

refresher course   [syst.ed.] *курсы повышения квалификации, курсы усовершенствования*

refrigerated cargo   [trans.] *охлажденный груз*

refrigerated cargo hold   [nav.] *морозильный грузовой трюм, рефрижераторный грузовой трюм*

refrigerated cargo ship   *судно-рефрижератор;* [nav.] *рефрижераторное судно*

refrigerated cargo vessel   *рефрижераторное судно;* [nav.] *судно-рефрижератор*

refrigerated lorry   [trans.] *авторефрижератор*

refrigerated railroad car   [rail.] *вагон-рефрижератор, изотермический вагон*

refrigerated transport   [trans.] *холодильный транспорт*

refrigerated truck   [trans.] *авторефрижератор*

refrigerated vehicle   [trans.] *авторефрижератор*

refrigerated vehicle charge   [trans.] *тариф за перевозки в авторефрижераторе*

refrigerated warehouse   *холодильник;* [wareh.] *холодильный склад*

refrigerator ship   *рефрижераторное судно;* [nav.] *судно-рефрижератор*

refrigerator van   *рефрижераторный вагон;* [rail.] *вагон-рефрижератор*

refrigerator wagon   *рефрижераторный вагон;* [rail.] *вагон-рефрижератор*

refrigerator wagon charge   [rail.] *фрахт за перевозки в вагоне-рефрижераторе*

refuge   *пристанище, убежище*

refuge currency   [monet.trans.] *вывозимая валюта*

refugee   *беженец, эмигрант*

refugee camp   *лагерь беженцев*

refugee for economic reasons   *эмигрант по экономическим мотивам*

refugee of convenience   *эмигрант по расчету*

refugee passport   *паспорт эмигранта*

refugee policy   *эмиграционная политика*

refugee quota   *эмиграционная квота*

refugee settlement   *поселение эмигрантов*

refund   *возврат, возмещение, уплата долга*

refund (vb.) *возвращать, выплачивать долг, выпускать облигации взамен старых, по которым истекает срок, рефинансировать;* [EEC] *возмещать*

refunding *возмещение;* [bank.] *погашение старой задолженности путем выпуска нового займа, пролонгация долга путем замены одного выпуска ценных бумаг другим, рефинансирование;* [ec.] *возврат денег покупателю товара в случае претензий*

refunding of debt *погашение долга*

refunding operation *рефинансирование;* [ec.] *операция рефинансирования*

refund of a tax [tax.] *возврат налога*

refund of charges *компенсация расходов*

refund of deposit *возмещение депозита*

refund of dividend tax [tax.] *возврат налога на дивиденды*

refund of duty [cust.] *возврат пошлины*

refund offer [mark.] *предложение о компенсации*

refund of tax [tax.] *возврат налога*

refund of taxes [tax.] *возврат налогов*

refund of turnover tax [tax.] *возврат налога с оборота, возмещение налога с оборота*

refund on exports [EEC] *возврат от экспорта*

refund on sales *возврат от продаж*

refund the purchase price (vb.) *возмещать покупную цену*

refurbished (adj.) [r.e.] *заново отремонтированный*

refusal *отказ, отказ сообщать сведения при переписи, отклонение, право первого выбора;* [empl.] *преимущественное право принять или отклонить оферту*

refusal of acceptance [legal] *отказ от акцептования*

refusal of approval *отказ от одобрения*

refusal of registration *отказ от регистрации*

refusal of the right to speak *отказ от выступления*

refusal to deliver [legal] *отказ от доставки*

refusal to obey instructions [pers,manag.] *отказ следовать инструкциям*

refusal to pay taxes [tax.] *отказ выплачивать налоги*

refuse *отбросы, отвал пустой породы, отходы производства*

refuse (vb.) *отвергать, отказываться, отклонять*

refuse (adj.) *негодный*

refuse acceptance (vb.) [bill.] *отказываться от акцептования*

refuse acceptance of bill (vb.) *отказываться от акцептования векселя*

refuse acceptance of the consignment (vb.) [legal] *отказываться от приемки груза*

refuse an appeal (vb.) [legal] *отклонять апелляцию*

refuse an application (vb.) *отклонять заявление*

refuse a patent (vb.) [pat.] *отказывать в выдаче патента*

refuse collection *уборка мусора*

refuse collection contribution *отчисления на уборку мусора*

refuse collection expenses *затраты на уборку мусора*

refused acceptance [bill.] *отклоненный акцепт*

refused loan application *отклоненная заявка на получение ссуды*

refuse dump *свалка*

refuse leave to appeal (vb.) [legal] *отказывать в разрешении на апелляцию*

refuse payment (vb.) *отказываться от уплаты*

refuse permission (vb.) *отказываться от разрешения*

refuse to report upon the accounts (vb.) [aud.] *отклонять бухгалтерский отчет*

refutation *опровержение*

refute (vb.) *доказывать несостоятельность, опровергать*

refute a writ (of summons) (vb.) [legal] *отклонять судебную повестку*

refute a writ of summons (vb.) [legal] *отклонять судебную повестку*

Reg. (Regina) [leg.pun.] *царствующая королева (Великобритания)*

regard *внимание, забота, отношение, расположение, уважение*
regard (vb.) *иметь отношение, касаться, рассматривать, считать*
regard as (vb.) *рассматривать в качестве*
regarding *в отношении, касательно, относительно*
regardless of *независимо от, не принимая во внимание, не считаясь*
regenerate (vb.) *восстанавливать, регенерировать*
regenerate (adj.) *преобразованный, регенерированный, улучшенный*
regeneration *восстановление, полное обновление, регенерация*
regent *правитель, регент, член правления (в некоторых американских университетах)*
regime *режим, строй*
regime of high seas [nav.] *режим открытого моря*
regime of the high seas [nav.] *режим открытого моря*
Regina (Reg.) [leg.pun.] *царствующая королева (Великобритания)*
region *зона, область, округ, пространство, район, регион, сфера;* [plan.] *край, страна*
regional (adj.) *местный, областной, районный, региональный*
regional aid *региональная помощь*
regional archives *местные архивы*
regional authority *местный орган власти*
regional authority area *единица административного деления*
regional bank *региональный банк*
regional cartel *региональный картель*
regional customs and tax administration [tax.] *региональное налоговое и таможенное управление*
regional development *региональное развитие*
Regional Development Council *Совет регионального развития (Дания)*
Regional Development Council, the *совет по региональному развитию*
regional development fund [EEC] *фонд регионального развития*
regional development grant *субсидия для регионального развития*
regional development plan [plan.] *план регионального развития*
regional development subsidy *субсидия для регионального развития*
regional fund [EEC] *региональный фонд*
regional growth *региональное развитие*
regional labour market board *региональный совет рынка труда*
regional manager *управляющий сбытовым районом*
regional metropolis *крупный региональный центр*
regional plan [plan.] *региональный план*
regional planning [plan.] *региональное планирование*
regional policy *региональная политика*
regional protection *региональная защита*
regional showing [adv.] *региональная выставка*
regional support fund [EEC] *региональный фонд помощи*
regional support funds [EEC] *фонды региональной поддержки*
regional tariff [ins.] *региональный тариф*
register *журнал, журнал записей, метрическая книга, опись, официальный список, регистр, реестр, счетчик, указатель, чиновник-архивариус;* [comp.] *регистратор;* [doc.] *запись*
register (vb.) *вносить в реестр, вносить в список, заносить в книгу, отмечать, совмещать, точно прилаживать;* [legal] *подгонять;* [post] *сдавать багаж;* [r.e.] *вносить в кадастр;* [stock] *показывать, регистрировать, соответствовать;* [syst.ed.] *записывать, запоминать, точно совпадать;* [trans.] *сдавать в багаж*
register a claim (vb.) *подавать иск*
register a protest (vb.) *заявлять протест*
register a security (vb.) *устанавливать курс ценной бумаги*
register book *регистрационный журнал;* [r.e.] *книга записей*
register card [r.e.] *регистрационная карточка*
register claim (vb.) *подавать иск*
registered (adj.) [nav.] *запатентованный, зарегистрированный, именной*

registered, to be (vb.) *быть зарегистрированным*
registered address *зарегистрированный адрес*
registered association *зарегистрированная ассоциация*
registered bond [stock] *зарегистрированная облигация, именная облигация*
registered by name or to bearer (adj.) [stock] *зарегистрированный на имя владельца или на предъявителя*
registered capital [bus.organ.] *разрешенный к выпуску акционерный капитал*
registered cheque [bank.] *зарегистрированный чек*
registered company [bus.organ.] *зарегистрированная компания*
registered cooperative society *зарегистрированное кооперативное общество*
registered debenture [stock] *именное обязательство*
registered design [legal] *внесенный в реестр промышленный образец, зарегистрированный промышленный образец*
registered design (reg. design) [legal] *внесенный в реестр промышленный образец, зарегистрированный промышленный образец*
registered in the name of, be (vb.) [stock] *быть зарегистрированным на имя*
registered land [r.e.] *зарегистрированная земельная собственность*
registered letter [post] *заказное письмо*
registered letter containing money [post] *ценное письмо*
registered lien [legal] *зарегистрированное право удержания имущества за долги*
registered mining share [stock] *зарегистрированная акция горнодобывающей компании*
registered mortgage [legal] *именная закладная*
registered mortgage security [r.e.] *именная ценная бумага, обеспеченная закладной*
registered office *официальный адрес правления компании, юридический адрес компании;* [legal] *зарегистрированная контора*
registered participant *зарегистрированный участник*
registered partnership [legal] *зарегистрированное товарищество*
registered patent (reg. pat.) [pat.] *зарегистрированный патент*
registered payment *зарегистрированный платеж*
registered property [r.e.] *зарегистрированная собственность*
registered public accountant *зарегистрированный бухгалтер-аудитор*
registered security [exc.] *именная ценная бумага;* [stock] *зарегистрированная ценная бумага*
registered share [stock] *зарегистрированная акция, именная акция*
registered society *зарегистрированное общество*
registered stock [stock] *ценная бумага, которая существует только в виде записей в регистре*
registered to bearer [stock] *зарегистрированный на предъявителя*
registered trade mark [com.mark.] *зарегистрированный товарный знак*
registered unemployed [empl.] *зарегистрированный безработный*
registered unemployment [empl.] *официальная безработица*
registered user *зарегистрированный потребитель*
registered without objections [r.e.] *зарегистрированный без возражений, зарегистрированный без замечаний*
register in domestic register (vb.) [nav.] *заносить во внутренний реестр*
registering administration [syst.ed.] *приемная комиссия*
register of associations and societies *справочник ассоциаций и обществ*
register of births, marriages and deaths *книга записей рождений, браков и смертей*
register of business names *справочник названий фирм*
register of charges [legal] *книга записей долговых обязательств*
register of companies *регистр компаний, справочник компаний*

register of convictions [leg.pun.] *книга записей обвинительных приговоров*

register of debtors *список должников*

register of deeds [r.e.] *реестр судебных документов*

register of electors [parl.] *список избирателей*

register office *бюро записи актов гражданского состояния, регистратура*

register of land charges [r.e.] *книга учета земельных долговых обязательств, книга учета сборов за землепользование*

register of marriages *книга записей браков*

register of members [bus.organ.] *акционерный регистр, список акционеров, список членов*

register of mortgages [r.e.] *список закладных*

register of mortgages and monetary charges [r.e.] *список закладных и денежных платежей*

register of offers [exc.] *список предложений*

register of patents [pat.] *патентный реестр*

register of persons [legal] *список лиц*

register of real estate [r.e.] *регистр недвижимости*

register of real property [r.e.] *регистр недвижимого имущества*

register of shareholders *акционерный регистр, список акционеров*

register of ships [nav.] *судовой регистр*

register of small ships [nav.] *регистр малых судов*

register of taxpayers [tax.] *список налогоплательщиков*

register of title [r.e.] *регистр правовых титулов*

Register of Trade Marks [com.mark.] *Реестр товарных знаков (Дания)*

register protest (vb.) [bill.] *заявлять протест*

register security (vb.) [stock] *устанавливать курс ценной бумаги*

register title in a property (vb.) [r.e.] *регистрировать право собствености*

register title in property (vb.) [r.e.] *регистрировать право собствености*

register to *заносить в книгу, регистрировать*

register to do business as a foreign corporation (vb.) *зарегистрировать предприятие как иностранную корпорацию*

register ton [nav.] *регистровая тонна*

registrar *архивариус, регистратор облигаций, регистрационое бюро, чиновник-регистратор;* [BEC] *регистратор акций;* [legal] *служащий отдела записи актов гражданского состояния*

registrar of companies *бюро регистрации компаний, регистратор компаний*

registrar of shipping *инспектор по регистрации и учету судов, морской регистр, судовой регистр*

registrar's office *регистрационное бюро*

registration *запись актов гражданского состояния, показание прибора, регистрирование;* [r.e.] *регистрация;* [syst.ed.] *отметка, оформление, прописка, регистрационная запись, учет*

registration authorities *органы регистрации*

registration authority *регистратура*

registration book *регистрационный журнал*

registration business *регистрационная деятельность*

registration certificate *регистрационное свидетельство*

Registration Department of the National Police Commissioner [leg.pun.] *отдел регистрации государственного полицейского управления*

registration fee [r.e.] *регистрационная пошлина;* [stock] *регистрационный сбор*

registration form *регистрационный бланк*

registration in commercial register *отметка в торговой книге*

registration in domestic register [nav.] *регистрационная запись во внутреннем регистре*

registration in land register [r.e.] *регистрационная запись в кадастре*

registration in the commercial register   *отметка в торговой книге*
registration number   *номерной знак, регистрационный номер*
registration of a protest   [bill.] *регистрация опротестования векселя*
registration of bankruptcy   [r.e.] *регистрация банкротства*
registration of bankruptcy in the Land Charges Register   *регистрация банкротства*
registration of bulk-issue bond   [stock] *регистрация облигации массового выпуска*
registration of conveyance   [r.e.] *регистрация доставки*
registration of document of conveyance   [r.e.] *регистрация документа о доставке*
registration of land   [r.e.] *регистрация землевладений*
registration of mortgage deeds on real property   [r.e.] *регистрация залоговых сертификатов на недвижимость*
registration of protest   [bill.] *регистрация опротестования векселя*
registration of pupils   [syst.ed.] *запись учащихся*
registration of rights in land   [r.e.] *оформление прав на землю*
registration of shareholder's name   [bus.organ.] *поименная регистрация акционеров*
registration of title   [r.e.] *оформление права на имущество, регистрация правового титула*
registration of title deed   [r.e.] *регистрация документа, подтверждающего право на имущество*
registration of title in real property   [r.e.] *оформление права на недвижимость*
registration procedure   *процедура оформления, процедура регистрации*
registration scheme   *порядок регистрации*
registration statement   [exc.] *документ о регистрации ценных бумаг, заявление о регистрации*
registration tax   [tax.] *сбор за регистрацию*
registration to do business as a foreign corporation   *регистрация предприятия как иностранной корпорации*
registration to do business as foreign corporation   *регистрация предприятия как иностранной корпорации*
registry   *журнал записей, классификационное свидетельство, отдел записей актов гражданского состояния, реестр;* [EEC] *внесение в регистр, регистратура, регистрационная запись, регистрация*
reg. pat. (registered patent)   [pat.] *зарегистрированный патент*
regression   *возвращение в исходное состояние, регрессия*
regressive (adj.)   *регрессивный*
regressive tax   [tax.] *регрессивный налог*
regressive taxation   [tax.] *регрессивное налогообложение*
regroup (vb.)   *перегруппировывать, производить перегруппировку*
regrouping   *перегруппировка*
regular   *постоянный клиент, постоянный сотрудник*
regular (adj.)   *квалифицированный, надлежащий, находящийся в соответствии с принятой формой, находящийся в соответствии с принятым порядком, нормальный, обычный, официальный, правильный, профессиональный, равномерный, размеренный, систематический, соответствующий норме;* [pers.manag.] *регулярный*
regular basis, on a   *на регулярной основе*
regular customer   [mark.] *постоянный клиент, постоянный посетитель*
regular income   *регулярный доход, стабильный доход*
regular intervals   *равные промежутки времени*
regular intervals, at   *через равные промежутки времени*
regularity   *закономерность, исправность, нормальность, правильность, регулярность, соответствие норме*
regularly   *в соответствии с требованиями права, регулярно*

regular occupation   [empl.] *постоянная работа, постоянное занятие*
regular recourse   [legal] *обычное право регресса*
regular salary   [pers.manag.] *регулярно выплачиваемый оклад*
regular service   [nav.] *регулярное сообщение;* [trans.] *регулярные рейсы*
regular soldier   [mil.] *солдат срочной службы*
regular soldiers   *солдаты срочной службы*
regular trade customer   [mark.] *постоянный торговый клиент*
regulate (vb.)   *выверять, контролировать, приводить в порядок, регулировать, упорядочивать*
regulate by law (vb.)   [parl.] *регулировать с помощью закона*
regulated (adj.)   *регулируемый*
regulated agreement   [legal] *регулируемое соглашение*
regulated by law   [legal] *урегулированный законным путем*
regulated by quotas   *урегулированный посредством квот*
regulated company   *компания, деятельность которой регулируется государством*
regulated unit of account   *согласованная единица расчета*
regulating authority   *регулирующий орган*
regulation   *административные положения, выверка, положение, постановление, правило, регламентирование, упорядочение, урегулирование;* [EEC] *регулирование;* [legal] *норма, предписание, распоряжение*
regulation mechanism   *механизм регулирования*
regulation of foreign exchange (movements)   [legal] *регулирование изменения курса иностранной валюты*
regulation of foreign exchange movements   [legal] *регулирование изменения курса иностранной валюты*
regulation of interest rates   *регулирование ставки процента*
regulation of lending   *регулирование кредитования*
regulation of wages and salaries   [empl.] *регулирование ставок заработной платы и окладов*
regulations   *технические условия, устав;* [legal] *инструкция, правила*
regulations, in accordance with the   *в соответствии с инструкцией*
regulations governing wages   *правила, регламенирующие ставки заработной платы*
regulator   *регулятор, стабилизатор*
regulatory agency   *контрольный орган, распорядительный орган*
regulatory authority   *контрольный орган, распорядительный орган*
regulatory body   *контрольный орган;* [manag.] *распорядительный орган*
regulatory fee   [tax.] *сбор за осуществление распорядительных функций*
regulatory requirement   [legal] *законное требование*
rehabilitate (vb.)   *восстанавливать работоспособность;*
   [empl.] *восстанавливать, реконструировать, ремонтировать;*
   [legal] *реабилитировать*
rehabilitation   [empl.] *реконструкция;* [ins.] *ремонт;*
   [legal] *восстановление, восстановление в правах, восстановление работоспособности, реабилитация*
rehabilitation benefit   [soc.] *пособие на восстановление здоровья*
rehabilitee   [empl.] *лицо, находящееся на лечении*
rehearing   [legal] *вторичное расследование, вторичное слушание дела*
rehousing   *обеспечение новым жильем, переселение в новые дома*
reimbursable (adj.)   *возмещаемый*
reimburse (vb.)   *возвращать сумму, возмещать, оплачивать, покрывать;* [ec.] *рамбусцировать;* [ec.] *компенсировать*
reimbursement   *компенсация, компенсирование, погашение, рамбусцирование;* [ec.] *возврат, покрытие;* [ins.] *возвращение суммы, оплата;* [legal] *возмещение*
reimbursement of costs   *покрытие расходов*
reimbursement of expenses   *покрытие расходов*
reimbursement of taxes   [tax.] *возврат налогов*

reimport (vb.) [comm.] *ввозить ранее вывезенные товары, реимпортировать*

reimportation [comm.] *ввоз ранее вывезенных товаров, реимпорт*

reimpose (vb.) *повторно облагать*

reimpose restrictions (vb.) *вновь налагать ограничения*

reimposition *повторное обложение*

reinforce (vb.) *подкреплять, укреплять, усиливать*

reinforcement *подкрепление, пополнение, укрепление, усиление*

reinstate (vb.) *восстанавливать в правах;* [pers.manag.] *восстанавливать в прежней должности, поправлять здоровье, приводить в порядок*

reinstated, be (vb.) [pers.manag.] *быть восстановленным в прежней должности*

reinstatement *восстановление порядка, приведение в порядок;* [ins.] *восстановление, восстановление в прежнем правовом положении, восстановление на прежнем месте работы;* [pat.] *восстановление в правах;* [pers.manag.] *восстановление в прежней должности, восстановление здоровья*

reinstatement clause [ins.] *оговорка о восстановлении в правах;* [pers.manag.] *пункт о восстановлении в прежней должности*

reinstatement order [empl.] *приказ о восстановлении в прежней должности*

reinstatement value [ins.] *восстановительная стоимость*

reinsurance [ins.] *возобновленная страховка, вторичная страховка, перестрахование*

reinsurance acceptance [ins.] *согласие на перестрахование*

reinsurance accepted [ins.] *проведенное перестрахование*

reinsurance agent [ins.] *агент по перестрахованию*

reinsurance business [ins.] *перестрахование*

reinsurance by quota cession [ins.] *перестрахование путем передачи квот*

reinsurance commission [ins.] *комиссионное вознаграждение за перестрахование*

reinsurance company [ins.] *компания, осуществляющая перестрахование, перестраховочная компания*

reinsurance contract [ins.] *договор о перестраховании*

reinsurance cover [ins.] *объем ответственности при перестраховании*

reinsurance premium [ins.] *взнос при перестраховании*

reinsurance share [ins.] *доля участия в перестраховании*

reinsurance transaction [ins.] *операция перестрахования*

reinsure (vb.) [ins.] *возобновлять страховку, перестраховывать, страховать вторично*

reinsure off (vb.) [ins.] *отказываться от перестрахования*

reinsurer [ins.] *перестраховщик*

reintroduce (vb.) *вновь включать в состав;* [parl.] *вновь вносить на рассмотрение*

reintroduction *повторное включение в состав, повторное внесение на рассмотрение*

reinvest (vb.) [ec.] *вновь вкладывать, восстанавливать в правах, повторно помещать, реинвестировать, снова инвестировать*

reinvestment [ec.] *новые инвестиции, повторное инвестирование, реинвестирование*

reinvestment rate [ec.] *норма реинвестирования*

reinvoice (vb.) *повторно выписывать счет-фактуру*

reissue [print.] *переиздание, повторный выпуск*

reissue (vb.) *повторно выпускать;* [print.] *переиздавать*

reiterate (vb.) *повторять*

reiteration *повторение*

reject *брак, бракованное изделие*

reject (vb.) *браковать, не признавать, не принимать, отбрасывать, отвергать, отводить обвинение, отказываться от, отклонять;* [mil.] *списывать*

reject a claim (vb.) *отвергать требование, отклонять иск, отклонять претензию*

reject a motion (vb.) *отклонять предложение, отклонять ходатайство*

reject an amendment (vb.) *отклонять поправку*

reject a proposal (vb.) *отклонять предложение*

reject a request (vb.) *отклонять просьбу*

reject claim (vb.) *отвергать требование, отклонять претензию;* [legal] *отклонять иск*

rejected goods *забракованный товар*

rejection *браковка, непринятие, отбрасывание, отказ;* [mil.] *отклонение*

rejection of a patent [pat.] *отказ в выдаче патента*

rejection of a proposal [ins.] *отклонение предложения*

rejection of offer *отклонение предложения*

rejection of patent [pat.] *отказ в выдаче патента*

rejection of proof [bankr.leg.] *отклонение доказательства*

rejection of proposal [ins.] *отклонение предложения*

reject motion (vb.) *отклонять предложение, отклонять ходатайство*

rejects *брак, некондиционные товары, отбросы*

reject the directors' report (vb.) *отклонять отчет совета директоров*

reject the Directors' report (vb.) [bus.organ.] *не принимать отчет совета директоров*

rejoin (vb.) *возражать, отвечать;* [legal] *подавать вторичное возражение*

rejoinder [legal] *вторая состязательная бумага ответчика, вторичное возражение ответчика, ответ*

relapse *повторение;* [leg.pun.] *рецидив*

relapsed criminal [leg.pun.] *рецидивист*

related (adj.) *родственный, связанный, связанный родством*

related by blood (adj.) *связанный кровным родством*

related by marriage *родственник по мужу или жене*

related company *дочерняя компания, компания-участница, подконтрольная компания*

relate to (vb.) *иметь отношение, определять отношение, относиться, относиться к, состоять в родстве*

relating to *имеющий отношение к*

relating to (adj.) *имеющий отношение*

relation *взаимоотношение, взаимосвязь, заявление в суд, изложение, отношение, повествование, представление информации, родственник, родство;* [comp.] *зависимость, связь, соотношение*

relational data base [comp.] *реляционная база данных*

relation back [legal] *обратное действие*

relations *отношения*

relationship *взаимозависимость, взаимоотношение, кровное родство, отношение, родственные отношения, родство, свойство, связь*

relationship by marriage *свойство*

relationship of master and servant [legal] *отношения хозяина и слуги*

relation to, in *в отношении, по отношению к*

relative *родственник*

relative (adj.) *взаимосвязанный, относительный, связанный, соответственный, сравнительный, условный*

relative exchange rates [monet.trans.] *относительные валютные курсы*

relative majority *относительное большинство*

relative position *относительное положение*

relative size *относительный размер*

relator *информатор, лицо, представляющее информацию в суд;* [legal] *заявитель*

relax (vb.) *ослаблять, смягчать, снижать, уменьшать*

relaxation *ослабление, понижение, спад деятельности*

relaxation of tax   [tax.] *снижение налога*

release   *выпуск в продажу, выпуск новой продукции,*
разблокированная сумма, расписка в передаче права;
[comp.] *освобождение;* [ec.] *разблокирование, разрешенная публикация;*
[legal] *выпуск, отказ от права;* [leg.pun.] *публикация;* [media] *разрешение*
на выпуск из печати; [pers.manag.] *отпуск;* [print.] *разрешение*

release (vb.)   *выпускать в продажу, выпускать из печати,*
опубликовывать, освобождать, отказываться от прав,
разрешать; [comp.] *выпускать новую продукцию;* [ec.]
передавать имущество другому, размораживать счет,
разрешать использование; [legal] *снова сдавать в аренду;*
[leg.pun.] *отказаться от прав;* [pers.manag.] *отпускать*

release a film (vb.)   *выпускать фильм на экран*
release capital (vb.)   *высвобождать капитал*
release conditionally (vb.)   [leg.pun.] *освобождать из заключения условно*
release duty   [plan.] *налог на разблокированную сумму*
release film (vb.)   *выпускать фильм на экран*
release from a contract (vb.)   *освобождать от контракта*
release from a duty (vb.)   *увольнять с действительной службы*
release from contract (vb.)   [legal] *освобождать от контракта*
release from debt (vb.)   *освобождать от уплаты долга*
release from duty (vb.)   *увольнять с действительной службы*
release from responsibility (vb.)   *освобождать от ответственности*
release note   [legal] *извещение об остатке на счете*
release of capital   *высвобождение капитала*
release of seized objects   *возвращение конфискованных вещей*
release of trustee   [bankr.leg.] *отмена полномочий доверительного лица*
release on bail   [leg.pun.] *освобождение на поруки*
release on bail (vb.)   [leg.pun.] *выпускать из тюрьмы под залог,*
освобождать на поруки
release on licence   [leg.pun.] *освобождение под расписку*
release on parole   [leg.pun.] *освобождение под честное слово*
release on parole (vb.)   [leg.pun.] *освобождать под честное слово*
release on probation   [leg.pun.] *условное освобождение*
relegate   *возвращать дело из вышестоящего в нижестоящий суд,*
классифицировать, передавать дело для решения, передавать
права, поручать
relegate (vb.)   *отсылать, передавать, перепоручать*
relegation in step   *перевод в более низкий разряд;*
[pers.manag.] *понижение в должности*
relend (vb.)   *повторно давать взаймы, повторно ссужать, ссужать*
деньги, полученные взаймы
relend fund (vb.)   *фонд для предоставления дополнительных ссуд*
relend funds   *средства для предоставления дополнительных ссуд*
relending   *повторное ссуживание*
relevance   *актуальность, уместность*
relevant (adj.)   *актуальный, имеющий отношение к делу, уместный;*
[legal] *относящийся к делу*
relevant authority   *компетентный орган*
relevant government department   *компетентный правительственный*
орган
relevant joint body   [EEC] *компетентный совместный орган*
relevant period   *соответствующий период*
relevant range   *диапазон объемов производства, масштабная база*
relevant reply   *ответ по существу*
relevant to (adj.)   *имеющий отношение, имеющий отношение к,*
относящийся к
reliability   *безопасность работы, безотказность, достоверность,*
надежность
reliability goal   *заданная безотказность, заданный показатель*
надежности, требуемый уровень надежности

reliability level   *уровень безотказности, уровень надежности*
reliable (adj.)   *безотказный, достоверный, надежный*
reliable source   *надежный источник*
reliable system   [prod.] *надежная система*
reliance   *доверие, зависимость, опора, степень использования, уверенность*
reliant on economic trends (adj.)   [pol.ec.] *зависящий от тенденций экономического развития*
relief   *контраст, облегчение, перемена, разнообразие, смягчение;* [legal] *освобождение от ответственности, скидка с налога, средство судебной защиты;* [soc.] *пособие;* [tax.] *освобождение от уплаты, помощь*
relief action   *оказание помощи*
relief from customs duty   [cust.] *освобождение от таможенной пошлины*
relief from tax   [tax.] *освобождение от уплаты налога, скидка с налога*
relief fund   *фонд помощи*
relief measure   *мера по оказанию помощи*
relief organization   *организация, оказывающая помощь*
relief road   *объездной путь*
relief supply   *запас для оказания помощи*
relief welfare   [soc.] *благотворительность*
relief work   *общественные работы для безработных*
relieve (vb.)   *выручать, облегчать, оказывать помощь, освобождать от ответственности, ослаблять, увольнять, уменьшать*
religious community   *религиозное общество*
religious freedom   *свобода вероисповедания*
relinquish (vb.)   *бросать, оставлять, отказываться, передавать, сдавать;* [legal] *выпускать*
relinquishment   *оставление;* [legal] *отказ от права*
relinquishment of claim   [legal] *отказ от иска, отказ от претензии*
relinquishment of concession   *отказ от концессии*
relinquishment requirements   *необходимые условия для отказа*
relinquish to the state (vb.)   *возвращать государству*
reload (vb.)   [trans.] *перегружать, производить перегрузку*
reloading   [trans.] *перегрузка*
reloading of goods   [trans.] *перегрузка товаров*
relocate (vb.)   *перебазировать, перемещать, переселять;* [pers.manag.] *передислоцировать*
relocation   *перебазирование, передислокация, перемещение, переселение*
relocation costs   *затраты на переезд*
relocation grant   [pers.manag.] *пособие на переезд*
relocation of government departments and agencies to provinces   *переезд правительственных организаций и учреждений в провинцию*
relocation of government departments and agencies to the provinces   *переезд правительственных организаций и учреждений в провинцию*
reluctance   *нежелание, нерасположение*
reluctant (adj.)   *вынужденный, неохотный, сопротивляющийся*
reluctant, be (vb.)   *проявлять нежелание*
rely on (vb.)   *быть уверенным, быть уверенным в, доверять, надеяться, надеяться на, опираться, основываться, полагаться, полагаться на, рассчитывать, рассчитывать на;* [legal] *опираться на, основываться на*
remain (vb.)   *оставаться, сохраняться*
remainder   *остаток;* [suc.] *оставшаяся собственность, последующее имущественное право*
remainderman   [suc.] *субъект последующего имущественного права*
remainders   *нераспроданные товары, остатки тиража книг*

remain in force (vb.) [legal] *оставаться в силе, сохранять силу*

remaining (adj.) *оставшийся, сохранившийся*

remaining amount [ec.] *остаток суммы*

remaining capital *остаток капитала*

remaining copies [print.] *нераспроданный тираж*

remaining debt *остаток долга*

remaining life expectancy *ожидаемая остаточная долговечность;*
[book-keep.] *ожидаемый остаточный ресурс*

remaining loan *непогашенный остаток ссуды*

remaining maturity [stock] *оставшийся срок погашения*

remaining partner *сохранившийся партнер*

remaining period *оставшийся срок*

remaining period to maturity [stock] *оставшийся срок погашения*

remaining seat [parl.] *оставшееся место в парламенте*

remaining stock [warch.] *сохранившийся запас*

remaining useful life [book-keep.] *остаточная эксплуатационная
долговечность*

remain owing (vb.) [ec.] *оставаться в долгу*

remain silent (vb.) *хранить молчание*

remain unpaid (vb.) [ec.] *оставаться неуплаченным, оставаться
просроченным*

remain valid (vb.) [legal] *оставаться в силе*

remand [leg.pun.] *возвращение под стражу*

remand (vb.) [leg.pun.] *вновь брать под стражу, отсылать на
доследование*

remand centre [leg.pun.] *дом предварительного заключения*

remand home *дом предварительного заключения*

remand in custody (vb.) [leg.pun.] *вновь брать под стражу, возвращать
под стражу*

remand on bail (vb.) [leg.pun.] *брать под залог*

remark *замечание, пометка, примечание, ссылка*

remark (vb.) *высказываться, делать замечание, замечать,
наблюдать, отмечать*

remarkable (adj.) *выдающийся, замечательный, необыкновенный,
удивительный*

remarriage *вступление в новый брак*

remedial action *устранение недостатков*

remedial action, take (vb.) *принимать исправительные меры,
устранять недостатки*

remedial statute [legal] *законодательный акт, предоставляющий
средство судебной защиты*

remedies (for breach of contract) [legal] *средства судебной защиты при
нарушении договора*

remedies for breach of contract [legal] *средства судебной защиты при
нарушении договора*

remedy [legal] *возмещение, средство правовой защиты, средство
судебной защиты*

remedy (vb.) *восстанавливать, вылечивать, исправлять,
предоставлять средство правовой защиты, сглаживать*

remedy a defect (vb.) *устранять дефект*

remedy a deficiency (vb.) *устранять недостаток*

remedy at law [legal] *средство правовой защиты*

remedy for loss [legal] *возмещение убытков*

remember (vb.) *вспоминать, помнить*

remind (vb.) *напоминать*

reminder [ec.] *повторное письмо;* [mark.] *напоминание, памятка*

reminder advertising [adv.] *реклама-напоминание*

reminder of claim *повторное требование*

remiss (adj.) *небрежный, невнимательный, нерадивый*

remission *льгота, освобождение от уплаты, отказ от права,
отмена, скидка;* [legal] *ослабление, прощение, уменьшение;*
[leg.pun.] *освобождение от штрафа*

remission for good conduct [leg.pun.] *освобождение из заключения за исправное поведение*

remission granted to exporters *льгота, предоставляемая экспортерам*

remission of a case [legal] *отмена судебного дела*

remission of a sentence [leg.pun.] *отмена приговора, смягчение приговора*

remission of case [legal] *отмена судебного дела*

remission of debt *освобождение от уплаты долга*

remission of import duties *освобождение от импортных пошлин*

remission of sentence [leg.pun.] *отмена приговора, смягчение приговора*

remission of tax on exportation *освобождение от уплаты налога на экспорт*

remission of tax on exports *освобождение от уплаты налога на экспорт*

remit (vb.) *переводить деньги, передавать на решение в надлежащую инстанцию, пересылать, уменьшать ответственность;* [ec.] *освобождать от платежа, откладывать, отсылать обратно, передавать на решение авторитетному лицу, прощать, уплачивать;* [legal] *возвращать в место лишения свободы, направлять, передавать в другую инстанцию*

remit a balance (vb.) *сальдировать счет*

remit a debt (vb.) *освобождать от уплаты долга*

remit money (vb.) *переводить деньги почтой*

remit part of a sentence (vb.) [leg.pun.] *смягчать наказание*

remit part of sentence (vb.) [leg.pun.] *смягчать наказание*

remittance [comm.] *пересылка;* [ec.] *денежный перевод, пересылка заработка эмигрантов, ремитирование, римесса, уплата*

remittance of commission [ins.] *перевод комиссионного сбора*

remittance of money *денежный перевод, перевод денег*

remittance works *операции по переводу денег*

remit tax (vb.) [tax.] *освобождать от уплаты налога*

remitter [ec.] *отправитель денежного перевода, передача в другую инстанцию*

remonstrance *выражение протеста, протест*

remortgage (vb.) [r.e.] *перезакладывать*

remortgaging [r.e.] *перезакладывание*

remortgaging clause [legal] *оговорка о перезакладывании*

remote (adj.) *далекий, дальний, маловероятный, отдаленный;* [comp.] *дистанционный*

remote console [comp.] *дистанционный пульт*

remote control *дистанционное регулирование, дистанционное управление*

remote learning [syst.ed.] *заочное образование, заочное обучение*

remoteness *удаленность*

remoteness of damages [ins.] *удаленность ущерба*

remote terminal [comp.] *дистанционный терминал, удаленный терминал*

removal *вычеркивание, отставка, передача дела из одной инстанции в другую, перенос, препровождение в место лишения свободы, убийство, увольнение;* [legal] *переезд, перемещение;* [leg.pun.] *исключение, смещение с должности;* [pers.manag.] *удаление, устранение*

removal costs *издержки ликвидации объекта основного капитала*

removal expenses *издержки ликвидации объекта основного капитала*

removal firm [trans.] *транспортная фирма*

removal from official listing *исключение из официального списка*

removal from the official listing [exc.] *исключение из официального списка*

removal of action [legal] *прекращение дела*

removal of auditor *отстранение ревизора*

removal of directors *отставка членов правления*
removal of goods [ins.] *вывоз товаров*
removal to a place of safety [law.dom.] *переезд в безопасное место*
removal to place of safety *переезд в безопасное место*
remove (vb.) *вывозить, вычеркивать, исключать; переезжать,*
перемещать, смещать с должности, увозить, удалять,
уносить, устранять
removed, be (vb.) *быть несвязанным, быть удаленным*
remove from the official listing (vb.) [exc.] *вычеркивать из официального*
списка
remunerate (vb.) *вознаграждать;* [pers.manag.] *компенсировать,*
оплачивать
remuneration [ind.ec.] *компенсация;* [pers.manag.] *вознаграждение,*
оплата
remuneration in cash [pers.manag.] *вознаграждение в денежной форме*
remuneration in kind *оплата в натуральной форме*
remunerative (adj.) *вознаграждающий, компенсирующий, прибыльный,*
рентабельный; [ind.ec.] *выгодный, хорошо оплачиваемый*
remunerativeness [ind.ec.] *выгодность, доходность*
remunerative price *выгодная цена*
render account (vb.) *предъявлять счет*
render accounts (vb.) *представлять отчет*
render a contract null and void (vb.) [legal] *расторгать контракт*
render aid (vb.) *оказывать помощь*
render an account (vb.) *предъявлять счет*
render a service (vb.) *оказывать услугу*
render assistance (vb.) *оказывать помощь*
rendering of account [calc.] *предъявление счета*
rendering of accounts [calc.] *представление отчета*
rendering of annual accounts [calc.] *представление годового отчета*
rendering of a service *оказание услуги*
rendering of service *оказание услуги*
render more efficient (vb.) *делать более эффективным*
render probable (vb.) *делать возможным*
render the accounts (vb.) *представлять отчет*
render valid (vb.) [legal] *делать законным*
renegotiate (vb.) *пересматривать договор*
renegotiation *переговоры о пересмотре договора, пересмотр*
договора
renew (vb.) *восстанавливать, заменять новым, продлевать срок*
действия; [bill.] *продлевать, пролонгировать;* [ins.] *обновлять,*
пополнять запасы; [r.e.] *реставрировать*
renewable (adj.) *возобновляемый, восстанавливаемый, годный для*
реставрации; [bill.] *воспроизводимый*
renewable credit *возобновляемый кредит*
renewable energy *возобновляемый источник энергии*
renew a contract (vb.) *возобновлять контракт, продлевать договор*
renew act (vb.) [parl.] *продлевать срок действия закона*
renewal *выдача новой ссуды взамен старой, капитальный ремонт,*
пополнение запасов, реставрация; [bill.] *продление срока,*
пролонгация; [ins.] *восстановление, эквивалентная замена;*
[r.e.] *возобновление, обновление*
renewal bill [bill.] *пролонгированный вексель*
renewal certificate *документ о пролонгации векселя*
renewal charge [bank.] *возобновительный взнос*
renewal coupon [stock] *возобновительный купон*
renewal fee [pat.] *возобновительная пошлина*
renewal fee of patent [pat.] *возобновительная патентная пошлина*
renewal fund [calc.] *резерв на модернизацию и замену элементов*
основного капитала, фонд для текущего ремонта
renewal note [bill.] *пролонгированный вексель*

renew a loan (vb.) *продлевать срок выплаты ссуды*

renewal of a bill [bill.] *пролонгация векселя*

renewal of a contract [legal] *возобновление договора, продление срока действия договора*

renewal of a lease [r.e.] *продление срока аренды*

renewal of a lease by tacit agreement [r.e.] *продление договора об аренде с молчаливого согласия*

renewal of a loan *продление срока выплаты ссуды*

renewal of a mandate *возобновление срока действия полномочий*

renewal of bill [bill.] *пролонгация векселя*

renewal of contract [legal] *возобновление договора, продление срока действия договора*

renewal of lease [r.e.] *продление срока аренды*

renewal of lease by tacit agreement [r.e.] *продление договора об аренде с молчаливого согласия*

renewal of loan *продление срока выплаты ссуды*

renewal of mandate *возобновление срока действия полномочий*

renewal of marital relations [law.dom.] *возобновление супружеских отношений*

renewal of tenancy [r.e.] *продление срока аренды помещения*

renewal of writ (of summons) [legal] *продление срока действия судебной повестки*

renewal of writ of summons [legal] *продление срока действия судебной повестки*

renewal option *опцион с продленным сроком*

renewal period *период восстановления*

renewal premium [ins.] *взнос, подлежащий уплате по восстановленному договору страхования*

renew an act (vb.) *продлевать срок действия закона*

renew contract (vb.) [legal] *возобновлять контракт, продлевать договор*

renewed growth *возобновленный рост*

renew loan (vb.) *продлевать срок выплаты ссуды*

renounce (vb.) *выражать несогласие, денонсировать, не признавать, не принимать, отвергать, отказываться, отклонять, отрекаться*

renounce a claim (vb.) *отказываться от претензии*

renounce claim (vb.) *отказываться от претензии*

renovate (vb.) *заменять устаревшее оборудование, подновлять;* [r.e.] *восстанавливать, модернизировать, обновлять, реконструировать*

renovation *обновление;* [r.e.] *восстановление, замена устаревшего оборудования, модернизация, реконструкция*

renown *известность, слава*

rent *наем, наемная плата, плата за прокат, прокат;* [r.e.] *арендная плата, доход с недвижимости, квартирная плата, рента*

rent (vb.) *арендовать, брать внаем, облагать арендной платой, отдавать напрокат, снимать;* [r.e.] *брать в аренду, сдавать в аренду, сдавать внаем*

rent action [legal] *иск о задолженности по арендной плате*

rental *рентный доход, сумма арендной платы;* [r.e.] *список арендаторов*

rental account [r.e.] *счет арендной платы*

rental agency *пункт проката*

rental apartment [r.e.] *квартира, сдаваемая в наем*

rental building [r.e.] *здание, сдаваемое внаем*

rental business *арендная сделка*

rental charge [r.e.] *плата за прокат*

rental contract [legal] *договор о сдаче в наем;* [r.e.] *договор об аренде*

rental housing [r.e.] *арендный жилищный фонд*

rental income   *доход от ренты;* [г.е.] *рентный доход*

rent allowance   [soc.] *надбавка на аренду жилья, пособие на оплату жилья, расходы на оплату жилья*

rental property   [г.е.] *арендуемая собственность*

rental value   [tax.] *расчетная арендная плата*

rent bill   [г.е.] *счет за аренду*

rent budget   [г.е.] *смета расходов на аренду*

rent charge   [г.е.] *плата за прокат*

rent control   *регулирование арендной платы;* [г.е.] *регулирование квартирной платы*

rent control board   [legal] *орган регулирования арендной платы*

rent-controlled lease   [г.е.] *срок аренды, регулируемый арендной платой*

rent-controlled tenancy   [г.е.] *владение на правах аренды, регулируемое арендной платой*

rent costs   *затраты на квартирную плату;* [г.е.] *затраты на арендную плату*

rent decrease   *снижение квартирной платы;* [г.е.] *снижение арендной платы*

rented apartment   [г.е.] *квартира для сдачи в наем*

rented dwelling   [г.е.] *арендуемое жилище*

rented flat   [г.е.] *арендуемая квартира*

rented premises   [г.е.] *арендованная недвижимость*

rented premises, the   *арендуемые здания и сооружения*

rented property   [г.е.] *арендованная собственность, арендуемая собственность*

rented property, the   *арендуемая собственность*

rented room   [г.е.] *арендуемая комната*

rent exclusive of heating expenses   *квартирная плата без учета расходов на отопление;* [г.е.] *арендная плата без учета расходов на отопление*

rent expenditure   [legal] *затраты на оплату жилья;* [г.е.] *арендная плата*

rent fixing   [legal] *установление арендной платы*

rent-free (adj.)   *освобожденный от арендной платы*

rent inclusive of heating expenses   *квартирная плата с учетом расходов на отопление;* [г.е.] *арендная плата с учётом расходов на отопление*

rent income   [legal] *рентный доход;* [г.е.] *доход от ренты*

rent increase   [г.е.] *повышение арендной платы, увеличение арендной платы*

renting   [г.е.] *сдача внаем*

rent rebate   [soc.] *скидка с арендной платы*

rent receipts   [legal] *поступления от арендной платы*

rent receivable   *задолженность по арендной плате;* [legal] *арендная плата, подлежащая получению*

rent restriction act   [legal] *закон об ограничении арендной платы*

rentroll   *список владений, сдаваемых в аренду;* [г.е.] *доход от сдачи в аренду, список земель, сдаваемых в аренду*

rents   [legal] *многоквартирные доходные дома*

rent subsidy   [soc.] *дотация на аренду жилья*

rent subsidy to non-pensioners   [soc.] *дотация на аренду жилья для лиц, не являющихся пенсионерами*

rent subsidy to pensioners   [soc.] *дотация на аренду жилья для пенсионеров*

rent tribunal   [legal] *суд по вопросам квартирной платы*

renunciation   *отказ от права, самоотречение, сдача позиции;* [legal] *отречение*

renunciation of inheritance   [suc.] *отказ от наследства*

reopen (vb.)   *вновь открывать, вновь поднимать, возобновлять;* [legal] *пересматривать дело, снова начинать*

reopen an issue (vb.) *возобновлять эмиссию, выпускать дополнительные облигации в рамках существующего займа*

reopening *возобновление*

reopening of a case [legal] *возобновление дела, пересмотр судебного дела*

reopening of case [legal] *возобновление дела, пересмотр судебного дела*

reopen issue (vb.) *выпускать дополнительные облигации в рамках существующего займа;* [exc.] *возобновлять эмиссию*

reorder *повторный заказ*

reorder (vb.) *возобновлять заказ, перепланировать, перестраивать, повторять заказ, реорганизовывать фирму*

reorganization *перегруппировка, переоборудование, преобразование, санация убыточного предприятия;* [ind.ec.] *оздоровление, реконструкция, реорганизация*

reorganization bond *реорганизационная облигация*

reorganization costs *затраты на реорганизацию*

reorganization expenses *затраты на реорганизацию*

reorganization loan [ind.ec.] *ссуда на реорганизацию*

reorganization of available work [empl.] *изменение существующего объема работы*

reorganization of debt *пересмотр структуры долга*

reorganization of liquidity [ind.ec.] *изменение ликвидности*

reorganization of payroll taxes [tax.] *пересмотр налога на заработную плату*

reorganization of working time [empl.] *изменение режима рабочего времени*

reorganize (vb.) *перестраивать, преобразовывать, приводить в порядок, реорганизовывать, санировать убыточное предприятие;* [ind.ec.] *пересматривать, производить санацию убыточного предприятия, реконструировать*

reorganize loan structure (vb.) [ind.ec.] *пересматривать структуру займа*

reorientation *переориентация*

repair *восстановление, годность, исправность, ремонт*

repair (vb.) *возмещать, восстанавливать, исправлять, ремонтировать*

repair(s) *ремонт*

repair and maintenance loan *ссуда на техническое обслуживание и ремонт*

repair bill *стоимость ремонта, счет за ремонт*

repair costs *затраты на ремонт*

repair expenses *затраты на ремонт*

repair label *ярлык с отметкой о произведенном ремонте*

repairs bill *стоимость ремонта, счет за ремонт*

repair shop *ремонтная мастерская, ремонтный цех*

repair time *продолжительность ремонта*

repair yard [nav.] *судоремонтный завод*

reparation *возмещение, исправление, компенсация, ремонт, репарация*

reparation payments [mil.] *репарационные платежи*

reparations [mil.] *возмещение, репарации*

repast *еда, пища*

repatriate (vb.) *возвращать на родину;* [mil.] *репатриировать*

repatriate funds (vb.) [ec.] *возвращать капитал на родину;* [fin.] *репатриировать денежные средства*

repatriation *возвращение на родину;* [mil.] *репатриация*

repatriation costs [monet.trans.] *затраты на репатриацию*

repatriation obligation [ec.] *обязательство о репатриации денежных средств;* [monet.trans.] *обязательство о репатриации капитала*

repatriation of capital [ec.] *репатриация капитала*

repay (vb.) *возвращать долг, возмещать, вознаграждать, отплачивать;* [ec.] *возмещать ущерб*

repayable at face value (adj.) [stock] *подлежащий уплате по нарицательной стоимости*

repay a debt (vb.) *погашать долг*

repay a loan (vb.) *погашать заем, погашать ссуду*

repay a loan in full (vb.) *полностью погашать ссуду*

repay debt (vb.) *погашать долг*

repay debts *погашать долги*

repay loan (vb.) *погашать заем, погашать ссуду*

repay loan in full (vb.) *полностью погашать ссуду*

repayment *возвращение денег, возмещение, вознаграждение, выплата долга, оплата, погашение обязательств;* [ec.] *уплата*

repayment and interest *выплата долга и процентов*

repayment before maturity *досрочная выплата долга*

repayment by installments *выплата по частям*

repayment by instalments *выплата в рассрочку, выплата по частям, погашение по частям*

repayment commitment *обязательство по выплате долга*

repayment conditions *условия возврата денег, условия погашения*

repayment date *дата погашения*

repayment mortgage [r.e.] *закладная для погашения долга*

repayment obligation *обязательство по выплате долга*

repayment of a loan *погашение займа, погашение ссуды*

repayment of debt *выплата долга, погашение долга*

repayment of expenses [ind.ec.] *возмещение расходов, покрытие расходов*

repayment of loan *погашение займа, погашение ссуды*

repayment of mortgage *выкуп закладной*

repayment of principal *выплата основной суммы*

repayment of tax [tax.] *выплата налога*

repayment of the principal *выплата основной суммы*

repayment of turnover tax [tax.] *выплата налога с оборота*

repayment of value-added tax *выплата налога на добавленную стоимость*

repayment period [tax.] *срок выплаты, срок погашения*

repayment profile *график погашения*

repayment share *доля погашения*

repayment supplement [tax.] *доплата*

repayment terms *условия оплаты, условия погашения*

repeal [legal] *аннулирование, объявление недействительным, отмена*

repeal (vb.) [legal] *аннулировать, объявить недействительным, отменять*

repeal act (vb.) [legal] *отменять закон*

repeal an act (vb.) *отменять закон*

repealed, be (vb.) [legal] *быть аннулированным*

repeal of act [legal] *отмена закона*

repeal of an Act *отмена закона*

repeat *повторение, повторный результат*

repeat (vb.) *повторять*

repeat-action key [comp.] *клавиша повторения операции*

repeat ad [adv.] *повторная реклама*

repeat mailing [mark.] *дополнительная рассылка, повторная рассылка*

repeat order *дополнительный заказ*

repeat rate [mark.] *частота повторения*

repercussion *влияние, отражение, последствия, результаты*

repertory of brands [mark.] *набор сортов, набор торговых марок*

repetition *копия, подражание;* [adv.] *повторение*

repetition mark *знак повторения*

rephrasing *перефразирование*

replace (vb.) *возвращать, восстанавливать, заменять, замещать, пополнять, ставить обратно на место;* [pers.manag.] *возвращать на прежнее место работы*

replaceable (adj.) *взаимозаменяемый, заменяемый, съемный*

replacement *возвращение, возмещение, воспроизводство населения, замена оборудования, замещение, замещение поколения, обновление, ремонт стада;* [pers.manag.] *выбытие основного капитала, модернизация, пополнение*

replacement account [book-keep.] *счет на замену оборудования*

replacement consignment *партия товаров, подлежащая замене*

replacement cost [ins.] *восстановительная стоимость, издержки замещения выбывающего основного капитала*

replacement delivery [legal] *поставка оборудования для замены*

replacement dwelling *место жительства на время ремонта*

replacement financing through accumulated depreciation
[calc.] *финансирование ремонта за счет аккумулированных амортизационных отчислений*

replacement in kind [legal] *возмещение натурой*

replacement investment [ind.ec.] *инвестиции для замещения выбывающего основного капитала, капиталовложения на модернизацию*

replacement loan [bank.] *ссуда на модернизацию*

replacement of capital assets [ind.ec.] *обновление основного капитала*

replacement part *запасная деталь, запасная часть;* [prod.] *сменная деталь*

replacement parts *взаимозаменяемые детали*

replacement price [ind.ec.] *восстановительная цена*

replacement purchase [legal] *покупка для замены*

replacement reserve [ind.ec.] *резерв на случай выбытия основного капитала*

replacement value [calc.] *оценка по восстановительной стоимости;* [ins.] *восстановительная стоимость, стоимость страхового возмещения*

replacement value insurance [ins.] *страхование имущества, при котором возмещение выплачивается в размере восстановительной стоимости*

replenish (vb.) *вновь наполнять, восполнять, добавлять, пополнять запасы*

replenish inventories (vb.) [wareh.] *пополнять запасы*

replevin [legal] *виндикационный иск, иск о возвращении владения движимой вещью*

replica *модель, точная копия*

replication *ответ, повторение наблюдений, повторное проведение эксперимента;* [law.dom.] *возражение, ответ истца на возражение по иску*

reply *заключительное выступление адвоката в суде, отклик, реплика;* [legal] *ответ истца на возражение по иску*

reply (vb.) *давать ответ, отвечать, отвечать на возражение по иску;* [legal] *предпринимать ответные действия*

reply by return of post *ответ с обратной почтой*

reply envelope *конверт для ответного письма*

reply form [mark.] *бланк для ответа*

reply in the affirmative (vb.) [legal] *отвечать утвердительно*

reply postage [post] *почтовый сбор на обратную пересылку*

reply to *ответ, отвечать*

reply to advertisement (vb.) *реагировать на рекламу*

reply to an advertisement *реагировать на рекламу*

repo (repurchase agreement) [bank.] *соглашение о покупке ценных бумаг с последующим выкупом по обусловленной цене, соглашение о продаже и обратной покупке*

repo allocation [bank.] *ассигнования в соответствии с соглашением о продаже и обратной покупке*

repo liquidity [bank.] *ликвидные средства для выполнения соглашения о продаже и обратной покупке*

repo loan [bank.] *заем в соответствии с соглашением о продаже и обратной покупке*

report *акт, донесение, молва, отзыв, отчетный доклад, рапорт, рапортная сделка, репутация, табель успеваемости;* [aud.] *запись судебных решений;* [bus.organ.] *сводка;* [exc.] *сообщение;* [legal] *сборник судебных решений;* [manag.] *доклад, отчет;* [media] *известие*

report (vb.) *выставлять обвинение, делать официальное сообщение, докладывать, отчитываться, передавать услышанное, представлять отчет, прибывать, рассказывать, сообщать, составлять отчет;* [leg.pun.] *описывать;* [media] *давать отчет*

report a loss (vb.) *давать сведения об ущербе*

report and accounts *отчет и отчетность*

report a theft to police (vb.) *заявлять о краже в полицию*

report a theft to the police (vb.) *заявлять о краже в полицию*

reporter *корреспондент, подотчетное лицо, радиокомментатор, сборник судебных решений, составитель сборника судебных решений;* [legal] *докладчик;* [media] *репортер*

reporter's pass [media] *корреспондентский пропуск*

report filed *подшитый отчет*

report for hearing *отчет для слушания дела в суде*

report form *анкета, опросный лист, переписной бланк, форма статистического опросного листа*

report for mortgage purposes [r.e.] *отчет для получения ссуды под недвижимость*

report for the hearing [EEC] *отчет для слушания дела в суде*

report generator [comp.] *генератор отчетов*

reporting *отчетность, представление информации, представление отчета, представление сообщения, учет*

reporting corporation [tax.] *корпорация, специализирующаяся в области отчетности*

reporting endorsement *объявленный индоссамент*

reporting obligation *обязательство по отчетности*

reporting period *отчетный период*

reporting procedure *процедура отчетности*

reporting requirement *требования к отчетности*

reporting restrictions *ограничения на отчетность*

reporting right *право представления отчета*

reporting savings banks *сберегательные банки, представляющие отчеты*

reporting system *система отчетности, система сбора информации, система учета*

reporting unit *единица отчетности;* [stat.] *отчетная единица*

reporting year *отчетный год*

report loss (vb.) *давать сведения об ущербе*

report missing (vb.) *заявлять об отсутствии*

report of board of directors *отчет правления, отчет совета директоров*

report of Board of Governors of FRS *отчет совета управляющих Федеральной резервной системы*

report of board of management *отчет совета управляющих*

report of proceedings *протокол*

report of proceedings at a meeting *протокол заседания, протокол собрания, протокол совещания*

report of proceedings at meeting *протокол заседания, протокол собрания, протокол совещания*

report of the board of directors *отчет правления, отчет совета директоров*

report of the Board of Governors of the FRS *отчет совета управляющих Федеральной резервной системы*

report of the board of management *отчет совета управляющих*

report on   *отчет о*

report on payment   *отчет о платежах*

report on proposed retrenchment   *отчет о предложенном сокращении расходов*

report on setoff   *сообщение о встречном требовании*

report referencing   [aud.] *ссылка на отчет*

report system   [exc.] *система отчетности*

report to the police (vb.)   [leg.pun.] *делать заявление в полицию*

repossess (vb.)   [r.e.] *восстанавливать в правах собственности, снова вступать во владение*

repossessed goods   *товары, полученные обратно в собственность*

repossessed property   [r.e.] *имущество, полученное обратно в собственность*

repossession   *восстановление в правах собственности;* [legal] *восстановление во владении*

repossession of goods   *получение товаров обратно в собственность*

represent (vb.)   *быть представителем, заявлять, представлять;* [comm.] *представлять себе;* [legal] *давать сведения о фактах, изображать, создавать у другой стороны определенное представление о фактическом положении вещей, сообщать*

representation   *представительство, протест, создание у другой стороны определенного представления о фактическом положении вещей;* [comm.] *изображение, образ;* [legal] *заявление, представление, сообщение сведений, сообщение фактов;* [suc.] *утверждение*

representation about an article   *создание представления о товаре*

representation abroad   *зарубежное представительство*

representation of design   *представление проекта*

representations, make (vb.)   *делать представление*

representative   *образец, представитель, типичный представитель, член палаты представителей (США);* [legal] *делегат;* [parl.] *уполномоченный*

representative (adj.)   *изображающий, представительский, представляющий, репрезентативный, символизирующий;* [comm.] *представительный, типичный, характерный;* [legal] *показательный*

representative assembly   *представительное собрание*

representative office   *представительство*

represent to the world (vb.)   *представлять общественности*

repression   [leg.pun.] *подавление, репрессия, сдерживание*

reprieve   *временное облегчение;* [leg.pun.] *отсрочка, отсрочка приведения приговора в исполнение, передышка, помилование, распоряжение об отсрочке приведения приговора в исполнение*

reprieve (vb.)   *делать распоряжение об отсрочке приведения приговора в исполнение, откладывать приведение смертного приговора в исполнение;* [leg.pun.] *давать временное облегчение, давать отсрочку, откладывать приведение (смертного) приговора в исполнение*

reprimand   *выговор, замечание, налагать дисциплинарное взыскание*

reprimand (vb.)   *делать выговор, объявлять выговор*

reprimanded, be (vb.)   *получать выговор*

reprint   [print.] *новое неизмененное издание, переиздавать, переиздание, перепечатка*

reprint (vb.)   [print.] *оттиск, перепечатывать*

reprisal   *ответная мера, ответное действие;* [mil.] *репрессалия*

reprisals   *ответные меры, репрессалии*

reproduce (vb.)   *воспроизводить, восстанавливать, порождать, производить, репродуцировать*

reproduction   *воспроизведение, воспроизводство, восстановление, копия, лесовозобновление, лесовосстановление, размножение, регенерация, репродукция;* [aut.right] *копирование*

reproduction of design   *воспроизведение промышленного образца*

reproduction proof   [print.] *оттиск с набора, предназначенного для фоторепродуцирования*

reprography   [print.] *репрография*

republic   *республика*

republican   *республиканец*

Republican   *член Республиканской партии (США)*

republication of will   [suc.] *восстановление отозванного завещания*

repudiate (vb.)   *аннулировать долги, не признавать, отказываться признавать, отрекаться;* [legal] *отвергать, отказываться от уплаты долга, разводиться по одностороннему заявлению*

repudiate a contract (vb.)   *расторгать договор*

repudiate contract (vb.)   [legal] *расторгать договор*

repudiation   *аннулирование заказа, браковка изделия, отказ от уплаты долга, отказ признать, отказ принять, отречение, расторжение договора;* [legal] *отказ от выполнения обязательства*

repugnancy   [legal] *противоречие*

repugnant (adj.)   *враждующий, несовместимый, сопротивляющийся;* [legal] *противоречащий*

repurchase   *покупка ранее проданного товара*

repurchase (vb.)   [ec.] *покупать ранее проданный товар*

repurchase agreement (repo)   [bank.] *соглашение о покупке ценных бумаг с последующим выкупом по обусловленной цене, соглашение о продаже и обратной покупке*

repurchase commitment   *обязательство о покупке ранее проданного товара*

repurchase deduction   [stock] *удержание при покупке ранее проданного товара*

repurchase of (own) stock   [bus.organ.] *выкуп (собственной) акции*

repurchase of own stock   [bus.organ.] *выкуп собственной акции*

repurchase of unit   [stock] *выкуп партии ценных бумаг*

repurchase scheme   [stock] *система продажи и обратной покупки*

repurchase transaction   *операция обратной покупки*

repurchase value   *выкупная стоимость*

repurchasing price   *выкупная цена;* [stock] *цена, по которой инвестиционный фонд выкупает свои акции у инвесторов-клиентов*

reputable (adj.)   *достойный уважения, уважаемый*

reputation   *добрая слава, доброе имя, репутация*

repute   *доброе имя, известность, репутация*

reputed ownership   [legal] *предполагаемый собственник*

request   *запрос, заявка, просьба, спрос, требование, ходатайство*

request (vb.)   *запрашивать, предлагать, предписывать, просить, требовать;* [legal] *ходатайствовать*

request, on   *по запросу, по заявке*

request for a loan   [bank.] *заявка на получение ссуды*

request for arbitration   [legal] *просьба о рассмотрении спора третейским судом*

request for credit facilities   *заявка на кредитные средства*

request for listing   [exc.] *заявка о допуске ценных бумаг на фондовую биржу*

request for loan   [bank.] *заявка на получение ссуды*

request for payment   *требование платежа*

request for ruling on preliminary question   [EEC] *просьба о вынесении решения по предварительному вопросу*

request for summons   [legal] *запрос о судебной повестке*

request note   [nav.] *разрешение на выгрузку скоропортящихся грузов, не ожидая очистки по приходу*

request of, at the   *по просьбе, по требованию*

require (vb.)   *испытывать необходимость, настаивать, нуждаться, приказывать, требовать*

required (adj.)   *необходимый, обязательный, требуемый*

required, as   *в случае необходимости*

required by prudence (adj.)   *требуемый из соображений благоразумия*

required equity and reserve   [ind.ec.] *требуемая доля акционера и резерв*

required premium   [ins.] *обязательный страховой взнос*

required rate of return   [ind.ec.] *требуемая норма прибыли, требуемый коэффициент окупаемости капиталовложений*

required reserve   [bank.] *резервные требования центрального банка по отношению к коммерческим банкам;* [ind.ec.] *обязательный резерв*

required reserve ratio   [bank.] *требуемая норма резервного покрытия, требуемая резервная норма*

requirement   *необходимое условие, нужда, потребность, требование*

requirement as to form   [legal] *формальное требование*

requirement of repayment   *требование возмещения*

requirement specification   [comp.] *спецификация требований*

requirements specification   [comp.] *спецификация требований, техническое задание*

requirements specifications   *технические требования*

requiring official approval   *необходимое официальное одобрение*

requisite (adj.)   *необходимый, нужный, требуемый*

requisition   *потребность, реквизиция, спрос, требование, требование правительства о выдаче преступника;* [comm.] *заявка;* [leg.pun.] *официальное письменное требование*

requisition (vb.)   *обращаться с официальным письменным требованием;* [mil.] *реквизировать*

requisition form   *бланк заявки, форма заявки*

requisitioning   [mil.] *реквизиция*

reregister (vb.)   *перерегистрировать*

resale   [legal] *перепродажа*

resale price maintenance   [comm.] *поддержание цены товара при перепродаже*

reschedule (vb.)   *пересматривать календарный план*

rescheduling   *пересмотр календарного плана*

rescheduling of debt   *пересмотр сроков погашения долга*

rescind (vb.)   *отменять;* [legal] *аннулировать, расторгать*

rescind a contract (vb.)   *аннулировать контракт*

rescind a contract of sale (vb.)   *аннулировать торговый договор*

rescind contract (vb.)   [legal] *аннулировать контракт*

rescind contract of sale (vb.)   [legal] *аннулировать торговый договор*

rescind the contract of sale   [legal] *аннулировать торговый договор*

rescission   [legal] *аннулирование, отмена, расторжение*

rescission of a contract   [legal] *аннулирование контракта, прекращение действия договора, признание договора недействительным, расторжение контракта*

rescission of a judgment   [legal] *отмена судебного решения*

rescission of contract   [legal] *аннулирование контракта, прекращение действия договора, признание договора недействительным, расторжение контракта*

rescission of judgment   [legal] *отмена судебного решения*

rescue   *избавление, насильственное незаконное изъятие, насильственное освобождение из заключения, освобождение, спасение*

rescue (vb.)   *избавлять, насильственно освобождать заключенного, незаконно отнимать силой, освобождать, самовольно отнимать свое имущество, находящееся под арестом, спасать*

rescue crew   *спасательная команда*

rescue plan   *план спасательных работ*

research   *изучение, изыскание, исследование, научно-исследовательская работа*

research (vb.) *заниматься научными исследованиями, исследовать*
research activities *научные исследования*
research advisory committee *научно-консультативный комитет*
research and development (R and D) *научно-исследовательские и опытно-конструкторские работы (НИОКР), научные исследования и разработки (НИР)*
research and development (R & D) *научно-исследовательские и опытно-конструкторские работы (НИОКР), научные исследования и разработки (НИР)*
research and development activities *научно-исследовательские и опытно-конструкторские работы*
research and development work *научно-исследовательские и опытно-конструкторские работы*
research centre *научно-исследовательский центр*
research committee *комитет по научным исследованиям*
research costs *затраты на научные исследования*
research department *научно-исследовательский отдел*
researcher *исследователь*
research establishment *научно-исследовательская организация, научно-исследовательское учреждение*
research grant *субсидия на научные исследования*
research institution *научно-исследовательский институт*
research project *научно-исследовательская работа, научно-исследовательский проект*
research report *отчет о научно-исследовательской работе, отчет о научных исследованиях*
research worker *научный работник*
resell (vb.) *перепродавать*
reseller market *рынок перепродаваемых товаров*
reselling price *цена перепродаваемого товара*
reservation *заранее заказанное место, оговорка, условие;* [comm.] *сохранение;* [legal] *оставление;* [trans.] *предварительный заказ, резервирование, сохранение за собой*
reservation, make a (vb.) *бронировать место;* [trans.] *делать оговорку*
reservation, without *безоговорочно*
reservation of property [legal] *сохранение за собой имущества*
reservation of right of ownership [legal] *сохранение права собственности*
reservation system [trans.] *система резервирования*
reserve *запас, заповедник, низшая отправная цена, резервированная цена, сдержанность;* [bank.] *резервный фонд;* [calc.] *оговорка, ограничение, резерв*
reserve (vb.) *бронировать, запасать, оговаривать, ограничивать, откладывать, резервировать, сберегать, сохранять за собой;* [trans.] *предназначать*
reserve account [comm.] *резервный счет*
reserve against unsettled claims [ins.] *резерв для неоплаченных требований*
reserve aggregate [bank.] *общий резерв*
reserve allocation principle [book-keep.] *принцип распределения резерва*
reserve a seat (vb.) *бронировать место*
reserve capital [ind.ec.] *резервный капитал*
reserve costs (vb.) [legal] *ограничивать расходы*
reserve coverage *резервное покрытие*
reserve currency [monet.trans.] *резервная валюта*
reserved (adj.) *забронированный, сдержанный;* [ec.] *запасный, не проявляющий активности, резервный*
reserved surplus [calc.] *удержанная часть чистой прибыли*
reserve for bad debts [calc.] *резерв на покрытие безнадежных долгов*
reserve for contingencies [ins.] *резерв на непредвиденные расходы*
reserve for expected losses [bank.] *резерв для покрытия ожидаемых убытков*

reserve for holding of own shares [calc.] *резерв на владение собственными акциями*

reserve for increased risk [ins.] *резерв на случай повышенного риска*

reserve for outstanding liability [ins.] *резерв на покрытие просроченного долга*

reserve for pending claims [ins.] *резерв на находящиеся на рассмотрении иски*

reserve for retirement of preferred stock [calc.] *резерв на погашение привилегированных акций*

reserve for taxes [calc.] *налоговый резерв*

reserve for with-profits insurance [ins.] *резерв для страхования с участием в прибылях*

reserve fund [ind.ec.] *резервный фонд*

reserve fund account [calc.] *счет резервного фонда*

reserve fund cover *покрытие резервного фонда*

reserve fund distribution [bus.organ.] *распределение резервного фонда*

reserve fund for bond series [stock] *резервный фонд для облигационной серии*

reserve fund mortgage deed *резервный фонд залогового сертификата*

reserve judgment (vb.) [legal] *откладывать вынесение решения суда*

reserve money [ec.] *резерв денежных средств*

reserve of bank notes *резерв банкнот*

reserve one's position (vb.) *сохранять свою должность*

reserve position *сальдо резервов*

reserve position in the IMF *сальдо резервов в Международном валютном фонде*

reserve prescribed by articles [bus.organ.] *резерв, предусмотренный уставом*

reserve price *отправная цена;* [exc.] *резервная цена*

reserve ratio [bank.] *норма резервного покрытия, резервная норма*

reserve requirements [bank.] *предписываемые законом резервы, резервные требования*

reserves *резервы*

reserve seat (vb.) *бронировать место*

reserves provided for by articles of association *резервы, предусмотренные уставом ассоциации*

reserves provided for by the articles of association [bus.organ.] *резервы, предусмотренные уставом ассоциации*

reserve stock [warch.] *страховой запас*

reserve the right (vb.) *сохранять за собой право*

reserve the right to (vb.) *сохранять за собой право*

reservoir *бассейн, водоем, резервуар, хранилище*

reset *возврат в исходное положение, восстановление, смещение*

reset (vb.) *смещать;* [comp.] *возвращать в исходное положение, восстанавливать*

resettlement benefit [pers.manag.] *пособие на переезд к новому месту жительства*

reshuffle [parl.] *перегруппировка, перестановка;* [pers.manag.] *перемещение*

reshuffle (vb.) *перегруппировывать;* [parl.] *производить перестановку;* [pers.manag.] *перегруппировать*

reside (vb.) *пребывать, принадлежать, проживать*

residence *длительность пребывания, дом, жилье, квартира, пребывание, проживание, резиденция;* [legal] *местожительство, местопребывание*

residence and work permit *разрешение на проживание и работу*

residence permit [legal] *вид на жительство*

resident *дипломатический представитель, лицо, проживающее по месту службы, резидент, служащий, живущий при учреждении;* [tax.] *постоянный житель*

resident (adj.) *постоянно проживающий*

resident (of) *постоянный житель, резидент*
resident alien *иностранец, проживающий в данной стране*
resident architect *техник-строитель*
resident engineer *прораб*
residential address *адрес места жительства*
residential and commercial construction *жилищное и торговое строительство*
residential area *жилой район, жилые кварталы*
residential building *жилой дом*
residential construction *жилищное строительство*
residential construction (activities) *жилищное строительство*
residential development *жилищное строительство*
residential district *жилой район*
residential hygiene *гигиена жилища*
residential institution [soc.] *однодневный приют*
residential municipality *жилой район года*
residential neighbourhood *жилая окраина, жилой район*
residential part *заселенная часть*
residential property *жилищная собственность*
residential quarter *жилой квартал, жилой район*
residential suburb *жилой пригород*
resident in (adj.) *присущий, свойственный*
resident of *постоянный житель, резидент*
resident population [pol.ec.] *местное население*
residents' group *группа жителей*
resident worker [empl.] *работник, проживающий по месту службы*
residual *остаток, разность*
residual (adj.) *остаточный*
residual amount *остаточная сумма*
residual calculation *остаточный расчет*
residual cost [calc.] *остаточная стоимость*
residual group *остаточная группа*
residual item [book-keep.] *остаточная проводка*
residual net income [calc.] *остаточный чистый доход*
residual net profit [calc.] *остаточная чистая прибыль*
residual product [prod.] *остаточный продукт*
residual reserves [bank.] *остаточные резервы*
residual savings *остаточные сбережения*
residual tax [tax.] *остаточный налог*
residual title [r.e.] *остаточный правовый титул*
residual value [book-keep.] *остаточная стоимость основного капитала;* [calc.] *ликвидационная стоимость*
residual work capacity [empl.] *остаточная работоспособность*
residuary account [suc.] *остаточный счет*
residuary bequest [suc.] *завещание движимости, оставшейся после выплаты долгов и завещательных отказов*
residuary devisee [suc.] *завещательный отказ недвижимости, остающейся после покрытия обязательств и выполнения других завещательных отказов*
residuary estate [suc.] *имущество наследователя после выплаты долгов и выполнения завещательных отказов, незавещанная часть наследства, очищенное от долгов наследственное имущество*
residuary funds on winding up *остаточные фонды по ликвидации фирмы*
residuary legatee [suc.] *наследник очищенного от долгов и завещательных отказов имущества*
residue [ind.ec.] *вычет;* [legal] *наследство, очищенное от долгов и завещательных отказов;* [prod.] *остаток*
resign (vb.) *отказываться от должности, подчиняться;* [parl.] *уходить в отставку;* [pers.manag.] *передавать, слагать с себя обязанности, увольняться*

resignation [parl.] *заявление об отставке;* [pers.manag.] *отказ от должности, увольнение, уход в отставку*

resign from the government (vb.) [parl.] *выходить из состава правительства*

resign one's seat (vb.) [parl.] *отказаться от места в парламенте*

resist (vb.) *воздерживаться, не поддаваться, противодействовать, противостоять, сопротивляться*

resistance *противодействие, сопротивление*

resistant (adj.) *прочный, сопротивляющийся, стойкий*

res judicata [legal] *прецедент, решенное дело*

res nova *новое дело*

resocialization *приватизация*

resolution *разрешение проблемы, резолюция, решимость;* [bus.organ.] *решение, решительность, твердость*

resolution of creditors [bankr.leg.] *решение кредиторов*

resolution of general meeting *решение общего собрания*

resolution of members *решение членов*

resolution of the general meeting [bus.organ.] *решение общего собрания*

resolution to wind up company *решение о ликвидации компании*

resolution to wind up the company [bus.organ.] *решение о ликвидации компании*

resolve (vb.) *голосовать, принимать резолюцию, решать голосованием;* [bus.organ.] *принимать решение, решать*

resolve a crisis (vb.) *устранять кризис*

resolve crisis (vb.) *устранять кризис*

resolve on (vb.) *принимать решение о*

resort *обращение за помощью, оказывать помощь, прибежище, спасительное средство*

resort (vb.) *обращаться*

resource *возможность, изобретательность, находчивость, способ, средство*

resource allocation [pol.ec.] *распределение ресурсов*

resource budgeting *составление сметы на ресурсы*

resource centre [doc.] *центр документации*

resource consuming *потребление ресурсов*

resource depletion *истощение ресурсов*

resource exploitation *использование ресурсов*

resources *банковские активы, вспомогательное средство, денежные средства, материальные запасы, природные богатства, ресурсы, средства существования;* [ec.] *запасы*

resource saving *экономия ресурсов*

resource transfer *перемещение ресурсов*

respect *внимание, касательство, отношение, уважение*

respect (vb.) *иметь отношение, касаться, не нарушать, соблюдать*

respectful (adj.) *вежливый, почтительный*

respectively *соответственно*

respite *временное облегчение, отсрочка (исполнения приговора), отсрочка исполнения приговора, отсрочка платежа, передышка*

respite (vb.) *давать отсрочку, дать отсрочку, откладывать, отсрочивать исполнение приговора;* [legal] *давать временное облегчение*

respite, grant a (vb.) *давать отсрочку*

respite arrangement *договоренность об отсрочке*

respite of a sentence [leg.pun.] *отсрочка исполнения приговора*

respite of sentence [leg.pun.] *отсрочка исполнения приговора*

respond (vb.) *быть ответственным, возмещать расходы, нести ответственность, отвечать, отзываться, подавать возражение по апелляции, подавать возражение по иску, реагировать*

respondent [law.dom.] *диспутант, опрашиваемое лицо;* [mark.] *диссертант*

respondent (adj.) [legal] *выступающий в качестве ответчика, ответчик, отвечающий, реагирующий*

respondent, the *опрашиваемое лицо, респондент*

respondents *опрашиваемые, респонденты*

respondent's notice [legal] *апелляция ответчика*

response *ответная реакция, ответное действие, отклик, реагирование;* [mark.] *ответ, получение данных*

response analysis [mark.] *анализ ответов*

response device [mark.] *формуляр для регистрации ответов*

response duration [comp.] *продолжительность реакции*

response projection [mark.] *прогнозирование ответов*

response rate [mark.] *доля ответивших при обследовании*

response time *время реакции;* [comp.] *время ответа, время отклика*

responsibility *обязанность, обязательство, платежеспособность;* [pers.manag.] *ответственность*

responsibility, on one's own *на свою ответственность, по собственной инициативе*

responsibility, without *безответственно, не неся ответственности*

responsibility under law *ответственность в соответствии с законом*

responsibility under the law [leg.pun.] *ответственность в соответствии с законом*

responsible (adj.) *надежный, несущий ответственность, ответственный, платежеспособный*

responsible administration [manag.] *ответственное руководство*

responsible for, be (vb.) *быть ответственным за*

responsible management *ответственное руководство*

responsible partner *надежный партнер, ответственный партнер*

responsible post [pers.manag.] *ответственный пост*

restart *перезапуск;* [comp.] *повторный запуск*

restart (vb.) *перезапускать, повторно запускать*

restate (vb.) *вновь заявлять, подтверждать, формулировать иначе;* [legal] *формулировать заново*

restatement [legal] *новая формулировка, пересмотр, повторное заявление, подтверждение, свод норм, свод права*

restaurant *ресторан*

restaurant-keeping *содержание ресторана*

restaurant licensed to serve spirits and wine *ресторан, имеющий разрешение продавать вино и другие спиртные напитки*

rest home *гостиница для путешественников, пансионат;* [soc.] *дом отдыха, интернат для инвалидов и престарелых, санаторий для выздоравливающих*

resting time [empl.] *время отдыха*

resting time rules [empl.] *режим отдыха*

rest interval [pers.manag.] *перерыв*

restitutio in integrum *возвращение к прежнему состоянию, восстановление*

restitution *возвращение, восстановление первоначального правого положения;* [ec.] *возмещение убытков;* [legal] *реституция*

restitution in kind [legal] *возмещение натурой*

restitution of civil rights [legal] *восстановление гражданских прав*

restock (vb.) [wareh.] *пополнять запасы*

rest-of-the-world account *счет заграничных операций*

restoration [legal] *восстановление;* [r.e.] *реставрация*

restoration of balance of payments equilibrium *восстановление равновесия платежного баланса*

restoration of buildings *реставрация зданий*

restoration to the previous condition in integrum *восстановление прежних условий в целом*

restore (vb.) *восстанавливать, отдавать обратно, реставрировать;* [ind.ec.] *возвращать*

restore balance (vb.) *восстанавливать баланс*

restore calm (vb.) *восстанавливать спокойствие*

restore competitiveness (vb.) *восстанавливать конкурентноспособность*

restore order (vb.) *восстанавливать порядок*

restore the balance (vb.) *восстанавливать баланс*

rest pause *перерыв*

restraining order [legal] *запретительный судебный приказ*

restraint *заключение в тюрьму, запрещение, лишение свободы, обуздание, ограничение, ограничение свободы, принуждение, сдержанность, сдерживание, сдерживающее начало*

restraint clause [legal] *ограничительная оговорка*

restraint of alienation [legal] *ограничение отчуждения*

restraint of trade *ограничение свободы торговли*

restraint on alienation [legal] *ограничение на отчуждение*

restraint on freedom of trade *ограничение свободы торговли*

restraint on the freedom of trade *ограничение свободы торговли*

restrict (vb.) *держать в определенных пределах, ограничивать*

restricted *для служебного пользования*

restricted (adj.) *связанный, узкий;* [doc.] *ограниченный, сведенный к пределам, стесненный*

restricted admission *ограниченный допуск, ограниченный доступ*

restricted articles [trans.] *грузы, перевозка которых требует специальных условий, ограниченные грузы (перевозимые при соблюдении специальных условий)*

restricted audit [aud.] *выборочная проверка*

restricted endorsement [bill.] *ограниченный индоссамент*

restricted invitation *ограниченное предложение*

restricted invitation to tender *ограниченное приглашение фирмам выдвигать условия поставок*

restricted pensions scheme *ограниченная пенсионная система*

restricted receipts *ограниченные доходы;* [calc.] *ограниченные поступления*

restricted right of enjoyment [legal] *ограниченное право пользования*

restricted suffrage [parl.] *ограниченное право голоса*

restricted title [legal] *ограниченное право собственности, ограниченный правовой титул*

restricted voting right *ограниченное право голоса*

restriction *оговорка, ограничение, рестрикция, функция ограничения*

restriction imposed by police *ограничение, налагаемое полицией*

restriction imposed by the police [legal] *ограничение, налагаемое полицией*

restriction in right of disposal *ограничение права распоряжаться*

restriction in the right of disposal [legal] *ограничение права распоряжаться*

restriction of benefit [ins.] *сокращение пособия*

restriction of opening hours *ограничение времени работы*

restriction of right of preemption *ограничение преимущественного права на покупку*

restriction of the right of preemption [bus.organ.] *ограничение преимущественного права на покупку*

restriction of the right of pre-emption [bus.organ.] *ограничение преимущественного права на покупку*

restriction of voting rights *ограничение права голоса*

restriction on number of pieces (of luggage) [trans.] *ограничение числа мест багажа*

restriction on number of pieces of luggage [trans.] *ограничение числа мест багажа*

restriction on right of ownership *ограничение имущественного права, ограничение права собственности*

restriction on right of property *ограничение имущественного права, ограничение права собственности*

restriction on the right of ownership   *ограничение имущественного права, ограничение права собственности*

restriction on the right of property   *ограничение имущественного права, ограничение права собственности*

restriction on trade   *ограничение торговли*

restrictions   *ограничительные меры*

restrictions on borrowing   [pol.ec.] *ограничения на кредитование*

restrictive (adj.)   *запрещающий, ограниченный, ограничительный*

restrictive clause   *ограничительная статья договора;* [legal] *ограничительная оговорка, ограничительное условие*

restrictive covenant   [r.e.] *ограничительная статья договора, ограничительное обязательство, ограничительное условие, ограничительный договор*

restrictive covenant on a villa   *статья договора, ограничивающая пользование собственностью в виде отдельного дома-виллы*

restrictive endorsement   [bill.] *ограниченный индоссамент*

restrictive injunction   [legal] *запретительная норма, ограничительное предписание*

restrictive measure   *ограничительная мера*

restrictive monetary policy   *ограничительная денежно-кредитная политика, ограничительная монетарная политика*

restrictive policy   *политика ограничения, политика сдерживания*

restrictive practices act   *закон против нарушения свободы конкуренции, закон против ограничительной торговой практики*

restrictive practices court   *суд по рассмотрению действий, нарушающих свободу конкуренции*

restrictive practices rule   *принцип ограничительной торговой практики*

restrictive rule   *ограничительная норма*

restrictive trade policy   *политика ограничения торговли*

restrictive trade practices   *ограничительная торговая практика*

restructure (vb.)   *менять структуру, перестраивать, реорганизовывать;* [ind.ec.] *переделывать*

restructuring   *изменение структуры, перестройка, реорганизация, реструктуризация*

restructuring of debt   *реструктуризация долга*

restructuring of industry   *перестройка промышленности*

restructuring of mortgages   [r.e.] *пересмотр сроков погашения закладных*

rest with (vb.)   *возлагать ответственность, возлагать ответственность на*

result   *исход, итог, ответ, следствие;* [mat.] *результат*

result (vb.)   *иметь результатом, проистекать, происходить в результате, следовать*

result crime   *оконченное преступление*

result from (vb.)   *вытекать, вытекать из, следовать, следовать из*

result in (vb.)   *иметь результатом, кончаться, приводить, приводить к;* [ec.] *иметь следствием*

result in a loss (vb.)   *приводить к ущербу*

resulting (adj.)   *имеющий результатом*

resulting document   *итоговый документ*

resulting effect   *конечный результат*

resulting trust   [legal] *доверительная собственность в силу правовой презумпции*

result in loss (vb.)   *приводить к ущербу*

result of operations   [calc.] *итог финансовых операций, результат сделок*

result oriented (adj.)   *ориентированный на достижение результата*

results   *результаты*

resume   *выводы, итоги, конспект, сводка*

resume (vb.) *возобновлять, подводить итог, получать обратно, продолжать, резюмировать*

resume a meeting (vb.) *продолжать собрание*

resume meeting (vb.) *продолжать собрание*

resume payments (vb.) *возобновлять платежи*

resumption *возвращение, возобновление, получение обратно*

resumption of an estate [legal] *возвращение имущества*

resumption of estate [legal] *возвращение имущества*

resumption of proceedings [legal] *возобновление судебного разбирательства*

resurgence *возрождение*

retail *розница, розничная продажа, розничная торговля*

retail (vb.) *продавать в розницу*

retail (adj.) *розничный*

retail bank [bank.] *розничный банк*

retail business *розничная торговля, розничное предприятие*

retail dealer *розничный торговец*

retail deposit [bank.] *частный вклад*

retail deposits *отдельные депозиты*

retailer *инвестиционный институт, реализующий ценные бумаги среди индивидуальных покупателей, предприятие розничной торговли, розничный торговец*

retail funding [fin.] *вложение капитала в мелкие партии ценных бумаг, финансирование мелких сделок*

retailing *продажа в розницу, розничная торговля*

retailing chain *сеть розничных магазинов*

retail investor *мелкий инвестор, розничный инвестор*

retail method [calc.] *метод розничной продажи*

retail package [mark.] *мелкая расфасовка*

retail packaging [mark.] *мелкая расфасовка*

retail price index (RPI) [ec.] *индекс розничных цен*

retail sale *розничная продажа*

retail sales *продажа в розницу, розничная торговля*

retail sales finance undertaking *учреждение для финансирования розничной торговли*

retail sales outlet *предприятие розничной торговли*

retail sales tax [tax.] *налог с розничного оборота*

retail stage *этап розничной торговли*

retail trade *розничная торговля*

retail trade association *ассоциация розничной торговли*

retail turnover *розничный товарооборот*

retail turnover figures *показатели розничного товарооборота*

retain (vb.) *поддерживать, сохранять, удерживать*

retain a lawyer (vb.) *нанимать адвоката*

retained earnings [calc.] *нераспределенная прибыль*

retained income [calc.] *нераспределенный доход*

retained profit *нераспределенная годовая прибыль*

retained profit brought forward [calc.] *нераспределенная прибыль, перенесенная на последующий период*

retained profit for the year [ind.ec.] *нераспределенная годовая прибыль*

retained profits *нераспределенные прибыли*

retained profits brought forward [calc.] *нераспределенные прибыли, перенесенные на последующий период*

retained tax [tax.] *удержанный налог*

retainer *соглашение между адвокатом и клиентом о ведении им дела;* [legal] *поручение адвокату ведения дела, предварительный гонорар адвокату, сумма, выплачиваемая за специальные услуги, удержание*

retain in force (vb.) *сохранять в силе;* [legal] *оставаться в силе*

retain lawyer (vb.) [legal] *нанимать адвоката*

retain undivided possession of an estate (vb.) [suc.] *сохранять единоличное владение имуществом, сохранять неразделенное владение имуществом*

retaliation   *возмездие, мера возмездия, репрессалия;* [mil.] *ответный удар*

retaliatory action   *ответное действие*

retaliatory customs duty   [cust.] *карательная таможенная пошлина*

retention   *оставление на дополнительный срок службы, собственное удержание при перестраховании, сохранение, удержание вещи, удержание прибыли от распределения по акциям;* [leg.pun.] *право удержания*

retention money   *удерживаемая денежная сумма*

retention of a right to benefits   *сохранение права на льготы*

retention of right to benefits   *сохранение права на льготы*

retention of title   [legal] *сохранение правового титула*

retentions   [calc.] *нераспределенная прибыль*

rethinking   *пересмотр*

retire (vb.)   *выходить на пенсию, демонтировать;* [pers.manag.] *выкупать, оплачивать, оставлять должность, погашать, уходить в отставку;* [stock] *изымать из обращения*

retire as board member (vb.)   *выйти из состава правления, выходить из состава правления*

retire a share (vb.)   *выкупать акцию*

retired (adj.)   *в отставке, отставной, ушедший на пенсию*

retired (employee)   [pers.manag.] *пенсионер*

retired (person)   [pers.manag.] *пенсионер*

retired person   [pers.manag.] *пенсионер*

retire from a board (vb.)   [pers.manag.] *выходить из состава правления*

retire from employment (vb.)   [pers.manag.] *оставлять должность, увольнять с работы*

retire from government (vb.)   [pers.manag.] *выходить из состава правительства*

retire from the government   [pers.manag.] *выходить из состава правительства*

retirement   *выбытие оборудования, выкуп, демонтаж, демонтированная единица оборудования, погашение;* [pers.manag.] *выход в отставку, выход на пенсию, оплата, отставка;* [stock] *изъятие из обращения*

retirement age   [pers.manag.] *пенсионный возраст*

retirement benefit   *пособие по старости;* [pers.manag.] *выходное пособие, пенсия*

retirement benefit, on   *на пенсии*

retirement benefit plan   *система пенсионного обеспечения*

retirement benefits   *выплаты по старости*

retirement fund   *пенсионный фонд*

retirement of mortgage   [r.e.] *выкуп закладной, погашение ипотечного долга*

retirement of shares   [bus.organ.] *погашение акций*

retirement pay   *выходное пособие, пенсия за выслугу лет*

retirement pension   *пенсия по старости;* [pers.manag.] *пенсия по возрасту;* [soc.] *пенсия за выслугу лет*

retirement pension assets   [soc.] *пенсионный фонд*

retirement pension contribution   [soc.] *взнос в пенсионный фонд*

retirement pensioner   *пенсионер по возрасту*

retirement pension insurance   *страхование пенсии по возрасту;* [ins.] *страхование пенсии за выслугу лет, страхование пенсии по старости*

retirement plan   *порядок выхода на пенсию*

retire on reaching age limit (vb.)   *уволиться при достижении пенсионного возраста*

retire on reaching the age limit (vb.)   *уволиться при достижении пенсионного возраста*

retire share (vb.)   [bus.organ.] *выкупать акцию*

retiring   *выход на пенсию, изъятие из обращения*

retiring partner *выбывающий компаньон, выбывающий партнер*

retort (vb.) *возражение, опровергать, резкий ответ*

retractable bond [stock] *облигация с опционом 'пут'*

retractable commitment *обязательство, которое может быть отменено*

retraction of confession [leg.pun.] *отказ от признания вины*

retrain (vb.) *менять квалификацию;* [empl.] *переучивать*

retraining [empl.] *переквалификация, переподготовка, переучивание*

retraining course [empl.] *курс переподготовки*

retransfer *обратное перечисление, переуступка;* [r.e.] *обратная передача в собственность*

retransfer (vb.) *переводить обратно;* [r.e.] *переуступать*

retransmission [aut.right] *ретрансляция*

retreat *общее снижение курсов ценных бумаг, общее снижение кусов ценных бумаг*

retreat (vb.) *отступать, отходить*

retrench (vb.) *сокращать расходы, урезывать, экономить;* [ec.] *срезать*

retrenchment *сокращение расходов, экономия*

retrenchment committee [manag.] *комиссия по экономии*

retrenchment in lending operations [bank.] *сокращение операций по кредитованию*

retrenchment measures *меры сокращения расходов, показатели экономии;* [ec.] *меры экономии*

retrenchment of costs [ind.ec.] *сокращение расходов*

retrenchment policy [pol.ec.] *политика экономии*

retrenchment programme [pol.ec.] *программа сокращения расходов*

retrial [legal] *повторное слушание дела;* [leg.pun.] *повторное расследование*

retribution *воздаяние, возмездие*

retrieval *возвращение в прежнее состояние, восстановление, исправление, поиск данных*

retrieval strategy [doc.] *порядок внесения исправлений*

retrieval system [doc.] *система внесения исправлений*

retrieve (vb.) *возвращать в прежнее состояние, восстанавливать, реабилитировать, спасать;* [comp.] *вести поиск, исправлять*

retroactive (adj.) *имеющий обратную силу*

retroactive act [legal] *закон, имеющий обратную силу*

retroactive effect *обратное действие;* [legal] *обратная сила*

retroactive insurance [ins.] *страхование, имеющее обратную силу*

retroactive legislation [legal] *законодательство, имеющее обратную силу*

retroactively [legal] *с обратной силой*

retroactive pay rise [pers.manag.] *увеличение заработной платы, имеющее обратную силу*

retroactive wage adjustment [empl.] *регулирование заработной платы, имеющее обратную силу*

retrocede (vb.) [ins.] *отступать, уходить*

retrocedent (vb.) [ins.] *удаляться*

retroceding company [ins.] *ретроцедирующая компания*

retrocession [ins.] *ретроцессия*

retrocessionary (adj.) [ins.] *ретроцессионный*

retrocession treaty [ins.] *договор о ретроцессии*

retrospective (adj.) *имеющий обратную силу, ретроспективный*

retrospective act [legal] *закон, имеющий обратную силу*

retrospective legislation [legal] *законодательство, имеющее обратную силу*

retry *повторение, повторная попытка, повторное выполнение;* [legal] *новое слушание дела в суде, повторное слушание дела в суде, снова слушать дело (в суде)*

retry (vb.) *делать повторную попытку*

return *возврат, возвращение, возмещение, доход, отдача, отчет о подсчете голосов, официальный отчет, результаты выборов;* [fin.] *прибыль;* [ind.ec.] *сведения;* [manag.] *выручка, доходность;* [tax.] *налоговая декларация, оборот*

return (vb.) *возвращать, возвращаться, возражать, давать отчет, докладывать, избирать, отвечать, отдавать, официально заявлять, призывать присяжных к участию в рассмотрении дел;* [ins.] *заявлять;* [manag.] *приносить доход*

return, in *взамен, в обмен, в ответ*

return a blank ballot paper (vb.) *вручать бланк избирательного бюллетеня*

returnable container [pack.] *возвратная тара*

returnable package [pack.] *возвратная упаковка*

returnable packaging [pack.] *возвратная упаковка*

return address *обратный адрес*

return a high interest (vb.) *давать высокий процент*

return a verdict (vb.) *выносить вердикт*

return blank ballot paper (vb.) *вручать бланк избирательного бюллетеня*

return cargo [nav.] *обратный груз*

return commission [ins.] *возвращенное комиссионное вознаграждение*

return day *день возврата судебного приказа*

return day (at the County Court) [legal] *день возврата судебного приказа (в суд графства) (Великобритания)*

return day at county court [legal] *день возврата судебного приказа в суд графства (Великобритания)*

return day at the County Court [legal] *день возврата судебного приказа в суд графства (Великобритания)*

returned cheque *возвращенный чек*

returned fare *плата за проезд в оба конца*

returned goods [trans.] *возвращенный товар*

returned premium [ins.] *возвращенный страховой взнос*

return for, in *взамен, в обмен, в ответ*

return freight *обратный груз;* [trans.] *обратный фрахт*

return from capital [fin.] *прибыль на капитал*

return goods *возвращенный товар*

return high interest (vb.) *давать высокий процент*

return interest (vb.) *приносить проценты*

return journey [trans.] *обратная поездка*

return of, in *взамен, в обмен, в ответ*

return of goods *возврат товара*

return of goods purchased on credit *возврат товара, приобретенного в кредит*

return of post, by *обратной почтой*

return of premium [ins.] *возврат страхового взноса, возврат страховой премии*

return of premium for policy cancellation [ins.] *возврат страхового взноса при аннулировании договора страхования*

return on bonds [stock] *доход от облигаций, прибыль от облигаций*

return on capital [fin.] *прибыль на капитал*

return on capital participation [calc.] *участие в прибыли на капитал*

return on debentures [stock] *доход от облигаций акционерной компании*

return on equity [fin.] *прибыль на акционерный капитал, прибыль на обыкновенную акцию*

return on invested capital [fin.] *прибыль на инвестированный капитал*

return on investment (ROI) [fin.] *прибыль на инвестированный капитал*

return on shareholders' funds [fin.] *прибыль на акционерный капитал*

return on shares *доход от акций*

return on sum-of-charge *доход на начисленную сумму*

return on total assets   [fin.] *доход от общей суммы баланса*
return postage   [post] *обратный почтовый сбор*
return premium   [ins.] *возвращенная страховая премия, возвращенный*
   страховой взнос
return privilege   *возвращенная льгота*
return receipt   *обратное получение*
returns   *ведомость, возвращенные векселя, возвращенные чеки,*
   итоги операций, отчетные данные, результаты переписи,
   сведения, статистический отчет; [mark.] *возвращенный товар*
return share capital (vb.)   [bus.organ.] *получать прибыль на акционерный*
   капитал
returns to scale   [ind.ec.] *прибыль за счет роста масштабов*
   производства, прибыль за счет эффекта масштаба
return ticket   [trans.] *обратный билет*
return to drawer   *возврат тратты трассанту*
return to flag of country of origin   [nav.] *возвращение к флагу страны*
   приписки
return trip   [trans.] *обратная поездка*
return verdict (vb.)   [leg.pun.] *выносить вердикт*
return voyage   [nav.] *обратный рейс*
reunion of families   *объединение семей*
reusable packaging   [pack.] *упаковка многоразового пользования*
reuse   [prod.] *повторное использование*
revalorization   *переоценка;* [calc.] *ревалоризация, ревальвация*
revalorization of benefits   [soc.] *переоценка пособий*
revalorization of currency   [monet.trans.] *ревальвация валюты*
revaluate (vb.)   [calc.] *переоценивать;* [monet.trans.] *ревальвировать*
revaluation   [calc.] *переоценка;* [monet.trans.] *ревалоризация, ревальвация*
revaluation appreciation   [calc.] *повышение валютного курса*
revaluation difference   [calc.] *ревальвационная разница*
revaluation fund   [calc.] *ревальвационный фонд*
revaluation of assets   [calc.] *переоценка активов*
revaluation reserve   [calc.] *резервный фонд для ревальвации*
revaluation surplus   [calc.] *прибыль от ревальвации*
revalue (vb.)   *переоценивать;* [calc.] *ревальвировать*
revalued price   [calc.] *повышенная цена*
reveal (vb.)   *выявлять, обнаруживать, открывать, показывать,*
   разоблачать
revelation   *откровение, разоблачение, раскрытие*
revenue   [ind.ec.] *департамент налогов и сборов, финансовое*
   управление; [manag.] *государственные доходы, доход;*
   [tax.] *источник дохода*
revenue account   [calc.] *счет поступлений;* [manag.] *счет доходов*
revenue and appropriation account   [calc.] *счет доходов и ассигнований*
revenue and expenditure account   [book-keep.] *счет доходов и расходов*
revenue charges   *издержки, связанные с получением дохода*
revenue duty   *фискальная пошлина;* [tax.] *фиксальная пошлина*
revenue earned   [ind.ec.] *полученный доход*
revenue from general budget   [manag.] *поступления из общего бюджета*
revenue from the general budget   [manag.] *поступления из общего*
   бюджета
revenue from tourism   *доход от туризма*
revenue generating transaction   *сделка, дающая доход*
revenue office   [cust.] *бюро налогов и сборов*
revenue recognition   [calc.] *одобрение годового дохода*
revenue regulations   [tax.] *правила, регулирующие получение доходов*
revenue reserve   [ind.ec.] *капитальный резерв*
revenues   *доходные статьи*
revenue stamp   *гербовая марка*
revenue yield management   [ind.ec.] *контроль выручки*
reversable (adj.)   [legal] *подлежащий аннулированию*

reversal   *изменение направления на обратное, кассация;*
[book-keep.] *отмена, перелом, полное изменение;* [legal] *аннулирование, обратное движение*

reversal of a judgment   [legal] *аннулирование судебного решения, кассация судебного решения, отмена судебного решения*

reversal of judgment   [legal] *аннулирование судебного решения, кассация судебного решения, отмена судебного решения*

reversal of outflow of foreign exchange   *изменение направления движения иностранной валюты*

reversal of trade   [pol.ec.] *снижение конъюнктуры*

reversal of write downs   [calc.] *прекращение снижения цен*

reverse   *неудача, поражение, провал*

reverse (vb.)   *аннулировать, отменять, резко менять направление;*
[book-keep.] *обращать, переделывать;* [legal] *вносить изменения, кассировать, перевертывать, полностью изменять*

reverse (adj.)   *направленный в обратную сторону, оборотный, обратный, противоположный*

reverse a judgment (vb.)   *аннулировать решение суда, кассировать решение суда, отменять решение суда*

reversed charges call   [telecom.] *заранее оплаченный междугородный разговор*

reversed dividend   [calc.] *аннулированный дивиденд*

reversed onus of proof   [legal] *отмененное бремя доказывания*

reverse judgment (vb.)   [legal] *аннулировать решение суда, кассировать решение суда, отменять решение суда*

reverse ratio   *обратное отношение*

reverse repurchase agreement   *покупка ценных бумаг с совершением через некоторое время обратной операции*

reverse side   [print.] *обратная сторона*

reverse split   [bus.organ.] *увеличение номиналов акций путем трансформации определенного числа бумаг в одну*

reverse swap   [exc.] *обратный своп*

reversible (adj.)   *могущий быть отмененным, обратимый, подлежащий обжалованию*

reversing entry   [book-keep.] *обратная запись, противоположная запись, сторно*

reversion   *возвращение к исходному состоянию;* [legal] *обратный переход имущественных прав к наследнику, обратный переход имущественных прав к первоначальному собственнику, перестановка, страховка, выплачиваемая в случае смерти;*
[r.e.] *поворот прав*

reversionary bonus   *вторичный бонус, вступающий в действие по истечении первого*

reversionary lease   [r.e.] *право на обратную аренду*

reversionary right   [legal] *возвратное право;* [r.e.] *право на обратный переход имущества*

reversion obligation   [legal] *обратный переход имущественных прав к первоначальному собственнику*

reversion value   [legal] *стоимость возврата*

reversion year   [legal] *год возврата*

revert (vb.)   *возвращаться к прежнему юридическому положению;*
[legal] *переходить к прежнему собственнику*

review   *обозрение, пересмотр, проверка;* [media] *просмотр;*
[print.] *периодическое издание, рецензия*

review (vb.)   *пересматривать, рассматривать;* [legal] *проверять, просматривать;* [print.] *рецензировать*

review case (vb.)   *пересматривать судебное дело*

review copy   [print.] *экземпляр для рецензирования*

reviewer   [print.] *обозреватель, рецензент*

review of accounts   [bank.] *анализ счетов, проверка счетов*

review of a pension   [ins.] *пересмотр размеров пенсии*

review of commitments   [bank.] *пересмотр обязательств*

review of pension   [ins.] *пересмотр размеров пенсии*

review the case (vb.)   *пересматривать судебное дело*

revindication   [legal] *виндикация*

revise   *исправление, пересмотр, проверка*

revise (vb.)   *исправлять, пересматривать, проверять, ревизовать*

revised judgment   [EEC] *пересмотренное решение суда*

revise downwards (vb.)   *пересматривать в сторону понижения*

revise upwards (vb.)   *пересматривать в сторону повышения*

revising judgment   [EEC] *решение суда о пересмотре дела*

revision   *изменение, исправление, модернизация, переработка,
пересмотр, просмотр, ревизия;* [EEC] *проверка;*
[print.] *пересмотренное и исправленное издание*

revision cycle   *цикл изменения*

revision of pay scale   *пересмотр шкалы ставок оплаты за труд*

revision of the pay scale   [empl.] *пересмотр шкалы ставок оплаты
за труд*

revision of wages   [empl.] *пересмотр ставок заработной платы*

revival   *повторное вступление в силу;* [pol.ec.] *возобновление,
возрождение, восстановление, выход экономики из кризиса,
оживление конъюнктуры*

revocable commitment   *обязательство, подлежащее отмене*

revocable documentary credit   *отзывной документарный кредит*

revocable letter of credit   *отзывной аккредитив*

revocation   *лишение гражданства, ревокация;* [legal] *аннулирование,
отмена*

revocation board   [pat.] *комиссия по аннулированию патентов*

revocation by writing executed as a will   [suc.] *аннулирование документа,
исполненного как завещание*

revocation by writing executed as will   [suc.] *аннулирование документа,
исполненного как завещание*

revocation of authority   *лишение полномочий*

revocation of a will   [suc.] *аннулирование завещания*

revocation of community of property   [legal] *аннулирование общности
имущества*

revocation of driving licence   *лишение водительских прав*

revocation of licence to practise   [empl.] *отмена разрешения
практиковать*

revocation of trust by court   [legal] *аннулирование управления
собственностью по доверенности через суд*

revocation of trust by settlor   [legal] *аннулирование управления
собственностью по доверенности через учредителя траста*

revocation of will   [suc.] *аннулирование завещания*

revocation proceedings   [pat.] *процедура признания патента
недействительным*

revoke (vb.)   *аннулировать, отменять;* [legal] *брать назад, отзывать*

revoke a credit (vb.)   *аннулировать кредит*

revoke a patent (vb.)   *аннулировать патент*

revoke a permit (vb.)   *аннулировать разрешение*

revoke community of property (vb.)   [legal] *аннулировать общность
имущества*

revoke credit (vb.)   *аннулировать кредит*

revoke patent (vb.)   [pat.] *аннулировать патент*

revoke permit (vb.)   *аннулировать разрешение*

revoke the trust (vb.)   *аннулировать управление имуществом по
доверенности;* [legal] *аннулирование управления имуществом по
доверенности*

revolution   *коренное изменение, крутой перелом, переворот,
революция*

revolutionary (adj.)   *вызывающий коренную перестройку,
революционный*

revolving credit *возобновляемый кредит, револьверный кредит*

revolving credit agreement [bank.] *соглашение о возобновляемом кредите*

revolving line of credit [bank.] *соглашение о возобновляемом кредите*

Revolving Underwriting Facilities (RUF) *источники возобновляемого кредита, среднесрочная кредитная программа на базе евронот с банковской поддержкой*

reward *вознаграждение, компенсация, награда, поощрение, премия*

reward (vb.) *давать награду, награждать*

reward for savings *премия за сбережения*

reward scheme *система поощрений*

rewrite *перезапись, перерегистрация*

rewrite (vb.) *переделывать, перерабатывать;* [comp.] *перезаписывать, перерегистрировать*

rewriting *переделка, переписка*

ribbon *лента*

rich (adj.) *богатый, ценный*

riches *богатство, обилие*

rider *вывод, заключение, следствие;* [ins.] *дополнительное условие;* [legal] *добавление, дополнительная статья, дополнительный пункт;* [leg.pun.] *дополнение*

RIF (reduction in force) *сокращение штатов*

rigging the market *искусственное вздувание курсов ценных бумаг*

right *право, справедливость;* [legal] *привилегия*

right (adj.) *надлежащий, нужный, подходящий, правильный, правомерный, справедливый;* [legal] *в хорошем состоянии, исправный, правый*

right align (vb.) [comp.] *выравнивать по правым разрядам, выравнивать справа*

right arrow key [comp.] *клавиша движения курсора вправо, клавиша для выравнивания по правым разрядам, клавиша для выравнивания справа*

rightful (adj.) *принадлежащий по праву;* [legal] *законный, правомерный, справедливый*

rightful claimant [legal] *законный претендент*

rightfulness [legal] *правомерность*

rightful owner [legal] *законный владелец, законный собственник, полноправный хозяин*

rightful property [legal] *собственность, принадлежащая по праву*

right in personam *обязательственное право, относительное право;* [legal] *право обязательственного характера*

right in rem [legal] *абсолютное право, вещное право*

rightist *реакционер;* [pol.] *правый*

right justify (vb.) [comp.] *выравнивать по правому разряду, выравнивать справа*

rightly *должным образом, правильно, справедливо, точно*

right of abandonment [legal] *право отказа*

right of abode *право на жилище*

right of access *право доступа, право обращения*

right of accrual [suc.] *право увеличения доли*

right of action [legal] *право на иск, право предъявления иска*

right of administration and disposal of property *право распоряжения и передачи имущества*

right of appeal *право обжалования, право подачи апелляционной жалобы*

right of appointment [bus.organ.] *право назначения*

right of assembly [legal] *право собраний*

right of audience [legal] *право аудиенции*

right of audience, have a (vb.) [legal] *иметь право аудиенции*

right of cancellation *право отмены;* [legal] *право аннулирования, право расторжения контракта*

right of challenge   [leg.pun.] *право отвода присяжного заседателя*

right of chastisement   [leg.pun.] *право наказания*

right of claim   [legal] *право заявлять претензию*

right of complaint   *право подавать иск*

right of consultation   *право давать консультацию*

right of deduction   [tax.] *право удержания*

right of deposit   [bank.] *право депонирования*

right of disposal   [legal] *право передачи, право распоряжения*

right of exchange   [comm.] *право обмена*

right of execution   [legal] *право оформления, право приведения в исполнение*

right of exploitation   [pat.] *право использования*

right of free lodging   *право бесплатного хранения*

right of inheritance   [suc.] *право наследования*

right of intervention   *право на вмешательство*

right of litigant to be present in court   [legal] *право тяжущейся стороны присутствовать в суде*

right of notification   *право уведомления*

right of occupation   [r.e.] *право владения, право завладения*

right of occupation of the matrimonial home   [law.dom.] *право завладения домом супруга*

right of option   [exc.] *право опциона, право сделки с премией*

right of ownership   *право собственности*

right of passage   [nav.] *право прохода судов*

right of pledge   *право отдавать в залог*

right of possession   [legal] *право владения*

right of preemption   [bus.organ.] *преимущественное право покупки*

right of primogeniture   [suc.] *право первородства*

right of priority   [suc.] *преимущественное право*

right of property   *право собственности*

right of recourse   [legal] *право оборота, право регресса*

right of redemption   [r.e.] *право выкупа заложенного имущества;* [stock] *право возвращения, право изъятия из обращения, право погашения*

right of regress   *право регресса*

right of removal   [bus.organ.] *право отстранения от должности*

right of reply   *право ответа истца на возражения по иску;* [legal] *право ответа истца на возражение по иску*

right of reproduction   [legal] *право воспроизведения*

right of repurchase   *право выкупа, право перекупки*

right of rescission   [legal] *право аннулирования, право расторжения*

right of residence   *право пребывания, право проживания*

right of retainer   [suc.] *право удержания*

right of retention   [legal] *право сохранения, право удержания*

right of review   *право пересмотра, право проверки*

right of search   [legal] *право обыска*

right of setoff   *право судебного зачета*

right of stoppage in transit   [legal] *право задержания в пути, право остановки в пути*

right of subscription   [exc.] *право подписки*

right of succession   [suc.] *право наследования*

right of surrender   [ins.] *право отказа, право признания себя несостоятельным должником, право уступки*

right of survivorship   [suc.] *право наследования, возникшее в результате смерти одного или нескольких наследников*

right of termination   *право прекращения действия*

right of testation   [suc.] *право представлять доказательства*

right of use   [legal] *право использования, право пользования, право применения*

right of use and consumption   *право пользования и потребления*

right of veto   *право вето*

right of voting   [parl.] *право голосования*

right of way   [legal] *полоса отчуждения, право проезда, право прохода*

right pertaining to advancing mortgages   [EEC] *право, относящееся к получению ссуд под недвижимость*

rights, with   [bus.organ.] *с правами*

rights and duties as to third parties   [legal] *права и обязанности третьих лиц*

rights and obligations   [legal] *права и обязанности*

rights attaching to shares   [bus.organ.] *права, предоставленные акциям*

rights certificate   [stock] *документ, подтверждающий права*

rights conferred by warrants   [bus.organ.] *права, подтверждаемые гарантиями*

rights in capital   *права на капитал*

rights in the capital   [calc.] *права на капитал*

rights issue   [bus.organ.] *выпуск обыкновенных акций для размещения среди акционеров по льготной цене*

rights letter   [stock] *документ, дающий право участвовать в новом выпуске акций*

rights of administration and disposal of property   [legal] *права распоряжения и передачи имущества*

rights of defendant   [legal] *права ответчика*

rights of the defendant   [legal] *права ответчика*

right to, have a (vb.)   *иметь право на*

right to annul an agreement   [legal] *право аннулировать договор, право аннулировать соглашение*

right to an unobstructed view   [legal] *право на свободный осмотр места преступления*

right to be consulted   *право на получение консультации*

right to begin (vb.)   [legal] *восстанавливать исходное юридическое положение*

right to be informed   *право на получение информации*

right to benefits   *право на льготы*

right to bind the company   [legal] *право связать компанию договором*

right to call for repayment   [ec.] *право требовать возмещения*

right to claim for damages   [ins.] *право предъявлять иск за нанесенный ущерб*

right to collect firewood   [legal] *право заготавливать дрова*

right to compensation   *право на возмещение, право на компенсацию*

right to cut turf   [legal] *право резать торф*

right to decide   *право принимать решения*

right to dispose of shares   [bus.organ.] *право изымать акции*

right to dividend   [bus.organ.] *право на получение дивиденда*

right to know   *право быть в курсе дел, право на информацию*

right to negotiate   *право вести переговоры*

right to obtain satisfaction   [legal] *право получать встречное удовлетворение*

right to organize   [empl.] *право создавать организацию*

right to pay off a creditor   [legal] *право полностью расплатиться с кредитором*

right to petition the Community institutions   *право обращаться с заявлениями в учреждения Европейского экономического сообщества;* [legal] *право обращаться с заявлениями в учреждение Европейского сообщества*

right to purchase shares   [exc.] *право приобретать акции*

right to put questions   [legal] *право обращаться с вопросами*

right to put questions to a Minister   [parl.] *право обращаться с вопросами к министру*

right to put questions to minister   *право обращаться с вопросами к министру*

right to recovery of property   *право на возвращение имущества*

right to restitution   [legal] *право реституции*

right to retain the necessaries of life   [legal] *право сохранять личное имущество*

right to return   *право возврата*

right to share in any winding up surplus   [bus.organ.] *право на долю прибыли при ликвидации фирмы*

right to speak   *право на высказывание*

right to stand for election   [parl.] *право выдвигать кандидатуру для избрания*

right to strike   [empl.] *право на забастовку*

right to take industrial action   [empl.] *право на проведение производственных мероприятий*

right to take proceedings   [leg.pun.] *право вести судебное разбирательство*

right to the recovery of property   [legal] *право на возвращение имущества*

right to unclaimed wreck   *право на невостребованный товар, спасенный с судна, потерпевшего аварию*

right to unionize   [empl.] *право объединяться в профсоюз*

right to unobstructed view   *право на свободный осмотр места преступления*

right to use beach   *право выхода на берег*

right to use the beach   [legal] *право выхода на берег*

right to vote   [parl.] *право на голосование*

right wing   [pol.] *правое крыло*

right-wing coalition   [pol.] *правая коалиция, союз правых сил*

right-wing party   [pol.] *правая партия*

rigid (adj.)   *жесткий, непреклонный, стойкий, строгий, суровый, устойчивый*

rigid foreign exchange relations   [monet.trans.] *строгие правила обмена иностранной валюты*

rig the market (vb.)   *искусственно вздувать курсы ценных бумаг*

ring   [ec.] *биржевой круг, ринг (форма картельного объединения)*

ring road   *кольцевая дорога, окружная дорога*

riot   *беспорядки, бесчинства, бунт, восстание, мятеж;*
   [ins.] *нарушение общественного порядка*

rioting   *волнения;* [legal] *беспорядки*

riot police   *полиция по охране общественного порядка*

riots   *волнения;* [legal] *беспорядки*

riots and civil commotion   [ins.] *волнения и общественные беспорядки*

riot squad   *полицейский отряд по охране общественного порядка*

ripe (adj.)   *готовый, зрелый, подготовленный, созревший, спелый*

ripe for condemnation (adj.)   [r.e.] *готовый к принудительному отчуждению*

ripe for development (adj.)   *подготовленный к застройке;*
   [r.e.] *пригодный для строительства*

rise   *возникновение, начало, продвижение, происхождение, улучшение положения;* [ec.] *прибавка к заработной плате;*
   [exc.] *подъем;* [pers.manag.] *повышение, повышение цен, увеличение*

rise (vb.)   *повышаться, подниматься, увеличиваться;*
   [pers.manag.] *продвигаться по службе*

rise against the dollar   [monet.trans.] *повышение курса по отношению к доллару*

rise by .. to ..   *подниматься благодаря...к..., продвигаться благодаря...к...*

rise in exchange rate   *повышение обменного курса;*
   [monet.trans.] *повышение валютного курса*

rise in interest rate   *повышение нормы процента, повышение процентной ставки, повышение ставки процента*

rise in interest rates   *повышение процентных ставок*

rise in prices   *повышение цен;* [stock] *повышение курсов ценных бумаг*

rise in the exchange rate   *повышение обменного курса;*
   [monet.trans.] *повышение валютного курса*

rise in the value of land [r.e.] *повышение стоимости земли*

rise in value of land [r.e.] *повышение стоимости земли*

rise of income *повышение дохода*

rise to, give (vb.) *быть источником, вызывать, давать повод, иметь результатом, причинять*

rising *повышение, подъем, увеличение*

rising (adj.) *возрастающий, повышающийся, поднимающийся, приобретающий влияние, увеличивающийся*

rising market [exc.] *растущий рынок*

rising prices *повышающиеся цены;* [ec.] *растущие цены*

rising standard of living *повышающийся уровень жизни*

rising star [sl.] *'восходящая звезда'*

rising tax burden *растущее бремя налогового обложения*

rising tendency *тенденция к повышению*

rising trend *возрастающий тренд;* [pol.ec.] *тенденция к повышению*

risk *вероятность, возможность, застрахованная вещь, застрахованное лицо, степень неопределенности, страховой риск;* [ins.] *опасность, ответственность страховщика, риск, страховая сумма*

risk (vb.) *рисковать*

risk, at one's own *на свой собственный риск*

risk, at your own *на ваш собственный риск*

risk amount *рисковая сумма*

risk analysis *анализ степени риска*

risk arbitrage *рисковый арбитраж*

risk assessment *оценка степени риска*

risk-assuming capital *капитал, допускающий риск*

risk assurance [ins.] *страхование от риска*

risk aversion *нерасположенность к риску*

risk-bearing (adj.) *сопряженный с риском*

risk-bearing capital *капитал, сопряженный с риском*

risk-bearing deposit [bank.] *депозит, сопряженный с риском*

risk capital *вложение капитала с риском, капитал, вложенный в новое предприятие, связанное с риском, капитал, вложенный в ценные бумаги, рисковый капитал, спекулятивный капитал*

risk capital operation *операция с рисковым капиталом*

risk category *категория риска*

risk control *контроль риска*

risk control system *система контроля рисков*

risk cover [ins.] *перечень рисков, охватываемых страховым полисом*

risk covered [ins.] *риск, охваченный страховым полисом*

risk development *изменение риска*

risk diversification *разнообразие рисков*

risk element involved *учитываемый элемент риска*

risk equalization fund [ins.] *фонд уравнивания рисков*

risk evaluation *оценка риска*

risk for own account [ins.] *риск на собственной ответственности*

risk hedging [exc.] *страхование риска*

risk index [ins.] *кумуляционная карта*

risk insurance [ins.] *страхование риска*

risk insured [ins.] *застрахованный риск*

risk management *управление при допущении риска, управление риском*

risk measurement *измерение риска*

risk money *денежные средства, вложенные в новое предприятие, связанное с риском*

risk of contamination [ins.] *риск загрязнения*

risk of default [comm.] *риск невыполнения обязательств*

risk of the budget's running out of control *риск потери контроля над сметой*

risk of theft [ins.] *риск кражи*

risk passes to (vb.) [legal] *риск переходит к*
risk point *точка риска*
risk point system *система подсчета нарушений правил дорожного движения*
risk premium [ins.] *премия за риск*
risk premium basis [ins.] *основание для выплаты премии за риск*
risk premium reinsurance [ins.] *перестрахование с премией за риск*
risk profile *график риска*
risk-prone (adj.) *склонный к риску*
risk quantification *количественное выражение риска*
risks, against all [ins.] *от всех рисков*
risk sum *сумма, сопряженная с риском*
risk weighting *оценка риска*
risky (adj.) *опасный, рискованный*
risky, be (vb.) *быть рискованным*
risky enterprise *рискованное предприятие*
rival [parl.] *конкурент, соперник*
rival (adj.) *конкурирующий, соперничающий*
rival candidate [parl.] *соперничающий кандидат*
rival firm *конкурирующая фирма*
rival party [pol.] *соперничающая партия*
rival product [mark.] *конкурентноспособная продукция*
river police *береговая полиция*
road *дорога, железная дорога, путь, улица, шоссе*
road charge [tax.] *дорожный сбор*
road charges [tax.] *дорожный налог*
road due [tax.] *дорожный сбор*
road freighter [trans.] *грузовой автомобиль*
road haulage [trans.] *грузовые перевозки по дорогам*
road haulage undertaking [trans.] *транспортная контора по грузовым перевозкам автомобильным транспортом*
road haulier [trans.] *владелец транспортной конторы по грузовым перевозкам*
road network [trans.] *дорожная сеть*
road risk [ins.] *риск при дорожном движении*
road safety *безопасность дорожного движения*
road show [exc.] *гастрольное представление*
Road Traffic Act *Закон о дорожном движении (Дания)*
road traffic offence [leg.pun.] *нарушение правил дорожного движения*
road traffic police *дорожная полиция*
road transport [trans.] *безрельсовый транспорт, дорожный транспорт*
rob (vb.) *грабить, красть*
robber *вор, грабитель, разбойник*
robbery [leg.pun.] *грабеж, кража, разбой*
robbery insurance [ins.] *страхование от грабежа*
robbery statistics *статистика грабежей*
robbery with violence [leg.pun.] *грабеж с насилием, разбой*
rob of (vb.) *лишать, отнимать*
robot *робот*
robotics *робототехника*
rock-bottom price *очень низкая цена*
rogatory letter [legal] *судебное поручение*
ROI (return on investment) [fin.] *прибыль на инвестированный капитал*
ROL (Romanian leu) [monet.trans.] *румынский лей*
roll call [nav.] *перекличка*
rolling billboard [adv.] *вращающаяся доска для объявлений*
rolling stock [rail.] *подвижной состав*
rolling work hours [empl.] *скользящий график работы*
roll-on/roll-off (RO/RO) [nav.] *трейлерные перевозки*
roll-on/roll-off ship (RO/RO ship) *ролкер;* [nav.] *трейлерное судно, трейлеровоз*

rollover   *пролонгация кредита путем его возобновления, ролловер;*
   [ec.] *перевод средств из одной формы инвестиций в другую*

rollover credit   *кредит с плавающей процентной ставкой;*
   [ec.] *кредит, пролонгированный путем возобновления, ролловерный кредит*

rollover date   [ec.] *срок очередной фиксации плавающей ставки по кредиту*

rollover day   [bank.] *дата очередной фиксации плавающей ставки по кредиту*

rollover period   *период очередной фиксации плавающей ставки по кредиту*

ROM (read-only memory)   [comp.] *ПЗУ (постоянное запоминающее устройство)*

Romanian leu (ROL)   [monet.trans.] *румынский лей*

Roman law   [legal] *римское право*

ROM circuit   [comp.] *схема ПЗУ*

roof advertising   [adv.] *реклама на крышах домов*

room   *зал, комната, место, помещение, пространство*

room for manoeuvres   *возможность маневра*

room heating   *отопление помещений*

root directory   *корневой справочник;* [comp.] *корневой каталог*

root of title   [r.c.] *основа правового титула*

RO/RO (roll-on/roll-off)   [nav.] *трейлерные перевозки*

rota   *очередность, расписание дежурств*

rotating shift work   [empl.] *скользящий график работы*

rotation scheme   *программа чередования*

rough (adj.)   *грубый, необработанный, неотделанный, неровный, приблизительный, суровый, тяжелый, черновой, шероховатый*

rough, in the   *в незаконченном виде, в неотделанном виде*

rough copy   *черновик*

rough draft   *черновой набросок, эскиз*

rough estimate   *грубая оценка, приближенная оценка*

roughly   *грубо, небрежно, ориентировочно, приближенно, приблизительно*

rough out (vb.)   *делать вчерне, набрасывать вчерне*

round   *раунд, тур переговоров, ход, цикл*

round (vb.)   *округлять*

round (adj.)   *значительный, круглый, приблизительный*

round down (vb.)   *округлять в меньшую сторону*

rounding down   [mat.] *округление в меньшую сторону*

rounding error   *ошибка округления*

rounding off   *завершение, округление*

rounding-off difference   *различие вследствие округления*

round lot   [exc.] *полный лот, стандартная сделка*

round off (vb.)   *завершать, заканчивать, округлять*

round off to a higher figure (vb.)   *округлять в сторону повышения*

round off to a lower figure (vb.)   *округлять в сторону понижения*

round off to higher figure (vb.)   *округлять в сторону повышения*

round off to lower figure (vb.)   *округлять в сторону понижения*

round of tenders   *раунд торгов*

round sum   *округленная сумма, приближенная сумма*

round-the-clock (adj.)   *круглосуточный*

round-the-clock operation   [prod.] *круглосуточная работа, непрерывное производство*

round trip   [trans.] *круговой рейс, рейс туда и обратно*

round trip charter   *фрахтование судна на прямой и обратный рейсы;*
   [nav.] *круговой чартер*

round trip ticket   [trans.] *билет в оба конца*

round up (vb.)   *округлять в большую сторону*

round voyage   *круговой рейс;* [nav.] *рейс туда и обратно*

route   *курс, направление, путь;* [trans.] *линия связи, маршрут, путь следования*

route (vb.) *направлять, устанавливать маршрут*

route, en *в пути*

routine *заведенный порядок, нормальный режим работы, повседневный уход за оборудованием, работа по графику, рутинная операция, установившаяся практика*

routine check *обычная проверка, текущая проверка*

routine maintenance *профилактическое техническое обслуживание, текущее техническое обслуживание*

routine transaction *текущая операция*

routing order [trans.] *заказ на составление маршрута*

routing recommendation [trans.] *рекомендация о выборе маршрута*

row *последовательность, ряд*

row house *дом периметральной застройки, дом строчной застройки*

Royal assent [legal] *королевская санкция*

Royal assent to bill [parl.] *королевская санкция принятого парламентом закона*

Royal Bank Commissioner *руководитель департамента в Королевском банке (Дания), управляющий Королевского банка (Дания)*

Royal Bank Commissioner, the *высшее должностное лицо Королевского банка, уполномоченный Королевского банка*

royal charter *королевская грамота;* [legal] *королевская привилегия, королевский патент*

Royal decree [legal] *королевский указ*

Royal Greenland Trade Department *Королевский департамент торговли Гренландии (Дания)*

Royal Mint *Королевский монетный двор (Дания)*

Royal Mint, the *Королевский монетный двор (Великобритания)*

Royal order *королевский указ*

Royal Order No. *номер королевского указа*

royalty *лицензионный платеж;* [legal] *арендная плата за разработку недр;* [pat.] *авторский гонорар, роялти*

royalty duty [tax.] *лицензионный платеж*

royalty payment *уплата роялти*

RP (repurchase agreement) [bank.] *соглашение о покупке ценных бумаг с последующим выкупом по обусловленной цене, соглашение о продаже и обратной покупке*

rubber cheque [sl.] *фиктивный чек, чек, не имеющий покрытия*

rubber stamp *избитое выражение, резиновая печать, резиновый штамп, шаблон*

rubbing-off risk *риск истирания*

rubbish *макулатура, мусор*

ruble [monet.trans.] *рубль*

ruble (SUR) [monet.trans.] *советский рубль*

rub off (vb.) *стирать, счищать*

RUF (Revolving Underwriting Facilities) *источники возобновляемого кредита, среднесрочная кредитная программа на базе евронот с банковской поддержкой*

ruin *гибель, крах, разорение*

ruin (vb.) *портить, разорять, разрушать, уничтожать*

ruinous price [comm.] *разорительная цена*

rule *власть, господство, норма, постановление, правление, предписание;* [legal] *правило*

rule (vb.) *постановлять;* [legal] *господствовать, действовать, контролировать, править, разрешать дело, стоять на уровне, управлять, устанавливать, устанавливать порядок судебного производства;* [pol.] *руководить*

rule committee *нормативный комитет*

ruled paper *линованная бумага*

rule for borrowing *правило получения займа*

rule of apportionment   [ins.] *правило распределения*
rule of caveat emptor   [legal] *правило 'качество на риске покупателя'*
rule of dating   *правило датировки*
rule of entry   [book-keep.] *правило бухгалтерской проводки*
rule of imputed rent value   [tax.] *правило условно начисленной арендной стоимости*
rule of law   [legal] *власть закона, господство права, норма права, правопорядок, торжество права*
rule of negligence   [legal] *принцип преступной небрежности*
rule of notice   [legal] *правило уведомления*
rule of precedent   [legal] *норма прецедента*
rule of transition   *принцип перехода*
rule out (vb.) *исключать*
ruler   *линейка, правитель*
rules   *нормы, правила*
rules and regulations   *процессуальные нормы и положения*
rules committee   [legal] *комитет по процедурным вопросам*
rules for business enterprises   [tax.] *правила для торгово-промышленных предприятий*
rules for capital gains   [tax.] *правила для доходов от прироста капитала*
rules for entry into force   *правила вступления в силу*
rules for maintenance of order in court   [legal] *правила поддержания порядка в суде*
rules for the maintenance of order in court   [legal] *правила поддержания порядка в суде*
rules governing funding   [ec.] *правила консолидирования долга*
rules governing pensions   *правила начисления пенсии*
rules governing rank and precedence   *правила, устанавливающие старшинство соответственно рангу*
rules of court   [legal] *правила судопроизводства, судебный регламент*
rules of procedure   [legal] *правила процедуры, процессуальные нормы, регламент*
rules of succession   [legal] *правила наследования*
rules on competition   *правила конкуренции*
ruling   *постановление суда, решение суда;* [legal] *управление*
ruling (adj.) *действующий, преобладающий, существующий;* [legal] *господствующий, правящий, руководящий, текущий*
ruling class   *правящий класс*
rummage   *обыск судна, таможенный досмотр*
rumour   *молва, толки*
rumour (vb.) *распространять слухи*
run   *отрезок времени, партия изделий, период, пробег, производственный период, разряд, рейс, средний сорт, тип;* [comp.] *однократный проход программы, прогон программы, работа, ход*
run (vb.) *быть действительным, иметь силу, протекать, работать, управлять, эксплуатировать;* [comp.] *однократно выполнять программу, прогонять программу*
run a business (vb.) *вести дело*
run a hotel (vb.) *управлять гостиницей*
run an errand (vb.) *быть на побегушках, быть на посылках*
run a risk (vb.) *подвергаться риску, рисковать*
run as a candidate for (vb.) [parl.] *выдвигать кандидатуру, выставлять кандидатуру*
run ashore (vb.) [nav.] *выбрасываться на берег*
runaway inflation   [pol.ec.] *безудержная инфляция, гиперинфляция*
run business (vb.) *вести дело*
rundown   [ec.] *снижение производства*
rundown on inventory   [wareh.] *обследование запасов*
run errand (vb.) *быть на побегушках, быть на посылках*

run hotel (vb.) *управлять гостиницей*
run-in *приработка;* [prod.] *обкатка*
run-in period *период обкатки, период приработки*
running [prod.] *работа, функционирование, эксплуатация*
running (adj.) [prod.] *действующий, непрерывный, общепринятый, последовательный, работающий, текущий*
running, be (vb.) *действовать, работать, функционировать*
running account [book-keep.] *контокоррент, текущий счет*
running contract [legal] *действующий договор*
running costs [ind.ec.] *эксплуатационные расходы*
running down case [nav.] *дело о столкновении судов*
running down of stocks [warch.] *снижение стоимости акций*
running expenses [book-keep.] *эксплуатационные расходы*
running head [print.] *колонтитул*
running headline [print.] *колонтитул*
running-in *обкатка;* [prod.] *приработка*
running-in costs [ind.ec.] *затраты на приработку*
running inventory [warch.] *текущий уровень запасов*
running order, in *в обычном порядке*
running payment *текущий платеж*
running prohibition [rail.] *действующий запрет*
running title [print.] *колонтитул*
running yield [fin.] *текущий доход*
run out (vb.) *истекать, кончаться*
run risk (vb.) *подвергаться риску, рисковать*
run the books (vb.) [bank.] *вести бухгалтерские книги*
runway (adj.) [air tr.] *вышедший из-под контроля, потерявший управление*
rural area *сельская местность, сельский район*
rural commune *сельская община*
rural dean *настоятель собора*
rural municipality *сельский муниципалитет*
rural population *сельские жители, сельское население*
rural zone *сельская местность, сельскохозяйственная зона*
rush *большой спрос, стремительное движение*
rush (vb.) *бросать, быстро делать, срочно исполнять*
rush hour [trans.] *час наибольшей нагрузки, час пик*
rush hour traffic [trans.] *движение транспорта в час пик*
rush job *срочная работа*
rush order *срочный заказ*
rush period [trans.] *период наибольшей нагрузки*
ruthless exploitation *безжалостная эксплуатация*
R & D (research and development) *НИОКР (научно-исследовательские и опытно-конструкторские работы), НИР (научные исследования и разработки)*
résumé *выводы, итоги, резюме, сводка*

S

S (section) *раздел, статья*

S. (section) *раздел;* [legal] *статья*

sabotage *диверсия, подрывная деятельность, саботаж*

sabotage (vb.) *саботировать*

sack (vb.) [pers.manag.] *увольнять с работы*

sackcloth [pack.] *мешковина, холст*

sacking *увольнение с работы*

sacrifice *жертва, недостача, потеря;* [comm.] *убыток*

sacrifice (vb.) *жертвовать, продавать в убыток*

sacrifice, sell at a (vb.) [comm.] *продавать в убыток*

sacrilege *святотатство;* [leg.pun.] *ограбление церкви*

s.a.e. (stamped addressed envelope) [post] *вложенный в письмо конверт с обратным адресом и маркой*

SAE (stamped addressed envelope) *вложенный в письмо конверт с обратным адресом и маркой*

SAF (Structural Adjustment Facility) *средства структурной перестройки экономики*

safe *несгораемый шкаф, сейф*

safe (adj.) *безопасный, внушающий доверие, гарантированный, надежный, не представляющий опасности, не связанный с риском*

safe arrival [mar.ins.] *безопасное прибытие*

safe-conduct *охранная грамота, охранное свидетельство, пропуск;* [legal] *гарантия безопасности, гарантия от ареста*

safe custody [bank.] *безопасное хранение, надежная охрана, ответственное хранение*

safe-custody account *депонирование ценных бумаг*

safe-custody charges [bank.] *плата за ответственное хранение*

safe-custody commission [bank.] *комиссионный сбор за ответственное хранение*

safe-custody department [bank.] *отдел охраны банка, служба охраны банка*

safe-custody fee [stock] *плата за ответственное хранение*

safe-custody receipt *депозитное свидетельство;* [stock] *охранная расписка, расписка в принятии ценностей на ответственное хранение*

safe-deposit box [bank.] *сдаваемый в аренду сейф в хранилище ценностей банка, сейф для хранения ценностей в банке*

safe-deposit certificate [stock] *депозитный сертификат*

safe-deposit department [bank.] *отдел вкладов банка*

safe-deposit rate [bank.] *ставка по депозитам*

safe-deposit receipt *охранная расписка, расписка в принятии ценностей на ответственное хранение;* [bank.] *депозитное свидетельство*

safeguard *временные действия, направленные на защиту внутренней экономики от наплыва импорта, гарантия, мера предосторожности, охрана, охранная грамота, охранное свидетельство, предосторожность, предохранительное устройство, пропуск*

safeguard (vb.) *гарантировать, охранять, предохранять, прикрывать*

safeguard another person interest (vb.) *охранять интересы другого лица*

safeguard another person's interest (vb.) *охранять интересы другого лица*

safeguarding *гарантия, охрана*

safeguard measure *мера предосторожности*

safe investment [stock] *безопасное вложение капитала, безопасное инвестирование*

safekeep [bank.] *ответственное хранение*

safekeeping *передача на ответственное хранение;* [stock] *ответственное хранение*

safekeeping fee [stock] *плата за ответственное хранение*

safekeeping of securities [bank.] *ответственное хранение ценных бумаг*

safety *безопасность, невредимость, сохранность*

safety at work [empl.] *безопасность на рабочем месте*

safety certificate [prod.] *сертификат о соответствии требованиям техники безопасности*

safety committee [empl.] *комиссия по технике безопасности*

safety deposit [bank.] *вклад на ответственном хранении, депозит на ответственном хранении*

safety factor *запас прочности, коэффициент безопасности, коэффициент надежности, отношение резервного запаса к максимальному уровню запасов*

safety from disclosure *гарантия от разглашения информации*

safety fund *страховой фонд;* [ind.ec.] *резервный фонд*

safety in operation *безопасность в работе, безопасность в эксплуатации*

safety installation *защитное устройство, предохранитель, устройство защиты*

safety lock *блокировка*

safety margin *запас надежости, запас прочности, коэффициент безопасности, резерв установленной мощности электростанции, степень обеспеченности ссуды*

safety officer *сотрудник службы безопасности*

safety of navigation [nav.] *безопасность судоходства*

safety regulations *правила техники безопасности*

safety requirements *требования безопасности*

sag *понижение цен, снижение уровня;* [exc.] *падение курсов*

sagging *падение курсов, понижение цен*

sagging demand *падающий спрос*

sagging market *рынок, характеризующийся понижением цен;* [exc.] *рынок, характеризующийся падением курсов*

sagging rate [monet.trans.] *оценка падения курсов*

sagging rates *оценки падения курсов*

sagging tendency [exc.] *тенденция к понижению*

sagging trend [exc.] *тенденция к понижению*

said (adj.) *вышеуказанный, вышеупомянутый*

sail *плавание*

sail (vb.) *выходить в море, совершать плавание;* [nav.] *плавать*

sailing *мореходство, навигация;* [nav.] *плавание*

sailing agreement [nav.] *соглашение о навигации*

sailing date *день отхода;* [nav.] *дата отхода*

sailings list [nav.] *расписание движения судов*

sake of good order, for the *в интересах порядка*

salaried [empl.] *на твердом окладе*

salaried (adj.) *получающий жалованье, получающий заработную плату, штатный (о работнике)*

salaried employee *наемный работник;* [pers.manag.] *служащий на твердом окладе*

Salaried Employees and Civil Servants Confederation *Конфедерация наемных работников и государственных служащих (Дания)*

salaried employment [empl.] *работа на твердом окладе*

salaried person [pers.manag.] *работник на твердом окладе*

salaried professional [pers.manag.] *специалист на твердом окладе*

salaried worker [pers.manag.] *служащий*

salary [pers.manag.] *жалованье, оклад, твердая ставка заработной платы*

salary account [bank.] *счет заработной платы*

salary adjustment [pers.manag.] *регулирование заработной платы*

salary adjustment system [empl.] *система регулирования заработной платы*

salary agreement [empl.] *соглашение о заработной плате*

salary and wage structure   [empl.] *структура окладов и ставок заработной платы*

salary before deductions   [tax.] *заработная плата без учета вычетов*

salary claim   [pers.manag.] *требование повышения заработной платы*

salary deduction   [pers.manag.] *вычет из заработной платы, удержание из заработной платы*

salary disbursement   [pers.manag.] *расходы на заработную плату*

salary earner   [pers.manag.] *служащий*

salary expenditure   [ind.ec.] *расходы на заработную плату*

salary freeze   [pol.ec.] *замораживание заработной платы*

salary grade   [pers.manag.] *шкала заработной платы*

salary income   [pers.manag.] *доход в виде заработной платы, доход в виде твердого оклада*

salary increase   [pers.manag.] *рост заработной платы, увеличение заработной платы*

salary level   [empl.] *уровень заработной платы*

salary negotiation   [pers.manag.] *переговоры о ставках заработной платы*

salary office   *отдел заработной платы*

- **salary on account**   *заработная плата, перечисляемая на лицевой счет*

salary payment   [pers.manag.] *выдача заработной платы*

salary reduction   [pers.manag.] *снижение ставок заработной платы*

salary rules   *правила начисления заработной платы*

salary scale   [pers.manag.] *шкала заработной платы, шкала окладов, шкала ставок оплаты за труд*

salary scales   [empl.] *уровни заработной платы*

salary slip   [pers.manag.] *расписка в получении заработной платы*

salary statement   [pers.manag.] *ведомость заработной платы*

salary supplement   [pers.manag.] *надбавка к заработной плате*

salary system   [pers.manag.] *система заработной платы*

salary transfer   [pers.manag.] *перечисление заработной платы*

salary voucher   [book-keep.] *расписка в получении заработной платы*

salary withholding   *вычет из заработной платы, удержание из заработной платы*

salary year   [tax.] *расчетный год по заработной плате*

sale   *продажа с торгов, распродажа, распродажа по сниженным ценам;* [comm.] *торговая сделка, торговля;* [ec.] *продажа с аукциона;* [ind.ec.] *продажа, сбыт*

sale, for   *на продажу*

sale(s)   *продажи*

saleability   *возможность сбыта, пригодность для продажи*

saleable (adj.)   *пользующийся спросом, пригодный для продажи, приемлемый (о цене), сходный (о цене), ходкий (о товаре)*

saleable article   *ходовой товар*

saleableness   *пригодность для продажи*

saleable product   *продукция, имеющая сбыт, продукция, отвечающая требованиям рынка*

sale and leaseback   *продажа оборудования с условием получения его обратно в аренду на определенный срок*

sale and leaseback arrangement   *соглашение о продаже оборудования с условием получения его обратно в аренду на определенный срок*

sale and leaseback financing   *финансирование продажи оборудования с условием получения его обратно в аренду на определенный срок*

sale and repurchase arrangement   *соглашение о продаже и обратной покупке*

sale and repurchase transaction   *сделка продажи и обратной покупки*

sale at cut prices   [comm.] *продажа по низким ценам, продажа по сниженным ценам*

saleback   *встречная продажа*

sale by auction   *аукцион, продажа с аукциона*

sale by commission   *комиссионная продажа*

sale by description [legal] *продажа по описанию*
sale by instalments *продажа в рассрочку*
sale by order of court [legal] *продажа по постановлению суда,*
  продажа по приказу суда, продажа по распоряжению суда,
  продажа по решению суда
sale by order of court of single piece of property [legal] *продажа по*
  распоряжению суда одной единицы имущества
sale by order of the court [legal] *продажа по постановлению суда,*
  продажа по приказу суда, продажа по распоряжению суда,
  продажа по решению суда
sale by order of the court of a single piece of property [legal] *продажа по*
  распоряжению суда одной единицы имущества
sale by private treaty *продажа по частному соглашению*
sale by retail *продажа в розницу*
sale by sample *продажа по образцу*
sale by weight *продажа на вес*
sale contract *договор продажи*
sale docket *продажная квитанция*
sale in a series [r.e.] *продажа в серии*
sale in bulk *массовая продажа, продажа без упаковки, продажа*
  всего товарного запаса, продажа груза целиком, продажа
  насыпью
sale in series *продажа в серии*
sale item [comm.] *продаваемое изделие*
sale lot [comm.] *продаваемая партия*
sale note [bank.] *брокерская записка о совершенной сделке,*
  посылаемая продавцу, уведомление о продаже; [exc.] *извещение*
  о продаже, сообщение о продаже
sale of ascertained goods [legal] *продажа индивидуализированных*
  товаров
sale of bonds and debentures *продажа закладных и долговых расписок,*
  продажа облигаций и долговых обязательств
sale of bonds/debentures *продажа облигаций*
sale of companies *продажа компаний*
sale of goods [comm.] *продажа изделий, продажа товаров*
Sale of Goods Act *Закон о продаже товаров (Великобритания)*
sale of government papers *продажа государственных обязательств;*
  [exc.] *продажа правительственных ценных бумаг*
sale of land *продажа земли*
sale of loan *переуступка займа банком, продажа долгового*
  обязательства другому кредитору
sale of pledge *продажа залога*
sale of real property *продажа недвижимости*
sale of securities *продажа ценных бумаг*
sale of shares *продажа акций, продажа доли собственности*
sale of subsidiary *продажа дочерней компании, продажа дочерней*
  фирмы
sale on approval *продажа с правом покупателя отказаться от*
  товара, продажа с условием последующего одобрения товара
  покупателем
sale on commission *комиссионная продажа*
sale on consignment *продажа со склада комиссионера;*
  [comm.] *продажа по консигнации*
sale on credit *продажа в кредит*
sale on sample *продажа по образцу*
sale on trial *продажа на пробу*
sale or hire, for *на продажу или в наем*
sale or other disposition of pledge [legal] *продажа или другое изъятие в*
  качестве залога
sale or return *продажа или возврат*
sale or return, on *на продажу с правом возврата*

sales   [ind.ec.] *объем продаж, объем сбыта, товарооборот*
sales abroad   *продажа за рубеж*
sales account   [comm.] *счет продаж*
sales accounts   *счета продаж*
sales activities   [mark.] *деятельность по сбыту*
sales agency   *сбытовая организация, торговая контора, торговая организация, торговое агентство*
sales agent   *заведующий отделом сбыта;* [comm.] *агент по сбыту, коммерческий директор*
sales agreement   *договор о продаже*
sales amount   *объем сбыта*
sales analysis   [mark.] *анализ возможностей сбыта*
sales and distribution expenses   [mark.] *торговые издержки*
sales angle   [mark.] *коммерческий аргумент*
sales approach   [mark.] *метод стимулирования сбыта*
sales area   [comm.] *торговый зал;* [ind.ec.] *место торговли, район сбыта;* [mark.] *площадь торгового зала*
sales argument   [mark.] *коммерческий аргумент*
sales assistant   [pers.manag.] *консультант-продавец*
sales association   [mark.] *торговая ассоциация*
sales auxiliary   [mark.] *торговое оборудование*
sales book   [book-keep.] *журнал учета продаж*
sales budget   [mark.] *торговая смета*
sales bulletin   *торговый бюллетень*
sales campaign   [mark.] *компания по организации и стимулированию сбыта*
sales catalogue   *торговый каталог*
sales centre   *торговый центр*
sales charge   *комиссионный сбор, уплачиваемый инвестором брокеру при покупке или продаже участия во взаимном инвестиционном фонде*
sales claim   *коммерческий аргумент*
sales clerk   [pers.manag.] *продавец*
sales commission   *комиссионный платеж за продажу, комиссионный сбор за продажу*
sales conditions   *состояние сбыта, условия продажи;* [mark.] *условия торговли*
sales consultant   [comm.] *консультант по сбыту*
sales contract   [legal] *договор купли-продажи, контракт на продажу*
sales convention   *торговая конференция*
sales cooperative   [mark.] *посредническое торговое агентство по сбыту продукции, сбытовой кооператив*
sales coverage   [ind.ec.] *покрытие расходов на продажу*
sales department   [mark.] *отдел сбыта*
sales development program   *программа мер по увеличению объема продаж*
sales discount   *скидка для стимулирования сбыта и увеличения объема продаж*
sales district   [ind.ec.] *торговый район;* [mark.] *торговый участок*
sales drive   [mark.] *кампания за увеличение сбыта*
sales duty   [tax.] *сбор за продажу, торговая пошлина*
sales effectiveness test   [mark.] *проверка эффективности сбыта*
sales effort   [mark.] *меры по организации и стимулированию сбыта*
sales engineer   *специалист по организации сбыта*
sales exhibition   [mark.] *торговая выставка*
sales expenses   [mark.] *торговые издержки*
sales experience   [mark.] *опыт продажи товаров, опыт сбыта товаров*
sales figures   *данные о продаже товаров*
sales finance company   *компания по финансированию продаж в рассрочку*

sales firm   *сбытовая фирма*

sales-floor operation   *работа торгового зала магазина*

sales force   *работники торговых предприятий, торговые агенты*

sales forecast   [mark.] *прогноз объема продаж, прогноз объема сбыта*

sales function   *отдел сбыта, торговый отдел;* [ind.ec.] *функция сбыта*

sales girl   [pers.manag.] *продавщица*

sales incentive   [mark.] *мера стимулирования сбыта*

sales increase   *увеличение сбыта*

sales journal   [book-keep.] *журнал учета продаж, книга регистрации продаж*

sales leads   [mark.] *указания на потенциальных покупателей*

sales ledger   [book-keep.] *журнал учета продаж, книга регистрации продаж*

sales letter   [mark.] *письменное уведомление о продаже*

sales link   *коммерческая связь*

sales links   [mark.] *коммерческие связи*

sales literature   [mark.] *коммерческая литература, рекламная литература*

sales load   *комиссионный сбор, уплачиваемый инвестором брокеру при покупке или продаже участия во взаимном инвестиционном фонде*

salesman   *коммивояжер, работник службы сбыта, торговый агент;* [comm.] *продавец;* [mark.] *торговец*

sales manager   *заведующий отделом сбыта, руководитель службы сбыта;* [pers.manag.] *коммерческий директор*

salesmanship   *искусство продавца, навязывание товаров, проталкивание товаров;* [mark.] *занятие торговлей, профессия торговца*

sales manual   [mark.] *справочник по сбыту*

sales meeting   *совещание по организации сбыта*

sales message   [mark.] *торговое обращение*

sales method   [mark.] *метод продажи*

sales monopoly   *торговая монополия*

sales negotiations   *переговоры о продаже товара*

sales objective   *цель продажи*

sales office   [mark.] *отдел сбыта*

sales opportunity   [mark.] *возможность сбыта, конъюнктура рынка*

sales order   *заказ на закупку*

sales order analysis   [ind.ec.] *анализ заказов на закупку*

sales organization   *торговый аппарат фирмы;* [mark.] *торговая организация*

sales outlet   *рынок сбыта;* [mark.] *возможность сбыта, торговая точка, торговое предприятие*

sales parameter   [mark.] *характеристика сбыта*

salesperson   *коммивояжер, работник службы сбыта, торговый агент;* [comm.] *торговец;* [pers.manag.] *продавец*

sales personnel   *продавцы, торговый персонал*

sales pitch   [mark.] *партия товара, выброшенного на рынок*

sales point   [mark.] *торговая точка*

sales potential   [mark.] *конъюнктура рынка, ожидаемый объем сбыта*

sales price   *продажная цена, реализационная цена*

sales problems   [mark.] *проблемы сбыта*

sales proceeds   *выручка от реализации товара, доход от продажи продукции*

sales profit   *прибыль от продаж*

sales promoting   [mark.] *продвижение товара на рынок, стимулирование сбыта*

sales promoting initiatives   [mark.] *инициативы по стимулированию сбыта*

sales promotion   [mark.] *предоставление преференций, продвижение товара на рынок, протекционистские мероприятия, рекламно-пропагандистская деятельность, стимулирование сбыта, стимулирование труда торговых работников*

sales promotion budget   [mark.] *смета расходов на мероприятия по стимулированию сбыта*

sales promotion costs   [mark.] *затраты на стимулирование сбыта*

sales psychology   [mark.] *учет психологического фактора при организации сбыта*

sales quota   [mark.] *торговая квота*

sales rebate   [comm.] *торговая скидка*

sales record   *учет продаж*

sales records   *торговая статистика*

sales reductions   *снижение объема сбыта*

sales report   [mark.] *конъюнктурный обзор, отчет о продажах*

sales representative   [comm.] *коммивояжер, торговый агент, торговый представитель*

sales reqirement   *требуемый объем заказов на поставку продукции, требуемый объем сбыта*

sales result   *объем продаж*

sales return   [ind.ec.] *доход от продаж*

sales returns   [mark.] *возвращенный товар*

sales right   [mark.] *право продажи*

salesroom   [mark.] *торговый зал*

sales situation   [mark.] *рыночная конъюнктура*

sales slip   *расписка о продаже*

sales strategy   *стратегия поддержания уровня сбыта*

sales talk   [mark.] *переговоры о продаже товара*

sales tax   [tax.] *налог на доходы от продаж, налог на продажи, налог с оборота, торговый сбор*

sales tax payable   [book-keep.] *подлежащий оплате налог с оборота*

sales tax receivable   [book-keep.] *подлежащий получению налог с оборота*

sales technique   [mark.] *метод продаж*

sales terms   [legal] *условия продажи*

sales ticket   *товарный ярлык*

sales turnover   *оборачиваемость товарных запасов, товарооборот*

sales value   *общая стоимость продаж, общая стоимость проданных товаров*

sales volume   *объем продаж, объем товарооборота, товарооборот;* [ind.ec.] *объем сбыта*

sales warranty   *гарантия продажи*

sales work   [mark.] *торговая деятельность*

sales year   *год продажи*

sale to ascertain damages   [legal] *продажа для определения ущерба*

sale under execution   [legal] *продажа по решению суда*

sale with an option to repurchase   *продажа с возможностью обратной покупки*

sale with option to repurchase   *продажа с возможностью обратной покупки*

sale with right of repurchase   *продажа с правом обратной покупки*

Sallie Mae (Student Loan Marketing Association) (SLMA) (US)
Ассоциация, гарантирующая студенческие кредиты, обращающиеся на вторичном рынке (США)

SALT (Strategic Arms Limitation Talks)   [mil.] *переговоры об ограничении стратегических вооружений*

salt name   [adv.] *остроумное название товара (в рекламных целях)*

salvage   *исправимый брак, нереализованная продукция, годная для переработки, отходы производства, годные для переработки, сбор и использование утильсырья;* [mar.ins.] *вознаграждение за спасание имущества, расходы по спасанию имущества, реализация испорченного имущества, сбор трофеев, спасенное имущество;* [prod.] *спасание имущества*

salvage (vb.)   [mar.ins.] *спасание, спасательные работы*

salvage (money)   *компенсация за спасение имущества*

salvage action   [mar.ins.] *спасательные работы*

salvage agreement   *спасательный контракт;* [mar.ins.] *соглашение о производстве спасательных работ*

salvage charges   *расходы по спасанию*

salvage claim   *требование о выплате спасательного вознаграждения*

salvage clause   *оговорка об участии страховщика в расходах по спасанию*

salvage corps   *спасательные части*

salvaged cargo   [mar.ins.] *спасенный груз*

salvage expenses   [mar.ins.] *расходы по спасанию*

salvage lien   *право удержания спасенного имущества (в обеспечение получения спасательного вознаграждения)*

salvage money   *спасательное вознаграждение*

salvage on cargo   *вознаграждение за спасание судна*

salvage operations   [nav.] *спасательные работы*

salvage service   *услуги по спасанию*

salvage value   [ins.] *стоимость спасенного имущества*

salvage value insurance   [ins.] *страхование стоимости спасенного имущества*

salvage vessel   [nav.] *спасательное судно*

salvaging   [nav.] *спасательные работы*

same date, on the   *на это же число, на эту же дату*

same day funds   *однодневные средства*

same day settlment   *расчет в день заключения сделки*

sample   *замер, проба, шаблон;* [comm.] *выборка;* [mark.] *выборочная партия, выборочная совокупность;* [stat.] *образец товара, образчик*

sample (vb.)   *отбирать образцы, производить выборку;* [comm.] *брать пробы*

sample, according to   *в соответствии с выборкой*

sample, up to   *с точностью до выборки*

sample box   *коробка для проб*

sample collection   [comm.] *выборка, отбор проб*

sample consignment   *пробная партия товаров*

sample copy   *пробный экземпляр*

sample grade   *минимально приемлемое качество товара при поставке по срочному контракту*

sample inquiry   *выборочное наблюдение, выборочное обследование*

sample of no value   *непредставительная выборка, нерепрезентативная выборка*

sample package   [mark.] *пробная упаковка*

sample statistic   *выборочная статистика*

sample survey   *выборочное наблюдение, выборочное обследование*

sampling   *взятие выборок, выбор, выборка, выборочное исследование, выборочный контроль, отбор;* [adv.] *выборочный метод*

sampling campaign   *рекламная кампания по распространению пробных образцов нового товара*

sampling error   *ошибка выборки, ошибка выборочного обследования*

sampling introduction   *выведение товара на рынок путем распространения бесплатных образцов*

sampling method   *метод взятия выборок, метод выборочного обследования;* [stat.] *метод выборочного контроля*

sampling plan   *план выборочного контроля*

sampling procedure   *процедура отбора;* [stat.] *процедура выборочного контроля*

samurai bond   [stock] *иеновые облигации, публично эмитированные нерезидентами на внутреннем рынке страны*

sanction   *запретительное предписание, запрещение, мотив, правовая санкция, предусмотренная законом мера наказания, разрешение, согласие, соображение;* [law nat.] *ратификация, утверждение;* [legal] *санкция;* [leg.pun.] *одобрение, поддержка*

sanction (vb.) *одобрять, предусматривать в законе меру наказания, разрешать, ратифицировать, санкционировать, утверждать*

S and L (savings and loan association) *ссудно-сберегательная ассоциация (США)*

S and P (Standard and Poor's Corporation) *агентство 'Стандард энд Пур корпорейшн' (ведущая фирма по установлению рейтингов ценных бумаг)*

S and P warrant *гарантия агентства 'Стандард энд Пур корпорейшн'*

S and P-500 index (Standard and Poor's 500 index) *фондовый индекс для акций 500 компаний, рассчитываемый и публикуемый агентством 'Стандард энд Пур корпорейшн'*

sandwich board [adv.] *комбинированный рекламный щит*

sanitary certificate *карантинное свидетельство, санитарное свидетельство*

sanitary regulations *санитарные нормы*

sanitation *санитарно-профилактические мероприятия, улучшение санитарных условий*

sanity [leg.pun.] *психическое здоровье*

sans recours [legal] *без обращения за помощью, без права регресса*

SAP (Statement on Auditing Procedure) [aud.] *описание процедуры отчетности, описание процедуры ревизии*

SAR (Saudi Arab riyal) [monet.trans.] *риял Саудовской Аравии*

SAS (Statement on Auditing Standards) [aud.] *описание требований к ревизии*

satellite bank [bank.] *банк-спутник*

satellite banking [bank.] *банковские операции в отделениях-спутниках*

satellite insurance [ins.] *дополнительное страхование*

satisfaction *встречное удовлетворение, замена исполнения, исполнение, исполнение обязательства, удовлетворение, удовлетворенность*

satisfaction of creditors *исполнение обязательств кредитором*

satisfaction or money back *удовлетворение или финансовая поддержка*

satisfactory (adj.) *достаточный, убедительный, удовлетворительный, удовлетворяющий требованиям*

satisfactory result *удовлетворительный результат*

satisfy (vb.) *выполнять обязательство, выполнять решение, отвечать требованиям, погашать долг, соответствовать, удовлетворять*

satisfy a demand (vb.) *удовлетворять потребности, удовлетворять спрос*

satisfy a judgment (vb.) [legal] *выполнять судебное решение*

satisfy the demand (vb.) *удовлетворять потребности, удовлетворять спрос*

saturation campaign *кампания по насыщению рынка определенным товаром*

saturation flow *поток насыщения*

saturation in supply [ec.] *насыщение предложения*

saturation of market *насыщение рынка*

saturation of the market [mark.] *насыщение рынка*

Saturday closing *закрытие биржи в субботу*

Saturday early closing *закрытие биржи в субботу раньше обычного*

Saudi Arab riyal (SAR) [monet.trans.] *риял Саудовской Аравии*

save (vb.) *откладывать, сберегать, спасать;* [comp.] *экономить*

save (up) *делать сбережения*

save and loan account *ссудо-сберегательный счет*

save and loan scheme *система ссуд и сбережений*

save-as-you-earn (SAYE) [tax.] *'откладывайте по мере получения дохода' (программа накопления сбережений посредством месячных взносов)*

save expenses (vb.) *сокращать расходы*

save for (vb.) *прибрегать*

save up (vb.) *делать сбережения, копить, откладывать деньги*

saving *сбережение, экономия*

saving (adj.) *экономный*

saving(s) *сбережения*

saving clause [legal] *исключающая оговорка, статья, содержащая оговорку*

saving for retirement *сбережения на случай выхода на пенсию*

saving in weight *выигрыш в массе*

saving of material [prod.] *экономия материала*

savings *накопление (процесс образования сбережений), сбережения*

savings (pass)book *банковская расчетная книжка сбережений*

savings account [bank.] *сберегательный счет*

savings and loan association [bank.] *ссудо-сберегательная ассоциация (США)*

savings bank [bank.] *сберегательный банк*

savings bank account [bank.] *сберегательный счет*

savings bank clerk [bank.] *служащий сберегательного банка*

savings bank passbook *депозитная книжка;* [bank.] *банковская расчетная книжка, сберегательная книжка*

savings bank reserve *резерв сберегательной кассы*

savings bond [stock] *сберегательная облигация*

savings book *сберегательная книжка*

savings book account *счет в банке, все операции по которому отражаются в специальной именной книжке*

savings certificate [stock] *депозитный сертификат, сберегательный сертификат*

savings contract subject to price index adjustment *договор о депонировании сбережений с учетом индекса цен*

savings deficit [pol.ec.] *дефицит сбережений*

savings deposit [bank.] *сберегательный вклад, сберегательный депозит*

savings incentive *стимул к сбережению*

savings incentives *стимулы к сбережению*

savings insurance policy [ins.] *договор страхования сбережений*

savings in the public sector *сбережения в государственном секторе*

savings motive *стимул к сбережению*

savings motives *стимулы к сбережению*

savings on costs *экономия затрат*

savings passbook *сберегательная книжка*

savings plan *план экономии*

savings purpose *цель накопления сбережений*

savings rate *норма сбережений*

savings ratio *норма накопления;* [pol.ec.] *норма сбережений*

savings scheme *программа накопления сбережений*

savings stamp [bank.] *сберегательная марка*

savings stamp book [bank.] *книжечка сберегательных марок*

savings surplus [pol.ec.] *избыток сбережений*

say (vb.) *гласить, говорить*

SAYE (save-as-you-earn) [tax.] *откладывайте по мере получения дохода (программа накопления сбережений посредством месячных взносов)*

SBS (supplementary bunker surcharge) [nav.] *плата за дозаправку судна топливом*

scab [empl.] *штрейкбрехер*

scale *подробные данные о выпуске серийных облигаций, система счисления, ставка заработной платы, ступень развития, такса, чашка весов, шкала ставок по различным операциям;* [EEC] *масштаб;* [ind.ec.] *градация;* [mat.] *размер;* [pers.manag.] *охват, размах, ступень развития, уровень, шкала*

scale, to *в масштабе*

862

scale advantages   *выгоды от увеличения масштабов производства;*
  [ind.ec.] *преимущества увеличения масштабов производства*

scale denominator   *показатель масштаба*

scale down (vb.)   *постепенно понижать, снижать цены, сокращать
  налоги, уменьшать масштаб*

scale drawing   *чертеж в масштабе*

scale fee   *гонорар по тарифной ставке*

scale manufacture   [prod.] *крупномасштабное производство, массовое
  производство*

scale of basic rate   *шкала основной ставки заработной платы*

scale of basic rates   *шкала базисных ставок, шкала основных ставок
  заработной платы*

scale of pay   [empl.] *шкала ставок оплаты за труд*

scale of pensions   *шкала пенсий*

scale of premium rates   [ins.] *шкала страховых взносов*

scale of prices   *масштаб цен, шкала цен*

scale of rates applied per wagon-load   [rail.] *шкала тарифов для вагона
  как весовой единицы*

scale of wages   [empl.] *шкала ставок заработной платы*

scale order   *приказ клиента брокеру со шкалой цен*

scale production   [prod.] *крупномасштабное производство, массовое
  производство*

scale trading   *постепенное понижение;* [ec.] *постепенное понижение
  объема торговли, торговля в период понижения курсов;*
  [exc.] *инвестиционная стратегия, предполагающая покупку акций по
  сниженной цене и последующую продажу их по
  повышенной цене*

scaling   *торговля ценными бумагами по определенной шкале*

scaling down   *снижение налогов, снижение цен, уменьшение
  масштаба*

scaling down of duties   [cust.] *снижение таможенных пошлин*

scaling down of the duties   [cust.] *снижение таможенных пошлин*

scalper   *участник фондового рынка, завышающий или занижающий
  цены при сделках с клиентом, участник фондового рынка,
  использующий советы клиентам для увеличения прибыли по
  собственным сделкам;* [exc.] *спекулянт на срочной бирже,
  обычно открывающий и закрывающий позицию в течение дня*

scan   *внимательное и подробное изучение, тщательное
  рассмотрение*

scan (vb.)   *бегло просматривать, изучать, подробно разбирать,
  тщательно рассматривать*

scandalize (vb.)   *возмущать, шокировать*

Scandinavian   *скандинав*

Scandinavian (adj.)   *скандинавский*

Scandinavian Monetary Union   *Скандинавский валютный союз*

scanner   *сканирующее устройство*

scanning   *сканирование*

scant (adj.)   *недостаточный, ограниченный (о ресурсах), скудный*

scarce (adj.)   *дефицитный, недостаточный, редкий, скудный*

scarce currency   [monet.trans.] *дефицитная валюта*

scarce goods   [pol.ec.] *дефицитные товары*

scarcely noticeable (adj.)   *едва заметный*

scarcity   *дефицит, дороговизна, нужда, редкость (как
  экономический феномен);* [comm.] *недостаток;* [pol.ec.] *нехватка*

scarcity factor   *фактор дефицита*

scarcity of capital   *недостаток капитала*

scarcity of goods   [pol.ec.] *нехватка товаров*

scarcity of labour   [empl.] *нехватка рабочей силы*

scarcity of materials   [prod.] *нехватка материалов*

scarcity of money   *стеснение на денежном рынке, стесненный
  кредит;* [pol.ec.] *нехватка денег*

scarcity of supplies   *недостаточное снабжение*

scarcity of tonnage   [nav.] *недостаточная грузоподъемность*

scarcity premium   *премия за редкость*

scarcity price   *повышенная цена в период нехватки товара*

scarcity principle   *принцип недостаточности*

scatter diagram   *корреляционная диаграмма;* [print.] *диаграмма разброса*

scenario   *сценарий*

scene of crime   *место преступления*

scene of the crime   [leg.pun.] *место преступления*

schedule   *переписной лист, перечень тарифов, прейскурант, схема, шкала;* [ind.ec.] *календарный план, режим работы;* [legal] *график, дополнительная статья (договора), каталог, опись, приложение (к документу), расписание;* [print.] *список;* [tax.] *добавление;* [trans.] *программа, табель*

schedule (vb.)   *вносить в каталог, вносить в опись, составлять расписание, составлять список;* [plan.] *включать в график*

scheduled (adj.)   *запланированный, предусмотренный графиком*

scheduled arrival   [trans.] *прибытие по расписанию*

scheduled costs   *стоимостные нормы;* [ind.ec.] *нормативные издержки*

scheduled departure   [trans.] *отправление по расписанию*

scheduled hour   *запланированное время*

scheduled performance   [ind.ec.] *выполнение в срок производственной программы;* [prod.] *плановая производительность*

scheduled time   *директивный срок, запланированное время*

schedule of enactments repealed   [legal] *список отмененных законодательных актов*

schedule of freight rates   [trans.] *перечень фрахтовых ставок*

schedule of repeals   [legal] *список отмененных законодательных актов*

schedule of salaries   [pers.manag.] *шкала ставок заработной платы*

schedule of wages   [pers.manag.] *шкала ставок заработной платы*

schedule rate   [nav.] *установленный тариф*

scheduling   *календарное планирование, разработка графика, составление расписания*

scheduling of hearing   [legal] *установление срока слушания дела*

schematic (adj.)   *схематический*

schematize (vb.)   *систематизировать, схематизировать*

scheme   *диаграмма, план, последовательность операций, программа, проект, система, структура, схема*

scheme of arrangement   [bankr.leg.] *порядок разрешения спорных вопросов, порядок урегулирования претензий*

scheme of arrangement negotiations   [bankr.leg.] *переговоры о порядке урегулирования претензий*

scheme of arrangement proposal   [bankr.leg.] *предложение о порядке урегулирования претензий*

scheme of payment   *порядок платежей*

scheme of social security benefits   [soc.] *система пособий по социальному страхованию*

schism   *ересь, схизма*

scholarship   [syst.ed.] *гуманитарное образование, образованность, стипендия, эрудиция*

scholarship committee   *комитет по стипендиям*

school   [syst.ed.] *учебное заведение, школа*

school absence   [syst.ed.] *отсутствие на занятиях*

school attendance   [syst.ed.] *посещение школы*

school board   [syst.ed.] *школьный совет*

school enrolment   [syst.ed.] *контингент учащихся*

School for International Marketing & Export   *школа международного маркетинга и экспорта*

School for International Marketing & Export, the   *школа международного маркетинга и экспорта*

school year [syst.ed.] *учебный год*

science *наука*

science park *научный парк*

scientific (adj.) *научный*

scientist *ученый*

scoop [media] *сенсационная новость*

scope *границы, масштаб, поле деятельности, пределы, размах, рамки, сфера;* [ins.] *свобода действий*

scope of cover *пределы покрытия*

scope of lending *охват кредитованием*

scope of protection *пределы охраны;* [pat.] *объем охраны*

scope of reference *пределы полномочий*

scope paragraph [aud.] *пункт о пределах проверки*

scrap *неисправимый брак, отходы производства, скрап;* [prod.] *металлический лом*

scrap (vb.) *выбрасывать за негодностью, превращать в лом, разбирать судно на слом*

scrap dealer *дилер по продаже скрапа*

scrap iron *металлический лом*

scrapping *отбраковка, сдача в лом*

scrap value [calc.] *стоимость лома, стоимость металлического лома;* [ins.] *стоимость скрапа;* [tax.] *стоимость изделия, сдаваемого в утиль*

scrap yard *площадка подготовки лома, склад лома, скрапоразделочная база*

scratch off *вычеркивать*

scratch-off card [adv.] *карточка опроса потребителей, на которой требуется вычеркнуть некоторые варианты ответов*

screen *рекламный щит;* [comp.] *защита, изображение на экране, экран*

screen (vb.) *отображать на экране, сортировать*

screen advertising [media] *реклама на щитах*

screen image [comp.] *изображение на экране*

screening *вывод изображения на экран, отбраковка, отбраковочные испытания*

screening committee *отборочная комиссия*

screening examination [syst.ed.] *конкурсный экзамен, отборочный экзамен*

scrip *сертификат на участие в подписке;* [bus.organ.] *временная расписка о принятии вклада, временное платежное средство, временный сертификат на владение акциями;* [stock] *государственные облигации, выпущенные в обеспечение уплаты внешнего долга*

scrip (shares) *временный сертификат на владение акциями*

scrip certificate *временный документ, выдаваемый вместо неполной акции, образовавшейся в результате разбивки акций, письменное обязательство банка выдать сертификат ценной бумаги после его выпуска, разновидность товаросопроводительного документа, сертификат на участие в подписке*

scrip dividend [bus.organ.] *дивиденд, выплачиваемый в форме краткосрочного векселя, дивиденд, выплачиваемый в форме расписки, дивиденд, выплачиваемый ценными бумагами корпорации*

scrip issue [bus.organ.] *бонусная эмиссия акций, выпуск бесплатных акций, выпуск льготных акций, выпуск новых акций для бесплатного пропорционального распределения между акционерами*

script *письменная экзаменационная работа, сценарий;* [legal] *подлинник документа;* [suc.] *оригинал*

script-writer *сценарист*

scroll (vb.) [comp.] *пометка на документе вместо печати*

scrolling [comp.] *проставление пометки на документе*

scrutinize (vb.) *внимательно рассматривать, тщательно исследовать, тщательно проверять документы*

scrutiny *внимательное рассмотрение, тщательная проверка документов, тщательное изучение*

scrutiny of credentials *проверка полномочий*

scrutiny of election [parl.] *проверка правильности подсчета избирательных бюллетеней*

SDR (special drawing rights) *специальные права заимствования (расчетные денежные единицы в рамках Международного валютного фонда)*

SDR account *счет в специальных правах заимствования*

SDR basket *набор валют в специальных правах заимствования*

SDR holdings *вклады в специальных правах заимствования*

SE (standard error) [stat.] *среднеквадратическая ошибка*

sea, by *морским путем*

SEA (Single European Act) [EEC] *единый европейский закон*

sea damage *повреждение в море;* [nav.] *повреждение груза морской водой*

sea damaged (adj.) *поврежденный в море*

sea dumping *сброс отходов в море*

sea insurance *морское страхование*

seal *клеймо, пломба;* [legal] *печать*

seal (vb.) *запечатывать, клеймить, опечатывать, пломбировать, скреплять печатью*

seal a patent (vb.) *регистрировать патент;* [pat.] *скреплять патент печатью*

sea law *морское право*

sealed (adj.) *запечатанный, опечатанный, скрепленный печатью*

sealed bid *закрытые торги*

sealed bid auction *аукцион, заявки на который подаются в запечатанных конвертах*

sealed deposit [bank.] *вклад, скрепленный печатью*

sealed instrument *документ за печатью*

sea letter *морской паспорт*

sealing fee *пошлина за выдачу патента;* [pat.] *пошлина за скрепление патента печатью*

sealing mark *клеймо, пломба*

sealing of patent [pat.] *скрепление патента печатью*

sealing wax *сургуч*

seal of approval *знак одобрения*

seal of company *печать компании*

seal of office *должностная печать*

seaman *моряк*

Seamen's Act *закон о моряках*

seamen's income tax [tax.] *подоходный налог с моряков*

seamen's tax [tax.] *налогообложение моряков*

search *досмотр судна, изыскание, перебор вариантов;*
    [doc.] *расследование;* [leg.pun.] *обыск, осмотр, поиск, розыск;*
    [r.e.] *исследование*

search (vb.) *внимательно рассматривать, внимательно рассматривать, изучать, исследовать, производить досмотр судна;* [leg.pun.] *вести розыск, обыскивать, производить обыск*

search and replace [comp.] *поиск и замена*

search certificate [r.e.] *сертификат на поиск полезных ископаемых*

search for (vb.) *вести поиск, искать*

search for jobs [empl.] *поиски работы*

search in bankruptcy [bankr.leg.] *расследование причин банкротства*

searching (adj.) *изучающий, проницательный, тщательный*

search strategy [doc.] *стратегия поиска*

search time [comp.] *время поиска*

search warrant [leg.pun.] *ордер на обыск*

sea risk [mar.ins.] *морской риск*

season *время года, сезон*

seasonal (adj.) *временный, сезонный*

seasonal adjustment *поправка на сезонные колебания*

seasonal adjustment, after *с учетом поправки на сезонные колебания*

seasonal borrowing *кредиты на сезонные нужды*

seasonal business *сезонное занятие*

seasonal decline *сезонный спад деловой активности*

seasonal demand *сезонный спрос*

seasonal discount *сезонная скидка*

seasonal effects *сезонные колебания*

seasonal employment [empl.] *сезонная занятость*

seasonal employment contract [legal] *контракт на временную работу по найму*

seasonal fluctuations *сезонные колебания, сезонные флуктуации*

seasonality *сезонность спроса и предложения*

seasonal labour [empl.] *сезонная рабочая сила*

seasonal loan *сезонная ссуда, сезонный кредит*

seasonally adjusted *с учетом сезонных колебаний*

seasonally adjusted drop *спад с учетом сезонных колебаний*

seasonally adjusted intervention price [EEC] *интервенционная цена с учетом сезонных колебаний*

seasonally adjusted unemployment [empl.] *безработица с учетом сезонных колебаний*

seasonally determined net payments *посезонная заработная плата*

seasonally unadjusted *без учета сезонных колебаний*

seasonal movements *сезонные колебания*

seasonal novelty [mark.] *новинка сезона*

seasonal sales *сезонный объем продаж*

seasonal surplus *сезонные излишки*

seasonal unemployment [empl.] *сезонная безработица*

seasonal upswing *сезонный подъем*

seasonal variations *сезонные колебания*

seasoned issue [exc.] *облигации, пользующиеся популярностью среди инвесторов в течение значительного времени (США)*

season ticket [trans.] *сезонный билет*

seat *имение, место, место в поезде, местонахождение, местопребывание, членство на бирже;* [parl.] *должность, мандат, место в парламенте*

seat booking *предварительный заказ мест, резервирование мест;* [trans.] *бронирование мест*

seating *обеспечение местами для сидения;* [trans.] *места для сидения*

seating capacity *вместимость по числу мест для сидения, обеспеченность местами для сидения*

SEATO (Southeast Asia Treaty Organization) *Организация Договора о Юго-Восточной Азии (СЕАТО)*

sea transport [nav.] *морской транспорт;* [trans.] *морские перевозки*

seat reservation *бронирование мест, резервирование мест;* [trans.] *предварительный заказ мест*

seaworthy (adj.) *годный для плавания, мореходный*

seaworthy package [pack.] *грузы в упаковке для морских перевозок*

SEC (Securities and Exchange Commission) [exc.] *Комиссия по ценным бумагам и биржам (США)*

secede (vb.) *отделяться;* [pol.] *выходить из партии, выходить из союза*

secession *выход из союза, отделение;* [pol.] *выход из партии*

secession movement [pol.] *сепаратистское движение*

second (vb.) *выступать в поддержку (предложения), поддерживать, понижать в должности*

second a próposal (vb.) [parl.] *поддерживать предложение*

secondary (adj.) *вторичный, второстепенный, непрофилирующий, нерепрезентативный для данной отрасли, побочный*

secondary bank *второстепенный банк*

secondary banking crisis *вторичный банковский кризис (Великобритания, 1973-74 гг.)*

secondary banking sector *вторичный банковский сектор*

secondary capital *вторичный капитал банка*

secondary Community legislation [EEC] *вторичная законодательная деятельность Европейского сообщества*

secondary credit *компенсационный кредит*

secondary creditor *кредитор, не имеющий обеспечения долга*

secondary debtor *второстепенный должник*

secondary declaration of intent [legal] *вторичное волеизъявление*

secondary distribution *вторичное размещение ценных бумаг*

secondary employment, have (vb.) [empl.] *иметь вторичную занятость*

secondary evidence *неполное доказательство;* [legal] *производное доказательство*

secondary guarantee *дополнительная гарантия*

secondary guarantor *дополнительный поручитель*

secondary industry [prod.] *обрабатывающая промышленность*

secondary labour market [empl.] *вторичный рынок труда*

secondary line of reserves *вторая линия резервов*

secondary liquidity *вторичная ликвидность*

secondary market [exc.] *вторичный рынок*

secondary money supply *вторичная денежная масса*

secondary mortgage market *вторичный ипотечный рынок*

secondary name [legal] *второе имя, имя*

secondary obligation *вторичное обязательство*

secondary offering *вторичное предложение ценных бумаг*

secondary operation *добыча нефти вторичными методами*

secondary recovery *добыча нефти вторичными методами*

secondary reserves [bank.] *вторичные резервы банка*

secondary residence *временное место жительства, непостоянное место жительства*

secondary school-leaving certificate [syst.ed.] *свидетельство об окончании средней школы*

secondary storage [comp.] *вспомогательное запоминающее устройство*

secondary strike [empl.] *забастовка во второстепенной отрасли, забастовка на второстепенном предприятии*

secondary task *второстепенная задача*

secondary trend *вторичная тенденция (движения цен или курсов)*

second ballot *вторичное голосование*

second best (adj.) *второго сорта*

second class *второй класс*

second class mail [post] *почта второго класса*

second class post [post] *почта второго класса*

second-hand (adj.) *второразрядный, второсортный, подержанный*

second-hand car *подержанный автомобиль*

second-hand evidence [legal] *неподлинное доказательство, производное доказательство*

second-hand leasing *аренда подержанного оборудования, выдача подержанного оборудования на прокат*

second-hand market *второстепенный рынок, рынок подержанных товаров*

second home *временное место жительства, второй дом, летний дом*

second intermediate day [exc.] *второй средний срок*

second market [exc.] *вторичный рынок, второстепенный рынок*

secondment [pers.manag.] *стажировка*

secondment, on [pers.manag.] *после стажировки*

second mortgage [r.e.] *вторая закладная, вторая ипотека*

second mortgage credit *кредит под заложенную собственность;* [r.e.] *кредит под вторую закладную*

second mortgage credit association *кредитная ассоциация по операциям со вторыми закладными*

second mortgage credit fund *фонд кредитов под вторую закладную*

second mortgage credit institute *кредитное учреждение по операциям со вторыми закладными*

second mortgage debenture [r.e.] *долговое обязательство под вторую закладную*

second mortgaging *получение кредита под заложенную собственность*

second of exchange [bill.] *второй экземпляр тратты*

second priority mortgage [r.e.] *вторая ипотека*

second quality [comm.] *второй сорт*

second quarter *второй квартал*

second-rate (adj.) *второразрядный, второсортный*

second-rate article [comm.] *товар второго сорта*

second-rate quality [comm.] *второй сорт*

second receipt *второй экземпляр расписки*

seconds *второсортная продукция, второсортный товар*

second source supplier *вторичный поставщик*

second storey *третий этаж (США)*

second story *вчерашняя история, история из вторых рук*

second-tier loans *ссуды второго уровня*

secrecy *секретность, тайна*

secrecy agreement *секретное соглашение*

secrecy obligation *обязательство соблюдать конфиденциальность, секретное обязательство*

secrecy of correspondence *тайна переписки*

secrecy of mails *тайна почтовых отправлений*

secrecy of the mails [post] *тайна почтовых отправлений*

secrecy requirement *требование секретности*

secret *секрет, тайна*

secret (adj.) *секретный*

secret agent *секретный агент*

secretarial aid *секретарские услуги*

secretarial allowance *прибавка к заработной плате за секретарские услуги*

secretarial course *курс секретарей*

secretarial courses [pers.manag.] *курсы секретарей*

secretarial duties *круг обязанностей секретаря;* [pers.manag.] *должностные обязанности секретаря*

secretarial function *должностные обязанности секретаря, круг обязанностей секретаря*

secretarial matter *должностные обязанности секретаря, круг обязанностей секретаря*

secretarial pool *бюро секретарских услуг*

secretarial task *должностные обязанности секретаря, круг обязанностей секретаря*

secretariat *секретариат*

secretary [bus.organ.] *государственный чиновник высокого ранга;* [manag.] *руководитель, секретарь;* [pers.manag.] *министр*

secretary general *генеральный секретарь*

secretary of state *министр (Великобритания)*

Secretary of State *государственный секретарь (США)*

secretary to management *секретарь директора, секретарь руководителя*

secretary to the management *секретарь руководителя*

secretary to the manager *секретарь директора*

Secretary to the Treasury   *министр финансов (США)*
secret ballot   *тайное голосование*
secret commission   *секретная комиссия*
secret profit   *скрытая прибыль*
secret reserve   *секретный резервный фонд*
secret sitting   [parl.] *закрытое заседание*
secret vote   *тайное голосование*
section   *земельный участок в 640 акров, квартал, раздел, статья, часть, часть города;* [legal] *подразделение, секция;* [manag.] *отдел*
sectional account   [book-keep.] *вспомогательный счет*
sector   *отрасль, сектор экономики, сфера, участок, часть*
sector (of industry)   *отрасль промышленности*
sectoral distribution   [pol.ec.] *распределение (национального дохода) по секторам*
sectoral grouping code   [empl.] *код распределения населения по социально-экономическому положению*
sector fund   *секторный фонд*
sector insurance enterprises   [ins.] *страховая компания одной отрасли*
sector of economic activity   *сектор экономики*
sector planning   *отраслевое планирование*
sector research   *отраслевые исследования*
sector-specialized (adj.)   *с отраслевой специализацией*
sector statistics   *отраслевая статистика*
secure (vb.)   *гарантировать, надежно защищать, обеспечивать, обеспечивать безопасность, обеспечивать долг;* [ec.] *предоставлять обеспечение*
secure (adj.)   *гарантированный, застрахованный, обеспеченный*
secure an order (vb.)   *обеспечивать порядок*
secured bill   *вексель, обеспеченный товарными документами, вексель, обеспеченный ценными бумагами*
secured bond   [stock] *обеспеченная облигация*
secured borrowing   [bank.] *обеспеченный кредит*
secured claim   *удовлетворенный иск*
secured contract   [legal] *гарантированный контракт*
secured credit   [bank.] *обеспеченный кредит;* [r.e.] *ломбардный кредит*
secured creditor   [bankr.leg.] *кредитор, получивший обеспечение*
secured debenture   [stock] *обеспеченное долговое обязательство*
secured debt   *долг, гарантированный залогом активов;* [bankr.leg.] *обеспеченный долг*
secured lending   *кредитование под обеспечение активами компании*
secured liability   *обеспеченное обязательство*
secured loan   [bank.] *обеспеченная ссуда, ссуда, гарантированная залогом активов*
secured on (adj.)   *гарантированный, обеспеченный*
secured position   *гарантированная позиция*
secured provision   [law.dom.] *гарантированное обеспечение*
secured transaction   *обеспеченная сделка*
securities   [exc.] *ценные бумаги;* [stock] *портфель ценных бумаг*
securities (portfolio)   *портфель ценных бумаг*
Securities Act   *Закон о ценных бумагах (США, 1933 г.)*
securities administration   [bank.] *ведение операций с ценными бумагами*
securities analyst   [stock] *специалист по ценным бумагам*
Securities and Exchange Commission (SEC)   *Комиссия по ценным бумагам и биржам (США)*
Securities and Exchange Law   *Закон о ценных бумагах и биржах (Япония)*
Securities and Investment Board (SIB)   *Управление по ценным бумагам и инвестициям (Великобритания)*
securities arbitrage   [stock] *арбитражные операции с ценными бумагами*

Securities Association, The (TSA)   *Ассоциация рынка ценных бумаг (Великобритания)*

Securities Association (TSA), The   *ассоциация держателей ценных бумаг*

securities clearing   *клиринг ценных бумаг*

securities dealer   [exc.] *дилер по ценным бумагам*

securities department   [bank.] *отдел ценных бумаг*

Securities Exchange Act   *Закон о торговле ценными бумагами (США, 1934 г.)*

securities firm   [exc.] *фирма, ведущая операции с ценными бумагами*

securities holding   [calc.] *портфель ценных бумаг, хранилище ценных бумаг*

Securities Industry Association   *Ассоциация индустрии ценных бумаг (США, Канада)*

Securities Industry Automation Corporation   *Корпорация автоматизации индустрии ценных бумаг (США)*

securities investment trust   *инвестиционный фонд, вкладывающий свои средства в ценные бумаги*

Securities Investor Protection Act   *Закон о защите инвесторов в ценные бумаги (США, 1970 г.)*

Securities Investor Protection Corporation   *Корпорация защиты инвесторов в ценные бумаги (США)*

securities loan   *ссуда ценных бумаг*

securities market   [exc.] *рынок ценных бумаг*

securities market line   *линия рынка ценных бумаг*

securities number   *номер ценной бумаги*

securities portfolio   *портфель ценных бумаг*

securities purchase statement   [bank.] *выписка о покупке ценных бумаг*

securities sales statement   [bank.] *выписка о продаже ценных бумаг*

securities trading   [exc.] *операции с ценными бумагами, торговля ценными бумагами*

securities trading statement   *выписка об операциях клиента, подготовленная его брокером*

securities transaction   [stock] *сделка с ценными бумагами*

securitization   [stock] *повышение роли ценных бумаг как формы заимствований*

security   *порука, ценная бумага, чувство безопасности;* [bank.] *безопасность, надежность;* [ec.] *залог, обеспечение, обеспеченность, поручитель, поручительство, страхование от риска, уверенность в будущем;* [legal] *гарантия;* [stock] *защита, охрана*

security admitted to official listing   [stock] *ценная бумага, внесенная в официальный список (Лондонской фондовой биржи)*

security admitted to the third market   [exc.] *ценная бумага, допущенная на 'третий рынок' при Лондонской фондовой бирже*

security admitted to the unlisted securities market (UK)   [exc.] *ценная бумага, допущенная на рынок некотируемых ценных бумаг при Лондонской фондовой бирже*

security admitted to third market   [exc.] *ценная бумага, допущенная на 'третий рынок' при Лондонской фондовой бирже*

security admitted to unlisted securities market (UK)   [exc.] *ценная бумага, допущенная на рынок некотируемых ценных бумаг при Лондонской фондовой бирже*

security against   *под гарантию, под обеспечение*

security analysis   *изучение финансовой деятельности компании*

security analyst   [fin.] *специалист по анализу финансовой деятельности компании*

security capital   *безопасный капитал*

security centre   *учреждение, ведущее операции с ценными бумагами*

security check   [air tr.] *проверка безопасности*

Security Council   *Совет Безопасности (ООН)*

Security Council resolution   *резолюция Совета Безопасности (ООН)*

security count   *инвентаризация ценных бумаг*

security denominated in foreign exchange   [stock] *ценные бумаги в иностранной валюте*

security department   *отдел банка, специализирующийся на управлении портфелем ценных бумаг*

security deposit   *депонирование ценных бумаг*

security deposit bank   [bank.] *банк, принимающий на хранение ценные бумаги*

security deposit business   [bank.] *учреждение, принимающее на хранение ценные бумаги*

security enforcement   *обеспечение безопасности*

security fee   [bank.] *комиссионный сбор за операции с ценными бумагами*

security firm   *фирма, ведущая операции с ценными бумагами*

security for costs   *поручитель по затратам;* [legal] *поручительство по затратам*

security for debt   *поручитель по ссуде, поручительство по ссуде*

security for loan   *поручитель по займу, поручительство по займу*

security fund   [ins.] *страховой фонд*

security given in respect of liabilities   [ec.] *поручительство в отношении обязательств*

security holding   *портфель ценных бумаг*

security in assets   *обеспечение через активы*

security in realizable asset   *обеспечение через реализуемые активы*

security interest   [legal] *право кредитора вступить во владение собственностью, предложенной в качестве обеспечения*

security issue at par   *выпуск ценных бумаг по номиналу*

security key   [comp.] *защитная кнопка*

security measure   *мера предосторожности*

security not dealt in on stock exchange   *ценная бумага, не продаваемая на фондовой бирже*

security not dealt in on the stock exchange   [stock] *ценная бумага, не продаваемая на фондовой бирже*

security not officially listed   [stock] *ценная бумага, не внесенная в официальный список Лондонской фондовой биржи*

security numbering system   [stock] *система нумерации и регистрации ценных бумаг*

security of investments   *защита капиталовложений*

security of trustee status   [stock] *гарантия имущественного положения доверенного лица*

security policy   *стратегия обеспечения безопасности*

security quoted on official list   [exc.] *ценная бумага, внесенная в официальный список Лондонской фондовой биржи*

security quoted on stock exchange   [exc.] *ценная бумага, зарегистрированная на фондовой бирже*

security quoted on the official list   [exc.] *ценная бумага, внесенная в официальный список Лондонской фондовой биржи*

security quoted on the stock exchange   [exc.] *ценная бумага, зарегистрированная на фондовой бирже*

security rating   *рейтинг ценной бумаги*

security reserve   [ind.ec.] *страховой фонд*

security service   *служба безопасности*

security supplement   *дополнительные меры безопасности*

security survey   [exc.] *обзор состояния рынка ценных бумаг*

security transaction   [exc.] *сделка с ценными бумагами*

security valuation   *оценка инвестиционных активов с точки зрения ожидаемых рисков и доходов*

security van   *багажный вагон для перевозки ценностей*

seduction   *приманка*

see (vb.)   *смотреть*

seed capital [ind.ec.] *финансирование на начальной стадии проекта*
seed money [ind.ec.] *финансирование на начальной стадии проекта*
seed name [adv.] *название семян*
seek (vb.) *искать*
seek advice (vb.) *обращаться за советом*
seek employment (vb.) [empl.] *искать работу*
seek political asylum (vb.) *искать политическое убежище*
seek redress from (vb.) [legal] *требовать возмещения*
seek satisfaction of a claim (vb.) *требовать удовлетворения иска*
seepage [ins.] *утечка информации*
see through (vb.) *доводить до конца*
see-through package [pack.] *прозрачная упаковка*
segment *доля, сегмент рынка, участок города;* [mark.] *часть*
segmentation [mark.] *сегментация рынка*
segmentation strategy [mark.] *стратегия сегментации*
segment of the market [mark.] *сегмент рынка*
segment survey [stat.] *обследование сегмента рынка*
segregate (vb.) *выделять, изолировать, отделять*
segregation *выделение, обособление, отделение, сегрегация населения*
segregation between custodian and recording functions [calc.] *разделение функций защиты и записи данных*
segregation of duties *разделение обязанностей*
seigniorage [ec.] *пошлина за право чеканки монет*
seize (vb.) *завладевать, захватывать;* [legal] *конфисковать, налагать арест;* [leg.pun.] *вводить во владение имуществом*
seized goods [legal] *конфискованные товары*
seized property [leg.pun.] *конфискованное имущество*
seizure *конфискация, опись имущества;* [legal] *захват, овладение;* [leg.pun.] *наложение ареста*
seizure note [leg.pun.] *извещение о конфискации*
SEK (Swedish krona) [monet.trans.] *шведская крона*
select (vb.) *выбирать, комплектовать, отбирать, проводить отбор;* [comp.] *селекционировать*
select (adj.) *отборный, отличный*
select(ed) (adj.) *отборный, отличный*
select committee [manag.] *отборочный комитет;* [parl.] *специальный комитет*
selected (adj.) *отборный, отличный*
selected quality *выборочное качество*
selected risk [ins.] *выборочный риск*
select few *немногие избранные*
select group *отобранная группа*
selection *набор товаров, отбор, подбор, селекция;* [comm.] *выбор*
selection committee *распорядительный комитет*
selection criteria *критерии отбора*
selective (adj.) *выборочный, селективный*
selective credit control *селективный кредитный контроль*
selective demand *селективный спрос*
selective distribution [mark.] *выборочное распределение*
selective financing scheme *система выборочного финансирования*
selective hedging *селективное хеджирование*
selective protectionism *селективный протекционизм*
selective strike [empl.] *забастовка на ключевых участках производства*
selective tendering *выборочное участие в торгах*
selectivity *избирательность, селективность*
select table [ins.] *таблица отбора рисков*
self-accusation [leg.pun.] *самообвинение*
self-accuser [leg.pun.] *лицо, выступающее с самообвинением*
self-accusing (adj.) *самообличительный*

self-acquired   *благоприобретенный*

self-activity   *самодеятельность*

self-addressed envelope   *вложенный в письмо конверт с обратным адресом*

self-adhesive label   *самоприклеивающаяся этикетка*

self-administration of justice   [legal] *самостоятельное отправление правосудия*

self-appointed (adj.)   *назначивший сам себя*

self-assessment tax system   [tax.] *система самообложения налогом*

self-certification   *самооценка*

self-contained (adj.)   *автономный*

self-contained data base system   [comp.] *замкнутая система управления базой данных*

self-contracting   *самостоятельно договаривающийся*

self-defence   *самозащита, самооборона*

self-determination   *самоопределение, самостоятельность*

self-discharging ship   [nav.] *саморазгружающееся судно*

self-drive car-hire service   *прокат легкового автомобиля без водителя, прокат легковых автомобилей*

self-elected (adj.)   *кооптированный*

self-elective (adj.)   *имеющий право кооптации*

self-employed (adj.)   *обслуживающий собственное предприятие, работающий не по найму*

self-employed, be   *заниматься собственным бизнесом*

self-employed, be (vb.)   *обслуживать собственное предприятие*

self-employed person   *лицо, работающее не по найму;* [empl.] *лицо, занимающееся собственным бизнесом, лицо, обслуживающее собственное предприятие*

self-employment   [empl.] *самостоятельная занятость*

self-finance (vb.)   *обеспечивать самофинансирование, самофинансирование*

self-financing (adj.)   *самофинансирующийся, хозрасчетный*

self-financing, be (vb.)   [ec.] *находиться на хозрасчете*

self-financing activities   [manag.] *виды хозрасчетной деятельности*

self-financing institution   *хозрасчетная организация*

self-governing (adj.)   *самоуправляющийся*

self-governing institution   *самоуправляющаяся организация*

self-government   *самоуправление*

self-help   [legal] *самопомощь*

self-help sale   [legal] *продажа в рамках самопомощи*

self-image   [adv.] *создание собственной репутации*

self-insurance   *принятие транспортной компанией на себя риска потерь и обязательств в результате возможных аварий;* [ins.] *самострахование*

self-insured   [ins.] *с самострахованием*

self-judgment clause   [legal] *статья о вынесении приговора самому себе*

self-liquidate (vb.)   [mark.] *самостоятельно покрывать дефицит*

self-liquidating (adj.)   *самостоятельно покрывающий дефицит*

self-liquidating loan   *краткосрочная подтоварная ссуда*

self-liquidating project   *проект с самостоятельным покрытием дефицита, самоликвидирующийся проект*

self-liquidator   [mark.] *организация, самостоятельно покрывающая дефицит*

self-liquidity   [mark.] *способность самостоятельно покрывать дефицит*

self-mailer   *самоупрочняющийся*

self-pensioning scheme   [ins.] *программа пенсионного обеспечения за счет собственных средств*

self-registering (adj.)   *самопишущий, саморегистрирующий*

self-registration   *саморегистрация*

self-regulating (adj.) *с автоматической регулировкой, саморегулирующий*

self regulating organizations (SRO) *саморегулирующие организации*

self-regulation *автоматическое регулирование, саморегулирование*

self-retained premium   [ins.] *страховой взнос по собственному удержанию*

self-retention   [ins.] *собственное удержание*

self-service   [comm.] *самообслуживание*

self-service shop   [comm.] *магазин самообслуживания*

self-sufficiency *независимость, самообеспеченность, самостоятельность, экономическая замкнутость*

self-sufficient (adj.) *независимый, экономически самостоятельный*

self-supply   [tax.] *самоснабжение*

self-supporting (adj.) *зарабатывающий себе на жизнь, независимый, самостоятельный*

self-supporting, be (vb.)   [ec.] *быть независимым*

self-taxation   [tax.] *самообложение налогом*

sell (vb.) *иметь спрос, поставлять товар, предоставлять за плату, продавать, продаваться, содействовать продаже, торговать;*
[ec.] *ликвидировать контракт (в случае невзноса клиентом брокера дополнительного обеспечения);* [legal] *рекламировать;*
[mark.] *пропагандировать*

sell at a discount (vb.) *продавать с убытком;* [comm.] *продавать ниже номинальной цены, продавать со скидкой*

sell at a loss (vb.) *продавать с убытком;* [comm.] *продавать с потерями*

sell at a sacrifice (vb.)   [comm.] *продавать с потерями, продавать с убытком*

sell back (vb.) *продавать с правом возврата товара*

sell below cost (vb.)   [comm.] *продавать ниже себестоимости, продавать ниже стоимости*

sell by auction (vb.) *продавать с аукциона*

sell by order of court (vb.)   [legal] *продавать по постановлению суда*

sell by order of the court (vb.)   [legal] *продавать по постановлению суда*

sell by weight (vb.) *продавать на вес*

sell currency spot (vb.) *продавать валюту*

sell elsewhere (vb.) *продавать в другом месте*

seller *продавец, производящая отрасль, торговец, ходкий товар*

seller of securities   [exc.] *продавец ценных бумаг*

seller's lien *право продавца удерживать товар*

seller's market *рынок продавцов, рыночная конъюнктура, выгодная для продавцов*

seller's option *опцион продавца*

seller's price *цена, выгодная для продавца*

sell for a fall (vb.)   [exc.] *играть на понижение*

sell for consumption off premises (vb.) *продавать для потребления за пределами магазина*

sell for consumption off the premises (vb.) *продавать для потребления за пределами магазина*

sell forward (vb.)   [exc.] *продавать на срок, продавать с будущей поставкой*

selling agency   [mark.] *торговое агентство*

selling agent   [mark.] *торговый агент*

selling agent's commission *комиссионное вознаграждение торговому агенту*

selling and buying rate   [exc.] *курс продавца и курс покупателя*

selling and repurchase agreement   [monet.trans.] *соглашение о продаже и обратной покупке*

selling area *площадь торгового зала;* [mark.] *торговый зал*

selling at dumping prices *продажа по бросовым ценам;*
[comm.] *продажа по демпинговым ценам*

selling climax *кульминация продаж*

selling commission [exc.] *комиссионное вознаграждение за продажу;* [stock] *комиссионное вознаграждение за размещение новых ценных бумаг*

selling company *торговая компания*

selling concession [bank.] *комиссионное вознаграждение группы банков, размещающих заем по поручению синдиката андеррайтеров*

selling costs [mark.] *торговые издержки*

selling factor [mark.] *торговый фактор*

selling fee *комиссионное вознаграждение за размещение новых ценных бумаг;* [stock] *комиссионное вознаграждение за продажу*

selling group [stock] *продающая группа банков*

selling group agreement *соглашение, на основе которого группа банков размещает новый заем*

selling hedge [exc.] *продажа срочного контракта для нейтрализации наличного риска*

selling line [comm.] *продаваемая партия товаров*

selling on balance *превышение продаж над покупками (у брокеров фондовой биржи)*

selling on credit [comm.] *продажа в кредит*

selling on scale *продажа ценных бумаг брокером по равномерно возрастающей цене*

selling order *поручение продать*

selling-out *распродажа особым отделом биржи ценных бумаг, которые были приобретены, но не могут быть оплачены (Великобритания)*

selling overhead *торговый накладной расход*

selling overheads [mark.] *торговые издержки, торговые накладные расходы*

selling point [mark.] *коммерческий аргумент*

selling practice [mark.] *торговая деятельность*

selling pressure *наплыв предложений на продажу*

selling price *реализационная цена;* [exc.] *продажная цена*

selling price each *продажная цена каждой единицы товара*

selling race *борьба за рынки сбыта*

selling rate [exc.] *курс продавцов*

selling restriction *ограничение торговли*

selling right [mark.] *право продажи*

selling scheme [mark.] *программа продажи*

selling short *игра на понижение;* [exc.] *продажа ценных бумаг на срок без покрытия*

sell off (vb.) *вести распродажу, распродавать*

sell on close *продажа в конце рабочего дня по ценам на момент открытия биржи*

sell on closing *продажа в конце рабочего дня по ценам на момент открытия биржи*

sell on consignment (vb.) *продавать товар со склада комиссионера*

sell on credit (vb.) *продавать в кредит*

sell on forward terms (vb.) [exc.] *продавать на срок, продавать с будущей поставкой*

sell on opening *продажа в начале рабочего дня по ценам на момент открытия биржи*

sell on sample (vb.) *продавать по образцу*

sell on the instalment plan (vb.) *продавать в рассрочку*

sell out *распродажа*

sell out (vb.) *вести распродажу, распродавать;* [ec.] *продавать контракт на сторону*

sell out against *распродать*

sell out against buyer (vb.) *ликвидировать контракт в случае невзноса маржи клиентом брокера, продавать контракт на сторону с отнесением разницы на счет первоначального покупателя*

sell out against the buyer (vb.) *продавать контракт на сторону с отнесением разницы на счет первоначального покупателя;* [legal] *ликвидировать контракт в случае невзноса маржи клиентом брокера*

sell plus *приказ клиента биржевому брокеру продавать по цене, которая выше предшествующего уровня*

sell retail (vb.) *продавать в розницу*

sell short (vb.) [exc.] *играть на понижение, продавать на срок товары, которых нет в наличии, продавать на срок ценные бумаги, которых нет в наличии*

sell spot (vb.) [monet.trans.] *продавать наличный товар*

sell-stop order *приказ клиента биржевой фирме покупать или продавать на лучших условиях по достижении определенного уровня цены*

sell the book (vb.) *продавать максимально возможное количество акций большой партии по текущей цене*

sell-through *успешная продажа товара на рынке*

sell to highest bidder (vb.) *продавать лицу, предложившему самую высокую цену*

sell to the highest bidder (vb.) *продавать лицу, предложившему самую высокую цену*

sell wholesale (vb.) *продавать оптом*

semiannual (adj.) *полугодовой*

semiannual balance sheet [calc.] *полугодовой балансовый отчет*

semiannual report [calc.] *полугодовой отчет*

semiautomatic (adj.) *полуавтоматический*

semidetached house *сблокированный двухквартирный дом*

semidetached house(s) *сблокированный двухквартирный дом*

semidurable consumer goods *потребительские товары с ограниченным сроком пользования*

semifinished goods [prod.] *полуфабрикаты*

semifinished products [prod.] *полуфабрикаты*

semigeneric purchase *незавершенная покупка, неполная покупка*

semiliquidator [mark.] *ликвидатор с ограниченными функциями*

semimanufactured product *заготовка;* [prod.] *полуфабрикат*

semimanufactured products *полуобработанные изделия, полуфабрикаты*

semimanufactures *заготовки;* [prod.] *полуфабрикаты*

semimonthly (adj.) *двухнедельный*

semiofficial (adj.) *официозный, полуофициальный*

semiotics [mark.] *семиотика*

semiproducts *заготовки;* [prod.] *полуфабрикаты*

semipublic (adj.) *смешанный (о компании)*

semipublic company *акционерная компания с собственностью смешанного типа*

semipublic undertaking [ind.ec.] *предприятие с собственностью смешанного типа*

semiraw materials *полуфабрикаты;* [prod.] *полуобработанные материалы*

semis *полуфабрикаты;* [prod.] *полуобработанные материалы*

semiskilled worker [empl.] *недостаточно квалифицированный рабочий, полуквалифицированный рабочий*

semitrailer [trans.] *полуприцеп*

semivariable costs [ind.ec.] *полупеременные издержки*

semiweekly (adj.) *выходящий два раза в неделю*

senate [parl.] *сенат*

senator [parl.] *сенатор*

send (vb.) *бросать, направлять, отправлять, отсылать, посылать, присылать;* [trans.] *передавать, приводить в определенное состояние*

send a message (vb.) *отправлять сообщение, посылать сообщение*

send an invoice (vb.) *направлять счет-фактуру*

send back (vb.) *возвращать, отправлять обратно, отсылать назад*

send by air (vb.) [post] *отправлять авиапочтой*

send by registered mail (vb.) [post] *отправлять заказным письмом*

sender [nav.] *адресант, отправитель;* [trans.] *датчик, передатчик, экспедитор*

send for (vb.) *посылать*

send in (vb.) *подавать заявление*

sending in *предъявление*

sending off *увольнение*

sending on [trans.] *отправление*

send off (vb.) *отсылать;* [trans.] *отправлять*

send on (vb.) *отправлять;* [trans.] *отсылать*

send on approval (vb.) *отправлять после получения разрешения*

send out (vb.) [pers.manag.] *рассылать;* [trans.] *выпускать*

send under separate cover (vb.) *выпускать под отдельной обложкой*

senior (adj.) *главный, пользующийся преимуществом, преимущественный, старший, старший по положению*

senior bank clerk *старший банковский клерк*

senior citizen *лицо старшего возраста, пенсионер*

senior citizen lobby *группа, отстаивающая интересы лиц старшего возраста*

senior citizen services [soc.] *услуги для лиц старшего возраста*

senior clerk [manag.] *старший клерк;* [pers.manag.] *старший служащий*

senior counsel [legal] *главный адвокат стороны*

senior debt [bankr.leg.] *долг, погашаемый в первую очередь*

senior debt security [ind.ec.] *обеспечение долга, погашаемого в первую очередь*

senior engineer *старший инженер*

seniority *выслуга лет, право старшинства, старшинство;* [pers.manag.] *трудовой стаж*

seniority lien *преимущественное право удержания*

seniority pay *надбавка за выслугу лет*

seniority retention *преимущественное право удержания*

senior management *высшая администрация корпорации, высшее исполнительное руководство*

senior member *старший член организации*

senior mortgage [legal] *преимущественная закладная*

senior official *высокопоставленное должностное лицо, должностное лицо высокого ранга*

senior partner *глава фирмы, старший компаньон, старший партнер*

senior refinding *замещение ценных бумаг другими ценными бумагами с более продолжительными сроками погашения*

senior security [stock] *ценная бумага, дающая преимущественное право на активы компании в случае ее ликвидации*

senior shares [stock] *привилегированные акции*

senior shop steward [empl.] *старший цеховой профсоюзный уполномоченный*

senior staff [pers.manag.] *ведущие специалисты, старший руководящий персонал*

sense *смысл*

senseless (adj.) *бессмысленный*

senseless assault [leg.pun.] *немотивированное нападение*

sense of justice [legal] *чувство справедливости*

sensible (adj.) *благоразумный, разумный*

sensitive (adj.) *отражающий конъюнктурные колебания, способный быстро реагировать, чувствительный*

sensitive market [exc.] *неустойчивый рынок, рынок, отражающий конъюнктурные колебания, рынок, способный к быстрой реакции*

sensitive to market fluctuations (adj.) *чувствительный к колебаниям рынка*

sentence [legal] *судебный приговор;* [leg.pun.] *наказание, приговор, судебное решение*

sentence (vb.) [leg.pun.] *выносить приговор, выносить судебное решение, осуждать, приговаривать*

sentence by default (vb.) [legal] *судебное решение в отсутствие ответчика*

sentence in one's absence (vb.) [legal] *судебное решение в отсутствие ответчика*

sentence of the court is [leg.pun.] *суд постановляет*

sentence of the court is, the *приговор суда таков*

sentencing [leg.pun.] *вынесение судебного решения*

sentiment *чувство*

sentimental value *чувствительность*

separate (vb.) *отделять, отделяться, различать, разъединять, разъединяться, расходиться (о супругах), сортировать;* [law.dom.] *разлучать (о супругах)*

separate account *специальный счет*

separate agreement [legal] *соглашение о раздельном жительстве супругов*

separate assessment [tax.] *оценка недвижимого имущества при разводе супругов*

separate control [legal] *надзор за выполнением соглашения о раздельном жительстве супругов*

separate creditor *отдельный кредитор*

separate custody *специальное хранение*

separated (adj.) *отделенный, разведенный, разлученный*

separate debts *обособленные долги*

separate estate [bus.organ.] *обособленное имущество, разделенное имущество;* [legal] *отдельное имущество*

separate estate at divorce [law.dom.] *имущество, разделенное при разводе*

separate estate in marriage [law.dom.] *обособленное имущество при вступлении в брак*

separate estate of husband [legal] *обособленное имущество мужа*

separate estate of wife [legal] *обособленное имущество жены*

separate funds [law.dom.] *обособленные денежные средства*

separate item [book-keep.] *отдельная запись, отдельная проводка*

separate legal entity [legal] *отдельное юридическое лицо*

separate liability [legal] *особая ответственность*

separately *отдельно*

separately traded registered interest and principal securities
  [stock] *раздельная торговля основной суммой и купонами казначейских облигаций*

Separately Traded Registered Interest and Principal Securities
  [stock] *раздельная торговля основной суммой и купонами казначейских облигаций*

separate maintenance [law.dom.] *содержание, выплачиваемое мужем жене в случае соглашения о раздельном жительстве*

separate opinion [legal] *особое мнение*

separate position *особая позиция*

separate proceedings [legal] *специальное судебное разбирательство*

separate property *обособленное имущество;* [legal] *отдельное имущество*

separate trading of registered interest and principal of securties (STRIPS)
  раздельная торговля основной суммой и купонами казначейских облигаций (США)

separation *раздельное жительство супругов, разлучение;* [law.dom.] *отделение, разделение*

separation agreement [law.dom.] *соглашение о раздельном жительстве супругов*

separation allowance [pers.manag.] *денежное содержание, выплачиваемое семье военнослужащего*

separation by agreement [law.dom.] *раздельное жительство супругов по соглашению*

separation by grant [law.dom.] *раздельное жительство супругов в связи с передачей права собственности*

separation by judicial decree [law.dom.] *раздельное жительство супругов по решению суда*

separation character [comp.] *разделительный знак*

separation deed [law.dom.] *документ о разделе имущества*

separation of estates [law.dom.] *раздел имущества*

separation of power *разделение полномочий*

separation order [law.dom.] *распоряжение суда о раздельном проживании супругов*

sequel in court [legal] *продолжение судебного заседания*

sequence *порядок следования, последовательность, последствие, результат, ряд*

sequence (vb.) *упорядочивать;* [comp.] *устанавливать последовательность*

sequence check *проверка упорядоченности;* [comp.] *контроль порядка следования*

sequence of amortization *последовательность амортизации*

sequence of events *последовательность событий*

sequential (adj.) *последовательный*

sequential access *последовательный доступ;* [comp.] *последовательная выборка*

sequential control *последовательный контроль*

sequester (vb.) *конфисковать, налагать арест, секвестровать;* [legal] *отказываться от имущества покойного мужа*

sequestration *арест счета в банке на неопределенный срок;* [legal] *арест средств, арест счета в банке на неопределенный счет, конфискация, наложение ареста, наложение секвестра*

sequestrator [legal] *судья, налагающий арест на имущество*

serial *серийный номер;* [comp.] *порядковый номер;* [media] *периодическое издание*

serial (adj.) *периодический, порядковый, серийный;* [comp.] *последовательный*

serial bond [stock] *облигация, выпускаемая и погашаемая в серии через определенные интервалы*

serial bonds *серийные облигации;* [stock] *облигации, выпускаемые и погашаемые сериями через определенные интервалы, облигации, погашаемые сериями через определенные интервалы*

serial discounts *прогрессирующие скидки (оптовым покупателям), серийные скидки (оптовым покупателям)*

serial loan *облигация, выпускаемая и погашаемая в серии через определенные интервалы*

serial loans *облигации, выпускаемые и погашаемые сериями через определенные интервалы*

serial number *номер в серии, порядковый номер, серийный номер;* [pat.] *регистрационный номер*

serial rescheduling *периодическая консолидация части долга*

seriatim *по порядку, пункт за пунктом, сериями*

series *партия изделий, ряд;* [stock] *серия*

series, by *последовательно*

series bill of exchange [bill.] *переводный вексель*

series bonds [stock] *облигации, выпускаемые сериями в разные сроки*

series closure [stock] *закрытие серии ценных бумаг*

series of certificates [bank.] *серия сертификатов*

series of losses [ins.] *последовательность убытков*

series of options *опционная серия*

series of payments *последовательность платежей*

series of transfers [legal] *последовательность перечислений (денежных средств)*

series opening   [stock] *открытие серии*

series production   [prod.] *серийное производство*

serious (adj.) *важный, внушающий опасения, глубокомысленный, опасный, серьезный*

serious bodily harm   [leg.pun.] *серьезное телесное повреждение*

serious casualty   [ins.] *серьезная авария*

serious crime   [leg.pun.] *серьезное преступление*

serious injury   [ins.] *серьезная травма*

seriously damage (vb.) *терпеть серьезную аварию*

seriously disabled person   *человек с серьезным физическим дефектом*

seriously injure (vb.)   [ins.] *причинять серьезный вред здоровью*

seriously prejudicial disclosures   [calc.] *раскрытие сведений, наносящее серьезный ущерб*

serious misconduct   *серьезное нарушение дисциплины, серьезный проступок*

serious reprimand   *строгий выговор*

SERPS (State Earnings Related Pension Scheme)   *программа пенсионного обеспечения, связанная с государственными доходами (Великобритания)*

servant   [pers.manag.] *государственный служащий*

servants   *государственные служащие*

serve (vb.) *быть служащим, обслуживать, служить, состоять на службе;* [legal] *вручать документ, отбывать наказание*

serve a customer (vb.) *обслуживать клиента*

serve a purpose (vb.) *служить определенной цели*

serve as a substitute (vb.) *служить заменой*

serve a sentence (vb.)   [leg.pun.] *вручать приговор*

serve a summons (vb.)   [leg.pun.] *вручать приказ о вызове в суд*

serve a summons on (vb.)   [leg.pun.] *вручать извещение ответчика о предъявленном иске*

serve a term of imprisonment   [leg.pun.] *отбывать срок заключения*

serve a writ (of summons) (vb.)   [legal] *вручать судебный приказ*

serve a writ of summons (vb.)   [legal] *вручать судебный приказ*

serve customers (vb.)   [legal] *обслуживать клиентов, обслуживать покупателей*

serve on a jury (vb.)   [legal] *быть членом жюри присяжных*

serve with a writ (of summons) (vb.)   [legal] *вручать судебный приказ*

serve with a writ of summons (vb.)   [legal] *вручать судебный приказ*

service   *линия, оплата, погашение долга, связь, сообщение, уплата дивидендов, уплата капитальной суммы, уплата процентов;* [com.mark.] *уход;* [ind.ec.] *срок службы, техническое обслуживание;* [legal] *работа, сфера деятельности;* [pers.manag.] *обслуживание;* [prod.] *сервис;* [r.e.] *служба;* [trans.] *услуга, эксплуатация*

service (vb.) *обслуживать, оплачивать, погашать, проводить техническое обслуживание, эксплуатировать;* [ec.] *уплачивать дивиденды*

service   *долговечность*

service, as a   *в качестве услуги*

serviceability   *удобство эксплуатации, эксплуатационная надежность*

serviceable (adj.) *пригодный к эксплуатации*

service a debt (vb.) *обслуживать долг*

service allowance   [pers.manag.] *надбавка за обслуживание*

service a loan (vb.) *погашать ссуду*

service bureau   *бюро обслуживания*

service business   *предприятие сферы обслуживания*

service by letter   [legal] *судебное извещение путем направления письма*

service by post   [legal] *судебное извещение по почте*

service charge   *затраты на обслуживание, расходы на обслуживание, сбор за обслуживание, тариф за обслуживание;* [r.e.] *плата за обслуживание*

service company *компания сферы обслуживания*
service contract [legal] *договор на обслуживание*
service customer (vb.) *обслуживать покупателя*
service customers *обслуживать покупателей*
service debt (vb.) *погашать долг*
service department *отдел обслуживания*
service effected by post [legal] *судебное извещение, врученное по почте*
service facility *обслуживающее устройство*
service fee *плата за услуги*
service flat *квартира с гостиничным обслуживанием*
service-friendly (adj.) *оказывающий дружескую услугу*
service industry *отрасль, производящая услуги, сфера услуг*
service life [ind.ec.] *общий срок службы, срок годности, срок службы объекта на дату демонтажа, эксплуатационный ресурс, эксплуатационный срок службы;* [prod.] *эксплуатационная долговечность, эксплуатационная наработка*
service mark [com.mark.] *товарный знак*
service of court notice to pay a debt *вручение уведомления суда об уплате долга*
service of court notice to pay debt *вручение уведомления суда об уплате долга*
service of process *повестка;* [legal] *процессуальное извещение*
service of process (documents) *процессуальное извещение*
service of public lands *эксплуатация государственных земель*
service on loan *погашение долга, уплата долга*
service output method [calc.] *метод оценки объема производства*
service package *комплекс услуг*
service payment *оплата услуг*
service performed *выполненное обслуживание, оказанная услуга*
service point *станция обслуживания*
service program [comp.] *обслуживающая программа*
service regulations *правила обслуживания, правила ухода, правила эксплуатации*
services *обслуживающие отрасли экономики, сфера услуг, услуги*
services for disabled *услуги для инвалидов*
services for the disabled *услуги для инвалидов*
services rendered *оказанные услуги*
services sector *сектор услуг, сфера услуг*
services under a running contract *услуги в соответствии с действующим договором*
services under running contract *услуги в соответствии с действующим договором*
service task *задание на обслуживание*
service tenancy [manag.] *арендованное имущество*
service till [bank.] *абонементный ящик для быстрого обслуживания банковских клиентов*
service trade *отрасль обслуживания*
service trades *сфера обслуживания, сфера услуг*
servicing *осмотр и текущий ремонт, уход за оборудованием;* [prod.] *техническое обслуживание*
servicing guarantee *гарантия обслуживания*
servicing of an existing loan *погашение существующего долга*
servicing of existing loan *погашение существующего долга*
servient tenement [r.e.] *имущество, обремененное сервитутом*
serving [leg.pun.] *исполнение*
serving of a sentence [leg.pun.] *исполнение приговора*
servitude [legal] *сервитут*
session [legal] *заседание, совещание;* [parl.] *сессия парламента, собрание, судебное заседание*
session of court [legal] *судебное заседание*
session of the court [legal] *судебное заседание*

set (vb.) *помещать, ставить, устанавливать;* |comp.| *пускать в действие;* |ec.| *внедрять;* |prod.| *приводить в состояние готовности*

set a limit (vb.) *устанавливать предел*

set apart (vb.) *откладывать деньги*

set a price (vb.) *устанавливать цену;* |stock| *назначать цену*

set aside *аннулировать, откладывать деньги, отклонять предложение;* |calc.| *отбрасывать, отказывать, пренебрегать;* |comm.| *отменять приговор, расторгать;* |legal| *не касаться, не принимать во внимание, не учитывать, оставлять в стороне, отделять, отделять, разделять*

set aside a judgment (vb.) |legal| *отменять судебное решение*

set aside an amount (vb.) *откладывать некоторую сумму*

setback *неудача, отход, понижение, регресс, снижение цен, спад;* |ec.| *задержка, препятствие*

set down (vb.) *заносить в список дел к слушанию, класть, ставить*

set down a case for judgment (vb.) |legal| *выносить дело на судебное разбирательство*

set down a case for trial (vb.) |legal| *выносить дело на судебное разбирательство*

set free (vb.) *освобождать*

set in (vb.) *наступать, начинаться*

setoff |book-keep.| *встречное требование, компенсация долга, контрпретензия;* |calc.| *судебный зачет;* |legal| *зачет требований, противопоставление*

set off (vb.) *начинать;* |book-keep.| *выделять, засчитывать сумму, побуждать;* |ec.| *компенсировать*

set off charges and income against each other (vb.) *обеспечивать взаимный зачет расходов и доходов;* |book-keep.| *взаимный зачет расходов и доходов*

set off the effect of (vb.) *компенсировать влияние*

setoff transaction |ec.| *компенсационная сделка*

set of monetary policy instruments |pol.ec.| *набор средств денежной политики*

set out (vb.) *выставлять на продажу, помещать, раскладывать товары, ставить*

set phrase *клише, стандартная фраза*

set prices (vb.) |exc.| *устанавливать цены*

setting *назначение цены, обстановка*

setting aside *отклонение;* |legal| *аннулирование, отмена*

setting aside a purchase |legal| *аннулирование покупки*

setting aside of a judgment |legal| *отмена приговора, отмена судебного решения*

setting aside of a trust |legal| *аннулирование распоряжения имуществом на началах доверительной собственности*

setting aside of judgment *отмена приговора, отмена судебного решения*

setting aside of trust *аннулирование распоряжения имуществом на началах доверительной собственности*

setting down a case for trial |legal| *занесение дела в список к слушанию*

setting off *зачет требований, судебный зачет*

setting up *открытие;* |bus.organ.| *основание, учреждение*

settle (vb.) *выяснять, договариваться, заключать сделку, оплачивать, определять, погашать, принимать решение, приходить к соглашению, проходить к соглашению, разрешать, рассчитываться по рыночной операции, решать, улаживать, урегулировать, урегулировать платежи, урегулировать претензию;* |ec.| *заключать коллективный договор, заселять, колонизировать, оплатить обязательство, поселяться, распоряжаться имуществом;* |legal| *оплачивать, покрывать, расплачиваться, рассчитываться;* |pers.manag.| *погашать задолженность*

settle (accounts) *оплатить (счета)*

settle a balance (vb.) *урегулировать сальдо по счету*

settle a bill (vb.) *оплатить счет, платить по векселю, урегулировать платеж по счету*

settle accounts (vb.) [calc.] *оплатить счета*

settle a claim (vb.) *урегулировать претензию*

settle a debt (vb.) *платить долг, покрывать долг*

settle a difference (vb.) *урегулировать разногласие*

settle a dispute (vb.) [legal] *урегулировать спор*

settle amicably (vb.) *прийти к полюбовному соглашению, приходить к полюбовному соглашению, урегулировать спор дружеским образом, урегулировать спор мирным путем, урегулировать спор миролюбиво*

settle amounts drawn (vb.) [bank.] *оплачивать выписанные суммы*

settle an account (vb.) *оплатить счет*

settle an amount (vb.) *оплачивать сумму*

settle an invoice (vb.) *оплатить счет-фактуру, оплачивать счет-фактуру*

settle by arbitration (vb.) *решать в арбитражном порядке*

settle claims (vb.) [ins.] *урегулировать претензии*

settled (adj.) *завещанный (об имуществе), оплаченный (о счете)*

settled claim [mar.ins.] *урегулированная претензия*

settled land [legal] *заселенная территория, колонизированная земля*

Settled Land Act (UK) [legal] *закон о закрепленной земле (Великобритания)*

settled property [legal] *закрепленное имущество*

settle formalities (vb.) *соблюдать формальности, соблюсти формальности*

settle in court (vb.) [legal] *решать вопрос в суде*

settle land (vb.) [legal] *заселять территорию*

settlement *европейский квартал, колонизация, колония, сеттльмент;* [comm.] *расплата;* [ec.] *администрация наследства, акт распоряжения имуществом, акт установления доверительной собственности, акт учреждения семейного имущества, заселение, коллективный договор, поселение, прибавка к заработной плате (обусловленная коллективным договором);* [exc.] *соглашение, урегулирование;* [ins.] *расчет, уплата;* [legal] *заключение сделки, ликвидационный период, ликвидация сделки, ликвидация спора, оплата, погашение, покрытие, разрешение, решение, улаживание;* [pers.manag.] *расчетные дни*

settlement according to quality *расчет в соответствии с качеством*

settlement agreement *соглашение об урегулировании претензий*

settlement book [exc.] *расчетная книга*

settlement by setoffs *урегулирование путем зачета требований*

settlement by will [suc.] *распоряжение имуществом по завещанию*

settlement date *расчетный день;* [exc.] *ликвидационный период*

settlement day [exc.] *день расчета по сделке с ценными бумагами, последний день ликвидационного периода, расчетный день*

settlement day payment [exc.] *платеж в последний день ликвидационного периода*

settlement deal [exc.] *соглашение о расчетах*

settlement in arbitration proceedings *урегулирование спора путем арбитражного разбирательства*

settlement in court [legal] *урегулирование спора в суде*

settlement of account *заключение счета, оплата счета, покрытие задолженности по счету, покрытие счета*

settlement of a claim *разрешение претензии, урегулирование претензии*

settlement of action [legal] *урегулирование иска*

settlement of a dispute *ликвидация спора;* [legal] *урегулирование спора*

settlement of an account   *заключение счета, оплата счета, покрытие счета;* [ec.] *покрытие задолженности по счету*
settlement of a transaction   *совершение сделки*
settlement of claim   *разрешение претензии, урегулирование претензии*
settlement of claims   [ins.] *урегулирование претензий, урегулирование требований*
settlement of commission   *выплата комиссионного вознаграждения*
settlement of commitment   *выполнение обязательств*
settlement of debt   *погашение долга, урегулирование долга*
settlement of dispute   *ликвидация спора, урегулирование спора*
settlement of excise duties   *уплата акцизных сборов*
settlement of funds   [legal] *помещение денег в ценные бумаги*
settlement of payments   *производство платежей*
settlement of trade   *организация торговли*
settlement of transaction   *совершение сделки*
settlement on retirement   *расчет при выходе на пенсию*
settlement out of court   [legal] *урегулирование спора без решения суда*
settlement period   *платежный период*
settlement price   [exc.] *расчетная цена*
settlement proposal   *предложение об урегулировании спора*
settlement risk   *расчетный риск*
settlements   *межгосударственные расчеты, осуществляемые государственными банками*
settlement scheme   *порядок производства расчетов*
settlement-to-market   *выплата вариационной маржи*
settlement trusts   [legal] *распоряжение имуществом на началах доверительной собственности*
settle out of court (vb.)   *производить платеж без судебного решения, урегулировать спор без судебного разбирательства*
settle property on (vb.)   [legal] *закреплять имущество*
settling date   *расчетный период*
settling day   *расчетный день*
settling-in allowance   [pers.manag.] *пособие при переезде на новую квартиру*
settling period   [exc.] *расчетный период*
settling transactions   *компенсационные сделки*
settlor   [legal] *доверитель, лицо, совершающее акт распоряжения имуществом, учредитель траста*
setup   *обстановка, положение, порядок, ситуация, устройство организации;* [prod.] *организация, система, структура*
set up (vb.)   *класть, основывать, открывать дело, поднимать, помещать, ставить, учреждать;* [bus.organ.] *обеспечивать, снабжать*
set up a claim (vb.)   *выдвигать требование;* [legal] *заявлять права, заявлять претензию; предъявлять иск, предъявлять претензию, требовать*
set up a committee (vb.)   *учреждать комиссию*
set up a contract (vb.)   [legal] *заключать договор*
set up an account (vb.)   [bank.] *открывать счет*
set up a precedent (vb.)   *формулировать прецедент*
set up as (vb.)   *открывать дело*
set up as an asset (vb.)   [ind.ec.] *ввести как статью актива в балансе*
set up business (vb.)   [comm.] *основывать дело*
setup diagram   *блок-схема*
setup instruction   [comp.] *инструкция по монтажу*
setup instructions   *инструкции по монтажу*
set up the book (vb.)   *заводить бухгалтерскую книгу*
set up the books (vb.)   *заводить бухгалтерские книги*
set up the general ledger (vb.)   *заводить главную бухгалтерскую книгу*
setup time   *продолжительность подготовительно-заключительных операций;* [prod.] *время перестройки производства*

sever (vb.) [legal] *рвать (отношения)*

several-digit (adj.) *многозначный, многоразрядный*

several liability [legal] *обязательство с ответственностью должников порознь*

severally *отдельно;* [legal] *порознь*

several tenancy [legal] *самостоятельное владение*

severalty [legal] *самостоятельное обособленное имущественное право*

severance [law.dom.] *раздел общего имущества;* [legal] *отделение*

severance pay [pers.manag.] *выходное пособие*

severe (adj.) *жестокий, строгий, суровый*

severe damage *значительный ущерб*

severe sentence [leg.pun.] *суровый приговор*

severity *строгость*

sewage installation *станция очистки сточных вод*

sewage works *станция очистки сточных вод*

sewerage rate *нагрузка канализационной системы*

sex-controlled heredity [suc.] *наследование с учетом пола*

sex crime [leg.pun.] *половое преступление*

sex ratio *процентное соотношение между полами*

sexual crime [leg.pun.] *половое преступление*

sexual harassment *сексуальная озабоченность*

sexual offence [leg.pun.] *половое преступление*

sexual offender [leg.pun.] *лицо, совершившее половое преступление*

SFF (supplementary financing facility) *система дополнительного финансирования в Международном валютном фонде*

SGD (Singapore dollar) [monet.trans.] *сингапурский доллар*

shade (vb.) [print.] *штриховать*

shakeup *перемещение должностных лиц*

sham *подделка, подлог*

sham marriage [law.dom.] *фиктивный брак*

sham purchase *фиктивная покупка*

sham transaction *фиктивная сделка*

shantytown *трущобы*

shape *форма*

shape (vb.) *придавать форму*

SHAPE (Supreme Headquarters, Allied Powers in Europe) [mil.] *штаб верховного главнокомандующего объединенными вооруженными силами НАТО в Европе*

share *акция;* [bus.organ.] *доля собственности, доля участия;* [fin.] *доля;* [ind.ec.] *пай;* [stock] *участие, часть*

share (vb.) *делить, делиться, иметь долю, иметь часть, распределять;* [fin.] *быть пайщиком*

share account *паевой счет (в кредитном союзе), паевой счет в кредитном союзе*

share account (in building society) *паевой счет в строительном кооперативе*

share acquisition *приобретение акций*

share analysis *анализ акций*

share analyst *специалист по анализу акций*

share at a premium [stock] *акция стоимостью выше номинала*

share at premium *акция стоимостью выше номинала*

share block premium [exc.] *надбавка к курсу партии акций*

share broker *биржевой маклер, фондовый маклер*

share buy-back *скупка корпорацией собственных акций для поддержания их рыночной цены*

share call [bus.organ.] *предложение делать заявку на покупку акций*

share capital [bus.organ.] *акционерный капитал*

share capital augmentation [ind.ec.] *прирост акционерного капитала*

share ceded in reinsurance [ins.] *перестраховочная квота*

share certificate [stock] *акционерный сертификат, именное свидетельство на акцию, свидетельство на акцию*

886

share certificate (without coupon sheet and talon)   *сертификат акции (без купона и талона)*

share certificate account   *паевой счет в кредитном союзе (США)*

share certificate issued for a fixed amount   [stock] *акционерный сертификат, выпущенный на определенную сумму*

share certificate issued for fixed amount   *акционерный сертификат, выпущенный на определенную сумму*

share certificate without coupon sheet and talon   [stock] *акционерный сертификат без листа купонов и талона*

share class   *класс акций*

share costs (vb.)   *распределять затраты*

sharecropper   *издольщик;* [г.е.] *испольщик*

shared cost contract   [legal] *контракт с распределенными затратами*

share denomination   [stock] *номинальная стоимость акции*

share dividend   [bus.organ.] *дивиденд на акции*

shared memory   [comp.] *совместно используемая память*

share draft account   *чековый паевой счет, предлагаемый кредитным союзом (США)*

share equally (vb.)   *делить на равные части*

share expenses (vb.)   *распределять затраты*

share experience (vb.)   *делиться опытом*

share for own account   [ins.] *относить на собственный счет*

share fraction   [stock] *доля акций*

share hawking   *погоня за акциями (на бирже);* [exc.] *погоня за акциями на бирже*

shareholder   *пайщик;* [bus.organ.] *акционер, владелец акций, держатель акций*

shareholder account   [bank.] *счет акционера*

shareholder benefit   *доход акционера, прибыль акционера*

shareholder loan   *ссуда, обеспеченная акциями*

shareholder of building society   *пайщик строительного общества (Великобритания)*

shareholders' accounts   [bus.organ.] *счета акционеров*

shareholders' agreement   *соглашение между акционерами*

shareholders' association   *ассоциация акционеров*

shareholders' bond   *облигация акционеров*

shareholders' capital   [bus.organ.] *акционерный капитал*

shareholders' capital contribution   *взнос в акционерный капитал*

shareholders' council   [bus.organ.] *совет акционеров*

shareholders' equity   [bus.organ.] *акционерный капитал, нетто-стоимость компании, собственный капитал*

shareholders' first claim to bonus shares   *первое обращение акционеров за бесплатными акциями*

shareholders' funds   [bus.organ.] *акционерный капитал, собственный капитал*

shareholders' general meeting   [bus.organ.] *общее собрание акционеров*

shareholders' information   *информация для акционеров*

shareholders' interest   [bus.organ.] *собственный капитал*

shareholders' secretariat   *секретариат акционеров*

shareholders' voluntary winding up   [bus.organ.] *добровольное отсеивание акционеров*

shareholder value   [exc.] *биржевая стоимость акции*

shareholder value creation   [exc.] *образование биржевой стоимости акции*

shareholder value increase   [exc.] *увеличение биржевой стоимости акции*

shareholding   *акции, пакет акций, участие в акционерном капитале;* [bus.organ.] *владение акциями*

shareholding in a subsidiary   [bus.organ.] *участие в акционерном капитале дочерней компании*

shareholding in subsidiary   *участие в акционерном капитале дочерней компании*

share in a cooperative *доля собственности в кооперативе;* [stock] *доля собственности в кооперативном предприятии*

share in a cooperative enterprise [stock] *доля собственности в кооперативном предприятии*

share in a private company *доля в акционерном капитале частной компании*

share in a ship [stock] *доля собственности на судно*

share in cooperative *доля собственности в кооперативе;* [stock] *доля собственности в кооперативном предприятии*

share in cooperative enterprise *доля собственности в кооперативном предприятии*

share index [exc.] *фондовый индекс*

share index contract *договор о фондовом индексе*

share in excess of par [stock] *акция стоимостью выше номинала*

share in inheritance [suc.] *доля в наследстве*

share in legacy [suc.] *доля в завещательном отказе движимости*

share in private company *доля в акционерном капитале частной компании*

share in profits [ind.ec.] *доля в прибылях*

share in ship *доля собственности на судно*

share interest [bus.organ.] *участие в акциях*

share issue [stock] *выпуск акций*

share issued for consideration other than cash [stock] *акции, выпущенные не в денежном выражении*

share issue discount [exc.] *учетная ставка при выпуске акций*

share-issuing agent [bank.] *агент, выпускающий акции*

share list *список акций, фондовая курсовая таблица*

share listed on the stock exchange [stock] *акции, включенные в список фондовой биржи*

share majority [bus.organ.] *владение пакетом более половины акций*

share market [exc.] *фондовая биржа, фондовый рынок*

share not fully paid up [stock] *неполностью выплаченная акция*

share of costs *доля затрат*

share of dwelling *доля домовладения*

share of expenses *доля затрат*

share of exports *доля экспорта*

share of ownership *доля собственности*

share of participation *доля участия*

share of proceeds [ind.ec.] *доля выручки*

share of profits [ind.ec.] *доля прибыли, часть прибыли*

share of result *доля результата*

share of stock *акция;* [stock] *доля в акционерном капитале*

share of the market [mark.] *доля рынка*

share option [ind.ec.] *опцион на акции*

share ownership *право владения акциями*

share ownership project *план предоставления права владения акциями*

share participation [bus.organ.] *участие в акциях*

share payable to bearer [stock] *акция, подлежащая оплате держателем*

share portfolio *портфель акций*

share premium *премия акции;* [bus.organ.] *надбавка к курсу акций*

share premium account *счет надбавок к курсу акций, счет премий акций*

share premium fund [ind.ec.] *фонд премий акций*

share price *цена акции;* [exc.] *курс акции*

share price index [exc.] *индекс курса акций*

share purchase *покупка акций*

share purchase option [exc.] *опцион на покупку акций*

share purchaser [exc.] *покупатель акции*

share-pushing [exc.] *активная продажа акций, которые могут иметь сомнительную ценнность*

share quotation [exc.] *котировка акций*

share register *акционерный регистр*

share registered in holder's name [stock] *акция, зарегистрированная на имя держателя*

share repurchase plan *скупка корпорацией собственных акций для поддержания их цены*

share right [exc.] *право на акции*

shares [stock] *акционерный капитал*

shares and bonds [stock] *акции и облигации*

shares and debentures [stock] *акции и долговые обязательства*

shares and other equities [calc.] *акции и другие активы*

shares authorized *число акций компании, установленное ее уставом*

share serial number [exc.] *серийный номер акции*

shares held *акции, находящиеся в собственности*

shares in circulation [exc.] *акции в обращении*

shares in coal, iron and steel industries *акции в металлургической и угледобывающей промышленности*

shares in the coal iron and steel industries [stock] *акции в металлургической и угледобывающей промышленности*

shares outstanding *выпущенные в размере уставного капитала акции компании, не выкупленные самой компанией*

share split *дробление акции*

share splitting [bus.organ.] *разбиение акций на несколько других с меньшими номиналами путем выпуска нескольких акций вместо одной*

share subscription certificate [stock] *акционерный сертификат*

share the profit (vb.) *распределять прибыль*

share trading volume [exc.] *объем торговли акциями*

share transfer *передача акций*

share transfer form *форма передачи права собственности на акции*

share unit [stock] *минимальное количество акций, являющееся единицей торговли на бирже*

share warrant [stock] *сертификат акции на предъявителя*

share warrant (issued to bearer) *сертификат акции на предъявителя*

share without par value [stock] *акция без номинала*

share without voting power [stock] *акция без права голоса*

share without voting right [stock] *акция без права голоса*

share with restricted transferability [stock] *акция с ограниченной возможностью передачи*

sharing *разделение, распределение*

shark repellent *меры по защите компании от враждебного поглощения*

shark watcher *фирма, специализирующаяся на предупреждении попыток поглощения компании-клиента*

sharp (adj.) *острый, отчетливый, резкий*

sharpen (vb.) *обострять*

sharpening *обострение*

sharp fall in prices [ec.] *резкое падение цен, резкое снижение цен*

sharp increase *резкое увеличение*

sharp rise in prices *резкий рост цен;* [ec.] *резкое повышение цен*

sheet [comp.] *кадр*

sheet microfilm *лист микрофильма*

shelf life [comm.] *долговечность при хранении, срок годности при хранении*

shelf number [doc.] *регистрационный номер, учетный номер*

shelf storage *хранение готовой продукции на складе*

shelf stowage *укладка товаров на полки*

shelf talker *рекламный листок на полке с товаром;* [adv.] *рекламный листок на поле с товаром*

shell branch [bank.] *заграничное отделение банка, используемое для регистрации сделок в обход национального регулирования*

shell company [ind.ec.] *официально зарегистрированная компания, не имеющая существенных активов и не ведущая операций*

sheltered institution *закрытая организация, закрытое учреждение*

sheltered institutions *скрытые институты*

sheltered market *закрытая организация (например, фондовая биржа)*

sheltering of domestic animals [legal] *предоставление приюта домашним животным*

shelve (vb.) *класть на полку, ставить на полку;* [legal] *расставлять на полке;* [pat.] *раскладывать на полке*

shelve a motion (vb.) *откладывать в долгий ящик*

shelving *откладывание рассмотрения дела, стеллаж*

shelving of a case [legal] *откладывание рассмотрения дела*

shelving of case *откладывание рассмотрения дела*

sheriff *шериф*

sheriff's court [legal] *суд шерифа*

sheriff's poundage *пошлина с веса, установленная шерифом*

shield *защита*

shield (vb.) *защищать*

shift *изменение ассортимента изделий, изменение номенклатуры продукции, нечестный прием, рабочая смена, рабочий день, смена (группа рабочих), способ, средство;* [comp.] *перестановка;* [empl.] *перемещение;* [pers.manag.] *изменение, перенос, сдвиг, уловка*

shift (vb.) *передвигать, передвигаться, перекладывать, перемещать, перемещаться;* [nav.] *изменять*

shift differential [pers.manag.] *различия в оплате труда работников разных смен*

shifted (adj.) *измененный*

shift in exchange rate *изменение вексельного курса, изменение обменного курса;* [monet.trans.] *изменение валютного курса*

shift in exchange rates *сдвиг в обменном курсе*

shift in expectations *изменение видов на будущее*

shifting of tax incidence [tax.] *изменение распределения налогов по группам населения*

shifting the burden of taxation [tax.] *изменение бремени налогового обложения*

shift in level *изменение уровня*

shift in the level *изменение уровня*

shift of attitudes *изменение отношения*

shift of emphasis *изменение приоритетов*

shift of power *изменение полномочий*

shift the burden of proof (vb.) [legal] *перекладывать бремя доказывания*

shift the burden of taxation (vb.) [tax.] *перекладывать бремя налогообложения*

shift work [empl.] *сменная работа*

ship [nav.] *корабль, судно*

ship (vb.) [nav.] *грузить, отгружать, отправлять груз, перевозить, принимать на борт, производить посадку на корабль;* [trans.] *быть пригодным для транспортировки (о товаре), нанимать команду на судно, транспортировать груз*

shipbroker [nav.] *судовой маклер*

shipbuilder's certificate [nav.] *сертификат судостроителя*

shipbuilding *судостроение*

shipbuilding loan *ссуда на постройку судна*

shipbuilding subsidies *субсидии на постройку судна*

shipbuilding yard *судостроительная верфь, судостроительный завод*

ship credit bond [stock] *облигация для кредитования постройки судна*

Ship Credit Fund *Судовой кредитный фонд (Дания)*

Ship Credit Fund bond [stock] *облигация Судового кредитного фонда (Дания)*

shipload *партия груза на одно судно, полная грузовместимость;* [nav.] *полный груз судна*

shipment   [comm.] *отгрузка, отправка грузов морским путем, отправка товаров, перевозка грузов, погрузка на судно;* [nav.] *груз, партия отправленного груза*

shipment (of goods)   *отправка (товаров), погрузка (товаров)*

ship mortgage   *ипотека на судно*

shipowner   [nav.] *судовладелец, фрахтовщик*

Shipowners' Association   *ассоциация судовладельцев*

shipowner's liability   [mar.ins.] *ответственность судовладельца*

shipowning business   [nav.] *судоходная компания*

shipowning company   [nav.] *судоходная компания*

shipped bill of lading   [nav.] *коносамент, транспортная накладная*

shipper   [legal] *грузоотправитель;* [nav.] *груз, пригодный для транспортировки морем, грузитель, экспортер*

Shippers' Council   *совет грузоотправителей*

Shippers' Council, the   *совет грузоотправителей, совет экспортеров*

shipper's letter of instruction (SLI)   *инструкция для грузоотправителя*

shipping   [nav.] *морской флот, отгрузка, отправка, погрузка, суда, судоходство, тоннаж, экспедиция*

shipping advice   [nav.] *извещение об отправке груза*

shipping agency   *агентство по погрузке и отправке грузов;* [nav.] *экспедиторское агентство*

shipping agent   [nav.] *агент по погрузке и отправке грузов, экспедитор*

shipping articles   [nav.] *договор о найме на судно*

shipping company   [nav.] *судоходная компания*

shipping costs   [nav.] *затраты на транспортировку*

shipping credit   *кредит на отправку груза*

shipping department   [nav.] *отдел отгрузки продукции*

shipping document   [nav.] *отгрузочный документ, погрузочный документ;* [trans.] *транспортный документ*

shipping dues   [nav.] *плата за отправку груза*

shipping firm   [nav.] *судостроительная фирма*

shipping guarantee   *гарантийное письмо, выдаваемое грузоотправителем судовладельцу*

shipping line   [nav.] *судоходная линия*

shipping loan   *морской заем*

shipping note   [nav.] *погрузочный ордер*

shipping office   [nav.] *транспортная контора*

shipping operations   [nav.] *перевозки*

shipping organization   [nav.] *транспортная организация*

shipping papers   *грузовые документы;* [nav.] *погрузочные документы*

shipping partnership   [nav.] *транспортное товарищество*

shipping tube   [pack.] *транспортный контейнер*

ship surveyor   *судовой инспектор, сюрвейер;* [ins.] *инспектор классификационного общества*

shipwreck   [nav.] *кораблекрушение*

shipwrecked, be (vb.)   [nav.] *терпеть аварию, терпеть кораблекрушение*

shipyard   *верфь, судостроительный завод*

shipyard package   [ec.] *комплексное соглашение на постройку судна*

shipyard worker   *рабочий судостроительного завода*

ship's articles   [nav.] *договор о найме на судно*

ship's ensign   [nav.] *кормовой флаг*

ship's husband   [nav.] *генеральный агент судовладельца по ведению дел, связанных с судном*

ship's log   [nav.] *чистовой вахтенный журнал*

ship's master   [nav.] *правительственный инспектор по найму и увольнению моряков торгового флота*

ship's mortgage   [nav.] *залог судна*

ship's papers   [nav.] *судовые документы*

shire   *графство*

shock   *столкновение, удар*

shogun bond   [exc.] *облигация 'сёгун', выпущенная на национальном рынке нерезидентом в иностранной валюте*

shop   [comm.] *мастерская, цех;* [mark.] *предприятие;* [r.e.] *магазин*

Shop Act   [legal] *Закон о закрытии предприятия(Великобритания)*

shop assistant   [pers.manag.] *консультант-продавец, продавец*

shop building   [prod.] *здание магазина*

shop committee   [empl.] *цеховой комитет*

shop fittings   *торговое оборудование*

shop floor   *торговый зал*

shopkeeper   *владелец магазина*

shoplifter   [leg.pun.] *магазинный вор*

shoplifting   [leg.pun.] *магазинное воровство*

shopowner   *владелец магазина*

shopper   [comm.] *покупатель;* [media] *закупщик, сотрудник торгового предприятия, следящий за ценами и ассортиментом других фирм*

shopping   *посещение магазинов с целью покупки*

shopping centre   *торговый центр*

shopping precinct   *огороженная торговая территория*

shopping street   *торговая улица, торговый ряд*

shop-soiled (adj.)   *потерявший торговый вид (о товаре)*

shop-soiled goods   *товар, потерявший товарный вид*

shop steward   [empl.] *цеховой профсоюзный уполномоченный*

shop stewards' committee   [empl.] *цеховой профсоюзный комитет*

shop window   *витрина магазина*

shore protection   *укрепление берегов*

short (adj.)   *играющий на понижение (без покрытия), краткосрочный, недостающий, неполный, продающийся без покрытия*

short(fall)   *дефицит мощности*

shortage   *недостаточность предложения (товаров), некомплектность, уровень дефицита;* [comm.] *недостаток, нехватка;* [ec.] *дефицит, задолженный спрос, недопоставка, недостача, отрицательный уровень запасов*

shortage in weight   [comm.] *недовес*

shortage of liquidity   *нехватка ликвидных средств*

shortage of materials   [prod.] *нехватка материалов*

shortage of money   [pol.ec.] *денежный дефицит*

shortage of work   *недостаток рабочих мест;* [empl.] *недостаток вакансий*

shortage price   *цена дефицита*

shortage principle   *принцип дефицита*

short and long rate   [ec.] *ставка процента по краткосрочным и долгосрочным обязательствам*

short bill   [stock] *вексель, оплачиваемый сразу же при предъявлении или в течение короткого срока*

short book   [bank.] *книга упрощенного учета*

short business year   *короткий финансовый год;* [tax.] *короткий хозяйственный год*

short circuit   *короткое замыкание*

short code dialing   *упрощенный кодированный набор (номера телефона)*

short code dialling   *короткие телефонные гудки;* [telecom.] *упрощенный кодированный набор (номера телефона)*

shortcoming   *небрежность, недостаток, несовершенство, падение выработки, проступок*

short coupon   [stock] *купон с коротким сроком*

short-cut calculation   *сокращенное вычисление*

short-dated bill   *краткосрочный переводный вексель;* [bill.] *краткосрочный переводной вексель*

short-dated bond   [stock] *краткосрочная облигация*

short-dated security   [stock] *краткосрочные ценные бумаги*

short delivery   [ind.ec.] *недостача при доставке груза;*
  [legal] *недопоставка*
short distance traffic   [trans.] *груз, перевозимый на короткое*
  расстояние, перевозки на короткое расстояние
shorten (vb.) *сокращать, уменьшать*
short end of the market   [fin.] *краткосрочный сегмент рынка*
shortening *сокращение, уменьшение*
shortening of maturity   [ec.] *сокращение срока долгового*
  обязательства
shortening of term to maturity *сокращение оставшегося срока*
  погашения долгового обязательства
shortening of the term to maturity   [stock] *сокращение оставшегося*
  срока погашения долгового обязательства
shorten the period to maturity (vb.) *сокращать срок погашения*
  долгового обязательства
shorter hours *более короткий рабочий день;* [empl.] *неполный*
  рабочий день
shortfall *невыполнение плана выпуска продукции;* [comm.] *дефицит,*
  нехватка; [ec.] *недостаточное поступление, недостаточность,*
  недостача, снижение, уменьшение
shortfall year   [ind.ec.] *год спада производства*
short fiscal year   [tax.] *короткий финансовый год*
short-form bill of lading   [nav.] *сокращенная форма коносамента,*
  сокращенная форма товарной накладной
short gilt   [stock] *государственная облигация со сроком погашения*
  менее 5 лет (Великобритания)
shorthand *стенография*
short-handed (adj.) *испытывающий недостаток в рабочей силе*
shorthand typist   [pers.manag.] *стенографистка-машинистка*
shorthold tenancy   [legal] *краткосрочное владение на правах аренды*
shortlist   [pers.manag.] *окончательный список*
short-lived (adj.) *недолговечный*
short loan *краткосрочный заем;* [ec.] *краткосрочная ссуда*
short money   [ec.] *денежный дефицит*
short note   [stock] *краткосрочный простой вексель*
short notice, at *с кратковременным уведомлением*
short of money, be (vb.) *испытывать нехватку денег*
short-period analysis *анализ за короткий период времени*
short position   [exc.] *'короткая' позиция*
short-range forecasting *краткосрочное прогнозирование*
short-range missile   [mil.] *ракета малой дальности*
short rate *курс покупки краткосрочных векселей (в иностранной*
  валюте), курс покупки краткосрочных векселей в иностранной
  валюте; [ec.] *краткосрочная процентная ставка*
short run *временная работа, короткий период времени,*
  мелкосерийное производство, небольшая партия изделий
short run (adj.) *краткосрочный, мелкосерийный*
short sale   [exc.] *продажа без покрытия на срок*
short seller   [exc.] *продавец ценных бумаг, играющий на понижение*
short shipment *срочная доставка, срочная отправка, срочная*
  партия товара, срочная перевозка, срочный груз; [trans.] *срочная*
  отгрузка
short shipped (adj.) *срочно отправленный*
short-sighted (adj.) *недальновидный*
short-sighted remedial measure *недальновидная*
  корректирующая мера
short-sighted remedial measures *краткосрочные меры по исправлению*
  положения
short squeeze   [exc.] *ситуация, когда покупатели ценных бумаг,*
  играющие на понижение, вынуждены покупать акции по
  высокому курсу из опасения еще большего его роста

short-staffed (adj.) *недоукомплектованный персоналом*

short statement *краткое заявление*

short-stay tourism *туризм с короткими остановками в пути*

short sterling rate [ec.] *стерлинговый курс покупки краткосрочных векселей*

short supply *недостаточное снабжение, некомплектная поставка;* [pol.ec.] *недопоставка, недостаточный запас, неполная поставка*

short term *короткий срок*

short-term *кратковременного действия*

short-term (adj.) *кратковременный, краткосрочный*

short-term agreement *краткосрочное соглашение*

short-term bond [stock] *краткосрочная облигация*

short-term capital account *баланс движения краткосрочных капиталов*

short-term capital gain [tax.] *краткосрочный доход от прироста капитала*

short-term capital movements *кратковременное движение капитала*

short-term compensation *краткосрочные компенсационные операции*

short-term credit [ec.] *краткосрочный кредит*

short-term debt [calc.] *краткосрочный долг*

short-term debt certificate [stock] *краткосрочное долговое свидетельство*

short-term economic indicator [pol.ec.] *краткосрочный экономический показатель*

short-term economic policy [pol.ec.] *краткосрочная экономическая политика*

short-term gain *краткосрочная прибыль*

short-term imprisonment [leg.pun.] *кратковременное тюремное заключение*

short-term insurance [ins.] *краткосрочное страхование*

short-term interest rate [bank.] *краткосрочная процентная ставка*

short-term internal national debt [manag.] *краткосрочный внутренний национальный долг*

short-term krone placement [monet.trans.] *краткосрочное вложение капитала в кронах*

short-term lease *краткосрочная аренда*

short-term liabilities [calc.] *краткосрочные обязательства*

short-term loan [bank.] *краткосрочная ссуда;* [ec.] *краткосрочный кредит;* [ind.ec.] *краткосрочный заем*

short-term loan to finance operations [ind.ec.] *краткосрочная ссуда для финансовых операций*

short-term loss *краткосрочный убыток*

short-term money market rate (of interest) *краткосрочная ставка (процента) на денежном рынке*

short-term money market rate of interest *процентная ставка на рынке краткосрочного капитала*

Short-term Note Issuance Facility (SNIF) *краткосрочная программа выпуска евронот*

short-term paper [stock] *краткосрочная ценная бумага*

short-term placement *краткосрочное вложение капитала*

short-term policy *краткосрочная политика*

short-term rate [ec.] *курс покупки краткосрочных векселей (в иностранной валюте);* [ins.] *краткосрочная ставка, краткосрочная ставка процента*

short-term savings *кратковременная экономия*

short-term subscription [media] *подписка на краткосрочные ценные бумаги*

short-term support system [bank.] *система краткосрочной поддержки*

short-time allowance [empl.] *кратковременная надбавка, кратковременная скидка*

short-time money [empl.] *временное денежное вознаграждение, краткосрочное денежное вознаграждение*

short-timer [empl.] *временный работник*
short-time work [empl.] *временная работа, кратковременная работа*
short-time worker [empl.] *временный работник*
short-time working [empl.] *временная работа, кратковременная работа*
short title [legal] *краткое наименование (закона)*
short version *краткий вариант*
short weight *неполная масса;* [comm.] *недовес*
show *выставка, демонстрация, показ*
show (vb.) *изображать, обнаруживать, объяснять, показывать, представлять доказательства, предъявлять документ, проявлять, указывать, устанавливать, учить*
show a deficit (vb.) *выявлять недопоставку, обнаруживать нехватку;* [calc.] *выявлять дефицит*
show apartment *выставочный зал, демонстрационный зал*
show as an asset (vb.) [calc.] *проводить как актив*
showcard *карточка образцов*
show-case [comm.] *витрина, демонстрационный стенд*
show cause (vb.) [legal] *представлять обоснования, представлять основания*
shower [leg.pun.] *экспонент*
show flat *демонстрационная площадка*
show house *демонстрационный зал;* [r.e.] *выставочный зал*
showing *выставка*
show in the notes *показывать в записях*
show itself (vb.) *проявляться*
show moderation (vb.) *обнаруживать смягчение (экономических колебаний)*
shown reserves [calc.] *разведанные запасы*
show of hands *голосование поднятием руки*
show progress (vb.) *обнаруживать прогресс*
show respect (vb.) *проявлять уважение*
showroom [mark.] *выставочный зал, демонстрационный зал*
show separately *показывать отдельно*
show separately in the notes on the accounts *показывать отдельно в записях счетов*
show under liabilities (vb.) [calc.] *проводить как пассив*
shred (vb.) *измельчать*
shredder *бумагоуничтожающая машина, дезинтегратор, измельчитель*
shredding *измельчение*
shrewd (adj.) *проницательный*
shrievalty *должность шерифа, срок пребывания шерифа в должности, сфера полномочий шерифа*
shrink (vb.) *уменьшаться*
shrinkage *сокращение, сужение, уменьшение*
shrinkage limit *предел сужения*
shrinking *усадка*
shrinking of trade *сокращение объема торговли*
shrink-wrap clause [legal] *оговорка об обертывании в термоусадочный материал*
shut (vb.) *закрывать (магазин)*
shut (adj.) *закрытый*
shutdown [prod.] *закрытие (предприятия)*
shut down (vb.) *закрывать (предприятие), прекращать работу (о предприятии)*
shutdown of a factory *закрытие фабрики, остановка фабрики*
shutdown of factory *закрытие фабрики*
shut down operations (vb.) *прекращать операции*
shutting down *закрытие (предприятия)*
shuttle diplomacy [pol.] *челночная дипломатия*

shyster *стряпчий, занимающийся сомнительными делами*

SIB (Securities and Investment Board) *Управление по ценным бумагам и инвестициям (Великобритания)*

siblings *родные братья, родные сестры*

SIBOR (Singapore Inter-Bank Offered Rate) [bank.] *ставка предложения на межбанковском депозитном рынке в Сингапуре*

sick absence [empl.] *отсутствие по болезни*

sick-day [empl.] *день отпуска по болезни*

sick-day benefit [soc.] *пособие по болезни*

sick leave [empl.] *отпуск по болезни*

sick leave benefit [soc.] *пособие по болезни*

sick leave compensation [soc.] *пособие по болезни*

sick leave during pregnancy [empl.] *отпуск по беременности*

sickness *болезнь*

sickness absence [empl.] *отсутствие по болезни*

sickness benefit fund [soc.] *фонд пособий по болезни*

sickness benefit insurance [ins.] *страхование на случай болезни*

sickness benefits [soc.] *пособие по болезни*

sickness benefit society [ins.] *фонд пособий по болезни*

sickness insurance [ins.] *страхование по болезни*

sickness rate [empl.] *процент больных*

sickness table [empl.] *таблица с перечнем заболеваний*

sick pay [soc.] *пособие по болезни*

side *сторона*

side effect *побочный эффект*

sideline [empl.] *вторая профессия, дополнительные товары (к основному ассортименту), побочная профессия*

sidestep (vb.) *отступать в сторону*

sidestep an agreement (vb.) *отступать от соглашения*

sidestepping *уклонение*

sight *предъявление (тратты)*

sight (vb.) *акцептовать (тратту);* [nav.] *предъявлять (тратту)*

sight, after (a.s.) [bill.] *после предъявления*

sight, at [bill.] *по предъявлении*

sight bill [bill.] *предъявительский вексель*

sight credit *аккредитив, по которому выписывается предъявительская тратта*

sight deposit [bank.] *бессрочный вклад, депозит до востребования, текущий вклад*

sight deposit account [bank.] *текущий счет*

sight document [bill.] *документ на предъявителя*

sight draft [bill.] *вексель на предъявителя*

sight rate [monet.trans.] *валютный курс по предъявительским траттам, валютный курс по предъявительским чекам*

sight unseen (adj.) *оригинальный*

sign *объявление;* [comm.] *вывеска, обозначение;* [print.] *знак*

sign (vb.) *отмечать, подписывать, подписываться, расписываться, ставить знак, ставить подпись;* [legal] *помечать*

sign, seal and deliver a document (vb.) [legal] *подписывать, скреплять печатью и вручать документ*

signal *сигнал*

signal (vb.) *подавать сигнал*

signal flare [nav.] *сигнальная ракета*

sign as guarantor (vb.) [legal] *подписывать как поручитель*

signatory *подписавшийся*

signatory power [law nat.] *подписавшаяся страна, страна, подписавшая документ*

signatory state *подписавшаяся страна;* [law nat.] *страна, подписавшая документ*

signatory to invitation *сторона, подписавшая приглашение*

signature *отличительная черта, показатель, признак;* [doc.] *собственноручная подпись;* [legal] *автограф, подписание, подпись*

signature authorization [legal] *право подписи*

signature book *регистрационная книга, список подписей (должностных лиц)*

signature form *образец подписи*

sign away (vb.) *завещать, отписать собственность, передать права*

signboard [comm.] *вывеска*

sign by procuration (vb.) *подписывать по доверенности*

signed in the presence of [legal] *подписано в присутствии*

signer (adj.) *подписавшийся*

sign for (vb.) *подписывать за кого-либо, подписывать от чьего-либо имени*

sign for a company (vb.) [legal] *подписывать за компанию, подписывать за фирму*

sign for a firm (vb.) [legal] *подписывать за компанию, подписывать за фирму*

sign for receipt (vb.) *расписываться в получении*

significance *важность, значение, смысл*

significance, of *имеющий важное значение*

significance level [stat.] *уровень значимости*

significant (adj.) *важный, знаменательный, значимый, многозначительный, показательный, существенный*

significant, be (vb.) *иметь важное значение*

significant income *значительный доход*

significant influence *значительное влияние*

significant inter-company transaction *важная сделка между фирмами*

signify (vb.) *выражать*

signing [legal] *подписание*

signing judgment [legal] *подписание приговора*

signing of a contract [legal] *подписание контракта*

signing of contract *подписание контракта*

signing off *увольнение с работы;* [nav.] *отказ от претензий*

signing on [nav.] *возвращение на работу, прием на работу*

sign off (vb.) *увольнять с работы;* [nav.] *отказываться от претензий*

sign of subtraction *знак вычитания*

sign on (vb.) [nav.] *нанимать на работу*

sign over (vb.) *завещать, описывать имущество*

sign per procuration (vb.) [legal] *подписывать по доверенности*

sign-plate [comm.] *вывеска*

sign surety (vb.) *подписывать поручительство*

sign transfers (vb.) [legal] *подписывать трансферты*

silence *молчание*

silent partner *компаньон, не участвующий активно в деле, неактивный компаньон, неактивный партнер, член товарищества, не принимающий активного участия в деле*

silent partnership *товарищество, не участвующее активно в деле*

silicon chip [comp.] *кремниевый кристалл*

silly season [sl.] *август и сентябрь*

silver bullion *серебряный слиток*

silver ingot *серебряный слиток*

SIMEX (Singapore International Monetary Exchange) [exc.] *Международная денежная биржа Сингапура*

similar (adj.) *подобный, похожий*

similar, be (vb.) *быть похожим*

similar charges *одинаковые платежи*

similar income *одинаковый доход*

similarity *подобие, сходство*

similarity of marks [com.mark.] *сходство товарных знаков*

similar obligation [legal] *одинаковое обязательство*

simple (adj.) *очевидный, простой, явный*

simple contract *договор, не скрепленный печатью, неформальный договор;* [legal] *простой договор*

simple detention [leg.pun.] *возмещение за простой судна сверх контрсталии, простой судна сверх контрсталии*

simple interest *простые проценты*

simple majority *простое большинство*

simple majority of votes *простое большинство голосов*

simple majority vote *голосование простым большинством*

simple risk [ins.] *простой риск*

simple trust [legal] *простая доверительная собственность*

simplification *упрощение*

simplification of operation [prod.] *рационализация, упрощение методов работы*

simplification of rules *упрощение правил*

simplify (vb.) *упрощать*

simulate (vb.) *имитировать, подделывать*

simulation *имитирование, моделирование, притворство;* [legal] *подделка, симуляция, фальсификация*

simulator program *программа моделирования;* [comp.] *моделирующая программа*

simultaneous (adj.) *одновременный, совместный*

simultaneous broadcast [media] *одновременная передача программы (несколькими станциями)*

simultaneous interpretation *одновременная интерпретация*

simultaneousness *одновременность*

simultaneous operation *параллельная работа*

simultaneous translation *синхронный перевод*

sincere will *подлинное завещание*

sine die *на новый срок;* [legal] *без назначения новой даты, на неопределенный срок*

Singapore dollar (SGD) [monet.trans.] *сингапурский доллар*

Singapore interbank offered rate (SIBOR) *ставка предложения на межбанковском депозитном рынке в Сингапуре*

Singapore Inter-Bank Offered Rate (SIBOR) [bank.] *ставка предложения на межбанковском депозитном рынке в Сингапуре*

Singapore International Monetary Exchange (SIMEX) [exc.] *Международная денежная биржа Сингапура*

singeing loss [ins.] *потери на опаливание*

single (adj.) *единственный, единый, отдельный*

Single Act *Закон об объединении (стран Европейского экономического сообщества)*

single administrative document [cust.] *единый административный документ*

single bond [legal] *безусловное денежное обязательство*

single contribution [ins.] *единый установленный взнос*

single cost [ind.ec.] *себестоимость на единицу товара*

single debt [legal] *безусловное денежное обязательство*

single digit *однозначное число, одноразрядное число*

single entry [book-keep.] *регистрация операций одной записью*

single-entry book-keeping [book-keep.] *ведение бухгалтерского учета путем регистрации операций одной записью*

Single European Act [EEC] *Закон об объединении (стран Европейского экономического сообщества)*

Single European Act (SEA) [EEC] *Закон о единой Европе*

single European market [EEC] *единый европейский рынок*

single-family dwelling *одноквартирный дом, односемейное жилище*

single-family house *одноквартирный дом;* [r.e.] *односемейное жилище*

single intervention price [EEC] *единая интервенционная цена*

single liability [legal] *безусловное денежное обязательство*

single mother *мать-одиночка*

single package [trans.] *одно место багажа*

single parent *одинокий родитель*

single-parent family *семья с одним родителем*

single pensioner's personal relief [tax.] *персональное пособие одинокому пенсионеру*

single-person household [pol.ec.] *домохозяйство, состоящее из одного лица*

single piece production [prod.] *единичное производство, индивидуальное производство, штучное производство*

single premium [ins.] *единовременный страховой взнос*

single-premium insurance [ins.] *страхование с единовременным страховым взносом*

single-premium life policy [ins.] *полис страхования жизни с единовременным страховым взносом*

single-premium policy [ins.] *полис с единовременным страховым взносом*

single price system *система единых цен*

single price system for the Community *система единых цен для Европейского экономического сообщества*

single proprietorship *единоличное владение*

single-room (adj.) *однокомнатный*

single-step formation [bus.organ.] *образование компании за один этап*

single-store (adj.) *одноэтажный*

single-store operation [comm.] *торговые операции фирмы в одном магазине*

single tax [tax.] *единый налог*

single-tax movement [pol.] *движение за единый налог*

single-tax party [pol.] *сторона, выступающая за единый налог*

single transaction *одиночная сделка*

single-unit firm *компания, владеющая одним предприятием*

single-wage allowance [soc.] *единая надбавка к заработной плате*

single woman *одинокая женщина*

singular (adj.) *исключительный, необыкновенный, необычный*

singular succession [suc.] *сингулярное правопреемство*

sink (vb.) *опускаться, понижаться;* [nav.] *падать*

sinking [nav.] *опускание*

sinking fund *амортизационный фонд, выкупной фонд, фонд погашения*

sinking fund (reserve) *фонд амортизации (резервный)*

sinking fund repayment *оплата долга из амортизационного фонда;* [stock] *оплата долга из выкупного фонда, оплата долга из фонда погашения*

sinking of floating capital [calc.] *вклад оборотного капитала*

sinking securities [stock] *погашаемые ценные бумаги*

sister company [bus.organ.] *родственная компания, филиал компании*

sister organization *родственная организация*

sister town *город-побратим*

sit-down strike [empl.] *сидячая забастовка*

site *местонахождение, место размещения строительного объекта, строительная площадка, территория строительства;* [r.e.] *местоположение*

site (vb.) [r.e.] *выбирать место, размещать, располагать*

site area *место размещения строительного объекта, территория строительства;* [r.e.] *строительная площадка*

site costs *затраты на подготовку строительства;* [r.e.] *затраты на подготовку строительной площадки, затраты на подготовку участка к застройке*

site development [plan.] *работы на строительной площадке*

site for industrial purpose *место размещения промышленного объекта, площадка для строительства промышленного объекта*

site of damage [ins.] *место повреждения*

site owner *владелец строительной площадки*

site plan *ориентационный план, ситуационный план*

site selection   [r.e.] *выбор строительной площадки*
site value   [r.e.] *стоимость строительной площадки*
sit-in   [empl.] *сидячая забастовка*
siting   [r.e.] *отведение участка под строительство, размещение предприятия*
sit on (vb.)   *заседать*
sit on a board (vb.)   *участвовать в работе правления*
sit on a committee (vb.)   *участвовать в работе комитета*
sitting   [legal] *заседание, сессия, сидение;* [parl.] *сидячее место*
sitting in camera   [legal] *заседание в судейской комнате, рассмотрение не в судебном заседании*
sitting in chambers   [legal] *заседание в судейской комнате, рассмотрение не в судебном заседании*
sitting in open court   [legal] *рассмотрение в открытом судебном заседании*
sitting of court   *заседание суда*
sitting of full court   *рассмотрение в полном составе суда*
sitting of the court   [legal] *заседание суда*
sitting of the full court   [legal] *рассмотрение в полном составе суда*
sittings   [legal] *сессия*
situate (vb.)   *отводить участок;* [r.e.] *помещать в определенные условия, создавать определенные условия*
situation   *место службы, обстановка, положение дел, работа, ситуация, социальное положение*
situation of conflict   *состояние конфликта*
six months   *полугодие*
six months' figures   [calc.] *данные за полугодие*
sizable   *значительных размеров, подходящего размера*
size   *величина, объем;* [comp.] *размер*
sizeable   *значительных размеров*
sizeable fluctuation   *значительные колебания*
skeleton legislation   [legal] *основы законодательства*
skeleton staff   [pers.manag.] *основной персонал*
sketch   *зарисовка, краткий обзор, набросок, очерк;* [adv.] *эскиз*
sketch (vb.)   *изображать схематически, описывать в общих чертах*
sketching   *схематическое изображение*
sketch plan   *набросок плана*
ski-breakage insurance   [ins.] *страхование от поломки лыж*
skill   *квалификация, мастерство, умение;* [pers.manag.] *практический опыт*
skilled   [empl.] *квалифицированный*
skilled (adj.)   *искусный, квалифицированный, опытный, требующий знаний, требующий квалификации, требующий опыта, умелый, хорошо подготовленный*
skilled labour   [empl.] *квалифицированная рабочая сила, квалифицированные работники*
skilled labourer   [empl.] *квалифицированный работник*
skilled witness   [legal] *свидетель-эксперт*
skilled work   [empl.] *квалифицированная работа*
skilled worker   [empl.] *квалифицированный работник*
skilled workers   *квалифицированные работники;* [empl.] *квалифицированые работники*
skilled worker's certificate   [empl.] *свидетельство о квалификации работника*
skill requirements   [pers.manag.] *требования к квалификации*
skill test   [empl.] *проверка квалификации*
skip   *проскок;* [comp.] *пропуск*
skip bail (vb.)   [leg.pun.] *пропускать залоговый платеж*
skirt (vb.)   *уклоняться*
skunkwork   *работа в децентрализованной группе*
skyrocket (vb.)   *быстро расти, стремительно подниматься*

sky sign [adv.] *световая реклама*

skywriting [adv.] *прочерчивание рекламных знаков самолетом*

slack [ec.] *бездействие, наличие избыточных производственных мощностей, недогрузка производственных мощностей, простой*

slack (adj.) *бездействующий, простаивающий*

slack demand [exc.] *вялый спрос, низкий уровень спроса, слабый спрос*

slacken (vb.) *ослаблять темп работы, простаивать*

slackening *ослабление*

slackening market [exc.] *неактивный рынок с большим разрывом между ценами продавца и покупателя*

slackening of economic activity [pol.ec.] *ослабление экономической активности*

slackening of market *снижение активности рынка*

slackening of the market [exc.] *снижение активности рынка*

slacking tendency *тенденция к застою, тенденция к понижению*

slack market [exc.] *неактивный рынок с большим разрывом между ценами продавца и покупателя*

slack period [comm.] *период затишья, спад в промышленности*

slack season [comm.] *сезон слабого спроса, сезон спада*

slander [legal] *злословие, клевета, опорочение, очернение, устная клевета, устное оскорбление*

slander (vb.) [legal] *клеветать, оскорблять устно, порочить, чернить*

slander compensation [legal] *компенсация за клевету*

slanderer [legal] *клеветник*

slanderous (adj.) *клеветнический, порочащий*

slash *сокращение;* [ec.] *спад*

slaughter [exc.] *распродажа акций по бросовым ценам*

slaughterhouse *скотобойня*

slavish imitation *слепое подражание*

sleeping beauty [bus.organ.] *потенциальный объект поглощения, которому не делалось предложений*

sleeping partner *компаньон-вкладчик, негласный партнер, член товарищества, внесший пай, но не принимающий активного участия в управлении компанией*

sleeping partnership *товарищество, не ведущее активной деятельности*

SLI (shipper's letter of instruction) *инструкция для грузоотправителя*

slide *слайд*

slide rule *счетная логарифмическая линейка*

sliding scale *скользящая шкала*

sliding-scale adjustment [empl.] *регулирование по скользящей шкале*

slight (adj.) *незначительный, пренебрежимо малый, слабый*

slight damage *небольшой ущерб, незначительный ущерб*

slight growth *небольшой рост, незначительный рост*

slight modification *незначительная модификация*

slight negligence [legal] *незначительная небрежность;* [leg.pun.] *несущественная небрежность*

slight or zero growth *незначительный или нулевой рост*

slip *бланк, квитанция, расписка, регистрационная карточка, талон*

slippage *отставание (по срокам), перенос (сроков), перенос сроков, снижение, сокращение (объема производства), сокращение объема производства*

slipping market [exc.] *рынок с тенденцией понижения курсов ценных бумаг*

slip rule [legal] *правило-листовка*

slip system accounting [book-keep.] *система бухгалтерского учета на бланках*

slipway [nav.] *слип, судоподъемный эллинг*

SLMA (Student Loan Marketing Association) (SLMA) *Ассоциация, гарантирующая студенческие кредиты, обращающиеся на вторичном рынке (США)*

SLMA (Student Loan Marketing Association) (US) *Ассоциация, гарантирующая студенческие кредиты, обращающиеся на вторичном рынке (США)*

slogan [adv.] *девиз, призыв, рекламная формула*

slot *щель (торгового автомата)*

slot machine *торговый автомат*

slovenly legislation [legal] *нечеткое законодательство*

slow (adj.) *медленный*

slow asset *неликвидный актив, труднореализуемый актив*

slow assets *неликвидные активы, труднореализуемые активы*

slowdown *снижение скорости, снижение темпа работы (вид забастовки), торможение;* [ec.] *снижение темпа;* [empl.] *спад;* [pol.ec.] *замедление*

slow down (vb.) *замедлять, сдерживать, снижать темп*

slowdown in balance sheet growth *снижение роста в балансовом отчете*

slowdown in economic activity [pol.ec.] *спад деловой активности, спад хозяйственной деятельности, спад экономической деятельности*

slowdown in expenditure *снижение расходов*

slow freight [trans.] *перевозка грузов малой скоростью*

slow goods [trans.] *неходовой товар*

slowing down *спад*

slowing down of economic activity *спад деловой активности;* [pol.ec.] *спад экономической активности*

slowing down of the economy [pol.ec.] *снижение темпов развития экономики*

slow-moving (adj.) *неходовой (о товаре)*

slow-moving item *неходовое изделие*

slow-moving stocks *малоподвижные запасы*

slow-selling line [mark.] *неходовой ассортимент*

slug [adv.] *жетон для торгового автомата*

sluggish (adj.) *застойный, характеризующийся отсутствием экономической активности*

sluice-gate price [EEC] *'шлюзовая' цена (теоретическая импортная цена на некоторые сельскохозяйственные продукты в Европейском экономическом сообществе)*

slum area *район трущоб*

slum clearance *расчистка трущоб;* [r.e.] *снос ветхих домов*

slum clearance scheme [plan.] *план сноса ветхих домов*

slump *большое количество, резкое сокращение производства;* [ec.] *внезапное падение курса, внезапное падение цен, внезапное снижение спроса, резкое падение цен, резкое снижение спроса;* [exc.] *резкий экономический спад;* [pol.ec.] *внезапный спад деловой активности, депрессия, резкое падение курса, резкое сокращение деловой активности*

slump in employment *резкое снижение занятости*

slump in sales *резкое снижение объема сбыта*

slump of prices *внезапное падение цен;* [ec.] *резкое падение цен*

small (adj.) *маленький, мелкий, небольшой*

small and medium-sized enterprises (SME) *малые и средние предприятия*

small business *малое предприятие, мелкий бизнес, мелкое предпринимательство*

small change *несущественное изменение;* [ec.] *мелкая разменная монета, небольшое изменение, незначительное изменение*

small claim [ins.] *мелкая претензия*

small consignment [trans.] *мелкая партия груза, мелкая партия товара*

small consignments *мелкие партии товаров*
small damage [ins.] *небольшой ущерб*
small-denomination share *акция с низкой номинальной стоимостью*
Small Firms Loan Guarantee Scheme [bank.] *система гарантий по ссудам мелким фирмам (Великобритания)*
smallholding *небольшой земельный участок*
small investor *мелкий инвестор*
small merchant *мелкий инвестор*
small minus *незначительный недостаток*
small parcel *бандероль*
small plus *незначительное достоинство*
small room *камера*
small-scale (adj.) *маломасштабный*
small-scale dealer *мелкий дилер*
small-scale dealers *мелкие дилеры*
small-scale pedlar *лотошник, разносчик товаров*
small-scale pedlars *мелкие разносчики*
small wares [comm.] *галантерея*
smartcard *платежная карточка со встроенным микропроцессором*
SME (small and medium-sized enterprises) *малые и средние предприятия*
smoke damage [ins.] *ущерб от дыма*
smooth cooperation *бесперебойное сотрудничество*
smuggle (vb.) *провозить контрабандой*
smuggled goods *контрабандные товары*
smuggler *контрабандист*
smuggling *контрабанда, провоз контрабандным путем*
snag *неожиданное препятствие*
snake *соглашение 'валютная змея';* [monet.trans.] *соглашение западноевропейских стран об ограничении взаимных курсовых колебаний при свободном плавании относительно доллара США (1972-1979 гг.)*
snake cooperation [monet.trans.] *сотрудничество в рамках соглашения 'валютная змея'*
snake currency [monet.trans.] *валюта с ограниченными колебаниями курса при свободном плавании относительно доллара США*
snatch back *возвращение похищенного*
SNIF (Short-term Note Issuance Facility) *краткосрочная программа выпуска евронот*
snowballing process *лавинообразный процесс*
snow damage [ins.] *ущерб от снегопада, ущерб от снежных заносов*
soar (vb.) *резко расти, стремительно повышаться*
soaring *резкий рост, стремительное повышение*
soaring dollar rate *растущий курс доллара*
soaring prices [ec.] *стремительно растущие цены*
soaring rate *растущая ставка*
social (adj.) *бытовой, общественный, социальный*
social accounting *отчетность компании о затратах на социальные нужды*
social accounts [calc.] *общественные счета*
social agencies *социальные организации*
social agency [soc.] *общественная организация, орган социального обеспечения*
social aid [soc.] *пособие по социальному обеспечению*
social asset *социальные активы*
social assets *общественные активы*
social assistance [soc.] *социальное обеспечение*
social assistance act [soc.] *закон о социальном обеспечении*
social assistance benefit [soc.] *пособие по социальному обеспечению*
social assistance grant [soc.] *пособие по социальному обеспечению*
social benefit [pol.ec.] *общественная выгода;* [soc.] *общественная польза*

social burden   [ind.ec.] *бремя социального обеспечения*
social change   *изменения в обществе*
social charges   [ind.ec.] *общественные затраты*
social charter   [EEC] *общественный контракт*
social climber   *карьерист*
social conditions   *социальные условия*
social consideration   *социальная компенсация*
social contract   *общественный договор*
social costs   *общественные затраты*
social counselling   [soc.] *социальное консультирование*
social criticism   *социальный критицизм*
social critics   *общественная критика*
social democrat   [pol.] *социал-демократ*
Social Democratic Party   *Социал-демократическая партия (Великобритания)*
Social Democrats   *социал-демократы*
social development   *социальное развитие*
social duty   *общественный долг*
social expenses   [soc.] *общественные затраты*
social facilities   [soc.] *предприятия социальной культуры*
social fraud   *мошенничество в сфере социального обеспечения*
social fund   *общественный фонд*
social gathering   *собрание общества*
social grant   [soc.] *общественная субсидия*
social group   *общественная группа*
social guidance   [soc.] *общественное руководство*
social importance   *общественное значение*
social improvement   *улучшение социального положения*
social inquiry report   [leg.pun.] *отчет об общественном расследовании*
social insurance   [ins.] *социальное страхование*
social insurance charges and employers' contributions   [ind.ec.] *платежи из фонда социального страхования и взносы работодателей*
social insurance contributions   [ind.ec.] *взносы в фонд социального страхования*
social insurance pension   [soc.] *пенсия из фонда социального страхования*
socialism   *социализм*
socialist   *социалист*
socialist group   [EEC] *социалистическая группа*
socialization   *национализация, обобществление, социализация*
socialize (vb.)   *национализировать, обобществлять, социализировать*
social justice   *социальная справедливость*
social laws   [legal] *социальное законодательство*
Social-Liberals   *социал-либералы*
socially strategical importance   *социально стратегическая важность*
social mobility   *социальная мобильность*
social necessity   *общественная необходимость*
social negotiations   [EEC] *общественные переговоры*
social order   *общественный строй*
social pattern   *модель общества*
social peace   [empl.] *социальный мир*
social pension   [soc.] *социальная пенсия*
social pension fund   *фонд социального обеспечения*
social planning   *социальное планирование*
social policy   *социальная политика*
social problem   *социальная проблема*
social reform   *социальная реформа*
social relief   [soc.] *социальное пособие*
social research   *социологические исследования*
social scale   *социальная шкала*
social science   *социология*

social sciences *общественные науки*

social security [soc.] *социальное обеспечение*

Social Security Act *Закон о социальном обеспечении (США)*

social security appeal board *апелляционный совет по социальному обеспечению*

social security benefit [soc.] *пособие по социальному обеспечению*

Social Security Commissioners [soc.] *Управление социального обеспечения (Великобритания)*

social security contributions [pers.manag.] *взнос в фонд социального обеспечения*

social security costs [soc.] *затраты на социальное обеспечение*

social security expenditure [soc.] *затраты на социальное обеспечение*

social security expenses [ind.ec.] *затраты на социальное обеспечение*

social security legislation [legal] *законодательство в области социального обеспечения*

social security pension [soc.] *пенсия из фонда социального обеспечения*

social service [soc.] *социальная услуга*

social service centre [soc.] *центр социальных услуг*

social services [soc.] *общественные учреждения, социальные услуги*

social services department [soc.] *отдел социальных услуг*

social significance *общественное значение*

social status *общественное положение, социальное положение*

social structure *общественное устройство, социальная структура*

social studies and civics *социологические исследования и гражданское право*

social task *общественное задание*

social tenant house [EEC] *дом, находящийся в коллективной собственности*

social tenant housing [EEC] *строительство домов, находящихся в коллективной собственности*

social welfare [soc.] *повышение благосостояния, социальное обеспечение*

social welfare expenditure [soc.] *затраты на социальное обеспечение*

social welfare institution [soc.] *орган социального обеспечения*

social work *патронаж;* [soc.] *общественный труд*

social worker [soc.] *участник общественных работ*

society *ассоциация, общественный строй, общество, объединение*

Society for Worldwide Interbank Financial Telecommunications (SWIFT) *межбанковская система передачи информации и совершения платежей, Международная межбанковская электронная система платежей (СВИФТ)*

Society of Danish Judges *Общество судей Дании*

socio-economic analysis [pol.ec.] *социально-экономический анализ*

socio-economic data *социально-экономические данные*

socio-economic group *социально-экономическая группа*

socio-economics *социальная экономическая теория*

sociological tendency *социологическая тенденция*

sociology *социология*

socio-political (adj.) *общественно-политический*

socio-scientific (adj.) *социологический*

SOFE (Stockholm Options and Futures Exchange) [exc.] *Стокгольмская биржа опционов и фьючерсов*

SOFE (Swedish Options and Futures Exchange) *Шведская биржа опционов и фьючерсов*

SOFFEX (Swiss Options and Financial Futures Exchange) [exc.] *Швейцарская биржа финансовых фьючерсов и опционов*

soft currency [monet.trans.] *валюта с понижательной тенденцией курса, неконвертируемая валюта*

softening *застой, спад*

softening of economy *спад в экономике, экономический застой*

soft loan [bank.] *льготный заем, льготный кредит*

soft money   *банкноты, бумажные деньги*
soft offer   [mark.] *льготное предложение*
soft spot   *акции, выделяющиеся неустойчивостью, акции, выделяющиеся падением курса*
software   [comp.] *программное обеспечение, программные средства*
software error   [comp.] *ошибка в системе программного обеспечения*
software house   [comp.] *программотехническая фирма*
software package   *блок программ;* [comp.] *система программного обеспечения*
software piracy   [comp.] *нарушение авторских прав на программное обеспечение*
software product   [comp.] *программное изделие*
software protection   [comp.] *разработка программного обеспечения*
soil   *почва*
soiled goods   *испачканные товары*
soil expectation value   [r.c.] *ожидаемая ценность почвы*
soil improvement   *мелиорация, окультуривание почвы*
soil pollution   *загрязнение почвы*
sojourn   *временное проживание*
sojourn (vb.)   *временно проживать*
sola bill   [bill.] *вексель, выставленный в одном экземпляре*
solatium   *компенсация;* [legal] *возмещение*
sold note   [exc.] *брокерская записка о совершенной сделке, посылаемая продавцу, уведомление в подтверждение продажи*
sold out (adj.)   *распроданный*
sole (adj.)   *единоличный, исключительный*
sole agency   [comm.] *единственное представительство*
sole agent   [comm.] *единственный агент, единственный представитель*
sole beneficiary   [suc.] *единоличный получатель экономических выгод*
sole bill of exchange   [bill.] *единственная тратта, единственный переводный вексель*
sole corporation   *единоличная корпорация*
sole custody   [law.dom.] *единоличная опека*
sole distributor   [comm.] *единственная оптовая фирма*
sole heir   [suc.] *единственный наследник*
sole licence   [comm.] *исключительная лицензия*
solely authorized (adj.)   *наделенный исключительными правами*
solemn affirmation   [legal] *торжественное заявление*
solemn declaration   [legal] *официальное заявление*
sole owner   *единственный владелец, единственный собственник*
sole proprietor   *единственный владелец, единственный собственник*
sole proprietor company   *компания с единственным владельцем*
sole proprietorship   *единоличное владение;* [legal] *единоличное право собственности*
sole representation   [comm.] *единоличное представительство*
sole trader   *единоличный торговец*
sole trustee   *единоличное доверенное лицо*
solicit (vb.)   *выпрашивать, добиваться, домогаться, подстрекать к совершению преступления, ходатайствовать*
solicitation   [leg.pun.] *ведение дел в суде, подстрекательство к совершению преступления, ходатайство*
solicitation (for a contribution)   *требование выплаты контрибуции*
solicitation for a contribution   *требование выплаты контрибуции*
solicitation for contribution   *требование выплаты контрибуции*
solicit funds (vb.)   *ходатайствовать о предоставлении средств*
solicitor   *адвокат, поверенный, сборщик пожертвований, солиситор;* [legal] *агент фирмы по распространению заказов, юрисконсульт*
Solicitor-General   *главный прокурор (в некоторых штатах США), заместитель министра юстиции (США);* [legal] *высший чиновник министерства юстиции (Великобритания)*

solicitors' hands, in   [legal] *в распоряжении поверенного, в распоряжении солиситора*

solid (adj.)   *плотный, прочный, твердый, убедительный*

solidarity   *солидарность*

solidarity clause   [law nat.] *статья о солидарности*

solidarity contribution   *взнос в фонд солидарности*

solidarity fund   *фонд солидарности*

solidary (adj.)   *солидарно ответственный, солидарный*

solidary pay policy   [empl.] *политика платежей с солидарной ответственностью*

solidary profit-sharing   [ind.ec.] *солидарное распределение прибылей*

solidity   [ind.ec.] *крепость, прочность*

solidity requirement   *требование прочности*

solid modeling   [comp.] *моделирование трехмерных объектов*

solitary (adj.)   *одиночный*

solitary confinement   [leg.pun.] *одиночное заключение*

solitary imprisonment   *одиночное заключение*

solution   *исполнение обязательств, очистка долга, разрешение проблемы, решение*

solve (vb.)   *разрешать, решать*

solve a crime (vb.)   [leg.pun.] *расследовать преступление*

solve a problem (vb.)   *решать проблему*

solvency   [ind.ec.] *кредитоспособность, платежеспособность, способность оплачивать обязательства без ликвидации основного капитала, финансовая устойчивость*

solvency margin   [ind.ec.] *предел платежеспособности*

solvency ratio   [ind.ec.] *коэффициент платежеспособности, отношение акционерного капитала к суммарным активам*

solvent (adj.)   *кредитоспособный, платежеспособный, способный выполнять финансовые обязательства*

some   *около, приблизительно*

something for something   *что-л. за что-л.*

some years   *несколько лет*

sort   *вид, разряд, род;* [comm.] *разновидность, сорт*

sorter   *сортировальная машина, сортировщик, сортирующее устройство*

sorting   *сортировка*

sorting costs   *затраты на сортировку*

sorting machine   *сортировальная машина, сортирующее устройство*

sorting office   [post] *сортировочный отдел*

sort out (vb.)   *классифицировать, сортировать*

sort program   [comp.] *программа сортировки*

sound (adj.)   *доброкачественный, исправный, логичный, надежный, неиспорченный, неповрежденный, платежеспособный, правильный, прочный, устойчивый в финансовом отношении, целый*

sound business practice   *разумная практика деловых отношений*

sound cargo   [nav.] *доброкачественный груз*

sound economy   *крепкая экономика*

sound enterprise   *рентабельное предприятие*

sound goods   [comm.] *доброкачественный товар*

sound mind, of   [legal] *в здравом уме, при нормальном рассудке*

soundness   *здравость суждения, правильность доводов;* [ind.ec.] *крепость, прочность*

soundness of mind   [leg.pun.] *нормальность рассудка*

sound tape   *магнитофонная лента*

sound the alarm (vb.)   *подавать сигнал тревоги*

source   *документ, начало, основа, первопричина, письменный источник;* [bank.] *источник*

source and application of funds   [calc.] *источник финансовых средств и их использование*

source-and-disposition statement [calc.] *документ об источниках финансовых средств и их использовании*

source and distribution of funds [calc.] *источник финансовых средств и их распределение*

source code [comp.] *исходный код*

source credibility [adv.] *достоверность источника*

source language [comp.] *исходный язык*

source of Community finance [EEC] *источник финансов Европейского экономического сообщества*

source of conflict *источник конфликта*

source of credit *источник кредита*

source of finance *источник финансирования*

source of funds *источник финансирования*

source of general revenue [manag.] *общий источник доходов*

source of income [tax.] *источник доходов*

source of information *источник информации*

source of law [legal] *источник права*

source of recruitment [empl.] *источник рабочей силы*

source of regular finance *источник регулярного финансирования*

source of revenue [manag.] *источник доходов*

source of supply *источник снабжения*

source of taxation [tax.] *источник налогообложения*

source program [comp.] *входная программа, исходная программа*

sources-and-uses statement [calc.] *документ об источниках финансовых средств и их использовании*

source text *исходный текст*

South-African rand (ZAR) [monet.trans.] *ранд Южно-Африканской Республики*

Southeast Asia Treaty Organization (SEATO) *Организация Договора о Юго-Восточной Азии (СЕАТО)*

South Korean won (KRW) *вон Южной Кореи;* [monet.trans.] *вон Корейской Республики*

sovereign (adj.) *независимый, суверенный*

sovereign borrower *государство-заемщик, суверенный заемщик*

sovereign debt swap *'суверенный' долговой своп*

sovereign immunity *суверенный иммунитет*

sovereign risk *риск, связанный с кредитом иностранному правительству*

sovereignty [law nat.] *независимость, суверенитет, суверенность*

Sovereign's private secretary *личный секретарь верховного правителя*

Sovereign's private secretary, the [pol.] *личный секретарь верховного правителя*

space *космическое пространство, пробел, пропуск;* [adv.] *интервал, промежуток, расстояние;* [comp.] *область, пространство*

space between buildings *расстояние между зданиями*

spacecraft insurance [ins.] *страхование космического аппарата*

space heating *отопление помещений*

space key [comp.] *клавиша пробела*

space problems *проблемы, связанные с нехваткой места*

space rate [adv.] *норма площади (для рекламы)*

space requirement *потребность в помещениях*

space saving *экономия места*

space-saving (adj.) *экономящий место*

span *промежуток времени, проомежуток времени*

span (vb.) *интервал*

Spanish peseta (ESB) [monet.trans.] *испанская песета*

spare [prod.] *запасная часть*

spare (part) *запасная часть*

spare cash *запас наличных денег;* [bank.] *свободная наличность*

spare funds [ec.] *резервные фонды*

spare time [empl.] *свободное время*

spare time occupation *занятие в свободное время*
sparing (adj.) *бережливый, экономный*
sparingness *бережливость*
sparring *спор*
sparse (adj.) *неплотный, редкий*
sparsely populated *с малой плотностью населения*
sparseness *разреженность*
spatial economics [ec.] *экономическая деятельность в космическом пространстве*
spatial planning *стратегическое планирование*
speaking order [legal] *порядок выступлений*
speaking time *время выступления*
special (adj.) *особенный, особый, специальный, частный*
special acceptance *акцепт с оговорками, частичный акцепт*
special account *отдельный счет*
special administration [auc.] *специальное управление*
special adviser *специальный консультант*
special agency [legal] *ограниченное представительство*
special agreement [legal] *специальное соглашение*
special appeal tribunal *специальный апелляционный суд*
special arbitrage account *специальный арбитражный счет*
special arrangement *специальное соглашение*
special assessment bonds *муниципальные облигации, погашаемые налогами на население, пользующееся результатами общественных работ (США)*
special audit [aud.] *специальная проверка*
special balance sheet [calc.] *специальный балансовый отчет*
special bid *специальная покупка*
special case *специальный правовой вопрос, частный случай*
special character *специальный символ;* [comp.] *специальный знак*
special charges *специальные платежи*
special circumstance *особое обстоятельство*
Special Commissioners of Taxes [tax.] *Специальное налоговое управление (Великобритания)*
special condition *особое состояние*
special conference *специальная конференция*
special correspondent [media] *специальный корреспондент*
special costs *специальные затраты*
special court [legal] *специальный суд*
special crossed check *специальный кроссированный чек*
special damages [legal] *фактические убытки, определяемые особыми обстоятельствами дела*
special delivery *срочная доставка*
special denial [legal] *особое опровержение*
special deposit [bank.] *депозит для специальных целей, специальный депозит*
special deposits *депозиты для специальных целей*
special deposit scheme [bank.] *система специальных депозитов*
special depreciation [calc.] *специальное обесценение*
special discount *специальная скидка*
special dividend [bus.organ.] *специальный дивиденд*
special drawing account [bank.] *специальный открытый счет*
special drawing rights (SDR) *специальные права заимствования, специальные права заимствования (расчетные денежные единицы в рамках Международного валютного фонда)*
special duty [tax.] *специальная пошлина*
special endorsement *именная передаточная надпись;* [bill.] *именной индоссамент*
special excise duty [tax.] *специальный акцизный сбор*
special factors *специальные факторы*
special financing scheme *система специального финансирования*

special fund   [fin.] *специальный фонд*
special hazard   [ins.] *особая опасность*
special interest   *специальный процент*
specialist   *биржевой маклер, специалист, член фондовой биржи, зарегистрированный как специалист по одному или нескольким видам ценных бумаг*
specialist dictionary   *специальный словарь*
specialist funds   *специальные фонды*
specialist judge   [legal] *специальный судья*
speciality   *специальность*
specialization   *специализация*
specialization agreement   *соглашение о специализации*
specialization course   [empl.] *курс обучения по специальности, специализированный курс*
specialized audit program   [aud.] *специальная программа проверки*
specialized dictionary   *специальный словарь*
specialized enterprise   *специализированное предприятие*
specialized expression   *специальное выражение*
specialized trading company   [comm.] *специализированная торговая компания*
special legislation   [legal] *специальное законодательство*
special library   [doc.] *специальная библиотека*
special licence   [law.dom.] *специальная лицензия*
special line article   [comm.] *изделие специального ассортимента*
special loan   [bank.] *специальный заем*
specially endorsed writ   [legal] *исковое заявление со специальной передаточной надписью*
specially polluting activities   *виды деятельности, вызывающие особо сильное загрязнение*
special majority   *квалифицированное большинство, особо установленное большинство, специально установленное большинство*
special manager   [pers.manag.] *руководитель, занимающийся специальными вопросами*
special measure   *специальная мера, специальное мероприятие*
special mention   *специальное упоминание*
special mortgage credit association   *ассоциация специального ипотечного кредита*
special offer   [comm.] *специальное предложение*
special patrol   *специальный патруль*
special peril   [ins.] *особая опасность*
special permission   *специальное разрешение*
special policy conditions   [ins.] *особые условия страхования*
special policy terms   [ins.] *особые условия страхования*
special premium   [ins.] *специальный страховой взнос*
special price   [exc.] *специальная цена*
special property   [legal] *вещное право владения чужой собственностью*
special provision   [calc.] *специальная оговорка;* [legal] *специальное положение, специальное условие*
special rate   *специальная норма, специальный курс;* [cust.] *специальная ставка*
special register of major shareholders   [bus.organ.] *специальный регистр крупных акционеров*
special report   *специальный отчет*
special reserve   [ind.ec.] *специальная оговорка, специальный запас, специальный резерв*
special reserve fund   [ind.ec.] *специальный резервный фонд*
special resolution   [bus.organ.] *специальная резолюция, специальное постановление, специальное решение*
special right   [legal] *специальное право*

special risk   [ins.] *особый риск*

special rule   *специальное правило*

special service number   [telecom.] *специальный служебный номер*

special settlement account   *специальный расчетный счет*

special showing   [adv.] *специальная выставка*

special status   *специальный статус*

special tariff   [cust.] *специальный тариф*

special term   *особое условие*

special-term credit   [bank.] *кредит на особых условиях*

special-term deposit   [bank.] *вклад на особых условиях, депозит на особых условиях*

special-term deposit (account)   *депозит (счет) на особых условиях*

special-term loan   [bank.] *ссуда на особых условиях*

special terms and conditions   [legal] *особые постановления и условия*

special trade   *специальная торговля*

special treatment   *специальный режим*

special tribunal   [legal] *специальный трибунал*

special trust   [legal] *специальная доверительная собственность*

specialty   [legal] *договор за печатью*

specialty bond   [legal] *облигация специального назначения*

specialty contract   [legal] *договор за печатью*

specialty debt   [ec.] *долг по документу за печатью*

specialty store   [comm.] *специализированный магазин*

special venue   [legal] *специальное место совершения действия*

special verdict   [leg.pun.] *решение присяжных по отдельным вопросам*

specie   *золотые и серебряные слитки, металлические деньги*

specie point   [ec.] *золотая точка (уровень валютного курса, при котором происходит международное перемещение золота)*

specie points   *золотые точки (уровени валютного курса, при которых происходит международное перемещение золота)*

specific (adj.)   *конкретный, определенный, особенный, особый, специфический, специфичный, точный, удельный, характерный, частный*

specific allowance for bad debts   [calc.] *специальная надбавка на безнадежные долги*

specification   *детализация, деталь, инструкция по эксплуатации, конкретизация, определение, подробность, спецификация;* [pat.] *описание изобретения, описание патента*

specification of goods   [com.mark.] *описание товаров*

specification of quantity   *количественные характеристики*

specific bequest   [suc.] *завещательный отказ конкретно поименованной движимости*

specific description   [pat.] *частичное описание*

specific devise   [suc.] *завещательный отказ конкретно поименованной недвижимости*

specific duty   [cust.] *производительность на единицу мощности;* [tax.] *специфическая пошлина, удельная производительность*

specific goods   [legal] *индивидуально определенный товар*

specificity in tariff protection   [cust.] *учет специфических условий при защите тарифов*

specific legacy   [suc.] *конкретно поименованное наследство*

specific loss   [ins.] *конкретно перечисленные потери*

specific ministry   *конкретно указанное министерство*

specific performance   [legal] *исполнение в натуре, реальное исполнение*

specific relief   [legal] *решение суда об исполнении в натуре*

specific tariff   [cust.] *специальный тариф*

specific tax   [tax.] *индивидуально определенный налог, специальный налог*

specific taxation   [tax.] *специальное налогообложение*

specified (adj.)   *номинальный, паспортный, соответствующий техническим условиям*

specified costs *издержки производства конкретных изделий*

specified currency *валюта для платежей за экспорт в страны, не входящие в стерлинговую зону (Великобритания)*

specified invoice *специальный счет-фактура*

specified period *установленный период*

specified pool *товарищество с ограниченной ответственностью, объявляющее объект своих инвестиций*

specified time limit *заданный временной предел*

specify (vb.) *обусловливать (в заказе), оговаривать в технических условиях, определять, точно устанавливать, указывать (в договоре), характеризовать;* [comm.] *соответствовать техническим условиям*

specimen *образец банкноты, образец сертификата акции, образчик, проба, пробный экземпляр;* [comm.] *образец*

specimen copy *пробный экземпляр;* [print.] *пробный оттиск*

specimen proof [print.] *пробный оттиск*

specimen signature *образец подписи*

spectaile *биржевик, выступающий как розничный брокер, но спекулирующий преимущественно за свой счет*

speculate (vb.) *играть на бирже, спекулировать*

speculate for a fall (vb.) [exc.] *играть на понижение*

speculate for a rise (vb.) [exc.] *играть на повышение*

speculate in stocks and shares (vb.) *спекулировать ценными бумагами*

speculate on a bear market (vb.) [exc.] *играть на понижение*

speculate on a bull market (vb.) [exc.] *играть на повышение*

speculate on the margin (vb.) [exc.] *спекулировать на разнице курсов*

speculate on the stock exchange (vb.) [exc.] *играть на бирже*

speculation *биржевая игра;* [exc.] *спекуляция*

speculation account *счет спекулятивных сделок*

speculation in exchange rates [monet.trans.] *спекуляция на разнице валютных курсов*

speculation in futures [exc.] *спекуляция в форме срочных сделок*

speculation in shares [exc.] *спекуляция акциями*

speculative *спекулятивный*

speculative bond [stock] *спекулятивная облигация*

speculative demand [exc.] *спекулятивный спрос*

speculative gain *спекулятивный доход*

speculative intention *спекулятивное намерение*

speculative investment *покупка ненадежных ценных бумаг, покупка рискованных ценных бумаг*

speculative margine *спекулятивная маржа*

speculative motive *спекулятивный мотив*

speculative security [stock] *спекулятивные ценные бумаги*

speculative syndicate *спекулятивный синдикат*

speculative transaction *спекулятивная сделка*

speculator *лицо, играющее на бирже;* [exc.] *биржевик, спекулянт*

speculator in a fall [exc.] *спекулянт, играющий на понижение*

speculator in a rise [exc.] *спекулянт, играющий на повышение*

speculator in real estate *спекулянт недвижимостью, спекулянт недвижимым имуществом*

speculator in shares [exc.] *спекулянт акциями*

speech *доклад, разговор;* [legal] *выступление, речь*

speech at a meeting *выступление на собрании*

speech at meeting *выступление на собрании*

speech for defence *речь в защиту*

speech for the defence [leg.pun.] *речь в защиту*

speech generation [comp.] *генерация речевых сигналов*

speech item *пункт доклада*

speech verification [comp.] *верификация речевых сигналов, проверка правильности речевых сигналов*

speed *скорость, темп*

speeding [leg.pun.] *езда на большой скорости*

speeding up *разгон, ускорение*

speed recorder [trans.] *прибор, регистрирующий скорость*

speed up (vb.) *набирать скорость, повышать норму выработки без повышения заработной платы, ускорять*

speedy *быстрый*

spelling check [comp.] *орфографическая проверка*

spend (vb.) *нести издержки, нести материальные затраты, растрачивать, расходовать, тратить;* [ec.] *истощать, исчерпывать*

spending *расходование, стоимость закупок (в денежном выражении), стоимость закупок в денежном выражении;* [ec.] *расходы*

spending agencies *финансирующие организации*

spending agency [manag.] *финансирующая организация*

spending department [manag.] *отдел расходов*

spending departments *отделы расходов*

spending target *плановая норма расходов*

sphere *область, поле деятельности, социальная среда, сфера;* [mat.] *шар*

sphere of action *сфера деятельности*

sphere of competence *круг ведения, область компетенции, правомочность*

sphere of influence *область влияния, сфера влияния*

sphere of interest *сфера интересов*

spillover *избыток, переключение, перемещение*

spin-off *дополнительный результат, отделение, передача, передача технологии, передача части активов вновь образуемой дочерней компании, побочный результат, создание другой фирмы путем отделения, сопутствующий результат*

spinster [legal] *незамужняя женщина*

spite of, in *несмотря на*

split *дробление, покупка партии ценных бумаг в несколько приемов по разным ценам, разбивка акций на несколько бумаг с меньшими номиналами путем выпуска нескольких акций вместо одной, разбивка акций на несколько бумаг с меньшими номиналами путем выпуска нескольких акций вместо одной;* [pol.] *раскол*

split (vb.) *дробить*

split commission *комиссионное вознаграждение, поделенное между двумя брокерами*

split-down [bus.organ.] *увеличение номиналов акций путем трансформации определенного числа бумаг в одну*

split-level trust *инвестиционный фонд с двумя типами паев или акций*

split margin *еврокредит с разным размером маржи сверх ставки на лондонском межбанковском рынке депозитов для различных периодов*

split offering *выпуск муниципальных облигаций, состоящий из серийных облигаций и облигаций с фиксированным сроком погашения (США)*

split order *приказ о совершении покупки или продажи ценных бумаг, разбитый на несколько сделок*

split rating *двойной рейтинг*

split run [adv.] *реклама с разбивкой тиража для размещения различных объявлений*

split-run test [adv.] *проверка рекламы с разбивкой тиража для размещения различных объявлений*

splitting of cause of action [legal] *разделение на части основания для предъявления иска*

splitting of shares *передача части активов вновь образующейся дочерней компании, сопровождающееся выпуском новых акций и обменом на них акций материнской компании;* [bus.organ.] *дробление акций*

splitting up   *дробление акций, передача части активов вновь образующейся дочерней компании, сопровождающееся выпуском новых акций и обменом на них акций материнской компании, разделение корпорации (по решению суда)*

split up (vb.)   *делить корпорацию (по решению суда), дробить акции*

spoilage   *испорченный товар, порча товара, производственный брак*

spokesman   *выразитель взглядов, делегат, докладчик, оратор, представитель*

spokesman for a parliamentary party   *выразитель взглядов парламентской партии*

spokesman for parliamentary party   *выразитель взглядов парламентской партии*

spokesman on foreign policy   [pol.] *докладчик по вопросам внешней политики*

spokesperson   *докладчик*

sponsor   *заказчик, инвестиционная компания, предлагающая акции в созданных ею взаимных фондах, инвестор, помогающий повысить спрос на определенные ценные бумаги, инициатор, организатор, подрядчик, устроитель, финансирующая организация, финансирующее лицо;* [mark.] *гарант, поручитель, спонсор*

sponsored activities   [manag.] *финансируемые мероприятия*

sponsored program   *финансируемая программа*

sponsored programme   [media] *финансируемая программа*

sponsored research   *финансируемые научные исследования*

sponsoring   [mark.] *финансовая поддержка*

sponsoring agreement   [mark.] *соглашение о финансировании*

sponsor of share issue   [exc.] *инвестиционный банк, организующий выпуск акций компании*

spontaneous (adj.)   *самопроизвольный, стихийный*

spontaneous strike   [empl.] *стихийная забастовка*

spot   *валютный своп, место, товар по кассовым сделкам;* [exc.] *условия расчетов, при которых оплата производится немедленно;* [media] *действительный товар, реальный товар*

spot (adj.)   [exc.] *готовый к сдаче, действительный, кассовый, наличный, немедленно оплачиваемый, реальный*

spot-a-month   *валютный своп с совершением обратной сделки через месяц*

spot-a-week   *валютный своп с совершением обратной сделки через неделю*

spot business   *кассовая сделка, сделка на наличный товар, сделка на реальный товар, сделка на товар с немедленной сдачей;* [exc.] *сделка за наличные*

spot cash   *немедленная уплата наличными*

spot check   [aud.] *выборочная проверка, выборочная ревизия, проверка на выборку*

spot commercial   [media] *краткое коммерческое объявление в середине или конце программы*

spot contract   *кассовая сделка, контракт за наличный расчет*

spot deal   *сделка за наличные;* [exc.] *кассовая сделка, сделка на наличный товар*

spot dealer   *торговец, совершающий кассовые сделки;* [exc.] *торговец, совершающий сделки за наличные*

spot dealing   *совершение сделок за наличные;* [exc.] *совершение кассовых сделок*

spot exchange transaction   *биржевая сделка с немедленной оплатой, биржевая сделка с расчетом наличными*

spot goods   *наличный товар, товар по кассовым сделкам, товар с немедленной сдачей*

spot intervention   [bank.] *валютная интервенция*

spotless reputation   *незапятнанная репутация*

spot market   *рынок реального товара;* [exc.] *наличный рынок, рынок наличного товара*

spot market rate   [monet.trans.] *курс по кассовым сделкам*

spot next   [bank.] *валютный своп с совершением сделки на следующий рабочий день*

spot price   [comm.] *цена по кассовым сделкам;* [exc.] *наличная цена товара, наличный курс ценной бумаги, цена при продаже за наличные, цена при условии немедленной уплаты наличными, цена с немедленной сдачей*

spot purchase   [comm.] *покупка с немедленной уплатой наличными;* [exc.] *покупка за наличные, покупка с немедленной сдачей товара*

spot rate   [monet.trans.] *курс, по которому расчеты по сделке проводятся на второй рабочий день после ее заключения, курс по кассовым сделкам, наличный кус валюты*

spot sale   [exc.] *продажа с немедленной поставкой за наличный расчет*

spot test   *проверка на месте*

spot trade   [comm.] *торговля физическим товаром;* [exc.] *торговля наличным товаром, торговля с немедленной поставкой за наличный расчет*

spot transaction   *сделка за наличные;* [exc.] *кассовая сделка, сделка на наличный товар*

spouse   *супруг, супруга*

spouse employed in the business   *супруг, ведущий дело, супруга, ведущая дело*

spouse pension   *пенсия, выплачиваемая жене, пенсия, выплачиваемая мужу*

spouse taxation   [tax.] *взимание налогов с одного из супругов*

spread   *двойной опцион, различие между процентными ставками, по которым банк получает средства и по которым выдает их заемщикам, уровень диверсификации инвестиционного портфеля, фондовая арбитражная сделка;* [bank.] *диапазон отклонений, разброс точек на графике, рассеивание;* [exc.] *разница между курсами, разница между ставками, разница между ценами, спред*

spread (vb.)   *давать рассрочку, распределять, рассрочивать платеж, растягивать работу путем сокращения рабочих дней*

spreading   *разброс, рассеивание*

spreading (adj.)   *рассеянный*

spread of portfolio   [ins.] *уровень диверсификации инвестиционного портфеля*

spread option   *опцион спред (одновременная купля и продажа двух опционов на один финансовый инструмент с разными ценами)*

spread order   *биржевой приказ о заключении одновременно двух противоположных сделок на равную сумму, но с разными сроками*

spreadsheet   [comp.] *крупноформатная таблица*

spread the risk (vb.)   *распределять риск*

spring   *весна*

spring session   [parl.] *весенняя сессия*

sprinkler installation   *дождевальная установка*

sprinkler leakage   [ins.] *течь дождевальной установки*

spurt   [exc.] *улучшение деловой конъюнктуры*

spy   *шпион*

spy equipment   *разведывательное оборудование*

squad car   *автомобиль для транспортировки пожарной команды, дежурный полицейский автомобиль*

squander (vb.)   *проматывать сбережения, растрачивать сбережения*

square   [mat.] *квадрат*

square (vb.)   *расплачиваться, рассчитываться, сбалансировать счет, согласовывать, урегулировать*

square centimetre   *квадратный сантиметр*
squared paper   *клетчатая бумага, миллиметровая бумага*
square kilometre   *квадратный километр*
square metre   *квадратный метр*
square mile   *квадратная миля*
square one   *точка отсчета*
squatter   *незаконный жилец, поселенец на государственной земле, поселенец на незанятой земле, скваттер*
squatting   *незаконное вселение в дом*
squeeze   *давление, ограничение кредита*
squeeze (vb.)   *вынуждать игрока на понижение покупать по повышенным ценам, ограничивать кредиты*
squeezed (adj.)   *испытывающий затруднения, ограниченный, стесненный*
squeeze the price (vb.)   [ec.] *ограничивать цену*
squint at (vb.)   *иметь тенденцию*
squirt   *биржевой стажер*
SRO (self-regulating organization)   *самоуправляющаяся организация*
S/S (steam ship)   [nav.] *пароход*
SSE (Sydney Stock Exchange)   [exc.] *Сиднейская фондовая биржа*
stability   *стабильность, устойчивость*
stability in the value of money   *стабильность стоимости денег*
stability of prices   *стабильность цен*
stability of value   *стабильность стоимости*
stabilization   *стабилизация*
stabilization clause   [legal] *оговорка о стабилизации*
stabilization cost   [exc.] *стоимость стабилизации*
stabilization fund   *уравнительный фонд, фонд выравнивания, фонд стабилизации валюты;* [calc.] *фонд валютного регулирования*
stabilization policy   *политика стабилизации цен;* [pol.ec.] *политика стабилизации валюты, политика стабилизации экономической конъюнктуры, политка стабилизации цен, стратегия экономической стабилизации*
stabilization profit   [exc.] *стабилизационная прибыль*
stabilize (vb.)   *делать устойчивым, стабилизировать*
stabilized currency   *устойчивая валюта*
stable (adj.)   *прочный, стабильный, твердый, установившийся, устойчивый*
stable price trend   *тенденция к стабилизации цен*
stable value clause   [legal] *оговорка об устойчивой ценности*
stack   *стеллаж*
stacking   [trans.] *укладка на стеллаж*
staff   *персонал;* [pers.manag.] *личный состав, служебный персонал, сотрудники, штаб, штат*
staff, the   *личный состав, персонал, сотрудники, штаты*
staff affairs   [pers.manag.] *персональные дела*
staff and line functions   [pers.manag.] *функции центрального аппарата и рядовых работников*
staff and line organization   [pers.manag.] *организационная схема подчиненности*
staff benefits   [pers.manag.] *выгоды для персонала*
staff bonds   *облигации для персонала*
staff briefing   [pers.manag.] *инструктаж для персонала*
staff care   [pers.manag.] *услуги персоналу*
staff costs   [ind.ec.] *затраты на содержание персонала*
staff department   [pers.manag.] *отдел главной конторы, отдел кадров*
staff development   [pers.manag.] *работа с кадрами*
staff discount   [pers.manag.] *скидка для персонала*
staff expenses   [calc.] *затраты на содержание персонала*
staff function   [pers.manag.] *функции центрального аппарата предприятия*

staff incentive [pers.manag.] *поощрительное вознаграждение для персонала*

staff increase [pers.manag.] *увеличение численности персонала*

staff instruction [pers.manag.] *служебная инструкция*

staff loan [pers.manag.] *ссуда для персонала*

staff management [pers.manag.] *функциональное руководство*

staff/management cooperation [pers.manag.] *сотрудничество персонала с руководителями*

staff meeting [pers.manag.] *собрание персонала, совещание личного состава*

staff member [pers.manag.] *представитель персонала*

staff organization [pers.manag.] *организационная схема подчиненности*

staff ownership [ind.ec.] *собственность персонала*

staff policy [pers.manag.] *кадровая политика*

staff reduction [pers.manag.] *сокращение штатов, уменьшение численности персонала*

staff representative [bus.organ.] *представитель персонала*

staff representative on board of directors *представитель персонала в совете директоров*

staff representative on the board of directors *представитель персонала в совете директоров*

staff retirement fund [pers.manag.] *пенсионный фонд для персонала*

staff retirement plan [pers.manag.] *план выхода персонала на пенсию*

staff rotation [pers.manag.] *перемещение персонала*

staff shareholding [stock] *участие персонала в акционерном капитале*

staff shares [stock] *акции персонала*

staff shortage [pers.manag.] *нехватка персонала*

staff suggestion box *ящик для предложений персонала*

staff training [pers.manag.] *обучение персонала*

staff training expenses [ind.ec.] *затраты на обучение персонала*

staff turnover [pers.manag.] *текучесть персонала*

stag [exc.] *спекулянт новыми ценными бумагами*

stag (vb.) [exc.] *спекулировать новыми ценными бумагами*

stage *период, стадия, ступень, фаза, этап*

stage of life *период жизни, стадия жизни*

stagflation [pol.ec.] *стагфляция, экономический застой при одновременной инфляции*

stagger *дифференцирование (часов работы), дифференцирование часов работы, колебание (цен), колебание цен*

stagger (vb.) *дифференцировать (часы работы), дифференцировать часы работы, иметь скользящий график работы*

stagger behind (vb.) *плестись сзади*

staggered *со скользящим графиком работы*

staggered strike [empl.] *забастовка по скользящему графику*

staggering of holidays [empl.] *перенос выходных дней*

stagging [exc.] *спекуляция ценными бумагами*

stagnant (adj.) *застойный*

stagnate (vb.) *проявлять бездеятельность*

stagnation *застой, инертность, стагнация*

stake *ставка в игре;* [fin.] *доля, часть;* [ind.ec.] *участие в капитале акционерной компании*

stakeholder [ind.ec.] *посредник (при заключении сделки)*

stakeholder's interpleader [legal] *возбуждение посредником процесса в целях определения прав третьих лиц на спорный предмет*

stake on (vb.) *делать ставку*

stale (adj.) *потерявший законную силу, просроченный*

stale bill of lading *просроченная транспортная накладная, просроченный коносамент*

stale bull *биржевой спекулянт, играющий на повышение, который не может ликвидировать свою позицию из-за отсутствия покупателей*

stale cheque   *просроченный чек*

stale claim   *притязание, заявленное после неосновательного промедления;* [legal] *притязание, не заявленное вовремя*

stale expression   *заявление, утратившее свою эффективность*

stalemate   *безвыходное положение*

stall   *лоток, палатка (на ярмарке);* [comm.] *киоск, ларек, палатка на ярмарке, прилавок*

stall rent   [comm.] *просроченная аренда*

stamp   *клеймо, марка, печать, штамп, штемпель*

stamp (vb.)   *наносить клеймо, штамповать;* [post] *клеймить, маркировать*

stamp act   [legal] *закон о гербовом сборе*

stamp a letter (vb.)   *ставить штамп на письмо*

stamp costs   *затраты на пломбирование;* [ind.ec.] *затраты на штемпелевание*

stamp duty   [tax.] *гербовый сбор*

stamp duty expenditure   *затраты на гербовый сбор*

stamped (adj.)   *проштампованный*

stamped addressed envelope (s.a.e.)   [post] *вложенный в письмо конверт с обратным адресом и маркой*

stamped addressed envelope (SAE)   *вложенный в письмо конверт с обратным адресом и маркой*

stamped envelope   [post] *конверт с маркой*

stamped form   *бланк со штампом*

stamped signature   *подпись с печатью*

stamping   *клеймение, простановка печати, штемпелевание*

stamping of coins   *чеканка монет*

stamp on bonds   [stock] *печать на долговых обязательствах*

stamp on debentures   [stock] *печать на долговых обязательствах*

stand   *прилавок;* [comm.] *киоск, ларек*

stand-alone (adj.)   *автономный*

standard   *модель, норма, норматив, образец, стандарт, эталон*

standard (adj.)   *стандартный, эталонный*

standard allowance   [soc.] *нормативная скидка;* [tax.] *нормативная надбавка времени*

Standard and Poor's Corporation (S and P)   *агентство 'Стандард энд Пур корпорейшн' (ведущая фирма по установлению рейтингов ценных бумаг)*

Standard and Poor's 500 index   [exc.] *фондовый индекс акций 500 фирм, рассчитываемый и публикуемый агентством 'Стандард энд Пур'*

standard building contract   [legal] *типовая форма строительного контракта*

standard conditions   [legal] *стандартные условия*

standard contract   [legal] *типовой контракт*

standard cost   [ind.ec.] *типовая стоимость*

standard deduction   [tax.] *стандартная сумма дохода, не облагаемая индивидуальным подоходным налогом*

standard deviation   [stat.] *среднеквадратическое отклонение*

standard error (SE)   [stat.] *среднеквадратическая ошибка*

standard fixed-rate mortgage   *стандартная ипотека с фиксированной процентной ставкой*

standard form of building contract   *стандартная форма строительного контракта*

standard gold   *золото установленной пробы*

standard hour   [empl.] *нормо-час*

standard hours   [empl.] *норма времени, норматив затрат времени*

standardization   *стандартизация*

standardization organization   *организация по стандартизации*

standardize (vb.)   *аттестовать, градуировать, калибровать, нормализовать, нормировать, поверять, стандартизовать*

standardized measure   *стандартизованный показатель*

standard letter   *типовое письмо*

standard market quotation   *стандартная биржевая котировка*

standard of living   [pol.ec.] *жизненный уровень, уровень жизни*

standard of proof   [legal] *стандарт доказательства*

standard of quality   [comm.] *уровень качества*

standard operation time   [ind.ec.] *нормативная продолжительность эксплуатации, нормативный срок службы;* [prod.] *нормативная наработка*

standard pay   [pers.manag.] *нормативная заработная плата*

standard pay system   [empl.] *система нормативной заработной платы*

standard policy conditions   [ins.] *типовые условия страхования*

standard price   *нормативная цена;* [tax.] *стандартная цена*

standard product   [prod.] *стандартное изделие*

standard quality   *стандартное качество*

standard rate   *обычная ставка, основная ставка (заработной платы), основная ставка заработной платы, основной тариф, стандартная тарифная сетка оплаты (за услуги), стандартная тарифная сетка оплаты за услуги*

standard rate of maintenance   [law.dom.] *нормативная периодичность технического обслуживания*

standard reply   *типичный ответ (при обследовании), типичный ответ при обследовании*

standards department   *отдел стандартов*

standard software   [comp.] *стандартное программное обеспечение*

standard specification   *стандартные технические условия, технические требования к серийной продукции*

standard tax rate   *основная налоговая ставка;* [tax.] *основная ставка налогообложения*

standard terms   [legal] *стандартные условия договора*

standard time   [ind.ec.] *норматив времени;* [prod.] *нормативное время*

standard wages   [empl.] *тарифная ставка заработной платы*

Standard & Poor's Corporation (S & P)   *агентство 'Стандард энд Пур корпорейшн' (ведущая фирма по установлению рейтингов ценных бумаг)*

stand as a candidate for (vb.)   [parl.] *выдвигать кандидатуру*

stand bail (vb.)   [leg.pun.] *вносить залог*

stand by (vb.)   *придерживаться соглашения*

stand-by   *обязательство предоставлять заемщику обусловленную сумму кредита в момент обращения в банк*

stand-by arrangement   *соглашение о праве использования кредита (в Международном валютном фонде), соглашение о праве использования кредита в Международном валютном фонде*

stand-by arrangement charge   *затраты на содержание резервной мощности*

stand-by capacity   [prod.] *резервная мощность*

stand-by commitment   *резервное обязательство*

stand-by credit   [bank.] *гарантийный кредит, договоренность о кредите, кредит, используемый при необходимости, резервный кредит*

stand-by credits   [bank.] *гарантийные кредиты, договоренности о кредите, кредиты, используемые при необходимости, резервные кредиты*

stand-by equipment   [prod.] *запасное оборудование, резервное оборудование*

stand-by facility   [bank.] *резервная промышленная установка, резервное техническое средство, резервный кредит*

stand-by letter of credit   *резервный аккредитив*

standby system   [prod.] *резервная система*

stand down (vb.)   *выходить из дела, уступать право*

standing   *длительность, общественное положение, продолжительность, репутация, стаж работы, финансовое положение*

standing (adj.) *неизменный, постоянно действующий, постоянный*

standing, of high *занимающий высокое общественное положение*

standing committee *постоянный комитет*

Standing Common Market Committee *Постоянный комитет Общего рынка;* [parl.] *постоянный комитет Общего рынка*

standing contract [legal] *постоянно действующий контракт*

standing order *заказ-наряд на регулярное производство, постоянно действующий наряд-заказ, приказ о регулярных платежах, распорядок, твердый заказ на обусловленное количество товара;* [bank.] *постоянное поручение*

standing orders *правила внутреннего распорядка, регламент*

standing promise *постоянное обязательство*

standstill *бездействие, задержка, застой, остановка, простой*

stand surety (vb.) *гарантировать, поручиться, принимать на себя делькредере, ручаться*

stand the test (vb.) *выдерживать испытания, выдерживать проверку*

staple commodities *главные предметы торговли, массовые товары, основные товары, предметы первой необходимости*

staple commodity *основной товар*

staple goods *массовые товары, основные товары*

staple industry *производство основных товаров*

staple product *основной продукт*

staple products *основные продукты*

staple trade *торговля основными товарами*

start *начало, начало движения, отправление, преимущество, старт*

start (vb.) *выращивать, начинать, отправлять, отправляться, порождать, приступать, разводить*

START (Strategic Arms Reduction Talks) [mil.] *переговоры о сокращении стратегических вооружений*

start formal proceedings (vb.) [legal] *начинать формальное производство по делу, начинать формальное рассмотрение дела в суде, начинать формальное судебное разбирательство*

start from point zero (vb.) *начинать с нуля*

start from scratch (vb.) *начинать с нуля*

start from square one (vb.) *начинать с нуля*

starting cost *первоначальный расход*

starting costs [ind.ec.] *затраты, связанные с пуском производства, издержки, связанные с пуском производства*

starting pay for entrant to labour market *начальная плата за выход на рынок труда*

starting pay for entrant to the labour market [empl.] *начальная плата за выход на рынок труда*

starting point *отправная точка, отправной пункт*

starting position *исходная позиция, исходное положение*

starting salary *исходный оклад;* [pers.manag.] *начальный оклад*

starting wage *начальная ставка заработной платы*

start-up [prod.] *ввод в действие, запуск в производство*

start-up costs [calc.] *затраты на ввод в действие;* [ind.ec.] *затраты на запуск в производство, издержки освоения нового предприятия, издержки подготовки производства*

start-up expenses [ind.ec.] *затраты на ввод в действие, затраты на запуск в производство, издержки освоения нового предприятия, издержки подготовки производства*

start using (vb.) *начинать использование*

starvation wages [empl.] *нищенская заработная плата*

state *государственный аппарат, государство, общественное положение, строение, структура, штат;* [law nat.] *положение, состояние*

state (vb.) *выражать, высказывать, заявлять, излагать, констатировать, сообщать, точно определять, указывать, устанавливать, утверждать, формулировать*

State *государственная власть, государственный аппарат, государство*

State, the *государство*

state accurately (vb.) *точно определять*

state activity *государственная деятельность*

state aid *государственная помощь, государственная субсидия, пособие от государства*

State Attorney *главный прокурор штата (США)*

State Attorney (US) [leg.pun.] *главный прокурор штата (США)*

state charge [tax.] *государственные расходы*

state church *государственная церковь*

state concerned *связанный с государственными структурами*

state-concerned (adj.) *связанный с государственными структурами*

state-controlled economy [pol.ec.] *плановая экономика, экономика, контролируемая государством*

state corporation *государственная корпорация*

stated capital *объявленный капитал*

stated capital (US) [bus.organ.] *объявленный капитал*

state debt [manag.] *государственный долг*

State Department *государственный департамент (США)*

State Department (US) *государственный департамент (США)*

stated value [calc.] *объявленная ценность*

State Earnings Related Pension Scheme (SERPS) *программа пенсионного обеспечения, связанная с доходами государства (Великобритания)*

State Earnings Related Pension Scheme (SERPS) (UK) *программа пенсионного обеспечения, связанная с доходами государства (Великобритания)*

state employee [pers.manag.] *государственный служащий*

state enterprise *государственное предприятие*

state guarantee *государственная гарантия*

state guaranteed *гарантированный государством*

state-guaranteed (adj.) *гарантированный государством*

state holdings *государственные авуары*

state in detail (vb.) *точно определять*

stateless person *лицо без гражданства*

state lottery *государственная лотерея*

State Lottery *государственная лотерея*

state managed *управляемый государством*

state-managed (adj.) *управляемый государством*

state management *государственное управление*

statement *баланс, ведомость, выписка счета, запись, заполнение анкеты, исчисление, констатация, ответ опрашиваемого лица, официальный отчет, подсчет, показание, расценка за сдельную работу, расчет, регистрация, смета, сметная калькуляция, таблица;* [legal] *заявление, утверждение, формулировка;* [tax.] *высказывание, изложение*

statement at a meeting *выступление на собрании*

statement at meeting *выступление на собрании*

statement date *дата регистрации;* [bank.] *дата выписки счета*

statement for completion [r.e.] *ведомость комплектации*

statement form [calc.] *форма заявления*

statement of accession *заявление о присоединении (к договору);* [law nat.] *заявление о присоединении к договору*

statement of account [bank.] *выписка с банковского счета*

statement of accounting policies *отчет об учетной политике;* [calc.] *отчет об учетной политике*

statement of accounts [calc.] *отчет о состоянии счетов*

statement of accounts with the Treasury *отчет для министерства финансов о состоянии счетов*

statement of account transactions [book-keep.] *отчет о бухгалтерских операциях*

statement of affairs   [bankr.leg.] *ревизорский бухгалтерский баланс, финансовый отчет по итогам ревизии*

statement of affairs for liquidation purposes   *ревизорский бухгалтерский баланс для ликвидации предприятия*

statement of amount   *количественный расчет*

statement of assets and liabilities   [ind.ec.] *баланс*

statement of assets and liabilities of a joint estate   [legal] *баланс совместного имущества*

statement of assets and liabilities of joint estate   *баланс совместного имущества*

statement of average   [mar.ins.] *диспаша*

statement of balance   [bank.] *баланс*

statement of changes in financial position   *отчет об изменениях финансового положения*

statement of changes in financial position (US)   [calc.] *отчет об изменениях финансового положения*

statement of charge and discharge   [suc.] *заявление о долговых обязательствах и освобождении от долговых обязательств*

statement of claim   [ins.] *исковое заявление*

statement of defence   [legal] *письменное возражение ответчика по иску*

statement of defence and counterclaim   [legal] *письменное возражение ответчика по иску и встречное требование*

statement of earnings   [calc.] *отчет о прибылях и убытках, отчет о результатах хозяйственной деятельности*

statement of executory payments   *отчет о предстоящих платежах*

statement of expenses   *отчет о затратах*

statement of facts   [legal] *заявление об обстоятельствах дела, отчет о положении дел, финансовый отчет об итогах ревизии*

statement of facts of case   *изложение обстоятельств дела*

statement of financial condition   *баланс, отчет о финансовом положении*

statement of financial condition (US)   [calc.] *баланс, отчет о финансовом положении*

statement of financial position (US)   [calc.] *отчет о финансовом положении*

statement of income   *отчет о прибылях и убытках, отчет о результатах хозяйственной деятельности*

statement of income (US)   *отчет о результатах хозяйственной деятельности;* [calc.] *отчет о прибылях и убытках*

statement of income and expenses   *отчет о доходах и расходах*

statement of income and expenses (US)   [calc.] *отчет о доходах и расходах*

statement of inheritance   [suc.] *заявление о праве наследования*

statement of loss   [mar.ins.] *отчет об убытках*

statement of loss and gain   [calc.] *отчет об убытках и прибылях*

statement of offence   [leg.pun.] *заявление о правонарушении*

statement of operating income   [calc.] *отчет о доходе от основной деятельности*

statement of overindebtedness   [bankr.leg.] *справка о чрезмерной задолженности*

statement of possible loan amount   [bank.] *выписка о возможной сумме долга*

statement of realization and winding up   [bus.organ.] *отчет о реализации и списании товара*

statement of reasons   *заявление о причинах*

statement of receipts and disbursements   *отчет о поступлениях и расходах*

statement of receipts and disbursements (US)   [calc.] *отчет о поступлениях и расходах*

statement of repayments   *отчет о погашении долга*

statement of sales [comm.] *отчет о продажах*

statement of securities account *выписка счета ценных бумаг*

statement of source and application of funds *отчет об источниках средств и их использовании*

statement of source and application of funds (UK) [calc.] *отчет об источниках средств и их использовании*

statement of the facts of the case [legal] *изложение обстоятельств дела*

Statement on Auditing Procedure (SAP) *описание процедуры отчетности, описание процедуры ревизии*

Statement on Auditing Procedure (SAP) (US) [aud.] *описание процедуры ревизии*

Statement on Auditing Standards (SAS) *описание аудиторских стандартов*

Statement on Auditing Standards (SAS) (US) [aud.] *описание аудиторских стандартов*

statement showing movements and balances of accounts *отчет, показывающий динамику счетов и остатки на счетах*

statement showing the movements and balances of the accounts [bank.] *отчет, показывающий динамику счетов и остатки на счетах*

state monopoly *государственная монополия*

state of affairs *положение дел*

state of alarm [mil.] *состояние боевой готовности*

state of emergency [mil.] *чрезвычайное положение*

state of law [legal] *правовое положение*

state-of-market [pol.ec.] *состояние рынка*

state of martial law [legal] *военное положение*

state of mind *душевное состояние, умонастроение*

state of the art [pat.] *состояние науки и техники, степень освоения производства, уровень технологии*

state-of-the-art (adj.) [pat.] *состояние науки и техники, степень освоения производства, уровень технологии*

state of the evidence [legal] *дача показаний*

state of the market [mark.] *состояние рынка*

state of trade [pol.ec.] *состояние торговли*

state-operated (adj.) *управляемый государством*

state-owned (adj.) *принадлежащий государству*

state-owned corporation *государственная корпорация*

state-paid *оплаченный государством*

state penitentiary (US) *государственное исправительное учреждение*

state-planned economy [pol.ec.] *плановая экономика, плановое хозяйство*

state planning [plan.] *государственное планирование*

state police *государственная полиция*

state property *государственная собственность*

state-recognized unemployment insurance fund [empl.] *государственный фонд страхования от безработицы*

state retirement benefits *государственные пособия по старости;* [soc.] *государственные пенсии*

state-run (adj.) *осуществляемый государством*

state secret *государственная тайна*

state smallholder *государственный мелкий арендатор*

state smallholding *небольшой государственный земельный участок*

state subsidy *государственная субсидия*

state succession [legal] *государственное правопреемство*

state supplement to indexed pension account *дополнительные государственные выплаты на индексированный пенсионный счет*

state the reason for (vb.) *указывать причину*

state the reasons for (vb.) *указывать причины*

state trading *государственная торговля*

state trading country *страна, ведущая государственную торговлю*

state trading enterprise *государственное предприятие*

state under oath (vb.) [legal] *заявлять под присягой*

state visit *государственный визит*

state welfare institution *государственный орган социального обеспечения*

state's witness [leg.pun.] *государственный свидетель*

static analysis *статический анализ*

station *вокзал, железнодорожная станция, место, почтовая контора, стоянка, таможенный склад;* [trans.] *станция*

station (vb.) [mil.] *определять позицию, размещать;* [pers.manag.] *помещать*

stationary (adj.) *неизменный, постоянный, стационарный, устойчивый*

stationed abroad (adj.) *размещенный за рубежом*

stationer *торговец канцелярскими товарами*

stationery *канцелярские товары*

stationery and office supplies *канцелярские товары и конторские принадлежности*

stationing [mil.] *выход на позицию, занятие позиции;* [pers.manag.] *размещение*

statistical (adj.) *статистический*

statistical basis [stat.] *статистический базис*

statistical certainty [stat.] *статистическая значимость*

statistical code number [cust.] *статистический кодовый номер*

statistical data [stat.] *статистические данные*

statistical inference [stat.] *статистический вывод*

statistical means of selection [stat.] *статистические средства выбора*

statistical recording [stat.] *статистический учет*

statistical table [stat.] *статистическая таблица*

statistical tables [stat.] *статистические таблицы*

statistical uncertainty [stat.] *статистическая неопределенность*

statistical unit [stat.] *единица статистического учета*

statistical variation [stat.] *статистическая изменчивость*

statistical yearbook [stat.] *статистический ежегодник*

statistic analysis [stat.] *статистический анализ*

statistician [stat.] *статистик*

statistics [stat.] *совокупность статистических данных, статистика, статистические методы*

status *имущественное положение, общественное положение, статус, финансовое положение*

status check [comp.] *контроль состояния*

status code [comp.] *код состояния*

status consumption [pol.ec.] *потребление престижных товаров*

status inquiry *обследование имущественного положения, обследование общественного положения, обследование финансового положения*

status inquiry office *орган обследования общественного положения*

status line [comp.] *строка состояния*

status of account *состояние счета*

status of a minor [legal] *статус несовершеннолетнего*

status of minor [legal] *статус несовершеннолетнего*

status report [ind.ec.] *отчет о достигнутом прогрессе, отчет о состоянии, отчет о ходе работ*

statute *закон;* [legal] *законодательный акт, статут, устав*

statute-barred [legal] *не имеющий исковой силы вследствие истечения срока давности*

statute-barred debt [legal] *долг, не имеющий исковой силы вследствие истечения срока давности*

statute book [legal] *действующее законодательство*

statute law [legal] *право, выраженное в законодательных актах, статутное право*

statute legislation   [legal] *право, выраженное в законодательных актах*

statute of frauds   [legal] *обман по правовой презумпции*

statute of limitations   [legal] *закон об исковой давности*

statute of the Council of Europe   *устав Совета Европы*

statutes   [legal] *свод законов*

statutory (adj.)   *действующий в силу закона, законодательный, изданный на основании закона, имеющий силу закона, основанный на законе, основанный на уставе, предписанный законом, предписанный уставом, предусмотренный законом, статутный, установленный законом*

statutory accounting requirements   [calc.] *установленные правила бухгалтерской отчетности*

statutory arbitration   [legal] *государственный арбитраж*

statutory audit   [aud.] *государственная ревизия*

statutory balance sheet audit   [aud.] *государственная ревизия баланса*

statutory basis   [legal] *установленная законом основа*

statutory beneficiary   [suc.] *законный бенефициарий*

statutory charge   [legal] *установленный платеж, установленный сбор, установленный тариф*

statutory company   *компания, учрежденная специальным актом парламента (Великобритания)*

statutory coownership scheme   *государственная программа совместной собственности*

statutory co-ownership scheme   [ind.ec.] *государственная программа совместной собственности*

statutory corporation   [bus.organ.] *корпорация, основанная на законе, корпорация, учрежденная специальным законом*

statutory declaration   [legal] *законодательное толкование, официальное заявление*

statutory definition   [legal] *законодательное толкование*

statutory demand   [bankr.leg.] *установленный спрос*

statutory dividend   [bus.organ.] *дивиденд, определенный уставом*

statutory fittings   [r.e.] *встроенная мебель*

statutory general meeting   [bus.organ.] *уставное общее собрание*

statutory hearing   *слушание, основанное на законе*

statutory holiday   *установленный законом выходной*

statutory inheritance   [suc.] *законное наследование*

statutory instrument   [legal] *акт делегированного законодательства*

statutory insurance   [ins.] *установленное законом страхование*

statutory insurance scheme   [ins.] *установленная законом программа страхования*

statutory interest   [legal] *установленная законом процентная ставка*

statutory intestate succession   [suc.] *установленный законом порядок наследования между штатами*

statutory law   *статутное право;* [legal] *право, основанное на законодательных актах*

statutory lien   [legal] *установленное законом право ареста имущества за долги, установленное законом право удержания имущества за долги*

statutory majority   *уставное большинство*

statutory measure   [legal] *законная мера*

statutory meeting (UK)   [bus.organ.] *уставное собрание*

statutory merger (US)   [bus.organ.] *установленное законом слияние компаний*

statutory minimum   *установленный минимум*

statutory notice   [legal] *предусмотренное законом уведомление*

statutory notice to creditors   [bankr.leg.] *предусмотренное законом уведомление кредиторам*

statutory notice to heirs   [suc.] *установленное законом уведомление наследников*

statutory objective [bus.organ.] *установленное законом уведомление наследников*

statutory offence [leg.pun.] *преступление, предусмотренное статутным правом*

statutory order [legal] *порядок, предусмотренный законом*

statutory owner *законный владелец*

statutory portion [suc.] *часть наследства, предусмотренная законом*

statutory preemption clause [bus.organ.] *установленный законом пункт о преимущественном праве покупки*

statutory pre-emption clause [bus.organ.] *установленный законом пункт о преимущественном праве покупки*

statutory prohibition [legal] *установленное законом запрещение*

statutory protection [legal] *покровительство закона*

statutory provision [legal] *положение закона*

statutory publication [legal] *правовая публикация*

statutory punishment *наказание по закону;* [leg.pun.] *наказание по статутному праву*

statutory rape [leg.pun.] *определенное законом изнасилование*

statutory report *предусмотренный уставом отчет*

statutory requirement [legal] *законодательное требование*

statutory reserve [bank.] *установленный законом запас, установленный законом резерв*

statutory reserve fund [calc.] *установленный законом резервный фонд*

statutory restriction *установленное законом ограничение*

statutory rule [legal] *установленное правило*

statutory share of joint estate [legal] *установленная законом доля совместного имущества*

statutory sick pay (UK) [empl.] *установленное законом пособие по болезни*

statutory trust [legal] *доверительный траст, учрежденный специальным законом*

stay *пребывание;* [legal] *задержка, остановка, отсрочка, приостановление производства дела, промедление*

stay (vb.) *останавливаться;* [legal] *задерживать, медлить, оставаться, отсрочивать, пребывать, приостанавливать*

stay abroad *пребывание за рубежом*

stay an action (vb.) [legal] *отсрочивать рассмотрение дела, приостанавливать рассмотрение дела*

staying power *страна пребывания*

stay of execution [legal] *отсрочка исполнения решения, приостановление исполнения решения*

stay of proceedings [legal] *отсрочка судопроизводства, приостановление судопроизводства*

stay open till 5 *открыто до 5 часов*

stay proceedings (vb.) [legal] *приостановленное судопроизводство*

stay tourism *туризм с остановками, туристический поход с остановками*

steadiness *стабильность, устойчивость*

steady (adj.) *неизменный, постоянный, стабильный, устойчивый*

steady market *стабильный рынок, устойчивый рынок*

steady period *период стабильности*

steady progress *устойчивый прогресс*

steady rise *устойчивый рост*

steady tendency *устойчивая тенденция*

steady the market (vb.) *стабилизировать рынок*

steady tone [exc.] *стабильное настроение рынка*

steady trend [exc.] *устойчивая тенденция*

steal (vb.) [leg.pun.] *воровать*

stealing *воровство;* [leg.pun.] *кража*

steamer [nav.] *пароход*

steam ship (S/S) [nav.] *пароход*

steep increase *резкое увеличение*
steer (vb.) *направлять, руководить*
steering *управляемость*
steering committee *руководящий комитет*
stem (vb.) *задерживать, останавливать, преграждать, препятствовать, приостанавливать*
stem from (vb.) *возникать, вытекать*
stencil *трафарет*
stencil (vb.) *наносить надпись по трафарету*
stenographer [pers.manag.] *стенографистка*
stenography *стенография*
step *действие, мера, повышение по службе, продвижение, ступень, ход, шаг, этап*
step backwards *шаг назад*
stepbrothers and stepsisters *сводные братья и сестры*
step-by-step (adj.) *постепенный*
step-by-step acquisitions *постепенное приобретение*
stepchild *падчерица;* [law.dom.] *пасынок*
step cost [ind.ec.] *скачкообразное изменение стоимости, скачок затрат*
stepdaughter *падчерица*
step down (vb.) *выходить, подать в отставку, спускаться, сходить*
step-down *уход в отставку*
stepfather *неродной отец, отчим*
step in (vb.) *вступать, входить*
step in a litigation [legal] *этап гражданского судебного спора*
step in litigation *этап гражданского судебного спора*
stepmother *мачеха, неродная мать*
stepparent *мачеха, неродная мать, неродной отец, отчим*
stepparents *отчим и мачеха*
stepped (adj.) *ступенчатый, уступчатый, ярусный*
stepped-up value [tax.] *добавленная стоимость*
steps, take (vb.) *принимать меры*
stepson *пасынок*
step up (vb.) *выдвигать, подниматься, продвигать, расширять, увеличивать*
step-up *повышение, расширение, увеличение, усиление, эскалация*
step up productive investment (vb.) *увеличивать производственные капиталовложения*
step up the military presence (vb.) *наращивать военное присутствие*
step with, in *в соответствии с*
stereotype *стереотипия;* [print.] *стандарт, стереотипность*
stereotype (adj.) *стереотип, шаблон, шаблонный*
stereotypy [print.] *стереотипия*
sterling (GBP) [monet.trans.] *английская валюта, счет в фунтах стерлингов, фунт стерлингов*
sterling acceptance [bill.] *акцептованный вексель, выписанный в фунтах стерлингов*
sterling area *стерлинговая зона*
sterling interest rate *курс фунта стерлингов*
stevedore *грузчик;* [nav.] *стивидор*
stevedore's charges [nav.] *стивидорные расходы*
stevedoring fee [nav.] *стивидорные расходы*
steward *бортпроводник, проводник, распорядитель, управляющий хозяйством*
stewardess [air tr.] *бортпроводница, стюардесса;* [rail.] *проводница*
sticker *афиша, объявление, этикётка, ярлык*
stick-on label *липкая этикетка*
stiff (adj.) *устойчивый*
still *рекламный кадр, фотореклама*
stimulate (vb.) *побуждать, поощрять, стимулировать*

stimulating the demand [pol.ec.] *стимулирование спроса*
stimulating the economy [pol.ec.] *стимулирование экономии*
stimulation *стимулирование*
stimulus *побудительная причина, стимул, стимулирующее воздействие*
stipend [manag.] *вознаграждение за труд, жалованье;* [syst.ed.] *регулярное пособие, стипендия*
stipendiary magistrate (UK) [legal] *оплачиваемая должность государственного чиновника*
stipulate (vb.) *обусловливать, оговаривать в договоре, предусматривать, ставить условием;* [legal] *договариваться*
stipulate by contract (vb.) [legal] *оговаривать в контракте*
stipulated (adj.) *оговоренный*
stipulated in articles of association (adj.) *оговоренный в уставе ассоциации, предусмотренный уставом ассоциации*
stipulated in the articles of association [bus.organ.] *оговоренный в уставе ассоциации, предусмотренный уставом ассоциации*
stipulated premium [ins.] *ставка для обусловленных видов страхуемого имущества*
stipulation *обусловливание, положение договора, пункт соглашения, соглашение;* [legal] *договор, оговорка, условие*
stipulations *оговорки, условия*
stochastic (adj.) [stat.] *стохастический*
stock *акционерный капитал, акция, группа населения, облигации, поголовье скота, род, семья, скот, фонды, ценные бумаги;* [bus.organ.] *материалы, сырье;* [prod.] *имущество, перечень продаваемого имущества;* [stock] *обязательства;* [wareh.] *ассортимент товаров, запас, инвентарь, капитал, склад, фонд*
stock (vb.) [wareh.] *создавать запасы, хранить на складе*
stock, have in (vb.) *иметь в ассортименте, иметь в наличии*
stock, in *в ассортименте, в наличии, на складе*
stock, keep in (vb.) *иметь в наличии, хранить на складе*
stock accumulation [wareh.] *накопление запасов*
stock acquisition *приобретение запасов*
stock acquisition (US) [bus.organ.] *приобретение запасов*
stock an article (vb.) [comm.] *хранить товар на складе*
stock argument *шаблонный довод*
stock book [wareh.] *книга регистрации владельцев акций, книга фондовых ценностей*
stockbroker [exc.] *биржевой маклер, фондовый брокер*
stockbroker identification [exc.] *установление личности биржевого маклера*
stockbroking [exc.] *операции с фондовыми ценностями*
stockbroking company [exc.] *компания, ведущая операции с фондовыми ценностями*
stockbroking firm [exc.] *фирма, ведущая операции с фондовыми ценностями*
stock building [wareh.] *склад, хранилище*
stock certificate *свидетельство на акцию*
stock certificate (US) [stock] *акционерный сертификат, свидетельство на акцию*
stock certificate with limitations on right to transfer (US) [stock] *свидетельство на акцию с ограничениями на право передачи*
stock check [wareh.] *проверка состояния запасов*
stock clerk *конторский работник на складе*
stock company [bus.organ.] *акционерная компания*
stock control clerk *кладовщик*
stock corporation (US) [bus.organ.] *акционерная корпорация*
stock count [wareh.] *инвентаризация запасов*
stock dealer [exc.] *биржевой торговец*

stock department   [bank.] *отдел ценных бумаг банка*

stock dividend (US)   [bus.organ.] *дивиденд, выплачиваемый акциями, дивиденд в форме ценных бумаг*

stock dividend issue (US)   [bus.organ.] *выпуск акций для выплаты дивидендов*

stock exchange   [exc.] *фондовая биржа*

stock-exchange analyst   *аналитик фондовой биржи, специалист по ценным бумагам*

stock-exchange board   [exc.] *правление фондовой биржи*

Stock Exchange Commission, the   *комиссия биржи*

stock-exchange dealing   [exc.] *совершение сделок на фондовой бирже*

stock-exchange gambler   [exc.] *биржевой спекулянт*

stock-exchange introduction   [exc.] *допуск акций к котировке на бирже*

stock-exchange list   [exc.] *курсовой бюллетень*

stock-exchange listed company   [exc.] *компания, внесенная в курсовой бюллетень*

stock-exchange listing   [exc.] *допуск ценных бумаг на фондовую биржу*

stock-exchange list of quoted bonds   [exc.] *курсовой бюллетень облигаций, котируемых на фондовой бирже*

stock-exchange management   *управление фондовой биржей*

stock-exchange opening hours   [exc.] *часы работы фондовой биржи*

stock-exchange quotation   [exc.] *биржевая котировка, биржевой курс*

stock-exchange reform   [exc.] *реформа фондовых бирж*

stock-exchange rules of conduct   [exc.] *правила поведения на фондовой бирже*

stock-exchange securities   *рыночные ценные бумаги;* [stock] *ценные бумаги, обращающиеся на бирже*

stock-exchange terminology   [exc.] *терминология фондовой биржи*

stock-exchange transaction   [exc.] *фондовая операция, фондовая сделка*

stock-exchange usages   [exc.] *обычаи фондовой биржи*

stock fluctuation   [wareh.] *колебания уровня запасов*

stock forming   [wareh.] *образование запасов, создание запасов*

stock gain   *прирост запасов, увеличение запасов*

stockholder   *акционер, владелец акций, владелец государственных ценных бумаг*

stockholder of record   *зарегистрированный владелец именных акций;* [bus.organ.] *зарегистрированный акционер*

stockholders' equity   *собственный капитал;* [bus.organ.] *акционерный капитал, средства акционеров компании*

stockholders' preemptive right   [exc.] *преимущественное право акционера*

stockholders' pre-emptive right   [exc.] *преимущественное право акционера*

Stockholm Option Market (OM)   [exc.] *Стокгольмская опционная биржа*

Stockholm Options and Futures Exchange (SOFE)   [exc.] *Стокгольмская биржа опционов и фьючерсов*

stock index   [exc.] *фондовый индекс*

stock-index future   [stock] *фьючерсный контракт на основе фондовых индексов*

stock-index option   *опционный контракт на основе фондовых индексов*

stocking   *концентрация поголовья скота на единицу площади, создание запасов;* [wareh.] *накопление запасов*

stock-in-trade   [wareh.] *запас товаров, наличное имущество, наличное оборудование, остаток непроданных товаров, товарная наличность*

stock issue discount (US)   [exc.] *скидка против номинала при выпуске акций*

stockist   [wareh.] *фирма, имеющая запасы готовой продукции*

stockjobber (US)   [exc.] *фирма, специализирующаяся на сделках с ценными бумагами за свой счет*

stock ledger   *книга акций;* [wareh.] *регистр учета запасов*

stock level   [wareh.] *уровень запасов*

stock list   [exc.] *курсовой бюллетень*

stock market   [exc.] *фондовая биржа, фондовый рынок*

stock market crash   [exc.] *крах фондовой биржи*

Stock Market III   *рынок ценных бумаг III*

stock market order   *приказ биржевому маклеру;* [exc.] *поручение биржевому маклеру*

stock market price   [exc.] *курс ценных бумаг на фондовом рынке*

stock market securities   *рыночные ценные бумаги;* [stock] *ценные бумаги, обращающиеся на рынке*

stock market transaction   [exc.] *фондовая операция*

stock market value   *ценная бумага фондовой биржи*

stock market values   [exc.] *ценные бумаги фондовой биржи*

stock of foreign bills   [bill.] *пакет иностранных векселей*

stock of gold   *золотой запас*

stock of goods   [wareh.] *запас товаров, склад товаров*

stock of record   *ценная бумага, зарегистрированная на имя владельца до даты, дающей право на получение дивиденда*

stock on hand   [wareh.] *наличный запас*

stock option   [ind.ec.] *фондовый опцион*

stock option plan (US)   [ind.ec.] *система фондовых опционов*

stock order card   [wareh.] *карточка учета заказов для пополнения запасов*

stockpile   [wareh.] *величина запасов, штабель*

stockpile (vb.)   [warch.] *запас, объем запасов, резерв*

stockpiling   [wareh.] *накопление запасов, покупка и накопление запасов стратегического сырья, создание запасов*

stock price   [exc.] *биржевой курс, курс акций*

stock price appreciation   *повышение курса акций*

stock price depreciation   *снижение курса акций*

stock price discrepancies   [wareh.] *несоответствие курсов акций*

stock production   [prod.] *создание запасов*

stock purchase plan   [ind.ec.] *программа покупки акций служащими корпорации*

stock purchase warrant   [stock] *документ, удостоверяющий право купить акции в течение определенного периода*

stock record   [wareh.] *книга учета запасов, учет запасов*

stock record card   [wareh.] *карточка учета запасов*

stock reduction   [wareh.] *уменьшение запасов*

stock right   [exc.] *право на покупку некоторого числа акций компании по фиксированной цене*

stocks   *стапель;* [calc.] *запасы готовой продукции, запасы товаров;* [wareh.] *акции и облигации*

stocks actively dealt in   [exc.] *активные акции*

stocks and bonds   [exc.] *акции и облигации*

stocks and bonds department   [bank.] *отдел акций и облигаций*

stocks and shares (UK)   [stock] *акции и облигации*

stocks and work in progress   [calc.] *запасы и выполняемые работы*

stock split (US)   [bus.organ.] *дробление акций*

stocktaking   [wareh.] *инвентаризация, переучет товаров, пополнение запасов, проверка фонда*

stock trading   [exc.] *продажа акций*

stockturn (UK)   [wareh.] *оборачиваемость товарных запасов*

stock turnover   [ind.ec.] *оборот акций;* [wareh.] *движение запасов, оборот товарных запасов*

stock turnover ratio   [ind.ec.] *оборот товарных запасов, отношение товарных запасов к сумме продаж*

stock value   [exc.] *стоимость акций;* [wareh.] *стоимость запасов*

stockyard   *склад заготовок, скотный двор*

stolen goods   [leg.pun.] *похищенные товары, украденные товары*

stolen property [leg.pun.] *похищенная собственность, украденная стоимость*

stool pigeon (US) *провокатор*

stop *письменная инструкция банку о приостановке платежа, приостановка платежа;* [prod.] *остановка;* [trans.] *задержка, прекращение*

stop (vb.) *вычитать, вычитывать, задерживать, останавливать, останавливаться, прекращать, приостанавливать платеж, удерживать*

stop a cheque (vb.) *приостановка платежа по чеку*

stop here *остановка здесь*

stop-loss order [exc.] *обещание перестраховщика покрыть убытки страхуемой компании сверх оговоренной суммы, приказ о продаже ценных бумаг по наилучшему курсу, но не ниже курса, указанного клиентом*

stop-loss reinsurance [ins.] *перестрахование с эксцедентом убытка*

stop order [bank.] *инструкция банку о приостановке платежа по чеку, приказ о покупке ценных бумаг по наилучшему курсу, но не выше курса, указанного клиентом;* [exc.] *инструкция банку о приостановке платежа по векселю, приказ суда, запрещающий распоряжаться имуществом*

stop-out price *самая низкая долларовая цена, по которой казначейские векселя продаются на аукционе*

stopover *остановка с правом продолжения дальнейшего следования в вагоне того же класса;* [air tr.] *остановка в пути следования*

stoppage *вычет, забастовка, задержка, остановка, перерыв в работе, прекращение, приостановка, простой, удержание*

stoppage of operations [prod.] *прекращение операций*

stoppage of work [empl.] *перерыв в работе*

stop payment [bank.] *остановка оплаты чека лицом, которое его выписало, приостановленный платеж по чеку*

stopping *задержка, остановка*

stopping (of pay) [tax.] *приостановка платежа*

stopping of pay [tax.] *приостановка платежа*

stopping prohibited *'остановка запрещена' (надпись)*

stop-press news *газетная рубрика 'В последний час';* [media] *газетная рубрика 'В последнюю минуту', экстренное сообщение в газете*

stop price [exc.] *цена, специально оговоренная в приказе брокеру*

storage *емкость склада;* [comp.] *запоминающее устройство, накопитель, складирование, складское дело, хранение;* [wareh.] *плата за хранение, площадь склада, склад, складированный товар, складские расходы, стоимость хранения, хранилище*

storage allocation [comp.] *распределение памяти*

storage building [wareh.] *склад, хранилище*

storage capacity [comp.] *емкость запоминающего устройства;* [wareh.] *емкость склада, площадь склада*

storage cell *запоминающая ячейка, запоминающий элемент;* [comp.] *ячейка запоминающего устройства*

storage charge [wareh.] *плата за хранение, складские расходы*

storage company [wareh.] *фирма, обслуживающая склад*

storage control [comp.] *блок управления памятью, управление памятью, устройство управления памятью;* [wareh.] *контроль уровня запасов*

storage costs *складские расходы;* [ind.ec.] *плата за хранение*

storage device [comp.] *запоминающее устройство, запоминающий элемент*

storage expenses *складские расходы;* [book-keep.] *стоимость хранения*

storage house [wareh.] *склад, хранилище*

storage life [comm.] *срок годности при хранении*

storage protection [comp.] *защита памяти*

storage room *складское помещение;* [wareh.] *склад*

storage structure [comp.] *структура памяти*

storage waste [warch.] *отходы при хранении*

storage yard [warch.] *складской двор*

store *универсальный магазин;* [comm.] *скот, откармливаемый на убой;* [comp.] *запоминающее устройство, память;* [r.e.] *универмаг;* [warch.] *запас, лавка, магазин, склад, хранилище*

store (vb.) [comp.] *запоминать, хранить;* [warch.] *запасать, накапливать, отдавать на хранение, помещать на склад, складировать, хранить на складе*

store-and-forward messaging [comp.] *коммутация сообщений*

store-and-forward switching [comp.] *коммутация сообщений*

store card *магазинная карточка;* [warch.] *карточка учета запасов*

store check [mark.] *проверка состояния запасов*

store clerk *кладовщик, конторский работник на складе;* [pers.manag.] *работник склада*

stored goods [warch.] *товары, находящиеся на хранении*

stored in bulk [warch.] *хранящийся навалом*

store fixtures (US) *складское оборудование*

storehouse [warch.] *склад, хранилище*

storekeeper *заведующий складом, кладовщик, лавочник*

storeman *кладовщик*

store of value [pol.ec.] *запас ценных товаров*

store-redeemable coupon [mark.] *купон на оплату товаров в магазине*

storeroom [warch.] *кладовая, склад*

store window (US) *витрина*

storey *этаж, ярус*

storing [warch.] *складирование, хранение*

storing of goods [warch.] *хранение товаров*

storing space [warch.] *место для хранения*

storm and tempest insurance [ins.] *страхование от бури и урагана*

storm damage insurance [ins.] *страхование от убытков вследствие бури*

story *газетный материал, сообщение в газете*

storyboard [adv.] *рекламная раскадровка*

stow (vb.) *укладывать (груз);* [nav.] *укладывать груз*

stowage *стоимость укладки груза, стоимость штивки груза;* [nav.] *плата за укладку груза, размещение, укладка, штивка груза*

stowage and dunnage [nav.] *укладка груза, крепежные материалы и приспособления*

stowage charges [nav.] *плата за укладку груза*

stowing *штивка груза;* [nav.] *укладка груза*

straddle *двойной опцион;* [exc.] *срочная арбитражная сделка, состоящая в одновременной покупке и продаже финансовых инструментов для получения прибыли от изменения соотношения между ценами, стрэддл*

straddle option [exc.] *двойной опцион*

straight (adj.) *прямой, ровный;* [mat.] *правильный*

straight bond [stock] *обычная облигация, не имеющая специального обеспечения*

straight debt [stock] *долг, не покрытый обеспечением*

straightforward presumption [legal] *неопровержимая презумпция*

straight life insurance [ins.] *страхование с пожизненной уплатой взносов*

straight line *прямая линия*

straight-line depreciation [calc.] *равномерное начисление износа, равномерное списание основного капитала*

straight-line method of depreciation [calc.] *метод равномерного начисления износа, метод равномерного списания основного капитала*

straight loan [bank.] *ссуда, не покрытая обеспечением*

straight piece rate [pers.manag.] *сдельная ставка оплаты труда*

straight piecework   [pers.manag.] *сдельная работа*

straight release bill of lading (US)   [nav.] *именной коносамент*

straight stock   [stock] *акция с фиксированной нарицательной стоимостью*

strain   *искажение закона, напряжение*

strained financial circumstances   *напряженное финансовое положение*

strain on liquidity   *нехватка ликвидности*

strain on the balance of payments   *дефицит платежного баланса*

stranger   *посторонний человек*

strangle   [exc.] *покупка опционов 'пут' и 'колл' на один и тот же финансовый инструмент с разными ценами и одинаковыми сроками исполнения, удушение*

strap   [exc.] *опционная стратегия типа 'стрэдл', при которой покупается больше опционов 'колл', чем опционов 'пут', стрэп*

strategic arms   [mil.] *стратегические вооружения*

Strategic Arms Limitation Talks (SALT)   [mil.] *переговоры об ограничении стратегических вооружений*

Strategic Arms Reduction Talks (START)   [mil.] *переговоры о сокращении стратегических вооружений*

strategic planning   [ind.ec.] *стратегическое планирование*

strategy   *стратегия*

strategy formulation   *выработка стратегии*

stratify (vb.)   *стратифицировать*

straw name   *фиктивное название;* [fin.] *фиктивное имя*

stray customer   [mark.] *фиктивный клиент*

stream (vb.)   *поток*

streamer   *вымпел, лозунг;* [adv.] *транспарант*

streamline (vb.)   *модернизировать, рационализировать, ускорять*

streamlined (adj.)   *хорошо налаженный, четко организованный в соответствии с современными требованиями*

streamlining   *рационализация*

street   *улица*

Street   [sl.] *неофициальная биржа*

Street, the (US)   *неофициальная биржа;* [sl.] *Уолл-стрит*

street certificate   [stock] *неофициальный сертификат*

street charge   [tax.] *неофициальный платеж*

street market   [exc.] *внебиржевой рынок, неофициальная биржа, сделки, заключенные после официального закрытия биржи*

street offence   [leg.pun.] *уличное правонарушение*

street price   *цена по внебиржевым сделкам;* [exc.] *цена на неофициальной бирже*

street-trading   [exc.] *внебиржевая торговля ценными бумагами, уличная торговля*

street value   [exc.] *внебиржевая стоимость*

strength   *прочность, устойчивость*

strengthen (vb.)   *делать прочным, стабилизировать, укреплять, укрепляться, усиливать*

strengthening   *стабилизация, укрепление, усиление*

strengthen one's position (vb.)   *укреплять положение*

strengthen the reserves (vb.)   *усиливать резервы*

strength of will   *сила воли*

stress (vb.)   *подчеркивать, создавать напряжение*

stressing   *давление, подчеркивание*

stretch   [trans.] *промежуток времени*

stretch (vb.)   *преувеличивать*

strict (adj.)   *не допускающий отклонений, определенный, строгий, точный, требовательный*

strict construction   *рестриктивное толкование;* [legal] *ограничительное толкование*

strict cost control   *жесткий контроль затрат*

strict economy   *строгая экономия*

stricter provisions   *более строгие положения*

strict interchangeability   *строгая взаимозаменяемость*

strict interpretation   [legal] *ограничительное толкование, рестриктивное толкование*

strict liability   [legal] *безусловное обязательство, безусловный долг, строгая ответственность*

strict liability offence   [leg.pun.] *правонарушение, предусматривающее привлечение к строгой ответственности*

strictly confidential (adj.)   *совершенно секретный, строго конфиденциальный*

strictly prohibited (adj.)   *строго запрещенный*

strictness   *строгость*

strict observance   *строгое выполнение, строгое соблюдение*

strict settlement   [legal] *строгое урегулирование*

strife   *борьба*

strike   *открытие месторождения;* [empl.] *бойкот, забастовка, коллективный отказ, стачка*

strike (vb.)   [empl.] *бастовать, объявлять забастовку*

strike a balance (vb.)   [book-keep.] *подводить баланс*

strike a bargain (vb.)   *заключать сделку, приходить к соглашению*

strike ballot   [empl.] *голосование за проведение забастовки*

strike benefit   [empl.] *пособие бастующим со стороны профсоюза*

strike-bound (adj.)   *связанный с забастовкой*

strike clause   [empl.] *статья о забастовках в договоре*

strike from the agenda (vb.)   *отклонение от повестки дня*

strike fund   [empl.] *забастовочный фонд*

strike notice   [empl.] *уведомление о забастовке*

strike off the register (solicitor) (UK) (vb.)   [legal] *лишать адвоката права практиковать*

strike off the register of mortgages (vb.)   *исключать из книги учета ипотек*

strike off the register solicitor (vb.)   *лишать адвоката права практиковать*

strike off the Rolls (solicitor) (UK) (vb.)   [legal] *лишать адвоката права практиковать*

strike off the Rolls solicitor (vb.)   *лишать адвоката права практиковать*

strike out (vb.)   *выбрасывать, вычеркивать, делать рабочий чертеж, изобретать, придумывать;* [print.] *набрасывать план*

strike out pleadings (vb.)   [legal] *признавать состязательные бумаги противной стороны, не имеющие юридического значения*

strike pay   [empl.] *пособие бастующим со стороны профсоюза*

strike price   [exc.] *фиксированная цена, по которой покупатель опциона может использовать свое право купить или продать определенные финансовые документы, цена исполнения*

striking out (vb.)   *выбрасывание, зачеркивание, изготовление чертежа;* [print.] *вычеркивание*

striking price   [exc.] *фиксированная цена, по которой покупатель опциона может использовать свое право купить или продать определенные финансовые документы, цена, по которой удовлетворяются заявки участников аукциона новых ценных бумаг, цена исполнения*

striking rate   [exc.] *фиксированная цена, по которой покупатель опциона может использовать свое право купить или продать определенные финансовые документы, цена, по которой удовлетворяются заявки участников аукциона новых ценных бумаг, цена исполнения*

string   *ряд, серия;* [comp.] *строка*

string contracts   [legal] *ряд последовательных договоров перепродажи*

stringency   *напряженность, нехватка, стесненность*

stringent (adj.)   *испытывающий денежный дефицит, обязательный, строгий, точный*

stringent conditions   *строгие условия*

stringent measures   *строгие меры*

strip   [air tr.] *взлетно-посадочная полоса*

strip packaging   [pack.] *полосчатая упаковка*

stripped bond   [stock] *казначейская облигация, купон и основная сумма которой покупаются и продаются раздельно*

stripping   [doc.] *демонтаж;* [trans.] *разборка*

STRIPS (separate trading of registered interest and principal of securuties)(US)   [stock] *раздельная торговля основной суммой и купонами казначейских облигаций (США)*

strive (vb.)   *прилагать усилия, стараться*

stroke   *прием, удар*

stroke of lightning   *удар молнии*

strong (adj.)   *здоровый, крепкий, прочный, сильный*

strongbox   *сейф*

strong competition   *сильная конкуренция*

strong-currency nation   [monet.trans.] *страна с твердой валютой*

strong demand   *устойчивый спрос*

strong growth   *устойчивый рост*

stronghold   *крепость*

strong objection   *серьезное возражение*

strong reason   *веское основание*

strongroom   [bank.] *кладовая для хранения ценностей, сейф*

struck out (adj.)   *отпечатанный*

Structural Adjustment Facility (SAF)   *средства для структурной перестройки*

structural alteration   [r.e.] *структурное изменение*

structural analysis   *структурный анализ*

structural change   *структурное изменение*

structural improvement   *структурное совершенствование*

structural policy   *структурная политика*

structural rationalization   *структурная рационализация*

structural survey and valuation report   [r.e.] *отчет о структурном обследовании и оценке*

structural trend   *тенденция структурных изменений*

structural unemployment   [pol.ec.] *структурная безработица*

structure   *состав совокупности, структура, устройство*

structure (vb.)   *структурировать*

structure of assets and capital   *структура активов и капитала*

structure of costs   [ind.ec.] *структура затрат*

structure of interest rates   *структура процентных ставок*

structure plan   [plan.] *план сооружения*

stub   *боковик таблицы, корешок чека, настроечный шлейф, согласующий шлейф, талон*

stub (tuner)   *колесико (тюнера)*

stubborn (adj.)   *неподатливый, упрямый*

stub period financial statement   [calc.] *финансовый отчет за короткий период*

student   *ученый;* [syst.ed.] *студент, учащийся*

student grant   [syst.ed.] *субсидия студенту*

student in further education   [syst.ed.] *аспирант*

student loan   [syst.ed.] *студенческая ссуда*

Student Loan Marketing Association (Sallie Mae) (SLMA) (US)   *Ассоциация, гарантирующая студенческие кредиты, обращающиеся на вторичном рынке (США)*

student residence   [syst.ed.] *студенческое общежитие*

study   *изучение, исследование, наука, научная работа, научные занятия, область науки, предмет изучения*

study (vb.)   [syst.ed.] *изучать*

study bursary   [syst.ed.] *стипендия*

study debt   [syst.ed.] *ссуда на научные исследования*

study grant [syst.ed.] *субсидия на научные исследования*
study group *исследовательская группа, семинар*
studying expenses [syst.ed.] *затраты на исследования*
study purposes [syst.ed.] *цели исследования*
study tour [syst.ed.] *научная командировка*
stuffing [nav.] *наполнение избирательных урн фальшивыми бюллетенями*
stupidity *глупость*
style *вид, конструкция, модель, разновидность, сорт, стиль работы, тип;* [legal] *название фирмы, титул;* [print.] *оформление продукта*
stylist *модельер*
stylistic alteration *стилистическая правка*
subaccount [book-keep.] *вспомогательный счет*
subagent [comm.] *субагент*
subborrower *подзаемщик*
subcharter *субдоговор фрахтования судна;* [nav.] *субчартер*
subcharterparty *субчартер;* [nav.] *субдоговор фрахтования судна*
subclaim [pat.] *зависимый пункт формулы изобретения*
subclassification *подклассификация*
subcommittee *подкомитет*
subcontract *договор с субподрядчиком, субдоговор, субподряд*
subcontracting enterprise *субподрядчик*
subcontracting supplier *субподрядчик*
subcontractor *субподрядчик*
subdivide (vb.) [r.e.] *подразделять*
subdivided share [bus.organ.] *разделенная акция*
subdivision *подотдел, подразделение, раздел земельных учасков, секция;* [r.e.] *дробление земельных участков*
subdivision plan [r.e.] *план раздела земельных участков*
subdivision plat [r.e.] *небольшой участок земли*
subdue (vb.) *подчинять, покорять*
subguarantee *вторичная гарантия*
subguarantor *вторичный поручитель*
subhead [plan.] *подзаголовок*
subheading [print.] *подзаголовок, подрубрика*
subitem [calc.] *подвопрос;* [legal] *подпункт*
subject *гражданин, дисциплина, подданный, предмет, проблема;* [law nat.] *вопрос, тема*
subject adviser [syst.ed.] *консультант по предмету*
subject a transaction to tax (vb.) *облагать сделку налогом*
subject index [doc.] *предметный указатель*
subjective liability [legal] *личная ответственность*
subject matter *объект договора, предмет, тема;* [legal] *содержание*
subject matter (of the case) [legal] *существо судебного дела*
subject matter jurisdiction [legal] *внутренняя компетенция*
subject matter of a contract [legal] *предмет договора*
subject matter of case [legal] *существо судебного дела*
subject matter of contract *предмет договора*
subject matter of the case [legal] *существо судебного дела*
subject matter of the trust [legal] *предмет опеки*
subject matter of trust *предмет опеки*
subject of action [legal] *предмет иска*
subject of an action *предмет иска*
subject of contention *предмет спора*
subject of controversy [legal] *предмет спора*
subject of sale *товар*
subject to *в зависимости от, в том случае, если, за изъятием, предусмотренным в, за исключением, указанным в, на тот случай, если, подчиненный, поскольку иное не предусматривается, поскольку иное не содержится в, поскольку это допускается, при соблюдении, при условии, при условии соблюдения, с сохранением в силе*

subject to (vb.) *подвергать, подчинять*
subject to (adj.) *зависящий от, ограниченный, подверженный*
subject to alteration   *в случае изменения*
subject to approval   *в случае одобрения*
subject to a proviso   [legal] *с оговоркой*
subject to call (adj.) *подлежащий погашению по первому требованию*
subject to change without notice   *при внесении изменений без уведомления*
subject to collection   *в зависимости от поступления денежных средств, при условии инкассации*
subject to conditions   *на условиях*
subject to confirmation (adj.) *подлежащий подтверждению*
subject to contract   [legal] *при условии соблюдения договора*
subject to duty   [cust.] *при условии уплаты таможенной пошлины*
subject to final payment   [ec.] *при условии внесения последнего платежа, при условии окончательного расчета, при условии погашения долга*
subject to goods unsold   *в зависимости от количества непроданных товаров*
subject to necessary changes being made   *при условии внесения необходимых изменений*
subject to notification   *в соответствии с уведомлением*
subject to prior sale   *в зависимости от предыдущей продажи*
subject to prosecution   [legal] *в соответствии с предъявленным иском*
subject to proviso   [legal] *с оговоркой*
subject to repurchase   *при условии обратной покупки*
subject to revision (adj.) *подлежащий пересмотру*
subject to tax (adj.) *облагаемый налогом*
subject to the necessary changes being made   *при условии внесения необходимых изменений*
subject to uncertainty (adj.) *зависящий от неопределенности*
sub judice   [legal] *на рассмотрение суда*
sublease   [r.e.] *передача в субаренду, поднаем, субаренда*
sublease (vb.) [r.e.] *заключать договор субаренды*
subledger   [book-keep.] *вспомогательная бухгалтерская книга*
sublessee   [r.e.] *субарендатор*
sublessor (adj.) *отдающий в субаренду*
sublet (vb.) *передавать в поднаем;* [r.e.] *сдавать в поднаем*
subliminal advertising   [adv.] *реклама, действующая на подсознание, реклама, действующая с помощью подпороговых раздражителей*
sublimit   [ins.] *частный предел*
submanager   *младший руководитель*
submandate   [legal] *частное поручение*
submission   *аргумент, довод, заявление, подчинение, утверждение;* [legal] *передача на рассмотрение, подача документа, представление, соглашение о передаче спора в арбитраж, третейская запись*
submission of accounts   [calc.] *представление отчетов*
submission of annual accounts   [calc.] *представление годовых отчетов*
submission of a proposal   *представление предложения*
submission of bid   *предложение цены*
submission of bids   *предложение цен*
submission of claim   [ins.] *предъявление иска*
submission of guarantee   *предоставление гарантии*
submission of proposal   *представление предложения*
submission of statement on oath   [legal] *дача показаний под присягой*
submission of tender   *представление заявки, представление предложения*
submission to land register   [r.e.] *представление документов в кадастр*
submission to the land register   [r.e.] *представление документов в кадастр*

submit (vb.) *вносить на рассмотрение, заявлять, передавать, передавать на рассмотрение, подавать документы, подвергать, представлять, представлять на рассмотрение, указывать, утверждать;* [legal] *подчиняться, покоряться*

submit an application (vb.) *подавать заявку*

submit an offer for (vb.) [exc.] *выходить с предложением, предлагать заключить сделку*

submit a report (vb.) *направлять сообщение, представлять доклад, представлять отчет*

submit a request (vb.) *подавать запрос*

submit for collection (vb.) *представлять на инкассацию, предъявлять на инкассо*

submit tender for a contract (vb.) *подавать заявку на подряд*

submit tender for contract (vb.) *подавать заявку на подряд*

submit the budget (vb.) *представлять смету*

submitting *внесение на рассмотрение*

submitting party [legal] *сторона-заявитель*

submit to (vb.) *вносить на рассмотрение, представлять на рассмотрение*

submortgagee [legal] *кредитор по ипотечному подзалогу*

submortgaging [legal] *получать ссуду по ипотечному подзалогу*

subnormality *отклонение от нормального состояния*

subordinate (vb.) *подчинять, ставить в зависимость*

subordinate (adj.) *второстепенный, зависимый, подчиненный*

subordinated assets *субординированные активы*

subordinated bond [stock] *облигация с более низким статусом по сравнению с другими долговыми обязательствами эмитента, субординированный долг*

subordinated claim [legal] *субординированная претензия*

subordinated debt [legal] *субординированный долг*

subordinate debt *второстепенный долг*

subordinated loan *субординационный заем*

subordinated to, be (vb.) [r.e.] *находиться в подчинении*

subordinate interest *второстепенный интерес*

subordinate legislation [legal] *подзаконные акты*

subordinate loan capital [bus.organ.] *вспомогательный заемный капитал, вспомогательный ссудный капитал*

subordinate officials [manag.] *подчиненные официальные лица*

subordination *зависимость, подчинение, подчиненность*

subordination agreement *соглашение о подчинении*

suborn [legal] *подстрекать к совершению преступления*

suborn (vb.) [legal] *давать взятку, подкупать, подстрекать к лжесвидетельству*

subornation [legal] *взятка, подкуп, подстрекательство к лжесвидетельству, подстрекательство к совершению преступления*

suborn a witness (vb.) [legal] *подстрекать свидетеля к даче ложных показаний*

subparagraph [legal] *подпункт статьи договора*

subpartner *младший партнер*

subpoena [legal] *вызов в суд, повестка о явке в суд*

subpoena (vb.) [legal] *вызывать в суд, присылать повестку о явке в суд*

subpoena ad testificandum [legal] *вызов в суд для дачи показаний*

subpoena duces tecum [legal] *приказ о явке в суд с представлением документов, перечисленных в приказе*

subprogram [comp.] *подпрограмма*

subrogate (vb.) [legal] *заменять одного кредитора другим*

subrogation [ins.] *замена одного кредитора другим, переход прав страхователя к страховщику после уплаты последним страхового вознаграждения, суброгация;* [legal] *переход прав в порядке суброгации*

subrogation clause   [ins.] *пункт о суброгации*

subroutine   [comp.] *стандартная подпрограмма*

subscribe   *субсидировать*

subscribe (vb.)   *присоединяться, соглашаться;* [exc.] *поддерживать, подписываться;* [legal] *вносить долю, приобретать по подписке;* [media] *жертвовать деньги*

subscribe a loan (vb.)   [bank.] *подписываться на заем*

subscribe an amount (vb.)   *подписываться на определенную сумму*

subscribed capital   *выпущенный капитал компании;* [bus.organ.] *выпущенный по подписке акционерный капитал, подписной капитал международной валютно-финансовой организации*

subscribed capital unpaid   [bus.organ.] *неоплаченная часть выпущенного по подписке акционерного капитала*

subscribed share capital   [bus.organ.] *выпущенный по подписке акционерный капитал*

subscribe for (vb.)   [exc.] *подписываться на*

subscribe for shares (vb.)   [exc.] *подписываться на акции*

subscribe one's name to (vb.)   *ставить свою подпись под документом*

subscriber   [exc.] *абонент, жертвователь, подписчик*

subscriber capital   [bus.organ.] *выпущенный по подписке акционерный капитал*

subscribe to (vb.)   *подписываться на;* [media] *присоединяться к*

subscribe to a newspaper (vb.)   [media] *подписываться на газету*

subscribe to an opinion (vb.)   *соглашаться с мнением*

subscribing witness   [legal] *свидетель, давший подписку*

subscript   [print.] *подпись, приписка*

subscription   *подписание документа, подписной взнос, подпись, подтверждение, пожертвование, принятие принципов, приписка, членский взнос;* [exc.] *подписка;* [legal] *общая сумма подписки;* [media] *вклад по подписке*

subscription capital   [bus.organ.] *выпущенный по подписке акционерный капитал*

subscription certificate   *временный документ, выдаваемый вместо неполной акции, образовавшейся в результате разбивки акций, письменное обязательство банка выдать сертификат ценной бумаги после ее выпуска;* [stock] *подписной сертификат*

subscription consortium   [exc.] *консорциум, ведущий подписку на облигационный заем*

subscription for shares   [bus.organ.] *подписка на акции*

subscription information   [exc.] *форма подписки*

subscription list   [exc.] *подписной лист*

subscription option   [exc.] *право выбора подписки*

subscription period   [exc.] *период подписки*

subscription price   [exc.] *цена подписки*

subscription ratio   *подписной коэффициент*

subscription right   [exc.] *право подписки на акции*

subscription shares   *подписные акции*

subscription to stock   [bus.organ.] *подписка на акции*

subscription warrant   *подписной сертификат;* [stock] *подписной варрант*

subsection   [legal] *параграф, подраздел, пункт*

subsector   *подсектор*

subsequent (adj.)   *более поздний, вытекающий, последующий, являющийся результатом*

subsequent cover   [ins.] *последующая уплата по счету*

subsequent delivery   [comm.] *последующая доставка, последующая поставка*

subsequent delivery, put down for (vb.)   *записывать на счет последующей поставки*

subsequent distribution   *последующее распределение*

subsequent endorser   [legal] *дополнительный жирант, дополнительный индоссант*

subsequent entry   [book-keep.] *последующая проводка*

subsequent event   [calc.] *последующее событие*

subsequently   *впоследствии*

subsequent mortgage   [r.e.] *дополнительная закладная*

subsequent offence   [leg.pun.] *последующее правонарушение*

subsequent survey   *вспомогательное обследование;*
    |mark.| *дополнительное обследование*

subsequent year   *последующий год, следующий год*

subsequent year, the   *последующий год*

subsidence   *падение, спад*

subsidiary   *дочерняя компания, дочерняя фирма, филиал*

subsidiary (adj.)   *вспомогательный, дополнительный, дочерний,*
    подчиненный, разменный (о деньгах), резервный

subsidiary (company)   *дочерняя компания, компания-участница,*
    подконтрольная компания, филиал

subsidiary account   [book-keep.] *вспомогательный счет*

subsidiary auditor   [aud.] *дочерняя аудиторская фирма*

subsidiary bank   [bank.] *филиал банка*

subsidiary clause   [ins.] *вспомогательная статья*

subsidiary duty   *дополнительные обязанности*

subsidiary earnings   *дополнительные поступления*

subsidiary income   *дополнительный доход*

subsidiary ledger   [book-keep.] *вспомогательная книга, книга*
    аналитического учета

subsidiary liability   *вспомогательное обязательство*

subsidiary loan   *вспомогательная ссуда*

subsidiary name   [legal] *название филиала*

subsidiary occupation   [empl.] *дополнительное занятие*

subsidiary point   [legal] *дополнительный вопрос*

subsidiary property company   *компания, имеющая дочернюю*
    собственность

subsidiary road   *вспомогательная дорога*

subsidiary tax rate card   [tax.] *карточка вспомогательных налоговых*
    ставок

subsidiary undertaking   *предприятие-филиал*

subsidiary undertaking of a subsidiary undertaking   [EEC] *отделение*
    предприятия-филиала

subsidiary undertaking of subsidiary undertaking   [EEC] *отделение*
    предприятия-филиала

subsidies   [ec.] *субсидии*

subsidies to trade and industry   *субсидии для торговли и*
    промышленности

subsidization   *субсидирование, финансирование*

subsidize (vb.)   *предоставлять субсидии, субсидировать,*
    финансировать

subsidized building   *субсидируемое строительство*

subsidized exports   *субсидируемые статьи экспорта*

subsidized financing facility   [ec.] *финансовая субсидия*

subsidized housing   *финансируемое жилищное строительство;*
    |r.e.| *субсидируемое жилищное строительство*

subsidized housing projects   *проекты субсидируемого жилищного*
    строительства

subsidized rate   [ec.] *доля затрат, покрываемых за счет*
    субсидирования

subsidy   *денежные ассигнования, дотация;* [manag.] *субсидия*

subsidy scheme   [manag.] *программа дотаций, программа субсидий*

subsistence   *прожиточный минимум, средства к существованию;*
    |book-keep.| *существование*

subsistence allowance   [book-keep.] *надбавка, обеспечивающая*
    прожиточный минимум

subsistence expenses   *прожиточный минимум*

subsistence farming *сельскохозяйственное производство для собственных нужд*

subsistence level *минимальный уровень жизни, прожиточный минимум*

subsistence minimum *минимальный уровень жизни, прожиточный уровень*

subsistence pay [empl.] *заработная плата, обеспечивающая прожиточный минимум*

subsoil *недра*

substance *истинный смысл, суть;* [doc.] *сущность;* [legal] *существо*

substance claim [pat.] *сущность формулы изобретения*

substandard risk [ins.] *риск ниже нормального*

substantial (adj.) *важный, главный, зажиточный, значительный, крепкий, основной, прочный, состоятельный, существенный*

substantial damage *существенный ущерб*

substantial damages [legal] *реальные убытки, фактические убытки*

substantial order *важное распоряжение*

substantial part *важная часть*

substantiate (vb.) *делать реальным, доказывать правоту, подкреплять доказательствами, приводить достаточные основания, придавать конкретную форму*

substantiating [legal] *доказывание, подтверждение доказательствами*

substantiation *обоснование, подтверждение доказательствами;* [legal] *доказывание*

substantive law [legal] *материальное право*

substantive law of crime [leg.pun.] *материальное уголовное право*

substantive processing *материальное оформление*

substantive prosecution [pat.] *рассмотрение дела по существу*

substantive tax law [legal] *материальное налоговое законодательство*

substitute *замена, подназначенный наследник, представитель;* [pers.manag.] *заменитель, заместитель, субститут, суррогат*

substitute (vb.) *заменять, замещать, использовать вместо, назначать заместителем, назначать наследника, подменять, подставлять;* [pers.manag.] *делегировать, передавать полномочия*

substituted service [legal] *субститут личного вручения судебного приказа*

substitute good *товар-заменитель*

substitute goods *взаимозаменяемые товары, суррогат;* [pol.ec.] *товар-заменитель*

substitute member *заместитель*

substitute teacher [pers.manag.] *нештатный преподаватель*

substitution *подназначение наследника, субститут, субституция;* [suc.] *замена, замещение*

substitution of collateral *замена обеспечения ссуды*

subsubsidiary *филиал дочерней компании*

sub-subsidiary *филиал дочерней компании*

subsupplier *представитель поставщика*

subsupply *частичная поставка*

subsystem *компонент системы, часть системы;* [comp.] *подсистема*

subtenant [r.e.] *поднаниматель, субарендатор*

subtitle [media] *субтитр;* [print.] *подзаголовок*

subtotal *промежуточная сумма, промежуточный итог*

subtract (vb.) [mat.] *вычитать, отнимать*

subtraction [mat.] *вычитание*

subunderwriter *вторичный гарант нового займа*

subunderwriting *вторичная гарантия нового займа*

suburb *окраина, пригород*

suburban trains (S-trains) [trans.] *пригородное железнодорожное сообщение*

subvention *государственное финансовое пособие, дотация, субвенция;* [manag.] *субсидия*

subvention amount *сумма субсидии*

subvention policy *политика в области субсидий*

subversion *диверсия, подрывная деятельность*

subversive (adj.) *подрывной, разрушительный*

subversive activities *подрывная деятельность*

subway *метро (США)*

succeed (vb.) *добиваться, достигать цели, иметь успех, наследовать, преуспевать, процветать;* [legal] *быть преемником*

succeeding (adj.) *последующий, следующий*

succeeding party [legal] *наследник*

succeed to (vb.) [suc.] *наследовать*

success *успех*

successful (adj.) *имеющий успех, удачный, успешный*

successful bidder *удачливый участник торгов*

successful in an action, be (vb.) [legal] *выиграть судебный процесс*

succession *наследники, наследственное право, потомки, преемники;* [legal] *наследование, порядок наследования;* [suc.] *имущество, переходящее по наследству, наследство, последовательность, преемственность*

succession duty [r.e.] *налог на наследуемую недвижимость*

succession right [suc.] *право наследования*

succession state *состояние правопреемства*

succession to all rights and obligations of another *наследование всех прав и обязательств другого лица*

succession to all the rights and obligations of another [legal] *наследование всех прав и обязательств другого лица*

successive (adj.) *последующий, следующий*

successive consignments *последовательно отправляемые партии груза*

successive delivery *последовательная поставка*

successive transports [nav.] *последовательные перевозки*

successor *последующее событие;* [pers.manag.] *наследник;* [suc.] *правопреемник, преемник*

successor (in title) *наследник (титула)*

successor and assign [legal] *наследник и правопреемник*

successors [pers.manag.] *наследники*

sudden stop *неожиданная остановка*

sudden turn *неожиданный поворот*

sue (vb.) [legal] *возбуждать дело, вчинить иск, выступать в качестве истца, подавать в суд, подавать жалобу, предъявлять иск, преследовать судебным порядком, просить*

sue out (vb.) *испрашивать в порядке ходатайства;* [legal] *испросить в порядке ходатайства*

sue upon *вчинить иск, подавать в суд*

suffer (vb.) *быть наказанным, испытывать, претерпевать, страдать;* [ec.] *подвергаться наказанию*

suffer a loss (vb.) *нести убыток, терпеть ущерб*

suffice (vb.) *быть достаточным*

sufficient (adj.) *достаточный*

suffrage *голосование, право голоса, участие в голосовании;* [parl.] *избирательное право*

suggest (vb.) *предлагать, советовать;* [sl.] *выдвигать в качестве возможного обстоятельства*

suggested price [comm.] *предлагаемая розничная цена, цена, предлагаемая для розничной продажи*

suggested retail price [comm.] *предлагаемая розничная цена*

suggestion *вероятное обстоятельство, возможное обстоятельство, предложение, совет*

suicide *самоубийство*

suicide act *акт самоубийства*

suicide attempt *попытка самоубийства*

suit   [ins.] *иск;* [legal] *комплект, набор, судебное дело, судебный процесс, судопроизводство*

suitability   *годность, пригодность*

suitable (adj.)   *подходящий, соответствующий, удобный, удовлетворяющий требованиям*

suitable for human consumption (adj.)   *пригодный для потребления человеком*

suitable for running (adj.)   *годный к работе*

suited (adj.)   *годный*

suit for judicial separation   [law.dom.] *иск о судебном разлучении*

suit for specific performance   [legal] *иск о реальном исполнении*

suitor   *истец, тяжущаяся сторона;* [legal] *сторона в деле*

sum   [ec.] *итог, количество, сумма*

sum (vb.)   *подводить итог, складывать*

sum assured   [ins.] *застрахованная сумма*

sum check   *контроль по сумме, контроль суммированием, проверка по сумме, проверка суммированием*

sum in acquittance   [legal] *сумма в погашение долга*

sum insured   [ins.] *страховая сумма*

sum insured under endowment assurance   [ins.] *страховая сумма при гарантии материального обеспечения*

summarize (vb.)   *подводить итог, резюмировать, суммировать*

summarized version   [doc.] *итоговый вариант*

summary   *выводы, компендиум, конспект, краткое изложение, резюме, сводка*

summary (adj.)   *краткий, скорый, суммарный;* [legal] *осуществляемый без участия присяжных, осуществляемый в суммарном порядке, осуществляемый в упрощенном порядке*

summary account   *заключительный баланс, краткий отчет, обобщенный счет;* [calc.] *итоговый счет*

summary calculation   *сводная смета, суммарный подсчет*

summary contentious procedure   *упрощенная процедура разрешения споров*

summary conviction   [leg.pun.] *осуждение в порядке упрощенного судопроизводства*

summary judgment   [legal] *решение, вынесенное в порядке упрощенного судопроизводства*

summary jurisdiction   *суммарное производство;* [legal] *упрощенное производство*

summary of balance sheet   [calc.] *сводный балансовый отчет*

summary offence   [leg.pun.] *преступление, преследуемое в порядке суммарного производства*

summary posting   [book-keep.] *суммарная проводка по счету*

summary procedure   [legal] *суммарное судопроизводство, упрощенное судопроизводство*

summary procedure for action on a bill of exchange   [legal] *упрощенное судопроизводство по иску о переводном векселе*

summary procedure for action on bill of exchange   *упрощенное судопроизводство по иску о переводном векселе*

summary proceedings   [legal] *суммарное судопроизводство, упрощенное судопроизводство*

summary report   *сводный отчет*

summary trial   *суммарное судопроизводство;* [leg.pun.] *упрощенное судопроизводство*

summary voucher   [book-keep.] *сводный оправдательный документ*

summation check   *контроль суммированием, проверка суммированием*

summer holidays   *летние каникулы*

summer house   *летний дом*

summer months   *летние месяцы*

summer sales   *летняя продажа*

summer season   *летний сезон*

summer time   *летнее время*

summing-up   *оценка положения, резюме;* [legal] *заключительная речь (судьи или адвоката);* [leg.pun.] *подведение итогов;* [mat.] *суммирование*

summit   *встреча на высшем уровне, совещание на высшем уровне*

summit (meeting)   *совещание на высшем уровне*

summit conference   *совещание на высшем уровне*

summon (vb.)   *вручать приказ о вызове в суд, вызывать в суд, призывать, созывать;* [legal] *требовать исполнения*

summon as a witness (vb.)   [legal] *вызывать в суд в качестве свидетеля*

summoning   *вручение судебной повестки, вызов в суд*

summons   [legal] *вызов в суд, извещение ответчика о предъявленном иске, обращение с ходатайством к судье, приказ о вызове в суд, судебная повестка*

summons for directions   [legal] *обращение в суд с указаниями о движении дела*

summons of beneficiaries   *вызов в суд бенефициариев*

summons of beneficiary   [suc.] *вызов в суд бенефициария*

summons of creditor   [bankr.leg.] *вызов в суд кредитора*

summons of creditors   *вызов в суд кредиторов*

summons to a meeting   *приказ о вызове на заседание суда*

summons to meeting   *приказ о вызове на заседание суда*

summon to appear (vb.)   [legal] *требование о явке*

sum of money   *денежная сумма*

sum of squares   *сумма квадратов*

sum payable at death   [ins.] *страховая сумма, выплачиваемая по случаю смерти*

sum payable at maturity   *сумма, выплачиваемая при наступлении срока платежа*

sum required   *требуемая сумма*

sums of money   [ec.] *денежные суммы*

sum up (vb.)   *оценивать, резюмировать, суммировать*

Sunday delivery   *воскресная доставка*

Sundays and public holidays   *воскресенья и государственные праздники*

sundries   [book-keep.] *'прочие статьи' бухгалтерского учета*

sundries accounts   [book-keep.] *'прочие статьи' бухгалтерского учета*

sundry (adj.)   *различный*

sundry accounts payable   [calc.] *'прочие счета' к оплате*

sundry accounts receivable   [calc.] *'прочие счета' к получению*

sundry allowances   [calc.] *различные надбавки;* [tax.] *различные скидки*

sundry creditors   [calc.] *различные кредиторы*

sundry debtors   [calc.] *различные дебиторы, различные должники*

superannuate (vb.)   [pers.manag.] *увольнять по выслуге лет*

superannuation   [pers.manag.] *пенсия по выслуге лет, увольнение по выслуге лет*

superannuation and pension fund   [pers.manag.] *пенсионный фонд*

superannuation fund   [pers.manag.] *пенсионный фонд*

superannuation provision   [calc.] *пенсионный фонд*

superannuation scheme   [pers.manag.] *программа пенсионного обеспечения*

supercargo   *суперкарго;* [nav.] *представитель владельца груза на судне, представитель фрахтователя на таймчартерном судне*

superfluous (adj.)   *обильный*

super gold tranche   [bank.] *золотая доля облигационного выпуска*

superintend (vb.)   *заведовать, контролировать, надзирать, руководить, управлять*

superintendence   *контроль, надзор, управление*

superintendent   *директор, надзиратель, начальник, руководитель, старший полицейский офицер;* [empl.] *заведующий;* [pers.manag.] *управляющий*

superintendent registrar   *руководитель бюро регистрации актов гражданского состояния*

superior   *начальник*

superior (adj.)   *высшего качества, высший, лучшего качества, превосходящий, старший по должности;* [comm.] *лучший, превосходный*

superior court   [legal] *высший суд, суд высшей категории*

superior order   [leg.pun.] *распоряжение высшей инстанции*

superlevy   [tax.] *дополнительный сбор*

supermarket   *супермаркет, универсам*

superpower   *великая держава, великая держива, сверхдержава*

superscript   [print.] *верхний индекс*

superscription   *надпись*

supersede (vb.)   *вытеснять, заменять, заменять собой, отменять*

supersonic bang   [ins.] *сверхзвуковой удар*

superstructure   *надстройка*

supervise (vb.)   *инспектировать, контролировать, наблюдать, надзирать, осуществлять надзор, смотреть*

supervised by customs officers   [cust.] *под надзором таможенного чиновника*

supervising authority   *контрольный орган*

supervision   *ведение дел, инспектирование, контроль, наблюдение, проверка;* [prod.] *надзор*

supervision act   [legal] *закон о надзоре*

supervision of accounts   *контроль счетов*

supervision order   [legal] *распоряжение о надзоре*

supervisor   *инспектор, контролер, надзиратель, надсмотрщик*

supervisory (adj.)   *наблюдательный*

supervisory authority   *контрольный орган, наблюдательный орган*

supervisory board   *контрольный совет;* [manag.] *наблюдательный совет*

supervisory body   *контрольный орган, наблюдательный орган*

supervisory control   *административно-технический надзор, диспетчерский контроль, оперативное руководство*

supervisory council   *контрольный совет;* [manag.] *наблюдательный совет*

supervisory function   *наблюдательная функция*

supervisory powers   *контрольные полномочия*

supervisory regulation   *надзорная юрисдикция*

supplant (vb.)   *вытеснять*

supplement   *добавление, приложение;* [print.] *дополнение*

supplement (vb.)   *дополнять*

supplementary (adj.)   *добавочный, дополнительный*

supplementary act   [legal] *закон, дополняющий ранее изданный закон*

supplementary agreement   [legal] *дополнительное соглашение*

supplementary appropriation   *дополнительные ассигнования*

supplementary appropriations   [manag.] *дополнительные ассигнования*

supplementary assessment   [tax.] *дополнительная оценка*

supplementary benefit   [soc.] *дополнительное пособие*

supplementary budget   *дополнительная финансовая смета*

supplementary bunker surcharge (SBS)   [nav.] *плата за дозаправку судна топливом*

supplementary call   [mar.ins.] *дополнительный заход в порт*

supplementary clause   [legal] *дополнительная статья, дополнительный пункт*

supplementary costs   [ind.ec.] *дополнительные затраты*

supplementary entry   *дополнительная проводка*

supplementary estimates act   [legal] *закон о дополнительных оценках*

supplementary execution   [legal] *дополнительный судебный приказ об исполнении решения*

supplementary fee   *дополнительное вознаграждение*

supplementary financing facility (SFF) *система дополнительного финансирования*

supplementary grant [manag.] *дополнительная дотация, дополнительная субсидия*

supplementary guarantee [legal] *дополнительная гарантия*

supplementary health insurance [ins.] *дополнительное страхование от болезней*

supplementary information *дополнительная информация*

supplementary insurance [ins.] *дополнительное страхование*

supplementary invoice *дополнительная счет-фактура*

supplementary levy [EEC] *дополнительный налог на некоторые сельскохозяйственные товары*

supplementary list *дополнительный перечень ценных бумаг;* [exc.] *дополнительный курсовой бюллетень*

supplementary loan *дополнительная ссуда*

supplementary payment *дополнительный платеж, последующий платеж*

supplementary pension *добавка к пенсии;* [soc.] *дополнительная пенсия*

supplementary policy [ins.] *дополнительный полис*

supplementary protocol *дополнительный протокол*

supplementary tax [tax.] *дополнительный налог*

supplementary tax (liability) *дополнительный налог (обязательство)*

supplementary taxation [tax.] *дополнительное налогообложение*

supplementary unemployment benefits [empl.] *дополнительное пособие по безработице*

supplementary venue [legal] *дополнительный судебный орган*

supplementation *дополнение*

supplement to contract [legal] *дополнение к договору*

supplement to the report *дополнение к отчету*

supplier [ec.] *поставщик*

supplier credit [book-keep.] *кредит поставщику*

supplier of goods *поставщик товаров*

supplier of goods and services *поставщик товаров и услуг*

supplier's credit [book-keep.] *кредит поставщика*

supplier's invoice *счет-фактура поставщика*

supplies *сырье и материалы;* [calc.] *поставки*

supplies accepted *принятые сырье и материалы*

supplies for personal use [calc.] *предметы снабжения для личного потребления*

supply *ассигнования на содержание вооруженных сил и государственного аппарата, подача, предложение товара;* [ec.] *поставка;* [trans.] *снабжение*

supply (vb.) *восполнять, давать, доставлять, питать, подавать, поставлять, снабжать;* [ec.] *возмещать*

supply and demand [ec.] *предложение и спрос*

supply and placement of bonds [exc.] *предложение и размещение облигаций*

supply a service (vb.) *обеспечивать обслуживание, оказывать услугу*

supply bottleneck *перебой в снабжении*

supply contract *контракт на поставку*

supply curve [ec.] *кривая предложения*

supply free of charge *бесплатная поставка*

supply function *функция предложения*

supply goods to (vb.) *поставлять товары*

supply intelligence *информация о поставках*

supply lag *запаздывание поставок;* [ec.] *задержка поставок*

supply made against payment *поставка после платежа*

supply made for consideration *поставка для изучения товара*

supply management [wareh.] *управление поставками*

supply meter *счетчик поставляемых товаров*

supply of bonds   [exc.] *предложение облигаций*

supply of capital   *наличие капитала, обеспеченность капиталом;*
[fin.] *предложение капитала*

supply of credit   *предложение кредита*

supply of goods   *запас товара, наличие товара, общее количество
товара, предложение товара*

supply of labour   *обеспеченность рабочей силой, предложение
рабочей силы*

supply of land   *земельный фонд*

supply of liquidity   *предложение ликвидности*

supply price   *цена поставки, цена предложения*

supply schedule   [ec.] *график поставок*

supply side   *аспект предложения в экономике*

supply-side economics   [pol.ec.] *экономика предложения*

supply-side policy   [pol.ec.] *политика в области предложения*

supply the market (vb.)   *снабжать рынок*

supply to (vb.)   *поставлять*

supply undertaking   *снабженческое предприятие*

support   *закупка для поддержания цен, интервенционная скупка,
материально-техническое обеспечение, поддержка, поддержка
курса акций, помощь*

support (vb.)   *обеспечивать, обслуживать, оказывать поддержку,
поддерживать, поддерживать курс путем скупки акций,
помогать, содействовать, содержать;* [law.dom.] *защищать,
подтверждать*

support by open-market operations   *поддержка курса акций путем
операций на открытом рынке*

support customers (vb.)   *оказывать помощь покупателям*

supported by facts (adj.)   *подкрепленный фактами*

supporter   *кормилец семьи*

supporter of family   *кормилец семьи*

supporter of the family   *кормилец семьи*

support financially (vb.)   *оказывать финансовую помощь*

supporting declaration   *заявление в поддержку*

supporting document   *подтверждающий документ*

supporting purchase   *покупка с целью поддержки курса*

support intervention   *интервенция с целью поддержки курса*

support in the form of liquidity   *поддержка в форме ликвидности*

supportive action   *действие для поддержки курса*

support measure   *мера для поддержки курса*

support point   *интервенционная точка;* [monet.trans.] *уровень
поддержки*

support points   *пункты поддержки*

support price   [EEC] *интервенционная цена*

support program   *программа поддержки*

support programme   *программа поддержки*

support scheme   [manag.] *план поддержки, проект поддержки*

support the market for bonds (vb.)   [exc.] *поддержка рынка облигаций*

suppose (vb.)   *допускать, подразумевать, полагать, предполагать*

supposed offender   *предполагаемый правонарушитель,
предполагаемый преступник*

supposition   *предположение*

suppress (vb.)   *запрещать, пресекать, сдерживать;* [legal] *скрывать*

suppression   *замалчивание, запрещение, приостановление действия,
сокрытие;* [comp.] *подавление;* [legal] *пресечение*

supranational (adj.)   *наднациональный*

supreme (adj.)   *верховный, высший*

supreme administrative authority   *высший административный орган*

supreme authority   *высший орган*

Supreme Court   [legal] *верховный суд*

supreme court attorney   [legal] *поверенный верховного суда*

supreme court judge   [legal]   *судья верховного суда*

Supreme Court of Appeal   *Высший апелляционный суд (Великобритания)*

Supreme Court of Judicature   [legal]   *Верховный суд (Великобритания)*

Supreme Headquarters, Allied Powers in Europe (SHAPE)   [mil.]   *штаб верховного главнокомандующего объединенными вооруженными силами НАТО в Европе*

supreme judge   [legal]   *верховный судья*

supreme power   *высшая власть*

SUR (Russian ruble)   [monet.trans.]   *советский рубль*

surcharge   *надбавка к фрахту, начет, непринятый перерасход, непринятый расход, пеня, штраф;* [post]   *добавочная нагрузка, завышенная цена;* [tax.]   *дополнительный сбор, завышенный расход, перебор;* [telecom.]   *дополнительная премия, дополнительный расход;* [trans.]   *доплата, дополнительный налог*

surcharge for payment by instalments   *надбавка при платежах в рассрочку*

sure (adj.)   *уверенный*

surety   *гарантия в форме залога, гарантия в форме поручительства, надежность, уверенность;* [bank.]   *гарантия;* [ec.]   *гарант, залог, обеспечение, порука, поручитель, поручительство;* [legal]   *ручательство*

surety commitment   *поручительство*

surety company   [ins.]   *компания-гарант*

suretyship   *гарантия, порука, поручительство, ручательство*

suretyship insurance   [ins.]   *страхование от финансовых потерь, связанных со злоупотреблениями служащих компании*

surface area   [r.e.]   *площадь поверхности*

surface mail   [post]   *сухопутная почта*

surface transport   [trans.]   *наземный транспорт*

surge   [ins.]   *подъем;* [pol.ec.]   *повышение*

surge (vb.)   *подниматься*

surname   *фамилия*

surpass (vb.)   *превосходить, превышать*

surplus   *активное сальдо, активный платежный баланс, активный торговый баланс, избыток, избыточный продукт, излишек, нераспределенная прибыль, остаток, превышение, резервный капитал, эксцедент*

surplus (adj.)   *добавочный, избыточный, излишний*

surplus account   *счет прибыли*

surplus amount   [calc.]   *избыточное количество*

surplus assets   [calc.]   *избыточные активы*

surplus basis   [ins.]   *эксцедентный базис*

surplus contents   *избыточное содержание*

surplus cost   [ind.ec.]   *чрезмерные затраты*

surplus costs   *чрезмерные издержки*

surplus countries   *страны с активным платежным балансом*

surplus country   *страна с активным платежным балансом*

surplus cover   [ins.]   *избыточное покрытие*

surplus demand   [pol.ec.]   *избыточный спрос*

surplus dividend   *бонус, дополнительный дивиденд, экстренный дивиденд*

surplus economy   *экономика с активным платежным балансом*

surplus funds   [bank.]   *резервный капитал*

surplus goods   [prod.]   *избыточные товары*

surplus holding   *избыточный авуар*

surplus holdings   *избыточные авуары*

surplus income   *дополнительный доход*

surplus left on winding up   [bus.organ.]   *ликвидационный остаток*

surplus of agricultural products   *избыток сельскохозяйственной продукции*

surplus of births over deaths [pol.ec.] *превышение рождаемости над смертностью*

surplus of money [pol.ec.] *активное сальдо, избыток капитала*

surplus on balance of payments *активное сальдо платежного баланса*

surplus on current account of nation *активное сальдо платежного баланса страны*

surplus on current account of the nation *активное сальдо платежного баланса страны*

surplus on external payments *активное сальдо по внешним платежам*

surplus on the balance of payments *активное сальдо платежного баланса*

surplus on the trade balance *активное сальдо торгового баланса*

surplus on trade balance *активное сальдо торгового баланса*

surplus production [prod.] *избыточное производство*

surplus profit [ec.] *избыточная прибыль*

surplus profits *избыточные прибыли*

surplus reinsurance [ins.] *эксцедентное перестрахование*

surplus reinsurance contract [ins.] *договор эксцедентного перестрахования*

surplus remaining on winding up [bus.organ.] *ликвидационный остаток*

surplus stock [comm.] *избыточный запас;* [warch.] *неликвидный запас, неликвиды*

surplus tax [tax.] *чрезмерный налог*

surplus to be allocated [calc.] *нераспределенная прибыль*

surplus value *добавочная стоимость*

surprise attack [mil.] *внезапное нападение*

surprise audit [aud.] *внезапная ревизия*

surprise count of cash [aud.] *внезапный подсчет кассовой наличности*

surprise inspection [aud.] *внезапная проверка*

surrebut (vb.) [legal] *подавать ответ истца на третью состязательную бумагу ответчика*

surrebutter [legal] *ответ истца на третью состязательную бумагу ответчика*

surrejoinder [legal] *ответ истца на вторичное возражение ответчика, ответ истца на вторую состязательную бумагу ответчика*

surrender *капитуляция;* [ins.] *вручение, передача, сдача;* [legal] *выдача;* [mil.] *отказ от права;* [pat.] *признание себя несостоятельным должником;* [r.e.] *отказ*

surrender (vb.) *вручать, отказываться, передавать, поддаваться, сдавать, уступать;* [ins.] *предаваться, сдавать часть произведенной продукции государству по твердой цене;* [legal] *признать себя в суде несостоятельным должником;* [mil.] *сдаваться*

surrender option *возможность досрочного расторжения договора*

surrender order [comm.] *распоряжение о передаче товара*

surrender provision [ins.] *условие выплаты лицу, отказавшемуся от страхового полиса*

surrender value [ins.] *выкупная стоимость, сумма, возвращаемая лицу, отказавшемуся от страхового полиса*

surrender-value yield [ins.] *выкупная стоимость, сумма, возвращаемая лицу, отказавшемуся от страхового полиса*

surreptitious sale *подпольная продажа*

surrogate *заменитель, суррогат;* [suc.] *судья по наследственным делам и опеке*

Surrogate's Court (US) [suc.] *суд по наследственным делам и опеке (США)*

surrounding circumstances *сопутствующие обстоятельства*

surroundings *окрестности, окружение, среда*

surtax [tax.] *добавочная импортная пошлина, добавочный подоходный налог*

surtax (vb.) [tax.] *облагать добавочным налогом*

surveillance *инспектирование, наблюдение, надзор*

surveillance district *участок инспектирования*

survey *инструментальная разведка, межевание, отчет об обследовании, съемка, топографическая привязка, топографическая служба;* [ins.] *исследование, обзор, обозрение, обследование, освидетельствование;* [nav.] *геологическое изыскание, инспектирование, осмотр, таможенный досмотр;* [plan.] *изыскание*

survey (vb.) [*исследовать, обозревать, освидетельствовать, осматривать, рассматривать;* [ins.] *изучать;* [plan.] *инспектировать, обследовать*

survey and appraisement [ins.] *обследование и оценка*

survey and valuation [ins.] *обследование и оценка*

survey area [mark.] *обследуемый район*

survey fees *гонорар за обследование;* [ins.] *вознаграждение за обследование, плата за обследование*

survey of damage [ins.] *изучение ущерба*

survey of economic activity *обследование экономической деятельности*

survey of salary and wage structure [empl.] *изучение структуры заработной платы*

survey of the economic activity [pol.ec.] *обследование экономической деятельности*

surveyor [ins.] *оценщик страхового общества, таможенный досмотрщик, таможенный инспектор;* [nav.] *геодезист;* [plan.] *землемер, маркшейдер, топограф;* [r.e.] *инспектор, эксперт*

surveyor acting on behalf of adversary [legal] *эксперт, действующий от имени противной стороны*

surveyor and valuer [ins.] *эксперт и оценщик*

surveyor's report *отчет эксперта*

survey report [ins.] *отчет об инспектировании, отчет об обследовании*

survival annuity [ins.] *страхование пенсии пережившему супругу*

survivance *право наследования*

surviving [legal] *дожитие до определенного возраста, ситуация, когда остается в живых один из наследников*

surviving company [bus.organ.] *компания-наследница, сохранившаяся компания*

surviving dependants' pension [ins.] *пенсия пережившим иждивенцам*

surviving partner *сохранившийся партнер*

surviving spouse [legal] *пережившая жена, пережившая супруга, переживший муж, переживший супруг*

survivor *объект, сохранивший работоспособность (в эксплуатации);* [ins.] *лицо, дожившее до определенного возраста, оставшийся в живых;* [legal] *действующий объект основного капитала, единственный оставшийся в живых наследник, переживший другого наследника*

survivor curve *кривая вероятностей безотказной работы оборудования, кривая выживаемости элементов основного капитала;* [ins.] *кривая дожития*

survivor insurance benefit [ins.] *страховое пособие пережившему супругу, страховое пособие по случаю потери кормильца*

survivorship annuity [ins.] *страхование пенсии пережившему супругу*

survivorship assurance [ins.] *страхование пенсии пережившему супругу*

survivorship life insurance [ins.] *страхование жизни пережившего супруга*

survivorship policy [ins.] *страховой полис пережившего супруга*

survivor's pension *пенсия по случаю потери кормильца*

susceptibility to punishment [leg.pun.] *эффективность наказания*

sushi bond   [stock] *еврооблигации в иностранной валюте,*
эмитированные японской компанией и предназначенные для
покупки японскими инвесторами
suspect   *подозрительный человек;* [legal] *подозреваемое лицо*
suspect (vb.)   *не доверять, подозревать, полагать, предполагать,*
сомневаться в истинности
suspect (adj.)   *подозреваемый*
suspend (vb.)   *временно исключать, временно отстранять от*
должности, временно прекращать, откладывать, прекращать,
прерывать, приостанавливать; [leg.pun.] *временно исключать из*
обращения, временно прекращать отношения
suspend a currency (vb.)   [exc.] *приостанавливать операции с*
определенной валютой
suspend a share (vb.)   [exc.] *приостанавливать операции с*
определенными акциями
suspended, have the driving licence (vb.)   *временно лишать*
водительских прав
suspended sentence   [leg.pun.] *условное наказание*
suspended trading   [exc.] *приостановленная торговля*
suspend operations (vb.)   *приостанавливать операции*
suspend payments (vb.)   *прекращать платежи, приостанавливать*
платежи
suspend proceedings (vb.)   *приостанавливать судебное*
разбирательство
suspense, be in (vb.)   *быть приостановленным*
suspense account   [book-keep.] *вспомогательный счет,*
промежуточный счет, счет причитающихся сумм, взыскание
которых сомнительно, счет сомнительных дебиторов;
[legal] *счет переходящих сумм*
suspension   *банкротство, временное исключение, временное*
отстранение от должности, временное прекращение,
приостановка, приостановление, приостановление платежей
suspension (from service)   *временное отстранение (от должности)*
suspension of act   [legal] *приостановление действия закона*
suspension of an act   [legal] *приостановление действия закона*
suspension of driving licence   *временное лишение водительских прав*
suspension of operations   [prod.] *временное прекращение работы*
suspension of payments   *приостановка платежей*
suspension of production   [ind.ec.] *временная остановка производства*
suspension of right to vote   *временное лишение права голоса*
suspension of the right to vote   *временное лишение права голоса*
suspension of trading   [exc.] *временное прекращение торговли, застой*
в торговле, приостановка торговли
suspensive (adj.)   *приостанавливающий*
suspensive condition   *суспенсивное условие;* [legal] *отлагательное*
условие
suspensive effect   *приостанавливающий эффект*
suspensive veto   *временный запрет*
suspensory effect   *приостанавливающий эффект*
suspensory veto   *временный запрет*
suspicion   *подозрение*
suspicious (adj.)   *вызывающий подозрение, подозрительный*
suspicious appearance   *подозрительная внешность*
suspicious-looking person   *человек, вызывающий подозрение*
sustain (vb.)   *выдерживать, испытывать, нести (убыток),*
переносить, понести (убыток), потерпеть (убыток),
противостоять, стойко переносить, терпеть (убыток);
[legal] *защищать, поддерживать, признавать конституционным*
sustainable development   *устойчивое развитие*
sustain a loss (vb.)   *нести потери, понести потери*
sustained capital outflow   *устойчивая утечка капитала*

sustained growth   [ec.] *устойчивый экономический рост*

sustained rumours   *устойчивые слухи*

swallow up (vb.)   *поглощать*

swamp   [ec.] *наводнять*

swamp the market (vb.)   *наводнять рынок*

swap   [exc.] *своп;* [monet.trans.] *обмен, покупка иностранной валюты в обмен на отечественную с последующим выкупом*

swap (vb.)   *заключать сделку, менять;* [monet.trans.] *обменивать*

swap agreement   [exc.] *соглашение о свопах;* [monet.trans.] *соглашение о получении иностранной валюты на короткий срок в обмен на национальную для целей валютных интервенций*

swap arrangement   *соглашение о свопах*

swap body   [trans.] *обменный пункт*

swap deal   [monet.trans.] *бартерная сделка, товароообменная сделка*

swapping   *бартерная сделка, бартерный обмен, натуральный обмен, товарообменная сделка;* [comp.] *меновая торговля*

swaption   [monet.trans.] *свопцион (комбинация свопа и опциона в форме опциона на заключение операции своп на определенных условиях)*

swap transaction   [exc.] *бартерная сделка;* [monet.trans.] *меновая торговля, своп на валютном рынке, товарообменная сделка*

swear on oath (vb.)   [legal] *давать показания под присягой*

swear to (vb.)   [legal] *приводить к присяге*

sweat (vb.)   [empl.] *жестоко эксплуатировать*

sweating   [empl.] *жестокая эксплуатация*

Swedish krona (SEK)   [monet.trans.] *шведская крона*

Swedish Options and Futures Exchange (SOFE)   [exc.] *Шведская биржа опционов и фьючерсов*

sweepstake   *тотализатор*

sweep the Street (vb.)   [exc.] *совершать неофициальные биржевые сделки*

swift (adj.)   *быстрый*

SWIFT (Society for Worldwide Interbank Financial Telecommunications)   *межбанковская электронная система передачи информации и совершения платежей*

swift mail   [post] *экстренная почта*

swiftness   *быстрота*

swift transfer   [bank.] *экстренное перечисление денег*

swindle   *мошенничество, надувательство, обман*

swindle (vb.)   *мошенничать, обманным путем продавать сомнительные ценные бумаги, обманывать*

swindler   *жулик, мошенник*

swing   *допускаемое сальдо, неожиданное скачкообразное движение конъюнктуры, предел взаимного кредитования, резкое колебание, свинг*

swing (vb.)   *резко колебаться*

swing credit   *кредит, используемый попеременно двумя компаниями в двух формах;* [bank.] *кредит, используемый попеременно двумя компаниями одной группы, кредитная линия свинг*

swing limit   [comm.] *предел колебаний*

swing line   [bank.] *кредитная линия для обеспечения кратковременной потребности в заемных средствах*

swing over (vb.)   *поднимать*

swings and roundabouts   *непредсказуемые колебания рыночной конъюнкткры*

Swiss Bankers' Association   *Ассоциация швейцарских банкиров*

Swiss Clearing Office   *Швейцарская клиринговая контора*

Swiss franc (CHF)   [monet.trans.] *швейцарский франк*

Swiss National Bank   *Швейцарский национальный банк*

Swiss Options and Financial Futures Exchange (SOFFEX)   [exc.] *Швейцарская биржа финансовых фьючерсов и опционов*

switch   *валютная спекуляция на курсовой разнице, ликвидация обязательств по сдаче одних ценных бумаг и одновременное заключение сделок по другим, ликвидация фьючерсной позиции с немедленным открытием аналогичной позиции по тому же финансовому инструменту, операция по использованию блокированного счета, переключение, переуступка третьей стране остатка на клиринговом счете, переход, продажа товаров через другую страну (из валютных соображений)*

switch (vb.)   *изменять направление, переходить;* [exc.] *ликвидировать обязательства по сдаче одних ценных бумаг и одновременно продать другие;* [fin.] *переключаться*

switchboard   [telecom.] *коммутатор, коммутационная панель*

switch commission   [exc.] *комиссионное вознаграждение за переброску инвестиций*

switch dollars   [monet.trans.] *инвестиционные доллары (разновидность долларовых авуаров в Великобритании)*

switch import   *замещаемый импорт*

switching   [exc.] *переключение, переход*

switch order   [exc.] *приказ купить или продать ценные бумаги, который должен быть исполнен только после выполнения другого приказа, приказ продать ценные бумаги с условием использования выручки для покупки других бумаг*

switch rate   [monet.trans.] *курсовая разница*

switch selling   *реклама одной модели товара с целью продать другую, более дорогую*

switch trade   [exc.] *продажа товаров через другую страну (из валютных соображений)*

switch transaction   *операция по использованию клирингового счета, переуступка третьей стране остатка на клиринговом счете;* [exc.] *валютная спекуляция на курсовой разнице, ликвидация обязательства по сдаче одних ценных бумах и одновременная запродажа других*

switch-type financing   [bank.] *переход к финансированию более надежного клиента*

sworn (adj.)   *скрепленный присягой, удостоверенный в своей подлинности*

sworn in (adj.)   *приведенный к присяге, присягнувший*

sworn in, be (vb.)   [legal] *быть приведенным к присяге*

sworn statement   [legal] *заявление под присягой, показания под присягой*

Sydney Stock Exchange (SSE)   [exc.] *Срочная биржа Сиднея*

syllabus   [syst.ed.] *конспект, план занятия, расписание занятий, учебная программа, учебный план*

symbol   [print.] *знак, символ, эмблема*

symbolic language   [comp.] *символический язык*

symmetallism   *денежная система, при которой бумажные деньги обеспечиваются золотом и серебром и размениваются на них в определенной пропорции, производство денег из сплава драгоценных металлов*

sympathize with (vb.)   *симпатизировать*

sympathy strike   [empl.] *забастовка солидарности*

symptom   *признак, симптом*

synallagmatic contract   *синаллагматическая сделка;* [legal] *двусторонняя сделка*

synchronization   *синхронизация*

synchronous (adj.)   *синхронный*

synchronous transmission   [comp.] *синхронная передача данных*

syndicate   *консорциум;* [ins.] *синдикат*

syndicate (vb.)   *объединять в консорциум, объединять в синдикат*

syndicated bank   *банковский консорциум*

syndicated contract   *соглашение между участниками синдиката*

syndicated investment   *синдицированные инвестиции*

syndicated loan   *банковская ссуда, предоставленная членам консорциума, консорциальный кредит;* [bank.] *синдицированный кредит*

syndicate leader   [exc.] *руководитель синдиката*

syndicate manager   [exc.] *руководитель синдиката*

syndicate of banks   *банковский консорциум*

syndicate operation   *синдицированная операция*

syndication   [bank.] *синдикация, синдицирование*

synergy   *синергизм, увеличение эффективности объединенной компании по сравнению с ее частями до объединения*

synonymous (adj.)   *синонимический*

synopsis   *конспект, краткий обзор, резюме, синопсис*

synthetic (adj.)   *синтетический*

synthetic asset   [exc.] *синтетический актив*

synthetic instrument   [exc.] *синтетический финансовый инструмент*

synthetic instruments   *синтетические инструменты*

synthetic product   [exc.] *синтетический финансовый инструмент*

synthetic products   *синтетические продукты*

synthetic put option   [exc.] *контракт, дающий право продать финансовый инструмент по оговоренной цене в течение определенного времени, право владельца облигации предъявить ее до срока погашения*

synthetic security   [exc.] *синтетическая ценная бумага*

sysgen   [comp.] *генератор системы*

system   *метод, устройство;* [comp.] *система*

systematic (adj.)   *расположенный в систематическом порядке, систематический, систематичный*

systematic catalogue   [doc.] *систематический каталог*

systematic error   [stat.] *систематическая ошибка*

systematic index   [doc.] *систематический указатель*

systematic policy   *согласованная политика*

systematic random sampling   [stat.] *систематический случайный выбор*

systematic register   *система систематического учета*

systematic sampling   [stat.] *систематический выбор*

systematism   *систематизация*

systematize (vb.)   *систематизировать*

system configuration   [comp.] *конфигурация системы*

system construction   *построение системы*

system development   [comp.] *совершенствование системы*

system diagram   [comp.] *диаграмма системы*

system disk   [comp.] *системный диск*

system documentation   [comp.] *документация на систему*

system for medium-term financial assistance   [EEC] *программа среднесрочной финансовой помощи*

system generation   [comp.] *генерация системы*

system implementation   [comp.] *реализация системы*

system of command   *система команд*

system of commands   *система команд*

system of deductions   *система выводов*

system of financial contributions   [EEC] *система финансовых взносов*

system of import control   *система контроля за импортом*

system of monitoring balance sheet growth   [calc.] *система контроля за ростом статей баланса*

system of reimbursement   *система возмещения расходов*

system of remuneration   [empl.] *система вознаграждения*

system of taxation   [tax.] *система налогообложения*

systems analysis   [comp.] *анализ систем*

systems analyst   [comp.] *системный аналитик, специалист в области системного анализа, специалист по системам*

systems audit   [aud.] *ревизия систем*

systems check   [aud.] *проверка состояния систем*

systems designer   [comp.] *специалист по разработке систем*

system selling   *реализация системы*

systems engineering   [comp.] *системотехника*

systems exports   *экспорт систем*

system software   [comp.] *системное программное обеспечение*

systems programmer   *программист-системник;* [comp.] *системный
программист*

S & L (savings and loan association)   [bank.] *ссудно-сберегательная
ассоциация (США)*

S & P (Standard & Poor's Corporation)   *агентство 'Стандард энд Пур
корпорейшн' (ведущая фирма по установлению рейтингов
ценных бумаг)*

S & P warrant   [stock] *гарантия агентства 'Стандард энд Пур
корпорейшн'*

S & P-500 index (Standard and Poor's 500 index)   [exc.] *фондовый индекс
для акций 500 компаний, рассчитываемый и публикуемый
агентством 'Стандард энд Пур корпорейшн'*

t/a (trading as) *торгующий в качестве, торгующий как*

TAA (Trade Adjustment Assistance) *Программа помощи в приобретении профессии иностранными рабочими (США), Программа помощи в приобретении профессcии иностранными рабочими (США)*

tab *плата за услуги;* [book-keep.] *счет в ресторане, учет*

table *доска, реестр, стол;* [print.] *расписание, список, табель, таблица*

table (vb.) [comp.] *откладывать обсуждение;* [parl.] *выносить на обсуждение, откладывать рассмотрение вопроса без указания срока, ставить на обсуждение;* [print.] *оттягивать обсуждение, составлять таблицу*

table a bill (vb.) [parl.] *вносить законопроект*

table a motion (vb.) *ставить на обсуждение резолюцию;* [parl.] *ставить на обсуждение предложение*

table of contents [doc.] *оглавление, содержание*

table of limits [ins.] *таблица лимитов по собственному удержанию*

table of measurements *таблица мер*

tables and graphs [print.] *таблицы и графики*

tables and graphs section [print.] *раздел, содержащий таблицы и графики*

tablet *блокнот, записная книжка;* [comp.] *планшет*

tabloid [media] *бульварная газета, малоформатная газета*

tabs on, keep (vb.) *вести учет, проверять, следить*

tabular form [print.] *плоская печатная форма*

tabular statement [print.] *оператор табулирования*

tabular summary [print.] *сводка в виде таблицы*

tabulate (vb.) *вносить в таблицу, составлять таблицу;* [comp.] *табулировать;* [print.] *располагать данные в виде таблицы, сводить в таблицу*

tabulation *сведение в таблицу;* [comp.] *табулирование;* [print.] *расположение данных в виде таблицы, составление таблицы*

tabulator [comp.] *табулятор*

TAC (total allowed catches) [EEC] *общий размер рыболовных квот*

tachograph [trans.] *тахограф*

tacit *молчаливый*

tacit (adj.) *выводимый из обязательств, не выраженный словами, подразумеваемый*

tacit agreement [legal] *молчаливое согласие*

tacit collusion [leg.pun.] *негласный сговор*

tack board *доска объявлений*

tactical arms [mil.] *тактическое оружие*

tag *признак, ярлык;* [comm.] *бирка;* [comp.] *тег;* [warch.] *этикетка*

tag (vb.) *наклеивать этикетку, наклеивать ярлык;* [comm.] *навешивать бирку*

tagging *навешивание бирки, наклеивание этикетки, наклеивание ярлыка;* [comp.] *тегирование*

tail *урезанная собственность;* [suc.] *заповедное имущество*

tail-female [suc.] *имущество, наследуемое только по женской линии*

tail-male [legal] *имущество, наследуемое только по мужской линии*

tailor (vb.) *делать на заказ, приспосабливать*

tailored (adj.) *изготовленный по заказу, сделанный на заказ, специально сделанный*

tailored solution *решение, принятое с учетом поправок*

tailor-made (adj.) *изготовленный на заказ, сделанный по заказу, специально сделанный, фабричного производства*

Taiwan dollar (TWD) [monet.trans.] *тайваньский доллар*

take *аренда земли, арендованный участок, выручка, получка, сбор;* [bank.] *брутто-доходы, реализованная прибыль;* [exc.] *получение*

take (vb.) *арендовать, брать, взимать, выручать, нанимать, получать, снимать*

take account of (vb.) *принимать во внимание, учитывать*

take action (vb.) *возбуждать судебное дело, действовать, принимать меры*

take a decision (vb.) *принимать решение*

take a decision on (vb.) *принимать решение относительно*

take a matter upstairs (vb.) [legal,sl.] *апеллировать в суд более высокой инстанции*

take an argument too far (vb.) *заходить слишком далеко*

take an option on (vb.) *делать выбор*

take an order (vb.) *принимать заказ*

take a statement (vb.) [legal] *снимать показания*

take a vote on (vb.) *решать вопрос голосованием*

takeaway (adj.) *отпускаемый на дом (о готовых блюдах), отпускающий обеды на дом (о ресторане)*

take away (vb.) *вычитать, отбирать*

take back (vb.) [comm.] *брать обратно*

take care of (vb.) *заботиться, присматривать, смотреть*

take delivery (vb.) [legal] *принимать поставку товара*

take down (vb.) *снижать;* [legal] *записывать, протоколировать, регистрировать*

take down an allotment (vb.) [stock] *производить распределение ценных бумаг в полном или частичном объеме заявок*

take effect (vb.) *иметь желаемый результат, оказывать действие, приводить к желаемому результату;* [legal] *вступать в силу, производить передачу фьючерсного контракта биржевым брокером третьему лицу*

take evidence (vb.) *принимать доказательства;* [legal] *выслушивать свидетельские показания, допрашивать и протоколировать показания, снимать свидетельские показания*

take exception (vb.) [legal] *возражать*

take exception to (vb.) *возражать против*

take home (vb.) [comm.] *доставлять на дом*

take-home pay [pers.manag.] *заработная плата за вычетом налогов, реальная заработная плата, фактическая заработная плата*

take-home wage *заработная плата за вычетом налогов;* [pers.manag.] *реальная заработная плата, фактическая заработная плата*

take in a partner (vb.) *принимать в дело компаньоном*

take initial steps on a market (vb.) *делать первые шаги на рынке*

take initial steps on market (vb.) *делать первые шаги на рынке*

take into account (vb.) *принимать во внимание, учитывать*

take into consideration (vb.) *принимать во внимание*

take into custody (vb.) *брать под стражу;* [leg.pun.] *арестовывать*

take into partnership (vb.) *принимать компаньоном в дело*

take into possession (vb.) [legal] *завладевать*

take legal advice (vb.) *запрашивать заключение юриста, консультироваться с юристом*

take legal cognizance of (vb.) [legal] *осуществлять юрисдикцию, принимать дело к рассмотрению*

take measures (vb.) *принимать меры*

take minutes (vb.) *вести протокол*

take money from the till (vb.) [leg.pun.] *похищать наличность из кассы*

take money from till (vb.) [leg.pun.] *похищать наличность из кассы*

taken on (adj.) [pers.manag.] *нанятый, приглашенный на работу*

take note of (vb.) *обращать внимание, принимать к сведению*

taken together (adj.) *принятый совместно*

taken up (adj.) *вложенный, размещенный*

taken up by (adj.) [stock] *вложенный в, размещенный в*

take-off [air tr.] *взлет*

take-off charge [air tr.] *сбор за взлет*

take office (vb.) [pers.manag.] *вступать в должность*

take-off runway [air tr.] *взлетная полоса*

take on (vb.) [pers.manag.] *браться за дело, нанимать на службу*

take one's pension benefits (vb.) *получать пенсионные льготы*

take on lease (vb.) [r.e.] *брать в аренду, брать внаем*

take on trust (vb.) *принимать на веру*

take-out [exc.] *долгосрочный ипотечный кредит для рефинансирования краткосрочного, изъятие клиентом наличных средств со счета у брокера, наличная прибыль от продажи партии акций и покупки другой партии по более низкой цене*

take out a card of admission (vb.) *получать пригласительный билет*

take out a licence (vb.) *получать лицензию, получать разрешение*

take out a patent (vb.) [pat.] *брать патент*

take out a patent for [pat.] *брать патент за*

take out a policy (vb.) *страховаться;* [ins.] *застраховаться, получать страховой полис*

take out a subscription for (vb.) *оформлять подписку, подписываться;* [media] *оформить подписку*

take out a trade licence (vb.) *получать разрешение на торговлю*

take out insurance (vb.) [ins.] *застраховать, получать страховой полис*

take out representation in respect of estate (vb.) [suc.] *получать право представительства в отношении имущества*

take out representation in respect of the estate (vb.) [suc.] *получать право представительства в отношении имущества*

takeover *взятие под свой контроль и управление, отчуждение собственности в пользу государства, приемка, присоединение;* [bus.organ.] *поглощение, слияние компаний*

take over (vb.) *перевозить, принимать должность от другого лица, принимать на себя ведение дел*

take over a firm (vb.) *присоединять фирму*

take over a guarantee (vb.) *принимать на себя гарантию*

take over a loan (vb.) *принимать на себя обязательство по ссуде*

take over an agency (vb.) *принимать на себя управление организацией*

takeover artist *актер дублирующего состава*

takeover bid [bus.organ.] *попытка поглощения одной компанией другой путем предложения акционерам приобрести контрольный пакет акций*

takeover candidate *компания, которой угрожает поглощение другой компанией*

takeover date *дата поглощения;* [bus.organ.] *дата приобретения компанией контрольного пакета другой компании*

takeover of a business *принимать на себя руководство делами*

takeover of business *принятие на себя руководства делами*

takeover panel *Комитет по слияниям и поглощениям (Великобритания)*

take over the control of (vb.) *брать под контроль*

take over the debt (vb.) *принимать на себя обязательства по долгу*

take over under compulsory sale (vb.) [legal] *приобретать контрольный пакет акций во время принудительной продажи с торгов*

take part (vb.) *принимать участие, участвовать*

take place (vb.) *происходить, случаться*

take possession of (vb.) *вступать во владение, завладевать;* [r.e.] *приобретать в собственность*

taker [bus.organ.] *плательщик фиксированной ставки в процентном свопе, продавец опциона, продавец ценных бумаг, предоставляющий покупателю за вознаграждение отсрочку платежа*

take remedial action (vb.) *применять средства судебной защиты*

take responsibility (vb.) *брать ответственность на себя*

take seat (vb.) *занимать место в парламенте*

take shorthand (vb.) *вести стенограмму, стенографировать*

take silk (vb.) *становиться королевским адвокатом*

take someone into partnership (vb.) *принимать кого-либо компаньоном в дело*

take someone's seat (vb.) *занимать чье-либо место в парламенте*

take steps (vb.) *предпринимать шаги, принимать меры*

take stock of (vb.) *инвентаризовать;* [wareh.] *производить переучет товаров*

take subject to (vb.) [legal] *принимать дело к рассмотрению*

take the chair (vb.) *занимать председательское место, председательствовать*

take the credit for (vb.) *приписывать себе честь, ставить себе в заслугу*

take the liberty to (vb.) *осмеливаться, позволять себе*

take the plunge (vb.) *делать решительный шаг, резко падать (о курсе ценных бумаг), ринуться навстречу опасности*

take time off in lieu (vb.) [pers.manag.] *брать отгул*

take up (vb.) *брать на себя размещение ценных бумаг;* [bill.] *выкупать, оплачивать, подписываться на ценные бумаги, приобретать*

take up an appointment (vb.) [pers.manag.] *занимать должность*

take-up of subordinate loan capital [bus.organ.] *выкуп вспомогательного ссудного капитала*

take upon oneself (vb.) *брать на себя*

take up residence (vb.) *поселяться*

take up the issue on a bought-deal basis (vb.) [exc.] *выпускать ценные бумаги с гарантией их покупки по фиксированной цене в случае невозможности размещения, выпускать ценные бумаги с последующей продажей инвесторам на других условиях*

take up the issue on bought-deal basis (vb.) *выпускать ценные бумаги с гарантией их покупки по фиксированной цене в случае невозможности размещения, выпускать ценные бумаги с последующей продажей инвесторам на других условиях*

taking a conveyance without authority [leg.pun.] *неправомочная передача правового титула*

taking away *изъятие*

taking delivery [comm.] *получение выполненного заказа, приемка поставляемого товара*

taking delivery of goods *приемка поставляемого товара*

taking into custody [leg.pun.] *взятие под стражу, задержание*

taking of hostages *захват заложников*

taking of minutes *ведение протокола*

taking over of a debt [ec.] *взятие на себя обязательств по долгу*

taking over of debt [ec.] *взятие на себя обязательств по долгу*

taking possession [r.e.] *вступление во владение, овладение*

takings *сбор;* [ind.ec.] *выручка, денежные поступления*

taking up residence [r.e.] *заселение, поселение*

talent *одаренность, талант*

talk *беседа, лекция, разговор*

talk (vb.) *беседовать, говорить, разговаривать, убеждать, уговаривать*

talks *переговоры*

talks on conditions of employment [empl.] *переговоры об условиях труда*

tally *бирка, дубликат, квитанция, копия, отметка, подсчет, познавательный знак на товаре, расчетная книжка покупателя товара в рассрочку, сверка, этикетка;* [book-keep.] *итог;* [nav.] *ярлык*

tally (vb.) *подсчитывать, прикреплять бирку, прикреплять этикетку, прикреплять ярлык, регистрировать, соответствовать;* [book-keep.] *вести счет*

tally clerk *счетчик;* [nav.] *контролер при погрузке и выгрузке товара, тальман*

tally man [nav.] *контролер при погрузке и выгрузке товара, лицо, продающее товар в кредит, лицо, продающее товар в рассрочку, лицо, продающее товар по образцам, счетчик, тальман*

tally roll *контрольный список, сверочная ведомость*

talon [stock] *талон*

tampering with witnesses [legal] *подкуп свидетелей*

tamper with (vb.) *заниматься поверхностно, искажать, оказывать тайное давление, подделывать, подкупать, портить, фальсифицировать*

tangible (adj.) *вещественный, материальный, осязаемый, ощутимый, реальный*

tangible and intangible property [legal] *реальная и неосязаемая собственность, реальный основной капитал и нематериальные активы*

tangible assets [calc.] *материальные активы, реальный основной капитал*

tangible commercial assets [calc.] *реальный основной капитал*

tangible fixed assets [calc.] *реальный основной капитал*

tangible goods [legal] *физический товар*

tangible nature [ins.] *реальная сущность*

tangible property [legal] *реальная собственность, реальный основной капитал*

tangible value *стоимость реальных активов*

tangled situation *запутанная ситуация, сложная ситуация*

tank *бак, ванна, резервуар, цистерна*

tank car *вагон-цистерна*

tanker [nav.] *наливное судно, танкер*

tap (vb.) [ec.] *выманивать, извлекать, начинать использовать, открывать, торговать расшивочно*

tap, on [exc.] *по мере предъявления спроса*

tape *лента;* [exc.] *тикер*

tape drive *лентопротяжное устройство, лентопротяжный механизм, накопитель на магнитной ленте*

tape price *курс ценной бумаги, указанный на ленте тикера*

tape prices [exc.] *курсы ценных бумаг, указанные на ленте тикера*

tap issue [exc.] *выпуск ценных бумаг по инициативе инвестора, выпуск ценных бумаг с целью мобилизации средств*

tap security [stock] *ценные бумаги, выпускаемые по мере предъявления спроса по фиксированной цене*

tap water [ins.] *водопроводная вода*

tardy (adj.) *запоздавший, медленный*

tare *масса тары, тара*

tare included [trans.] *с учетом массы тары*

tare weight *масса тары, сухая масса*

target *задание, контрольная цифра, намеченная цифра, плановая цифра, цель*

target amount *планируемая сумма*

target audience [media] *целевая аудитория*

target cost [ind.ec.] *запланированная величина издержек, плановые издержки*

target costs *плановые издержки;* [ind.ec.] *планируемые затраты*

targeted (adj.) *запланированный, нацеленный*

target figure *контрольная цифра, плановая величина*

target group [mark.] *целевая группа*

targeting method [mark.] *метод контрольных показателей*

target inventory [wareh.] *целевые запасы*

target language *выходной язык, объектный язык*

target market [mark.] *целевой рынок*

target price [EEC] *базовая цена, курс ценной бумаги, ожидаемый инвестором, плановая цена, целевая норма прибыли, целевая цена, цена, при которой опцион становится выгоден покупателю*

tariff   *пошлина, сборник тарифов, тариф, шкала сборов;*
[cust.] *прейскурант, расценка;* [ec.] *шкала ставок*

tariff (vb.)   *облагать пошлиной, тарифицировать;* [ins.] *производить расценку;* [trans.] *включать в тариф*

tariff, according to the   *в соответствии с прейскурантом*

tariff agreement   *тарифное соглашение*

tariff barrier   [cust.] *тарифный барьер*

tariff ceiling   [cust.] *максимальная пошлина, тарифный потолок*

tariff concession   [cust.] *таможенная льгота*

tariff group   [ins.] *тарифная группа*

tariff heading   [cust.] *вид тарифа*

tariffing   *тарификация, установление расценок*

tariffing based on distance   [trans.] *тарификация по километражу*

tariff nomenclature   [cust.] *тарифная номенклатура*

tariff number   [cust.] *позиция в таможенном тарифе*

tariff preference   [cust.] *льготная таможенная пошлина, преференция*

tariff protection   [cust.] *тарифный протекционизм*

tariff quota   [cust.] *тарифная квота*

tariff rate   [ins.] *тарифная ставка*

tariff reduction   [cust.] *снижение тарифа*

tariff regulations   [trans.] *тарифные нормативы*

tariff requested   *предписанный тариф*

tariff union   *таможенный союз*

tariff war   [cust.] *таможенная война*

tariff zone   [trans.] *тарифный пояс*

taring   [trans.] *определение веса тары, тарирование*

task   *задание, урок, урочная работа;* [comp.] *программный модуль;* [pers.manag.] *задача, норма выработки*

task (vb.)   *давать задание, испытывать, подвергать проверке, ставить задачу*

task analysis   *анализ рабочего задания*

task force   *оперативная группа, рабочая группа, специальная группа, целевая группа*

task solution   *решение задачи*

taste   *вкус*

tax   *обложение, размер счета, членские взносы;* [tax.] *налог, пошлина, сбор*

tax (vb.)   *взимать членские взносы, назначать цену;* [tax.] *облагать налогом, облагать пошлиной*

tax, after   [tax.] *после удержания налога*

tax (deducted) at source   *льготный налог у источника*

taxable (adj.)   [tax.] *надлежащий обложению налогом, облагаемый налогом*

taxable amount   [tax.] *сумма, облагаемая налогом*

taxable capacity   [tax.] *налогоспособность*

taxable capital gain   [tax.] *облагаемые налогом доходы от прироста капитала*

taxable entity   [tax.] *экономическая единица, облагаемая налогом*

taxable estate   [tax.] *облагаемое налогом имущество*

taxable gain   [tax.] *облагаемый налогом доход от прироста капитала*

taxable income   [tax.] *налогооблагаемый доход*

taxable income assessment   [tax.] *установление размера налогооблагаемого дохода*

taxable person   *лицо, облагаемое налогом*

taxable rate   [tax.] *ставка налогообложения*

taxable value   [tax.] *облагаемая налогом стоимость активов, стоимость, подлежащая налогообложению*

tax account   [tax.] *налоговый счет*

tax accounting   [calc.] *учет налогов*

tax accounts   [calc.] *налоговая отчетность*

tax administration   [tax.] *налоговое ведомство*

tax advantage   [tax.] *выгода, обеспечиваемая существующей системой налогообложения*

tax adviser   [tax.] *консультант по вопросам налогового обложения*

tax allocation   [calc.] *отчисление налогов*

tax allowance   [tax.] *налоговая скидка*

tax amount   [tax.] *размер налогов, сумма налогов*

tax and expenditure policy   [parl.] *бюджетно-налоговая политика;* [pol.ec.] *финансово-налоговая политика*

tax arrears   [tax.] *задолженность по налогам*

tax assessment   [tax.] *налогообложение, установление налоговых ставок*

Tax Assessment Act   [tax.] *закон о налогообложении*

tax assessment authority   [tax.] *налоговое управление*

tax assessment by standard   [tax.] *установление нормативных налоговых ставок*

tax assessment complaint   [tax.] *иск, связанный с неправильным налогообложением*

tax assessment method   [tax.] *порядок налогообложения, порядок установления налоговых ставок*

tax assessment notice   [tax.] *уведомление о причитающейся сумме налога*

tax assessment of real property   [tax.] *оценка недвижимости в целях налогообложения*

tax assessments act   [tax.] *закон о налогообложении*

tax assessor   [tax.] *налоговый инспектор, налоговый чиновник*

taxation   [tax.] *взимание налогов, налогообложение*

taxation at source   *удержание налога со всей суммы доходов*

taxation authorities   [tax.] *налоговое управление*

taxation consideration   [tax.] *критерий налогообложения*

taxation issue   [tax.] *размещение ценных бумаг для ослабления налогового бремени*

taxation laws   [legal] *законодательство о налогообложении*

taxation load   [tax.] *налоговое бремя, налогообложение*

taxation measure   [tax.] *критерий налогообложения, показатель налогообложения*

taxation obligation   [tax.] *обязательство по налогообложению*

taxation of capital   [tax.] *налогообложение капитала*

taxation of capital gains on bonds   [tax.] *налогообложение дохода от облигаций*

taxation of capital gains on securities   [tax.] *налогообложение дохода от ценных бумаг*

taxation of capital gains on shares   [tax.] *налогообложение дохода от акций*

taxation of capital yield   [tax.] *налогообложение дохода от капитала*

taxation of consumption   [tax.] *налогообложение потребления*

taxation of corporations   [tax.] *налогообложение корпораций*

taxation of costs   [ind.ec.] *налогообложение затрат;* [legal] *таксация судебных издержек*

taxation of foundations   [tax.] *налогообложение общественных фондов*

Taxation of Foundations Act   [legal] *Закон о налогообложении общественных фондов*

taxation of income   [tax.] *взимание подоходного налога*

taxation of income and property   [tax.] *налогообложение доходов и имущества*

taxation of motor vehicles   [tax.] *налогообложение автотранспортных средств*

taxation of pensions   [tax.] *налогообложение пенсий*

taxation of profit   [tax.] *взимание налога на прибыли*

taxation of profit from sale of real property   *взимание налога на прибыли от продажи недвижимости*

taxation of profit from the sale of real property   [tax.] *взимание налога на прибыли от продажи недвижимости*

taxation of property   [tax.] *налогообложение имущества*

taxation of real estate   [tax.] *налогообложение недвижимого имущества*

taxation of real property   [tax.] *налогообложение недвижимого имущества*

taxation of shareholders   [tax.] *налогообложение акционеров*

taxation of trusts   [tax.] *налогообложение доверительных фондов*

taxation on real estate and working assets   [tax.] *налогообложение недвижимости и оборотного капитала*

taxation package   [tax.] *комплекс мероприятий в области налоговой политики*

taxation package for trade and industry   [tax.] *комплекс мероприятий в области налоговой политики для торговли и промышленности*

taxation period   [tax.] *период налогообложения*

taxation reform   [tax.] *реформа в области налогообложения*

taxation reserves   [calc.] *резервы для уплаты налогов*

taxation right   [tax.] *право взимания налогов*

taxation rule   [tax.] *принцип налогообложения*

taxation scheme   [tax.] *порядок налогообложения*

taxation system   [tax.] *система налогообложения*

taxation year   [tax.] *учетный год налогоообложения*

tax at source   [tax.] *налог, удержанный из общей суммы доходов*

tax-at-source system   [tax.] *система удержания налога из общей суммы доходов*

tax auditor   [tax.] *налоговый инспектор, налоговый ревизор*

tax authorities   [tax.] *налоговые полномочия*

tax authority   [tax.] *налоговое управление*

tax avoidance   [tax.] *уклонение от уплаты налогов*

tax avoidance scheme   [tax.] *система уклонения от налогов*

tax barrier   *налоговый барьер*

tax base   [tax.] *база налогообложения*

tax benefit   [tax.] *налоговая льгота*

tax benefit entailment   [tax.] *ограничение права на налоговые льготы*

tax bill   *налоговый законопроект;* [legal] *сумма взимаемых налогов, сумма выплачиваемых налогов*

tax board of appeal   [tax.] *апелляционный совет по вопросам налогообложения*

tax book   [calc.] *книга учета налогов*

tax bracket   [tax.] *ступень налоговой шкалы*

tax burden   [tax.] *налоговое бремя, сумма уплачиваемого налога*

tax case   [legal] *иск по вопросам налогообложения*

tax ceiling   [tax.] *потолок налогообложения*

tax ceiling income   [tax.] *потолок доходов, установленный для налогообложения*

tax charge   [calc.] *начисление налога*

tax charges   *начисление налогов*

tax collection   [tax.] *взимание налога*

tax collection rate   [tax.] *уровень налоговых поступлений*

tax collector's district   [tax.] *налоговый округ*

tax collector's office   [tax.] *налоговое управление*

tax committee   [tax.] *налоговый комитет*

tax concession   [tax.] *налоговая льгота*

tax consultant   [tax.] *консультант по вопросам налогообложения*

tax contingency provisions   [tax.] *резервы на случай непредвиденных налоговых платажей*

tax control   [tax.] *налоговый контроль*

tax control act   [tax.] *закон о налоговом контроле*

tax counselor   [tax.] *консультант по вопросам налогообложения*

Tax Court   [tax.] *Налоговый суд (США)*

tax credit   [tax.] *налоговая льгота, налоговая скидка, отсрочка уплаты налога*

tax creditor   [calc.] *лицо, имеющее задолженность по налогам*

tax creditors   *лица, имеющее задолженность по налогам*
tax debt   [tax.] *задолженность по налогам*
tax declaration scheme   [tax.] *порядок представления налоговой декларации*
tax deducted   [tax.] *удержанный налог*
tax deducted at source   [tax.] *налог, удержанный из общей суммы доходов, налог, удержанный у источника*
tax-deductible   [tax.] *подлежащий обложению налогов*
tax deduction   [tax.] *взимание налога, удержание налога*
tax deduction at source   [tax.] *удержание налога из общей суммы доходов*
tax deduction basis   [tax.] *база налогообложения*
tax deferral   [tax.] *отсрочка налогообложения*
tax depreciation allowance on stocks   [calc.] *налоговая скидка на амортизацию основного капитала*
tax dodge (vb.)   [tax.] *уклоняться от уплаты налогов*
tax dodger   [tax.] *неплательщик налогов; *[tax.,sl.] *лицо, уклоняющееся от уплаты налогов*
tax dodging   [tax.,leg.pun.] *неуплата налогов, уклонение от уплаты налогов*
tax domicile   [tax.] *местожительство, учитываемое при налоговом обложении*
tax due   [calc.] *причитающийся налог*
taxed (adj.)   *обложенный налогом*
tax equalization   [calc.] *уравнивание налога*
tax equalization account   [calc.] *счет уравнительных налогов*
tax equalization fund   [calc.] *фонд уравнительных налогов*
taxes and dues   [tax.] *налоги и сборы*
taxes on income   [tax.] *подоходные налоги*
tax evader   [tax.] *лицо, уклоняющееся от уплаты налогов*
tax evasion   [tax.,leg.pun.] *уклонение от уплаты налогов*
tax-exempt (adj.)   *не облагаемый налогом; *[tax.] *освобожденный от налога*
tax-exempt basic amount   [tax.] *основная сумма, не облагаемая налогом*
tax-exempt bond   [stock] *облигация, доход по которой не облагается налогом, ценная бумага, доход по которой не облагается налогом*
tax-exempt gain   [tax.] *прибыль, не облагаемая налогом*
tax exemption   [tax.] *освобождение от уплаты налога*
tax-exempt minimum threshold   [tax.] *минимальная сумма, не облагаемая налогом*
tax-exempt special savings account (TESSA)   [bank.] *специальный сберегательный счет, не облагаемый налогом (Великобритания)*
tax-exempt transfer   [calc.] *не облагаемый налогом денежный перевод*
tax exile   [tax.] *бегство от налогов*
tax expense   [calc.] *затраты на уплату налогов*
tax expert   [tax.] *специалист по вопросам налогообложения*
tax fiddle   [tax.] *налоговое мошенничество*
tax field audit   [tax.] *проверка на месте правильности начисления налогов*
tax filing date   [tax.] *срок подачи налоговой декларации*
tax form   [tax.] *бланк налоговой декларации*
tax fraud   [tax.,leg.pun.] *налоговое мошенничество*
tax-free (adj.)   [cust.] *беспошлинный, освобожденный от уплаты налога; *[tax.] *не облагаемый налогом*
tax-free allowance   [tax.] *пособие, не облагаемое налогом*
tax-free amount   [tax.] *сумма, не облагаемая налогом*
tax-free covenant bond   [tax.] *пункт договора об освобождении от налога*
tax-free covenant clause   [tax.] *пункт договора об освобождении от налога*

tax-free gift   [tax.] *дарение, не облагаемое налогом*

tax-free sale   [cust.] *беспошлинная продажа*

tax haven   [tax.] *налоговое убежище, фискальный оазис*

tax heavily (vb.)   [tax.] *облагать высоким налогом*

tax holiday   [tax.] *временное освобождение от уплаты налогов, налоговая льгота*

tax identification number   [bus.organ.,tax.] *регистрационный номер фирмы в налоговом управлении (США)*

tax implications   [tax.] *воздействие налогообложения*

tax in arrears   [tax.] *просрочка уплаты налога*

tax incentive   [tax.] *налоговый стимул*

tax incidence   [tax.] *налоговое обложение, распределение налогового бремени, распределение налогов по группам населения*

tax income (vb.)   [tax.] *доход, облагаемый налогом*

tax increase   [tax.] *рост налогов*

taxing   *взимание налогов, налогообложение*

taxing master   [legal] *распорядитель по судебным издержкам, таксатор расходов по делу*

tax law   [legal] *налоговое право*

tax leasing   [tax.] *налоговый лизинг*

tax legislation   [legal] *налоговое законодательство*

tax levied on specific property   [tax.] *налог, взыскиваемый с конкретного вида имущества*

tax levy   [tax.] *налоговый сбор*

tax liability   [tax.] *задолженность по налоговым платежам, налогообложение, фискальные обязательства*

tax load   [tax.] *налоговое бремя, налоговое обложение*

tax loophole   [tax.] *возможность уклониться от уплаты налогов, лазейка в налоговом законодательстве*

tax loss   [calc.,tax.] *убытки от налогообложения*

tax loss carry-back   [calc.,tax.] *зачет потерь при уплате налога за прошлый период*

tax loss carry-forward   [calc.,tax.] *зачет потерь при уплате налога за счет будущей прибыли*

tax loss setoff   [calc.] *компенсация потерь при уплате налога*

tax management   [tax.] *налоговый контроль*

tax neutrality   [tax.] *налоговый нейтралитет*

tax office   [tax.] *налоговое управление*

tax official   [tax.] *налоговый инспектор*

tax on capital   [tax.] *налог на капитал*

tax on capital accretion   [tax.] *налог на прирост стоимости капитала*

tax on corporate net wealth   [tax.] *налог на нетто-активы корпорации*

tax on distributions   [tax.] *налог на оптовую торговлю*

tax on energy   [tax.] *налог на электроэнергию*

tax on funds   [tax.] *налог на капитал*

tax on income   [tax.] *подоходный налог*

tax on income from capital   [tax.] *налог на доход с капитала*

tax on industry   [tax.] *налог на промышленное производство*

tax on interest yielded by capital subject to a life interest   *налог на процент от капитала, обеспечивающего пожизненный доход*

tax on land value increment   [tax.] *налог на прирост стоимости земли*

tax on personal net wealth   [tax.] *налог на личные нетто-активы*

tax on real rate of return   [tax.] *налог на реальную ставку прибыли*

tax on the conveyance of property   [tax.] *налог на передачу права собственности*

tax on the transfer of property   [tax.] *налог на передачу права собственности*

tax on unearned income   *налог на нетрудовой доход, налог на рентный доход;* [tax.] *налог на непроизводственный доход*

tax on unearned increment   *налог на прирост рентного дохода*

tax on value added   [tax.] *налог на добавленную стоимость*

tax on wealth   [tax.] *налог на имущество*

tax on yield of pension scheme assets   [tax.] *налог на доход от капитала, вложенного в фонд пенсионного обеспечения*

tax overpayment   [tax.] *переплата налога*

tax owed   [calc.] *причитающийся налог*

tax paid   [calc.] *уплаченный налог*

tax paid in kind   [tax.] *налог, уплаченный натурой*

tax paid on income not taxed at source   [tax.] *уплаченный подоходный налог, не удержанный со всей суммы доходов*

tax paid on irregular income   [tax.] *уплаченный налог на доход, не учитываемый официальной статистикой*

tax paid on regular income   *налог, выплачиваемый на постоянный доход*

tax payable   [calc.] *налог, подлежащий уплате*

taxpayer   [tax.] *налогоплательщик*

taxpayer haven   *фискальный оазис;* [tax.] *налоговое убежище*

taxpayers money   *деньги налогоплательщиков, средства налогоплательщиков*

taxpayers' money   *деньги налогоплательщиков, средства налогоплательщиков*

taxpayer's haven   *налоговое убежище, фискальный оазис*

taxpaying ability   [tax.] *налогоспособность*

taxpaying capacity   [tax.] *налогоспособность*

taxpaying power   [tax.] *налогоспособность*

tax payment   [tax.] *выплата налоговых сумм, уплата налогов*

tax penalty   [tax.] *штраф за неуплату налога*

tax period   [tax.] *период налогообложения*

tax planning   [tax.] *планирование налоговых поступлений*

tax policy   [pol.ec.] *налоговая политика*

tax principle   [tax.] *принцип налогообложения*

tax privilege   [tax.] *налоговая льгота*

tax-privileged (adj.)   [tax.] *с налоговыми льготами*

tax-privileged account   [bank.] *счет с налоговыми льготами*

tax-privileged deposit   [bank.] *вклад с налоговыми льготами, депозит с налоговыми льготами*

tax-privileged savings account   [bank.] *сберегательный счет с налоговыми льготами*

tax-privileged savings scheme   [bank.] *программа аккумуляции сбережений с налоговыми льготами*

tax proceeds   [manag.] *налоговые поступления*

tax progressively (vb.)   [tax.] *облагать прогрессивным налогом*

tax provision   [calc.] *резерв для уплаты налога*

tax provisions   *резервы для уплаты налога*

tax purposes, for   [tax.] *в целях налогообложения*

tax question   [tax.] *вопрос налогообложения*

tax quotation price   *котировочная цена с учетом налога*

tax rate   [tax.] *налоговая ставка, ставка налогового обложения*

tax rate and deduction card   [tax.] *карточка налоговых ставок и удержаний*

tax rate on real rate of return   [tax.] *налоговая ставка на норму прибыли*

tax reasons, for   [tax.] *в целях налогообложения*

tax rebate   *налоговая льгота;* [tax.] *скидка с налога, снижение налоговых ставок*

tax receipts   [manag.] *налоговые поступления*

tax receivable   [calc.] *подлежащая получению сумма налога*

tax reduction   [tax.] *снижение налога*

tax reduction deposit   [bank.] *счет снижения налога*

tax reform   [tax.] *налоговая реформа*

tax reform bill   [parl.] *законопроект о налоговой реформе*

tax refund   [tax.] *возврат налога, налоговая премия, скидка с налога*

tax relief [tax.] *скидка с налога*

tax relief for amounts earned abroad [tax.] *скидка с налога на суммы, заработанные за рубежом*

tax remission [tax.] *освобождение от уплаты налога*

tax reorganization [tax.] *перестройка системы налогообложения*

tax residency [tax.] *местожительство, учитываемое при налоговом обложении*

tax return [tax.] *налоговая декларация, налоговый доход*

tax revenue [manag.] *доход от налогов, налоговые поступления*

tax rule [tax.] *принцип налогообложения*

tax saving [tax.] *сумма, сэкономленная за счет уменьшения налоговых платежей*

tax scale [tax.] *шкала ставок налогового обложения*

tax separately (vb.) [tax.] *осуществлять раздельное налогообложение*

tax shelter [tax.] *налоговое прикрытие*

tax statement [tax.] *налоговая декларация*

tax status [tax.] *состояние налогообложения*

tax strategist [tax.] *специалист по вопросам налогообложения*

tax surcharge [tax.] *дополнительный налог*

tax the costs (vb.) [legal] *таксировать судебные издержки*

tax threshold [tax.] *нижняя граница доходов, облагаемых налогом, нижняя граница налогообложения*

tax treatment [tax.] *налоговый режим, правила взимания налогов*

tax underpayment [tax.] *недоплата налога*

tax value of a deduction [tax.] *размер налогового удержания*

tax value of deduction *размер налогового удержания*

tax value of interest deduction [tax.] *размер налогового удержания в процентах*

tax verification [tax.] *проверка правильности уплаты налогов*

tax withheld [tax.] *удержанный налог*

tax year [tax.] *учетный год налогообложения*

tax yield [manag.] *налоговый доход*

T document *Н(алоговый)-документ*

teach (vb.) *обучать, преподавать;* [syst.ed.] *учить*

teacher *преподаватель;* [syst.ed.] *учитель*

teaching *преподавание;* [syst.ed.] *обучение*

team *артель, экипаж;* [pers.manag.] *бригада, группа, команда*

team (vb.) *работать сообща*

team spirit *дух коллективизма, дух товарищества*

teamwork *бригадная работа*

tear-off coupon [adv.] *отрывной купон*

teaser ad [adv.] *рекламное объявление*

technical (adj.) *промышленный, специальный, технический, формальный*

technical aid *техническая помощь*

technical analysis *технический анализ*

technical approval *аттестация*

technical asset *особое преимущество, специальный актив*

technical assets [ins.] *специальные активы*

technical assistance *техническая помощь*

technical barrier to trade *формальное препятствие для торговли*

technical basis *техническая база*

technical check *технический контроль*

technical committee *технический комитет*

technical consulting services *служба технических консультаций*

technical control *технический контроль*

technical efficiency *техническая эффективность*

technical equipment [calc.] *техническое оборудование*

technical error [legal] *формальная ошибка, формально-юридическая ошибка*

technical expert *технический эксперт*

technical hitch   *задержка по техническим причинам, техническое препятствие*

technicality   *техническая деталь, техническая сторона дела*

technical liability for own account   *технические обязательства по счету*

technical loss   [ins.] *технические потери*

technical plant   [calc.] *техническое оборудование*

technical plant and machinery   [calc.] *производственное оборудование и механизмы*

technical profit   [ins.] *прибыль в результате низкого уровня смертности*

technical reduction in value   [calc.] *техническое снижение стоимости*

technical report   *отчет о техническом состоянии, технический отчет*

technical reserve   [ins.] *резервный фонд для погашения страховых платежей, технический резерв*

technical sales manager   *заведующий отделом сбыта*

technical sanction   *формальная санкция, формальное одобрение*

technical school   [syst.ed.] *техническая школа, техническое учебное заведение, техническое училище*

technical testing   *техническая проверка*

technical trade   [exc.] *техническая операция, техническая сделка*

Technical University of Denmark   *Технический универстет Дании*

technique   *метод, методика, процедура, способ;* [prod.] *технический прием*

technique of legal documentation   [legal] *техника ведения правовой документации*

Technological Institute   *технологический институт*

technology planning   *технологическое планирование*

technology supplier   *поставщик технологии*

technology transfer   *передача технологии*

technology transfer agreement   *соглашение о передаче технологии*

telecommunication   *электросвязь;* [telecom.] *дальняя связь, связь, техника связи*

telecommunications network   [telecom.] *система дальней связи*

telecommunications security   [telecom.] *безопасность средств дальней связи*

telecommunications services   [telecom.] *служба дальней связи*

telecommuting   [comp.] *осуществление дистанционного доступа*

telecontrol   *дистанционное управление, телеуправление, управление на расстоянии*

telecopier   [telecom.] *телекопир*

telecopying   [telecom.] *телекопирование*

teleengineering   [telecom.] *техника дальней связи*

telefax   [telecom.] *телефакс, телефаксимильная связь*

telefax, by   [telecom.] *по телефаксу*

telegram   [telecom.] *телеграмма*

telegraph   [telecom.] *телеграф*

telegraph (vb.)   *передавать по телеграфу, телеграфировать*

telemarketing   [mark.] *прямой маркетинг по телефону*

telephone   [telecom.] *телефон*

telephone (vb.)   *передавать по телефону;* [telecom.] *телефонировать*

telephone advertiser   [mark.] *распространитель рекламы по телефону*

telephone agency   [mark.] *телефонное рекламное бюро*

telephone answering machine   [telecom.] *телефонный автоответчик*

telephone bill   *счет за телефонный разговор*

telephone call   [telecom.] *телефонный вызов, телефонный звонок*

telephone charge   [telecom.] *плата за телефонный разговор*

telephone company   *телефонная компания*

telephone conversation   [telecom.] *телефонный разговор*

telephone directory   [telecom.] *телефонный справочник*

telephone exchange [telecom.] *телефонная станция*
telephone line [telecom.] *линия телефонной связи, телефонная линия*
telephone message [telecom.] *телефонограмма*
telephone network [telecom.] *телефонная сеть*
telephone number [telecom.] *номер телефона*
telephone sales [mark.] *продажа по телефону*
telephone subscriber [telecom.] *телефонный абонент*
telephone tapping [legal] *подслушивание телефонных разговоров*
teleprinter [telecom.] *стартстопный телеграфный аппарат, телетайп*
teleprinter network [telecom.] *сеть телетайпной связи*
teleprocessing [comp.] *дистанционная обработка данных, телеобработка данных*
telesales [mark.] *продажа по телефону*
teleservice [telecom.] *оказание услуг по телефону*
teleshopping [mark.] *розничная торговля с помощью средств телекоммуникации*
teleteaching [syst.ed.] *образовательные телепередачи, обучение по телевизору*
teletex [telecom.] *вещательная видеография*
teletext [media] *телетекст*
teletype (TTY) *стартстопный телеграфный аппарат;* [telecom.] *телетайп*
teletypewriter [telecom.] *стартстопный телеграфный аппарат, телетайп*
television (TV) *телевизор;* [media] *телевидение, телевизионный приемник*
television company [media] *телекомпания*
television insurance [ins.] *страхование телевизора*
television licence *лицензия на телевизионное вещание*
television station [media] *телевизионная станция*
telex [telecom.] *абонентское телеграфирование, телекс*
telex machine [telecom.] *телексный аппарат*
telex network [telecom.] *система телексной связи*
telex subscriber [telecom.] *абонент телексной сети*
teller *банковский служащий, счетчик голосов;* [bank.] *кассир*
tel quel [comm.] *освобождение продавца от ответственности за ухудшение качества товара во время перевозки*
tel quel clause [legal] *оговорка в контракте, освобождающая продавца от гарантии качества товара*
temp *временный секретарь;* [pers.manag.] *временная машинистка*
temp agency *бюро, предоставляющее временных работников*
temperance society *общество трезвости*
template [print.] *матрица, трафарет, шаблон*
temporarily absent (adj.) *временно отсутствующий*
temporary *временный рабочий, временный служащий*
temporary (adj.) *временный*
temporary account *временный счет*
temporary address *временный адрес*
temporary annuity [suc.] *временная рента*
temporary appointment [pers.manag.] *временное назначение*
temporary assistant [pers.manag.] *временный помощник*
temporary disablement [empl.] *временная нетрудоспособность*
temporary discharge [leg.pun.] *временное увольнение*
temporary duty-free importation of goods [cust.] *временно не облагаемый пошлиной ввоз товаров*
temporary employee [pers.manag.] *временный работник*
temporary employment [empl.] *временная занятость*
temporary expedient *временное средство для достижения цели*
temporary expulsion *временное выселение*
temporary help agency *бюро временной помощи*

temporary imports   *временные статьи импорта*
temporary incapacity   [empl.] *временная трудоспособность*
temporary injunction   [legal] *временный судебный запрет*
temporary insurance   [ins.] *временное страхование*
temporary provision   *временное положение*
temporary registration   [r.e.] *временная регистрация*
temporary residence   *временное местожительство, временное место проживания*
temporary solution   *временное решение*
temporary staff   [pers.manag.] *временный персонал, временный штат*
temporary stay   *временная остановка*
temporary storage   *запоминающее устройство для временного хранения информации;* [comp.] *временное запоминающее устройство*
temporary work   [empl.] *временная работа*
temporary worker   [pers.manag.] *временный рабочий*
temporary workers   [pers.manag.] *временная рабочая сила*
tenability   [legal] *обороноспособность*
tenable (adj.)   *обороноспособный*
tenancy   [r.e.] *аренда, арендованное имущество, владение на правах аренды, владение на правах имущественного найма, владение недвижимостью*
tenancy agreement   [r.e.] *арендное соглашение, договор об аренде*
tenancy at will   [r.e.] *бессрочная аренда*
tenancy from year to year   [r.e.] *аренда с ежегодной пролонгацией*
tenancy in common   [legal] *нераздельное совладение*
tenancy laws   [r.e.] *арендное право*
tenant   [r.e.] *арендатор, владелец, наниматель, съемщик*
tenant (vb.)   *владеть на правах аренды;* [r.e.] *арендовать, нанимать*
tenant (farmer)   *арендатор*
tenant contribution to financing   *вклад арендатора в финансирование*
tenant deposit   *взнос арендатора*
tenant dwelling   [r.e.] *арендуемое жилище*
tenant farmer   [r.e.] *фермер-арендатор*
tenant for life   [suc.,r.e.] *пожизненный арендатор*
tenant in common   [legal] *совместный владелец*
tenant in tail   [legal] *собственник заповедного имущества*
tenants group   *объединение арендаторов*
tenants representation   *представительство интересов арендаторов*
tenants' contribution   *вклад арендаторов в финансирование*
tenants' deposit   *депозит арендаторов*
tenants' group   *объединение арендаторов*
tenants' representation   *представительство интересов арендаторов*
tenant's contribution (to financing)   *вклад арендатора в финансирование*
tenant's deposit   *депозит арендатора*
tendency   *направление, стремление, тенденция;* [exc.] *склонность*
tender   *аукцион, заявка на подряд, заявка на торгах, заявление о подписке на ценные бумаги, оферта, официальное предложение, письменное предложение, предложение на торгах, смета подрядчика на торгах, сумма, вносимая в уплату долга*
tender (vb.)   *делать предложение, подавать заявку на торгах, предлагать, предлагать в уплату;* [exc.] *представлять документы;* [legal] *вносить деньги в счет долга, предлагать исполнение договора, предлагать сдачу товара;* [monet.trans.] *подавать заявление о подписке на ценные бумаги*
tenderable   [comm.] *подлежащий сдаче, пригодный для сдачи*
tender before action   [legal] *удовлетворение требования истца до начала судебного разбирательства*
tender bond   [legal] *гарантия предложения*
tender book   *книга учета предложений*

tender date   *дата проведения торгов*

tender documents (vb.)   *представлять документы*

tenderer   *кредитор, лицо, делающее предложение, оферент,*
покупатель казначейских векселей на аукционе, участник
торгов

tender guarantee   [legal] *гарантия предложения*

tendering party   *сторона, подавшая заявку на торгах*

tendering public works   *заявка на общественные работы*

tendering round   *раунд предложений*

tender issue   [bus.organ.] *выпуск ценных бумаг с помощью торга*

tender list   *список заявок на торгах, список оферт*

tender panel   [bank.] *панель предложения*

tender price   *цена на торгах*

tender schedule   *расписание торгов*

tender sum   *сумма предложения*

tender system   *система торгов*

tender the price (vb.)   *предлагать цену*

tend towards (vb.)   *быть склонным, иметь склонность*

tenement   *владение, многоквартирный дом, недвижимость, права,*
связанные с недвижимостью, предмет владения, снимаемая
квартира; [r.e.] *арендованная земля, арендованное имущество,*
арендуемое помещение

tenement building   [r.e.] *сдаваемый в аренду многоквартирный дом*

tenement house   *сдаваемый в аренду многоквартирный дом*

tenor   [legal] *направление, развитие, содержание документа, срок*
векселя

tension   *напряжение, напряженное состояние, напряженность*

tentative (adj.)   *ориентированный, ориентировочный, предварительный,*
предполагаемый, предположительный, пробный

tentative contract   [legal] *предварительный договор*

tentative price   *ориентировочная цена, предположительная цена;*
[comm.] *ориентированная цена, предварительная цена*

tentative return   [tax.] *предполагаемый доход*

tenure   [legal] *имущество, собственность;* [pers.manag.] *владение,*
временное владение, полномочия, пребывание в должности,
срок владения, срок пребывания в должности, условия
владения

tenure of office   [pers.manag.] *пребывание в должности*

term   *срок, срок наказания, срок окончания, срок полномочий,*
судебная сессия; [doc.] *период, предел;* [ins.] *аренда на срок;*
[legal] *срок выполнения обязательства, срок кредитования, термин;*
[syst.ed.] *семестр, четверть*

term (vb.)   [legal] *выражать, называть*

term annuity   [ins.] *аннуитет, предусматривающий выплату*
ежегодного дохода в течение определенного числа лет

term assurance   [ins.] *страхование жизни на определенный срок*

term bank   *банк терминов*

term bill   [bill.] *вексель с фиксированным сроком*

term borrowing   [bank.] *заем на срок*

term credit   *срочный кредит*

term deposit   [bank.] *вклад на срок, срочный депозит*

term for appeal   [legal] *срок для подачи апелляции*

term for enforcement   [legal] *срок для принудительного взыскания*

term for execution   [legal] *срок для приведения в исполнение*

term for submission   *срок для передачи спора в арбитраж, срок для*
представления документов

terminable   *могущий бять прекращенным*

terminable (adj.)   *могущий быть прекращенным, ограниченный сроком,*
срочный

terminable at the will of   [legal] *прекращаемый по усмотрению*

terminable at will of   [legal] *прекращаемый по усмотрению*

terminal   *конечный пункт, оконечное устройство, тупиковый склад, узловая станция;* [comp.] *терминал;* [trans.] *конечная станция*

terminal grant   [mil.] *окончательное подтверждение приказа*

terminal pay   [empl.] *уплата последнего взноса*

terminal port   [nav.] *конечный порт, порт назначения, портовый причал*

terminal station   *абонентский пункт;* [trans.] *конечная станция, тупиковая станция, узловая станция*

terminal unit   [comp.] *абонентский пункт, оконечное устройство, терминал*

terminal user   [comp.] *пользователь терминала*

terminate (vb.)   *класть конец, ограничивать, положить конец, прекращать действие, прекращать использование, ставить предел;* [legal] *заканчивать, оканчивать*

terminate a contract (vb.)   [legal] *прекращать действие контракта, расторгать контракт*

terminate a loan (vb.)   *аннулировать заем*

terminate an agreement (vb.)   [legal] *аннулировать соглашение, прекращать действие договора*

terminate a trust (vb.)   [legal] *ликвидировать опеку*

terminate negotiations (vb.)   *прерывать переговоры*

terminating participant   *участник переговоров, прервавший их*

termination   *конец, окончание, прекращение;* [legal] *прекращение действия, прекращение использования*

termination clause   [legal] *статья контракта об условиях его прекращения*

termination date   *дата прекращения действия*

termination indemnity   [legal] *гарантия возмещения убытков от прекращения контракта*

termination of a business   *расторжение сделки*

termination of account   *закрытие счета*

termination of a contract   [legal] *аннулирование контракта, расторжение контракта*

termination of agreement   *аннулирование договора, расторжение соглашения*

termination of an account   [bank.] *закрытие счета*

termination of an agreement   [legal] *аннулирование договора, расторжение соглашения*

termination of business   *расторжение сделки*

termination of contract   *аннулирование контракта, расторжение контракта;* [legal] *прекращение действия контракта*

termination of customer relationship   [bank.,comm.] *прекращение взаимоотношений с клиентом*

termination of scheme   *прекращение действия программы*

termination of the scheme   *прекращение действия программы*

termination wage   [pers.manag.] *выходное пособие*

termination without notice   *прекращение найма без уведомления, увольнение без уведомления*

terminology   *терминология*

term insurance   [ins.] *страхование на срок*

terminus   [trans.] *конечная станция, конечный пункт, терминал*

term life insurance   [ins.] *срочное страхование жизни*

term loan   [bank.] *срочный кредит*

term of abuse   [legal] *срок злоупотребления*

term of acceptance   *срок акцептования*

term of appeal   [legal] *срок для подачи апелляции*

term of custody   [leg.pun.] *срок пребывания под стражей*

term of financial asset   *срок действия финансового актива*

term of insurance   [ins.] *срок страхования*

term of lease   [r.e.] *срок аренды*

term of notice   [legal] *срок извещения, срок уведомления*

term of office   [parl.] *срок полномочий, срок пребывания в должности*
term of patent   [pat.] *срок действия патента*
term of payment   [legal] *срок платежа*
term of punishment   [leg.pun.] *срок наказания*
term of redemption   *срок выкупа*
term of years   *многолетний срок*
term purchase   *покупка на срок*
term repurchase agreement   *соглашение о покупке акции с последующим их выкупом, через определенный срок и по обусловленной цене, соглашение о покупке акций с последующим их выкупом через определенный срок и по обусловленной цене*
terms   *условия, условия оплаты*
term security   [stock] *срочная акция*
term settlement   [r.e.] *акт о временном распоряжении имуществом*
terms of, in   *в виде, в смысле, в терминах, в форме, с точки зрения*
terms of affreightment   [nav.] *условия фрахтования*
terms of a loan   [bank.] *условия займа*
terms of contract   [legal] *условия договора*
terms of credit   *условия кредита*
terms of delivery   [legal] *условия поставки*
terms of engagement   *условия соглашения;* [nav.] *условия контракта*
terms of issue   *условия денежной эмиссии, условия займа;* [exc.] *условия выпуска ценных бумаг*
terms of loan   [bank.] *условия займа*
terms of money, in   *в денежном выражении*
terms of numbers, in   *в числовом выражении*
terms of payment   [legal] *условия платежа*
terms of reference   *компетенция, круг полномочий, сфера действий, сфера действия*
terms of sale   [legal] *условия продажи*
terms of sale and delivery   [legal] *условия продажи и поставки*
terms of shipment   [nav.] *условия перевозки*
terms of taxation   [tax.] *условия налогообложения*
terms of the contract   [legal] *условия договора*
terms of trade   *альтернатива, проблема выбора, условия торговли*
terms of volume, in   *в единицах объема*
term to maturity   [ec.] *срок выплаты кредита;* [stock] *срок погашения ценной бумаги*
terrace(d) house   *дом рядовой застройки*
terraced house   *дом рядовой застройки*
territorial (adj.)   *территориальный*
territorial integrity   *территориальная неприкосновенность, территориальная целостность*
territorial jurisdiction   [legal] *территориальная юрисдикция*
territorial waters   [law nat.] *территориальные воды*
territory   [law nat.] *территория*
territory of a policy   [ins.] *территория действия страхового полиса*
territory of policy   [ins.] *территория действия страхового полиса*
terror   *террор*
terrorism   *терроризм*
terrorist   *террорист*
tertiary boycott   *бойкот в третичном секторе*
tertiary education   [syst.ed.] *высшее образование*
TESSA (tax exempt special savings account)   [bank.] *специальный сберегательный счет, освобожденный от налога (Великобритания)*
test   *анализ, испытание, исследование, контрольная работа, критерий, мерило, показатель, проба, проверка, тест, экзамен*
test (vb.)   *испытывать, исследовать, проверять, проводить испытания;* [legal] *официально подтверждать;* [syst.ed.] *опробовать, проводить анализ*

test, stand the (vb.) *выдерживать испытания*

test action   [legal] *иск, имеющий принципиальное значение для ряда аналогичных дел*

testacy   [suc.] *наличие завещания*

testament   [suc.] *завещание*

testamentary (adj.)   [suc.] *завещательный, переданный по завещанию*

testamentary arrangement   [suc.] *завещательное распоряжение, распоряжение на случай смерти*

testamentary arrangements   *распоряжения на случай смерти;*   [suc.] *завещательные распоряжения*

testamentary beneficiary   [suc.] *лицо, в чью пользу составлено завещание*

testamentary capacity   [suc.] *завещательная дееспособность, завещательная правоспособность*

testamentary disposition   [suc.] *завещательное распоряжение*

testamentary guardian   [legal] *опекун по завещанию*

testamentary succession   [suc.] *наследование по завещанию*

testamentary trust   [suc.] *опека по завещанию доверителя*

testate succession   [suc.] *наследование по завещанию*

testator   [suc.] *завещатель, наследодатель, свидетель*

testatrix   [suc.] *завещательница*

test audit   [aud.] *контрольная проверка*

test basis   *испытательная база*

test case   [legal] *дело, имеющее принципиальное значение для разрешения ряда аналогичных дел*

test certificate   [prod.] *свидетельство об испытании*

test check   *контрольная проверка, контрольное испытание*

testee   [mark.] *объект теста*

testee (adj.)   [mark.] *испытуемый*

testify (vb.)   *показывать, торжественно заявлять;* [legal] *быть доказательством, выступать в качестве свидетеля, давать показания, объявлять, представлять доказательства, свидетельствовать, служить доказательством, утверждать*

testimonial   *коллективный дар, награда, подношение, приветственный адрес, рекомендация;* [adv.] *характеристика;* [pers.manag.] *рекомендательное письмо*

testimonial advertising   [adv.] *рекомендательная реклама*

testimonial commercial   [media] *рекомендательная рекламная передача*

testimonium clause   [suc.] *заключительная формула документа*

testimony   *клятвенное заверение;* [legal] *доказательство, показание свидетеля, свидетельское показание, свидетельство*

testimony of witnesses   [legal] *показания свидетелей*

test in court (vb.)   [legal] *засвидетельствовать в суде*

testing   *испытание, исследование, контроль, проверка, тестирование*

testing (adj.)   *испытательный, контрольный, проверочный*

testing and research laboratory   *опытно-исследовательская лаборатория*

testing laboratory   *испытательная лаборатория*

testing of hypothesis   *проверка гипотезы*

test market   [mark.] *пробный рынок*

test marketing   [mark.] *пробный маркетинг*

test panel   *обследуемая группа,* [mark.] *контрольная группа*

test piece   [prod.] *образец для испытаний*

test program   [comp.] *программа испытаний, тестовая программа*

test result   *результат испытаний*

test run   *испытательный пробег, пробный рейс*

test sample   *образец для испытаний, опытный образец, пробный образец*

test the market (vb.)   [mark.] *проверять рынок*

text   *текст*

textbook *руководство, учебник*

text editor *редактор текстов;* [comp.] *текстовый редактор*

textile industry *текстильная промышленность*

textiles *текстиль*

TFA (transaction flow audit) [aud.] *ревизия потока сделок*

Thai bath (THB) [monet.trans.] *таиландский бат*

thank (vb.) *благодарить*

thanks *благодарность*

thank you *да, пожалуйста, если можно, спасибо*

that is *то есть*

that is (i.e.) *то есть*

THB (Thai bath) [monet.trans.] *таиландский бат*

theatre nuclear arms [mil.] *ядерное оружие поля боя*

the day before *за день до*

theft [leg.pun.] *воровство, кража*

theft risk [ins.] *риск кражи*

theme *тема*

theorem *теорема*

theoretical value *теоретическая стоимость*

theory *теоретические основы, теоретические правила, теория*

theory of queues [stat.] *теория массового обслуживания*

theory of wages *теория заработной платы*

thereafter *впоследствии, затем, соответственно, с этого времени;* [legal] *после этого*

thereinafter [legal] *ниже (в документе)*

thesis [syst.ed.] *диссертация, тезис*

thievish (adj.) *воровской*

thin (adj.) *жидкий, малочисленный, скудный, тонкий*

thing *вещь*

things in possession [legal] *абсолютное право, вещное имущественное право, вещь во владении, право, непосредственно уполномочивающее на владение вещью*

think (vb.) *думать, размышлять*

think tank *группа ученых, работающая над конкретной проблемой, коллектив ученых, научно-исследовательский институт, 'мозговой центр'*

thin market [exc.] *вялый рынок, неактивный рынок, рынок с незначительным числом участников и низким уровнем активности*

third country *третья сторона*

third instance permission [legal] *разрешение третьей инстанции*

third market *внебиржевой рынок ценных бумаг;* [exc.] *рынок ценных бумаг, не удовлетворяющих требованиям фондовой биржи*

third mortgage [r.e.] *третья закладная*

third party [legal] *третье лицо, третья сторона*

third party liability [ins.] *ответственность перед третьей стороной;* [legal] *ответственность перед третьим лицом*

third party liability insurance [ins.] *страхование ответственности перед третьими лицами*

third party mortgagor *лицо, закладывающее недвижимость третьей стороны*

third party notice [legal] *уведомление третьей стороны*

third party proceedings [EEC,legal] *привлечение третьего лица к участию в судебном процессе*

third party property [ins.] *собственность третьего лица*

third party's property [ins.] *собственность третьего лица*

third quarter *третий квартал*

third world *развивающиеся страны, третий мир*

third world countries *развивающиеся страны*

Thomas keyboard *клавиатура Томаса*

thorough (adj.) *детальный, доскональный, законченный, основательный, полный, совершенный, тщательный*

thorough knowledge   *основательные знания*
thousand million   *миллиард*
threat   *опасность;* [legal] *угроза;* [leg.pun.] *грозное предзнаменование*
threaten (vb.)   *угрожать*
threatening (adj.)   *грозящий, угрожающий*
threatening behaviour   *угрожающее поведение*
threat of violence   [leg.pun.] *угроза насилия*
three-figure number   *трехзначное число, трехзначный номер*
three-month premium   [exc.] *квартальный страховой взнос*
three-shift working   [cmpl.] *работа в три смены, трехсменная работа*
threshold   *критический уровень, порог*
threshold for payment   *минимальная сумма платежа*
threshold limit value   *нижнее пороговое значение*
threshold price   [EEC] *пороговая цена*
threshold value   *пороговое значение*
thrift   *экономность;* [pol.ec.] *бережливость*
thrift (vb.)   *экономить*
thrift society   *сберегательное учреждение*
thrifty (adj.)   *бережливый, процветающий, удачливый, экономный*
thrifty person   *бережливый человек*
thrive (vb.)   *преуспевать, процветать*
thriving business   *преуспевающее предприятие*
through bill of lading   [nav.] *сквозной коносамент*
through fare   [trans.] *сквозной тариф*
through freight   [trans.] *сквозной фрахт*
through intermediary of   *при посредничестве*
through invoicing   [book-keep.] *выписка сквозной фактуры*
throughout the years   *много лет подряд*
through-passage   [trans.] *транспортная артерия, транспортная магистраль*
throughput   [prod.] *производительность, пропускная способность*
throughput time   [prod.] *производительное время*
through rate   [trans.] *сквозной тариф, тариф прямой перевозки грузов, тариф сквозной перевозки грузов*
through the intermediary of   *при посредничестве*
through the intermediary of x   *при посредничестве X*
through train   *прямой поезд*
through transport   [nav.] *транзитные перевозки*
throughway   *скоростная магистраль*
throw-away option   *опцион по объявлению*
throw out a feeler (vb.)   *закидывать удочку, запускать пробный шар, зондировать почву*
throw suspicion on (vb.)   *бросать тень на*
thruway   *автострада, скоростная магистраль*
tick   *доверие, кредит, репутация честного и платежеспособного человека, счет*
tick (vb.)   *покупать в кредит*
tick (off) (vb.)   *отмечать галочкой, ставить отметку*
tick, on   *пунктуально, точно*
ticker   [exc.] *тикер*
ticker symbol   *кодовое сокращение названия ценной бумаги для целей идентификации и передачи информации*
ticker tape   [exc.] *тикер*
ticker tape parade   *торжественная встреча, торжественный проезд по улицам города*
ticket   *предварительная регистрация биржевых операций, талон, этикетка, ярлык;* [book-keep.] *квитанция, удостоверение;* [trans.] *билет*
ticket (vb.)   *прикреплять ярлык, снабжать этикеткой*
ticket at reduced fare   [trans.] *билет по льготному тарифу*
ticket day   [exc.] *второй день ликвидационного периода на фондовой бирже*

ticket fine [leg.pun.] *штраф за безбилетный проезд*
ticket office *билетная касса*
ticket policy [ins.] *типовой полис*
ticket price *цена билета;* [trans.] *стоимость билета*
ticket window *окно билетной кассы*
tick off (vb.) *отмечать галочкой, ставить отметку*
tidal wave [ins.] *приливная волна*
tied aid (to developing countries) *обусловленная помощь развивающимся странам*
tied aid to developing countries *обусловленная помощь развивающимся странам*
tied mandate *обусловленный мандат*
tied share [stock] *связанная акция*
tied-up (adj.) [legal] *замороженный (о средствах)*
tied-up equity *замороженные активы*
tied-up net capital *замороженный чистый капитал*
tied-up reserves *замороженные резервные фонды*
tied vote *разделение голосов поровну*
tie-in (vb.) *навязывать принудительный ассортимент, продавать на определенных условиях, продавать с нагрузкой*
tie-in *навязывание принудительного ассортимента, принудительный ассортимент, совместная реклама одного или нескольких товаров одной или разных фирм*
tie-in sale *продажа с нагрузкой, продажа с принудительным ассортиментом*
tie money (vb.) *замораживать средства*
tie-out *развязка*
tier *ряд, уровень, ярус*
tier one capital [bank.] *капитал первого порядка*
tier-subsidiary *дополнительный ряд, дополнительный ярус*
tier two capital [bank.] *капитал второго порядка*
tie up (vb.) *препятствовать;* [legal] *замораживать, консервировать, приостанавливать*
tie-up *забастовка, задержка производства, остановка, прекращение работы, широкая реклама товаров*
tie-up advertising [adv.] *широкая реклама товаров*
tie up funds (vb.) *замораживать фонды*
tight (adj.) *напряженный, недостаточный, непроницаемый, ограниченный, плотный, сдерживаемый, стесненный*
tight economic situation *напряженная экономическая ситуация*
tight economy *экономика в напряженном состоянии*
tighten (vb.) *делать напряженным, стеснять*
tightening *стеснение, ужесточение*
tightening of fiscal policy [tax.] *ужесточение финансово-бюджетной политики*
tightening of liquidity *ужесточение условий ликвидности*
tightening of monetary policy [pol.ec.] *ужесточение денежно-кредитной политики*
tightening of money market [pol.ec.] *ужесточение условий на рынке краткосрочного капитала*
tightening of the money market [pol.ec.] *ужесточение условий на рынке краткосрочного капитала*
tightening up *закрепление, затягивание, натягивание, укрепление, усиление*
tighten the credit (vb.) *ужесточать условия кредита*
tighten up (vb.) *затягивать, сжимать*
tighten up provisions (vb.) *урезать ассигнования*
tight labour market [empl.] *рынок труда с высоким спросом на рабочую силу*
tight market *активный рынок с незначительным разрывом между ценами продавца и покупателя;* [ec.] *рынок с недостаточным предложением*

tight money *деньги с высокой покупательной силой, ограниченный кредит с высоким уровнем процентных ставок, 'дорогие' деньги*

tight money policy [pol.ec.] *жесткая кредитная политика, политика дорогого кредита*

till *активы банка, денежный ящик, наличность кассы*

till money [bank.] *запас наличных денег в кладовой банка, наличность в сейфе*

till roll *чековая лента*

till slip *кассовый чек*

timber business *торговля лесоматериалами*

timber concession *концессия на вырубку леса, концессия на эксплуатацию лесных угодий*

time *время, момент, период времени, сезон, срок*

time (vb.) *выбирать время, назначать время, устанавливать продолжительность*

time account [bank.] *срочный вклад*

time allowed for claims *срок подачи рекламаций*

time and motion study [ind.ec.] *изучение трудовых движений и затрат времени, система нормативов времени на трудовые движения, хронометрирование*

time arbitrage [stock] *срочный арбитраж*

time bargain [exc.] *сделка на срок, срочная сделка*

time-barred (adj.) [legal] *со сроком давности*

time being, for the [legal] *до поры до времени, на неопределенный срок, пока*

time bill [bill.] *вексель с оплатой через определенный срок, срочный вексель*

time-buyer [adv.] *рекламодатель, купивший часть эфирного времени*

timecard [empl.] *карточка табельного учета, хронометражная карта*

timecard system [pers.manag.] *система табельного учета*

time charter [nav.] *тайм-чартер, чартер на срок*

time clock [empl.] *таймер*

time consumed [ind.ec.] *затраченное время*

time-consuming (adj.) *требующий много времени*

time credit *срочный кредит*

time deal *срочная сделка*; [exc.] *сделка на срок*

time deposit [bank.] *вклад на срок, срочный депозит*

time discount [comm.] *дисконтирование во времени*

time factor *фактор времени*

time for payment *срок платежа*

time for performance [legal] *срок исполнения*

time for presentment [bill.] *срок предъявления*

time for submission *срок представления*

time immemorial [legal] *незапамятное время*

time increment *дополнительный срок*

time interval *промежуток времени*

time lag *временной лаг, запаздывание, отставание во времени, разница во времени*

time limit *крайний срок, отведенное время, предельный срок*

time limited (adj.) *ограниченный во времени*

time limit for annulling contract *предельный срок аннулирования контракта*

time limit for application *предельный срок подачи заявки, предельный срок подачи заявления*

time limit for entering opposition [pat.] *предельный срок подачи возражения*

time limit for payment *предельный срок платежа*

time limit for prosecution [leg.pun.] *предельный срок судебного преследования*

time limit for respite   *предельный срок отсрочки исполнения приговора*

timeliness   *своевременность*

timely   *своевременно*

timely (adj.)   *своевременный*

timely basis, on a   *на регулярной основе*

time of acquisition   *время приобретения*

time of balance sheet   *дата представления балансового отчета*

time of billing   [calc.] *срок фактурирования*

time of closing of accounts   *дата закрытия счетов*

time of conception   [legal] *время зачатия*

time of crisis   *кризисный период*

time of death   [legal] *время смерти*

time of delivery   *срок поставки*

time of deposit   [bank.] *период, на который сделан срочный вклад*

time of dispatch (TOD)   [trans.] *время отправки*

time of distribution   *время размещения*

time off   [empl.] *нерабочее время*

time of falling due   *срок платежа*

time off in lieu   [pers.manag.] *отгул*

time of implementation   *период внедрения*

time of incurring a debt   *время образования долга*

time of invoicing   [calc.] *время выписки фактуры*

time of issue   [exc.] *время эмиссии*

time of loading   [nav.] *время погрузки*

time of maturity   *срок ценной бумаги;* [stock] *срок платежа по векселю*

time of operation   *время выполнения операции, наработка, продолжительность эксплуатации, срок службы*

time of payment   [legal] *срок платежа*

time of performance   [legal] *срок исполнения*

time of performance of a contract   [legal] *срок исполнения договора*

time of performance of contract   [legal] *срок исполнения договора*

time of purchase   *время покупки*

time of receipt (TOR)   [trans.] *дата получения*

time of recording   *дата регистрации*

time of redemption   *срок выкупа, срок погашения*

time of sale   *время продажи, дата продажи*

time of signature   [legal] *дата подписи*

time of surrender   [ins.] *время вручения*

time of taking office   [pers.manag.] *дата вступления в должность*

time of taking up duties   [pers.manag.] *дата вступления в должность*

time of taking up one's duties   [pers.manag.] *дата вступления в должность*

time of termination   *время прекращения действия, дата истечения срока*

time of the balance sheet   [calc.] *дата представления балансового отчета*

time of the closing of the accounts   [calc.] *дата закрытия счетов*

time of transmission (TOT)   [trans.] *время передачи*

time of transportation   [trans.] *время перевозки*

time of year   *время года*

time payment   [pers.manag.] *повременная оплата*

time policy   [ins.] *полис на срок*

time preference   *предпочтение по времени*

time rate   [pers.manag.] *повременная плата*

time rate plus premium wage   [pers.manag.] *повременная ставка и прогрессивная оплата труда*

time recorder   [empl.] *хронометражист, хронометрист*

time requirement   [legal] *потребность времени*

time saving   *экономия времени*

time segment   [adv.] *отрезок эфирного времени*

time series   *временной ряд*

time-series analysis   [ind.ec.] *анализ временных рядов*

time-share   [r.e.] *разделение времени*

time-share flat   [r.e.] *совместно снимаемая квартира*

time sharing   [comp.] *работа с разделением времени, разделение времени, режим разделения времени*

time sheet   [empl.] *табель;* [trans.] *оговоренный срок акцептования*

time stipulated for acceptance   *оговоренный срок акцептования*

time study   [prod.] *система нормативов времени, хронометраж, хронометрирование*

timetable   [ind.ec.] *график работы;* [rail.] *график расхода времени;* [trans.] *временная диаграмма, расписание*

time to time, from   *время от времени*

time wage   *поденная заработная плата;* [pers.manag.] *повременная заработная плата*

time work   [empl.] *поденная работа*

time zone   *часовой пояс*

timing   *выбор времени, назначение времени, нормирование времени, распределение во времени, распределение по срокам, хронометрирование*

timing difference   [calc.] *хронометрирование путем изменения длительности цикла*

tip   *конфиденциальная информация (например, о состоянии курсов акций на бирже), небольшой денежный подарок, плата сверх официально принятого уровня, чаевые*

tipstaff   *пристав в суде;* [legal] *помощник шерифа*

tip the scale (vb.)   *перевесить чашу весов, склонить чашу весов, склонять чашу весов*

tithe   [tax.] *десятина (налог в размере 10 % дохода)*

title   *заглавие, название, основание права на имущество, правовой титул, право на имущество, право собственности, раздел (Кодекса законов США), титул;* [legal] *звание, правооснование*

title (of a case)   [legal] *право на иск*

title by adverse possession   [legal] *правовой титул, основанный на владение вопреки притязаниям другого лица*

title deed   [legal] *документ о передаче правового титула*

title deeds   [legal] *документы о передаче правового титула*

title deed without endorsement   [r.e.] *документ о передаче правового титула без передаточной подписи*

title insurance   [ins.] *страхование от дефектов правового титула*

title leaf   [print.] *титульный лист*

title number   [r.e.] *титульный номер*

title of a case   [legal] *право на иск*

title of case   [legal] *право на иск*

title page   [print.] *титульный лист*

title passing   [legal] *переход правового титула*

Title Register   [legal] *реестр титулов*

title registration   [r.e.] *регистрация титулов*

title search   [r.e.] *именной поиск*

TLC (transferable loan certificate)   [bank.] *расписка о предоставлении переуступаемого кредита*

TLF (transferable loan facility)   [bank.] *схема предоставления переуступаемого кредита*

TLI (transferable loan instrument)   [bank.] *финансовый инструмент, используемый при предоставлении переуступаемого кредита*

TND (Tunesian dinar)   [monet.trans.] *тунисский динар*

to   [book-keep.] *отнесение суммы в дебет счета*

to a wide extent   *в значительной степени, в широком смысле*

tobacco duty   [tax.] *налог на табачные изделия*

tobacco industry   *табачная промышленность*

to be filed   *принимать к исполнению, приобщать к делу*

to be let or sold   [r.e.] *сдается в аренду или продается*

to be protested   [bill.] *подлежит опротестованию (о векселе),*
'подлежит опротестованию'

to be registered   *быть зарегистрированным*

to capacity   *с полной нагрузкой;* [prod.] *на полную мощность*

TOD (time of dispatch)   [trans.] *время отправки*

to date   *до настоящего времени, на данное число*

today, as of   *на сегодняшний день*

today, from   *от сегодняшнего дня*

today's date, under   *за сегодняшнее число*

today's mail   *сегодняшняя почта*

today's price   *сегодняшняя цена*

today's value   *сегодняшняя стоимость*

together with   *в добавление к, вместе с, наряду с*

token strike   [empl.] *символическая забастовка*

Tokyo Stock Exchange Index   [exc.] *индекс Токийской фондовой биржи*

tolerance   *выносливость, допуск, допустимое отклонение,*
терпимость, толерантность

tolerate (vb.)   *выдерживать, выносить, допускать*

toll   [trans.] *дополнительная плата за услуги, пошлина, сбор*

tombstone   [media] *краткое рекламное объявление информационного*
характера

tombstone ad   [media] *краткое рекламное объявление*
информационного характера

Tomlin order   *порядок Томлина*

ton-kilometre charged   [trans.] *оплачиваемый пробег в*
тонно-километрах

tonnage   [nav.] *водоизмещение, грузовместимость, грузоподъемность,*
тоннаж

tonnage certificate   [nav.] *мерительное свидетельство*

tonnage deck   [nav.] *обмерная палуба*

tons deadweight   [nav.] *полная грузоподъемность в тоннах*

tons received   [trans.] *число принятых тонн*

tons unloaded   [trans.] *число выгруженных тонн*

tontine   [ins.] *тонтина*

tontine arrangement   [ins.] *тонтина*

ton weight   [nav.] *масса в тоннах*

tool   *орудие, способ, средство;* [manag.] *инструмент;* [prod.] *механизм*

tools   *орудия труда*

to our credit   *в наш актив;* [ec.] *на кредит нашего счета*

top   *высшая ступень, высшая точка, высшая точка курса акций,*
высшая цена

top (vb.)   *превосходить, превышать*

top (adj.)   *высший*

top achievement   *наивысшее достижение*

top copy   [print.] *первый экземпляр машинописного текста*

top excess   [ins.] *предельный эксцедент*

top executive   *руководитель высшего звена*

top fitting   *верхняя арматура*

topic   *предмет обсуждения, тема*

topical (adj.)   *актуальный*

top limit   *верхний предел*

top management   *высшее руководство*

top manager   *главный управляющий*

top margin   [comp.] *верхнее поле*

top mark   *высшая отметка, высший балл*

top price   *высшая цена;* [exc.] *высший курс ценных бумаг*

top quality   *высшее качество*

top rate   *высшая ставка;* [monet.trans.] *высший курс ценных бумаг*

top-selling item   *ходовой товар*

top-up mortgage   [r.e.] *закладная высшего порядка*

top-up mortgage on overrated property   [r.e.] *закладная высшего порядка на переоцененное имущество*

TOR (time of receipt)   [trans.] *дата получения*

tort   [legal] *гражданское правонарушение, гражданско-правовой деликт*

tort, in   [legal] *в результате деликта, вследствие правонарушения*

tortfeasor   *деликвент;* [legal] *делинквент, правонарушитель*

tortious act   [legal] *гражданское правонарушение, деликтное деяние*

Tortious Liability Act   [legal] *Закон об ответственности за гражданские правонарушения (Великобритания)*

torture   *пытка*

to scale   *в масштабе*

tot   *сумма*

tot (vb.)   *суммировать*

TOT (time of transmission)   [trans.] *время передачи*

total   *итог, сумма, целое*

total (vb.)   *подводить итог, подсчитывать;* [mat.] *суммировать*

total (adj.)   *абсолютный, всеобщий, общий, полный, совокупный, суммарный;* [calc.] *результирующий*

total allowed catches (TAC)   [EEC] *общий размер рыболовных квот*

total amount   *итог, общая сумма*

total assets   *сумма баланса;* [calc.] *общая стоимость имущества*

total assets/liabilities   [calc.] *общий актив и пассив баланса*

total balance   [book-keep.] *итоговый баланс*

total business receipts   [ind.ec.] *общая выручка предприятия*

total claims   [ins.] *общая сумма претензий*

total cost   [ind.ec.] *общая стоимость*

total cost of production   [ind.ec.] *общая стоимость производства*

total cost principle   [calc.] *принцип общей стоимости*

total costs   *общие издержки*

total cost type of statement   [calc.] *сметная калькуляция по общей стоимости*

total current balance   [book-keep.] *итоговое сальдо по контокорренту*

total debt   *общая задолженность, общая сумма долга*

total disablement   [empl.] *полная нетрудоспособность, полная потеря трудоспособности*

total expenditure   [ind.ec.] *общие расходы*

total fixed assets   [calc.] *общая стоимость недвижимого имущества*

total funds used   *общая сумма израсходованных средств, общая сумма капиталовложений*

total incapacity for work   [empl.] *полная нетрудоспособность*

total income   *совокупный доход*

totalitarian state   *тоталитарное государство*

totalizator   *тотализатор*

total liabilities   [calc.] *общая сумма обязательств*

totalling   *подведение итога, суммирование*

total loss   [ins.] *общие потери, полная гибель (предмета страхования);* [mar.ins.] *полная потеря*

totally   *абсолютно, в целом, полностью*

total net borrowing   *общая сумма заемных средств*

total net reserves   *общая сумма теоретического резерва страховых взносов*

total of payroll   [ind.ec.] *общая сумма выплаченной заработной платы*

total operating performance   [ind.ec.] *общая эксплуатационная характеристика*

total price   *итоговая цена*

total product   *совокупный продукт*

total production cost   [ind.ec.] *общая заводская себестоимость*

total production costs   [ind.ec.] *суммарные издержки производства*

total purchase sum   *общая сумма покупок*

total receivables   [calc.] *общая сумма дебиторской задолженности*

total return   *совокупный доход*

total revaluation   *полная переоценка*

total revenue   [ind.ec.] *совокупный доход*

total revenue collected   [manag.] *общая сумма инкассированных поступлений*

total revenue curve   [ind.ec.] *кривая распределения совокупности дохода*

total sales   *общий объем продаж*

total share trade   [exc.] *общий объем торговли акциями*

total turnover   [ind.ec.] *общий оборот, суммарный оборот*

total utility   *совокупная полезность*

total volume   *общий объем*

total yield   *общая выработка, общий выход продукции, общий доход*

tote   *груз, перевозка, переноска*

to the advantage of   *в пользу, к выгоде*

to the bad   *дефицит в (такую-то сумму), долг в (такую-то сумму)*

to the best of his knowledge   *насколько ему известно*

to the credit of   [book-keep.] *в кредит*

to the detriment of   *во вред, в ущерб*

to the extent applicable   *насколько приемлемо*

to the extent practicable   *насколько целесообразно*

to the prejudice of   *в ущерб*

toto, in   *в итоге, в целом*

totting-up system   [leg.pun.] *система зачетов*

touch   *контакт, разница между лучшей ценой продавца и лучшей ценой покупателя по конкретному виду ценных бумаг, связь, соприкосновение*

touch (vb.)   *доходить до, касаться*

touch-and-go (adj.)   *критический, опасный, рискованный*

touch at a port (vb.)   [nav.] *заходить в порт*

touch off (vb.)   *вызывать спор, давать отбой (по телефону)*

touch screen   [comp.] *сенсорный экран*

touch up (vb.)   *заканчивать, отделывать;* [calc.] *исправлять*

tourist   *турист*

tourist area   *район туризма*

tourist centre   *центр туризма*

tourist class   [air tr.] *второй класс*

tourist council   *совет по делам туризма*

tourist currency allowance   *льготный валютный курс для туристов*

tourist health insurance   [ins.] *страхование туристов от болезней*

tourist health insurance certificate   [ins.] *свидетельство о страховании туриста от болезней*

tourist information office   *туристическое бюро*

tourist resort   *центр туризма*

tourist trade   *туризм*

tourist traffic   *поток туристов*

towage   [nav.] *буксировка, плата за буксировку*

towage charges   [nav.] *плата за буксировку*

towage dues   [nav.] *плата за буксировку*

towage voyage   [nav.] *буксировка*

tower building   *высотный дом;* [r.e.] *высотное здание, небоскреб*

to wide extent   *в значительной степени, в широком смысле*

town   *административный центр, город, центр деловой жизни города*

town arms   *герб города*

town centre   *городской центр*

town clerk   *секретарь городского совета, секретарь городской корпорации*

town council   *городской совет, муниципалитет, муниципальный совет*

town councillor   *член городского совета, член муниципального совета*

town court   [legal] *городской суд*

town house   *богадельня (США), городская квартира, городская тюрьма (США), работный дом (США), ратуша*

town plan   [plan.] *план развития города*

town planner   [plan.] *специалист по городскому планированию*

town planning   [plan.] *городское планирование*

town planning regulations   [plan.] *законодательные нормы городского планирования*

town planning scheme   [plan.] *программа городского планирования*

to your credit   *в вашу пользу, на ваш счет;* [ec.] *в кредит вашего счета*

to your debit   *в ваш дебет*

trace   *идентификация ценной бумаги с целью выявления настоящего владельца, след*

trace (vb.)   *прослеживать, разыскивать, устанавливать состояние, местонахождение и факт доставки груза*

traceable (adj.)   *прослеживаемый*

tracer   *должностное лицо, ведущее расследование уголовного дела, запрос об отправке груза, запрос о выдаче груза, запрос о местонахождении груза, запрос о ходе перевозки груза, напоминание о задержке ответа*

track   *канал, колея, курс, маршрут полета, путь, рельсовый путь, след, тракт, ширина колеи;* [comp.] *дорожка*

track (vb.)   *прокладывать путь*

track (down) (vb.)   *выследить и поймать, выслеживать, исследовать до конца*

track down (vb.)   *выследить и поймать, выслеживать, исследовать до конца*

trade   *бартер, группа производителей, конкурирующих между собой на одном рынке, занятие, клиентура, мена, операция с ценными бумагами, отрасль производства, отрасль промышленности, отрасль торговли, предприниматели, промышленность, профессия, рейс судна, ремесло, розничные торговцы, сделка, торговля, торговцы, торговые круги;* [exc.] *покупатели, розничная торговля;* [stock] *обмен*

trade (vb.)   *быть постоянным покупателем магазина, менять, обмениваться, торговать;* [pol.ec.] *обменивать*

trade, by way of   *путем торговли*

tradeable security   *котируемая ценная бумага*

tradeable value   *продажная цена, рыночная стоимость*

trade acceptance   [bill.] *акцептованный торговый вексель*

trade accounts payable   [calc.] *кредитовое сальдо расчетов с поставщиками, счет расчетов с поставщиками*

trade accounts receiveable (US)   *дебетовое сальдо расчетов с покупателями;* [calc.] *счет расчетов с покупателями*

trade act   [legal] *закон о торговле*

trade a currency against another (vb.)   [monet.trans.] *обменивать одну валюту на другую*

Trade Adjustment Assistance (TAA) (US)   *программа помощи в приобретении профессии иностранными рабочими (США)*

trade advertising   [adv.] *рекламное объявление в коммерческом издании*

trade agreement   *торговое соглашение*

trade allowance   [comm.] *скидка розничным торговцам*

trade and industry   *торговля и промышленность*

trade arbitration   [empl.] *улаживание трудовых конфликтов*

trade arrangement   *торговое соглашение*

trade association   *торговая ассоциация, торгово-промышленная ассоциация*

trade balance   *торговый баланс*

trade balance deficit   *дефицит торгового баланса*

trade balance disequilibrium   *нарушение равновесия торгового баланса*

trade balance equilibrium   *равновесие торгового баланса*

trade barometer   [pol.ec.] *барометр торговой конъюнктуры*

trade barrier   *торговое ограничение*

trade bill   [bill.] *торговая тратта*

trade boycott   *торговый бойкот*

trade catalogue   *торговый каталог*

trade charge   [post] *почтовый сбор*

trade charge form   *форма торгового платежа*

trade commission   *торговая комиссия*

trade committee   *комитет по вопросам торговли*

trade conditions   [pol.ec.] *торговая конъюнктура*

trade conference   *конференция по вопросам торговли*

trade connection   *коммерческое сотрудничество*

trade connections   *коммерческие связи*

trade cooperation   *сотрудничество в области торговли*

trade council   *торгово-промышленный совет*

trade creation   *налаживание торговых связей*

trade credit   *коммерческий кредит, торговый кредит, фирменный кредит*

trade credit insurance   [ins.] *страхование коммерческих кредитов*

trade creditor   [book-keep.] *фирма, предоставляющая коммерческий кредит*

trade creditors   *фирмы, предоставляющие коммерческий кредит*

trade custom   [legal] *торговый обычай*

trade customer   *промышленный потребитель*

trade cycle   [pol.ec.] *торгово-промышленный цикл, цикл деловой активности, экономический цикл*

trade cycle recovery   [pol.ec.] *восходящая часть экономического цикла*

trade date   [exc.] *дата заключения сделки*

traded commodity   [exc.] *продаваемый товар*

trade debt   [ind.ec.] *задолженность по торговым операциям*

trade debtor   [book-keep.] *коммерческий дебитор*

trade debtors   *коммерческие дебиторы*

trade deficit   *дефицит торгового баланса*

trade description   [legal] *торговое описание*

trade development board   *совет по развитию торговли*

trade directory   *справочная книга о фирмах, указатель фирм*

trade discount   [comm.] *торговая скидка*

trade dispute   [empl.] *трудовой конфликт*

traded option   [exc.] *обращающийся опцион*

trade embargo   *эмбарго на торговлю*

trade factor   *коммерческий фактор*

trade fair   *торгово-промышленная ярмарка;* [comm.] *выставка-продажа*

trade figures   *торговая статистика*

trade financing   [ind.ec.] *финансирование торговли*

trade fixtures   [calc.] *торговые сделки*

trade flow   *торговый поток*

trade fund   *торговый фонд*

Trade Fund, the   *торговый фонд*

trade gap   *дефицит торгового баланса*

trade guarantee   *торговая гарантия*

trade in   *встречная продажа*

trade in (vb.)   *торговать;* [comm.] *отдавать старую вещь в счет покупки новой*

trade-in   *встречная продажа*

trade-in allowance   *скидка с цены при встречной продаже*

trade in bonds   [exc.] *операции с облигациями*

trade in debentures   [exc.] *операции с долговыми обязательствами*

trade in goods   [comm.] *торговля товарами*

trade in manufactures   *торговля промышленными товарами*

trade in real property   *торговля недвижимостью*

trade interest   *процентный доход от торговли*

trade investment   [ind.ec.] *инвестиция, связанная с основной деятельностью компании, торговые инвестиции*

trade journal   [media] *отраслевой журнал*

trade journals   *отраслевые журналы*

trade knowledge   *отраслевые знания*

trade legislation   [legal] *торговое законодательство*

trade liability   [ind.ec.] *торговое обязательство*

trade liberalization   *либерализация торговли*

trade licence   [comm.] *промысловое свидетельство, разрешение на торговлю*

trade magazine   [media] *отраслевой журнал*

trade mark   [comm.] *товарный знак, торговая марка, фабричная марка, фирменный знак;* [com.mark.] *заводская марка*

trade mark law   [legal] *закон о товарном знаке*

trade mark registration   [com.mark.] *регистрация товарного знака*

Trade marks act   [com.mark.] *закон о товарных знаках*

Trade Marks Act   [com.mark.] *закон о товарных знаках*

trade marks law   [legal] *закон о товарных знаках*

trade name   [comm.] *название фирмы, фирменное название*

trade negotiations   *торговые переговоры*

trade off (vb.)   *изменять один показатель за счет другого, обменивать, поступаться, сбывать*

trade-off   *изменение одного показателя за счет другого, компромисс, компромиссное решение, компромиссное соотношение*

trade on (vb.)   *извлекать выгоду, использовать в личных целях*

trade organization   *отраслевая организация, торговая организация, торгово-промышленная организация*

trade outlook   [pol.ec.] *перспективы торговли*

trade payment   *плата за товары*

trade policy   *торговая политика*

trade policy rules   *правила торговой политики*

trade practice   [legal] *торговая практика*

trade press   [media] *отраслевое издание*

trade price   [comm.] *торговая цена*

trade procedure   *способ торговли*

trade promoting measure   *мера стимулирования торговли*

trade promotion officer   *служащий отдела торговой рекламы*

trade publication   [media] *отраслевое издание*

trader   *биржевой маклер, спекулянт, торговое судно, член биржи, непосредственно участвующий в торге за свой счет;* [comm.] *торговец*

trade rebate   [comm.] *торговая скидка*

trade receivables   [calc.] *торговая дебиторская задолженность*

trade register   *торговый реестр*

trade relation   *торговое отношение*

trade relations   *торговые контакты, торговые отношения, торговые связи*

trade relations with foreign countries   *торговые контакты с зарубежными странами*

trade report   *отчет о торговой деятельности*

trade restriction   *торговое ограничение*

trade restrictions   *торговые ограничения*

trade return   *доход от торговли*

trade returns   *доходы от торговли*

trade revival   [pol.ec.] *оживление торговли*

trade sample   *образец товара*

trade sanction   *торговая санкция*

trade sanctions   *торговые санкции*

trade secret   *секрет производства*

trade sector   *торговый сектор*

tradesman   *ремесленник, розничный торговец, торговец*

trade statistics   [stat.] *статистика торговли*

trade supporting interest system   [exc.] *система поддержки курса национальной валюты*

trade support system   [exc.] *система поддержки торговли*

trade surplus   *активное сальдо торгового баланса*

trade talks   *торговые переговоры*

trade tax   [tax.] *налог на торговую деятельность*

trade terms   [legal] *принятая в торговле терминология, торговые термины*

trade under the firm of (vb.)   *вести торговлю в качестве представителя фирмы*

trade union   [empl.] *профсоюз*

trade union card   [empl.] *профсоюзный билет*

trade union careerist   [empl.] *профсоюзный функционер*

Trade Union Congress (TUC)   *Британский конгресс тред-юнионов*

trade union contribution   [empl.] *профсоюзные взносы*

trade union dues   [empl.] *профсоюзные взносы*

trade unionist   [empl.] *член профсоюза*

trade union leader   [empl.] *руководитель профсоюза*

trade union member   [empl.] *член профсоюза*

trade union movement   [empl.] *профсоюзное движение*

trade union organization   [empl.] *профсоюзная организация*

trade union representative   [empl.] *представитель профсоюза*

trade usage   *торговые обычаи*

trade value   *продажная цена, рыночная стоимость*

trade volume   *объем торговли;* [exc.] *объем биржевых сделок*

trade war   *торговая война*

trade weight   *удельный вес торговли*

trade with East European countries   *торговля со странами Восточной Европы*

trading   [ind.ec.] *торговля*

trading account   *счет, который ведется системой ТАЛИСМАН для каждого участника рынка (Великобритания);*
[book-keep.] *торговый счет;* [calc.] *счет, который ведется системой 'ТАЛИСМАН' для каждого участника рынка (Великобритания)*

trading activities   *торговая деятельность*

trading activity   *торговая деятельность*

trading area   [exc.] *торговая зона*

trading as (t/a)   *торгующий в качестве, торгующий как*

trading capital   [ind.ec.] *оборотный капитал*

trading certificate   [bus.organ.] *сертификат, дающий компании право начинать деятельность (Великобритания)*

trading company   *торговая компания*

trading concession   [comm.] *концессия на торговлю*

trading conditions   *торговая конъюнктура, условия торговой деятельности*

trading constraint   *ограничение на торговлю*

trading constraints   *ограничения на торговлю*

trading day   [exc.] *операционный день (на бирже)*

trading department   *торговый отдел*

trading firm   *торговая фирма*

trading in futures   [exc.] *фьючерсные контракты*

trading in stocks and shares   [exc.] *операции с акциями*

trading loss   [calc.] *торговый убыток*

trading margin   [ind.ec.] *торговая наценка*

trading market   [exc.] *вторичный рынок*

trading monopoly   *монополия в торговле*
trading on a stock exchange   [exc.] *торговля на фондовой бирже*
trading on stock exchange   *торговля на фондовой бирже*
trading partner   *торговый компаньон, торговый партнер*
trading partnership   *торговая компания, торговое товарищество*
trading pattern   *структура торговли*
trading profit   [ind.ec.] *операционная прибыль, торговая прибыль*
trading stamp   [comm.] *торговая марка с объявленной стоимостью, торговый купон*
trading system   [exc.] *система торговли*
trading ticket   *товарный ярлык*
trading volume   [exc.] *объем торговли, торговый оборот*
trading year   [calc.] *операционный год, хозяйственный год*
traditional trade flow   *традиционный поток товаров*
traffic   *грузы, количество перевезенного груза, количество перевезенных пассажиров, фрахт;* [trans.] *грузооборот, движение, перевозки, сообщение, транспорт*
traffic advert   [adv.] *реклама на транспорте*
traffic committee   [parl.] *комитет по транспорту*
traffic control   [trans.] *регулирование движения*
traffic forecast   [trans.] *прогноз ситуации на транспорте*
trafficking   *контрабанда*
traffic licence   [trans.] *лицензия на право перевозок*
traffic network   [trans.] *транспортная сеть*
traffic queue   [trans.] *транспортный затор*
traffic regulations   *правила движения*
traffic rules   *правила движения*
traffic tailback   [trans.] *транспортный затор*
traffic warden   *инспектор дорожного движения*
trailer   *прицеп;* [trans.] *трейлер*
train   [rail.] *поезд, состав*
train (vb.)   [empl.] *готовить, обучать, тренировать;* [rail.] *ехать поездом*
train announcement   *объявление об отправлении поезда;* [rail.] *объявление о прибытии поезда*
trainee   [empl.] *практикант, стажер, ученик на производстве*
trainee job   [empl.] *стажировка*
traineeship   [empl.] *стажировка, ученичество*
train ferry   [trans.] *железнодорожный паром*
training   [empl.] *воспитание, обучение, подготовка, тренировка*
training, in process of   [empl.] *в процессе обучения*
training allowance   [empl.] *стипендия стажера*
training college   [syst.ed.] *педагогический институт, профессиональное училище*
training opportunity   [empl.] *возможность профессионального обучения*
training pay   [pers.manag.] *стипендия стажера*
training place   [empl.] *место обучения, место прохождения практики*
training post   [empl.] *должность стажера*
trainload goods   [rail.] *товары, перевозимые по железной дороге*
train times   [rail.] *график движения поездов, железнодорожное расписание*
traitor   *предатель;* [leg.pun.] *изменник*
tramp   [nav.] *трамп, трамповое судно*
tramping   *трамповое судоходство;* [nav.] *трамповые перевозки*
tramp ship   [nav.] *трамп, трамповое судно*
tramp steamer   *трамповое судно;* [nav.] *трамп*
tramp trade   [nav.] *трамповый рейс*
tranche   *доля облигационного выпуска;* [ec.] *транша;* [exc.] *часть облигационного выпуска*
tranche division   [ec.] *долевое разделение*
tranche of a loan   *транша займа*

tranche of loan   *транша займа*

transact (vb.)   *вести дела, заключать сделки*

transaction   *мировая сделка, операция, сделка, урегулирование спора путем компромисса, урегулирование спора путем соглашения сторон;* |comp.| *ведение дел;* |ind.ec.| *дело*

transaction costs   *операционные издержки*

transaction day   *день исполнения сделки, операционный день*

transaction flow audit (TFA) |aud.| *ревизия потока сделок*

transaction for actual performance |exc.| *текущая сделка*

transaction for forward delivery |exc.| *форвардная сделка*

transaction for joint account   *сделка за общий счет*

transaction for purpose of speculation   *спекулятивная сделка*

transaction for the purpose of speculation   *спекулятивная сделка*

transaction in fulfilment of an obligation |legal| *мировая сделка на основе выполнения обязательства*

transaction in fulfilment of obligation |legal| *мировая сделка на основе выполнения обязательства*

transaction of payments   *производство платежа*

transaction on account |exc.| *биржевая сделка, подлежащая урегулированию в следующем расчетном периоде*

transaction purpose   *цель сделки*

transactions   *протоколы научного общества, труды научного общества*

transactions audit |aud.| *ревизия финансовых операций*

transactions in foreign exchange   [monet.trans.] *сделки с иностранной валютой*

transactions value   *рыночная стоимость*

transactions with foreign countries   *торговые операции с зарубежными странами*

transaction value |cust.| *рыночная стоимость*

transactor |pol.ec.| *посредник, сторона в сделке*

transboundary   *заграничный*

transboundary air pollution   *перенос загрязнения воздуха за границы государства*

transcontainer   [nav.] *транзитный контейнер*

transcribe (vb.)   *воспроизводить, переписывать, преобразовывать, расшифровывать стенографическую запись, транскрибировать*

transcript   *копия, расшифровка стенограммы*

transcription   *копия, переписывание, перепись данных, транскрипция*

transfer   *команда перехода, перевод репарационных сумм, переход, трансферт;* |calc.| *перенос;* |comp.| *передача;* |ec.| *безвозмездная социальная выплата, перестановка;* |legal| *документ о передаче, передача права, цессия;* [monet.trans.] *перевод денег;* [pers.manag.] *пересылка, уступка имущества;* [r.e.] *акт перенесения прав, переезд из одного места в другое, перемещение;* |trans.| *перевоз грузов, пересадка*

transfer (vb.)   *выполнять команду перехода, переводиться, перевозить груз, пересылать;* |bank.| *перемещаться;* [book-keep.] *перечислять сумму, уступать;* |calc.| *передавать;* |legal| *переезжать, переносить, переуступать право;* [pers.manag.] *переходить на другую работу, перечислять;* [r.e.] *переводить деньги*

transferability   *заменяемость, переносимость*

transferable (adj.)   *допускающий замену, могущий быть переданным, могущий быть переуступленным, переводный;* |legal| *переводимый, перемещаемый*

transferable letter of credit   *аккредитив, который может быть передан другому лицу*

transferable loan certificate (TLC)   [bank.] *обращающееся заемное свидетельство*

transferable loan facility (TLF)   [bank.] *обращающийся кредит*

transferable loan instrument (TLI)   [bank.] *обращающийся заемный инструмент*

transferable revolving underwriting facility (TRUF)   [bank.] *обратимая среднесрочная кредитная программа на базе евронот с банковской поддержкой*

transferable security   [stock] *обращающаяся ценная бумага*

transferable vote   *голос, который может быть передан другому кандидату*

transferal to flags of convenience   *переход под 'удобный флаг', чтобы избежать высокого налогового обложения*

transfer and retransfer   [bank.] *перевод и повторный перевод*

transfer a right (vb.)   [legal] *передавать право*

transfer back (vb.)   *переводить обратно*

transfer book   *трансфертная книга*

transfer capital to foreign countries (vb.)   *перевод капитала в зарубежные страны, экспортировать капитал, экспорт капитала*

transfer check   *переводной чек*

transfer conclusively (vb.)   [legal] *передавать окончательно*

transfer duty   [tax.] *гербовый сбор при передаче права собственности*

transfer earnings   [soc.] *поступления от безвозмездных социальных выплат*

transferee   [legal] *индоссатор, лицо, на которое переходит право, получатель по трансферту, правопреемник, цессионарий*

transfer fee   [trans.] *плата за перевоз грузов*

transfer form   *бланк перевода*

transfer income   [soc.] *доход от безвозвездных социальных выплат*

transfer in kind   [legal] *перевод натурой*

transfer instruction   *команда пересылки;* [comp.] *команда перехода*

transfer of a business   *передача контроля над предприятием*

transfer of a claim   *переход иска*

transfer of a firm   *передача компании*

transfer of boundaries   [legal] *перенос границ*

transfer of business   *передача контроля над предприятием*

transfer of cause   [legal] *перенесение рассмотрения дела*

transfer of cause (to another court)   [legal] *перенесение рассмотрения дела в другой суд*

transfer of cause to another court   [legal] *перенесение рассмотрения дела в другой суд*

transfer of claim   *переход иска*

transfer of collateral   [legal] *перечисление залога*

transfer of currency   [monet.trans.] *перевод валюты*

transfer of firm   *передача компании*

transfer of funds   [bank.] *денежный перевод*

transfer of funds by mail   [bank.] *почтовый денежный перевод*

transfer of funds by post   [bank.] *почтовый денежный перевод*

transfer of goods   [nav.] *передача товара*

transfer of income   *перемещение доходов, перераспределение доходов*

transfer of mortgage   [r.e.] *передача залога*

transfer of ownership   *передача права собственности*

transfer of payments   *перечисление платежей*

transfer of portfolio   [fin.] *передача портфеля*

transfer of profits   *перечисление прибылей*

transfer of property   [legal] *передача права собственности;* [r.e.] *передача имущества*

transfer of property by way of security   *передача права собственности с помощью ценных бумаг*

transfer of property inter vivos   [tax.] *передача права собственности при жизни завещателя*

transfer of property to the younger generation   *передача права собственности представителям младшего поколения*

transfer of property to younger generation   *передача права собственности представителям младшего поколения*

transfer of rights   [legal] *передача прав*

transfer of risk   [legal] *переход риска*

transfer of technology   *передача технологии*

transferor   [legal] *индоссант, лицо, совершающее акт перенесения прав, цедент*

transfer ownership (vb.)   [legal] *передавать право собственности*

transfer payment   *трансфертный платеж;* [soc.] *передаточный платеж*

transfer payments   *трансфертные платежи*

transfer price   [ind.ec.] *отпускная цена, трансфертная цена*

transfer pricing   [tax.] *трансфертное ценообразование*

transfer rate   [comp.] *скорость передачи данных*

transfer real property (vb.)   [r.e.] *передавать недвижимость*

transfer request   *запрос о переводе*

transfer risk   [ins.] *трансфертный риск*

transfer stamp   *печать, скрепляющая передачу*

transfers to developing countries   *помощь развивающимся странам*

transfer tax   [tax.] *налог на передачу собственности*

transfer the account balance to the balance sheet (vb.)   [calc.] *переводить на баланс остаток на счете*

transfer time   *срок передачи*

transfer to another court   [legal] *передача дела в другой суд*

transfer to flag of convenience   [nav.] *переход к удобному флагу*

transfer to reserve   [calc.] *перечислять средства в резервный фонд*

transfer to reserve fund (vb.)   [calc.] *перечислять средства в резервный фонд*

transfer to the reserve fund (vb.)   [calc.] *перечислять средства в резервный фонд*

transform   [comp.] *преобразование, результат преобразования*

transform (vb.)   *превращать, трансформировать;* [comp.] *видоизменять, преобразовывать*

transformation   *превращение, преобразование, трансформация*

transformation curve   [ind.ec.] *кривая трансформации*

transformation of a firm   *преобразование фирмы, реорганизация фирмы*

transformation of firm   *преобразование фирмы, реорганизация фирмы*

transfrontier (adj.)   *заграничный, зарубежный*

transgress (vb.)   *переходить границы;* [legal] *нарушать закон*

transgression   [legal] *нарушение закона, правонарушение, проступок*

tranship (vb.)   [nav.] *перегружать, переотправлять, производить перевалку*

transhipment   [nav.] *перевалка грузов, перегрузка, транзитная перевозка грузов, транзитный груз*

transhipment bill of lading   [nav.] *сквозная транспортная накладная, сквозной коносамент*

transhipment equipment   [nav.] *оборудование для перевалки грузов*

transhipment of goods   [trans.] *перегрузка товара с одного вида транспорта на другой*

transit   *перевозка;* [trans.] *транзит*

transit, in   *в пути*

transit advertising   [adv.] *реклама на транспорте*

transit advice note   [trans.] *уведомление об отправке груза транзитом*

transit country   [cust.] *страна транзита*

transit duty   [cust.] *транзитная пошлина*

transit goods   [trans.] *транзитный груз*

transiting   [trans.] *транзитные перевозки*

transition   *перемещение, переход, переходный период*

transition, in   *в стадии перехода*

transitional (adj.)   *неустановившийся, неустойчивый, переходный, промежуточный*

transitional fiscal year [tax.] *финансовый год переходного периода*

transitional law [legal] *временное законодательство, закон, действующий в переходном периоде*

transitional measure *временная мера*

transitional period *переходный период, промежуточный период*

transitional provision [legal] *временное положение*

transitional regulation [legal] *временные нормы*

transitional rule *временно действующее правило*

transitional scheme *временный план*

transition to market economy *переход к рыночной экономике*

transitory (adj.) *временный, мимолетный, преходящий*

transitory state *быстро меняющееся состояние*

transit trade *транзитная торговля*

transit traffic [trans.] *сквозное сообщение, транзитное сообщение, транзитные перевозки*

translate (vb.) *осуществлять, переводить, переводить в другую систему, перемещать;* [monet.trans.] *пересчитывать денежные суммы из одной валюты в другую*

translate at spot rate of exchange (vb.) [monet.trans.] *обменивать деньги по курсу кассовых сделок*

translate at the spot rate of exchange (vb.) [monet.trans.] *обменивать деньги по курсу кассовых сделок*

translating program [comp.] *транслирующая программа, транслятор*

translation *объяснение, перевод;* [monet.trans.] *пересчет денежных сумм из одной валюты в другую*

translation agency *бюро переводов*

translation bureau *бюро переводов*

translation error *ошибка в переводе*

translation policy *политика в области обменного курса валют*

translation work *работа переводчика*

translator *переводчик*

transmission *дальнейшая отсылка, отсылка к праву третьей страны, передача, передача дела в другую инстанцию, пересылка;* [media] *передача сообщения*

transmission line [comp.] *линия передачи*

transmission rate [comp.] *скорость передачи данных*

transmit (vb.) *отправлять, отсылать к праву третьей страны, передавать, передавать дело в другую инстанцию, препровождать;* [ec.] *посылать;* [media] *сообщать*

transmit credit (vb.) *переводить кредит*

transnational *транснациональный*

transnational corporation *транснациональная корпорация*

transparency *прозрачность;* [adv.] *транспарант*

transparency of market *прозрачность рынка*

transparency of the market *прозрачность рынка*

transparent (adj.) *бесцветный, прозрачный*

transparent market price formation *ясно видимая картина ценообразования на рынке*

transparent microsheet *микрофиша*

transparent package [pack.] *прозрачная упаковка*

transport [trans.] *перевозка, средства сообщения, транспорт, транспортное средство*

transport (vb.) [trans.] *перевозить, перемещать, переносить, транспортировать*

transportation [trans.] *перевозка, стоимость перевозки, транспорт, транспортирование, транспортные средства*

transportation charges [trans.] *транспортные расходы*

transportation contract [legal] *договор о перевозках*

transportation cost *транспортные расходы*

transportation costs [trans.] *транспортные расходы*

transportation equipment [trans.] *транспортное оборудование*

transportation of goods   [trans.] *грузовые перевозки, перевозка грузов*

transportation to your home   *доставка на дом*

transport authority   [trans.] *транспортное управление*

transport by air   [air tr.] *воздушный транспорт, перевозка по воздуху*

transport by air (vb.)   [air tr.] *перевозить по воздуху*

transport by barge (vb.)   [nav.] *перевозить на барже*

transport by rail (vb.)   [rail.] *перевозить железнодорожным транспортом, перевозить по железной дороге*

transport by road (vb.)   [trans.] *перевозить автомобильным транспортом*

transport by sea (vb.)   [nav.] *перевозить морским транспортом*

transport company   [trans.] *транспортная компания*

transport conditions   [nav.] *условия перевозки*

transport container   [trans.] *грузовой контейнер*

transport costs   [trans.] *транспортные расходы*

transport document   [trans.] *грузовой документ, погрузочный документ*

transport emergency instructions   [trans.] *инструкция на случай аварии при перевозке*

transport equipment   [trans.] *транспортное оборудование*

transport expenses   [pers.manag.] *транспортные расходы*

transport facility   [trans.] *транспортное средство*

transport insurance   [ins.] *страхование перевозок*

transport medium   [trans.] *транспортное средство*

transport network   [trans.] *транспортная сеть*

transport route   [trans.] *маршрут перевозок, транспортный маршрут*

transport sector   [pol.ec.] *сектор транспорта*

transport service   [trans.] *транспортная линия, транспортное обслуживание*

transport user   [trans.] *пользователь транспортных средств*

transport worker   [trans.] *работник транспорта*

travel   *движение, поездка, путешествие, рейс, туризм (статья в платежном балансе), уличное движение*

travel (vb.)   *ездить, перемещаться, путешествовать*

travel(ling) allowance   *скидка на туризм*

travel account   *туризм (статья в платежном балансе)*

travel agency   *бюро путешествий*

travel agency clerk   *сотрудник бюро путешествий*

travel agent   *коммивояжер, представитель бюро путешествий*

travel allowance   [monet.trans.] *валютные льготы для туристов;* [tax.] *налоговая скидка с дорожных расходов*

travel and subsistence expenses   *командировочные и суточные расходы*

travel bureau   *бюро путешествий*

travel business class (vb.)   [air tr.] *путешествовать бизнес-классом, путешествовать деловым классом*

travel coach (vb.)   [air tr.] *путешествовать туристическим классом*

travel document   *проездной документ*

travel economy class (vb.)   [air tr.] *путешествовать туристическим классом*

travel expenses   [pers.manag.] *командировочные расходы, проездные расходы*

travel first class (vb.)   [air tr.,rail.] *путешествовать первым классом*

travel for a firm (vb.)   *совершать поездки в интересах фирмы*

travel for firm (vb.)   *совершать поездки в интересах фирмы*

travel fund   [monet.trans.] *фонд путевых расходов*

travel funds   *средства на путевые расходы, фонды путевых расходов*

Travel Guarantee Fund   *Фонд поддержки туризма*

travel insurance   [ins.] *страхование туристов*

traveller   *путешественник, турист*

traveller accident insurance   [ins.] *страхование туристов от несчастных случаев*

traveller cheque [bank.] *дорожный чек*

traveller health insurance [ins.] *страхование туристов от болезней*

traveller risk [ins.] *риск путешественника*

travellers' risk [ins.] *риск путешественника*

traveller's accident insurance [ins.] *страхование туристов от несчастных случаев*

traveller's cheque [bank.] *дорожный чек*

traveller's health insurance [ins.] *страхование туристов от болезней*

traveller's risk [ins.] *риск путешественника*

travelling allowance *компенсация путевых расходов;* [pers.manag.] *выплата командировочных, оплата транспортных расходов*

travelling exhibition *передвижная выставка*

travelling expenses [pers.manag.] *дорожные расходы, командировочные расходы, путевые расходы*

travelling permit *разрешение на поездку*

travelling salesman *коммивояжер;* [comm.] *разъездной агент*

travelling scholarship [syst.ed.] *стипендия, выдаваемая для поездки за границу*

travel-study grant [syst.ed.] *субсидия на научный туризм*

travel warrant [trans.] *транспортная накладная*

traverse [legal] *возражение ответчика по существу иска*

traverse (vb.) [legal] *возражать по существу, обсуждать, отрицать утверждения истца*

traverse of an indictment [leg.pun.] *опровержение предъявленного иска*

traverse of indictment [leg.pun.] *опровержение предъявленного обвинения*

Trax (AIBD Trade Matching System) [exc.] *электронная система заключения и подтверждения сделок на вторичном еврооблигационном рынке*

treason *измена;* [leg.pun.] *государственная измена, особо тяжкое преступление*

treasurer *заведующий кассой, заведующий финансовым отделом, казначей, кассир, секретарь акционерной корпорации, управляющий финансами корпорации, хранитель ценностей*

treasure-trove *клад, не имеющий владельца*

treasury *казна, казначейство, сокровищница*

Treasury *государственное казначейство, министерство финансов (Великобритания)*

Treasury, the *государственное казначейство, казна, казначейство, министерство финансов (Великобритания)*

Treasury accounts *отчет министерства финансов*

treasury bill [stock] *казначейский вексель (Великобритания), налоговый сертификат, налоговый сертификат (США)*

treasury bond [stock] *долгосрочная казначейская облигация*

treasury certificate [stock] *налоговый сертификат (США)*

treasury deficit [manag.] *дефицит государственных финансов*

Treasury Department *министерство финансов (США)*

treasury division *финансовый отдел*

Treasury funds *государственные фонды*

treasury management *управление финансами*

treasury note [stock] *казначейский билет, налоговый сертификат, среднесрочная свободнообращающаяся казначейская облигация (США)*

treasury notes [stock] *казначейские билеты, налоговые сертификаты, среднесрочные свободнообращающиеся казначейские облигации (США)*

treasury paper [stock] *казначейская ценная бумага*

Treasury reimbursement *пополнение государственной казны*

treasury security [stock] *казначейская ценная бумага*

treasury stock *казначейская ценная бумага;* [bus.organ.] *собственная акция компании, хранимая в ее финансовом отделе*

treat (vb.) *вести переговоры, вступать в деловые отношения, договариваться, иметь дело, обрабатывать, обращаться, обходиться, подвергать действию, поступать*

treatment *обогащение руд, обработка, обращение, обслуживание, переработка, режим, трактовка*

treatment of loss [calc.] *компенсация убытков*

treaty *переговоры о заключении договора;* [ins.] *договор;* [law nat.] *конвенция, соглашение*

treaty amendment [law nat.] *внесение поправки в договор*

treaty exemption [law nat.] *изъятие из договора*

Treaty of Rome [EEC] *Римский договор*

treaty power [law nat.] *полномочия на заключение договора*

treble *тройное количество*

treble (vb.) *утраивать*

treble (adj.) *тройной, утроенный*

treble damages [legal] *убытки, возмещаемые в тройном размере*

tree structure *древовидная структура*

tremendous (adj.) *громадный, огромный*

trend *движение, изменение, общее направление, тенденция;* [exc.] *тренд*

trend (vb.) *отклоняться, склоняться;* [exc.] *иметь тенденцию;* [pol.ec.] *быть направленным*

trend in dollar [monet.trans.] *тенденция валютного курса относительно доллара*

trend in the dollar [monet.trans.] *тенденция валютного курса относительно доллара*

trend of wages and salaries [empl.] *тенденция изменения ставок заработной платы и окладов*

trend-setting [adv.] *задание тенденции*

trend support *поддержание направления развития;* [exc.] *поддержание тенденции*

trespass [legal] *иск на нарушение владения, иск на причинение вреда, нарушение владения, правонарушение, причинение вреда, проступок*

trespass (vb.) *заявлять необоснованную претензию;* [legal] *злоупотреблять, нарушать чужое право владения, причинять вред, совершать правонарушение, совершать проступок*

trespass (on property) [legal] *нарушение владения с причинением вреда*

trespasser *лицо, вторгающееся в чужие владения;* [legal] *лицо, нарушающее право владения, нарушитель владения, правонарушитель, причинитель вреда*

trespassers will be prosecuted [leg.pun.] *нарушители будут нести ответственность*

trespassing [legal] *нарушение чужого права владения*

trespass on property [legal] *нарушение владения с причинением вреда*

trespassory entry [leg.pun.] *нарушение границы владения*

trespass to person *правонарушение против личности;* [legal] *посягательство на права личности, причинение личного вреда*

trespass to the person *правонарушение против личности;* [legal] *посягательство на права личности, причинение личного вреда*

tret *скидка на утечку;* [trans.] *рефакция, скидка на усушку, скидка на утруску*

trial *испытание, исследование, опыт, проба, проверка;* [legal] *слушание дела, судебное разбирательство, судебное следствие, судебный процесс*

trial, on (adj.) [comm.] *взятый на пробу;* [pers.manag.] *проходящий испытательный срок*

trial-and-error method *метод проб и ошибок*

trial balance [calc.] *предварительный баланс, пробный баланс*

trial balloon *зондирование почвы, пробный шар*

trial before a maritime court [legal] *рассмотрение дела морским судом*

trial before maritime court [legal] *рассмотрение дела морским судом*

trial buyer *покупатель, берущий товар на пробу*

trial by jury [leg.pun.] *слушание дела в суде присяжных*

trial centre [legal] *следственный изолятор*

trial consignment *пробная партия товаров*

trial judge [legal] *судья, участвующий в рассмотрении дела*

trial lot *опытная партия изделий, пробная партия изделий*

trial model *испытательный образец, пробный образец*

trial offer *предварительное предложение;* [mark.] *пробное предложение*

trial order *пробный заказ*

trial period [pers.manag.] *испытательный срок*

trial run *пробная партия изделий*

trial scheme *предварительная схема*

trial size [mark.] *пробный объем*

tribunal *орган правосудия, суд, судебное присутствие, трибунал;* [legal] *арбитражное учреждение, судебное учреждение*

tribunal of inquiry [legal] *следственная комиссия*

tribute *подношение;* [tax.] *дань*

trick *ловкий прием, обман, профессcиональная ловкость, сноровка, умение, характерная особенность, хитрость*

trick (vb.) *нарушать планы, обманывать*

tried, be (vb.) [legal] *находиться на рассмотрении суда, находиться под судом*

triennial *трехлетний период, трехлетняя годовщина*

triennial (adj.) *повторяющийся через три года, продолжающийся три года*

trifle *небольшая сумма, небольшое количество*

trifling value *незначительная стоимость*

trigger *спусковой механизм, точка подачи заказа (в системе управления запасами), триггер*

trigger (vb.) *приводить в действие спусковой механизм*

trilateral (adj.) *трехсторонний*

trilingual secretary [pers.manag.] *секретарь со знанием трех языков*

trillion *квинтильон (Великобритания), триллион (США)*

trip *путешествие;* [trans.] *поездка*

tripartite (adj.) *состоящий из трех частей, трехсторонний, тройственный*

tripartite agreement *трехстороннее соглашение*

tripartite discussion *трехстороннее обсуждение*

trip charter [nav.] *рейсовый чартер*

triple (adj.) *тройной*

triple-figure amount *трехзначная сумма*

trite expression *избитое выражение*

trivial damage [ins.] *незначительный ущерб*

trivial offence [leg.pun.] *мелкое правонарушение*

TRL (Turkish lira) [monet.trans.] *турецкая лира*

trophy *добыча, награда, приз, трофей*

trouble *авария, затруднение, неисправность, перебой в работе, повреждение;* [prod.] *нарушение производственного процесса*

trouble (vb.) *давать перебои в работе, нарушать правильный ход работы*

troublemaker *нарушитель порядка, нарушитель спокойствия*

troubleshooter *аварийный монтер, уполномоченный по улаживанию конфликтов, устройство для поиска неисправностей;* [comp.] *щуп для поиска неисправностей*

troubleshooting [comp.] *поиск и устранение неисправностей, поиск и устранение повреждений, улаживание конфликтов*

trough *минимум на графике;* [pol.ec.] *низшая точка цикла, самая глубокая точка (падения производства)*

trough of business cycle   [pol.ec.] *низшая точка цикла деловой активности, низшая точка экономического цикла*

truce   *перемирие*

truck   *вагонетка, мелочной товар, мена, обмен, овощи для продажи, оплата труда натурой, отношения, ручная двухколесная тележка, связь, тележка, товарообмен;* [trans.] *грузовой автомобиль, открытая товарная платформа*

truck (vb.)   *вести меновую торговлю, грузить на платформы, заниматься промышленным овощеводством, обменивать, перевозить грузовыми автомобилями, платить натурой, платить товарами, торговать вразнос*

truck driver   [trans.] *водитель грузового автомобиля*

trucker   *фермер-овощевод;* [trans.] *водитель грузового автомобиля, транспортировщик грузов*

truck system   [pers.manag.] *система оплаты труда натурой, система оплаты труда товарами*

true (adj.)   *верный, действительный, законный, искренний, настоящий, подлинный, правильный, преданный, честный*

true and fair view   [aud.] *точное отражение положения дел (заключение аудиторов о состоянии отчетности компании)*

true and fair view of, give a (vb.)   [aud.] *давать точное отражение положения дел в компании (о состоянии отчетности компании)*

true owner   [legal] *действительный владелец*

true yield   [stock] *реальный доход*

TRUF (transferable revolving underwriting facility)   *обратимая среднесрочная кредитная программа на базе евронот с банковской поддержкой*

truncate (vb.)   [comp.] *досрочно завершать процесс вычислений, отбрасывать члены ряда, усекать члены ряда*

truncation   [comp.] *досрочное завершение процесса вычислений, отбрасывание членов ряда, усечение членов ряда*

truncation error   *ошибка отбрасывания членов ряда;* [comp.] *ошибка усечения*

trunk call   [telecom.] *междугородный телефонный вызов*

trust   *вера, доверительная собственность, доверительные имущественные отношения, концерн, кредит, обязанность, ответственное положение, промышленное объединение, управление собственностью по доверенности;* [ec.] *траст, трест;* [ind.ec.] *доверительный фонд;* [legal] *доверие, долг, имущество, вверенное попечению, опека, ответственность, распоряжение имуществом на правах доверительной собственности*

trust (vb.)   *вверять, доверять, полагаться, поручать попечению, предоставлять кредит*

trust (adj.)   *доверенный, управляемый по доверенности*

trust, hold in (vb.)   [legal] *владеть на началах доверительной собственности*

trust, on   *в кредит*

trust account   *счет по имуществу, отданному в доверительное управление, счет фондов социального страхования, траст, учитываемый на особом счете;* [legal] *доверительный счет*

trust company   *траст-компания, трастовая компания;* [fin.] *компания, выступающая в качестве доверительного собственника*

trust corporation   *корпорация, осуществляющая права доверительной собственности;* [fin.] *корпорация, выступающая в качестве доверительного собственника*

trust deed   *акт передачи на хранение;* [legal] *акт передачи в опеку, акт учреждения доверительной собственности, доверенность, документ о передаче собственности попечителю*

trust department of bank [bank.] *отдел доверительных операций банка, трастовый отдел банка*

trustee *доверительный собственник;* [bankr.leg.] *государство-опекун, попечитель;* [law nat.] *государство, осуществляющее опеку;* [legal] *доверенное лицо, лицо, распоряжающееся имуществом на началах доверительной собственности, опекун*

trustee (vb.) *быть опекуном, быть попечителем, назначать опекуном, назначать попечителем, передавать на попечение*

trustee department [bank.] *отдел доверительных операций*

trustee in bankruptcy [bankr.leg.] *управляющий конкурсной массой*

trustee investment [ec.] *инвестиции по доверенности, инвестиции трастовой компании*

trustee savings bank [bank.] *доверительно-сберегательный банк (Великобритания)*

trustee security [stock] *ценная бумага, используемая для инвестиций по доверенности*

trusteeship [legal] *выполнение доверительных функций, опека, попечительство, управление по доверенности*

trusteeship, in [bankr.leg.] *под опекой, под попечительством*

trusteeship nation [law nat.] *подмандатная страна*

trustees of foundation *попечители общественного фонда*

trustees of settlement *попечители общественного фонда*

trust estate *имущество, управляемое по доверенности;* [legal] *имущество, являющееся предметом доверительной собственности, права бенефициария, права доверительного собственника*

trust formation [ec.] *учреждение траста*

trust for sale [legal] *управляемое по доверенности имущество на продажу*

trust fund [legal] *трастовый фонд, траст-фонд*

trust fund cash account *счет кассы трастового фонда*

trust funds [legal] *капитал, переданный в доверительное управление*

trust of limited duration [legal] *опека на ограниченный срок*

trust property *доверительная собственность, управляемая по доверенности собственность*

trusts of the foundation [legal] *попечители общественного фонда*

trusts of the settlement [legal] *попечители общественного фонда*

trustworthy (adj.) *заслуживающий доверия, кредитоспособный, надежный, соответствующий действительности, точный*

trustworthy informant *источник информации, заслуживающий доверия*

truthfulness *верность, правдивость, правильность, точность*

try *попытка*

try (vb.) *испытывать, подвергать испытанию, привлекать к судебной ответственности, пробовать, проверять, пытаться, разбирать, расследовать дело, рассматривать, судить;* [legal] *допрашивать*

try a case (vb.) [legal] *рассматривать дело*

TSA (The Securities Association) *Ассоциация рынка ценных бумаг (Великобритания)*

TTY (teletype) [telecom.] *телетайп*

tube *метро в Лондоне*

tug(boat) [nav.] *буксир, буксирное судно*

tug-boat [nav.] *буксир, буксирное судно*

tuition [syst.ed.] *обучение, плата за обучение*

tuition fee *плата за обучение*

Tunesian dinar (TND) [monet.trans.] *тунисский динар*

turf accountant *букмекер*

Turkish lira (TRL) [monet.trans.] *турецкая лира*

turn *законченная спекулятивная сделка, изменение, короткий период деятельности, курсовая прибыль, оборот, очередь, перемена, поворот, рабочая смена*

turn (vb.) *менять направление, направлять, поворачивать, пускать в обращение*

turn, in *в свою очередь*

turnaround *время между получением и выполнением заказа, межремонтный срок службы, оборачиваемость*

turnaround in economic activity [pol.ec.] *благоприятное изменение экономической конъюнктуры*

turnaround in exchange rates [monet.trans.] *благоприятное изменение конъюнктуры на валютном рынке*

turnaround in stocks [wareh.] *оборачиваемость запасов*

turnaround time [prod.] *межремонтный срок службы*

turn down (vb.) *отвергать, отклонять*

turning point *поворотная точка экономического цикла, поворотный пункт, решающий момент*

turn into a political issue (vb.) *политизировать проблему, придавать делу политическую окраску*

turn into money (vb.) *обращать в денежные средства, обращать в деньги*

turnkey (adj.) *выполненный по условиям контракта, полностью готовый, сдаваемый под ключ*

turnkey contract [legal] *контракт на строительство 'под ключ', контракт с головным подрядчиком*

turnkey contractor *головной подрядчик*

turnkey factory *предприятие, сданное 'под ключ'*

turn of century *начало века*

turn of the century *начало века*

turn of the month, at the *в начале месяца*

turn of the year *начало года*

turn of the year, at the *в начале года*

turn of year *начало года*

turn out (vb.) *бастовать, выгружать, выпускать, прекращать работу, производить, увольнять*

turn-out *забастовка;* [parl.] *выпуск продукции*

turnover *оборачиваемость, товарооборот;* [ind.ec.] *оборачиваемость товарных запасов, оборот, текучесть рабочей силы*

turn over (vb.) *возобновлять, восполнять (запасы товаров), иметь оборот, обновлять полностью, переворачивать, передавать другому лицу, переделывать, превращать*

turnover excluding tax *налог с учетом оборота;* [ind.ec.] *налог без учета оборота*

turnover including tax *налог без учета оборота;* [ind.ec.] *налог с учетом оборота*

turnover net of tax [ind.ec.] *оборот за вычетом налога*

turnover policy [ins.] *полис страхования товарооборота*

turnover rate [ind.ec.] *отношение объема сделок с конкретным видом акций в течение года к общей сумме акций в обращении*

turnover ratio *оборачиваемость капитала;* [ind.ec.] *коэффициент оборачиваемости капитала*

turnover ratio for total assets [fin.] *отношение годового объема продаж компании к стоимости ее основных фондов*

turnover tax - [tax.] *налог с оборота*

turnover tax on imports [tax.] *налог с оборота импортных операций*

turnover to average total assets [fin.] *отношение годового объема продаж компании к средней стоимости ее основных фондов*

turnpike *магистраль, шоссе*

turn the development (vb.) *изменять ход развития*

turn the scale (vb.) *решать исход дела, решить исход дела, склонить чашу весов, склонять чашу весов*

turn to account (vb.) *вносить на счет*

tutelage state *государство, находящееся под опекой*

TV (television) [media] *телевидение*

TWD (Taiwan dollar)   [monet.trans.] *тайваньский доллар*
twelve months' notice   [legal] *с уведомлением за год*
twice   *вдвое, дважды*
twilight economy   *теневая экономика*
twine   *бечевка, сплетение, узел, шнурок, шпагат*
twin-house   *однотипный дом*
twin houses   *однотипные дома*
twinpack   [mark.] *однотипная упаковка*
twin town   *город-побратим*
two-digit number   *двузначное число*
two-family house   *жилой дом на две семьи, жилой дом на две сеьи*
twofold increase   *двойной прирост, увеличение в два раза*
two-page spread   [print.] *разворот*
two-party system   [parl.] *двухпартийная система*
two-shift operation   *двухсменная работа*
two-shift working   [empl.] *двухсменная работа*
two sides of industry   [empl.] *рабочие и предприниматели*
two sides of industry, the   *две стороны индустриальных отношений, работодатели и работники*
two-tier foreign exchange market   [exc.] *двухъярусный валютный рынок*
two-tranche repo   *соглашение о продаже и обратной покупке двух траншей ценных бумаг*
two-way   (adj.) *двусторонний*
two-way classification table   [stat.] *таблица, содержащая группировку по двум признакам, таблица двусторонней классификации, таблица дихотомической классификации*
two-way market   [exc.] *рынок, на котором постоянно котируются цены покупателя и продавца, рынок ценных бумаг, на котором заключается большое количество сделок без резких колебаний цен*
two-year security   [stock] *ценная бумага со сроком действия два года*
tycoon   *промышленный магнат, финансовый магнат*
tying-up   [legal] *задержание*
type   *вид, категория, класс, разновидность, род, тип, типичный образец;* [print.] *литера, шрифт*
type approval   [prod.] *утверждение типового образца*
typeface   [print.] *очко литеры*
type of account   [bank.] *разновидность счета*
type of company   [bus.organ.] *тип компании*
type of enterprise   *тип предприятия*
type of expenditure   [calc.] *категория затрат*
type of expenditure statement   [calc.] *форма сметной калькуляции*
type of goods   [comm.] *категория товаров, товарная группа*
type of income   [tax.] *вид дохода*
type of insurance   [ins.] *вид страхования*
type of liability   *форма ответственности*
type of wages   [empl.] *форма оплаты труда*
typescript text   [print.] *машинописный текст*
type size   [print.] *кегль шрифта*
typewriter   *пишущая машинка*
typewriter ribbon   *машинописная лента*
typical   (adj.) *типичный*
typical group   [adv.] *ключевая группа*
typing   *переписка на машинке*
typing error   *опечатка*
typing speed   *скорость печатания на машинке*
typist   *машинистка*
typists' pool   *машинописное бюро*
typographic plate   [print.] *печатная форма*

UA (unit of account) [EEC] *расчетная денежная единица*

UBC (universal bulk carrier) *универсальное судно для перевозки навалочных грузов;* [nav.] *универсальное судно для перевозки массовых грузов*

UCC (Uniform Commercial Code) *Единый коммерческий кодекс (США)*

UDC (Universal Decimal classification) *универсальная десятичная классификация (УДК)*

ULD (unit load device) *устройство комплектования грузов;* [trans.] *средство пакетирования грузов*

ulterior (adj.) *невыраженный, неясный, скрытый*

ultimate authority *высшие полномочия, последняя инстанция*

ultimate parent [bus.organ.] *материнская компания*

ultimate user *конечный потребитель*

ultra vires [legal] *вне компетенции, за пределами полномочий*

umbrella organization *организация-прикрытие*

umpire *посредник;* [legal] *суперарбитр, третейский судья*

umpire (vb.) *быть третейским судьей;* [legal] *выступать в качестве суперарбитра*

UN (United Nations) *ООН (Организация Объединенных Наций)*

unabsorbed overhead [ind.ec.] *накладные расходы, не включенные в общую цену*

unacceptable (adj.) *неприемлемый*

unaccompanied luggage [trans.] *багаж без сопровождения*

unaccountable (adj.) *безответственный, не несущий ответственности*

unaddressed mail [post] *почтовое отправление, не содержащее конкретного адреса*

unadjusted (adj.) *нескорректированный, неулаженный, неурегулированный*

unadvised (adj.) *необдуманный, не получивший совета, опрометчивый*

unaided brand awareness [mark.] *осведомленность о марке товара без помощи рекламы*

unaided recall *отзыв товара без помощи рекламы*

unalterable (adj.) *неизменный, непреложный*

unambiguous (adj.) *недвусмысленный, точно выраженный*

unamortized premium [calc.] *несписанный страховой взнос*

unanimity *единодушие*

unanimous (adj.) *единогласный, единодушный*

unanimous consent *общее согласие*

unannounced (adj.) *необъявленный*

unannounced audit *внезапная ревизия;* [aud.] *необъявленная ревизия*

unannounced cash register check [aud.] *внезапная проверка кассового журнала*

unannounced inspection *внезапная проверка*

unappealable (adj.) *не подлежащий апелляции, окончательный*

unappropriated reserve [ind.ec.] *нераспределенный резерв, свободный резерв*

unappropriated retained earnings [calc.] *нераспределенная прибыль*

unascertained debt [legal] *неустановленный долг*

unascertained goods [legal] *неиндивидуализированный товар*

unassailable (adj.) *неопровержимый*

unassigned seat [parl.] *незанятое место в парламенте*

unattainable (adj.) *недостижимый*

unattainable goal *недостижимая цель*

unaudited (adj.) *не подвергнутый ревизии, не подвергнутый сличению, непроверенный*

unauthorized (adj.) *запрещенный, неправомочный, неразрешенный, не уполномоченный*

unauthorized absence [empl.] *прогул*

unauthorized management of affairs [legal] *ведение дел без должных полномочий, незаконное ведение дел*

unauthorized person *лицо, не обладающее полномочиями*

unauthorized trading *несанкционированная торговля*

unauthorized use *несанкционированное использование*

unavailable (adj.) *недействительный, не имеющийся в наличии, не имеющийся в распоряжении, непригодный, не удовлетворяющий требованиям*

unavailing (adj.) *бесполезный, напрасный*

unavoidable (adj.) *неизбежный, неминуемый, неоспоримый*

unavoidable absence *отсутствие по уважительной причине*

unavoidable restoration *обязательное восстановление*

unbalanced budget *несбалансированный бюджет*

unbiased (adj.) *беспристрастный, непредубежденный;*
  [stat.] *несмещенный*

unblemished reputation [leg.pun.] *безупречная репутация*

unbooked (adj.) *не заказанный заранее, не зарегистрированный*

unbreakable (adj.) *неразрушающийся*

unbuilt land [plan.] *незастроенный участок*

uncallable from owner to owner (adj.) *не истребуемый от владельца к владельцу*

uncalled share capital [bus.organ.] *невостребованный акционерный капитал*

uncancelled (adj.) *неотмененный*

uncashed cheque [bank.] *неоплаченный чек*

UNCDF (United Nations Capital Development Fund) *Фонд ООН для капитального развития*

uncertain (adj.) *неопределенный, сомнительный*

uncertain factor *изменчивый фактор*

uncertain market [exc.] *рынок в неопределенном состоянии*

uncertain situation *неопределенная ситуация*

uncertain tendency *неустойчивая тенденция*

uncertainty *изменчивость, недостоверность, неизвестность, неопределенность, неуверенность*

unchallenged (adj.) *не вызывающий возражений, не вызывающий сомнений*

unchanged (adj.) *неизменившийся*

unchanged market [exc.] *неизменившийся рынок*

unclaimed article [trans.] *невостребованный товар*

unclaimed dividend [bus.organ.] *невостребованный дивиденд*

unclaimed luggage [trans.] *невостребованный багаж*

unclaimed wages *невостребованная заработная плата*

unclassified (adj.) *неклассифицированный, не отнесенный к определенной категории, несекретный*

unclaused bill of lading [nav.] *коносамент без оговорок; чистый коносамент*

uncleared cheque [bank.] *неоплаченный чек, непогашенный чек*

uncleared goods [cust.] *товар, не очищенный от пошлин*

unclosed reinsurance [ins.] *открытое перестрахование*

uncollectable (adj.) *не подлежащий инкассации*

uncollectable receivables [calc.] *невзысканная дебиторская задолженность*

uncollectables [calc.] *невзысканная задолженность*

uncommon (adj.) *необыкновенный, необычный*

uncompleted (adj.) *незавершенный, незаконченный*

uncompromising (adj.) *бескомпромиссный*

unconcealed (adj.) *нескрытый, явный*

unconditional (adj.) *безоговорочный, безусловный*

unconditionally *безоговорочно, безусловно*

unconditional sentence [leg.pun.] *окончательный приговор*

unconditional transfer   *безусловная передача*

unconditional withdrawal   [mil.] *безусловный отвод войск*

UN Conference on Trade and Development (UNCTAD)   *Конференция ООН по торговле и развитию (ЮНКТАД)*

U.N. Conference on Trade and Development (UNCTAD)   *Конференция ООН по торговле и развитию (ЮНКТАД)*

unconfirmed (adj.)   *неподтвержденный*

unconfirmed credit   *неподтвержденный кредит*

unconformity   *несоответствие*

unconjugal (adj.)   *внебрачный*

unconscionable (adj.)   *неумеренный, чрезмерный*

unconscionable bargain   [leg.pun.] *незаконная сделка*

unconscious (adj.)   *бессознательный, непроизвольный*

unconsolidated subsidiary   *неконсолидированная дочерняя компания*

uncontested (adj.)   *очевидный;* [legal] *неоспоримый*

uncontradicted (adj.)   *не встретивший возражений, неопровергнутый*

unconvertible (adj.)   *неконвертируемый*

uncooperativeness   *отсутствие сотрудничества*

uncorroborated evidence   [legal] *неподтвержденное свидетельство*

uncover (vb.)   *оставлять без обеспечения*

uncovered (adj.)   *необеспеченный, непокрытый*

uncovered liability   [legal] *невыполненное обязательство*

uncovered option contract   [exc.] *непокрытый опционный контракт*

uncovered position   [exc.] *непокрытая позиция по срочным сделкам*

uncovered sale   *продажа без покрытия*

UNCTAD (United Nations Conference on Trade And Development)   *ЮНКТАД (Конференция ООН по торговле и развитию)*

undamaged (adj.)   *неповрежденный*

undamaged condition, in   *в исправном состоянии*

undated gilt   [stock] *бессрочная ценная бумага с государственной гарантией*

undated gilts   [stock] *бессрочные ценные бумаги с государственной гарантией*

undated stock   [stock] *бессрочная правительственная облигация*

undated stocks   *бессрочные правительственные облигации*

undecided (adj.)   *неопределенный, нерешенный*

undefended cause   [legal] *судебное дело, ведущееся без защиты*

undefended divorce case   [legal] *дело о разводе, ведущееся без защиты*

undeliverable (adj.)   *недоставляемый*

undeliverable letter   [post] *письмо с неправильно указанным адресом*

undeniable (adj.)   *неоспоримый*

undependable (adj.)   *ненадежный*

under   [legal] *в силу, в соответствии, на основании, согласно*

under a duty to account   *в соответствии с обязанностью вести учет*

under age (adj.)   *несовершеннолетний*

under a power of attorney   *по доверенности*

under arrest   [leg.pun.] *под арестом, под стражей*

under articles   [empl.] *согласно условиям соглашения*

underbid (vb.)   *делать предложение по более низкой цене, сделать предложение по более низкой цене*

undercapitalization   *недостаточная капитализация*

under consideration (adj.)   *испытуемый, исследуемый, проверяемый, рассматриваемый*

undercover agent   *тайный агент*

undercut (vb.)   *продавать по более низким ценам, сбивать цены*

underdepreciation   [calc.] *недооценка амортизации*

underdeveloped (adj.)   *недостаточно развитый, отсталый, слаборазвитый*

underdevelopment   *низкий уровень экономического развития, экономическая отсталость*

under duty to account   *в соответствии с обязанностью вести учет*

underemployment [empl.] *неполная занятость, неполный рабочий день, работа, не соответствующая квалификации, частичная безработица*

underemployment equilibrium [empl.] *равновесие на уровне неполной занятости*

underemployment of factories [prod.] *работа предприятий не на полную мощность*

underestimate (vb.) *недооценивать*

underestimation *недооценка*

under formation (adj.) *образуемый, создаваемый, формируемый*

undergo (vb.) *испытывать, подвергаться*

underground economy *подпольная экономика;* [pol.ec.] *теневая экономика*

underground market *черный рынок*

underground railway *метро, метрополитен, подземная железная дорога*

underinsurance *страхование на низкие суммы;* [ins.] *неполное страхование*

underinsure (vb.) [ins.] *производить неполное страхование, страховать на низкую сумму*

underinsured (adj.) *застрахованный на низкую сумму*

underlease [r.e.] *поднаем, субаренда*

underlease (vb.) *сдавать в поднаем;* [r.e.] *сдавать в субаренду*

underlessee [r.e.] *поднаниматель, субарендатор*

underlessor *лицо, сдающее в поднаем;* [r.e.] *лицо, сдающее в субаренду*

underlie (vb.) *лежать в основе*

underline (vb.) *подчеркивать, придавать особое значение*

underlining *подкладка, прокладка*

underlying (adj.) *лежащий в основе, основной, преимущественный*

underlying company *дочерняя компания, привилегии которой не могут быть переданы материнской фирме*

underlying inflation *структурная инфляция*

underlying security [stock] *финансовый инструмент, лежащий в основе фьючерсного или опционного контракта*

undermanned (adj.) *испытывающий недостаток в рабочей силе, недоукомплектованный*

undermentioned (adj.) *нижеупомянутый*

undermine (vb.) *подрывать, тайно вредить*

undermining (adj.) *подрывающий, разрушающий*

under oath [legal] *под присягой*

underpay (vb.) *недооплачивать, оплачивать слишком низко*

under penalty of law [legal] *под страхом уголовного показания*

under penalty of the law [legal] *под страхом уголовного показания*

under power of attorney *по доверенности*

underproduction [prod.] *недопроизводство*

underprovide (vb.) *предоставлять недостаточные средства;* [calc.] *предоставить недостаточные средства*

underprovision of depreciation [calc.] *недооценка амортизации*

underrate (vb.) *давать заниженные номинальные характеристики, недооценивать;* [tax.] *оценивать ниже действительной стоимости*

underrating *недооценка, оценка ниже действительной стоимости*

underselling [comm.] *продажа по сниженным ценам*

undersigned (adj.) *нижеподписавшийся*

undersigned, the *нижеподписавшийся*

understamped letter [post] *письмо с недостаточным количеством марок*

understand (vb.) *договариваться, понимать, уславливаться, условливаться*

understandable (adj.) *понятный*

understanding *взаимопонимание, договоренность, понимание, соглашение*

understate (vb.) *занижать, преуменьшать*

understatement *занижение, преуменьшение*

undertake (vb.) *брать на себя, гарантировать, предпринимать, ручаться*

undertake a commitment (vb.) *брать на себя обязательство*

undertake an obligation (vb.) *брать на себя обязательство*

undertaking *дело, обязательство, предприятие;* [ind.ec.] *гарантия;* [legal] *положение договора*

undertaking established as a type of company [ind.ec.] *предприятие, учрежденное в форме компании*

undertaking established as type of company [ind.ec.] *предприятие, учрежденное в форме компании*

undertaking of an obligation *гарантия долгового обязательства*

undertaking of obligation *гарантия долгового обязательства*

undertaking to be consolidated [calc.] *объединяемое предприятие*

undertax (vb.) [tax.] *облагать заниженным налогом*

under the influence *под влиянием*

under the pretext of *под предлогом*

under today's date *за сегодняшнее число, сегодняшним числом*

undertone *основное настроение рынка;* [exc.] *основная тенденция рынка*

under usual reserves *с обычными оговорками*

underutilization of productive capacity [prod.] *недогрузка производственных мощностей*

undervaluation *заниженная оценка, недооценка*

undervalued currency [monet.trans.] *валюта с заниженным курсом*

underwater damage [mar.ins.] *повреждение в подводной части корпуса*

underwrite (vb.) [exc.] *подписывать полис морского страхования, подписываться, принимать на страхование;* [ins.] *гарантировать размещение ценных бумаг*

underwrite a loan (vb.) *гарантировать размещение кредита*

underwrite insurance (vb.) [ins.] *принимать на страхование*

underwriter [exc.] *андеррайтер, гарант, инвестиционный банк;* [ins.] *гарант размещения ценных бумаг, страхователь, страховщик;* [mar.ins.] *страховая компания*

underwrite the issue (vb.) [exc.] *гарантировать размещение выпуска ценных бумаг, гарантировать размещение займа*

underwrite the obligations of a third party (vb.) [calc.] *гарантировать выполнение обязательств третьей стороной*

underwrite the obligations of third party (vb.) [calc.] *гарантировать выполнение обязательств третьей стороной*

underwriting [exc.] *страхование;* [ins.] *андеррайтинг, подписка, прием на страхование;* [mar.ins.] *гарантирование размещения займа, гарантирование размещения ценных бумаг, подтверждение*

underwriting agent [mar.ins.] *страховой агент*

underwriting capital [exc.] *выпущенный по подписке акционерный капитал*

underwriting commission [mar.ins.] *комиссионное вознаграждение при продаже ценных бумаг дилерам*

underwriting commitment *гарантирование размещения займа;* [exc.] *гарантирование размещения ценных бумаг*

underwriting fee *вознаграждение, которое гарант получает за покрытие риска по новому займу;* [exc.] *гарантийная комиссия*

underwriting house *банк, размещающий ценные бумаги, инвестиционный банкир, эмиссионное учреждение;* [ins.] *эмиссионный дом*

underwriting limit *предельная страховая сумма, выше которой страховое учреждение не может заключить договор личного страхования;* [exc.] *предельная страховая сумма, выше которой страховое учреждение не может принять на страхование имущество*

underwriting of a loan [bank.] *гарантия размещения займа*
underwriting of loan [bank.] *гарантия размещения займа*
underwriting price [exc.] *гарантийная цена*
underwriting reserve [ins.] *резерв для погашения страховых выплат*
underwriting result [ins.] *результат приема на страхование*
underwriting syndicate [exc.] *группа банков, гарантирующая еврокредиты, еврооблигации или евроноты, страховой синдикат*
undeserved (adj.) *незаслуженный*
undesirable *нежелательное лицо*
undesirable (adj.) *нежелательный, неподходящий, неудобный*
undesirable person *нежелательное лицо*
undesirable risk *нежелательный риск*
undeveloped (adj.) *недостаточно развитый, незастроенный, необработанный*
undeveloped land [plan.] *необработанный участок земли*
undeveloped site [plan.] *незастроенный участок*
undischarged (adj.) *не восстановленный в правах, невыгруженный, невыполненный, неуплаченный*
undisclosed (adj.) *неназванный, нераскрытый, тайный*
undisclosed assignment [legal] *уступка долгового обязательства без уведомления заемщика*
undisclosed earnings [tax.] *скрытые доходы*
undisclosed factoring *факторная операция без уведомления заемщика*
undisclosed principal [legal] *неназванный принципиал*
undisclosed reserve *скрытый резерв*
undisclosed reserves *скрытые резервы*
undiscounted [comm.] *без скидки*
undisputed (adj.) *бесспорный, не вызывающий сомнения, неоспоримый*
undistributed dividend [bus.organ.] *нераспределенный дивиденд*
undistributed dividends [bus.organ.] *нераспределенные дивиденды*
undistributed estate [suc.] *неразделенное имущество*
undistributed profit [calc.] *нераспределенная прибыль*
undistributed profits *нераспределенные прибыли*
undistributed profit tax [tax.] *налог на нераспределенную прибыль*
undivided (adj.) *неразделенный, нераспределенный, целый*
undivided estate [suc.] *неразделенное имущество*
undivided share [legal] *право на долю*
undivided share in land [r.e.] *право на долю земельной собственности*
undivided share in property [r.e.] *право на долю имущества*
undo [comp.] *отмена выполненных действий*
undo (vb.) *аннулировать;* [comp.] *отменять выполненные действия*
UNDP (United Nations Development Program) *ПРООН (Программа развития Организации Объединенных Наций)*
UNDP (United Nations Development Programme) *ПРООН (Программа развития Организации Объединенных Наций)*
undrawn dividend [bus.organ.] *неполученный дивиденд*
undrawn overdraft [bank.] *неполученный кредит по текущему счету*
undrawn overdraft facility [bank.] *неполученный кредит по текущему счету*
undue (adj.) *неподходящий, неправильный, непросроченный, не соответствующий назначению, по сроку не подлежащий оплате*
undue costs *непросроченные издержки*
undue delay *ненужная задержка*
undue delay, without *без ненужных задержек, без проволочек*
undue influence [legal] *злоупотребление влиянием, ненадлежащее влияние*
undue preference [bankr.leg.,leg.pun.] *необоснованная привилегия*
unduplicated audience [media] *совокупная аудитория определенной передачи*

undutied (adj.) *беспошлинный*

unearned finance income *рентный доход*

unearned income *незаработанный доход, непроизводственный доход, рентный доход;* [tax.] *доход, полученный авансом, нетрудовой доход*

unearned income tax [tax.] *налог на рентный доход*

unearned increment [tax.] *приращение стоимости имущества*

unearned increment of land [r.e.] *приращение стоимости земельной собственности*

unearned premium [ins.] *неполученный страховой взнос*

uneasiness *беспокойство, неудобство, тревога*

uneconomical (adj.) *нерентабельный, неэкономичный, неэкономный*

UN Economic and Social Council (ECOSOC) *Экономический и Социальный Совет ООН (ЭКОСОС)*

UN Economic Commission for Europe (ECE) *Экономическая комиссия ООН для Европы*

UNEDA (United Nations Economic Development Administration) *Управление экономического развития Организации Объединенных Наций*

UNEF (United Nations Emergency Force) *ЧВС ООН (Чрезвычайные вооруженные силы Организации Объединенных Наций)*

UNEF (United Nations' Emergency Force) *ЧВС ООН (Чрезвычайные вооруженные силы Организации Объединенных Наций)*

unemployed (adj.) *безработный, незанятый, неиспользованный*

unemployed funds *неиспользованные фонды*

unemployment [empl.] *безработица*

unemployment allowance [empl.] *пособие по безработице*

unemployment benefit [empl.] *пособие по безработице*

unemployment benefits [empl.] *система пособий по безработице*

unemployment benefit scheme [empl.] *программа пособий по безработице*

unemployment compensation [empl.] *пособие по безработице*

unemployment contribution [empl.] *взнос в фонд помощи безработным*

unemployment figures [empl.] *показатели безработицы*

unemployment fund [empl.] *фонд помощи безработным*

unemployment high [empl.] *пик безработицы*

unemployment insurance [ins.] *страхование от безработицы*

unemployment insurance fund [empl.] *фонд страхования от безработицы*

unemployment pay [empl.] *пособие по безработице*

unemployment rate [empl.] *доля безработных, процент безработных*

unemployment registration [empl.] *регистрация безработных*

unemployment relief [empl.] *пособие по безработице*

unemployment statistics [empl.] *статистика безработицы*

unencumbered (adj.) *незаложенный, необремененный, свободный от долгов*

unenforceable (adj.) *не могущий быть проведенным в жизнь, не могущий иметь силу закона, непринуждаемый*

unenforceable claim [legal] *претензия, не могущая быть заявленной в суде*

unenforceable contract [legal] *контракт, претензии по которому не могут быть заявлены в суде*

UNEO (United Nations Emergency Operation) *операция Чрезвычайных вооруженных сил Организации Объединенных Наций*

UNEP (United Nations Environmental Program) *ЮНЕП (Программа Организации Объединенных Наций по окружающей среде)*

UNEP (United Nations Environmental Programme) *ЮНЕП (Программа Организации Объединенных Наций по окружающей среде)*

unequal (adj.) *неадекватный, неравноправный, неравноценный, несоответствующий, несправедливый*

unequivocal (adj.) *недвусмысленный, окончательный, определенный, ясный*

UNESCO (UN Educational Scientific and Cultural Organization)
    ЮНЕСКО (Организация Объединенных Наций по вопросам
    образования, науки и культуры)
UNESCO (UN's Educational Scientific and Cultural Organization)
    ЮНЕСКО (Организация Объединенных Наций по вопросам
    образования, науки и культуры)
unethical (adj.) *неэтический, неэтичный*
uneven (adj.) *неравномерный, неравный, нечетный*
unevenly distributed (adj.) *неравномерно распределенный*
unexpected (adj.) *неожиданный, непредвиденный*
unexpired expenses [calc.] *переходящие затраты*
unexpired life [book-keep.] *неистекший срок службы*
unexpired portfolio [ins.] *неиссякший портфель*
unexpired term *неистекший срок*
unexploited (adj.) *неразработанный, неэксплуатируемый*
unfair (adj.) *недобросовестный, недостаточный, неправильный,*
    несправедливый, нечестный
unfair competition *нечестная конкуренция*
unfair competitive advantage *преимущество в условиях нечестной*
    конкуренции
unfair dismissal [empl.] *несправедливое увольнение*
unfair profit [ec.] *прибыль, полученная нечестным путем*
unfair trade practices [legal] *дискриминационная торговая политика*
unfashionable (adj.) *немодный*
unfavourable *неблагоприятный, пассивный*
unfavourable balance, have an (vb.) [calc.] *иметь пассивный баланс*
unfavourable balance of payments *пассивный платежный баланс*
unfavourable balance of trade *пассивный торговый баланс*
unfavourable circumstances *неблагоприятные обстоятельства*
unfavourable comments *отрицательный отзыв*
unfavourable conditions [ec.] *неблагоприятные условия*
unfavourable development *неблагоприятное развитие*
unfavourable result *неблагоприятный результат*
unfavourable trade balance *пассивный торговый баланс*
unfavourable volume variance [ind.ec.] *снижение объема производства*
unfeasible (adj.) *невыполнимый, неосуществимый, несбыточный*
unfilled order [ind.ec.] *невыполненный заказ*
unfilled orders [ind.ec.] *портфель невыполненных заказов*
unfit (vb.) *делать негодным, дисквалифицировать*
unfit (adj.) *негодный, неподходящий, непригодный, неспособный*
unfitness for work [empl.] *непригодность для работы*
unforeseen *непригодность для работы*
unforeseen (adj.) *непредвиденный, непредусмотренный*
unforeseen costs *непредвиденные затраты*
unforeseen event *непредвиденное событие*
unforeseen expense *непредвиденный расход*
unforgeable (adj.) *исключающий возможность подделки*
unfortunate (adj.) *неудачный*
unfounded (adj.) *необоснованный, неосновательный*
unfounded request *необоснованное требование*
UNFPA (United Nations Fund for Population Activities) *Фонд*
    Организации Объединенных Наций для деятельности в
    области народонаселения
unfulfilled (adj.) *невыполненный*
UNGA (United Nations General Assembly) *ГА ООН (Генеральная*
    Ассамблея Организации Объединенных Наций)
unharmed (adj.) *невредимый*
UNHCR (United Nations High Commission for Refugees) *Управление*
    верховного комиссара Организации Объединенных Наций по
    делам беженцев
unhindered (adj.) *беспрепятственный*

UNICEF   *ЮНИСЕФ*

UNICEF (United Nations Children's Fund)   *ЮНИСЕФ (Детский фонд Организации Объединенных Наций)*

UNICEF (United Nations International Children's Emergency Fund)   *ЮНИСЕФ (Чрезвычайный фонд помощи детям при Организации Объединенных Наций)*

unidentified (adj.)   *неопознанный*

UNIDO (United Nations Industrial Development Organization)   *ЮНИДО (Организация Объединенных Наций по промышленному развитию)*

unification   *объединение, унификация*

unified (adj.)   *объединенный, унифицированный*

unified management   [ind.ec.] *совместное управление*

uniform (adj.)   *единообразный, одинаковый, однообразный, однородный, равномерный*

uniform accounting policy   *единая методика бухгалтерского учета*

uniform bill of lading   [nav.] *типовой коносамент*

Uniform Commercial Code (UCC)   *единый коммерческий кодекс (США)*

uniform costing   *единая система калькуляции*

uniform distribution   *равномерное распределение*

uniformed police   *полиция*

uniformity   *единообразие, однородность*

uniform legal tradition   [legal] *единообразная правовая норма*

uniform passport   [EEC] *единый паспорт, паспорт единого образца*

uniform price   *единая цена*

uniform quality   *однородное качество*

uniform rate   *единая ставка*

unify (vb.)   *объединять, унифицировать*

unilateral (adj.)   *односторонний*

unilateral arrangement   [legal] *одностороннее соглашение*

unilateral contract   [legal] *односторонний контракт*

unilateral declaration   [legal] *односторонняя декларация*

unilateral legal instrument   [legal] *односторонний правовой документ*

unilateral outward payments   *односторонние внешние платежи*

unilateral payments   *односторонние платежи*

unilateral preference   [cust.] *одностороннее предпочтение*

unilateral transaction   [legal] *односторонняя сделка*

unilateral transfer   *односторонний перевод*

unilateral transfers   *односторонние переводы*

unimpeachable evidence   [legal] *бесспорное доказательство*

unimpeded (adj.)   *беспрепятственный*

unimportance   *незначительность*

unimportant (adj.)   *незначительный, несущественный*

unindebted (adj.)   *не имеющий долгов*

uninhabited (adj.)   *необитаемый*

uninjured (adj.)   *неповрежденный, непострадавший*

uninominal election   [parl.] *выборы с единственным кандидатом*

UN inspector   *инспектор ООН*

uninsurable risk   [ins.] *риск, не подлежащий страхованию*

uninsured (adj.)   *незастрахованный*

unintentional (adj.)   *ненамеренный, неумышленный*

unintentionally   *неумышленно*

uninterrupted (adj.)   *непрерываемый, непрерывный*

union   *объединение, союз;* [empl.] *профессиональный союз*

union dues   [empl.] *профсоюзные взносы*

unionist   *профсоюзный деятель;* [empl.] *член профессионального союза*

unionized worker   [empl.] *рабочий - член профсоюза*

Union of Commercial and Clerical Employees   *профсоюз торговых и конторских служащих*

union right [empl.] *право на создание профессионального союза*

unique (adj.) *единственный в своем роде, особенный, уникальный*

unique selling proposition (USP) [adv.] *особое предложение о продаже товара, уникальное предложение о продаже товара*

unison, in *в унисон*

unissued share capital [bus.organ.] *невыпущенный акционерный капитал*

unit *агрегат, блок, комплект, организационная единица, подразделение, секция, структурная единица, узел, целое, элемент выборки;* [exc.] *изделие, партия ценных бумаг, реализуемая по единой цене*

unitary business [tax.] *предприятие в единой системе налогообложения*

unitary tax system [tax.] *единая система налогообложения*

unit assets records [book-keep.] *учет активов подразделения*

unit bond [stock] *консолидированная облигация*

unit cost [ind.ec.] *себестоимость единицы продукции*

unite (vb.) *объединять, соединять*

united (adj.) *общий, объединенный, совместный, соединенный*

United Arab Emirates dirham (AED) [monet.trans.] *дирхам Объединенных Арабских Эмиратов*

United Kingdom *Соединенное Королевство*

United Nations *Организация Объединенных Наций*

United Nations (UN) *Организация Объединенных Наций (ООН)*

United Nations Capital Development Fund (UNCDF) *Фонд Организации Объединенных Наций для капитального развития (ФКР ООН)*

United Nations Conference on Trade And Development (UNCTAD) *Конференция Организации Объединенных Наций по торговле и развитию (ЮНКТАД)*

United Nations Development Program (UNDP) *Программа развития Организации Объединенных Наций (ПРООН)*

United Nations Development Programme (UNDP) *Программа развития Организации Объединенных Наций (ПРООН)*

United Nations Disaster Relief Office *Бюро координатора Организации Объединенных Наций по оказанию помощи в случае стихийных бедствий (ЮНДРО)*

United Nations Economic Development Administration (UNEDA) *Управление экономического развития Организации Объединенных Наций*

United Nations Educational Scientific and Cultural Organization *Организация Объединенных Наций по вопросам образования, науки и культуры (ЮНЕСКО)*

United Nations Educational Scientific and Cultural Organization (UNESCO) *Организация Объединенных Наций по вопросам образования, науки и культуры (ЮНЕСКО)*

United Nations Emergency Force (UNEF) *Чрезвычайные вооруженные силы Организации Объединенных Наций (ЧВС ООН)*

United Nations Emergency Operation (UNEO) *операция Чрезвычайных вооруженных сил Организации Объединенных Наций*

United Nations Environmental Program (UNEP) *Программа Организации Объединенных Наций по окружающей среде (ЮНЕП)*

United Nations Environmental Programme (UNEP) *Программа Организации Объединенных Наций по окружающей среде (ЮНЕП)*

United Nations Fund for Population Activities (UNFPA) *Фонд Организации Объединенных Наций для деятельности в области народонаселения (ЮНФПА)*

United Nations General Assembly (UNGA) *Генеральная Ассамблея Организации Объединенных Наций (ГА ООН)*

United Nations High Commissioner for Refugees *Верховный комиссар Организации Объединенных Наций по делам беженцев*

United Nations High Commissioner for Refugees (UNHCR)   *Верховный комиссар Организации Объединенных Наций по делам беженцев*

United Nations High Commission for Refugees (UNHCR)   *Управление верховного комиссара Организации Объединенных Наций по делам беженцев*

United Nations Industrial Development Organization (UNIDO)   *Организация Объединенных Наций по промышленному развитию (ЮНИДО)*

United Nations International Children's Emergency Fund   *Чрезвычайный фонд помощи детям при Организации Объединенных Наций*

United Nations International Children's Emergency Fund (UNICEF)   *Чрезвычайный фонд помощи детям при Организации Объединенных Наций (ЮНИСЕФ)*

United Nations Law of the Sea Conference   *Конференция Организации Объединенных Наций по морскому праву*

United Nations Monetary and Financial Conference (UNMFC)   *Конференция ООН по вопросам денежного обращения и финансов*

United Nations Organizations (UNO)   *Организации Объединенных Наций (ООН)*

United States of America (USA)   *Соединенные Штаты Америки (США)*

United States of America, USA, the US   *Соединенные Штаты Америки (США)*

unit labour cost   [ind.ec.] *затраты на рабочую силу в расчете на единицу продукции, удельные затраты на рабочую силу*

unit-linked plan   [ins.] *система страхования, в которой взносы идут в паевой фонд, а полученные доходы повышают стоимость полиса*

unit load   [trans.] *единичная нагрузка, единичный груз, удельная нагрузка*

unit load device (ULD)   *устройство комплектования грузов;* [trans.] *средство пакетирования грузов*

unit of account (UA)   [EEC] *расчетная денежная единица*

unit of currency   *денежная единица, единица валюты*

unit of homogeneous production   *единица однородной продукции*

unit of production   *единица измерения продукции, производственная единица*

unit-of-production method   [calc.] *метод единицы измерения продукции*

unit of unit trust   *доля в общем инвестиционном траст-фонде (Великобритания)*

unit of value   *единица стоимости, единица ценности*

unit price   *цена единицы продукции*

unit pricing   *ценообразование по принципу 'издержки плюс накидка'*

unit selling price   *продажная цена единицы товара*

unit separator   [comp.] *разделитель элементов данных, разделитель элементов/данных*

unit trust   *общий инвестиционный траст-фонд (Великобритания)*

unit trust certificate   [stock] *сертификат инвестиционного траст-фонда (Великобритания)*

unit value   *средняя цена единицы продукции, средняя цена товарной единицы, стоимость единичного изделия*

unit value index   *индекс средней цены единицы продукции*

unit wage   [empl.] *удельная ставка заработной платы*

unity   *единство, сплоченность*

unity of Community law   *единство правового пространства Европейского экономического сообщества;* [EEC] *единство правового пространства Европейского сообщества*

Unity Party   [pol.] *Партия единства (Дания)*

universal (adj.)   *всемирный, универсальный*

universal agent   *агент, представляющий доверителя по всему кругу вопросов, генеральный агент, генеральный представитель*

universal bank   [bank.] *универсальный банк*

universal bulk carrier (UBC)   *универсальное судно для перевозки навалочных грузов;* [nav.] *универсальное судно для перевозки массовых грузов*

Universal Decimal Classification (UDC)   *универсальная десятичная классификация (УДК)*

Universal Postal Union (UPU)   *Всемирный почтовый союз (ВПС)*

universal product code   *универсальный товарный код*

universal succession   [legal] *универсальное преемство*

universal suffrage   [parl.] *всеобщее избирательное право*

Universal Time (UT)   *всемирное время*

universal validity   *универсальная действенность, универсальная законность*

universe   [adv.] *вселенная;* [rckl., stat.] *космос;* [stat.] *генеральная совокупность*

university   [syst.ed.] *университет*

university education   [syst.ed.] *университетское образование*

unjust (adj.)   *неверный, несправедливый, неточный*

unjust enrichment   [legal] *неосновательное обогащение*

unjustifiable (adj.)   *не имеющий оправдания, непростительный*

unjustified (adj.)   *неоправданный, неправомерный*

unladen weight   *масса порожнего контейнера, масса транспортного средства без груза*

unlawful (adj.)   *внебрачный, незаконный, неправомерный, противозаконный, противоправный*

unlawful act   [legal] *противоправное деяние*

unlawful assembly   [legal] *незаконное сборище*

unlawful homicide   [leg.pun.] *противоправное человекоубийство*

unlawful homicide with malice aforethought   [leg.pun.] *противоправное человекоубийство с заранее обдуманным злым умыслом*

unlawfulness   [leg.pun.] *незаконность, противозаконность, противоправность*

unlawful possession   [leg.pun.] *незаконное владение*

unlawful possessor   [legal] *незаконный владелец*

unlearn (vb.)   *отучаться, отучиться, разучиваться, разучиться*

unless otherwise agreed upon   *если не будет достигнута другая договоренность*

unless otherwise arranged   *если не будет оговорено иное*

unlicensed restaurant   *ресторан, не имеющий разрешения на торговлю спиртными напитками*

unlicensed trade   *торговля без лицензии*

unlike   *в отличие от*

unlike (adj.)   *непохожий*

unlimited (adj.)   *безграничный, беспредельный, неограниченный*

unlimited company   [bus.organ.] *компания с неограниченной ответственностью*

unlimited credit   *неограниченный кредит*

unlimited liability   [legal] *неограниченная ответственность*

unlimited liability proprietor   [bus.organ.] *владелец с неограниченной ответственностью*

unlimited power of attorney   [legal] *неограниченные полномочия*

unlimited tax liability   *неограниченное налогообложение*

unliquidated (adj.)   *неликвидированный, неоплаченный, неоцененный, не установленный по сумме*

unliquidated claim   [legal] *неурегулированный иск*

unliquidated damages   [legal] *неликвидные убытки, не оцененные заранее убытки*

unlisted (adj.)   *не допущенный к биржевому обороту, не котирующийся на бирже*

unlisted number   [telecom.] *номер телефона, не внесенный в телефонный справочник*

unlisted securities market (USM)   [exc.] *рынок некотируемых ценных бумаг при Лондонской фондовой бирже*

unlisted security   [stock] *ценная бумага, не котирующаяся на основной бирже*

unload (vb.)   *снимать нагрузку;* [ec.,sl.] *избавляться от облигаций;* [nav.] *избавляться от акций, распродавать ценные бумаги из опасения снижения курса;* [trans.] *разгружать*

unloading   [nav.] *разгрузка;* [trans.] *выгрузка*

unlucky (adj.)   *несчастливый, неудачный*

unmanned factory   [prod.] *безлюдное производство*

unmanufactured (adj.)   *невыделанный, необработанный, сырой*

unmarketable (adj.)   *неликвидный, не могущий быть проданным, неподходящий для рынка, неходовой*

unmarried (adj.)   *неженатый*

unmarried woman   *незамужняя женщина*

unmatched book   [bank.] *несовпадение активов и пассивов банка по срокам*

unmerchantable (adj.)   *непригодный для продажи, непригодный для торговли, потерявший товарный вид*

UNMFC (United Nations Monetary and Financial Conference)   *Конференция Организации Объединенных Наций по вопросам денежного обращения и финансов*

unmortgaged (adj.)   *незаложенный*

unmortgaged property value   [r.e.] *стоимость незаложенного имущества*

unnamed (adj.)   *безымянный, неназванный, неупомянутый*

unnecessary (adj.)   *излишний, ненужный*

unnegotiable (adj.)   *необоротный*

unnoticeable (adj.)   *незаметный*

UNO (United Nations Organization)   *ООН (Организация Объединенных Наций)*

UNO (United Nations Organizations)   *ООН (Организации Объединенных Наций)*

UN observer   *наблюдатель ООН*

unobtainable (adj.)   *недостижимый, недоступный*

unobtainable number   [telecom.] *номер телефона, не помещенный в телефонный справочник и не сообщаемый справочной службой*

unoccupied (adj.)   *незанятый, свободный*

unoffending (adj.)   *безвредный, безобидный, невинный*

unofficial (adj.)   *неофициальный*

unofficial market   [exc.] *неофициальная биржа*

unofficial quotation   *неофициальная котировка;* [stock] *неофициальный курс*

unorganized (adj.)   *неорганизованный, не являющийся членом профсоюза*

unorganized labour   [empl.] *рабочие, не являющиеся членами профсоюза*

unpacked (adj.)   [pack.] *неупакованный, распакованный*

unpacking   [pack.] *распаковка*

unpaid (adj.)   *бесплатный, неоплаченный, непогашенный, не получающий платы, неуплаченный*

unpaid bill   *неоплаченный счет*

unpaid bills   *неоплаченные счета*

unpaid call on capital   [bus.organ.] *неоплаченное требование на капитал*

unpaid calls on capital   [bus.organ.] *неоплаченные требования на капитал*

unpaid capital   [bus.organ.] *неоплаченная часть акционерного капитала*

unpaid clerk   [pers.manag.] *служащий, не получающий заработной платы*

unpaid debt   *неуплаченный долг*

unpaid dividend [bus.organ.] *невыплаченный дивиденд*

unpaid family worker *лицо, безвозмездно работающее на семейном предприятии*

unpaid interest *неуплаченный процент*

unpaid interests *неуплаченные проценты*

unpaid letter stamp [post] *штемпель на неоплаченном письме*

unpaid seller [legal] *продавец, не получивший платежа*

unpaid share capital [bus.organ.] *неоплаченная часть акционерного капитала*

unpaid subscriptions [bus.organ.] *неуплаченные членские взносы*

unpeg the rate (vb.) *прекращать искусственную поддержку курса;* [monet.trans.] *прекратить искусственную поддержку курса*

unperformed (adj.) *невыполненный, неосуществленный*

unperformed contract [legal] *невыполненный контракт*

unperformed work *невыполненная работа*

unplaceable (adj.) *не могущий быть поставленным на определенное место*

unpledged portfolio of bonds *незаложенный портфель ценных бумаг*

unprecedented (adj.) *беспрецедентный, беспримерный, не имеющий прецедента*

unprejudiced (adj.) *беспристрастный, непредубежденный*

unprepared *без подготовки*

unprepared (adj.) *неготовый, неподготовленный*

unprincipled (adj.) *беспринципный, не основанный на определенных принципах, непринципиальный*

unprocessed (adj.) *необработанный, непереработанный*

unproductive (adj.) *не приносящий дохода, непродуктивный, непроизводительный*

unproductive capital [ind.ec.] *капитал, не приносящий дохода, непроизводительный капитал*

unproductiveness [prod.] *непродуктивность*

unprofessional (adj.) *не имеющий профессии, непрофессиональный*

unprofessional conduct *нарушение профессиональной этики*

unprofitable (adj.) *невыгодный, невыгодный для эксплуатации (о месторождении), неприбыльный, непромышленный (о руде), нерентабельный, убыточный*

unprofitable investment *неприбыльное инвестирование*

unprotected (adj.) *беззащитный, незащищенный, не имеющий поддержки, не имеющий покровительства*

unprovoked (adj.) *неспровоцированный, ничем не вызванный*

unprovoked violence [leg.pun.] *неспровоцированное насилие*

unpunctual (adj.) *неаккуратный, непунктуальный, неточный*

unqualified (adj.) *безоговорочный, не имеющий соответствующей квалификации, не имеющий соответствующей подготовки, неквалифицированный, не обладающий цензом, не отвечающий требованиям, неправомочный*

unqualified acceptance [legal] *безоговорочный акцепт*

unqualified audit report [aud.] *отчет о результатах полной ревизии*

unqualified confession [leg.pun.] *безоговорочное признание вины*

unqualified opinion [aud.] *окончательное заключение по результатам ревизии*

unqualified request *решительное требование*

UN quota of refugees *квота ООН на представление статуса беженца*

unquoted (adj.) *некотирующийся*

unquoted bond [stock] *облигация, которая не котируется на основной бирже*

unquoted exchange rate [monet.trans.] *незарегистрированный валютный курс*

unquoted investment [stock] *приобретение ценных бумаг, не котирующихся на основной бирже*

unquoted security [stock] *ценная бумага, не котирующаяся на основной бирже*

unrealized (adj.) *неосуществленный, нереализованный*

unrealized gain [calc.] *нереализованная прибыль, нереализованный доход*

unrealized gains [calc.] *нереализованные доходы*

unrealized loss [calc.] *нереализованный убыток*

unrealized profit [calc.] *нереализованная прибыль, прибыль, существующая только на бумаге*

unreasonable (adj.) *необоснованный, непомерный, чрезмерный*

unreasonable delay in asserting a right [legal] *необоснованная задержка с заявлением права*

unreasonable delay in asserting right *необоснованная задержка с заявлением права*

unrecorded (adj.) *незаписанный, незафиксированный, неучтенный*

unrecorded capital flow *неучтенный приток капитала*

unrecorded commercial balance *неучтенный торговый баланс*

unrecorded commercial loan *неучтенная коммерческая ссуда, неучтенная подтоварная ссуда*

unredeemed (adj.) *невыкупленный, невыполненный, неоплаченный, непогашенный*

unredeemed pledge *невыкупленный залог*

UN refugee *беженец, находящийся под опекой ООН*

unregistered (adj.) *выданный на предъявителя, незарегистрированный, неименной*

unregulated (adj.) *беспорядочный, неконтролируемый, нерегулируемый*

unregulated labour market [empl.] *стихийный рынок рабочей силы*

unrelated (adj.) *не имеющий отношения, неродственный, несвязанный*

unrelated to operations (adj.) *не связанный с производственным процессом, не связанный с производством*

unreliability *недостоверность, ненадежность*

unreliable (adj.) *недостоверный, не заслуживающий доверия, ненадежный*

unrequested (adj.) *незатребованный*

unrequited transfer [bank.] *неоплаченный перевод, односторонний перевод*

unreserved (adj.) *незабронированный, не заказанный заранее, незарезервированный, не ограниченный условиями*

unreserved apology *искренние извинения*

unrest *беспокойство, беспорядки, волнения*

unrestricted (adj.) *неограниченный*

unrestricted competition *свободная конкуренция*

unrevised (adj.) *неисправленный, непересмотренный, непроверенный*

unsalaried (adj.) *не получающий заработной платы*

unsalable (adj.) *не могущий быть проданным, не пользующийся спросом, неходовой*

unsatisfactory reply *неудовлетворительный ответ*

unsatisfactory results *неудовлетворительные результаты*

unsatisfied (adj.) *неудовлетворенный*

unsatisfied execution creditor [legal] *неудовлетворенный кредитор, возбудивший судебное дело против дебитора*

unsatisfied mortgage [legal] *невыкупленная закладная*

unscrupulous (adj.) *беспринципный, недобросовестный*

unseaworthy (adj.) *немореходный, непригодный к плаванию*

unsecured (adj.) *негарантированный, незакрепленный, необеспеченный, неупакованный*

unsecured claim *необоснованный иск*

unsecured credit *бланковый кредит;* [bank.] *необеспеченный кредит*

unsecured creditor [bankr.leg.] *кредитор, не получивший обеспечения*

unsecured debt [bankr.leg.] *необеспеченный долг*

unsecured forward contract [exc.] *необеспеченный форвардный контракт*

unsecured loan [bank.] *необеспеченный заем*

UN Security Council *Совет Безопасности ООН*

unserviceable (adj.) *вышедший из строя, неисправный, ненадежный в эксплуатации, непригодный для использования*

unsettled (adj.) *колеблющийся, незаселенный, неоплаченный, непогашенный, перешенный, неурегулированный, неустановившийся, неустановленный, неустойчивый*

unsettled account *неоплаченный счет;* [book-keep.] *неурегулированный счет*

unsettled market [exc.] *неустойчивый рынок*

unskilled (adj.) *неквалифицированный, необученный, неопытный*

unskilled crew [nav.] *необученный экипаж*

unskilled employee [pers.manag.] *неквалифицированный рабочий*

unskilled job [empl.] *работа, не требующая квалификации*

unskilled labour [empl.] *неквалифицированная рабочая сила*

unskilled labourer [pers.manag.] *неквалифицированный рабочий*

unskilled worker [pers.manag.] *вспомогательный рабочий, подсобный рабочий*

unsolicited (adj.) *представленный без просьбы, представленный добровольно*

unsolicited dismissal [pers.manag.] *увольнение по собственному желанию*

unsolicited goods [legal] *незаказанный товар*

unsolicited sample [comm.] *образец, высланный без запроса*

unsolved crime [leg.pun.] *нераскрытое преступление*

unsound (adj.) *недоброкачественный*

unsound mind, of [legal] *душевнобольной*

unsoundness of mind [legal] *душевная болезнь, психическое расстройство*

unspecified (adj.) *неуточненный, точно не определенный, точно не установленный*

unstable (adj.) *изменчивый, колеблющийся, непостоянный, нестабильный, неустойчивый*

unstamped [post] *без печати*

unstamped (adj.) *не оплаченный маркой, нештемпелеванный*

unstated interest *незаявленный процентный доход*

unsteadiness [exc.] *нестабильность, неустойчивость*

unsteady (adj.) *колеблющийся, непостоянный, неравномерный, нестационарный, нетвердый, неустойчивый*

unstuffing (adj.) *не помещающийся в контейнер*

unsubscribed shares [bus.organ.] *неподписные акции*

unsubstantiated (adj.) *недоказанный, необоснованный*

unsuccessful (adj.) *безуспешный, неудачный*

unsuccessful, be (vb.) *потерпеть неудачу*

unsuccessful call [telecom.] *безуспешная попытка дозвониться*

unsuitable (adj.) *неподходящий, непригодный, несоответствующий*

unsustainable (adj.) *неподдерживаемый*

untapped market [mark.] *неосвоенный рынок*

untaxed (adj.) *не обложенный налогом, свободный от налогов*

untaxed reserve [calc.] *не обложенный налогом резерв*

untenability *несостоятельность*

untenable (adj.) *несостоятельный*

untenable development *неудачное развитие*

untenable position *несостоятельная позиция*

untransferable [stock] *без права передачи*

untransferable (adj.) *не могущий быть переведенным, не могущий быть переданным, непереводимый*

untrustworthy (adj.) *не заслуживающий доверия, ненадежный*

unused (adj.) *не бывший в употреблении, неиспользованный*

unused property [r.e.] *имущество, не бывшее в употреблении*

unusual (adj.) *необыкновенный, необычный, странный*

unusual charges [calc.] *необычно высокие затраты*

unusual credit [calc.] *кредит, представленный на особых условиях*

unusual credits [calc.] *особые льготы*

unusual tender *необычное предложение на торгах*

unutilized and reduced offers [bank.] *неиспользованные и упущенные предложения*

unutilized limits [bank.] *неиспользованные лимиты*

unvalued policy *нетаксированный полис;* [ins.] *невалютированный полис*

unverified (adj.) *непроверенный*

unwanted (adj.) *лишний, нежелательный, ненужный*

unwarranted (adj.) *негарантированный, недозволенный, незаконный, необоснованный, неоправданный, произвольный*

unwarranted demand with menaces [leg.pun.] *необоснованное требование, сопровождаемое угрозами*

unwarranted interference *необоснованное вмешательство*

unwieldy (adj.) *громоздкий, неповоротливый*

unwilling (adj.) *нежелающий, нерасположенный*

unwillingness *нежелание*

unwrap (vb.) *разворачивать;* [pack.] *развертывать, снимать обертку*

unwrapped (adj.) *развернутый, распакованный*

unwrapping [pack.] *распаковка*

unwritten law *неписаный закон;* [legal] *общее неписаное право, прецедентное право*

UN's Economic and Social Council (ECOSOC) *Экономический и Социальный Совет ООН (ЭКОСОС)*

UN's Economic Commission for Europe (ECE) *Экономическая комиссия ООН для Европы*

up arrow key [comp.] *клавиша движения курсора вверх*

update *коррекция, модификация, новая версия*

update (vb.) *изменять в соответствии с новыми данными, модернизировать, обновлять, совершенствовать, усовершенствовать;* [comp.] *изменять, корректировать*

updating *корректировка, модернизация, обновление*

updating on an annual basis *корректировка в соответствии с данными, накопленными за год*

updating on annual basis *корректировка в соответствии с данными, накопленными за год*

up-front sum *задаток, предоплата*

upgrade *подъем, улучшение*

upgrade (vb.) *повышать качество, повышать квалификацию, продавать продукты низшего качества по цене продуктов высшего качества;* [empl.] *улучшать породу скота;*
[pers.manag.] *переводить на более высокооплачиваемую работу*

upgrading *улучшение качества;* [empl.] *повышение разряда;*
[pers.manag.] *повышение квалификации*

upgrading of benefits [soc.] *увеличение пособий*

upheaval *переворот, сдвиг*

upheld by the court, be (vb.) [legal] *получать защиту суда*

uphold (vb.) *защищать, оказывать моральную поддержку, подтверждать, утверждать;* [legal] *одобрять, поддерживать*

uphold a judgment (vb.) [legal] *утверждать судебное решение*

uphold a verdict (vb.) [leg.pun.] *утверждать решение присяжных*

upholding *поддержка*

upholding of restrictions *соблюдение ограничений*

upkeep *обслуживание, ремонт, содержание, содержание в исправности, содержание в порядке, содержание в рабочем состоянии, стоимость содержания, уход*

upkeep cost *стоимость содержания*

upper (adj.) *верхний, высший*

upper case [comp.] *верхний регистр*

upper case (letters) [print.] *заглавная буква*

upper case letter *знак верхнего регистра;* [print.] *заглавная буква, прописная буква*

upper class *аристократия, верхушка общества*

upper instance *высшая инстанция*

upper intervention point [ec.] *верхний уровень вмешательства в экономику*

upper limit *верхний предел*

upper middle class *верхушка среднего класса*

upper quartile [stat.] *верхний квартиль*

upper secondary school [syst.ed.] *общеобразовательная школа старшей ступени*

upper turning point *начало кризиса;* [pol.ec.] *верхняя точка поворота экономического цикла*

upscale [adv.] *выше среднего уровня*

upset (vb.) *нарушать порядок*

upset a will (vb.) [legal] *опротестовывать завещание*

upset price *низшая цена, которую готовы уплатить участники аукциона*

upset the balance (vb.) *нарушать равновесие*

upset the balance of (vb.) *выводить из состояния равновесия*

upstairs, take a matter (vb.) [legal,sl.] *передавать дело в суд высшей инстанции*

upstream *вверх по течению, против течения*

upsurge *быстрое повышение, подъем, рост*

upsurge in production [prod.] *резкий подъем производства*

upswing [pol.ec.] *повышение цен, подъем, расширение экономической активности, экономический подъем*

upswing in market [pol.ec.] *повышение активности на рынке*

upswing in the market [pol.ec.] *повышение активности на рынке*

uptime *продолжительность исправного состояния;* [comp.] *период работоспособного состояния*

up to and including *включительно, включительно до*

up to and including (date) *включительно до определенной даты*

up to and including date *включительно до определенной даты, до определенной даты включительно*

up-to-date *по последнему слову техники, 'ажур'*

up-to-date (adj.) *новейший, современный*

up to sample *в соответствии с образцом*

up-to-the-minute details *самые свежие подробности*

upturn [pol.ec.] *подъем конъюнктуры, улучшение экономического положения*

upturn in demand *повышение спроса*

upturn in economic cycle [pol.ec.] *восходящая фаза экономического цикла, период экономического подъема, период экономического роста*

upturn in inflation [pol.ec.] *рост инфляции*

upturn in the economic cycle [pol.ec.] *восходящая фаза экономического цикла, период экономического подъема, период экономического роста*

UPU (Universal Postal Union) *ВПС (Всемирный почтовый союз)*

upward *вверх*

upward (adj.) *движущийся вверх, направленный вверх*

upward adjustment *поправка в сторону повышения*

upward drift [pol.ec.] *тенденция к повышению*

upward economic trend [pol.ec.] *тенденция к росту экономики*

upward interest rate trend *тенденция к росту процентных ставок*

upward movement *повышение, подъем*

upward pressure *давление в сторону повышения курса*

upward pressure on the krone   [monet.trans.] *давление на крону в сторону повышения ее курса*

upward trend   *возрастающий тренд;* [pol.ec.] *тенденция к повышению*

upward trend in prices   [ec.] *тенденция роста цен*

urban (adj.)   *городской*

urban agglomeration   *городская агломерация*

urban area   *городская территория*

urban area development plan   [plan.] *план городского строительства, план развития города*

urban business   *деловая жизнь города*

urban business premises   *предприятия города*

urban centre   *городской центр*

urban commune   *городская община*

urban community   *город*

urban conglomeration   *населенный пункт городского типа*

urban density   *плотность городского населения*

urban development   [plan.] *городское развитие, градостроительство*

urban district   *городской округ, район города*

urban growth   [plan.] *городское развитие*

urban industry   *городская промышленность*

urban management   [plan.] *управление городом*

urban milieu   *городская среда*

urban municipality   *городской муниципалитет*

urban planning   [plan.] *городское планирование*

urban quarter   *городской квартал*

urban redevelopment   *перепланировка города*

urban redevelopment company   *компания, ведущая перепланировку города*

urban renewal   *восстановление городов, модернизация городов*

urban residential district   *жилой район города*

urban settlement   *поселок городского типа*

urban sprawl   [plan.] *рост городской территории*

urban trade   *городская торговля*

urban zone   [plan.] *городская зона*

urge   *побудительный мотив*

urge (vb.)   *доводить до сведения, заставлять, настаивать, настоятельно советовать, побуждать, убеждать*

urgent (adj.)   *крайне необходимый, настойчивый, настоятельный, неотложный, срочный*

urgent, be (vb.)   *быть крайне необходимым*

urgent case   *срочное дело*

urgent matter   *срочное дело*

urgent necessity   *крайняя необходимость*

urgent problem   *неотложная проблема*

urgent work   *срочная работа*

US Administration   *правительство США*

usage   *деловая практика, использование, обращение, торговые обычаи, узанция, употребление;* [legal] *обыкновение, применение, узанс*

usance   [bill.] *срок оплаты векселя, установленный торговым обычаем*

usance bill   [bill.] *вексель, оплачиваемый в сроки, установленные торговой практикой*

USD (US dollar)   [monet.trans.] *доллар США*

USD cross rate relation   [monet.trans.] *кросс-курс относительно курса доллара США*

US dollar (USD)   [monet.trans.] *доллар США*

use   *доверительная собственность, учрежденная для обеспечения за бенефециарием права присвоения плодов вещи, использование, право пользования, право пользования доходами от вещи, применение, способность пользования, употребление;* [legal] *польза*

use (vb.) *использовать, потреблять, применять, расходовать, употреблять*

use and occupancy insurance [ins.] *страхование компании от платежей в случае перерыва производственной деятельности из-за стихийных бедствий*

use-by date [comm.] *срок годности*

use claim [pat.] *притязание на право использования*

used (adj.) *бывший в употреблении, использованный, подержанный*

used, be (vb.) [prod.] *отработанный*

used for other activities (adj.) *использованный для другой деятельности*

used for other purposes (adj.) *использованный для других целей*

used materials *отработанные материалы*

useful (adj.) *выгодный, используемый, полезный, пригодный, удобный*

useful (economic) life [ind.ec.] *срок полезной службы;* [prod.] *наиболее экономичный срок службы*

useful deadweight [nav.] *чистая грузоподъемность*

useful economic life [ind.ec.] *срок полезной службы;* [prod.] *наиболее экономичный срок службы*

useful effect *полезное действие*

useful life [ind.ec.] *эксплуатационная долговечность;* [prod.] *период нормальной эксплуатации, ресурс, срок полезной службы*

usefulness *полезность*

useless (adj.) *бесполезный, непригодный, никуда не годный*

use of, make (vb.) *использовать, найти применение, применять, употреблять*

use of capital *использование капитала*

use of force *применение силы*

use of foreign exchange reserves *использование валютных резервов*

use of income [pol.ec.] *использование дохода*

user [comp.] *пользователь;* [legal] *лицо, осуществляющее пользование, потребитель*

user fee *плата за использование*

user-friendly (adj.) [comp.] *определяемый пользователем, управляемый пользователем*

user group [comp.] *группа пользователей*

user influence *влияние потребителей*

user instruction *инструкция для пользователя*

user instructions *правила для пользователя*

user manual *руководство для пользователя*

user right [legal] *право пользователя*

user survey *обследование потребителей*

user terminal *терминал пользователя;* [comp.] *пользовательский терминал*

user's guide *руководство для пользователя, руководство для потребителя*

uses of funds [ind.ec.] *использование фондов*

use up (vb.) *израсходовать, использовать*

use value *потребительская стоимость*

usher [legal] *судебный пристав*

USM (unlisted securities market) [exc.] *рынок некотируемых ценных бумаг при Лондонской фондовой бирже*

US market *американский рынок, рынок США*

US market, the *американский рынок, рынок США*

USP (unique selling proposition) *особое предложение о продаже товара;* [adv.] *уникальное предложение о продаже*

usual (adj.) *обыкновенный, обычный, соответствующий обычаю*

usual conditions *нормальные условия*

usual price *нормальная цена, обычная цена*

usual reserves, under *на обычных условиях, с обычными оговорками*

usual residence *постоянное местожительство*

usual tare *тара установленной массы*

usucapion [legal] *приобретательная давность, узукапия (приобретение права собственности по давности владения)*

usufruct [legal] *право пользования чужим имуществом и доходами от него, узуфрукт*

usufructuary [legal] *узуфруктарий*

usurer *ростовщик*

usurious interest *ростовщический процент*

usurious rate [monet.trans.] *ростовщическая ставка процента*

usury [leg.pun.] *ростовщичество*

usury act [legal] *закон против ростовщичества*

usury law [legal] *закон против ростовщичества*

usury laws *законодательство против ростовщичества*

UT (Universal Time) *всемирное время*

utensil *посуда, принадлежность, утварь*

utilities *коммунальные предприятия, предприятия общественного пользования;* [stock] *акции и облигации предприятий общественного пользования, коммунальные службы*

utility *выгодность, общественная полезность, полезность, практичность*

utility (adj.) *коммунальный, общего назначения, практичный, рентабельный, универсальный, утилитарный, экономически выгодный*

utility company *предприятие общественного пользования*

utility in providing information *полезность в обеспечении информацией*

utility program [comp.] *обслуживающая программа*

utility rate [ind.ec.] *тариф на коммунальные услуги*

utility rates [ind.ec.] *тарифы на коммунальные услуги*

utility routine [comp.] *обслуживающая подпрограмма*

utility value *стоимость использования*

utilization *загрузка, использование, коэффициент использования, применение, утилизация*

utilization charge *стоимость утилизации*

utilization of benefits [soc.] *использование социальных льгот*

utilization of borrowing limit [bank.] *использование предельного размера кредита*

utilization of capacity *загрузка производственных мощностей*

utilization rate *коэффициент загрузки, коэффициент использования*

utilization ratio *коэффициент загрузки, коэффициент использования*

utilization value *стоимость использования*

utilize (vb.) *использовать, утилизировать*

utilize a credit (vb.) [bank.] *использовать кредит*

utmost *высшая степень, предел*

utmost (adj.) *крайний, предельный*

U-turn *разворот на 180 градусов*

V

v. (versus) [legal] *в противовес, в сравнении с, против*

vacancy [empl.] *вакансия, вакантная должность, свободное место, свободное помещение, сдаваемое в наем помещение*

vacant (adj.) *вакантный, незанятый, не имеющий претендентов, неиспользуемый, пустой, свободный*

vacant apartment *свободная квартира*

vacant flat *свободная квартира*

vacant land [plan.] *пустующая земля*

vacant number [telecom.] *незанятый абонентский номер, свободный абонентский номер*

vacant office *вакансия;* [empl.] *вакантная должность*

vacant position [empl.] *вакансия, вакантная должность*

vacant possession [r.e.] *брошенная недвижимость, свободная недвижимость*

vacant post [empl.] *вакантная должность, свободное место*

vacant seat *вакантное место, свободное место;* [parl.] *вакантная должность*

vacate (vb.) *аннулировать, отменять, упразднять;* [pers.manag.] *освобождать, покидать*

vacate a post (vb.) [pers.manag.] *освобождать должность, уходить в отставку*

vacate the premises (vb.) *освобождать помещение*

vacation [empl.] *каникулы, отпуск;* [legal] *аннулирование;* [pers.manag.] *освобождение*

vacation bonus *оплата отпуска, отпускные деньги;* [pers.manag.] *отпускное пособие*

vacation home *дача, дом отдыха, загородный летний дом*

vacation judge [legal] *судья, исполняющий свои обязанности во время каникул*

vacation of entry [r.e.] *аннулирование проводки*

vacation pay *оплата отпуска, отпускное пособие, отпускные деньги*

vaccination *вакцинация, прививка оспы*

vaccination certificate *свидетельство о вакцинации*

vacuum *безвоздушное пространство, вакуум, разреженное пространство*

vacuum packing [pack.] *герметичная упаковка*

vagrancy [legal] *бродяжничество*

vagrant [legal] *лицо, не имеющее постоянного места жительства*

vague intention [legal] *неясное намерение*

vain (adj.) *безуспешный, надуманный, напрасный, пустой, тщетный*

valid (adj.) *веский, действительный, действующий, достаточный с правовой точки зрения, достоверный, законный, имеющий силу, надежный, надлежаще оформленный, неоспоримый, обоснованный, сохраняющий силу, убедительный, эффективный, юридически действительный*

valid, be (vb.) [legal] *быть юридически действительным*

validate (vb.) *легализировать, объявлять действительным, объявлять избранным, подтверждать, признавать законным, ратифицировать, утверждать;* [legal] *придавать юридическую силу*

validated inflation [pol.ec.] *узаконенная инфляция*

validation *легализация, объявление действительным, придание законной силы, придание юридической силы, признание выборки беспристрастной, признание юридической силы, ратификация, утверждение*

valid data [comp.] *достоверные данные*

valid in law (adj.) *имеющий законную силу*

validity *доказанность, правильность, пригодность, справедливость, срок действия;* [legal] *вескость, законность, обоснованность, юридическая действительность, юридическая сила, юридическое действие*

validity check   *контроль правильности, проверка достоверности;*
   [comp.] *проверка на достоверность*

validity in law   [legal] *юридическая сила*

validity period   [legal] *срок юридического действия*

valid marriage   [law.dom.] *действительный брак*

valid reason   *веское соображение, убедительный довод*

valid receipt   [legal] *подлинная расписка*

valid title   *достаточное правооснование;* [legal] *безупречный правовой*
   титул, действительный правовой титул, законное право
   собственности, неоспоримый правовой титул

valid travel document   *надлежаще оформленный перевозочный*
   документ

valid until recalled (adj.)   *действительный до отмены*

valorization   *повышение ценности валюты, ревалоризация,*
   ревальвация, установление цены путем государственной
   санкции

vals (values and life-styles)   [adv.] *ценности и образ жизни*

valuable (adj.)   *важный, дорогой, дорогостоящий, имеющий*
   денежную стоимость, поддающийся оценке, полезный, ценный

valuable asset   *ценное имущество*

valuable assets   *ценные активы*

valuable cargo   [nav.] *ценный груз*

valuable consideration   [ec.] *достаточное встречное удовлетворение;*
   [legal] *надлежащее встречное удовлетворение, ценное встречное*
   удовлетворение

valuables   *драгоценности, ценности, ценные вещи*

valuable security   *ценные бумаги*

valuate (vb.)   *нормировать, определять стоимость, оценивать*

valuation   *бонитировка, стоимость акции, стоимость*
   инвестиционного портфеля, таксация; [ins.] *определение*
   ценности; [legal] *норма;* [monet.trans.] *нормирование;*
   [r.e.] *определение стоимости, оценка*

valuation adjustment   *переоценка*

valuation changes   [calc.] *изменение стоимости*

valuation commission   *таксационная комиссия*

valuation committee   [tax.] *оценочная комиссия*

valuation for accounting purposes   [calc.] *определение стоимости для*
   целей бухгалтерского учета

valuation for rating   [tax.] *определение стоимости для установления*
   ставок налога

valuation for tax purposes   [tax.] *определение стоимости для целей*
   налогообложения

valuation in pursuance of   *оценка в соответствии с*

valuation liability   [ins.] *ответственность за оценку стоимости*

valuation method   [calc.] *метод оценки*

valuation of current assets   [calc.] *оценка оборотного капитала*

valuation officer   [tax.] *налоговый инспектор*

valuation of fixed assets   [calc.] *оценка оборотного капитала*

valuation of inventory   [wareh.] *инвентаризация*

valuation of real estate   *оценка недвижимости*

valuation principle   *принцип оценивания*

valuation report   [r.e.] *отчет об оценке*

valuation rules   [calc.] *правила оценки*

valuation sheet   [calc.] *оценочная ведомость*

valuator   *оценщик*

value   *важность, сумма векселя, сумма тратты, цена, ценность,*
   эквивалент суммы векселя; [ec.] *валюта, стоимость;*
   [mat.] *величина, значение*

value (vb.)   *выставлять тратту, оценивать, производить оценку,*
   ценить; [ins.] *трассировать;* [r.e.] *выставлять вексель*

value, of no   *не имеющий ценности, неценный*

value added   *стоимость, добавленная обработкой, условно чистая продукция;* [ins.] *добавленная стоимость*

value added in manufacture   *условно чистая продукция обрабатывающей продукции*

value-added tax (VAT)   [tax.] *налог на добавленную стоимость*

value-added tax fund   *фонд налога на добавленную стоимость*

value-added tax on importation   *налог на добавленную стоимость для ввозимых товаров*

value adjustment   [stock] *корректировка стоимости*

value adjustment account   *счет скорректированной стоимости*

value adjustment entry   [book-keep.] *проводка скорректированной стоимости*

value adjustment fund   *фонд стабилизации валюты;* [calc.] *фонд валютного регулирования*

value adjustments in respect of assets   [calc.] *корректировка стоимости в отношении активов*

value adjustments in respect of loans and advances   [calc.] *корректировка стоимости в отношении ссуд и авансов*

value adjustments in respect of transferable securities   [calc.] *корректировка стоимости в отношении ценных бумаг, находящихся в обращении*

value allowance   *налоговая скидка*

value analysis   [ind.ec.] *стоимостно-функциональный анализ*

value assessment   *оценка размера налога, оценка стоимости, стоимость по оценке*

value at point of entry   [cust.] *стоимость в момент поступления*

value at selling price   *стоимость по продажной цене*

value date   [bank.] *дата валютирования, дата поставки валюты, срок векселя*

value day   *дата, с которой депозит начинает приносить проценты, дата зачисления денег на банковский счет, дата поставки ценной бумаги;* [bank.] *дата поставки срочного депозита*

valued policy   [ins.] *валютированный полис, таксированный полис*

value for money   *реальная ценность денег*

value gain   *повышение цены, увеличение стоимости*

value generation   *образование ценности*

value-generative (adj.)   *производящий ценности, создающий ценности*

value increase   *повышение цены, увеличение стоимости*

value in exchange   *меновая стоимость*

value in use   *потребительная стоимость*

valueless (adj.)   *не имеющий ценности, ничего не стоящий*

value of a building   *стоимость здания, стоимость сооружения*

value of bond drawn   *стоимость облигации с фиксированной ставкой, которая по жребию предназначена к погашению;* [stock] *стоимость облигации с фиксированной ставкой, которая по жребию предназначена к погашению*

value of building   *стоимость здания, стоимость сооружения*

value of collateral   *стоимость залога*

value of domestic sales   *стоимость внутреннего товарооборота*

value of exemption   *сумма вычета*

value of imports   *стоимость импорта*

value of material   [ind.ec.] *стоимость материала*

value of money   *стоимость денег*

value of note   *стоимость банкноты, стоимость простого векселя*

value of notes   *стоимость банкнот*

value of property in litigation   [legal] *стоимость имущества, оспариваемого в судебном порядке*

value of ship and freight   *стоимость судна и груза*

value of tax deduction   [tax.] *сумма скидки с налога*

value of the ship and freight   [legal] *стоимость судна и груза*

value of vessel and freight   [legal] *стоимость судна и груза*

value on balance sheet date   [calc.] *стоимость на дату представления балансового отчета*

valuer   [r.e.] *оценщик, эксперт*

value readjustments in respect of loans and advances   [calc.] *корректировка стоимости с учетом ссуд и авансов*

value readjustments in respect of participating interests   [calc.] *корректировка стоимости с учетом участия в прибыли в форме процентов*

value readjustments in respect of transferable securities   [calc.] *корректировка стоимости с учетом обращающихся ценных бумаг*

valuers' statement   *экспертиза*

values and life-styles (vals)   [adv.] *ценности и образ жизни*

van   [trans.] *багажный вагон, товарный вагон, фургон*

vandalism   [ins.] *бессмысленное разрушение, варварское разрушение;* [leg.pun.] *вандализм, варварство, хулиганский поступок*

vantage   *выгода, прибыль*

variable   *количественный признак;* [mat.] *переменная величина*

variable (adj.)   *изменчивый, меняющийся, непостоянный, неустойчивый, переменный*

variable annuity   [ins.] *групповое страхование пенсии, предусматривающее надбавку к постоянной пенсии, плавающая рента (США)*

variable budget   *гибкая производственная программа-смета, смета с учетом изменения издержек, связанных с колебаниями объема производства*

variable cost   [ind.ec.] *переменные затраты, переменные издержки, переменные расходы*

variable costing   [ind.ec.] *калькуляция по переменным издержкам*

variable credit facilities   [bank.] *переменные источники кредитования*

variable import levy   [EEC] *переменная пошлина на импортируемые товары*

variable inputs   *переменные вводимые факторы производства;* [pol.ec.] *переменные вводимые ресурсы*

variable interest loan   [bank.] *ссуда с плавающей процентной ставкой*

variable interest rate   *плавающая процентная ставка*

variable interest rate loan   [bank.] *ссуда с плавающей процентной ставкой*

variable premium   [ins.] *переменный страховой взнос*

variable rate issue   [exc.] *выпуск ценных бумаг с плавающей ставкой процента*

variable rate note (VRN)   [stock] *краткосрочная ценная бумага с плавающей процентной ставкой*

variable rate of interest   *плавающая процентная ставка*

variable risk   [ins.] *переменный риск*

variable spread   [ec.] *переменная разница цен*

variable working hours   [empl.] *скользящий график работы*

variable yield security   [stock] *ценная бумага с переменным доходом*

variance   *несоответствие, противоречие в показаниях, разница, разногласие, среднее отклонение, ссора;* [stat.] *дисперсия, отклонение, рассеяние, расхождение*

variance account   *счет отклонений затрат от нормативного уровня;* [calc.] *счет отклонений затрат от нормативных*

variance analysis   [calc.] *дисперсионный анализ*

variance with, at   *в ссоре с*

variant   *вариант, вид, модификация, разновидность, тип*

variant (adj.)   *альтернативный*

variation   *вариант, вариация, колебание, отклонение, разброс;* [ins.] *изменение, перемена*

variation limit   *предел отклонения*

variation of trust   [legal] *изменение доверительных имущественных отношений*

varied (adj.) *меняющийся, различный, разнообразный, разный*

variety (chain) store *универсальный (типовой) магазин*

variety chain store [comm.] *галантерейный магазин цепного подчинения*

various (adj.) *многосторонний, различный, разнообразный, разносторонний, разный*

various accounts [book-keep.] *различные виды счетов*

vary (vb.) *варьировать, изменять, менять, отличаться, разниться, разнообразить*

vary between (vb.) *отклоняться, отличаться*

varying (adj.) *меняющийся, переменный*

varying capacity *переменная производительность*

vast (adj.) *громадный, многочисленный, обширный*

VAT (value-added tax) [tax.] *налог на добавленную стоимость*

VAT deducted [tax.] *после удержания налога на добавленную стоимость*

VAT due [tax.] *подлежащий удержанию налог на добавленную стоимость*

VAT fund *фонд налога на добавленную стоимость*

VAT payable [book-keep.] *подлежащий удержанию налог на добавленную стоимость*

VAT period [tax.] *период, за который удерживается налог на добавленную стоимость*

VAT receivable [book-keep.] *подлежащий получению налог на добавленную стоимость*

VAT registered [tax.] *зарегистрированый налог на добавленную стоимость*

VAT registration number [tax.] *регистрационный номер налога на добавленную стоимость*

VAT return [tax.] *возврат налога на добавленную стоимость*

vault [bank.] *банковское хранилище, подвал для хранения ценностей, сейф*

vault cash [bank.] *запас наличных денег в банковском хранилище, наличность, хранимая в сейфе, наличность в расходной кассе*

vaults department [bank.] *помещение банка для сейфов*

VC (vessel convenience) *комфортабельность судна, пригодность судна*

VDU (video display unit) [comp.] *дисплей, устройство визуального отображения*

VDU (visual display unit) [comp.] *устройство визуального отображения*

VEB (Venezuelan bolivar) [monet.trans.] *венесуэльский боливар*

vehicle *автомобиль;* [adv.] *средство рекламы;* [trans.] *автотранспортное средство, летательный аппарат, машина, перевозочное средство, ракета, самолет, средство передвижения, экипаж*

vehicle insurance [ins.] *страхование транспорта*

vehicle own damage insurance [ins.] *страхование от повреждения автомобиля по собственной вине*

vehicular homicide [leg.pun.] *смертельный исход в автомобильной катастрофе*

vehicular traffic [trans.] *автомобильный транспорт, движение автомобильного транспорта*

veil (vb.) *маскировать, скрывать*

velocity [ec.] *скорость*

velocity of money [ec.] *скорость обращения денег*

vendee [legal] *покупатель*

vendible *товар для продажи*

vendible (adj.) *годный для продажи, товарный*

vending machine *торговый автомат*

vendor *оптовая фирма, предлагающая товар, поставщик, торговец в разнос, торговый автомат;* [comm.] *продавец, торговец*

vendor card file   *картотека поставщиков*
vendor invoice   *счет-фактура, выставляемая поставщиком*
vendor of an option   [exc.] *продавец опциона*
vendor of option   [exc.] *продавец опциона*
vendor rating   *оценка поставщика*
vendor share   [stock] *доля поставщика, пай продавца во взаимном фонде*
vendor's invoice   *счет-фактура, выставляемая поставщиком*
vendor's share   *доля поставщика, пай продавца во взаимном фонде*
vendue   *аукцион*
venerate (vb.)   *преклоняться, чтить*
veneration   *почитание, преклонение*
Venezuelan bolivar (VEB)   [monet.trans.] *венесуэльский боливар*
ventilate (vb.)   *выяснять, обсуждать, предавать гласности*
venture   *коммерческое предприятие, меры по организации нового производства, связанного с риском, отправка товаров за границу, рискованное предприятие, спекуляция, сумма, подвергаемая риску, товар, отправляемый за границу на риск отправителя;* [fin.] *вторжение в новую область производства*
venture (vb.)   *спекулировать;* [fin.] *рисковать*
venture capital   *капитал, вложенный в новое предприятие, связанное с риском, капитал, вложенный с риском, спекулятивный капитал*
venture capitalist   *предприниматель, идущий на риск*
venture investor   *инвестор, идущий на риск;* [fin.] *вкладчик капитала, идущий на риск*
venture operation   *финансовая операция, связанная с риском*
venturousness   *опасность, рискованность*
venue   [legal] *место рассмотрения дела, место совершения действия, судебный округ, территориальная подсудность, часть искового заявления, содержащая указание на территориальную подсудность*
venue rule   [legal] *правило территориальной подсудности*
veracious (adj.)   *верный, достоверный, правдивый, соответствующий истине*
veracity   *достоверность, правда, правдивость, точность*
verbal (adj.)   *буквальный, дословный, словесный, устный*
verbal agreement   *договоренность, устное соглашение*
verbal communication, by   *согласно устному сообщению*
verbal note   [dipl.] *вербальная нота*
verbal offer   [legal] *предложение в устной форме*
verbal order   *устный приказ*
verbal procedure   [legal] *устное производство*
verbal process   *протокол*
verbatim   *дословная передача, дословно, слово в слово, стенографический отчет;* [mark.] *стенограмма*
verbatim (adj.)   *дословный*
verbatims   *стенограммы*
verdict of a jury   [legal] *решение суда присяжных;* [leg.pun.] *решение присяжных заседателей*
verdict of jury   *решение присяжных заседателей, решение суда присяжных*
verge on (vb.)   *граничить с*
verifiable (adj.)   *могущий быть доказанным, поддающийся проверке*
verification   *доказывание обоснованности, исследование, обоснование, проверка, ревизия, сверка, удостоверение;* [aud.] *контроль;* [legal] *доказывание правильности, засвидетельствование, установление подлинности*
verification of credentials   [EEC] *проверка удостоверения личности*
verification of gross profit on sales   [ind.ec.] *проверка торговой валовой прибыли*

verification of stamp duty   *проверка гербового сбора*

verification stamp   *печать для засвидетельствования*

verify (vb.)   *подтверждать, проверять, сверять, устанавливать истинность, устанавливать подлинность;* [aud.] *контролировать;* [legal] *засвидетельствовать, скреплять присягой, удостоверять подлинность*

vermin   *хулиган;* [legal] *преступник*

versatile (adj.)   *изменчивый, легко приспосабливаемый, многосторонний, непостоянный, разносторонний, универсальный*

version   *вариант;* [comp.] *версия, интерпретация*

versus (v., vs.)   [legal] *в противовес, в сравнении с, против*

vertical group   [bus.organ.] *группа с вертикальной структурой*

vertical integration   [bus.organ.] *вертикальная интеграция*

vertical layout   [calc.] *вертикальная расположения*

vertical merger   [bus.organ.] *вертикальное слияние*

vertical redundancy check   [comp.] *контроль по разрядам с помощью избыточных кодов, поперечный контроль с помощью избыточных кодов*

very important cargo (VIC)   [nav.] *очень важный груз*

very important person (VIP)   *важная особа, важная персона, важное лицо*

very slight (adj.)   *незначительный*

vessel   *судно;* [nav.] *воздушный корабль, корабль*

vessel convenience (VC)   [nav.] *комфортабельность судна, пригодность судна*

vessel operating common carrier (VOCC)   [nav.] *компания регулярного судоходства*

vest (vb.)   *возлагать обязанности, наделять правом, облекать властью;* [legal] *вкладывать капитал, инвестировать, наделять имуществом, передавать во владение, переходить (об имуществе)*

vested benefit   *предоставленная льгота*

vested in interest (adj.)   *принадлежащий в качестве ожидаемого имущества, принадлежащий как вещное право с отсроченным использованием*

vested in possession (adj.)   *принадлежащий в порядке непосредственного пользования в настоящем, принадлежащий как реально используемое имущество*

vested interest   *закрепленное законом имущественное право*

vested interests   *влиятельные деловые круги, обладающие особыми правами и интересами, влиятельные политические круги, обладающие особыми правами и интересами, крупные предприниматели, привилегированные круги;* [legal] *корпорации, монополии, привилегированные группы;* [suc.] *имущественные права, закрепленные законом*

vested remainder   [suc.] *переходящий остаток*

vested rights   *безусловные права, признанные права;* [legal] *законные права, закрепленные права, принадлежащие права*

vest in   *вкладывать капитал, инвестировать, наделять правом, переходить к*

vesting deed   *дело о передаче правового титула*

vesting order   [legal] *судебный приказ о передаче правового титула*

vet (vb.)   *испытывать, исследовать, проверять*

veto   *вето*

veto (vb.)   *налагать вето*

veto right   *право вето*

vexatious action   [legal] *недобросовестно возбужденное судебное дело*

vexatious suit   [legal] *недобросовестно возбужденное судебное дело*

via   *экземпляр тратты;* [trans.] *путем, с заходом в, через*

viability   *жизнеспособность, жизнестойкость*

viable (adj.) *жизнеспособный, жизнестойкий, стимулирующий эффективную жизнедеятельность*

viable and economic line of production *жизнеспособный и экономически выгодный ассортимент продукции*

via interbank market *через межбанковский рынок*

via the interbank market *через межбанковский рынок*

via the inter-bank market *через межбанковский рынок*

vibrations [ins.] *колебания*

VIC (very important cargo) [nav.] *очень важный груз*

vicar *политический деятель, которому президент поручает определенную сферу деятельности (США)*

vicarious liability [legal] *субститутивная ответственность;* [leg.pun.] *ответственность за чужую вину*

vice *заместитель, исполняющий обязанности*

vice chairman *заместитель председателя*

vice chairman of city council *заместитель председателя городского совета*

vice chairman of county council *заместитель председателя совета округа*

vice-chairman of district/city/county council *заместитель председателя совета района/города/округа*

vice chairman of district council *заместитель председателя районного совета*

vice chancellor *вице-канцлер*

vice consul *вице-консул*

vice consulate *вице-консульство*

vice manager *заместитель управляющего;* [pers.manag.] *заместитель директора*

vice president *вице-президент, заместитель председателя*

vice president for finance *вице-президент по финансовым вопросам*

vice squad *отдел полиции по борьбе с наркоманией, отдел полиции по борьбе с проституцией, полиция нравов*

vice versa *наоборот, обратно*

vicinity *близость, окрестности, соседство*

vicinity risk [ins.] *риск соседства*

victim [ins.] *жертва*

victimization *преследование, репрессии, увольнение*

victimize (vb.) *подвергать преследованию, увольнять*

victual (vb.) *запасаться продовольствием, снабжать провиантом, снабжать провизией, снабжать продовольствием*

victualling *снабжение продовольствием*

videlicet (viz.) *а именно, то есть*

videocast [media] *телевизионная программа*

video data *визуальная информация*

video data terminal [comp.] *видеотерминал*

video display *индикатор, устройство индикации, электронное табло;* [comp.] *устройство визуальной индикации, устройство отображения*

video display unit (VDU) *устройство индикации, электронное табло;* [comp.] *индикатор, устройство визуальной индикации, устройство отображения*

videotape [media] *видеолента*

videotex *интерактивная видеография;* [media] *видеотекс*

videotex service *служба видеотексной связи*

videotext *видеотекст;* [media] *видеография*

videotext service [media] *служба видеотексной связи*

view *вид, замысел, изображение, намерение, обзор, перспектива, поле зрения, представление, просмотр, цель;* [legal] *осмотр присяжными места преступления;* [leg.pun.] *мнение, оценка, суждение, точка зрения*

view (vb.) *осматривать, оценивать, рассматривать, смотреть*

viewer [legal] *досмотрщик;* [leg.pun.] *осмотрщик;* [media] *зритель, кинозритель, телезритель*

viewer impression [media] *впечатление зрителя*

viewer rating [media] *зрительский рейтинг*

viewer ratings *рейтинги телевизионных передач*

viewer storm [media] *возмущение телезрителей*

viewing *визуальное отображение;* [media] *визуализация, контроль изображения, просмотр*

viewing of commercials [media] *просмотр рекламных роликов*

viewpoint *точка зрения*

view to, with a *с намерением, с целью*

vigilance *бдительность, настороженность*

vigilance committee *ʹкомитет бдительностиʹ (организация линчевателей)*

vigorous (adj.) *бодрый, решительный, сильный, энергичный*

vigorous growth *быстрый рост, стремительный рост*

villa *вилла, небольшой особняк, отдельный дом*

village *деревня, поселок, селение, село*

village hall *усадьба*

vindicate (vb.) *оправдывать, отстаивать, поддерживать, подтверждать, реабилитировать;* [legal] *взыскивать, доказывать, защищать*

vindicate a claim (vb.) [legal] *доказывать справедливость иска*

vindication *взыскание, виндикация, доказательство, защита, истребование, оправдание, поддержка, подтверждение, реабилитация*

vindication of justice [legal] *защита справедливости*

vindictive damage [legal] *денежное возмещение, взыскиваемое с ответчика как штраф*

vindictive damages [legal] *штрафные убытки*

vintage *вино высшего качества, вино урожая определенного года, дата выпуска, дата производства, марочное вино, сбор винограда*

vintage (adj.) *выдержанный, марочный, старомодный, устаревший*

violate (vb.) [legal] *нарушать, попирать, преступать, применять насилие*

violate a contract (vb.) *нарушать контракт;* [legal] *нарушать договор*

violate an obligation (vb.) [legal] *нарушать обязательства*

violate the law (vb.) [leg.pun.] *нарушать закон*

violation [legal] *изнасилование, нарушение;* [leg.pun.] *применение силы*

violation of a clause [legal] *нарушение статьи закона, нарушение условия*

violation of a contract, in *в нарушение договора*

violation of an oath [leg.pun.] *нарушение клятвы*

violation of clause *нарушение статьи закона, нарушение условия*

violation of human rights *нарушение прав человека*

violation of integrity *нарушение неприкосновенности;* [legal] *нарушение целостности*

violation of law *нарушение закона, несоблюдение закона, попрание закона*

violation of oath *нарушение клятвы*

violation of privacy [legal] *разглашение тайны*

violation of the law [leg.pun.] *нарушение закона, несоблюдение закона, попрание закона*

violator *правонарушитель;* [leg.pun.] *нарушитель*

violence *избиение, нападение, насилие, оскорбление действием, посягательство, принуждение*

violent (adj.) *искаженный, насильственный, неистовый, резкий, сильный*

violent crime [leg.pun.] *преступление, связанное с насилием над личностью*

violent death   *насильственная смерть*

violent use of force   [leg.pun.] *грубое применение силы*

virgin bond   [exc.] *облигация, выпущенная в результате использования варранта и основной облигации, дающей право на приобретение дополнительных ценных бумаг*

virtual (adj.)   *виртуальный, действительный, фактический*

virtual address   [comp.] *виртуальный адрес*

virtue of one's office, by   *на основании занимаемой должности*

visa   *виза, резолюция о разрешении*

visa (vb.)   *визировать, выдавать визу*

visaing   *визирование*

visa obligation   *обязательства, оговоренные визой*

visible (adj.)   *видимый, имеющийся в наличности, реальный*

visible balance   *сальдо по статьям баланса*

visible balance of trade   *сальдо по статьям торгового баланса*

visible items   *видимые статьи платежного баланса, экспорт и импорт товаров*

visible management   *видимое управление*

visible reserves   [calc.] *видимые ресурсы*

visibles   *видимые статьи платежного баланса, проницательность*

vision   *вид, предвидение, представление, проницательность*

visionary (adj.)   *воображаемый, неосуществимый, непрактичный*

visit   *визит, обыск, осмотр, посещение*

visit (vb.)   *инспектировать, осматривать, посещать*

visitor   *временный житель, инспектор, контролер, посетитель, ревизор*

vis major   [ins.,legal] *чрезвычайные обстоятельства;*
[legal] *непреодолимая сила, стихийная сила, форс-мажор*

visual display unit (VDU)   *электронное табло;* [comp.] *индикатор, устройство визуального отображения, устройство визуальной индикации, устройство индикации, устройство отображения*

vis-à-vis   *встреча без свидетелей, по отношению к, по сравнению с*

vital (adj.)   *жизненный, насущный, очень важный, существенный*

vital information   *важная информация, важная информация (крайне необходима)*

vitiate (vb.)   *лишать юридической силы;* [legal] *делать недействительным, искажать, опорочивать, портить*

vitiation   *признание недействительным;* [legal] *лишение юридической силы, опорочивание*

viva voce   *устно, устный экзамен*

viva voce examination   [legal] *устный допрос*

viz. (videlicet)   *а именно, то есть*

VO (voice-over)   *закадровый голос;* [media] *голос за кадром*

vocation   *призвание, профессия, склонность*

vocational disablement   [empl.] *нетрудоспособность*

vocational education   [empl.] *профессиональное обучение*

vocational guidance   [empl.] *профессиональная ориентация*

vocational guidance officer   [empl.] *эксперт по профессиональной ориентации*

vocational preparation   [empl.] *профессиональная подготовка*

vocational rehabilitation centre   [empl.] *центр повышения квалификации*

vocational school   [empl.] *профессиональное училище*

vocational training   [empl.] *профессиональная подготовка, профессиональное обучение, специальное образование*

VOCC (vessel operating common carrier)   [nav.] *компания регулярного судоходства*

voice   *голос, мнение*

voice announcement   [media] *дикторское сообщение*

voice-over (VO)   [media] *голос за кадром, закадровый голос*

voice synthesis   [comp.] *синтез речи*

void   [legal] *пустующее здание, свободное помещение*

void (vb.) [legal] *аннулировать, делать недействительным*

void (adj.) [legal] *недействительный, не имеющий силы*

void, become (vb.) *стать недействительным, терять силу*

voidable (adj.) *могущий быть аннулированным, оспоримый*

voidable contract [legal] *контракт, который может быть аннулирован в силу определенных причин*

voidable transaction [legal] *сделка, которая может быть аннулирована в силу определенных причин*

void contract [legal] *недействительный договор*

void transaction [legal] *сделка, не имеющая юридической силы*

volatile (adj.) *изменчивый, непостоянный, неустойчивый*

volatile capital *неустойчивый капитал*

volatile memory *запоминающее устройство с разрушением информации при выключении электропитания, память с разрушением информации при выключении электропитания, энергозависимая память;* [comp.] *энергозависимое запоминающее устройство*

volatile storage *память с разрушением информации при выключении электропитания, энергозависимая память;*
[comp.] *запоминающее устройство с разрушением информации при выключении электропитания, энергозависимое запоминающее устройство*

volatile store *память с разрушением информации при выключении электропитания, энергонезависимая память;*
[comp.] *запоминающее устройство с разрушением информации при выключении электропитания, энергозависимое запоминающее устройство*

volatility *непостоянство;* [exc.] *изменяемость, неустойчивость конъюнктуры;* [stock] *изменчивость*

volcanic eruption [ins.] *извержение вулкана*

volume *большое количество, величина, вместимость, емкость, масса, оборот, объем, размер,* [print.] *том*

volume, in terms of *по объему*

volume accounting [prod.] *учет объема производства*

volume banking business *банковские услуги, предлагаемые широкому кругу клиентов*

volume discount [comm.] *скидка при продаже большого количества товара*

volume in circulation *сумма капитала в обращении*

volume of assets *сумма активов*

volume of bonds in circulation [exc.] *количество облигаций в обращении*

volume of bond transactions [exc.] *объем сделок с облигациями*

volume of business *объем деловых операций, объем продаж;* [ind.ec.] *торговый оборот*

volume of exports *физический объем экспорта*

volume of imports *физический объем импорта*

volume of orders [ind.ec.] *объем заказов*

volume of premiums [ins.] *объем страховых платежей*

volume of sales [ind.ec.] *объем продаж*

volume of trade [pol.ec.] *объем торговли, товарооборот*

volume of transactions [exc.] *объем сделок*

volume purchasing *оптовая закупка*

volume rebate [comm.] *скидка при продаже большого количества товара*

volume sale *оптовая продажа, продажа крупными партиями*

volume terms, in *по объему*

voluminous (adj.) *массивный, обширный, объемистый*

voluntary (adj.) *безвозмездный, без встречного удовлетворения, добровольный, имеющий свободу выбора, неоплачиваемый*

voluntary abandonment [leg.pun.] *добровольный отказ от права*

voluntary appeals board   *добровольный апелляционный совет*

voluntary arbitration   [law nat.] *добровольное арбитражное разбирательство*

voluntary bankruptcy   [bankr.leg.] *несостоятельность, возбуждение дела о которой производится самим должником*

voluntary chain   *сеть розничных магазинов с единым оптовым покупателем;* [comm.] *ассоциация оптовых торговцев, созданная в целях совместных закупок и общей рекламы, однотипные розничные магазины одной фирмы*

voluntary composition   [legal] *добровольное компромиссное соглашение должника с кредиторами, добровольный состав*

voluntary confession   [leg.pun.] *добровольное признание*

voluntary conveyance   [r.e.] *добровольная передача правового титула без встречного удовлетворения*

voluntary early retirement pay scheme   [empl.] *программа выплат при добровольном раннем выходе на пенсию*

voluntary insurance   [ins.] *добровольное страхование*

voluntary jurisdiction   [legal] *добровольная юрисдикция*

voluntary labelling system   *система добровольного снабжения продукта этикеткой*

voluntary manslaughter   [leg.pun.] *осознанное убийство, преднамеренное убийство*

voluntary profit-sharing   [ind.ec.] *добровольное распределение прибыли*

voluntary repayment   *возмещение, добровольное погашение*

voluntary settlement   [legal] *добровольное урегулирование спора, полюбовное соглашение*

voluntary termination of service   [empl.] *уход с работы по собственному желанию*

voluntary waste   [r.e.] *умышленная порча*

voluntary winding up   [bus.organ.] *добровольная ликвидация фирмы*

voluntary withdrawal   [leg.pun.] *уход с работы по собственному желанию*

volunteer (vb.)   *делать по своей инициативе, предлагать помощь*

volunteer in a developing country   *лицо, безвозмездно работающее в развивающейся стране*

volunteer in developing country   *лицо, безвозмездно работающее в развивающейся стране*

vostro account   [bank.] *счет востро, счет лоро*

vote   *баллотировка, голос, голосование, решение, принятое голосованием;* [parl.] *вотум, количество поданных голосов, право голоса*

vote (vb.)   *баллотировать, голосовать, постановлять большинством голосов;* [parl.] *вотировать*

vote against (vb.)   *голосовать против*

vote by a show of hands (vb.)   *голосовать поднятием рук*

vote by show of hands (vb.)   *голосовать поднятием рук*

vote down (vb.)   *отвергать голосованием, отклонять, проваливать при голосовании;* [parl.] *провалить при голосовании*

vote for (vb.)   *голосовать за*

vote of censure   [parl.] *предложение о вынесении порицания*

vote of confidence   [parl.] *вотум доверия*

vote of no confidence   *вотум недоверия*

vote of nonconfidence   *вотум недоверия*

vote of non-confidence   [parl.] *вотум недоверия*

voter   [parl.] *избиратель, участник голосования*

voting   *баллотировка, участие в выборах, участие в общем собрании акционеров;* [parl.] *голосование, участие в голосовании*

voting age   [parl.] *возрастной ценз*

voting by party lists   [parl.] *голосование по партийным спискам*

voting entitlement   *право голоса*

voting offences   [parl.] *нарушения при голосовании*

voting paper   *избирательный бюллетень*

voting power   *право голоса*

voting procedure   *процедура голосования*

voting qualification   *избирательный ценз*

voting right   *право голоса*

voting rules   *правила голосования*

voting share   [bus.organ.] *акция, дающая владельцу право голоса*

voting shares   *акции, дающие владельцу право голоса, голосующие акции*

voting stock   [stock] *акция, дающая владельцу право голоса, голосующая акция*

voting stock and shares   *голосующие акции*

voting value   *электоральная ценность*

vouch (vb.)   *заявлять, подкреплять, представлять в суд поручителя, представлять в суд свидетеля, утверждать;*
[aud.] *подтверждать*

voucher   *ваучер, вызов поручителя в суд, вызов свидетеля в суд, корешок билета, приватизационный чек, свидетельство;*
[book-keep.] *гарантия, денежный оправдательный документ, контрольный талон, корешок чека, накладная квитанция, письменное поручительство, письменное свидетельство, поручитель, расписка, свидетель*

voucher accounting   [book-keep.] *учет контрольных талонов*

voucher audit   [aud.] *предварительный контроль правильности хозяйственной операции*

voucher cheque   [bank.] *чек-расписка*

vouchers   *доказательства*

vouchers payable   [book-keep.] *расписки, подлежащие оплате*

voucher with magnetic endorsement   *расписка с магнитным индоссаментом*

vouch for (vb.)   *поручиться, ручаться*

vouching procedure   [aud.] *процедура поручительства*

voyage   [nav.] *перелет, плавание, полет, путешествие, рейс*

voyage charter   [nav.] *рейсовый чартер*

voyage risk   [mar.ins.] *риск путешествия*

VRN (variable rate note)   [stock] *краткосрочная ценная бумага с плавающей процентной ставкой*

vs. (versus)   [legal] *в противовес, в сравнении с, против*

vulnerable (adj.)   *уязвимый*

W

wafer   *облатка*

wafer (vb.)   [legal] *запечатывать облаткой*

wage   [pers.manag.] *заработная плата*

wage (vb.)   [nav.] *нанимать на работу;* [pers.manag.] *платить заработную плату*

wage account   [bank.] *счет, на который перечисляется заработная плата*

wage advance   [pers.manag.] *аванс*

wage agreement   [empl.] *коллективный договор, соглашение о ставках заработной платы*

wage and salary earners   *наемные работники;* [empl.] *лица наемного труда*

wage and salary-earning household   [pol.ec.] *семья, работающая по найму*

wage and salary indexation   [ec.] *индексация заработной платы и окладов*

wage and salary workers   *лица, работающие по найму;* [empl.] *наемные работники*

wage assignment   [legal] *ассигнования на заработную плату*

wage bill   [ind.ec.] *фонд заработной платы*

wage bill tax   [tax.] *налог на фонд заработной платы*

wage claim   [pers.manag.] *требование увеличения заработной платы*

wage compensation   [pers.manag.] *компенсация заработной платы*

wage competitiveness   [ind.ec.] *конкурентоспособность с точки зрения заработной платы*

wage conditions   [pers.manag.] *условия оплаты труда*

wage-cost push inflation   [pol.ec.] *инфляция, вызванная ростом заработной платы*

wage costs   [ind.ec.] *затраты на заработную плату*

wage determination   [empl.] *определение уровня заработной платы*

wage differential   [empl.] *дифференциальные ставки заработной платы, различия в заработной плате*

wage disbursement   [pers.manag.] *расходы на заработную плату*

wage discrimination   [empl.] *дискриминация при оплате труда*

wage dispute   [empl.] *конфликт из-за оплаты труда, трудовой конфликт*

wage drift   [empl.] *отклонение фактической заработной платы от расчетных ставок*

wage drift compensation   [empl.] *компенсация отклонения фактической заработной платы от расчетных ставок*

wage earner   [pers.manag.] *лицо, работающее по найму, рабочий, получающий заработную плату;* [tax.] *кормилец семьи*

wage earner allowance   [tax.] *налоговая льгота для лиц наемного труда*

wage earner household   [pol.ec.] *семья, находящаяся на иждивении у работающего по найму*

wage earner's allowance   *налоговая льгота для лиц наемного труда*

wage framework   [pers.manag.] *структура заработной платы*

wage freeze   [pol.ec.] *замораживание заработной платы*

wage garnishment   [legal] *наложение ареста на заработную плату в сумме, причитающейся должнику с третьего лица*

wage income   [pers.manag.] *доход в форме заработной платы*

wage increase   [pers.manag.] *повышение заработной платы, рост заработной платы*

wage indexation   [empl.] *индексация заработной платы*

wage inflation   [pol.ec.] *инфляция, вызванная ростом заработной платы*

wage level   [empl.] *уровень заработной платы*

wage negotiation   [pers.manag.] *переговоры о заработной плате*

wage office   *касса, расчетный отдел*

wage or salary-earning household   [pol.ec.] *семья, работающая по найму*

wage packet   *фонд заработной платы*

wage payable on first day of month   [pers.manag.] *заработная плата, выплачиваемая в первый день месяца*

wage payable on last day of month   [pers.manag.] *заработная плата, выплачиваемая в последний день месяца*

wage payment   [pers.manag.] *выплата заработной платы*

wage policy   [empl.] *политика в области оплаты труда*

wage-price spiral   [pol.ec.] *спираль заработной платы и цен*

wage-push inflation   [pol.ec.] *инфляция, вызванная ростом заработной платы*

wager   *заклад, пари, ставка*

wager (vb.)   *биться об заклад, держать пари, подвергать риску*

wage rate   [empl.] *ставка заработной платы, тарифная расценка*

wage-regulating price index   *индекс цен, регулирующий заработную плату*

wage restraint   [empl.] *сдерживание роста заработной платы*

wage restraint policy   [pol.ec.] *политика сдерживания роста заработной платы*

wagering contract   [legal] *договор-пари*

wager insurance   [ins.] *азартный полис*

wager policy   [ins.] *азартный полис*

wages   [pol.ec.] *заработная плата;* [tax.] *фонд заработной платы*

wages, salaries and other remuneration   [calc.] *заработная плата, оклады и другие виды вознаграждения*

wages and salaries   [calc.] *заработная плата рабочих и оклады служащих*

wage scale   [pers.manag.] *шкала заработной платы*

wage schedule   [empl.] *ведомость заработной платы*

wage settlement   [empl.] *решение об изменении уровня заработной платы, соглашение о ставках заработной платы*

wage share   [tax.] *доля заработной платы (в национальном доходе)*

wage share in total income   [tax.] *доля заработной платы в совокупном доходе*

wages in kind   [pers.manag.] *натуральная выплата заработной платы*

wages in real terms   *заработная плата в реальном выражении*

wage slip   [pers.manag.] *ведомость заработной платы, платежная ведомость*

wages of entrepreneurship   *заработная плата предпринимателей*

wage stabilization   [empl.] *стабилизация заработной платы*

wage statement   *ведомость заработной платы;* [pers.manag.] *платежная ведомость*

wage statistics   [empl.] *статистические данные о ставках заработной платы*

wage system   [empl.] *система оплаты труда*

wage tax   [tax.] *налог на заработную плату*

wage tax card   [tax.] *карточка учета налога на заработную плату*

wage tax payer   [tax.] *плательщик налога на заработную плату*

wage withholding   *вычет из заработной платы, удержание из заработной платы*

wage worker   [pers.manag.] *наемный рабочий*

wage year   [tax.] *год начисления заработной платы*

wagon   *вагон-платформа;* [rail.] *товарный вагон*

wagon demurrage charge   [rail.] *плата за простой вагона*

wagon-kilometre   [rail.] *вагон-километр*

wait   *ожидание*

waiting day   [empl.] *день ожидания*

waiting line theory   [stat.] *теория массового обслуживания*

waiting list   *список очередников, список очередности заказов, список очередности заявок*

waiting period   *время ожидания;* [ins.] *период отсрочки ответственности страховщика*

waiting time   *время ожидания;* [ins.] *простой по организационным причинам;* [nav.] *простой по техническим причинам*

waive (vb.)   *делать изъятие, делать исключение, избегать, откладывать на неопределенное время, уклоняться;* [legal] *отказываться от права, отказываться от требования*

waive a claim (vb.)   *отказываться от иска, отказываться от требования*

waive a claim for damages (vb.)   [legal] *отказываться от требования возмещения убытков*

waive appeal (vb.)   [legal] *отказываться от апелляции*

waive a tort (vb.)   [legal] *снимать обвинение в гражданском правонарушении, снимать обвинение в деликте*

waiver   *документ об отказе, освобождение от обязательств, отказ от иска,* [legal] *изъятие из правила, отказ от права, отказ от претензии*

waiver of an option   *отказ от опциона*

waiver of inheritance   [suc.] *отказ от наследства*

waiver of notice   *отказ от протеста векселя*

waiver of option   *отказ от опциона*

waiver of recourse   [ins.] *отказ от права регресса*

waiver of underinsurance   *отказ от страхования на низкие суммы;* [ins.] *отказ от неполного страхования*

wake of, in the   *в кильватере, по пятам, по следам*

walkout   *выход из организации, самовольная отлучка, стачка;* [empl.] *забастовка*

wallet   *сумка для сдачи денег;* [bank.] *бумажник, инкассаторская сумка*

wall outlet   [comp.] *настенная розетка*

wall sign   [adv.] *настенная вывеска*

Wall Street   *инвестиционное сообщество, Нью-Йоркская фондовая биржа, фондовый рынок;* [sl.] *деловой центр США, Уолл-Стрит (США)*

wane, on the   *в упадке, на спаде*

waning   *снижение, убывание, уменьшение*

want   *бедность, недостаток, необходимость, нехватка, нужда, отсутствие*

want (vb.)   *бедствовать, желать, испытывать недостаток, нуждаться, терпеть нужду, хотеть*

want list   *список необходимых товаров*

want of prosecution   [legal] *несовершение истцом процессуальных действий*

wanton behaviour   *бесцеремонное поведение*

wanton negligence   [legal] *грубая небрежность*

war bonus   [empl.] *надбавка военного периода*

ward   *мандатная территория, подопечная территория;* [legal] *административный район города (США), избирательный округ (Великобритания), лицо, находящееся под опекой, опека, попечительство*

ward, in   *подопечный*

warden   *тюремный надзиратель*

warder   *тюремный надзиратель*

ward of court   [legal] *несовершеннолетний, опекун которого назначен канцлерским судом*

warehouse   [wareh.] *большой розничный магазин, оптовый магазин, пакгауз, товарный склад, хранилище*

warehouse (vb.)   [wareh.] *сдавать на хранение, складировать, хранить на складе*

warehouse book   [wareh.] *складская книга*

warehouse charges   [wareh.] *затраты на складское хранение, плата за хранение на складе*

warehoused goods   [warch.] *складированные товары*

warehouse dues   [warch.] *плата за хранение на складе*

warehouse keeper   *владелец склада, управляющий складом*

warehouseman   *владелец склада, оптовый торговец, рабочий склада, служащий склада, управляющий складом*

warehouser   *оптовый торговец*

warehouse receipt   [cust.] *складочное свидетельство;*
[warch.] *квитанция на товар, принятый на хранение, складская расписка*

warehouse room   [warch.] *складское помещение*

warehouse space   [warch.] *складская площадь*

warehouse warrant   [warch.] *складской варрант*

warehousing   [warch.] *плата за хранение на складе, складирование, складское хозяйство, хранение на складе*

warehousing business   *складское дело*

warehousing charge   [warch.] *складской сбор*

warehousing company   [warch.] *складская фирма*

warehousing rules   [warch.] *правила складирования*

war event   [ins.] *военное событие*

war indemnity   [mil.] *военная контрибуция*

war-like event   [ins.] *событие, подобное военному*

war-like events   *события, подобные военным*

war-like situation   [ins.] *положение, подобное военному*

warn (vb.)   *делать предупреждение, оповещать, предостерегать, предупреждать*

warning   *предостережение, предупредительный сигнал, предупреждение, предупреждение об освобождении помещения, предупреждение об увольнении с работы*

warning message   [comp.] *предупредительное сообщение*

warning tag   *этикетка с предупредительной надписью*

warning text   *предупредительная надпись*

war of attrition   *война на истощение*

warrant   *гарантия, доказательство, моральное право, патент, подтверждение, полномочие, правомочие, складской варрант;*
[doc.] *предписание, приказ;* [legal] *доверенность, ордер, ордер на арест, расписка, судебное распоряжение;* [leg.pun.] *оправдание действий;*
[manag.] *процентный купон;* [stock] *варрант, купон на получение дивиденда, купон облигации, право купить или продать фиксированную сумму финансовых инструментов в течение определенного периода, ручательство, свидетельство долга*

warrant (vb.)   *гарантировать, давать право, окупать затраты, оправдывать, подтверждать, разрешать, ручаться, уполномочивать*

warrantable (adj.)   *дозволенный, допустимый, законный*

warrant certificate   [bus.organ.] *варрант;* [stock] *опцион*

warranted properties   [legal] *имущество с правом владения*

warranted quality   [legal] *гарантированное качество*

warrant for committal   [leg.pun.] *предписание о заключении под стражу*

warrant for/of arrest   [leg.pun.] *ордер на арест*

warrant holder   [exc.] *владелец варранта*

warranting   [legal] *поручительство*

warrant into government securities   *еврооблигация с варрантом на приобретение государственных облигаций (США), еврооблигация с варрантом на приобретение государственных облигаций США*

warrant of arrest   [leg.pun.] *ордер на арест*

warrant of committal   [leg.pun.] *предписание о заключении под стражу*

warrant of delivery   [legal] *свидетельство о доставке*

warrant of execution   [legal] *исполнительный лист, приказ об исполнении решения суда*

warrant of possession   [legal] *судебный приказ о вступлении во владение*

warrantor   [legal] *гарант, поручитель*

warranty   *гарантия, разрешение;* [legal] *договорная гарантия (США), оговорка, официальная санкция, поручительство, простое условие в договоре продажи (Великобритания), ручательство*

warranty deed   [r.e.] *документ на право владения имуществом*

warranty fund   *гарантийный фонд*

warranty of quality   [legal] *гарантия качества*

warranty provision   [calc.] *оговорка о гарантиях*

warranty reserve   [calc.] *гарантийный резерв*

war reserve   [ins.] *военный резерв*

war risk   *риск, связанный с войной*

war risk agreement   [ins.] *соглашение о военных рисках*

war risk clause   [ins.] *оговорка о военных рисках*

war risk insurance   [ins.] *страхование от военных рисков*

war risk insurance for ships   [mar.ins.] *страхование судов от военных рисков*

war risks   [ins.] *риски, связанные с войной*

Warsaw pact   *Варшавский Договор*

Warsaw Pact   *Варшавский Договор*

war supplement   [ins.] *надбавка военного периода*

wash sale   [tax.] *фиктивная продажа ценных бумаг*

wash-up allowance   [pers.manag.] *надбавка на умывание*

wastage   *износ, непроизводительный расход, отбросы, отходы производства, потери, убыль, убыток, утиль*

wastage rate   *норма отходов*

waste   *бесхозная земля, износ, потери, растрачивание, убыток;* [r.e.] *безвозвратные потери в процессе производства, излишняя трата, расточительство, убыль*

waste (vb.)   *портить чужое имущество, разорять, растрачивать*

waste (adj.)   *бракованный, невозделанный, незаселенный, ненужный, отработанный, пустынный*

waste disposal   *удаление отходов*

waste disposal expenses   *затраты на удаление отходов*

wasteful (adj.)   *неэкономный, разорительный, расточительный*

waste ground   *бросовая земля, пустошь*

waste of money   *пустая трата денег*

waste of resources   *разбазаривание ресурсов*

waste of time   *пустая трата времени*

waste product   *отходы производства*

waste products   *отходы производства*

wasting asset   *изнашиваемое имущество, имущество с ограниченным сроком службы, истощимые активы, расходуемое имущество*

wasting nature   [legal,ind.ec.] *хищническая эксплуатация природных ресурсов*

watch   *дежурство, наблюдение, надзор, присмотр*

watch (vb.)   *наблюдать, сторожить*

watching charges   [comm.] *затраты на охрану*

watch list   [exc.] *список ценных бумаг, за которым ведется наблюдение*

watchman   *вахтер, сторож*

watch system   [exc.] *система наблюдения*

water, by   *водным путем*

water damage   [ins.] *ущерб, причиненный водой*

water damage insurance   [ins.] *страхование от ущерба, причиненного водой*

water down the stock (vb.)   [bus.organ.] *разводнять акционерный капитал*

watered stock   [ind.ec.] *разводненный акционерный капитал*

watering of capital   [bus.organ.] *разводнение акционерного капитала*

watering of stock   [bus.organ.] *разводнение акционерного капитала*

watermark   [print.] *водяной знак*

water rate   [tax.] *тариф на воду*

water supply   *водоснабжение*

waterway   *водный путь*

waterworks   *гидротехнические сооружения, система водоснабжения*

wave of selling   *период резкого увеличения продаж*

way   *путь*

way, on the   *по дороге в, по пути в*

waybill   [air tr.] *дорожный лист;* [nav.] *список пассажиров, транспортная накладная;* [post] *путевой лист*

way of, by   *в виде, в качестве, мимо, через*

way of life   *образ жизни*

way out   *выход*

Ways and Means Committee   *постоянный бюджетный комитет конгресса США*

Ways and Means Committee, the   *постоянный бюджетный комитет конгресса США*

Ways and Means Committee, The   *постоянный бюджетный комитет конгресса США*

WCL (World Confederation of Labour)   *Всемирная конфедерация труда (ВКТ)*

weak (adj.)   *слабый*

weak currency nation   [monet.trans.] *страна с неконвертируемой валютой*

weak economic climate   *неблагоприятное состояние экономики*

weaken (vb.)   *ослабевать, понижаться*

weakening   *ослабление, понижение*

weakening of market   *снижение активности на рынке*

weakening of responsibility   *снижение ответственности*

weakening of the market   [exc.] *снижение активности на рынке*

weakening prices   [ec.] *снижающиеся цены*

weaken in relation to (vb.)   *понижаться в связи с*

weaken the effect (vb.)   *ослаблять эффект*

weaken the market (vb.)   *снижать активность на рынке*

weak market   [exc.] *рынок, характеризующийся преобладанием продавцов и понижением цен*

weakness   *бездеятельное настроение рынка, ослабление, понижение, слабость*

weak objection   *неубедительное возражение*

weak period   *спад производства;* [ec.] *период затишья*

wealth   *богатство, изобилие*

wealth effect   [pol.ec.] *эффект богатства*

wealth tax   [tax.] *налог на имущество*

wealthy (adj.)   *богатый, изобилующий, обильный, состоятельный*

wealthy man   *богатый человек*

weapons   [mil.] *оружие*

wear   *изнашивание, износ*

wear (vb.)   *изнашиваться*

wear and tear   *изнашивание, износ основных средств, износ элементов основного капитала*

weather   *погода*

weather (vb.)   *выдерживать, выносить, подвергаться атмосферному воздействию*

weather forecast   *прогноз погоды*

weather insurance   [ins.] *страхование от атмосферного воздействия*

weather permitting   [legal] *благоприятствование погоды*

weather permitting clause   [legal] *пункт о благоприятствовании погоды*

weather report   *бюллетень погоды, метеорологическая сводка, сводка погоды*

wedding   *бракосочетание, вступление в брак, свадьба*

wedding warrant   *´безвредный´ варрант;* [exc.] *´брачный´ варрант*

wedlock   *законный брак;* [law.dom.] *супружество*

week   *неделя*

weekday   *будний день*

weekday holiday   [empl.] *праздник, приходящийся на будний день*

weekday holiday pay   [empl.] *плата за работу в праздник, приходящийся на будний день*

weekend   *время отдыха с пятницы до понедельника, конец недели*

weekend business   *предприятие, работающее в выходные дни*

weekend cottage   *летний домик, летняя дача*

weekend shopping   *посещение магазинов в выходные дни*

weekend tourism   *туризм в выходные дни*

weekend traffic   *движение транспорта в выходные дни*

weekly   *еженедельник, еженедельно, каждую неделю, раз в неделю;*   [media] *еженедельное периодическое издание*

weekly (adj.)   *еженедельный, недельный*

weekly average   *еженедельно публикуемый курс акций*

weekly day off   [empl.] *еженедельный выходной день, еженедельный день отдыха*

weekly day of rest   [empl.] *еженедельный выходной день, еженедельный день отдыха*

weekly hours   [empl.] *число рабочих часов в неделю*

weekly pay   [empl.] *еженедельная выплата*

weekly rate   [empl.] *недельная ставка*

weekly report   *еженедельный отчет*

weekly wage   [empl.] *недельная ставка заработной платы*

weigh (vb.)   *весить, взвешивать*

weighbridge   *весы-платформа, мостовые весы*

weighing   *взвешивание*

weighing charges   *плата за взвешивание*

weighing dues   *весовой сбор*

weighing instrument   *весы*

weighing machine   *весы*

weighing of evidence   [legal] *взвешивание доказательства*

weigh out (vb.)   *отвешивать, развешивать*

weight   *гиря, груз, масса, тяжесть;*   [stat.] *вес*

weight (vb.)   *взвешивать, искусственно утяжелять, обременять;*   [stat.] *задавать вес*

weight, by the   *на вес*

weight cargo   [nav.] *масса груза*

weight certificate   *акт проверки гирь*

weight duty on motor vehicles   [tax.] *налог на большегрузные автомобили*

weighted (adj.)   *взвешенный, снабженный весом*

weighted average   [stat.] *взвешенное среднее, средневзвешенная величина*

weighted average cost   *средневзвешенная стоимость*

weighted average price   *средневзвешенная цена*

weighted mean   [stat.] *взвешенное среднее*

weighted value   [stat.] *взвешенное значение, взвешенное среднее*

weight goods   *тяжелые грузы*

weighting   *взвешивание компонентов фондового или валового индекса по степени значимости;*   [stat.] *задание веса*

weighting (adj.)   *взвешенный*

weighting value   *взвешиваемое значение*

weight loss   *утруска*

weights and measures account-book   *регистр мер и весов*

weight slip   *квитанция о взвешивании*

weight ton   *весовая тонна*

weighty (adj.)   *важный, веский, тяжелый*

welfare   *благоденствие, благополучие, благосостояние;*   [soc.] *благотворительность*

welfare, be on   [soc.] *жить на пособие по социальному обеспечению*

welfare aid   [soc.] *социальное обеспечение*

welfare benefit   [soc.] *пособие по социальному обеспечению, социальные выплаты*

welfare cheque   *чек для выплаты пособий по социальному обеспечению;* [soc.] *чек для выплату пособий по социальному обеспечению*

welfare economics   *экономическая теория благосостояния*

welfare fund   *благотворительный фонд, фонд пожертвований*

welfare institution   *орган социального обеспечения;* [soc.] *благотворительная организация*

welfare measure   *показатель благосостояния*

welfare officer   [soc.] *работник службы социального обеспечения, уполномоченный по наблюдению за бывшими малолетними правонарушителями (Великобритания)*

welfare payment   [soc.] *государственное пособие*

welfare payments   *система государственных пособий*

welfare pension   [soc.] *пенсия из фондов социального обеспечения*

welfare service   [soc.] *служба социального обеспечения*

welfare services   *система социального обеспечения*

welfare society   *общество всеобщего благосостояния*

welfare state   *государство всеобщего благосостояния*

welfare work   [soc.] *благотворительность, меры, направленные на повышение благосостояния*

welfare worker   [soc.] *работник благотворительной организации*

well appointed (adj.)   *хорошо оборудованный, хорошо обставленный*

well-assorted   [comm.] *с широким ассортиментом*

well-attended (adj.)   *ухоженный*

well-balanced (adj.)   *гармонический, пропорциональный, сбалансированный, уравновешенный, устойчивый*

well-consolidated (adj.)   *консолидированный, сплоченный*

well-defined (adj.)   *вполне определенный, отчетливый, четкий*

well-deserved (adj.)   *заслуженный*

well-developed (adj.)   *развитой*

well-earned (adj.)   *заслуженный*

well-educated (adj.)   *образованный*

well-equipped (adj.)   *хорошо оборудованный, хорошо оснащенный*

well-established (adj.)   *крепкий, надежный, неизменный, солидный (о фирме), устойчивый*

well-founded   *с прочным фундаментом*

well-founded (adj.)   *обоснованный, основанный на фактах*

well-informed (adj.)   *знающий, сведущий, хорошо осведомленный, эрудированный*

well-informed audience   *эрудированная аудитория*

well-known (adj.)   *известный, пользующийся известностью, популярный*

well-known trade mark   [com.mark.] *популярный торговый знак*

well-managed (adj.)   *хорошо управляемый*

well-off (adj.)   *зажиточный, обеспеченный, состоятельный*

well-organized (adj.)   *хорошо организованный*

well over   *далеко за, значительно больше*

well-paid (adj.)   *высокооплачиваемый*

well-reputed (adj.)   *имеющий хорошую репутацию, хорошо зарекомендовавший себя*

well-stocked   [comm.] *с большим выбором товаров, с большим запасом товаров*

well-to-do person   *состоятельный человек*

well-trained (adj.)   *хорошо обученный*

western (adj.)   *западный*

Western Europe   *Западная Европа*

Western European Union   *Западноевропейский союз*

western world   *западный мир*

WFTU (World Federation of Trade Unions)   *ВФП (Всемирная федерация профсоюзов)*

wharf   *верфь;* [nav.] *набережная, пирс, пристань, причальная стенка*

wharf (vb.)   *выгружать на причал;* [nav.] *швартоваться у пристани*

wharfage   *сбор за доставку грузов из вагонов в пакгауз;* [nav.] *портовая пошлина, причальный сбор, сбор за доставку грузов из вагонов к борту судна, хранение грузов на пристани*

when issued (WI)   *'когда и если будет выпущен' (обозначение сделки с ценными бумагами, выпуск которых разрешен, но не осуществлен);* [exc.] *'когда и если будет выпущен' (обозначение сделки с ценными бумагами, выпуск которых будет разрешен, но не осуществлен)*

whereabouts   *местонахождение*

where appropriate   *в надлежащем месте, когда это уместно*

wherein   [pat.] *там, где*

wherewithal   [ec.,sl.] *необходимые средства*

White Book   [legal] *Белая книга (сборник официальных документов)*

white-collar union   *профсоюз инженерно-технических работников;* [empl.] *профсоюз служащих*

white-collar worker   *инженерно-технический работник, служащий*

white goods   *полотняные товары*

Whitehall   *английское правительство, Уайтхолл (улица в Лондоне, на которой расположены правительственные учреждения)*

white paper   [manag.] *белая бумага, чистая бумага*

WHO (World Health Organization)   *ВОЗ (Всемирная организация здравоохранения)*

whole, as a   *в целом*

whole blood, brothers and sisters of the   [legal] *родные братья и сестры*

whole-hearted support   *единодушная поддержка*

whole-life assurance   [ins.] *пожизненное страхование на случай смерти*

whole-life assurance with limited premiums   [ins.] *пожизненное страхование на случай смерти с уплатой страховых взносов в течение первых нескольких лет*

whole-life insurance   [ins.] *пожизненное страхование на случай смерти*

whole-life policy   [ins.] *полис пожизненного страхования на случай смерти*

whole or in part, in   *полностью или частично*

wholesale   *оптовая торговля, оптом, по оптовой цене*

wholesale (vb.)   *вести оптовую торговлю, покупать оптом, торговать оптом*

wholesale (adj.)   *оптовый*

wholesale activities   *операции оптовой торговли*

wholesale activity   *оптовая купля-продажа, оптовая торговля*

wholesale article   [comm.] *оптовый товар*

wholesale business   *оптовая торговля, оптовое предприятие*

wholesale buying   *оптовые закупки*

wholesale dealer   *оптовый торговец*

wholesale deposit   [bank.] *депозит в оптовом банке*

wholesale firm   *оптовая фирма*

wholesale funding   [fin.] *оптовое консолидирование долга*

wholesale goods   [comm.] *оптовые товары*

wholesale market   *внутренний рынок (рынок, на котором продавцами и покупателями выступают дилеры за свой счет)*

wholesale price   *оптовая цена*

wholesale price index   *индекс оптовых цен*

wholesale production   *массовое производство;* [prod.] *производство для оптовой продажи*

wholesaler   *банк, имеющий дело с кредитно-финансовыми институтами, а не с отдельными клиентами, инвестиционный институт, распределяющий ценные бумаги между другими инвестиционными институтами, оптовик, оптовое предприятие, оптовый торговец*

wholesale source [fin.] *крупный источник финансирования*

wholesale stage *этап оптовой торговли*

wholesale trade *оптовая торговля*

wholesale turnover *оборот оптовой торговли*

wholesaling *оптовая торговля*

wholesome production *экологически чистое производство*

whole-year (adj.) *круглогодичный*

wholly foreign-owned company *фирма, полностью контролируемая
иностранным владельцем*

wholly or partly *полностью или частично*

wholly owned (adj.) *находящийся в полной собственности*

wholly owned subsidiary *дочерняя компания, находящаяся в полной
собственности материнской компании*

whom it may concern *тем, кого это касается*

WI (when issued) [exc.] *'когда и если будет выпущен' (обозначение
сделки с ценными бумагами, выпуск которых разрешен, но не
осуществлен)*

wide (adj.) *большой, значительно разнящийся, обширный,
отклоняющийся, широкий*

wideband network *сеть связи с высокой пропускной способностью;*
[telecom.] *широкополосная сеть связи*

wide extent, to a *в широком смысле*

wide fluctuation *большие колебания*

widening of interest differential [bank.] *увеличение различий в
процентных ставках*

wider (adj.) *более широкий*

wide-ranging *в широком диапазоне*

widest sense *в самом широком смысле*

widow *вдова*

widowed mother's allowance *пособие овдовевшей матери*

widower *вдовец*

widower's pension *пенсия вдовцу*

widow maintenance *пособие вдове*

widow's insurance [ins.] *страхование на случай вдовства*

widow's pension *пенсия вдове*

width of a column [print.] *формат колонки, ширина колонки*

width of column [print.] *формат колонки, ширина колонки*

wife *жена, супруга*

wildcat strike [empl.] *незаконная забастовка, неофициальная
забастовка, несанкционированная забастовка, стихийная
забастовка*

wilful (adj.) *преднамеренный, умышленный*

wilful blindness [leg.pun.] *умышленное ослепление*

wilful damage [leg.pun.] *умышленная порча имущества*

wilful deceit [ins.] *сознательный обман*

wilfully *умышленно;* [leg.pun.] *нарочно, по своей воле, преднамеренно*

wilfully negligent (adj.) *умышленно небрежный*

wilful murder [leg.pun.] *преднамеренное убийство*

wilful neglect of maintainance [legal] *злостная неуплата алиментов*

wilful negligence [legal] *умышленная небрежность;*
[leg.pun.] *умышленная халатность*

will *воля;* [suc.] *завещание*

will attested by witnesses [suc.] *завещание, заверенное свидетелями*

will contest [legal] *спор по завещанию*

willing (adj.) *готовый, расположенный, склонный, согласный*

willingness *готовность*

willingness to invest [pol.ec.] *готовность делать капиталовложения,
готовность инвестировать*

will made before a notary [legal] *нотариально оформленное завещание*

willpower *сила воли*

Will's Act [legal] *закон о завещаниях (Великобритания)*

win   *выигрыш, победа*

win (vb.)   *выиграть, одержать победу*

win a case (vb.)   [legal] *выигрывать дело*

win an election (vb.)   [parl.] *одержать победу на выборах, победить на выборах*

Winchester disk   [comp.] *винчестерский диск*

windfall   [ec.] *внезапная удача, непредвиденный доход, случайное поступление*

windfall (profit)   [ec.] *непредвиденная прибыль*

windfall profit   [ec.] *непредвиденная прибыль*

windfall profits tax   [tax.] *налог на непредвиденную прибыль*

winding up   *подведение итога;* [bus.organ.] *выведение сальдо, ликвидация компании, сальдирование*

winding up accounts   *сальдирование;* [bus.organ.] *выведение сальдо, подведение итога*

winding up of a company   [bus.organ.] *ликвидация компании*

winding up of company   *ликвидация компании*

winding up order   [bus.organ.,bankr.leg.] *приказ о ликвидации компании*

winding up period   [bus.organ.] *ликвидационный период*

winding up petition   [bus.organ.,bankr.leg.] *ходатайство о ликвидации компании*

winding up proceedings   [bus.organ..bankr.leg.] *конкурсное производство*

winding up provision   [legal] *постановление о ликвидации компании*

winding up value   [stock] *стоимость активов при ликвидации компании*

window   *витрина;* [comp.] *окно кассы;* [exc.] *кассовый отдел, кратковременное улучшение рыночной конъюнктуры, программа кредитования*

window dressing   *вуалирование баланса, очковтирательство;* [bus.organ.,sl.] *декорирование витрины;* [calc.] *показ в лучшем виде*

window envelope   *конверт с прозрачным прямоугольником (через который виден адрес, напечатанный на письме)*

window package   *упаковка с прозрачным окошком, через которое виден товар;* [pack.] *прозрачная упаковка, упаковка с прозрачным 'окошком', через которое виден товар*

window peeping   [leg.pun.] *подглядывание в окна*

wind up (vb.)   *выводить сальдо, подводить итог;* [bus.organ.] *ликвидировать компанию, сальдировать*

wind up a company (vb.)   [bus.organ.] *ликвидировать компанию*

wind up an estate (vb.)   *распродавать имущество;* [legal] *ликвидировать имущество, распродать имущество*

wind up a trust (vb.)   [legal] *ликвидировать траст*

wind up the year (vb.)   *подводить годовой итог;* [calc.] *подвести годовой итог*

wing   *крыло*

winner   *выигрывающая компания, победитель, прибыльная фирма*

winter sales   *зимняя распродажа*

win the absolute majority (vb.)   *получать абсолютное большинство голосов, получить абсолютное большинство голосов*

wipe out (vb.)   *уничтожать*

WIPO (World Intellectual Property Organization)   *ВОИС (Всемирная организация интеллектуальной собственности)*

wire   *проволока;* [telecom.] *телеграмма*

wire (vb.)   *связывать проволокой, скреплять проволокой;* [telecom.] *телеграфировать*

wireless   [media] *радио*

wireless licence   *лицензия на радиовещание*

wireless transfer   *трансферт, осуществленный по радиосвязи*

wire tapping   [legal] *подслушивание телефонных разговоров*

wise (adj.)   *мудрый*

wish   *желание*

wish (vb.) *выражать пожелание, желать*

wishful thinking *принятие желаемого за действительное*

with all due care *со всей осторожностью, со всей тщательностью*

with alternative of *с правом замены на (формула альтернативного судебного приговора)*

with a view to *в надежде, в расчете, в связи с, с намерением, с целью*

with costs [legal] *вместе с судебными издержками*

withdraw (vb.) *аннулировать, отзывать, отказываться, отменять, прекращать, снимать со счета;* [ec.] *изымать*

withdraw a charge (vb.) [leg.pun.] *отказываться от обвинения*

withdraw a claim (vb.) [legal] *отзывать иск, отказываться от иска*

withdrawal *взятие назад, выход из состава, изъятие, окончание трудовой жизни, отзыв, отмена;* [bank.] *снятие со счета;* [ec.] *расход материалов;* [legal] *аннулирование*

withdrawal amount *сумма, снятая со счета*

withdrawal card [bank.] *карточка для снятия денег со счета*

withdrawal from attempt [leg.pun.] *отказ от посягательств*

withdrawal from reserves *изъятие денег из резервного фонда*

withdrawal limit [bank.] *предельная сумма при снятии денег со счета*

withdrawal of a charge [leg.pun.] *снятие обвинения*

withdrawal of appearance [legal] *отмена явки в суд*

withdrawal of capital *вывоз капитала, изъятие капитала*

withdrawal of cash [bank.] *изъятие наличных денег*

withdrawal of charge [leg.pun.] *снятие обвинения*

withdrawal of confession [leg.pun.] *отказ от признания*

withdrawal of defence [legal] *отказ от защиты*

withdrawal of immunity *лишение иммунитета, лишение статуса неприкосновенности*

withdrawal of indictment [leg.pun.] *отзыв обвинительного акта*

withdrawal of offer *отзыв сделанного предложения*

withdrawal of right of preemption *лишение преимущественного права покупки*

withdrawal of the right of preemption [bus.organ.] *лишение преимущественного права покупки*

withdrawal of the right of pre-emption [bus.organ.] *лишение преимущественного права покупки*

withdraw an action (vb.) [legal] *отзывать иск*

withdraw an appeal (vb.) [legal] *отказываться от апелляции*

withdraw an application (vb.) [legal] *отказываться от ходатайства*

withdraw a permit (vb.) *аннулировать разрешение*

withdraw from account (vb.) *снимать со счета*

withdraw from agenda (vb.) *снимать вопрос с повестки дня*

withdraw from an account (vb.) [bank.] *снимать со счета*

withdraw from circulation (vb.) *изымать из обращения*

withdraw from membership (vb.) *приостанавливать членство*

withdraw from the agenda (vb.) *снимать вопрос с повестки дня*

withdraw the amount of a loan (vb.) *получать ссуду полностью*

withdraw the amount of loan (vb.) *получать ссуду полностью*

withdraw the approval (vb.) *отменять утверждение*

with due care and diligence of prudent businessman *при должной заботливости предусмотрительного коммерсанта*

with due notice *при должном уведомлении*

with effect of discharge *с освобождением от обязательств*

withhold (vb.) *воздерживаться, вычитать, отказывать, приостанавливать;* [legal] *удерживать во владении;* [tax.] *удерживать*

withhold credit (vb.) *прекращать кредитование*

withholding *вычет из заработной платы, удержание;* [legal] *изъятие;* [tax.] *оставление организаторами эмиссии в своем распоряжении части новых акций в надежде получить повышенную прибыль*

withholding rate   [tax.] *норма вычетов*

withholding statement   [tax.] *ведомость вычетов, выписка об удержаниях*

withholding tax   *подоходный налог, взимаемый путем регулярных вычетов из заработной платы;* [tax.] *налог на процентный доход и дивиденды, выплачиваемые нерезидентам, налог путем вычетов, налог с суммы дивидендов, распределяемых среди держателей акций*

withholding tax on capital   *налог на капитал, взимаемый путем вычетов*

withhold wages (vb.)   *производить удержание из заработной платы*

with immediate effect   *с немедленным вступлением в силу*

within the law   *в рамках закона*

within the period stipulated   *в пределах оговоренного периода*

with option of   *с правом выбора*

with orders to   *с документами по*

without   *без*

without any prejudice as regards liability   [legal] *беспристрастно, как того требуют обязанности*

without delay   *безотлагательно, немедленно*

without due cause   *без уважительной причины*

without engagement   *без договоренности, без обязательства*

without exception   *без исключения*

without impeachment of waste   *без ответственности за порчу имущества*

without legal rights   [legal] *без законного на то права*

without means   *без средств*

without notice   *без предупреждения, без уведомления, добросовестно (о приобретателе)*

without obligation   *без обязательства*

without prejudice   *не предрешая окончательного разрешения вопроса;* [legal] *без ущерба*

without prescription   *без предписания*

without recourse   [bill.] *'без права обратного требования' (надпись индоссанта на векселе);* [legal] *'без оборота на меня' (надпись индоссанта на векселе)*

without reservation   *безоговорочно*

without responsibility   *не неся ответственности*

without undue delay   *без ненужных проволочек, без необоснованной задержки*

with period of notice   *с учетом времени уведомления*

with recourse   [legal] *с правом регресса*

with reference to   *со ссылкой на, ссылаясь на*

with rights   [stock] *с правами на*

with the alternative of   [leg.pun.] *с правом замены на (формула альтернативного судебного приговора)*

with the due care and diligence of a prudent businessman   [legal] *при должной заботливости предусмотрительного коммерсанта*

with the option of   [leg.pun.] *с правом выбора*

witness   *доказательство;* [legal] *очевидец, свидетель, свидетельское показание, свидетельство*

witness (vb.)   *быть очевидцем, быть свидетелем, выступать свидетелем, давать свидетельские показания, заверять подпись, свидетельствовать, служить доказательством*

witness, in   *в удостоверение*

witness a document (vb.)   *засвидетельствовать документ;* [legal] *заверять подпись на документе*

witness fee (vb.)   [legal] *плата за услуги свидетелю*

witness for defence   [legal] *свидетель защиты*

witness for plaintiff   [legal] *свидетель со стороны истца*

witness for prosecution   [leg.pun.] *свидетель обвинения*

witness for the defence   [legal] *свидетель защиты*

witness for the plaintiff   [legal] *свидетель со стороны истца*

witness for the prosecution   [leg.pun.] *свидетель обвинения*

witness in legal proceedings   [legal] *свидетель при рассмотрении дела в суде*

witness in sheriff's proceedings   [legal] *свидетель в суде шерифа*

witness of the authenticity, as   *в качестве лица, засвидетельствовавшего подлинность*

witness order   *приказ о вызове свидетеля;* [legal] *приказ о вызове свидетеля в суд*

witness point   [legal] *место для дачи свидетельских показаний в суде*

witness required for validity purposes   *свидетель, необходимый для придания документу юридической силы*

witness to a will (vb.)   *заверять подпись на завещании*

witness to signature   [legal] *лицо, заверяющее подлинность подписи на документе*

witness to the signature   [legal] *лицо, заверяющее подлинность подписи на документе*

witness warrant   [legal] *приказ о вызове свидетеля в суд*

witness whereof, in   *в подтверждение чего, в удостоверение чего*

witting (adj.)   *умышленный*

wittingly   *заведомо и намеренно, с умыслом, умышленно*

woman worker   [empl.] *работница*

women's organization   *женская организация*

women's voluntary army corps   [mil.] *женский добровольный корпус сухопутных войск*

women's work   [empl.] *женский труд*

wood industry   *лесная промышленность*

word   *заверение, замечание, известие, обещание, пароль, приказ, приказание, пропуск, слово, совет, сообщение, элемент информации*

word (vb.)   *выражать словами, формулировать*

word association test   [mark.] *тест на словесную ассоциацию*

wording   *редакция, стиль формулировок, форма выражения, формулировка;* [print.] *редакция текста*

wording, on the   *в данной редакции*

word mark   [com.mark.] *словесный маркировочный знак*

word monger   *фразер*

word of mouth, by   *передаваемый из уст в уста*

word-of-mouth advertising   [adv.] *реклама, создаваемая потребителями, устная реклама*

word processing   [comp.] *обработка текстов, пословная обработка*

word processing system   [comp.] *система обработки текстов*

word processor   [comp.] *процессор для обработки текстов, текстовой процессор*

word rate   *устная оценка*

words of severance   [legal] *напутственная речь*

work   *обработка, продукция, труд;* [empl.] *загрузка, работа, рабочее задание;* [prod.] *изделие, объем работы*

work (vb.)   *обрабатывать, работать*

workability   *годность, применимость*

work abroad (vb.)   *работать за рубежом*

work accident   [ins.] *несчастный случай на производстве, производственная травма*

work an invention (vb.)   [pat.] *внедрять изобретение, использовать изобретение, реализовать изобретение*

work a patent (vb.)   [pat.] *использовать патент*

work backlog   *объем имеющихся заказов, объем предстоящей работы*

work capacity   *работоспособность*

work contract   [legal] *договор на выполнение работ, подряд*

workday [empl.] *будний день, рабочий день*

work done on black labour market [empl.] *работа, выполненая по нелегальному найму, работа, выполненная на черном рынке труда*

work done on the black labour market [empl.] *работа, выполненая по нелегальному найму, работа, выполненная на черном рынке труда*

worker *сотрудник;* [pers.manag.] *работник, рабочий, труженик*

worker dismissed without a valid reason [empl.] *работник, уволенный без законных оснований*

worker dismissed without valid reason [empl.] *работник, уволенный без законных оснований*

worker in industry *промышленный рабочий*

worker participation [empl.] *участие работника в управлении предприятием*

worker-shareholder *работник - держатель акций*

worker skilled in the art [pat.] *рабочий, сведущий в определенной области техники*

work experience [empl.] *опыт работы*

work for a wage or salary [empl.] *работать по найму*

work for a wage/salary [empl.] *работать по найму*

workforce [pers.manag.] *работники;* [pol.ec.] *рабочая сила, численность работающих*

workforce representation [bus.organ.] *представительство трудового коллектива*

work from door to door (vb.) *голосовать путем поквартирного обхода домов*

work full-time (vb.) [empl.] *работать полный рабочий день*

work guarantee [legal] *гарантия занятости*

work hygiene [empl.] *гигиена труда*

work incapacity [empl.] *нетрудоспособность*

working *действие, разработка;* [prod.] *обработка, работа, эксплуатация*

working (adj.) *действующий, отведенный для работы, пригодный для работы, работающий, рабочий, трудовой, эксплуатационный*

working account [book-keep.] *текущий счет*

working area [comp.] *рабочая область*

working assets *оборотный капитал;* [ind.ec.] *легко реализуемые активы, ликвидные активы, текущие активы*

working capital [ind.ec.] *оборотный капитал, текущие активы*

working chairman *работающий председатель*

working class [soc.] *рабочий класс*

working class area *рабочий квартал, рабочий район*

working conditions [pers.manag.] *условия работы, условия труда, условия эксплуатации*

working costs [ind.ec.] *эксплуатационные затраты*

working credit [ind.ec.] *кредит для подкрепления оборотного капитала заемщика*

working day [empl.] *будний день, рабочий день*

working director *представитель трудового коллектива в совете директоров*

working document *рабочий документ*

working environment *производственные условия, рабочая среда*

Working Environment Council *Совет по проверке условий работы (Дания)*

Working Environment Council, the *совет по производственной среде, совет по условиям труда на производстве*

working expenses [ind.ec.] *эксплуатационные расходы*

working group *рабочая бригада, рабочая группа*

working hours [empl.] *рабочее время, трудозатраты, часы работы*

working hours, after *сверхурочно*

working hours, during   *в рабочее время*

working in shifts   [empl.] *сменная работа*

working load   [pers.manag.] *рабочая норма*; [trans.] *полезная нагрузка*

working majority   [parl.] *большинство голосов, достаточное для проведения мероприятия*

working men's club   *рабочий клуб*

working method   *метод труда*

working of an invention   *реализация изобретения*; [pat.] *внедрение изобретения, использование изобретения*

working order, in   *в исправном состоянии, в рабочем состоянии*

working paper   *рабочий документ*

working paper review   *анализ рабочих документов*

working partner   *активный партнер, действующий партнер*

working party   *рабочая группа*

working party with equal representation of parties   *рабочая группа с равным представительством сторон*

working plant   *действующая установка*

working population   [pol.ec.] *занятое население, самодеятельное население*

working proprietor   *владелец предприятия, лично участвующий в работе*

working range   *рабочий диапазон*

working relations   *отношения в процессе труда, производственные отношения*

working space   [comp.] *рабочая область*

working storage   *оперативное запоминающее устройство*; [comp.] *рабочее запоминающее устройство*

working store   [comp.] *оперативное запоминающее устройство, рабочее запоминающее устройство*

working stress   *напряжение в процессе труда*; [pers.manag.] *производственный стресс*

working surplus   [ind.ec.] *активное сальдо по текущим расчетам*

working time   [empl.] *рабочее время*

working to rule   *работа строго по правилам*; [empl.] *работать строго по правилам*

working-up   [prod.] *обработка сырья*

working-up profit   [ind.ec.] *накапливающаяся прибыль*

working week   [empl.] *рабочая неделя*

work in process   *обрабатываемое изделие, полуфабрикат*; [calc.] *незавершенное производство*

work in progress   *незавершенное производство*; [calc.] *выполняемая работа*

work in progress on behalf of third parties   [calc.] *работа, выполняемая в интересах третьих лиц*

work letter   [r.e.] *ведомость выполненных работ*

work load   *загрузка предприятия заказами, обеспеченность работой, объем работ, подлежащих выполнению, рабочая нагрузка*; [pers.manag.] *рабочая норма*

work load analysis   *анализ рабочей нагрузки*

workmanship   [prod.] *качество работы, квалификация, мастерство*

work material   [prod.] *сырье*

workmen's compensation   [ins.] *пособие по нетрудоспособности*

workmen's compensation insurance   [ins.] *страхование от понижения заработной платы, страхование пособия рабочим, выплачиваемого во время болезни, наступившей в результате несчастного случая на производстве*

work of art   *произведение искусства*

work of reference   *упомянутая работа*; [print.] *цитируемая работа*

work of seasonal nature   [empl.] *сезонная работа*

work on (vb.)   *продолжать упорно работать*

work one's way up (vb.)   *прокладывать себе путь наверх*

work on Sundays and public holidays   [empl.] *работа по воскресеньям и в праздничные дни*

work order   *последовательность технологических операций;*
   [prod.] *заводской наряд-заказ, наряд на выполнение работы, сдельный рабочий наряд*

work organization   *организация труда*

work out (vb.)   *вычислять, добиваться, истощать, определять путем вычисления, отрабатывать, получать в результате упорного труда, разрабатывать план, составлять документ*

work output   [prod.] *выработка, производительность*

work part-time (vb.)   [empl.] *работать неполный рабочий день*

work performed   *выполненная работа*

work permit   [empl.] *разрешение на выполнение работ*

workplace   *место работы, рабочее место*

work planning   *планирование работ*

work program   *программа работ, производственный план*

work programme   *программа работ, производственный план*

work prospects   [empl.] *возможности занятости*

work related (adj.)   *связанный с работой*

work retroactively (vb.)   *иметь обратную силу, отрабатывать долг, отрабатывать задолженность*

works   *мастерская, общественные работы, строительные работы, технические сооружения;* [prod.] *завод, фабрика*

works building   *фабричный корпус;* [prod.] *заводское здание, производственное здание*

work schedule   *график работы, календарный план работы*

works committee   [empl.] *рабочий комитет*

works contract   *подрядный договор*

works council   [empl.] *совет предприятия*

works doctor   *заводской врач*

works foreman   *бригадир, мастер, прораб*

work sharing   [empl.] *распределение рабочих заданий*

work sheet   *анкета, ведомость учета работ, 'рабочий лист' (при анализе пробного бухгалтерского баланса)*

workshop   *мастерская, рабочая группа, семинар, совещание по обмену опытом, цех*

work simplification   [ind.ec.] *рационализация, упрощение методов работы*

works management   *дирекция завода, заводоуправление, управление предприятием*

works manager   [pers.manag.] *директор предприятия, руководитель предприятия*

works meeting   [pers.manag.] *собрание трудового коллектива*

works-of-art clause   [ins.] *пункт о страховании произведений искусства*

works overhead costs   [ind.ec.] *накладные расходы предприятия*

works price   *цена производства*

work station   [comp.] *автоматизированное рабочее место, рабочая станция*

work stoppage   [empl.] *остановка работы, перерыв в работе, прекращение работы, простой*

works traffic insurance   [ins.] *страхование производственного транспорта*

work task   *рабочее задание*

work ticket   [empl.] *наряд на выполнение технологической операции, сдельный рабочий наряд*

work to capacity (vb.)   *работать с полной нагрузкой*

work to rule (vb.)   *тормозить работу точным соблюдением всех правил;* [empl.] *проводить итальянскую забастовку, работать строго по правилам*

work-to-rule strike   [empl.] *итальянская забастовка, работа строго по правилам*

work-training contract [cmpl.] *договор об обучении на рабочем месте, договор о профессиональном обучении*

work up (vb.) *добиваться, доходить, обрабатывать, приближаться, придавать законченный вид;* [prod.] *отделывать*

work up a market (vb.) *завоевывать рынок, создавать рынок*

workweek [cmpl.] *рабочая неделя*

work year [ind.ec.] *производственный год, хозяйственный год*

world *мир*

World Bank *Мировой банк - Международный банк реконструкции и развития*

World Bank, the *Международный банк реконструкции и развития, Мировой банк*

world competition *конкуренция в мировом масштабе*

World Confederation of Labour (WCL) *Всемирная конфедерация труда (ВКТ)*

world conference *всемирная конференция*

world congress *всемирный конгресс*

World Council of Churches *Всемирный совет церквей*

world crisis *глобальный кризис*

world economic crisis *глобальный экономический кризис*

world economy *мировая экономика*

World Federation of Trade Unions (WFTU) *Всемирная федерация профсоюзов (ВФП)*

World Health Organization (WHO) *Всемирная организация здравоохранения (ВОЗ)*

World Intellectual Property Organization (WIPO) *Всемирная организация интеллектуальной собственности (ВОИС)*

world language *международный язык*

world market *мировой рынок*

world market price [EEC] *цена на мировом рынке*

world population *население мира*

world trade *мировая торговля*

world trade centre *центр мировой торговли*

world trade fair *всемирная торговая ярмарка*

world war *мировая война*

worldwide (adj.) *всемирный, глобальный, мировой, распространенный по всему миру*

worldwide income *общемировой доход*

worldwide movement *всемирное движение*

worldwide organization *всемирная организация*

worldwide policy [ins.] *глобальная политика, мировая политика*

World Wildlife Fund (WWF) *Международный фонд защиты диких животных*

worn-down production apparatus *изношенное производственное оборудование*

worry *беспокойство, озабоченность*

worry (vb.) *беспокоиться, проявлять беспокойство*

worrying (adj.) *вызывающий беспокойство*

worsen (vb.) *представлять в невыгодном свете, ухудшаться*

worsening *ухудшение*

worsening of economic conditions [pol.ec.] *ухудшение экономического положения*

worst, at *в худшем случае*

worthless (adj.) *не*¹ *имеющий ценности, ничего не стоящий*

worthlessness *отсутствие ценности*

would-be purchaser [adv.] *потенциальный покупатель*

wrap (vb.) [pack.] *завертывать, обертывать*

wrapping [pack.] *оберточный материал, упаковочный материал*

wrapping paper [pack.] *оберточная бумага, упаковочная бумага*

wrap up (vb.) *завертывать, обертывать, окутывать, скрывать*

wreck *авария, останки погибшего корабля;* [nav.] *кораблекрушение, остов погибшего корабля, судно, потерпевшее аварию*

wreck (vb.) [nav.] *производить спасательные работы, собирать имущество, выброшенное на берег, терпеть кораблекрушение*

wreckage *авария, груз, спасенный с судна, потерпевшего аварию, крушение;* [nav.] *имущество, выброшенное на берег с судна, потерпевшего крушение, обломки судна, потерпевшего крушение*

wreck removal expenses [ins.] *стоимость спасательных работ*

writ *исковое заявление, судебный документ;* [legal] *судебный приказ*

writ (of summons) [legal] *приказ о вызове в суд*

write (vb.) *писать;* [ins.] *принимать на страхование*

write down (vb.) *записывать, понижать цену, производить частичное списание со счета, уценивать товар;* [calc.] *понижать стоимость*

write-down *величина списанной стоимости, понижение стоимости, частичное списание со счета;* [calc.] *понижение цены*

write down share capital (vb.) *понижать стоимость акционерного капитала*

write-down value [calc.] *величина списанной стоимости*

write for (vb.) *выписывать, посылать письменный заказ*

write insurance (vb.) [ins.] *принимать на страхование*

write off (vb.) *полностью списывать со счета;* [calc.] *закрывать счет*

write-off [calc.] *аннулирование, полное списание со счета, списанная со счета сумма, списанное имущество*

write off a bad debt (vb.) [calc.] *списывать безнадежный долг*

write off an irrecoverable debt (vb.) [calc.] *списывать безнадежный долг*

write off in instalments (vb.) [calc.] *списывать частями*

write-off of claim [book-keep.] *списание суммы иска*

write protection [comp.] *защита данных по записи*

writer [exc.] *продавец опциона;* [ins.] *лицо, принимающее на себя страховой риск*

write up (vb.) *повышать стоимость, повышать стоимость по торговым книгам, повышать цену, рекламировать, завышать цену;* [calc.] *завышать стоимость, завышать стоимость по торговым книгам*

write-up *повышение стоимости, повышение стоимости по торговым книгам, повышение цены, рекламирование, завышение стоимости по торговым книгам;* [calc.] *приписка к плану, завышение стоимости, завышение цены*

write-up fund [calc.] *фонд ревальвации*

write-up value [calc.] *завышенная стоимость*

writing *документ, записка;* [ins.] *продажа опциона*

writing, in *в письменном виде*

writing down *уценка товара;* [calc.] *частичное списание*

writing-down allowance [calc.] *норма частичного списания*

writing down of capital [calc.] *частичное списание стоимости капитала*

writing down of debt *списание части долга*

writing off [calc.] *полное списание со счета*

writings obligatory [legal] *обязывающий документ*

writing up [calc.] *повышение стоимости по торговым книгам*

writ of assistance [legal] *исполнительный приказ о вводе во владение*

writ of attachment [legal] *судебный приказ о наложении ареста на имущество, судебный приказ о приводе в суд*

writ of delivery [legal] *судебный приказ о формальном вручении*

writ of execution [legal] *исполнительный лист, судебный приказ об исполнении решения, судебный приказ о приведении приговора в исполнение*

writ of fieri facias [legal] *исполнительный лист об обращении взыскания на имущество должника*

writ of habeas corpus [leg.pun.] *судебный приказ о защите неприкосновенности личности от произвольного ареста*

writ of possession   [legal] *исполнительный судебный приказ о вводе во владение*

writ of restitution   [legal] *приказ о реституции*

writ of right   [legal] *'приказ о праве' (при требовании возврата имущества)*

writ of sequestration   [legal] *судебный приказ о конфискации, судебный приказ о наложении имущества*

writ of specific delivery   [legal] *приказ о специальном вручении*

writ of summons   [legal] *приказ о вызове в суд*

writ server   [legal] *лицо, которому вручен судебный приказ*

written (adj.) *письменный, рукописный*

written account   *выписанный счет*

written application   *письменное заявление*

written complaint   *письменная жалоба, письменная претензия*

written consent   *письменное согласие*

written deposition   [legal] *письменные показания под присягой*

written down value   [calc.] *остаточная стоимость имущества*

written examination   *письменный экзамен*

written guarantee   *письменная гарантия*

written notice   *письменное извещение*

written-off claims   [book-keep.] *списанные иски*

written-off loan   [bank.] *списанная ссуда*

written procedure   [EEC.legal] *письменная процедура*

written proceedings   *письменное делопроизводство;* [legal] *письменное судопроизводство*

written proof   [legal] *письменное доказательство*

written report   *письменный отчет*

written request   *письменный запрос*

written test   *письменная контрольная работа, письменный тест*

written testimony   *письменное показание, скрепленное торжественной декларацией;* [legal] *письменное показание под присягой*

written-up value   [calc.] *стоимость списанного имущества*

wrong   *вред, деликт, нарушение законных прав, неправда, ошибочность;* [leg.pun.] *правонарушение*

wrong (vb.) *причинять вред*

wrong (adj.) *неправильный, несправедливый, ошибочный*

wrong, be (vb.) *ошибаться*

wrongful (adj.) *вредный, незаконный, неправильный, неправомерный, несправедливый, преступный, противоправный*

wrongful act   *незаконное действие;* [legal] *неправомерное действие, противоправное действие*

wrongful dismissal   [empl.] *незаконное увольнение, необоснованное увольнение, неправомерное увольнение*

wrongfully convicted (adj.) *несправедливо осужденный*

WWF (World Wildlife Fund)   *Международный фонд защиты диких животных*

X

x [mat.] *неизвестная величина*

X *банкнот достоинством 10 долларов*

xenophobia *ксенофобия, ненависть к иностранцам*

xerocopy *ксерокопия*

xerography [print.] *ксерографирование, размножение на ксероксе*

XEU (ECU) [monet.trans.] *Европейская валютная единица (ЭКЮ)*

x out (vb.) *забивать текст буквой X, зачеркивать машинописный текст*

X-rated *имеющий X-разряд, отнесенный к классу X*

X-rated film [media] *фильм, на который не допускаются дети до 17 лет*

Yankee bond   *облигация 'Янки' (долларовая облигация, выпущенная иностранцами на американском внутреннем рынке)*

Yankee bond market   [exc.] *американский рынок облигаций, рынок облигаций 'Янки'*

Yankee bonds   [stock] *облигации 'Янки' (долларовые облигации, выпущенные иностранцами на американском внутреннем рынке)*

Yankee certificate of deposit   *депозитный сертификат 'Янки' (США)*

Yankee-krone issue   [exc.] *облигации 'Янки' в кронах*

Yankee-krone market   [exc.] *рынок облигаций 'Янки' в кронах*

yard   *банкнота в 1000 долл., банкнот в 1000 долл., двор, загон для скота, лесная биржа, лесной двор, лесной склад, портовые мастерские и склады, скотный двор, сортировочная станция, судостроительная верфь, сумма в 1 млрд.*

yardstick   *критерий, мерило, мерка, основной тариф*

YCAN (yield curve adjustable note)   [stock] *облигация с 'обратной' процентной ставкой, величина которой равна разнице между оговоренным ориентиром и рыночными ставками*

year   *банкнота в 1 долл., банкнот в 1 долл., год*

year before   *год назад, предыдущий год*

year before, the   *за год до*

yearbook   *ежегодник*

Year Book (YB)   *судебный ежегодник (Великобритания)*

year by year   *каждый год*

year end   *конец года*

year end, at   *в конце года, на конец года*

year-end balance sheet   [bus.organ.] *годовой баланс;* [calc.] *балансовый отчет на конец года, годовой балансовый отчет*

year-end closing   [book-keep.] *закрытие счетов на конец года*

year-end closure   [book-keep.] *закрытие счетов на конец года*

year-end dividend   [bus.organ.] *годовой дивиденд, дивиденд на конец года*

year-end exchange rate   [monet.trans.] *валютный курс на конец года*

year-end figures   [ind.ec.] *количественные показатели на конец года*

year-end price   *цена на конец года;* [exc.] *курс на конец года*

year-end procedures   [book-keep.] *бухгалтерские операции, выполняемые в конце года*

year free of premium   [ins.] *год без уплаты страхового взноса*

yearly (adj.)   *годичный, годовой, ежегодный*

yearly programme   *годовая программа*

yearly settlement   [tax.] *ежегодный расчет*

year of acceptance   [ins.] *год акцептования*

year of acquisition   [calc.] *год приобретения*

year of appropriation   [calc.] *год ассигнования, год приобретения*

year of assessment   [tax.] *год обложения налогом, год оценки недвижимого имущества*

year of crisis   *кризисный год*

year of death   [ins.] *год смерти*

year of deduction   [tax.] *год предоставления налоговой скидки, год удержания*

year of delivery   *год поставки*

year of deposit   [bank.] *год депонирования*

year of disbursement   *год выплаты*

year of foundation   *год основания*

year of improvements   *год мелиорации;* [r.e.] *год модернизации*

year of income   [tax.] *год получения дохода*

year of operation   *год финансовой операции;* [calc.] *год сделки*

year of payment   *год платежа*

year of provision   [calc.] *год снабжения*

year of publication   [print.] *год публикации*

year of purchase   [calc.] *год покупки*

year of rebuilding   [r.e.] *год реконструкции*

year of recession   [pol.ec.] *год спада*

year of sale   *год продажи, год реализации*

year of termination   *год истечения срока, срок прекращения действия*

year on year   *в годовом исчислении*

year-on-year growth   *ежегодный рост*

year-on-year increase   *ежегодный прирост*

year-on-year increase in lending   *ежегодное увеличение кредитования*

year-on-year rate of increase   *годовые темпы роста*

year profit or loss   [calc.] *прибыль или убыток за год*

years, over the   *в течение многих лет, за многие годы*

years, throughout the   *в течение многих лет*

years of pensionable service   [pers.manag.] *пенсионный стаж*

year to date   *на данный год*

year-to-date statement   [calc.] *отчет за истекший год*

year to the first instant   *год первоначального намерения*

year under review   *отчетный год*

year's profit or loss   *годовая прибыль или годовой убыток*

yellow book   *Желтая книга (сборник официальных документов французского правительства)*

yellow pages   [telecom.] *желтые страницы телефонного справочника (с номерами телефонов магазинов), торгово-промышленный раздел телефонного справочника*

yellow sheets   *желтые страницы телефонного справочника (с номерами телефонов магазинов), торгово-промышленный раздел телефонного справочника*

yen   [monet.trans.] *иена*

yesterday   *вчера*

yield   *дебит воды, добыча, доход, доходность, надой молока, прибыль, процентный доход, размер выработки, сумма собранного налога за вычетом расходов по сбору, улов рыбы, урожай, урожайность;* [fin.] *доход в виде процентов на вложенный капитал;* [ind.ec.] *выработка, доход по ценным бумагам, выраженный в виде процентной ставки;* [prod.] *выход продукции;* [stock] *выручка*

yield (vb.)   *давать доход, поддаваться, приносить плоды, соглашаться, уступать;* [ec.] *выпускать продукцию, давать урожай, добывать;* [prod.] *производить*

yield adjusted for inflation   [fin.] *доход, скорректированный с учетом инфляции*

yield a profit (vb.)   *давать прибыль;* [fin.] *приносить прибыль*

yield basis   *база исчисления дохода*

yield curve   *кривая выручки, кривая выхода продукции, кривая дохода, кривая урожайности*

yield curve adjustable note (YCAN)   [stock] *облигация с 'обратной' процентной ставкой, величина которой равна разнице между оговоренным ориентиром и рыночными ставками*

yield from turnover tax   [manag.] *прибыль с налога с оборота*

yield income   [tax.] *поступление дохода*

yielding a high return (adj.)   *приносящий высокий доход*

yielding interest (adj.)   *приносящий проценты*

yielding no interest (adj.)   *не приносящий проценты*

yield interest   *процентный доход*

yield on bonds   *процентный доход по облигациям*

yield on capital   [fin.] *доход на капитал*

yield on capital investments   *фондоотдача*

yield on fixed interest security   [stock] *доход от ценных бумаг с фиксированным процентом*

yield on long-term bonds   [stock] *доход от долгосрочных облигаций*

yield on securities   [stock] *доход от ценных бумаг*

yield rate   [fin.] *ставка дохода*

yield rate of interest   [stock] *процентная норма дохода*

yield spread   *разница в доходности различных типов ценных бумаг*

yield to average life   [stock] *доходность облигации, рассчитанная относительно среднего срока погашения*

yield to investor   [fin.] *доход для владельца ценных бумаг*

yield to maturity   [stock] *доход от ценной бумаги при ее погашении*

yield value depreciation   [calc.] *снижение стоимости дохода*

YOP (youth opportunities programme)   [empl.] *программа обеспечения занятости молодежи*

young adult offender   [leg.pun.] *молодой совершеннолетний преступник*

young people   *молодежь*

young person   *молодой человек, юноша*

your credit, to   *на кредит вашего счета*

your information, for   *к вашему сведению*

your option, at   *на ваше усмотрение*

yours faithfully   *с уважением*

yours sincerely   *искренне ваш*

yours truly   *искренне ваш, с уважением*

youth   *молодость*

youth allowance   [soc.] *пособие для молодежи*

youth counselling centre   *консультационный молодежный центр*

youth custody centre   [leg.pun.] *тюрьма для молодых заключенных*

youth housing   *строительство домов для молодежи*

youth opportunities programme (YOP)   [empl.] *программа обеспечения занятости молодежи*

youth recreation centre   [soc.] *центр отдыха молодежи*

youths   *молодежь, юношество*

youth unemployment   [empl.] *безработица среди молодежи*

youth welfare   [soc.] *благосостояние молодежи*

Yugoslav dinar (YUN)   [monet.trans.] *югославский динар*

YUN (Yugoslav dinar)   [monet.trans.] *югославский динар*

yuppie   [mark.] *молодые городские жители с высшим образованием и высокими доходами*

zapping [media] *использование электронного устройства для остановки видеомагнитофона при передаче рекламы или другого нежелательного материала*

ZAR (South-African rand) [monet.trans.] *южно-африканский ранд*

zealous (adj.) *ревностный, рьяный, усердный*

zero *начало координат, ноль, нулевая точка, нуль, нуль шкалы*

zero bond *облигация с нулевым купоном*

zero convertible bond [stock] *конвертируемая облигация с нулевым купоном, конвертируемая ценная бумага с нулевым купоном*

zero coupon bond [stock] *облигация с нулевым купоном*

zero coupon issue *выпуск ценных бумаг с нулевым купоном;* [stock] *выпуск ценнах бумаг с нулевым купоном*

zero coupon loan [stock] *заем с нулевым купоном*

zero coupon security [stock] *ценная бумага с нулевым купоном*

zero growth *нулевой рост*

zero rate [tax.,cust.] *нулевая ставка*

zero-rated commodity [tax.] *товар, не облагаемый налогом*

zero-rated note [stock] *облигация с нулевым купоном*

zero-rating (adj.) *не облагаемый налогом*

zero result *нулевой результат, отсутствие результатов*

zero salvage value *невозможность реализации объекта основного капитала при выбытии, нулевая ликвидационная стоимость, нулевая стоимость объекта основного капитала при выбытии*

zero solution *нулевое решение*

zero value *нулевое значение*

zip code [post] *почтовый индекс*

zone *зона;* [plan.] *полоса, пояс, район, район отделения связи (США)*

zone (vb.) *разделять на зоны, разделять на пояса, устанавливать зональный тариф, устанавливать поясные цены;* [plan.] *районировать*

zone boundary *граница между зонами, граница между поясами*

zone division [plan.] *районирование, распределение по зонам, распределение по поясам*

zone price *зональная цена*

zone pricing *зональное ценообразование*

zone rate *зональный тариф*

zone time *поясное время*

zoning [plan.] *зональность, районирование, распределение по зонам, распределение по поясам*

zoning legislation *законодательство о районировании*

MIP/L&H
BUILDING &
CONSTRUCTION
DICTIONARY
ENGLISH-RUSSIAN

АНГЛО-РУССКИЙ
СЛОВАРЬ
ПО
СТРОИТЕЛЬСТВУ
И
АРХИТЕКТУРЕ

Moscow International Publishers
in cooperation with
L&H Publishing Co., Copenhagen

MIP/L&H
COMPUTER DICTIONARY
ENGLISH-RUSSIAN

АНГЛО-РУССКИЙ СЛОВАРЬ КОМПЬЮТЕРНЫХ ТЕРМИНОВ

Moscow International Publishers
in cooperation with
L&H Publishing Co., Copenhagen